CÓDIGO DE DEFESA DO CONSUMIDOR
Comentado

Antônio Pereira Gaio Júnior

Pós-Doutor em Direito pela Universidade de Coimbra (POR). Pós-Doutor em Democracia e Direitos Humanos pelo Ius Gentium Conimbrigae - Faculdade de Direito da Universidade de Coimbra (POR). Doutor e Mestre em Direito pela UGF, e Pós-Graduado em Direito Processual pela mesma instituição. Além disso, é Visiting Professor no Ius Gentium Conimbrigae (Faculdade de Direito da Universidade de Coimbra/POR). Na Universidade Federal Rural do Rio de Janeiro (UFRRJ) atua como Prof. Associado de Direito Processual Civil e Teoria Geral do Processo. É membro de diversas organizações internacionais e nacionais, incluindo a International Association of Procedural Law (IAPL), International Bar Association (IBA), Instituto Iberoamericano de Direito Processual (IIDP) e da Associação de Direito e Economia Europeia (ADEE). Também é membro efetivo da Comissão Permanente de Processo Civil do Instituto dos Advogados Brasileiros (IAB Nacional) e da Associação Brasileira de Direito Processual Constitucional (ABDPC). Além disso, é secretário adjunto do Instituto Brasileiro de Direito Processual (IBDP), coordenador do Programa de Pós-Graduação Lato Sensu em Direito Processual Contemporâneo da Universidade Federal Rural do Rio de Janeiro (UFRRJ) e lidera o Grupo de Pesquisa Processo Civil e Desenvolvimento (UFRRJ/CNPq). Atua como Advogado, Consultor Jurídico e Parecerista. Para mais informações, acesse: www.gaiojr.adv.br

Cleyson de Moraes Mello

Vice-Diretor da Faculdade de Direito da UERJ.
Pós-Doutorado em Teoria do Direito (IHGB).
Pós-Doutorado em Educação (UERJ).
Professor do PPGD da UERJ, UVA e UNESA.
Professor Associado da Faculdade de Direito da UERJ.
Professor Titular da UNESA e UNIFAA.
Membro do Instituto dos Advogados do Brasil – IAB.
Também atua como Advogado e é membro do Instituto dos Advogados do Brasil (IAB). Ademais, é autor e coordenador de diversas obras jurídicas.

Antônio Pereira Gaio Júnior
Cleyson de Moraes Mello

CÓDIGO DE DEFESA DO CONSUMIDOR Comentado

Doutrina | Jurisprudências | Legislações | Súmulas

4ª Edição

Revista e Atualizada

Freitas Bastos Editora

Copyright © 2025 *by* Antônio Pereira Gaio Júnior e Cleyson de Moraes Mello
Todos os direitos reservados e protegidos pela Lei 9.610, de 19.2.1998.
É proibida a reprodução total ou parcial, por quaisquer meios,
bem como a produção de apostilas, sem autorização prévia,
por escrito, da Editora.

Direitos exclusivos da edição e distribuição em língua portuguesa:

Maria Augusta Delgado Livraria, Distribuidora e Editora

Direção Editorial: *Isaac D. Abulafia*
Gerência Editorial: *Marisol Soto*
Copidesque: *Lara Alves dos Santos Ferreira de Souza*
Assistente Editorial: *Larissa Guimarães*
Revisão: *Doralice Daiana da Silva*
Diagramação e Capa: *Julianne P. Costa*

**DADOS INTERNACIONAIS PARA CATALOGAÇÃO
NA PUBLICAÇÃO (CIP) DE ACORDO COM ISBD**

```
G143c    Gaio Júnior, Antônio Pereira
            Código de Defesa do Consumidor Comentado / Antônio
         Pereira Gaio Júnior, Cleyson de Moraes Mello. - 4.
         ed. - Rio de Janeiro, RJ: Freitas Bastos, 2025.

            788 p. ; 16 cm x 23 cm.

            Inclui bibliografia.
            ISBN: 978-65-5675-515-1

            1. Direito do consumidor. 2. Código de Defesa do
         Consumidor. I. Mello, Cleyson de Moraes. II. Título.
                                                CDD 342.5
2025-1242                                       CDU 347.451.031
```

Elaborado por Odilio Hilario Moreira Junior - CRB-8/9949

Índice para catálogo sistemático:
1. Direito do consumidor 342.5
2. Direito do consumidor 347.451.031

Freitas Bastos Editora
atendimento@freitasbastos.com
www.freitasbastos.com

E Deus é poderoso para fazer abundar em vós toda a graça, a fim de que tendo sempre, em tudo, toda a suficiência, abundeis em toda a boa obra;

Conforme está escrito: Espalhou, deu aos pobres; A sua justiça permanece para sempre.

Ora, aquele que dá a semente ao que semeia, também vos dê pão para comer, e multiplique a vossa sementeira, e aumente os frutos da vossa justiça;

(II Corintios 9:8-10)

A Deus pela força e luz de todo dia.
Aos nossos alunos.

PREFÁCIO

É uma grande honra prefaciar este livro de "Comentários ao Código de Defesa do Consumidor", da lavra dos Professores Antônio Pereira Gaio Júnior e Cleyson de Moraes Mello. Obra atualizada e indispensável ao ensino e à prática do direito do consumidor, já vem adaptada ao Novo Código de Processo Civil e traz uma visão profunda da importância do tema do direito do consumidor na ciência jurídica. Chama atenção sua introdução, comentando o caso Panasonic, a demonstrar não só a cultura e profundidade dos autores, mas sua visão globalizada do direito do consumidor. Artigo por artigo, desenvolvem os autores um *tour-de-force* trazendo o melhor da doutrina e da jurisprudência para a análise daquele artigo, em texto de leitura agradável e muito didática.

A obra reflete toda a excelência da formação dos autores. O Professor Dr. Antônio Pereira Gaio Júnior é Pós-Doutor em Direito pela Universidade de Coimbra – Portugal e Pós-Doutor em Democracia e Direitos Humanos pelo Ius Gentium Conimbrigae/Faculdade de Direito da Universidade de Coimbra – Portugal. É Doutor e Mestre em Direito pela Universidade Gama Filho com pós-graduação também em processo civil. Professor Associado da Universidade Federal Rural do Rio de Janei-ro – UFRRJ, é membro efetivo da international Association of Procedural Law, do Instituto Iberoamericano de Direito Processual – IIDP, do Instituto Brasileiro de Direito Processual – IBDP, da International Bar Association – IBA e da Comissão Permanente de Direito Processual Civil do Instituto dos Advogados Brasileiros – IAB. Também é Membro do Comitê Brasileiro de Arbitragem – CBAr. Advogado, Consultor Jurídico e Parecerista de renome. O Prof. Dr. Cleyson de Moraes Mello é Doutor em Direito pela Universidade Gama Filho e Professor Adjunto da UERJ, e Professor do PPGD da UERJ e da UVA. É Coordenador do curso de Direito do UNIFAA, Professor Titular da UNESA e UNIFAA, sendo também Membro do Instituto dos Advogados do Brasil – IAB.

Trata-se de um comentário completo e exaustivo sobre todos os temas ligados à prática do Código de Defesa do Consumidor. Com maestria e profundidade, os autores revisitam a jurisprudência e os problemas teóricos mais prementes do direito do consumidor, como também os seus temas de futuro, como o comércio eletrônico e a educação para evitar o superendividamento. Pela excelência da obra, parabenizem-se os autores e a editora, que mais uma vez trazem uma contribuição à evolução do direito do consumidor no Brasil. A todos, boa leitura!

Claudia Lima Marques

Professora Titular e Coordenadora do Programa de Pós-Graduação em Direito da UFRGS, Doutora em Direito pela Universidade de Heildeberg e Mestre em Direito pela Universidade de Tübingen, Alemanha. Ex-Presidente do Brasilcon e Diretora da Revista de Direito do Consumidor, Presidente do Committee on International Protection of Consumers, International Law Association, Londres.

APRESENTAÇÃO

É com enorme satisfação e prazer que trazemos ao público a obra "*Código de Defesa do Consumidor Comentado*" pela festejada Freitas Bastos.

O momento é mais que propício dado os 35 anos passados do advento de nossa legislação consumerista.

As conquistas nesta seara são por demais explícitas.

Neste ínterim, apenas a título de situarmos temporalmente a construção da cultura consumerista em sede pátria, vale a pena realizarmos aqui breve digressão.

Em nosso contexto legislativo, como temática, ainda que não específica, verifica-se a existência de legislações que indiretamente protegiam o consumidor, apesar de tal questão não ser o objetivo principal do legislador.

Acredita-se ser o Decreto nº 22.626, de 07.04.1933, a primeira manifestação na seara da proteção do consumidor, sendo editado a fim de reprimir a usura. Desde então, passando pela Constituição de 1934, nascem as primeiras normas constitucionais de proteção à economia popular (arts. 115 e 117). O Decreto-Lei nº 869, de 18.11.1938, e depois o 9.840, de 11.09.1946, trataram dos crimes contra a economia popular, sucedendo, em 1951, a denominada Lei de Economia Popular, em vigor até hoje. Já a Lei de Repressão ao Abuso do Poder Econômico (Lei nº 4.137), de 1962, reflexamente protege o consumidor, além de ter criado o Conselho Administrativo de Defesa Econômica – CADE, na estrutura do Ministério da Justiça, ainda existente, subordinado, todavia, à Secretaria Nacional de Direito Econômico. A lei que autorizou os Estados a instituírem Juizados de Pequenas Causas (Lei nº 7.244), foi editada em 1984 e revogada pela Lei nº 9.099, de 26.09.1995. Os crimes contra o Sistema Financeiro Nacional – 'crimes do colarinho branco' – passaram a ser punidos com a Lei nº 7.492, de 16.06.1986.[1]

Importantes avanços foram efetuados a partir de 1985.

---

1 ALMEIDA, João Batista. *Proteção Jurídica do Consumidor*. São Paulo: Saraiva, 2000. p. 10.

A Lei nº 7.347 promulgada em 24 de julho veio disciplinar a Ação Civil Pública de responsabilidade por danos ocasionados ao consumidor, bem como de outros bens tutelados, dando início, assim, à tutela jurisdicional dos interesses difusos em nosso país, legitimando o Ministério Público como polo ativo da demanda, assim como entidades de caráter coletivo, dentre outros.

Na mesma data supra, foi assinado o Decreto Federal nº 91.469, alterado pelo Decreto nº 94.508, de 23.06.1987, criando o Conselho Nacional de Defesa do Consumidor, este possuindo como função assessorar o Presidente da República na formulação e condução da política nacional de defesa do consumidor, tendo competência muito extensa, porém, sem poder coercitivo, sendo, posteriormente, substituído por outro órgão singular, o Departamento Nacional de Proteção e Defesa do Consumidor, subordinado à Secretaria Nacional de Direito Econômico na estrutura do Ministério da Justiça[2].

Importante citar ainda, na linha legislativa, a Lei nº 8.137/90 referente aos crimes contra a ordem tributária, econômica e contra as relações de consumo, bem como a Lei nº 8.884/90 (Lei Antitruste), relativa às infrações de ordem econômica, objetivando a defesa do consumidor, enquanto mercado, contra a formação de cartéis e monopólios por grandes fornecedores de bens e serviços sob a fiscalização e controle do já citado CADE[3].

A conquista mais importante nesse âmbito, fruto dos reclamos da sociedade e do trabalho intenso dos órgãos e entidades de defesa do consumidor, foi a inserção, na Constituição da República promulgada em 05.10.1988 de quatro dispositivos específicos relacionados à proteção do consumidor.

O primeiro e mais importante deles é aquele que exprime toda a concepção do movimento protetivo consumerista, no qual se proclama que *"O Estado promoverá, na forma da lei, a defesa do consumidor".* (art. 5º, XXXII da CF/88)

No segundo é atribuída competência concorrente para legislar sobre danos ao consumidor (art. 24. VIII da CF/88).

---

2   ALMEIDA, 2000, p.11.
3   MELLO, Sônia Maria Viera de. *O Direito do Consumidor na Era da Globalização*: A descoberta da cidadania. Rio de Janeiro: Renovar, 1998. p. 13.

Já o terceiro, este contido no capítulo referente à Ordem Econômica e Financeira, trata a defesa do consumidor como uma das faces justificadoras da intervenção do estado na economia (art. 170, V da CF/88).

Por fim, coube ao 4º dispositivo, isto é, ao art. 48 do Ato das Disposições Transitórias da Constituição, anunciar a edição do almejado Código de Defesa do Consumidor.

Nesse sentido, dito artigo estipulava que o Código de Defesa do Consumidor deveria ser elaborado em 120 dias da promulgação da referida Constituição, esta, como já citada, ocorrida em 05.10.1988, entretanto a Lei nº 8.078 foi sancionada somente em 11.09.1990, sendo publicada em 12.09.1990, entrando em vigor em 180 dias, ou seja, em 11.03.1991. Convém ressaltar que, inicialmente, houve discussão acerca da questão relativa ao modelo protetivo do consumidor, isto é, se se tratava de um Código ou de uma Lei, uma vez que a Constituição dava um sentido inegável à promoção de um Código, reunindo, desta forma, toda a matéria relativa à proteção do consumidor. Dita discussão teve início devido a um *lobby* contrário à lei que, pretendendo que não fosse aprovada naquela oportunidade, buscava a obediência a passos legislativos formais, os quais não tinham sido cumpridos.[4]

A questão foi superada, isso com o contra – argumento de que aquilo que a Constituição chamava de Código assim não o era. E, dessa forma, o Código foi votado com outra qualidade, transformando-se na Lei nº 8.078, de 11.09.1990, mas, repita-se, não obstante a nova denominação, estamos, verdadeiramente, diante de um Código, seja pelo mandamento constitucional, seja pelo seu caráter sistemático. Tanto isso é certo que o Congresso Nacional sequer se deu ao trabalho de extirpar do corpo legal as menções ao vocábulo Código (arts. 1º, 7º, 28, 37, 44, 51 etc.).[5]

Ratificando a afirmação supra, o art. 1º da lei estabelece tratar-se de um Código, relatando expressamente: "*O presente Código estabelece normas de proteção e defesa do consumidor (...)*", tendo a expressão 'Código', também mencionada em textos de vários outros artigos da mesma lei, restando evidente, por conseguinte, que a matéria foi tratada sistematicamente, além do anteprojeto concebido como Código do Consumidor[6].

---

4 GRINOVER, Ada Pellegrini *et ali*. *Código Brasileiro de Defesa do Consumidor*. Comentado pelos Autores do Anteprojeto. 10. ed. Rio de Janeiro: Forense, 2011. v. I, p. 6.
5 *Ibid.*, p. 6-7.
6 AMARAL, Luiz. O Código do Consumidor. In: *Revista de Informação Legislativa*, n. 106, a. 27, p. 153. O autor, ex-secretário executivo do CNDC, relata que desde 22.08.1985 o Conselho Nacional de Defesa do Consumidor vinha estudando as várias leis que, de

Certamente, uma lei é limitada quanto ao seu conteúdo específico. Por outro lado, num Código, as normas e os princípios dele derivados empregam-se a todo um ramo, já que o mesmo constitui "um conjunto de leis compostas pela autoridade competente, normalmente pelo Poder Legislativo, enfeixadas num só corpo, e destinadas a reger a matéria, que faz parte, ou que é objeto de um ramo de direito", sendo esta a principal importância de estabelecer-se a natureza do conteúdo da Lei nº 8.078/90.

Assim, em um Código, é preciso identificar princípios e normas para que o todo continue harmonioso, sendo que, quando de caráter geral, agem sobre outras regras específicas e tornam-se comuns assim a qualquer relação jurídica. Em sentido contrário, a lei, em um modo geral, abstrai-se disso.

Não há dúvida de que a Lei nº 8.078/90, ao determinar princípios e normas de caráter geral, ao tratar de maneira sistemática, ao estabelecer um verdadeiro microssistema, constitui verdadeiro Código, tendo seus princípios e regras aplicáveis a todo o âmbito da matéria relativa ao consumidor.

Em nível mundial a proteção consumerista possui papel de destaque, doravante a internacionalização do comércio e por isso, do consumo.

Dito isso, inegável é que, nos processos de regionalização e globalização econômica, a proteção dos consumidores tornou-se conteúdo imprescindível tanto no tocante à necessidade de conciliar interesses da sociedade e, em singular, do cidadão, com os anseios da economia e do livre comércio quanto ao que diz respeito às condições a serem implementadas, tudo com o intuito de proteger os interesses daquele hipossuficiente numa era global.

Com efeito, é de se enfocar, dentro de uma base racional relativa à proteção do consumidor, o papel atuante e essencial que este exerce para o real funcionamento do mercado, merecendo, por isso, fundamentalmente, atenção diferenciada, já que sua confiança no mercado é pré-requisito para o sucesso deste. [7]

---

alguma forma, tinham relevância com a defesa do consumidor, e em cumprimento da lei constitucional aproveitou tais estudos para apresentar o anteprojeto que deu consistência a tantos outros projetos de parlamentares brasileiros. (É certo que no projeto aprovado mostrou-se relevante a contribuição do Ministério Público do Estado de São Paulo, principalmente).

[7] Ver, por todos, GAIO JUNIOR, Antônio Pereira. *O Consumidor e sua Proteção na União Europeia e Mercosul. Pesquisa Conjuntural como contribuição à Política Desenvolvimentista de Proteção Consumerista nos Blocos*. Lisboa: Juruá Editorial, 2014.

De tudo, nota-se quantos motivos temos para celebrar a edificação destas nossas letras, acreditando, fielmente, em seu contributo para o fortalecimento da cultura e educação propulsora de ricos ventos na seara protetiva da relação consumerista, seja hodiernamente como também em novos tempos!

Antônio Pereira Gaio Júnior
Cleyson de Moraes Mello

SUMÁRIO

Prefácio IX

Apresentação XI

Introdução – "O Caso Panasonic" XXXI

TÍTULO I – Dos Direitos do Consumidor 1
CAPÍTULO I – Disposições Gerais 1
1.1 Direitos Fundamentais 1
1.2 A concepção dos direitos fundamentais na Constituição de 1988 2
1.3 A diferença entre direitos fundamentais e direitos humanos 3
1.4 As dimensões dos direitos fundamentais 4
1.5 Fundamento Constitucional do Direito do Consumidor 5
1.6 Nações Unidas 7
1.7 Normas de Sobredireito 8
1.8 Sistematização 9
2.1 Conceito de consumidor 9
   2.1.1 Finalismo Aprofundado (Teoria Finalista Aprofundada) 12
2.2 Consumidor por equiparação (bystander) 13
2.3 Instituições financeiras 15
2.4 Sistema Financeiro Habitacional 17
2.5 Entidades de Previdência Privada 18
2.6 Planos de saúde 22
   2.6.1 Síndrome de Down 22
   2.6.2 Paciente pós-cirurgia bariátrica 24
   2.6.3 Câncer de mama e Criopreservação dos óvulos 24
   2.6.4 Medicamento antineoplásico de uso *off-label* 27
2.7 Transporte Aéreo de Pessoas 27
2.8 Bolsa de Valores 28
2.9 Jurisprudências 29
3.1 Conceito de Fornecedor 33
3.2 Produto 36
3.3 Serviço 37
3.4 Comércio Eletrônico – Regras para e-commerce 38
3.5 Jurisprudências 42

CAPÍTULO II – Da Política Nacional de Relações de Consumo 52
4.1 Política nacional de relações de consumo 52

4.2 Transparência...55
4.3 Vulnerabilidade do consumidor..57
4.4 Ação Governamental 58
4.5 Boa-fé...62
  4.5.1 Venire contra factum proprium non potest 68
  4.5.2 Tu quoque..71
  4.5.3 Surrectio e supressio...71
  4.5.4 Duty to mitigate the loss..77
  4.5.5 Diferença entre boa-fé subjetiva e boa-fé objetiva 79
  4.5.6 O princípio da boa-fé e teoria do abuso do direito 80
  4.5.7 O princípio da boa-fé e a responsabilidade pré-contratual....80
4.6 Educação e Informação 82
4.7 Qualidade e Segurança de Produtos e Serviços 83
4.8 Conflito nas Relações de Consumo e Arbitragem.......................84
4.9 Abusos Praticados no Mercado de Consumo 89
4.10 Serviços Públicos...90
4.11 Jurisprudências..98
4.12 Educação Financeira e Ambiental dos Consumidores 100
5.1 Execução da Política Nacional das Relações de Consumo 103
5.2 Endividamento de Risco 108
5.3 Endividamento de Risco e Superendividamento 109

CAPÍTULO III – Dos Direitos Básicos do Consumidor 110
6.1 Direitos do consumidor...111
6.2 Proteção da vida, saúde e segurança dos consumidores e terceiros.......112
6.3 Educação do consumidor..114
6.4 Informação sobre produtos e serviços.......................................115
6.5 Publicidade enganosa e abusiva e práticas abusivas 117
6.6 Cláusulas contratuais abusivas 131
6.7 Inversão do ônus da prova..131
6.8 Garantia de Práticas de Crédito Responsável, de Educação Financeira e de prevenção e tratamento de situações de superendividamento........135
6.9 Mínimo Existencial..136
6.10 Informação acerca dos preços dos produtos 136
7.1 Fontes do Direito do Consumidor..137
7.2 Solidariedade 138
7.3 Jurisprudências..139

CAPÍTULO IV – Da Qualidade de Produtos e Serviços, da Prevenção e da Reparação dos Danos 140
SEÇÃO I – Da Proteção à Saúde e Segurança 140
8.1 Riscos à saúde ou segurança dos consumidores 142
9.1 Produtos nocivos ou perigosos...142
  9.1.1 Jurisprudências...143
9.2 Dever de informar de maneira ostensiva e adequada 143
10.1 Alto Grau de Nocividade ou Periculosidade 158
10.2 Nocividade Posterior 160
11.1 Artigo Vetado 164

SEÇÃO II – Da Responsabilidade pelo Fato do Produto e do Serviço.....164
12.1 Responsabilidade Civil – Noções Gerais...164
12.2 A Responsabilidade Civil na Constituição da República Federativa
    do Brasil de 1988 e no Código Civil Brasileiro (Lei nº 10.406/2002) 166
12.3 Da posição Jurídica da Responsabilidade Civil......................................167
12.4 Natureza Jurídica...167
12.5 Classificação Costumeira 168
12.6 Responsabilidade civil subjetiva e objetiva..174
12.7 Responsabilidade direta e indireta..176
    12.7.1 Responsabilidade direta..177
    12.7.2 Responsabilidade indireta 177
        12.7.2.1 Por fato de terceiro..178
        12.7.2.2 Por fato de animal...179
        12.7.2.3 Por coisas inanimadas 179
12.8 Pressupostos da Responsabilidade Civil 180
    12.8.1 Conduta 180
    12.8.2 Culpa (lato sensu)..181
    12.8.3 Dano..181
    12.8.4 O nexo de causalidade 184
12.9 As Excludentes da Responsabilidade Civil 185
    12.9.1 Legítima Defesa 185
    12.9.2 Exercício regular de direito 186
    12.9.3 Culpa exclusiva da vítima ou de terceiro.......................................186
    12.9.4 Caso fortuito e força maior 187
12.10 Ação Indenizatória..187
12.11 Responsabilidade Civil nas Relações de Consumo 188
12.12 Quadro Sinóptico..190
12.13 Responsabilidade – Reparação dos Danos 191
12.14 Produto Defeituoso e Princípio da Segurança 193
12.15 Inovações Tecnológicas..196
12.16 Excludentes..196
13.1 Responsabilidade do Comerciante 197
13.2 Jurisprudências..198
14.1 Responsabilidade Civil pelo Fornecimento de Serviços 201
    14.1.1 Jurisprudências 203
14.2 Serviço Defeituoso e Princípio da Segurança....................................... 207
    14.2.1 Jurisprudências 208
    14.2.2 Tratamento de dados pessoais sigilosos.. 209
14.3 Profissionais Liberais 210
15.1 Artigo Vetado 213
16.1 Artigo Vetado 213
17.1 Vítimas do Evento – Equiparação aos Consumidores 213

SEÇÃO III – Da Responsabilidade por Vício do Produto e do Serviço ... 214
18.1 Responsabilidade por Vício do Produto e do Serviço......................... 215
18.2 Vícios do Produto e do Serviço e Vícios Redibitórios......................... 216
18.3 Solidariedade 218

18.4 Sanções Previstas... 221
   18.4.1 Ampliação ou redução dos prazos 226
18.5 Produtos in natura 226
18.6 Produtos Impróprios ao Uso e Consumo 226
18.7 Jurisprudências.. 227
19.1 Vícios de Quantidade do Produto... 245
19.2 Sanções previstas... 247
20.1 Vícios do Serviço... 250
20.2 Sanções previstas... 250
20.3 Reexecução dos Serviços.. 250
20.4 Serviços impróprios 250
20.5 Jurisprudências.. 251
21.1 Componentes de reposição originais adequados e novos 257
22.1 Poder Público 258
22.2 Serviços públicos de energia elétrica. Lei nº 9.427/96.
   Arts. 14 e seguintes... 261
22.3 Serviços de telecomunicações. Lei nº 9.472/97.
   Arts. 103 e seguintes... 263
22.4 Serviço essencial contínuo 265
22.5 Concessionárias de rodovias.. 266
22.5 Jurisprudências.. 268
23.1 Ignorância dos Vícios 277
24.1 Garantia Legal... 278
24.2 Jurisprudências.. 278
25.1 Cláusulas de Exoneração.. 280

SEÇÃO IV – Da Decadência e da Prescrição.. 281
26.1 Decadência – Noções 282
26.2 Prazos Decadenciais 283
26.3 Início da Contagem do Prazo 283
26.4 Causas Obstativas da Decadência... 285
26.5 Jurisprudências.. 285
27.1 Prescrição – Noções.. 291
27.2 Quanto à solidez e segurança dos edifícios e outras construções
   consideráveis.. 296
27.3 Prescrição no CDC 298
27.4 Prazo da ação revisional de cláusula abusiva de contrato de plano
   de saúde 299
27.5 Jurisprudências.. 300

SEÇÃO V – Da Desconsideração da Personalidade Jurídica 310
28.1 Desconsideração da Personalidade Jurídica – Noções......................... 311
28.2 Desconsideração da personalidade jurídica no Código Civil 311
28.3 Desconsideração da personalidade jurídica no Código de Defesa do
   Consumidor – CDC... 318
28.4 Agrupamentos Societários... 320
28.5 Agrupamentos Consorciadas 320

28.6 Sociedades Coligadas.. 321
28.7 Jurisprudências... 321

CAPÍTULO V – Das Práticas Comerciais...................................... 327
SEÇÃO I – Das Disposições Gerais 327
29.1 Práticas Comerciais.. 327
29.2 Marketing.. 327
29.3 Conceito de consumidor para as práticas comerciais 328
29.4 Jurisprudências... 329

SEÇÃO II – Da Oferta... 333
30.1 Tratativas Preliminares.. 333
30.2 Proposta... 336
    30.2.1 Proposta sem força obrigatória...................................... 337
30.3 Oferta... 337
30.4 Princípio da Vinculação.. 341
30.5 Erro grosseiro na oferta ou preço abaixo do mercado? 341
30.6 Jurisprudências... 342
31.1 Direito à Informação 345
31.2 Afixação de Preços de Produtos e Serviços 348
31.3 Informações sobre Produtos Refrigerados 353
31.4 Jurisprudências... 353
32.1 Dever de fornecer peças de reposição enquanto durar a fabricação ou importação do produto 369
32.2 Jurisprudências 370
33.1 Oferta ou venda por telefone ou reembolso postal 372
33.2 Chamada Onerosa ao Consumidor 374
34.1 Solidariedade do fornecedor pelos atos dos prepostos 374
34.2 Médico-Chefe da equipe cirúrgica.. 376
35.1 Recusa de cumprimento da oferta 379
35.2 Enganosidade.. 381
35.3 Declaração Publicitária 382

SEÇÃO III – Da Publicidade 383
36.1 Publicidade.. 383
36.2 Código Brasileiro de Autorregulamentação Publicitária...... 383
36.3 Princípio da Identificação da Publicidade 384
    36.3.1 Merchandising 384
    36.3.2 Teaser... 385
36.4 Princípio da Transparência da Fundamentação da Publicidade 386
36.5 Ilícitos penais em relação à publicidade................................. 386
37.1 Princípio da veracidade da publicidade 387
37.2 Princípio da não abusividade da publicidade........................ 393
37.3 Publicidade comparativa 395
37.4 Contrapropaganda... 395
37.5 Puffing.. 397
38.1 Princípio da Inversão do ônus da prova na publicidade 398

SEÇÃO IV – Das Práticas Abusivas 399
39.1 Práticas Abusivas.. 400
39.2 Sanções previstas.. 402
    39.3.1 Corte de energia e água... 402
    39.3.2 Cobrança por serviços não solicitados 402
    39.3.3 Plano de saúde. Descredenciamento de clínica médica no curso de tratamento quimioterápico, sem substituição por estabelecimento de saúde equivalente 403
    39.3.4 Conferência de mercadorias na saída do estabelecimento comercial, após regular pagamento 404
    39.3.5 Cobrança de preços diferenciados para venda em dinheiro, cheque e cartão de crédito 404
    39.3.6 Cobrança do PIS e da COFINS na fatura telefônica 405
    39.3.7 'Venda casada' em cinemas. Vedação do consumo de alimentos adquiridos fora dos estabelecimentos cinematográficos 406
39.4 Condicionamento do fornecimento de produto ou serviço.................... 407
    39.4.1 Telefonia: cláusula de fidelidade 409
39.5 Recusa de Atendimento ao consumidor 410
39.6 Fornecimento de produto ou serviço não solicitado............................. 411
39.7 Hipossuficiência do consumidor 412
39.8 Exigência de vantagem excessiva 412
39.9 Serviços sem Orçamento e Autorização Expressa do Consumidor 413
39.10 Informação Depreciativa sobre o Consumidor 413
39.11 Produtos ou Serviços em Desacordo com as Normas Técnicas 414
    39.11.1 ABNT – Associação Brasileira de Normas Técnicas................. 414
    39.11.2 SINMETRO – Sistema Nacional de Metrologia, Normalização e Qualidade Industrial 414
        39.11.2.1 Organismos do SINMETRO 415
        39.11.2.2 Funções do SINMETRO.. 416
            39.11.2.2.1 Metrologia Científica e Industrial 416
            39.11.2.2.2 Metrologia Legal 416
            39.11.2.2.3 Normalização e Regulamentação Técnica 416
            39.11.2.2.4 Acreditação 417
            39.11.2.2.5 Certificação 417
            39.11.2.2.6 Ensaios e Calibrações 418
    39.11.3 CONMETRO – Conselho Nacional de Metrologia, Normalização e Qualidade Industrial.. 418
    39.11.4 INMETRO – Instituto Nacional de Metrologia, Normalização e Qualidade Industrial 419
        39.11.4.1 Atribuições Principais 419
        39.11.4.2 Processo de acreditação 420
        39.11.4.3 Reconhecimento Internacional 421
39.12 Taxa de Conveniência.. 422
39.13 Recusa da venda de bens ou a prestação de serviços 423
40.1 Orçamento prévio 425
40.2 Prazo de validade da proposta e Aceitação 425
40.3 A contratação de serviços de terceiros 425

40.4 Jurisprudências 425
41.1 Tabelamento de preços 428

SEÇÃO V – Da Cobrança de Dívidas.. 428
42.1 Cobrança de dívidas 429
42.2 Repetição do indébito 430
42.3 Engano Justificável 432
42.4 Repetição de indébito de ICMS – Água tratada 433
42.5 Fornecimento de energia elétrica. Cobrança indevida 434
42.6 Prazo Prescricional – Água e Esgoto. Tarifa. Cobrança indevida 435
42.7 Jurisprudências 435
42-A.1 Identificação do Fornecedor 441

SEÇÃO VI – Dos Bancos de Dados e Cadastros de Consumidores 442
43.1 SPC – Serviço de Proteção ao Crédito 442
43.2 SERASA – Centralização de Serviços dos Bancos S.A. 443
    43.2.1 Serasa Experian 443
43.3 SISBACEN – Sistema de Informação do Banco Central 444
43.4 Cadastro Positivo de Consumidores 445
    43.4.1 Lei nº 12.414/11 445
    43.4.2 Decreto nº 7.829, de 17 de outubro de 2012 451
43.5 Arquivos de Consumo 461
43.6 Natureza Jurídica 462
43.7 Notificação prévia ao consumidor 462
43.8 Quitação da dívida e cancelamento do registro 465
43.9 Inscrição indevida no cadastro de inadimplentes 467
43.10 Informação verdadeira, objetiva, clara e de fácil compreensão e prazo. 468
43.11 Prazo da Informação 469
    43.11.1 Direito ao esquecimento. Prazo genérico de 5 anos no cadastro de consumidores (informação negativa) 470
    43.11.2 Prazo da Ação de Cobrança 472
43.12 Sistema credit scoring 473
43.13 Cadastro de Passagem 475
44.1 Cadastro Nacional de Reclamações 477
45.1 Artigo Vetado 478

CAPÍTULO VI – Da Proteção Contratual 478
SEÇÃO I – Disposições Gerais 478
46.1 Um novo locus hermenêutico e a nova metódica do direito civil 478
46.2 O círculo hermenêutico e a questão dos preconceitos 481
46.3 A questão da pertença 482
46.4 O tempo em sua produtividade hermenêutica 483
46.5 A questão da história efeitual e situação hermenêutica 483
46.6 A importância de ter horizontes. A fusão de horizontes 484
46.7 A hermenêutica como aplicação 486
46.8 Novos Paradigmas Contratuais 487
46.9 Contrato de Adesão e Contrato Paritário 487

46.10 Jurisprudências 489
47.1 Interpretação mais Favorável ao Consumidor 494
47.2 Jurisprudências 495
48.1 Escritos particulares, recibos e contrato preliminar nas relações de
consumo 501
48.2 Execução Forçada da Obrigação de Fazer 501
49.1 Direito de Arrependimento 502
49.2 Prazo de Reflexão 502
49.3 Financiamento. Alienação Fiduciária. Arrependimento 504
49.4 Os prazos e sua contagem 504
49.5 Devolução das Quantias Pagas 505
50.1 Garantia Contratual 506
50.2 Padronização do Termo de Garantia 506

SEÇÃO II – Das Cláusulas Abusivas 507
51.1 Cláusulas Abusivas 509
51.2 Nulidade das Cláusulas Abusivas 509
51.3 Rol exemplificativo das Cláusulas Abusivas 510
51.4 Cláusulas que impossibilitem, exonerem ou atenuem a
responsabilidade do fornecedor 510
51.5 Cláusulas de renúncia ou disposição de direitos 511
51.6 Cláusula de Limitação da Indenização e o Consumidor-pessoa
jurídica 511
51.7 Reembolso da quantia paga pelo consumidor 512
51.8 Transferência de responsabilidade a terceiros 513
51.9 Obrigações iníquas, abusivas com desvantagem exagerada para o
consumidor 513
51.10 Cláusula que fere a boa-fé ou a equidade 523
51.11 Inversão do ônus da prova em desfavor ao consumidor 524
51.12 Arbitragem compulsória 525
51.13 Imposição de representante 530
51.14 Opção exclusiva do fornecedor 530
51.15 Variação unilateral de preço 530
51.16 Cancelamento unilateral do contrato 531
51.17 Ressarcimento unilateral dos custos de cobrança 531
51.18 Modificação unilateral do contrato 531
51.19 Violação de normas ambientais 532
51.20 Cláusulas em desacordo com o sistema de proteção ao consumidor . 532
51.21 Renúncia à indenização por benfeitorias necessárias 533
51.22 Acesso aos órgãos do Poder Judiciário 533
51.23 Prazos de Carência 534
51.24 Presunção relativa de vantagem exagerada 534
51.25 Conservação do contrato 535
51.26 Controle das cláusulas contratuais 535
51.27 Cláusulas Abusivas – Secretaria de Direito Econômico –
Portaria Nº 4, de 13 de Março de 1998 538
51.28 Cláusulas Abusivas – Secretaria de Direito Econômico –
Portaria Nº 3, de 19 de Março de 1999 539

51.29 Cláusulas Abusivas – Secretaria de Direito Econômico –
   Portaria Nº 3, de 15 de Março de 2001 541
51.30 Cláusulas Abusivas – Secretaria de Direito Econômico –
   Portaria Nº 5, de 27 de Agosto de 2002 543
51.31 Planos de Saúde – Cláusulas Abusivas 545
51.32 Planos de Saúde – Limitação de prazo de Internação –
   Cláusulas Abusivas 549
51.33 Planos de Saúde – Home Care – Cláusulas Abusivas 549
51.34 Consórcios – Cláusulas Abusivas 562
52.1 Crédito ou Concessão de Financiamento ao Consumidor 563
52.2 Informação prévia e adequada ao consumidor 563
52.3 Multa Moratória 564
52.4 Liquidação antecipada do débito 565
52.5 Contrato firmado antes da vigência da lei nº 9.298/96.
   Inaplicabilidade do código de defesa do consumidor aos contratos
   de mútuo submetidos às regras do SFH 566
52.6 Contrato de Crédito educativo 567
52.7 Cédula de crédito rural 567
52.8 Jurisprudências 568
53.1 Contratos de Compra e Venda mediante prestações e alienação
   fiduciária em garantia 570
53.2 Consórcio de produtos duráveis 571
53.3 Moeda Corrente Nacional 571
53.4 Jurisprudências 571

SEÇÃO III – Dos Contratos de Adesão 575
54.1 Contrato de Adesão 575
54.2 Cláusula inserida no formulário 575
54.3 Cláusula resolutória alternativa 576
54.4 Contratos de adesão escritos 576
54.5 Cláusulas que limitam os direitos do consumidor 576

CAPÍTULO VI-A – Da Prevenção e do Tratamento do
Superendividamento (Incluído pela Lei nº 14.181, de 2021) 578
54-A.1 Superendividamento 578
54-B.1 Informações obrigatórias 580
54-C.1 Vedações na oferta de crédito ao consumidor 581
54-D.1 Condutas obrigatórias na oferta de crédito 583
54-F.1 Relação entre contratos principais e acessórios 585
54-G.1 Condutas vedadas ao fornecedor de produto ou serviço 586

CAPÍTULO VII – Das Sanções Administrativas
(Vide Lei nº 8.656, de 1993) 587
55.1 Normas Gerais de Consumo 588
55.2 Normas de Consumo 589
55.3 Comissões Permanentes 589
55.4 Notificações aos fornecedores 590

56.1 Sanções Administrativas 590

SEÇÃO III – Das Penalidades Administrativas 591
56.2 Jurisprudências 596
57.1 Graduação da Multa e Fundos Especiais 597
57.2 Montante da Multa 598
58.1 Sanções por Vício e Ampla Defesa 598
59.1 Sanções Subjetivas 599
59.2 Pena de Cassação da Concessão 599
59.3 Pena de Intervenção Administrativa 599
59.4 Reincidência 600
60.1 Imposição de Contrapropaganda 600

TÍTULO II – Das Infrações Penais 602
61.1 Infrações Penais 602
62.1 Artigo Vetado 602
63.1 Omissão de dizeres ou sinais ostensivos 603
64.1 Omissão na comunicação às autoridades competentes 604
65.1 Execução de Serviços Perigosos 605
65.2 Concurso Material 605
65.3 Permitir o ingresso em estabelecimentos comerciais ou de serviços de um número maior de consumidores que o fixado pela autoridade administrativa como máximo 605
66.1 Falsidade, engano e omissão de informação relevante sobre produtos e serviços 606
67.1 Publicidade sabidamente enganosa e abusiva 606
68.1 Publicidade sabidamente tendenciosa 607
69.1 Omissão na organização de dados que dão base à publicidade 608
70.1 Emprego de peças e componentes de reposição usados 608
71.1 Utilizar meios vexatórios na cobrança de dívidas 609
72.1 Impedimento de acesso a Banco de Dados 610
73.1 Omissão na correção de dados incorretos 611
74.1 Omissão na entrega do termo de garantia adequadamente preenchido . 611
75.1 Responsabilidade e concurso de pessoas 612
76.1 Circunstâncias Agravantes 613
77.1 Penas de Multa 614
78.1 Outras Penas prevista no CDC 614
79.1 Fiança 617
80.1 Assistentes do Ministério Público e Ação Penal Subsidiária 618

TÍTULO III – Da Defesa do Consumidor em Juízo 618
CAPÍTULO I – Disposições Gerais 618
81.1 Defesa dos Interesses e direitos dos consumidores e das vítimas. Direito de Ação 619
81.2 Natureza Jurídica da Ação 619
81.3 Tutela Coletiva dos Consumidores 621
81.4 Interesses ou Direitos Difusos 622

81.5 Interesses ou Direitos Coletivos 623
81.6 Interesses ou Direitos Individuais Homogêneos 624
82.1 Condições da Ação. Legitimidade ad causam. 628
82.2 Legitimidade nas ações coletivas 630
82.3 Legitimidade para a Ação Civil Pública 630
82.4 Teoria da Asserção 631
82.5 Possibilidade Jurídica do Pedido 632
82.6 Elementos da Ação 633
    82.6.1 Teoria da Individuação 633
    82.6.2 Teoria da Substanciação 633
82.7 Quadro Geral 634
82.8 Classificação das Ações 634
    82.8.1 Segundo o Tipo de Provimento Requerido 634
    82.8.2 Segundo o Tipo de Tutela e seus Efeitos na Ação de Cognição 636
    82.8.3 A Tutela Inibitória 638
82.9 Legitimados concorrentes para a defesa dos interesses e direitos dos consumidores e das vítimas 644
82.10 Legitimação do Ministério Público 645
82.11 Legitimação da Defensoria Pública 654
82.12 Legitimação da União, dos Estados, dos Municípios e do Distrito Federal 655
82.13 Legitimação das entidades e órgãos da Administração Pública, direta ou indireta, ainda que sem personalidade jurídica 655
82.14 Legitimação das Associações 657
82.15 Dispensa pelo magistrado do requisito da pré-constituição 658
82.16 Jurisprudências 659
83.1 Efetividade da Tutela Jurisdicional 661
84.1 Cumprimento da obrigação de fazer ou não fazer 662
84.2 Conversão da obrigação em perdas e danos 663
84.3 Multa e Perdas e Danos 663
84.4 Medida Liminar 665
84.5 Multa diária ao Réu e seu cumprimento 667
84.6 Outras Medidas Necessárias ao efetivo cumprimento da Tutela Específica 669
85.1 Artigo Vetado 673
86.1 Artigo Vetado 673
87.1 Ações coletivas e Acesso à Justiça 673
87.2 Litigância de Má-fé 675
88.1 Ação de Regresso 676
88.2 Vedação de denunciação da lide 677
89.1 Artigo Vetado 679
90.1 Aplicação do CPC e da Lei de Ação Civil Pública 679
90.2 Jurisprudências 679

CAPÍTULO II – Das Ações Coletivas Para a Defesa de Interesses Individuais Homogêneos 680

91.1 Ação Civil Coletiva de responsabilidade pelos danos individualmente
    sofridos 680
92.1 Atuação Obrigatória do Ministério Público 681
93.1 Competência 681
94.1 Divulgação da propositura da ação 685
94.2 Litisconsórcio 685
    94.2.1 Conceito 685
    94.2.2 Classificação 685
    94.2.3 Litisconsórcio Facultativo e seus Casuísmos Legais 688
    94.2.4 Litisconsórcio necessário e a Eficácia da Sentença 690
    94.2.5 Regime Jurídico de cada Litisconsorte no Processo
        (arts. 117, 229, 391 e 1.005 do CPC) 692
94.3 Intervenção dos Interessados como litisconsortes e coisa julgada 694
95.1 Condenação 695
95.2 Jurisprudências 695
96.1 Artigo vetado 697
97.1 Liquidação e execução da sentença 698
98.1 Execução Coletiva 699
98.2 Jurisprudências 700
99.1 Concurso de Créditos 701
99.2 Garantia de Preferência 702
100.1 Fluid Recovery e Prazo para Habilitação 702

**CAPÍTULO III – Das Ações de Responsabilidade do Fornecedor
de Produtos e Serviços** 703
101.1 Competência Territorial 704
101.2 Chamamento ao Processo 704
101.3 Jurisprudências 705
101.4 Vedação da integração do contraditório pelo Instituto de
    Resseguros do Brasil 707
102.1 Ação preventiva 708

CAPÍTULO IV – Da Coisa Julgada 708
103.1 A coisa julgada – a definitividade 709
103.2 Princípio do Máximo Benefício ou da Dupla Chance 710
103.3 Análise a partir da diversidade de interesses 710
103.4 Coisa Julgada da Lei de Ação Civil Pública (Lei nº 7.347/85)
    transportada in utilibus às ações de indenização por danos
    pessoalmente sofridos 711
103.5 Coisa Julgada penal transportada in utilibus às ações de
    indenização por danos pessoalmente sofridos 712
103.6 Jurisprudências 712
104.1 Princípio da Primazia da Tutela Processual Coletiva 714
104.2 Jurisprudências 715

**CAPÍTULO V – Da Conciliação no Superendividamento
(Incluído pela Lei nº 14.181, de 2021)** 716

- Art. 104-A 719
- Art. 104-B 721
- Art. 104-C 721

TÍTULO IV – Do Sistema Nacional de Defesa do Consumidor 722
105.1 Sistema Nacional de Defesa do Consumidor (SNDC) 722
106.1 Departamento Nacional de Defesa do Consumidor 725

TÍTULO V – Da Convenção Coletiva de Consumo 727
107.1 Convenção Coletiva de Consumo 727
108.1 Artigo Vetado 728

TÍTULO VI – Disposições Finais 728

ANEXOS 730
LEI Nº 13.460/2017. PROTEÇÃO, DEFESA DOS DIREITOS E
PARTICIPAÇÃO DO USUÁRIO DOS SERVIÇOS PÚBLICOS DA
ADMINISTRAÇÃO PÚBLICA 730
LEI Nº 7.347, DE 24 DE JULHO DE 1985. 731
LEI Nº 8.078, DE 11 DE SETEMBRO DE 1990. 731

REFERÊNCIAS 732

INTRODUÇÃO

"O CASO PANASONIC"

Inicialmente vamos analisar o RECURSO ESPECIAL nº 63.981 – SP (1995/0018349-8), cujo relator foi o Ministro Aldir Passarinho Junior, e Relator para Acórdão o Ministro Salvio de Figueiredo Teixeira. Em 11 de abril de 2000, os Ministros da Quarta Turma do Superior Tribunal de Justiça, por maioria, conheceram do recurso e deram-lhe provimento, vencidos os Ministros Relator e Barros Monteiro. Votaram com o Ministro Sálvio de Figueiredo Teixeira os Ministros César Asfor Rocha e Ruy Rosado de Aguiar.

O Reclamante, Plínio Gustavo Prado Garcia, em causa própria, ingressou com recurso especial face à Panasonic do Brasil Ltda. Em linhas gerais, o caso jurídico concreto decidendo é o seguinte: o Reclamante adquiriu uma máquina filmadora, marca Panasonic, em Miami, Estados Unidos da América, que mais tarde veio a se apresentar defeituosa. A seguir requereu da empresa Panasonic do Brasil Ltda. a reparação do produto, em face da garantia dada na venda do bem pela empresa americana.

O magistrado de primeiro grau julgou extinto o processo com base no artigo 267, inciso VI, do Código de Processo Civil Brasileiro, denotando haver ilegitimidade da parte no processo, eis que a máquina filmadora fora adquirida de empresa americana e não da Panasonic brasileira. Esta não participou da produção ou venda, e nem assegurou qualquer garantia ao produto, não ensejando, por isso, a sua responsabilidade, conforme o artigo 12, parágrafo 3º, inciso I, da Lei nº 8.078/90. Ora, são empresas distintas: uma é a Panasonic americana, e a outra a brasileira. Não obstante, trouxe à colação, também como fundamentação, o artigo 3º do Código de Defesa do Consumidor, que conceitua fornecedor, demonstrando a inadequação do conceito ao caso em espécie.

O voto do Ministro Aldir Passarinho Junior foi no sentido de não conhecer o recurso especial, entendendo que a Lei nº 8.078/90 não alcançava a relação de consumo contratada no exterior, nos termos do caso concreto configurado.[8] Para o Ministro, não há fundamento jurídico legal ou contratual para condenar a Panasonic brasileira a reparar o produto em tela.[9] De certa forma, o ministro realizou um processo interpretativo clássico, entendendo a interpretação como produto de uma operação realizada em partes: *subtilitas intelligendi, subtilitas explicandi, subtilitas applicandi*, isto é: primeiro conheço, depois interpreto, para finalmente aplicar. Nesse sentido, o magistrado primeiro decidiu, para só depois fundamentar.

Ocorre que a compreensão é um existencial, ela é uma condição de possibilidade que se apresenta ao intérprete; ela se dá a partir das estruturas ontológicas do ser-aí (pre-sença). Os preconceitos e opiniões prévias que ocuparam a consciência do intérprete ficaram emoldurados no campo fechado dos direitos subjetivos determinados pela lei, nesse caso, o Código de Defesa do Consumidor. A perspectiva hermenêutica, segundo um ponto de vista externo, de cariz fundamentalmente ontológico, não foi enfrentada. Uma consciência histórico-hermenêutica formada de acordo com a índole das sociedades contemporâneas e com as dimensões culturais de nosso tempo não foram enfrentadas. A *situação hermenêutica* não foi considerada, já que o conceito de *situação* caracteriza-se por estar dentro dela e não diante dela com um olhar objetivo, desinteressado, passivo.[10]

---

8   Vale lembrar que as lições basilares da disciplina de Introdução ao Estudo do Direito, mormente aquelas relacionadas aos elementos da relação jurídica, norteiam a questão. Entende-se como sujeito da relação jurídica as pessoas entre as quais a relação jurídica é estabelecida, ou seja, são os pontos de ligação desta relação. O titular do direito subjetivo é chamado sujeito ativo, enquanto o sujeito passivo é aquele responsável pelo dever jurídico. O vínculo de atributividade é o "link jurídico" estabelecido entre as duas pessoas, pois é através desse vínculo que o sujeito ativo tem o direito de exigir o cumprimento do dever por parte do sujeito passivo. E o objeto é o fim específico almejado pelos sujeitos da relação jurídica. Assim, no caso concreto decidendo, a relação jurídica contratual foi firmada entre Plínio Gustavo Prado Garcia e a Panasonic americana, cujo objeto foi a aquisição de uma máquina filmadora. Ocorre que o Reclamante ajuizou ação contra a Panasonic do Brasil Ltda. e percebe-se face às lições de propedêutica jurídica que a Reclamada não integrou o polo passivo da referida relação contratual.

9   O ministro afirma em seu voto: "Como, portanto, aplicar um Código de Defesa do Consumidor brasileiro, a um negócio feito no exterior, entre uma empresa estrangeira e um turista brasileiro." Superior Tribunal de Justiça, Recurso Especial nº 63.981/SP, p.6.

10 O conceito de situação hermenêutica é dado por Gadamer da seguinte forma: "O conceito de situação se caracteriza pelo fato de não nos encontrarmos diante dela e, portanto, não podermos ter um saber objetivo dela. Nós estamos nela, já nos encontramos sempre numa situação, cuja iluminação é a nossa tarefa, e esta nunca pode se cumprir por completo. E isso vale também para a situação hermenêutica, isto é, para a situação

Dasein é ser-no-mundo. "Mundanidade" como um conceito ontológico, que significa a estrutura de um momento constitutivo do ser-no-mundo.[11] Assim, em seu voto, após informar sobre a inaplicabilidade do Código de Defesa do Consumidor, o Ministro apresenta uma série de argumentos:

> Quando um viajante adquire uma mercadoria estrangeira, ele se faz, usualmente, dentro da sua quota fiscal, sem o pagamento do oneroso imposto de importação, pelo que o bem sai consideravelmente mais em conta que o produto nacional. É uma opção que tem, porém também um risco, exatamente o de comprar um equipamento sem condições de garantia, ou de manutenção dispendiosa. [...]
> Imagine-se, aliás, como seria difícil ou impossível a todas as empresas de um conglomerado, na Europa, América do Sul, Central e do Norte, África etc., manterem estoque de peças e treinamento de pessoal para todo e qualquer produto, ainda que sua fabricação seja específica de apenas um ou poucos países.
> Por exemplo, um modelo de automóvel sofisticado produzido nos Estados Unidos pela General Motors e importado autonomamente pelo comprador para o Brasil, teria de ser reparado, gratuitamente, em qualquer concessionária Chevrolet, inobstante o pessoal não tivesse ferramentaria ou capacitação para tanto.
> Uma fábrica brasileira de televisores, que fosse filial da empresa brasileira ou americana, teria de reparar uma agenda eletrônica ou batedeira elétrica da mesma marca, ainda que inteiramente divorciada da sua linha de produtos. E por aí vai...
> E o mais grave é que, a prevalecer esse entendimento, todos os produtos contrabandeados, tais como computadores, vídeocassete, toca-fitas, CD players, DVD etc., serão automaticamente beneficiados, passando a ser garantidos pelas empresas brasileiras da mesma marca.

---

que nos encontramos face à tardição que queremos compreender. Também a iluminação dessa situação, isto é, a reflexão da história efeitual, não pode ser plenamente realizada, mas essa impossibilidade não é defeito da reflexão, mas encontra-se na essência mesma do ser histórico que somos. Ser histórico quer dizer não se esgotar nunca no saber-se. GADAMER, Hans-Georg. *Verdade e Método*: Traços fundamentais de uma hermenêutica filosófica. Tradução Flávio Paulo Meurer. Petrópolis: Vozes, 1997, p.451.

11 HEIDEGGER, Martin. Ser e Tempo: Parte I, Tradução Marcia Sá Cavalcante Schuback.12 ed. Petrópolis: Vozes, 2002, p.104.

A compreensão acabou por se fixar no segundo nível de racionalidade, que é o nível meramente lógico-argumentativo. Nesse caso, o processo hermenêutico foi atrelado a um *standard* de racionalidade chamado de "como apofântico". Isso quer dizer que foi dado ao texto legal um *sentido-em-si-mesmo*, ou seja, é como se a lei referida já trouxesse em-si-mesma o "seu" sentido, a-histórico, a-temporal e descontextualizado. Já foi dito anteriormente que o texto não carrega nada em si mesmo. O sentido deve ex-surgir a partir de uma atribuição realizada pelo intérprete, a partir de sua condição como ser-no-mundo. É, pois, a aplicação dos teoremas da diferença ontológica e do círculo hermenêutico. É a partir da pré-compreensão que o intérprete se insere em uma *situação hermenêutica*. É a proeminência do como hermenêutico, em que o ser do Direito é entendido como condição de possibilidades. Nesse sentido, frise-se, mais uma vez, as lições de Lenio Streck:

> É exatamente por isto que não se pode confundir hermenêutica, entendida como filosofia hermenêutica ou ontologia fundamental, com qualquer teoria da argumentação jurídica ou 'técnicas, métodos ou cânones' de interpretação, que são procedimentos discursivos que vão se formando numa sucessão de explicitações que nunca se esgotam, e que cuidam de outra racionalidade, que é apenas discursiva.[12]

A estrutura circular da compreensão é fundamentada a partir da temporalidade da pre-sença. O círculo hermenêutico em Heidegger apresenta um sentido ontológico, já que a compreensão deve ser vista como um existencial e não como um processo metodológico. Heidegger afirma que pertence à estrutura ontológica da presença uma compreensão do ser. É sendo que a presença está aberta para si mesma em seu ser.[13]

Nesse momento, cabe ao julgador a máxima cautela no processo decisório com vistas a proteger-se das opiniões prévias inadequadas, da arbitrariedade e do subjetivismo. Ao intérprete cabe realizar sempre um projetar.[14] Nesse sentido, Gadamer afirma que a compreensão do texto consiste na elaboração de um projeto prévio que deve ser constantemente

---

12 STRECK, Lenio Luiz. *Jurisdição Constitucional e Hermenêutica*: Uma Nova Crítica do Direito. 2.ed. Rio de Janeiro: Forense, 2004, p.256.
13 HEIDEGGER, 2002, p.245.
14 Gadamer afirma que "quem quiser compreender um texto realiza sempre um projetar". GADAMER, 1997, p. 402.

revisado à medida que se penetra em seu sentido.¹⁵ É dessa forma que o intérprete jurídico deve proceder, ou seja, a partir do primeiro sentido do texto legal, o julgador prelineia um sentido do todo. Isso quer dizer que deve analisar o caso concreto em todas as suas possibilidades, elaborando um projeto prévio que vai sendo constantemente revisado a partir da releitura do texto à luz dos princípios constitucionais. É esse constante reprojetar no qual os conceitos prévios são substituídos por outros mais adequados que protege o intérprete dos erros de suas opiniões prévias. Se por um lado as relações jurídicas interprivadas devem ser revistas a partir do catálogo dos direitos fundamentais e os valores que orientam a nossa sociedade, não se deve esquecer que no direito privado existe um espaço de autonomia, por menor que seja, face ser esta a gênese civilística. Daí a questão do fundamento sem-fundo (*Ab-Grund*) abissal. Não há que se falar em norma fundamental, em *a priori*, ou em qualquer fundamento em determinada coisa, uma vez que o processo de compreensão está fincado nas estruturas ontológicas do ser-aí, ou seja, é um existencial. É o fato da existência de um "pré", de uma pré-compreensão que se abre como condição de possibilidade para o intérprete jurídico.¹⁶

Outro ponto importante para o processo de compreensão do texto está relacionado à sua alteridade, ou seja, em princípio o intérprete deve deixar que o texto diga alguma coisa por si,¹⁷ para a seguir, considerando o momento da tradição no comportamento histórico-hermenêutico, realizar, através de preconceitos fundamentais e sustentadores, um constante reprojetar de sentidos.

Sem considerar o sentido da pertença, isto é, o momento da tradição no comportamento histórico-hermenêutico, o voto do Ministro Barros Monteiro também foi no sentido de não conhecer do recurso, acompanhando inteiramente o voto do Ministro-Relator.

Por sua vez, o Ministro Sálvio de Figueiredo Teixeira, após pedir vênia e divergir dos votos dos demais relatores, conheceu do recurso e lhe deu provimento, não evocando qualquer base legal ou contratual. Em seu

---

15 GADAMER, 1997, p.402.
16 Verifica-se que o nosso Código Civil Brasileiro em vigor já apresenta a existência de "cláusulas abertas", o princípio da função social do contrato, o princípio da função social da propriedade, o princípio da boa-fé objetiva que possibilita ao intérprete a realização de uma "correção normativa" com o intuito de adequá-lo à nova realidade social.
17 GADAMER, op.cit., 1997, p.405.

voto procurou destacar as condições sob as quais se deu a compreensão.[18] Vejamos o voto:

> No mérito, no entanto, tenho para mim que, por estarmos vivendo em uma nova realidade, imposta pela economia globalizada, temos também presente um novo quadro jurídico, sendo imprescindível que haja uma interpretação afinada com essa realidade. Não basta, assim, a proteção calçada em limites internos e em diplomas legais tradicionais, quando se sabe que o Código brasileiro de proteção ao consumidor é um dos mais avançados textos legais existentes, diversamente do que se dá, em regra, com o nosso direito privado positivo tradicional, de que são exemplos o Código comercial, de 1850, e o Código Civil, de 1916, que em muitos pontos já não mais se harmonizam com a realidade dos nossos dias.
>
> Destarte, se a economia globalizada não tem fronteiras rígidas e estimula e favorece a livre concorrência, é preciso que as leis de proteção ao consumidor ganhem maior expressão em sua exegese, na busca do equilíbrio que deve reger as relações jurídicas, dimensionando-se, inclusive, o fator risco, inerente à competitividade do comércio e dos negócios mercantis, sobretudo quando em escala internacional, em que presentes empresas poderosas, multinacionais, com sucursais em vários países, sem falar nas vendas hoje efetuadas pelo processo tecnológico da informática e no mercado consumidor que representa o nosso País.
>
> O mercado consumidor, não se pode negar, vê-se hoje "bombardeado" por intensa e hábil propaganda, a induzir a aquisição de produtos levando em linha de conta diversos fatores, dentre os quais, e com relevo, a respeitabilidade da marca.
>
> Dentro dessa moldura, não há como dissociar a imagem da recorrida "Panasonic do Brasil Ltda." da marca mundialmente conhecida "Panasonic". Logo, se aquela se beneficia desta, e vice-versa, devem, uma e outra, arcar igualmente com as consequências de eventuais deficiências dos produtos que anunciam e comercializam, não sendo

---

18 Por isso a compreensão não é um comportamento reprodutivo, mas sim sempre produtivo. Essa produtividade hermenêutica só pode ser efetuada a partir da mudança de paradigma, de cunho ontológico, que Martin Heidegger deu à compreensão como um existencial, como um modo de ser. Nesse sentido, tem-se a importância da temporalidade, uma vez que o reconhecimento da distância de tempo atua como uma possibilidade positiva e produtiva do compreender.

razoável que seja o consumidor, a parte mais frágil nessa relação, aquele a suportar as consequências negativas da venda feita irregularmente, porque defeituoso o objeto.

Claro que há, nos casos concretos, situações a ponderar. *In casu*, todavia, as circunstâncias favorecem o consumidor, pelo que tenho por violado o direito nacional invocado, conhecendo do recurso e, com renovada vênia, lhe dando provimento.

De plano percebe-se, ainda, que não foi citada no voto, a consciência de uma *situação hermenêutica*, ou seja, o tornar-se consciente de uma situação que é peculiar a cada caso concreto decidendo. Melhor dizendo: se a hermenêutica jurídica é produtiva e não (re)produtiva, não há como nos encontrarmos diante do caso concreto a ser decido com um saber objetivo dele. A historicidade e temporalidade são elementos que devem ser considerados. Gadamer afirma que "ser histórico quer dizer não se esgotar nunca no saber-se."[19]

O Ministro, ao invocar a questão da economia globalizada, buscou inserir-se em uma *situação hermenêutica*, a partir de um horizonte, isto é, "o âmbito de visão que abarca e encerra tudo o que é visível a partir de determinado ponto."[20] O julgador que não se inserir em uma situação hermenêutica não conseguirá ampliar sua visão acerca do caso jurídico e, por conseguinte, valorizará somente o que lhe está mais próximo, qual seja, o direito positivo[21]. Pelo contrário, ter horizontes significa não estar limitado ao texto legal, mas poder ver para além disso. É inserir o jurídico em realidades culturais, históricas, éticas e sociais. A omissão nessa tarefa de deslocar-se ao horizonte histórico, a partir do qual fala a tradição, levará o magistrado a "dizer o direito" descontextualizado com a nova realidade social em que vive. É a entificação do direito. A compreensão é luz, iluminação, clareira, revelação do ser-aí, *Aletheia*, que é a própria abertura do ser-no-mundo.

A globalização, em seus vários significados, pode ser compreendida como uma abertura para maior e melhor integração cultural, tecnológica,

---

19 GADAMER, 1997, p.451.
20 GADAMER, 1997, p.452.
21 Não basta identificarmos, em termos absolutos, o direito com a lei (texto), uma vez que o jurídico esgotar-se-ia com o conhecimento do conteúdo preceptivo da norma legal, e o que ao magistrado competiria apenas analisar a estrutura analítica e dedutiva de um juízo puramente lógico. A aplicação do direito se restringiria apenas a um mero problema lógico, a bastar-se com um simples processo silogístico lógico-dedutivo.

educacional, axiológica, pois constitui um fenômeno que projeta seus reflexos nos diversos matizes da vida social. A explosão das relações econômicas relacionadas à multiplicação dos meios e técnicas de comunicação, bem como as modificações culturais e políticas da sociedade atual são, de fato, projeções que vão entremear e afetar os vários subsistemas sociais (econômico, político, jurídico, religioso, cultural etc.).

É dessa forma que grandes corporações multinacionais vêm ocupando o espaço competitivo na disputa por mercados emergentes favoráveis ao comércio, ou seja, a globalização como um processo de expansão de mercados consumidores. É a quebra de fronteiras: nesse sentido uma empresa multinacional poderá estender seus braços a todo o planeta visando atingir com sua marca um maior número de consumidores, isto é, uma maior intensificação das relações de consumo em escala mundial.

Diante disso, o intérprete jurídico não pode ficar alheio a esta mudança social ocasionada pelos efeitos da globalização. A compreensão é um existencial e está relacionada com o modo de ser-no-mundo. O pré da pre-sença constitui essencialmente o ser-no-mundo. Daí a pre-sença trazer consigo sempre o pré. Dessa maneira, cabe ao julgador, através de uma antecipação de sentido, de uma visão prévia, conformar o processo hermenêutico a partir de uma consciência histórica. No caso concreto, a nova realidade, imposta pela economia globalizada, desde logo, é inserida como um novo elemento que vai permear o quadro jurídico. É essa a antecipação de sentido; é esse o preconceito produtivo que deve conformar todo o processo exegético.

Assim, a prestação jurisdicional não deve ficar limitada a uma aplicação passiva de regras e princípios preestabelecidos. Na realidade, não é possível imaginar a dogmática jurídica abstrata e formal como um estado perfeito de esclarecimento total ou de saber absoluto. O uso metódico e disciplinado da razão era suficiente para a ambiência de uma "segurança jurídica". A ideia era a proteção contra qualquer erro, arbitrariedade e subjetivismo. Essa é a ideia cartesiana do método. Ocorre que cabe ao julgador um papel de destaque. O juiz deve analisar o caso concreto em todas as suas especificidades, moldando o processo decisório de acordo com os valores e interesses sociais.[22] Castanheira Neves propõe que a nova missão do juiz imporia a este uma atuação para além do campo fechado dos direitos

---

22 Nesse ponto, vale destacar a passagem do voto do ministro Sálvio de Figueiredo Teixeira: "Dentro dessa moldura, não há como dissociar a imagem da recorrida 'Panasonic do Brasil Ltda' da mundialmente conhecida 'Panasonic'."

subjetivos determinados pela lei. O juiz seria responsável pela conservação e pela promoção de interesses finalizados por objetivos socioeconômicos. É um atuar dinâmico da magistratura.[23]

É nesse ponto que devemos relembrar que esta atuação dinâmica da magistratura não se confunde com arbitrariedade das opiniões prévias do julgador e/ou com a subjetividade do intérprete. Caso contrário, estar-se-ia diante de um Estado totalitário, um Estado-Judiciário. Portanto, o julgador não pode se dirigir diretamente aos textos, a partir da opinião prévia que lhe subjaz. A questão deve ser posta a partir da pré-compreensão que o intérprete se insere em dada *situação hermenêutica*. Em sendo a compreensão um existencial, ela se dá no plano ontológico. A compreensão se apresenta ao intérprete a partir da *Aletheia*, a partir da clareira do ser, é uma abertura de possibilidades relacionada a uma temporalidade e uma historicidade. É isso que Gadamer diz quando afirma: "os preconceitos de um indivíduo são, muito mais que seus juízos, a realidade histórica do seu ser."[24] O filósofo relaciona tais preconceitos com o sentido da pertença, já que esta é o momento da tradição no comportamento histórico-hermenêutico, realizado por tais preconceitos fundamentais e sustentadores.[25]

A ciência jurídica, tida como ciência do espírito, deve ser revestida pela investigação histórica que é suportada pelo movimento histórico em que se encontra a própria vida. Dessa forma, não há que se falar de um conhecimento completo da história,[26] razão pela qual as ciências do espírito devem libertar-se da modelagem das ciências naturais e a compreensão deve ser vista como uma condição de possibilidades, como um existencial, como um poder-ser, como um devir, como um estar sendo, sempre em movimento. Assim, o processo judicial passaria a ser evolutivo, prospectivo, instrumental e pragmático sempre com os olhos voltados para o caso concreto decidendo. Dessa forma, as lições de Castanheira Neves:

> A condição existencialmente cultural – e a condição decisiva – refere uma exigência de virtude. Que o homem não se compreenda apenas

---

23 NEVES, Castanheira. *O Actual Problema Metodológico da Interpretação Jurídica – I*. Coimbra: Coimbra Editores, 2003, p.44-45.
24 Gadamer ensina que, "na realidade, não é a história que pertence a nós, mas nós é que a ela pertencemos. Muito antes de que nós compreendamos a nós mesmos na reflexão, já estamos nos compreendendo de uma maneira autoevidente na família, na sociedade e no Estado em que vivemos." GADAMER, 1997, p.415.
25 *Ibid.*, p.442.
26 *Ibid.*, p.427.

como destinatário do direito e titular de direitos, mas autenticamente como o sujeito do próprio direito e assim não apenas beneficiário dele mas comprometido com ele – o direito não reivindicado no cálculo e sim assumido na existência, e então não como uma externalidade apenas referida pelos seus efeitos, sancionatórios ou outros, mas como uma responsabilidade vivida no seu sentido. O direito só concorrerá para a epifania da pessoa se o homem lograr culturalmente a virtude desse compromisso.[27]

É o círculo hermenêutico. Isso representa na filosofia heideggeriana que a compreensão do texto se encontra determinada pela pré-compreensão, ou seja, a compreensão se dá "através do fato de que as partes que se determinam a partir do todo determinam, por sua vez, a esse todo."[28]

Assim, o movimento da compreensão vai constantemente do todo à parte e desta ao todo. Vale lembrar, mais uma vez, que o referido círculo hermenêutico não é um círculo metodológico, mas antes de tudo descreve um momento estrutural ontológico da compreensão, isto é, encontra-se no plano ontológico do *Dasein* (ser-aí, pre-sença).

Desse modo, a compreensão do texto jurídico não deve ficar dominada a uma re-produção de uma produção originária. Isso quer dizer, por exemplo, que o julgador não pode compreender o texto civilístico que representa os anseios, a cultura, a tecnologia, a economia, os valores de uma sociedade da época de 1975, apenas de forma reprodutiva. Há que se levar em consideração a antecipação de sentido, a pré-compreensão.

Da mesma forma, no caso jurídico decidindo, o ministro Sálvio de Figueiredo Teixeira procurou orientar-se pelos preconceitos produtivos da compreensão, inserido numa tradição histórico-hermenêutica.

Assim, o Ministro traz à baila a questão de uma vivência de uma nova realidade, imposta por uma economia globalizada, uma economia que não tem mais fronteiras rígidas, estimulando e favorecendo a livre concorrência. Informa, ainda, a questão do risco, inerente à competitividade do comércio e dos negócios mercantis, sobretudo em escala internacional. Leva em consideração a intensa e hábil propaganda que induz à aquisição de produtos, levando-se em conta a respeitabilidade da marca. Enfim, procura permear o caso concreto através de uma dimensão da integração cultural,

---

27 NEVES, 2003, p.75.
28 GADAMER, 1997, p.436.

tecnológica, axiológica, econômica etc. de nossa sociedade. Assim, *in casu*, o fenômeno da globalização projeta seus reflexos na questão jurídica.

De certa forma, a filosofia hermenêutica heideggeriana se faz presente, já que neste voto ocorre uma abertura a novos horizontes, a partir dos modos de ser-no-mundo. É um pensar originário, através da analítica existencial, que se baseia na ontologia fundamental heideggeriana. A questão do ser, do tempo e do mundo destacam-se no processo hermenêutico.

Nas palavras de Gadamer, "a compreensão não é nunca um comportamento somente reprodutivo, mas é, por sua vez, sempre produtivo",[29] vale dizer que na esfera jurídica o direito não pode ser visto como ciência reprodutiva, mas sim produtiva. É um estar em movimento, é um devir, um acontecer, um dar-se ontológico, é um sendo, é um existencial, a partir da interpretação da temporalidade como modo de ser da pre-sença.

Face a isso, vejamos os ensinamentos gadamerianos:[30]

> O círculo, portanto, não é de natureza formal. Não é nem objetivo nem subjetivo, descreve, porém, a compreensão como a interpretação do movimento da tradição e do movimento do intérprete. A antecipação de sentido, que guia a nossa compreensão de um texto, não é um ato da subjetividade, já que se determina a partir da comunhão que nos une com a tradição. Porém, essa nossa relação com a tradição, essa comunhão está submetida a um processo de contínua formação. Não se trata simplesmente de uma pressuposição, sob a qual nos encontramos sempre, porém nós mesmos vamos instaurando-a, na medida em que compreendemos, em que participamos do acontecer da tradição e continuamos determinando-o, assim, a partir de nós próprios.

É desse modo que *Dasein* é temporalidade. O tempo fundamenta o acontecer e representa uma possibilidade positiva e produtiva do compreender.[31] Gadamer entende que somente através do acontecer da compreensão é possível a distinção entre os preconceitos e opiniões prévias que ocupam a consciência do julgador com os preconceitos produtivos. Dessa maneira, a importância temporal se faz presente, já que existe

---

29 GADAMER, 1997, p.444.
30 Ibid., p.439-440.
31 Ibid., p.445.

uma polaridade entre familiaridade e estranheza em que se baseia toda a tarefa hermenêutica.[32]

Já o Ministro Cesar Asfor Rocha pediu vista dos autos para melhor exame da matéria, sobretudo tendo em conta o seu ineditismo. Este voto, na mesma linha do Ministro Sálvio de Figueiredo Teixeira, reforçou as questões relacionadas à marca do produto, a sua credibilidade e os créditos a ele inerentes. Por outro lado, afirmou que o Código de Defesa do Consumidor implantou uma nova configuração jurídica às relações de consumo existentes no Brasil, impondo, destarte, uma proteção mais efetiva tanto aos interesses coletivos como aos chamados difusos. Assim, conheceu do recurso e lhe deu provimento.

O Ministro Ruy Rosado de Aguiar (Presidente) votou acompanhando a posição do Ministro Sálvio de Figueiredo Teixeira, com as considerações do Ministro Cesar Asfor Rocha. O seu voto foi no sentido de que

> A empresa que vende seus produtos em diversos países do mundo, e assim se beneficia do regime de globalização comercial, deve responder pelas suas obrigações com a mesma extensão. A quebra das fronteiras para a venda há de trazer consigo a correspondente quebra das fronteiras para manter a garantia da qualidade do produto. Do contrário, a empresa multinacional recebe o bônus que significa a possibilidade de ampliar o mercado para a colocação da mercadoria que produz, elevando-o a um plano universal, mas se exonera do ônus de assumir a responsabilidade de fabricante ou fornecedor, invocando a seu favor a existência da fronteira. Esse limite, que não impede a sua expansão, não pode servir para reduzir a sua obrigação.

Por fim, vejamos como ficou a ementa do referido recurso especial:

EMENTA
DIREITO DO CONSUMIDOR. FILMADORA ADQUIRIDA NO EXTERIOR, DEFEITO DA MERCADORIA, RESPONSABILIDADE DA EMPRESA NACIONAL DA MESMA MARCA ("PANASONIC"). ECONOMIA GLOBALIZADA, PROPAGANDA, PROTEÇÃO AO

---

[32] Gadamer entende que, nesse caso, estamos diante de uma tensão. "Ela se desenvolve entre a estranheza e a familiaridade que a tradição ocupa junto a nós, entre a objetividade da distância, pensada historicamente, e a pertença a uma tradição. Esse entremeio (*Zwischen*) é o verdadeiro lugar da hermenêutica." GADAMER, 1997, p.442.

CONSUMIDOR, PECULIARIDADES DA ESPÉCIE, SITUAÇÕES A PONDERAR NOS CASOS CONCRETOS, NULIDADE DO ACÓRDÃO ESTADUAL REJEITADA, PORQUE SUFICIENTEMENTE FUNDAMENTADO RECURSO CONHECIDO E PROVIDO NO MÉRITO, POR MAIORIA.

I – Se a economia globalizada não mais tem fronteiras rígidas e estimula e favorece a livre concorrência, imprescindível que as leis de proteção ao consumidor ganhe maior expressão em sua exegese, na busca do equilíbrio que deve reger as regras jurídicas, dimensionando-se inclusive, o fator risco, inerente à competitividade do comércio e dos negócios mercantis, sobretudo quando em escala internacional, em que presentes empresas poderosas, multinacionais, com filiais em vários países, sem falar nas vendas hoje efetuadas pelo processo tecnológico da informática e no forte mercado que representa o nosso País.

II – O mercado consumidor, não há como negar, vê-se hoje "bombardeado" diuturnamente por intensa e hábil propaganda, a introduzir a aquisição de produtos, notadamente os sofisticados de procedência estrangeira, levando em linha de conta diversos fatores, dentre os quais, e com relevo, a respeitabilidade da marca.

III – Se empresas nacionais se beneficiam de marcas mundialmente conhecidas, incumbe-lhes responder também pelas deficiências dos produtos que anunciam e comercializam, não sendo razoável destinar-se ao consumidor as consequências negativas dos negócios envolvendo objetos defeituosos.

IV – Impõe-se, no entanto, nos casos concretos, ponderar as situações existentes.

V – Rejeita-se a nulidade arguida quando sem lastro na lei ou nos autos.

Nesse sentido, a inserção numa *situação hermenêutica* requer um esforço pessoal do julgador, já que a compreensão é sempre uma fusão de horizontes.[33] É a fusão do direito positivo com o novo, com a compreensão da tradição da qual o intérprete jurídico procede e vivencia. Isto se dá a partir da compreensão como *Dasein*, como ser-no-mundo. Todo esse encontro com a tradição realizado com a consciência histórica "experimenta

---

33 GADAMER, 1997, p.457.

por si mesmo a relação de tensão entre texto e presente."[34] Daí a importância da interpretação judicial: a lei deve ser compreendida adequadamente a partir de cada situação concreta levada ao judiciário. Cada caso concreto é novo e distinto e cabe ao julgador inseri-lo e inserir-se em cada *situação hermenêutica*. É a circularidade hermenêutica. É a compreensão como um aplicar, como um acontecer.[35]

A lei é sempre deficiente porque a hermenêutica jurídica deve dar-se de acordo com todas as possibilidades abertas do *Dasein*. É por essa razão que o fundamento da ordem jurídica deixa de ser a norma fundamental e passa a ser entendido como o *Dasein*, cujo fundamento jurídico é sem fundo, abissal, aberto a possibilidades, um poder-ser, um sendo, um estar em movimento. Existencial não é a lei, mas sim a sua compreensão. É dessa forma que a prática jurídica em nossos tribunais deve ser permeada por uma hermenêutica jurídica de cunho transmetodológico, ou seja, os preconceitos orientados no sentido histórico-existencial pelo qual o intérprete encontra-se inserido através do círculo hermenêutico e diferença ontológica.

Partindo dessas ideias, Antonio Osuna Fernández-Largo afirma que

> *ningún intérprete puede pretender estar frente al texto normativo libre de precomprensiones, pues ello equivaldría estar fuera de la historia y a hacer enmudecer a la norma. La hermenéutica demuestra que la actividad interpretativa se hace desde las experiencias vitales del intérprete y que éste incorpora toda su comprensión de la vida a su actividad interpretativa.*[36]

Portanto, não pode o magistrado ficar indiferente frente ao texto normativo, mas sim ficar atento à tradição histórica e temporal que envolve o horizonte hermenêutico jurídico. Isso não significa menosprezar a questão lógico-argumentativa, que deve ser desenvolvida em um segundo momento, em um segundo nível de racionalidade da decisão judicial.

Inicialmente, a questão se apresenta ao intérprete em um nível de racionalidade ontológica, em que a questão do ser está relacionada à questão da compreensão. É o *Dasein*, como fonte dinamizadora da compreensão da

---

34 GADAMER, 1997, p.458.
35 GADAMER, 1997, p.461.
36 FERNÁNDEZ-LARGO, Antonio Osuna. *La Hermenéutica Jurídica de Hans-Georg Gadamer*. Valladolid: Secretariado de Publicaciones-Universidad de Valladolid, 1992, p.88.

ciência jurídica. É uma hermenêutica jurídica que se apresenta como um diálogo entre o ser-no-mundo e o sentido do texto legal. Nesse momento, Hans-Georg Gadamer, discípulo de Heidegger, afirma que o ato de compreender não significa mais "um comportamento do pensamento humano dentre outros que se pode disciplinar metodologicamente, conformando, assim, um procedimento científico, mas perfaz a mobilidade de fundo da existência humana."[37] Desse modo, a exigência de um critério pautado em premissas verdadeiras e imutáveis que atravessa o direito positivo revela-se inconsistente e perde todo o seu significado. Da mesma forma, não é mais possível acreditar em uma norma fundamental, de caráter kelseniano, como norma pressuposta a ancorar todo o sistema jurídico.

É essa a dificuldade do julgador: "dizer o direito" de forma a conciliar a dogmática jurídica com o universo cultural moderno, ou seja, precisa "superar o hiato insuperável entre a generalidade do direito estabelecido e a concreção do caso individual."[38] À luz dessa questão, a hermenêutica jurídica ganha novos contornos, de forma que "o problema da interpretação compreensiva está indissoluvelmente ligado ao problema da aplicação."[39]

Alejandro Nieto ensina que "*estamos siempre arrojados a un mundo de significados y valores y, para tanto, no podemos considerarnos como observadores neutrales de un mundo exterior.*"[40] É nesse momento que se dá a fusão de horizontes como contribuição produtiva do magistrado e parte integrante do próprio sentido do compreender. Aqui se verifica a importância dos escritos heideggerianos: o acontecer do ser, o pré como clareira do ser, *aletheia*, o desvelamento do ser, a diferença ontológica, círculo hermenêutico etc.

Portanto, todas as mudanças históricas, sociais, econômicas e axiológicas ocorridas durante todo o século XX trazem consequências para o Direito. Daí que o fenômeno da globalização traz influências para o Direito. A questão de como lidar com o novo laço social da globalização em suas múltiplas expressões foi foco de um seminário ocorrido no fim de semana de 20 a 22 de agosto de 2004, em Ilhabela, litoral do Estado de São Paulo. O evento, chamado *O Futuro do Passado: Uma Conversa sobre a Hipermodernidade*,

---

37 GADAMER, 2002, p.125.
38 *Ibid.*, p.129.
39 *Ibid.*, p.129.
40 NIETO, Alejandro; GORDILLO, Agustín. *Las Limitaciones del Conocimiento Jurídico.* Madrid: Trotta, 2003, p.38.

consistiu em uma conversa de Jorge Forbes, Tercio Sampaio Ferraz Júnior e Chaim Samuel Katz com o filósofo francês Gilles Lipovetsky.

Na ocasião, Tércio Sampaio Ferraz Júnior informou que:[41]

> Finalmente, no mundo globalizado, o direito não é mais visto como um instrumento, mas sim como realização virtual de uma potencialidade universal. Todas as questões jurídicas passam a ser questões de integração total.
>
> Então, transformações brutais desafiam o pensamento em relação a todos aqueles antigos instrumentos que, no nosso caso, herdamos dos romanos, como a ideia do contrato.
>
> O contrato sempre foi visto como uma relação entre dois indivíduos. Agora, pode ser pensado como uma realização de muitas expressões sociais ao mesmo tempo: os dois indivíduos, mas, também, as categorias sociais, a indústria, todos os consumidores. É que chamamos de contrato integral.
>
> Quem firma um contrato, ainda que esteja apenas definindo com seu vizinho quem vai construir ou deixar de construir o muro, toca em questões de todas as vertentes: as posturas municipais, o interesse da vizinhança, a defesa ambiental... No fim, dois vizinhos estão envolvidos pelo interesse do mundo inteiro na construção de um simples muro.

É essa uma das razões para se considerar, *in casu*, o fenômeno e os efeitos da globalização, bem como uma maior exegese na proteção aos consumidores. Daí que o direito positivo, "que foi pensado e elaborado para o mundo dos átomos, não consegue resolver problemas do mundo dos *bits*; não dá conta da simultaneidade virtual."[42] [43]

---

41 FERRAZ JUNIOR, Tercio Sampaio; REALE JÚNIOR, Miguel; FORBES, Jorge (Org.). *A Invenção do Futuro*: Um debate sobre a pós-modernidade e a hipermodernidade. Barueri: Manole, 2005, p.100-101.

42 *Ibid.*, p.31

43 GAIO JÚNIOR, Antônio Pereira. GAIO JÚNIOR, Antônio Pereira. *O Consumidor e sua Proteção na União Europeia e Mercosul. Pesquisa Conjuntural como Contribuição Política Desenvolvimentista de Proteção Consumerista nos Blocos*. Lisboa: Juruá Editorial, 2014.

Lei nº 8.078, de 11 de setembro de 1990

Dispõe sobre a proteção do consumidor e dá outras providências.

O PRESIDENTE DA REPÚBLICA, faço saber que o Congresso Nacional decreta e eu sanciono a seguinte lei:

TÍTULO I
Dos Direitos do Consumidor

CAPÍTULO I
Disposições Gerais

Art. 1º O presente código estabelece normas de proteção e defesa do consumidor, de ordem pública e interesse social, nos termos dos arts. 5º, inciso XXXII, 170, inciso V, da Constituição Federal e art. 48 de suas Disposições Transitórias.

↪ COMENTÁRIOS
1.1 Direitos Fundamentais

O termo "direitos fundamentais" é encontrado na dogmática jurídica em várias expressões, tais como: "direitos humanos", "direitos do homem", "direitos subjetivos públicos", "liberdades públicas", "direitos individuais", "liberdades fundamentais" e "direitos humanos fundamentais".[1]

No próprio texto constitucional, a expressão *direitos fundamentais* se apresenta de forma diversificada, tais como: a) direitos humanos (art. 4º, II da CRFB/88); b) direitos e garantias fundamentais (Título II e art. 5º,

---
1   SARLET, Ingo Wolfgang. *A eficácia dos direitos fundamentais*. 3. ed. Porto Alegre: Livraria do Advogado, 2003, p. 31.

§ 1º da CRFB/88); c) direitos e liberdades constitucionais (art. 5º, LXXI da CRFB/88); e d) direitos e garantias constitucionais (art. 60, § 4º, IV da CRFB/88).

A compreensão dos direitos fundamentais é vital para a superação do direito positivo, já que pretende aproximá-lo da filosofia do direito. É uma espécie de aproximação do direito com a moral. Daí a importância do estudo do direito civil em harmonia com os direitos fundamentais, na busca de uma fundamentação constitucional para as decisões dos casos concretos na esfera interprivada.

Gregorio Peces-Barba Martínez ensina que, *"en los derechos fundamentales el espíritu y la fueza, la moral y el Derecho están entrelazados y la separación los mutila, los hace incomprensibles. Los derechos fundamentales son una forma de integrar justicia y fuerza desde la perspectiva del individuo propio de la cultura antropocéntrica del mundo moderno"*.[2]

1.2 A concepção dos *direitos fundamentais* na Constituição de 1988

O Título II (Dos Direitos e Garantias Fundamentais) da Constituição da República Federativa do Brasil de 1988 apresenta um rol extenso de direitos fundamentais. Somente o artigo 5º constitucional contempla 77 incisos.[3] Já o artigo 7º, com seus 34 incisos, apresenta um vasto rol de direitos sociais dos trabalhadores.

O catálogo dos direitos fundamentais consagrados na Constituição abarca vários direitos em suas variadas dimensões: direito à vida, à liberdade, à propriedade, direitos sociais básicos, direito ao meio ambiente ecologicamente equilibrado (art. 225, da CRFB/88), proteção ao consumidor, dentre outros.

Os direitos fundamentais podem ser classificados, de acordo com sua multifuncionalidade, em dois grandes grupos, a saber:[4]

 a) *direitos de defesa*, aí incluídos os direitos de liberdade, igualdade, as garantias, bem como parte dos direitos sociais (liberdades sociais)

---

2 MARTÍNEZ, Gregorio Peces-Barba. *Lecciones de Derechos Fundamentales*. Madrid: Dykinson, 2004, p. 31.
3 O artigo 5º, apesar de exaustivo, não apresenta cunho taxativo.
4 SARLET, 2003, p. 246.

e políticos. São direitos que impõem uma abstenção por parte do Estado e, em regra, representam os direitos subjetivos;

b) *direitos a prestações* integrados pelos direitos a prestações em sentido amplo, tais como os direitos à proteção e à participação na organização e procedimento, assim como pelos direitos a prestações em sentido estrito, representados pelos direitos sociais de natureza prestacional.

É necessário lembrar a cláusula de abertura prevista pelo art. 5°, § 2° da Constituição. Nesse sentido, cumpre referir que o "conceito materialmente aberto dos direitos fundamentais consagrado pelo art. 5°, § 2°, da CF aponta para a existência de direitos fundamentais positivados em outras partes do texto constitucional e até mesmo em tratados internacionais, bem assim para a previsão expressa da possibilidade de se reconhecer direitos fundamentais não escritos, implícitos nas normas do catálogo, bem como decorrentes do regime e dos princípios da Constituição".[5]

Vale destacar que o catálogo dos direitos fundamentais constitui em si uma concretização do princípio fundamental da dignidade da pessoa humana (art. 1°, inciso III, da CRFB/88). Daí que o princípio da dignidade humana constitui um locus hermenêutico aberto que deve ser harmonizado com a diversidade de valores que se manifestam nas sociedades complexas e plurais. É a questão da intersubtividade e alteridade da norma jurídica, já que a dimensão intersubjetiva da dignidade humana deve ser compreendida a partir da relação do ser humano com os demais membros da sociedade em que vive.

1.3 A diferença entre *direitos fundamentais* e *direitos humanos*

Segundo Ingo Wolfgang Sarlet, a distinção é de que o termo *direitos fundamentais* "se aplica para aqueles direitos do ser humano reconhecidos e positivados na esfera do direito constitucional positivo de determinado Estado, ao passo que a expressão "direitos humanos" guardaria relação com os documentos de direito internacional, por referir-se àquelas posições jurídicas que se reconhecem ao ser humano como tal, independentemente de sua vinculação com determinada ordem constitucional, e que, portanto,

---

5   SARLET, 2003, p. 79.

aspiram à validade universal, para todos os povos e tempos, de tal sorte que revelam um inequívoco caráter supranacional (internacional)".[6]

Dessa maneira, os *direitos fundamentais* representam os direitos reconhecidos pelo ordenamento constitucional interno de cada Estado e os *direitos humanos* são aqueles reconhecidos pelo direito internacional com validade universal e de contornos mais amplos e imprecisos.

Da mesma forma, as lições de Antônio-Enrique Pérez Luño, "Los derechos humanos suelen venir entendidos como un conjunto de facultades e instituciones que, en cada momento histórico, concretan las exigencias de la dignidad, la libertad y la igualdad humanas, las cuales deben ser reconocidas positivamente por los ordenamientos jurídicos a nivel nacional e internacional. En tanto que con la noción de los derechos fundamentales se tiende a aludir a aquellos derechos humanos garantizados por el ordenamiento jurídico positivo, en la mayor parte de los casos en su normativa constitucional, y que suelen gozar de una tutela reforzada".[7]

1.4 As dimensões dos *direitos fundamentais*

O processo de reconhecimento dos direitos fundamentais no âmbito do direito positivo dá margem a sua compreensão a partir das características de seu conteúdo. Tais características podem ser agrupadas em dimensões (gerações):

a) *Direitos fundamentais da primeira geração*: São aqueles de índole liberal-individualista, fruto do pensamento liberal-burguês do século XVIII, que representam os direitos individuais frente ao Estado. Os direitos fundamentais de primeira geração estão relacionados aos direitos de cunho jusnaturalista, tais como: os direitos à vida, à liberdade, à propriedade, à igualdade (igualdade formal) perante a lei. Nessa dimensão estão incluídos, também, os direitos de participação política e as liberdades de expressão coletiva (liberdades de expressão, imprensa, manifestação, reunião, associação etc.).

b) *Direitos fundamentais da segunda geração*: Os direitos fundamentais da segunda geração estão relacionados aos direitos econômicos, sociais e culturais. Como observa Ingo Sarlet, estes direitos "não englobam apenas direitos de cunho positivo, mas também as assim denominadas 'liberdades sociais', do que dão conta os exemplos da

---

6   SARLET, 2003, p. 33-34.
7   PEREZ LUÑO, Antônio-Enrique. *Los derechos fundamentales*. 8. ed. Madrid: Tecnos, 2004, p. 46.

liberdade de sindicalização, do direito de greve, bem como do reconhecimento de direitos fundamentais aos trabalhadores, tais como o direito a férias e ao repouso semanal remunerado, a garantia de um salário mínimo, a limitação da jornada de trabalho".[8]

c) *Direitos fundamentais da terceira geração*: Os direitos fundamentais da terceira geração são aqueles denominados de direitos de solidariedade. São caracterizados pelos direitos transindividuais, também chamados direitos coletivos e difusos e que, no geral, compreendem os direitos do consumidor e dos direitos relacionados à proteção do meio ambiente, respectivamente.

d) *Direitos fundamentais da quarta geração*: Os direitos fundamentais da quarta geração são os direitos de manipulação genética, relacionados à biotecnologia e bioengenharia, e que tratam de questões sobre a vida e a morte, sobre cópias de seres humanos, e que requerem uma discussão ética prévia.

e) *Direitos fundamentais da quinta geração*: Os direitos fundamentais da quinta geração estão relacionados aos direitos da realidade virtual, que surgem do grande desenvolvimento da cibernética.

1.5 Fundamento Constitucional do Direito do Consumidor

Art. 5º, XXXII, da CRFB/88. A Constituição da República de 1988, de forma expressa, tratou da defesa do consumidor nos artigos 5º, XXXII, 24, VIII, 150 § 5º e 170, V. Ora, é dada fundamental importância à defesa do consumidor, já que inserida no título que trata dos Direitos e Garantias Fundamentais, com competência concorrente (art. 24) entre União, Estados e Distrito Federal e, ainda, foi considerada Princípio Geral da Atividade Econômica (art. 170).

O artigo 170, inciso V, assim dispõe: "A ordem econômica, fundada na valorização do trabalho humano e na livre iniciativa, tem por fim assegurar a todos a existência digna, conforme os ditames da justiça social". Verifica-se, pois, que a defesa do consumidor é elevada a princípio geral da ordem econômica, atribuindo a tal o mesmo status conferido aos princípios da soberania nacional, da propriedade privada, da livre iniciativa da concor-

---

8   SARLET, 2003, p. 53.

rência, dentre outros, e que atualmente estão amplamente recepcionados e utilizados por toda a sociedade brasileira.

Ademais, o art. 48 do Ato das Disposições Constitucionais Transitórias (ADCT) fixou prazo (120 dias) para que o Congresso Nacional elaborasse o Código de Defesa do Consumidor (sancionado e publicado em 12 de setembro de 1990 – Lei nº 8.078/90).

Nelson Nery Júnior[9] afirma que "O Código pretende criar a necessidade de haver mudança de mentalidade de todos os envolvidos nas relações de consumo, de sorte que não mais seja praticada a Lei do Gerson no país, segundo a qual se deve tirar vantagem devida e indevida de tudo, em detrimento dos direitos de outrem. O Código pretende desestimular o fornecedor do espírito de praticar condutas desleais ou abusivas, e o consumidor de aproveitar-se do regime do Código para reclamar infundadamente pretensos direitos a ele conferidos."

Aqui, vale destacar as lições de Ada Pellegrini Grinover e Antônio Herman de Vasconcellos e Benjamin: "Não resta a menor dúvida de que o texto constitucional, expressamente, reconheceu que o consumidor não pode ser protegido – pelo menos adequadamente – com base em apenas um modelo privado ou em leis esparsas, muitas vezes contraditórias ou lacunosas. O constituinte, claramente, adotou a concepção da codificação, nos passos da melhor doutrina estrangeira, admitindo a necessidade da promulgação de um arcabouço geral para o regramento do mercado de consumo. Ora, se a Constituição optou por um Código, é exatamente o que temos hoje. A dissimulação daquilo que era Código em lei foi meramente cosmética e circunstancial. É que, na tramitação do Código, o lobby dos empresários, notadamente o da construção civil, dos consórcios e dos supermercados, prevendo sua derrota nos plenários das duas Casas, buscou, por meio de uma manobra procedimental, impedir a votação do texto ainda naquela legislatura, sob o argumento de que, por se tratar de Código, necessário era respeitar um iter legislativo extremamente formal, o que, naquele caso, não tinha sido observado. A artimanha foi superada rapidamente com o contra-argumento de que aquilo que a Constituição chamava de Código assim não o era."[10]

Da mesma forma Rizzatto Nunes diz que: "Na realidade tem-se de acatar a Lei nº 8.078/90 como um Código, não só porque a Constituição nesses

---

9   NERY JUNIOR, Nelson. Os princípios gerais do Código Brasileiro de Defesa do Consumidor, Revista de Direito do Consumidor, nº 3, p. 47.

10 GRINOVER, Ada Pellegrini. et. al., *Código de Defesa do Consumidor Comentado pelos Autores do Anteprojeto*. Rio de Janeiro: Forense Universitária, 8.ed., 2000, p. 9.

termos a denomina (ADCT, art. 48) como a própria lei assim se expressa (arts. 1º, 7º, §§ 2º e 3º do art. 28 etc.), mas também, e principalmente, porque o CDC é um subsistema jurídico próprio, lei geral com princípios especiais voltada para a regulação de todas as relações de consumo, tão caras à sociedade de massas contemporânea e representando o mais importante e largo setor da economia." [11] [12]

Ademais, o artigo 175, inciso II da CRFB/88 procura preservar os direitos do consumidor no seguinte sentido: "Incumbe ao Poder Público, na forma da lei, diretamente ou sob regime de concessão ou permissão, sempre através de licitação, a prestação de serviços públicos. Parágrafo único. A lei disporá sobre: [...] II – os direitos dos usuários."

Por fim, vale mencionar que as normas do CDC são de ordem pública e de interesse social. Nesse sentido, a Lei nº 12.291/10 tornou obrigatória a exibição de um exemplar do CDC em todos os estabelecimentos comerciais do Brasil, sob pena de cominação de multa.

1.6 Nações Unidas

No âmbito das Nações Unidas, importa destacar a Resolução nº 39/248, datada de 10.04.85, declarando os direitos fundamentais dos consumidores como universais e indisponíveis. "A Resolução 39-248, em última análise, traçou uma política geral de proteção ao consumidor destinada aos Estados filiados, tendo em conta seus interesses e necessidades em todos os países e, particularmente, nos em desenvolvimento, reconhecendo que o consumidor enfrenta, amiúde, desequilíbrio em face da capacidade econômica, nível de educação e poder de negociação. Reconhece, ainda, que todos os consumidores devem ter o direito de acesso a produtos que não sejam perigosos, assim como o de promover um desenvolvimento econômico e social justo, equitativo e seguro. Nela, basicamente, encontra-se a

---

[11] RIZZATO NUNES, Luiz Antônio. *Comentários ao Código de Defesa do Consumidor*, São Paulo: Saraiva, 2009, p. 75-76.

[12] Constituição Espanhola – Artículo 51. – 1. Los poderes públicos garantizaran la defensa de los consumidores y usuarios, protegiendo, mediante procedimientos eficaces, la seguridad, la salud y los legítimos intereses económicos de los mismos. 2. Los poderes públicos promoverán la información y la educación de los consumidores y usuarios, fomentaran sus organizaciones y oirán a estas en las cuestiones que puedan afectar a aquellos, en los términos que la Ley establezca. 3. En el marco de lo dispuesto por los apartados anteriores, la Ley regulara el comercio interior y el régimen de autorización de productos comerciales.

preocupação fundamental de: proteger o consumidor quanto a prejuízos à saúde e segurança, fomentar e proteger seus interesses econômicos, fornecer-lhe informações adequadas para capacitá-lo a fazer escolhas acertadas de acordo com as necessidades e desejos individuais, educá-lo, criar possibilidades de real ressarcimento, garantir a liberdade para formação de grupos de consumidores e outras organizações de relevância, e oportunidade para que essas organizações possam intervir nos processos decisórios a elas referentes."[13]

A Resolução foi revista em 1999 para receber o consumo sustentável. A OCDE, a UNESCO, a FAO e o PNUD são algumas das instâncias que se debruçam regularmente sobre o consumo e os direitos do consumidor.

A Carta dos Direitos Fundamentais da União Europeia (30/03/2010), em seu artigo 38º determina que "As políticas da União devem assegurar um elevado nível de defesa dos consumidores."

1.7 Normas de Sobredireito

Sergio Cavalieri Filho ensina que "o Código do Consumidor – tenho como certo – criou uma sobre-estrutura jurídica multidisciplinar, normas de sobredireito aplicáveis em toda e qualquer área do Direito onde ocorrer relação de consumo. Usando de uma figura, costumo dizer que o Código fez um corte horizontal em toda a extensão da ordem jurídica, levantou o seu tampão e espargiu a sua disciplina por todas as áreas do Direito público e privado, contratual e extracontratual, material e processual. E assim entendo por que, tendo o Código de Defesa do Consumidor, como vimos, estabelecido uma disciplina única e uniforme para todas as relações de consumo, necessariamente terá que ser aplicado em toda e qualquer área do Direito onde elas ocorrem. (...) Seria uma temeridade, e até uma impossibilidade, se o legislador pretendesse retirar dos múltiplos diplomas legais tudo aquilo que se relaciona com os direitos ou interesses do consumidor para concentrar tudo isso em um minissistema jurídico. Isso seria impraticável. Por isso, sem retirar as relações de consumo do campo do Direito onde por natureza se situam, sem afastá-las do seu natural habitat, o Código do Consumidor irradia sobre elas a sua disciplina, colorindo-as com

---

[13] FILOMENO, José Geraldo Brito, *Manual de direitos do consumidor*. 10. ed., São Paulo: Atlas, 2010, p. 6.

as suas tintas. Vale dizer, a nova disciplina do Código de Defesa do Consumidor alcança as relações de consumo onde quer que venham a ocorrer"[14]

1.8 Sistematização

O cuidado e a preocupação com as relações obrigacionais de consumo começaram a ganhar destaque com a mensagem do Presidente J. F. Kennedy ao Congresso dos EUA, em 12.03.62, na qual foram definidos os direitos do consumidor: "Os bens e serviços colocados no mercado devem ser sadios e seguros para o uso; promovidos e apresentados de maneira que permita ao consumidor fazer uma escolha satisfatória; que a voz do consumidor seja ouvida no processo de tomada de decisão governamental que determina o tipo, a qualidade e o preço de bens e serviços colocados no mercado; tenha o consumidor o direito de ser informado sobre as condições de bens e serviços e ainda o direito a preços justos." A partir de então, a Organização das Nações Únicas (ONU) aprovou a Resolução 2.542 (11.12.69). Conforme reconhecido pela Internacional Organization Consumeirs Union (IOCU) e pela ONU, são direitos do consumidor: segurança, escolha, informação, ser ouvido, indenização, educação para o consumo, meio ambiente saudável, proteção de publicado e contratos.

> **Art. 2º Consumidor é toda pessoa física ou jurídica que adquire ou utiliza produto ou serviço como destinatário final.**
>
> **Parágrafo único. Equipara-se a consumidor a coletividade de pessoas, ainda que indetermináveis, que haja intervindo nas relações de consumo.**[15]

↪ COMENTÁRIOS

2.1 Conceito de consumidor

O artigo 2º do Código de Proteção e Defesa do Consumidor apresenta o conceito de consumidor ao afirmar que "é toda pessoa física ou jurídica que adquire ou utiliza produto ou serviço como destinatário final", agindo de forma a atender suas necessidades próprias. Por exemplo, o comércio

---

14 CAVALIERI FILHO, Sérgio. *Programa de Responsabilidade Civil*, Rio de Janeiro: Malheiros, 5.ed., 2010, p. 466.
15 STF - SÚMULA Nº 643 - O Ministério Público tem legitimidade para promover ação civil pública cujo fundamento seja a ilegalidade de reajuste de mensalidades escolares.

ou empresa que adquirem energia elétrica para seu estabelecimento são considerados destinatários finais, com a incidência do CDC.[16]

O conceito de consumidor, a partir de uma hermenêutica restritiva do artigo 2º do CDC, considera, pois, destinatário final somente aquele destinatário fático e econômico do bem ou serviço, seja a pessoa física ou jurídica. Melhor dizendo, é considerado consumidor todo aquele que exaure a função econômica do bem ou serviço. É, pois, a adoção da teoria subjetiva ou finalista na definição do que seja consumidor (artigo 2º, do CDC). Consumidor é a parte vulnerável nas relações de consumo, de acordo com o próprio artigo 4º, inciso I, do CDC.[17] Aqui, frise-se, o consumidor deve ser o destinatário fático e econômico do bem ou serviço. Nesse sentido, Claudia Lima Marques ensina que "destinatário final seria aquele destinatário fático e econômico do bem ou serviço, seja ele pessoa jurídica ou física. Logo, segundo essa interpretação teleológica, não basta ser destinatário fá-

---

[16] Trata-se de agravo contra decisão que negou seguimento a recurso extraordinário interposto de acórdão, cuja ementa segue transcrita: "RESPONSABILIDADE CIVIL. PRESTAÇÃO DE SERVIÇO DE FORNECIMENTO DE ENERGIA ELÉTRICA. CONSUMIDOR FINAL. CONCEITO. INCIDÊNCIA DO CDC. CONCESSIONÁRIA. CULPABILIDADE OBJETIVA. DANOS MATERIAIS. PROVA. 1. Comércio ou empresa que adquirem energia elétrica para seu estabelecimento. Destinatário final. Incidência do Código de Defesa do Consumidor. 2. A responsabilidade do prestador de serviços é objetiva. Ausência de prova de algumas das circunstâncias excludentes da culpabilidade – art. 14, § 3º, do CDC. 3. Danos materiais. Comprovação. Evidências documentais e testemunhais. Dever em indenizar reconhecido. Prejuízos postulados ressarcimentos demonstrados. NEGARAM PROVIMENTO. UNÂNIME". No RE, fundado no art. 102, III, a, da Constituição, alegou-se violação ao art. 37, § 6º, da mesma Carta. A pretensão recursal não merece acolhida. Para se chegar a conclusão contrária à adotada pelo Tribunal de origem, necessário seria o reexame do conjunto fático-probatório constante dos autos, o que atrai a incidência da Súmula 279 do STF. Nesse sentido: AI 749.264/SC, Rel. Min. Joaquim Barbosa; AI 832.418/SC, Rel. Min. Dias Toffoli; AI 832.416/SC, Rel. Min. Cármen Lúcia; e AI 832.314/SC, de minha relatoria. Isso posto, nego seguimento ao recurso (CPC, art. 557, caput). Publique-se. Brasília, 12 de novembro de 2012. Ministro RICARDO LEWANDOWSKI – Relator – (ARE 703430, Relator(a): Min. RICARDO LEWANDOWSKI, julgado em 12/11/2012, publicado em DJe-225 DIVULG 14/11/2012 PUBLIC 16/11/2012).

[17] ADMINISTRATIVO. PROCESSUAL CIVIL. TELEFONIA. APLICABILIDADE DO CÓDIGO DE DEFESA DO CONSUMIDOR. PESSOA JURÍDICA. NECESSIDADE DE VERIFICAÇÃO DE DESTINAÇÃO FINAL E DE VULNERABILIDADE. PRECEDENTES.
REQUISITOS QUE NÃO SE APLICAM AO CASO EM TELA. REVOLVIMENTO DO CONJUNTO FÁTICO E PROBATÓRIO. INVIABILIDADE NA VIA RECURSAL ELEITA A TEOR DA SÚMULA 7/STJ. VULNERABILIDADE DA PARTE RECORRENTE. FALTA DE PREQUESTIONAMENTO. AUSÊNCIA DE EMBARGOS DE DECLARAÇÃO. SÚMULAS 282 E 356, AMBAS EDITADAS PELO

tico do produto, retirá-lo da cadeia de produção, levá-lo para o escritório ou residência – é necessário ser destinatário econômico do bem, não adquiri-lo para a revenda, não adquiri-lo para o uso profissional, pois o bem seria novamente um instrumento de produção, cujo preço será incluído no preço final do profissional para adquiri-lo."[18]

Aqui vale lembrar que a I Jornada de Direito Comercial (outubro/2012) aprovou o Enunciado 20, segundo o qual "não se aplica o Código de Defesa do Consumidor aos contratos celebrados entre empresários em que um dos contratantes tenha por objetivo suprir-se de insumos para sua atividade de produção, comércio ou prestação de serviços".

Já a corrente dos maximalistas (teoria objetiva) procura ampliar a exegese do conceito de consumidor com vistas a dar uma interpretação objetiva do artigo 2º do CDC, de forma que seja indiferente se a pessoa física ou jurídica tem ou não a finalidade de lucro ao adquirir ou utilizar um pro-

---

SUPREMO TRIBUNAL FEDERAL, POR APLICAÇÃO ANALÓGICA. AGRAVO REGIMENTAL A QUE SE NEGA PROVIMENTO.

1. De acordo com a jurisprudência deste Sodalício, é assente que o Código de Defesa do Consumidor é aplicável às pessoas jurídicas, desde que sejam destinatárias finais de produtos e de serviços, e, ainda, vulneráveis.

2. Não obstante, no caso em concreto, a partir dos elementos fáticos e probatórios constantes dos autos, a parte ora recorrente não é destinatária final dos bens e serviços oferecidos pela parte recorrida, sendo "típica relação entre fornecedores partícipes do ciclo de prestação no mercado de negócio ao consumidor".

3. Isso porque, da utilização do produto contratado se dá como insumo, visto que possui a finalidade "de auxiliar na realização de contatos essenciais para o desenvolvimento de sua atividade negocial e empresarial, e não no intuito legal de aquisição ou utilização do produto ou serviço como destinatária final". Assim, não havendo considerável desproporção entre o porte econômico das partes contratantes, o revolvimento desta premissa adotada pelo Tribunal a quo demandaria nova análise do contexto fático e probatório constante dos autos, o que é vedado, na via recursal eleita, a teor da Súmula 7/STJ.

4. Quanto à alegação de vulnerabilidade, não houve o prequestionamento deste fundamento perante o Tribunal a quo, sendo certo que, além de não terem sido opostos embargos de declaração, a parte ora recorrente não alegou contrariedade ao art. 535 do CPC nas razões do recurso especial. Incidência, por analogia, das Súmulas 282 e 356, ambas editadas pelo Supremo Tribunal Federal.

5. Agravo regimental a que se nega provimento.

(AgRg no REsp 1319518/SP, Rel. Ministro MAURO CAMPBELL MARQUES, SEGUNDA TURMA, julgado em 18/12/2012, DJe 05/02/2013)

18 MARQUES, Claudia Lima; BENJAMIN, Antonio Herman V.; BESSA, Leonardo Roscoe. *Manual de Direito do Consumidor*. 3.ed. São Paulo: Revista dos Tribunais, 2010, p.85.

duto ou serviço. Daí que o destinatário final seria o destinatário fático do produto, tais como as fábricas, os profissionais liberais, os estudantes etc.

2.1.1 Finalismo Aprofundado (Teoria Finalista Aprofundada)

A jurisprudência do STJ vem alargando o conceito de consumidor ao aplicar a teoria do "finalismo aprofundado". Vejamos a decisão da Ministra Nancy Andrigui, em 13/11/2012: "DIREITO DO CONSUMIDOR. CONSUMO INTERMEDIÁRIO. VULNERABILIDADE. FINALISMO APROFUNDADO. Não ostenta a qualidade de consumidor a pessoa física ou jurídica que não é destinatária fática ou econômica do bem ou serviço, salvo se caracterizada a sua vulnerabilidade frente ao fornecedor. A determinação da qualidade de consumidor deve, em regra, ser feita mediante aplicação da teoria finalista, que, numa exegese restritiva do art. 2º do CDC, considera destinatário final tão somente o destinatário fático e econômico do bem ou serviço, seja ele pessoa física ou jurídica. Dessa forma, fica excluído da proteção do CDC o consumo intermediário, assim entendido como aquele cujo produto retorna para as cadeias de produção e distribuição, compondo o custo (e, portanto, o preço final) de um novo bem ou serviço. Vale dizer, só pode ser considerado consumidor, para fins de tutela pelo CDC, aquele que exaure a função econômica do bem ou serviço, excluindo-o de forma definitiva do mercado de consumo. Todavia, a jurisprudência do STJ, tomando por base o conceito de consumidor por equiparação previsto no art. 29 do CDC, tem evoluído para uma aplicação temperada da teoria finalista frente às pessoas jurídicas, num processo que a doutrina vem denominando "finalismo aprofundado". Assim, tem se admitido que, em determinadas hipóteses, a pessoa jurídica adquirente de um produto ou serviço possa ser equiparada à condição de consumidora, por apresentar frente ao fornecedor alguma vulnerabilidade, que constitui o princípio-motor da política nacional das relações de consumo, premissa expressamente fixada no art. 4º, I, do CDC, que legitima toda a proteção conferida ao consumidor. A doutrina tradicionalmente aponta a existência de três modalidades de vulnerabilidade: técnica (ausência de conhecimento específico acerca do produto ou serviço objeto de consumo), jurídica (falta de conhecimento jurídico, contábil ou econômico e de seus reflexos na relação de consumo) e fática (situações em que a insuficiência econômica, física ou até mesmo psicológica do consumidor o coloca em pé de desigualdade frente ao fornecedor). Mais recentemente, tem se incluído também a vulnerabilidade informacional (dados insuficientes sobre o produto ou serviço capazes de influenciar no processo decisório de compra). Além disso, a casuística poderá apresentar novas formas de vulnerabilidade aptas a atrair a incidência do CDC à relação de consumo. Numa relação interempresarial, para além das hipóteses de vulnerabilidade já consagradas pela doutrina e pela jurisprudência, a relação de dependência de uma das partes frente à outra pode, conforme o caso, caracterizar uma vulnerabilidade legitimadora da aplicação do CDC, mitigando os rigores da teoria finalista e autorizando a equiparação da pessoa jurídica compradora à condição de consumidora. Precedentes citados: REsp 1.196.951-PI, DJe 9/4/2012, e REsp 1.027.165-ES, DJe 14/6/2011. REsp 1.195.642-RJ, Rel. Min. Nancy Andrighi, julgado em 13/11/2012."

2.2 Consumidor por equiparação (bystander)

O art. 17 do CDC prevê a figura do consumidor por equiparação (bystander), sujeitando à proteção do CDC aqueles que, embora não tenham participado diretamente da relação de consumo, sejam vítimas de evento danoso decorrente dessa relação. Por exemplo, em um acidente de trânsito envolvendo fornecedor de serviço de transporte, o terceiro vitimado em decorrência dessa relação de consumo deve ser considerado consumidor por equiparação.

Excepciona-se essa regra se, no momento do acidente, o fornecedor não estiver prestando o serviço, inexistindo, pois, qualquer relação de consumo de onde se possa extrair, por equiparação, a condição de consumidor do terceiro. (REsp 1125276/RJ, Rel. Ministra NANCY ANDRIGHI, TERCEIRA TURMA, julgado em 28/02/2012, DJe 07/03/2012).[19]

Da mesma forma: "AGRAVO REGIMENTAL NO RECURSO ESPECIAL. CIVIL E PROCESSO CIVIL. RESPONSABILIDADE CIVIL. Utili-

---

19 RESPONSABILIDADE CIVIL E DIREITO DO CONSUMIDOR. RECURSO ESPECIAL. ALEGAÇÃO DE OMISSÃO DO JULGADO. ART. 535 DO CPC. INEXISTÊNCIA. ESPETÁCULO CIRCENSE – MORTE DE CRIANÇA EM DECORRÊNCIA DE ATAQUE DE LEÕES – circo instalado em área utilizada como estacionamento de shopping center. Legitimidade passiva das locadoras. Desenvolvimento de atividade de entretenimento com o fim de atrair um maior número de consumidores. Responsabilidade. Defeito do serviço (vício de qualidade por insegurança). Dano moral. Valor exorbitante. Redução. Multa. Art. 538 Do CPC. Afastamento.

1- O órgão julgador deve enfrentar as questões relevantes para a solução do litígio, afigurando-se dispensável o exame de todas as alegações e fundamentos expendidos pelas partes. Precedentes.

2- Está presente a legitimidade passiva das litisconsortes, pois o acórdão recorrido afirmou que o circo foi apenas mais um serviço que o condomínio do shopping, junta-

zação de cheque furtado para a compra de produtos em joalheria, ensejando a inscrição do seu titular no SPC e o protesto da cártula em tabelionato. Enquadramento da vítima no conceito ampliado de consumidor, pois, embora não tenha mantida relação negocial com a empresa demandada, sofreu dano moral causado por defeito na prestação de serviço da empresa recorrente. Aplicação da regra do art. 17 do Código de Defesa do Consumidor. Afastamento de excludente de responsabilidade civil do fornecedor pelo Tribunal de origem. Acolhimento da pretensão recursal a exigir a revaloração do conjunto fático-probatório. Vedação da súmula 07/STJ. Pacificado o entendimento desta Corte Superior no sentido de que o valor da indenização por dano moral somente pode ser alterado na instância especial quando ínfimo ou exagerado, o que não ocorre no caso em tela, em que, consideradas as suas peculiaridades, foi arbitrado em R$ 5.000,00 (cinco mil reais). AGRAVO DESPROVIDO. (AgRg nos EDcl no REsp 1192871/RS, Rel. Ministro PAULO DE TARSO SANSEVERINO, TERCEIRA TURMA, julgado em 20/09/2012, DJe 26/09/2012)."

No mesmo diapasão: "AGRAVO REGIMENTAL NOS EMBARGOS DE DECLARAÇÃO NO AGRAVO REGIMENTAL NO AGRAVO DE INSTRUMENTO. DENUNCIAÇÃO DA LIDE OBJETIVO. RESPONSABILIDADE EXCLUSIVA DE TERCEIRO INADMISSIBILIDADE. ÔNUS

---

mente com as sociedades empresárias rés, integrantes de um mesmo grupo societário, colocaram à disposição daqueles que frequentam o local, com o único objetivo de angariar clientes potencialmente consumidores e elevar os lucros.

Incidência da Súmula 7/STJ.

3- No caso em julgamento – trágico acidente ocorrido durante apresentação do Circo Vostok, instalado em estacionamento de shopping center, quando menor de idade foi morto após ataque por leões, o art. 17 do Código de Defesa do Consumidor estende o conceito de consumidor àqueles que sofrem a consequência de acidente de consumo. Houve vício de qualidade na prestação do serviço, por insegurança, conforme asseverado pelo acórdão recorrido.

4- Ademais, o Código Civil admite a responsabilidade sem culpa pelo exercício de atividade que, por sua natureza, representa risco para outrem, como exatamente no caso em apreço.

5- O valor da indenização por dano moral sujeita-se ao controle do Superior Tribunal de Justiça, na hipótese de se mostrar manifestamente exagerado ou irrisório, distanciando-se, assim, das finalidades da lei. O valor estabelecido para indenizar o dano moral experimentado revela-se exorbitante, e deve ser reduzido aos parâmetros adotados pelo STJ.

6- Não cabe multa nos embargos declaratórios opostos com intuito de prequestionamento. Súmula 98/STJ.

7- Provimento parcial do recurso especial. (REsp 1100571/PE, Rel. Ministro LUIS FELIPE SALOMÃO, QUARTA TURMA, julgado em 07/04/2011, DJe 18/08/2011).

DA PROVA. INVERSÃO. EVENTO DANOSO. VÍTIMAS. EQUIPARAÇÃO A CONSUMIDORES.

RESPONSABILIDADE OBJETIVA. DEVER JURÍDICO DA CONCESSIONÁRIA. COMPROVAÇÃO DE LEGITIMIDADE ATIVA. INSTRUÇÃO PROBATÓRIA. LIVRE CONVENCIMENTO. REEXAME FÁTICO-PROBATÓRIO. ENUNCIADO 7 DA SÚMULA DO STJ. NÃO PROVIMENTO.

Inadmissível a denunciação da lide, nos termos do art. 70, III, do CPC, com objetivo de transferir responsabilidade exclusivamente a terceiro. Precedente.

A teor dos arts. 14, caput, e § 1º, e 17 do CDC, equiparam-se a consumidores as vítimas de evento danoso decorrente da prestação de serviço defeituoso, sendo cabível a inversão do ônus nos casos de responsabilidade objetiva.

Como destinatário final da prova cabe ao magistrado, respeitando os limites adotados pelo Código de Processo Civil, dirigir a instrução e deferir a produção probatória que considerar necessária à formação do seu convencimento.

O Tribunal de origem, com base nos fatos e provas dos autos, entendeu pela responsabilidade da concessionária bem como pela comprovação de que os recorridos são legitimados ativos para a propositura da demanda. O acolhimento das razões de recurso, na forma pretendida, demandaria o reexame de matéria fática. Incidência do verbete 7 da Súmula desta Corte. Agravo regimental a que se nega provimento. (AgRg nos EDcl no AgRg no Ag 1289063/SP, Rel. Ministra MARIA ISABEL GALLOTTI, QUARTA TURMA, julgado em 11/09/2012, DJe 24/09/2012)."

2.3 Instituições financeiras

Na ação direta de inconstitucionalidade (ADI 2591/DF), de 29/09/2006, ficou decidido pelo STF que "CÓDIGO DE DEFESA DO CONSUMIDOR. ART. 5º, XXXII, DA CB/88. ART. 170, V, DA CB/88. INSTITUIÇÕES FINANCEIRAS. SUJEIÇÃO DELAS AO CÓDIGO DE DEFESA DO CONSUMIDOR, EXCLUÍDAS DE SUA ABRANGÊNCIA A DEFINIÇÃO DO CUSTO DAS OPERAÇÕES ATIVAS E A REMUNERAÇÃO DAS OPERAÇÕES PASSIVAS PRATICADAS NA EXPLORAÇÃO DA INTERMEDIAÇÃO DE DINHEIRO NA ECONOMIA [ART. 3º, § 2º, DO CDC]. MOEDA E TAXA DE JUROS. DEVER-PODER DO BANCO CENTRAL DO BRASIL. SUJEIÇÃO AO CÓDIGO CIVIL. 1. As instituições financeiras estão, todas elas, alcançadas pela incidência das normas veiculadas pelo Código de Defesa do Consumidor. 2. "Consumidor", para os efeitos do Código de Defesa do Consumidor, é toda pessoa física ou jurídica que utiliza, como destinatário final, atividade bancária, financeira e de crédito. 3. O preceito veiculado pelo art. 3º, § 2º, do Código de Defesa do Consumidor, deve ser interpretado em coerência com a Constituição, o que importa em que o custo das operações ativas e a remuneração das operações passivas praticadas por instituições financeiras na exploração da intermediação de dinheiro na economia estejam excluídas da sua abrangência. 4. Ao Conselho Monetário Nacional incumbe a fixação, desde a perspectiva macroeconômica, da taxa base de juros praticável no mercado financeiro. 5. O Banco Central do Brasil está vinculado pelo dever-poder de fiscalizar as instituições financeiras, em especial na estipulação contratual das taxas de juros por elas praticadas no desempenho da intermediação de dinheiro na economia. 6. Ação direta julgada improcedente, afastando-se a exegese que submete às normas do Código de Defesa do Consumidor [Lei nº 8.078/90] a definição do custo das operações ativas e da remuneração das operações passivas praticadas por instituições financeiras no desempenho da intermediação de dinheiro na economia, sem prejuízo do controle, pelo Banco Central do Brasil, e do controle e revisão, pelo Poder Judiciário, nos termos do disposto no Código Civil, em cada caso, de eventual abusividade, onerosidade excessiva ou outras distorções na composição contratual da taxa de juros. ART. 192, DA CB/88. NORMA-OBJETIVO. EXIGÊNCIA DE LEI COMPLEMENTAR EXCLUSIVAMENTE PARA A REGULAMENTAÇÃO DO SISTEMA FINANCEIRO. 7. O preceito veiculado pelo art. 192 da Constituição do Brasil consubstancia norma-objetivo que estabelece os fins a serem perseguidos pelo sistema financeiro nacional, a promoção do desenvolvimento equilibrado do País e a realização dos interesses da coletividade. 8. A exigência de lei complementar veiculada pelo art. 192 da Constituição abrange exclusivamente a regulamentação da estrutura do sistema financeiro. CONSELHO MONETÁRIO NACIONAL. ART. 4º, VIII, DA LEI Nº 4.595/64. CAPACIDADE NORMATIVA ATINENTE À CONSTITUIÇÃO, FUNCIONAMENTO E FISCALIZAÇÃO DAS INSTITUIÇÕES FINANCEIRAS. ILEGA-LIDADE DE RESOLUÇÕES QUE EXCEDEM ESSA MATÉRIA. 9. O Conselho Monetário Nacional é titular de capacidade normativa – a chamada capacidade normativa de conjuntura – no exercício da qual lhe incumbe regular, além da constituição e fiscalização, o funcionamento das instituições financeiras, isto é, o desempenho de suas atividades no plano do sistema financeiro. 10. Tudo o quanto exceda esse desempenho não pode ser objeto de regulação por ato normativo produzido pelo Conselho Monetário Nacional. 11. A produção de atos normativos pelo Conselho Monetário Nacional, quando não respeitem ao funcionamento das instituições financeiras, é abusiva, consubstanciando afronta à legalidade.(ADI 2.591, Relator(a): Min. CARLOS VELLOSO, Relator(a) p/ Acórdão: Min. EROS GRAU, Tribunal Pleno, julgado em 07/06/2006, DJ 29-09-2006 PP-00031 EMENT VOL-02249-02 PP-00142 RTJ VOL-00199-02 PP-00481).[20]

2.4 Sistema Financeiro Habitacional

Aplica-se, também, o Código Consumerista, já que existe enquadramento nos conceitos de fornecedor e consumidor, aos contratos de mútuo

---

20 Trata-se de recurso extraordinário interposto contra acórdão assim do: "REVISIONAL DE CONTRATO BANCÁRIO – RELAÇÃO DE CONSUMO CARACTERIZADA – RENOVAÇÕES PERIÓDICAS – ATO JURÍDICO NÃO APERFEIÇOADO – INVERSÃO DO ÔNUS DA PROVA – PRECLUSÃO TEMPORAL – MEMÓRIA DE CÁLCULO – IMPUGNAÇÃO GENÉRICA – IMPROPRIEDADE – PRODUÇÃO DE PROVAS INSUFICIENTE. Os contratos bancários submetem-se ao CDC, uma vez que, ao promover abertura de crédito do tipo cheque especial, a instituição financeira presta serviços ao cliente, caracterizando-se como consumidor final do serviço bancário. A inversão do ônus probatório não é obrigatória, ficando a critério do julgador, na qualidade de destinatário da prova, a sua necessidade e conveniência. A preclusão induz na perda da faculdade processual, pelo seu não uso dentro do prazo peremptório previsto pela lei (preclusão temporal). Havendo a inversão do ônus da prova, incumbe à parte ré demonstrar o fato desconstitutivo do direito do autor. A impugnação genérica e inespecífica dos cálculos apresentados pelo autor não tem força suficiente a infirmá-los. É indispensável uma justificativa técnica e científica para afastar cálculos meramente matemáticos" (fls. 707). Neste RE, fundado no art. 102, III, a, da Constituição, alegou-se ofensa ao art. 5º, XXXVI, da mesma Carta. A pretensão recursal não merece acolhida. A Corte de origem utilizou como fundamento para afastar a existência de ato jurídico perfeito, na espécie, a circunstância de que: "No caso em comento, a incidência do CDC dá-se ao fato de se tratar de contrato renovado sucessivamente, o que não caracteriza ato jurídico perfeito e acabado. Ademais, o artigo 6º, da Lei de Introdução do Código Civil, preceitua: '§ 1º. Reputa-se ato jurídico perfeito o já consumado segundo a lei vigente ao tempo em que se efetuou'. As repactuações automáticas do contrato, fazendo a relação jurídica havida entre as partes perdurar por longo período, impossibilitam considerar a primeira contratação como consumada Lado outro, o que se discute no presente feito são abusividades e ilegalidades constantes de cláusulas contratuais, que não foram devidamente rechaçadas pela parte apelante, que tornam o ato imperfeito. Ora, se, nos contratos pactuados, houve estipulação de obrigação nula, considerada abusiva por disposições contrárias a texto de lei, impossível se concluir pela existência de ato jurídico perfeito" (fls. 715-716). Assim, para se chegar à conclusão contrária à adotada no acórdão recorrido, necessário seria o reexame do conjunto fático-probatório constante dos autos, da análise de normas infraconstitucionais e da interpretação de cláusulas contratuais, o que inviabiliza o recurso extraordinário nos termos das Súmulas 279 e 454 do STF ou porque a afronta à Constituição, se ocorrente, seria indireta. Isso posto, nego seguimento ao recurso. (683828 MG, Relator: Min. RICARDO LEWANDOWSKI, Data de Julgamento: 18/03/2013, Data de Publicação: DJe-054 DIVULG 20/03/2013 PUBLIC 21/03/2013)

para a aquisição da casa própria havidos entre o agente financeiro vinculado ao SFH e o mutuário. Nesse sentido, destaca-se a decisão do Ministro Luiz Fux, do Supremo Tribunal Federal, ao analisar o Agravo de Instrumento AI 852111, julgado em 30/11/2011.[21]

2.5 Entidades de Previdência Privada

Às entidades de previdência privada aplica-se o CDC. Nesse sentido, a decisão do Ministro Joaquim Barbosa ao afirmar que "[...] CÓDIGO DE

---

21 AGRAVO DE INSTRUMENTO. REVISÃO CONTRATUAL – COMPRA E VENDA – MÚTUO. AUSÊNCIA DE QUESTÃO CONSTITUCIONAL. AUSÊNCIA DE PREQUESTIONAMENTO. SÚMULA 282/SF. OFENSA INDIRETA À CONSTITUIÇÃO DA REPÚBLICA. 1. A repercussão geral pressupõe recurso admissível sob o crivo dos demais requisitos constitucionais e processuais de admissibilidade (art. 323 do RISTF). 2. O prequestionamento explícito da questão constitucional é requisito indispensável à admissão do recurso extraordinário. 3. As súmulas 282 e 356 do STF dispõem respectivamente, verbis: É inadmissível o recurso extraordinário, quando não ventilada, na decisão recorrida, a questão federal suscitada e o ponto omisso da decisão, sobre o qual não foram opostos embargos declaratórios, não pode ser objeto de recurso extraordinário, por faltar o requisito do prequestionamento. 4. A verificação da violação constitucional dependente da análise de malferimento de dispositivo infraconstitucional encerra violação reflexa e oblíqua, tornando inadmissível o recurso extraordinário. Precedentes: RE 596.682 Rel. Min. Carlos Britto, Dje de 21/10/10 e o AI 808.361, Rel. Min. Marco Aurélio, Dje de 08/09/10. 5. A ofensa à Constituição que autoriza admissão do recurso extraordinário é a ofensa direta, frontal, e não a indireta, reflexa. Se, para demonstrar a contrariedade à Constituição, tem-se, antes, de demonstrar a afronta à legislação infraconstitucional, é esta que conta para a admissibilidade do recurso. Precedentes: RE nº 408.747-AgR, Segunda Turma, Relator Ministro CELSO DE MELLO, DJe de 25.10.10, RE nº 448.389-AgR, Segunda Turma, Relator Ministro EROS GRAU, DJe de 19.12.08 e RE nº 606.081-AgR, Primeira Turma Relator Ministro DIAS TOFFOLI, DJe de 27.8.10. 6. A verificação de violação, no caso concreto, do direito adquirido, do ato jurídico perfeito e da coisa julgada não desafia a instância extraordinária, visto situar-se no âmbito infraconstitucional. Precedentes: AI 700.685-AgR, Segunda Turma, Relator Ministro Eros Grau, DJe 23.02.2008 e AI 635.789-AgR, Primeira Turma, Relator Ministro Dias Toffoli, DJe de 27.04.2011. 7. In casu, o acórdão recorrido assentou: APELAÇÃO CÍVEL – AÇÃO ORDINÁRIA DE REVISÃO CONTRATUAL – INSTRUMENTO PARTICULAR DE COMPRA E VENDA, MÚTUO, PACTO ADJETO DE HIPOTECA E OUTRAS AVENÇAS-AJUSTE VINCULADO AO SISTEMA FINANCEIRO DE HABITAÇÃO. APLICABILIDADE DO CÓDIGO CONSUMERISTA – ENQUADRAMENTO NOS CONCEITOS DE FORNECEDOR E CONSUMIDOR – EXEGESE DOS ARTS. 2º E 3º DA LEI Nº 8.078/90 – SÚMULA 297 DO SUPERIOR TRIBUNAL DE JUSTIÇA – INCIDÊNCIA NOS CONTRATOS DE

MÚTUO PARA AQUISIÇÃO DA CASA PRÓPRIA HAVIDOS ENTRE O AGENTE FINANCEIRO VINCULADO AO SFH E O MUTUÁRIO. Enquadrando-se as instituições financeiras na definição de fornecedor de produtos e serviços, nos moldes do art. 3º da Lei nº 8.078/90, e a parte contratante na enunciação de consumidor, a teor do art. 2º do mesmo ordenamento, deve a relação negocial firmada ser atingida pelas normas protetivas consumeristas. De mais a mais, sumulado o entendimento de que "O Código de Defesa do Consumidor é aplicável às instituições financeiras" (Súmula 297 do STJ). "Segundo a orientação uníssona desta Corte, há relação de consumo entre o agente financeiro do Sistema Financeiro Habitacional, que concede empréstimo para aquisição de casa própria, e o mutuário, razão pela qual se aplica o Código de Defesa do Consumidor, em casos como o presente" (agRg no REsp 697851 / RS). TABELA PRICE – CAPITALIZAÇÃO DE JUROS – VEDAÇÃO, DE OFÍCIO, À INCIDÊNCIA DE TAIS ENCARGOS – IMPOSSIBILIDADE – VIOLAÇÃO DOS PRINCÍPIOS DA INÉRCIA E DISPOSITIVO – SÚMULA 381 DO SUPERIOR TRIBUNAL DE JUSTIÇA – JULGAMENTO ULTRA PETITA CONFIGURADO. Inadmissíveis a revisão e exclusão de encargos não suscitados pela parte interessada, sob pena de ofensa aos princípios da inércia e dispositivo, configurando-se a disposição em julgamento ultra petita, o qual deve ser excluído da parte dispositiva da sentença. CLÁUSULA CONTRATUAL PREVENDO EXPRESSAMENTE O REAJUSTE DO SALDO DEVEDOR CONSOANTE O ÍNDICE DE REMUNERAÇÃO BÁSICO UTILIZADO NAS CADERNETAS DE POUPANÇA – TAXA REFERENCIAL ADOTADA PARA ESTE FIM – POSSIBILIDADE DIANTE DA PACTUAÇÃOEXPRESSADAREFERIDAMODALIDADEDEINDEXAÇÃO – ENUNCIADO X DO GRUPO DE CÂMARAS DE DIREITO COMERCIAL. "É possível a utilização da Taxa Referencial (TR) no cálculo da correção monetária do saldo devedor de contratos firmados no âmbito do Sistema Financeiro da Habitação (SFH), desde que previsto o reajuste com base nos mesmos índices aplicados aos saldos das cadernetas de poupança" (Enunciado X do Grupo de Câmaras de Direito Comercial). 8. NEGO PROVIMENTO ao agravo de instrumento. Decisão: Cuida-se de agravo de instrumento interposto por MARIA LÍDIA CORDOVA BARBOSA, com o objetivo de ver reformada a r. decisão que inadmitiu seu recurso extraordinário manejado com arrimo na alínea a do permissivo Constitucional, contra acórdão prolatado pelo Tribunal de Justiça de Santa Catarina, conforme ementa acima citada. Sem embargos de declaração. Nas razões do apelo extremo, sustenta, preliminarmente, estar caracterizada a repercussão geral e, no mérito, aponta ofensa ao artigo 5º, XXXVI, da Constituição Federal, e discorre sobre a aplicação do CDC. O Tribunal de Justiça local negou seguimento ao apelo extremo, por falta de ofensa direta a Constituição. É o Relatório. DECIDO. A repercussão geral pressupõe recurso admissível sob o crivo dos demais requisitos constitucionais e processuais de admissibilidade (art. 323 do RISTF). Consectariamente, se inexiste questão constitucional, não há como se pretender seja reconhecida a repercussão geral das questões constitucionais discutidas no caso (art. 102, III, § 3º, da CF). Prima facie, não merece prosperar o presente apelo. É que a controvérsia foi decidida à luz de interpretação de norma infraconstitucional. A afronta à Constituição, se ocorrente, seria indireta. Incabível, portanto, o recurso extraordinário. Nesse sentido o RE 596.682, Rel. Min. Carlos Britto, Dje de 21/10/10 e o AI 808.361, Rel. Min. Marco Aurélio, Dje de 08/09/10, entre outros. Impende destacar que a ofensa à Constituição que autoriza admissão do recurso extraordinário é a ofensa direta, frontal, e não a indireta, reflexa. Se, para demonstrar a contrariedade à Constituição, tem-se, antes, de demonstrar a afronta à legislação infraconstitucional, é esta que conta para a admissibilidade do recurso. Nesse sentido é a jurisprudência desta Corte, como se colhe dos seguintes arestos: RECURSO EXTRAORDINÁRIO – ALEGADA VIOLAÇÃO A PRECEITOS INSCRITOS NA CONSTITUIÇÃO DA REPÚBLICA – AUSÊNCIA DE OFENSA DIRETA À CONSTITUIÇÃO – INVIABILIDADE DO RECURSO EXTRAORDINÁRIO – AGRAVO IMPROVIDO. – A situação de ofensa meramente reflexa ao texto constitucional, quando ocorrente, não basta, só por si, para viabilizar o acesso à via recursal extraordinária. (RE nº 408.747-AgR, Relator o Ministro CELSO DE MELLO, 2ª Turma, DJe de 25.10.10) AGRAVO REGIMENTAL NO RECURSO EXTRAORDINÁRIO. MATÉRIA infraconstitucional. OFENSA reflexa. Controvérsia decidida à luz de legislações infraconstitucionais. Ofensa indireta à Constituição do Brasil. Agravo regimental a que se nega provimento. (RE nº 448.389-AgR, Relator o Ministro EROS GRAU, 2ª Turma, DJe de 19.12.08) Além disso, verifica-se, na espécie, que o artigo da Constituição Federal que o agravante considera violado não foi debatido no acórdão recorrido. Insta asseverar que a interposição do recurso extraordinário impõe que o dispositivo constitucional tido por violado como meio de se aferir a admissão da impugnação tenha sido aventado no acórdão recorrido, sob pena de padecer o recurso da imposição jurisprudencial do prequestionamento. Com efeito, mister destacar que a exigência do prequestionamento não é mero rigorismo formal que pode ser afastado pelo julgador a que pretexto for. Ele consubstancia a necessidade de obediência aos limites impostos ao julgamento das questões submetidas a este Supremo Tribunal Federal, cuja competência fora outorgada pela Constituição Federal em seu art. 102. Nesse dispositivo não há previsão de apreciação originária por este Pretório Excelso de questões como as que ora se apresentam. A competência para a apreciação originária de pleitos no C. STF está exaustivamente arrolada no antecitado dispositivo constitucional, não podendo sofrer ampliação na via do recurso extraordinário. Verifica-se, na espécie, que o artigo da Constituição Federal que a agravante considera violado não foi debatido no acórdão recorrido. Além disso, não foram opostos embargos de declaração para sanar eventual omissão, faltando, ao caso, o necessário prequestionamento da questão constitucional, que deve ser explícito, o que inviabiliza a pretensão de exame do recurso extraordinário. Incide, portanto, o óbice das Súmulas 282 e 356 do STF, verbis: "É inadmissível o recurso extraordinário, quando não ventilada, na decisão recorrida, a questão federal suscitada." e "O ponto omisso da decisão, sobre o qual não foram opostos embargos declaratórios, não pode ser objeto de recurso extraordinário, por faltar o requisito do prequestionamento." A respeito da aplicação das referidas súmulas, assim discorre Roberto Rosas: "A Constituição de 1891, no art. 59, III, a, dizia: 'quando se questionar sobre a validade de leis ou aplicação de tratados e leis federais, e a decisão for contra ela'. De forma idêntica dispôs a Constituição de 1934, no art. 76, III, a: "quando a decisão for contra literal disposição de tratado ou lei federal, sobre cuja aplicação se haja questionado". Essas Constituições eram mais explícitas a respeito do âmbito do recurso extraordinário. Limita-se este às questões apreciadas na decisão recorrida. Se foi omissa em relação a determinado ponto, a parte deve opor embargos declaratórios. Caso não o faça, não poderá invocar essa questão não apreciada na decisão recorrida (RTJ 56/70; v. Súmula 356 do STF e Súmula 211 do STJ; Nelson Luiz Pinto, *Manual dos Recursos Cíveis*, Malheiros Editores, 1999, p. 234; Carlos Mário Velloso, *Temas de Direito Público*, p. 236)." E: "Os embargos declaratórios visam a pedir ao juiz ou juízes prolatores da decisão que espanquem dúvidas, supram omissões ou eliminem contradições. Se esse possível ponto omisso não foi aventado, nada há que se alegar posteriormente no recurso extraordinário. Falta o prequestionamento da matéria. A parte não considerou a existência de omissão, por isso não opôs os embargos declaratórios no devido tempo, por não existir matéria a discutir no recurso extraordinário sobre essa questão (RE 77.128, RTJ 79/162; v. Súmula 282). O STF interpretou o teor da Súmula no sentido da desnecessidade de nova provocação, se a parte opôs os embargos, e o tribunal se recusou a suprir a omissão (RE 176.626, RTJ 168/305; v. Súmula 211 do STJ)." (ROSAS, Roberto, in *Direito Sumular*, Malheiros). Confiram-se, à guisa de exemplos, os seguintes precedentes deste Sodalício: E M E N T A: AGRAVO DE INSTRUMENTO – ALEGADA VIOLAÇÃO A PRECEITOS CONSTITUCIONAIS – AUSÊNCIA DE PREQUESTIONAMENTO – OFENSA INDIRETA À CONSTITUIÇÃO – CONTENCIOSO DE MERA LEGALIDADE – REEXAME DE FATOS E PROVAS – IMPOSSIBILIDADE – SÚMULA 279/STF – RECURSO IMPROVIDO. – A ausência de efetiva apreciação do litígio constitucional, por parte do Tribunal de que emanou o acórdão impugnado, não autoriza – ante a falta de prequestionamento explícito da controvérsia jurídica – a utilização do recurso extraordinário. Precedentes. – A situação de ofensa meramente reflexa ao texto constitucional, quando ocorrente, não basta, só por si, para viabilizar o acesso à via recursal extraordinária. Precedentes. – Não cabe recurso extraordinário, quando interposto com o objetivo de discutir questões de fato ou de examinar matéria de caráter probatório. Precedentes. (AI 758626 AgR, Relator(a): Min. CELSO DE MELLO, Segunda Turma, julgado em 01/03/2011, DJe-054 DIVULG 22-03-2011 PUBLIC 23-03-2011 EMENT VOL-02487-02 PP-00342) EMENTA: AGRAVO REGIMENTAL EM AGRAVO DE INSTRUMENTO. PENSIONISTAS DE EX-FERROVIÁRIOS DA FEPASA. AUSÊNCIA DE PREQUESTIONAMENTO. SÚMULAS 282 E 356. DECRETO Nº 35.530/59. MATÉRIA INFRACONSTITUCIONAL. SÚMULA 280. REEXAME DE FATOS E CLÁUSULAS CONTRATUAIS. SÚMULAS 279 E 454. AGRAVO IMPROVIDO I – Como tem consignado o Tribunal, por meio da súmula 282, é inadmissível o recurso extraordinário se a questão constitucional suscitada não tiver sido apreciada no acórdão recorrido. II Omissis. III Omissis. IV – Agravo regimental improvido. (AI 793610 AgR, Relator(a): Min. RICARDO LEWANDOWSKI, Primeira Turma, julgado em 19/10/2010, DJe-220 DIVULG 16-11-2010 PUBLIC 17-

DEFESA DO CONSUMIDOR. APLICABILIDADE E ALCANCE. Às operações de concessão de crédito e financiamento aplica-se o CODECON, visto que plenamente caracterizado o conceito de consumidor (art. 2º) e de fornecedor (art. 3º), nos exatos termos da lei consumerista. Tal entendimento estende-se às entidades de previdência privada (de caráter aberto ou fechado), como restou assente na Súmula 321 do STJ. [...] (AI 754525, Relator(a): Min. JOAQUIM BARBOSA, julgado em 31/05/2012, publicado em DJe-111 DIVULG 06/06/2012 PUBLIC 08/06/2012)".

2.6 Planos de saúde

A assistência prestada pelo plano de saúde ao consumidor é relação de consumo, pois as partes se enquadram nos conceitos de fornecedor e consumidor dispostos no CDC.[22]

2.6.1 Síndrome de Down

O plano de saúde é obrigado a cobrir, de forma ilimitada, as terapias prescritas ao paciente com Síndrome de Down (Processo em segredo de

---

11-2010 EMENT VOL-02432-01 PP-00194 LEXSTF v. 32, nº 384, 2010, p. 185-189). Ressalte-se, por sua relevância, que a jurisprudência desta Suprema Corte é uníssona no sentido de que verificação de violação, no caso concreto, do direito adquirido, do ato jurídico perfeito e da coisa julgada não desafia a instância extraordinária, visto situar-se no âmbito infraconstitucional. Nesse sentido: AI nº135.632-AgR, Relator o Ministro CELSO DE MELLO, 1ª Turma, DJ de 03/09/99 e AI nº 551.002-AgR, Relator o Ministro CARLOS VELLOSO, 2ª Turma, DJ de 16.12.05. NEGO PROVIMENTO ao agravo de instrumento com fundamento no art. 21, § 1º, do RISTF. Publique-se. Brasília, 30 de novembro de 2011. Ministro Luiz Fux Relator Documento assinado digitalmente. (AI 852111, Relator(a): Min. LUIZ FUX, julgado em 30/11/2011, publicado em DJe-232 DIVULG 06/12/2011 PUBLIC 07/12/2011).

22 AGRAVO DE INSTRUMENTO. CIVIL E PROCESSUAL CIVIL. PLANO DE SAÚDE. REEMBOLSO DE STENT FARMACOLÓGICO. ALEGAÇÃO DE VIOLAÇÃO AO ATO JURÍDICO PERFEITO. AUSÊNCIA DE QUESTÃO CONSTITUCIONAL. 1. A repercussão geral pressupõe recurso admissível sob o crivo dos demais requisitos constitucionais e processuais de admissibilidade (art. 323 do RISTF). 2. A verificação, em cada caso concreto, da ocorrência, ou não, de violação do direito adquirido, do ato jurídico perfeito e da coisa julgada não desafia a instância extraordinária, visto situar-se no âmbito infraconstitucional. (Precedentes: AI nº 135.632-AgR, Relator o Ministro CELSO DE MELLO, 1ª Turma, DJ de 03/09/99 e AI nº 551.002-AgR, Relator o Ministro CARLOS VELLOSO, 2ª Turma, DJ de 16.12.05). 3. In casu, o acórdão recorrido assentou: "APELAÇÃO CÍVEL. AÇÃO DE COBRANÇA. PLANO DE SAÚDE. CDC. APLICABILIDADE. IMPLANTAÇÃO DE STENT FARMACOLÓGICO. COBERTURA CONTRATUAL. PRÓTESE INDICADA PELO

justiça, Rel. Ministro Moura Ribeiro, Terceira Turma, por unanimidade, julgado em 26/08/2024, DJe 28/08/2024). Vale destacar que:

> Cinge-se a controvérsia em definir se o paciente com Síndrome de Down possui direito, de forma ilimitada e multidisciplinar, às terapias prescritas pelo médico.
>
> O Tribunal *a quo* concluiu que a operadora de saúde tem o dever de fornecer os tratamentos prescritos, mostrando-se abusiva a limitação, uma vez que "a restrição do número de sessões da terapia é incompatível com a própria função social dos contratos e os princípios constitucionais, especialmente quando se trata de plano de saúde, verificando-se que, no caso dos autos, em se tratando de criança de apenas 8 (oito) anos de idade,

MÉDICO. NECESSIDADE. PEDIDO PROCEDENTE. A assistência prestada pelo plano de saúde ao consumidor é relação de consumo, pois as partes se enquadram nos conceitos de fornecedor e consumidor dispostos no CDC. Tendo a requerida admitido cobrir o procedimento médico com implante de stent comum, sem, contudo, provar que a indicação médica acerca da necessidade do implante de stent farmacológico era descabida, impõe-se, a ela, o ressarcimento do valor pago pelo segurado na aquisição deste." 4. Agravo de instrumento a que se nega seguimento. Decisão: Trata-se de agravo de instrumento criminal contra decisão que negou seguimento ao recurso extraordinário em oposição a acórdão do Tribunal de Justiça do Estado de Minas Gerais que confirmou a sentença no sentido de condenar a parte ora agravante, com fundamento na Lei nº 9.656/98, ao reembolso referente ao implante de stent farmacológico que não estaria coberto no contrato de plano de saúde. Nas razões do extraordinário, a CAIXA DE ASSISTÊNCIA DOS FUNCIONÁRIOS DO BANCO DO BRASIL – CASSI alegou violação ao art. 5º, XXXVI, da CF. Sustenta, em síntese, ter havido violação ao ato jurídico perfeito, uma vez que o pedido de reembolso de prótese/órtese de equipamento não previsto no contrato é inadmissível, tornando inviável a pretensão autoral. O recurso foi inadmitido na origem sob o fundamento de que a contrariedade decorreria de interpretação de norma infraconstitucional. Relatados, DECIDO. O agravo não merece prosperar. Ab initio, a repercussão geral pressupõe recurso admissível sob o crivo dos demais requisitos constitucionais e processuais de admissibilidade (art. 323 do RISTF). Consectariamente, se inexiste questão constitucional, não há como se pretender seja reconhecida a repercussão geral das questões constitucionais discutidas no caso (art. 102, III, § 3º, da CF). Não merece prosperar a alegada violação ao artigo 5º, XXXVI, da Constituição Federal, isto porque a Jurisprudência desta Suprema Corte é uníssona no sentido de que a verificação de violação, no caso concreto, do direito adquirido, do ato jurídico perfeito e da coisa julgada não desafia a instância extraordinária, visto situar-se no âmbito infraconstitucional. Nesse sentido: AI nº 135.632-AgR, Relator o Ministro Celso de Mello, DJ de 3.9.99, AI nº 551.002-AgR, Relator o Ministro Carlos Velloso, DJ de 16.12.05. Ex positis, NEGO SEGUIMENTO ao agravo de instrumento. Publique-se. Int. Brasília, 7 de fevereiro de 2012. Ministro Luiz Fux Relator Documento assinado digitalmente. (AI 847667, Relator(a): Mn. LUIZ FUX, julgado em 07/02/2012, publicado em DJe-033 DIVULG 14/02/2012 PUBLIC 15/02/2012).

com deficiência física, condição que afeta diretamente sua convivência social, dadas as peculiaridades das limitações, as quais acabam por caracterizar o paciente como consumidor em situação de clara desvantagem frente ao prestador do serviço".

No mesmo sentido, esta Corte Superior entende que, nos casos de paciente com Síndrome de Down, está o plano de saúde obrigado a cobrir, de forma ilimitada, as terapias prescritas: "Segundo a diretriz da ANS, o fato de a síndrome de Down não estar enquadrada na CID F84 (transtornos globais do desenvolvimento) não afasta a obrigação de a operadora cobrir o tratamento multidisciplinar e ilimitado prescrito ao beneficiário com essa condição que apresente quaisquer dos transtornos globais do desenvolvimento" (AgInt no AREsp nº 2.543.020/SP, rel. Ministra Nancy Andrighi, Terceira Turma, julgado em 24/06/2024, DJe de 26/06/2024).

2.6.2 Paciente pós-cirurgia bariátrica

É de cobertura obrigatória pelos planos de saúde a cirurgia plástica de caráter reparador ou funcional indicada pelo médico assistente, em paciente pós-cirurgia bariátrica, visto ser parte decorrente do tratamento da obesidade mórbida.

Havendo dúvidas justificadas e razoáveis quanto ao caráter eminentemente estético da cirurgia plástica indicada ao paciente pós-cirurgia bariátrica, a operadora de plano de saúde pode se utilizar do procedimento da junta médica, formada para dirimir a divergência técnico-assistencial, desde que arque com os honorários dos respectivos profissionais e sem prejuízo do exercício do direito de ação pelo beneficiário, em caso de parecer desfavorável à indicação clínica do médico assistente, ao qual não se vincula o julgador (Resp. nº 1.870.834-SP, Rel. Ministro Ricardo Villas Bôas Cueva, Segunda Seção, por unanimidade, julgado em 13/09/2023, DJe 19/09/2023 (Tema 1069).[23]

2.6.3 Câncer de mama e Criopreservação dos óvulos

A operadora de plano de saúde deve custear o procedimento de criopreservação de óvulos, como medida preventiva à infertilidade, enquanto possível efeito adverso do tratamento de quimioterapia prescrito para câncer de mama, até a alta da quimioterapia (Resp. nº 1.962.984-SP, Rel.

---

23 O tratamento da obesidade mórbida é de cobertura obrigatória nos planos de saúde (art. 10, *caput*, da Lei nº 9.656/1998). Efetivamente, tal condição é considerada doen-

Ministra Nancy Andrighi, Terceira Turma, por unanimidade, julgado em 15/08/2023, DJe 23/08/2023). Vejamos:

> ça crônica não transmissível, relacionada na Classificação Internacional de Doenças (CID) da Organização Mundial de Saúde (OMS).
>
> O STJ possui jurisprudência no sentido de que a operadora de plano de saúde deve arcar com os tratamentos destinados à cura da doença, incluídas as suas consequências.
>
> Assim, não basta a operadora do plano de assistência médica se limitar ao custeio da cirurgia bariátrica para suplantar a obesidade mórbida, mas as resultantes dobras de pele ocasionadas pelo rápido emagrecimento também devem receber atenção terapêutica, já que podem provocar diversas complicações de saúde, a exemplo da candidíase de repetição, das infecções bacterianas devido às escoriações pelo atrito, do odor fétido e das hérnias, não se qualificando, na hipótese, a retirada do excesso de tecido epitelial como procedimento unicamente estético, ressaindo sobremaneira o seu caráter funcional e reparador.
>
> Assim, reconhecendo-se que a cirurgia plástica complementar ao tratamento de obesidade mórbida não pode ser considerada simplesmente como estética, falta definir a amplitude da cobertura pelos planos de saúde.
>
> Apesar de a ANS ter apenas incluído a dermolipectomia abdominal (substituída pela abdominoplastia) e a diástase dos retos abdominais no Rol de Procedimentos e Eventos em Saúde para o tratamento dos males pós-cirurgia bariátrica, devem ser custeados todos os procedimentos cirúrgicos de natureza reparadora, para assim haver a integralidade de ações na recuperação do paciente, em obediência ao art. 35-F da Lei nº 9.656/1998.
>
> A Lei nº 14.454/2022 promoveu alteração na Lei nº 9.656/1998 para estabelecer critérios que permitam a cobertura de exames ou tratamentos de saúde que não estão incluídos no Rol de Procedimentos e Eventos em Saúde Suplementar.
>
> Assim, com a edição da Lei nº 14.454/2022, o Rol da ANS passou por sensíveis modificações em seu formato, suplantando a eventual oposição rol taxativo/rol exemplificativo.
>
> Cabe ressaltar que os efeitos práticos do "rol taxativo mitigado" ou do "rol exemplificativo mitigado" serão similares, isto é, tais efeitos ultrapassam eventuais rótulos reducionistas.
>
> Desse modo, quer se adote os critérios de superação estabelecidos pela Segunda Seção (EREsps. nºs 1.886.929/SP e 1.889.704/SP), quer se considere os parâmetros trazidos pela novel legislação (Lei nº 14.454/2022), chega-se à conclusão de que cirurgias plásticas reparadoras, complementares ao tratamento de obesidade mórbida, devem ser custeadas pelas operadoras de plano de saúde.
>
> Todavia, não é qualquer cirurgia plástica que estará coberta para os pacientes que se submeteram à cirurgia bariátrica, mas tão somente aquelas de natureza reparadora, devidamente indicadas pelo médico assistente.
>
> Isso porque os procedimentos de cirurgia plástica pós-bariátricos podem ser diferenciados em três tipos: (i) os procedimentos que efetivamente se prestam a finalidades reparadoras; (ii) os procedimentos que possuem finalidades apenas estéticas; e (iii) os procedimentos estéticos que podem se prestar a finalidades reparadoras para deter-

Esta Turma, ao julgar o REsp 1.815.796/RJ (julgado em 26/5/2020, DJe de 09/6/2020), fez a distinção entre o tratamento da infertilidade – que, segundo a jurisprudência, não é de cobertura obrigatória pelo plano de saúde (REsp 1.590.221/DF, Terceira Turma, julgado em 7/11/2017, DJe de 13/11/2017) – e a prevenção da infertilidade, enquanto efeito adverso do tratamento prescrito ao paciente e coberto pelo plano de saúde.

O princípio do *primum, non nocere* (primeiro, não prejudicar) não impõe ao profissional da saúde um dever absoluto de não prejudicar, mas o de não causar um prejuízo evitável, desnecessário ou desproporcional ao paciente, provocado pela própria enfermidade que se pretende tratar; dele se extrai um dever de prevenir, sempre que possível, o dano previsível e evitável resultante do tratamento médico prescrito.

Conclui-se, na ponderação entre a legítima expectativa da consumidora e o alcance da restrição estabelecida pelo ordenamento jurídico quanto aos limites do contrato de plano de saúde, que, se a operadora cobre o procedimento de quimioterapia para tratar o câncer de mama, há de fazê-lo também com relação à prevenção dos efeitos adversos e previsíveis dele decorrentes, como a infertilidade, de modo a possibilitar a plena

---

minadas funções de partes do corpo, havendo, comumente, nesses casos, indicação médica especializada.

Nessas hipóteses, não se tratando de procedimentos que efetivamente se prestam a finalidades reparadoras, mas, ao contrário, que dependem da situação peculiar do paciente, havendo dúvidas justificadas acerca do caráter eminentemente estético da cirurgia, a operadora de plano de saúde pode se socorrer do procedimento da junta médica estabelecido em normativo da ANS.

Nesse sentido, a junta médica ou odontológica, a ser custeada pelo plano de saúde, deverá ser formada por três profissionais, quais sejam, o médico assistente do beneficiário, o da operadora e o desempatador, escolhido de comum acordo entre as partes. Há possibilidade, ainda, da junta médica a distância, em caso de não poder ser presencial ou não haver profissional especializado na localidade do paciente.

Assim, fixa-se as seguintes teses:

(I) É de cobertura obrigatória pelos planos de saúde a cirurgia plástica de caráter reparador ou funcional indicada pelo médico assistente, em paciente pós-cirurgia bariátrica, visto ser parte decorrente do tratamento da obesidade mórbida.

(II) Havendo dúvidas justificadas e razoáveis quanto ao caráter eminentemente estético da cirurgia plástica indicada ao paciente pós-cirurgia bariátrica, a operadora de plano de saúde pode se utilizar do procedimento da junta médica, formada para dirimir a divergência técnico-assistencial, desde que arque com os honorários dos respectivos profissionais e sem prejuízo do exercício do direito de ação pelo beneficiário, em caso de parecer desfavorável à indicação clínica do médico assistente, ao qual não se vincula o julgador.

reabilitação da beneficiária ao final do seu tratamento, quando então se considerará devidamente prestado o serviço fornecido.

Se a obrigação de prestação de assistência médica assumida pela operadora de plano de saúde impõe a realização do tratamento prescrito para o câncer de mama, a ele se vincula a obrigação de custear a criopreservação dos óvulos, sendo esta devida até a alta do tratamento de quimioterapia prescrito para o câncer de mama, a partir de quando caberá à beneficiária arcar com os eventuais custos, às suas expensas, se necessário for.

2.6.4 Medicamento antineoplásico de uso *off-label*

A recusa da operadora do plano de saúde em custear medicamento registrado pela ANVISA e prescrito pelo médico do paciente é abusiva, ainda que se trate de fármaco *off-label* ou utilizado em caráter experimental, especialmente na hipótese em que se mostra imprescindível à conservação da vida e da saúde do beneficiário (AgInt no AREsp. Nº 1.964.268-DF, Rel. Ministro Raul Araújo, Quarta Turma, por unanimidade, julgado em 12/06/2023, DJe 19/06/2023).[24]

2.7 Transporte Aéreo de Pessoas

O Superior Tribunal de Justiça entende que a responsabilidade civil das companhias aéreas em decorrência da má prestação de serviços, após a entrada em vigor da Lei nº 8.078/90, não é mais regulada pela Convenção de

---

24 Cinge-se a controvérsia à verificação do dever de cobertura de tratamento de beneficiária de plano de saúde diagnosticada com Pielonefrite em decorrência de complicações de Lúpus Eritematoso, cujo medicamento foi negado sob o fundamento de se tratar de uso off-label.

De fato, o uso do rituximabe (MabThera) para o tratamento da glomerulopatia por lesões mínimas é off-label.

Com efeito, de acordo com o atual entendimento do STJ, é lícita a exclusão, na Saúde Suplementar, do fornecimento de medicamentos para tratamento domiciliar, isto é, aqueles prescritos pelo médico assistente para administração em ambiente externo ao de unidade de saúde, que não se enquadre em nenhuma das hipóteses de cobertura determinadas pela Lei nº 9.656/1998, quais sejam os antineoplásicos orais (e correlacionados), a medicação assistida (home care) e os incluídos no rol da Agência Nacional de Saúde Suplementar (ANS) para esse fim.

Ressalta-se que o STJ entende que o medicamento para tratamento domiciliar de que trata o art. 10, VI, da Lei nº 9.656/1998 é aquele adquirido diretamente nas farmácias e autoadministrado pelo paciente, cuja indicação não tenha por fim substituir o tratamento ambulatorial ou hospitalar, nem esteja relacionada à continuidade da assistência prestada em âmbito de internação hospitalar, excluindo-se dessa classificação a

Varsóvia e suas posteriores modificações (Convenção de Haia e Convenção de Montreal), ou pelo Código Brasileiro de Aeronáutica, subordinando-se, portanto, ao Código Consumerista.

O entendimento pacificado no Superior Tribunal de Justiça é de que o valor estabelecido pelas instâncias ordinárias a título de reparação por danos morais pode ser revisto tão somente nas hipóteses em que a condenação revelar-se irrisória ou exorbitante, distanciando-se dos padrões de razoabilidade, o que não se evidencia no presente caso. (AgRg no AREsp 141.630/RN, Rel. Ministro RAUL ARAÚJO, QUARTA TURMA, julgado em 18/12/2012, DJe 08/02/2013).

2.8 Bolsa de Valores

É possível a aplicação do CDC na relação jurídica entre investidores e a B3 pelo fornecimento de serviços para acesso direto, pessoal e exclusivo do investidor (Resp. nº 2.092.096-SP, Rel. Ministra Nancy Andrighi, Terceira Turma, por unanimidade, julgado em 12/12/2023, DJe 15/12/2023).

> No julgamento do REsp 1.646.261/RJ, a Terceira Turma desta Corte firmou a compreensão no sentido de que, em se tratando de operações realizadas em bolsa de valores, afasta-se a incidência do CDC, na medida em que, no âmbito dessas operações, não há relação direta de prestação de serviços entre a Bolsa e os investidores, porque estes sempre atuam no mercado de capitais por meio das corretoras, por força de lei, enquanto aquela se limita a fornecer o sistema à corretora, cumprindo as suas ordens de negociação.
>
> Todavia, evidencia-se situação distinta na hipótese em que os serviços são prestados diretamente pela B3 aos investidores, destinatários e consumidores destes serviços, que são autônomos em relação às operações em bolsas de valores. No caso, esse serviço consiste em uma plataforma

---

medicação injetável que necessite de supervisão direta de profissional de saúde, por se tratar de hipótese de uso ambulatorial ou espécie de medicação assistida.

Ainda, a jurisprudência desta Corte há muito se firmou no sentido de ser abusiva a recusa da operadora do plano de saúde de custear a cobertura do medicamento registrado na ANVISA e prescrito pelo médico do paciente, ainda que seja tratamento *off-label*, ou utilizado em caráter experimental.

Dessa forma, conclui-se que por qualquer ângulo que se analise a questão, é de rigor a cobertura do tratamento indicado, uma vez que se trata de medicamento de uso ambulatorial, com necessidade de aplicação intravenosa, portanto com necessidade de supervisão de profissional de saúde, devidamente registrado na Anvisa, ainda que indicado seu uso *off-label*.

Capítulo I – Disposições Gerais | 29

virtual denominada Canal Eletrônico do Investidor (CEI), criada e gerida exclusivamente pela B3.

A mencionada plataforma presta um serviço informativo e de organização de dados, por meio do qual é apresentada ao investidor a possibilidade de consulta centralizada de todos os seus investimentos, ainda que realizados por meio de diversos bancos e corretoras, além de outras informações relacionadas, como extratos, rendimentos, histórico de negociações, gráficos de suas posições, entre outras.

Nesse caso, a B3 coloca um serviço à disposição de pessoas que possuem investimentos perante alguma corretora ou banco, permitindo o acesso direto e exclusivo à referida plataforma pelo investidor, mediante o cadastro de uma senha pessoal. Vale destacar, o perfil do investidor na plataforma da Bolsa de Valores é acessado apenas e diretamente por ele e não pela corretora, tampouco por terceiros.

Nesse contexto, conclui-se que a B3 fornece serviços diretamente para o consumo do investidor, estabelecendo com este uma relação jurídica autônoma de consumo que é regida pelo CDC, em observância aos seus arts. 2º e 3º, § 2º.

2.9 Jurisprudências

BANCÁRIO. RECURSO ESPECIAL. AÇÃO ORDINÁRIA DE REVISÃO DE CONTRATO DE MÚTUO E DE CÉDULAS DE CRÉDITO INDUSTRIAL. EMBARGOS DO DEVEDOR. DEVOLUÇÃO EM DOBRO DE QUANTIA EXECUTADA INDEVIDAMENTE. Art. 1.531 Cc. Má-fé caracterizada. Indenização por perdas e danos. Cabimento. Revisão. Súmula 7/STJ. Não evidenciada superioridade da instituição financeira. Afastada a aplicação do CDC. Limitação dos juros remuneratórios. Lei nº 1.521/51. Inviabilidade. Não demonstração da excessividade de lucro na intermediação. Taxa média de mercado. Ausência de discrepância. Recurso parcialmente provido.

1. O Tribunal local demonstrou de forma pormenorizada a má-fé da instituição financeira, condenando-a à devolução em dobro da quantia indevidamente exigida em execução, encontrando-se em harmonia com o entendimento desta Corte Superior, no sentido de que a sanção do artigo 1.531 do Código Civil de 1916 somente pode ser aplicada se demonstrada a má-fé do credor.

2. A instituição financeira agiu ilicitamente, atrasando, por quase um ano, o repasse dos recursos contratados, o que gerou efetivo prejuízo à

empresa mutuária, sendo devida a indenização por perdas e danos. Rever esse entendimento da Corte de origem demandaria reexame de provas, o que é vedado em sede de recurso especial ante o óbice da Súmula 7/STJ.

3. Embora consagre o critério finalista para interpretação do conceito de consumidor, a jurisprudência do STJ também reconhece a necessidade de, em situações específicas, abrandar o rigor desse critério para admitir a aplicabilidade do CDC nas relações entre fornecedores e sociedades-empresárias em que fique evidenciada a relação de consumo.

4. Afastada a aplicação do CDC, visto que não ficou caracterizada a superioridade técnica, jurídica, fática ou econômica da instituição financeira, a revelar a excepcionalidade do caso a fim de abrandar o rigor do critério subjetivo do conceito de consumidor.

5. Conquanto na regência da Lei n° 4.595/64 não estejam os juros bancários limitados a 12% ao ano, as notas de crédito rural, comercial e industrial acham-se submetidas a regramento próprio (Lei n° 6.840/80 e Decreto-Lei n° 413/69), que conferem ao Conselho Monetário Nacional o dever de fixar os juros a serem praticados.

Diante da omissão desse órgão governamental, incide a limitação de 12% ao ano, prevista no Decreto n° 22.626/33 (Lei da Usura).

6. Não se revela viável a redução dos juros nos contratos de mútuo financeiro com base na Lei n° 1.521/51, sem uma demonstração cabal da excessividade do lucro da intermediação financeira, diante dos termos da Lei n° 4.595/64 e da jurisprudência predominante, abrigada na Súmula n° 596, do Supremo Tribunal Federal. Precedentes.

7. Devem ser mantidas as taxas de juros remuneratórios pactuadas nos contratos de repasses de recursos externos e contratos de abertura de crédito, uma vez que não há demonstração de lucro excessivo ou discrepância com a taxa média de mercado, nos termos em que exigido pela jurisprudência do STJ.

8. Recurso especial do Banco do Nordeste do Brasil S.A. parcialmente provido. Prejudicado o recurso adesivo.

(REsp 1196951/PI, Rel. Ministro LUIS FELIPE SALOMÃO, QUARTA TURMA, julgado em 14/02/2012, DJe 09/04/2012)

ADMINISTRATIVO. ENERGIA ELÉTRICA. REPETIÇÃO DO INDÉBITO. FALTA DE PREQUESTIONAMENTO. INCIDÊNCIA DA SÚMULA N° 211/STJ. ANEEL. AUSÊNCIA DE LEGITIMIDADE.

PRESCRIÇÃO. INOCORRÊNCIA. APLICAÇÃO DO CÓDIGO DE DEFESA DO CONSUMIDOR. ESTABELECIMENTO INDUSTRIAL.

1. Os órgãos julgadores não estão obrigados a examinar todas as teses levantadas pelo jurisdicionado durante um processo judicial, bastando que as decisões proferidas estejam devida e coerentemente fundamentadas, em obediência ao que determina o art. 93, inc. IX, da Constituição da República vigente. Isto não caracteriza ofensa ao art. 535 do CPC. Precedentes.

2. A leitura atenta do acórdão combatido, integrado pelo pronunciamento da origem em embargos de declaração, revela que os arts. 42 da Lei nº 8.078/90 e 333, inc. I, do CPC, bem como as teses a eles vinculadas, não foram objeto de debate pela instância ordinária, o que atrai a aplicação da Súmula nº 211 desta Corte Superior, inviabilizando o conhecimento do especial no ponto por ausência de prequestionamento.

3. Esta Corte adota a teoria finalista para o conceito de consumidor, com o abrandamento desta teoria na medida em que admite a aplicação das normas do CDC a determinados consumidores profissionais, desde que seja demonstrada a vulnerabilidade técnica, jurídica ou econômica. Precedentes.

4. Não assiste razão à recorrente, pois a jurisprudência de ambas as Turmas da Seção consolidou-se no sentido de que a União e a ANEEL não detêm legitimidade nas ações em que se discute a restituição de indébito decorrente da majoração ilegal das tarifas de energia elétrica. Precedentes.

5. Em quinto e último lugar, a Primeira Seção, no julgamento do REsp 1.113.403/RJ, de relatoria do Min. Teori Albino Zavascki (DJe 15.9.2009), submetido ao regime dos recursos repetitivos do art.543-C do Código de Processo Civil e da Resolução STJ nº 8/08, firmou entendimento de que a ação de repetição de indébito de tarifas de água e esgoto, bem como de energia elétrica, sujeitam-se ao prazo prescricional estabelecido no Código Civil.

6. Recurso especial parcialmente conhecido e, nesta parte, não provido.

(REsp 1190139/RS, Rel. Ministro MAURO CAMPBELL MARQUES, SEGUNDA TURMA, julgado em 06/12/2011, DJe 13/12/2011)

DIREITO CIVIL. RECURSO ESPECIAL. SEGURO DE TRANSPORTE DE MERCADORIA. FATOS OCORRIDOS ANTES DA VIGÊNCIA DO CÓDIGO CIVIL DE 2002, QUE PASSOU A REGULAR O TRANSPORTE DE PESSOAS E COISAS. SINISTRO. INDENIZAÇÃO. SUB-ROGAÇÃO. SEGURADORA ASSUME A POSIÇÃO DA

SEGURADA. RELAÇÃO MERCANTIL. INAPLICABILIDADE DAS REGRAS DO CDC.

1. A seguradora, arcando com a indenização securitária, está sub-rogada nos direitos de sua segurada, podendo, dentro do prazo prescricional aplicável à relação jurídica entabulada por esta, buscar o ressarcimento do que despendeu, nos mesmos termos e limites que assistiam à segurada.

2. No entanto, a relação jurídica existente entre a segurada e a transportadora ostenta nítido caráter mercantil, não podendo, em regra, ser aplicada às normas inerentes às relações de consumo, pois, segundo apurado pela instância ordinária, "o segurado utilizou a prestação de serviço da ré transportadora como insumo dentro do processo de transformação, comercialização ou na prestação de serviços a terceiros; não se coadunando, portanto, com o conceito de consumidor propriamente dito, mas sim pretendendo a exploração da atividade econômica visando a obtenção do lucro".

3. O Código Civil de 2002 regula o contrato de transporte de pessoas e coisas nos artigos 730 a 756. No entanto, a referida relação jurídica era anteriormente regulada pelo Decreto-Lei nº 2.681/1912, aplicando-se a prescrição ânua, conforme dispunha o art. 9º do mencionado Diploma. Precedentes do STF e desta Corte.

4. Recurso especial não conhecido.

(REsp 982.492/SP, Rel. Ministro LUIS FELIPE SALOMÃO, QUARTA TURMA, julgado em 27/09/2011, DJe 17/10/2011)

> **Art. 3º Fornecedor é toda pessoa física ou jurídica, pública ou privada, nacional ou estrangeira, bem como os entes despersonalizados, que desenvolvem atividade de produção, montagem, criação, construção, transformação, importação, exportação, distribuição ou comercialização de produtos ou prestação de serviços.**
> **§ 1º Produto é qualquer bem, móvel ou imóvel, material ou imaterial.**
> **§ 2º Serviço é qualquer atividade fornecida no mercado de consumo, mediante remuneração, inclusive as de natureza**

bancária, financeira, de crédito e securitária, salvo as decorrentes das relações de caráter trabalhista.

↪ COMENTÁRIOS

3.1 Conceito de Fornecedor

O artigo 3º do CDC define fornecedor como "toda pessoa física ou jurídica, pública ou privada, nacional ou estrangeira, bem como os entes despersonalizados, que desenvolvem atividade de produção, montagem, criação, construção, transformação, importação, exportação, distribuição ou comercialização de produtos ou prestação de serviços."

Dessa forma, o fornecedor pode ser público ou privado. Na primeira hipótese é o próprio Poder Público que age como fornecedor, por si ou através de suas empresas públicas ou concessionárias de serviços públicos. Por exemplo, a CEDAE se encaixa no conceito de fornecedor, nos termos do artigo 3º, do Código de Defesa do Consumidor, pois presta serviço público de natureza essencial.

Nesse sentido, o STJ já se pronunciou acerca da interrupção no fornecimento de serviço de água e esgoto: "Esta Corte possui entendimento pacífico no sentido da ilegalidade do corte no fornecimento de serviços públicos essenciais, como a água, quando a inadimplência do consumidor decorrer de débitos consolidados pelo tempo. Precedentes: AgRg no AREsp 177.397/RJ, Rel. Ministro Herman Benjamin, Segunda Turma, julgado em 18.9.2012, DJe 10.10.2012; AgRg no AREsp 97.838/RJ, Rel. Ministro Castro Meira, Segunda Turma, julgado em 20.3.2012, DJe 28.3.2012 2. Agravo regimental não provido." (AgRg no AREsp 247.249/SP, Rel. Ministro MAURO CAMPBELL MARQUES, SEGUNDA TURMA, julgado em 21/02/2013, DJe 27/02/2013).

Igualmente é aplicável o Código de Defesa do Consumidor à hipótese de prestação de serviços de telefonia fixa, porque as concessionárias de telecomunicações enquadram-se no conceito de fornecedor, e os usuários do serviço, no de consumidor, conforme definição dos artigos 2º e 3º da Lei nº 8.078/1990.

A Primeira Seção do STJ, por ocasião do julgamento do Recurso Especial 1.299.303/SC, sob o rito do art. 543-C, do CPC, decidiu que o consumidor de energia elétrica tem legitimidade para questionar a incidência de ICMS sobre demanda de potência contratada. (AgRg no AgRg no AgRg no REsp 1142106/SP, Rel. Ministro BENEDITO GONÇALVES, PRIMEIRA TURMA, julgado em 18/12/2012, DJe 04/02/2013).[25]

Os fornecedores podem ser nacionais ou estrangeiros, bem como os entes despersonalizados, tais como a massa falida, o espólio de um comerciante, os vendedores ambulantes etc.

Vale destacar que as associações desportivas e os condomínios não se enquadram no conceito de fornecedor de produtos e serviços. Nesse sentido, o Ministro Castro Meira afirma que, "Conforme reiterada jurisprudência desta Corte, não é relação de consumo a que se estabelece entre os condôminos e o Condomínio, referente às despesas para manutenção e conservação do prédio e dos seus serviços." (REsp 441.873/DF, Rel. Ministro CASTRO FILHO, TERCEIRA TURMA, julgado em 19/09/2006, DJ 23/10/2006, p. 295).

Acerca do tema, José Geraldo Brito Filomeno faz importante explanação quando trata da impossibilidade de aplicação do CDC a associações desportivas ou condomínios. Vejamos: "Resta evidente que aqueles entes, despersonalizados ou não, não podem ser considerados como fornecedores.

E isso porque, quer no que diz respeito às entidades associativas, quer no que concerne aos condomínios em edificações, seu fim ou objeto social é deliberado pelos próprios interessados, em última análise, sejam representados ou não por intermédio de conselhos deliberativos, ou então mediante participação direta em assembleias gerais que, como se sabe, são os órgãos deliberativos soberanos nas chamadas "sociedades contingentes".

Decorre daí, por conseguinte, que quem delibera sobre seus destinos são os próprios interessados, não se podendo dizer que eventuais serviços prestados pelos empregados, funcionários ou diretores, síndicos e

---

25 PROCESSUAL CIVIL E TRIBUTÁRIO. SERVIÇO PÚBLICO. ENERGIA ELÉTRICA. INCIDÊNCIA DE ICMS SOBRE DEMANDA CONTRATADA. LEGITIMIDADE ATIVA DO CONSUMIDOR PARA DISCUTIR A MATÉRIA.

1. Ao julgar o Resp 1.299.303/SC, de relatoria do Min. Cesar Asfor Rocha, submetido ao rito do art. 543-C do CPC, a Primeira Seção do STJ entendeu que o consumidor tem legitimidade para propor ação declaratória c/c repetição de indébito na qual se busca afastar, no tocante ao fornecimento de energia elétrica, a incidência do ICMS sobre a demanda contratada e não utilizada.

2. Recurso Especial não provido.

(REsp 1354681/MG, Rel. Ministro HERMAN BENJAMIN, SEGUNDA TURMA, julgado em 04/12/2012, DJe 19/12/2012)

demais dirigentes comunitários, sejam enquadráveis no rótulo 'fornecedores', conforme a nomenclatura do Código de Defesa do Consumidor."[26]

Também não se aplicam as normas do CDC nas relações jurídicas locatícias, já que estas são regidas por legislação específica (Lei nº 8.245/91).

O STJ possui orientação pacífica no sentido de que as normas do Código de Defesa do Consumidor (Lei nº 8.078/90) não se aplicam às relações locatícias disciplinadas pela Lei nº 8.245/91.

Nesse sentido, a decisão da Ministra Laurita Vaz, do STJ: "LOCAÇÃO. AÇÃO CIVIL PÚBLICA PROPOSTA EM FACE DE APENAS UMA ADMINISTRADORA DE IMÓVEL. CLÁUSULA CONTRATUAL ABUSIVA. ILEGITIMIDADE ATIVA DO MINISTÉRIO PÚBLICO ESTADUAL. DIREITO INDIVIDUAL PRIVADO. CÓDIGO DE DEFESA DO CONSUMIDOR. INAPLICABILIDADE. Nos termos do art. 129, inciso III, da Constituição Federal e do art. 25, inciso IV, letra a, da Lei nº 8.625/1993, possui o Ministério Público, como função institucional, a defesa dos interesses difusos, coletivos e individuais indisponíveis e homogêneos. No caso dos autos, a falta de configuração de interesse coletivo afasta a legitimidade ativa *ad causam* do Ministério Público para ajuizar ação civil pública objetivando a declaração de nulidade de cláusulas abusivas constantes de contratos de locação realizados com apenas uma administradora do ramo imobiliário. É pacífica e remansosa a jurisprudência, nesta Corte, no sentido de que o Código de Defesa do Consumidor não é aplicável aos contratos locatícios, que são reguladas por legislação própria. Precedentes Recurso especial desprovido. (REsp 605.295/MG, Rel. Ministra LAURITA VAZ, QUINTA TURMA, julgado em 20/10/2009, DJe 02/08/2010)."

A empresa que utiliza marca internacionalmente reconhecida, ainda que não tenha sido a fabricante direta do produto defeituoso, enquadra-se na categoria de fornecedor aparente.

"Cinge-se a controvérsia a saber se, à luz do conceito de fornecedor previsto no art. 3º do Código de Defesa do Consumidor, adota-se a teoria do "fornecedor aparente" para enquadrar nessa espécie a empresa que se utiliza de marca mundialmente reconhecida, beneficiando-se, portanto, da confiança dessa perante o consumidor, para responder pelos bens lançados no mercado sob tal identificação, ainda que não seja sua fabricante direta. Extrai-se do CDC que será considerado como fornecedor de produtos ou serviços, toda pessoa física ou jurídica que desenvolve atividade

---

26 FILOMENO, José Geraldo Brito. *Código brasileiro de defesa do consumidor*: comentado pelos autores do anteprojeto. 9.ed. Rio de Janeiro: Forense Universitária, 2007, p. 49.

mediante remuneração (desempenho de atividade mercantil ou civil) e de forma habitual, seja ela pública ou privada, nacional ou estrangeira e até mesmo entes despersonalizados. Observa-se que a lei traz a definição ampliada de fornecedor e a doutrina nacional aponta a existência de quatro subespécies, a saber: a) o fornecedor real; b) o fornecedor presumido; c) o fornecedor equiparado e d) o fornecedor aparente. O fornecedor aparente, que compreende aquele que, embora não tendo participado do processo de fabricação, apresenta-se como tal pela colocação do seu nome, marca ou outro sinal de identificação no produto que foi fabricado por um terceiro. É nessa aparência que reside o fundamento para a responsabilização deste fornecedor, não sendo exigida para o consumidor, vítima de evento lesivo, a investigação da identidade do fabricante real. Com efeito, tal alcance torna-se possível na medida em que o Código de Defesa do Consumidor tem por escopo, conforme aduzido pela doutrina, proteger o consumidor "daquelas atividades desenvolvidas no mercado, que, pela própria natureza, são potencialmente ofensivas a direitos materiais (...) são criadoras de situações de vulnerabilidade independentemente da qualificação normativa de quem a exerce". Assim, com fulcro no Código de Defesa do Consumidor, especialmente em seus arts. 3º, 12, 14, 18, 20 e 34 é de reconhecer, de fato, a previsão normativa para a responsabilização solidária do fornecedor aparente, porquanto beneficiário da marca de alcance global, em nome da teoria do risco da atividade". (REsp 1.580.432-SP, Rel. Min. Marco Buzzi, por unanimidade, julgado em 06/12/2018, DJe 04/02/2019).

3.2 Produto

De acordo com o § 1º, do artigo 3º do CDC, produto é qualquer bem, móvel ou imóvel, material ou imaterial.

José Geraldo de Brito Filomeno explica que, "melhor, entretanto, no nosso entendimento, seria falar-se em ´bens´ e não ´produtos´, mesmo porque, como notório, o primeiro termo é bem mais abrangente do que o segundo, aconselhando tal nomenclatura, aliás, a boa técnica jurídica, bem como a economia política.(...) Na versão original da Comissão Especial do Conselho Nacional de Defesa do Consumidor do Ministério da Justiça, bem como no texto final aprovado pelo plenário do referido órgão extinto pelo atual governo federal, em todos os momentos se fala em ´bens´ - termo tal que de resto é inequívoco e genérico, exatamente no sentido de apontar para o aplicador do Código de Defesa do Consumidor os reais objetos de interesse nas relações de consumo. Desta forma, e até para os efeitos práticos, dir-se-ia que, para fins do Código de Defesa do Consumidor, produto (entenda-se ´bens´) é qualquer objeto de interesse em dada relação de consumo, e destinado a satisfazer uma necessidade do adquirente, como destinatário final. E, com efeito, o Código Civil que entrou em vigor em janeiro de 2003 manteve a tradicional nomenclatura, prevendo os bens em seu Livro II, arts. 79 a 103"[27].

O produto pode ser um bem material (corpóreo ou tangível) ou imaterial (incorpóreo ou intangível).

3.3 Serviço

Serviço é qualquer atividade fornecida no mercado de consumo, mediante remuneração, inclusive as de natureza bancária, financeira, de crédito e securitária, salvo as decorrentes das relações de caráter trabalhista. (CDC, art. 3°, § 2°).

A responsabilidade civil das companhias aéreas em decorrência da má prestação de serviços é regulada pelo Código de Defesa do Consumidor, o que implica a solidariedade entre todos os responsáveis pelo dano sofrido pelo consumidor. Por exemplo, "atraso de voo de nove horas, que impediu a chegada do autor a tempo de presenciar as últimas horas de vida de seu pai. Dano moral gravíssimo." (AgRg no AgRg no REsp 689.257/PR, Rel. Ministra MARIA ISABEL GALLOTTI, QUARTA TURMA, julgado em 28/08/2012, DJe 05/09/2012).

Da mesma forma, cabe responsabilidade civil em face do administrador e gestor de fundo de investimento derivativo, nos casos de ausência de informações aos consumidores dos riscos inerentes à aplicação financeira. "Em regra, descabe indenização por danos materiais ou morais a aplicador em fundos derivativos, pois o alto risco é condição inerente aos investimentos nessas aplicações. Tanto é assim que são classificados no mercado financeiro como voltados para investidores experientes, de perfil agressivo, podendo o aplicador ganhar ou perder, sem nenhuma garantia de retorno do capital. Como é da lógica do mercado financeiro, quanto maior a possibilidade de lucro e rentabilidade de produto oferecido, maiores também os riscos envolvidos no investimento. Contudo, no caso em exame, o eg. Tribunal de origem, analisando prova técnica (pro-

---

27 FILOMENO, 2007, p.51.

cesso administrativo realizado pelo Banco Central), anexada aos autos, reconheceu falha na prestação do serviço por parte do gestor dos fundos, tendo em vista a ausência de adequada informação ao consumidor acerca dos riscos inerentes às aplicações em fundos derivativos". (REsp 777.452/RJ, Rel. Ministro RAUL ARAÚJO, QUARTA TURMA, julgado em 19/02/2013, DJe 26/02/2013).

Outrossim, "O Código de Defesa do Consumidor é aplicável às instituições financeiras" (Súmula 297/STJ)."

Por outro lado, vale destacar que nos contratos de crédito educativo não se aplicam as normas do Código de Defesa do Consumidor. Vejamos: "ADMINISTRATIVO. CONTRATO DE CRÉDITO EDUCATIVO. INAPLICABILIDADE DO CÓDIGO DE DEFESA DO CONSUMIDOR. 1. Esta Turma tem decidido reiteradamente que, na relação travada com o estudante que adere ao programa do crédito educativo, não se identifica relação de consumo, porque o objeto do contrato é um programa de governo, em benefício do estudante, sem conotação de serviço bancário. Dessa forma, a multa contratualmente pactuada (10%) não pode ser afastada com fundamento no artigo 52, § 1º, do CDC. 2. A Primeira Seção, ao julgar o REsp 1.155.684/RN (Rel. Min. Benedito Gonçalves, DJe 18.5.2010), submetido ao procedimento de que trata o art. 543-C do Código de Processo Civil, confirmou a orientação desta Turma, no sentido da inaplicabilidade das disposições do Código de Defesa do Consumidor aos contratos de financiamento estudantil. 3. Recurso especial provido. (REsp 1256227/RS, Rel. Ministro MAURO CAMPBELL MARQUES, SEGUNDA TURMA, julgado em 14/08/2012, DJe 21/08/2012).

3.4 Comércio Eletrônico – Regras para *e-commerce*

Cada vez mais as grandes lojas lançam portais visando o comércio eletrônico. Recentemente, o Grupo Pão de Açúcar lançou um portal que vai reunir lojas de diferentes segmentos em um único local, inaugurando a categoria de "shopping mercado" no comércio eletrônico, com investimento ao redor de 10 milhões de reais.

Batizado de Extra marketplace, o site permitirá a pesquisa de produtos em lojas especializadas de vestuário, material de construção, automotivo, eletrodomésticos, eletroeletrônicos, além de compra de alimentos, numa só transação.[28]

O Decreto nº 7.962, de 15 de março de 2013, regulamenta a Lei nº 8.078/90 (Código de Proteção e Defesa do Consumidor) sobre a contratação no comércio eletrônico. Vejamos:

> **Art. 1º** Este Decreto regulamenta a Lei nº 8.078, de 11 de setembro de 1990, para dispor sobre a contratação no comércio eletrônico, abrangendo os seguintes aspectos:
>
> I – informações claras a respeito do produto, serviço e do fornecedor;
>
> II – atendimento facilitado ao consumidor; e
>
> III – respeito ao direito de arrependimento.
>
> **Art. 2º** Os sítios eletrônicos ou demais meios eletrônicos utilizados para oferta ou conclusão de contrato de consumo devem disponibilizar, em local de destaque e de fácil visualização, as seguintes informações:
>
> I – nome empresarial e número de inscrição do fornecedor, quando houver, no Cadastro Nacional de Pessoas Físicas ou no Cadastro Nacional de Pessoas Jurídicas do Ministério da Fazenda;
>
> II – endereço físico e eletrônico, e demais informações necessárias para sua localização e contato;
>
> III – características essenciais do produto ou do serviço, incluídos os riscos à saúde e à segurança dos consumidores;
>
> IV – discriminação, no preço, de quaisquer despesas adicionais ou acessórias, tais como as de entrega ou seguros;
>
> V – condições integrais da oferta, incluídas modalidades de pagamento, disponibilidade, forma e prazo da execução do serviço ou da entrega ou disponibilização do produto; e
>
> VI – informações claras e ostensivas a respeito de quaisquer restrições à fruição da oferta.
>
> **Art. 3º** Os sítios eletrônicos ou demais meios eletrônicos utilizados para ofertas de compras coletivas ou modalidades análogas

---

28 Disponível em: https://exame.com/negocios/pao-de-acucar-lanca-shopping-center-online/. Acesso em: 15 mar. 2024.

de contratação deverão conter, além das informações previstas no art. 2º, as seguintes:

I – quantidade mínima de consumidores para a efetivação do contrato;

II – prazo para utilização da oferta pelo consumidor; e

III – identificação do fornecedor responsável pelo sítio eletrônico e do fornecedor do produto ou serviço ofertado, nos termos dos incisos I e II do art. 2º.

Art. 4º Para garantir o atendimento facilitado ao consumidor no comércio eletrônico, o fornecedor deverá:

I – apresentar sumário do contrato antes da contratação, com as informações necessárias ao pleno exercício do direito de escolha do consumidor, enfatizadas as cláusulas que limitem direitos;

II – fornecer ferramentas eficazes ao consumidor para identificação e correção imediata de erros ocorridos nas etapas anteriores à finalização da contratação;

III – confirmar imediatamente o recebimento da aceitação da oferta;

IV – disponibilizar o contrato ao consumidor em meio que permita sua conservação e reprodução, imediatamente após a contratação;

V – manter serviço adequado e eficaz de atendimento em meio eletrônico, que possibilite ao consumidor a resolução de demandas referentes a informação, dúvida, reclamação, suspensão ou cancelamento do contrato;

VI – confirmar imediatamente o recebimento das demandas do consumidor referidas no inciso, pelo mesmo meio empregado pelo consumidor; e

VII – utilizar mecanismos de segurança eficazes para pagamento e para tratamento de dados do consumidor.

Parágrafo único. A manifestação do fornecedor às demandas previstas no inciso V do *caput* será encaminhada em até cinco dias ao consumidor.

Art. 5º O fornecedor deve informar, de forma clara e ostensiva, os meios adequados e eficazes para o exercício do direito de arrependimento pelo consumidor.

§ 1º O consumidor poderá exercer seu direito de arrependimento pela mesma ferramenta utilizada para a contratação, sem prejuízo de outros meios disponibilizados.

§ 2º O exercício do direito de arrependimento implica a rescisão dos contratos acessórios, sem qualquer ônus para o consumidor.

§ 3º O exercício do direito de arrependimento será comunicado imediatamente pelo fornecedor à instituição financeira ou à administradora do cartão de crédito ou similar, para que:

I – a transação não seja lançada na fatura do consumidor; ou

II – seja efetivado o estorno do valor, caso o lançamento na fatura já tenha sido realizado.

§ 4º O fornecedor deve enviar ao consumidor confirmação imediata do recebimento da manifestação de arrependimento.

Art. 6º As contratações no comércio eletrônico deverão observar o cumprimento das condições da oferta, com a entrega dos produtos e serviços contratados, observados prazos, quantidade, qualidade e adequação.

Art. 7º A inobservância das condutas descritas neste Decreto ensejará aplicação das sanções previstas no art. 56 da Lei nº 8.078, de 1990.

Art. 8º O Decreto nº 5.903, de 20 de setembro de 2006, passa a vigorar com as seguintes alterações:

"Art. 10. ....

Parágrafo único. O disposto nos arts. 2º, 3º e 9º deste Decreto aplica-se às contratações no comércio eletrônico." (NR)

Art. 9º Este Decreto entra em vigor sessenta dias após a data de sua publicação.

Brasília, 15 de março de 2013; 192º da Independência e 125º da República.

DILMA ROUSSEFF

José Eduardo Cardozo

Este texto não substitui o publicado no DOU de 15.3.2013 – Edição extra.

3.5 Jurisprudências

AGRAVO EM RECURSO ESPECIAL Nº 680.878 – SE (2015/0059132-5) RELATOR: MINISTRO RICARDO VILLAS BÔAS CUEVA AGRAVANTE: FUNDAÇÃO PETROBRÁS DE SEGURIDADE SOCIAL PETROS [...] 4. A DENUNCIAÇÃO DA LIDE É INSTITUTO QUE PRESTIGIA A ECONOMIA PROCESSUAL, SENDO POSSÍVEL SUA UTILIZAÇÃO PARA ELIMINAR CABÍVEL ULTERIOR AÇÃO DE REGRESSO AUTÔNOMA. PORTANTO, É DESCABIDA A LITISDENUNCIAÇÃO DA PATROCINADORA, POIS EVENTUAL SUCUMBÊNCIA DA ENTIDADE DE PREVIDÊNCIA PRIVADA SERÁ SUPORTADA PELO FUNDO PERTENCENTE AOS PARTICIPANTES, ASSISTIDOS E DEMAIS BENEFICIÁRIOS, NÃO HAVENDO COGITAR DE PRETENSÃO A ENSEJAR O AJUIZAMENTO DE AÇÃO DE REGRESSO EM FACE DO PATROCINADOR. 5. RECURSO ESPECIAL NÃO PROVIDO" (RESP Nº 1.406.109/SP, REL. MINISTRO LUIS FELIPE SALOMÃO, QUARTA TURMA, DJE 5/12/2013 – GRIFOU-SE). NO MAIS, A IRRESIGNAÇÃO MERECE PROSPERAR. COM EFEITO, A TERCEIRA TURMA DESTA CORTE SUPERIOR JÁ ASSINALOU QUE "(...) O CÓDIGO DE DEFESA DO CONSUMIDOR NÃO É APLICÁVEL À RELAÇÃO JURÍDICA MANTIDA ENTRE A ENTIDADE FECHADA DE PREVIDÊNCIA PRIVADA E SEUS PARTICIPANTES, PORQUANTO O PATRIMÔNIO DA ENTIDADE E RESPECTIVOS RENDIMENTOS REVERTEM-SE INTEGRALMENTE NA CONCESSÃO E MANUTENÇÃO DO PAGAMENTO DE BENEFÍCIOS, PREVALECENDO O ASSOCIATIVISMO E O MUTUALISMO, O QUE AFASTA O INTUITO LUCRATIVO. DESSE MODO, O FUNDO DE PENSÃO NÃO SE ENQUADRA NO CONCEITO LEGAL DE FORNECEDOR, DEVENDO A SÚMULA Nº 321/STJ SER APLICADA SOMENTE ÀS ENTIDADES ABERTAS DE PREVIDÊNCIA COMPLEMENTAR." (RESP Nº 1.421.951/SE, REL. MINISTRO RICARDO VILLAS BÔAS CUEVA, TERCEIRA TURMA, DJE 19/12/2014 – GRIFOU-SE) ADEMAIS, A JURISPRUDÊNCIA DESTE TRIBUNAL SUPERIOR É NO SENTIDO DE QUE NÃO HÁ FALAR EM DIREITO ADQUIRIDO, MAS EM MERA EXPECTATIVA DE DIREITO DO PARTICIPANTE, À APLICAÇÃO DAS REGRAS DE CONCESSÃO DA APOSENTADORIA SUPLEMENTAR QUANDO DE SUA ADMISSÃO AO PLANO, SENDO APENAS ASSEGURADA A INCIDÊNCIA DAS DISPOSIÇÕES REGULAMENTARES VIGENTES NA DATA EM QUE CUMPRIR TODOS OS REQUISITOS EXIGIDOS PARA OBTENÇÃO DO BENEFÍCIO, TORNANDO-O ELEGÍVEL. HÁ DE SE RESSALTAR TAMBÉM QUE AS NORMAS EDITADAS PELO PODER PÚBLICO COM RELAÇÃO ÀS ENTIDADES DE PREVIDÊNCIA PRIVADA SÃO DE CARÁTER COGENTE E DEVEM INTEGRAR AS REGRAS ESTATUTÁRIAS, AINDA QUE NÃO TENHA

HAVIDO A DEVIDA ALTERAÇÃO NO PLANO DE BENEFÍCIOS, SOBRETUDO PORQUE NÃO DEPENDEM, PARA A SUA EFICÁCIA, DE ATO DE VONTADE DA ADMINISTRAÇÃO DO FUNDO DE PENSÃO EM PROVIDENCIAR A ADAPTAÇÃO DO REGULAMENTO AO NOVO SISTEMA LEGAL EM VIGOR. DEPREENDE-SE, PORTANTO, QUE A PETROS NÃO INCORREU EM NENHUMA ILEGALIDADE AO EXIGIR DA PARTE AUTORA O REQUISITO DA CESSAÇÃO DO VÍNCULO EMPREGATÍCIO COM O PATROCINADOR COMO CONDIÇÃO PARA A CONCESSÃO DA APOSENTADORIA COMPLEMENTAR, VISTO QUE A ALTERAÇÃO REGULAMENTAR OCORREU, POR FORÇA DE LEI (ART. 3º, I, DA LC Nº 108/2001), ANTES DE IMPLEMENTADOS OS REQUISITOS PARA A OBTENÇÃO DO BENEFÍCIO, ATINGINDO A SUA SITUAÇÃO JURÍDICA, EM QUE PESE TAL CONDIÇÃO NÃO TER CONSTADO QUANDO DA SUA ADESÃO AO PLANO DE BENEFÍCIOS. NESSE SENTIDO, OS SEGUINTES PRECEDENTES: "RECURSO ESPECIAL. CIVIL. PREVIDÊNCIA PRIVADA. PATROCINADOR. ILEGITIMIDADE PASSIVA AD CAUSAM. ENTIDADE FECHADA DE PREVIDÊNCIA COMPLEMENTAR. CÓDIGO DE DEFESA DO CONSUMIDOR. INAPLICABILIDADE. CONCESSÃO DE APOSENTADORIA SUPLEMENTAR. REQUISITOS. CESSAÇÃO DO VÍNCULO EMPREGATÍCIO. ADESÃO AO PLANO DE BENEFÍCIOS. CONDIÇÃO INEXISTENTE. DIREITO ADQUIRIDO. AFASTAMENTO. MERA EXPECTATIVA DE DIREITO. EXIGÊNCIA INSTITUÍDA POR LEI. CARÁTER COGENTE. NORMAS APLICÁVEIS AO TEMPO DO CUMPRIMENTO DE TODOS OS REQUISITOS EXIGIDOS PARA A OBTENÇÃO DO BENEFÍCIO. 1. AÇÃO ORDINÁRIA QUE VISA A CONCESSÃO DE SUPLEMENTAÇÃO DE APOSENTADORIA, VISTO QUE, APESAR DE O PARTICIPANTE TER SIDO APOSENTADO PELO INSTITUTO NACIONAL DO SEGURO SOCIAL – INSS, A APOSENTADORIA COMPLEMENTAR LHE FOI NEGADA AO ARGUMENTO DE QUE TAMBÉM DEVERIA PROMOVER O DESLIGAMENTO DA EMPREGADORA, REQUISITO INEXISTENTE AO TEMPO DA ADESÃO AO PLANO DE BENEFÍCIOS. 2. A ORIENTAÇÃO JURISPRUDENCIAL DESTA CORTE SUPERIOR É NO SENTIDO DE QUE O PATROCINADOR NÃO POSSUI LEGITIMIDADE PARA FIGURAR NO POLO PASSIVO DE DEMANDAS QUE ENVOLVAM PARTICIPANTE E ENTIDADE DE PREVIDÊNCIA PRIVADA, AINDA MAIS SE A CONTROVÉRSIA SE REFERIR AO PLANO DE BENEFÍCIOS, COMO A CONCESSÃO DE APOSENTADORIA SUPLEMENTAR. ISSO PORQUE O PATROCINADOR E O FUNDO DE PENSÃO SÃO DOTADOS DE PERSONALIDADES JURÍDICAS PRÓPRIAS E PATRIMÔNIOS DISTINTOS, SENDO O INTERESSE DAQUELE MERAMENTE ECONÔMICO E

NÃO JURÍDICO. 3. O CÓDIGO DE DEFESA DO CONSUMIDOR NÃO É APLICÁVEL À RELAÇÃO JURÍDICA MANTIDA ENTRE A ENTIDADE FECHADA DE PREVIDÊNCIA PRIVADA E SEUS PARTICIPANTES, PORQUANTO O PATRIMÔNIO DA ENTIDADE E RESPECTIVOS RENDIMENTOS REVERTEM-SE INTEGRALMENTE NA CONCESSÃO E MANUTENÇÃO DO PAGAMENTO DE BENEFÍCIOS, PREVALECENDO O ASSOCIATIVISMO E O MUTUALISMO, O QUE AFASTA O INTUITO LUCRATIVO. DESSE MODO, O FUNDO DE PENSÃO NÃO SE ENQUADRA NO CONCEITO LEGAL DE FORNECEDOR, DEVENDO A SÚMULA Nº 321/STJ SER APLICADA SOMENTE ÀS ENTIDADES ABERTAS DE PREVIDÊNCIA COMPLEMENTAR. 4. A RELAÇÃO JURÍDICA ESTABELECIDA ENTRE O PARTICIPANTE E A ENTIDADE FECHADA DE PREVIDÊNCIA PRIVADA É DE ÍNDOLE CIVIL E NÃO TRABALHISTA, NÃO SE CONFUNDINDO, PORTANTO, COM A RELAÇÃO FORMADA ENTRE O EMPREGADOR (PATROCINADOR) E O EMPREGADO (PARTICIPANTE). ASSIM, PARA A SOLUÇÃO DAS CONTROVÉRSIAS ATINENTES À PREVIDÊNCIA PRIVADA, DEVEM INCIDIR, PRIORITARIAMENTE, AS NORMAS QUE A DISCIPLINAM E NÃO OUTRAS, ALHEIAS ÀS SUAS PECULIARIDADES. 5. SEJA SOB A ÉGIDE DA LEI Nº 6.435/77 OU DAS LEIS COMPLEMENTARES Nº 108/2001 E 109/2001, SEMPRE FOI PERMITIDA À ENTIDADE FECHADA DE PREVIDÊNCIA PRIVADA ALTERAR OS REGULAMENTOS DOS PLANOS DE CUSTEIO E DE BENEFÍCIOS COMO FORMA DE MANTER O EQUILÍBRIO ATUARIAL DAS RESERVAS E CUMPRIR OS COMPROMISSOS ASSUMIDOS DIANTE DAS NOVAS REALIDADES ECONÔMICAS E DE MERCADO QUE VÃO SURGINDO AO LONGO DO TEMPO. POR ISSO É QUE PERIODICAMENTE HÁ ADAPTAÇÕES E REVISÕES DOS PLANOS DE BENEFÍCIOS A CONCEDER, INCIDINDO AS MODIFICAÇÕES A TODOS OS PARTICIPANTES DO FUNDO DE PENSÃO APÓS A DEVIDA APROVAÇÃO PELOS ÓRGÃOS COMPETENTES (REGULADOR E FISCALIZADOR), OBSERVADO, EM QUALQUER CASO, O DIREITO ACUMULADO DE CADA ADERENTE. 6. NÃO HÁ FALAR EM DIREITO ADQUIRIDO, MAS EM MERA EXPECTATIVA DE DIREITO DO PARTICIPANTE, À APLICAÇÃO DAS REGRAS DE CONCESSÃO DA APOSENTADORIA SUPLEMENTAR QUANDO DE SUA ADMISSÃO AO PLANO, SENDO APENAS ASSEGURADA A INCIDÊNCIA DAS DISPOSIÇÕES REGULAMENTARES VIGENTES NA DATA EM QUE CUMPRIR TODOS OS REQUISITOS EXIGIDOS PARA OBTENÇÃO DO BENEFÍCIO, TORNANDO-O ELEGÍVEL. 7. AS NORMAS EDITADAS PELO PODER PÚBLICO COM RELAÇÃO ÀS ENTIDADES DE PREVIDÊNCIA PRIVADA SÃO DE CARÁTER COGENTE E DEVEM INTEGRAR AS REGRAS ESTATUTÁRIAS,

AINDA QUE NÃO TENHA HAVIDO A DEVIDA ALTERAÇÃO NO PLANO DE BENEFÍCIOS, SOBRETUDO PORQUE NÃO DEPENDEM, PARA A SUA EFICÁCIA, DE ATO DE VONTADE DA ADMINISTRAÇÃO DO FUNDO DE PENSÃO EM PROVIDENCIAR A ADAPTAÇÃO DO REGULAMENTO AO NOVO SISTEMA LEGAL EM VIGOR. 8. NÃO HÁ ILEGALIDADE NA EXIGÊNCIA FEITA PELA ENTIDADE DE PREVIDÊNCIA PRIVADA DO REQUISITO DA CESSAÇÃO DO VÍNCULO EMPREGATÍCIO DO PARTICIPANTE COM O PATROCINADOR (EMPREGADOR) COMO CONDIÇÃO PARA A CONCESSÃO DA APOSENTADORIA COMPLEMENTAR, HAJA VISTA A ALTERAÇÃO REGULAMENTAR OCORRIDA POR FORÇA DE LEI (ART. 3º, I, DA LC Nº 108/2001) ANTES DE IMPLEMENTADOS OS REQUISITOS PARA A OBTENÇÃO DO BENEFÍCIO, O QUE ACABOU POR ATINGIR A SUA SITUAÇÃO JURÍDICA, EM QUE PESE TAL CONDIÇÃO NÃO TER CONSTADO QUANDO DA ADESÃO AO PLANO DE BENEFÍCIOS. 9. RECURSO ESPECIAL PROVIDO. "(RESP Nº 1.421.951/SE, REL. MINISTRO RICARDO VILLAS BÔAS CUEVA, TERCEIRA TURMA, DJE 19/12/2014)" PREVIDÊNCIA PRIVADA FECHADA. RECURSO ESPECIAL. CONTRATO DE TRABALHO E CONTRATO DE PREVIDÊNCIA PRIVADA. VÍNCULOS CONTRATUAIS DISTINTOS, SUBMETIDOS À NORMATIZAÇÃO E PRINCÍPIOS ESPECÍFICOS. PLANO DE BENEFÍCIOS SUBMETIDO À LEI COMPLEMENTAR Nº 108/2001. VEDAÇÃO ESTABELECIDA PELO ART. 3º DA LEI COMPLEMENTAR Nº 108/2001 À CONCESSÃO DE BENEFÍCIO DE PRESTAÇÃO QUE SEJA PROGRAMADA E CONTINUADA, SEM QUE TENHA HAVIDO CESSAÇÃO DO VÍNCULO DO PARTICIPANTE COM A PATROCINADORA. TESE DE VIOLAÇÃO AO ATO JURÍDICO PERFEITO. DESCABIMENTO. OUTROSSIM, SÓ HÁ DIREITO ADQUIRIDO AO BENEFÍCIO – NOS MOLDES DO REGULAMENTO VIGENTE DO PLANO – NO MOMENTO EM QUE O PARTICIPANTE PASSA A TER DIREITO AO BENEFÍCIO COMPLEMENTAR DE PREVIDÊNCIA PRIVADA. 1. NA PREVIDÊNCIA PRIVADA, O SISTEMA DE CAPITALIZAÇÃO CONSTITUI PILAR DE SEU REGIME – BASEADO NA CONSTITUIÇÃO DE RESERVAS QUE GARANTAM O BENEFÍCIO CONTRATADO. NESSA LINHA, OS PLANOS DE BENEFÍCIOS DE PREVIDÊNCIA COMPLEMENTAR SÃO PREVIAMENTE APROVADOS PELO ÓRGÃO PÚBLICO FISCALIZADOR, DE ADESÃO FACULTATIVA, DEVENDO SER ELABORADOS COM BASE EM CÁLCULOS MATEMÁTICOS, EMBASADOS EM ESTUDOS DE NATUREZA ATUARIAL, E, AO FINAL DE CADA EXERCÍCIO, DEVEM SER REAVALIADOS, DE MODO A PREVENIR OU MITIGAR PREJUÍZOS AOS PARTICIPANTES E BENEFICIÁRIOS DO PLANO (ARTIGO 43 DA AB-ROGADA LEI Nº 6.435/1977 E ARTIGO 23 DA LEI COMPLEMENTAR Nº

109/2001). 2. A AB-ROGADA LEI Nº 6.435/1977, DENTRE OUTRAS DISPOSIÇÕES, ESTABELECIA QUE AS ENTIDADES FECHADAS ERAM CONSIDERADAS COMPLEMENTARES DO SISTEMA OFICIAL DE PREVIDÊNCIA E ASSISTÊNCIA SOCIAL, CABENDO ÀS PATROCINADORAS SUPERVISIONAR E PROPORCIONAR GARANTIA AOS COMPROMISSOS ASSUMIDOS PARA COM OS PARTICIPANTES DOS PLANOS DE BENEFÍCIOS. 3. COM A EMENDA CONSTITUCIONAL Nº 20 DE 1998, A CARTA MAGNA PASSOU A ESTABELECER A AUTONOMIA DO REGIME DE PREVIDÊNCIA COMPLEMENTAR EM RELAÇÃO AO REGIME GERAL DE PREVIDÊNCIA SOCIAL E A DISPOR, NO ART. 202, § 3º, SER VEDADO O APORTE DE RECURSOS A ENTIDADE DE PREVIDÊNCIA PRIVADA PELA UNIÃO, ESTADOS, DISTRITO FEDERAL E MUNICÍPIOS, SUAS AUTARQUIAS, FUNDAÇÕES, EMPRESAS PÚBLICAS, SOCIEDADES DE ECONOMIA MISTA E OUTRAS ENTIDADES PÚBLICAS, SALVO NA QUALIDADE DE PATROCINADOR, SITUAÇÃO NA QUAL, EM HIPÓTESE ALGUMA, SUA CONTRIBUIÇÃO NORMAL PODERÁ EXCEDER A DO SEGURADO. 4. NESSE CONTEXTO, COM O ADVENTO DA LEI COMPLEMENTAR Nº 108/2001 – DIPLOMA CUJA EDIÇÃO FOI DETERMINADA PELO ART. 202, § 4º, DA CF –, O ORDENAMENTO JURÍDICO PASSOU A CONTAR COM NOVAS NORMAS PARA OS PLANOS DE BENEFÍCIOS, ESTABELECENDO – EM REGRA JURÍDICA COGENTE DE EFICÁCIA IMEDIATA CONTIDA NO ART. 3º, I, DA LEI COMPLEMENTAR Nº 108/2001, A VINCULAR, INDEPENDENTEMENTE DE ALTERAÇÃO REGULAMENTAR OU ESTATUTÁRIA, PARTICIPANTES, ENTIDADE DE PREVIDÊNCIA PRIVADA, ÓRGÃOS PÚBLICOS REGULADOR E FISCALIZADOR – CARÊNCIA MÍNIMA DE SESSENTA CONTRIBUIÇÕES MENSAIS A PLANO DE BENEFÍCIOS E CESSAÇÃO DO VÍNCULO COM O PATROCINADOR, PARA SE TORNAR ELEGÍVEL A UM BENEFÍCIO DE PRESTAÇÃO QUE SEJA PROGRAMADA E CONTINUADA. 5. EMBORA A RELAÇÃO CONTRATUAL DE PREVIDÊNCIA PRIVADA NÃO SE CONFUNDA COM A RELAÇÃO DE EMPREGO MANTIDA PELO PARTICIPANTE COM A PATROCINADORA, A VEDAÇÃO AO RECEBIMENTO DE BENEFÍCIO DE PREVIDÊNCIA COMPLEMENTAR SEM QUE TENHA HAVIDO O ROMPIMENTO DO VÍNCULO TRABALHISTA, EM VISTA DAS MUDANÇAS OPERADAS NO ORDENAMENTO JURÍDICO, NÃO É DESARRAZOADA, POIS REFLETIRÁ NO PERÍODO MÉDIO DE RECEBIMENTO DE BENEFÍCIOS PELA COLETIVIDADE DE BENEFICIÁRIOS DO PLANO DE BENEFÍCIOS. ADEMAIS, O FUNDAMENTO DOS PLANOS DE BENEFÍCIOS DE PREVIDÊNCIA PRIVADA NÃO É O ENRIQUECIMENTO, MAS PERMITIR UMA CONTINUIDADE NO PADRÃO DE VIDA DO PARTICIPANTE, NA OCASIÃO EM QUE SE TORNA AS-

SISTIDO. 6. RECURSO ESPECIAL PROVIDO" (RESP Nº 1.415.501/SE, REL. MINISTRO LUIS FELIPE SALOMÃO, QUARTA TURMA, DJE 4/8/2014). ANTE O EXPOSTO, CONHEÇO DO AGRAVO PARA DAR PROVIMENTO AO RECURSO ESPECIAL A FIM DE JULGAR IMPROCEDENTES OS PEDIDOS FORMULADOS NA INICIAL. CONSEQUENTEMENTE, CONDENO O RECORRIDO A ARCAR COM AS CUSTAS PROCESSUAIS E OS HONORÁRIOS ADVOCATÍCIOS, ESTES FIXADOS EM R$ 1.000,00 (MIL REAIS). PUBLIQUE-SE. INTIMEM-SE. BRASÍLIA (DF), 24 DE JUNHO DE 2015. MINISTRO RICARDO VILLAS BÔAS CUEVA RELATOR

(STJ - ARESP: 680878 SE 2015/0059132-5, RELATOR: MINISTRO RICARDO VILLAS BÔAS CUEVA, DATA DE PUBLICAÇÃO: DJ 01/07/2015)

CIVIL E CONSUMIDOR. INTERNET. RELAÇÃO DE CONSUMO. INCIDÊNCIA DO CDC. GRATUIDADE DO SERVIÇO. INDIFERENÇA. PROVEDOR DE PESQUISA. FILTRAGEM PRÉVIA DAS BUSCAS. DESNECESSIDADE. RESTRIÇÃO DOS RESULTADOS. NÃO-CABIMENTO. CONTEÚDO PÚBLICO. DIREITO À INFORMAÇÃO.

A exploração comercial da Internet sujeita as relações de consumo daí advindas à Lei nº 8.078/90.

O fato de o serviço prestado pelo provedor de serviço de Internet ser gratuito não desvirtua a relação de consumo, pois o termo "mediante remuneração", contido no art. 3º, § 2º, do CDC, deve ser interpretado de forma ampla, de modo a incluir o ganho indireto do fornecedor.

O provedor de pesquisa é uma espécie do gênero provedor de conteúdo, pois não inclui, hospeda, organiza ou de qualquer outra forma gerencia as páginas virtuais indicadas nos resultados disponibilizados, se limitando a indicar links onde podem ser encontrados os termos ou expressões de busca fornecidos pelo próprio usuário.

A filtragem do conteúdo das pesquisas feitas por cada usuário não constitui atividade intrínseca ao serviço prestado pelos provedores de pesquisa, de modo que não se pode reputar defeituoso, nos termos do art. 14 do CDC, o site que não exerce esse controle sobre os resultados das buscas.

Os provedores de pesquisa realizam suas buscas dentro de um universo virtual, cujo acesso é público e irrestrito, ou seja, seu papel se restringe à identificação de páginas na web onde determinado dado ou informação, ainda que ilícito, estão sendo livremente veiculados. Dessa forma, ainda que seus mecanismos de busca facilitem o acesso e a consequente divulgação de páginas cujo conteúdo seja potencialmente ilegal, fato é que essas páginas são públicas e compõem a rede mundial de computadores e, por isso, aparecem no resultado dos sites de pesquisa.

Os provedores de pesquisa não podem ser obrigados a eliminar do seu sistema os resultados derivados da busca de determinado termo ou expressão, tampouco os resultados que apontem para uma foto ou texto específico, independentemente da indicação do URL da página onde este estiver inserido.

Não se pode, sob o pretexto de dificultar a propagação de conteúdo ilícito ou ofensivo na web, reprimir o direito da coletividade à informação. Sopesados os direitos envolvidos e o risco potencial de violação de cada um deles, o fiel da balança deve pender para a garantia da liberdade de informação assegurada pelo art. 220, § 1º, da CF/88, sobretudo considerando que a Internet representa, hoje, importante veículo de comunicação social de massa.

Preenchidos os requisitos indispensáveis à exclusão, da web, de uma determinada página virtual, sob a alegação de veicular conteúdo ilícito ou ofensivo – notadamente a identificação do URL dessa página – a vítima carecerá de interesse de agir contra o provedor de pesquisa, por absoluta falta de utilidade da jurisdição. Se a vítima identificou, via URL, o autor do ato ilícito, não tem motivo para demandar contra aquele que apenas facilita o acesso a esse ato que, até então, se encontra publicamente disponível na rede para divulgação. Recurso especial provido. (REsp 1316921/RJ, Rel. Ministra NANCY ANDRIGHI, TERCEIRA TURMA, julgado em 26/06/2012, DJe 29/06/2012).

AGRAVO REGIMENTAL. AÇÃO DE COBRANÇA DE INDENIZAÇÃO POR DANOS MATERIAIS E MORAIS. SERVIÇO DE TELEFONIA CELULAR. ENVIO DE MENSAGENS DE CONTEÚDO INDECOROSO NÃO SOLICITADAS E MEDIANTE COBRANÇA. Omissão do acórdão recorrido. Inexistência. Regra de inversão do ônus da prova não aplicada pelo tribunal de origem. Restituição em dobro. Comprovação da má-fé. Cabimento. Valor da indenização por danos morais. Redução. Descabimento.

[...] Não há que se falar na ocorrência de inversão do ônus da prova, na hipótese, tendo em vista que a conclusão do Acórdão recorrido encontra-se assentada no art. 14 do CDC, o qual prevê a responsabilidade objetiva do fornecedor pela reparação dos danos causados aos consumidores, em decorrência de defeitos relativos à prestação do serviço, sendo suficiente, em tais casos, a demonstração do dano e do nexo de causalidade.

Entendendo o Colegiado estadual que a má-fé da prestadora de serviços restou demonstrada, é cabível a restituição em dobro dos valores cobrados.

É possível a intervenção desta Corte para reduzir ou aumentar o valor indenizatório por dano moral apenas nos casos em que o quantum arbitrado pelo Acórdão recorrido se mostrar irrisório ou exorbitante, situação que não se faz presente no caso em tela. Agravo Regimental improvido. (AgRg no AREsp 263.212/MG, Rel. Ministro SIDNEI BENETI, TERCEIRA TURMA, julgado em 05/02/2013, DJe 25/02/2013).

AGRAVO REGIMENTAL NO AGRAVO EM RECURSO ESPECIAL. TRANSPORTE AÉREO DE PESSOAS. FALHA DO SERVIÇO. REPARAÇÃO POR DANOS MORAIS. APLICAÇÃO DO CÓDIGO DE DEFESA DO CONSUMIDOR. QUANTUM INDENIZATÓRIO RAZOÁVEL. SÚMULA 7/STJ. AGRAVO REGIMENTAL DESPROVIDO.

O Superior Tribunal de Justiça entende que a responsabilidade civil das companhias aéreas em decorrência da má prestação de serviços, após a entrada em vigor da Lei nº 8.078/90, não é mais regulada pela Convenção de Varsóvia e suas posteriores modificações (Convenção de Haia e Convenção de Montreal), ou pelo Código Brasileiro de Aeronáutica, subordinando-se, portanto, ao Código Consumerista.

O entendimento pacificado no Superior Tribunal de Justiça é de que o valor estabelecido pelas instâncias ordinárias a título de reparação por danos morais pode ser revisto tão somente nas hipóteses em que a condenação revelar-se irrisória ou exorbitante, distanciando-se dos padrões de razoabilidade, o que não se evidencia no presente caso.

Não se mostra exagerada a fixação, pelo Tribunal a quo, em R$ 25.000,00 (vinte e cinco mil reais) a título de reparação moral em favor da parte agravada, em virtude dos danos sofridos por ocasião da utilização dos serviços da agravante, motivo pelo qual não se justifica a excepcional intervenção desta Corte no presente feito.

A revisão do julgado, conforme pretendida, encontra óbice na Súmula 7/STJ, por demandar o vedado revolvimento de matéria fático-probatória. Agravo regimental a que se nega provimento. (AgRg no AREsp 141.630/RN, Rel. Ministro RAUL ARAÚJO, QUARTA TURMA, julgado em 18/12/2012, DJe 08/02/2013).

RECURSO ESPECIAL. SERVIÇOS EDUCACIONAIS. RELAÇÃO DE CONSUMO. APLICAÇÃO DO CDC. FATO DO SERVIÇO. PRESCRIÇÃO QUINQUENAL. Nos termos do Código de Defesa do Consumidor, o contrato de prestação de serviços educacionais constitui relação de consumo. Nos casos de responsabilidade pelo fato do produto e do serviço, aplica-se o prazo prescricional de 5 anos (artigo 27 do CDC). O termo inicial da prescrição começa a fluir a partir do momento em que o direito é violado, o qual coincide com o momento de nascimento da pretensão. Recurso especial não provido. (REsp 647.743/MG, Rel. Ministro RICARDO VILLAS BÔAS CUEVA, TERCEIRA TURMA, julgado em 04/12/2012, DJe 11/12/2012).

Agravo regimental. Agravo em recurso especial. Ação de indenização. Recurso especial. Erro médico. Prescrição quinquenal. Artigo 27 do CDC. Decisão agravada. Manutenção. A orientação desta Corte é no sentido de que aplica-se o Código de Defesa do Consumidor aos serviços médicos, inclusive no que tange ao prazo prescricional quinquenal previsto no artigo 27 do CDC. Na hipótese de aplicação do prazo estabelecido pela legislação consumerista não se cogita a incidência da regra de transição prevista pelo artigo 2.028 do Código Civil de 2002. Agravo Regimental a que se nega provimento. (AgRg no AREsp 204.419/SP, Rel. Ministro SIDNEI BENETI, TERCEIRA TURMA, julgado em 16/10/2012, DJe 06/11/2012).

Civil e processual civil. Agravo regimental. Agravo de instrumento. Entidade sem fins lucrativos. Prestação de serviços médicos, hospitalares, odontológicos e jurídicos aos associados. Relação de consumo caracterizada. Aplicação do código de defesa do consumidor. Recurso especial. Plano de saúde. Recusa de tratamento. Dano moral. Ocorrência. Valor arbitrado moderadamente. Agravo regimental não provido.

O STJ já decidiu ser irrelevante o fato de a recorrida ser uma entidade sem fins lucrativos, de caráter beneficente e filantrópico, se desempenha atividade no mercado mediante remuneração, para que seja considerada prestadora de serviços regida pelo CDC.

Segundo a jurisprudência do STJ gera dano moral a recusa injustificada da seguradora em cobrir o tratamento de saúde requerido pelo segurado.

Admite a jurisprudência do Superior Tribunal de Justiça, excepcionalmente, em recurso especial, reexaminar o valor fixado a título de indenização por danos morais, quando ínfimo ou exagerado. Hipótese, todavia, em que o valor foi estabelecido na instância ordinária, atendendo às circunstâncias de fato da causa, de forma condizente com os princípios da proporcionalidade e razoabilidade. Agravo regimental a que se nega provimento. (AgRg no Ag 1215680/MA, Rel. Ministra MARIA ISABEL GALLOTTI, QUARTA TURMA, julgado em 25/09/2012, DJe 03/10/2012).

PROCESSUAL CIVIL E ADMINISTRATIVO. AGRAVO REGIMENTAL. ARESP. OFENSA AO ART. 535 DO CPC. INOCORRÊNCIA. VIOLAÇÃO AOS ARTS. 165 E 458 DO CPC. Alegações genéricas. Incidência da súmula nº 284 Do STF, por analogia. Redução do valor arbitrado a título de dano moral. Impossibilidade. Incidência da súmula 7/STJ desta corte superior. Agravo regimental não provido. A alegada violação ao artigo 535, incisos I e II, não ocorreu, pois no caso não houve qualquer omissão na decisão guerreada. O acórdão recorrido é claro, objetivo, está suficientemente fundamentado e debateu, ponto a ponto, toda a matéria exposta no momento da apelação. As supostas violações aos artigos 165, 458, incisos II e III do Código de Processo Civil, são genéricas, sem discriminação dos pontos efetivamente violados. Incide, no caso, a Súmula nº 284 do Supremo Tribunal Federal, por analogia. A concessionária CEDAE se encaixa no conceito de fornecedor, nos termos do artigo 3º, do Código de Defesa do Consumidor, pois presta serviço público de natureza essencial. Verifica-se, pela leitura do acórdão recorrido, que a Corte de origem, ao analisar o conteúdo fático-probatório dos autos e interpretar cláusulas do Termo de Reconhecimento Recíproco, celebrado entre a CEDAE, o Estado e o Município do Rio de Janeiro, concluiu pela (i) ocorrência do dano moral; e (ii) responsabilidade da CEDAE pelo regular funcionamento das redes de águas pluviais e esgoto. Assim, para alterar a conclusão do Tribunal a quo, como requer a recorrente, seria imprescindível adentrar a seara dos fatos, o que esbarra na Súmula 7/STJ. Também é pacífico o entendimento no STJ no sentido de que a quantia estipulada a título de danos morais, quando atende aos critérios de justiça e razoabilidade, como no caso em análise, não pode ser revista, em razão do óbice da Súmula nº 7 desta Corte Superior. Precedentes. Agravo regimental não provido. (AgRg no AREsp 160.243/RJ, Rel. Ministro MAURO CAMPBELL MARQUES, SEGUNDA TURMA, julgado em 21/08/2012, DJe 28/08/2012).

CAPÍTULO II
Da Política Nacional de Relações de Consumo

> Art. 4º. A Política Nacional das Relações de Consumo tem por objetivo o atendimento das necessidades dos consumidores, o respeito à sua dignidade, saúde e segurança, a proteção de seus interesses econômicos, a melhoria da sua qualidade de vida, bem como a transparência e harmonia das relações de consumo, atendidos os seguintes princípios: <u>(Redação dada pela Lei nº 9.008, de 21.3.1995)</u>

↪ COMENTÁRIOS
4.1 Política nacional de relações de consumo

As relações de consumo devem ser pautadas pela transparência e confiança (arts. 4º, *caput* e artigo 6º, inciso III do CDC). A Política Nacional das Relações de Consumo é a essência do próprio Código do Consumidor.

Por força do Decreto nº 2.181, de 20 de março de 1997 (Dispõe sobre a organização do Sistema Nacional de Defesa do Consumidor – SNDC, estabelece as normas gerais de aplicação das sanções administrativas previstas na Lei nº 8.078, de 11 de setembro de 1990, revoga o Decreto nº 861, de 9 julho de 1993, e dá outras providências) é de competência do Departamento de Proteção e Defesa do Consumidor planejar, elaborar, propor, coordenar e executar a política nacional de proteção ao consumidor. Este órgão tem como finalidade efetivar a Política Nacional de Relações de Consumo, cujos objetivos encontram-se no artigo 4º do Código de Defesa do Consumidor.

Integram o SNDC a Secretaria Nacional do Consumidor do Ministério da Justiça e os demais órgãos federais, estaduais, do Distrito Federal, municipais e as entidades civis de defesa do consumidor.

O respeito a sua dignidade, saúde e segurança são fundamentais. A relação contratual deve ser equilibrada economicamente, com vistas a melhoria da qualidade de vida dos consumidores. O cuidado no trato das relações de consumo ganha contornos mais vivos se analisados a partir de sua dimensão coletiva. O cuidado (sorge), a preocupação, o respeito com os consumidores são os novos paradigmas que devem ser alinhados na contemporaneidade.

Aqui é possível afirmar a necessidade de introduzir uma nova *dimensionalidade de se pensar o OUTRO na contemporaneidade*, já que procura inserir o direito numa via em direção a questão do ser. Melhor dizendo: a dimensionalidade ética da pessoa como *Dasein* procura superar a metafísica moderna que tem o homem como *subjectum*.

Essa mudança de paradigmas é desenvolvida no parágrafo 6º de *Ser e Tempo*, no qual Heidegger, a partir da categoria do tempo, pretende retomar o problema da fundamentação da metafísica. Martin Heidegger afirma que "o ser da presença tem o seu sentido na temporalidade.[29] Esta, por sua vez, é também a condição de possibilidade da historicidade enquanto um modo de ser temporal próprio da pre-sença."[30]

Assim, a partir do conceito de tempo, o filósofo pretende rever os parâmetros da ontologia da tradição, a partir das seguintes teses: em primeiro lugar, a fundação da metafísica tem a forma de uma Ontologia fundamental; em segundo lugar, essa ontologia fundamental realiza-se como Analítica do ser-aí, ou seja, a base dessa revisão é a analítica existencial.

Heidegger pretende superar o esquema sujeito-objeto[31] e qualquer tipo de fundamentação da metafísica ligada ao infinito, ao real, a uma teologia

---

29 Ser e Tempo gira precisamente sobre a questão do ser, destacando a efetividade da existência (historicidade do 'espírito vivente' e validade intemporal da lógica) no sentido de não ser possível identificarmos o sujeito do conhecimento como sujeito puro, ou seja, dissociado de sua historicidade.

30 Historicidade para Heidegger indica a constituição ontológica do "acontecer" próprio da pre-sença como tal.

31 Em relação ao binômio sujeito-objeto, vale lembrar as lições de Emmanuel Carneiro Leão no sentido de que, nas relações de objetividade-subjetividade, a alternativa de sujeito e objeto exerce uma decisão de essência. Vejamos: "a decisão de que na funcionalidade de tudo e de todos reside o sentido de ser e realizar-se, mora o vigor originário do valor e da verdade, se gera a dinâmica de temporalidade de todo o processo histórico. Trata-se de uma dominação a tal ponto fundamental que não é fácil perceber-lhe as distorções, nem é possível falar de objetividade sem falar de subjetividade e vice-versa. A funcionalidade da correlação de sujeito-objeto se impõe, então, como o objetivo supremo de todas as funções de crer, saber, fazer e sentir, vigentes no mundo moderno. Constitui mesmo o maior escolho na caminhada do pensamento para pensar radicalmente uma realidade. Senão vejamos. Façamos uma prova conosco e com os outros. Afirmar que a objetividade é o que mais nos impede de investigar alguma coisa radicalmente provoca logo duas reações contrárias, embora indissoluvelmente solidárias uma da outra.

Uma primeira reação diz: mas como é possível uma afirmação dessas? Não devemos ser objetivos em todos os nossos empenhos de pensar e desempenhos de saber? Então a ciência e suas investigações são coisas subjetivas? Para ser verdade, a verdade não tem de ser objetiva? Proclamar o sujeito como critério para se saber e pensar a realidade, não é isso subjetivismo, idealismo e relativismo? O que há de mais óbvio e evidente do que a conversão lógica: o que não for objetivo, é subjetivo, o que não for realismo, é idealismo, o que não for objeto, é sujeito? – Mas na vigência de seu vigor, esta reação

ou a uma consciência, busca a partir do *Dasein*, enquanto ser-no-mundo, através da analítica existencial (ontologia fundamental) e a finitude do ser uma nova fundamentação da metafísica, na medida em que a faticidade e a historicidade determinam o próprio ser-no-mundo.[32]

Na esfera do mundo jurídico, isso significa dizer que o julgador e o intérprete jurídico não podem ver o mundo somente pelo viés normativo do dever-se, mas deve considerar as possibilidades do ser do homem, isto é, como poder-ser. O homem não pode ser visto como um homem abstrato inserido nos padrões normativos de uma dada sociedade, mas devemos considerá-lo no processo hermenêutico através de seu modo de ser médio e quotidiano do próprio homem, isto é, como ser-no-mundo (*Dasein*, estar-aí). Assim, o processo de interpretação judicial deve ser construtivo,

---

não é a única, nem unívoca. Está montada na correspondência de uma gangorra: ao dizer objeto, diz também, sempre e necessariamente, sujeito. É o que nos permite ver a segunda reação.

Se a primeira reação discorda, a segunda concorda com a afirmação do empecilho da objetividade, dizendo: é isso mesmo, a realidade não pode ser objetivada. Nunca fica estática como um objeto parado sem movimento nem vida, que pudesse ser definido pela razão e medido pelo raciocínio. Pela vivacidade das vivências e o dinamismo da experiência, o sujeito é o único modo de ser adequado à profundeza e variedade do real. Para que tanta discursividade, de que nos valem todas as teorias? O que importa mesmo são as emoções e os sentimentos concretos do sujeito.

A ironia destas duas reações está na fatalidade com que ambas se instalam e vivem de uma mesma jogada. Tanto quem rejeita a subjetividade e tem a objetividade em conta de norma absoluta e parâmetro supremo da realidade, como quem valoriza a subjetividade e desfaz da objetividade, dizem a mesma coisa. Contra esta voz de dizerem a mesma coisa, tanto o objetivista, como o subjetivista concordam em tocar o mesmo acorde de protesto: como é que dizem a mesma coisa? Não se diz, de um lado, objeto, objetividade e objetivo e, de outro, sujeito, subjetividade e subjetivo? E sujeito e subjetivo não se opõem a objeto e objetivo? Como, então, podem dizer a mesma coisa?

Não se quer negar que subjetivista e objetivista se contraponham um ao outro na valorização. De certo que há polaridade entre ambos, enquanto um valoriza o objeto, o outro valoriza o sujeito. Mas não está aí, na dimensão dos valores e da valorização, a raiz do problema. É que valorizar já supõe constituídos parâmetros de avaliação e estabelecidos valores de julgamento. A concordância pretendida está no nível de constituição dos parâmetros e no âmbito em que se estabelecem os valores de julgamento." LEÃO, Emmanuel Carneiro. *Aprendendo a Pensar*. 2.ed. Petrópolis: Vozes, 2000, v. 2, p. 169-170.

32 Na mesma obra, o filósofo Emmanuel Carneiro Leão afirma que a essência de alguma coisa só pode ser pensada e a impossibilidade de uma investigação científica da essência de toda e qualquer ciência é condição de sua própria possibilidade. Afirma ainda que, "desde o Poema de Parmênides, pensador é aquele que não cessa de questionar as raízes, onde se encontram, numa encruzilhada de Verdade, os caminhos do ser, do não ser e da aparência. [...] Entre cientistas e filósofos não é possível um diálogo de essência sem que o cientista deixe de ser só cientista e se faça também filósofo. Ibid., p. 177-178.

prospectivo, alinhado com a dinâmica do homem, ou seja, no seu modo de poder ser.[33]

O CDC é uma norma essencial social, já que permeadas pelos vetores da solidariedade e justiça social. Claudia Lima Marques diz que: "Note-se que nos contratos de massa, a oferta não é dirigida a pessoas determinadas, mas a todos os indivíduos, enquanto integrantes da coletividade. Esta oferta genérica, mas, principalmente, a publicidade e outras informações prestadas não vinculavam a empresa, sendo consideradas".[34]

4.2 Transparência

O artigo 4º, *caput*, trata ainda do princípio da *"transparência e harmonia das relações de consumo"*. É, pois, a correção e clareza da informação quanto ao produto ou serviço a ser negociado. Esse princípio se insere também na fase das tratativas ou negociações preliminares, dando azo a indenização (perdas e danos) no caso descumprimento ou violação deste

---

[33] Antonio Osuna Fernández-Largo, da Universidad de Valladolid ensina que "tiene que existir uma justificación del contenido de las leyes y de su aplicación jurisprudencial. El camino para ello es el de la inserción de lo jurídico em las realidades culturales, históricas, éticas y sociales em que se enmarcan las leyes. Por eso, la teoria del derecho guarda conexión com la teoria de las ciencias humanas y, a la postre, com la teoría del saber científico y del mismo hombre al que sirve. Es um hecho reiteradamente comprobado el que las teorías del derecho están em función de las teorias filosóficas y científicas em boga. Luego es em esse horizonte donde su planteamiento ofrece garantías de solución o, al menos, de um tratamiento congruente com la materia. Construir uma ciencia jurídica sin replanteamientos terórico-filosóficos es lo mismo que erigir uma praxis sin tería que la convalide.La herméneutica moderna há propiciado el estudo de las condiciones generales del comprender y del interpretar como paso previo y condicionamiento de todo outro planteamiento metódico de la ciencia; algo así como la gnoseología prima sobre toda epistemología. Tal estudio, de índole metacientífica y metajurídica, fuerza a sobrepasar los métodos particulares y a construir um discurso de condición filosófica. Ahora bien, esta filosofia no se entiende como uma teoría aplicable al derecho y sí como uma metateoría de la ciencia jurídica. La interpretación jurídica es um problema también filosófico y no sólo um problema que reclame a filosofia acerca del derecho. Por eso, aunque la moderna discusión hermenéutica naciera em otros a´mbitos, como el estético y el linguístico, pronto vio en consecuencia, a um replanteamiento de la misma ciencia jurídica." FERNÁNDEZ-LARGO, Antonio Osuna. *La Hermenéutica jurídica de Hans-Georg Gadamer*. Valladolid: Secretariado de Publicaciones, 1992. p. 38.

[34] MARQUES, Claudia Lima. *Contratos no Código de Defesa do Consumidor: o novo regime das relações contratuais*, 2.ed., São Paulo: Revista dos Tribunais, 1995, p. 210-211.

princípio. É um desvelamento dos princípios da boa-fé objetiva e vulnerabilidade do consumidor.

Aqui merece destaque a decisão do Ministro Luis Felipe Salomão ao afirmar que "O direito à informação, no Código de Defesa do Consumidor, é corolário das normas intervencionistas ligadas à função social e à boa-fé, em razão das quais a liberdade de contratar assume novel feição, impondo a necessidade de transparência em todas as fases da contratação: o momento pré-contratual, o de formação e o de execução do contrato e até mesmo o momento pós-contratual.

O princípio da vinculação da publicidade reflete a imposição da transparência e da boa-fé nos métodos comerciais, na publicidade e nos contratos, de modo que o fornecedor de produtos ou serviços obriga-se nos exatos termos da publicidade veiculada, sendo certo que essa vinculação estende-se também às informações prestadas por funcionários ou representantes do fornecedor.

Se a informação se refere a dado essencial capaz de onerar o consumidor ou restringir seus direitos, deve integrar o próprio anúncio, de forma precisa, clara e ostensiva, nos termos do art. 31 do CDC, sob pena de configurar publicidade enganosa por omissão.

No caso concreto, desponta estreme de dúvida que o principal atrativo do projeto foi a sua divulgação como um empreendimento hoteleiro – o que se dessume a toda vista da proeminente reputação que a Rede Meliá ostenta nesse ramo –, bem como foi omitida a falta de autorização do Município para que funcionasse empresa dessa envergadura na área, o que, a toda evidência, constitui publicidade enganosa, nos termos do art. 37, *caput* e § 3º, do CDC, rendendo ensejo ao desfazimento do negócio jurídico, à restituição dos valores pagos, bem como à percepção de indenização por lucros cessantes e por dano moral. [...] (REsp 1188442/RJ, Rel. Ministro LUIS FELIPE SALOMÃO, QUARTA TURMA, julgado em 06/11/2012, DJe 05/02/2013)."

O art. 6º, III, do CDC institui o dever de informação e consagra o princípio da transparência, que alcança o negócio em sua essência, porquanto a informação repassada ao consumidor integra o próprio conteúdo do contrato. Trata-se de dever intrínseco ao negócio e que deve estar presente não apenas na formação do contrato, mas também durante toda a sua execução. O direito à informação visa a assegurar ao consumidor uma escolha consciente, permitindo que suas expectativas em relação ao produto ou serviço sejam de fato atingidas, manifestando o que vem sendo denominado de consentimento informado ou vontade qualificada. (REsp 1121275/SP, Rel. Ministra NANCY ANDRIGHI, TERCEIRA TURMA, julgado em 27/03/2012, DJe 17/04/2012)

> I – reconhecimento da vulnerabilidade do consumidor no mercado de consumo;

↳ COMENTÁRIOS
4.3 Vulnerabilidade do consumidor

O CDC reconhece de forma clara a vulnerabilidade do consumidor no mercado de consumo, através do artigo 4º, inciso I, da Lei nº 8.078/90. Isso significa dizer que, no mundo da vida, o consumidor fica numa posição desfavorável nas relações jurídicas de consumo. Um exemplo da vulnerabilidade do consumidor é o caso das "derrubadas de ligações" nos serviços de telefonia móvel.

O reconhecimento da vulnerabilidade do consumidor nas relações de consumo deve sempre almejar o desejável equilíbrio da relação estabelecida entre o consumidor e o fornecedor.

Todavia, a Ministra Nancy Andrigui, do Superior Tribunal de Justiça – STJ, alerta que "a proteção da boa-fé nas relações de consumo não equivale a favorecer indiscriminadamente o consumidor, em detrimento de direitos igualmente outorgados ao fornecedor. Por exemplo, "a prática da conferência indistinta de mercadorias pelos estabelecimentos comerciais, após a consumação da venda, é em princípio lícito e tem como base o exercício do direito de vigilância e proteção ao patrimônio, razão pela qual não constitui, por si só, prática abusiva. Se a revista dos bens adquiridos é realizada em observância aos limites da urbanidade e civilidade, constitui mero desconforto, a que atualmente a grande maioria dos consumidores se submete, em nome da segurança." (REsp 1120113/SP, Rel. Ministra NANCY ANDRIGHI, TERCEIRA TURMA, julgado em 15/02/2011, DJe 10/10/2011).

II – ação governamental no sentido de proteger efetivamente o consumidor:
a) por iniciativa direta;
b) por incentivos à criação e desenvolvimento de associações representativas;
c) pela presença do Estado no mercado de consumo;
d) pela garantia dos produtos e serviços com padrões adequados de qualidade, segurança, durabilidade e desempenho.

↳ COMENTÁRIOS

4.4 Ação Governamental

Na ambiência da política de proteção e defesa do consumidor, cabe ao Estado desenvolver ações para este desiderato, como também instituir órgãos públicos e fomentar a criação de associações que venham a colaborar na proteção e defesa do consumidor. Para melhor orientar a defesa do consumidor, a Lei n° 8.078/90 criou o Sistema Nacional de Defesa do Consumidor, que envolve a participação e coordenação de diversos órgãos públicos, como o Departamento de Proteção e Defesa do Consumidor – DPDC, os PROCONs (Procuradorias do Consumidor), a Defensoria Pública, o Ministério Público e as delegacias de Polícia Civil especializadas em defesa do consumidor, entre outros organismos.[35]

Em relação aos PROCONs, "a Fundação de Proteção e Defesa do Consumidor – PROCON tem por objetivo elaborar e executar a política de

---

35 Administrativo e consumidor – publicidade enganosa – multa aplicada por PROCON a seguradora privada – alegação de bis in idem, pois a pena somente poderia ser aplicada pela SUSEP – não ocorrência – sistema nacional de defesa do consumidor – SNDC – possibilidade de aplicação de multa em concorrência por qualquer órgão de defesa do consumidor, público ou privado, federal, estadual, municipal ou distrital.

1. A tese da recorrente é a de que o PROCON não teria atribuição para a aplicação de sanções administrativas às seguradoras privadas, pois, com base no Decreto n° 73/66, somente à Susep caberia a normatização e fiscalização das operações de capitalização. Assim, a multa discutida no caso dos autos implicaria verdadeiro bis in idem e enriquecimento sem causa dos Estados, uma vez que a Susep é autarquia vinculada ao Ministério da Fazenda; enquanto o Procon, às Secretarias de Justiça Estaduais.

2. Não se há falar em bis in idem ou enriquecimento sem causa do Estado porque à Susep cabe apenas a fiscalização e normatização das operações de capitalização pura e simples, nos termos do Decreto n° 73/66. Quando qualquer prestação de serviço ou colocação de produto no mercado envolver relação de consumo, exsurge, em prol da Política Nacional das Relações de Consumo estatuída nos arts. 4° e 5° do Código de Defesa do Consumidor (Lei n° 8.078/90), o Sistema Nacional de Defesa do Consumidor – SNDC que, nos termos do art. 105 do Código de Defesa do Consumidor,

proteção e defesa dos consumidores do Estado de São Paulo. Para tanto conta com o apoio de um grupo técnico multidisciplinar que desenvolve atividades nas mais diversas áreas de atuação, tais como:

i. educação para o consumo;
ii. recebimento e processamento de reclamações administrativas, individuais e coletivas, contra fornecedores de bens ou serviços;
iii. orientação aos consumidores e fornecedores acerca de seus direitos e obrigações nas relações de consumo;
iv. fiscalização do mercado consumidor para fazer cumprir as determinações da legislação de defesa do consumidor;
v. acompanhamento e propositura de ações judiciais coletivas;
vi. estudos e acompanhamento de legislação nacional e internacional, bem como de decisões judiciais referentes aos direitos do consumidor;
vii. pesquisas qualitativas e quantitativas na área de defesa do consumidor;
viii. suporte técnico para a implantação de PROCONs Municipais Conveniados;
ix. intercâmbio técnico com entidades oficiais, organizações privadas, e outros órgãos envolvidos com a defesa do consumidor, inclusive internacionais;
x. disponibilização de uma Ouvidoria para o recebimento, encaminhamento de críticas, sugestões ou elogios feitos pelos cidadãos quanto aos serviços prestados pela Fundação PROCON, com o objetivo de melhoria contínua desses serviços.

Criada pela Lei nº 9.192, de 23 de novembro de 1995, e Decreto nº 41.170, de 23 de setembro de 1996, a Fundação PROCON é uma instituição vinculada à Secretaria da Justiça e da Defesa da Cidadania do Estado de São Paulo e tem personalidade jurídica de direito público, com autonomia técnica, administrativa e financeira.

A Fundação PROCON-SP é o ente público pioneiro na defesa do consumidor do Brasil, sendo considerado sinônimo de respeito na proteção

---

é integrado por órgãos federais, estaduais, municipais e do Distrito Federal, além das entidades privadas que têm por objeto a defesa do consumidor. Recurso ordinário improvido. (RMS 26.397/BA, Rel. Ministro HUMBERTO MARTINS, SEGUNDA TURMA, julgado em 01/04/2008, DJe 11/04/2008)

dos direitos do cidadão. Os frutos deste trabalho são colhidos a cada passo dado rumo ao equilíbrio e harmonização das relações de consumo, e à incessante busca, inclusive por meio dos serviços oferecidos pela instituição, para a melhoria da qualidade de vida da população, bem como facilitar o exercício da cidadania."[36]

Em 15 de março de 2013, o Governo amplia a proteção ao consumidor através da criação do Plano Nacional de Consumo e Cidadania, "que terá medidas de fortalecimento aos PROCONs, ampliação da proteção ao consumidor e criação da Câmara Nacional de Relações de Consumo. O Governo concentrará maior atenção nas relações de consumo do setor de serviços, financeiro e de turismo.

A Câmara Nacional de Relações de Consumo será integrada pelos ministros da Justiça, da Fazenda, do Desenvolvimento, Indústria e Comércio, do Planejamento e da Casa Civil da Presidência da República e terá como primeira missão elaborar em 30 dias uma relação de produtos essenciais. Qualquer problema verificado pelo consumidor com estes produtos terá que ser solucionado imediatamente pelo fornecedor, cabendo à Câmara acompanhar e fiscalizar o cumprimento das determinações.

Observatório Nacional

Também serão criados, inicialmente, três comitês técnicos que formam uma espécie de observatório nacional das relações de consumo. Esses comitês serão integrados por representantes de ministérios e agências reguladoras.

O primeiro deles, o Comitê Técnico Consumo e Regulação adotará medidas para reduzir os conflitos no setor de serviços, enquanto o de Consumo e Turismo vai atuar para o aprimorar os serviços de atendimento aos turistas nacionais e estrangeiros, especialmente em grandes eventos, a exemplo da Copa do Mundo, Copa das Confederações e Olimpíadas.

O terceiro comitê é o de Consumo e Pós-Venda, destinado a aprimorar os procedimentos de atendimento ao consumidor e criar indicadores de qualidade das relações de consumo.

PROCONs

O Governo enviará ao Congresso Nacional projeto de lei transformando em título executivo judicial os acordos firmados nos PROCONs entre

---

36   Disponível em: http://www.procon.sp.gov.br. Acesso em 09 mar. 2013.

fornecedores e consumidores. Essa medida, além de estimular a melhoria na qualidade de serviços e produtos, vai reduzir o número de conflitos entre fornecedores e consumidores que chegam ao Judiciário.

Comércio Eletrônico

Para o setor de comércio eletrônico, um decreto garante ao consumidor o direito a informações claras e objetivas a respeito da empresa que está vendendo um bem ou produto e o serviço que está sendo prestado. O mesmo decreto cria procedimentos claros sobre o exercício do direito de arrependimento e obriga à criação do canal de atendimento ao consumidor.

Bancos e Telecomunicações

O Plano Nacional Consumo e Cidadania traz resoluções do Conselho Monetário Nacional que obrigam os bancos e financeiras a informarem a diferença de custos das tarifas bancárias individualizadas e nos pacotes. Os bancos também ficam obrigados a destacar a composição dos custos nas operações de crédito e de câmbio.

Um novo regulamento simplifica as regras para atendimento, cobrança e ofertas de serviços de telecomunicações. Para a implantação desse regulamento, o governo vai abrir uma consulta pública durante 30 dias.

O Plano Nacional Consumo e Cidadania regulamenta os serviços, cria mecanismos de comparação de preços de pacotes e serviços individualizados e padroniza regras de ressarcimento e combate à venda casada."[37]

> **III – harmonização dos interesses dos participantes das relações de consumo e compatibilização da proteção do consumidor com a necessidade de desenvolvimento econômico e tecnológico, de modo a viabilizar os princípios nos quais se funda a ordem econômica (art. 170, da Constituição Federal), sempre com base na boa-fé e equilíbrio nas relações entre consumidores e fornecedores;**

---

[37] Disponível em: http://www2.planalto.gov.br/imprensa/noticias-de-governo/governo-amplia-protecao-ao-consumidor. Acesso em: 17 mar. 2013.

→ COMENTÁRIOS

O inciso III do artigo 4º do CDC desvela que as relações entre consumidores e fornecedores devem ser baseadas na boa-fé e no equilíbrio econômico.

É uma mudança de valores éticos, uma nova dimensionalidade ética que perpassa e adorna com novas cores as relações interprivadas. Dessa maneira, os princípios da liberdade contratual e autonomia da vontade não são absolutos, já que são condicionados pelos limites traçados pelo ordenamento jurídico, mas também conformados e temperados pelos princípios da boa-fé, probidade, transparência, eticidade, equilíbrio econômico etc.

4.5 Boa-fé

Na I Jornada de Direito Civil, realizada pelo CJF, foi publicado o Enunciado 27, que diz: "na interpretação da cláusula geral da boa-fé, deve-se levar em conta o sistema do Código Civil e as conexões sistemáticas com outros estatutos normativos e fatores metajurídicos." Dessa forma, torna-se necessário um diálogo permanente entre o CDC e o nosso Código Civil brasileiro de 2002.

A boa-fé contratual é uma norma de conduta. É a conduta ética, leal, honesta e transparente esperada dos parceiros contratuais. O legislador determina no artigo 113 do CCB que "os negócios jurídicos devem ser interpretados conforme a boa-fé e os usos do lugar de sua celebração". Isso representa que a exegese dos atos jurídicos deve ser conduzida pelo intérprete a partir de um ponto originário chamado boa-fé.

Essa matriz hermenêutica é tão importante que o Código Civil brasileiro reforça esta conduta nas relações jurídicas contratuais ao estabelecer no artigo 422 que "os contratantes são obrigados a guardar, assim na conclusão do contrato, como em sua execução, os princípios de probidade e boa-fé".

Pode-se afirmar que as normas previstas nos artigos 421 e 422 representam cláusulas abertas implícitas em todos os contratos. Assim, a probidade e a boa-fé exprimem-se através de cláusulas gerais de conduta que devem regular os atos jurídicos. As cláusulas gerais possibilitam ao julgador uma maior autonomia e liberdade na tarefa hermenêutica de analisar o caso concreto decidindo. É uma espécie de correção normativa efetuada pelo magistrado com o firme propósito de superar o positivismo científico e legalista.

Kantorowicz, citado por Karl Gareis,[38] já lecionava acerca da necessidade da correlação entre as regras e fatos sociais. É muito interessante refletir sobre a análise de Gareis:

> Kantorowicz induz o magistrado a buscar um ideal jurídico, o Direito Justo (richtiges recht), onde quer que se encontre, dentro ou fora da lei, na ausência desta ou a despeito da mesma; isto é, a decidir proeter e também contra legem: não se preocupe com os textos; despreze qualquer interpretação, construção, ficção ou analogia; inspire-se de preferência, nos dados sociológicos e siga o determinismo dos fenômenos, atenha-se à observação e à experiência, tome como guias os ditames imediatos do seu sentimento, do seu tato profissional, da sua consciência jurídica. A doutrina revolucionária olha demasiado para o foro íntimo, quando deveria, como os moderados e a escola histórico-evolutiva, tomar por ponto de partida a lei, interpretada e compreendida não somente à luz dos preceitos lógicos, mas também de acordo com as ideias, aspirações e interesses legítimos da coletividade.

Observa-se a invocação e uso cada vez maior dos princípios da probidade e boa-fé em decisões judiciais com vistas a alinhar possíveis distorções na constituição das relações jurídicas interprivadas. Ademais, o fenômeno da globalização e a consequente mudança de valores e culturas nas sociedades pós-modernas alimentam, destarte, soluções judiciais mais flexíveis, numa intenção de ajuste a nova realidade.

Dessa forma, os contratantes devem adotar um padrão de correção e probidade, tanto na constituição de relações entre eles, como no desempenho das relações constituídas. Isso sem contar que na fase pré-contratual, ou seja, na fase das tratativas preliminares, as pessoas devem agir, também, de boa-fé, com lealdade, dignidade e correção.

Vale destacar que o princípio da boa-fé, em razão de constituir uma cláusula geral, não se apresenta pronto e acabado (tipo "self-executing"), estando apto a ser aplicado pelo julgador. Pelo contrário, carece ainda de uma concreção ou concretização hermenêutica a ser efetuada pelo juiz, le-

---

38 GAREIS Karl, Rechtsenzyklopaedie und Methodologie, 5. ed. 1920, p. 28-30. *In*: MAXIMILIANO, Carlos. *Hermenêutica e interpretação do direito*. Rio de Janeiro: Forense, 1995, p. 73.

vando em consideração todas as especificidades do caso concreto decidendo, em especial, as exigências fundamentais da ética jurídica.

O Conselho da Justiça Federal nas Jornadas de Direito Civil publicou os seguintes enunciados em relação ao artigo 422:

Conselho da Justiça Federal – I Jornada de Direito Civil

CJF – Enunciado 24 – Art. 422: em virtude do princípio da boa-fé, positivado no art. 422 do novo Código Civil, a violação dos deveres anexos constitui espécie de inadimplemento, independentemente de culpa.

CJF – Enunciado 25 – Art. 422: o art. 422 do Código Civil não inviabiliza a aplicação pelo julgador do princípio da boa-fé nas fases pré-contratual e pós-contratual.

CJF – Enunciado 26 – Art. 422: a cláusula geral contida no art. 422 do novo Código Civil impõe ao juiz interpretar e, quando necessário, suprir e corrigir o contrato segundo a boa-fé objetiva, entendida como a exigência de comportamento leal dos contratantes.

CJF – Enunciado 27 – Art. 422: na interpretação da cláusula geral da boa-fé, deve-se levar em conta o sistema do Código Civil e as conexões sistemáticas com outros estatutos normativos e fatores metajurídicos.

Conselho da Justiça Federal – III Jornada de Direito Civil

CJF – Enunciado 166 – Arts. 421 e 422 ou 113: A frustração do fim do contrato, como hipótese que não se confunde com a impossibilidade da prestação ou com a excessiva onerosidade, tem guarida no Direito brasileiro pela aplicação do art. 421 do Código Civil.

CJF – Enunciado 167 – Arts. 421 a 424: Com o advento do Código Civil de 2002, houve forte aproximação principiológica entre esse Código e o Código de Defesa do Consumidor, no que respeita à regulação contratual, uma vez que ambos são incorporadores de uma nova teoria geral dos contratos.

CJF – Enunciado 168 – Art. 422: O princípio da boa-fé objetiva importa no reconhecimento de um direito a cumprir em favor do titular passivo da obrigação.

CJF – Enunciado 169 – Art. 422: O princípio da boa-fé objetiva deve levar o credor a evitar o agravamento do próprio prejuízo.

CJF – Enunciado 170 – Art. 422: A boa-fé objetiva deve ser observada pelas partes na fase de negociações preliminares e após a execução do contrato, quando tal exigência decorrer da natureza do contrato.

Conselho da Justiça Federal – IV Jornada de Direito Civil

CJF – Enunciado 361 – Arts. 421, 422 e 475. O adimplemento substancial decorre dos princípios gerais contratuais, de modo a fazer preponderar a função social do contrato e o princípio da boa-fé objetiva, balizando a aplicação do art. 475.

CJF – Enunciado 362 – Art. 422. A vedação do comportamento contraditório (*venire contra factum proprium*) funda-se na proteção da confiança, tal como se extrai dos arts. 187 e 422 do Código Civil.

CJF – Enunciado 363 – Art. 422. Os princípios da probidade e da confiança são de ordem pública, estando a parte lesada somente obrigada a demonstrar a existência da violação.

Conselho da Justiça Federal – V Jornada de Direito Civil

CJF – Enunciado 432 – Art. 422. Em contratos de financiamento bancário, são abusivas cláusulas contratuais de repasse de custos administrativos (como análise do crédito, abertura de cadastro, emissão de fichas de compensação bancária etc.), seja por estarem intrinsecamente vinculadas ao exercício da atividade econômica, seja por violarem o princípio da boa-fé objetiva.

As relações consumeiras devem ser pautadas na boa-fé e equidade. Além do referido inciso III do artigo 4º do CDC, o artigo 51 do mesmo diploma legal afirma que, "CDC – Art. 51. São nulas de pleno direito, entre outras, as cláusulas contratuais relativas ao fornecimento de produtos e serviços que: IV – estabeleçam obrigações consideradas iníquas, abusivas, que coloquem o consumidor em desvantagem exagerada, ou sejam incompatíveis com a boa-fé ou a equidade;"

O princípio da boa-fé contratual nas relações consumeiras já foi invocado pelo Superior Tribunal de Justiça:

DIREITO DO CONSUMIDOR. RECURSO ESPECIAL. VÍCIO DO PRODUTO. AUTOMÓVEIS SEMINOVOS. PUBLICIDADE QUE GA-

RANTIA A QUALIDADE DO PRODUTO. RESPONSABILIDADE OBJETIVA. USO DA MARCA. LEGÍTIMA EXPECTATIVA DO CONSUMIDOR. MATÉRIA FÁTICO-PROBATÓRIA. SÚM. 7/STJ. 1. O Código do Consumidor é norteado principalmente pelo reconhecimento da vulnerabilidade do consumidor e pela necessidade de que o Estado atue no mercado para minimizar essa hipossuficiência, garantindo, assim, a igualdade material entre as partes. Sendo assim, no tocante à oferta, estabelece serem direitos básicos do consumidor o de ter a informação adequada e clara sobre os diferentes produtos e serviços (CDC, art. 6º, III) e o de receber proteção contra a publicidade enganosa ou abusiva (CDC, art. 6º, IV). 2. É bem verdade que, paralelamente ao dever de informação, se tem a faculdade do fornecedor de anunciar seu produto ou serviço, sendo certo que, se o fizer, a publicidade deve refletir fielmente a realidade anunciada, em observância à principiologia do CDC. Realmente, o princípio da vinculação da oferta reflete a imposição da transparência e da boa-fé nos métodos comerciais, na publicidade e nos contratos, de forma que esta exsurge como princípio máximo orientador, nos termos do art. 30. 3. Na hipótese, inequívoco o caráter vinculativo da oferta, integrando o contrato, de modo que o fornecedor de produtos ou serviços se responsabiliza também pelas expectativas que a publicidade venha a despertar no consumidor, mormente quando veicula informação de produto ou serviço com a chancela de determinada marca, sendo a materialização do princípio da boa-fé objetiva, exigindo do anunciante os deveres anexos de lealdade, confiança, cooperação, proteção e informação, sob pena de responsabilidade. 4. A responsabilidade civil da fabricante decorre, no caso concreto, de pelo menos duas circunstâncias: a) da premissa fática incontornável adotada pelo acórdão de que os mencionados produtos e serviços ofertados eram avalizados pela montadora através da mensagem publicitária veiculada; b) e também, de um modo geral, da percepção de benefícios econômicos com as práticas comerciais da concessionária, sobretudo ao permitir a utilização consentida de sua marca na oferta de veículos usados e revisados com a excelência da GM. 5. Recurso especial não provido. (STJ – REsp: 1365609 SP 2011/0105689-3, Relator: Ministro LUIS FELIPE SALOMÃO, Data de Julgamento: 28/04/2015, T4 – QUARTA TURMA, Data de Publicação: DJe 25/05/2015)

"Recurso especial. Civil. Indenização. Aplicação do princípio da boa-fé contratual.Deveres anexos ao contrato. – O princípio da boa-fé se aplica às relações contratuais regidas pelo CDC, impondo, por conseguinte, a obediência aos deveres anexos ao contrato, que são decorrência lógica deste princípio. – O dever anexo de cooperação pressupõe ações recíprocas de lealdade dentro da relação contratual. – A violação a qualquer dos deveres anexos implica inadimplemento contratual de quem lhe tenha dado causa. – A alteração dos valores arbitrados a título de reparação de danos extrapatrimoniais somente é possível, em sede de Recurso Especial, nos casos em que o quantum determinado revela-se irrisório ou exagerado. Recursos não providos (REsp 595631/SC, Rel. Ministra NANCY ANDRIGHI, TERCEIRA TURMA, julgado em 8.6.2004, DJ 2.8.2004 p. 391)".

Da mesma forma, em decisão no Tribunal de Justiça do Estado do Rio Grande do Sul, a magistrada destaca o princípio da boa-fé contratual com os seus desdobramentos dos deveres de lealdade e cooperação:

"AGRAVO DE INSTRUMENTO. REVISÃO DE CONTRATO. DECISÃO MONOCRÁTICA. INVERSÃO DO ÔNUS DA PROVA E EXIBIÇÃO DE DOCUMENTOS. É princípio básico em matéria de relações de consumo que, sendo verossímil a afirmação do consumidor sobre um determinado fato, inverte-se o ônus da prova a esse respeito (art. 6º, VIII, do CDC). O princípio reitor da boa-fé, com os seus desdobramentos dos deveres de lealdade e cooperação, impõe ao Banco a obrigação de trazer aos autos cópia dos documentos de que dispõe acerca da contratualidade afirmada. AGRAVO PROVIDO DE PLANO, COM FUNDAMENTO NO ART. 557, § 1º-A, DO CPC (Agravo de Instrumento nº 70018103747, Décima Terceira Câmara Cível, Tribunal de Justiça do RS, Relator: Angela Terezinha de Oliveira Brito, Julgado em 1.2.2007)."

De igual forma, o princípio da boa-fé ganha destaque na norma do artigo 187 do Código Civil, que determina que "Também comete ato ilícito o titular de um direito que, ao exercê-lo, excede manifestamente os limites impostos pelo seu fim econômico ou social, pela boa-fé ou pelos bons costumes". Essa norma se faz necessária porque os membros da sociedade nem sempre agem de forma honesta, leal, digna e com respeito ao semelhante.

Ademais, repise-se, todo e qualquer negócio jurídico deve ser interpretado conforme a boa-fé e os usos do lugar de sua celebração, conforme resta consignado na regra do artigo 113 do nosso Código Civil, conhecida como a regra da "boa-fé hermenêutica".

Evidentemente, que a combinação dos artigos 113, 187 e 422 do Código Civil brasileiro representa a trilogia da boa-fé objetiva em nosso ordenamento jurídico civilístico. Mais que isso: tais condutas representam um componente ético-jurídico nas relações interprivadas consagradas pelos elementos de cooperação, lealdade, confiança e probidade entre os agentes envolvidos.

Caio Mário da Silva Pereira afirma que a boa-fé serve "como elemento interpretativo do contrato, como elemento de criação de deveres jurídicos (dever de correção, de cuidado e segurança, de informação, de cooperação, de sigilo, de prestar contas) e até como elemento de limitação e ruptura de direitos (proibição do *venire contra factum proprium*, que veda que a conduta da parte entre em contradição com conduta anterior, do *inciviliter agere*, que proíbe comportamentos que violem o princípio da dignidade humana, e da *tu quoque*,[39] que é a invocação de uma cláusula ou regra que a própria parte já tenha violado)".[40]

4.5.1 *Venire contra factum proprium non potest*

A vedação do comportamento contraditório encontra-se consubstanciada na máxima *venire contra factum proprium non potest*. A proibição de tal comportamento contraditório já se encontra amparada pela doutrina e jurisprudência pátria.[41] Vejamos algumas decisões do Superior Tribunal de Justiça e do Tribunal de Justiça do Estado do Rio Grande do Sul:

> ADMINISTRATIVO E PROCESSUAL CIVIL. TÍTULO DE PROPRIEDADE OUTORGADO PELO PODER PÚBLICO, ATRAVÉS DE FUNCIONÁRIO DE ALTO ESCALÃO. Alegação de nulidade pela própria administração, objetivando prejudicar o adquirente: inadmissibilidade. Alteração no polo ativo da relação processual na fase recursal: impossibilidade, tendo em vista o princípio da estabilização subjetiva do processo. Ação de indenização por desapropriação indireta. Instituição de parque estadual. Preservação da mata inserta em lote de particular. Direito à in-

---

[39] O *tu quoque* ("você também") é um ardil (falácia) que consiste em argumentar e justificar uma conduta apenas porque a outra parte encontra-se também na mesma posição. Por exemplo: Uma parte afirma: "- Você não foi à escola, e isso é errado." A outra parte argumenta: "- Não, porque você também não foi." (O fato do primeiro não ter ido à escola não torna a negligência do segundo menos grave.)

[40] SILVA PEREIRA, Caio Mário da. *Instituições de direito civil*. 11. ed. Volume III. Rio de Janeiro: Forense, 2003, p. 21.

[41] "Seguro. Obrigatório (DPVAT). Alegação pela apelante de ilegitimidade de parte. Não acolhimento. *Venire contra factum proprium*. Pagamento do seguro que foi efetuado pela apelante. Tendo sido responsável pelo pagamento a menor, cabe à apelante complementá-lo. Recurso improvido" (Tribunal de Justiça de São Paulo, Apelação Cível nº 959.000-00/8, Martinópolis, 26ª Câmara de Direito Privado, Relator: Ronnie Herbert Barros Soares, j. 13.3.06, V.U., Voto nº 01).

denização pela indisponibilidade do imóvel, e não só da mata. Precedentes do STF e do STJ. Recursos parcialmente providos.

I – se o suposto equívoco no título de propriedade foi causado pela própria administração, através de funcionário de alto escalão, não há que se alegar o vício com o escopo de prejudicar aquele que, de boa-fé, pagou o preço estipulado para fins de aquisição. Aplicação dos princípios de que *"memo potest venire contra factum proprium"* e de que *"memo creditur turpitudinem suam allegans"*.

II – feita a citação validamente, não é mais possível alterar a composição dos polos da relação processual, salvo as substituições permitidas por lei (v.g., arts. 41 a 43, e arts. 1.055 a 1.062, todos do CPC). Aplicação do princípio da estabilização subjetiva do processo. Inteligência dos arts. 41 e 264 do CPC. Precedente do STF: RE nº 83.983/RJ.

III – o proprietário que teve o seu imóvel abrangido por parque criado pela administração faz jus à integral indenização da àrea atingida, e não apenas em relação à mata a ser preservada.

Precedente do STJ: Resp nº 39.842/SP.

IV – recursos especiais conhecidos e parcialmente providos.

(Resp 47.015/SP, Rel. Ministro Adhemar Maciel, Segunda Turma, julgado em 16.10.1997, DJ 09.12.1997 p. 64655.)
PROMESSA DE COMPRA E VENDA. CONSENTIMENTO DA MULHER. ATOS POSTERIORES. *"venire contra factum proprium."* Boa-fé. Preparo.

Férias.

1. Tendo a parte protocolado seu recurso e, depois disso, recolhido a importância relativa ao preparo, tudo no período de férias forenses, não se pode dizer que descumpriu o disposto no artigo 511 do CPC. Votos vencidos.

2. A mulher que deixa de assinar o contrato de promessa de compra e venda juntamente com o marido, mas depois disso, em juízo, expressamente admite a existência e validade do contrato, fundamento para a denunciação de outra lide, e nada impugna contra a execução do contrato durante mais de 17 anos, tempo em que os promissários compradores exerceram pacificamente a posse sobre o imóvel, não pode depois se opor ao pedido de fornecimento de escritura definitiva. Doutrina dos atos próprios. Art. 132 do CC.

3. Recurso conhecido e provido.

(Resp 95.539/SP, Rel. Ministro Ruy Rosado de Aguiar, Quarta Turma, julgado em 3.9.1996, DJ 14.10.1996 p. 39015.)

APELAÇÃO CÍVEL. CORTE DE FORNECIMENTO DE ÁGUA. DÉBITOS PASSADOS. POSIÇÕES CONTRADITÓRIAS. ATITUDE EM AFRONTA À BOA-FÉ E AOS DEVERES DO VENIRE CONTRA FACTUM PROPRIUM E NEMO AUDITUR TURPITUDINEM SUAM ALLEGANS. A atitude do autor de, por um lado, firmar contrato de locação e se comprometer a pagar os débitos pendentes de água e energia elétrica do imóvel em troca do não pagamento de quatro meses dos aluguéis e, por outro lado, vir a juízo contestar o débito e pretender a religação do fornecimento sem pagar a fatura, mostra-se contraditória e viola a boa-fé objetiva e os deveres do *venire contra factum proprium e nemo auditur turpitudinem suam allegans*. Ademais, é vedado ao usuário usufruir do serviço sem fornecer a contrapartida financeira e sem comprovar que não pode arcar com a fatura. APELO PROVIDO E AÇÃO JULGADA IMPROCEDENTE, POR MAIORIA, VENCIDO O DES. JOÃO ARMANDO. (Apelação Cível nº 70018113944, Segunda Câmara Cível, Tribunal de Justiça do RS, Relator: Adão Sérgio do Nascimento Cassiano, Julgado em 7.3.2007.)

COBRANÇA. SEGURO PLANO FÁCIL AES SUL. MORTE DO SEGURADO. AUSÊNCIA DE INDICAÇÃO FORMAL DOS BENEFICIÁRIOS. LEGTIMIDADE ATIVA DA ESPOSA APENAS PARA PLEITEAR METADE DA INDENIZAÇÃO. 1. Em se tratando de seguro de pessoa no qual não há indicação formal dos beneficiários por parte do titular do seguro, de se aplicar a regra insculpida no art. 792 do CC, segundo o qual a indenização, nesses casos, será paga ao cônjuge sobrevivente e aos herdeiros do segurado. Daí por que não pode a viúva, por si, pretender postular em juízo a metade da indenização, à qual fazem jus, em igualdade de condições, também os herdeiros do falecido. 2. O recebimento, mesmo que em mora do pagamento do prêmio do seguro, afasta a alegação de falta de vigência da cobertura. Princípio da boa-fé objetiva do contrato a impedir o *venire contra factum proprium*. RECURSO PARCIALMENTE PROVIDO. (Recurso Cível nº 71001116565, Terceira Turma Recursal Cível, Turmas Recursais, Relator: Ricardo Torres Hermann, Julgado em 14.11.2006.)

4.5.2 *Tu quoque*

O *tu quoque* ("você também") é um ardil (falácia) que consiste em argumentar e justificar uma conduta apenas porque a outra parte encontra-se também na mesma posição. Por exemplo: Uma parte afirma: "– Você não foi à escola, e isso é errado". A outra parte argumenta: "– Não, porque você também não foi". O fato de o primeiro não ter ido à escola não torna a negligência do segundo menos grave. Dessa maneira, a invocação deste argumento não deve ser aceita, já que fere o princípio da boa-fé.

4.5.3 *Surrectio e supressio*

Outra questão é aquela que relaciona a boa-fé diretamente com o componente obrigacional, podendo ampliá-lo ou minorá-lo. É o caso dos institutos da *supressio e surrectio*. Esta representa a criação de um direito em virtude de sua prática reiterada e aceita pelo outro contratante, ainda que haja sido convencionada em sentido contrário, aquela (*supressio* ou *Verwirkung* da doutrina alemã), ao contrário, é a extinção de um direito em razão da constante ausência de seu exercício.

Melhor dizendo: em razão da boa-fé objetiva, no caso da *surrectio*, a atitude de um dos contraentes gera no outro uma expectativa de direito ou faculdade não prevista na avença e na hipótese da *supressio*, a inércia qualificada de uma das partes gera no parceiro contratual uma expectativa legítima de que a faculdade ou direito previsto na avença não será exercido.

A aplicação da boa-fé sob a forma da *surrectio* tem recebido respaldo da jurisprudência. Vejamos:

> AÇÃO DE COBRANÇA. SÓCIO QUE DEMANDA A SOCIEDADE. TRAMITAÇÃO, NA JUSTIÇA COMUM, DE AÇÃO DE EXCLUSÃO DE SÓCIO. SÓCIO JÁ AFASTADO DA GERÊNCIA DA EMPRESA, MAS QUE, AO LONGO DOS ANOS, VINHA RECEBENDO UMA QUANTIA MENSAL A TÍTULO DE ADIANTAMENTO POR CONTA DE LUCROS FUTUROS. APLICAÇÃO DA FIGURA DA **SURRECTIO**, UMA DAS FIGURAS QUE EVIDENCIAM A FUNÇÃO DE CONTROLE DA BOA-FÉ, COM LIMITAÇÃO DO EXERCÍCIO DE DIREITOS SUBJETIVOS. IMPOSSIBILIDADE DE SUSPENSÃO UNILATERAL E IMOTIVADA DO PAGAMENTO, UMA VEZ QUE PERMANECE A CONDIÇÃO DE SÓCIO DO AUTOR. Dentre as funções desempenhadas pelo princípio da boa-fé objetiva, sobressai a de controle, que limita o

exercício de direitos subjetivos. Dentre as várias figuras que se incluem nessa categoria, uma delas é a da **surrectio**, que impede a supressão imotivada de uma vantagem que tenha sido concedida por período de tempo razoável, ainda que em desconformidade com os estatutos, regulamentos ou contrato social, gerando no beneficiário a convicção de que pode contar com aquela vantagem. RECURSO PROVIDO, A FIM DE SER JULGADA PARCIALMENTE PROCEDENTE A AÇÃO. (Recurso Cível nº 71000867416, Terceira Turma Recursal Cível, Turmas Recursais, Relator: Eugênio Facchini Neto, Julgado em 27.6.2006.)

AGRAVO PARCIALMENTE PROCEDENTE. No caso, além de a necessidade alimentar ter aumentado, o alimentante já vem depositando os alimentos em quantia maior do que a estipulada desde um bom tempo, verificando-se, na espécie, a ocorrência do instituto da surrectio. Todavia, como estamos em sede liminar do feito, sem qualquer manifestação do recorrido, a majoração pleiteada não vai atendida em sua integralidade. AGRAVO PARCIALMENTE PROVIDO EM MONOCRÁTICA. (Agravo de Instrumento nº 70011961133, Oitava Câmara Cível, Tribunal de Justiça do RS, Relator: Rui Portanova, Julgado em 8.6.2005).

Decisão:

O agravante ingressou com ação revisional de alimentos contra o agravado. Requereu que os alimentos, originalmente fixados em R$ 1.500,00 mensais, fossem majorados para 25 salários mínimos (fls. 15-25). O pedido liminar foi indeferido (f. 162). Contra esta decisão se insurge o agravo.

Assim a decisão agravada:

"Sem qualquer prova ou demonstração se tenha alterado a situação financeira do alimentante, ainda que estivesse fornecendo ao alimentando valores superiores a título de complementação dos alimentos devidos, indefiro a liminar perseguida" (fl. 162).

No caso, é bem de ver que os alimentos devidos ao recorrente foram fixados, em agosto/2002, na quantia de R$ 1.500,00, a ser pago diretamente pelo recorrido (fls. 163-167).

Vem agora o recorrente pleitear majoração da pensão alimentícia, dizendo que, além de a necessidade alimentar ter aumentado, o alimentante tem boa condição financeira e já vem depositando os alimentos em quantia maior do que a estipulada (fls. 02-14).

Necessidade alimentar.

Quanto à necessidade alimentar, verifico que o alimentado, que hoje possui 12 anos de idade (f. 29), estuda em colégio particular (f. 30), frequenta clube social (f. 38) e realiza gastos com despesas pessoais a denotar um bom padrão de vida, tais como roupas de marca, assinatura de revistas etc. (fls. 39-46).

Possibilidade alimentar.

Já no que diz com a possibilidade alimentar, pelos documentos juntados às fls. 52-112, observa-se que, desde o ano de 2002 o alimentante vem depositando valor maior do que o estabelecido pelo título alimentar (fls. 52-113). Embora os depósitos bancários realizados pelo agravado em nome da representante legal do agravante sejam bastante variáveis, indo desde R$ 1.313,69 até R$ 7.967,99, verifico que perfazem uma média de quase R$ 5.000,00 mensais (fls. 52-113/114-161), que são aproximados 15 salários mínimos.

Como se verifica, no caso, estamos diante do instituto da *surrectio*.

A *surrectio* expressa a circunstância do surgimento, de forma complementar ao direito legislado, contratado ou judicial, de um direito não existente antes (em termos jurídicos). Direito este que, na efetividade social, já vinha sendo considerado como presente.

Os requisitos da *surrectio*, basicamente, são:

"Exige-se um certo lapso de tempo, por excelência variável, durante o qual se atua uma situação jurídica em tudo semelhante ao direito subjetivo que vai surgir; requer-se uma conjunção objectiva de factores que concitem, em nome do Direito, a constituição do novo direito; impõe-se a ausência de previsões negativas que impeçam a *surrectio*". (Antônio Manuel da Rocha e Menezes Cordeiro, *Da boa-fé no direito civil*, vol. II, Livraria Almedina: Coimbra, 1984, p. 821/822.)

Para haver *surrectio*, o que se requer, portanto, é uma previsão de confiança, pois a repetição sistemática, constante e continuada de um determinado comportamento cria direito, de modo a imputar ao prejudicado a boa-fé subjetiva do beneficiário. Direito esse que se consubstancia na expectativa, a ser mantida pelo menos como probabilidade, da regularidade e continuidade da situação fática subjacente, ou, por outro lado, da ausência de qualquer outra solução ou resolução diferente.

Essa é exatamente a situação dos autos.

E, como no caso estamos em sede de liminar da ação que busca a revisão dos alimentos, diante dos valores dos depósitos realizados pelo recorrido em prol do agravante, entendo razoável que, por ora, devam os alimentos ser majorados, provisoriamente, para o montante de 13 salários mínimos mensais.

Nesta alçada, verifica-se que o presente agravo é parcialmente procedente, sendo caso de parcial provimento recursal sem necessidade de maior dilação probatória.

APELAÇÃO. AÇÃO DECLARATÓRIA DE EXISTÊNCIA DE DEPENDÊNCIA ECONÔMICA. INDEFERIMENTO DA INICIAL. DESCABIMENTO. RELAÇÃO OBRIGACIONAL. SURGIMENTO. SURRECTIO. O autor-apelante tem interesse de agir ao postular a declaração de existência de dependência econômica de sua ex-esposa para consigo. Ele afirmou alcançar valores a ela há mais de 40 anos. Se isso for verdade, ainda que não haja determinação judicial para pagamento de alimentos, então a repetição sistemática do comportamento fez surgir entre as partes uma verdadeira relação obrigacional, cabendo ao Poder Judiciário apenas e tão somente declarar que tal obrigação já existe na efetividade social. Daí a adequação do procedimento escolhido pelo autor-apelante. Se a ex-esposa for mesmo financeiramente dependente do autor-apelante, nada mais justo do que permitir a ele que se valha desta situação para ver declarado em juízo a existência de um fato que engrandece e favorece ao apelante. DERAM PROVIMENTO. (Apelação Cível nº 70011362936, Oitava Câmara Cível, Tribunal de Justiça do RS, Relator: Rui Portanova, Julgado em 12.5.2005.)

Da mesma forma, o instituto da *supressio* é encontrado em nossas decisões judiciais da seguinte forma:

RELAÇÃO DE CONSUMO. AQUISIÇÃO DE COLCHÃO. Problemas com o produto que surgiram cinco anos após, quando já esgotado prazo de garantia. Concordância da empresa vendedora em tentar reparar o problema. Entrega de colchão provisório, em substituição ao aquirido, enquanto se procedia ao conserto. Adquirente que só procura novamente a ré, para efetuar a troca, mais de ano e meio depois, quando então recebe a notícia de que o primitivo colchão já fora vendido. Aplicabilidade da figura da *supressio*. Sentença que, em reconhecendo a revelia da ré, acolhe a pretensão do autor. Recurso do autor para obter a entrega de um colchão novo – ou seu equivalente em dinheiro – e não um colchão usado, como determinado na sentença. Recurso desprovido. (Recurso Cível nº 71000621383, Terceira Turma Recursal Cível, Turmas Recursais, Relator: Eugênio Facchini Neto, Julgado em 22.3.2005)

LOCAÇÃO. AÇÃO DE DESPEJO POR FALTA DE PAGAMENTO. PEDIDO DE ANTECIPAÇÃO DE TUTELA. NÃO CONCESSÃO DO PLEITO. NÃO VERIFICAÇÃO DOS REQUISITOS LEGAIS AUTORIZADORES DA CONCESSÃO DO PEDIDO DE ANTECIPAÇÃO DE TUTELA. Não configurada qualquer das hipóteses previstas pelo artigo 273 do Código de Processo Civil, traduz-se inviável o pedido de antecipação de tutela formulado pela agravante no sentido de que ocorra a desocupação do imóvel. PRINCÍPIO DA BOA-FÉ. SUPRESSIO. Na hipótese dos autos, restou clara a ocorrência e uma das funções mitigadoras das obrigações (mais especificamente, da chamada *supressio*), a qual se traduz na diminuição dos direitos que uma parte tem contra a outra, com base no princípio da boa-fé. Verifica-se a *supressio* quando, pelo modo como as partes vêm se comportando ao longo da vida contratual, certas atitudes que poderiam ser exigidas originalmente passam a não mais poderem ser exigidas na sua forma original (sofrem uma minoração), por ter se criado uma expectativa de que aquelas disposições iniciais não seriam exigidas daquela forma inicialmente prevista. Recurso desprovido. (Agravo de Instrumento nº 70010323012, Décima Quinta Câmara Cível, Tribunal de Justiça do RS, Relator: Ricardo Raupp Ruschel, Julgado em 22.11.2004)

ADMINISTRATIVO. SERVICO PÚBLICO DE FORNECIMENTO DE ENERGIA ELÉTRICA. CONTRATO DE MÚTUO FIRMADO PELO USUÁRIO E A CONCESSIONÁRIA. CORREÇÃO MONETÁRIA. CLÁUSULA CONTRATUAL. PRINCÍPIO DA BOA-FÉ. LIMITAÇÃO DO EXERCÍCIO DO DIREITO SUBJETIVO. "SUPRESSIO". 1. A "SUPRESSIO" constitui-se em limitação ao exercício de direito subjetivo que paralisa a pretensão em razão do princípio da boa-fé objetiva. Para sua configuração, exige-se (i) decurso de prazo sem exercício do direito com indícios objetivos de que o direito não mais seria exercido e (ii) desequilíbrio, pela ação do tempo, entre o benefício do credor e o prejuízo do devedor. Lição de MENEZES CORDEIRO. 2. NÃO caracteriza conduta contrária à boa-fé o exercício do direito de exigir a restituição de quantia emprestada depois de transcorridos mais de quinze anos se tal não gera desvantagem desproporcional ao devedor em relação ao benefício do credor. Hipótese em que o mútuo não só permitiu a expansão da rede pública de concessionário de serviço público de energia elétrica, como também a exploração econômica do serviço mediante a cobrança da tarifa, sendo que esta, a par da contraprestação, engloba a amortização dos bens reversíveis. Ausente, portanto, desequilíbrio entre o valor atualizado a ser restituído e o benefício fruído pelo apelado durante todo este tempo, não há falar em paralisação do direito subjetivo. 3. Conquanto tenha o contrato de mútuo firmado entre o usuário e a concessionária do serviço público de energia elétrica para custeio das despesas a cargo desta de implantação do fornecimento estabelecido que a quantia seria restituída sem correção monetária, tem direito o usuário de receber o montante atualizado pena de arcar com os encargos que devem ser suportados pela concessionária e para cuja prestação é remunerado na forma do contrato de concessão. Recurso provido por ato do relator. ART. 557 DO CPC. PRECEDENTE DO STJ. (9 FLS.) (Apelação Cível nº 70001911684, Segunda Câmara Cível, Tribunal de Justiça do RS, Relator: Maria Isabel de Azevedo Souza, Julgado em 4.12.2000.)

Ao comentar o princípio da boa-fé, Karl Larenz afirma que *"dicho principio consagra que una confianza despertada de un modo imputable debe ser mantenida cuando efectivamente se ha creído en ella. La suscitación de la confianza es "imputable" cuando el que la suscita sabía o tenía que saber que el otro iba a confiar. En esta medida es idéntico al principio de la confianza. Sin embargo, lo sobrepasa y va más allá. Demanda también un respeto recíproco ante todo en aquellas relaciones jurídicas que requerien una larga y continuada colaboración, respeto al outro también en el ejercicio de los derechos y en general el comportamiento que se puede esperar entre los sujetos que intervienen honestamente en el tráfico".*[42]

Assim, toda e qualquer relação jurídica contratual deve ser permeada por obrigações de recíproca cooperação entre os contraentes, bem como por condutas de lealdade, ética e respeito à outra parte. Estas normas de conduta, de cunho objetivo, devem ser obedecidas não só na formação, como na conclusão do contrato, mas também na fase pré-contratual (fases das tratativas ou negociações preliminares).

Um exemplo interessante sobre o tema referido é apontado por Teresa Negreiros em seu artigo "O princípio da boa-fé contratual".[43] Vejamos: "Pense-se, por exemplo, naquele caso "midiático" que se passou entre nós recentemente a envolver a atuação do cantor Zeca Pagodinho em sucessivas campanhas publicitárias de cervejarias rivais. Como relataram os prin-

---

42 LARENZ, Karl. *Derecho justo*: fundamentos de ética jurídica. Tradducción Luis Díez-Picazo. Madrid: 2001, p. 96.
43 NEGREIROS, Teresa. O princípio da boa-fé contratual. In: MORAES, Maria Celina Bodin de (Org.). *Princípios do direito civil contemporâneo*. Rio de Janeiro: Renovar, 2006, p. 247-248.

cipais jornais na ocasião, Zeca Pagodinho, "garoto propaganda" de uma milionária campanha publicitária de lançamento da marca de cerveja Nova Schin, promovida pela agência Fischer América, celebrou contrato com a agência África para passar a fazer publicidade da marca Brahma, por meio de peças publicitárias que desmereciam, quase expressamente, a própria campanha da Nova Schin.

Supondo-se, por hipótese, que não houvesse sido pactuada uma cláusula de exclusividade entre o cantor e a primeira agência que o contratara, seria ainda assim exigível, com base na boa-fé, que Zeca Pagodinho se abstivesse de realizar anúncios em favor da cervejaria rival? Será compatível com os deveres decorrentes da boa-fé realizar anúncios que fazem alusão óbvia, embora implícita, à marca rival e que, na sequência imediata da campanha anterior, têm o efeito de a desmerecer?"

4.5.4 *Duty to mitigate the loss*

Significa que o credor deve mitigar as suas perdas (prejuízo). Na III Jornada de Direito Civil foi publicado o Enunciado 169, que diz: "o princípio da boa-fé objetiva deve levar o credor a evitar o agravamento do próprio prejuízo." O STJ já enfrentou a questão. Vejamos:

> EXECUÇÃO PENAL. HABEAS CORPUS. (1) IMPETRAÇÃO SUBSTITUTIVA DE RECURSO ORDINÁRIO. IMPROPRIEDADE DA VIA ELEITA. (2) NÃO LOCALIZAÇÃO DO CONDENADO. DILIGÊNCIAS JUNTO À RECEITA FEDERAL E CARTÓRIO ELEITORAL. ENDEREÇO PRESENTE NOS AUTOS (BOLETIM DE OCORRÊNCIA).
>
> Número da casa. Divergência em um dígito. (3) Instrução do *writ*.
>
> Deficência. (4) Princípio da boa-fé objetiva. *Duty to mitigate the loss*. Ordem não conhecida.
>
> É imperiosa a necessidade de racionalização do emprego do habeas corpus, em prestígio ao âmbito de cognição da garantia constitucional, e, em louvor à lógica do sistema recursal. *In casu*, foi impetrada indevidamente a ordem como substitutiva de recurso ordinário.
>
> O devido processo legal instrumentaliza-se, em larga medida, pelo contraditório e pela ampla defesa. Tendo em vista a ocorrência de discrepância entre o endereço constante dos autos – número errado da casa – cumpriria à Defesa alertar ao juízo, a fim de evitar, como ocorrido no caso, a conversão do cumprimento de pena restritiva de direitos

em privativa de liberdade. De mais a mais, é inviável divisar, de forma meridiana, a alegação de constrangimento, diante da instrução deficiente da ordem, na qual se deixou de coligir cópias das certidões sobre a não localização do paciente.

O princípio da boa-fé objetiva ecoa por todo o ordenamento jurídico, não se esgotando no campo do Direito Privado, no qual, originariamente, deita raízes. Dentre os seus subprincípios, destaca-se o *duty to mitigate the loss*. A bem do dever anexo de colaboração, que deve empolgar a lealdade entre as partes no processo, cumpriria ao paciente e sua Defesa informar ao juízo o endereço atualizado, para que a execução pudesse ter o andamento regular, não se perdendo em inúteis diligências para a sua localização. *Habeas corpus* não conhecido. (HC 137.549/RJ, Rel. Ministra MARIA THEREZA DE ASSIS MOURA, SEXTA TURMA, julgado em 07/02/2013, DJe 20/02/2013).

DIREITO CIVIL. CONTRATOS. BOA-FÉ OBJETIVA. STANDARD ÉTICO-JURÍDICO.

OBSERVÂNCIA PELAS PARTES CONTRATANTES. DEVERES ANEXOS. DUTY TO MITIGATE THE LOSS. DEVER DE MITIGAR O PRÓPRIO PREJUÍZO. INÉRCIA DO CREDOR. AGRAVAMENTO DO DANO. INADIMPLEMENTO CONTRATUAL. RECURSO IMPROVIDO.

Boa-fé objetiva. *Standard* ético-jurídico. Observância pelos contratantes em todas as fases. Condutas pautadas pela probidade, cooperação e lealdade.

Relações obrigacionais. Atuação das partes. Preservação dos direitos dos contratantes na consecução dos fins. Impossibilidade de violação aos preceitos éticos incertos no ordenamento jurídico.

Preceito decorrente da boa-fé objetiva. *Duty to mitigate the loss:* o dever de mitigar o próprio prejuízo. Os contratantes devem tomar as medidas necessárias e possíveis para que o dano não seja agravado. A parte a que a perda aproveita não pode permanecer deliberadamente inerte diante do dano. Agravamento do prejuízo, em razão da inércia do credor. Infringência aos deveres de cooperação e lealdade.

Lição da doutrinadora Véra Maria Jacob de Fradera. Descuido com o dever de mitigar o prejuízo sofrido. O fato de ter deixado o devedor na posse do imóvel por quase 7 (sete) anos, sem que este cumprisse com o seu dever contratual (pagamento das prestações relativas ao contrato de compra e venda), evidencia a ausência de zelo com o patrimônio do credor, com o consequente agravamento significativo das perdas, uma vez que a realização mais célere dos atos de defesa possessória diminuiriam a extensão do dano.

Violação ao princípio da boa-fé objetiva. Caracterização de inadimplemento contratual a justificar a penalidade imposta pela Corte originária (exclusão de um ano de ressarcimento).

Recurso improvido. (REsp 758.518/PR, Rel. Ministro VASCO DELLA GIUSTINA (DESEMBARGADOR CONVOCADO DO TJ/RS), TERCEIRA TURMA, julgado em 17/06/2010, REPDJe 01/07/2010, DJe 28/06/2010).

AGRAVO EM RECURSO ESPECIAL Nº 203.800 – MS (2012/0145816-7)

[...] Malgrado indevida a permanência de negativação do nome da pessoa jurídica por dívida já paga, é certo que a falta de postura proativa da ofendida, que não se valeu do título de quitação imediatamente após o adimplemento, aguardando quase um ano para propor demanda a respeito, indica desídia apta a autorizar a moderação na fixação dos danos morais. Aplicação das consequências da violação do dever objetivo de mitigação do prejuízo (*duty to mitigate the loss*). Pessoa física componente do quadro social que não comprova o dano moral autônomo, legitimando o decreto de improcedência de sua pretensão à reparação. Avaliada a semi-identidade no grau de zelo, densidade de esforço e tempo exigido para o serviço dos patronos dos contendores, merece ser equiparada a remuneração dos honorários, conformando-se ao processo a previsão dos parágrafos terceiro e quarto do art. 20 do CPC. [...] (Ministro MARCO BUZZI, 03/10/2012).

4.5.5 Diferença entre boa-fé subjetiva e boa-fé objetiva

Na boa-fé subjetiva procura-se analisar o estado de consciência do agente no momento da produção do ato jurídico, ou seja, procura-se analisar as intenções do agente. Por exemplo, a regra do artigo 1.201 do CC 2002 determina que "é de boa-fé a posse, se o possuidor ignora o vício, ou o obstáculo que impede a aquisição da coisa". A boa-fé objetiva é uma norma de conduta esperada dos parceiros contratuais, ou seja, é um dever jurídico imposto às partes contratantes. Em linhas gerais, o que se espera dos contratantes é uma conduta de recíproca cooperação, um respeito mútuo, um agir leal e honesto que dignifique o exercício de sua capacidade civil com vistas à construção de uma sociedade justa, fraterna e solidária.

4.5.6 O princípio da boa-fé e teoria do abuso do direito

Existe uma interpenetração entre o princípio da boa-fé e a teoria do abuso do direito. Vejamos um acórdão de 12.4.1984 do Tribunal de Évora – Portugal: "A boa-fé procura assegurar uma perfeita execução do ordenamento contratual de acordo com o sentido e o fim tendo como finalidade a plena realização dos interesses coenvolvidos. [...] A actuação dos intervenientes deverá estar sempre subjacente a um espírito de lealdade e cooperação. A boa-fé na sua dimensão essencial de limite ao exercício de um direito subjectivo é, ainda, um elemento constitutivo do abuso do direito".

A doutrina do abuso do direito está, pois, fincada na eticidade do exercício dos direitos e coloca a questão moral no epicentro do debate doutrinário e jurisprudencial.

Observa Heloísa Carpena Vieira de Mello que "tanto o ato ilícito quanto o ato abusivo são fonte do dever de indenizar quando o comportamento do agente seja passível de um juízo de censura. O dever de não abusar traduz-se no dever de atuar segundo a boa-fé, consentâneo com os bons costumes ou conforme a finalidade econômica ou social do mesmo direito, ou seja, dentro dos limites que, para o direito em questão, resultam do seu fundamento axiológico".[44]

4.5.7 O princípio da boa-fé e a responsabilidade pré-contratual

O Código Civil brasileiro, no artigo 422, consagra o instituto da responsabilidade pré-contratual. O citado artigo determina que "os contratantes são obrigados a guardar, assim na conclusão do contrato, como em sua execução, os princípios de probidade e boa-fé".

Daí que a violação do preceito constitui ato ilícito e implica a obrigação de reparar os danos causados a outrem.

---

44 VIEIRA DE MELLO, Heloísa Carpena. A boa-fé como parâmetro da abusividade no direito contratual. In: TEPEDINO, Gustavo. *Problemas de direito civil-constitucional*. Rio de Janeiro: Renovar, 2000, p. 315.

Nesse sentido, Dário Manuel Lentz de Moura Vicente afirma que "o nosso Código Civil consagrou o instituto conhecido por "responsabilidade pré-contratual", também dita responsabilidade por culpa *in contrahendo* ou culpa na formação dos contratos, isto é, a responsabilidade civil por danos decorrentes de atos ou omissões verificados no período que antecede a celebração do contrato.[45]

Observa, ainda, o autor que "não se trata, em rigor, de uma novidade absoluta, porquanto o referido preceito é complementado por outros, que constituem concretizações da mesma ideia fundamental relativamente a certas matérias particulares, os quais já existiam no Código Civil de 1916. São eles: o art. 430 (antigo art. 1.082), relativo à hipótese de a aceitação, por circunstância imprevista, chegar tarde ao conhecimento do proponente, o qual deve comunicar imediatamente o fato ao aceitante, sob pena de responder por perdas e danos; e o art. 443 (o antigo art. 1.103), que, a respeito dos vícios redibitórios, impõe ao alienante que conhecia o vício ou defeito da coisa o dever de restituir o recebido com perdas e danos, e àquele que o não conhecia, o de restituir o valor recebido, acrescido das despesas do contrato.

É, pois, sobretudo pela amplitude e pela generalidade com que consagra a sujeição dos contraentes à boa-fé na formação do contrato que o novo Código Civil brasileiro se distingue do seu antecessor.

O art. 422 tampouco pode-se considerar um caso isolado numa perspectiva de Direito comparado: ele insere-se numa importante corrente de pensamento, que tem hoje expressão em diversos ordenamentos jurídicos. Tal corrente foi iniciada pelo ilustre jurista alemão Rudolph Von Jhering, em ensaio publicado em 1861, no qual o autor defendeu que, nos preliminares do contrato, há entre os negociadores uma relação obrigacional integrada por deveres de conduta cuja violação faz incorrer o infrator na obrigação de indenizar os danos desse modo causados à outra parte.

Essa concepção aflorou em várias regras do Código Civil alemão de 1896 e obteve consagração no Código italiano de 1942. Deste, ela passou para o Código Civil português de 1966, cujo art. 227°, n° 1, dispõe: *quem negocia com outrem para a conclusão de um contrato deve, tanto nos prelimi-*

---

45 VICENTE, Dário Manuel Lentz de Moura. A *Responsabilidade Pré-Contratual no Código Civil brasileiro de 2002*. R. CEJ, Brasília, n. 25, p. 34-41, abr./jun. 2004. Conferência proferida na "II Jornada de Direito Civil", realizada pelo Centro de Estudos Judiciários do Conselho da Justiça Federal, nos dias 17 a 25 de novembro de 2003, nos auditórios do Tribunal Regional Federal da 5ª Região, Superior Tribunal de Justiça e Tribunal Regional Federal da 4ª Região. Disponível em: https://revistacej.cjf.jus.br/cej/index.php/revcej/article/view/604/784. Acesso em: 15 mar. 2025.

nares como na formação dele, proceder segundo as regras da boa-fé, sob pena de responder pelos danos que culposamente causar à outra parte.

Mais recentemente, essa orientação foi acolhida na Lei alemã de Modernização do Direito das Obrigações, de 2001, que estendeu aos preliminares e à conclusão do contrato os deveres de cuidado que vinculam as partes na sua execução e sujeitou a sua violação às regras gerais relativas ao incumprimento dos deveres emergentes da relação obrigacional".[46]

> IV – educação e informação de fornecedores e consumidores, quanto aos seus direitos e deveres, com vistas à melhoria do mercado de consumo;

⇥ COMENTÁRIOS

4.6 Educação e Informação

É cediço que várias Faculdades de Direito não ofertam a disciplina de direito do consumidor na sua matriz curricular. Elas optam por oferecer a disciplina como eletiva ou somente nos cursos de pós-graduação. Sergio Cavalieri Filho sempre ensinou que tal disciplina deveria ser considerada disciplina obrigatória em toda e qualquer matriz curricular dos cursos jurídicos de nosso País. A Faculdade de Direito de Valença-RJ, por exemplo, há mais de quinze anos entende como obrigatória a disciplina de *direitos do consumidor*. Isto sem contar a atuação do Núcleo de Prática Jurídica (NPJ) na perspectiva de proteção e defesa do consumidor.

Outro exemplo marcante de educação e informação de fornecedores e consumidores é a atuação do NPJ da faculdade de Direito de Valença da Fundação Dom André Arcoverde (FAA) nos atendimentos comunitários. Nessas atividades são distribuídas as chamadas "Cartilhas do Consumidor", de forma a beneficiar a educação e informação dos munícipes da região e entorno.

A ANDECC – Associação Nacional de Defesa do Consumidor e Contribuinte, por exemplo, tem como missão defender o consumidor sempre que este se sentir lesado em seus direitos. O atendimento é gratuito e uma equipe de advogados especializados presta todas as informações e orientações aos consumidores a respeito de seus direitos.

Vale ressaltar, ainda, que várias associações, inclusive, já começam a divulgar as "Cartilhas de Consumidores Mirins", com o firme propósito de

---

46 VICENTE, 2004, p. 35.

educar as crianças e jovens. É o exemplo do Movimento das Donas de Casa e Consumidores de Minas Gerais – MDC-MG.

Outro destaque é o jornal *O Globo*, através da Coluna de Defesa do Consumidor (Caderno de Economia, quartas e domingos). É um espaço excelente para o consumidor colocar suas reclamações e informar outros consumidores das deficiências desta ou daquela empresa. Frequentemente existe a publicação de um ranking com as empresas mais reclamadas, as que menos responderam ao consumidor etc.

> **V – incentivo à criação pelos fornecedores de meios eficientes de controle de qualidade e segurança de produtos e serviços, assim como de mecanismos alternativos de solução de conflitos de consumo;**

↳ COMENTÁRIOS

4.7 Qualidade e Segurança de Produtos e Serviços

Hodiernamente a qualidade e segurança de produtos e serviços reflete a qualidade e importância da marca, com vistas a manutenção da boa imagem da empresa no seio social. Melhor dizendo: os cuidados com o consumidor é um bom caminho para o *marketing* da empresa. A responsabilidade com os produtos e serviços frente ao consumidor podem ser agrupados da seguinte forma:

a) a *informação* sobre os riscos que apresentam os produtos e serviços;

b) a *retirada do mercado* de consumo dos produtos que apresentam riscos, posteriormente constatados após o lançamento. Por exemplo, em setembro de 2011, o achocolatado Toddynho, fabricado pela Pepsico, foi retirado das prateleiras dos supermercados em algumas cidades do Rio Grande do Sul por conta de um suposto problema na bebida que estaria causando queimadura nos consumidores. Pelo menos quatro pessoas da Região Metropolitana – moradores de Canoas, São Leopoldo e Porto Alegre – se queixaram de ardência na boca e na garganta.

c) o *estabelecimento de canais de relacionamento e comunicação* com os consumidores para informações, reclamações, sugestões, reparação de danos etc. São os chamados SAC's – Serviço de Atendimento ao Cliente.

4.8 Conflito nas Relações de Consumo e Arbitragem

Trata-se a Arbitragem de meio propício à solução de conflitos sobre direitos patrimoniais disponíveis ou transacionáveis[47], que, por meio de árbitro privado, escolhido pelas partes e destas recebendo poderes, decide a controvérsia, possuindo tal decisão a mesma força e efeitos jurídicos decorrentes daquelas sentenças proferidas pelos órgãos do Poder Judiciário.

No Brasil, é regulada pela Lei nº 9.307/96 de 23.09.1996.

Assim, temos que as partes, capazes, envolvidas em um conflito acerca de direitos patrimoniais disponíveis ou transacionáveis possuem a faculdade de escolher uma pessoa, física ou jurídica para solucionar específica lide, deixando de lado a prestação jurisdicional estatal.

É fato que, conforme já enfrentado em outra oportunidade na presente obra, com a percepção de que a atividade jurisdicional estatal tem sido deveras incipiente, isso em decorrência de uma série de fatores, quer de origens procedimentais, administrativas ou operacionais e até mesmo de quadros, vem crescendo a consciência de que fundamental é pacificar[48],

---

47 Cabe frisar aqui que, no caso, a ressalva feita acerca de direitos "transacionáveis", a despeito de o próprio texto legal indicar "direitos patrimoniais disponíveis" (art. 1º) como aqueles passíveis de solução pela arbitragem, possui razão de ser. Ainda que o direito possa ser indisponível, não significa que seja impossível de ser transacionado como v. g., os alimentos. Nisso, o direito de alimentos é, verdadeiramente, indisponível, no entanto, quanto ao *quantum* referente a ele, o mesmo não podemos sustentar idêntica indisponibilidade, dada a possibilidade de ser objeto de transação, disponível nestes termos.

No mesmo sentido, ver dentre outros, LA CHINA, Sérgio (*L'Arbitrato: Il Sistema e l'experienza*. Milano: Giuffrè, 1999, p.27-28), para quem " il necessario rispetto di una certa disciplina non *significa che la stessa sai adottata a tutela di diritti assoluti della persona o di status assimilabili a quelli familiari e coniugali (e troppo corrivi si è oggi nel parlare di status e statuti del lavoratore, dell'impeditore,... senza rendersi conto delle pericolose implicazioni di um uso improprio del linguaggio)*"; também CÂMARA, Alexandre Freitas. *Arbitragem. Lei nº 9.307/96*. Rio de Janeiro: Lúmen Júris, 1997, p.13.

Nesta seara, merece ainda acostar apontamento de NERY JÚNIOR, Nelson; ANDRADE NERY, Rosa Maria de. (*Código de Processo Civil Comentado*.10 ed. São Paulo: RT, 2007, p.1393): "É disponível o direito sobre o qual as partes podem dispor, transigir, abrir mão. Em suma, todo direito que puder ser objeto de transação (CC 841; CC/16 1035) pode ser examinado e julgado por meio de juízo arbitral."

48 A política do consenso deve ser estimulada como tônica essencial na formação jurídica do operador do direito hodierno, sendo perceptível, sem exigir muitos esforços,

mesmo que esta não decorra de obra eminentemente estatal desde que seja por método eficiente e protetor das liberdades fundamentais do cidadão.[49]

Nessa toada, é válido afirmar ser a arbitragem, efetivamente, um foro privilegiado e propício para a concretização do direito agredido, seja por meio de uma composição amigável ou mesmo através da convergência dos esforços dos litigantes no sentido de lograrem de maneira célere, sem atropelos às garantias essenciais do devido processo legal, da segurança jurídica e da justiça da decisão, a solução da controvérsia.

---

o despreparo deste, sobretudo no campo prático, com as mais diversas modalidades instrumentais, fora do aparato jurisdicional estatal, *v.g.*, conciliação, mediação e arbitragem.

Em feliz apontamento, estreitando laços com o assunto, assinala CAPPELLETTI: "Numa época em que se falou demasiadamente e com frequência sobre revoluções culturais, vale a pena sublinhar o caráter genuinamente revolucionário do movimento em prol do acesso à justiça, não somente no âmbito da ação prática, senão também quanto ao método de pensamento e mais particularmente do método de análise jurídica.

Se, na verdade, no terreno da ação, a mudança aportada e projetada foi radical, tendo-se dado um sentido novo e com conteúdo à ideia já por si mesma revolucionária, no plano do pensamento, em troca, foi tal, que se transformaram completamente os temas e modos de análise científica do jurista moderno". CAPPELLETTI, Mauro. *Processo, Ideologias e Sociedade*. Vol. I. trad. e notas de Elicio de Cresci Sobrinho. Porto Alegre: Sergio Antônio Fabris Editor, 2008. p. 391.

49 O próprio Estado Brasileiro, em prática reiterada diante das Cortes Arbitrais Internacionais, reconhece a eficiência da Arbitragem como meio propício à satisfação de contendas em uma diversidade de matérias, o que, certamente, deveria funcionar como política de incentivos à prática de tal via instrumental resolutiva de conflitos em território pátrio.

Disso, bem já noticiava Arnold Wald há bons anos, ratificando a aludida ideia incentivadora: "A exemplo dos últimos anos, o de 2007 representou uma fase de consolidação da arbitragem nacional e internacional no Brasil. O instituto tem sido cada vez mais utilizado por empresas brasileiras e recentes dados da Corte Internacional de Arbitragem da Câmara de Comércio Internacional (CCI) mostram que o Brasil se tornou o maior usuário da arbitragem na América Latina e já está em quarto lugar no ranking mundial da CCI, atrás apenas dos Estados Unidos, da França e da Alemanha" (WALD, Arnold. *Brasil lidera uso de arbitragem na América Latina. In: Revista Consultor Jurídico*. Disponível em: http://www.consultorjuridico.com.br. Acesso em: 26 nov. 2015).

Para conhecimento mais amplo do instituto da Arbitragem como meio propício à solução de conflitos em âmbito internacional, mais precisamente no que se refere a conflitos comerciais e resilição de controvérsias em blocos econômicos tais como Mercosul e União Europeia, ver, por todos, GAIO JÚNIOR. Antônio Pereira. *O Consumidor e Sua Proteção na União Europeia e Mercosul – Pesquisa Conjuntural como Contribuição à Política Desenvolvimentista de Proteção Consumerista nos Blocos*. Lisboa: Juruá Editorial, 2014; GAIO JÚNIOR, Antônio Pereira; MACHADO GOMES, J. M. *Compêndio de Direito Econômico*. Rio de Janeiro: América Jurídica, 2005.

Por outro lado, dúvidas não restam ter a arbitragem, no tocante ao seu desenvolvimento como um método propício à solução de litígios, natureza tipicamente processual, configurando-se, verdadeiramente, em instrumento hábil para tal satisfação do direito molestado.

Já por nós incisivamente anotado em capítulo próprio, tal referente ao Processo, sua formação e realização, trata-se este de instrumento apto à efetivação das garantias constitucionais, levando-se consigo toda uma carga tipicamente comandada pela sua exata noção de que, mais do que um meio estatal característico para a tentativa de realização prática do justo, revela-se instrumento social e democrático eivado de direitos e garantias imperativas que devem ser respeitadas em sintonia com o estado democrático que se presencia em dado tempo e espaço.

Em firme e exata lição, Fazzallari, para quem "*il processo civile, nei vari tipi, è sempre coordinato all diritto sostanziale*", pondo à parte a teoria do processo como relação jurídica, afirma que o processo vale pelo próprio fato do processo, como técnica de composição de manifestações em conflito, conforme existe no processo judicial, mas não só nesse, visto também, *v.g.*, nas negociações de pretensões laborativas, na construção de vontade em meio ao debate assemblear nas empresas ou na formação da vontade colegiada[50], depreendendo-se aí, notadamente, a própria via arbitral como processo,

---

50 FAZZALARI, Elio. *Istituzioi di Diritto Processuale*. 7 ed. Padova: CEDAM, 1994, p. 12.
Fundamental asseverar aqui que o STF, em firme sintonia com a ideia do devido processo legal e sua aplicabilidade extensiva aos pleitos que envolvem, em um estado de direito, a proteção plena de quaisquer ameaças ou mesmo lesão aos direitos plenos do cidadão comum, assegurando uma proteção democrática dos interesses privados, expressou no RE, nº 201.819-8, que os direitos fundamentais devem ser respeitados nas relações privadas, pontuando, assim, que em todo processo que se desenvolva em associações e outras entidades privadas deve-se respeitar o direito à ampla defesa e ao contraditório. A apreciação dessa matéria foi concluída depois de meses de discussão na 2ª Turma do Supremo Tribunal Federal.
Reforçando o presente entendimento no julgado, o Ministro Celso de Mello expressou a ideia supra de maneira responsável, pautado, inclusive, em horizontes democráticos, ao afirmar que a tese de que o estatuto das liberdades públicas "não se restringe à esfera das relações verticais entre o Estado e o indivíduo, mas também incide sobre o domínio em que se processam as relações de caráter meramente privado, reconheceu que os direitos fundamentais projetam-se, por igual, numa perspectiva de ordem estritamente horizontal."
Em síntese, portanto, ainda que as relações jurídicas que se relacionam em processos administrativos, o direito das associações privadas não é absoluto e comporta restrições, que dão lugar ao prestígio dos direitos fundamentais assegurados pela Constituição Federal. No caso concreto, decidiu-se pela não concessão de recurso à União Brasileira de Compositores (UBC) que excluiu um de seus sócios do quadro da entidade sem o amplo direito à defesa.

encontrando-se, pois, na mesma, estrutura processual adequada[51], propícia e, por isso, útil a instrumentalizar um conflito de interesses, tudo mediante as relações jurídicas que se desenvolvem em seu bojo entre os interessados por meio do respeito ao contraditório.

Atesta ainda o eminente professor:

> *A prescindere dagli ordinamenti statuali ingenere, e non solo dal nostro, si colgono processi all'interno di gruppi per cosi dire transnazionali, a coesione più o meno spiccata: si pensi ai processi arbitrali, retti dalle varie leges mercatoriae che legano, al di sopra dei confini statuali, gli operatori economici in questo o quel settore.*[52]

Não se pode sobejar nesse compasso que, centrando-se em uma análise sob o ponto de vista eminentemente pragmático, é sabido que, sendo o processo instrumento pelo qual a jurisdição opera, está ele relacionado, em regra, ao conjunto de atividades instrumentalizadas no sentido de se dar solução à lide, implementadas através de um encadeamento de atos – donde se depreende a palavra processo = *pro* + *cedere*: pender para frente, ir adiante, caminhar, progredir bem como das relações jurídicas desenvolvidas nesse caminhar – relação jurídica processual. Nesse passo, evidencia-se a própria via arbitral como composta de um procedimento do qual participam as partes interessadas, em posições antagônicas, tendo cada uma delas ônus, obrigações, direitos e deveres típicos da situação de instauração do conflito em sede arbitral, portanto, não se diferenciando, macroscopicamente, da via jurisdicional do processo.

No tocante ao desenvolvimento da arbitragem, cabe aqui, de passagem, apontar a existência das denominadas Arbitragem Institucional e Arbitragem *Ad Hoc*.

A primeira se dá quando as partes optam por escolher uma pessoa jurídica de direito privado constituída para esse fim, sendo, em regra, tal pessoa jurídica denominada de "câmara de arbitragem".

A ideia do processo como entidade democrática e instrumento de perquirição pela busca do justo deve refletir como fundamento principal, seja em quaisquer ambientes em que se busque através do mesmo, a solução de pretensões relativas a direitos resistidos ou não.

51 "*Dall'esperienza di diritto privato emergono, invece, i 'processi arbitrali' (in cui si realizza uma sorta di giustizia privata)( ); ma, come rilevato, non può escludersi altro impiego della struttura processuale nell'ambito Ed ai fini dell'esercizio della autonomia privata*". FA ZZALARI, Elio. 1994, p. 11-12.

52 Ibid., p.13.

A título organizacional, a câmara de arbitragem funciona como um pequeno juízo, possuindo regulamento próprio ao qual as partes estarão submetidas, constando também de secretaria, sistema de intimação, sala de audiências etc.

Já, no que se refere à segunda, arbitragem *ad hoc*, as partes podem escolher uma pessoa física como árbitro, acordando-se sobre todo o procedimento arbitral ao qual se submeterão.

Mais especificamente com relação ao direito consumerista, dispõe o art. 51, inciso VII, do CDC o seguinte:

> "*São nulas de pleno direito, entre outras, as cláusulas contratuais relativas ao fornecimento de produtos e serviços que: [...] VII – determinem a utilização compulsória de arbitragem;*".

Daí é possível dizer que no âmbito das relações de consumo não é possível falar-se de arbitragem compulsória (obrigatória).

Outrossim, nada obsta, na prática, à viabilização da arbitragem nas relações de consumo. Ora, não há mais que se questionar sobre a constitucionalidade da arbitragem. Como já ressaltamos "vale a pena cravar aqui a veraz consonância da Lei nº 9.307/96 com a Carta Maior e, por isso, com o sistema normativo pátrio, podendo se assegurar que o modelo da arbitragem nacional está em consonância com os mais relevantes textos legais em vigor."[53]

Vale destacar ainda que, o árbitro deve atuar com imparcialidade, independência, competência, diligência e discrição, conforme sustenta o § 6º da Lei nº 9.307/96.

Por conseguinte, em relação ao diálogo das fontes, ou seja, a harmonia entre a Lei de Arbitragem e o CDC, merece proeminência a decisão da Ministra Nancy Andrigui: "DIREITO PROCESSUAL CIVIL E CONSUMIDOR. CONTRATO DE ADESÃO. CONVENÇÃO DE ARBITRAGEM. LIMITES E EXCEÇÕES. ARBITRAGEM EM CONTRATOS DE FINANCIAMENTO IMOBILIÁRIO. CABIMENTO. LIMITES. Com a promulgação da Lei de Arbitragem, passaram a conviver, em harmonia, três regramentos de diferentes graus de especificidade: (i) a regra geral, que obriga a observância da arbitragem quando pactuada pelas partes, com derrogação da jurisdição estatal; (ii) a regra específica, contida no art. 4º, § 2º, da Lei nº 9.307/96 e aplicável a contratos de adesão genéricos, que restringe a eficácia da cláusula compromissória; e (iii) a regra ainda mais específica, contida no art. 51, VII, do CDC,

---

53 GAIO JÚNIOR, Antonio Pereira. *Instituições de Direito Processual Civil*. Belo Horizonte: Del Rey, 2011, p.855-856.

incidente sobre contratos derivados de relação de consumo, sejam eles de adesão ou não, impondo a nulidade de cláusula que determine a utilização compulsória da arbitragem, ainda que satisfeitos os requisitos do art. 4º, § 2º, da Lei nº 9.307/96.

O art. 51, VII, do CDC se limita a vedar a adoção prévia e compulsória da arbitragem, no momento da celebração do contrato, mas não impede que, posteriormente, diante de eventual litígio, havendo consenso entre as partes (em especial a aquiescência do consumidor), seja instaurado o procedimento arbitral.

As regras dos arts. 51, VIII, do CDC e 34 da Lei nº 9.514/97 não são incompatíveis. Primeiro porque o art. 34 não se refere exclusivamente a financiamentos imobiliários sujeitos ao CDC, e segundo porque, havendo relação de consumo, o dispositivo legal não fixa o momento em que deverá ser definida a efetiva utilização da arbitragem. Recurso especial a que se nega provimento." (STJ. 3ª T.REsp 1169841/RJ, Rel. Min. Nancy Andrighi. Julg. 06.11.2012, DJe 14.11.2012).

> **VI – coibição e repressão eficientes de todos os abusos praticados no mercado de consumo, inclusive a concorrência desleal e utilização indevida de inventos e criações industriais das marcas e nomes comerciais e signos distintivos, que possam causar prejuízos aos consumidores;**

↳ COMENTÁRIOS

4.9 Abusos Praticados no Mercado de Consumo

Um dos fundamentos da Política Nacional das Relações de Consumo é coibir e reprimir os *abusos praticados no mercado de consumo* (Art. 4º, inciso IV, do CDC). Ora, o fundamento é o alargamento da proteção do consumidor nesse viés, uma vez que já contamos em nosso ordenamento jurídico com a defesa da Propriedade Industrial (Lei nº 9.279/96 – regula direitos e obrigações relativos à propriedade industrial) e a Lei Antitruste e de infrações à ordem econômica: Lei nº 12.529, de 30-11-2011.

Em relação ao abuso do poder econômico, a nossa Carta Magna já determina em seu artigo 173, §§ 4º e 5º o seguinte:

Art. 173, § 4° – *A lei reprimirá o abuso do poder econômico que vise à dominação dos mercados, à eliminação da concorrência e ao aumento arbitrário dos lucros.*[54]

Art. 173 – § 5° – *A lei, sem prejuízo da responsabilidade individual dos dirigentes da pessoa jurídica, estabelecerá a responsabilidade desta, sujeitando-a às punições compatíveis com sua natureza, nos atos praticados contra a ordem econômica e financeira e contra a economia popular. (Intervenção no domínio econômico para assegurar a livre distribuição de produto necessário ao consumo do povo: Lei Delegada n° 4, de 26-9-1962.)*

VII – racionalização e melhoria dos serviços públicos;

↳ COMENTÁRIOS
4.10 Serviços Públicos

O artigo 22, *caput*, do CDC determina que "os órgãos públicos, por si ou suas empresas, concessionárias, permissionárias ou sob qualquer outra forma de empreendimento, são obrigados a fornecer serviços adequados, eficientes, seguros e, quanto aos essenciais, contínuos." O seu parágrafo único diz que: "Nos casos de descumprimento, total ou parcial, das obrigações referidas neste artigo, serão as pessoas jurídicas compelidas a cumpri-las e a reparar os danos causados, na forma prevista neste código." Ora, a racionalização e melhoria dos serviços públicos são fundamentos da Política Nacional das Relações de Consumo.

Ainda em relação aos serviços públicos, o artigo 175 da CRFB/88 dispõe que "incumbe ao poder público, na forma da lei, diretamente ou sob

---

54 "Fiscalização – Lei delegada n° 4/1962 – Recepção pela CF de 1988. A Lei delegada n° 4/1962 foi recepcionada pela CF de 1988, no que revela o instrumento normativo como meio para reprimir o abuso do poder econômico que vise à dominação dos mercados, à eliminação da concorrência e ao aumento arbitrário dos lucros – § 4° do art. 173 –, bem como quanto à atuação fiscalizadora do Estado, art. 174, ambos da Carta Política em vigor." (AI 268.857-AgR, Rel. Min. Marco Aurélio, julgamento em 20-2-2001, Segunda Turma, DJ de 4-5-2001.)
"É que o § 4° do art. 173 da CF reserva à lei a repressão ao abuso do poder econômico, no que vise à dominação dos mercados, à eliminação da concorrência e ao aumento arbitrário dos lucros. Assim, não se pode ter a Lei n° 8.039/1990, no particular, como conflitante com a autonomia assegurada no art. 209, nem com princípio estabelecido no inciso XXXVI do art. 5°, ambos da CF de 1988." (AI 155.772-AgR, Rel. Min. Marco Aurélio, julgamento em 30-11-1993, Segunda Turma, DJ de 27-5-1994.)

regime de concessão ou permissão, sempre através de licitação, a prestação de serviços públicos."[55] [56]

---

55 Lei nº 8.987, de 13-2-1995.
56 O Plenário do STF, no julgamento da ADPF 46, declarou como recepcionada pela Constituição de 1988 a Lei nº 6.538/1978, que dispõe sobre o monopólio da Empresa Brasileira de Correios e Telégrafos na exploração dos serviços postais, emprestando interpretação conforme à Constituição ao seu art. 42. "O serviço postal – conjunto de atividades que torna possível o envio de correspondência, ou objeto postal, de um remetente para endereço final e determinado – não consubstancia atividade econômica em sentido estrito. Serviço postal é serviço público. A atividade econômica em sentido amplo é gênero que compreende duas espécies, o serviço público e a atividade econômica em sentido estrito. Monopólio é de atividade econômica em sentido estrito, empreendida por agentes econômicos privados. A exclusividade da prestação dos serviços públicos é expressão de uma situação de privilégio. Monopólio e privilégio são distintos entre si; não se os deve confundir no âmbito da linguagem jurídica, qual ocorre no vocabulário vulgar. A Constituição do Brasil confere à União, em caráter exclusivo, a exploração do serviço postal e o correio aéreo nacional [art. 21, X]. O serviço postal é prestado pela Empresa Brasileira de Correios e Telégrafos – ECT, empresa pública, entidade da Administração Indireta da União, criada pelo Decreto-Lei nº 509, de 10 de março de 1969. É imprescindível distinguirmos o regime de privilégio, que diz com a prestação dos serviços públicos, do regime de monopólio sob o qual, algumas vezes, a exploração de atividade econômica em sentido estrito é empreendida pelo Estado. A Empresa Brasileira de Correios e Telégrafos deve atuar em regime de exclusividade na prestação dos serviços que lhe incumbem em situação de privilégio, o privilégio postal. Os regimes jurídicos sob os quais em regra são prestados os serviços públicos importam em que essa atividade seja desenvolvida sob privilégio, inclusive, em regra, o da exclusividade. Arguição de descumprimento de preceito fundamental julgada improcedente por maioria. O Tribunal deu interpretação conforme à Constituição ao art. 42 da Lei nº 6.538 para restringir a sua aplicação às atividades postais descritas no art. 9º desse ato normativo." (ADPF 46, Rel. p/ o ac. Min. Eros Grau, julgamento em 5-8-2009, Plenário, DJE de 26-2-2010.)
"Arts. 42 e 43 da LC 94/2002, do Estado do Paraná. Delegação da prestação de serviços públicos. Concessão de serviço público. Regulação e fiscalização por agência de "serviços públicos delegados de infraestrutura". Manutenção de "outorgas vencidas e/ou com caráter precário" ou que estiverem em vigor por prazo indeterminado. Violação do disposto nos arts. 37, XXI; e 175, *caput* e parágrafo único, I e IV, da CF. O art. 42 da Lei Complementar estadual afirma a continuidade das delegações de prestação de serviços públicos praticadas ao tempo da instituição da agência, bem assim sua competência para regulá-las e fiscalizá-las. Preservação da continuidade da prestação dos serviços públicos. Hipótese de não violação de preceitos constitucionais. O art. 43, acrescentado à LC 94 pela LC 95, autoriza a manutenção, até 2008, de "outorgas vencidas, com caráter precário" ou que estiverem em vigor com prazo indeterminado. Permite, ainda, que essa prestação se dê em condições irregulares, a manutenção do vínculo estabelecido entre as empresas que atualmente a ela prestam serviços públicos e a Administração estadual. Aponta como fundamento das prorrogações o § 2º do art. 42 da Lei federal nº 8.987, de 13-2-1995. Sucede que a reprodução do texto da Lei federal, mesmo que fiel, não afasta a afronta à Constituição do Brasil. O texto do artigo 43 da LC 94 colide com o preceito veiculado pelo art. 175, caput, da CF/1988 – "incumbe ao poder público, na forma da lei, diretamente ou sob regime de concessão

O parágrafo único, inciso II, do artigo 175 da CRFB/88 trata do direito dos usuários.[57]

O inciso III diz respeito à política tarifária. É uma política orientada pelo princípio do custo/benefício.[58] Vejamos:

ou permissão, sempre através de licitação, a prestação de serviços públicos". Não há respaldo constitucional que justifique a prorrogação desses atos administrativos além do prazo razoável para a realização dos devidos procedimentos licitatórios. Segurança jurídica não pode ser confundida com conservação do ilícito." (ADI 3.521, Rel. Min. Eros Grau, julgamento em 28-9-2006, Plenário, DJ de 16-3-2007.) No mesmo sentido: RE 412.921-AgR, Rel. Min. Ricardo Lewandowski, julgamento em 22-2-2011, Primeira Turma, DJE de 15-3-2011; AI 811.216-AgR, Rel. Min. Ricardo Lewandowski, julgamento em 2-12-2010, Primeira Turma, DJE de 1º-2-2011. Vide: RE 422.591, Rel. Min. Dias Toffoli, julgamento em 1º-12-2010, Plenário, DJE de 11-3-2011.

57 "Ação direta de inconstitucionalidade: Associação Brasileira das Empresas de Transporte Rodoviário Intermunicipal, Interestadual e Internacional de Passageiros – ABRATI. Constitucionalidade da Lei nº 8.899, de 29 de junho de 1994, que concede passe livre às pessoas portadoras de deficiência. Alegação de afronta aos princípios da ordem econômica, da isonomia, da livre iniciativa e do direito de propriedade, além de ausência de indicação de fonte de custeio (arts. 1º, IV; 5º, XXII; e 170 da CF): improcedência. A autora, associação de classe, teve sua legitimidade para ajuizar ação direta de inconstitucionalidade reconhecida a partir do julgamento da ADI 3.153-AgR, Rel. Min. Celso de Mello, DJ de 9-9-2005. Pertinência temática entre as finalidades da autora e a matéria veiculada na lei questionada reconhecida. Em 30-3-2007, o Brasil assinou, na sede da ONU, a Convenção sobre os Direitos das Pessoas com Deficiência, bem como seu Protocolo Facultativo, comprometendo-se a implementar medidas para dar efetividade ao que foi ajustado. A Lei nº 8.899/1994 é parte das políticas públicas para inserir os portadores de necessidades especiais na sociedade e objetiva a igualdade de oportunidades e a humanização das relações sociais, em cumprimento aos fundamentos da República de cidadania e dignidade da pessoa humana, o que se concretiza pela definição de meios para que eles sejam alcançados." (ADI 2.649, Rel. Min. Cármen Lúcia, julgamento em 8-5-2008, Plenário, DJE de 17-10-2008.)

58 Concessionárias de serviços públicos: assinatura básica e competência legislativa – 1
O Plenário, por maioria, julgou procedentes pedidos formulados em ações diretas, ajuizadas, respectivamente, pelo Governador do Distrito Federal e pela Associação Brasileira de Concessionárias de Serviço Telefônico Fixo Comutado – Abrafix, para declarar a inconstitucionalidade da Lei distrital nº 3.449/2004 e da Lei amapaense nº 1.336/2009. As normas impugnadas vedam a cobrança de tarifas e taxas de consumo mínimas ou de assinatura básica, impostas por concessionárias prestadoras de serviços de água, luz, gás, tv a cabo e telefonia – no caso da lei distrital – e por prestadoras de serviço de telefonia fixa e móvel – no caso da lei estadual. Prevaleceu o voto do Min. Luiz Fux, que afirmou a competência exclusiva da União para legislar sobre a matéria, nos termos dos artigos 21, XI; 22, IV; e 175, parágrafo único, III, todos da CF. Reputou que, na espécie, muito embora se tratasse de relação de consumo, as regras deveriam ser ditadas pelo poder concedente, ou seja, incumbiria à União estabelecer quais seriam os preços compatíveis com a manutenção de serviços e com o equilíbrio econômico-financeiro do contrato previamente firmado. O Min. Dias Toffoli acrescentou que o art. 175, parágrafo único, II, da CF corroboraria esse entendimento. A Min. Cármen Lúcia

destacou que, caso esses serviços recebessem regulação diferenciada em determinado Estado-membro, isso poderia significar onerosidade para o próprio usuário. O Min. Marco Aurélio assentou que a assinatura básica não seria voltada apenas ao enriquecimento das concessionárias, mas comporia o serviço prestado e atenderia ao tratamento igualitário das partes. O Min. Cezar Peluso, Presidente, frisou que a Constituição, em seu art. 24, § 3º, conferiria competência para os Estados-membros ditarem normas específicas para atender as suas particularidades. Assim, se o pagamento da assinatura básica não configura questão singular de algum deles – mas se refere à totalidade dos Estados que compõem a Federação, pois submetidos à mesma prestação de serviço público –, a competência legislativa seria da União.

Vencido o Min. Ayres Britto, relator, que julgava os pleitos improcedentes. Considerava que os dispositivos impugnados limitar-se-iam a defender direitos de consumidores-usuários, de modo a não haver usurpação de competência legislativa da União (CF, art. 22, IV). Destacava, ainda, a inexistência de lei federal que autorizasse a cobrança de assinatura básica na prestação desses serviços. Asseverava, ademais, que a competência legislativa estadual para tratar do tema teria respaldo no art. 24, §§ 2º e 3º, da CF. Aduzia que essa obrigação seria desvinculada da quantidade do serviço efetivamente desfrutado pelo usuário, trazida sob a justificativa da mantença da disponibilidade de sua utilização, e que essa prática seria análoga à de uma empresa privada faturar mercadoria ou serviço sem a correspondente entrega ou prestação em prol do consumidor. Afirmava que, quando celebrado o contrato com a União, as concessionárias dos serviços assumiriam não só a obrigação de prestá-los como também o próprio risco do empreendimento. Assim, essas empresas haveriam de ser remuneradas mediante o pagamento de tarifa, instituto incompatível com a mera utilização potencial dos serviços públicos. Concluiu, então, pela incompatibilidade da assinatura básica com a Constituição, visto que ela estabeleceria, em seu art. 175, que a Lei Geral de Concessões e Permissões disporá sobre política tarifária, somente. Assinalava, ainda, que o instituto seria inconciliável com os princípios da universalidade dos serviços públicos e da modicidade das tarifas, bem como que caracterizaria abuso do poder econômico. Frisava que o Código de Defesa do Consumidor, em seus artigos 4º, VII; 6º, X; e 51, IV, reafirmaria o caráter legítimo das leis adversadas. Consignava que posicionamento no sentido da competência legislativa concorrente no tocante à matéria prestigiaria a descentralização política, o que favoreceria a autonomia e os poderes regionais. - ADI 3343/DF, rel. orig. Min. Ayres Britto, red. p/ o acórdão Min. Luiz Fux, 1º.9.2011. (ADI-3343) - ADI 4478/AP, rel. orig. Min. Ayres Britto, red. p/ o acórdão Min. Luiz Fux, 1º.9.2011. (ADI-4478).

"(...) a exigência constante do art. 112, § 2º, da Constituição fluminense consagra mera restrição material à atividade do legislador estadual, que com ela se vê impedido de conceder gratuidade sem proceder à necessária indicação da fonte de custeio. É assente a jurisprudência da Corte no sentido de que as regras do processo legislativo federal que devem reproduzidas no âmbito estadual são apenas as de cunho substantivo, coisa que se não reconhece ao dispositivo atacado. É que este não se destina a promover alterações no perfil do processo legislativo, considerado em si mesmo; volta-se, antes, a estabelecer restrições quanto a um produto específico do processo e que são eventuais leis sobre gratuidades. É, por isso, equivocado ver qualquer relação de contrariedade entre as limitações constitucionais vinculadas ao princípio federativo e a norma sob análise, que delas não desbordou. Não colhe, tampouco, a alegação de que o art. 175,

Serviços públicos de energia elétrica. Lei nº 9.427/96. Arts. 14 e seguintes.

Art. 14. O regime econômico e financeiro da concessão de serviço público de energia elétrica, conforme estabelecido no respectivo contrato, compreende:

I – a contraprestação pela execução do serviço, paga pelo consumidor final com tarifas baseadas no serviço pelo preço, nos termos da Lei nº 8.987, de 13 de fevereiro de 1995;

II – a responsabilidade da concessionária em realizar investimentos em obras e instalações que reverterão à União na extinção do contrato, garantida a indenização nos casos e condições previstos na Lei nº 8.987, de 13 de fevereiro de 1995, e nesta Lei, de modo a assegurar a qualidade do serviço de energia elétrica;

III – a participação do consumidor no capital da concessionária, mediante contribuição financeira para execução de obras de interesse mútuo, conforme definido em regulamento;

IV – apropriação de ganhos de eficiência empresarial e da competitividade;

V – indisponibilidade, pela concessionária, salvo disposição contratual, dos bens considerados reversíveis.

Art. 15. Entende-se por serviço pelo preço o regime econômico-financeiro mediante o qual as tarifas máximas do serviço público de energia elétrica são fixadas:

I – no contrato de concessão ou permissão resultante de licitação pública, nos termos da Lei nº 8.987, de 13 de fevereiro de 1995;

II – no contrato que prorrogue a concessão existente, nas hipóteses admitidas na Lei nº 9.074, de 7 de julho de 1995;

III – no contrato de concessão celebrado em decorrência de desestatização, nos casos indicados no art. 27 da Lei nº 9.074, de 7 de julho de 1995;

---

parágrafo único, III, da CF remeteria ao Poder Público a função de disciplinar, mediante lei, a política tarifária em matéria de serviços públicos, de modo que teria pretendido "o poder constituinte derivado condicionar, para sempre, a atividade legislativa, dela retirando parcela da competência para dispor sobre política tarifária". A reserva de lei foi mantida pela Constituição do Estado do Rio de Janeiro, que apenas condicionou, de forma válida, toda deliberação sobre propostas de gratuidade de serviços públicos prestados de forma indireta à indicação da correspectiva fonte de custeio." (ADI 3.225, voto do Rel. Min. Cezar Peluso, julgamento em 17-9-2007, Plenário, DJ de 26-10-2007.)

IV – em ato específico da ANEEL, que autorize a aplicação de novos valores, resultantes de revisão ou de reajuste, nas condições do respectivo contrato.

§ 1º A manifestação da ANEEL para a autorização exigida no inciso IV deste artigo deverá ocorrer no prazo máximo de trinta dias a contar da apresentação da proposta da concessionária ou permissionária, vedada a formulação de exigências que não se limitem à comprovação dos fatos alegados para a revisão ou reajuste, ou dos índices utilizados.

§ 2º A não manifestação da ANEEL, no prazo indicado, representará a aceitação dos novos valores tarifários apresentados, para sua imediata aplicação.

Art. 16. Os contratos de concessão referidos no artigo anterior, ao detalhar a cláusula prevista no inciso V do art. 23 da Lei nº 8.987, de 13 de fevereiro de 1995, poderão prever o compromisso de investimento mínimo anual da concessionária destinado a atender a expansão do mercado e a ampliação e modernização das instalações vinculadas ao serviço.

Art. 17. A suspensão, por falta de pagamento, do fornecimento de energia elétrica a consumidor que preste serviço público ou essencial à população e cuja atividade sofra prejuízo será comunicada com antecedência de quinze dias ao Poder Público local ou ao Poder Executivo Estadual.

§ 1º O Poder Público que receber a comunicação adotará as providências administrativas para preservar a população dos efeitos da suspensão do fornecimento de energia elétrica, inclusive dando publicidade à contingência, sem prejuízo das ações de responsabilização pela falta de pagamento que motivou a medida. (Redação dada pela Lei nº 10.438, de 2002)

§ 2º Sem prejuízo do disposto nos contratos em vigor, o atraso do pagamento de faturas de compra de energia elétrica e das contas mensais de seu fornecimento aos consumidores, do uso da rede básica e das instalações de conexão, bem como do recolhimento mensal dos encargos relativos às quotas da Reserva Global de Reversão – RGR, à compensação financeira pela utilização de recursos hídricos, ao uso de bem público, ao rateio da Conta de Consumo de Combustíveis – CCC, à Conta de Desenvolvimento Energético – CDE, ao Programa de Incentivo às Fontes Alternativas de Energia Elétrica – PROINFA e à Taxa de Fiscalização dos Serviços de Energia Elétrica, implicará a incidência de juros de mora de um por cento ao mês e multa de até cinco por cento, a ser fixada pela ANEEL, respeitado o limite máximo admitido pela legislação em vigor. (Redação dada pela Lei nº 10.762, de 2003)

Art. 18. A ANEEL somente aceitará como bens reversíveis da concessionária ou permissionária do serviço público de energia elétrica aqueles utilizados, exclusiva e permanentemente, para produção, transmissão e distribuição de energia elétrica.

Art. 19. Na hipótese de encampação da concessão, a indenização devida ao concessionário, conforme previsto no art. 36 da Lei nº 8.987, de 13 de fevereiro de 1995, compreenderá as perdas decorrentes da extinção do contrato, excluídos os lucros cessantes.

Serviços de telecomunicações. Lei nº 9.472/97. Arts. 103 e seguintes.

Art. 103. Compete à Agência estabelecer a estrutura tarifária para cada modalidade de serviço.

§ 1º A fixação, o reajuste e a revisão das tarifas poderão basear-se em valor que corresponda à média ponderada dos valores dos itens tarifários.

§ 2º São vedados os subsídios entre modalidades de serviços e segmentos de usuários, ressalvado o disposto no parágrafo único do art. 81 desta Lei.

§ 3º As tarifas serão fixadas no contrato de concessão, consoante edital ou proposta apresentada na licitação.

§ 4º Em caso de outorga sem licitação, as tarifas serão fixadas pela Agência e constarão do contrato de concessão.

Art. 104. Transcorridos ao menos três anos da celebração do contrato, a Agência poderá, se existir ampla e efetiva competição entre as prestadoras do serviço, submeter a concessionária ao regime de liberdade tarifária.

§ 1º No regime a que se refere o caput, a concessionária poderá determinar suas próprias tarifas, devendo comunicá-las à Agência com antecedência de sete dias de sua vigência.

§ 2º Ocorrendo aumento arbitrário dos lucros ou práticas prejudiciais à competição, a Agência restabelecerá o regime tarifário anterior, sem prejuízo das sanções cabíveis.

Art. 105. Quando da implantação de novas prestações, utilidades ou comodidades relativas ao objeto da concessão, suas tarifas serão previamente levadas à Agência, para aprovação, com os estudos correspondentes.

Parágrafo único. Considerados os interesses dos usuários, a Agência poderá decidir por fixar as tarifas ou por submetê-las ao regime de liberdade tarifária, sendo vedada qualquer cobrança antes da referida aprovação.

Art. 106. A concessionária poderá cobrar tarifa inferior à fixada desde que a redução se baseie em critério objetivo e favoreça indistintamente todos os usuários, vedado o abuso do poder econômico.

Art. 107. Os descontos de tarifa somente serão admitidos quando extensíveis a todos os usuários que se enquadrem nas condições, precisas e isonômicas, para sua fruição.

Art. 108. Os mecanismos para reajuste e revisão das tarifas serão previstos nos contratos de concessão, observando-se, no que couber, a legislação específica.

§ 1º A redução ou o desconto de tarifas não ensejará revisão tarifária.

§ 2º Serão compartilhados com os usuários, nos termos regulados pela Agência, os ganhos econômicos decorrentes da modernização, expansão ou racionalização dos serviços, bem como de novas receitas alternativas.

§ 3º Serão transferidos integralmente aos usuários os ganhos econômicos que não decorram diretamente da eficiência empresarial, em casos como os de diminuição de tributos ou encargos legais e de novas regras sobre os serviços.

§ 4º A oneração causada por novas regras sobre os serviços, pela álea econômica extraordinária, bem como pelo aumento dos encargos legais ou tributos, salvo o imposto sobre a renda, implicará a revisão do contrato.

Art. 109. A Agência estabelecerá:

I – os mecanismos para acompanhamento das tarifas praticadas pela concessionária, inclusive a antecedência a ser observada na comunicação de suas alterações;

II – os casos de serviço gratuito, como os de emergência;

III – os mecanismos para garantir a publicidade das tarifas.

Por fim, o inciso IV do parágrafo único do artigo 175 da CRFB/88 trata da obrigação de manter o serviço público adequado.

4.11 Jurisprudências

PROCESSUAL CIVIL E ADMINISTRATIVO. AGRAVO REGIMENTAL EM AGRAVO EM RECURSO ESPECIAL. CONCESSIONÁRIA DE SERVIÇO PÚBLICO. AÇÃO DE INDENIZAÇÃO. ROMPIMENTO DE TUBULAÇÃO DE ÁGUA. ALEGAÇÃO DE OFENSA AO ART. 535 DO CPC. INOCORRÊNCIA. ACÓRDÃO DO TRIBUNAL DE ORIGEM QUE DETERMINOU A INVERSÃO DO ÔNUS DA PROVA. RELAÇÃO DE CONSUMO ENTRE O USUÁRIO E A CONCESSIONÁRIA. VÍTIMA DO EVENTO DANOSO. EQUIPARAÇÃO A CONSUMIDOR. RESPONSABILIDADE OBJETIVA. PRECEDENTES DO STJ. AGRAVO REGIMENTAL DESPROVIDO. I. Não há omissão ou obscuridade no acórdão recorrido, quando o Tribunal de origem pronuncia-se, de forma clara e precisa, sobre a questão posta nos autos, assentando-se em fundamentos suficientes para embasar a decisão. Precedentes do STJ. II. O acórdão recorrido encontra-se em consonância com a jurisprudência desta Corte, no sentido de que a relação entre concessionária de serviço público e o usuário final, para o fornecimento de serviços públicos essenciais, tais como energia elétrica e água e esgoto, é consumerista, sendo cabível a aplicação do Código de Defesa do Consumidor, motivo pelo qual deve ser mantida a inversão do ônus da prova. Precedentes do STJ: STJ, AgRg no AREsp 372.327/RJ, Rel. Ministro ARNALDO ESTEVES LIMA, PRIMEIRA TURMA, DJe de 18/06/2014; STJ, AgRg no AREsp 483.243/RJ, Rel. Ministro BENEDITO GONÇALVES, PRIMEIRA TURMA, DJe de 02/06/2014. III. No que se refere à inversão do ônus da prova, a teor dos arts. 14, § 1º, e 17 do CDC, equiparam-se a consumidores as vítimas de evento danoso decorrente da prestação de serviço defeituoso. Assim, em se tratando de relação de consumo, em que caracterizada a responsabilidade objetiva da concessionária, perfeitamente cabível a inversão do ônus da prova. Precedentes. IV. Agravo Regimental desprovido. (STJ - AgRg no AREsp: 479632 MS 2014/0039708-6, Relator: Ministra ASSUSETE MAGALHÃES, Data de Julgamento: 25/11/2014, T2 - SEGUNDA TURMA, Data de Publicação: DJe 03/12/2014)

ADMINISTRATIVO. SERVIÇO DE ÁGUA E ESGOTO. INVIÁVEL INTERRUPÇÃO NO FORNECIMENTO. DÉBITOS PRETÉRITOS. 1. Esta Corte possui entendimento pacífico no sentido da ilegalidade do corte no fornecimento de serviços públicos essenciais, como a água, quando a inadimplência do consumidor decorrer de débitos consolidados pelo tempo. Precedentes: AgRg no AREsp 177.397/RJ, Rel. Ministro Herman Benjamin, Segunda Turma, julgado em 18/9/2012, DJe 10/10/2012; AgRg no AREsp 97.838/RJ, Rel. Ministro Castro Meira, Segunda Turma, julgado em 20.3.2012, DJe 28/3/2012

2. Agravo regimental não provido. (AgRg no AREsp 247.249/SP, Rel. Ministro MAURO CAMPBELL MARQUES, SEGUNDA TURMA, julgado em 21/02/2013, DJe 27/02/2013).

PROCESSUAL CIVIL E TRIBUTÁRIO. SERVIÇO PÚBLICO. ENERGIA ELÉTRICA. INCIDÊNCIA DE ICMS SOBRE DEMANDA CONTRATADA. LEGITIMIDADE ATIVA DO CONSUMIDOR PARA DISCUTIR A MATÉRIA. Ao julgar o Resp 1.299.303/SC, de relatoria do Min. Cesar Asfor Rocha, submetido ao rito do art. 543-C do CPC, a Primeira Seção do STJ entendeu que o consumidor tem legitimidade para propor ação declaratória c/c repetição de indébito na qual se busca afastar, no tocante ao fornecimento de energia elétrica, a incidência do ICMS sobre a demanda contratada e não utilizada. Recurso Especial não provido. (REsp 1354681/MG, Rel. Ministro HERMAN BENJAMIN, SEGUNDA TURMA, julgado em 04/12/2012, DJe 19/12/2012).

ADMINISTRATIVO. FORNECIMENTO DE ÁGUA. CORTE. INDENIZAÇÃO. SÚMULA 7/STJ.

Trata-se, originariamente, de Ação declaratória de inexistência de débitos combinada com indenização por dano moral. O agravado aduz que, mesmo com a conta adimplida tempestivamente, houve corte no fornecimento de água. A sentença de procedência foi mantida pelo Tribunal a quo, que atestou a culpa da agravante e o nexo de causalidade.
O Superior Tribunal de Justiça firmou a orientação de que é ilegítimo o corte no fornecimento de serviços públicos essenciais quando: a) a inadimplência do consumidor decorrer de débitos pretéritos; b) o débito originar-se de suposta fraude no medidor de consumo de energia, apurada unilateralmente pela concessionária; e c) inexistente aviso prévio ao consumidor inadimplente. Sobre o tema, confira-se o REsp 1.285.426/SP, Rel. Ministro Mauro Campbell Marques, Segunda Turma, DJe 13/12/2011. Alterar o entendimento exarado pela Corte local, para refutar o nexo causal entre a conduta e o dano causado pela agravante, demanda reexame de matéria fática, o que, na via do Recurso Especial, encontra óbice na Súmula 7/STJ. A revisão de valor arbitrado a título de danos morais (fixado em R$ 8 mil) somente é possível quando a quantia for exorbitante ou insignificante, em flagrante violação aos princípios da razoabilidade e da proporcionalidade, o que não é o caso dos autos. A verificação da razoabilidade do quantum indenizatório esbarra no óbice da Súmula 7/STJ. Agravo Regimental não provido. (AgRg no AREsp 211.514/SP, Rel. Ministro HERMAN BENJAMIN, SEGUNDA TURMA, julgado em 18/10/2012, DJe 05/11/2012).

RECURSO ESPECIAL. AÇÃO CIVIL PÚBLICA. SERVIÇOS DE TELEFONIA. INSTALAÇÃO. AUTORIZAÇÃO EXPRESSA. IMPOSSIBILIDADE JURÍDICA DO PEDIDO. MINISTÉRIO PÚBLICO. LEGITIMIDADE. PROVA. CADASTRO DE INADIMPLENTES. INSCRIÇÃO. CANCELAMENTO. ARTIGOS 43 E 48, DO CDC. PREQUESTIONAMENTO. SÚMULAS Nº 282 E 356-STF. NÃO PROVIMENTO. À míngua de obstáculo, em abstrato, no ordenamento jurídico, não há impossibilidade do pedido formulado em ação civil pública no sentido de abster-se a Brasil Telecom S/A de prestar serviço sem a autorização expressa do consumidor. O Ministério Público tem legitimidade ativa para ajuizar ação em defesa de direito difuso, de futuras eventuais vítimas, e individuais homogêneos, de pessoas já vitimadas, integrantes do mercado consumidor. Precedentes. Não houve apreciação no acórdão recorrido dos artigos 43 e 48, do CDC, e nem nele foram opostos embargos de declaração a fim de suscitar-lhes a discussão, o que atrai os verbetes nº 282 e 356, da Súmula do STF. Recurso especial a que se nega provimento. (REsp 976.217/RO, Rel. Ministra MARIA ISABEL GALLOTTI, QUARTA TURMA, julgado em 11/09/2012, DJe 15/10/2012).

VIII – estudo constante das modificações do mercado de consumo.

IX - fomento de ações direcionadas à educação financeira e ambiental dos consumidores; (Incluído pela Lei nº 14.181, de 2021).

↳ COMENTÁRIOS
4.12 Educação Financeira e Ambiental dos Consumidores

A Lei nº 14.181/2021 alterou o CDC para incluir no Capítulo II (Política Nacional das Relações de Consumo) o inciso IX no artigo 4º que trata do fomento de ações direcionadas à educação financeira e ambiental dos consumidores.

É uma importante mudança, pois pesquisa da OCDE já mostrava há tempos que conhecimentos no campo financeiro precisam ser incrementados para que as pessoas consigam alcançar uma proteção financeira maior e fazer planos de longo prazo.[59]

Segundo a OCDE, *educação financeira* é "o processo mediante o qual os indivíduos e as sociedades melhoram a sua compreensão em relação aos conceitos e produtos financeiros, de maneira que, com informação, formação e orientação, possam desenvolver os valores e as competências necessários para se tornarem mais conscientes das oportunidades e riscos neles envolvidos e, então, poderem fazer escolhas bem-informadas, saber onde procurar ajuda e adotar outras ações que melhorem o seu bem-estar. Assim, podem contribuir de modo mais consistente para a formação de indivíduos e sociedades responsáveis, comprometidos com o futuro".[60]

Da mesma forma, o referido inciso trata da educação ambiental dos consumidores.

O cuidado e a preservação do meio ambiente fortalecem a capacidade das pessoas de atuarem, individual ou coletivamente, na construção de um novo padrão de consumo, ambiental e socialmente responsável. Melhor dizendo: a educação ambiental é uma maneira de esclarecer as pessoas sobre as formas de proteger o meio ambiente e de assegurá-lo para as futuras gerações.

O consumo gera impactos no meio ambiente, especialmente, quanto a sua forma de produção que deve ser menos agressiva ao meio ambiente.

Todas as etapas do consumo geram impactos no meio ambiente. Aqui se trata de uma educação para um consumo consciente. Daí a importância da inclusão da educação ambiental no CDC, ainda mais como princípio da Política Nacional das Relações de Consumo.

Por fim, vale mencionar o Objetivo de Desenvolvimento Sustentável (ODS) nº 12 da Agenda 2030 das Nações Unidas que trata do "Consumo e produção responsáveis" com vistas a garantir padrões de consumo e de produção sustentáveis.[61]

"Para alcançar as metas deste ODS, a mudança nos padrões de consumo e produção se configuram como medidas indispensáveis na redução da pegada ecológica sobre o meio ambiente. Essas medidas são a base do desenvolvimento econômico e social sustentável. As metas do ODS 12 vi-

---

[59] Disponível em: https://revistaeducacao.com.br/tag/letramento-financeiro-ocde/ Acesso em: 26 set. 2021.

[60] Disponível em: https://www.vidaedinheiro.gov.br/educacao-financeira-no-brasil/?-doing_wp_cron=1632690095.3138270378112792968750. Acesso em: 26 set. 2021.

[61] Disponível em: https://brasil.un.org/pt-br/sdgs/12. Acesso em: 29 set. 2021.

sam a promoção da eficiência do uso de recursos energéticos e naturais, da infraestrutura sustentável, do acesso a serviços básicos. Além disso, o objetivo prioriza a informação, a gestão coordenada, a transparência e a responsabilização dos atores consumidores de recursos naturais como ferramentas chave para o alcance de padrões mais sustentáveis de produção e consumo".[62]

> **X - prevenção e tratamento do superendividamento como forma de evitar a exclusão social do consumidor. (Incluído pela Lei nº 14.181, de 2021).**

A Lei nº 14.181/2021 também incluiu o inciso X no artigo 4º do CDC como princípio da Política Nacional das Relações de Consumo que cuida da prevensão e tratamento do superendividamento como forma de evitar a exclusão social do consumidor, visando garantir o mínimo existencial e a dignidade humana.

> **Art. 5º. Para a execução da Política Nacional das Relações de Consumo, contará o poder público com os seguintes instrumentos, entre outros:**
>
> **I – manutenção de assistência jurídica, integral e gratuita para o consumidor carente;**
>
> **II – instituição de Promotorias de Justiça de Defesa do Consumidor, no âmbito do Ministério Público;**
>
> **III – criação de delegacias de polícia especializadas no atendimento de consumidores vítimas de infrações penais de consumo;**
>
> **IV – criação de Juizados Especiais de Pequenas Causas e Varas Especializadas para a solução de litígios de consumo;**
>
> **V – concessão de estímulos à criação e desenvolvimento das Associações de Defesa do Consumidor.**
>
> **VI - instituição de mecanismos de prevenção e tratamento extrajudicial e judicial do superendividamento e de proteção**

---

[62] Disponível em: http://www.agenda2030.org.br/ods/12/. Acesso em: 29 set. 2021.

do consumidor pessoa natural; (Incluído pela Lei nº 14.181, de 2021).

VII - instituição de núcleos de conciliação e mediação de conflitos oriundos de superendividamento. (Incluído pela Lei nº 14.181, de 2021).

§ 1º (Vetado).

§ 2º (Vetado).

⇝ COMENTÁRIOS
5.1 Execução da Política Nacional das Relações de Consumo

Aqui vale lembrar do importante papel realizado pela Defensoria Pública e Ministério Público. "A Defensoria Pública, por sua ligação direta com os problemas do cidadão, tem um papel de extrema relevância na causa do consumidor, a Defensoria Pública da União – DPU vem atuando continuamente nesse campo, inaugurando cada vez mais iniciativas em defesa do consumidor, seja através do ajuizamento de ações coletivas (ex.: ações civis públicas para correção das perdas ocorridas nas cadernetas de poupança dos consumidores em razão da incidência dos Planos Econômicos Bresser, Verão e Collor), seja através de campanhas de prevenção, como, por exemplo, a recente atuação conjunta com a Defensoria Estadual do Rio de Janeiro para que sejam respeitados os direitos do cidadão em relação aos serviços de atendimento ao consumidor – SAC."[63][64]

A Lei Complementar Federal nº 80, de 12/01/94 estabelece as normas de organização das defensorias públicas da União, do Distrito Federal e dos Territórios.

No Rio de Janeiro é importante frisar o trabalho realizado pelo NUDECON. "O Núcleo de Defesa do Consumidor (NUDECON) é o órgão da Defensoria Pública do Estado do Rio de Janeiro que há 22 anos, antes

---
63 Disponível em: http://www.dpu.gov.br. Acesso em: 10 mar. 2013.
64 A Justiça obrigou uma faculdade do litoral paulista a matricular estudantes que não tiveram o crédito aprovado pelo Fundo de Financiamento Estudantil (Fies). A decisão foi proferida após ser constatado que a instituição de ensino prometia vantagens de maneira indevida. Quem entrou com ação em favor dos estudantes foi a unidade da

mesmo da publicação do Código de Defesa do Consumidor (CDC), possui a incumbência de tutelar e promover os direitos dos consumidores fluminenses hipossuficientes a partir da premissa básica que os define juridicamente: a sua vulnerabilidade.

No caso específico da Defensoria Pública, o indivíduo que goza de sua proteção é, por natureza, duplamente vulnerável e a esta especificidade se fundamenta todas as atividades do NUDECON.

A visão mais moderna do Direito propugna que o acesso à justiça, função constitucional primordial da Defensoria Pública, deve ser não somente o formal – possibilidade de pleito frente ao poder judiciário, mas o material, consubstanciado na possibilidade de, concretamente, interferir e possibilitar a participação do indivíduo na decisão do magistrado e na sociedade.

NUDECON confere especial atenção a projetos direcionados à educação para o consumo, com enfoque à sensibilização quanto aos princípios

---

Defensoria Pública da União em Santos (SP). A liminar com efeitos de antecipação de tutela foi concedida na sexta-feira (1º).

A faculdade estava realizando a pré-matrícula vinculada ao Fies de estudantes que não cumpriam os requisitos para o financiamento. De acordo com relatos dos alunos, a instituição dava informações sobre uma suposta liminar que concedia a eles o direito de entrar no programa sem a necessidade de idoneidade cadastral. Porém, a Justiça ainda não tomou uma decisão final a respeito do tema.

Segundo o defensor federal que atuou no caso, Sérgio Armanelli Gibson, a prática prejudica os alunos, pois eles são induzidos a acreditar que vão ter o crédito aprovado pelo Fies e começam a estudar na instituição. Quando o programa do Ministério da Educação não aprova o financiamento, os mesmos estudantes não podem mais realizar provas, ter acesso aos registros de frequência, entre outras restrições.

"Resta patente a exposição dos respectivos alunos a situação vexatória", argumentou Sérgio Gibson em seu pedido de antecipação de tutela. Além disso, segundo o defensor, a prática desrespeita o Código de Defesa do Consumidor, pois os alunos são induzidos ao erro ao não serem avisados das exigências do Fies.

Ele ainda explica que os estudantes "tiveram sua expectativa legítima de ensino gratuito frustrada por publicidade enganosa". Na ação foi anexado um folheto em que a instituição promete uma série de vantagens e ainda arremata: "em outras palavras: a gente vai estudar numa faculdade paga, mas não vai pagar. Não é sensacional?! Fiador? Esquece. Você não vai precisar".

A decisão definitiva sobre o assunto ainda não foi tomada. Até lá, os estudantes da faculdade que pretendem entrar no financiamento estudantil devem ser matriculados para o primeiro semestre de 2013, independente de ter cadastro aprovado pelo Fies. Disponível em: http://www.dpu.gov.br. Acesso em: 10 mar. 2013.

que regem o sistema consumerista e aos mecanismos que tornam as normas deste de fato efetivas aos interesses em discussão.

Em atenção à notória realidade do abarrotamento de demandas no poder judiciário, e sua decorrente morosidade, o NUDECON emprega inestimável esforço à composição de interesses ainda na esfera administrativa, colaborando com a contenção do ingresso de ações número que hoje cresce exponencialmente – em que há significativa possibilidade de solução extrajudicial.

Assim, em 2011, o NUDECON inicia o projeto denominado "*Rede Integrada de Defesa do Consumidor*". A sua concretização se dará, dessa forma, por meio de diversas frentes de trabalho e tem como principal objetivo reafirmar a homogeneidade da Defensoria Pública do RJ na defesa dos direitos do consumidor."[65]

Também na defesa do consumidor e da ordem econômica atua o Ministério Público Federal. "Para garantir a ordem econômica, o Ministério Público Federal protege normas constitucionais como liberdade de iniciativa, livre concorrência, função social da propriedade e repressão ao abuso do poder econômico. A finalidade é defender os direitos dos consumidores.

Quando o MPF investiga formação de cartel, irregularidades praticadas por empresas de transporte coletivo, ou manipulação do mercado de ações, está protegendo o direito do consumidor a um sistema livre de práticas irregulares e ilícitas.

O MPF organiza as ações em defesa do consumidor e da ordem econômica em temas como telefonia, transportes, planos de saúde, energia e combustíveis, serviços bancários e crédito imobiliário, transgênicos, mercado de capitais.

A atuação do MPF pelos direitos do consumidor já resultou em ações como:

- suspensão e adequação de tarifas bancárias;
- proibição do comércio de alimentos com organismos geneticamente modificados (OGMs) sem referência expressa na embalagem;
- fechamento de casas de jogo e apreensão de máquinas de bingo;

---

65 CUNHA, Carolina. Disponível em: http://www.portaldpge.rj.gov.br/nudecon/. Acesso em: 10 mar. 2013.

- redução de tarifas de pedágio;
- proibição de cobrança de taxa para expedição ou registro de diploma;
- suspensão da venda de medicamentos, produtos e serviços irregulares;
- proibição de venda de combustível adulterado e indenização aos consumidores prejudicados.

O MPF age em parceria com os órgãos federais que compõem o Sistema Brasileiro de Defesa da Concorrência e do Consumidor e com as agências reguladoras. Estas cooperam em questões de defesa da concorrência e do consumidor em cada uma das áreas de interesse público que demandam a fiscalização do Estado, mas também são fiscalizadas pelo MPF.

A Agência Nacional de Telecomunicações (Anatel), por exemplo, acatou recomendações do MPF na regulamentação da telefonia celular. As novas regras incorporam sugestões como o atendimento pessoal, a partir de critério de microrregiões, e o direito do usuário a resposta no caso de pedido de cancelamento."[66]

A atuação do Ministério Público do Rio de Janeiro, da mesma forma, merece destaque. "Cabe às Promotorias de Justiça de Tutela Coletiva com atribuição para a defesa do consumidor e contribuinte atuar em prol de interesses difusos, coletivos e individuais homogêneos do consumidor e do contribuinte, quando dotados de relevância social.

Atuam em casos envolvendo: qualidade, pesos e medidas de produtos alimentícios; preços e abastecimento; abatedouros clandestinos; combustíveis; publicidade enganosa e abusiva; proteção contratual (contratos bancários, cartões de crédito, financiamento, consórcios e questões imobiliárias); loteamento e incorporação; prestação de serviços educacionais; planos de saúde; seguros; transporte e turismo; fornecimento de serviços públicos (energia elétrica, água, e telefonia e de TV a cabo);[67] combustí-

---

66 Disponível em: http://www.pgr.mpf.gov.br/areas-de-atuacao/camaras-de-coor-denacao-e--revisao/consumidor. Acesso em: 10 mar. 2013.

67 Nos contratos de prestação de serviços de TV por assinatura e internet, são nulas as cláusulas que preveem a responsabilidade do consumidor em indenizar dano, perda, furto, roubo, extravio de quaisquer equipamentos entregues em comodato ou locação pela prestadora de serviço (Resp. nº 1.852.362-SP, Rel. Ministro Humberto Martins, Terceira Turma, por maioria, julgado em 06/08/2024). Nos contratos de prestação de serviços de TV por assinatura e internet, mesmo que se reconheça a autonomia da vontade (autodeterminação) do contratante ao escolher a prestadora do serviço, não há liberdade de escolha do consumidor quanto à pessoa jurídica com quem celebrará

Capítulo III – Dos Direitos Básicos do Consumidor

veis adulterados; medicamentos; práticas e cobranças abusivas; vícios e defeitos em produtos e serviços em geral; e outras hipóteses de lesão à coletividade de consumidores.

Cabe destacar que a defesa de direitos meramente individuais, disponíveis e não homogêneos, assim entendidos aqueles que não ultrapassam a esfera de interesse do próprio titular, deverá ser exercida pelo próprio consumidor por intermédio de advogado ou, não possuindo condições financeiras, por intermédio da Defensoria Pública, ou, ainda, por outros órgãos públicos e privados voltados para a defesa do consumidor, como, por exemplo, o PROCON."[68]

Outro instrumento importante na proteção e defesa do consumidor são as delegacias especializadas, mormente, para a apuração dos delitos contra o consumidor. No Rio de Janeiro, por exemplo, existe a DECON – Delegacia do Consumidor, no bairro da Gávea.

Em relação a associações de consumidores destacam-se, dentre outras: IDEC – Instituto Brasileiro de Defesa do Consumidor, o BRASILCON – Instituto Brasileiro de Política e Direito do Consumidor etc.

Importante destacar ainda que a Lei nº 14.181/2021 (conhecida como Lei do Superendividamento)[69] incluiu os incisos VI e VII ao referido ar-

---

o contrato de comodato ou locação dos equipamentos necessários para a fruição do serviço.

A locação e o comodato, que costumam ser contratos principais no direito privado, surgem, sob o prisma da relação de consumo em debate, como pactos acessórios cuja celebração é decorrência natural e obrigatória da contratação dos serviços de TV por assinatura e internet (pacto principal).

Sendo assim, se o consumidor não pode optar pela compra dos aparelhos e deve se sujeitar ao comodato ou à locação impostos pela operadora "conforme a política comercial vigente", é abusiva a regra contratual que impõe ao hipossuficiente a assunção do risco pelo perecimento ou perdimento do equipamento, mesmo em situações de caso fortuito ou força maior.

A manutenção das cláusulas de assunção integral do risco constantes de contratos de adesão, redigidos unilateralmente pelo fornecedor, representa prática abusiva e desequilíbrio contratual, colocando o consumidor em desvantagem exagerada.

Já a exclusão dessa cláusula não causará desequilíbrio em prejuízo dos interesses do fornecedor, pois, se o consumidor invocar a exceção substancial do caso fortuito ou da força maior (roubo, por exemplo), caberá a ele, em tese, demonstrar a sua ocorrência.

68 Disponível em: http://www.mp.rj.gov.br/portal/page/portal/Internet/Consu-midor. Acesso em: 10 mar. 2013.

69 A proposição nasceu no Senado como Projeto de Lei do Senado (PLS) nº 283, de 2013, fruto dos trabalhos da Comissão Temporária de Modernização do Código de

tigo 5º do CDC. Eles cuidam da instituição de mecanismos de prevenção e tratamento extrajudicial e judicial do superendividamento e de proteção do consumidor pessoa natural (inciso VI) e da instituição de núcleos de conciliação e mediação de conflitos oriundos de superendividamento (inciso VII).

O superenvidamento é a situação fática de um indivíduo de boa-fé que não tem condições de pagar suas dívidas sem comprometer o mínimo existencial. O art. 54-A, § 1º, do CDC define esse conceito

> § 1º Entende-se por superendividamento a impossibilidade manifesta de o consumidor pessoa natural, de boa-fé, pagar a totalidade de suas dívidas de consumo, exigíveis e vincendas, sem comprometer seu mínimo existencial, nos termos da regulamentação. (Incluído pela Lei nº 14.181, de 2021).

É possível afirmar que a promoção do *crédito responsável* foi concretizada pela referida Lei nº 14.181/2021, chamada de Lei do Superendividamento, mediante as alterações introduzidas no CDC e no Estatuto do Idoso.

5.2 Endividamento de Risco

De acordo com o Banco Central do Brasil, no Relatório "Endividamento de risco no Brasil", é mensurado "o endividamento da população brasileira no Sistema Financeiro Nacional (SFN), entre 2016 e 2019, em relação a quatro indicadores: inadimplência, exposição a três modalidades de crédito concomitantes, comprometimento de renda acima de 50% e renda disponível abaixo da linha da pobreza após o pagamento de dívidas. A ocorrência simultânea de dois ou mais desses indicadores caracteriza o que neste estudo chamou-se de endividamento de risco, ou seja, quando o cidadão tem um volume de dívida acima de sua capacidade de pagamento, e cuja persistência e baixa qualidade do crédito prejudicam o gerenciamento de seus recursos financeiros e, em última instância, sua qualidade de vida. Com base nisso, traça-se o perfil socioeconômico das pessoas enquadradas nessa situação

---

Defesa do Consumidor. Seguiu para a Câmara dos Deputados como Projeto de Lei (PL) nº 3.514/2015, retornando ao Senado como Projeto de Lei (PL) nº 1.805, de 2021 (Substitutivo).

quanto à idade, sexo, renda e região, e afere-se a recorrência desses tomadores nessa condição de endividamento".[70]

Considera-se endividado de risco o tomador de crédito que atende a dois ou mais dos critérios relacionados a seguir:[71]

I. inadimplemento de parcelas de crédito, isto é, atrasos superiores a 90 dias no cumprimento das obrigações creditícias;

II. comprometimento da renda mensal com o pagamento do serviço das dívidas acima de 50%;

III. exposição simultânea às seguintes modalidades de crédito: cheque especial, crédito pessoal sem consignação e crédito rotativo (multimodalidades);

IV. renda disponível (após o pagamento do serviço das dívidas) mensal abaixo da linha de pobreza.

5.3 Endividamento de Risco e Superendividamento

Vejamos, abaixo, as diferenças entre superendividamento e endividamento de risco apontadas pelo Banco Central do Brasil:

"Ainda que se restrinja o superendividamento aos seus aspectos estritamente econômicos, a gama de fatores capazes de influenciá-lo continua ampla e, muitas vezes, fora do alcance da função de monitoramento exercida pelas instituições de crédito e pelos órgãos do governo. Entre esses fatores estão, por exemplo, o uso de dados de movimentação das contas domésticas dos tomadores, como pagamentos de condomínio, aluguel, celular, água e luz, além dos ativos reais e financeiros que porventura poderiam ser empregados no abatimento das dívidas, como imóveis e fundos de poupança e de investimento.

Assim, a extensa base de tomadores de crédito do SCR, ao mesmo tempo em que possibilita uma visão abrangente do crédito no país, não permite a incorporação dessas variáveis econômicas e, principalmente, do componente subjetivo do superendividamento. Para tanto, seria necessária a aplicação de perguntas individualizadas para seu aferimento, em geral

---

70 BRASIL. Banco Central do. Endividamento de Risco no Brasil. Conceito e indicadores. / Banco Central do Brasil, Brasília : Banco Central do Brasil, 2020. Disponível em: https://www.bcb.gov.br/content/cidadaniafinanceira/documentos_cidadania/serie_cidadania/serie_cidadania_financeira_6_endividamento_risco.pdf. Acesso em: 29 set. 2021.

71 Ibid.

disponíveis apenas para pequenas amostras. A ausência desses fatores, cuja relevância é destacada na literatura pelos pesos financeiro e psicológico gerados pelas dívidas, limita a mensuração direta do fenômeno do superendividamento.

Embora não se possa afirmar rigorosamente a existência de uma convergência entre os endividados de risco e os superendividados, há possivelmente uma propensão a que os tomadores aqui identificados como endividados de risco se encontrem, simultaneamente, em situação de superendividamento ou que, eventualmente, possam chegar a esse estágio se ações preventivas e de correção não forem tomadas".[72]

CAPÍTULO III
Dos Direitos Básicos do Consumidor

Art. 6º. São direitos básicos do consumidor:

I – a proteção da vida, saúde e segurança contra os riscos provocados por práticas no fornecimento de produtos e serviços considerados perigosos ou nocivos;

II – a educação e divulgação sobre o consumo adequado dos produtos e serviços, asseguradas a liberdade de escolha e a igualdade nas contratações;

III – a informação adequada e clara sobre os diferentes produtos e serviços, com especificação correta de quantidade, características, composição, qualidade e preço, bem como sobre os riscos que apresentem;

IV – a proteção contra a publicidade enganosa e abusiva, métodos comerciais coercitivos ou desleais, bem como contra práticas e cláusulas abusivas ou impostas no fornecimento de produtos e serviços;

V – a modificação das cláusulas contratuais que estabeleçam prestações desproporcionais ou sua revisão em razão de fatos supervenientes que as tornem excessivamente onerosas;

VI – a efetiva prevenção e reparação de danos patrimoniais e morais, individuais, coletivos e difusos;

---

[72] Banco Central do Brasil, 2020.

VII – o acesso aos órgãos judiciários e administrativos com vistas à prevenção ou reparação de danos patrimoniais e morais, individuais, coletivos ou difusos, assegurada a proteção jurídica, administrativa e técnica aos necessitados;

VIII – a facilitação da defesa de seus direitos, inclusive com a inversão do ônus da prova, a seu favor, no processo civil, quando, a critério do juiz, for verossímil a alegação ou quando for ele hipossuficiente, segundo as regras ordinárias de experiências;

IX – (Vetado);

X – a adequada e eficaz prestação dos serviços públicos em geral.

XI - a garantia de práticas de crédito responsável, de educação financeira e de prevenção e tratamento de situações de superendividamento, preservado o mínimo existencial, nos termos da regulamentação, por meio da revisão e da repactuação da dívida, entre outras medidas; (Incluído pela Lei nº 14.181, de 2021)

XII - a preservação do mínimo existencial, nos termos da regulamentação, na repactuação de dívidas e na concessão de crédito; (Incluído pela Lei nº 14.181, de 2021)

XIII - a informação acerca dos preços dos produtos por unidade de medida, tal como por quilo, por litro, por metro ou por outra unidade, conforme o caso. (Incluído pela Lei nº 14.181, de 2021)

Parágrafo único. A informação de que trata o inciso III do *caput* deste artigo deve ser acessível à pessoa com deficiência, observado o disposto em regulamento. (Incluído pela Lei nº 13.146, de 2015)

↳ COMENTÁRIOS

6.1 Direitos do consumidor

O consumo é uma forma de dominação social num mundo globalizado. Com o advento do consumo em massa, o indivíduo passa a valer pelo que tem e não pelo que é. A partir do barateamento da produção em larga escala agregado a um fortíssimo apelo publicitário pelo consumo, a qualidade de vida aumentou em diversas partes do mundo (celular, televisão, passagens aéreas, computadores etc.).

Nesse sentido, Jean Baudrillard afirma que "chegamos ao ponto que o "consumo" invade toda a vida, em que todas as actividades se encadeiam do mesmo modo combinatório, em que o canal das satisfações se encontra previamente traçado, hora a hora, em que o envolvimento é total, inteiramente climatizado, organizado, culturalizado. Na fenomenologia do consumo, a climatização geral da vida, dos bens, dos objectos, dos serviços, das condutas e das relações sociais representa o estádio completo e "consumado" na evolução que vai da abundância pura e simples, através dos feixes articulados de objectos, até ao condicionamento total dos actos e do tempo, até a rede de ambiência sistemática inscrita nas cidades futuras que são os "drugstores", os Parly 2 ou os aeroportos modernos."[73]

No mesmo diapasão, Ada Pellegrini Grinover e Antônio Herman de Vasconcellos e Benjamin ensinam que "a proteção do consumidor é um desafio da nossa era e representa, em todo o mundo, um dos temas mais atuais do Direito [...] Não é difícil explicar tão grande dimensão para um fenômeno jurídico totalmente desconhecido no século passado e em boa parte deste. O homem do século XX vive em função de um modelo novo de associativismo: a sociedade de consumo (*mass consumption society* ou *konsumgesellschaft*), caracterizada por um número crescente de produtos e serviços, pelo domínio do crédito e do marketing, assim como pelas dificuldades de acesso à justiça [...]. A sociedade de consumo, ao contrário do que se imagina, não trouxe apenas benefícios para os seus autores. Muito ao revés, em certos casos, a posição do consumidor, dentro deste modelo, piorou em vez de melhorar. Se antes fornecedor e consumidor encontravam-se em uma situação de relativo equilíbrio de poder de barganha (até porque se conheciam), agora é o fornecedor (fabricante, produtor, construtor ou comerciante) que, inegavelmente, assume a posição de força na relação de consumo e que, por isso mesmo, "dita as regras". E o Direito não pode ficar alheio a tal fenômeno."[74]

6.2 Proteção da vida, saúde e segurança dos consumidores e terceiros

São direitos básicos do consumidor: a proteção da vida, saúde e segurança contra os riscos provocados por práticas no fornecimento de pro-

---

[73] BAUDRILLARD, Jean. A sociedade de consumo. Trad. Artur Mourão. Rio de Janeiro: Elfos Ed. 1995, p.19.
[74] GRINOVER, Ada Pellegrini. (Org.) *Código Brasileiro de Defesa do Consumidor*, comentado pelos autores do anteprojeto. 6ª ed. Rio de Janeiro: Forense Universitária. 2000, p.6.

dutos e serviços considerados perigosos ou nocivos (art. 6º, inciso I, do CDC). Esse dispositivo está relacionado à proteção da saúde e segurança do consumidor (arts. 8 ao 10 do CDC).

O artigo 8º, *caput*, determina que "os produtos e serviços colocados no mercado de consumo não acarretarão riscos à saúde ou segurança dos consumidores, exceto os considerados normais e previsíveis em decorrência de sua natureza e fruição, obrigando-se os fornecedores, em qualquer hipótese, a dar as informações necessárias e adequadas a seu respeito."

O direito à informação sobre os riscos que os produtos e serviços possam vir a apresentar estão determinados no artigo 9º do CDC ao dispor: "O fornecedor de produtos e serviços potencialmente nocivos ou perigosos à saúde ou segurança deverá informar, de maneira ostensiva e adequada, a respeito da sua nocividade ou periculosidade, sem prejuízo da adoção de outras medidas cabíveis em cada caso concreto."

Ademais, "o fornecedor não poderá colocar no mercado de consumo produto ou serviço que sabe ou deveria saber apresentar alto grau de nocividade ou periculosidade à saúde ou segurança." (art.10, *caput*, do CDC).

Vejamos decisão do Superior Tribunal de Justiça, em que a questão da saúde é debatida: "Direito do consumidor. Recurso especial. Ação de indenização por danos morais e materiais. Consumo de produto colocado em circulação quando seu prazo de validade já havia transcorrido. "Arrozina Tradicional" vencida que foi consumida por bebês que tinham apenas três meses de vida, causando-lhes gastroenterite aguda. Vício de segurança. Responsabilidade do fabricante. Possibilidade. Comerciante que não pode ser tido como terceiro estranho à relação de consumo. Não configuração de culpa exclusiva de terceiro.

Produto alimentício destinado especificamente para bebês exposto em gôndola de supermercado, com o prazo de validade vencido, que coloca em risco a saúde de bebês com apenas três meses de vida, causando-lhe gastroenterite aguda, enseja a responsabilização por fato do produto, ante a existência de vício de segurança previsto no art. 12 do CDC.

O comerciante e o fabricante estão inseridos no âmbito da cadeia de produção e distribuição, razão pela qual não podem ser tidos como terceiros estranhos à relação de consumo.

A eventual configuração da culpa do comerciante que coloca à venda produto com prazo de validade vencido não tem o condão de afastar o direito de o consumidor propor ação de reparação pelos danos resultantes da ingestão da mercadoria estragada em face do fabricante. Recurso especial não provido. (REsp 980.860/SP, Rel. Ministra NANCY ANDRIGHI, TERCEIRA TURMA, julgado em 23/04/2009, DJe 02/06/2009).

6.3 Educação do consumidor

De acordo com o artigo 6º, inciso II, do CDC são direitos básicos do consumidor: a educação e divulgação sobre o consumo adequado dos produtos e serviços, asseguradas a liberdade de escolha e a igualdade nas contratações. A educação do consumidor como dito alhures perpassa a educação escolar, familiar e empresarial. Cabe aos professores, pais e familiares e à própria empresa educar e divulgar informações sobre o consumo adequado dos produtos e serviços.

A educação do consumidor caminha no sentido de este ser um consumidor ético e responsável a partir de fenômenos socioeconômicos e culturais de seu tempo. Nessa linha de pensamento não podem ficar de fora questões acerca do desenvolvimento sustentável, alimentação saudável, os riscos do superendividamento, a sociedade da informação, as hiperescolhas, a segurança dos produtos e serviços, o consumo responsável, o orçamento pessoal, dentre outros. Ora, é fora de dúvida que tais questões devem ser discutidas já no ensino fundamental e médio.

A Escola Parque, no Rio de Janeiro (Gávea e Barra da Tijuca), já possui projetos dessa natureza, envolvendo alunos, pais e a administração escolar. Por exemplo, o projeto *Educar para a Sustentabilidade* acolhe várias dessas questões, já que propõe:[75]

- mudar a forma de pensar e de se relacionar com a natureza;
- construir um novo modo de viver, produzir, distribuir bens e de consumir;
- criar uma nova cultura no ambiente, voltada para a melhoria da qualidade de vida da comunidade escolar e do seu entorno;
- romper com uma visão antropocêntrica em que o homem se coloca acima, fora e contra a natureza;
- responsabilidade para com as gerações futuras;
- educar para a paz, para os direitos humanos e justiça social;
- formar cidadãos capazes de compreender os desafios socioambientais e que se mobilizem para a construção de uma sociedade sustentável.

---

75 Disponível em: http://www.escolaparque.g12.br/escola/projetos/educ_sust.php. Acesso em: 10 mar. 2013.

Assim, a arte de ensinar está relacionada ao futuro do cidadão e, por que não dizer, de conscientes consumidores.

6.4 Informação sobre produtos e serviços

São direitos básicos do consumidor: a informação adequada e clara sobre os diferentes produtos e serviços, com especificação correta de quantidade, características, composição, qualidade e preço, bem como sobre os riscos que apresentem (Art. 6°, III, CDC). Este dispositivo trata do *dever de informar* os consumidores de forma clara e precisa.

De acordo com a Ministra do STJ Nancy Andrigui, "o art. 6°, III, do CDC institui o dever de informação e consagra o princípio da transparência, que alcança o negócio em sua essência, porquanto a informação repassada ao consumidor integra o próprio conteúdo do contrato. Trata-se de dever intrínseco ao negócio e que deve estar presente não apenas na formação do contrato, mas também durante toda a sua execução. [...] O direito à informação visa a assegurar ao consumidor uma escolha consciente, permitindo que suas expectativas em relação ao produto ou serviço sejam de fato atingidas, manifestando o que vem sendo denominado de consentimento informado ou vontade qualificada." No caso concreto, a julgadora entendeu que "não exclui a responsabilidade da instituição de ensino perante o aluno a possível discussão frente ao Conselho Profissional a respeito da exigibilidade, ou não, por este, da comprovação do reconhecimento do curso pelo MEC, reservando-se a matéria para eventual direito de regresso." (REsp 1121275/SP, Rel. Ministra NANCY ANDRIGHI, TERCEIRA TURMA, julgado em 27/03/2012, DJe 17/04/2012).

No REsp 976.836/RS, julgado em 25/08/2010, DJe 05/10/2010, o Ministro LUIZ FUX ensina que "O Código de defesa do Consumidor, na sua exegese pós-positivista, quanto à informação do consumidor deve ser interpretado no sentido de que o microssistema do Código de Defesa do Consumidor, o direito à informação está garantido pelo art. 6°, n° III, e também pelo art. 31, que prevêem que o consumidor tem direito a receber informações claras e adequadas a respeito dos produtos e serviços a ele oferecidos, assim disposto: "Art. 6°. São direitos básicos do consumidor: III – a informação adequada e clara sobre os diferentes produtos e serviços, com especificação correta de quantidade, características, composição, qualidade e preço, bem como sobre os riscos que apresentem;

"**Art. 31. A oferta e apresentação de produtos ou serviços devem assegurar informações corretas, claras, precisas, ostensivas e em língua portuguesa sobre suas características, qualidades, quantidade, composição, preço, garantia, prazos de validade e origem, entre outros dados, bem como sobre os riscos que apresentam à saúde e segurança dos consumidores."**

O direito do consumidor e, em contrapartida, o dever do fornecedor de prover as informações e o de obter aquelas que estão apenas em sua posse, que não são de conhecimento do consumidor, sendo estas imprescindíveis para colocá-lo em posição de igualdade, bem como para possibilitar a este que escolha o produto ou serviço conscientemente informado, ou, como denomina Sérgio Cavalieri Filho, de consentimento informado, vontade qualificada ou, ainda, consentimento esclarecido, consoante leciona o autor. (Programa de responsabilidade civil, São Paulo: Atlas, 2008, p. 83.)

"O consentimento esclarecido na obtenção do produto ou na contratação do serviço consiste, em suma, na ciência do consumidor de todas as informações relevantes, sabendo exatamente o que poderá esperar deles, sendo capacitados a "fazer escolhas acertadas de acordo com a necessidade e desejos individuais". (Luiz Antonio Rizzatto Nunes, em O Código de defesa do consumidor e sua interpretação jurisprudencial, 2. ed., São Paulo: Saraiva, 2000, p. 295.)

A exposição de motivos do Código de Defesa do Consumidor, sob esse ângulo, esclarece a razão de ser do direito à informação no sentido de que: "O acesso dos consumidores a uma informação adequada que lhes permita fazer escolhas bem seguras conforme os desejos e necessidades de cada um". (Exposição de Motivos do Código de Defesa do Consumidor. Diário do Congresso Nacional, Seção II, 3 de maio de 1989, p. 1663.)

A informação ao consumidor tem como escopo: "i) consciencialização crítica dos desejos de consumo e da priorização das preferências que lhes digam respeito; ii) possibilitação de que sejam averiguados, de acordo com critérios técnicos e econômicos acessíveis ao leigo, as qualidades e o preço de cada produto ou de cada serviço; iii) criação e multiplicação de oportunidades para comparar os diversificados produtos; iv) conhecimento das posições jurídicas subjetivas próprias e alheias que se manifestam na contextualidade das séries infindáveis de situações de consumo; v) agilização e efetivação da presença estatal preventiva, mediadora, ou decisória, de conflitos do mercado de consumo". (Alcides Tomasetti Junior. O objetivo de transparência e o regime jurídico dos deveres e riscos de informação das declarações negociais para consumo, Revista de Direito do Consumidor, nº 4, São Paulo: Revista dos Tribunais, número especial, 1992, p. 52/90.)

Deveras, é forçoso concluir que o direto à informação tem como desígnio promover completo esclarecimento quanto à escolha plenamente consciente do consumidor, de maneira a equilibrar a relação de vulnerabilidade do consumidor, colocando-o em posição de segurança na negociação de consumo, acerca dos dados relevantes para que a compra do produto ou serviço ofertado seja feita de maneira consciente."

6.5 Publicidade enganosa e abusiva e práticas abusivas

O inciso IV, do artigo 6º, do CDC considera direitos básicos do consumidor "a proteção contra a publicidade enganosa e abusiva, métodos comerciais coercitivos ou desleais, bem como contra práticas e cláusulas abusivas ou impostas no fornecimento de produtos e serviços."

O artigo 30 do CDC dispõe que "toda informação ou publicidade, suficientemente precisa, veiculada por qualquer forma ou meio de comunicação com relação a produtos e serviços oferecidos ou apresentados, obriga o fornecedor que a fizer veicular ou dela se utilizar e integra o contrato que vier a ser celebrado." É o princípio da vinculação contratual da publicidade.

É proibida toda publicidade enganosa ou abusiva (art. 37, *caput*, CDC). No § 1º o legislador descreve o que vem a ser a publicidade enganosa. É o princípio da veracidade da publicidade. Vejamos: "É enganosa qualquer modalidade de informação ou comunicação de caráter publicitário, inteira ou parcialmente falsa, ou, por qualquer outro modo, mesmo por omissão, capaz de induzir em erro o consumidor a respeito da natureza, características, qualidade, quantidade, propriedades, origem, preço e quaisquer outros dados sobre produtos e serviços."[76] Já no § 2º trata da publicidade abusiva.

76 EMBARGOS DE DECLARAÇÃO. AGRAVO REGIMENTAL. AGRAVO DE INSTRUMENTO. OMISSÃO. E CONTRADIÇÃO. EXISTÊNCIA. SORTEIO. PROMOÇÃO PUBLICITÁRIA. VIOLAÇÃO DE DEVER CONTRATUAL. PERDA DE UMA CHANCE. 1. A recorrente recebeu bilhete para participar de sorteio em razão de compras efetuadas em hipermercado. Neste constava "você concorre a 900 vales-compras de R$ 100,00 e a 30 casas." Foi sorteada e, ao comparecer para receber o prêmio, obteve apenas um vale-compras, tomando, então, conhecimento de que, segundo o regulamento, as casas seriam sorteadas àqueles que tivessem sido premiados com os vale-compras. Este segundo sorteio, todavia, já tinha ocorrido, sem a sua participação. As trinta casas já haviam sido sorteadas entre os demais participantes. 2.

É, pois, o Princípio da não abusividade da publicidade. "É abusiva, dentre outras a publicidade discriminatória de qualquer natureza, a que incite à violência, explore o medo ou a superstição, se aproveite da deficiência de julgamento e experiência da criança, desrespeita valores ambientais, ou que seja capaz de induzir o consumidor a se comportar de forma prejudicial ou perigosa à sua saúde ou segurança."

Em relação à publicidade enganosa, vejamos, abaixo, os casos concretos decidendos na esfera do STJ: "O direito à informação, no Código de Defesa do Consumidor, é corolário das normas intervencionistas ligadas à função social e à boa-fé, em razão das quais a liberdade de contratar assume novel feição, impondo a necessidade de transparência em todas as fases da contratação: o momento pré-contratual, o de formação e o de execução do contrato, e até mesmo o momento pós-contratual.

O princípio da vinculação da publicidade reflete a imposição da transparência e da boa-fé nos métodos comerciais, na publicidade e nos contratos, de modo que o fornecedor de produtos ou serviços obriga-se nos exatos termos da publicidade veiculada, sendo certo que essa vinculação estende-se também às informações prestadas por funcionários ou representantes do fornecedor.

Se a informação se refere a dado essencial capaz de onerar o consumidor ou restringir seus direitos, deve integrar o próprio anúncio, de forma

---

Violação do dever contratual, previsto no regulamento, de comunicação à autora de que fora uma das contempladas no primeiro sorteio e de que receberia um segundo bilhete, com novo número, para concorrer às casas em novo sorteio. Fato incontroverso, reconhecido pelo acórdão recorrido, de que a falta de comunicação a cargo dos recorridos a impediu de participar do segundo sorteio e, portanto, de concorrer, efetivamente, a uma das trinta casas. 3. A circunstância de a participação no sorteio não ter sido diretamente remunerada pelos consumidores, sendo contrapartida à aquisição de produtos no hipermercado, não exime os promotores do evento do dever de cumprir o regulamento da promoção, ao qual se vincularam. 4. Dano material que, na espécie, não corresponde ao valor de uma das trinta casas sorteadas, mas à perda da chance, no caso, de 30 chances, em 900, de obter o bem da vida almejado. 5. Ausência de publicidade enganosa ou fraude a justificar indenização por dano moral. O hipermercado sorteou as trinta casas prometidas entre os participantes, faltando apenas com o dever contratual de informar, a tempo, a autora do segundo sorteio. Não é consequência inerente a qualquer dano material a existência de dano moral indenizável. Não foram descritas nos autos consequências extrapatrimoniais passíveis de indenização em decorrência do aborrecimento de se ver a autora privada de participar do segundo sorteio. 6. Embargos de declaração acolhidos com efeitos modificativos. (EDcl no AgRg no Ag 1196957/DF, Rel. Ministra MARIA ISABEL GALLOTTI, QUARTA TURMA, julgado em 10/04/2012, DJe 18/04/2012).

precisa, clara e ostensiva, nos termos do art. 31 do CDC, sob pena de configurar publicidade enganosa por omissão.

No caso concreto, desponta estreme de dúvida que o principal atrativo do projeto foi a sua divulgação como um empreendimento hoteleiro – o que se dessume à toda vista da proeminente reputação que a Rede Meliá ostenta nesse ramo –, bem como foi omitida a falta de autorização do Município para que funcionasse empresa dessa envergadura na área, o que, a toda evidência, constitui publicidade enganosa, nos termos do art. 37, *caput* e § 3º, do CDC, rendendo ensejo ao desfazimento do negócio jurídico, à restituição dos valores pagos, bem como à percepção de indenização por lucros cessantes e por dano moral." (REsp 1188442/RJ, Rel. Ministro LUIS FELIPE SALOMÃO, QUARTA TURMA, julgado em 06/11/2012, DJe 05/02/2013).

Vale lembrar que o Código Brasileiro de Autorregulamentação Publicitária reconhece a forte influência da publicidade sobre as massas populacionais. Daí que os anúncios publicitários devem ser realizados com senso de responsabilidade social.

O CÓDIGO BRASILEIRO DE AUTORREGULAMENTAÇÃO PUBLICITÁRIA e SEUS ANEXOS – CONAR foi aprovado no III Congresso Brasileiro de Propaganda, realizado em São Paulo em 1978.

O Código resultou de um demorado e extenuante trabalho de um grupo de publicitários que, por mais de um ano, estudou e pesquisou a ética da Propaganda no Brasil e no Exterior.

O objetivo – segundo a exposição de motivos de Mauro Salles, 1º Relator da Comissão Interassociativa da Publicidade Brasileira, depois reiterado por Caio A. Domingues, 2º Relator – era encontrar uma alternativa entre dois extremos: "a ausência total de regulamentação, que permite práticas desordenadas em prejuízo da sadia competição entre anunciantes e agredindo os justos direitos do consumidor, e o outro extremo, que é o de se delegar totalmente a função regulamentar aos governantes, cujas estruturas executivas e legais nem sempre demonstram entender a função, o valor e as sutilezas da publicidade comercial (...), o que chamamos hoje de Autorregulamentação é o caminho do meio que cada vez mais tem seguidores e que, na teoria tanto quanto na prática, mostra crescentes vantagens sobre os sistemas utópicos de liberdade total ou do total controle governamental".

Mais adiante, o Relator afirmava: "A Autorregulamentação que se traduz no anteprojeto pressupõe uma atividade voluntária da indústria da propaganda, a partir de uma conscientização para a necessidade da autodisciplina que abrange quatro pontos básicos:

a. estabelece as regras éticas para a indústria publicitária;
b. permite uma ação efetiva para antecipar a controvérsia;
c. estabelece esquema de solução de queixas e disputas fora do apelo ao Poder Público;
d. garante a solução pronta, veloz e objetiva das queixas, das reclamações e das disputas."[77]

Exemplos de *publicidade enganosa* são encontrados no mundo da vida. Vejamos:

(1) A empresa Power Balance foi obrigada, na Austrália, a desmentir publicamente os supostos efeitos terapêuticos de suas pulseiras e a garantir o reembolso a consumidores que se sentirem lesados pela propaganda enganosa.

Em 22 de dezembro, a empresa assinou um termo com o órgão de defesa do consumidor daquele país e se comprometeu a negar a existência de evidências científicas de seus benefícios.

A filial australiana da Power Balance, cuja sede é nos EUA, já postou essas informações no site oficial e prometeu que os clientes insatisfeitos têm até 30 de junho para pedir reembolso.

Em novembro, a empresa foi multada em 15 mil euros (R$ 33 mil) na Espanha por fazer propaganda enganosa. No mês seguinte, a Power Balance foi multada em 300 mil euros (R$ 663 mil), na Itália.

Efeito placebo

Os braceletes ganharam fama depois de serem vistos nos pulsos de jogadores de futebol como David Beckham e Cristiano Ronaldo, além dos atores Leonardo Di Caprio e Robert De Niro e do piloto Rubens Barrichello.

O tricampeão capixaba de surfe Diogo Leão, 29, diz que não tira a pulseira nem para dormir e que continua usando, mesmo com a polêmica.

"Quando faço algumas manobras de rotação, sinto que meu peso fica mais equilibrado na prancha", diz ele, que usa o bracelete há mais de um ano. "Não sei se o efeito é psicológico, mas para mim tem dado certo."

A fabricante diz que os hologramas da pulseira melhoram o fluxo de energia do corpo, aumentando a força, o equilíbrio e a flexibilidade.

---

77 Disponível em: http://www.mp.sp.gov.br/portal/page/portal/cao_consumidor. Acesso em: 10 mar. 2013.

Leandro Tessler, professor de física da Unicamp, desmente esses benefícios. "A interação de um holograma com corpo é só visual, mas não interfere na energia."

Segundo ele, as pulseiras podem ter efeito placebo. "Você se convence e pode até se sentir melhor, mas não há evidência científica comprovando o funcionamento." [78]

(2) "A polícia de Goiás prendeu na noite de ontem um dos produtores do Abba the Show – grupo cover da banda Abba – que se apresenta no próximo domingo na Virada Cultural, em São Paulo. Hoje, o grupo tem apresentação em Goiânia.

O produtor Rafael de Moraes Carvalho, 27, foi preso em flagrante por suposta propaganda enganosa. De acordo com o delegado Edemundo Dias de Oliveira Filho, da DECON (Delegacia de Defesa do Consumidor), o material promocional do show dava a entender que a banda original, que parou de se apresentar em 1982, iria tocar em Goiânia.

Mensagens como 'acredite, em Goiânia' induziam o consumidor a acreditar que o show seria, na verdade, da banda original", afirmou o delegado.

O produtor não chegou a ficar muito tempo na delegacia. Ele foi liberado ontem à noite mesmo após o pagamento de fiança de R$ 2.000. Além dele, outras três pessoas também serão indiciadas, segundo o delegado.

Até o momento, a reportagem não conseguiu falar com o produtor ou seus advogados."[79]

(3) "A embalagem é dourada, como a do Alpino. Tem a imagem de um bombom, como o Alpino. Até o nome está lá, idêntico. Mas o Alpino Fast, versão para beber do famoso chocolate da Nestlé, não tem Alpino.

Foi o que bastou para deflagrar uma polêmica que colocou a Nestlé na mira do Ministério Público, do CONAR (Conselho Nacional de Autorregulamentação Publicitária) e de órgãos de defesa do consumidor.

O principal argumento é que o produto induz o consumidor a erro, por não ter o bombom. A empresa se defende com uma inscrição na embalagem. Em letras miúdas, o aviso diz: "Não contém chocolate Alpino".

---

78 Disponível em: https://www1.folha.uol.com.br/equilibrioesaude/2011/01/854797-fabricante-da-pulseira-power-balance-admite-que-produto-nao-funciona.shtml. Acesso em: 15 mar. 2025.

79 Disponível em: https://m.folha.uol.com.br/ilustrada/2010/05/734660-produtor-de-banda-cover-do-abba-e-preso-por-propaganda-enganosa.shtml. Acesso em: 16 mar. 2025.

A informação, porém, não consta dos anúncios da bebida, lançada há três meses.

O sabor também é diferente, apontam consumidores e críticos. "Não tem nada a ver", diz a publicitária Letícia Watanabe, 25. Mesma opinião tem o chef confeiteiro Flavio Federico, 42, que testou o bombom e a bebida a pedido da Folha. "O aroma é bem diferente. O bombom tem aroma de chocolate; a bebida, de leite", disse. O Alpino de beber lhe pareceu "aguado".

A Promotoria de Defesa do Consumidor do Rio de Janeiro estuda entrar com ação na Justiça contra a Nestlé ou obrigar a empresa a mudar a embalagem e/ou a composição.

O caso está sob investigação, disse o promotor Júlio Machado. Segundo ele, o Departamento de Proteção e Defesa do Consumidor, ligado ao Ministério da Justiça, também abriu procedimento sobre o tema.

Já o Conar abriu representação para apurar eventual erro na publicidade do produto – a embalagem é considerada propaganda. Ainda não há data para o julgamento ocorrer. Se condenada, a Nestlé terá de modificar a embalagem.

Internet

A discussão sobre o Alpino rendeu 354 comentários no blog "Coma com os Olhos", o primeiro a levar o assunto à internet, no final de fevereiro.

O dono do blog, Itamar Taver, 36, diz ter sido avisado por um amigo. Foi postar o texto "Alpino Fast – Você Está Sendo Enganado" para as visitas ao blog explodirem ("mais de 100 mil visitas únicas e mil retuítes"). Foi ele que denunciou o caso à Promotoria e ao CONAR.

Outro lado

A Nestlé disse que o Alpino Fast é feito com ingredientes que lhe conferem "sabor similar" ao do chocolate Alpino.

Não foi possível, porém, criar uma bebida que fosse exatamente a versão derretida do Alpino, em razão de os produtos terem "processos produtivos diferentes", disse a empresa.

Segundo a Nestlé, o Alpino Fast foi aprovado em pesquisa feita entre 2008 e 2009 com consumidores frequentes do bombom.

"Os resultados asseguraram que as características da bebida foram relacionadas à marca Alpino, tendo revelado que a grande maioria dos consumidores reconheceu na bebida o verdadeiro sabor do chocolate Alpino."

Sobre a inscrição "Este produto não contém Alpino", contida na embalagem em letras pequenas, a Nestlé disse que a incluiu em consideração à "transparência da comunicação com o consumidor, em especial aquele que, eventualmente, tivesse a expectativa de que o produto fosse simplesmente chocolate Alpino derretido e engarrafado".

A Nestlé não informou quantos Alpino Fast já vendeu. O produto custa na faixa de R$ 2,50 – a publicidade mira principalmente o público na faixa dos 18 anos."[80]

(4) "Uma discussão sobre as propriedades terapêuticas da água levou ao CONAR (Conselho Nacional de Autorregulamentação Publicitária) duas das maiores fabricantes de água do país.

No final de setembro, a francesa Danone, dona da marca Bonafont, entrou com uma representação no órgão contra a Minalba, do grupo cearense Edson Queiroz, líder desse mercado no país.

A Danone pediu a suspensão de uma campanha lançada recentemente pela concorrente que enaltecia o baixo teor de sódio de sua água.

A publicidade, veiculada em revistas, internet e material de ponto de venda, dizia que, "reduzindo o sódio, você tira o inchaço e a retenção de líquido".

Segundo a Danone, o material induzia o consumidor ao erro e configurava "propaganda enganosa".

Na representação, a Danone cita parecer de nutricionistas para rebater a propaganda da rival. "O consumo de uma determinada água não tira o inchaço, não tira a retenção de líquido e não emagrece", diz o parecer.

Em sua defesa, a Minalba alega que as informações sobre o produto são verídicas e que há contradição nos argumentos da multinacional.

A empresa cita propaganda da Danone de 2008 que concluiria que "o consumo diário de 2 litros de água Bonafont, com baixo teor de sódio, durante 15 dias, seria capaz de diminuir o inchaço".

"Achamos estranho a Danone, que começou com o movimento de qualificar a água, fazer isso agora", diz Rogério Tavares, gerente comercial da Minalba.

Apesar da contestação, o pedido da Danone foi acatado pelo órgão em caráter liminar na semana passada.

A empresa francesa estreou nessa categoria em 2008 e tem a liderança de mercado em São Paulo.

---

80 Disponível em: https://www1.folha.uol.com.br/fsp/cotidian/ff1205201015.htm. Acesso em: 15 mar. 2025.

Sua marca foi a primeira a ressaltar as propriedades químicas do produto – como o sódio reduzido.

Em nota, a companhia informou que "ressalta os benefícios e a importância da ingestão de quantidades adequadas de água e posiciona a marca Bonafont como uma opção".

A Minalba disse que está reformulando a campanha para atender à decisão do CONAR, mas que aguarda o julgamento sobre o mérito da questão."[81]

(5) "Um anúncio de um produto antirrugas da L'Oréal com a atriz de Hollywood Rachel Weisz foi proibido pela ASA (Autoridade de Padrões Publicitários) – que supervisiona a indústria britânica – por exagerar "de forma enganosa" o desempenho do produto.

O pedido para análise do anúncio, publicado em duas páginas de uma revista, foi feito pela parlamentar Jo Swinson, confundadora da Campanha para a Confiança do Corpo. Swinson já obteve sucesso em outras causas sobre imagens retocadas.

A peça, promovendo o produto Revitalift Repair 10 da L'Oréal, mostra um "close-up" em preto e branco do rosto de Rachel Weisz. Na avaliação da parlamentar, a publicidade deturpa os resultados que poderiam ser alcançados pelo produto.

Em sua sentença publicada nesta quarta-feira, a ASA disse que a propaganda não deve reaparecer na forma atual.

"Concluímos que a imagem no anúncio exagerou de forma enganosa o desempenho do produto em relação à declaração 'a pele parece mais suave" e 'a compleição parece mais lisa'".

Mas, em outra sentença publicada em seu website, a ASA rejeitou queixas sobre um outro anúncio de produto da L'Oréal, no qual aparece uma foto da atriz Jane Fonda. A entidade considerou que a imagem não havia sido "modificada substancialmente".[82]

Já a publicidade abusiva, de acordo com Nayron Toledo, é aquela publicidade que fere a vulnerabilidade do consumidor, por ter elementos que ofendem valores básicos que devem ser protegidos. São consideradas abusivas aquelas que incitem a discriminação entre raças, a violência, medo, superstição, ou que ofendam os animais, o meio ambiente. Também são

---

[81] Disponível em: https://www1.folha.uol.com.br/fsp/mercado/72851-danone-e-minalba-discutem-os-poderes-de-agua-terapeutica.shtml. Acesso em: 16 mar. 2025.

[82] Disponível em: https://m.folha.uol.com.br/mercado/2012/02/1042361-reino-unido--proibe-propaganda-da-loreal-com-rachel-weisz.shtml. Acesso em: 16 mar. 2015.

consideradas abusivas aquelas publicidades com foco nos hipossuficientes (crianças, idosos, doentes...). São exemplos:[83]

(a) Publicidade que incita a violência contra animais.

(b) Publicidade que incita o preconceito contra egressos que cumpriram sua pena.

(c) Publicidade que incita preconceito entre as raças – como no caso do anúncio: "Café Parmalat agora um café a altura do nosso leite" (https://www.propagandashistoricas.com.br/2015/11/cafe-parmalat-altura-do-leite-1997.html)

A *publicidade comparativa* não foi objeto de normatização em nosso CDC. Rizzatto Nunes enfrenta a questão ao apresentar sete regras básicas a serem seguidas para que se possa classificar a publicidade comparativa como legítima:

"a) O fim da comparação deve ser o esclarecimento e/ou a defesa do consumidor (art. 32, a);

b) A comparação deve ser feita de forma objetiva, evitando o uso de alusões de caráter subjetivo, e deve ser passível de comprovação (art. 32, b e c);

c) Os modelos a serem comparados devem ter sido produzidos no mesmo ano. A comparação entre modelos de épocas diferentes só é possível se se pretender demonstrar evolução, que deve ficar claramente caracterizada (art. 32, d);

d) Não se pode estabelecer confusão entre produtos, serviços e marcas concorrentes (art. 32, e);

e) Não se pode caracterizar concorrência desleal nem denegrir a imagem do produto, serviço ou marca concorrente (art. 32, f);

f) Não se pode utilizar injustificadamente a imagem corporativa ou o prestígio de terceiros (art. 32, g);

---

[83] Disponível em: http://www.jurisprudenciaeconcursos.com.br/arquivos/1330002163.pdf. Acesso em: 10 mar. 2013.

g) Se se tratar de comparação entre produto ou serviço cujo preço seja de desigual nível, tal circunstância deve ser claramente indicada (art. 32, h)."[84]

Em relação à prática abusiva o STJ já decidiu: "o envio do cartão de crédito, ainda que bloqueado, sem pedido pretérito e expresso do consumidor, caracteriza prática comercial abusiva, violando frontalmente o disposto no artigo 39, III, do Código de Defesa do Consumidor." (REsp 1199117/SP, Rel. Ministro PAULO DE TARSO SANSEVERINO, TERCEIRA TURMA, julgado em 18/12/2012, DJe 04/03/2013).

Da mesma forma: "Apesar de a rescisão contratual ter ocorrido por culpa da construtora (fornecedor), é devido o pagamento de aluguéis, pelo adquirente (consumidor), em razão do tempo em que este ocupou o imóvel. O pagamento da verba consubstancia simples retribuição pelo usufruto do imóvel durante determinado interregno temporal, rubrica que não se relaciona diretamente com danos decorrentes do rompimento da avença, mas com a utilização de bem alheio. Daí por que se mostra desimportante indagar quem deu causa à rescisão do contrato, se o suporte jurídico da condenação é a vedação do enriquecimento sem causa. Precedentes.

Seja por princípios gerais do direito, seja pela principiologia adotada no Código de Defesa do Consumidor, seja, ainda, por comezinho imperativo de equidade, mostra-se abusiva a prática de se estipular penalidade exclusivamente ao consumidor, para a hipótese de mora ou inadimplemento contratual, ficando isento de tal reprimenda o fornecedor – em situações de análogo descumprimento da avença. Assim, prevendo o contrato a incidência de multa moratória para o caso de descumprimento contratual por parte do consumidor, a mesma multa deverá incidir, em reprimenda do fornecedor, caso seja deste a mora ou o inadimplemento. Assim, mantém-se a condenação do fornecedor – construtor de imóveis – em restituir integralmente as parcelas pagas pelo consumidor, acrescidas de multa de 2% (art. 52, § 1º, CDC), abatidos os aluguéis devidos, em vista de ter sido aquele, o fornecedor, quem deu causa à rescisão do contrato de compra e venda de imóvel.

Descabe, porém, estender em benefício do consumidor a cláusula que previa, em prol do fornecedor, a retenção de valores a título de comissão de corretagem e taxa de serviço, uma vez que os mencionados valores não possuem natureza de cláusula penal moratória, mas indenizatória. [...] (REsp

---

84 NUNES, Rizzatto. *Curso de Direito do Consumidor*. 4.ed. São Paulo: Saraiva, 2009, p.462.

955.134/SC, Rel. Ministro LUIS FELIPE SALOMÃO, QUARTA TURMA, julgado em 16/08/2012, DJe 29/08/2012).

Merece destaque, também, a seguinte decisão: "[...] A relação jurídica existente entre o contratante/usuário de serviços bancários e a instituição financeira é disciplinada pelo Código de Defesa do Consumidor, consoante decidido pela Suprema Corte na ADI 2591.

No caso em julgamento, o Ministério Público estadual propôs ação cautelar para exibição de documentos bancários (listagem de correntistas da agência bancária e cópias dos contratos celebrados entre as partes), de modo a constatar a ocorrência de alegada prática abusiva quanto à imposição para aquisição de produtos bancários ("venda casada"), com vistas a eventual ajuizamento de ação civil pública.

O contingente de inúmeros correntistas, clientes da ré, possivelmente compelidos a adquirir produtos agregados quando buscam abertura de contas-correntes, pedidos de empréstimos ou outros serviços bancários, denota a origem comum dos direitos individuais e a relevância social da demanda, exsurgindo a legitimidade ativa do Parquet também para a ação cautelar". [...] (REsp 986.272/RS, Rel. Ministro LUIS FELIPE SALOMÃO, QUARTA TURMA, julgado em 20/09/2011, DJe 01/02/2012).

Da mesma forma, é considerado abusivo o descredenciamento de clínica médica no curso de tratamento quimioterápico, sem substituição por estabelecimento de saúde equivalente. Vejamos: "O *caput* do art. 17 da Lei nº 9.656/98 garante aos consumidores de planos de saúde a manutenção da rede de profissionais, hospitais e laboratórios credenciados ou referenciados pela operadora ao longo da vigência dos contratos.

Nas hipóteses de descredenciamento de clínica, hospital ou profissional anteriormente autorizados, as operadoras de plano de saúde são obrigadas a manter uma rede de estabelecimentos conveniados compatível com os serviços contratados e apta a oferecer tratamento equivalente àquele encontrado no estabelecimento de saúde que foi descredenciado. Art. 17, § 1º, da Lei nº 9.656/98.

O descredenciamento de estabelecimento de saúde efetuado sem a observância dos requisitos legalmente previstos configura prática abusiva e atenta contra o princípio da boa-fé objetiva que deve guiar a elaboração e a execução de todos os contratos. O consumidor não é obrigado a tolerar a diminuição da qualidade dos serviços contratados e não deve ver frustrada sua legítima expectativa de poder contar, em caso de necessidade, com os serviços colocados à sua disposição no momento da celebração do contrato de assistência médica. [...] (REsp 1119044/SP, Rel. Ministra NANCY ANDRIGHI, TERCEIRA TURMA, julgado em 22/02/2011, DJe 04/03/2011).

Outras Jurisprudências

DIREITO DO CONSUMIDOR. RECURSO ESPECIAL. VÍCIO DO PRODUTO. AUTOMÓVEIS SEMINOVOS. PUBLICIDADE QUE GARANTIA A QUALIDADE DO PRODUTO. RESPONSABILIDADE OBJETIVA. USO DA MARCA. LEGÍTIMA EXPECTATIVA DO CONSUMIDOR. MATÉRIA FÁTICO-PROBATÓRIA. SÚM. 7/STJ. 1. O Código do Consumidor é norteado principalmente pelo reconhecimento da vulnerabilidade do consumidor e pela necessidade de que o Estado atue no mercado para minimizar essa hipossuficiência, garantindo, assim, a igualdade material entre as partes. Sendo assim, no tocante à oferta, estabelece serem direitos básicos do consumidor o de ter a informação adequada e clara sobre os diferentes produtos e serviços (CDC, art. 6º, III) e o de receber proteção contra a publicidade enganosa ou abusiva (CDC, art. 6º, IV). 2. É bem verdade que, paralelamente ao dever de informação, se tem a faculdade do fornecedor de anunciar seu produto ou serviço, sendo certo que, se o fizer, a publicidade deve refletir fielmente a realidade anunciada, em observância à principiologia do CDC. Realmente, o princípio da vinculação da oferta reflete a imposição da transparência e da boa-fé nos métodos comerciais, na publicidade e nos contratos, de forma que esta exsurge como princípio máximo orientador, nos termos do art. 30. 3. Na hipótese, inequívoco o caráter vinculativo da oferta, integrando o contrato, de modo que o fornecedor de produtos ou serviços se responsabiliza também pelas expectativas que a publicidade venha a despertar no consumidor, mormente quando veicula informação de produto ou serviço com a chancela de determinada marca, sendo a materialização do princípio da boa-fé objetiva, exigindo do anunciante os deveres anexos de lealdade, confiança, cooperação, proteção e informação, sob pena de responsabilidade. 4. A responsabilidade civil da fabricante decorre, no caso concreto, de pelo menos duas circunstâncias: a) da premissa fática incontornável adotada pelo acórdão de que os mencionados produtos e serviços ofertados eram avalizados pela montadora através da mensagem publicitária veiculada; b) e também, de um modo geral, da percepção de benefícios econômicos com as práticas comerciais da concessionária, sobretudo ao permitir a utilização consentida de sua marca na oferta de veículos usados e revisados com a excelência da GM. 5. Recurso especial não provido. (STJ – REsp: 1365609 SP 2011/0105689-3, Relator: Ministro LUIS FELIPE SA-

LOMÃO, Data de Julgamento: 28/04/2015, T4 – QUARTA TURMA, Data de Publicação: DJe 25/05/2015).

DIREITO DO CONSUMIDOR. HIPÓTESE DE DANO MORAL *IN RE IPSA* PROVOCADO POR COMPANHIA AÉREA.

No caso em que companhia aérea, além de atrasar desarrazoadamente o voo de passageiro, deixe de atender aos apelos deste, furtando-se a fornecer tanto informações claras acerca do prosseguimento da viagem (em especial, relativamente ao novo horário de embarque e ao motivo do atraso) quanto alimentação e hospedagem (obrigando-o a pernoitar no próprio aeroporto), tem-se por configurado dano moral indenizável *in re ipsa*, independentemente da causa originária do atraso do voo. Inicialmente, cumpre destacar que qualquer causa originária do atraso do voo – acidente aéreo, sobrecarga da malha aérea, condições climáticas desfavoráveis ao exercício do serviço de transporte aéreo etc. – jamais teria o condão de afastar a responsabilidade da companhia aérea por abusos praticados por ela em momento posterior, haja vista tratar-se de fatos distintos. Afinal, se assim fosse, o caos se instalaria por ocasião de qualquer fatalidade, o que é inadmissível. Ora, diante de fatos como esses – acidente aéreo, sobrecarga da malha aérea ou condições climáticas desfavoráveis ao exercício do serviço de transporte aéreo –, deve a fornecedora do serviço amenizar o desconforto inerente à ocasião, não podendo, portanto, limitar-se a, de forma evasiva, eximir-se de suas responsabilidades. Além disso, considerando que o contrato de transporte consiste em obrigação de resultado, o atraso desarrazoado de voo, independentemente da sua causa originária, constitui falha no serviço de transporte aéreo contratado, o que gera para o consumidor direito a assistência informacional e material. Desse modo, a companhia aérea não se libera do dever de informação, que, caso cumprido, atenuaria, no mínimo, o caos causado pelo infortúnio, que jamais poderia ter sido repassado ou imputado ao consumidor. Ademais, os fatos de inexistir providência quanto à hospedagem para o passageiro, obrigando-o a pernoitar no próprio aeroporto, e de não ter havido informações claras quanto ao prosseguimento da viagem permitem aferir que a companhia aérea não procedeu conforme as disposições do art. 6º do CDC. Sendo assim, inexiste na hipótese caso fortuito, que, caso existisse, seria apto a afastar a relação de causalidade entre o defeito do serviço (ausência de assistência material e informacional) e o dano causado ao consumidor. No caso analisado, reputa-se configurado o dano moral, porquanto manifesta a lesão injusta a componentes do complexo de valores protegidos pelo Direito, à qual a reparação civil é garantida por mandamento constitucional, que objetiva recompor a vítima da violação de seus direitos de personalidade (art. 5º, V e X, da CF e art. 6º, VI, do CDC). Além do mais, configurado o fato do serviço, o fornecedor responde objetivamente pelos danos causados aos consumidores, nos termos do art. 14 do CDC. Sendo assim, o dano moral em análise opera-se *in re ipsa*, prescindindo de prova de prejuízo. Precedentes citados: AgRg no Ag 1.410.645-BA, Terceira Turma, DJe 7/11/2011; e AgRg no REsp 227.005-SP, Terceira Turma, DJ 17/12/2004. REsp 1.280.372-SP, Rel. Min. Ricardo Villas Bôas Cueva, julgado em 7/10/2014.

RECURSO ESPECIAL. AÇÃO CIVIL PÚBLICA. CONSUMIDOR. "REESTILIZAÇÃO" DE PRODUTO. VEÍCULO 2006 COMERCIALIZADO COMO MODELO 2007. LANÇAMENTO NO MESMO ANO DE 2006 DE NOVO MODELO 2007. CASO "PÁLIO FIRE MODELO 2007". PRÁTICA COMERCIAL ABUSIVA. PROPAGANDA ENGANOSA. PRINCÍPIO DA BOA-FÉ OBJETIVA. ALEGAÇÃO DE REESTILIZAÇÃO LÍCITA AFASTADA. LEGITIMIDADE DO MINISTÉRIO PÚBLICO. DIREITO INDIVIDUAL HOMOGÊNEO. INEXISTÊNCIA DE OMISSÃO NO ACÓRDÃO. AÇÃO CIVIL PÚBLICA PROCEDENTE. 1. Embargos de Declaração destinam-se a corrigir eventual omissão, obscuridade ou contradição intrínsecos ao julgado (CPC, art. 535), não constituindo via própria ao rejulgamento da causa 2. O Ministério Público tem legitimidade processual para a propositura de ação Civil Pública objetivando a defesa de direitos individuais homogêneos, de origem comum (CDC, art. 81, III), o que se configura, no caso, de modo que legitimado, a propor, contra a fabricante, Ação Civil Pública em prol de consumidores lesados por prática comercial abusiva e propaganda enganosa. 3. Embora lícito ao fabricante de veículos antecipar o lançamento de um modelo meses antes da virada do ano, prática usual no país, constitui prática comercial abusiva e propaganda enganosa e não de "reestilização" lícita, lançar e comercializar veículo no ano como sendo modelo do ano seguinte e, depois, adquiridos esses modelos pelos consumidores, paralisar a fabricação desse modelo e lançar outro, com novos detalhes, no mesmo ano, como modelo do ano seguinte, nem mesmo comercializando mais o anterior em aludido ano seguinte. Caso em que o fabricante, após divulgar e passar a comercializar o automóvel "Pálio Fire Ano 2006 Modelo 2007", vendido apenas em 2006, simplesmente lançou outro automóvel "Pálio Fire Modelo 2007", com alteração de vários itens, o que leva a concluir haver ela oferecido em 2006 um modelo 2007 que não viria a ser produzido em 2007, ferindo a fundada expectativa de consumo de seus adquirentes em terem, no ano de 2007, um veículo do ano. 4. Ao adquirir um automóvel, o consumidor, em regra, opta pela compra do modelo do ano, isto é, aquele cujo modelo deverá permanecer por mais tempo no mercado, circunstância que minimiza o efeito da desvalorização decorrente da depreciação natural. 5. Daí a necessidade de que as informações sobre o produto sejam prestadas ao consumidor, antes e durante a contratação, de forma clara, ostensiva, precisa e correta, visando a sanar quaisquer dúvidas e assegurar o equilíbrio da relação entre os contratantes, sendo de se salientar que um dos principais aspectos da boa-fé objetiva é seu efeito vinculante em relação à oferta e à publicidade que se veicula, de modo a proteger a legítima expectativa criada pela informação, quanto ao fornecimento de produtos ou serviços. 6. Adequada a condenação, realizada pelo Acórdão ora Recorrido, deve-se, a fim de viabilizar a mais eficaz liquidação determinada (Ementa do Acórdão de origem, item 5), e considerando o princípio da demora razoável do processo, que obriga prevenir a delonga na satisfação do direito, observa-se que, resta desde já arbitrado o valor do dano moral individual (item 5 aludido) em 1% do preço de venda do veículo, devidamente corrigido, a ser pago ao primeiro adquirente de cada veículo, com juros de mora a partir da data do evento danoso, que se confunde com o da aquisição à fábrica (Súmula 54/STJ). 7. Pelo exposto, nega-se provimento ao Recurso Especial. (STJ – REsp: 1342899 RS 2011/0155718-5, Relator: Ministro SIDNEI BENETI, Data de Julgamento: 20/08/2013, T3 – TERCEIRA TURMA, Data de Publicação: DJe 09/09/2013).

6.6 Cláusulas contratuais abusivas

As cláusulas contratuais abusivas são tratadas em Capítulo especial do CDC (Da Proteção Contratual), especialmente, no artigo 51 do CDC.

6.7 Inversão do ônus da prova

A inversão do ônus da prova prevista no art. 6º, VIII, do Código de Defesa do Consumidor é regra de instrução e não regra de julgamento, motivo pelo qual a decisão judicial que a determina deve ocorrer antes da etapa instrutória ou, quando proferida em momento posterior, há que se garantir à parte a quem foi imposto o ônus a oportunidade de apresentar suas provas, sob pena de absoluto cerceamento de defesa. (REsp 1.286.273-SP, Rel. Min. Marco Buzzi, Quarta Turma, por unanimidade, julgado em 08/06/2021).[85]

---

85 Não se pode deixar de mencionar que o novo diploma processual civil de 2015 lançou novo olhar para a questão da distribuição do ônus da prova, admitindo fosse ela dinâmica, seja por convenção das partes, seja diante das peculiaridades da causa relacionadas à impossibilidade ou à excessiva dificuldade de cumprir o encargo estabelecido na lei ou à maior facilidade de obtenção da prova do fato contrário.

A inversão do ônus da prova é um instrumento processual eficaz de defesa do consumidor. É claro que esta inversão não é concedida pelo magistrado de forma aleatória. O juiz verificará a verossimilhança da alegação do consumidor e decidirá de acordo com as regras de experiência. Vejamos algumas acordãos: "É cabível a inversão do ônus da prova em favor do consumidor para o fim de determinar às instituições financeiras a exibição de extratos bancários, enquanto não estiver prescrita a eventual ação sobre eles, tratando-se de obrigação decorrente de lei e de integração contratual compulsória, não sujeita à recusa ou condicionantes, tais como o adiantamento dos custos da operação pelo correntista e a prévia recusa administrativa da instituição financeira em exibir os documentos" (REsp nº 1.133.872/PB, Relator Ministro MASSAMI UYEDA, DJe 28/3/2012).

Tal proceder, embora não constasse da legislação adjetiva revogada, era e ainda é largamente aplicado com amparo nos ditames estabelecido pelo Código de Defesa do Consumidor, notadamente quando evidenciado que a hipossuficiência da parte enseja muitas vezes uma discrepância entre a capacidade de produção probatória, podendo, por este motivo ceder passo à inversão do ônus quando estivesse defronte à real plausibilidade do pedido corroborado pela efetiva verossimilhança das alegações do consumidor.

No caso, em que pese a matéria de fundo esteja vinculada a contratos de seguro individual – os quais têm a incidência do diploma consumerista, por constituírem em larga medida ajustes padrão (de adesão), no âmbito dos quais o consumidor tem mínima ou nenhuma ingerência –, tal não autoriza a desmedida inversão do ônus probatório, haja vista que a demanda é movida pelo Ministério Público, entidade que jamais pode ser considerada hipossuficiente, notadamente quando dotada de amplo poder investigatório de espectro administrativo pré-processual, cercando-se de vasto aparato técnico e jurídico para alcançar e reunir um conjunto probante para fazer frente ao ônus de prova estabelecido na lei de regência.

Certamente, a inversão do ônus da prova como regra de procedimento ocorrerá quando forem verificados os requisitos cumulativos da verossimilhança das alegações do consumidor ou a sua hipossuficiência. Assim, o magistrado poderia inverter o ônus da prova, com base no artigo 6º, inciso VIII, do Código de Defesa do Consumidor, transferindo ao réu o ônus que inicialmente incumbia ao autor. Ou seja, a inversão probatória não é regra, é mera faculdade. Com base nisso, é que se fundamenta a necessidade de que a inversão do ônus da prova ocorra em momento anterior ao da sentença, possibilitando à parte onerada a plenitude do direito de produzir a prova considerada necessária para a sua defesa.

Salienta-se que a jurisprudência desta Corte é no sentido de que a inversão do ônus da prova prevista no art. 6º, VIII, do CDC, é regra de instrução e não regra de julgamento, motivo pelo qual a decisão judicial que a determina deve ocorrer antes da etapa instrutória, ou quando proferida em momento posterior, garantir a parte a quem foi imposto o ônus a oportunidade de apresentar suas provas. (REsp 1.286.273-SP, Rel. Min. Marco Buzzi, Quarta Turma, por unanimidade, julgado em 08/06/2021)

"A necessidade de produção de determinadas provas encontra-se submetida ao princípio do livre convencimento do juiz, em face das circunstâncias de cada caso.

A revisão do posicionamento adotado pelo acórdão recorrido é inviável em sede de recurso especial, por necessário reexame do contexto fático-probatório dos autos (Súmula 7/STJ).

Subordina-se à análise da verossimilhança da alegação ou à demonstração de hipossuficiência realizada pelo magistrado, conforme as regras ordinárias de experiência, a inversão do ônus da prova em favor do consumidor, com fundamento no art. 6º, VIII, do CDC.

Em tal circunstância, a análise da suposta violação do art. 6º, VIII, do CDC, especialmente no que se refere à verossimilhança da alegação ou hipossuficiência para a inversão do ônus da prova, exigiria o reexame do contexto fático-probatório dos autos, portanto, inviável em sede de recurso especial, nos termos da Súmula do STJ.

Agravo regimental improvido. (AgRg no AREsp 237.430/SP, Rel. Ministro HUMBERTO MARTINS, SEGUNDA TURMA, julgado em 05/02/2013, DJe 19/02/2013)."

"Não há falar em negativa de prestação jurisdicional se o tribunal de origem motiva adequadamente sua decisão, solucionando a controvérsia com a aplicação do direito que entende cabível à hipótese, apenas não no sentido pretendido pela parte. Para o acolhimento da tese de configuração do dano moral seria imprescindível exceder os fundamentos do acórdão vergastado e adentrar no exame das provas, o que é vedado em sede de recurso especial a teor do Enunciado nº 7, do Superior Tribunal de Justiça. A inversão do ônus da prova fica a critério do juiz, a partir do exame da verossimilhança da alegação do consumidor e de sua hipossuficiência, aspectos que se relacionam ao conjunto fático-probatório dos autos delineado nas instâncias ordinárias, cujo reexame é vedado em sede especial, conforme disposto na Súmula nº 7/STJ. Agravo regimental não provido. (AgRg no Ag 1203259/RJ, Rel. Ministro RICARDO VILLAS BÔAS CUEVA, TERCEIRA TURMA, julgado em 06/12/2012, DJe 13/12/2012)."

"Quando verificada a relação de consumo, prevalece, no âmbito da Segunda Seção desta Corte Superior de Justiça que os efeitos da inversão do ônus da prova não possuem a força de obrigar a parte contrária a arcar com as custas da prova requerida pelo consumidor. Precedentes. Na espécie, a prova pericial determinada pelo juízo foi requerida pelo consumidor, e portanto, a ele é imposto o ônus de arcar com as custas, conforme entendimento já pacificado nesta Corte Superior. Agravo regimental a que se nega provimento. (AgRg no AREsp 246.375/PR, Rel. Ministro LUIS FELIPE SALOMÃO, QUARTA TURMA, julgado em 04/12/2012, DJe 14/12/2012)."

"É possível a inversão do ônus da prova (art. 6º, VIII, do CDC), ainda que se trate de responsabilidade subjetiva de médico, cabendo ao profissional a demonstração de que procedeu com atenção às orientações técnicas devidas. Precedentes: AgRg no Ag 969015/SC, Rel. Ministra MARIA ISABEL GALLOTTI, QUARTA TURMA, julgado em 07/04/2011, DJe 28/04/2011 e REsp 696284/RJ, Rel. Ministro SIDNEI BENETI, TERCEIRA TURMA, julgado em 03/12/2009, DJe 18/12/2009. O Tribunal a quo, ao concluir, após a inversão do ônus da prova, pela inexistência de comprovação do médico de que atuou com perícia, decidiu com base nas provas produzidas nos autos, cujo reexame é defeso em sede de recurso especial, em face do óbice da Súmula 7/STJ. Agravo regimental a que se nega provimento. (AgRg no AREsp 25.838/PR, Rel. Ministro LUIS FELIPE SALOMÃO, QUARTA TURMA, julgado em 20/11/2012, DJe 26/11/2012)."

"É pacífico o entendimento do Superior Tribunal de Justiça no sentido de que os serviços públicos prestados por concessionárias, como no caso dos autos, são regidos pelo Código de Defesa do Consumidor. A inversão do ônus da prova em processo, no caso de relação consumerista, é circunstância a ser verificada caso a caso, em atendimento à verossimilhança das alegações e hipossuficiência do consumidor, razão pela qual seu reexame encontra o óbice na Súmula 7/STJ. Agravo regimental não provido. (AgRg no AREsp 183.812/SP, Rel. Ministro MAURO CAMPBELL MARQUES, SEGUNDA TURMA, julgado em 06/11/2012, DJe 12/11/2012)."

"A inversão do ônus da prova com fins à plena garantia do exercício do direito de defesa do consumidor só é possível quando houver verossimilhança de suas alegações e constatada a sua hipossuficiência, a qual deverá ser examinada não só do ponto de vista social, mas, principalmente, do ponto de vista técnico. Na hipótese ora examinada, o Tribunal de origem indeferiu a inversão do ônus da prova e reconheceu a ausência da prática de ato ilícito da agravada, com apoio no substrato fático constante dos autos, atraindo a aplicação da Súmula 7/STJ. Agravo regimental não provido. (AgRg no Ag 1355226/RJ, Rel. Ministro LUIS FELIPE SALOMÃO, QUARTA TURMA, julgado em 18/09/2012, DJe 26/09/2012)".

6.8 Garantia de Práticas de Crédito Responsável, de Educação Financeira e de prevenção e tratamento de situações de superendividamento

Como dito alhures, a Lei nº 14.181/2021 (conhecida como Lei do Superendividamento)[86] concretizou a promoção do *crédito responsável*, mediante as alterações introduzidas no CDC e no Estatuto do Idoso.

Nesse sentido, incluiu o inciso XI como direitos básicos do consumidor, a saber: *"a garantia de práticas de crédito responsável, de educação financeira e de prevenção e tratamento de situações de superendividamento, preservado o mínimo existencial, nos termos da regulamentação, por meio da revisão e da repactuação da dívida, entre outras medidas;"*

Segundo a OCDE, *educação financeira* é "o processo mediante o qual os indivíduos e as sociedades melhoram a sua compreensão em relação aos conceitos e produtos financeiros, de maneira que, com informação, formação e orientação, possam desenvolver os valores e as competências necessários para se tornarem mais conscientes das oportunidades e riscos neles envolvidos e, então, poderem fazer escolhas bem informadas, saber onde procurar ajuda e adotar outras ações que melhorem o seu bem-estar. Assim, podem contribuir de modo mais consistente para a formação de indivíduos e sociedades responsáveis, comprometidos com o futuro".[87]

O superenvidamento é a situação fática de um indivíduo de boa-fé que não tem condições de pagar suas dívidas sem comprometer o mínimo existencial. O art. 54-A, § 1º, do CDC define esse conceito

> § 1º Entende-se por superendividamento a impossibilidade manifesta de o consumidor pessoa natural, de boa-fé, pagar a totalidade de suas dívidas de consumo, exigíveis e vincendas, sem comprometer seu mínimo existencial, nos termos da regulamentação. (Incluído pela Lei nº 14.181, de 2021)

Ora o que se deseja é a preservação do mínimo existencial do consumidor na medida em que a lei oportuniza a revisão e repactuação da dívida como forma de superação do superendividamento.

---

86 A proposição nasceu no Senado como Projeto de Lei do Senado (PLS) nº 283, de 2013, fruto dos trabalhos da Comissão Temporária de Modernização do Código de Defesa do Consumidor. Seguiu para a Câmara dos Deputados como Projeto de Lei (PL) nº 3.514/2015, retornando ao Senado como Projeto de Lei (PL) nº 1.805, de 2021 (Substitutivo).

87 Disponível em: https://www.vidaedinheiro.gov.br/educacao-financeira-no-brasil/?-doing_wp_cron=1632690095.3138270378112792968750. Acesso em: 26 set. 2021.

6.9 Minímo Existencial

De acordo com o inciso XII do artigo 6º do CDC é um direito básico do consumidor a "a preservação do mínimo existencial, nos termos da regulamentação, na repactuação de dívidas e na concessão de crédito;"

De acordo com Cleyson de M. Mello, importante destacar que as expressões mínimo existencial e mínimo vital não se confudem.

> O mínimo vital está relacionado a uma parcela de direitos que permita a preservação da vida de uma pessoa, ou seja, é condição *sine qua non* para tratarmos da existência e dignidade de um indivíduo. Dessa forma, a garantia ao mínimo vital é um fator de eficácia para a garantia da existência de uma pessoa e, por conseguinte, o respeito a sua dignidade.
>
> Mais uma vez a dogmática constitucional alemã plasmou o conceito a um direito 'mínimo de existência' do princípio da dignidade da pessoa humana (artigo 1, I, da Lei Fundamental) e do direito à vida e à integridade física, mediante uma exegese sistêmica do conceito de Estado Social (art. 20, I, da LF).
>
> O mínimo existencial é, pois, inerente ao ser humano, surgindo num patamar pré-constitucional e, como tal, condiciona a ordem jurídica. É um vetor hermenêutico fundamental para a interpretação de cláusulas constitucionais relacionadas aos direitos fundamentais.[88]

6.10 Informação acerca dos preços dos produtos

Por fim, a Lei nº 14.181/2021 inseriu como direito básico do consumidor "a informação acerca dos preços dos produtos por unidade de medida, tal como por quilo, por litro, por metro ou por outra unidade, conforme o caso". (inciso XIII).

> Art. 7º. Os direitos previstos neste código não excluem outros decorrentes de tratados ou convenções internacionais de que o Brasil seja signatário, da legislação interna ordinária, de regulamentos expedidos pelas autoridades administrativas competentes, bem como dos que derivem dos princípios gerais do direito, analogia, costumes e equidade.
>
> Parágrafo único. Tendo mais de um autor a ofensa, todos responderão solidariamente pela reparação dos danos previstos nas normas de consumo.

---

[88] MELLO, Cleyson de Moraes. Direitos Fundamentais. Rio de Janeiro: Processo, 2021.

↳ COMENTÁRIOS

7.1 Fontes do Direito do Consumidor

O artigo 7º do CDC determina que os direitos do consumidor não estão adstritos ao próprio microssistema jurídico do CDC; ao contrário, ele dialoga e se comunica com outras fontes do direito, tais como, direito civil, direito penal, direito processual civil, bem como outros tratados ou convenções internacionais de que o Brasil seja signatário. O julgador deve ficar atento também aos regulamentos, bem como os direitos do consumidor que derivem dos princípios gerais do direito, analogia, costumes e equidades.

Por exemplo, "o Superior Tribunal de Justiça entende que a responsabilidade civil das companhias aéreas em decorrência da má prestação de serviços, após a entrada em vigor da Lei nº 8.078/90, não é mais regulada pela Convenção de Varsóvia e suas posteriores modificações (Convenção de Haia e Convenção de Montreal), ou pelo Código Brasileiro de Aeronáutica, subordinando-se, portanto, ao Código Consumerista.

O entendimento pacificado no Superior Tribunal de Justiça é de que o valor estabelecido pelas instâncias ordinárias a título de reparação por danos morais pode ser revisto tão somente nas hipóteses em que a condenação revelar-se irrisória ou exorbitante, distanciando-se dos padrões de razoabilidade, o que não se evidencia no presente caso. [...] (AgRg no AREsp 13.283/RS, Rel. Ministro RAUL ARAÚJO, QUARTA TURMA, julgado em 17/05/2012, DJe 15/06/2012).

Da mesma forma, o Tribunal de Justiça do Estado de São Paulo vem entendendo a questão: "A companhia aérea que presta o serviço de transporte aéreo internacional de passageiros responde objetivamente pelos danos causados e, a partir do advento da CF/88, não mais se aplicam os limites de indenização previstos e Convenções Internacionais, como a Convenção de Montreal precedida pela Convenção de Varsóvia". O entendimento é do Tribunal de Justiça de São Paulo, que tem dosado a indenização por danos materiais e morais que as companhias aéreas devem pagar aos passageiros que têm suas bagagens extraviadas em voos internacionais.

Reiteradamente, as companhias tentam diminuir a indenização por danos morais, quando há extravio de bagagem de passageiros, recorrendo a tratados internacionais, como o Pacto de Varsóvia, que estipula um valor máximo de indenização de 1.000 DES (direito especial de saque) — aproximadamente R$ 3 mil. Os tratados são mais benéficos para as empresas, já que o Código de Defesa do Consumidor não prevê limite para indenização.

Em análise de um caso recente, em que uma companhia aérea voltou a arguir o Pacto de Varsóvia para limitar a indenização total a 1.000 DES, o desembargador Mário de Oliveira, da 19ª Câmara de Direito Privado, ressaltou que "tal convenção é do ano de 1931 e foi editada para atender aos reclamos do transporte aéreo da época, sendo, pois, anterior à vigência da Constituição Federal de 1.988, e do CODECON de 1991. Portanto, a Convenção de Varsóvia é lei anterior ao sistema normativo, não se aplicando aos casos de extravio de bagagem".

O desembargador ainda aponta que a indenização por danos materiais deve obedecer o valor declarado pelo passageiro. "Não cabe impor à autora o ônus de provar o conteúdo da bagagem extraviada, porquanto incumbia à ré exigir, a seu critério, declaração desse conteúdo. Se não o fez ao receber a bagagem, aceitou incondicionalmente a responsabilidade por sua guarda e pelos bens ali contidos".

O TJ-SP entende que a perda de bagagem também caracteriza danos morais. Para Mário de Oliveira, "a pessoa que programa uma viagem, com a finalidade de divertimento ou lazer, privada de sua bagagem, passa por aborrecimentos e até constrangimentos desnecessários e imprevistos. Portanto a perda de bagagem caracteriza danos morais".

Ainda de acordo com o desembargador, a utilização do Pacto de Varsóvia impediria que a indenização por danos morais atendesse aos princípios da proporcionalidade e da razoabilidade. Ele ressaltou que a quantia deve servir para impedir que o causador do dano promova atos da mesma natureza perante outros consumidores, além de promover a efetiva compensação do prejuízo suportado."[89]

7.2 Solidariedade

Nas ações de responsabilidade civil, "tendo mais de um autor a ofensa, todos responderão solidariamente pela reparação dos danos previstos nas normas de consumo." É o que diz o parágrafo único do artigo 7º do CDC. A responsabilidade civil é, pois, objetiva.

---

89 BARBOSA, Rogério. *Extravio de bagagens em aeroporto está sujeito ao CDC*. Disponível em: http://www.conjur.com.br/2012-mai-14/empresas-aereas-sujeitas-cdc-nao-tratados--internacionais. Acesso em: 17 mar. 2013.

7.3 Jurisprudências

AÇÃO CIVIL PÚBLICA. RECURSO ESPECIAL. TRANSPORTE PÚBLICO. SISTEMA DE BILHETAGEM ELETRÔNICA. LEGITIMIDADE DO MINISTÉRIO PÚBLICO. RELAÇÃO DE CONSUMO. VIOLAÇÃO DO DIREITO BÁSICO DO CONSUMIDOR À INFORMAÇÃO ADEQUADA.

1. A ausência de decisão acerca dos dispositivos legais indicados como violados impede o conhecimento do recurso especial. Súmula 211/STJ.

2. Os embargos declaratórios têm como objetivo sanear eventual obscuridade, contradição ou omissão existentes na decisão recorrida.

Inexiste ofensa ao art. 535 do CPC quando o Tribunal de origem pronuncia-se de forma clara e precisa sobre a questão posta nos autos, assentando-se em fundamentos suficientes para embasar a decisão, como ocorrido na espécie.

3. O Ministério Público tem legitimidade ativa para a propositura de ação civil pública que visa à tutela de direitos difusos, coletivos e individuais homogêneos, conforme inteligência dos arts. 129, III da Constituição Federal, arts. 81 e 82 do CDC e arts. 1º e 5º da Lei nº 7.347/85.

4. A responsabilidade de todos os integrantes da cadeia de fornecimento é objetiva e solidária. Arts. 7º, parágrafo único, 20 e 25 do CDC.

5. A falta de acesso à informação suficiente e adequada sobre os créditos existentes no bilhete eletrônico utilizado pelo consumidor para o transporte público, notadamente quando essa informação foi garantida pelo fornecedor em propaganda por ele veiculada, viola o disposto nos arts. 6º, III e 30 do CDC.

6. Na hipótese de algum consumidor ter sofrido concretamente algum dano moral ou material em decorrência da falta de informação, deverá propor ação individual para pleitear a devida reparação. 6. Recurso especial parcialmente provido. (REsp 1099634/RJ, Rel. Ministra NANCY ANDRIGHI, TERCEIRA TURMA, julgado em 08/05/2012, DJe 15/10/2012).

DIREITO CIVIL E DO CONSUMIDOR. AÇÃO DE INDENIZAÇÃO POR DANOS MATERIAIS. PACOTE TURÍSTICO. MÁ PRESTAÇÃO DE SERVIÇO. RESPONSABILIDADE OBJETIVA DA OPERADORA. ART. 14 DO CDC. CONTRATO DE SEGURO SAÚDE PARA VIAGEM. CONTRATAÇÃO CASADA. NEGATIVA INDEVIDA DE COBERTURA NO EXTERIOR. CADEIA DE CONSUMO. SOLIDARIEDADE LEGAL ENTRE A OPERADORA E A SEGURADORA. ART. 7º DO CDC.

RESSARCIMENTO DAS DESPESAS COM TRANSPORTE EM UTI AÉREA PARA O BRASIL E DEMAIS DESPESAS MÉDICAS. CABIMENTO.

1. O Tribunal de origem, analisando os fatos concluiu tratar-se de má prestação de um serviço, sendo a operadora de turismo, portanto, prestadora de serviço, como tal responde, independentemente de culpa pela reparação dos danos causados aos consumidores, nos termos do art. 14 do Código de Defesa do Consumidor.

2. Acresce que o parágrafo único do art. 7º do Código consumerista adotou o princípio da solidariedade legal para a responsabilidade pela reparação dos danos causados ao consumidor, podendo, pois, ele escolher quem acionará. E, por tratar-se de solidariedade, caberá ao responsável solidário acionado, depois de reparar o dano, caso queira, voltar-se contra os demais responsáveis solidários para se ressarcir ou repartir os gastos, com base na relação de consumo existente entre eles.

3. Desse modo, a distinção que pretende a recorrente fazer entre a sua atuação como operadora dissociada da empresa que contratou o seguro de viagem não tem relevância para a solução do caso e não afastaria jamais a sua responsabilidade.

4. Recurso Especial improvido. (REsp 1102849/RS, Rel. Ministro SIDNEI BENETI, TERCEIRA TURMA, julgado em 17/04/2012, DJe 26/04/2012)

CAPÍTULO IV
Da Qualidade de Produtos e Serviços, da Prevenção e da Reparação dos Danos

SEÇÃO I
Da Proteção à Saúde e Segurança

Art. 8º. Os produtos e serviços colocados no mercado de consumo não acarretarão riscos à saúde ou segurança dos consumidores, exceto os considerados normais e previsíveis em decorrência de sua natureza e fruição, obrigando-se os fornecedores, em qualquer hipótese, a dar as informações necessárias e adequadas a seu respeito.

§ 1º Em se tratando de produto industrial, ao fabricante cabe prestar as informações a que se refere este artigo, através de impressos apropriados que devam acompanhar o produto. (Redação dada pela Lei nº 13.486, de 2017).

§ 2º O fornecedor deverá higienizar os equipamentos e utensílios utilizados no fornecimento de produtos ou serviços, ou colocados à disposição do consumidor, e informar, de maneira ostensiva e adequada, quando for o caso, sobre o risco de contaminação. (Incluído pela Lei nº 13.486, de 2017).

Parágrafo único. Em se tratando de produto industrial, ao fabricante cabe prestar as informações a que se refere este artigo, através de impressos apropriados que devam acompanhar o produto.

Art. 9º. O fornecedor de produtos e serviços potencialmente nocivos ou perigosos à saúde ou segurança deverá informar, de maneira ostensiva e adequada, a respeito da sua nocividade ou periculosidade, sem prejuízo da adoção de outras medidas cabíveis em cada caso concreto.

Art. 10. O fornecedor não poderá colocar no mercado de consumo produto ou serviço que sabe ou deveria saber apresentar alto grau de nocividade ou periculosidade à saúde ou segurança.

§ 1º O fornecedor de produtos e serviços que, posteriormente à sua introdução no mercado de consumo, tiver conhecimento da periculosidade que apresentem, deverá comunicar o fato imediatamente às autoridades competentes e aos consumidores, mediante anúncios publicitários.

§ 2º Os anúncios publicitários a que se refere o parágrafo anterior serão veiculados na imprensa, rádio e televisão, às expensas do fornecedor do produto ou serviço.

§ 3º Sempre que tiverem conhecimento de periculosidade de produtos ou serviços à saúde ou segurança dos consumidores, a União, os Estados, o Distrito Federal e os Municípios deverão informá-los a respeito.

Art. 11. (Vetado).

⇁ COMENTÁRIOS

A Seção I, do Capítulo IV, do CDC trata da Proteção à Saúde e Segurança nas relações de consumo (artigos 8º ao 11). Aqui a preocupação do legislador se destaca em razão dos diversos acidentes de consumo que colocam em risco à vida e à saúde do consumidor.

8.1 Riscos à saúde ou segurança dos consumidores

O artigo 8º determina que "os produtos e serviços colocados no mercado de consumo não acarretarão riscos à saúde ou segurança dos consumidores, exceto os considerados normais e previsíveis em decorrência de sua natureza e fruição, obrigando-se os fornecedores, em qualquer hipótese, a dar as informações necessárias e adequadas a seu respeito." Ora, aqui se trata da questão dos riscos e alguns destes são normais e previsíveis. Em relação a questão, Antônio Herman Benjamin ensina que: "De uma maneira geral, pode-se dizer que não há produto ou serviço totalmente seguro. Constata-se que os bens de consumo têm sempre um resíduo de insegurança que pode ou não merecer a atenção do legislador. O direito, de regra, só atua quando a insegurança ultrapassa o patamar da normalidade e da previsibilidade do risco, consubstanciando-se em verdadeiro defeito. Assim, todo produto ou serviço, por mais seguro e inofensivo que seja, traz sempre uma ponta de insegurança para o consumidor. Não se pode, é claro, denominá-los produtos ou serviços enodoados com vício de qualidade por insegurança, portadores de defeito. Seria esta uma insegurança que está em acordo com a legítima expectativa do consumidor. Estaríamos, aí, diante de uma periculosidade inerente [...]".[90]

Em se tratando de produto industrial, ao fabricante cabe prestar as informações a que se refere este artigo, através de impressos apropriados que devam acompanhar o produto.

9.1 Produtos nocivos ou perigosos

Como dito alhures, o direito a informação sobre os riscos que os produtos e serviços possam vir a apresentar estão determinados no artigo 9º do CDC ao dispor: "O fornecedor de produtos e serviços potencialmente nocivos ou perigosos à saúde ou segurança deverá informar, de maneira

---

[90] BENJAMIN, Antônio Herman de Vasconcellos e. *Comentários ao Código de Proteção do Consumidor*, São Paulo: Saraiva, 1991, p. 47.

ostensiva e adequada, a respeito da sua nocividade ou periculosidade, sem prejuízo da adoção de outras medidas cabíveis em cada caso concreto."

9.1.1 Jurisprudências

Recurso Especial nº 1.261.002 – RS (2011/0139806-5). Relator: ministro Benedito Gonçalves. Recorrente: sindicato da indústria do fumo no estado do Rio Grande do Sul. Sinditabaco RS. Recorrido: Agência Nacional de Vigilância Sanitária – ANVISA administrativo, constitucional e processual civil. Recurso especial. Ação que objetiva impedir a ANVISA de exigir a divulgação de imagens e figuras impactantes nos maços de cigarros. RDC/ANVISA nº 54/2008. Acórdão recorrido que decide a lide com base em interpretação de dispositivos constitucionais. Não cabimento do recurso especial, nos termos do art. 105, III, da Constituição Federal. Alegação de cerceamento de defesa. Pretensão que depende de reexame fático-probatório. Súmula nº 7 Do STJ. Tese recursal sobre abuso de direito não prequestionada. Súmula nº 211 Do STJ. Recurso especial a que se nega seguimento.

DECISÃO.[91]

9.2 Dever de informar de maneira ostensiva e adequada

De acordo com os autores do anteprojeto do CDC, "uma informação é *ostensiva* quando se exterioriza de forma tão manifesta a translúcida que

---

[91] Trata-se de recurso especial interposto pelo Sindicato da Indústria do Fumo no Estado do Rio Grande do Sul – Sinditabaco/RS interposto contra acórdão proferido pelo Tribunal Regional Federal da 4ª Região, cuja ementa é a seguinte:
AGRAVO. ANVISA. CAMPANHA NOS MAÇOS DE CIGARRO. PERÍCIA. MALEFÍCIOS SAÚDE. LEGALIDADE.
A prova produzida nos autos, com pareceres científicos trazidos pelas partes, é absolutamente suficiente para a solução da lide. A improcedência da demanda decorreu da apreciação de questões de ordem legal e juízo jurídico-valorativo para os quais os elementos constantes nos autos se demonstraram plenamente suficientes para o deslinde da causa, sendo desnecessária a realização da perícia pretendida.
A pretensão governamental é simples, demonstrar o mal que o fumo causa à saúde, e como tal, as regulamentações da ANVISA neste sentido estão em conformidade com os preceitos constitucionais e legais atinentes à espécie.
Houve a oposição de embargos declaratórios contra esse acórdão, mas foram rejeitados, por se entenderem ausentes as hipóteses do art. 535 do CPC.
Nas razões recursais (fls. 624 et seq), alegam-se:
(i) Violação do art. 3º da Lei nº 9.294/1996 e do art. 220, § 3º, inciso II, e § 4º, da Constituição Federal de 1988, ao argumento de que a determinação constitucional de que a propaganda comercial de tabaco contenha advertência sobre os malefícios de seu

uso, quando necessário, é restrita à propagando comercial, mas não às embalagens do produto. Suscita-se que "o legislador ordinário impôs a utilização nas embalagens e publicidade de cigarro a advertência sobre os riscos associados ao consumo de derivados do tabaco, acompanhada de imagens ou figuras que ilustrem o sentido da mensagem [...] advertir significa explicar, dar informações. Assim, como dispôs a Constituição – e não poderia ser diferente –, as restrições estabelecidas pela lei têm o propósito específico de informar o consumidor, advertindo-o sobre possíveis riscos à saúde. E 'ilustrar o sentido da mensagem' não tem nada a ver com o móvel perseguido pela ANVISA, que foi o de 'criar aversão ao produto' (fl. 637).

(ii) Violação do art. 3º, inciso I, § 1º, da Lei nº 9.294/1996 e do art. 5º, inciso VI, da Constituição Federal de 1988, aos fundamentos de que: (a) as imagens vinculadas às advertências, que foram determinadas pela ANVISA, ofendem o sentimento religioso: "a imagem denominada 'infarto' depara-se com a alucinada ficção de um coração humano cravejado de guimbas de cigarro, sem falar que materializa uma grotesca paródia da imagem universal do Sagrado Coração de Jesus: ao invés da coroa de espinhos que circunda o coração radiante, cravejou-se um coração com guimbas de cigarro" (fl. 643); (b) a Lei nº 9.294/1996, no mencionado dispositivo, proíbe que propagando comercial referente ao tabaco faça associação a celebrações religiosas.

(iii) violação do art. 1º, inciso III, da Constituição Federal de 1988, por se considerar que "o valor constitucional da advertência pro parte do Estado sobre os malefícios decorrentes do uso do cigarro (previsto no § 4º do art. 220 da Constituição) deve ser ponderado até o ponto em que não colida ou viole ou valor constitucional da dignidade da pessoa humana (previsto no inciso III do art. 1º da Constituição)" (fl. 644).

(iv) Violação do art. 60 do Código de Defesa do Consumidor e dos artigos 1º, inciso IV, 170, inciso IV, 5º, incisos IV, IX e LV, e 220 da Constituição Federal de 1988, por se entender que, "além de exorbitar do fim legal, as imagens impugnadas e ora autorizadas à veiculação, acompanhadas das respectivas cláusulas de advertência, impõem às indústrias fumageiras o ônus de custear e veicular contrapropaganda de seus próprios produtos" (fl. 645); assim, defende-se que, pelo fato de a venda do tabaco ser lícita, não se poderia impor a sanção de contrapropaganda, sob pena de violação dos princípios constitucionais da liberdade de expressão e da liberdade de iniciativa.

(v) Violação dos artigos 5º, incisos XIV e XXXIII, 37 e 220 da Constituição Federal de 1988, por se conceber que o direito dos cidadãos de receber informações verdadeiras está sendo desrespeitado pela RDC nº 54/2008, uma vez que as imagens cuja exibição é obrigatória não retratam a realidade.

(vi) Violação do art. 2º da Lei nº 9.784/1999 e os artigos 1º e 5º, inciso LIV, da Constituição Federal de 1988, por se reputar que a determinação de exibição das referidas imagens não observa o princípio da proporcionalidade.

(vii) Violação do art. 187 do Código Civil, por se ter em conta que a advertência sobre malefícios do tabaco não pode conter "imagens delirantes e surrealistas, que deliram da realidade concreta e objetivam não informar, mas, precipuamente, causar asco, repulsa e horror" (fl. 654), razão pela qual a determinação da ANVISA se caracterizaria ato de abuso de poder.

(viii) Violação do art. 332 do Código de Processo Civil – CPC e do art. 5º, LV, da Constituição Federal de 1988, por se pensar que, no caso, o julgamento da lide, sem que oportunizada a produção de prova pericial, cerceou o direito de defesa do recorrente. Nas contrarrazões (fls. 716-759), a ANVISA remete-se ao mérito da demanda, defendendo a constitucionalidade e a legalidade da RDC nº 54/2008. Recurso especial admitido na origem. Autos conclusos em 5 de julho de 2011.

É o relatório.

O presente recurso especial se origina de ação movida pelo Sinditabaco/RS contra a Agência Nacional de Vigilância Sanitária - ANVISA, na qual se busca "assegurar a todas as fabricantes de cigarro o direito de não incluir em suas linhas de produção, bem como de não veicular nas embalagens de seus produtos e materiais publicitários, as imagens e suas respectivas cláusulas escritas, contidas na Resolução da ANVISA RDC n° 54/2008; autorizar que as empresas de tabaco, em substituição às advertências impugnadas nesta ação, continuem veiculando nas embalagens de seus cigarros as imagens divulgadas pela Resolução n° 335/2003; e condenar a ANVISA a abster-se de aplicar qualquer espécie de sanção pelo descumprimento da RDC n° 54/2008" (fl. 35). Na inicial da ação judicial, defende-se, entre outras, que "as fotomontagens não retratam os riscos associados ao tabaco, e causam profunda ojeriza, horror, asco e desinformação" (fl. 14). Ao julgar o recurso de apelação interposto contra a sentença de improcedência, o Tribunal Regional Federal externou, no que interessa e com grifo nosso, os seguintes fundamentos: No tocante à alegação de cerceamento de defesa pelo indeferimento de perícia multidisciplinar (medicina e publicidade), a apreciação dos fundamentos da sentença, bem como da decisão ora agravada, fazem ver, com clareza, que a improcedência da demanda decorreu da apreciação de questões de ordem constitucional e legal e juízos jurídico-valorativos para os quais os elementos constantes nos autos se demonstraram plenamente suficientes, sendo assim desnecessária ao deslinde do feito a realização da perícia pretendida. Com efeito, a questão ou não de deferimento de uma determinada prova depende de avaliação do juiz, dentro do quadro probatório existente, da necessidade dessa prova. Por isso a possibilidade de indeferimento de diligências desnecessárias, inúteis ou muitas vezes protelatórias, prevista na parte final do artigo 130 do CPC: [...] 1.Regulação constitucional, legal e administrativa da defesa e das restrições diante da propaganda de tabaco. O comando constitucional (art. 220, § 3°, II, e § 4°) determina a adoção de medidas de defesa de propaganda de produtos nocivos e que esta defesa dar-se-á por dois meios: (a) restrições legais à propaganda e (b) advertência sobre os malefícios decorrentes do uso do produto.

O desenvolvimento legislativo da norma constitucional (Lei n° 9.294/1996) impôs restrições legais à publicidade quanto: (a) à modalidade de propaganda (só é permitida a propaganda através de cartazes, pôsteres e painéis), (b) a limitação dos espaços onde podem ser afixados (art. 3°, caput), (c) à observância de certos princípios (arrolados nos seis incisos do parágrafo primeiro do aludido art. 3°) e (d) pela introdução de advertência sobre os malefícios do produto (parágrafo 2°). Ademais, a lei distingue duas situações quanto à aposição de imagens e figuras, bem como de advertências: de um lado, as embalagens e os maços de produtos fumígenos; de outro, o material de propaganda referido no artigo 3° (cartazes, pôsteres e painéis). Antes de adentrar no exame da constitucionalidade e da legalidade das restrições à propaganda e da determinação de inserção de fotos e frases nos maços e embalagens de produtos fumígenos, operados pela Resolução n° 54/2008, da ANVISA, é mister enfrentar a alegação de vício formal na edição do ato administrativo, por ofensa à reserva legal.

2. Resolução n° 54/2008, Reserva Legal e Competência da ANVISA A Constituição, no artigo 220, § 3°, inciso II, e § 4°, determina que as restrições e advertências em face da propaganda dos produtos fumígenos devem ser veiculadas por meio de lei formal. As normas legais veiculadas pela Lei n° 9.294/1996, por sua vez, atendem a esta determinação. Elas estabelecem que a propaganda conterá advertência, sempre que possível falada e escrita, sobre os malefícios do fumo, acompanhada de imagem ou figura ilustrativa do sentido da mensagem. Neste contexto, a resolução não desbordou da legislação requerida pela norma constitucional. A escolha das imagens e das frases de advertência que melhor cumprem a missão de restringir a propaganda do tabaco é

tarefa que cabe à Administração, até porque ninguém sustentaria que a lei em sentido formal devesse descer a tal detalhamento. Isto fica ainda mais patente pelos termos da própria Lei nº 9.294/1996, cujo artigo 3º, parágrafo 2º, por exemplo, atribui ao Poder Executivo o estabelecimento e a forma de utilização, simultânea ou rotativa, das advertências. Com efeito, o que a cláusula da reserva legal objetiva é vedar, nas matérias a ela sujeitas, a atuação de órgão não legislativo. A Constituição determinou que somente o legislador pode determinar as restrições, e ele assim procedeu, restringindo a publicidade quanto aos meios e locais admissíveis, bem como quanto à forma (imagens, figuras e frases, estas, se possível, escritas e faladas). Ela não reservou ao legislador a definição de tais ou quais imagens em concreto, sendo válida a imposição deste dever à Administração. Que fique firmada, ainda, a competência da ANVISA para editar a resolução impugnada, assentada na Lei nº 9.782/99, especialmente nos seus artigos 6º (que fala da implementação e da execução das políticas, diretrizes e ações de vigilância sanitária, bem como do controle, da fiscalização e do acompanhamento, sob o prisma sanitário, da propaganda e publicidade de produtos submetidos ao regime de vigilância sanitária) e 8º (que atribui à ANVISA a regulamentação, controle e fiscalização de produtos). Questão diversa é saber se, ao eleger as imagens e frases questionadas, a Administração ultrapassou o conteúdo informativo que se exige das advertências quanto à nocividade do tabaco, ou violou qualquer outro direito. Nesta quadra, a questão não é mais de reserva legal ou vício de competência por parte da ANVISA, mas sim de validade material da conduta administrativa.

3. Distinção entre embalagens e maços e material de propaganda: não incidência do art. 220, § 4º, em face de embalagens e maços. A apontada distinção legal entre embalagens e maços de produtos fumígenos, de um lado, e de propaganda do tabaco, do outro, é relevante para o deslinde de uma das teses centrais da agravante, ao menos parcialmente. Uma vez que, na dicção legal, a aposição de imagens e advertências nas embalagens é questão diversa da regulação dos meios de propaganda, não há que se falar em incidência do § 4º do art. 220 na hipótese de embalagens e maços. Improcede, portanto, a tese segundo a qual a advertência, de conteúdo informativo, impediria a utilização das imagens e advertências nas embalagens e maços. Isto porque, como dito, o âmbito de incidência do referido parágrafo 4º é a propaganda, hipótese diversa da confecção da embalagem e do maço do produto.

4. Compreensão constitucional das advertências quanto à nocividade do produto na publicidade e conteúdo informativo. Superado este argumento, é preciso examinar a tese recursal da limitação das restrições, fundada no § 4º do art. 220 da CF/88, com relação ao material publicitário. Este exame, ademais, é pertinente para aqueles que discordem da não incidência do referido parágrafo 4º quanto aos maços e embalagens, uma vez que a alegação de conteúdo divorciado de finalidade informativa alcança tanto embalagens e maços quanto material publicitário. A regulação constitucional específica trata de restrições à propaganda. Estas restrições têm como objetivo a defesa diante da propaganda de produtos nocivos; diz mais a Constituição: a propaganda conterá, sempre que necessário, advertência. A agravante sustenta que o conteúdo destas restrições deve se limitar à finalidade informativa, pois são meio para que o cidadão se defenda da publicidade, podendo ele próprio tomar, com consciência e autonomia, a decisão sobre o consumo do produto, o que pressupõe uma restrição eminentemente informativa, e não proibitiva, nem causadora de repulsa, nojo ou horror.

O comando constitucional é claro: possibilitar meio de defesa contra uma espécie de liberdade de expressão, que é o discurso comercial, que ocorre na publicidade de produto nocivo. Está implícito que este discurso, apesar de lícito, é potencialmente

danoso, tanto que a Constituição afirma a necessidade de meios de defesa em face deste discurso.
A ANVISA defende o ato, afirmando que concretizou o comando constitucional, com supedâneo legal, por meio das imagens discutidas. A propósito, diz o parágrafo 3º do artigo 3º da Lei nº 9.294/1996: § 3º – As embalagens e os maços de produtos fumígenos, com exceção dos destinados à exportação, e o material de propaganda referido no *caput* deste artigo conterão a advertência mencionada no § 2º acompanhada de imagens ou figuras que ilustrem o sentido da mensagem. Registre-se que a alusão feita por este parágrafo 3º à "advertência mencionada no § 2º" diz respeito à utilização de frases de advertência, concernentes aos malefícios do fumo. Fica, portanto, a questão acerca do conteúdo das imagens e frases utilizadas, com o propósito de advertir. A tese sustentada pela agravante é de que a norma constitucional aponta para uma limitação dos meios de defesa diante da publicidade e do modo de advertir, segundo a qual só seria admissível o conteúdo informativo. Apesar de não explicitado, o que se depreende das razões recursais é que "conteúdo informativo" diz respeito a dados técnicos e elementos objetivos, sem a utilização de metáforas ou representações capazes de desencadear sentimentos de repulsa, aversão e nojo. A agravante vai além: vislumbra não só desvio de finalidade, como também falha no dever estatal de criar condições para o exercício da autonomia decisória, consubstanciando decisão estatal anterior destinada a bloquear a decisão posterior do cidadão, pois que a repulsa é anti-informativa.
Esta tese revela, ao menos, dois pressupostos: que a utilização de advertências como meio de defesa diante da publicidade se limita a dados informativos; e que a informação adequada para capacitar o indivíduo e a família a deliberar sobre a utilização do produto nocivo é aquela que fornece elementos técnicos e dados científicos pertinentes, sem a adição de conteúdos capazes de alavancar emoções e sentimentos.
Com a devida vênia, tenho que tal argumentação improcede. A Constituição fala na defesa diante da publicidade de produto nocivo à saúde (art. 220, § 3º, II); fala em restrição legal à propaganda comercial de tabaco (§ 4º, primeira parte) e fala, ainda, que esta restrição conterá, sempre que necessário, advertência sobre os malefícios decorrentes do uso (§4º, segunda parte). Advertir, como registra o Dicionário Houaiss, é verbo com várias acepções: informar, avisar; censurar brandamente, prevenir, admoestar; repreender; atentar ou fazer atentar.
Uma interpretação meramente literal, portanto, não conforta a tese segundo a qual advertir, na dicção constitucional, só comporta conteúdo informativo desprovido de carga valorativa negativa (entendido como fornecer elementos científicos e técnicos). Advertir, mesmo em seu sentido denotativo, é termo que indica aviso, informação, carregados de intenção de prevenir, admoestar quanto aos efeitos nocivos de um produto, carregando, portanto, um sentido de desestímulo, desencorajamento. No caso do tabaco, este sentido, que no mínimo aponta para o desencorajamento, vai mais longe: trata-se de qualificação de nocividade à saúde e ao ambiente de determinado produto, realizada de modo explícito pela ordem constitucional. Neste contexto, da constatação de que a Constituição não é neutra quanto ao caráter nocivo do produto, pode-se inferir que o termo "advertência", utilizado pela norma constitucional e pela norma legislativa, admite a transmissão de mensagem negativa quanto ao tabaco, ainda que ela inclua, a contrario sensu, dentro do âmbito de proteção do direito de liberdade, tanto o consumo quanto a propaganda do tabaco. O que se discute, portanto, é o conteúdo material do dever de advertir que a Constituição impõe ao Estado diante da propaganda do tabaco. Este dever de advertir, que se expressa por meio de legislação interventiva da liberdade de veicular propaganda do tabaco e da respectiva regulamentação

e concretização administrativas, configura verdadeiro direito fundamental de terceira geração, titularizado pela comunidade, à prestação de natureza normativa, objetivando a proteção e a promoção do direito à saúde e ao ambiente.

A pergunta que se coloca é se a Administração, ao escolher as imagens e as frases contestadas, agiu de acordo com a compreensão jurídica do ato de advertir, expressamente previsto e autorizado pela Constituição e pela legislação. Como dito, advertir implica transmitir informação carregada de juízo negativo. Poder-se-ia afirmar que, para tanto, basta arrolar dados científicos e informações técnicas noticiando os malefícios, sem a necessidade de imagens chocantes, escolhidas com o propósito de causar repulsa. A tese subjacente nas razões recursais, como visto, é a de que a tomada de decisões decorre da consideração objetiva das informações disponibilizadas, pelo que valer-se o Estado do influxo de emoções de repulsa e nojo é ir além do comando constitucional e legal. Os estudos contemporâneos acerca da formulação do conhecimento e da tomada de decisões, todavia, não conformam esta tese, que afasta conteúdos afetivos e emocionais deste processo mental. Ao contrário do afirmado pela agravante, a introdução de elementos capazes de provocar repulsa não é atitude anti-informativa nem contrária às condições para que o indivíduo possa deliberar de forma livre e autônoma. Considerar o influxo das emoções e sentimentos, no processo de tomada de decisões é atentar para uma dimensão ínsita e sempre presente nesta tarefa.

A respeito, trago o estado-da-arte nos estudos da neurociência acerca da tomada de decisões, onde está superada a noção de que os resultados do processo decisório devam ser livres de sentimentos e emoções. Ao contrário: o que se constata é o aumento da precisão e da eficiência decisórias pelo influxo destes. É o que, de modo exemplificativo e exemplar, revela a obra de Antonio Damasio, pesquisador do Departamento de Neurologia da Universidade de Iowa: "Um aspecto importante da concepção racionalista é que, para obter os melhores resultados, devemos deixar de lado as emoções. O processo racional não deve ser obstaculizado pela paixão." (Damasio, Antonio (2004). O erro de Descartes: emoção, razão e o cérebro humano. Companhia das Letras.)

"Os marcadores somáticos provavelmente aumentem a precisão e a eficiência do processo de tomada de decisão. A ausência de um marcador somático a diminui (...). Em poucas palavras: os marcadores somáticos são um caso especial de sentimentos gerados a partir de emoções secundárias. Estas emoções e sentimentos se conectaram, mediante a aprendizagem, a resultados futuros, previsíveis em certos cenários. Quando um marcador somático negativo se justapõe a um resultado futuro possível, a combinação funciona como um alarme. E ao inverso, quando a justaposição se refere a um marcador somático positivo, o sinal se transforma num elemento incentivador." (Damasio, 2004, p. 200)

"Os marcadores somáticos se adquirem, então, pela experiência, sob o controle de um sistema interno de preferências e sob a influênciade um conjunto de circunstância externas que não só inclui as entidades e sucessos com que o organismo tem que lidar, senão as convenções sociais e normas éticas." (Damasio, 2004, p. 205)

"A experiência (...) sugere que a fria estratégia sustentada por Kant e outros se adapta muito melhor à maneira de raciocinar e decidir de pacientes com lesões no lobo-frontal que ao estilo de raciocínio e decisão normais." (Damasio, 2004, p. 198)

5. Ilicitude na decisão prévia estatal quanto ao consumo de tabaco e à autonomia privada. Superado este aspecto, que diz respeito ao processo de tomada de decisões e à relevância de conteúdos afetivos e emocionais no exercício da racionalidade, resta enfrentar a alegação de que não é lícito ao Estado, em decisão prévia àquela que será tomada pelo cidadão, bloquear a decisão posterior a ser por este tomada. Relacionado a

este tópico está o argumento de desrespeito à autonomia privada. Tenho que o recurso também improcede quanto a este argumento. A um, porque, como acima referi quando examinado o significado do termo "advertência", a ordem jurídica constitucional não é neutra quanto à utilização do tabaco. Ainda que a Constituição proteja a liberdade de fumar e de comercializar produtos fumígenos, é inegável que ela desencoraja e dificulta tais condutas, com fundamento na nocividade à saúde e ao ambiente típicas do tabaco. Deste modo, não há que se falar em ilicitude na consideração negativa, por parte da legislação e da Administração, diante do tabaco.
A dois, porque a utilização de imagens e de frases aptas a transmitir forte conteúdo emocional não significa impedimento ou bloqueio de decisão posterior do cidadão quanto ao consumo de produtos fumígenos. Como visto, trata-se da consideração de fatores constituintes do processo decisório humano, cujo esquecimento implicaria desenvolvimento imperfeito da política pública. Não há, portanto, a alegada violação à autonomia privada. Examinados estes tópicos, restam ainda outros argumentos, presentes na lista contida no relatório. Vou enfrentá-los em blocos, uma vez que vários deles são conexos.
6. Caráter falso, mentiroso e apelativo das imagens. Afirma-se que as imagens se revestem de caráter falso, mentiroso e apelativo, desprovidas de nexo lógico-científico com os riscos do tabaco, sem a divulgação de cenas reais, produzindo desinformação, com o objetivo de macular a imagem do produto e de seus usuários. Rejeito o argumento recursal. O debate acerca da acuidade científica da mensagem transmitida pelas imagens é complexo e técnico, sendo indevida a tomada de posição definitiva nos estreitos limites do agravo de instrumento, que se reportam a fase processual inicial da ação ordinária onde proferida a liminar recorrida. Não obstante, há nos autos, além do parecer médico ofertado pela agravante (fls. 96-108, que conclui que as imagens não representam as doenças às quais se referem e que não traduzem os efeitos associados ao fumo ou o fazem de modo distorcido, induzindo a conclusões errôneas), análise técnica da Divisão de Controle do Tabagismo do Instituto Nacional do Câncer, quando de impugnação administrativa da empresa Souza Cruz S/A (reproduzida às fls. 144-148). Registre-se que no documento "Brasil - Advertências Sanitárias nos Produtos de Tabaco - 2009" consta apêndice listando as referências científicas para cada advertência desenvolvida (fl. 242 e seguintes). Ali ficou consignado que os riscos associados ao consumo do tabaco pela política pública, ao contrário do que conclui o parecer ofertado pela Souza Cruz S/A, tem fundamento científico, não havendo erro informacional. Quanto à representação destes riscos consubstanciada nas imagens, consignou-se a validade e a necessidade da utilização de metáforas fortes para atrair a atenção do consumidor ou do potencial inicial do tabagismo. As contrarrazões também demonstram que as imagens e advertências são resultado de grupo interdisciplinar, com a participação de profissionais da saúde do INCA, da ANVISA, do Laboratório de Neurologia do Comportamento da Universidade Federal Fluminense (UFF), da Universidade Federal do Rio de Janeiro (UFRJ) e do Departamento de Artes e Design da PUC-RJ, como revela o citado documento "Brasil - Advertências Sanitárias nos Produtos de Tabaco - 2009" (fls. 195-249). Não vislumbro, portanto, caráter preconceituoso ou mentiroso nas imagens e advertências desenvolvidas, mas sim a utilização de metáforas contundentes, resultantes de estudo criterioso, por parte de grupo de experts com o objetivo de concretizar a norma constitucional que determina ao Estado o desenvolvimento de políticas públicas que advirtam acerca do uso de produtos fumígenos. Nesta linha, também afasto os vícios apontados, de modo específico, acerca de algumas das imagens veiculadas pela política pública. A imagem nº 10 (PERIGO - "O

risco de derrame cerebral é maior com o uso deste produto") veicula a representação de um crânio aberto. Ainda que forte e impactante, ela não se enquadra no conceito de falsidade, precisamente em virtude de seu caráter metafórico, cujos resultados para a diminuição do tabagismo são demonstrados pelo grupo de trabalho referido. A imagem nº 4 (INFARTO - "O uso deste produto causa morte por doenças do coração") apresenta um coração humano cravejado de tocos de cigarro, transmitindo a ideia inconteste de que o tabagismo faz mal ao coração. Não procede a alegação de ofensa a sentimento religioso. Em primeiro lugar, por vir desacompanhada de qualquer prova empírica da alegada associação entre o símbolo religioso do Sagrado Coração de Jesus e a imagem em questão. Em segundo lugar, por não existir qualquer intenção ofensiva na campanha e pelo fato de não haver qualquer evidência empírica que demonstre existir na população qualquer percepção de que a conduta administrativa objetivou ofender qualquer sentimento religioso. Por último, ad argumentandum tantum, já que disputas teológicas são impertinentes a decisões jurídicas estatais, sabe-se que um dos tantos conteúdos e significados desenvolvidos na devoção cristã do "Sagrado Coração de Jesus" e do "Sagrado Coração de Maria" é a reflexão sobre o sofrimento experimentado por estas duas personagens centrais na economia salvífica e, particularmente, no credo católico (ver, por exemplo, Pablo Brogeras Martínez, Introdução à Teologia do Coração de Maria, www.claret.org/espiritualidad/documentos/2_2_3_Introducao_a_ teologia _do_Coracao., em 29 de março de 2009; Cardeal Scheid, Arcebispo do Rio de Janeiro, "O Culto ao Coração de Jesus", http://www.sagrada.net/noticias/junho_ mes_dedicado_a_747.html). Ainda mais: conforme a doutrina oficial católica, a devoção do Sagrado Coração de Jesus pode ser associada, de modo direto, ao mistério da encarnação e à participação divina em todo o sofrimento que caracteriza o humano (Carta Encíclica do Papa Pio XII, Haurietis Aquas - sobre o culto do Sagrado Coração de Jesus, nº 23), do qual, sem dúvida, os malefícios cardíacos resultantes do tabaco são expressão inconteste nos dias de hoje, inclusive em termos de saúde pública. A imagem nº 7 (PRODUTO TÓXICO - "Este produto contém substâncias tóxicas que levam ao adoecimento e à morte"), conforme considerações técnicas contidas no referido documento "Brasil - Advertências Sanitárias nos Produtos de Tabaco - 2009", também metafórica, objetiva disseminar o dado científico segundo o qual a nicotina, e outras substâncias contidas no tabaco, são efetivamente tóxicas, revelando-se, portanto, de valor informativo. A imagem nº 6 ("HORROR - Este produto causa envelhecimento precoce da pele"), por sua vez, também conforme as aludidas considerações técnicas oficiais, apresenta representação do efeito do envelhecimento cutâneo provocado pelo consumo do cigarro, possuindo caráter informativo. Além disso, não convence a alegação de que a imagem é preconceituosa, tendo pretensamente colocado o idoso como manifestação de horror. O que a imagem está claramente apontando como fenômeno horrível é o envelhecimento precoce causado pelo consumo do cigarro, não qualificando como horrível o fenômeno biológico do envelhecimento natural e coetâneo ao avanço etário. Não há, portanto, nem intenção nem resultado discriminatório contra idosos. A imagem nº 3 (MORTE - "O uso deste produto leva à morte por câncer de pulmão e enfisema"), retratando cadáver submetido a incisão cirúrgica no tórax e abdômen, apesar de forte e impactante, não pode ser tachada de anti-informativa. Como aponta o estudo oficial, o objetivo da aposição de imagem de necropsia (ao invés de cirurgia) é mostrar a alta letalidade das doenças do câncer de pulmão e do enfisema pulmonar, inegavelmente associadas ao tabaco. A imagem nº 1 (VÍTIMA DESTE PRODUTO - "Este produto intoxica a mãe e o bebê, causando parto prematuro e morte"), retratando um feto em um cinzeiro, é, segundo a defesa, resultado de efeito de computação gráfica sobre boneco, objetivando demonstrar, de forma metafórica, que feto e gestante são vítimas do consumo do tabaco. Nesta medida, ainda que forte, também não vislumbro na imagem conteúdo anti-informativo.

7. Dignidade humana, devido processo legal, contrapropaganda, direito à informação verdadeira. Também rejeito o argumento de violação à dignidade humana. A dignidade humana é ferida quando há falta de respeito e consideração, bem como quando o ser humano é utilizado como meio para a consecução de finalidades estatais alheias ao sujeito. A representação em questão, inegavelmente forte e impactante, objetiva proteger a gestante e o feto dos malefícios do tabaco, promovendo a saúde pública, ao invés de utilizá-los para alcançar um objetivo a estes alheio.

As considerações acima desenvolvidas são suficientes para afastar a alegação de violação do dever de vinculação à realidade, o que implicaria ofensa à Lei nº 4.717/65, art. 2º, "d". Há razões e fundamento, compatível com a realidade da saúde pública, do tabagismo e dos efeitos da propaganda, para a utilização das imagens e frases veiculadas pela política pública. Ao contrário do que alega a agravante, há motivos para a veiculação das imagens e das metáforas, inclusive com conteúdo emocional, não existindo banalização ou desmoralização da atuação administrativa. Neste diapasão, fica também rejeitado o argumento recursal de violação ao direito difuso à informação verdadeira. Como visto, não há mentira ou falsidade na política pública questionada. Também fica superada a alegação de contrapropaganda.

Contrapropaganda é sanção para aqueles que veiculam propaganda enganosa ou abusiva. A obrigação de aposição de imagens e frases de advertência não contrapropaganda, mas concretização do dever fundamental de proteção que cumpre ao Estado em face da saúde pública, com limitação constitucionalmente autorizada à liberdade de iniciativa comercial por parte das indústrias do tabaco. Do mesmo modo, também não vinga a alegação de que houve imposição de sanção administrativa sem o devido processo legal. Como referi no parágrafo anterior, sem sentido tal argumento, na medida em que a aposição das imagens e frases decorreu do desenvolvimento de política pública requerida pela Constituição e não da aplicação de sanção por violação a dever jurídico.

8. Proporcionalidade, dever de proteção, restrições à liberdade publicitária e Convenção-Quadro para o Controle do Tabaco. Rejeito a argumentação recursal quanto à violação da proporcionalidade. Assentado o caráter informativo e de advertência das imagens e frases escolhidas, fica vencida a alegação de inadequação. Isto porque, como demonstrado, a utilização de metáforas e imagens fortes e impactantes diz respeito à consideração da dinâmica do processo decisório humano, cuidando-se de fator constituinte da tomada de decisões. Além disso, como demonstra o relatório do grupo de trabalho instituído para a elaboração das advertências, a experiência nacional e internacional demonstra à saciedade a eficácia de tais advertências na redução do tabagismo. Com relação à necessidade, não há nos autos qualquer indicação de que outros meios alternativos, menos gravosos à liberdade da propaganda do tabaco que os escolhidos, sejam igualmente eficazes quanto à advertência dos malefícios do tabaco. Não basta simplesmente alegar que há meios menos onerosos que as imagens discutidas, sem nada demonstrar neste sentido, especialmente quando estas são fruto de sério trabalho interdisciplinar, inseridos numa série histórica de medidas imagéticas. Ao contrário: há estudos nos autos que demonstram a necessidade da intensificação das advertências em face da nocividade do tabaco. Ainda quanto a este tópico, há que se ressaltar que a concretização da política pública pela obrigatoriedade da aposição das imagens, do ponto de vista da proporcionalidade, é medida que visa ao cumprimento de um dever

fundamental de proteção por parte do Estado em favor da sociedade. Cuidando-se de prestação positiva de proteção, a dinâmica da proporcionalidade se apresenta como proibição da não suficiência, pois, como diz Borowski, "a melhor realização possível do objeto da otimização dos princípios jusfundamentais-prestacionais é um objeto prescrito pela Constituição" (citado por Paulo Gilberto Cogo Leivas, Teoria dos Direitos Fundamentais Sociais, P. Alegre: Livraria do Advogado, 2006, p. 77).

Assentada a adequação e a necessidade, a proporcionalidade em sentido estrito também está, no caso, satisfeita. A defesa do indivíduo e da família em face da propaganda do tabaco, por meio de advertências quanto ao malefício decorrente do consumo, é um objetivo constitucional que se relaciona diretamente aos direitos à vida, à saúde e ao ambiente, apresentando forte carga valorativa em seu favor. O exercício da liberdade de expressão do discurso publicitário, por sua vez, também é um princípio constitucional valioso. A Constituição, diante disso, admitiu a liberdade de expressão publicitária com restrições, visando a advertir o indivíduo e a família dos malefícios do tabaco. Esta tomada de posição revela, portanto, já no texto original da Constituição, a preocupação e a valorização da vida, da saúde e do ambiente em face do discurso publicitário tabagista, pois é este que a Constituição restringe. Esta ponderação, já realizada pela Constituição, faz concluir pela existência de fundamento constitucional para a adoção de medidas fortes pelo Poder Público, objetivando cumprir o dever de proteção constitucionalmente definido como responsabilidade do Poder Público. Quanto ao cumprimento deste dever, portanto, não se pode admitir que qualquer medida o atenda, especialmente diante da constatação de que o tabagismo é fator de doença e morte em alta escala na sociedade contemporânea. Daí a invocação, no campo dos deveres fundamentais de proteção, do critério da "maximização da intensidade de assistência", segundo o qual "dentre os meios adequados, necessários e proporcionais em sentido estrito, elege-se aquele que oferece a mais alta satisfação do princípio que impõe uma obrigação de ação positiva ao Estado" (Paulo Gilberto Leivas, obra citada, p. 80). Nesta linha, a propósito, deve-se invocar a Convenção-Quadro para o Controle do Tabaco, adotada pelos países membros da OMS e assinada pelo Brasil em junho de 2003 (promulgada pelo Decreto nº 5.652, de janeiro de 2006). Independentemente da posição que se tomar quanto à qualificação jurídica dos tratados e convenções internacionais de direitos humanos em face dos parágrafos 2º e 3º do artigo 5º da Constituição, estes fazem parte do chamado "bloco de constitucionalidade" (somatória daquilo que se adiciona à Constituição escrita, em função dos valores e princípios nela consagrados, na dicção de Celso Lafer, citado no Habeas Corpus 90.450-5, rel. Min. Celso de Mello, onde esta questão foi examinada na jurisprudência contemporânea do Supremo Tribunal Federal).

Daí que, além de o próprio texto constitucional restringir de forma qualificada e substancial a propaganda do tabaco, com a inclusão de advertência, disposições oriundas da aludida Convenção-Quadro reforçam a conclusão pela possibilidade da adoção das imagens ora discutidas. Destaco, no contexto geral de proteção à saúde pública que inspira este instrumento internacional de direitos humanos: Artigo 2 - 1. Com vistas a melhor proteger a saúde humana, as Partes são estimuladas a implementar medidas que vão além das requeridas pela presente Convenção e de seus protocolos, e nada naqueles instrumentos impedirá que uma Parte imponha exigências mais rígidas, compatíveis com suas disposições internas e conforme ao Direito Internacional.

Artigo 3 - O objetivo da presente Convenção e de seus protocolos é proteger as gerações presentes e futuras das devastadoras consequências sanitárias, sociais, ambientais e econômicas geradas pelo consumo e pela exposição à fumaça do tabaco, proporcionando uma referência para as medidas de controle do tabaco, a serem implementadas pelas Partes nos níveis nacional, regional e internacional, a fim de reduzir de maneira contínua e substancial a prevalência do consumo e a exposição à fumaça do tabaco.

Artigo 4 – Princípios norteadores – Para atingir o objetivo da presente Convenção e de seus protocolos e para implementar suas disposições, as Partes serão norteadas, inter alia, pelos seguintes princípios: 1. Toda pessoa deve ser informada sobre as consequências sanitárias, a natureza aditiva e a ameaça mortal imposta pelo consumo e a exposição à fumaça do tabaco e medidas legislativas, executivas, administrativas e outras medidas efetivas serão implementadas no nível governamental adequado para proteger toda pessoa da exposição à fumaça do tabaco.

Artigo 7 – Medidas não relacionadas a preços para reduzir a demanda de tabaco. As Partes reconhecem que as medidas integrais não relacionadas a preços são meios eficazes e importantes para reduzir o consumo de tabaco. Cada Parte adotará e aplicará medidas legislativas, executivas, administrativas ou outras medidas eficazes necessárias ao cumprimento de suas obrigações decorrentes dos artigos 8 a 13 e cooperará com as demais Partes, conforme proceda, diretamente ou pelo intermédio dos organismos internacionais competentes, com vistas ao seu cumprimento. A Conferência das Partes proporá diretrizes apropriadas para a aplicação do disposto nestes artigos.

Artigo 11 – Embalagem e etiquetagem de produtos de tabaco. 1. Cada Parte, em um período de três anos a partir da entrada em vigor da Convenção para essa Parte, adotará e implementará, de acordo com sua legislação nacional, medidas efetivas para garantir que: (b) cada carteira unitária e pacote de produtos de tabaco, e cada embalagem externa e etiquetagem de tais produtos também contenham advertências descrevendo os efeitos nocivos do consumo do tabaco, podendo incluir outras mensagens apropriadas. Essas advertências e mensagens: (i) serão aprovadas pela autoridade nacional competente; (ii) serão rotativas; (iii) serão amplas, claras, visíveis e legíveis; (iv) ocuparão 50% ou mais da principal superfície exposta e em nenhum caso menos que 30% daquela superfície; (v) podem incluir imagens ou pictogramas.

Artigo 13 – Publicidade, promoção e patrocínio do tabaco. 4. No mínimo, e segundo sua Constituição ou seus princípios constitucionais, cada Parte se compromete a: (b) exigir que toda publicidade de tabaco e, quando aplicável, sua promoção e seu patrocínio, venha acompanhada de advertência ou mensagem sanitária ou de outro tipo de mensagem pertinente; 5. As Partes são encorajadas a implementar medidas que vão além das obrigações estabelecidas no parágrafo 4.

9. Desrespeito aos consumidores em geral. A agravante sustenta que o conteúdo grotesco ofende não somente aos fumantes, mas aos consumidores em geral, atingindo todos aqueles que serão expostos às imagens. O recurso não tem melhor sorte neste ponto. O desestímulo ao consumo, por meio das imagens e frases de advertência, alcança todos aqueles, fumantes ou não, que voltarem sua atenção ao material publicitário e aos maços e embalagens de cigarro. Deste modo, a inserção das imagens repulsivas não tem o efeito de a todos atingir, de forma indiscriminada e direta, mas somente àqueles que dirigirem sua atenção aos produtos fumígenos. Aqueles que não fumam nem desejam fumar, portanto, somente serão atingidos quando prestarem atenção a esta publicidade, cuja exposição, ademais, já é bem restrita pelo próprio texto legal.

Anote-se que, se isto ocorrer, a política pública estará produzindo os efeitos que objetiva, prevenindo o consumo daqueles que não fumam, bem como desestimulando os que fumam, dada a intensidade da advertência, tudo em direção do desiderato de proteger a saúde e o ambiente dos efeitos da propaganda de um produto cujo consumo causa malefícios.

Neste contexto, não se pode confundir advertência forte e contundente com desrespeito aos consumidores; ao contrário, pode-se perceber aqui cumprimento do dever de informar e de proteger a saúde e o ambiente, precisamente por questão de respeito aos consumidores e à população em geral.
10. Tratamento discriminatório e contraditório em face da publicidade de outros produtos. A agravante sustenta que, além de "denegrir" (sic) o cigarro e seus consumidores, as imagens revelam tratamento discriminatório odioso em relação a outros produtos, uma vez que agrotóxicos, medicamentos, terapias e bebidas alcoólicas não sendo estes alvo de tais exigências. Aduz também que a exigência consubstancia contrariedade à cláusula geral proibitiva de comportamentos contraditórios, pois a própria ANVISA, ao dispor sobre a publicidade de medicamentos, veda expressamente a exploração de "enfermidades, lesões ou deficiências de forma grotesca, abusiva ou enganosa". Rejeito a alegação de discriminação. A Constituição impõe ao Poder Público o dever de zelar pela saúde e pelo ambiente, mediante restrições, que incluem advertência por imagens e frases, de vários produtos, dentre os quais derivados do tabaco, medicamentos e agrotóxicos. O eventual desenvolvimento mais completo e intenso da política pública restritiva da publicidade do tabaco, por si só, não configura discriminação. Com efeito, considerado o conceito jurídico de discriminação (sobre o tema, ver meu Direito da Antidiscriminação, Porto Alegre: Livraria do Advogado, 2008), não há na medida qualquer propósito ou efeito de operar distinção, restrição ou exclusão do exercício de direito ou liberdade fundamental em desfavor da indústria do tabaco, com favorecimento das demais atividades econômicas cuja publicidade envolva produto prejudicial à saúde e ao ambiente. Não há propósito ou efeito de favorecer a indústria farmacêutica, de agrotóxicos ou de bebidas alcoólicas pelo fato de inserir advertências fortes quanto aos malefícios dos produtos fumígenos. Rejeito a alegação de comportamento contraditório. Tanto nas restrições à publicidade do tabaco, quanto à publicidade de medicamentos, o mesmo objetivo está contemplado de modo coerente e não contraditório: defender o consumidor de publicidade de produto cujo consumo prejudica a saúde – sempre, no caso do cigarro – e quando mal utilizado, no caso dos medicamentos. Também não há contradição na utilização de representação forte e impactante de enfermidade ou doença, no caso do cigarro, e na proibição da mesma atitude quando se trata de medicamentos. Isto porque a utilização de representação forte de malefício advindo do uso de cigarros atende à finalidade defensiva do mesmo modo que a proibição de representação grotesca de enfermidade evita aquisição indevida de medicamento. De fato, pode-se imaginar, sem dificuldade, conduta das indústrias farmacêuticas que se vale de representação grotesca, abusiva ou enganosa de enfermidade, lesão ou deficiência, objetivando alavancar a venda de medicação, em prejuízo da saúde.
11. Nulidade da resolução por ausência de participação social na elaboração e eleição das imagens. A agravante alega que o princípio democrático impõe, como requisito de validade da política pública, a possibilidade de participação social na elaboração e na eleição das imagens, o que teria faltado na espécie. Tenho que o argumento não procede. Ainda que se admitisse que o conteúdo jurídico do princípio democrático impusesse à Administração o dever de realizar consultas e audiências públicas, para todo e qualquer ato estatal, mesmo que ausente previsão na respectiva configuração legislativa do procedimento administrativo (tese a qual este relator guarda reservas), ainda assim o argumento não teria aplicação ao caso. Isto porque, como noticiam as contrarrazões, houve possibilidade de as indústrias do tabaco apresentarem impugnação administrativa. Tanto que, conforme noticiado à fl. 364, a empresa Souza Cruz S/A manifestou sua insurgência quanto às imagens, municiando-se de parecer lavrado pelo mesmo médico

que firmou o parecer juntado a estes autos, Dr. Marcelo Horácio de Sá Pereira (ao que tudo indica, trata-se, inclusive, do mesmo parecer). [...] Com efeito, embora a Lei n° 9.294/96, no seu artigo 3°, § 2°, refira que a propaganda sobre os malefícios do fumo nos meios de comunicação contenha frases estabelecidas pelo Ministério da Saúde, a Lei n° 9.782/99, que define o Sistema Nacional de Vigilância Sanitária e cria a ANVISA, assim dispõe: Art. 1° O Sistema Nacional de Vigilância Sanitária compreende o conjunto de ações definido pelo § 1° do art. 6° e pelos arts. 15 a 18 da Lei n° 8.080, de 19 de setembro de 1990, executado por instituições da Administração Pública direta e indireta da União, dos Estados, do Distrito Federal e dos Municípios, que exerçam atividades de regulação, normatização, controle e fiscalização na área de vigilância sanitária. Art. 2° Compete à União no âmbito do Sistema Nacional de Vigilância Sanitária: ( ) III - normatizar, controlar e fiscalizar produtos, substâncias e serviços de interesse para a saúde; ( ) E a respeito da competência da ANISA: Art. 4° A Agência atuará como entidade administrativa independente, sendo-lhe assegurada, nos termos desta Lei, as prerrogativas necessárias ao exercício adequado de suas atribuições. Grifo nosso ( ) Art. 6° A Agência terá por finalidade institucional promover a proteção da saúde da população, por intermédio do controle sanitário da produção e da comercialização de produtos e serviços submetidos à vigilância sanitária, inclusive dos ambientes, dos processos, dos insumos e das tecnologias a eles relacionados, bem como o controle de portos, aeroportos e de fronteiras. Grifo nosso. Art. 7° Compete à Agência proceder à implementação e à execução do disposto nos incisos II a VII do art. 2° desta Lei, devendo: ( ) III - estabelecer normas, propor, acompanhar e executar as políticas, as diretrizes e as ações de vigilância sanitária; ( ) VII - autorizar o funcionamento de empresas de fabricação, distribuição e importação dos produtos mencionados no art. 8° desta Lei e de comercialização de medicamentos; Grifo nosso ( ) Art. 8° Incumbe à Agência, respeitada a legislação em vigor, regulamentar, controlar e fiscalizar os produtos e serviços que envolvam risco à saúde pública. § 1° Consideram-se bens e produtos submetidos ao controle e fiscalização sanitária pela Agência: ( ) X - cigarros, cigarrilhas, charutos e qualquer outro produto fumígero, derivado ou não do tabaco; Grifo nosso Feita uma análise sistemática da legislação acima transcrita, percebe-se que a ANVISA agiu sim dentro de seu poder regulamentar ao editar a RDC n° 54/08. Ora, se a Agência possui poderes para inclusive autorizar o funcionamento de empresas de fabricação de cigarros, também tem para dispor sobre as embalagens dos produtos fumígenos. Outrossim, quanto a alegação que as imagens veiculadas não guardam correspondência científica, é importante citar aqui o Código Brasileiro de Autorregulamentação Publicitária, que em seu artigo 27, § 8°, dispõe: § 8° - Informação Científica. O anúncio só utilizará informação científica pertinente e defensável, expressa de forma clara até para leigos. Assim, sendo defensável cientificamente a informação, não há que se falar em propaganda enganosa, como em diversas passagens defende o apelante. Ademais, a própria Lei n° 9.294/96 faz referência expressa no seu artigo 3°, § 3° que a propaganda de cigarros, ou de qualquer outro produto fumígero, contenha figuras que ilustrem o sentido da mensagem, sem qualquer exigência de que possuam teor científico. E, quanto aos malefícios do fumo, prossegue a referida lei, no artigo 3°-B e no artigo 3°- C, § 2°: Art. 3°-B Somente será permitida a comercialização de produtos fumígenos que ostentem em sua embalagem a identificação junto à Agência Nacional de Vigilância Sanitária, na forma do regulamento. (Artigo incluído pela Lei n° 10.167, de 27.12.2000) Art. 3°C A aplicação do disposto no § 1° do art. 3°-A, bem como a transmissão ou retransmissão, por televisão, em território brasileiro, de eventos culturais ou esportivos com imagens geradas no estrangeiro patrocinados por empresas ligadas a produtos fumígeros, exige a veiculação gratuita pelas emissoras de televisão, durante a transmissão do evento, de mensagem de advertência sobre os malefícios do fumo. (Incluído pela Lei nº 10.702, de 14.7.2003) § 2º A cada intervalo de quinze minutos será veiculada, sobreposta à respectiva transmissão, mensagem de advertência *escrita e falada sobre os malefícios do fumo com duração não inferior a quinze segundos em cada inserção, por intermédio das seguintes frases e de outras a serem definidas na regulamentação, usadas sequencialmente, todas precedidas da afirmação* "O Ministério da Saúde adverte": (Incluído pela Lei nº 10.702, de 14.7.2003) I – "*fumar causa mau hálito, perda de dentes e câncer de boca*"; (Incluído pela Lei nº 10.702, de 14.7.2003) II – "*fumar causa câncer de pulmão*"; (Incluído pela Lei nº 10.702, de 14.7.2003) III – "*fumar causa infarto do coração*"; (Incluído pela Lei nº 10.702, de 14.7.2003) IV – "*fumar na gravidez prejudica o bebê*"; (Incluído pela Lei nº 10.702, de 14.7.2003) V – "*em gestantes, o cigarro provoca partos prematuros, o nascimento de crianças com peso abaixo do normal e facilidade de contrair asma*"; (Incluído pela Lei nº 10.702, de 14.7.2003) VI – "*crianças começam a fumar ao verem os adultos fumando*"; (Incluído pela Lei nº 10.702, de 14.7.2003) VII – "*a nicotina é droga e causa dependência*"; e (Incluído pela Lei nº 10.702, de 14.7.2003) VIII – "*fumar causa impotência sexual*". (Incluído pela Lei nº 10.702, de 14.7.2003) Grifo nosso. Assim, as imagens veiculadas estão adequadas à finalidade da legislação, que tem como objetivo a proteção da saúde pública, uma vez que elas pretendem não apenas convencer os iniciantes do mal que o cigarro faz, mas também convencer os já fumantes a parar de fumar, sendo esta sim a tarefa mais árdua. Portanto, não há qualquer vício de conteúdo na informação. A advertência sobre o mal que o cigarro faz à saúde recebeu inclusive tratamento específico da Constituição Federal, na parte que dita regras para a Comunicação Social (Título VIII, Capítulo V), artigo 220, § 4º § 4º – A propaganda comercial de tabaco, bebidas alcoólicas, agrotóxicos, medicamentos e terapias estará sujeita a restrições legais, nos termos do inciso II do parágrafo anterior, e conterá, sempre que necessário, advertência sobre os malefícios decorrentes de seu uso. Ressalto que as campanhas, públicas ou privadas, quando objetivam a mudança de comportamento da população, a exemplo das campanhas contra a violência no trânsito, contra o crack etc., devem mesmo ser incisivas, pontuais, justamente para chamar a atenção do público-alvo, porque, caso contrário, as chances de insucesso são muito grandes. Por fim, como a campanha ora atacada tem uma potencialidade de êxito muito grande, não é à toa que as empresas que vendem produtos nocivos à saúde, aleguem que as restrições impostas pela ANVISA anulam o seu direito fundamental de realizar publicidade e interfiram na esfera da autonomia privada dos indivíduos. Ante o exposto, voto por negar provimento ao agravo. Do que se observa, a pretensão recursal não merece prosperar. O acórdão proferido pelo TRF da 4ª Região julgou as questões que lhe foram submetidas com apoio em interpretação de normas constitucionais; interpretação essa que, inclusive, foi utilizada para a aferição da legalidade e da constitucionalidade das imagens e figuras que a ANVISA determina acompanharem as advertências legais, bem como à solução das controvérsias atinente ao Código de Defesa do Consumidor, ao princípio da proporcionalidade e à contrapropaganda. Nota-se, aliás, que o acórdão a quo, ao solucionar a lide, procede, intensamente, à extração do que o legislador constitucional objetivava com a determinação de advertência sobre os malefícios decorrentes do uso do tabaco. A propósito, nota-se que os fundamentos relacionados à legislação infraconstitucional estão só a confirmar o alcance que seu deu às disposições constitucionais pertinente à matéria, como acima se observa. Não por acaso, a causa de pedir recursal, embora tenha que se referir à violação de lei federal, nos termo do art. 105, III, da Constituição Federal, está, intimamente, vinculada à interpretação de

uma pessoa, de mediana inteligência, não tem como alegar ignorância ou desinformação. É *adequada* quando, de uma forma apropriada e completa, presta todos os esclarecimentos necessários ao uso ou consumo de produto ou serviço."[92] [93]

Nesse sentido, "o direito à informação, no Código de Defesa do Consumidor, é corolário das normas intervencionistas ligadas à função social e

---

normas e princípios constitucionais. Assim, forçoso reconhecer que o recurso especial não é servil à pretensão da recorrente, porquanto não é a sede apropriada à análise de alegações de violação a normas constitucionais. [...] Ademais, é nítida a ausência de prequestionamento da tese recursal relacionada ao ato de abuso de poder, que fora vinculada à alegação de violação do art. 187 do Código Civil. Aliás, verifica-se que o Tribunal de origem, atento à norma constitucional, decidiu a controvérsia relacionada ao conteúdo das advertências e figuras com base em argumentação que se desvincula das razões recursais. Ante o exposto, com base no art. 557 do CPC, nego seguimento ao recurso especial. Publique-se. Intimem-se. Brasília (DF), 27 de outubro de 2011. Ministro Benedito Gonçalves Relator (Ministro BENEDITO GONÇALVES, 03/11/2011).

[92] GRINOVER, Ada Pellegrini; BENJAMIN, Antônio Herman de Vasconcellos; FINK, Daniel Roberto; FILOMENO, José Geraldo Brito; NERY JUNIOR; Nelson; DENARI, Zelmo. *Código Brasileiro de Defesa do Consumidor*: Comentado pelos Autores do Anteprojeto. Vol. I. Rio de Janeiro: Forense, 2011, p.185.

[93] Decreto nº 5.903/06. Regulamenta a Lei nº 10.962/04 e a Lei nº 8.078/90. Art. 1º Este Decreto regulamenta a Lei nº 10.962, de 11 de outubro de 2004, e dispõe sobre as práticas infracionais que atentam contra o direito básico do consumidor de obter informação adequada e clara sobre produtos e serviços, previstas na Lei nº 8.078, de 11 de setembro de 1990.

Art. 2º Os preços de produtos e serviços deverão ser informados adequadamente, de modo a garantir ao consumidor a correção, clareza, precisão, ostensividade e legibilidade das informações prestadas. § 1º Para efeito do disposto no *caput* deste artigo, considera-se: I – correção, a informação verdadeira que não seja capaz de induzir o consumidor em erro; II – clareza, a informação que pode ser entendida de imediato e com facilidade pelo consumidor, sem abreviaturas que dificultem a sua compreensão, e sem a necessidade de qualquer interpretação ou cálculo; III – precisão, a informação que seja exata, definida e que esteja física ou visualmente ligada ao produto a que se refere, sem nenhum embaraço físico ou visual interposto; IV – ostensividade, a informação que seja de fácil percepção, dispensando qualquer esforço na sua assimilação; e V – legibilidade, a informação que seja visível e indelével. [...] Art. 9º Configuram infrações ao direito básico do consumidor à informação adequada e clara sobre os diferentes produtos e serviços, sujeitando o infrator às penalidades previstas na Lei nº 8.078, de 1990, as seguintes condutas: I – utilizar letras cujo tamanho não seja uniforme ou dificulte a percepção da informação, considerada a distância normal de visualização do consumidor; II – expor preços com as cores das letras e do fundo idêntico ou semelhante; III – utilizar caracteres apagados, rasurados ou borrados; IV – informar preços apenas em parcelas, obrigando o consumidor ao cálculo do total; V – informar preços em moeda estrangeira, desacompanhados de sua conversão em moeda corrente nacional, em caracteres de igual ou superior destaque; VI – utilizar referência que deixa dúvida quanto à identificação do item ao qual se refere; VII – atribuir preços distintos para o mesmo

à boa-fé, em razão das quais a liberdade de contratar assume novel feição, impondo a necessidade de transparência em todas as fases da contratação: o momento pré-contratual, o de formação e o de execução do contrato e até mesmo o momento pós-contratual. O princípio da vinculação da publicidade reflete a imposição da transparência e da boa-fé nos métodos comerciais, na publicidade e nos contratos, de modo que o fornecedor de produtos ou serviços obriga-se nos exatos termos da publicidade veiculada, sendo certo que essa vinculação estende-se também às informações prestadas por funcionários ou representantes do fornecedor. Se a informação se refere a dado essencial capaz de onerar o consumidor ou restringir seus direitos, deve integrar o próprio anúncio, de forma precisa, clara e ostensiva, nos termos do art. 31 do CDC, sob pena de configurar publicidade enganosa por omissão". (REsp 1188442/RJ, Rel. Ministro LUIS FELIPE SALOMÃO, QUARTA TURMA, julgado em 06/11/2012, DJe 05/02/2013).

Da mesma forma, "A contratação expressa da capitalização de juros deve ser clara, precisa e ostensiva, não podendo ser deduzida da mera divergência entre a taxa de juros anual e o duodécuplo da taxa de juros mensal. Reconhecida a abusividade dos encargos exigidos no período de normalidade contratual, descaracteriza-se a mora. Recurso especial não provido. (REsp 1302738/SC, Rel. Ministra NANCY ANDRIGHI, TERCEIRA TURMA, julgado em 03/05/2012, DJe 10/05/2012).

10.1 Alto Grau de Nocividade ou Periculosidade

O artigo 10 do CDC dispõe que "o fornecedor não poderá colocar no mercado de consumo produto ou serviço que sabe ou deveria saber apresentar alto grau de nocividade ou periculosidade à saúde ou segurança." Ora,

---

item; e VIII – expor informação redigida na vertical ou outro ângulo que dificulte a percepção.
Art. 10. A aplicação do disposto neste Decreto dar-se-á sem prejuízo de outras normas de controle incluídas na competência de demais órgãos e entidades federais. Art. 11. Este Decreto entra em vigor noventa dias após sua publicação. Brasília, 20 de setembro de 2006; 185º da Independência e 118º da República.
LUIZ INÁCIO LULA DA SILVA
Marcio Thomaz Bastos

alto grau de nocividade e periculosidade é uma *cláusula aberta*, cabendo ao julgador avaliar a questão a partir do caso concreto decidendo.[94]

[94] O falecido, tabagista desde a adolescência (meados de 1950), foi diagnosticado como portador de doença broncopulmonar obstrutiva crônica e de enfisema pulmonar em 1998. Após anos de tratamento, faleceu em decorrência de adenocarcinoma pulmonar no ano de 2001. Então, seus familiares (a esposa, filhos e netos) ajuizaram ação de reparação dos danos morais contra o fabricante de cigarros, com lastro na suposta informação inadequada prestada por ele durante décadas, que omitia os males possivelmente decorrentes do fumo, e no incentivo a seu consumo mediante a prática de propaganda tida por enganosa, além de enxergar a existência de nexo de causalidade entre a morte decorrente do câncer e os vícios do produto, que alegam ser de conhecimento do fabricante desde muitas décadas. Nesse contexto, há que se esclarecer que a pretensão de ressarcimento dos autores da ação em razão dos danos morais, diferentemente da pretensão do próprio fumante, surgiu com a morte dele, momento a partir do qual eles tinham ação exercitável a ajuizar (*actio nata*) com o objetivo de compensar o dano que lhes é próprio, daí não se poder falar em prescrição, porque foi respeitado o prazo prescricional de cinco anos do art. 27 do CDC. Note-se que o cigarro classifica-se como produto de periculosidade inerente (art. 9º do CDC) de ser, tal como o álcool, fator de risco de diversas enfermidades. Não se revela como produto defeituoso (art. 12, § 1º, do mesmo código) ou de alto grau de nocividade ou periculosidade à saúde ou segurança, esse último de comercialização proibida (art. 10 do mesmo diploma). O art. 220, § 4º, da CF/1988 chancela a comercialização do cigarro, apenas lhe restringe a propaganda, ciente o legislador constituinte dos riscos de seu consumo. Já o CDC considera defeito a falha que se desvia da normalidade, capaz de gerar frustração no consumidor, que passa a não experimentar a segurança que se espera do produto ou serviço. Dessarte, diz respeito a algo que escapa do razoável, que discrepa do padrão do produto ou de congêneres, e não à capacidade inerente a todas as unidades produzidas de o produto gerar danos, tal como no caso do cigarro. Frise-se que, antes da CF/1988 (gênese das limitações impostas ao tabaco) e das legislações restritivas do consumo e publicidade que a seguiram (notadamente, o CDC e a Lei nº 9.294/1996), não existia o dever jurídico de informação que determinasse à indústria do fumo conduta diversa daquela que, por décadas, praticou. Não há como aceitar a tese da existência de anterior dever de informação, mesmo a partir de um ângulo principiológico, visto que a boa-fé (inerente à criação desse dever acessório) não possui conteúdo *per se*, mas, necessariamente, insere-se em um conteúdo contextual, afeito à carga histórico-social. Ao se considerarem os fatores legais, históricos e culturais vigentes nas décadas de cinquenta a oitenta do século anterior, não há como cogitar o princípio da boa-fé de forma fluida, sem conteúdo substancial e contrário aos usos e costumes por séculos preexistentes, para concluir que era exigível, àquela época, o dever jurídico de informação. De fato, não havia norma advinda de lei, princípio geral de direito ou costume que impusesse tal comportamento. Esses fundamentos, por si sós, seriam suficientes para negar a indenização pleiteada, mas se soma a eles o fato de que, ao considerar a teoria do dano direto e imediato acolhida no direito civil brasileiro (art. 403 do CC/2002 e art. 1.060 do CC/1916), constata-se que ainda não está comprovada pela Medicina a causalidade necessária, direta e exclusiva entre o tabaco e câncer, pois ela se limita a afirmar a existência de fator de risco entre eles, tal como outros fatores, como a alimentação, o álcool e o modo de vida sedentário ou estressante. Se fosse

10.2 Nocividade Posterior

De acordo com § 1º, do referido artigo 10 do CDC determina que "o fornecedor de produtos e serviços que, posteriormente à sua introdução no mercado de consumo, tiver conhecimento da periculosidade que apresentem, deverá comunicar o fato imediatamente às autoridades competentes e aos consumidores, mediante anúncios publicitários." Recentemente, a empresa fabricante do ADES informou sobre a ingestão de suco de maçã que contém solução de limpeza com alto grau de toxicidade. Vejamos a notícia: "O consumidor deve estar alerta ao ingerir o suco de maçã Ades. De acordo com a Agência Nacional de Vigilância Sanitária (ANVISA), a empresa fabricante informou que houve falha no processo de higienização das máquinas, o que resultou no envasamento de embalagens com a solução de limpeza. Desta forma, 96 embalagens de 1,5 litro da bebida não contém o produto, mas uma solução de limpeza imprópria para o consumo.

De acordo com a empresa, o conteúdo apresenta PH elevado (aprox.13) e pode representar risco de queimadura ou sensação de forte ardência na boca, caso venha a ser ingerido. "O consumidor que tiver adquirido o produto não deve consumi-lo. Em casos de queimaduras ou outros sintomas, procure imediatamente atendimento médico", alerta a ANVISA.

O lote em questão tem iniciais AGB, foi fabricado em 25 de fevereiro de 2013 e é válido até 22 de dezembro de 2013. A ANVISA solicitou à Vigilância Sanitária de Minas Gerais, onde o produto foi fabricado, que faça uma inspeção sanitária no estabelecimento.

A Secretaria Nacional do Consumidor (Senacon), do Ministério da Justiça, destaca que o Código de Defesa do Consumidor determina ser dever do fornecedor fazer o reparo ou a troca do produto ou serviço defeituoso a

---

possível, na hipótese, determinar o quanto foi relevante o cigarro para o falecimento (a proporção causal existente entre eles), poder-se-ia cogitar o nexo causal juridicamente satisfatório. Apesar de reconhecidamente robustas, somente as estatísticas não podem dar lastro à responsabilidade civil em casos concretos de morte supostamente associada ao tabagismo, sem que se investigue, episodicamente, o preenchimento dos requisitos legais. Precedentes citados do STF: RE 130.764-PR, DJ 19/5/1995; do STJ: REsp 489.895-SP, DJe 23/4/2010; REsp 967.623-RJ, DJe 29/6/2009; REsp 1.112.796-PR, DJ 5/12/2007, e REsp 719.738-RS, DJe 22/9/2008. REsp 1.113.804-RS, Rel. Min. Luis Felipe Salomão, julgado em 27/4/2010.

qualquer momento e de forma gratuita. Se houver dificuldade, a recomendação é procurar um dos órgãos de proteção e defesa do consumidor.

A Senacom informou também que recebeu na quinta-feira (14) um protocolo da Unilever Industrial Ltda., fabricante do suco, para um chamamento da população (*recall*), para ressarcimento ou substituição da bebida.

A empresa Unilever disse que a campanha para troca teve início na quinta-feira mesmo. Ainda segundo a Unilever, o Serviço de Atendimento ao Consumidor (SAC) da empresa fez 14 atendimentos relacionados ao lote, dos quais 12 consumidores receberam atenção médica e dois não aceitaram. Os produtos que ainda estavam em pontos de venda, de acordo com o fabricante, já foram recolhidos.

A empresa pede que os consumidores verifiquem o produto já adquirido e, caso se trate do lote mencionado, não o consumam e entrem em contato gratuitamente com o SAC pelo número 0800 707 0044. Para realizar a troca ou reembolso do produto, o consumidor deve fazer a solicitação gratuitamente por meio deste número, das 8h às 20h, ou do e-mail sac@ades.com.br. Em casos de dúvidas, a ANVISA dispõe também de uma Central de Atendimento: 0800 642 9782."[95]

Outro exemplo bastante comum é o caso dos *recalls*. Nos EUA, "a montadora japonesa Toyota anunciou um recall de 209 mil veículos vendidos nos EUA por um problema nos cintos de segurança, informou a agência Kyodo. Além disso, fazem parte da chamada 13 mil automóveis vendidos na América do Sul e Central. Os modelos FJ Cruiser montados entre 2007 e 2013 serão afetados pelo recall. O cinto pode se soltar, conforme o uso, comunicou a montadora japonesa. A empresa afirma que não foram registrados acidentes relacionados ao defeito que provoca a revisão. Comunicados serão enviados aos proprietários desses veículos em breve."[96] [97]

---

[95] Disponível em: http://www2.planalto.gov.br/imprensa/noticias-de-governo/consumidor-deve-estar-alerta-sobre-ingestao-de-suco-de-maca-que-contem-solucao-de-limpeza-com--alto-grau-de-toxidade. Acesso em: 17 mar. 2013.

[96] Disponível em: http://g1.globo.com/carros/noticia/2013/03/toyota-anuncia-recall--de-310-mil-carros-por-problema-em-cinto.html. Acesso em: 17 mar. 2013.

[97] MINISTÉRIO DA JUSTIÇA. GABINETE DO MINISTRO . PORTARIA N° 789, DE 24 DE AGOSTO DE 2001. Regula a comunicação, no âmbito do Departamento de Proteção e Defesa do Consumidor – DPDC, relativa à periculosidade de produtos e serviços já introduzidos no mercado de consumo, prevista no art. 10, § 1° da Lei n° 8.078/90. O Ministro de Estado da Justiça, no uso de suas atribuições e; Considerando a necessidade de regulamentação, no âmbito do Departamento de Proteção e Defesa

do Consumidor – DPDC, do procedimento de chamamento dos consumidores, previsto no artigo 10, § 1º da Lei nº 8.078/90, conhecido como "recall", que possibilite o acompanhamento pelos órgãos do Sistema Nacional de Defesa do Consumidor – SNDC e pela sociedade, deste procedimento; Considerando o disposto no art. 55 e parágrafos da Lei nº 8.078/90; Considerando a competência do Departamento de Proteção e Defesa do Consumidor – DPDC, da Secretaria de Direito Econômico – SDE, do Ministério da Justiça – MJ, atribuída pelo artigo 106, inciso I da Lei nº 8078/90; Considerando a organização do Sistema Nacional de Defesa do Consumidor, resolve: Art. 1º Regulamentar, no âmbito do Departamento de Proteção e Defesa do Consumidor – DPDC, a comunicação determinada pelo art. 10, § 1º da Lei nº 8.078, de 11 de setembro de 1990, por parte dos fornecedores às autoridades competentes e aos consumidores, referente à periculosidade ou nocividade de produto ou serviço já introduzido no mercado de consumo. Art. 2º O fornecedor de produtos e serviços que, posteriormente à sua introdução no mercado de consumo, tiver conhecimento da periculosidade ou nocividade que apresentem, deverá imediatamente comunicar o fato, por escrito, ao Departamento de Proteção e Defesa do Consumidor – DPDC, da Secretaria de Direito Econômico – SDE, do Ministério da Justiça, aos PROCONs, bem como a todas as demais autoridades competentes. § 1º A comunicação deverá conter, além de outras informações que se fizerem necessárias, as seguintes:
I – identificação do fornecedor do produto ou serviço objeto do chamamento, informando: a) Razão Social; b) Nome Fantasia; c) Ramo de Atividade; d) CNPJ/CPF; e) Inscrição Estadual; f) Endereço, telefone e endereço eletrônico se houver; II – descrição pormenorizada do defeito detectado, acompanhado das informações técnicas que esclareçam os fatos; III – descrição dos riscos que o produto ou serviço apresenta, especificando todas as suas implicações.
IV – quantidade de produtos e serviços sujeitos ao defeito e o universo de consumidores que deverá ser atingido pelo chamamento.
V – como estão distribuídos os produtos e serviços objeto do chamamento, colocados no mercado, pelos Estados da Federação;
VI – a data e o modo pelo qual a periculosidade do produto ou serviço foi detectada pelo fornecedor;
VII – quais foram as medidas adotadas para resolver o defeito e sanar o risco;
VIII – descrição pormenorizada do modo de realização da campanha publicitária de informação aos consumidores (Plano de Chamamento), de que trata o artigo 3º desta Portaria, sobre a periculosidade do produto ou serviço, informando: a) data de início e de fim da campanha (duração); b) meios de comunicação utilizados e frequência de veiculação; c) as mensagens veiculadas; d) os locais disponibilizados para reparação ou troca do produto ou serviço. § 2º Caso o fornecedor tenha conhecimento da ocorrência de acidentes decorrentes do defeito do produto ou serviço que originou o chamamento aos consumidores, com danos materiais ou à integridade física, deverá informar ainda: a) o local e a data destes acidentes; b) nome, endereço, telefone, endereço eletrônico e demais meios de localização das vítimas de que disponha; c) descrição dos danos materiais e físicos ocorridos nos acidentes; d) existência de processos judiciais, decorrentes do acidente, especificando as ações interpostas, o nome dos autores e dos réus, as Comarcas e Varas em que tramitam e os números de cada um dos processos; e) as providências adotadas em relação aos danos materiais e físicos sofridos pelas vítimas.
§ 3º O DPDC poderá, a qualquer tempo, expedir notificação solicitando informações

Os anúncios publicitários a que se refere o parágrafo anterior serão veiculados na imprensa, rádio e televisão, às expensas do fornecedor do produto ou serviço. (art. 10, § 2°, do CDC). Na realidade, a comunicação aos consumidores deveria ser realizada também através de telefonemas, correspondências e e-mails, já que, na maioria das vezes, o fornecedor possui o cadastro dos consumidores.

---

adicionais ou complementares referentes à comunicação de periculosidade ou nocividade de produto ou serviço e ao Plano de Chamamento, apresentados. Art. 3° O fornecedor deverá, além da comunicação de que trata o artigo 2°, informar imediatamente aos consumidores, sobre a periculosidade ou nocividade do produto ou serviço por ele colocado no mercado, mediante campanha publicitária que deverá ser feita em todos os locais onde haja consumidores deste produto ou serviço.
§ 1° A campanha publicitária será veiculada na imprensa, rádio e televisão, às expensas do fornecedor do produto ou serviço, e dimensionada de forma suficiente a que atinja o universo de consumidores adquirentes dos produtos ou serviços objeto do chamamento. § 2° Os anúncios publicitários deverão informar sobre o defeito que o produto ou serviço apresenta, bem como sobre os riscos decorrentes e suas implicações, as medidas preventivas e corretivas que o consumidor deve tomar e todas as demais informações que visem a resguardar a segurança dos consumidores do produto ou serviço, observado inclusive o disposto no Artigo 17 da Lei n° 8.078, de 11 de setembro de 1990. § 3° Para informar aos consumidores sobre a periculosidade ou nocividade do produto ou serviço, além dos anúncios publicitários, poderá o fornecedor utilizar-se de outros instrumentos que entender aplicáveis ao caso, como correspondência, anúncios via internet, avisos por telefone, dentre outros. Art. 4° O fornecedor deverá apresentar ao DPDC, aos PROCONs e às demais autoridades competentes, relatórios de acompanhamento da campanha de chamamento aos consumidores, com periodicidade mínima de 60 (sessenta) dias, informando, pelo menos, o universo de consumidores atendidos (quantidade de produtos ou serviços efetivamente reparados ou trocados) até aquele momento e sua distribuição pelos Estados da Federação. § 1° O DPDC poderá solicitar a apresentação dos relatórios de acompanhamento em periodicidade inferior à estipulada no *caput* deste artigo. § 2° O DPDC poderá, a qualquer tempo, expedir notificação solicitando informações adicionais referentes à campanha de chamamento aos consumidores. Art. 5° Ao término da campanha, deverá o fornecedor apresentar relatório final ao DPDC onde conste, além de outras informações que se fizerem necessárias, as seguintes: a) a quantidade de consumidores, tanto em valores numéricos quanto em percentual relativamente ao total, que foram efetivamente atingidos pelo chamamento, em termos globais e por Estados; b) a justificativa para o percentual de consumidores eventualmente não atendidos (produtos ou serviços não reparados ou trocados); c) identificação da forma pela qual os consumidores tomaram conhecimento do chamamento. Art. 6° O DPDC poderá determinar, exclusiva ou cumulativamente, a prorrogação ou ampliação da campanha, às expensas do fornecedor, caso entenda que os resultados não foram satisfatórios. Art. 7° O fornecedor não se desobriga da reparação ou substituição do produto ou serviço mesmo findo o prazo da campanha de chamamento. Art. 8° O não cumprimento às determinações desta portaria sujeitará o fornecedor às sanções previstas na Lei n° 8.078/90 e no Decreto n° 2.181/97. Art. 9° Esta Portaria entra em vigor na data de sua publicação. JOSÉ GREGORI Publicado no DO- N°164 - Seção 1 - Brasília - DF, segunda-feira, 27 de agosto de 2001.

Sempre que tiverem conhecimento de periculosidade de produtos ou serviços à saúde ou segurança dos consumidores, a União, os Estados, o Distrito Federal e os Municípios deverão informá-los a respeito (art. 10, § 3º, do CDC).

11.1 Artigo Vetado
O artigo 11 do CDC foi vetado.

SEÇÃO II
Da Responsabilidade pelo Fato do Produto e do Serviço

→ COMENTÁRIOS
12.1 Responsabilidade Civil[98] – Noções Gerais

Para que se possa estabelecer um conceito técnico de Responsabilidade Civil, entendemos necessário buscá-la na sua fonte histórica no Direito Romano. O termo **responsabilidade** provém da raiz latina SPONDEO, fórmula solene pela qual o devedor se ligava ao credor no mais importante dos contratos verbais do Direito Romano em que se estabelecia a fórmula solene em que o credor fazia a seguinte pergunta ao devedor: *dare mihi spondes?*, que era seguida do objeto do contrato, como por exemplo uma quantia devida ou uma entrega de um bem; ato contínuo o devedor respondia-lhe *spondeo*. Esse contrato denominava-se *stipulatio* e dele se originou o verbo *respondere,* com o significado, como vimos acima, de ter alguém se constituído garantidor de algo, ou seja, assumindo alguma coisa. Dessa origem surgem as inúmeras definições de responsabilidade civil e destacaremos algumas delas construídas por famosos juristas e tentaremos estabelecer um conceito que melhor se adequará à realidade da matéria. Nessas definições destacaremos juristas franceses, visto que foi na França que melhor se sistematizou a teoria relativa à Responsabilidade Civil. Assim iniciaremos com o jurista Sourdat[99], que afirma que é a obrigação de reparar o dano resultante de um fato de que se é autor direto ou indireto;

---
98 Capítulo elaborado com a participação dos Professores Antonio Campos Ribeiro e Maíra Oliveira.
99 SOURDAT – Traité de la Responsabilité Civile – 6.ed. Tomo 1 nº 1.

os irmãos Mazéaud[100] afirmam que existe responsabilidade se uma pessoa está obrigada a reparar um dano causado a outrem; os autores Pirson e De Villié[101] dizem que é a obrigação imposta pelas leis às pessoas, no sentido de responder pelos seus atos, isto é, suportar em certas condições, as consequências prejudiciais destes. No entanto, parece-nos que o melhor conceito partiu de René Savatier[102], quando afirma que é a obrigação que pode incumbir a uma pessoa de reparar o prejuízo causado a outrem por fato seu, ou pelo fato das pessoas ou das coisas dela dependentes. Em todos os conceitos acima referidos vimos que há elementos comuns: Responsabilidade Civil é sempre a constituição de uma relação jurídica obrigacional em que existem sempre dois ou mais sujeitos que ocupam os dois polos desta relação: no polo ativo, como credores com direito subjetivo de exigir a reparação ou a indenização de danos ou prejuízos, materiais ou morais injustificadamente sofridos e, do outro lado, no polo passivo encontramos uma ou mais pessoas que se tornam devedoras por serem os causadores – direta ou indiretamente – dos danos materiais ou morais sofridos pelos credores e assim tendo o dever de repará-los ou indenizá-los. Dessa forma, podemos estabelecer como conceito de Responsabilidade Civil uma relação jurídica obrigacional que se constitui através de fatos oriundos ou da própria conduta do agente ou tendo por causa, ainda, coisas ou pessoas sobre as quais o agente tenha guarda ou controle, e que venham a causar a outras pessoas danos materiais ou morais injustificados legalmente visto serem atos que venham a infringir relações contratuais ou previstas em textos legais.

Dessa forma, ao ocorrerem as situações jurídicas acima mencionadas, surge para o agente o dever de reparar aqueles danos supramencionados e, para o lesado ou vítima de tais danos, o direito de ver reparados estes danos. Portanto, fica estabelecido que somente poderemos estabelecer a existência de Responsabilidade Civil se houver um dever de reparar ou indenizar que surge para alguém devido a uma conduta dele mesmo, portanto direta ou, em casos especiais, conduta de outras pessoas sobre as quais tem ele o dever de controlá-las ou instruí-las ou ainda quando tais danos possam originar-se de coisas – animadas ou inanimadas – que vieram a ocasionar

---

[100] MAZÉAUD – Henry Leon e Jean – Leçons de Droit Civil – Ed. MONTCHRESTIEN, 5ª ed., 1956, Tomo 2, p.294.
[101] PIRSON e DE VILLIÉ – Traité de la Responsabilité Civile Extracontractuelle, Ed. EMILE BRUYLANT, 1935, Bruxelas, Tomo 1, p.5.
[102] SAVATIER, René – De la Responsabilité Civile en Droit Français, Tomo1 Lib. Gen. de Droit et de Jurisprudence, Paris, 1939, n°1, p.1.

os danos materiais ou morais. Há ainda de se fixar que nem todos os danos ou prejuízos sofridos pelas pessoas no seu relacionamento social ensejam a obrigação de reparação ou indenização de tais danos; existem situações excepcionais onde, apesar do dano efetivamente existir, não se tornam os agentes obrigados legalmente a repará-los. São os casos em que se reconhece um direito de causar prejuízo a terceiros, uma verdadeira autorização legal para que tais danos não acarretem, como normalmente deve acontecer, o dever de repará-los ou indenizá-los para quem os praticou; por força de valores sociais preponderantes em relação aos danos efetivamente ocorridos: reconhece-se, nestas situações especiais, uma salvaguarda pela qual ocorre a possibilidade de se causar danos ou prejuízos sem que surjam destes fatos o dever ou necessidade legais de repará-los.

Tal fenômeno inusitado resulta do paralelismo das atividades humanas na sociedade e do conflito de dois direitos que se digladiam: o primeiro, o dever reconhecido a todos que sofrem danos ou prejuízos de vê-los reparados, e o segundo, no entanto, admitindo, de forma excepcional, com fulcro no paralelismo acima mencionado de que certas situações jurídicas anômalas não penalizam tais danos ainda que concretamente verificados.

12.2 A Responsabilidade Civil na Constituição da República Federativa do Brasil de 1988 e no Código Civil Brasileiro (Lei n° 10.406/2002)

A Constituição da República Federativa do Brasil de 1988 aborda a responsabilidade civil dentre os direitos e garantias individuais, em seu art. 5°, incisos V e X[103], demonstrando sua importância no âmbito das relações modernas e a consequente resolução dos conflitos sociais. No âmbito do Código Civil, na esfera do direito obrigacional, existem importantes apontamentos quanto à responsabilidade civil. O CCB/02 trata com mais profundidade a matéria, dando-lhe espaço exclusivo (arts. 927 e seguintes)

---

103 Art. 5° da CRFB/88 – Todos são iguais perante a lei, sem distinção de qualquer natureza, garantindo-se aos brasileiros e aos estrangeiros residentes no país a inviolabilidade do direito à vida, à liberdade, à igualdade, à segurança e à propriedade, nos termos seguintes: [...] V – é assegurado o direito de resposta, proporcional ao agravo, além da indenização por dano material, moral ou à imagem. [...] X- são invioláveis a intimidade, a vida privada, a honra e a imagem das pessoas, assegurando o direito a indenização pelo dano material ou moral decorrente de sua violação.

quando em comparação com o Código Civil Brasileiro de 1916, que tratava a matéria de forma esparsa.

12.3 Da posição Jurídica da Responsabilidade Civil

Por outro lado, a Responsabilidade Civil não está contida somente no Direito Civil; face a ser a única manifestação do Direito que acompanha *pari passu* a evolução da sociedade, em contradição ao Direito Codificado, que se embolora diante do descompasso entre as normas, elaboradas para atender a situações sociais de uma época e que, não acompanhando a evolução dos costumes, torna-se totalmente distanciada dos mesmos e, por conseguinte, inúteis e injustas, tal não ocorre com a responsabilidade civil. Diante da inexistência de textos legais e da impossibilidade de sua existência diante das infinitas relações jurídicas surgidas da convivência humana, das atividades desenvolvidas pelo Homem, os casos concretos que surgem das novas atividades decorrentes das inovações tecnológicas e da evolução da ciência obrigam a que também surjam modalidades jurídicas capazes de solvê-las. Diante deste quadro, o conteúdo da Responsabilidade Civil é multifário, recorrendo-se a todas as manifestações de todos os ramos do Direito: Civil, Penal, Administrativo, Constitucional, Tributário, Fiscal, Processual Penal e Civil, enfim, utilizam-se, na solução dos fatos jurídicos ocorrentes na sociedade e que exijam solução jurídica todo o arcabouço do sistema jurídico tradicional.

Dessa forma, o papel da jurisprudência na responsabilidade civil é de suma importância diante da ausência de texto legal referente aos fatos ocorridos e muito mais atuante do que nos demais casos arrolados nos diversos ramos do Direito positivado.

Face ao nosso entendimento acima expendido, somos pela autonomia da Responsabilidade Civil como disciplina inteiramente própria, com princípios e elementos exclusivos e que, como tal, a nosso ver, deveria constar dos Currículos do ensino do Direito.

12.4 Natureza Jurídica

A responsabilidade civil constitui-se sempre na formação de uma relação jurídica obrigacional, em que uma pessoa, quer natural, quer jurídica, esta, de Direito Público interno ou de Direito Privado, nacional ou estrangeira por sua ação ou omissão, direta ou, às vezes, indireta, por via, nesta hipótese dos seus empregados, agentes, dirigentes, prepostos ou similares que de alguma forma praticam atos ou se omitem em nome de uma Instituição venham de forma causal a ocasionar danos ou prejuízos, materiais ou imateriais à outrem, de forma injustificada, acarretando para si ou para a Instituição em nome de quem praticaram ou se omitiram indevidamente o dever de reparar ou indenizar aqueles danos, patrimoniais ou extrapatrimoniais.

O princípio dominante na responsabilidade civil é o de que os seres humanos ao conviverem devem ter a sua vida imune a quaisquer lesões que possam violar os seus direitos, assim como, reciprocamente, numa dupla acepção, não só assegurar direitos, como também sancionar aqueles que ocasionam ou acarretam a violação dos direitos de outrem.

Dessa forma, como fundamento da responsabilidade civil obviamente encontramos os princípios fundamentais do Direito expressos na Constituição da República Federativa do Brasil, revelando os valores primordiais que a sociedade humana consagrou, através dos séculos, como convenientes, oportunos e indispensáveis à própria existência da sociedade.

Daí decorrem os princípios elegidos pela própria sociedade e inseridos pelo legislador constituinte: dignidade, vida, integridade física, integridade moral, honra, imagem que fizeram decorrer uma série de elementos jurídicos considerados básicos: boa-fé objetiva, bons costumes, bem comum e ordem pública; a conduta de qualquer pessoa que venha a infringir quaisquer dos valores e dos elementos decorrentes acima elencados, *a priori*, caracteriza uma conduta reprovável originadora, para o seu autor de reparação dos danos patrimoniais e de indenização em caso de lesões ou danos extrapatrimoniais.

12.5 Classificação Costumeira

Os autores que escrevem acerca da Responsabilidade Civil têm por costume estabelecer, metodologicamente, uma classificação que toma por critérios, inicialmente, a causa inicial da responsabilidade obrigacional originadora da reparação ou da indenização, e daí, usar-se classificação de contratual ou extracontratual, esta última também denominada delitual, ou aquiliana, que tem por base uma relação jurídica em que o agente e o lesado não tinham nenhuma prévia relação contratual, daí decorrer tal responsabilização, da lei ou de um contrato; a contratual, obviamente decorre no momento em que o devedor, culposamente, se torna inadimplente. Dessa forma, o critério comum à responsabilidade civil contratual e extracontratual é a conduta, por ação ou omissão do agente culposa. Assim, é de suma importância a caracterização legal da culpa, que é uma das questões das mais complexas do direito. Não resta dúvida que o fundamento da responsabilidade civil ainda é inquestionavelmente o elemento subjetivo, que se verifica na maioria inconteste das legislações para impor o ressarcimento / reparação dos atos reconhecidos como reprováveis e, portanto, ilícitos. Veja-se o Código Civil Brasileiro, no art. 186, correspondendo ao art. 2043 do Código Civil italiano; ao 230 do Código Civil Grego; ao 163 do Código Civil do Egito; ao § 826 do BGB; ao 1382 do Código Civil Francês. Daí tornar-se imprescindível travar-se uma análise acerca da culpa como elemento nuclear da denominada responsabilidade civil extracontratual, ou mesmo da contratual, que como já vimos e sabemos são dependentes diretamente da verificação da culpa na conduta do agente.

São variegados os conceitos de culpa entre os mais conceituados juristas e dentre eles, lembrar-nos-emos de Capitant, para o qual a culpa se caracterizaria por um ato ou omissão constituindo um descumprimento intencional ou não, quer de uma obrigação contratual, quer de uma prescrição legal, quer do dever que incumbe ao homem de se comportar com diligência e lealdade nas suas relações com seus semelhantes;[104] também trazemos à colação o entendimento de Demogue,[105] que somente compreendia a noção de culpa desde que presentes duas condições que lhe parecem indispensáveis, à mesma caracterização, qual seja, uma objetiva e a outra subjetiva; uma violação ao direito e o fato de ter percebido ou podido perceber que se atentava contra o direito de outrem.

Demolombe entende que a culpa se compreende em todos os graus cujo conteúdo sejam fatos, comissivos ou omissivos de desatenção ou de distração, ou ainda tão somente de reticências em razão dos quais o direito de um terceiro é desconhecido ou lesado.[106]

Para Esmein, a culpa é um desvio de conduta apreciado em comparação com o comportamento do agente, um diligente abstrato, ou ainda a culpa consistiria em não se ter agido, numa dada circunstância, como um

---

104 CAPITANT, H. in Vocabulaire Juridque, CF. LOPES, Miguel Maria de Serpa – Curso de Direito Civil – Vol. V, Freitas Bastos, 4ª ed. 1995, p. 168.
105 DEMOGUE – *Obligations*, III, p. 225 CF. LOPES, Miguel Maria de Serpa – op.cit. p. 168.
106 DEMOLOMBE – *Cours*, XXXI, p. 70 CF. LOPES, Miguel Maria de Serpa – op. cit. p. 168.

bom pai de família sob as mesmas condições que o devedor, ou, finalmente, a inexecução de fazer ou de não fazer um determinado ato.[107]

Lalou afirma que pode ser definir a culpa como um ato praticado sem direito ou contra o direito de outrem. Ora, o direito de outrem pode resultar, quer de um contrato, seja fora de um contrato da lei ou dos princípios de justiça. Mais adiante, prossegue o jurista em tela comentando acerca da relevância de se distinguir entre a culpa contratual e a culpa delitual. A definição de culpa pode também referir-se tanto à culpa delitual quanto à contratual, daí porque, a critério do autor em referência, tal distinção seria despicienda e, portanto, o que caracterizaria a culpa aplicando-se tanto ao campo contratual ou delitual seria que a culpa delitual exigiria a vontade do agente e a intenção de causar o dano.[108]

Diz Savatier que a culpa é a inexecução de um dever que o agente poderia conhecer e observar. Se ele o conhecia efetivamente e deliberadamente o violou, há delito civil ou, em matéria de contrato dolo contratual. Se a violação do dever poderia ser conhecida e evitada, foi involuntária, há uma culpa simples e estranha às matérias contratuais e que se chama quase-delito. Em todos os campos, a culpa comporta dois elementos, um sobretudo objetivo, o dever violado; o outro sempre subjetivo, a imputabilidade do agente.[109]

O ilustre Chironi afirmava que a culpa em seu sentido amplo tinha o significado de uma lesão justa, que faz nascer uma relação especial, distinta, que tem por objeto a responsabilidade do agente e, resultando desta, a reparação do dano causado. A construção jurídica da entidade da culpa repousa sobre este conceito fundamental que demonstra por si só a unidade de uma instituição, não obstante a variedade que no modo de determinar-se resulta da origem e caráter do direito a que se refere à ofensa.[110]

Apesar do brilhantismo e da sapiência dos ilustres juristas supracitados, a nós parece que os conceitos expendidos até aqui não conseguiram trazer a certeza, a melhor possível, do conceito jurídico de culpa. Entendemos que quem o conseguiu de forma indiscutível, tomando por base o lastro

---

107 ESMEIN - Lê Fondement de La Responsabilité Civile, Rev. Trim. 1933 p. 649 CF. LOPES, Miguel Maria de Serpa, pág. 168.

108 LALOU Henri - *Traité Pratique de La Responsabilité Civile* - 4ª ed. Paris, Dalloz, 194, pág. 283, nsº 394, 396 e 399.

109 SAVATIER, René - *Traité de La Resposanbilité Civil en Droit Français* - Tomo I, Paris, Lib. Gen. *Droit et de Jurisprudence*, 1939, Livro I, p. 05, nº 04.

110 CHIRONI, G. P. - *La culpa en el Derecho Civil moderno* - Tomo I, 2ª ed. Madrid, Ed. REUS S/A, 1928, parte II, nº 1, p.7.

moral, quiçá, de origem religiosa da noção do pecado, foi Emilío Giusiano, para quem a culpa é o "nexo psicofísico que une um dado evento do mundo exterior a um determinado sujeito; nexo consistente na derivação causal do evento externo daquele sujeito"[111]. Todas as demais noções acima comentadas não estabeleceram qualquer conceito de culpa; fizeram, apenas, descrição fática dos eventos culposos. Não ocorreu o mesmo no conceito, este verdadeiramente um conceito, no acima referido, diante da clareza, dos elementos constitutivos, da formação da relação jurídica entre agente e lesado, dos efeitos jurídicos decorrentes e da conexão indiscutível entre a vontade e a declaração da mesma (Nexo psicofísico).

No entanto, embora a situação hodierna dos ordenamentos jurídicos ainda não possam dispensar a função básica da noção da culpa da caracterização da responsabilidade civil, e, portanto, da denominada responsabilidade subjetiva, contratual ou extracontratual, a segunda revolução industrial, que caracterizou a idade moderna e a explosão tecnológica da indústria com o advento de maquinaria que tornaria mais competitiva e lucrativa, teve, como correspondência negativa, o acúmulo revoltante dos acidentes do trabalho, mormente nos meados do séc. XX.

O clamor social em busca de solução da deformidades e das mortes que se sucediam por força dos acidentes trabalhistas decorrentes do advento das máquinas introduzidas nas atividades fabris levou os juristas – em destaque os franceses – e aqui cite-se Josserand e outros de igual renome – à criação do que se denominou Teoria do Risco com fulcro no Direito Romano, tomando-se por base o brocardo: *Ubi Emolumentum ibi ônus*, portanto significando que aquele que tem o proveito, o benefício, a vantagem, mormente de natureza econômica, haveria de suportar, **INDEPENDENTEMENTE** da verificação de culpa em sua conduta, os danos patrimoniais e morais sofridos por outrem e que tivessem causa indiscutível na sua atividade lucrativa: constitui-se a chamada responsabilidade objetiva com fulcro na teoria do risco-proveito. Posteriormente alargou-se a concepção desta responsabilidade civil objetiva com o que se denominou teoria do risco-criado, que passa a compreender a obrigatoriedade da reparação de todos os fatos prejudiciais decorrentes de atividade exercida em proveito do causador do dano, ainda que sem vantagem econômica, simplesmente pelo próprio fato de agir, derivado somente de sua atividade. E, como fecho da evolução desta responsabilidade, temos a denominada responsabilidade objetiva, com base na teoria do risco integral, que se caracterizaria e se distinguiria das duas outras espécies pelas excludentes

---

111 GIUSIANO, Emílio - *Il concetto di Danno Giuridico*, Milão, 1944, n°72, p.193.

admitidas nas anteriores (conduta culposa exclusiva ou concorrente da vítima, de terceiro, ou comprovação de caso fortuito ou de força maior). Na denominada teoria do risco integral não há nenhuma excludente suficientemente capaz de isentar a responsabilidade do agente decorrente de sua atividade.

Extremamente rara é a aplicação, nos ordenamentos jurídicos, da teoria do risco integral como fundamento da responsabilidade objetiva. No ordenamento jurídico pátrio alguns estudiosos, entendemos indevidamente, pugnam por se aperceber na responsabilidade civil por danos nucleares previstos na Lei n° 6.453, de 17/10/1977, um caso de risco integral. Ora, tal posição é extremamente errônea. Para assim entenderem louvam-se, na Constituição Federal no art. 21, XXIII, Letra C onde visualizam – não se sabem como nem por quê – que a responsabilidade civil por danos nucleares independe da existência de culpa, ou seja, é objetiva para os operadores nucleares, o que não quer dizer que não hajam excludentes, porque as mesmas existem na teoria do risco-proveito e do risco criado e somente não existiriam na do risco integral. Para que tal ocorra, é imprescindível que de forma expressa, por se tratar de exceção legal, o dano causado pela determinada atividade especificamente prevista **NÃO ADMITISSE NENHUMA FORMA DE EXCLUDÊNCIA**, o que não ocorre na citada lei quando, no artigo 8°, declara-se expressamente várias excludências de responsabilidade por danos causados por acidente nuclear (conflito armado, hostilidades, guerra civil, insurreição ou excepcional fato da natureza). Não houve nenhuma ausência de recepção pelo texto Constitucional, que como vimos acima apenas ratifica que se trata de responsabilidade civil objetiva, mas com excludências que não foram desprezadas pelo texto constitucional e que, portanto, continuam em pleno vigor. O que nos parece deveria ser defendido pelos autores que erradamente falam em revogação do artigo 8° da Lei n° 6.453/77 é que, face à probabilidade potencialmente e esmagadoramente perigosa de tal atividade, deveriam, *de lege ferenda* serem revogadas, mas, que *de lege lata* não o foram. Causa-nos pasmo que os defensores que incorrem nesse erro palmar não tenham se apercebido, continuando-se o exame da Lei n° 6.453/77, o disposto no seu artigo 9°, este sim, revogado pelo Código Civil, no seu artigo 944, em que a indenização mede-se pela extensão do dano o que repudia, qualquer fixação de valores para reparação ou indenização de danos previamente fixados em lei como o faz o citado art. 9° e seu parágrafo único da lei em comento.

O que tais juristas não se aperceberam é que no nosso ordenamento jurídico há caso óbvio e indiscutível de aplicação da teoria do risco integral na responsabilidade objetiva como ocorre na lei nº 6.194 de 19 de Dezembro de 1974 dispondo sobre seguro obrigatório de danos pessoais causados por veículos automotores de via terrestre ou por sua carga, a pessoas transportadas ou não , como se denota claramente da redação inequívoca dos seus artigos: 5º, ao consagrar o pagamento da indenização efetuado mediante simples prova do acidente e do dano decorrente, independentemente da existência de culpa, haja ou não resseguro, abolida qualquer franquia de responsabilidade do segurado, suficiente apenas a certidão de óbito, o registro da ocorrência e a prova das pessoas efetuadas pela vítima; acresça-se o previsto no § 3º do mesmo artigo 5º, onde ainda se admite a indenização mesmo não se concluindo na certidão de óbito o nexo de causa e efeito entre a morte e o acidente, acrescentando-se certidão de auto de necropsia fornecido IML; também no § 4º do mesmo artigo, quando houver dúvida no tocante ao nexo de causa e efeito entre o acidente e as lesões em caso de despesas médicas suplementares e invalidez permanente, poderá ser acrescentado ao boletim de atendimento hospitalar relatório de internamento ou tratamento. No artigo 7º temos a consagração indiscutível da aplicação da teoria do risco integral na responsabilidade objetiva ao determinar-se a indenização para pessoa vitimada por veículo não identificado, com segurado não identificada seguro não realizado ou vencido, e mesmo assim será paga nos mesmos valores, condições e prazos dos demais casos por um consórcio constituído, obrigatoriamente, por todas as sociedades seguradoras que operem no seguro objeto desta lei. E, finalmente, no artigo 9º, quando se consagra que as indenizações por danos materiais causados a terceiros serão pagas independentemente de responsabilidade que for apurada por ação judicial contra o causador do dano, cabendo à seguradora o direito de regresso contra o responsável.

Inclui-se a atividade administrativa Estatal, diretamente exercitada pelos agentes públicos da administração direta ou indireta que se equivaleram aos que agem por vinculação a pessoas jurídicas de direito privado, mas que exercem também serviço público como concessionárias, permissionárias ou autorizatárias com fulcro no previsto no art. 37 § 6º da CF, c/c o previsto na Lei nº 8.078/90 – CPDC –, artigo 22, *caput* e p. único, e artigo 14 do mesmo dispositivo legal. Consagra-se para tais atividades exercidas pelos acima mencionados e que venham a ocasionar danos patrimoniais ou extrapatrimoniais, a terceiros, a teoria do risco administrativo, espécie da teoria do risco criado que, no entanto, apesar de objetiva e, portanto independente de verificação de culpabilidade, admite excludentes variáveis de acordo com a corrente jurisprudencial do fato concreto, normalmente as da culpa exclusiva do próprio lesado, de terceiros ou a do caso fortuito ou de força maior.

Admite-se ainda classificar-se a responsabilidade civil com base no exercício de atividades profissionais, como por exemplo da área da saúde, ou de profissões específicas ou mesmo de atividades peculiares, tais como a dos advogados, mandatários em geral, construtores, incorporadores etc. e, finalmente, por fato oriundo de coisas, animadas (semoventes) ou inanimadas, tais como lançadas, atiradas, jogadas ou que simplesmente por efeito natural da deterioração ou da falta de cuidado de responsáveis atingem outras coisas ou pessoas causando-lhes danos.

12.6 Responsabilidade civil subjetiva e objetiva

A *responsabilidade civil subjetiva* é aquela que pressupõe a existência de culpa. Logo, não havendo culpa, não há de falar-se em responsabilidade. A culpa é o pressuposto da responsabilidade civil subjetiva.

A responsabilidade civil subjetiva poderá ocorrer por violação à norma contratual válida (responsabilidade subjetiva contratual) ou em virtude de violação a um dever genérico de conduta (responsabilidade subjetiva extracontratual).

O artigo 927, *caput*, do nosso Código Civil afirma que "aquele que, por ato ilícito (arts. 186 e 187), causar dano a outrem, fica obrigado a repará-lo".[112] Aqui, se desvela a responsabilidade subjetiva extracontratual, a partir da violação do dever genérico de conduta.

A responsabilidade civil objetiva dispensa a análise do elemento culpa. O parágrafo único do artigo 927 determina que "haverá obrigação de reparar o dano, *independentemente de culpa*, nos casos especificados em lei, ou quando a atividade normalmente desenvolvida pelo autor do dano implicar, por sua natureza, *risco* para os direitos de outrem".

O artigo 931 do diploma civilístico representa uma cláusula geral de responsabilidade objetiva ao dizer que, "ressalvados outros casos previstos em lei especial, os empresários individuais e as empresas respondem

---

[112] Correspondente ao art. 159 do CCB/1916.

independentemente de culpa pelos danos causados pelos produtos postos em circulação".[113]

A responsabilidade civil objetiva é justificada pela teoria do risco do empreendimento. De acordo com as lições de Carlos Alberto Menezes Direito e Sérgio Cavalieri Filho, pela Teoria do Risco do Empreendimento, "todo aquele que se disponha a exercer alguma atividade no mercado de consumo tem o dever de responder pelos eventuais vícios ou defeitos dos bens e serviços fornecidos, independentemente de culpa. Esse dever é imanente ao dever de obediência às normas técnicas e de segurança, bem como aos critérios de lealdade, quer perante os bens e serviços ofertados, quer perante os destinatários dessas ofertas. A responsabilidade decorre do simples fato de dispor-se alguém a realizar atividade de produzir, estocar, distribuir e comercializar produtos ou executar determinados serviços. O fornecedor passa a ser o garante dos produtos e serviços que oferece no mercado de consumo, respondendo pela qualidade e segurança destes".[114]

Na *responsabilidade civil objetiva*, o causador do dano se exime do dever jurídico de indenizar se ficar provado: caso fortuito, força maior, fato exclusivo da vítima ou de terceiro. O fundamento é, pois, a teoria do risco. A teoria do risco pode ser agrupada nas seguintes subespécies: teoria do risco-proveito; teoria do risco profissional; teoria do risco excepcional; teoria do risco criado e teoria do risco integral.

Em relação às teorias que fundamentam a responsabilidade civil objetiva, Amélia de Pádua apresenta o seguinte quadro comparativo:[115]

---

[113] Sem correspondente ao CCB/1916.
[114] DIREITO, Carlos Alberto Menezes; CAVALIERI FILHO, Sérgio. *Comentários ao novo código civil*. Volume XIII. Rio de Janeiro: Forense, 2004, p. 183.
[115] PÁDUA, Amélia. Responsabilidade civil na reprodução assistida. 1. ed. Rio de Janeiro: Lumen Juris, 2008.

	Risco-proveito	Risco profissional	Risco criado	Risco integral
A G E N T E	Aquele que tira proveito da atividade danosa	Quem contrata alguém para atividade de risco	Quem cria perigo em razão da atividade ou profissão e a ele expõe a coletividade	Aquele que desempenha a atividade
J U S T I F	Quem tira proveito ou vantagem do fato lesivo deve reparar o dano	O fato prejudicial é decorrente da atividade ou profissão do lesado e ocorre em razão dela	Quem põe em funcionamento uma atividade qualquer responde pelos eventos danosos independente de culpa	Ocorrência de dano (dispensa o elemento culpa e a relação de causalidade)

A *responsabilidade civil objetiva* é encontrada, também, no Código de Defesa do Consumidor[116] (como regra geral, com exceção da previsão do art. 14) e na Constituição da República Federativa do Brasil de 1988, em especial, no artigo 36, § 6º.[117]

12.7 Responsabilidade direta e indireta

A responsabilidade civil caracterizar-se-á como <u>direta</u> ou <u>indireta</u>, conforme diga respeito a ato próprio ou a ato de terceiro.

---

116 CDC – Da Responsabilidade pelo Fato do Produto e do Serviço. Art. 12. O fabricante, o produtor, o construtor, nacional ou estrangeiro, e o importador respondem, independentemente da existência de culpa, pela reparação dos danos causados aos consumidores por defeitos decorrentes de projeto, fabricação, construção, montagem, fórmulas, manipulação, apresentação ou acondicionamento de seus produtos, bem como por informações insuficientes ou inadequadas sobre sua utilização e riscos. § 1º O produto é defeituoso quando não oferece a segurança que dele legitimamente se espera, levando-se em consideração as circunstâncias relevantes, entre as quais: I – sua apresentação; II – o uso e os riscos que razoavelmente dele se esperam; III – a época em que foi colocado em circulação. § 2º O produto não é considerado defeituoso pelo fato de outro de melhor qualidade ter sido colocado no mercado. § 3º O fabricante, o construtor, o produtor ou importador só não será responsabilizado quando provar: I – que não colocou o produto no mercado; II – que, embora haja colocado o produto no mercado, o defeito inexiste; III – a culpa exclusiva do consumidor ou de terceiro.

117 Responsabilidade civil do Estado e dos prestadores de serviços públicos. CRFB/88. Art. 37 – A administração pública direta e indireta de qualquer dos Poderes da União, dos Estados, do Distrito Federal e dos Municípios obedecerá aos princípios

Responsabilidade civil direta	• ato próprio
Responsabilidade civil indireta	• ato praticado por terceiro (vínculo legal) • fato de animal • fato de coisa inanimada

12.7.1 Responsabilidade direta

Em regra, só há responsabilidade de indenizar aquele que causar dano a outrem, por conduta própria. Todavia, esta espécie se confunde muito com a punição do Direito Penal, cuja pena tem sentido social e repreensivo.

O que se tem, no entanto, é a dificuldade, em alguns casos, em determinar se se trata de responsabilidade direta ou indireta. Para ilustrar tal assertiva, apresenta-se o caso da responsabilidade pela demora da prestação judicial. A quem caberá o dever de indenizar? Ao Estado ou ao magistrado? Apesar de a doutrina dominante prelecionar que seria o caso de responsabilidade objetiva do Estado, a jurisprudência nacional, em contrapartida, entende que é responsabilidade pessoal do magistrado, ancorada nas regras do direito civil, valendo dizer, a responsabilidade subjetiva e direta do agente público, exigente de demonstração da culpa.

Portanto, no sistema de responsabilidade direta, deve haver nexo de causalidade entre dano indenizável e o ato ilícito praticado pelo agente. Só responde pelo dano, em princípio, aquele que lhe der causa. É a responsabilidade por ato próprio que deflui do art. 186 do Código Civil.

12.7.2 Responsabilidade indireta

Se apenas os causadores dos danos fossem obrigados a indenizar, muitas situações de prejuízo ficariam sem solução.

É por esse motivo que há a responsabilidade proveniente de ato de terceiro, com o qual o agente tenha vínculo legal de responsabilidade, de fato de animal e de coisas inanimada sob sua guarda, conseguindo, assim, am-

---

de legalidade, impessoalidade, moralidade, publicidade e eficiência e, também, ao seguinte: § 6º - As pessoas jurídicas de direito público e as de direito privado prestadoras de serviços públicos responderão pelos danos que seus agentes, nessa qualidade, causarem a terceiros, assegurado o direito de regresso contra o responsável nos casos de dolo ou culpa.

pliar as possibilidades de reparação de prejuízos causados ao patrimônio de alguém.

12.7.2.1 Por fato de terceiro

A responsabilidade por fato de outrem causou certo desconforto no cenário jurídico brasileiro, posto que, com a entrada em vigor Código Civil de 2002, a teoria da culpa presumida, que tratava o revogado diploma civil (arts. 1.521 e 1.522), fora rechaçada pelos novos dispositivos, quais sejam, arts.932 e 933 do Código Civil, *in verbis*:

> **Art. 932 do CC** – São também responsáveis pela reparação civil:
>
> I – os pais pelos filhos menores que estiverem sob sua responsabilidade e em sua companhia;
>
> II – o autor e o curador, pelos pupilos e curatelados, que se acharem nas mesmas condições;
>
> III – o empregador ou comitente, por seus empregados, serviçais e prepostos, no exercício do trabalho que lhes competir, ou em razão dele;
>
> IV – donos de hotéis, hospedarias, casas ou estabelecimentos onde se albergue por dinheiro, mesmo para fins de educação, pelos seus hóspedes, moradores e educandos;
>
> V – os que gratuitamente houverem participado nos produtos do crime, até a concorrente quantia.
>
> Art. 933 do CC – As pessoas indicadas nos incisos I a V do artigo antecedente, ainda que não haja culpa de sua parte, responderão pelos atos praticados pelos terceiros ali referidos.

Cavalieri Filho, no entanto, ao invés de conceituar a responsabilidade indireta como sendo responsabilidade por fato de outrem, preferiu defini-la da seguinte forma: "é a responsabilidade por fato próprio omissivo, porquanto as pessoas que respondem a esse título terão sempre concorrido para o dano por falta de cuidado ou vigilância."[118]

---

118 CAVALIERI FILHO, 2010, p. 201.

Certo é que a responsabilidade civil de terceiros, indicada no art. 933 do CC, é de natureza objetiva, pois a condição de responsáveis indiretos torna desnecessária a perquirição de suas culpas.

Contudo, a responsabilidade civil dos agentes causadores citados nos incisos do art. 932 do CC é de natureza subjetiva, motivo pelo qual é indispensável a demonstração de culpa no evento, posto que se o fato danoso não puder ser imputado ao agente, a título de culpa, os responsáveis indiretos não terão o dever de indenizar.

12.7.2.2 Por fato de animal

A responsabilidade indireta por fato de animal pode ser encontrada no art. 936, do CC, onde se tem que o dono ou detentor do animal ressarcirá o dano por este causado, se não houver culpa da vítima ou força maior.

Percebe-se, no entanto, que não há necessidade de provar a culpa do dono ou detentor do animal pra que ele seja obrigado a indenizar. Todavia, este poderá se eximir dessa obrigação se provar que houve culpa exclusiva da vítima ou força maior, único meio de romper o liame de causalidade entre a conduta e o resultado danoso.

12.7.2.3 Por coisas inanimadas

A origem da teoria da responsabilidade na guarda da coisa inanimada remonta ao art. 1.384, do Código de Napoleão, que atribuiu responsabilidade à pessoa não apenas pelo dano por ela causado, mas, ainda, pelo dano causado pelas coisas sob sua guarda.

Não obstante, o uso habitual dos Tribunais Superiores e da doutrina quanto responsabilidade pelo fato da coisa, o Código Civil atual não dispôs de parte especial para a matéria, exemplificando, porém, alguns casos, como se observa nos arts. 937 e 938[119].

A jurisprudência pátria encarregou-se de definir de forma clara a responsabilidade do guarda ou guardião pelo fato da coisa, de modo que, na prática, a falta de disposição expressa no ordenamento não é obstáculo para o ressarcimento do prejuízo.

O art. 937, do CC, faz conexão com o art. 927, parágrafo único, do mesmo diploma, na medida em que impõe o dever de reparar o dano, in-

---

119 Art.937 do CC - O dono do edifício ou construção responde pelos danos que resultarem de sua ruína, se esta provier de falta de reparos, cuja necessidade fosse manifesta.

dependente de culpa, nos casos específicos em lei, ou quando a atividade normalmente desenvolvida pelo autor do dano implicar, por sua natureza, risco para direitos de outrem. Ao contrário do que dispõe o art. 937, do CC, não há a necessidade de provar que a falta de reparo fosse manifesta, uma vez que a necessidade de reparação é sempre ínsita à segurança que se espera de um empreendimento dessa magnitude[120].

Quanto ao art. 938, do CC, em primeiro lugar, deve-se ter um conceito amplo de prédio; em segundo, quando não for possível saber quem lançou a coisa líquida ou sólida, será o condomínio quem responderá pelos danos, não excluindo qualquer condômino. Todavia, ao se apurar qual foi o condômino responsável pelo dano, poderá o condomínio mover ação de regresso contra aquele, nos termos do art. 934, do CC[121].

Conclui-se, portanto, que estando ou não disposto no Código Civil, a responsabilidade civil indireta pelo fato da coisa é entendimento sedimentado pela doutrina e jurisprudência, garantindo à pessoa que sofreu dano por coisa inanimada o direito de ser ressarcida pelo dono ou detentor da coisa.

12.8 Pressupostos da Responsabilidade Civil

São pressupostos necessários à caracterização da responsabilidade civil: a conduta do agente, a culpa, o dano e nexo de causalidade.

12.8.1 Conduta

A responsabilidade civil pode decorrer de dois tipos de conduta do agente, quais sejam: ação ou omissão.

---

120 TJRJ - Responsabilidade civil. Desabamento parcial e posterior implosão do Edifício Palace II. Reflexos no Edifício Palace I, ocasionando a interdição do prédio e provocando clara desvalorização das suas unidades imobiliárias. Obras de recuperação estrutural que ainda hoje demandam permanente controle de manutenção. Danos materiais que devem ser ressarcidos. Danos morais configurados, ante o sofrimento, angústia, sensação de desgraça, impotência, tristeza, dor, humilhação, revolta, desânimo e depressão provocados nos adquirentes das unidades imobiliárias. Verba reparatória dos danos morais fixada na sentença que atendeu aos critérios da razoabilidade e da proporcionalidade. (Ap.Cível nº 2006.001.18859. Des. Fabrício Bandeira Filho - Julgamento: 24/05/2006 - 17ª Câmara Cível).

121 Art. 934 do CC - aquele que ressarcir dano causado por outrem pode reaver o que houver pago daquele por quem pagou, salvo se o causador do dano for descendente seu, absoluta ou relativamente incapaz.

A ação consiste em uma conduta positiva, enquanto a omissão seria a não realização de um dever jurídico de praticar determinado ato. Porém existe uma determinada dificuldade de se comprovar a omissão, posto que, para isso, seria necessário provar, concomitantemente, que a conduta não foi realizada, a existência do dever jurídico de praticar aquele ato e que se a conduta fosse praticada, o dano teria sido evitado.

12.8.2 Culpa *(lato sensu)*

A existência da culpa no ato praticado pelo agente era, até a entrada do novo Código Civil, imprescindível para a caracterização da responsabilidade de indenizar. Hoje, porém, no próprio Código Civil admite-se a responsabilidade sem que haja a prova da conduta culposa.

Contudo, por se tratar ainda de regra geral para a caracterização da responsabilidade civil, deve-se fazer a distinção entre culpa (*stricto sensu*) e dolo.

O dolo seria a vontade consciente de cometer um ato ilícito, antijurídico, enquanto a culpa (em sentido estrito) seria a conduta equivocada do agente, sem intenção de lesar ou violar direito, mas da qual se poderia exigir comportamento diverso.

A culpa, por sua vez, pode ser revelada através da imprudência (comportamento exagerado, precipitado), da negligência (agente que se omite quando deveria agir ou quando age sem as cautelas necessárias) e da imperícia (atuação profissional sem o necessário conhecimento técnico que desqualifica o resultado e conduz ao dano).

12.8.3 Dano

Somente haverá possibilidade de indenização se antes for comprovada a ocorrência do dano. O dano deve ser atual e certo, posto que se for hipotético, não poderão ser indenizados. Sem dano, moral ou patrimonial, não se corporifica a indenização. A materialização do dano ocorre com a definição do efetivo prejuízo suportado pela vítima.

O referido pressuposto da responsabilidade civil pode ocorrer tanto nas relações originadas por meio de um contrato, quanto nas extracontratuais, onde a ofensa pode desencadear prejuízos materiais e imateriais à vítima.

O dano material ou patrimonial, como bem define Cavalieri Filho[122], é suscetível de avaliação pecuniária, podendo ser reparado, senão diretamente, pelo menos indiretamente (por meio de equivalente ou indenização pecuniária). Esse tipo de dano ainda comporta outras duas ramificações: danos emergentes (imediatos e que derivam diretamente da diminuição do patrimônio do lesado) e lucros cessantes (perda de um ganho efetivamente e razoavelmente esperável). Tais fundamentos podem ser encontrados nos arts. 402 e 403[123] do Código Civil.

Recentemente, vem se admitindo uma outra espécie de dano material, **o dano por perda de uma chance**. Sua definição seria, na verdade, a possibilidade de obtenção de lucro ou da realização de um fato esperado, se não tivesse ocorrido o fato impeditivo.

De acordo com Sergio Savi[124], a indenização por perda de uma chance parte da premissa de que os danos passíveis de reparação são efetivamente potenciais e prováveis, ou seja, objetivamente aferíveis, jamais se admitindo com relação àqueles eventuais e hipotéticos, ou seja, previsões meramente subjetivas, revelando-se de suma importância a atuação do magistrado em cada caso concreto.

O dano moral ou imaterial, apesar de admitido pela doutrina majoritária antes do advento da Constituição Federal de 1988, somente ganhou maior proeminência após este preceito constitucional.

Ao contrário do dano material, que pode ser indenizado voltando ao seu *statu quo ante* ou através de equivalente pagamento pecuniário, o dano moral é irreparável, insusceptível de avaliação pecuniária porque é inco-

---

122 CAVALIERI FILHO, 2010, p. 90.
123 Art. 402 do CC – Salvo as exceções expressamente previstas em lei, as perdas e danos devidas ao credor abrangem, além do que ele efetivamente perdeu, o que razoavelmente deixou de lucrar.
Art. 403 do CC – Ainda que a inexecução resulte de dolo do devedor, as perdas e danos só incluem os prejuízos efetivos e lucros cessantes por efeito dela direto e imediato, sem prejuízo do disposto da lei processual.
124 SAVI *apud* ROSSI, Julio César. ROSSI, Maria Paula Cassoni. *Direito civil*: responsabilidade civil. São Paulo: Atlas, 2007, v.6, p.187. (Série leituras jurídicas: provas e concursos)

mensurável[125]. A indenização paga em dinheiro é apenas um consolo àquele que sofreu o dano, já que não há como reparar a dor sofrida.

Existe, também, o caráter punitivo, como em toda indenização, altamente relevante posto que, no caso específico do dano moral, serve de desestímulo ao agente causador do dano.

Com relação ao *quantum* indenizável, fica por conta do julgador, devendo-se sempre levar em conta a extensão do dano e o valor aquisitivo das partes, para que não resulte no empobrecimento de um e em contrapartida o enriquecimento sem causa do outro[126].

A maior dificuldade para o judiciário, que se tem atualmente, é de fato verificar a extensão do dano e determinar seu hipotético valor pecuniário, uma vez que as provas não se produzem como no dano patrimonial, já que se trata de dor moral, de difícil demonstração. Uma vez que o Código Civil e outros preceitos não identificam quais são os danos morais indenizáveis, o que seria impossível à delimitação, resta aos julgadores a análise criteriosa do evento danoso e estabelecer, em cada caso concreto, sua compensação[127].

Por fim, tem-se o **dano estético**. Já é pacífico o entendimento entre os Tribunais Superiores que o dano estético pode ser arbitrado em parcela au-

---

125 CAVALIERI FILHO, 2010, p.35.
126 TJRJ – Responsabilidade civil. Falta civil-constitucional do transportador. Acidente ferroviário. Queda de passageiro. A responsabilidade civil do transportador pelos danos causados ao passageiro em acidente de circulação, por fato do serviço é objetiva (art.14 do CPDC e 37, par. 6º da CF/88). O transportador assume o compromisso de levar o passageiro ao seu destino são e salvo. Transgride o dever de cuidado e viola a obrigação contratual e legal de transporte incólume, quando permite a circulação da composição ferroviária transportando pessoas em condições perigosas, proporcionando, em vista, sua falta de diligência e prudência, a queda e o dano morte a passageiro. Impõe-se a condenação da transportadora nas verbas de pensionamento e danos morais arbitrados. A quantificação dos danos morais encontra-se alinhada aos princípios da Proporcionalidade, Equidade e Justiça, considerando as circunstâncias do fato. Rejeição do agravo retido. Provimento parcial do primeiro recurso. Desprovimento do segundo e terceiro.(Ap. Cível nº 2007.001.49422 – Des. Roberto de Abreu e Silva – julgamento: 23/10/2007 – 9ª Câm Cível).
127 TJRJ – Telefone celular – Cartão de recarga – Erro no código de identificação – Pretensão de majoração do Dano Moral – Sustenta a apelante ser proprietária de bazar, realizando revenda de recarga para celulares, constatando erro no código de identificação de um dos cartões, não logrando êxito na solução do problema. Em tema de dano moral, não se faz necessária a comprovação do desequilíbrio afetivo ou psíquico de quem se afirma lesado, pois o desajuste de tal índole constitui corolário da própria condição humana e eclode por mera consequência do meio social adverso em determinadas circunstâncias, devendo a situação concreta ser sopesada em consonância com as

tônoma da do dano moral. Veja, portanto, a decisão do STJ, REsp 705457 / SP, julgado em 02/08/2007, relatado pelo Min. Aldir Passarinho Junior, da quarta Turma:

> Civil e processual. Indenização. Acidente. Amputação. Parte distal do pé-direito. **Dano estético.** Código civil de 1916, art. 1.538. Exegese. Inclusão como **dano moral.** Possibilidade de cumulação. Condições ausentes. Revisão de matéria fática. Súmula nº 7-STJ. Vedação.
>
> I. As questões federais não enfrentadas pelo Tribunal estadual recebem o óbice das Súmulas nº 282 e 356 do C. STF, não podendo, por falta de prequestionamento, ser debatidas no âmbito do recurso especial.
>
> II. Podem cumular-se **danos estético** e **moral** quando possível identificar claramente as condições justificadoras de cada espécie. III. Importando a amputação traumática do pé em lesão que afeta a estética do ser humano, há que ser valorada para fins de indenização, ainda que possa ser deferida englobadamente com o **dano moral.**
>
> IV. Sucumbentes as partes em parcelas equivalentes, consistente na exata metade dos pedidos formulados, dá-se o decaimento recíproco.
>
> V. Recurso especial conhecido em parte e provido.

12.8.4 O nexo de causalidade

Outro elemento essencial para a responsabilidade civil é o nexo causal, traduzido na ligação ou relação de causa e efeito entre a conduta e o resultado. Não basta que o agente haja procedido *contra jus*, isto é, não se define a responsabilidade pelo fato de cometer um erro de conduta. Não basta, ainda que a vítima sofra um dano, que é elemento objetivo do dever de in-

---

reações normais das pessoas, sem passionalismo ou exigência de temperamento inquebrantável. No que se refere ao quantitativo indenizatório, não há critério apriorístico no ordenamento jurídico pátrio para o arbitramento do valor do dano moral, porque impossível de quantificação o denominado pretium doloris, mas a jurisprudência e a doutrina nacionais têm entendido que o quantum não deve ser estabelecido em valor ínfimo, em ordem a não atingir os objetivos punitivos e preventivos da condenação, elementos de pacificação social buscados pela teoria da responsabilidade civil; menos ainda em dimensão exagerada, que possa inculcar no lesado a ideia de mais-valia material em relação ao seu patrimônio moral atingido, de maneira a resultar satisfação e sensação de haver sido agraciado com o erro cometido pela contraparte. Negado seguimento ao recurso. (Ap. Cível nº 2007.001.55970 - Des. Edson Vasconcelos - Julgamento: 18/10/2007 - 17ª Câm. Cível).

denizar, pois se não houver um prejuízo causado pela conduta antijurídica, não existirá a obrigação de indenizar.

Este pressuposto é considerado por uns o mais delicado dos elementos da responsabilidade civil. O mais difícil de ser determinado. Se a vítima comprovar o dano e não tiver como fazer a ligação com o agente responsável, não terá como ser ressarcida.

Para Caio Mário[128], após apontar várias doutrinas sobre o tema, o que na verdade importa é estabelecer, em face do direito positivo, que houve uma violação de direito alheio e um dano, e que existe um nexo causal, ainda que presumido, entre uma e outro. Ao juiz cumpre decidir com base nas provas que ao demandante incumbe produzir".

Dessa forma, para aferição do nexo causal, necessária é a perquirição do fato que efetivamente conduziu ao dano.

12.9 As Excludentes da Responsabilidade Civil

Algumas circunstâncias, por expressa disposição legal, são consideradas causas excludentes do dever de indenizar. São elas: legítima defesa, exercício regular de direito, culpa exclusiva da vítima ou de terceiro, caso fortuito e força maior. [129]

12.9.1 Legítima Defesa

Nos termos do art. 188, I, do Código Civil, os atos praticados em legítima defesa não constituem atos ilícitos. Contudo, a lei civil deixou de definir o conceito de legítima defesa, devendo-se buscar seu conceito no Direito

---

128 PEREIRA, Caio Mario da Silva. *Responsabilidade civil*. 9.ed. Rio de Janeiro: Forense, 1999, p.82.
129 Nos termos do art. 188, II, do Código Civil, não constituem atos ilícitos a deterioração ou destruição da coisa alheia, ou a lesão à pessoa, a fim de remover perigo iminente. Ressalta-se que o parágrafo único, do mesmo artigo, dispõe que o ato só será legítimo se as circunstâncias o tornarem absolutamente necessário, não excedendo os limites do indispensável para remoção do perigo. Contudo, apesar do ato ser considerado lícito, haverá o dever de indenizar o terceiro prejudicado. Esta obrigação de indenizar advém do art. 929, do CC, que determina que se a pessoa lesionada ou dona da coisa, no caso do inciso II do art. 188, não forem culpados do perigo, terão o direito de serem indenizados. Ainda, o art. 930, do CC, dispõe que se o perigo ocorrer em virtude de terceiro, contra este o autor terá o direito de regresso, para haver a importância que tiver ressarcido o lesado. Exemplo: o motorista que, para evitar o atropelamento de várias pessoas, desvia seu veículo e bate em outro, causando um acidente de trânsito. Reconhecido o estado de necessidade na esfera criminal, será obrigado a indenizar o dono do outro veículo na esfera civil.

Penal. Seria, então, uma medida defensiva adotada pelo indivíduo a fim de repelir o agressor, em face de uma agressão injusta dirigida contra sua pessoa ou de seus familiares, ou contra seus bens.

É evidente que tal medida defensiva deve ser moderada e proporcional entre aquilo que defende e o dano que causar.

Outro fato importante, de muita controvérsia doutrinária, é quando um terceiro é atingido em virtude da legítima defesa de outrem, haverá o dever de indenizá-lo? A maioria entende que não, pois se o art. 188, I, do CC diz que não constitui ato ilícito e acrescentado o fato que se considera defesa legítima no âmbito penal, inexistirá dever de indenizar na esfera civil. Porém, se ficar constatado que houve excesso na legítima defesa ou erro de execução, o terceiro terá o direito de ser indenizado.

Cumpre acrescentar que se o agente do fato danoso for preposto do Estado, sua ação, ainda que praticada em legítima defesa, acarretará para o Estado o dever de indenizar os terceiros atingidos, por força do art. 37, §6º, da Constituição Federal, que estabelece a responsabilidade objetiva. Não terá, porém, o Estado o direito de regresso contra o agente público, se este for absolvido no crime ou comprovado no cível ter agido em legítima defesa.

12.9.2 Exercício regular de direito

A parte final do inciso I, do art. 188, do Código Civil, dispõe que não se considera ato ilícito aquele praticado no exercício regular do direito. Pode-se dizer que seria o fato de não prejudicar o direito de outrem, independentemente de causar dano.

Nessa espécie de excludente é bem comum haver conflito entre princípios e direitos, cabendo ao julgador delimitar onde começa e termina o direito de cada parte.

12.9.3 Culpa exclusiva da vítima ou de terceiro

Neste caso da excludente, por culpa da vítima, qualquer responsabilidade do suposto causador do dano é rechaçada. A própria vítima deverá arcar com todos os prejuízos. O agente torna-se apenas um instrumento do acidente, causado exclusivamente por comportamento da vítima.

Não há aqui o nexo de causalidade entre o agente e o dano, uma vez que não houve responsabilidade daquele no evento danoso.

Referente ao fato de terceiro, o problema é saber se o causador do dano poderá se exonerar do dever de indenizar ou se ele teria concorrido para o evento. Porém, cabe ao agente provar que não concorreu para o fato danoso e que o ato praticado pelo terceiro ocasionou o dano.[130]

12.9.4 Caso fortuito e força maior

Apesar de se tratarem de coisas distintas, para a matéria de responsabilidade seus efeitos se equivalem, posto que afastam o nexo causal e desconstituem a responsabilidade. Todavia, cumpre esclarecer que o caso fortuito decorre de forças da natureza, enquanto a força maior decorre do ato do homem.

12.10 Ação Indenizatória

De acordo com o que já fora abordado, o dano é a diminuição ou subtração de um bem jurídico, e da sua ocorrência nasce o dever de indenizar, ou seja, reparar o mal causado à vítima, se possível restaurando seu *statu quo ante*. Não sendo possível voltar ao estado original, haverá indenização. Assim, a indenização deverá abranger toda a extensão do dano causado, tanto o emergente, como os lucros cessantes (o que deixou de lucrar).

Consoante o art. 942, do Código Civil, em regra, a responsabilidade de indenizar é individual, cabendo àquele que por ação ou omissão haja causado prejuízo a outrem. Na responsabilidade objetiva, responde aquele que assumiu o risco do exercício de determinada profissão. Existem, porém, casos em que a pessoa passa a responder por ato de terceiro, de animal ou pelo fato da coisa. O art. 942, segunda parte, admite a solidariedade entre os praticantes do ato ilícito. Também respondem pela responsabilidade solidária os autores, co-autores e as pessoas designadas no art. 932. Tem-se, portanto, no polo passivo da demanda o(s) causador(es) do dano.

Já no polo ativo, pode-se ter a vítima que sofreu o dano ou os herdeiros da vítima, de acordo com o art. 943, do Código Civil. Os sucessores do morto também o sucedem no direito de pretender a reparação por danos que tenham sido causados por ele em vida. Uma vez definidos os legitimados para compor os polos da demanda, passa-se à questão do ônus da prova. De

---

130 TJRJ – Ação ordinária.Indenização.Colisão de veículos. Responsabilidade objetiva não configurada. Culpa exclusiva de terceiro. Depoimentos das testemunhas que guardam harmonia com laudo pericial de local e com BRAT confeccionado pela PMERJ. Desprovimento do apelo. (Ap. Cível nº 2007.001.10421 – Des. Wany Couto – julgamento: 19/09/2007 – 10ª Câm. Cível)

acordo com o art. 333, do Código de Processo Civil, em regra, compete ao autor provar os fatos constitutivos do seu direito, e ao réu os fatos impeditivos, modificativos ou extintivos do direito do autor.

Todavia, em se tratando de relação consumerista, há a possibilidade da inversão do ônus da prova, na forma do art. 6º, do CDC, ficando subordinada à análise do juiz, quando for verossímil a alegação do autor e quando for ele hipossuficiente (desproporção entre os contratantes, quando não se tem o conhecimento específico do produto ou serviço que está se adquirindo ou quando ausente o conhecimento ou a consequência jurídica do contrato).

Ressalta-se que o prazo prescricional para ajuizar a ação indenizatória é aquele estabelecido pelo art. 206, §3º, do Código Civil, começando a contar do momento em que se opera o dano ou quando se tem ciência dele. Contudo, em se tratando de relação de consumo, o prazo prescricional é de cinco anos, conforme art.27, do CDC, por se tratar de lei especial.

12.11 Responsabilidade Civil nas Relações de Consumo

O Código de Defesa do Consumidor, Lei nº 8.078/90, surgiu a partir da determinação constitucional expressa, contida no rol dos direitos e garantias fundamentais, na forma do art.5º, XXXII, da CF/88, onde diz que "o Estado promoverá, na forma da lei, a defesa do consumidor". Outro dispositivo da Constituição que também estabelece a defesa do consumidor é o art. 170, V. Contudo, foi com o art. 48, da ADCT, que ficou estabelecido o prazo para a elaboração do Código de Defesa do Consumidor.

Para Sergio Cavalieri[131], "na constelação dos novos direitos, o direito do consumidor é sem dúvida uma estrela de primeira grandeza, já pela sua finalidade, já pela amplitude do seu campo de incidência, embora muitos juristas não a queiram enxergar."

O CDC traz em sua essência normas próprias para regulamentar o direito do consumidor, com a finalidade de restabelecer o equilíbrio e a igualdade nas relações de consumo. Não se pautou nos critérios estabelecidos pelo Código Civil, tornando-se assim uma "sobre-estrutura jurídica", aplicável a toda e qualquer área do direito onde houver a relação de consumo.

Não é o objetivo desta obra se aprofundar no estudo das relações de consumo, conceituando cada ponto abordado no CDC, cabendo, contudo, analisar a responsabilidade civil nessas relações.

---

131 CAVALIERI FILHO, 2010, p. 484.

Antes do Código de Defesa do Consumidor, não havia legislação que protegesse o consumidor, respondendo civilmente o fornecedor somente no caso de culpa comprovada, o que era quase sempre impossível. A esse fato se dava o nome de **Teoria do Risco do Consumo**. Entretanto, com a entrada lei consumerista em vigor, especificamente o art. 12, do CDC, o legislador estabeleceu que a responsabilidade civil por fato do produto seria apurada independentemente de culpa, bastando o nexo causal ligando o fornecedor (em sentido amplo) ao dano de ordem extrapatrimonial ou patrimonial. No Código Civil, tem-se a mesma regra no art. 931. Ambos referem-se à responsabilidade objetiva do fornecedor de produto defeituoso.[132] Destarte, sai de cena a Teoria do Risco do Consumo, retirando do consumidor a responsabilidade pelo risco desta relação, e se estabelece a **Teoria do Risco do Empreendimento**.

No mesmo sentido é que o art. 14, do CDC, imputa ao prestador de serviços a responsabilidade objetiva, quando o serviço prestado resultar em dano para o consumidor.

Em ambos os casos, os fornecedores de produtos e prestadores de serviços apenas serão excluídos da responsabilidade de indenizar se provarem a inexistência do dano/defeito ou se o dano for proveniente da culpa exclusiva da vítima ou de terceiro. No caso do fornecedor de produto, ainda há a possibilidade de ser eximido, se provar que não colocou o produto no mercado. Percebe-se que em nenhum momento o legislador fez menção às excludentes da responsabilidade por força maior ou caso fortuito. Porém, isso não significa dizer que não poderão ser arguidas, uma vez que já é entendimento assente nos Tribunais Superiores.

Dessa forma, verificada a ruptura do nexo causal pelas hipóteses contempladas nos §§ 2° e 3°, acrescidas das exceções de força maior e caso fortuito, elidida estará a responsabilidade civil do prestador de serviços.

Ao profissional liberal, de acordo com o disposto no art. 14, § 4° do CDC, a responsabilidade civil será pessoal e apurada mediante a verifica-

---

132 TJMG - Ação de Indenização - Dano Material - Produto Defeituoso - CDC - Aplicação - Ônus da Prova - Inversão - Responsabilidade - Dano Moral - Mero Aborrecimento 1. Tratando-se de relação protegida pelo CDC, tendo em vista o que estipula o aludido diploma em seu art. 6°, inc. VIII, a inversão do ônus da prova em favor do consumidor, é medida que se impõe 2. Ausente a comprovação de uma das causas de exclusão da responsabilidade do fornecedor pelo defeito do produto, impõe--se a obrigação de indenizar, nos termos do art. 18 do CDC. 3. A não substituição de produto defeituoso, a ensejar ação de reparação, não implica a obrigação de indenizar por dano moral, pois os aborrecimentos fazem parte da vida cotidiana e não provocam humilhação ou trazem maiores consequências à honra ao indivíduo. (Ap. Cível n° 1.0604.06.000652-4/001(1) - Des. Guilherme Luciano Baeta Nunes - Publicado em 31/10/2007).

ção da culpa. É a única exceção da Lei n° 8.078/90, que determina a responsabilidade subjetiva, exclusiva ao profissional liberal – pessoa física –, não alcançando pessoa jurídica integrada de profissionais liberais, aplicando, porém, a regra do art. 14, *caput*, ou seja, a responsabilidade objetiva.

12.12 Quadro Sinóptico[133]

	Regra	Exceção
Código Civil 2002	Responsabilidade civil subjetiva, fundada na culpa lato sensu ou em sentido amplo (artigos 186 e 927, parágrafo único do CC)	Responsabilidade civil objetiva, nos casos especificados em lei ou presente a atividade de risco (art. 927, parágrafo único, do CC). O **próprio Código Civil consagra várias hipót**eses de responsabilidade objetiva, como nos casos de ato de terceiro (arts. 932 e 933), fato do animal (art. 936) e fato da coisa (arts. 937 e 938).
CDC	Responsabilidade civil objetiva dos fornecedores de produtos e prestadores de serviços (arts. 12, 14, 18, 19 e 20 do CDC)	Responsabilidade civil subjetiva dos profissionais liberais (art. 14, §4°, do CDC).

Art. 12. O fabricante, o produtor, o construtor, nacional ou estrangeiro, e o importador respondem, independentemente da existência de culpa, pela reparação dos danos causados aos consumidores por defeitos decorrentes de projeto, fabricação, construção, montagem, fórmulas, manipulação, apresentação ou acondicionamento de seus produtos, bem como por informações insuficientes ou inadequadas sobre sua utilização e riscos.

§ 1° O produto é defeituoso quando não oferece a segurança que dele legitimamente se espera, levando-se em consideração as circunstâncias relevantes, entre as quais:

I – sua apresentação;

II – o uso e os riscos que razoavelmente dele se esperam;

III – a época em que foi colocado em circulação.

§ 2° O produto não é considerado defeituoso pelo fato de outro de melhor qualidade ter sido colocado no mercado.

§ 3° O fabricante, o construtor, o produtor ou importador só não será responsabilizado quando provar:

---

133 TARTUCE, Flavio; NEVES, Daniel Amorim Assumpção. *Manual de Direito do Consumidor*. 2.ed. São Paulo: Método, 2013, p.125.

I – que não colocou o produto no mercado;

II – que, embora haja colocado o produto no mercado, o defeito inexiste;

III – a culpa exclusiva do consumidor ou de terceiro.

↳ COMENTÁRIOS
12.13 Responsabilidade – Reparação dos Danos

De acordo com o artigo 12 do CDC, "o fabricante, o produtor, o construtor, nacional ou estrangeiro, e o importador respondem, independentemente da existência de culpa, pela reparação dos danos causados aos consumidores por defeitos decorrentes de projeto, fabricação, construção, montagem, fórmulas, manipulação, apresentação ou acondicionamento de seus produtos, bem como por informações insuficientes ou inadequadas sobre sua utilização e riscos." É, pois, a responsabilidade civil objetiva, já que estes respondem independentemente de culpa pela reparação dos danos. O artigo 12 trata da responsabilidade pelo fato do produto.

Sergio Cavalieri Filho ensina que "fato do produto é um acontecimento externo que ocorre no mundo exterior, que causa dano material ou moral ao consumidor (ou ambos), mas que decorre de um defeito do produto."[134]

Os defeitos podem ser classificados em três modalidades, a saber:

a) *defeito de concepção*, também designado de criação, envolvendo os vícios de projeto, formulação, inclusive *design* dos produtos;

b) *defeito de produção*, também denominado de *fabricação*, envolvendo os vícios de fabricação, construção, montagem, manipulação e acondicionamento de produtos;

c) *defeito de informação* ou de *comercialização*, que envolve a apresentação, informação insuficiente ou inadequada, inclusive a publicidade, elemento faltante no elenco do art. 12.[135]

A explosão de um aparelho celular nas mãos de um consumidor é, pois, um exemplo de responsabilidade civil pelo fato do produto. "Na China, um funcionário de uma loja de computadores morreu depois que seu celular

---
134 CAVALIERI FILHO, Sergio. *Programa de Direito do Consumidor*. 3.ed. São Paulo: Atlas, 2011, p.289.
135 GRINOVER; BENJAMIN; FINK; FILOMENO; NERY JUNIOR; DENARI. 2011, p.199.

explodiu e atingiu uma artéria no seu pescoço. A notícia saiu no jornal chinês Shin Min Daily News, que reportou também que a vítima havia trocado a bateria de seu aparelho recentemente, segundo pessoas ligadas ao rapaz, morador da cidade de Guangzhou. Pessoas que estavam próximas à loja durante o ocorrido, na noite da última sexta-feira (30), disseram ter ouvido um estrondo, e depois se depararam com uma poça de sangue em volta do corpo da vítima de vinte e poucos anos. A identidade do chinês e o modelo do telefone móvel não foram revelados. O governo chinês investiga a procedência dos produtos. Não é o primeiro caso de morte decorrente de explosões de celulares, na China. Em julho de 2007, a Wired noticiou que o dono de um aparelho Motorola faleceu depois que o celular explodiu em seu peito e fragmentos atingiram seu coração. As investigações chinesas, na época, afirmaram que a causa foi um superaquecimento do aparelho – que se tratava de uma falsa peça da marca."[136]

No Brasil, vejamos a decisão do Superior Tribunal de Justiça, em que a questão da saúde é debatida: "Direito do consumidor. Recurso especial. Ação de indenização por danos morais e materiais. Consumo de produto colocado em circulação quando seu prazo de validade já havia transcorrido. "Arrozina Tradicional" vencida que foi consumida por bebês que tinham apenas três meses de vida, causando-lhes gastroenterite aguda. Vício de segurança. Responsabilidade do fabricante. Possibilidade. Comerciante que não pode ser tido como terceiro estranho à relação de consumo. Não configuração de culpa exclusiva de terceiro.

Produto alimentício destinado especificamente para bebês exposto em gôndola de supermercado, com o prazo de validade vencido, que coloca em risco a saúde de bebês com apenas três meses de vida, causando-lhe gastroenterite aguda, enseja a responsabilização por fato do produto, ante a existência de vício de segurança previsto no art. 12 do CDC.

O comerciante e o fabricante estão inseridos no âmbito da cadeia de produção e distribuição, razão pela qual não podem ser tidos como terceiros estranhos à relação de consumo.

A eventual configuração da culpa do comerciante que coloca à venda produto com prazo de validade vencido não tem o condão de afastar o direito de o consumidor propor ação de reparação pelos danos resultantes da ingestão da mercadoria estragada em face do fabricante. Recurso especial não provido. (REsp 980.860/SP, Rel. Ministra NANCY ANDRIGHI, TERCEIRA TURMA, julgado em 23/04/2009, DJe 02/06/2009).

---

136 Disponível em: http://info.abril.com.br/aberto/infonews/022009/04022009-30.sh. Acesso em: 17 mar. 2013.

Em relação ao defeito do produto, ainda destaca-se: a) acidente automobilístico ocasionado por defeito no pneu do veículo; b) morte do condutor do veículo pelo não acionamento dos *air-bags*; c) comprovação pelo consumidor lesado do defeito do produto (quebra do banco do motorista com o veículo em movimento na estrada) e da relação de causalidade com o acidente de trânsito (perda do controle do automóvel em estrada e colisão com uma árvore), que lhe causou graves lesões e a perda total do veículo. (REsp 1168775/RS, Rel. Ministro PAULO DE TARSO SANSEVERINO, TERCEIRA TURMA, julgado em 10/04/2012, DJe 16/04/2012).[137]

12.14 Produto Defeituoso e Princípio da Segurança

De acordo com o § 1º, do artigo 12, "o produto é defeituoso quando não oferece a segurança que dele legitimamente se espera, levando-se em consideração as circunstâncias relevantes, entre as quais: I – sua apresentação; II – o uso e os riscos que razoavelmente dele se esperam; III – a época em que foi colocado em circulação." A apresentação do produto envolve o processo de informação e utilização do produto, tais como: manuais de instruções, bulas, rótulos, embalagens etc.

Em 2008, por exemplo, verificou-se o defeito do produto, mas conhecido como a "Armadilha do FOX". Vejamos o caso: "O primeiro carro do químico Gustavo Funada, de 58 anos, morador de São José dos Campos, São Paulo, foi um Fusca 1972. De lá para cá, Funada já foi proprietário de um Passat, uma Variant, um Gol e uma Kombi – todos carros da Volkswagen. Em dezembro de 2004, a afinidade de Funada com a marca alemã se transformou em trauma. Quando tentava ampliar o espaço do porta-malas de seu Fox, Funada teve parte do dedo médio da mão direita decepado. "Fui rebater o banco para guardar compras. Como não achei a alça, puxei uma argola com o dedo e empurrei o encosto, que desceu com violência.

---

137 Consumidor Responsabilidade pelo fato do produto Acidente de consumo Operadora de telefonia que negativa indevidamente o nome do consumidor Vítima que não contratou com o fornecedor Dever sucessivo de reparar Ocorrência Responsabilidade objetiva (CDC, 12) Defeito do produto Não-oferecimento ao consumidor da segurança esperada Não-comprovação, pelo fornecedor, de causa excludente de responsabilidade Teoria do risco profissional Risco inerente à atividade lucrativa exercida Ocorrência de fortuito interno, que não afasta a imputação Dano moral Caracterização Violação do direito (da personalidade) à integridade psíquica (moral) do consumidor Lesão à honra objetiva Compensação Valor suficiente e adequado às peculiaridades do caso em concreto Sentença mantida Recurso improvido.CDC (2720295520098260000 SP 0272029-55.2009.8.26.0000, Relator: Luiz Antonio Costa, Data de Julgamento: 07/11/2012, 7ª Câmara de Direito Privado, Data de Publicação: 30/11/2012)

Foi uma dor intensa. Quando percebi, a ponta do meu dedo estava caída dentro do porta-malas", diz.

Rebater o banco traseiro do Fox não é uma operação complicada. O usuário deve puxar uma pequena alça flexível que fica presa a uma argola de metal na parte inferior do encosto. O problema é quando alguém ajusta o dedo na argola, como fez Funada. Ao ser destravado, o mecanismo aciona uma mola que puxa a argola para dentro, prendendo assim o dedo do usuário (leia o quadro). Nos últimos três anos, pelo menos sete pessoas, além de Funada, dizem que perderam parte do dedo assim. Um nono usuário, o pecuarista Antônio Félix de Souza, de Goiânia, Goiás, afirma que teve a mão esquerda gravemente atingida ao tirar um dedo da mão direita da argola. Segundo ele, o banco parcialmente suspenso caiu sobre sua mão esquerda, apoiada no assoalho. Souza conseguiu reconstruir três dedos esmagados e recuperar os movimentos.

Para a advogada Maria Inês Dolci, coordenadora da Associação Brasileira de Defesa do Consumidor, há dados suficientes para que a Volkswagen convoque um recall. "Pela quantidade de pessoas prejudicadas com o mesmo problema, o recall já devia ter sido feito", diz. Em mensagem enviada por e-mail, a assessoria de imprensa da montadora diz que a empresa estudou todos os acidentes e concluiu que o sistema está de acordo com as normas de segurança. O recall foi descartado. "Os procedimentos do manuseio do sistema de rebatimento encontram-se descritos no Manual do Proprietário", diz.

A pedido de ÉPOCA, o engenheiro Márcio Montesani, diretor do Núcleo de Perícias Técnicas de São Paulo, analisou o rebatimento do Fox. Especialista em perícias automotivas, ele critica o sistema e o manual: "Há erro de projeto. O dispositivo induz o usuário a colocar o dedo instintivamente na argola, o que pode resultar em mutilação. E o manual deveria prevenir sobre falhas na operação. Dizer como proceder na ausência da alça".

De acordo com Montesani, o Fox exportado para a Europa tem um sistema mais seguro. No lugar da alça e da argola, há uma alavanca de metal paralela à base. "Não é possível sofrer esse tipo de ferimento no Fox europeu", diz. A Volks afirma que as diferenças são decorrentes dos aspectos técnicos e legais de cada mercado: "Na Europa, o veículo é concebido para quatro lugares, enquanto nos demais países é para cinco. Nesse sentido, pode haver diferentes conceitos de produtos".

Desde 2004, Funada passou por quatro cirurgias para recuperar a sensibilidade e até hoje relata dores. Ele diz que demorou cinco meses para chegar perto do porta-malas novamente, mas não se desfez do carro: "Não o vendi por medo de mais alguém se machucar". Dos nove feridos entrevistados por ÉPOCA, só dois ainda não entraram na Justiça contra a montadora: o servidor Marcos Aurélio Dias, de Suzano, São Paulo, acidentado no dia 19 de janeiro, e o técnico de som Pedro Saldanha, do Rio de Janeiro. "Pior que a dor física é a sensação de perder uma parte do corpo", afirma Saldanha. Os dois disseram que irão à Justiça."[138]

Da mesma forma, os casos de incêndio nos automóveis Fiat, modelo Tipo. "Casos de incêndio no Tipo – aparentemente só nas versões importadas e com motor de 1,6 litro – foram bastante frequentes entre 1995 e 96. Estima-se que mais de 40 veículos pegaram fogo por si só, a maior parte resultando em destruição completa. A reação inicial da Fiat foi convocar os proprietários (operação conhecida por *recall*, ou chamar de volta) para troca do tubo condutor de ar quente para o filtro de ar, que estaria, segundo o fabricante, sendo danificado em lavagens do motor ou pelas altas temperaturas de algumas regiões. A substituição não resolveu e carros submetidos ao *recall* ainda se incendiaram. Posteriormente se admitiu que a falha estaria na tubulação hidráulica da direção assistida, que deixava escapar fluido em situações de maior esforço, como ao permanecer por maior período com a direção totalmente esterçada. O fluido então atingia um ponto quente do coletor ou do tubo primário do escapamento, entrando em combustão. A Fiat providenciou nova operação e, ao que parece, o problema foi eliminado."[139]

O § 1º do artigo 12 (e também do artigo 14) do CDC desvela o princípio da segurança. Sergio Cavalieri Filho afirma que "o fundamento da responsabilidade do fornecedor não é o risco, como afirmado por muitos, mas sim o **princípio da segurança**. O risco por si só, não gera a obrigação de indenizar. Risco é perigo, é mera probabilidade de dano, e ninguém viola dever jurídico simplesmente porque fabrica um produto ou exerce atividade perigosa, mormente quando socialmente admitidos e necessários. [...] O dever jurídico que se contrapõe ao risco é o dever de segurança. E foi justamente esse dever que o Código do Consumidor estabeleceu no §1º dos seus arts. 12 e 14. Criou o *dever de segurança para o fornecedor*, verdadeira cláusula geral – o dever de lançar no mercado produto ou serviço

---

[138] Disponível em: http://revistaepoca.globo.com/Revista/Epoca/0,,EDG81441-6014-507,00.html. Acesso em: 17 mar. 2013.

[139] Disponível em: http://bestcars.uol.com.br/ct-tipo.htm. Acesso em: 17 mar. 2013.

sem defeito -, de sorte que se houver defeito e este der causa ao acidente de consumo, por ele responderá independentemente de culpa."[140]

12.15 Inovações Tecnológicas

Em relação às inovações tecnológicas, o produto não é considerado defeituoso pelo fato de outro de melhor qualidade ter sido colocado no mercado. (Art. 12, § 2º, do CDC).

12.16 Excludentes

O Art. 12, § 3º, do CDC preceitua que "o fabricante, o construtor, o produtor ou importador só não será responsabilizado quando provar: I – que não colocou o produto no mercado; II – que, embora haja colocado o produto no mercado, o defeito inexiste; III – a culpa exclusiva do consumidor ou de terceiro."

Em relação à causa de excludente prevista no inciso I, os autores do anteprojeto exemplificam-no como "aqueles relacionados com o furto ou roubo de produto defeituoso estocado no estabelecimento"[141]

Outra causa de excludente de responsabilidade é aquela que embora o produto esteja no mercado, não ocorra a existência de defeitos.

Por fim, é possível que se prove a culpa exclusiva do consumidor ou de terceiro no evento danoso. Aqui não se pode confundir a culpa exclusiva com a culpa concorrente.

Assim, demonstrada a ocorrência do evento danoso em virtude de defeito do produto, fato do produto, cabe ao fornecedor, para desconstituir sua responsabilidade objetiva, demonstrar uma das causas excludentes do nexo causal (art. 12, § 3º, do CDC). Nesse sentido, vejamos a decisão: "O autor estava ciente de que o concreto que estava usando poderia causar ferimentos, o que indica que o fornecedor prestou informações adequadas sobre a manipulação do produto. O dano ocorreu por ato do próprio apelante, que tinha conhecimento do risco do produto, porém, decidiu manusear a máquina de bombear concreto sem possuir habilidade técnica para tal

---
140 CAVALIERI FILHO, Sergio. *Programa de Direito do Consumidor*. 3.ed. São Paulo: Atlas, 2011, p.53.
141 GRINOVER; BENJAMIN; FINK; FILOMENO; NERY JUNIOR; DENARI. 2011, p.204.

procedimento, fato que culminou com o incidente sofrido pelo requerente. A culpa exclusiva do consumidor afasta a responsabilidade do fornecedor. Recurso conhecido e desprovido. (3014 RN 2010.000301-4, Relator: Des. Dilermando Mota, Data de Julgamento: 15/02/2011, 1ª Câmara Cível).

> **Art. 13. O comerciante é igualmente responsável, nos termos do artigo anterior, quando:**
>
> **I – o fabricante, o construtor, o produtor ou o importador não puderem ser identificados;**
>
> **II – o produto for fornecido sem identificação clara do seu fabricante, produtor, construtor ou importador;**
>
> **III – não conservar adequadamente os produtos perecíveis.**
>
> **Parágrafo único. Aquele que efetivar o pagamento ao prejudicado poderá exercer o direito de regresso contra os demais responsáveis, segundo sua participação na causação do evento danoso.**

↳ COMENTÁRIOS

13.1 Responsabilidade do Comerciante

O artigo 13 do CDC trata da responsabilidade civil do comerciante nas relações de consumo. Esta é subsidiária (nas hipóteses do artigo 13 do CDC) e objetiva.

Já o parágrafo único do referido dispositivo legal trata do direito de regresso daqueles que pagarão a indenização contra os demais coresponsáveis pelo evento danoso.

Em relação à *denunciação da lide*, cabe lembrar que o STJ, "ao rever orientação dominante desta Corte, assentou que é incabível a denunciação da lide nas ações indenizatórias decorrentes da relação de consumo seja no caso de responsabilidade pelo fato do produto, seja no caso de responsabilidade pelo fato do serviço (arts. 12 a 17 do CDC). Asseverou o Min. Relator que, segundo melhor exegese do enunciado normativo do art. 88 do CDC, a vedação ao direito de denunciação da lide não se restringiria exclusivamente à responsabilidade do comerciante pelo fato do produto (art. 13 do CDC), mas a todo e qualquer responsável (real, aparente ou presumido) que indenize os prejuízos sofridos pelo consumidor. Segundo afirmou, a proibição do direito de regresso na mesma ação objetiva evitar a procrastinação do feito, tendo em vista a dedução no processo de uma nova causa de pedir, com fundamento distinto da formulada pelo consumidor, qual seja, a discussão da responsabilidade subjetiva. Destacou-se, ainda, que a única hipótese na qual se admite a intervenção de terceiro nas ações que versem sobre relação de consumo é o caso de chamamento ao processo do segurador – nos contratos de seguro celebrado pelos fornecedores para garantir a sua responsabilidade pelo fato do produto ou do serviço (art. 101, II, do CDC). Com base nesse entendimento, a Turma negou provimento ao recurso especial para manter a exclusão de empresa prestadora de serviço da ação em que se pleiteia compensação por danos morais em razão de instalação indevida de linhas telefônicas em nome do autor e posterior inscrição de seu nome em cadastro de devedores de inadimplentes. REsp 1.165.279-SP, **Rel. Min. Paulo de Tarso Sanseverino, julgado em 22/5/2012."**

13.2 Jurisprudências:

PROCESSUAL CIVIL. CIVIL. CONSUMIDOR. RECURSO ESPECIAL. AÇÃO DECLARATÓRIA C/C REPARAÇÃO POR DANOS MATERIAIS E COMPENSAÇÃO POR DANOS MORAIS. DENUNCIAÇÃO DA LIDE. FATO DO SERVIÇO. INTERPRETAÇÃO EXTENSIVA. VEDAÇÃO. INTERVENÇÃO DE TERCEIROS. RELAÇÃO DE CONSUMO. ARTIGOS ANALISADOS: ART. 70, III, DO CPC; ARTS. 13; 14 E 88 DO CDC. 1. AÇÃO DECLARATÓRIA C/C REPARAÇÃO POR DANOS MATERIAIS E COMPENSAÇÃO POR DANOS MORAIS AJUIZADA EM 2009. RECURSO ESPECIAL CONCLUSO AO GABINETE EM 08/11/2011. 2. DISCUSSÃO RELATIVA AO CABIMENTO DA DENUNCIAÇÃO DA LIDE EM AÇÃO DE RESPONSABILIDADE DO FORNECEDOR POR FATO DO SERVIÇO. 3. A VEDAÇÃO À DENUNCIAÇÃO DA LIDE PREVISTA NO ART. 88 DO CDC NÃO SE RESTRINGE À RESPONSABILIDADE DE COMERCIANTE POR FATO DO PRODUTO (ART. 13 DO CDC), SENDO APLICÁVEL TAMBÉM NAS DEMAIS HIPÓTESES DE RESPONSABILIDADE CIVIL POR ACIDENTES DE CONSUMO (ARTS. 12 E 14 DO CDC). PRECEDENTES. 4. RECURSO ESPECIAL DESPROVIDO.

(STJ - RESP: 1286577 SP 2011/0242406-3, RELATOR: MINISTRA NANCY ANDRIGHI, DATA DE JULGAMENTO: 17/09/2013, T3 - TERCEIRA TURMA, DATA DE PUBLICAÇÃO: DJE 23/09/2013)

EMBARGOS DE DIVERGÊNCIA. INVERSÃO DO ÔNUS DA PROVA. CÓDIGO DE DEFESA DO CONSUMIDOR. LEI Nº 8.078/90, ART. 6º, INC. VIII. REGRA DE INSTRUÇÃO. DIVERGÊNCIA CONFIGURADA.

O cabimento dos embargos de divergência pressupõe a existência de divergência de entendimentos entre Turmas do STJ a respeito da mesma questão de direito federal. Tratando-se de divergência a propósito de regra de direito processual (inversão do ônus da prova) não se exige que os fatos em causa no acórdão recorrido e paradigma sejam semelhantes, mas apenas que divirjam as Turmas a propósito da interpretação do dispositivo de lei federal controvertido no recurso.

Hipótese em que o acórdão recorrido considera a inversão do ônus da prova prevista no art. 6º, inciso VIII, do CDC regra de julgamento e o acórdão paradigma trata o mesmo dispositivo legal como regra de instrução. Divergência configurada.

A regra de imputação do ônus da prova estabelecida no art. 12 do CDC tem por pressuposto a identificação do responsável pelo produto defeituoso (fabricante, produtor, construtor e importador), encargo do autor da ação, o que não se verificou no caso em exame.

Não podendo ser identificado o fabricante, estende-se a responsabilidade objetiva ao comerciante (CDC, art. 13). Tendo o consumidor optado por ajuizar a ação contra suposto fabricante, sem comprovar que o réu foi realmente o fabricante do produto defeituoso, ou seja, sem prova do próprio nexo causal entre ação ou omissão do réu e o dano alegado, a inversão do ônus da prova a respeito da identidade do responsável pelo produto pode ocorrer com base no art. 6º, VIII, do CDC, regra de instrução, devendo a decisão judicial que a determinar ser proferida "preferencialmente na fase de saneamento do processo ou, pelo menos, assegurando-se à parte a quem não incumbia inicialmente o encargo, a reabertura de oportunidade" (RESP 802.832, STJ 2ª Seção, DJ 21.9.2011). Embargos de divergência a que se dá provimento. (EREsp 422.778/SP, Rel. Ministro JOÃO OTÁVIO DE NORONHA, Rel. p/ Acórdão Ministra MARIA ISABEL GALLOTTI, SEGUNDA SEÇÃO, julgado em 29/02/2012, DJe 21/06/2012).

CIVIL. CONSUMIDOR. APELAÇÃO CÍVEL. AÇÃO DE INDENIZAÇÃO. CÓDIGO DE DEFESA DO CONSUMIDOR VÍCIO DE QUALIDADE DO PRODUTO PISO DE CERÂMICA RESPONSABILIDADE SOLIDÁRIA E OBJETIVA DO COMERCIANTE E DO FABRICANTE NOS TERMOS DO CÓDIGO DE DEFESA DO CONSUMIDOR VÍCIO PELO FATO DO PRODUTO EXIGIRIA REPERCUSSÃO EXTERNA DA FALHA DO PRODUTO PARA LIMITAR A RESPONSABILIDADE INVERSÃO DA SUCUMBÊNCIA RECURSO PROVIDO. Código de defesa do consumidor (6478608 Pr 647860-8 (acórdão), relator: Roberto Portugal Bacellar, data de julgamento: 03/05/2012, 8ª câmara cível).

Art. 14. O fornecedor de serviços responde, independentemente da existência de culpa, pela reparação dos danos causados aos consumidores por defeitos relativos à prestação dos serviços, bem como por informações insuficientes ou inadequadas sobre sua fruição e riscos.

§ 1° O serviço é defeituoso quando não fornece a segurança que o consumidor dele pode esperar, levando-se em consideração as circunstâncias relevantes, entre as quais:

I - o modo de seu fornecimento;
II - o resultado e os riscos que razoavelmente dele se esperam;
III - a época em que foi fornecido.

§ 2° O serviço não é considerado defeituoso pela adoção de novas técnicas.

§ 3° O fornecedor de serviços só não será responsabilizado quando provar:

I - que, tendo prestado o serviço, o defeito inexiste;
II - a culpa exclusiva do consumidor ou de terceiro.[142]

§ 4° A responsabilidade pessoal dos profissionais liberais será apurada mediante a verificação de culpa.

---

142 STJ - Súmula 479 - As instituições financeiras respondem objetivamente pelos danos gerados por fortuito interno relativo a fraudes e delitos praticados por terceiros no âmbito de operações bancárias.

→ COMENTÁRIOS
14.1 Responsabilidade Civil pelo Fornecimento de Serviços

O artigo 14 do CDC trata da responsabilidade civil nas relações de consumo decorrentes da prestação de serviços defeituosos.[140] A responsabi-

---

140 Civil e consumidor. Internet. Relação de consumo. Incidência do CDC. Gratuidade do serviço. Indiferença. Provedor de pesquisa. Filtragem prévia das buscas. Desnecessidade. Restrição dos resultados. Não-cabimento. Conteúdo público. Direito à informação.
1. A exploração comercial da Internet sujeita as relações de consumo daí advindas à Lei nº 8.078/90.
2. O fato de o serviço prestado pelo provedor de serviço de Internet ser gratuito não desvirtua a relação de consumo, pois o termo "mediante remuneração", contido no art. 3º, § 2º, do CDC, deve ser interpretado de forma ampla, de modo a incluir o ganho indireto do fornecedor.
3. O provedor de pesquisa é uma espécie do gênero provedor de conteúdo, pois não inclui, hospeda, organiza ou de qualquer outra forma gerencia as páginas virtuais indicadas nos resultados disponibilizados, se limitando a indicar links onde podem ser encontrados os termos ou expressões de busca fornecidos pelo próprio usuário.
4. A filtragem do conteúdo das pesquisas feitas por cada usuário não constitui atividade intrínseca ao serviço prestado pelos provedores de pesquisa, de modo que não se pode reputar defeituoso, nos termos do art. 14 do CDC, o site que não exerce esse controle sobre os resultados das buscas.
5. Os provedores de pesquisa realizam suas buscas dentro de um universo virtual, cujo acesso é público e irrestrito, ou seja, seu papel se restringe à identificação de páginas na web onde determinado dado ou informação, ainda que ilícito, estão sendo livremente veiculados. Dessa forma, ainda que seus mecanismos de busca facilitem o acesso e a consequente divulgação de páginas cujo conteúdo seja potencialmente ilegal, fato é que essas páginas são públicas e compõem a rede mundial de computadores e, por isso, aparecem no resultado dos sites de pesquisa.
6. Os provedores de pesquisa não podem ser obrigados a eliminar do seu sistema os resultados derivados da busca de determinado termo ou expressão, tampouco os resultados que apontem para uma foto ou texto específico, independentemente da indicação do URL da página onde este estiver inserido.
7. Não se pode, sob o pretexto de dificultar a propagação de conteúdo ilícito ou ofensivo na web, reprimir o direito da coletividade à informação. Sopesados os direitos envolvidos e o risco potencial de violação de cada um deles, o fiel da balança deve pender para a garantia da liberdade de informação assegurada pelo art. 220, § 1º, da CF/88, sobretudo considerando que a Internet representa, hoje, importante veículo de comunicação social de massa.
8. Preenchidos os requisitos indispensáveis à exclusão, da web, de uma determinada página virtual, sob a alegação de veicular conteúdo ilícito ou ofensivo - notadamente a identificação do URL dessa página - a vítima carecerá de interesse de agir contra o provedor de pesquisa, por absoluta falta de utilidade da jurisdição. Se a vítima identificou, via URL, o autor do ato ilícito, não tem motivo para demandar contra aquele que apenas facilita o acesso a esse ato que, até então, se encontra publicamente

lidade do fornecedor de serviços é objetiva e as causas excludentes estão previstas no § 3º do referido dispositivo legal que informa: "O fornecedor de serviços só não será responsabilizado quando provar: I – que, tendo prestado o serviço, o defeito inexiste; II – a culpa exclusiva do consumidor ou de terceiro."

Vale lembrar que o serviço não é considerado defeituoso pela adoção de novas técnicas (Art. 14, § 2º, do CDC).

Em caso de interrupção programada dos serviços, cabe ao fornecedor de serviços essenciais a obrigação de avisar previamente os consumidores pela forma definida pelo respectivo órgão regulador (REsp. nº 1.812.140-RS, Rel. Ministro Paulo Sérgio Domingues, Primeira Turma, por unanimidade, julgado em 10/09/2024, DJe 16/09/2024).

A instituição financeira responde civilmente, caracterizando-se fortuito interno, nos termos do art. 14, § 3º, do CDC, quando descumpre o dever de segurança que lhe cabe e não obsta a realização de compras com cartão de crédito em estabelecimento comercial suspeito, com perfil de compra de consumidor que discrepa das aquisições fraudulentas efetivadas (AgInt no AREsp nº 1.728.279-SP, Rel. Ministro Raul Araújo, Quarta Turma, por unanimidade, julgado em 08/05/2023, DJe 17/05/2023).

A emissão, por terceiro, de boleto fraudado, configura fato exclusivo de terceiro apto a excluir a responsabilidade civil da instituição financeira (REsp. nº 2.046.026-RJ, Rel. Ministra Nancy Andrighi, Terceira Turma, por unanimidade, julgado em 13/06/2023, DJe 27/06/2023).[141]

---

disponível na rede para divulgação. 9. Recurso especial provido. (REsp 1316921/RJ, Rel. Ministra NANCY ANDRIGHI, TERCEIRA TURMA, julgado em 26/06/2012, DJe 29/06/2012).

141 O propósito recursal consiste em definir se a emissão, por terceiro, de boleto fraudado, configura fato exclusivo de terceiro apto a excluir a responsabilidade civil da instituição financeira.

A jurisprudência do STJ compreende que a atividade bancária, por suas características de disponibilidade de recursos financeiros e sua movimentação sucessiva, tem por resultado um maior grau de risco em comparação com outras atividades econômicas. Consequentemente, foi editada a Súmula nº 479, a qual dispõe que "as instituições financeiras respondem objetivamente pelos danos gerados por fortuito interno relativo a fraudes e delitos praticados por terceiros no âmbito de operações bancárias".

Não é prescindível, todavia, a existência de um liame de causalidade entre as atividades desempenhadas pela instituição financeira e o dano vivenciado pelo consumidor, o qual se dará por interrompido caso evidenciada a ocorrência de fato exclusivo da vítima ou de terceiro (art. 14, § 3º, II, do CDC) ou evento de força maior ou caso fortuito

14.1.1 Jurisprudências

CIVIL E CONSUMIDOR. INTERNET. RELAÇÃO DE CONSUMO. INCIDÊNCIA DO CDC.

PROVEDOR DE CONTEÚDO. SITE DE RELACIONAMENTO SOCIAL. VERIFICAÇÃO PRÉVIA E DE OFÍCIO DO CONTEÚDO POSTADO POR USUÁRIOS.

DESNECESSIDADE.

MENSAGEM VIOLADORA DE DIREITOS AUTORAIS. RISCO NÃO INERENTE AO NEGÓCIO. CIÊNCIA DA EXISTÊNCIA DE CONTEÚDO ILÍCITO. RETIRADA DO AR EM 24 HORAS. DEVER, DESDE QUE INFORMADO O URL PELO OFENDIDO.

DISPOSITIVOS LEGAIS ANALISADOS: ARTS. 5°, IV, IX, XII, E 220 DA CF/88; 14 DO CDC; E 927, PARÁGRAFO ÚNICO, DO CC/02.

1. AÇÃO AJUIZADA EM 03.12.2009. RECURSO ESPECIAL CONCLUSO AO GABINETE DA RELATORA EM 12.09.2013.

2. RECURSO ESPECIAL EM QUE SE DISCUTE OS LIMITES DA RESPONSABILIDADE DOS PROVEDORES DE HOSPEDAGEM DE SITES DE RELACIONAMENTO SOCIAL PELO CONTEÚDO DAS INFORMAÇÕES POSTADAS POR CADA USUÁRIO, NOTADAMENTE AQUELAS VIOLADORAS DE DIREITOS AUTORAIS.

---

externo (art. 393 do CC/02). Qualquer dessas situações tem o condão de excluir a responsabilidade do fornecedor.

O fato exclusivo de terceiro consiste na atividade desenvolvida por uma pessoa sem vinculação com a vítima ou com o aparente causador do dano, que interfere no processo causal e provoca com exclusividade o dano. No entanto, se o fato de terceiro ocorrer dentro da órbita de atuação do fornecedor, ele se equipara ao fortuito interno, sendo absorvido pelo risco da atividade.

Na hipótese, houve a compra de um automóvel de um indivíduo, o qual havia adquirido o veículo por meio de financiamento bancário obtido junto ao banco recorrente. Em contrapartida, o recorrido assumiu o valor do financiamento que ainda estava pendente de pagamento e realizou a quitação via boleto bancário, recebido pelo vendedor por meio de e-mail supostamente enviado pelo recorrente. Entretanto, o boleto não foi emitido pela instituição financeira, mas sim por terceiro estelionatário, e o e-mail usado para o envio do boleto também não é de titularidade do banco.

Sendo a operação efetuada, em sua integralidade, fora da rede bancária. Portanto, não houve falha na prestação dos serviços, e a fraude não guarda conexidade com a atividade desempenhada pelo recorrente, caracterizando-se como fato exclusivo de terceiro.

3. A EXPLORAÇÃO COMERCIAL DA INTERNET SUJEITA AS RELAÇÕES DE CONSUMO DAÍ ADVINDAS À LEI Nº 8.078/90. PRECEDENTES.

4. A VERIFICAÇÃO DE OFÍCIO DO CONTEÚDO DAS MENSAGENS POSTADAS POR CADA USUÁRIO NÃO CONSTITUI ATIVIDADE INTRÍNSECA AO SERVIÇO PRESTADO PELOS PROVEDORES DE SITES DE RELACIONAMENTO SOCIAL, DE MODO QUE NÃO SE PODE REPUTAR DEFEITUOSO, NOS TERMOS DO ART. 14 DO CDC, O SITE QUE NÃO EXERCE ESSE CONTROLE.

5. A VIOLAÇÃO DE DIREITOS AUTORAIS EM MATERIAL INSERIDO NO SITE PELO USUÁRIO NÃO CONSTITUI RISCO INERENTE À ATIVIDADE DOS PROVEDORES DE CONTEÚDO, DE MODO QUE NÃO SE LHES APLICA A RESPONSABILIDADE OBJETIVA PREVISTA NO ART. 927, PARÁGRAFO ÚNICO, DO CC/02.

6. NÃO SE PODE EXIGIR DO PROVEDOR DE SITE DE RELACIONAMENTO SOCIAL A FISCALIZAÇÃO ANTECIPADA DE CADA NOVA MENSAGEM POSTADA, NÃO APENAS PELA IMPOSSIBILIDADE TÉCNICA E PRÁTICA DE ASSIM PROCEDER, MAS SOBRETUDO PELO RISCO DE TOLHIMENTO DA LIBERDADE DE PENSAMENTO. NÃO SE PODE, SOB O PRETEXTO DE DIFICULTAR A PROPAGAÇÃO DE CONTEÚDO ILÍCITO OU OFENSIVO NA WEB, REPRIMIR O DIREITO DA COLETIVIDADE À INFORMAÇÃO. SOPESADOS OS DIREITOS ENVOLVIDOS E O RISCO POTENCIAL DE VIOLAÇÃO DE CADA UM DELES, O FIEL DA BALANÇA DEVE PENDER PARA A GARANTIA DA LIBERDADE DE CRIAÇÃO, EXPRESSÃO E INFORMAÇÃO, ASSEGURADA PELO ART. 220 DA CF/88, SOBRETUDO CONSIDERANDO QUE A INTERNET REPRESENTA, HOJE, IMPORTANTE VEÍCULO DE COMUNICAÇÃO SOCIAL DE MASSA.

7. AO SER COMUNICADO DE QUE DETERMINADA MENSAGEM POSTADA EM SITE DE RELACIONAMENTO SOCIAL POR ELE MANTIDO POSSUI CONTEÚDO POTENCIALMENTE ILÍCITO OU OFENSIVO A DIREITO AUTORAL, DEVE O PROVEDOR REMOVÊ-LO PREVENTIVAMENTE NO PRAZO DE 24 HORAS, ATÉ QUE TENHA TEMPO HÁBIL PARA APRECIAR A VERACIDADE DAS ALEGAÇÕES DO DENUNCIANTE, DE MODO A QUE, CONFIRMANDO-AS, EXCLUA DEFINITIVAMENTE O VÍDEO OU, TENDO-AS POR INFUNDADAS, RESTABELEÇA O SEU LIVRE ACESSO, SOB PENA DE RESPONDER SOLIDARIAMENTE COM O AUTOR DIRETO DO DANO EM VIRTUDE DA OMISSÃO PRATICADA.

8. O CUMPRIMENTO DO DEVER DE REMOÇÃO PREVENTIVA DE MENSAGENS CONSIDERADAS ILEGAIS E/OU OFENSIVAS FICA CONDICIONADO À INDICAÇÃO, PELO DENUNCIANTE, DO URL DA PÁGINA EM QUE ESTIVER INSERIDO O RESPECTIVO CONTEÚDO.

9. RECURSO ESPECIAL PROVIDO.

(RESP 1396417/MG, REL. MINISTRA NANCY ANDRIGHI, TERCEIRA TURMA, JULGADO EM 07/11/2013, DJE 25/11/2013)

PROCESSO CIVIL E CONSUMIDOR. RECURSO ESPECIAL. PORTARIAS, REGULAMENTOS E DECRETOS. CONTROLE. NÃO CABIMENTO. CURSO SUPERIOR NÃO RECONHECIDO PELO MEC. CIRCUNSTÂNCIA NÃO INFORMADA AOS ALUNOS. IMPOSSIBILIDADE DE EXERCER A PROFISSÃO. RESPONSABILIDADE OBJETIVA DA INSTITUIÇÃO DE ENSINO. DANO MORAL. VALOR. REVISÃO PELO STJ. MONTANTE EXORBITANTE OU IRRISÓRIO. CABIMENTO.

O recurso especial não é via adequada para se promover o controle de decretos, portarias ou regulamentos, na medida em que essas normas não estão compreendidas no conceito de lei federal. Precedentes.

A instituição de ensino que oferece curso de bacharelado em Direito sem salientar a inexistência de chancela do MEC, resultando na impossibilidade de aluno, aprovado no exame da OAB, obter inscrição definitiva de advogado, responde objetivamente, nos termos do art. 14 do CDC, pelo descumprimento do dever de informar, por ocultar circunstância que seria fundamental para a decisão de se matricular ou não no curso.

O art. 6º, III, do CDC institui o dever de informação e consagra o princípio da transparência, que alcança o negócio em sua essência, porquanto a informação repassada ao consumidor integra o próprio conteúdo do contrato. Trata-se de dever intrínseco ao negócio e que deve estar presente não apenas na formação do contrato, mas também durante toda a sua execução. O direito à informação visa a assegurar ao consumidor uma escolha consciente, permitindo que suas expectativas em relação ao produto ou serviço sejam de fato atingidas, manifestando o que vem sendo denominado de consentimento informado ou vontade qualificada. Não exclui a responsabilidade da instituição de ensino perante o aluno a possível discussão frente ao Conselho Profissional a respeito da exigibilidade, ou não, por este, da comprovação do reconhecimento do curso pelo MEC, reservando-se a matéria para eventual direito de regresso.

A melhor exegese do art. 8º, II, da Lei nº 8.906/94, sugere que se considere como instituição de ensino "oficialmente autorizada e credenciada", aquela cujo curso de bacharelado em Direito conte com a chancela do MEC. O montante arbitrado a título de danos morais somente comporta revisão pelo STJ nas hipóteses em que for claramente irrisório ou exorbitante. Precedentes. Recurso especial não provido. (REsp 1121275/SP, Rel. Ministra NANCY ANDRIGHI, TERCEIRA TURMA, julgado em 27/03/2012, DJe 17/04/2012).

RECURSO ESPECIAL. CIVIL E CONSUMIDOR. CONTRATO DE SEGURO DE RESPONSABILIDADE CIVIL. SINISTRO EM AUTOMÓVEL. COBERTURA. CONSERTO REALIZADO POR OFICINA CREDENCIADA OU INDICADA PELA SEGURADORA. DEFEITO NO SERVIÇO PRESTADO PELA OFICINA. RESPONSABILIDADE SOLIDÁRIA DA SEGURADORA E DA OFICINA CREDENCIADA. RECONHECIMENTO. DANOS MATERIAIS ACOLHIDOS. DANOS MORAIS REJEITADOS. RECURSO PARCIALMENTE PROVIDO.

A seguradora de seguro de responsabilidade civil, na condição de fornecedora, responde solidariamente perante o consumidor pelos danos materiais decorrentes de defeitos na prestação dos serviços por parte da oficina que credenciou ou indicou, pois, ao fazer tal indicação ao segurado, estende sua responsabilidade também aos consertos realizados pela credenciada, nos termos dos arts. 7º, parágrafo único, 14, 25, § 1º, e 34 do Código de Defesa do Consumidor.

São plenamente aplicáveis as normas de proteção e defesa do consumidor, na medida em que se trata de relação de consumo, em decorrência tanto de disposição legal (CDC, art. 3º, § 2º) como da natureza da relação estabelecida, de nítida assimetria contratual, entre o segurado, na condição de destinatário final do serviço securitário, e a seguradora, na qualidade de fornecedora desse serviço.

O ato de credenciamento ou de indicação de oficinas como aptas a proporcionar ao segurado um serviço adequado no conserto do objeto segurado sinistrado não é uma simples gentileza ou comodidade proporcionada pela seguradora ao segurado. Esse credenciamento ou indicação se faz após um prévio acerto entre a seguradora e a oficina, em que certamente ajustam essas sociedades empresárias vantagens recíprocas, tais como captação de mais clientela pela oficina e concessão por esta de descontos nos preços dos serviços de reparos cobrados das seguradoras. Passa, então, a existir entre a seguradora e a oficina credenciada ou indicada uma relação institucional, de trato duradouro, baseada em ajuste vantajoso para ambas. O simples inadimplemento contratual não gera, em regra, danos morais, por caracterizar mero aborrecimento, dissabor, envolvendo controvérsia possível de surgir em qualquer relação negocial, sendo fato comum e previsível na vida social, embora não desejável. No caso em exame, não se vislumbra nenhuma excepcionalidade apta a tornar justificável essa reparação. Recurso especial parcialmente provido. (REsp 827.833/MG, Rel. Ministro RAUL ARAÚJO, QUARTA TURMA, julgado em 24/04/2012, DJe 16/05/2012)

AGRAVO REGIMENTAL NO AGRAVO DE INSTRUMENTO. RESPONSABILIDADE CIVIL. EXAME DE TOMOGRAFIA COMPUTADORIZADA COM LAUDO EQUIVOCADO. ACIDENTE DE CONSUMO. Defeito na prestação de serviço. Falta da segurança legitimamente esperada. Responsabilidade objetiva. Omissão. Ausente. Fato de terceiro. Súmula 07/STJ. Responsabilidade subjetiva dos profissionais liberais é a eles restrita, não se estendendo ao laboratório. Agravo regimental desprovido. (AgRg no Ag 1417754/RJ, rel. Ministro Paulo de Tarso Sanseverino, terceira turma, julgado em 27/03/2012, DJe 09/04/2012).

14.2 Serviço Defeituoso e Princípio da Segurança

O *serviço é defeituoso* quando não fornece a segurança que o consumidor dele pode esperar, levando-se em consideração as circunstâncias relevantes, entre as quais: I – o modo de seu fornecimento; II – o resultado e os riscos que razoavelmente dele se esperam; III – a época em que foi fornecido. É o que diz o artigo 14, § 1°, do CDC.

O § 1° do artigo 14 (e também do artigo 12) do CDC desvela o princípio da segurança. Vale destacar novamente as lições de Sergio Cavalieri Filho ao afirmar que "o fundamento da responsabilidade do fornecedor não é o risco, como afirmado por muitos, mas sim o **princípio da segurança**. O risco por si só não gera a obrigação de indenizar. Risco é perigo, é mera probabilidade de dano, e ninguém viola dever jurídico simplesmente porque fabrica um produto ou exerce atividade perigosa, mormente quando socialmente admitidos e necessários. [...] O dever jurídico que se contrapõe ao risco é o dever de segurança. E foi justamente esse dever que o Código do Consumidor estabeleceu no § 1° dos seus arts. 12 e 14. Criou o *dever de segurança para o fornecedor*, verdadeira cláusula geral – o dever de lançar no mercado produto ou serviço sem defeito -, de sorte que se houver defeito e este der causa ao acidente de consumo, por ele responderá independentemente de culpa."[142]

---

142 CAVALIERI FILHO, Sergio. Programa de Direito do Consumidor. 3.ed. São Paulo: Atlas, 2011, p.53.

14.2.1 Jurisprudências

Recursos especiais – responsabilidade civil – aluna baleada em campus de universidade – danos morais, materiais e estéticos – alegação de defeito na prestação do serviço, consistente em garantia de segurança no campus reconhecido com fatos firmados pelo tribunal de origem – fixação – danos morais em R$ 400.000,00 E estéticos em R$ 200.000,00 – Razoabilidade, no caso – pensionamento mensal – atividade remunerada não comprovada – salário mínimo – sobrevivência da vítima – pagamento em parcela única – inviabilidade – despesas médicas – danos materiais – necessidade de comprovação – juros moratórios – responsabilidade contratual – termo inicial – citação – danos morais indiretos ou reflexos – pais e irmãos da vítima – legitimidade – constituição de capital – tratamento psicológico – aplicação da súmula 7/STJ.

1 – Constitui defeito da prestação de serviço, gerando o dever de indenizar, a falta de providências garantidoras de segurança a estudante no campus, situado em região vizinha a população permeabilizada por delinquência, e tendo havido informações do conflagração próxima, com circulação de panfleto por marginais, fazendo antever violência na localidade, de modo que, considerando-se as circunstâncias específicas relevantes, do caso, tem-se, na hipótese, responsabilidade do fornecedor nos termos do artigo 14, § 1º do Código de Defesa do Consumidor.

2 – A Corte só interfere em fixação de valores a título de danos morais que destoem da razoabilidade, o que não ocorre no presente caso, em que estudante, baleada no interior das dependência de universidade, resultou tetraplégica, com graves consequências também para seus familiares.

3 – A jurisprudência desta Corte firmou-se no sentido de que a pensão mensal deve ser fixada tomando-se por base a renda auferida pela vítima no momento da ocorrência do ato ilícito. No caso, não restou comprovado o exercício de atividade laborativa remunerada, razão pela qual a pensão deve ser fixada em valor em reais equivalente a um salário mínimo e paga mensalmente.

4 – No caso de sobrevivência da vítima, não é razoável o pagamento de pensionamento em parcela única, diante da possibilidade de enriquecimento ilícito, caso o beneficiário faleça antes de completar sessenta e cinco anos de idade.

5 – O ressarcimento de danos materiais decorrentes do custeio de tratamento médico depende de comprovação do prejuízo suportado.

6 – Os juros de mora, em casos de responsabilidade contratual, são contados a partir da citação, incidindo a correção monetária a partir da data do arbitramento do quantum indenizatório, conforme pacífica jurisprudência deste Tribunal.

7 – É devida, no caso, aos genitores e irmãos da vítima, indenização por dano moral por ricochete ou préjudice d'affection, eis que, ligados à vítima por laços afetivos, próximos e comprovadamente atingidos pela repercussão dos efeitos do evento danoso na esfera pessoal.

8 – Desnecessária a constituição de capital para a garantia de pagamento da pensão, dada a determinação de oferecimento de caução e de inclusão em folha de pagamento.

9 – Ultrapassar os fundamentos do Acórdão, afastando a condenação ao custeio de tratamento psicológico, demandaria, necessariamente, o revolvimento do acervo fático-probatório dos autos, incidindo, à espécie, o óbice da Súmula 7/STJ.

10 – Recurso Especial da ré provido em parte, tão somente para afastar a constituição de capital, e Recurso Especial dos autores improvido.

(REsp 876.448/RJ, Rel. Ministro SIDNEI BENETI, TERCEIRA TURMA, julgado em 17/06/2010, DJe 21/09/2010).

14.2.2 Tratamento de dados pessoais sigilosos

A instituição financeira responde pelo defeito na prestação de serviço consistente no tratamento indevido de dados pessoais bancários, quando tais informações são utilizadas por estelionatário para facilitar a aplicação de golpe em desfavor do consumidor (REsp. nº 2.077.278-SP, Rel. Ministra Nancy Andrighi, Terceira Turma, por unanimidade, julgado em 03/10/2023, DJe 09/10/2023). Verifica-se que:

> Nos termos do art. 14, § 1º, do CDC (Código de Defesa do Consumidor), o serviço é considerado defeituoso quando não fornece a segurança que o consumidor dele pode esperar, levando-se em consideração circunstâncias relevantes, como o modo de seu fornecimento, o resultado e os riscos que razoavelmente dele se conjecturam, e a época em que foi fornecido.

> A prestação do serviço de qualidade pelos fornecedores abrange o dever de segurança, que, por sua vez, engloba tanto a integridade psicofísica do consumidor, quanto sua integridade patrimonial. Consabidamente, o CDC é aplicável às instituições financeiras (Súmula 297/STJ), as quais devem prestar serviços de qualidade no mercado de consumo.

> No entendimento do Tema Repetitivo n. 466/STJ, que contribuiu para a edição da Súmula n. 479/STJ, as instituições bancárias respondem objetivamente pelos danos causados por fraudes ou delitos praticados por terceiros, como, por exemplo, abertura de conta corrente ou recebimento de empréstimos mediante fraude ou utilização de documentos falsos, porquanto tal responsabilidade decorre do risco do empreendimento, ca-

racterizando-se como fortuito interno (REsp n. 1.197.929/PR, Segunda Seção, julgado em 24/8/2011, DJe 12/9/2011).

Especificamente nos casos de golpes de engenharia social, não se pode olvidar que os criminosos são conhecedores de dados pessoais das vítimas, valendo-se dessas informações para convencê-las, por meio de técnicas psicológicas de persuasão – como a semelhança com o atendimento bancário verdadeiro –, a fim de atingir seu objetivo ilícito.

Todavia, para sustentar o nexo causal entre a atuação dos estelionatários e o vazamento de dados pessoais pelo responsável por seu tratamento é imprescindível perquirir, com exatidão, quais dados estavam em poder dos criminosos, a fim de examinar a origem de eventual vazamento e, consequentemente, a responsabilidade dos agentes respectivos.

Assim, para se imputar a responsabilidade às instituições financeiras, no que tange ao vazamento de dados pessoais que culminaram na facilitação de estelionato, deve-se garantir que a origem do indevido tratamento seja o sistema bancário. Os nexos de causalidade e imputação, portanto, dependem da hipótese concretamente analisada. Isso porque os dados sobre operações financeiras são, em regra, presumivelmente de tratamento exclusivo pelas instituições financeiras.

Portanto, dados pessoais vinculados a operações e serviços bancários são sigilosos e cujo tratamento com segurança é dever das instituições financeiras. Desse modo, seu armazenamento de maneira inadequada, a possibilitar que terceiros tenham conhecimento dessas informações e causem prejuízos ao consumidor, configura falha na prestação do serviço (arts. 14 do CDC, e 43 da LGPD).

14.3 Profissionais Liberais

Já a responsabilidade pessoal dos *profissionais liberais* será apurada mediante a verificação de culpa (Art. 14, § 4º, do CDC). Estes somente serão responsabilizados pelo evento danoso quando demonstrada a culpa subjetiva, nas suas modalidades, a saber: negligência, imprudência e imperícia. Aqui foi afastada somente a responsabilidade objetiva, ficando, pois, inalterado o princípio da inversão do ônus da prova. Nesse sentido, "CIVIL E PROCESSUAL CIVIL. CONSUMIDOR. REPARAÇÃO DE DANOS MORAIS E MATERIAIS. CIRURGIA PLÁSTICA. ERRO MÉDICO. DEFEITO NO SERVIÇO PRESTADO. CULPA MANIFESTA DO ANESTESISTA. RESPONSABILIDADE SOLIDÁRIA DO CHEFE DA EQUIPE E DA CLÍNICA. [...] Em regra, o cirurgião chefe dirige a equipe, estando os demais profissionais, que participam do ato cirúrgico, subordinados às suas ordens, de modo que a intervenção se realize a contento. No caso ora em análise, restou incontroverso que o anestesista, escolhido pelo chefe da equipe, agiu com culpa, gerando danos irreversíveis à autora, motivo pelo qual não há como afastar a responsabilidade solidária do cirurgião chefe, a quem estava o anestesista diretamente subordinado. Uma vez caracterizada a culpa do médico que atua em determinado serviço disponibilizado por estabelecimento de saúde (art. 14, § 4º, CDC), responde a clínica de forma objetiva e solidária pelos danos decorrentes do defeito no serviço prestado, nos termos do art. 14, § 1º, CDC. Face às peculiaridades do caso concreto e os critérios de fixação dos danos morais adotados por esta Corte, tem-se por razoável a condenação da recorrida ao pagamento de R$ 100.000,00 (cem mil reais) a título de danos morais. Recurso especial conhecido em parte e, nesta parte, provido. (REsp 605.435/RJ, Rel. Ministro JOÃO OTÁVIO DE NORONHA, Rel. p/ Acórdão Ministro LUIS FELIPE SALOMÃO, QUARTA TURMA, julgado em 22/09/2009, DJe 16/11/2009).

Assim, se for caracterizado como um profissional liberal, terá de ser observada a norma do art. 14, § 4º, do Código de Defesa do Consumidor, estando a responsabilidade do médico vinculada à comprovação da culpa[143].

No mesmo sentido, tem-se o art. 951, do Código Civil, que dispõe que a indenização será devida por profissional de saúde, se no exercício da sua função, agir por negligência, imprudência ou imperícia, causando dano ao paciente. Conclui-se, portanto, que a responsabilidade civil do médico, na qualidade de profissional liberal, é apurada mediante culpa.

---

143 TJMG - Civil - Apelação Civil - Ação de Indenização por Danos Materiais e Morais - Erro Médico - Não Comprovação - Responsabilidade Subjetiva - Prestador de Serviços - Não Ocorrência - Responsabilidade Objetiva - Nosocômio - Não Verificação. Nas ações que visam à indenização em razão de erro médico, imprescindível a prova da culpa do agente por imprudência, imperícia ou negligência. Não tendo havido tal prova, porque, no caso, a perícia oficial demonstrou que o médico agira de acordo com os procedimentos necessários, não há falar em responsabilidade civil e, consequentemente, em indenização a qualquer título. O nosocômio que cedeu as instalações para o procedimento cirúrgico, que teria responsabilidade objetiva, só responderia civilmente caso se verificasse alguma das modalidades culposas por parte do médico que atuou dentro do estabelecimento. A regra geral implica que compete ao autor demonstrar o fato constitutivo do seu direito e ao réu, os fatos extintivos, impeditivos ou modificativos do direito do autor. O mecanismo da inversão do ônus da prova contido na legislação consumerista não significa que o Código de Defesa do Consumidor alterou as regras do ônus da prova instituídas no artigo 333 do Código de Processo Civil, dispensando o consumidor automaticamente do dever de provar o fato constitutivo do seu direito. (Ap. Cível nº 1.0557.06.000497-4/001(1) - Des. Márcia de Paoli Balbino - Publicado em 27/04/2007).

Ressalta-se que pouco importa a relação do médico com o paciente, seja ela contratual ou extracontratual, sua responsabilidade estará estabelecida pelo art.14, § 4º do CDC, por ser norma específica que regula todas as relações de consumo.

Dúvidas ocorrem quando a questão versa sobre cirurgia estética. Existe um contrato entre as partes, onde a obrigação do cirurgião plástico é de resultado, ou seja, a prestação do seu serviço deve atingir o resultado esperado e contratado pelo paciente. Logo, se pensaria em responsabilidade objetiva, o que não corresponde a verdade. Nesse caso, o que ocorre de fato é a presunção de culpa, com a inversão do ônus da prova, cabendo ao profissional se eximir da responsabilidade mediante prova contundente de uma das alternativas elencadas no art. 14, § 3º, I e II, do CDC.

Outra questão é a do médico na qualidade de funcionário público, onde a responsabilidade se dará na forma do art.37, § 6º da CF/88, ou seja, responsabilidade objetiva do Estado, de reparar o dano causado ao paciente. Salienta-se que, apesar de existir um contrato de relação de consumo entre o paciente e o hospital público, não será cabível ao Estado arguir ilegitimidade utilizando-se do CDC, uma vez que a Constituição Federal prevalece em relação à lei específica. Cabe ao Estado o direito de regresso em face do autor do erro médico, com base no art.37, § 6º da CF/88.

Finalmente, se tratando de médico com vínculo empregatício em hospital particular, a responsabilidade será apurada de acordo com o art. 14, § 4º, do CDC. Ainda, se o médico estiver vinculado a uma obrigação de resultado (tratamento específico, cirurgia estética), aplicar-se-á norma da inversão do ônus da prova, ou seja, caberá ao médico provar sua "não culpa". Contudo, se sua obrigação for de meio (quando não se tem certeza do resultado, fazendo todo o possível para a melhora do paciente), prevalecerá a responsabilidade subjetiva de rigor, na qual a vítima que terá de provar a culpa do médico.

Não se pode esquecer, em todos os casos a que se refere o parágrafo anterior, que se o paciente preferir ajuizar ação diretamente em face do hospital, a responsabilidade deste será objetiva, por força do art. 14, *caput*, do CDC, e do art. 932, III do CC.

De qualquer forma, o Código Civil dispõe expressamente em seu art. 942, parágrafo único, que são solidariamente responsáveis as pessoas designadas no art. 932, nesse caso, o hospital e o médico.

Art. 15. (Vetado).

15.1 Artigo Vetado
O Artigo 15 do CDC foi vetado.

Art. 16. (Vetado).

16.1 Artigo Vetado
O Artigo 16 do CDC foi vetado.

Art. 17. Para os efeitos desta Seção, equiparam-se aos consumidores todas as vítimas do evento.

→ COMENTÁRIOS
17.1 Vítimas do Evento – Equiparação aos Consumidores

Nos termos do que dispõe o art. 17 da Lei n° 8.078/90, equipara-se à qualidade de consumidor para os efeitos legais aquele que, embora não tenha participado diretamente da relação de consumo, sofre as consequências do evento danoso decorrente do defeito exterior que ultrapassa o objeto e provoca lesões, gerando risco à sua segurança física e psíquica. (AgRg no REsp 1000329/SC, Rel. Ministro JOÃO OTÁVIO DE NORONHA, QUARTA TURMA, julgado em 10/08/2010, DJe 19/08/2010).

Considera-se consumidor por equiparação (bystander), nos termos do art. 17 do CDC, o terceiro estranho à relação consumerista que experimenta prejuízos decorrentes do produto ou serviço vinculado à mencionada relação, bem como, a teor do art. 29, as pessoas determináveis ou não expostas às práticas previstas nos arts. 30 a 54 do referido código.[144]

---

144 Acórdãos
REsp 1324125/DF, Rel. Ministro MARCO AURÉLIO BELLIZZE, TERCEIRA TURMA, Julgado em 21/05/2015, DJE 12/06/2015
AgRg no AREsp 479632/MS, Rel. Ministra ASSUSETE MAGALHÃES, SEGUNDA TURMA,Julgado em 25/11/2014,DJE 03/12/2014
REsp 567192/SP,Rel. Ministro RAUL ARAÚJO, QUARTA TURMA,Julgado em 05/09/2013,DJE 29/10/2014
EDcl no REsp 1162649/SP,Rel. Ministro ANTONIO CARLOS FERREIRA, QUARTA TURMA,Julgado em 02/10/2014,DJE 10/10/2014
REsp 1354348/RS, Rel. Ministro LUIS FELIPE SALOMÃO, QUARTA TURMA, Julgado em 26/08/2014,DJE 16/09/2014
REsp 1374726/MA, Rel. Ministro PAULO DE TARSO SANSEVERINO, TERCEIRA TURMA,Julgado em 18/02/2014,DJE 08/09/2014

SEÇÃO III
Da Responsabilidade por Vício do Produto e do Serviço

Art. 18. Os fornecedores de produtos de consumo duráveis ou não duráveis respondem solidariamente pelos vícios de qualidade ou quantidade que os tornem impróprios ou inadequados ao consumo a que se destinam ou lhes diminuam o valor, assim como por aqueles decorrentes da disparidade, com as indicações constantes do recipiente, da embalagem, rotulagem ou mensagem publicitária, respeitadas as variações decorrentes de sua natureza, podendo o consumidor exigir a substituição das partes viciadas.

§ 1° Não sendo o vício sanado no prazo máximo de trinta dias, pode o consumidor exigir, alternativamente e à sua escolha:

I – a substituição do produto por outro da mesma espécie, em perfeitas condições de uso;

II – a restituição imediata da quantia paga, monetariamente atualizada, sem prejuízo de eventuais perdas e danos;

III – o abatimento proporcional do preço.

§ 2° Poderão as partes convencionar a redução ou ampliação do prazo previsto no parágrafo anterior, não podendo ser inferior a sete nem superior a cento e oitenta dias. Nos contratos de adesão, a cláusula de prazo deverá ser convencionada em separado, por meio de manifestação expressa do consumidor.

§ 3° O consumidor poderá fazer uso imediato das alternativas do § 1° deste artigo sempre que, em razão da extensão do vício, a substituição das partes viciadas puder comprometer a qualidade ou características do produto, diminuir-lhe o valor ou se tratar de produto essencial.

§ 4° Tendo o consumidor optado pela alternativa do inciso I do § 1° deste artigo, e não sendo possível a substituição do

---

REsp 1370139/SP, Rel. Ministra NANCY ANDRIGHI, TERCEIRA TURMA, Julgado em 03/12/2013,DJE 12/12/2013
AgRg nos EDcl no AgRg no Ag 1289063/SP, Rel. Ministra MARIA ISABEL GALLOTTI, QUARTA TURMA,Julgado em 11/09/2012,DJE 24/09/2012
Decisões Monocráticas
REsp 1251137/SP,Rel. Ministro MARCO BUZZI, QUARTA TURMA,Julgado em 14/11/2014, Publicado em 18/11/2014
AREsp 556363/MG, Rel. Ministro RICARDO VILLAS BÔAS CUEVA, TERCEIRA TURMA, Julgado em 23/10/2014,Publicado em 05/11/2014

bem, poderá haver substituição por outro de espécie, marca ou modelo diversos, mediante complementação ou restituição de eventual diferença de preço, sem prejuízo do disposto nos incisos II e III do § 1º deste artigo.

§ 5º No caso de fornecimento de produtos in natura, será responsável perante o consumidor o fornecedor imediato, exceto quando identificado claramente seu produtor.

§ 6º São impróprios ao uso e consumo:

I – os produtos cujos prazos de validade estejam vencidos;

II – os produtos deteriorados, alterados, adulterados, avariados, falsificados, corrompidos, fraudados, nocivos à vida ou à saúde, perigosos ou, ainda, aqueles em desacordo com as normas regulamentares de fabricação, distribuição ou apresentação;

III – os produtos que, por qualquer motivo, se revelem inadequados ao fim a que se destinam.

↳ COMENTÁRIOS

18.1 Responsabilidade por Vício do Produto e do Serviço

Aqui, na Seção III, o CDC trata da *Responsabilidade por Vício do Produto e do Serviço*. São os vícios de qualidade ou quantidade dos produtos ou serviços. Bem observado pelos autores do anteprojeto do CDC ao afirmar que "a relação de responsabilidade, nesta hipótese, não tem similaridade com a anteriormente versada, por isso que se ocupa somente dos vícios inerentes aos produtos ou serviços. Nesse caso, portanto, a responsabilidade está *in re ipsa*, e seu fundamento é diverso daquele que enucleia a responsabilidade por danos."[145]

De acordo com as lições de Sergio Cavalieri Filho, o vício é "o defeito menos grave, circunscrito ao produto ou serviço, que apenas causa o seu mau funcionamento, como a televisão que não funciona ou que não produz boa imagem, a geladeira que não gela etc."[146]

---

145 GRINOVER; BENJAMIN; FINK; FILOMENO; NERY JUNIOR; DENARI. 2011, p.217.
146 CAVALIERI FILHO, 2011, p.319.

18.2 Vícios do Produto e do Serviço e Vícios Redibitórios

Os vícios do produto e do serviço não se confundem com os vícios redibitórios no Código Civil brasileiro (arts. 441 a 446). Estes são os defeitos ocultos da coisa que a tornem imprópria ao fim a que se destina, ou lhe diminuem o valor. Aqueles podem ser ocultos ou aparentes.

A coisa recebida em virtude de contrato comutativo pode ser enjeitada por vícios ou defeitos ocultos, que a tornem imprópria ao uso a que é destinada, ou lhe diminuam o valor. É o que determina o artigo 441 do nosso Código Civil. De acordo com o parágrafo único do referido artigo, é aplicável o instituto jurídico dos vícios redibitórios às doações onerosas. Daí, vícios redibitórios são os defeitos ocultos da coisa que a tornem imprópria ao fim a que se destina, ou lhe diminuem o valor.

Ulpiano define redibir como "fazer o vendedor ter, de novo, o que tivera, o que se consegue com a devolução, daí chamar-se redibição, quase re-dar (*redditio*)".[147] Significa, portanto, reaver o preço, ou melhor, a contraprestação nos contratos comutativos e contratos de doação com encargos. Nesse caso, utiliza-se a ação de rescisão do contrato (*actio redhibitoria*). Se a coisa tiver seu valor diminuído em virtude de vícios redibitórios, o comprador poderá optar pela ação de abatimento do preço (*actio quanti minoris*).

Vários são os critérios apontados para fundamentar a responsabilidade decorrente dos vícios redibitórios. Com base nas lições de Miguel Maria de Serpa Lopes, apresenta-se, abaixo, um quadro com a síntese das principais teorias e fundamentos.[148]

---

[147] MIRANDA, Pontes de. *Tratado de direito privado*. Tomo XXXVIII. Campinas: Bookseller, 2005, p. 386.
[148] SERPA LOPES, Miguel Maria de. *Curso de direito civil*. 5. ed. Vol III. Rio de Janeiro: Freitas Bastos, 2001, p. 176-179.

Teoria / Fundamento	Explicações
Inexecução do contrato	A responsabilidade pelos vícios redibitórios é uma garantia da execução do contrato.
Responsabilidade do vendedor em suportar os riscos da coisa alienada	O fundamento são os riscos suportados pelo vendedor. É a ideia de BRINZ.
Teoria de Endemann	É necessária a distinção entre uma venda em que o vendedor garantiu uma determinada qualidade à coisa vendida ou uma em que o vendedor dolosamente silenciou sobre algum vício da em que os vícios eram ignorados pelo vendedor. A reparação dos prejuízos somente se daria no primeiro caso.
Responsabilidade do vendedor pela impossibilidade da prestação	Defendida por M. Regelsberger.
Teoria do Erro	Os vícios ocultos derivam da ignorância do adquirente.
Equidade	As ações edilicianas estariam fundadas na equidade.
Responsabilidade do vendedor na culpa *in contrahendo*	Defendida por Ihering.
Teoria da Pressuposição	O comprador ao contratar pressupõe ter ela determinadas condições. Windscheid.

Para Washington de Barros Monteiro, a responsabilidade do contratante se funda na teoria do inadimplemento, já que ao celebrar o contrato, compromete-se o alienante a garantir o perfeito estado da coisa, assegurando-lhe a incolumidade, as qualidades anunciadas e a adequação aos fins propostos.[149]

Caio Mário da Silva Pereira acolhe o princípio da garantia como fundamento da invocação dos vícios redibitórios. Vejamos: "Para nós, o seu fundamento é o princípio da garantia, sem a intromissão de fatores exógenos, de ordem psíquica ou moral. O adquirente, sujeito a uma contraprestação, tem o direito à utilidade natural da coisa, e, se ela lhe falta, precisa de estar garantido contra o alienante, para a hipótese de lhe ser entregue coisa a que faltem qualidades essenciais de prestabilidade, independentemente de uma pesquisa de motivação".[150]

J. M. de Carvalho Santos adota como fundamento dos vícios redibitórios a teoria da pressuposição, formulada por Windscheid, razão pela

---

149 MONTEIRO, Washington de Barros. *Curso de direito civil*. Vol. 5. 34 ed. São Paulo: Saraiva, 2003, p. 48.

150 PEREIRA, Caio Mário da Silva. *Instituições de direito civil*. 11.ed. Volume III. Rio de Janeiro: Forense, 2003, p. 123.

qual conceitua vício redibitório como "o vício, ou defeito, oculto, que torna a coisa imprópria ao uso, a que é destinada, ou lhe diminui o valor, de tal sorte que a parte, se conhecesse, ou não contrataria ou lhe daria um preço menor".[151]

Entende-se que o fundamento do vício redibitório está relacionado à proteção ao adquirente, na certeza de que este não compraria a coisa defeituosa.

São pressupostos existenciais do vício redibitório: a) ser antecedente ao contrato; b) ser um defeito; c) estar oculto; d) afetar a utilidade ou o valor da coisa; e) desconhecimento do vício pelo comprador.

Arnaldo Rizzardo indica que para haver vício redibitório, vários pressupostos são reclamados:[152]

a) Que o vício da coisa seja oculto. Efetivamente, se não era oculto, mas estava às claras, ou à vista, e se apresentava conhecido do outro contratante, ou facilmente verificável por uma atenção comum ou um simples e rápido exame, não se concebe o vício redibitório.

b) Que o vício torne a coisa imprópria ao uso a que é destinada, ou lhe diminua o valor. Assim, deve o vício se referir ao destino do bem, ou à sua própria natureza.

c) Há de ser vício anterior à tradição, ou, no mínimo, é necessário que exista no momento da tradição.

d) Cumpre que seja desconhecido o vício do comprador no momento do contrato.

e) É indispensável que se constate certa gravidade nos defeitos, o que não se tipifica se a coisa revelar apenas algumas deficiências secundárias, restrita às aparências.

18.3 Solidariedade

Existe solidariedade quando na mesma obrigação concorre mais de um credor, ou mais de um devedor, cada um com direito, ou obrigado, à dívida toda. A solidariedade não se presume; resulta da lei ou da vontade das partes (CCB, art. 265).[153] Daí que a solidariedade somente poderá ocorrer em

---

151 CARVALHO SANTOS, J. M. de. *Código civil interpretado*. 6. ed. Volume XV. Rio de Janeiro: Freitas Bastos, 1954, p. 335.
152 RIZZARDO, Arnaldo. *Contratos*. 11. ed. Rio de Janeiro: Forense, 2006, p. 168-170.
153 Correspondente ao 896, p.u. do CCB/1916.

obrigações complexas com pluralidade subjetiva. Dessa forma, é possível classificarmos a solidariedade em: a) *solidariedade ativa* (pluralidade de credores); b) *solidariedade passiva* (pluralidade de devedores) e *solidariedade mista* (pluralidade de credores e devedores).

A solidariedade foi criada pelos romanos, como exceção à regra do *concursu partes fiunt*.

De acordo com MAYNS, a origem desta instituição encontra-se na *estipulatio*, forma civil que os romanos empregaram para dar força executória a uma promessa.[154]

Designaram-se os cointeressados pelos nomes *correi* ou *duo rei promittendi*, quando se tratava de devedores.

Na Antiguidade, a *solidariedade* era denominada de *correalidade*. O nome solidariedade passa a ser utilizado por volta do século XVIII, e deduz-se do latim *in solidum*.

Segundo Bevilaqua, "a distinção doutrinária, entre solidariedade perfeita, ou *correalidade*, e solidariedade simples ou imperfeita, ou segundo a técnica de Savigny, correalidade imprópria, *unaechte Correalitaet*, não teve ingresso em nosso Código Civil, como não teve no alemão. Diz-se que, na correalidade ou solidariedade perfeita, há unidade de obrigação com pluralidade de sujeitos; e na solidariedade simples ou imprópria, há pluralidade de obrigações e unidade de execução."[155]

Antunes Varela afirma que "a obrigação diz-se *solidária*, pelo seu lado passivo, quando o credor pode exigir a prestação integral de qualquer dos devedores e a prestação efetuada por um destes os libera a todos perante o credor comum."[156]

A solidariedade ativa ocorre quando "qualquer dos credores tem a faculdade de exigir do devedor a prestação por inteiro, e a prestação efetuada pelo devedor a qualquer deles libera-o em face de todos os outros credores."[157]

Verifica-se que, no regime da solidariedade, se desvelam, pois, as *relações internas* e as *relações externas*.

---

154 FUNGÊNCIO. Tito. In: LACERDA, Paulo de. Manual do Código Civil Brasileiro. Do Direito das Obrigações. Volume X. Rio de Janeiro: Jacintho Ribeiro dos Santos, 1928, p. 224.
155 BEVILAQUA, Clóvis. Código Civil Comentado. Vol. IV. Rio de Janeiro: Rio, 1976, p.36.
156 VARELA, João de Matos Antunes. Das Obrigações em Geral. Vol.I, 10. ed. Coimbra: Almedina, 2006, p. 751.
157 Ibid., p. 752.

É no plano das *relações externas* que existe a ligação entre credores e devedores. É nesse plano que a solidariedade opera, já que transforma os vários vínculos em um só.

No plano das *relações internas*, isto é, das relações entre devedores, na solidariedade passiva, e das relações entre os credores, na solidariedade ativa, o que existe é *corresponsabilidade* e não solidariedade.

A solidariedade é, pois, um modo de assegurar o cumprimento da prestação, estimulando e facilitando o pagamento do débito.

A solidariedade resulta da *lei* ou da *vontade das partes* estabelecida no contrato, e uma das razões é a existência da ideia de *corresponsabilidade* entre os sujeitos nas *relações internas* de uma obrigação solidária. Ora, ninguém pode ser corresponsável por outrem sem que o deseje ou por preceito legal. Este é um dos motivos para, na ocorrência de morte de um dos credores solidários, cessar para os seus herdeiros a solidariedade, ou seja, eles não manifestaram a sua vontade no sentido de assumir tal corresponsabilidade.

Um dos exemplos de solidariedade estipulada por lei é aquela que aparece no artigo 18 do CDC: "Os fornecedores de produtos de consumo duráveis ou não duráveis respondem solidariamente pelos vícios de qualidade ou quantidade que os tornem impróprios ou inadequados ao consumo a que se destinam ou lhes diminuam o valor, assim como por aqueles decorrentes da disparidade, com as indicações constantes do recipiente, da embalagem, rotulagem ou mensagem publicitária, respeitadas as variações decorrentes de sua natureza, podendo o consumidor exigir a substituição das partes viciadas." Ora, dessa maneira, em se tratando de solidariedade passiva, o consumidor poderá ingressar com uma ação judicial em face de todos os fornecedores, contra alguns ou apenas um, a sua livre escolha.

Vejamos: "Bem móvel – Aquisição de veículo – Vício de qualidade Concessionária e fabricante – Responsabilidade solidária – Artigo 18 do CDC – Reconhecimento. O artigo 18 do Código de Defesa do Consumidor é expresso ao determinar a responsabilidade solidária entre todos os responsáveis pela disponibilização do bem no mercado, estabelecendo que "os fornecedores de produtos de consumo duráveis ou não duráveis respondem solidariamente pelos vícios de qualidade ou quantidade que os tornem impróprios ou inadequados ao consumo a que se destinam ou lhes diminuam o valor (...)". Recurso improvido. (16103720088260288 SP 0001610-37.2008.8.26.0288, Relator: Orlando Pistoresi, Data de Julgamento: 18/01/2012, 30ª Câmara de Direito Privado, Data de Publicação: 18/01/2012).

18.4 Sanções Previstas

De acordo com o artigo 18, § 1º, do CDC, "não sendo o vício sanado no prazo máximo de trinta dias, pode o consumidor exigir, alternativamente e à sua escolha:

> I – a substituição do produto por outro da mesma espécie, em perfeitas condições de uso;
>
> II – a restituição imediata da quantia paga, monetariamente atualizada, sem prejuízo de eventuais perdas e danos;[158]
>
> III – o abatimento proporcional do preço.

Nesse sentido, "ação indenizatória fundada em vício do produto. Responsabilidade solidária da fabricante e da comerciante. Aplicação do artigo 18 do CDC. Bem durável não consertado dentro do prazo de 30 dias.

---

[158] RESCISÃO CONTRATUAL. DEFEITO DO PRODUTO. VEÍCULO. VAZAMENTO DE ÓLEO. DANOS MATERIAIS. Ficou demonstrado na instrução que os problemas apresentados não poderiam ser outros senão provindos da fabricação, por ser um veículo novo. O defeito exposto (vazamento de óleo) diz respeito ao chamado vício do produto, que o tornou inadequado ao uso a que se destinava por não apresentar a qualidade esperada pelo consumidor. Descumprido o prazo de trinta dias, uma vez que a demandante teve que levar o carro várias vezes à concessionária, já que o defeito não era resolvido. Então, incontroverso está o ensejamento da rescisão contratual (artigo 18, § 1º, inciso II, do CDC) e a devolução do valor pago integralmente. AGRAVO RETIDO. DOCUMENTO NOVO. PEDIDO DE DESENTRANHAMENTO NEGADO. Os documentos trazidos pela demandante comprovam fatos novos ocorridos nos meses de junho e julho de 2010, segundo permite o artigo 397, do CPC. Outrossim, como bem exposto pelo Juízo a quo, foi aberto prazo às partes para se manifestarem, inexistindo prejuízo, tampouco nulidade. AGRAVO RETIDO. CERCEAMENTO DE DEFESA. INOCORRÊNCIA. Não era necessária a oitiva de testemunhas que teriam realizado a revisão do veículo, já que tudo estava documentado e comprovado nos autos. Não houve, portanto, cerceamento de defesa, estando a instrução pronta, naquele momento, para julgamento. RECURSO ADESIVO. DANOS MORAIS CONFIGURADOS. VERBA HONORÁRIA MANTIDA. No caso dos autos, a apelante foi desrespeitada pelos fornecedores que, mesmo depois de informados acerca do vício existente no veículo, não consertaram de forma efetiva o defeito, causando insegurança em relação ao mesmo. Outrossim, acarretou grave incômodo à demandante e atingiu a sua respeitabilidade, haja vista que, por diversas vezes, tinha que comparecer à concessionária para demonstrar o ocorrido. Dano moral caracterizado. Considerando o local de prestação do serviço, a natureza da causa, o trabalho realizado pelo causídico e o tempo de trâmite da ação, os honorários advocatícios foram bem estipulados. APELAÇÕES E AGRAVOS RETIDOS DESPROVIDOS E RECURSO ADESIVO DA AUTORA PARCIALMENTE PROVIDO. (Apelação Cível Nº 70052154705, Décima Câmara Cível, Tribunal de Justiça do RS, Relator: Túlio de Oliveira Martins, Julgado em 07/02/2013).

Dano moral configurado, mas de pequena monta. Devolução em dobro inviável, eis que não configurado dolo da Ré. Recurso do Autor parcialmente provido, prejudicado o recurso da Ré. (411203020118260554 SP 0041120-30.2011.8.26.0554, Relator: Pedro Baccarat, Data de Julgamento: 08/11/2012, 36ª Câmara de Direito Privado, Data de Publicação: 08/11/2012).[159]

Da mesma forma, "APELAÇÃO CÍVEL – INDENIZAÇÃO POR DANOS MORAIS E MATERIAIS – COMPRA DE NOTEBOOK COM DE-

---

159 ADMINISTRATIVO. CÓDIGO DE DEFESA DO CONSUMIDOR. PROCON. REPRESENTAÇÃO DO CONSUMIDOR PELO ESTADO. VÍCIO DE QUALIDADE NO PRODUTO. RESPONSABILIDADE DO FORNECEDOR. EXEGESE DO ARTIGO 18, § 1º, I, DO CDC. CÓDIGO DE DEFESA DO CONSUMIDOR, 18, § 1º, I, CDC. 1. O § 1º e incisos do artigo 18 do Código de Defesa do Consumidor prescrevem que, se o vício do produto não for sanado no prazo máximo de trinta dias pelo fornecedor, o consumidor poderá exigir, alternativamente e ao seu arbítrio, as seguintes opções: a) substituição do produto por outro da mesma espécie, em perfeitas condições de uso; b) a restituição imediata da quantia paga, monetariamente atualizada, sem prejuízo de eventuais perdas e danos; c) o abatimento proporcional do preço. 18 Código de Defesa do Consumidor. 2. A exegese do dispositivo é clara. Constatado o defeito, concede-se ao fornecedor a oportunidade de sanar o vício no prazo máximo de trinta dias. Não sendo reparado o vício, o consumidor poderá exigir, à sua escolha, as três alternativas constantes dos incisos I, II e III do § 1º do artigo 18 do CDC. § 1º 18 CDC. 3. No caso dos autos, inexiste ofensa ao disposto no art. 18 do CDC, pois imediatamente após a reclamação, o fornecedor prontificou-se a reparar o produto-veículo automotor. Não aceita a oferta pelo consumidor, propôs a substituição do bem por outro nas mesmas condições e em perfeitas condições de uso ou a compra pelo preço de mercado. Ainda assim, o consumidor manteve-se renitente. 18 CDC. 4. "A primeira solução que o Código apresenta ao consumidor é a substituição das partes viciadas do produto. Não se está diante de uma 'opção' propriamente dita, de vez que, como regra, o consumidor não tem outra alternativa a não ser aceitar tal substituição" (Antônio Herman de Vasconcellos Benjamin, in Comentários ao Código de Proteção do Consumidor, coordenador Juarez de Oliveira. São Paulo: Saraiva, 1991). 5. "Vício de qualidade. Automóvel. Não sanado o vício de qualidade, cabe ao consumidor a escolha de uma das alternativas previstas no art. 18, § 1º, do CDC" (REsp 185.836/SP, Rel. Min. Ruy Rosado de Aguiar, DJU de 22.03.99). 6. O dispositivo em comento não confere ao consumidor o direito à troca do bem por outro novo, determina apenas que, "não sendo o vício sanado no prazo máximo de trinta dias, pode o consumidor exigir, alternativamente e à sua escolha: I – a substituição do produto por outro da mesma espécie, em perfeitas condições de uso (...)". 7. "Poderia o juiz deferir-lhe integralmente o pedido ou conceder-lhe a reparação em menor valor, seja com a condenação do réu a entregar um carro usado, ou ao pagamento de uma certa quantia, desde que nos limites constantes do pedido" (REsp 109.294/RS, Rel. Min. Ruy Rosado de Aguiar, DJU de 18.02.97). 8. Recurso especial não provido. (991985 PR 2007/0229568-8, Relator: Ministro CASTRO MEIRA, Data de Julgamento: 17/12/2007, T2 – SEGUNDA TURMA, Data de Publicação: DJ 11.02.2008 p. 1)

FEITOS DE FABRICAÇÃO - LEGITIMIDADE PASSIVA DO COMERCIANTE - INTELIGÊNCIA DO ARTIGO 18, DO CDC - INDENIZAÇÃO POR DANO MORAL DEVIDA - POSSIBILIDADE DA OBRIGAÇÃO DE ENTREGA DE UM NOVO PRODUTO, ALTERNATIVAMENTE, SER CUMPRIDA ATRAVÉS DA RESTITUIÇÃO DA QUANTIA PAGA - RECURSO CONHECIDO E PARCIALMENTE PROVIDO. (8934074 PR 893407-4 (Acórdão), Relator: Francisco Luiz Macedo Junior, Data de Julgamento: 20/09/2012, 9ª Câmara Cível).[160]

No mesmo diapasão, "RECURSO EXTRAORDINÁRIO COM AGRAVO. CIVIL E CONSUMIDOR. VÍCIO NO PRODUTO. RESPONSABILIDADE CIVIL. CONFIGURAÇÃO DE DANO MORAL E MATERIAL. QUESTÃO QUE DEMANDA ANÁLISE DE DISPOSITIVOS DE ÍNDOLE INFRACONSTITUCIONAL. AUSÊNCIA DO NECESSÁRIO PREQUESTIONAMENTO. REEXAME DO CONJUNTO FÁTICO-PROBATÓRIO JÁ CARREADO AOS AUTOS. IMPOSSIBILIDADE. INCIDÊNCIA DA SÚMULA 279/STF. REPERCUSSÃO GERAL NÃO EXAMINADA EM FACE DE OUTROS FUNDAMENTOS QUE OBSTAM A ADMISSÃO DO APELO EXTREMO. 1. A repercussão geral pressupõe recurso admissível sob o crivo dos demais requisitos constitucionais e processuais de admissibilidade (art. 323 do RISTF). Consectariamente, se inexiste questão constitucional, não há como se pretender seja reconhecida a repercussão geral das questões constitucionais discutidas no caso (art. 102, III, § 3º, da

---

[160] RECURSOS ESPECIAIS. AÇÃO DE INDENIZAÇÃO. VEÍCULO NOVO. DEFEITO. INTEMPESTIVIDADE DE UM DOS RECURSOS ESPECIAIS. DANOS MATERIAIS EMORAIS. ART. 18 § 3º DO CDC. DEPRECIAÇÃO DO VEÍCULO. SUBSTITUIÇÃO DOBEM. SÚMULA 7. DANO MORAL INEXISTENTE. 18, § 3º, CDC 7. 1. É intempestivo o recurso especial interposto fora do prazo de 15 dias previsto no artigo 508 do Código de Processo Civil. 508 Código de Processo Civil. 2. Ainda que tenham sido substituídas as partes viciadas do veículo no prazo estabelecido no art. 18 § 1º do CDC, o consumidor pode se valer da substituição do produto, com base no § 3º do mesmo artigo, se depreciado o bem. 18, § 1º CDC 3. A conclusão acerca da depreciação do bem, a que chegou o Tribunal de origem com base nas provas dos autos, não pode ser revista no âmbito do recurso especial (Súmula 7/STJ). 4. A jurisprudência do STJ, em hipóteses de aquisição de veículo novo com defeito, orienta-se no sentido de que não cabe indenização por dano moral quando os fatos narrados estão no contexto de meros dissabores, sem humilhação, perigo ou abalo à honra e à dignidade do autor. 5. Hipótese em que o defeito, reparado no prazo legal pela concessionária, causou situação de mero aborrecimento ou dissabor não suscetível de indenização por danos morais. 6. Recurso especial de Alvema - Alcântara Veículos e Máquinas LTDA não conhecido e recurso especial de Fiat Automóveis S/A parcialmenteprovido. (1232661 MA 2011/0008261-0, Relator: Ministra MARIA ISABEL GALLOTTI, Data de Julgamento: 03/05/2012, T4 - QUARTA TURMA, Data de Publicação: DJe 15/05/2012)

CF). 2. O prequestionamento explícito da questão constitucional é requisito indispensável à admissão do recurso extraordinário. 3. As Súmulas 282 e 356 do STF dispõem respectivamente, verbis: "É inadmissível o recurso extraordinário, quando não ventilada, na decisão recorrida, a questão federal suscitada" e "O ponto omisso da decisão, sobre o qual não foram opostos embargos declaratórios, não pode ser objeto de recurso extraordinário, por faltar o requisito do prequestionamento." 4. A violação reflexa e oblíqua da Constituição Federal decorrente da necessidade de análise de malferimento de dispositivo infraconstitucional torna inadmissível o recurso extraordinário. Precedentes: RE 596.682 Rel. Min. Carlos Britto, Dje de 21/10/10, e o AI 808.361, Rel. Min. Março Aurélio, Dje de 08/09/10.5. A Súmula 279/STF dispõe, verbis: "Para simples reexame de prova não cabe recurso extraordinário". 6. É que o recurso extraordinário não se presta ao exame de questões que demandam revolvimento do contexto fático-probatório dos autos, adstringindo-se à análise da violação direta da ordem constitucional. 7. In casu, o acórdão recorrido consignou: "CONSUMIDOR. IDOSO. TELEVISÃO FABRICADA PELA SEMP TOSHIBA ADQUIRIDA EM 20/05/2011. DEFEITO NO PRODUTO. ENCAMINHAMENTO DO BEM À ASSISTÊNCIA TÉCNICA AUTORIZADA POR DUAS VEZES. AUSÊNCIA DE SOLUÇÃO DO VÍCIO NO PRODUTO NO PRAZO LEGALMENTE PREVISTO. CONSUMIDOR PRIVADO DO USO DO BEM. RESPONSABILIDADE OBJETIVA E SOLIDÁRIA. INCIDÊNCIA DO ART. 18 DO CDC. DANO MATERIAL CARACTERIZADO. DANO MORAL IN RE IPSA CONFIGURADO. DEVER DE INDENIZAR INCONTESTE. QUANTUM FIXADO A TÍTULO DE DANOS MORAIS MAJORADO PARA R$ 8.000,00 (OITO MIL REAIS), SOPESANDO-SE AS NUANCES DO CASO EM COMENTO. RECURSO CONHECIDO E PROVIDO. 1. Caracterizado o vício no produto, bem como o dano causado ao consumidor pela não solução do problema no prazo legal (art. 18, *caput* e § 1º do CDC), impõe-se o dever de indenizar, posto que caracteriza a responsabilidade civil da empresa demandada, frise-se, de cautelas devidas, fato por si só gerador de dano moral, passível de reparação, conforme entendimento jurisprudencial dominante; 2. Recurso conhecido e provido." 8. NEGO SEGUIMENTO ao agravo. Decisão: Cuida-se de agravo nos próprios autos interposto pela SEMP TOSHIBA S/A, com o objetivo de ver reformada a r. decisão de fls.105/106, que inadmitiu seu recurso extraordinário manejado com arrimo na alínea "a" do permissivo Constitucional, contra acórdão prolatado pela Turma Recursal do Estado de Sergipe, assim do (86), in verbis: "CONSUMIDOR. IDOSO. TELEVI-

SÃO FABRICADA PELA SEMP TOSHIBA ADQUIRIDA EM 20/05/2011. DEFEITO NO PRODUTO. ENCAMINHAMENTO DO BEM À ASSISTÊNCIA TÉCNICA AUTORIZADA POR DUAS VEZES. AUSÊNCIA DE SOLUÇÃO DO VÍCIO NO PRODUTO NO PRAZO LEGALMENTE PREVISTO. CONSUMIDOR PRIVADO DO USO DO BEM. RESPONSABILIDADE OBJETIVA E SOLIDÁRIA. INCIDÊNCIA DO ART. 18 DO CDC. DANO MATERIAL CARACTERIZADO. DANO MORAL IN RE IPSA CONFIGURADO. DEVER DE INDENIZAR INCONTESTE. QUANTUM FIXADO A TÍTULO DE DANOS MORAIS MAJORADO PARA R$ 8.000,00 (OITO MIL REAIS), SOPESANDO-SE AS NUANCES DO CASO EM COMENTO. RECURSO CONHECIDO E PROVIDO. 1. Caracterizado o vício no produto, bem como o dano causado ao consumidor pela não solução do problema no prazo legal (art. 18, *caput* e § 1º do CDC), impõe-se o dever de indenizar, posto que caracteriza a responsabilidade civil da empresa demandada, frise-se, de cautelas devidas, fato por si só gerador de dano moral, passível de reparação, conforme entendimento jurisprudencial dominante; 2. Recurso conhecido e provido." Os embargos de declaração opostos foram rejeitados (fl.91). Nas razões do apelo extremo, sustenta a preliminar de repercussão geral e, no mérito, não aponta o dispositivo que considera violado. O tribunal a quo negou seguimento ao recurso extraordinário por entender que a ofensa à Constituição Federal, se ocorrente, seria indireta, além da necessidade de reexame do conjunto fático-probatório. É o Relatório. DECIDO. *Ab initio*, a repercussão geral pressupõe recurso admissível sob o crivo dos demais requisitos constitucionais e processuais de admissibilidade (art. 323 do RISTF). [...] Ex positis, NEGO SEGUIMENTO ao agravo, com fundamento no artigo 21, § 1º, do RISTF. Publique-se. (729412 SE , Relator: Min. LUIZ FUX, Data de Julgamento: 28/02/2013, Data de Publicação: DJe-044 DIVULG 06/03/2013 PUBLIC 07/03/2013)

Tendo o consumidor optado pela alternativa do inciso I do § 1º deste artigo, e não sendo possível a substituição do bem, poderá haver substituição por outro de espécie, marca ou modelo diversos, mediante complementação ou restituição de eventual diferença de preço, sem prejuízo do disposto nos incisos II e III do § 1º deste artigo (artigo 18, § 4º, do CDC).

O consumidor poderá fazer uso imediato das alternativas acima sempre que, em razão da extensão do vício, a substituição das partes viciadas puder comprometer a qualidade ou características do produto, diminuir-lhe o valor ou se tratar de produto essencial (artigo 18, § 3º, do CDC).

18.4.1 Ampliação ou redução dos prazos

Poderão as partes convencionar a redução ou ampliação do prazo previsto no § 1º, não podendo ser inferior a sete nem superior a cento e oitenta dias. Nos contratos de adesão, a cláusula de prazo deverá ser convencionada em separado, por meio de manifestação expressa do consumidor (artigo 18, § 2º, do CDC).

Não se pode confundir esta garantia legal com a garantia contratual (em cláusula contratual expressa ou termo aditivo) estabelecida no artigo 50, parágrafo único do CDC.

18.5 Produtos *in natura*

Diz o artigo 18, § 5º, do CDC que "no caso de fornecimento de produtos *in natura*, será responsável perante o consumidor o fornecedor imediato, exceto quando identificado claramente seu produtor.

Os produtos podem ser industrializados ou *in natura*. Este é aquele produto agrícola ou pastoril inserido no mercado de consumo. Por exemplo, as verduras, os tubérculos, as raízes, as leguminosas, as carnes etc.

Nos dias atuais, o consumidor está muito atento com a procedência dos alimentos, dando preferência aos produtos "naturais", isentos de conservantes artificiais e agrotóxicos. Daí muitas empresas se preocuparem com a qualidade, a higiene e a composição nutricional de seus produtos. É o caso, por exemplos, da rede Hortifruti. É a maior rede varejista de hortifrutigranjeiros do Brasil. Está presente nos estados do Rio de Janeiro, São Paulo e Espírito Santo com 26 lojas, por onde circulam mais de 1,6 milhão de clientes e são comercializadas 15 mil toneladas de frutas, legumes e verduras mensalmente.

Em duas décadas de vida a Hortifruti criou um segmento e revolucionou a maneira de cariocas e capixabas fazerem suas compras. Se antigamente ia-se à feira, à quitanda, ou ao mercadinho.[161]

Isso sem contar com o "varejo virtual", já que muitos clientes adquirem *produtos in natura* utilizando a Internet, sem sair de casa.

18.6 Produtos Impróprios ao Uso e Consumo

São impróprios ao uso e consumo (artigo 18, § 6º, do CDC): I – os produtos cujos prazos de validade estejam vencidos; II – os produtos deterio-

---

[161] Disponível em: http://www.hortifruti.com.br/hortifruti/hortifruti.html. Acesso em: 24 mar. 2013.

rados, alterados, adulterados, avariados, falsificados, corrompidos, fraudados, nocivos à vida ou à saúde, perigosos ou, ainda, aqueles em desacordo com as normas regulamentares de fabricação, distribuição ou apresentação; III – os produtos que, por qualquer motivo, se revelem inadequados ao fim a que se destinam.

18.7 Jurisprudências

PROCESSUAL CIVIL. AGRAVO REGIMENTAL NO RECURSO ESPECIAL. AÇÃO DE INDENIZAÇÃO. VEÍCULO ZERO QUILÔMETRO. AFRONTA AO ART. 535 DO CPC NÃO CONFIGURADO. DEFEITOS NÃO SANADOS DENTRO DO PRAZO LEGAL. REVISÃO. ÓBICE DA SÚMULA Nº 7/STJ. DANO MORAL. CONFIGURAÇÃO. INEXISTÊNCIA DE VIOLAÇÃO DA SÚMULA Nº 7/STJ. POSSIBILIDADE DA VALORAÇÃO JURÍDICA DOS FATOS. SUBSTITUIÇÃO DO BEM. OBRIGATORIEDADE. OPÇÃO DO CONSUMIDOR. ARTIGO 18 DO CDC. DECISÃO MANTIDA. 1. Inexiste afronta ao art. 535 do CPC quando o acórdão recorrido analisou todas as questões pertinentes para a solução da lide, pronunciando-se, de forma clara e suficiente, sobre a controvérsia estabelecida nos autos. 2. O recurso especial não comporta o exame de questões que impliquem revolvimento do contexto fático-probatório dos autos, a teor do que dispõe a Súmula nº 7 do STJ. 3. No caso concreto, o Tribunal de origem analisou a prova dos autos, mormente a pericial, para concluir pela existência de defeitos no veículo adquirido, bem como pela falta dos reparos necessários dentro do prazo legal. Alterar esse entendimento demandaria o reexame do conjunto probatório, o que é vedado em recurso especial. 4. Havendo vício de qualidade do produto e não sendo o defeito sanado no prazo de 30 (trinta) dias, cabe ao consumidor optar pela substituição do bem, restituição do preço ou abatimento proporcional, nos termos do art. 18, § 1º, I, II, e III, do CDC. 5. A simples reinterpretação jurídica do substrato fático-probatório delineado pela origem não encontra óbice na Súmula nº 7/STJ. 6. Agravo regimental a que se nega provimento. (STJ – AgRg no REsp: 1368742 DF 2013/0054243-2, Relator: Ministro ANTONIO CARLOS FERREIRA, Data de Julgamento: 17/03/2015, T4 – QUARTA TURMA, Data de Publicação: DJe 24/03/2015)

RECURSO EXTRAORDINÁRIO COM AGRAVO. CONSUMIDOR. AÇÃO DE INDENIZAÇÃO. VÍCIO NO PRODUTO. RESPONSABILIDADE SOLIDÁRIA DO FABRICANTE E DO COMERCIANTE. AUSÊNCIA DO NECESSÁRIO PREQUESTIONAMENTO. OFENSA REFLEXA

AO TEXTO DA CONSTITUIÇÃO FEDERAL. REEXAME DO CONJUNTO FÁTICO-PROBATÓRIO JÁ CARREADO AOS AUTOS. IMPOSSIBILIDADE. INCIDÊNCIA DA SÚMULA 279/STF. REPERCUSSÃO GERAL NÃO EXAMINADA EM FACE DE OUTROS FUNDAMENTOS QUE OBSTAM A ADMISSÃO DO APELO EXTREMO. 1. A repercussão geral pressupõe recurso admissível sob o crivo dos demais requisitos constitucionais e processuais de admissibilidade (art. 323 do RISTF). Consectariamente, se o recurso é inadmissível por outro motivo, não há como se pretender seja reconhecida "a repercussão geral das questões constitucionais discutidas no caso" (art. 102, III, § 3º, da CF). 2. O prequestionamento explícito da questão constitucional é requisito indispensável à admissão do recurso extraordinário.3. A Súmula 282 do STF dispõe, verbis: "É inadmissível o recurso extraordinário, quando não ventilada, na decisão recorrida, a questão federal suscitada". 4. A violação reflexa e oblíqua da Constituição Federal decorrente da necessidade de análise de malferimento de dispositivo infraconstitucional torna inadmissível o recurso extraordinário. Precedentes: RE 596.682, Rel. Min. Carlos Britto, Dje de 21/10/10, e o AI 808.361, Rel. Min. Março Aurélio, Dje de 08/09/10. 5. A Súmula 279/STF dispõe, verbis: "Para simples reexame de prova não cabe recurso extraordinário". 6. É que o recurso extraordinário não se presta ao exame de questões que demandam revolvimento do contexto fático-probatório dos autos, adstringindo-se à análise da violação direta da ordem constitucional. 7. In casu, o acórdão recorrido assentou: "RECURSO INOMINADO. VÍCIO NO PRODUTO. RESPONSABILIDADE SOLIDÁRIA DO FABRICANTE E DO COMERCIANTE. APLICAÇÃO DO ART. 18 DO CDC. PORCA METÁLICA DENTRO DA EMBALAGEM CONTENDO AZEITONA. ALIMENTO IMPRÓPRIO PARA CONSUMO. VIOLAÇÃO DA SEGURANÇA ALIMENTAR. APLICAÇÃO DO ARTIGO 12 DO CDC. PRECEDENTES DESTA TURMA. SENTENÇA REFORMADA. QUANTUM ARBITRADO EM R$ 4.000,00 (QUATRO MIL REAIS) ANTE AS PECULIARIDADES DO CASO. DANO MORAL CONFIGURADO. RECURSO CONHECIDO E PROVIDO." 8. NEGO SEGUIMENTO ao agravo. Decisão: Cuida-se de agravo nos próprios autos interposto por Cencosud Brasil Comercial Ltda., com fundamento no art. 544 do Código de Processo Civil, com o objetivo de ver reformada a r. decisão que inadmitiu seu recurso extraordinário manejado com arrimo na alínea a do permissivo Constitucional contra acórdão prolatado pelo Colégio Recursal do Estado de Sergipe, nos seguintes termos (fl. 86), in verbis: RECURSO INOMINADO. VÍCIO NO PRODUTO. RESPONSABILIDADE SOLIDÁRIA DO FABRICANTE E DO COMERCIANTE. APLICAÇÃO DO ART. 18 DO CDC. PORCA METÁLICA DENTRO DA EMBALAGEM CONTENDO AZEITONA. ALIMENTO IMPRÓPRIO PARA CONSUMO. VIOLAÇÃO DA SEGURANÇA ALIMENTAR. APLICAÇÃO DO ARTIGO 12 DO CDC.

PRECEDENTES DESTA TURMA. SENTENÇA REFORMADA. QUANTUM ARBITRADO EM R$ 4.000,00 (QUATRO MIL REAIS) ANTE AS PECULIARIDADES DO CASO. DANO MORAL CONFIGURADO. RECURSO CONHECIDO E PROVIDO. Não foram opostos embargos de declaração. Nas razões do apelo extremo, sustenta a preliminar de repercussão geral e, no mérito, alega violação aos artigos 5º, LIV e LV, e 93, IX, da Constituição Federal. O Tribunal a quo negou seguimento ao apelo extremo, sob o fundamento de que a ofensa à Constituição Federal é meramente indireta, além do necessário reexame do conjunto fático-probatório. É o Relatório. DECIDO. *Ab initio*, a repercussão geral pressupõe recurso admissível sob o crivo dos demais requisitos constitucionais e processuais de admissibilidade (art. 323 do RISTF). Consectariamente, se o recurso é inadmissível por outro motivo, não há como se pretender seja reconhecida "a repercussão geral das questões constitucionais discutidas no caso" (art. 102, III, § 3º, da CF). Quanto ao mérito, melhor sorte não socorre à parte agravante. Verifica-se, na espécie, que a controvérsia de índole constitucional que o agravante considera violada não foi debatida no acórdão recorrido. Além disso, não foram opostos embargos de declaração para sanar eventual omissão, faltando, ao caso, o necessário prequestionamento da questão constitucional, que deve ser explícito, o que inviabiliza a pretensão de exame do recurso extraordinário. Incide, portanto, o óbice das Súmulas 282 e 356 do STF, *verbis*: "É inadmissível o recurso extraordinário, quando não ventilada, na decisão recorrida, a questão federal suscitada." e "O ponto omisso da decisão, sobre o qual não foram opostos embargos declaratórios, não pode ser objeto de recurso extraordinário, por faltar o requisito do prequestionamento." A respeito da aplicação das referidas súmulas assim discorre Roberto Rosas: "A Constituição de 1891, no art. 59, III, a, dizia: 'quando se questionar sobre a validade de leis ou aplicação de tratados e leis federais, e a decisão for contra ela'. De forma idêntica dispôs a Constituição de 1934, no art. 76, III, a: 'quando a decisão for contra literal disposição de tratado ou lei federal, sobre cuja aplicação se haja questionado'. Essas Constituições eram mais explícitas a respeito do âmbito do recurso extraordinário. Limita-se este às questões apreciadas na decisão recorrida. Se foi omissa em relação a determinado ponto, a parte deve opor embargos declaratórios. Caso não o faça, não poderá invocar essa questão não apreciada na decisão recorrida (RTJ 56/70; v. Súmula 356 do STF e Súmula 211 do STJ; Nelson Luiz Pinto, Manual dos Recursos Cíveis, Malheiros Editores, 1999, p. 234; Carlos Mário Velloso, Temas de Direito Público, p. 236)." E: "Os embargos declaratórios visam a pedir ao juiz ou juízes prolatores da decisão que espanquem dúvidas, supram omissões ou eliminem contradições. Se esse possível ponto omisso não foi aventado, nada há que se alegar posteriormente no recurso extraordinário. Falta o prequestionamento da matéria. A parte não considerou a existência de omissão, por isso não opôs os embargos declaratórios no devido tempo, por não existir matéria a discutir no recurso extraordinário sobre essa questão (RE 77.128, RTJ 79/162; v. Súmula 282). O STF interpretou o teor da Súmula no sentido da desnecessidade de nova provocação, se a parte opôs os embargos, e o tribunal se recusou a suprir a omissão (RE 176.626, RTJ 168/305; v. Súmula 211 do STJ)." (ROSAS, Roberto, in Direito Sumular, Malheiros). Ainda nesse sentido: "Recurso extraordinário: prequestionamento explícito: exigibilidade. O requisito do prequestionamento assenta no fato de não ser aplicável à fase de conhecimento do recurso extraordinário o princípio jura novit curia: instrumento de revisão *in jure* das decisões proferidas em única ou última instância, o RE não investe o Supremo de competência para vasculhar o acórdão recorrido, à procura de uma norma que poderia ser pertinente ao caso, mas da qual não se cogitou. Daí a necessidade de pronunciamento explícito do Tribunal a quo sobre a questão suscitada no recurso extraordinário: Sendo o prequestionamento, por definição, necessariamente explícito, o chamado prequestionamento implícito não é mais do que uma simples e inconcebível contradição em termos". (AI 253.566-AgR, rel. Min. Sepúlveda Pertence, DJ 03/03/00). Ademais, a violação constitucional dependente da análise de malferimento de dispositivo infraconstitucional encerra violação reflexa e oblíqua, tornando inadmissível o recurso extraordinário. Nesse sentido: RE 596.682, Rel. Min. Carlos Britto, Dje de 21/10/10, e AI 808.361, Rel. Min. Março Aurélio, Dje de 08/09/10, entre outros. A jurisprudência desta Corte é uníssona no sentido de que a verificação de ofensa aos princípios da legalidade, do devido processo legal, da ampla defesa e do contraditório, da motivação das decisões judiciais, bem como aos limites da coisa julgada, quando dependente do reexame prévio de normas infraconstitucionais, revela ofensa indireta ou reflexa à Constituição Federal, o que, por si só, não desafia a instância extraordinária. Precedentes: AI 804.854-AgR, 1ª Turma, Rel. Min. Cármen Lúcia, DJe de 24/11/2010 e AI 756.336-AgR, 2ª Turma, Rel. Min. Ellen Gracie, DJe de 22/10/2010. Por fim, não se revela cognoscível, em sede de Recurso Extraordinário, a insurgência que tem como escopo o incursionamento no contexto fático-probatório engendrado nos autos, porquanto referida pretensão não se amolda à estreita via do apelo extremo, cujo conteúdo restringe-se a fundamentação vinculada de discussão eminentemente de direito e, portanto, não servil ao exame de questões que demandam o revolvimento do arcabouço fático-probatório dos autos, face ao óbice erigido pela Súmula 279/STF de seguinte teor, verbis: "Para simples reexame de prova não cabe recurso extraordinário". Sob esse enfoque, ressoa inequívoca a vocação para o insucesso do apelo extremo, por força do óbice intransponível do verbete sumular supra, que veda a esta Suprema Corte, em sede de recurso extraordinário, sindicar matéria fática. Por oportuno, vale destacar preciosa lição de Roberto Rosas acerca da Súmula nº 279/STF, qual seja: "Chiovenda nos dá os limites da distinção entre questão de fato e questão de direito. A questão de fato consiste em verificar se existem as circunstâncias com base nas quais deve o juiz, de acordo com a lei, considerar existentes determinados fatos concretos. A questão de direito consiste na focalização, primeiro, se a norma, a que o autor se refere, existe, como norma abstrata (Instituições de Direito Processual, 2ª ed., v. I/175). Não é estranha a qualificação jurídica dos fatos dados como provados (RT 275/884 e 226/583). Já se refere a matéria de fato quando a decisão assenta no processo de livre convencimento do julgador (RE 64.051, Rel. Min. Djaci Falcão, RTJ 47/276); não cabe o recurso extraordinário quando o acórdão recorrido deu determinada qualificação jurídica a fatos delituosos e se pretende atribuir aos mesmos fatos outra configuração, quando essa pretensão exige reexame de provas (ERE 58.714, Relator para o acórdão o Min. Amaral Santos, RTJ 46/821). No processo penal, a verificação entre a qualificação de motivo fútil ou estado de embriaguez para a apenação importa matéria de fato, insuscetível de reexame no recurso extraordinário (RE 63.226, Rel. Min. Eloy da Rocha, RTJ 46/666). A Súmula 279 é peremptória: Para simples reexame de prova não cabe recurso extraordinário. Não se vislumbraria a existência da questão federal motivadora do recurso extraordinário. O juiz dá a valoração mais conveniente aos elementos probatórios, atendendo aos fatos e circunstâncias constantes dos autos, ainda que não alegados pelas partes. Não se confunda com o critério legal da valorização da prova (RTJ 37/480, 56/65) (Pestana de Aguiar, Comentários ao Código de Processo Civil, 2ª ed., v. VI/40, Ed. RT; Castro Nunes, Teoria e Prática do Poder Judiciário, 1943, p. 383). V. Súmula 7 do STJ". (in: Direito Sumular, 14ª ed., São Paulo, Malheiros). Ex positis, NEGO SEGUIMENTO ao agravo, com fundamento no artigo 21, § 1º, do RISTF. Publique-se. Brasília, 28 de fevereiro de 2013. Ministro Luiz Fux Relator Documento assinado digitalmente CONSTITUIÇÃO FEDERAL 102 III § 3º CF Constituição Federal 18 CDC 12 CDC 544 Código de Processo Civil 18 CDC 12 CDC 5º LIVLV 93 IX Constituição Federal Constituição Federal 102 III § 3º CF Constituição de 189 159 IIIa Constituição de 1934 76 III Constituição Federal: AI 804.854- AI 756.336-Código de Processo Civil. (725118 SE, Relator: Min. LUIZ FUX, Data de Julgamento: 28/02/2013, Data de Publicação: DJe-044 DIVULG 06/03/2013 PUBLIC 07/03/2013)

"RELAÇÃO DE CONSUMO. AQUISIÇÃO DE VEÍCULO 0 KM PARA UTILIZAÇÃO PROFISSIONAL COMO TÁXI. DEFEITO DO PRODUTO. DEMANDA PREEXISTENTE INTENTADA PELOS CONSUMIDORES NO JUIZADO ESPECIAL CÍVEL. ROTINEIROS E INFRUTÍFEROS AJUSTES NO AUTOMÓVEL EM OFICINA AUTORIZADA. INÉRCIA DA MONTADORA E DA AUTORIZADA

PARA DEBELAR O DEFEITO. CONTRATO DE FINANCIAMENTO COM ALIENAÇÃO FIDUCIÁRIA FIRMADO COM O BANCO DA MONTADORA. CIÊNCIA EM AÇÃO JUDICIAL DO DEFEITO DE MONTAGEM. IMEDIATO AJUIZAMENTO DE AÇÃO CAUTELAR DE BUSCA E APREENSÃO. RETOMADA DO VEÍCULO. SITUAÇÃO VEXATÓRIA E HUMILHANTE IMPOSTA AOS CONSUMIDORES PERANTE VIZINHOS. DEVOLUÇÃO DO VEÍCULO POR ORDEM JUDICIAL COM RECONHECIMENTO DE MÁ-FÉ DA FINANCEIRA. MONTADORA. DESCASO COMPROVADO. REPOSIÇÃO DA PEÇA DEFEITUOSA, APÓS DIAGNÓSTICO DE ENGENHEIRO, EMPREGADO DA MONTADORA VINDO DO ESTADO DE SÃO PAULO. LUCROS CESSANTES. PARALISAÇÕES ALTERNADAS E DEMORADAS DO VEÍCULO PARA REPAROS.IMPOSSIBILIDADE DOS CONSUMIDORES DE EXERCEREM A FUNÇÃO DE TAXISTAS. ACÚMULO DE DÍVIDAS. NEGATIVAÇÃO NO SPC. DANOS MORAIS EVIDENTES.

Tendo o Banco Ford S/A financiado aos autores veículo, através de contrato com alienação fiduciária, sendo, ainda, réu perante o Juizado Especial, em ação movida por aqueles, teve a ousadia de intentar Ação Cautelar de Busca e Apreensão do mesmo veículo, cuja liminar foi deferida e posteriormente revogada com a aplicação das cominações pela litigância de má-fé, deverá ser o Banco, incluído na condenação, tendo em vista sua participação como coadjuvante, nos prejuízos experimentados pelos autores.

A oficina autorizada pelo fabricante do veículo esteve de posse do mesmo para conserto, por 14 (quatorze) meses, promovendo os reparos que julgava adequados, sem realmente detectar o defeito apresentado no veículo, que só teve a solução vindicada, após a vinda de um engenheiro enviado pelo fabricante, de São Paulo. Desta forma, deverá a oficina autorizada, responder solidariamente pelos danos sofridos pelos autores.

Por outro lado, o fabricante do veículo, desdenhou, até judicialmente, do que lhe competia, deixando o caso chegar aos seus limites, ou seja, após mais de um ano com idas e vindas à oficina autorizada, procedeu a correção do seu próprio erro, muito embora ciente do problema desde o início.

Por isso, também, arcará com os danos experimentados pelos autores. Assim, depreende-se que os proprietários de automóveis de passeio, ou dos destinados ao uso profissional, possuem seus direitos resguardados pela Lei Consumerista, enquadrando-se perfeitamente aos conceitos descritos nos artigos 2º e 3º do Código de Defesa do Consumidor.

Considerando que *in casu*, o veículo foi adquirido para ser utilizado como táxi e, demonstrada a culpa por parte dos réus, pela longa espera da solução do defeito apresentado no automóvel, as verbas referentes aos lucros cessantes e danos morais são devidos a primeira, pela inutilização do bem por mais de 30 (trinta) dias e a segunda, decorrente das dívidas contraídas pelos adquirentes do bem, que, ainda, originaram a inclusão de seus nomes nos cadastros restritivos de crédito; pela vergonha e humilhação suportadas ante a apreensão do veículo diante de seus vizinhos, e pelo trauma psíquico comprovadamente adquirido pela menor, filha dos autores, advindo da retomada do veículo.

Desta forma, deve o dano moral ser indenizado pelos réus, que responderão solidariamente, em valor equivalente a 200 (duzentos) salários mínimos para cada autor.

Recursos conhecidos, provido o dos primeiros apelantes e improvidos os dos segundo e terceiro." (fls. 502/505).

Na origem, MARIA ALICE BUENO NEVES e ADILSON NEVES ajuizaram ação de indenização contra FORD MOTOR COMPANY BRASIL LTDA., COMPANHIA SANTO AMARO DE AUTOMÓVEL, REALCE DISTRIBUIDORA DE VEÍCULOS E BANCO FORD S.A., objetivando a condenação das demandadas ao pagamento de indenização por danos morais e materiais, decorrentes da impossibilidade de utilização econômica do automóvel Ford Modelo Verona, GL 1.8, adquirido pelos autores para utilização profissional como táxi, em razão de inúmeros problemas mecânicos apresentados pelo referido bem, fato que ensejou a inadimplência do financiamento relativo à aquisição do mencionado veículo, ocasionando, ainda, a busca e apreensão deste, além de inscrição dos autores nos órgãos de proteção ao crédito.

O Juízo de Direito da 14ª Vara Cível da Comarca do Rio de Janeiro/RJ, em sentença proferida em 6/12/2000 (fls. 360/365), extinguiu o processo em relação ao BANCO FORD S.A. (art. 267, VI, CPC) e julgou procedente o pedido para condenar, solidariamente, as três demandadas ao pagamento de 200 (duzentos) salários mínimos para cada um dos autores a título de danos morais, além de lucros cessantes a serem apurados em liquidação de sentença, bem como ao pagamento de honorários no percentual de 10% (dez por cento) sobre o valor da condenação (fl. 365).

O TJRJ deu provimento a um dos recursos para incluir o BANCO FORD S.A. na condenação fixada pelo Juízo Singular, isentando os autores dos ônus sucumbenciais (fls. 502/519).

Os embargos de declaração, opostos por BANCO FORD S.A., foram rejeitados (fls. 529/531).

A recorrente, FORD MOTOR COMPANY BRASIL LTDA., nas razões de recurso especial, aduz violação dos seguintes dispositivos legais: (a) art. 2º do CDC, em razão da inaplicabilidade do CDC no caso concreto, porque o veículo foi adquirido para fins comerciais, qual seja, utilização profissional como táxi, (b) art. 159 do CC/2002, em virtude da ausência de prática de ilícito pela recorrente apta a ensejar a condenação ao pagamento de danos morais e lucros cessantes, sendo certo, ademais, que, na hipótese de eventual dano moral, a falta de participação da recorrente no evento conduz à ilegalidade da condenação solidária pelo ressarcimento, (c) art. 18 do CDC, em decorrência da equivocada aplicação do art. 12 do CDC no caso concreto, posto não se tratar de fato do produto, mas de vício do produto (art. 18 do CDC), que o tornou temporariamente inadequado à utilização, e (d) art. 7º, IV, da CF, diante da impossibilidade de fixação de indenização com base em salário mínimo. Assevera, ainda, divergência jurisprudencial quanto ao valor fixado a título de danos morais, qual seja, 200 (duzentos) salários mínimos para cada um dos dois autores (fls. 547/554).

Os recorridos, em contrarrazões, pugnam pelo desprovimento do recurso especial (fls. 687/686).

O recurso especial não foi admitido no Tribunal de origem (fls. 699/702), subindo a esta Corte em razão de provimento ao agravo de instrumento nº 481.012/RJ (fl. 785).

É o relatório.

EMENTA

Direito civil. Código de defesa do consumidor. Aquisição de veículo zero-quilômetro para utilização profissional como táxi. Defeito do produto. Inércia na solução do defeito. Ajuizamento de ação cautelar de busca e apreensão para retomada do veículo, mesmo diante dos defeitos. Situação vexatória e humilhante. Devolução do veículo por ordem judicial com reconhecimento de má-fé da instituição financeira da montadora. Reposição da peça defeituosa, após diagnóstico pela montadora. Lucros cessantes. Impossibilidade de utilização do veículo para o desempenho da atividade profissional de taxista. Acúmulo de dívidas. Negativação no SPC. Valor da indenização.

1. A aquisição de veículo para utilização como táxi, por si só, não afasta a possibilidade de aplicação das normas protetivas do CDC.

2. A constatação de defeito em veículo zero-quilômetro revela hipótese de vício do produto e impõe a responsabilização solidária da concessionária (fornecedor) e do fabricante, conforme preceitua o art. 188, *caput*, do CDC.

3. Indenização por dano moral devida, com redução do valor.

4. Recurso especial parcialmente provido.

VOTO

O EXMO. SR. MINISTRO ANTONIO CARLOS FERREIRA (Relator): Trata-se de recurso especial interposto contra acórdão do TJRJ que, em sede de ação de indenização por danos morais e materiais, decorrentes da impossibilidade de utilização econômica do automóvel adquirido pelos autores para utilização profissional como táxi, manteve a decisão do Juiz singular e condenou solidariamente a instituição financeira, a montadora e a distribuidora de automóveis ao pagamento de 200 (duzentos) salários mínimos para cada um dos dois autores a título de danos morais, além de lucros cessantes a serem apurados em liquidação de sentença.

Feitas essas breves considerações, passo ao exame do recurso especial em cada um de seus tópicos.

Art. 2º do CDC.

Conheço do recurso pela alínea a do permissivo constitucional, quanto à violação do art. 2º do CDC, em razão do prequestionamento do referido dispositivo legal.

O art. 2º da Lei nº 8.078/1990, ao conceituar a pessoa do consumidor, dispõe:

"Art. 2º Consumidor é toda pessoa física ou jurídica que adquire ou utiliza produto ou serviço como destinatário final.

Parágrafo único. Equipara-se a consumidor a coletividade de pessoas, ainda que indetermináveis, que haja intervindo nas relações de consumo".

A jurisprudência desta Corte, em hipóteses análogas, vem decidindo que a aquisição de veículo para utilização como táxi, por si só, não afasta a possibilidade de aplicação das normas protetivas do CDC.

Nesse sentido, confira-se o seguinte precedente:

"Civil. Processual civil. Recurso especial. Direito do consumidor. Veículo com defeito. Responsabilidade do fornecedor. Indenizaçao. Danos morais. Valor indenizatório. Redução do *quantum*. Precedentes desta corte.

1. Aplicável à hipótese a legislação consumerista. O fato de o recorrido adquirir o veículo para uso comercial – táxi – não afasta a sua condição de hipossuficiente na relação com a empresa-recorrente, ensejando a aplicação das normas protetivas do CDC .

2. Verifica-se, *in casu*, que se trata de defeito relativo à falha na segurança, de caso em que o produto traz um vício intrínseco que potencializa um acidente de consumo, sujeitando-se o consumidor a um perigo iminente

(defeito na mangueira de alimentação de combustível do veículo, propiciando vazamento causador do incêndio). Aplicação da regra do artigo 27 do CDC.

3. O Tribunal *a quo*, com base no conjunto fático-probatório trazido aos autos, entendeu que o defeito fora publicamente reconhecido pela recorrente, ao proceder ao" recall "com vistas à substituição da mangueira de alimentação do combustível. A pretendida reversão do decisum recorrido demanda reexame de provas analisadas nas instâncias ordinárias. Óbice da Súmula 07/STJ.

4. Esta Corte tem entendimento firmado no sentido de que "quanto ao dano moral, não há que se falar em prova, deve-se, sim, comprovar o fato que gerou a dor, o sofrimento, sentimentos íntimos que o ensejam. Provado o fato, impõe-se a condenação" (Cf. AGA. 356.447-RJ, DJ 11.06.01).

(...)

6. Recurso conhecido parcialmente e, nesta parte, provido".

(REsp nº 575.469/RJ, Relator Ministro JORGE SCARTEZZINI, QUARTA TURMA, julgado em 18/11/2004, DJ 6/12/2004, p. 325 – grifei).

No mesmo viés, a seguinte decisão monocrática: REsp nº 1.159.052/MG, Relator Ministro PAULO DE TARSO SANSEVERINO, DJ 27/3/2012.

Art. 159 do CC/1916.

No que se refere à apontada afronta ao art. 159 do CC/1916, o recurso não reúne condições de admissibilidade, diante da incidência da Súmula nº 7/STJ.

O Tribunal local, com respaldo em ampla cognição fático-probatória, cuja análise é interditada em sede de recurso especial, assentou, de modo incontroverso, a responsabilidade da empresa recorrente, FORD MOTOR COMPANY BRASIL LTDA., pelos danos suportados pelos autores:

"O 3º apelante, na condição de fabricante do veículo, desdenhou até judicialmente, do que lhe competia, deixando o caso chegar aos seus limites, para somente em abril de 1997, ou seja, após mais de um ano de idas e vindas à oficina autorizada, proceder à correção do seu próprio erro, muito embora ciente do problema desde o início, e solicitando o comparecimento de um engenheiro da montadora, em novembro de 1996." (fl. 9).

Nesse contexto, o exame da pretensão recursal demandaria a incursão em aspectos fático-probatórios, especialmente no que se refere ao nexo de causalidade entre a ação da demandada e o evento danoso, portanto, inviável em recurso especial, tendo em vista o óbice da Súmula nº 7/STJ.

Arts. 12 e 18 do CDC.

Conheço do recurso quanto à suposta violação dos arts. 12 e 18 do CDC, porquanto efetivamente prequestionados.

O art. 12 do CDC, ao tratar da responsabilidade pelo fato do produto e do serviço, dispõe:

"Art. 12. O fabricante, o produtor, o construtor, nacional ou estrangeiro, e o importador respondem, independentemente da existência de culpa, pela reparação dos danos causados aos consumidores por defeitos decorrentes de projeto, fabricação, construção, montagem, fórmulas, manipulação, apresentação ou acondicionamento de seus produtos, bem como por informações insuficientes ou inadequadas sobre sua utilização e riscos".

O *fato do produto ou do serviço*, também denominado defeito de segurança, disciplinado no art. 12 do CDC, diversamente do vício do produto, ostenta natureza grave em razão da potencialidade de risco à incolumidade do consumidor e de terceiros.

O *fato do produto* constitui um acontecimento externo que causa dano material ou moral ao consumidor ou a ambos, mas que decorre de um defeito do produto.

A configuração de fato do produto influi sobremodo na legitimidade dos responsáveis, porquanto impõe ao fabricante, ao produtor, ao construtor, nacional ou estrangeiro, e ao importador, independentemente da existência de culpa, o dever de reparação dos danos causados aos consumidores, excluindo apenas o comerciante, mercê da ausência de ingerência sobre o controle das técnicas de fabricação e produção.

Ainda sob o aspecto da responsabilização, é importante destacar, o comerciante, conquanto tenha sua responsabilidade excluída em via principal, poderá ser responsável subsidiário, com fundamento no art. 13 do CDC.

O art. 18 do CDC, ao dispor sobre o vício do produto e do serviço e responsabilidade dos fornecedores, preconiza:

"Art. 18. Os fornecedores de produtos de consumo duráveis ou não duráveis respondem solidariamente pelos vícios de qualidade ou quantidade que os tornem impróprios ou inadequados ao consumo a que se destinam ou lhes diminuam o valor, assim como por aqueles decorrentes da disparidade, com as indicações constantes do recipiente, da embalagem, rotulagem ou mensagem publicitária, respeitadas as variações decorrentes de sua natureza, podendo o consumidor exigir a substituição das partes viciadas."

1º Não sendo o vício sanado no prazo máximo de trinta dias, pode o consumidor exigir, alternativamente e à sua escolha:

I – a substituição do produto por outro da mesma espécie, em perfeitas condições de uso;

II – a restituição imediata da quantia paga, monetariamente atualizada, sem prejuízo de eventuais perdas e danos;

III – o abatimento proporcional do preço.

2º Poderão as partes convencionar a redução ou ampliação do prazo previsto no parágrafo anterior, não podendo ser inferior a sete nem superior a cento e oitenta dias. Nos contratos de adesão, a cláusula de prazo deverá ser convencionada em separado, por meio de manifestação expressa do consumidor.

3º O consumidor poderá fazer uso imediato das alternativas do 1º deste artigo sempre que, em razão da extensão do vício, a substituição das partes viciadas puder comprometer a qualidade ou características do produto, diminuir-lhe o valor ou se tratar de produto essencial.

4º Tendo o consumidor optado pela alternativa do inciso I do 1º deste artigo, e não sendo possível a substituição do bem, poderá haver substituição por outro de espécie, marca ou modelo diversos, mediante complementação ou restituição de eventual diferença de preço, sem prejuízo do disposto nos incisos II e III do 1º deste artigo.

5º No caso de fornecimento de produtos in natura, será responsável perante o consumidor o fornecedor imediato, exceto quando identificado claramente seu produtor."(grifei)

O *vício do produto ou serviço*, também denominado vício de adequação, porquanto inerente ou intrínseco, influi no funcionamento, utilização ou fruição do produto ou serviço, comprometendo sua prestabilidade.

Ao contrário do que ocorre na responsabilidade pelo fato do produto, no vício do produto a responsabilidade é solidária entre todos os fornecedores, inclusive o comerciante, a teor do que dispõe o art. 18, *caput*, do CDC.

Sob esse enfoque, esta Corte já decidiu que "a melhor exegese dos arts. 14 e 18 do CDC indica que todos aqueles que participam da introdução do produto ou serviço no mercado devem responder solidariamente por eventual defeito ou vício, isto é, imputa-se a toda a cadeia de fornecimento a responsabilidade pela garantia de qualidade e adequação (REsp n° 1.077.911/SP, Relatora Ministra NANCY ANDRIGHI, TERCEIRA TURMA, julgado em 4/10/2011, DJe 14/10/2011).

No âmbito do *vício do produto*, é importante distinguir o dano *circa rem* (inerente ao vício do produto ou serviço e diretamente ligado a ele) do dano *extra rem* (dano indiretamente ligado ao vício do produto ou do serviço, porque, na realidade, decorre de causa superveniente, relativamente independente, e que por si só produz o resultado).

Essa distinção assume relevo mormente no que se refere à possibilidade de ressarcimento de danos morais e materiais, além da reparação do vício.

SÉRGIO CAVALIERI FILHO, ao tratar do dano *circa rem* e *extra rem*, adverte:

"Tomemos como exemplo o caso do veículo zero-quilômetro, que apresenta defeitos. A concessionária, instada várias vezes para corrigir os defeitos, leva meses para atender as solicitações do consumidor, causando-lhe inúmeros aborrecimentos. Pode esse consumidor pleitear também danos morais?

(...)

Para o correto enfrentamento da questão há que se proceder à distinção entre o dano *circa rem* e dano extra rem. A expressão latina *circa rem* significa próximo, ao redor, ligado diretamente à coisa, de modo que não se pode dela desgarrar-se. Assim, dano *circa rem* é aquele que é inerente ao vício do produto ou serviço, que está diretamente ligado a ele, não podendo dele desgarrar-se.

A expressão latina extra rem indica vínculo indireto, distante, remoto, tem sentido de fora de, além de, à exceção de. Consequentemente, o dano *extra rem* é aquele que apenas indiretamente está ligado ao vício do produto ou do serviço porque, na realidade, decorre de causa superveniente, relativamente independente, e que por si só produz o resultado. A rigor, não é o vício do produto ou do serviço que causa o dano extra rem – dano material e moral -, mas sim a conduta do fornecedor, posterior ao vício, por não dar ao caso a atenção e solução devidas. O dano moral, o desgosto íntimo, está dissociado do defeito, a ele jungido apenas pela origem. Na realidade, repita-se, decorre de causa superveniente (o não atendimento pronto e eficiente ao consumidor, a demora injustificável na reparação do vício), tem caráter autônomo." (Sérgio Cavalieri Filho. **Programa de Responsabilidade Civil**. Atlas: São Paulo, 2010. p. 512).

Desse modo, a constatação de defeito em veículo zero-quilômetro revela hipótese de vício do produto e impõe a responsabilização solidária da concessionária (fornecedor) e do fabricante, conforme preceitua o art. 188, *caput*, do CDC.

Nesse aspecto, a jurisprudência desta Corte:

"Recurso especial. Código de Defesa do Consumidor. Veículo novo. Aquisição. Defeitos não solucionados durante o período de garantia. Prestação jurisdicional deficiente. Responsabilidade solidária do fabricante e do fornecedor. Incidência do art. 18 do CDC. Decadência. Afastamento. Fluência do prazo a partir do término da garantia contratual.

1. Diversos precedentes desta Corte, diante de questões relativas a defeitos apresentados em veículos automotores novos, firmaram a incidência do art. 18 do Código de Defesa do Consumidor para reconhecer a responsabilidade solidária entre o fabricante e o fornecedor.

2. O prazo de decadência para a reclamação de vícios do produto (art. 26 do CDC) não corre durante o período de garantia contratual, em cujo curso o veículo foi, desde o primeiro mês da compra, reiteradamente apresentado à concessionária com defeitos. Precedentes.

3. Recurso especial provido para anular o acórdão recorrido".

(REsp nº 547.794/PR, Relatora Ministra MARIA ISABEL GALLOTTI, QUARTA TURMA, julgado em 15/2/2011, DJe 22/2/2011 – grifei).

"PROCESSUAL CIVIL. DIREITO DO CONSUMIDOR. AQUISIÇÃO DE VEÍCULO QUE APRESENTOU DEFEITO NO AR CONDICIONADO. CONCESSIONÁRIA. ILEGITIMIDADE AFASTADA. ART. 18 DO CDC. RESPONSABILIDADE SOLIDÁRIA DO FABRICANTE E DO FORNECEDOR. I." Comprado veículo novo com defeito, aplica-se o art. 18 do Código de Defesa do Consumidor e não os artigos 12 e 13 do mesmo Código, na linha de precedentes da Corte. Em tal cenário, não há falar em ilegitimidade passiva do fornecedor"(REsp nº 554.876/RJ, 3ª Turma, Rel. Min. Carlos Alberto Menezes, DJU de 17/02/2004).

II. Recurso especial parcialmente provido para afastar a ilegitimidade passiva da empresa ré".

(REsp nº 821.624/RJ, Relator Ministro ALDIR PASSARINHO JUNIOR, QUARTA TURMA, julgado em 19/10/2010, DJe 4/11/2010 – grifei).

Art. 7º, IV, da CF.

O recurso não reúne condições de admissibilidade quanto à suposta violação do art. 7º, IV, da CF, em razão da impossibilidade de exame de questões de natureza constitucional em sede de recurso especial, cuja análise se insere na competência do e. Supremo Tribunal Federal.

Assim, o recurso especial não constitui via adequada para o exame de questões de natureza constitucional, cuja análise se insere na competência do e. Supremo Tribunal Federal.

Valor da indenização por danos morais.

No caso concreto, o Juízo singular julgou procedente o pedido para condenar, solidariamente, as três demandadas, FORD MOTOR COMPANY BRASIL LTDA., COMPANHIA SANTO AMARO DE AUTOMÓVEL e REALCE DISTRIBUIDORA DE VEÍCULOS, ao pagamento de 200 (duzentos) salários mínimos para cada um dos autores a título de danos morais, além de lucros cessantes a serem apurados em liquidação de sentença, bem como ao pagamento de honorários no percentual de 10% (dez por cento) sobre o valor da condenação (fl. 365).

O TJRJ manteve a condenação solidária dos réus, incluindo a instituição financeira da montadora.

Nos termos da firme jurisprudência do STJ, somente se justifica a alteração do valor fixado a título de danos morais quando este se revelar irrisório ou exorbitante. Nesse sentido:

"Agravo regimental no agravo em recurso especial. Cheque. Negócio realizado por meio de fraude. Requisitos configuradores. Pretensão de afastamento. Impossibilidade. Necessidade de reexame de provas. Súmula 7/ STJ. *Quantum* indenizatório. Valor razoável. Agravo improvido.

1. Em relação à responsabilização do agravante pelos danos sofridos pelo agravado, o Tribunal de origem, apreciando o conjunto probatório dos autos, concluiu pela presença dos requisitos ensejadores da responsabilidade civil. A alteração de tal entendimento, como pretendida, demandaria a análise do acervo fático-probatório dos autos, o que é vedado pela Súmula 7 do STJ, que dispõe: "A pretensão de simples reexame de prova não enseja recurso especial." 2. O entendimento pacificado no Superior Tribunal de Justiça é de que o valor estabelecido pelas instâncias ordinárias a título de indenização por danos morais pode ser revisto tão somente nas hipóteses em que a condenação se revelar irrisória ou exorbitante, distanciando-se dos padrões de razoabilidade, o que não se evidencia no presente caso. Desse modo, não se mostra desproporcional a fixação em R$ (oito mil reais) a título de reparação moral, decorrente das circunstâncias específicas do caso concreto, motivo pelo qual não se justifica a excepcional intervenção desta Corte no presente feito, como bem consignado na decisão agravada.

3. Agravo interno a que se nega provimento".

(AgRg no AREsp nº 202.921/SP, Relator Ministro RAUL ARAÚJO, QUARTA TURMA, julgado em 28/8/2012, DJe 17/9/2012).

"RESPONSABILIDADE CIVIL E PROCESSUAL CIVIL. EMBARGOS DE DECLARAÇÃO RECEBIDOS COMO AGRAVO REGIMENTAL. OMISSÃO. INEXISTÊNCIA. REEXAME DE PROVAS, EM SEDE DE RECURSO ESPECIAL. INVIABILIDADE. QUANTUM INDENIZATÓRIO ARBITRADO COM RAZOABILIDADE. REVISÃO. DESCABIMENTO 1. Orienta a Súmula 7 desta Corte ser vedado, em recurso especial, o reexame de provas. No caso, a fixação do valor indenizatório operou-se com moderação, na medida em que não concorreu para a geração de enriquecimento indevido do ofendido e, também, manteve a proporcionalidade da gravidade da ofensa ao grau de culpa e ao porte socioeconômico dos causadores do dano.

2. Nos termos da jurisprudência consolidada neste Superior Tribunal de Justiça, a revisão de indenização por danos morais só é possível, em sede de recurso especial, quando o quantum indenizatório arbitrado pelas instâncias ordinárias for exorbitante ou ínfimo, de modo a afrontar os princípios da razoabilidade e da proporcionalidade.

3. Agravo regimental a que se nega provimento".

(EDcl no REsp nº 945.551/SC, Relator Ministro LUIS FELIPE SALOMÃO, QUARTA TURMA, julgado em 21/8/2012, DJe 3/9/2012).

A meu ver, é a hipótese dos autos. Com efeito, o valor de 200 (duzentos) salários para cada um dos autores destoa dos precedentes desta Corte em relação a valores correspondentes a indenizações por danos morais.

Todavia, o caso em apreço apresenta uma série de particularidades, bem expostas na ementa da decisão recorrida:

"Considerando que" *in casu* ", o veículo foi adquirido para ser utilizado como táxi e, demonstrada a culpa por parte dos réus, pela longa espera da solução do defeito apresentado no automóvel, as verbas referentes aos lucros cessantes e danos morais são devidos a primeira, pela inutilização do bem por mais de 30 (trinta) dias e a segunda, decorrente das dívidas contraídas pelos adquirentes do bem, que, ainda, originaram a inclusão de seus nomes nos cadastros restritivos de crédito; pela vergonha e humilhação suportadas ante a apreensão do veículo diante de seus vizinhos, e pelo trauma psíquico comprovadamente adquirido pela menor, filha dos autores, advindo da retomada do veículo".

Em tais circunstâncias, consideradas as peculiaridades do caso em questão e os princípios da razoabilidade e da moderação, entendo cabível a redução do valor indenizatório para a quantia correspondente a 100 (cem) salários mínimos para cada um dos autores, valor capaz, a meu ver, de adequadamente recompor o dano sofrido.

Em face do exposto, DOU PARCIAL PROVIMENTO ao recurso especial para reduzir a indenização para R$ 62.200,00 (sessenta e dois mil e duzentos reais) para cada autor – com juros desde o evento danoso (a primeira apresentação do carro na concessionária), na ordem 0,5% (cinco décimos percentuais) até a entrada em vigor do CC/2002, momento a partir do qual incidirá a taxa SELIC. Sucumbência mantida como no acórdão.

É como voto.

RECURSO ESPECIAL. CONSUMIDOR. RESPONSABILIDADE POR VÍCIO NO PRODUTO (ART. 18 DO CDC). ÔNUS DA PROVA. INVERSÃO 'OPE JUDICIS' (ART. 6º, VIII, DO CDC). MOMENTO DA INVERSÃO. PREFERENCIALMENTE NA FASE DE SANEAMENTO DO PROCESSO. A inversão do ônus da prova pode decorrer da lei ('ope legis'), como na responsabilidade pelo fato do produto ou do serviço (arts. 12 e 14 do CDC), ou por determinação judicial ('ope judicis'), como no caso dos autos, versando acerca da responsabilidade por vício no produto (art. 18 do CDC). Inteligência das regras dos arts. 12, § 3º, II, e 14, § 3º, I, e. 6º, VIII, do CDC. A distribuição do ônus da prova, além de constituir regra de julgamento dirigida ao juiz (aspecto objetivo), apresenta-se também como norma de conduta para as partes, pautando, conforme o ônus atribuído a cada uma delas, o seu comportamento processual (aspecto subjetivo). Doutrina. Se o modo como distribuído o ônus da prova influi no comportamento processual das partes (aspecto subjetivo), não pode a inversão 'ope judicis' ocorrer quando do julgamento da causa pelo juiz (sentença) ou pelo tribunal (acórdão). Previsão nesse sentido do art. 262, § 1º, do Projeto de Código de Processo Civil. A inversão 'ope judicis' do ônus probatório deve ocorrer preferencialmente na fase de saneamento do processo ou, pelo menos, assegurando-se à parte a quem não incumbia inicialmente o encargo, a reabertura de oportunidade para apresentação de provas. Divergência jurisprudencial entre a Terceira e a Quarta Turma desta Corte. RECURSO ESPECIAL DESPROVIDO. (REsp 802.832/MG, Rel. Ministro PAULO DE TARSO SANSEVERINO, SEGUNDA SEÇÃO, julgado em 13/04/2011, DJe 21/09/2011).

RECURSO INOMINADO. RESPONSABILIDADE CIVIL. CONSUMIDOR. VÍCIO DO PRODUTO. NOTEBOOK. NEGATIVA ATÉ MESMO DE ANÁLISE DO PRODUTO, MESMO COM A INTERVENÇÃO DO

PROCON. DESCASO COM O CONSUMIDOR. RESPONSABILIDADE DO COMERCIANTE, PORQUE INTEGRA A CADEIA DE FORNECEDORES QUE DEVE RESOLVER O PROBLEMA NO TRINTÍDIO LEGAL. DANO EXTRA REM. DANOS MORAIS EXCEPCIONALMENTE VERIFICADOS. PRECEDENTES. O ART. 18 DO CDC ESTABELECE A SOLIDARIEDADE NA CADEIA DE CONSUMO POR VÍCIOS QUE SE ESTENDEM DESDE O FABRICANTE AO COMERCIANTE. PORTANTO, NÃO HÁ COMO AFASTAR A RESPONSABILIDADE SOLIDÁRIA DA RECORRIDA PELO VÍCIO DO PRODUTO. 18 CDC. (71003795390 RS, Relator: Fabio Vieira Heerdt, Data de Julgamento: 30/08/2012, Terceira Turma Recursal Cível, Data de Publicação: Diário da Justiça do dia 04/09/2012)

AÇÃO DE INDENIZAÇÃO. AQUISIÇÃO DE VEÍCULO COM DEFEITO DE FÁBRICA. REPARAÇÃO DO VÍCIO. ART. 18, § 1º, DO CÓDIGO DE DEFESA DO CONSUMIDOR. NOTIFICAÇÃO FORMAL DOS RESPONSÁVEIS. DESNECESSIDADE. Constatado o vício de qualidade ou quantidade no produto, que o torne impróprio ou inadequado para o consumo, o § 1º do artigo 18 do Código de Defesa do Consumidor concede ao fornecedor a oportunidade de saná-lo, no prazo de 30 dias, sendo facultado ao consumidor, em caso de não reparação do defeito, optar por uma dentre três alternativas: a substituição do produto por outro da mesma espécie em perfeitas condições de uso, a restituição imediata da quantia paga, monetariamente atualizada, sem prejuízo de eventuais perdas e danos, ou o abatimento proporcional do preço. O objetivo do dispositivo legal em comento é dar conhecimento ao fornecedor do vício detectado no produto, oportunizando-lhe a iniciativa de saná-lo, fato que prescinde da notificação formal do responsável, quando este, por outros meios, venha a ter ciência da existência do defeito. É o que se verifica na hipótese dos autos, em que, a despeito de não ter sido dirigida nenhuma notificação formal às rés, por força dos documentos comprobatórios das revisões realizadas no veículo, tiveram elas conhecimento dos problemas detectados, sem que os tivessem solucionado de modo definitivo. Recurso especial a que se nega conhecimento. (REsp 435.852/MG, Rel. Ministro CASTRO FILHO, TERCEIRA TURMA, julgado em 23/08/2007, DJ 10/09/2007, p. 224).

DIREITO DO CONSUMIDOR. RECURSO ESPECIAL. AÇÃO DE CONHECIMENTO SOB O RITO ORDINÁRIO. AQUISIÇÃO DE AUTOMÓVEL ZERO-QUILÔMETRO. VÍCIOS DO PRODUTO SOLUCIONADOS PELO FABRICANTE NO PRAZO LEGAL. DANOS MORAIS. CONFIGURAÇÃO. QUANTUM FIXADO. REDUÇÃO. HONORÁRIOS ADVOCATÍCIOS. Sucumbência recíproca. O vício do produto ou serviço, ainda que solucionado pelo fornecedor no prazo legal, poderá ensejar a reparação por danos morais, desde que presentes os elementos caracterizadores do constrangimento à esfera moral do consumidor. Se o veículo zero-quilômetro apresenta, em seus primeiros meses de uso, defeitos em quantidade excessiva e capazes de reduzir substancialmente a utilidade e a segurança do bem, terá o consumidor direito à reparação por danos morais, ainda que o fornecedor tenha solucionado os vícios do produto no prazo legal. Na linha de precedentes deste Tribunal, os danos morais, nessa hipótese, deverão ser fixados em quantia moderada (salvo se as circunstâncias fáticas apontarem em sentido diverso), assim entendida aquela que não ultrapasse a metade do valor do veículo novo, sob pena de enriquecimento sem causa por parte do consumidor. Se o autor deduziu três pedidos e apenas um foi acolhido, os ônus da sucumbência deverão ser suportados reciprocamente, na proporção de 2/3 (dois terços) para o autor e de 1/3 (um terço) para o réu. Recurso especial a que se dá parcial provimento. (REsp 324.629/MG, Rel. Ministra NANCY ANDRIGHI, TERCEIRA TURMA, julgado em 10/12/2002, DJ 28/04/2003, p. 198).

> **Art. 19. Os fornecedores respondem solidariamente pelos vícios de quantidade do produto sempre que, respeitadas as variações decorrentes de sua natureza, seu conteúdo líquido for inferior às indicações constantes do recipiente, da embalagem, rotulagem ou de mensagem publicitária, podendo o consumidor exigir, alternativamente e à sua escolha:**
>
> **I – o abatimento proporcional do preço;**
>
> **II – complementação do peso ou medida;**
>
> **III – a substituição do produto por outro da mesma espécie, marca ou modelo, sem os aludidos vícios;**
>
> **IV – a restituição imediata da quantia paga, monetariamente atualizada, sem prejuízo de eventuais perdas e danos.**
>
> **§ 1º Aplica-se a este artigo o disposto no § 4º do artigo anterior.**
>
> **§ 2º O fornecedor imediato será responsável quando fizer a pesagem ou a medição e o instrumento utilizado não estiver aferido segundo os padrões oficiais.**

↳ COMENTÁRIOS

19.1 Vícios de Quantidade do Produto

Os fornecedores respondem solidariamente pelos vícios de quantidade do produto sempre que, respeitadas as variações decorrentes de sua natureza, seu conteúdo líquido for inferior às indicações constantes do recipiente, da embalagem, rotulagem ou de mensagem publicitária (artigo 19, *caput*, CDC). Ora, os fornecedores respondem também pelos vícios de quantidade do produto além dos vícios de qualidade mencionados anteriormente.[162]

---

[162] SEGUNDA TURMA RECURSAL CÍVEL RECURSO n°: 0014887-69.2014.8.19.0203 Recorrente (s): MONICA MARTINS PENA NUNES Recorrido (a): CARDIF DO BRASIL SEGUROS Sessão: 26/01/2015 VOTO Trata-se de ação indenizatória decorrente de vício do produto. Narra a autora que adquiriu, em 28/06/2012, um fogão e um seguro de garantia estendida do produto. Salientou que com pouco mais de um ano, mais precisamente, em setembro de 2013, portanto, dentro do prazo de garantia contratual, o produto apresentou defeito. Destacou que comunicou a seguradora ré o sinistro, todavia, houve negativa de cobertura, sob o argumento de que o vício apresentado está inserido nos casos de expressa exclusão contratual. A sentença julgou improcedentes os pedidos. Irresignada, a autora interpôs o presente recurso inominado. Contrarrazões, prestigiando o julgado. É o breve relatório. Passo a decidir. Presentes os pressupostos de admissibilidade, conheço do recurso. No mérito, entendo que a sentença, data venia, deve ser reformada. A demanda versa sobre relação de consumo e deve ser solucionada à luz do Código de Defesa e Proteção ao Consumidor, pois as partes e o negócio jurídico estão inseridos nos conceitos normativos dos artigos 2° e 3° e seu § 2°, todos da Lei n° 8078/90. Dentro deste contexto, deve ser consignado que a lei de proteção ao Consumidor adotou a teoria da qualidade no que tange aos produtos e serviços lançados no mercado. É bem de ver, portanto, que todo aquele que se propõe a lançar um produto ou realizar um serviço, deve fazê-lo com qualidade e eficiência, sob pena de se responsabilizar pelos danos causados ao consumidor. Segundo a inteligência da norma do artigo 18 do CDC, vício poder ser conceituado como todo defeito oculto (relativos à fabricação, ao projeto, ao cálculo estrutural, resistência de materiais, dentre outros) ou aparente (quantidade, aspecto e por disparidade informacional, por exemplo) da coisa, que o torna inadequado para os fins a que se destina. A par destas premissas, entendo que para a aferição da extensão da responsabilidade do fornecedor, é sempre necessário verificar o tipo de vício que inquinou o produto. Se aparente o vício, tem o fornecedor a obrigação de substituir o produto ou indenizar o consumidor dentro dos prazos elencados no artigo 26 do CDC. Isto porque, ao adotar o critério da qualidade, o legislador impôs aos Fornecedores prazos mínimos de garantia de durabilidade do produto. De outra parte, nas hipóteses de vícios ocultos, a responsabilidade dos fornecedores se inicial no exato momento em que o defeito se torna conhecido. Ora, não se pode desconsiderar que mesmo com o uso normal da coisa, um defeito congênito, existente desde sempre, possa se manifestar após o prazo de garantia mínima. Desse modo, a qualidade do produto deve ser aferida segundo um critério de vida útil, ou seja, aferido conforme o que legitimamente espera o Consumidor. Afinal, acredita-se que uma geladeira, uma televisão ou um fogão dure mais do que um ano. Diversamente, não se mostra legítimo ambicionar que alimentos congelados estejam aptos para consumo após a data de validade aposta na embalagem pelo fabricante. No caso em apreço, estamos diante de um fogão que, com pouco mais de um ano, apresentou diversos problemas, não só decorrente de oxidação, mas sim de projeto, pois, conforme assinalado no laudo feito pela assistência técnica autorizada pela fabricante, a boca central e "queimadores" do fogão não funcionavam adequadamente. Então, os defeitos são inerentes a qualidade do produto, e somente

19.2 Sanções previstas

No caso de vícios de quantidade do produto, o consumidor poderá exigir, alternativamente e à sua escolha:

I – o abatimento proporcional do preço;

II – complementação do peso ou medida;

III – a substituição do produto por outro da mesma espécie, marca ou modelo, sem os aludidos vícios;

IV – a restituição imediata da quantia paga, monetariamente atualizada, sem prejuízo de eventuais perdas e danos.

Não sendo possível a substituição do bem, poderá haver substituição por outro de espécie, marca ou modelo diversos, mediante complementação ou restituição de eventual diferença de preço (artigo 18, § 4°, do CDC).

Já o fornecedor imediato será responsável quando fizer a pesagem ou a medição e o instrumento utilizado não estiver aferido segundo os padrões oficiais (artigo 19, § 2°, do CDC).[163]

---

poderiam se manifestar após certo tempo de uso. A negativa de cobertura, portanto, não se sustenta, pois o defeito não foi somente de oxidação, mas sim de inadequação por vício de fabricação. Em assim sendo, diante dos termos contratados, teria a ré o dever de dar cobertura ao sinistro. Com efeito, considerando a extensão do defeito e a patente inadequação do produto pelo vício de qualidade, forçoso reconhecer o direito da autora na devolução do valor pago pelo produto. Por fim, considero que os fatos narrados na exordial não ultrapassaram as raias dos meros aborrecimentos decorrentes do inadimplemento contratual da ré, ficando os prejuízos da autora restritos ao seu patrimônio material, razão pela qual afasto a indenização por danos morais pleiteada. A conta do exposto, conheço do recurso e, no mérito, voto no sentido de dar-lhes parcial provimento para condenar a ré a restituir a autora o valor de R$ 699,00, devidamente corrigido e acrescido de juros de mora de 1% ao mês a contar do efetivo desembolso. Ressalto que após o trânsito em julgado do presente acórdão, fica a ré intimada para, no prazo de 30 dias, providenciar a retirada do produto da residência da autora sob pena de perdimento do bem.Sem ônus processuais por se tratar de recurso com êxito. PODER JUDICIÁRIO TRIBUNAL DE JUSTIÇA DO ESTADO DO RIO DE JANEIRO CONSELHO RECURSAL (TJ-RJ – RI: 00148876920148190203 RJ 0014887-69.2014.8.19.0203, Relator: MARCOS ANTONIO RIBEIRO DE MOURA BRITO, Segunda Turma Recursal, Data de Publicação: 13/03/2015 11:47)

163 O Instituto de Pesos e Medidas do Estado do Rio de Janeiro (IPEM-RJ) foi criado em 1956 visando à defesa do consumidor no campo da Metrologia Legal e Qualidade Industrial. Em 1996, através do Decreto 22.491/96 que regulamenta a Lei n° 2.534/96, o Instituto se transformou em Autarquia Estadual do Rio de Janeiro vinculada administrativamente à Secretaria Estadual de Desenvolvimento Econômico, Energia, Indústria

Por exemplo, "a 4ª Turma do Tribunal Regional Federal da 4ª Região (TRF4) confirmou a condenação das empresas Sadia e Diplomata a ressarcir os consumidores da Região de Francisco Beltrão (PR) e a pagar indenização por danos morais e materiais devido a produção e venda de frango congelado com teor de água maior que o permitido. A decisão foi publicada ontem (14/4) no Diário Eletrônico da Justiça Federal da 4ª Região.

A denúncia foi feita pelo Ministério Público Federal (MPF), que ajuizou ação civil pública contra as empresas. Conforme o MPF, a infração era cometida habitualmente, tendo a Sadia já sido autuada dezessete vezes entre 2003 e 2006, e a Diplomata oito vezes entre 2000 e 2005.

As empresas alegam que foram feitos testes internos que comprovaram a regularidade do produto, que a condenação por danos morais é abusiva e que seria ilegal a condenação por danos materiais quando não se podem identificar os consumidores lesados e qual o prejuízo experimentado por cada um deles.

Segundo a relatora do processo, desembargadora federal Marga Inge Barth Tessler, a Sadia e a Diplomata teriam infringido o Código de Defesa do Consumidor (CDC), que proíbe a colocação de qualquer produto no mercado que não siga a normatização oficial. O frango teria sido vendido com vício de quantidade, delito previsto nos artigos 18 e 19 do CDC, apontou a relatora.

Por unanimidade, a turma condenou as duas empresas a indenizar os consumidores que comprovarem a compra do produto com problema, a

---

e Serviços (SEDEIS) e é um órgão delegado do Instituto Nacional de Metrologia, Qualidade e Tecnologia (Inmetro) para realizar as verificações, certificações e fiscalizações em produtos e serviços acreditados pelo mesmo.
A missão do IPEM-RJ é garantir à sociedade do Estado do Rio de Janeiro a execução da Metrologia Legal, assim como a conformidade industrial com eficácia e confiabilidade. Na busca da excelência administrativa o Instituto de Pesos e Medidas do Estado do Rio de Janeiro tem trabalhado o processo de gestão por estratégias, garantindo assim a sua sustentabilidade financeira e disseminando entre seus colaboradores a cultura orientada para resultados. Para isso tem priorizado a capacitação permanente de todo o seu corpo funcional.
O IPEM-RJ tem buscado parcerias privadas e públicas, como o recém-criado Programa de Cooperação com as universidades Federal e Estadual, objetivando integrar-se à malha da infraestrutura do Estado, oportunizando contribuir para o desenvolvimento do Estado e crescimento dos diversos segmentos setoriais. Além disso, o Instituto trabalha para criar o Centro de Tecnologia e se articula para fortalecer as parcerias com os órgãos que compõem a Rede Brasileira de Metrologia Legal e Qualidade (RBMLQ).
Disponível em: http://www.ipem.rj.gov.br/Institucional/PesosMedidas/Quem Somos.aspx. Acesso em: 24 mar. 2013.

pagar indenização por dano moral (R$ 700 mil a Sadia, R$ 200 mil a Diplomata) a ser revertido ao Fundo da ação civil pública, a pagar indenização por danos materiais ocasionados aos consumidores e a veicular mensagem de aviso diária da condenação, durante 30 dias, na imprensa local, incluindo televisão, rádio e jornais impressos.

A decisão é válida em toda a região abrangida pela Subseção Judiciária de Francisco Beltrão (PR), que inclui os municípios de Ampere, Barracão, Bela Vista da Caroba, Boa Esperança do Iguaçu, Bom Jesus do Sul, Capanema, Cruzeiro do Iguaçu, Dois Vizinhos, Enéas Marques, Flor da Serra do Sul, Francisco Beltrão, Manfrinópolis, Marmeleiro, Nova Esperança do Sudoeste, Nova Prata do Iguaçu, Pérola d'Oeste, Pinhal de São Bento, Planalto, Pranchita, Realeza, Renascença, Salgado Filho, Salto do Lontra, Santa Izabel do Oeste, Santo Antônio do Sudoeste, São Jorge d'Oeste e Verê. AC 0001042-85.2008.404.7007/TRF."[164]

> Art. 20. O fornecedor de serviços responde pelos vícios de qualidade que os tornem impróprios ao consumo ou lhes diminuam o valor, assim como por aqueles decorrentes da disparidade com as indicações constantes da oferta ou mensagem publicitária, podendo o consumidor exigir, alternativamente e à sua escolha:
>
> I – a reexecução dos serviços, sem custo adicional e quando cabível;
>
> II – a restituição imediata da quantia paga, monetariamente atualizada, sem prejuízo de eventuais perdas e danos;
>
> III – o abatimento proporcional do preço.
>
> § 1° A reexecução dos serviços poderá ser confiada a terceiros devidamente capacitados, por conta e risco do fornecedor.
>
> § 2° São impróprios os serviços que se mostrem inadequados para os fins que razoavelmente deles se esperam, bem como aqueles que não atendam as normas regulamentares de prestabilidade.

---

[164] Disponível em: http://trf-04.jusbrasil.com.br/noticias/2650455/empresas-sao-condenadas-por-comercio-de-frango-congelado-com-excesso-de-agua. Acesso em: 24 mar. 2013.

↳ COMENTÁRIOS

20.1 Vícios do Serviço

O fornecedor de serviços responde pelos vícios de qualidade que os tornem impróprios ao consumo ou lhes diminuam o valor, assim como por aqueles decorrentes da disparidade com as indicações constantes da oferta ou mensagem publicitária.

Em nossa sociedade de consumo os vícios de qualidade de serviços se afloram com maior nitidez e volume, já que envolvem uma série de serviços do dia a dia, tais como: transporte Rodoviário, Metroviário, Ferroviário, Aéreo Interno (Doméstico), Aéreo Internacional, Marítimo, os serviços profissionais, depositário (guarda de bens e mercadorias, estacionamento de veículo), empreiteiros etc. Isso sem contar com os bancos, empresas e sociedades em geral, como por exemplo: Academia de Ginástica, Administradora de Imóveis, Armazéns, hospitais, estabelecimentos de ensino, clínica de estética etc.

20.2 Sanções previstas

No caso de vícios do serviço, o consumidor poderá exigir, alternativamente e à sua escolha:

I – a reexecução dos serviços, sem custo adicional e quando cabível;

II – a restituição imediata da quantia paga, monetariamente atualizada, sem prejuízo de eventuais perdas e danos;

III – o abatimento proporcional do preço.

20.3 Reexecução dos Serviços

A reexecução dos serviços poderá ser confiada a terceiros devidamente capacitados, por conta e risco do fornecedor (artigo 20, § 1°, CDC).

20.4 Serviços impróprios

São impróprios os serviços que se mostrem inadequados para os fins que razoavelmente deles se esperam, bem como aqueles que não atendam as normas regulamentares de prestabilidade (artigo 20, § 2°, CDC).

20.5 Jurisprudências

CONSUMIDOR. FALHA NA PRESTAÇÃO DE SERVIÇO. VÍCIO DE QUALIDADE. MANUTENÇÃO DE AR-CONDICIONADO VEICULAR. RESTITUIÇÃO DO VALOR PAGO. APLICAÇÃO DO ART. 20, INC. II, DO CÓDIGO DE DEFESA DO CONSUMIDOR. Cabia à empresa ré a comprovação de que efetuou o serviço de forma eficaz, ônus do qual não se desincumbiu. Ademais, afigura-se verossímil a narrativa do autor, que logrou produzir provas que ao seu alcance se encontravam no sentido de que encaminhou o automóvel à oficina ré por sete (7) oportunidades, não tendo o problema sido resolvido. Somente ao encaminhar à empresa diversa é que teve seu problema solucionado. Falha na prestação do serviço caracterizada e que gera o direito do demandante em ver ressarcido o valor pago pelo conserto ineficiente. Sentença confirmada por seus próprios fundamentos. RECURSO IMPROVIDO. (Recurso Cível Nº 71005194568, Primeira Turma Recursal Cível, Turmas Recursais, Relator: Marta Borges Ortiz, Julgado em 24/02/2015). (TJ-RS – Recurso Cível: 71005194568 RS, Relator: Marta Borges Ortiz, Data de Julgamento: 24/02/2015, Primeira Turma Recursal Cível, Data de Publicação: Diário da Justiça do dia 26/02/2015).

APELAÇÃO CÍVEL. RESPONSABILIDADE CIVIL. AÇÃO DE REPARAÇÃO DE DANOS/RESTITUIÇÃO DE VALORES. AGRAVO RETIDO. CERCEAMENTO DE DEFESA INOCORRENTE. REFORMA DE FACHADA E PINTURA DE CONDOMÍNIO. VÍCIO DO PRODUTO E SERVIÇO. CÓDIGO DE DEFESA DO CONSUMIDOR. ARTIGOS 18 E 20. NÃO RESOLUÇÃO DO PROBLEMA PELO FORNECEDOR. DIREITO À RESTITUIÇÃO DO VALOR PAGO RECONHECIDO. CERCEAMENTO DE DEFESA INOCORRENTE. SENTENÇA MANTIDA. 1. Ação em que é postulada a restituição dos valores pagos por condomínio à empresa de projetos e serviços a título de reforma e pintura de fachadas externas de edifício, uma vez que o serviço teria sido defeituoso, gerando envelhecimento precoce da pintura. 2. Aplicabilidade das disposições do Código de Defesa do Consumidor ao caso. Possibilidade de o consumidor requerer a restituição dos valores pagos pelo serviço caso o fornecedor não resolva o problema no prazo de trinta dias. Caso em que o serviço prestado é claramente defeituoso, tendo a pintura "descascado" muito antes do término do período de garantia. Contrato que previa a realização de ampla reforma, e não só de pintura das fachadas, devendo a ré ser responsabilizada pela má qualidade do serviço. Inocorrência de cerceamento de defesa durante a tramitação do feito, pois foi realizada perícia técnica depois de ter oportunizado às partes que apresentassem quesitos, o que não foi feito pela ré. Desnecessidade de comparecimento do perito à audiência de instrução, uma vez que já encerrada a... perícia e respondidos os quesitos tempestivamente apresentados. Impossibilidade de aferição de percentual do serviço que foi prestado incorretamente, pois foram utilizados os mesmos métodos e os mesmos materiais em toda a área reformada, com o que os defeitos na prestação se encontram em todas as fachadas, ainda que em algumas os sintomas sejam menos visíveis. Mantida a condenação à devolução dos valores pagos. APELO E AGRAVO RETIDO DESPROVIDOS. UNÂNIME. (Apelação Cível Nº 70064538242, Nona Câmara Cível, Tribunal de Justiça do RS, Relator: Iris Helena Medeiros Nogueira, Julgado em 22/07/2015). (TJ-RS – AC: 70064538242 RS, Relator: Iris Helena Medeiros Nogueira, Data de Julgamento: 22/07/2015, Nona Câmara Cível, Data de Publicação: Diário da Justiça do dia 24/07/2015)

Decisão. Vistos. Trata-se de agravo contra a decisão que não admitiu recurso extraordinário interposto contra acórdão da Primeira Turma Recursal do Juizado Especial Cível de Belo Horizonte/MG, assim fundamentado: "No momento em que o consumidor contrata um plano de saúde, espera e confia que terá o devido tratamento dos males que sofrer (art. 20, § 2º CDC). Uma restrição como à discutida nos autos, impõe ao consumidor restrição desproporcional, injusta e conflitante com a boa-fé e principalmente com a equidade, ferindo, ainda, o princípio da finalidade social dos contratos. Nosso ordenamento jurídico não se coaduna com cláusulas e práticas que impliquem ofensa ao princípio da dignidade da pessoa humana e o direito à vida (digna), bem jurídico maior a ser resguardado, o que leva a conclusão de que a não concessão da prótese pleiteada é abusiva. A cláusula que exclui a concessão da prótese em questão se mostra abusiva e contrária aos ditames do ordenamento jurídico, sendo, portanto, nula, por contrariar a boa-fé, como esclarece a própria lei, pois cria uma barreira à realização da expectativa legítima do consumidor, contrariando prescrição médica, e cria um desequilíbrio no contrato ao ameaçar o objetivo deste, que é ter o serviço de saúde de que necessita. Restou comprovado nos autos, através de relatório médico juntado pelo recorrido, de que a cirurgia no qual foi submetido o recorrido se tratava de um procedimento de necessário de urgência, com um quadro bastante delicado de coxoartrose grave, no quadril direito, que poderia comprometer significativamente a saúde do recorrido. No que pese as alegações de que não existe vínculo jurídico entre as partes, tais alegações não merecem prosperar, visto que quem é responsável pela autorização ou negativa de procedimentos médicos é a recorrente, e não a CAA/MG, sendo esta uma mera intermediária. Sendo assim, a restituição dos valores pagos pelo tratamento é medida que se impõe." Opostos embargos declaratórios foram rejeitados. No recurso extraordinário sustenta-se violação dos artigos 5°, *caput* e incisos XXXVI, LIV e LV, 93, inciso IX, 196 e 199 da Constituição Federal. Decido. Anote-se, inicialmente, que o recurso extraordinário foi interposto contra acórdão publicado após 3/5/07. Assim, conforme decidido pelo Plenário desta Corte na Questão de Ordem no Agravo de Instrumento n° 664.567/RS, Tribunal Pleno, Relator o Ministro Sepúlveda Pertence, DJ de 6/9/07, aplica-se ao presente recurso o instituto da repercussão geral. No que se refere aos artigos 5°, incisos LIV e LV, 93, inciso IX, 196 e 199 da Constituição Federal, apontados como violados, carecem do necessário prequestionamento, sendo certo que os acórdãos proferidos pelo Tribunal de origem não cuidaram das referidas normas, as quais, também, não foram objetos dos embargos declaratórios opostos pelo recorrente. Incidem na espécie as Súmulas nºs 282 e 356 desta Corte. Por outro lado, a jurisprudência deste Supremo Tribunal Federal é firme no sentido de que afronta aos princípios constitucionais da legalidade, do devido processo legal, da ampla defesa e do contraditório, dos limites da coisa julgada e da prestação jurisdicional, se dependente de reexame prévio de normas infraconstitucionais, seria indireta ou reflexa, o que inviabiliza o trânsito do recurso extraordinário nesse ponto. [...] Por fim, o Plenário desta Corte, em sessão realizada por meio eletrônico, no exame do ARE n° 697.312/BA, Relator o Ministro Presidente, concluiu pela ausência da repercussão geral da matéria relativa à responsabilidade civil por danos morais e materiais decorrentes da negativa de cobertura por operadora de plano de saúde. O acórdão desse julgamento está assim do: "DIREITO DO CONSUMIDOR. EMPRESA OPERADORA DE PLANO DE SAÚDE. NEGATIVA DE COBERTURA PARA TRATAMENTO DE BENEFICIÁRIO. DANOS MORAIS E MATERIAIS. MATÉRIA DE QUE NÃO ENSEJA A ABERTURA DA VIA EXTRAORDINÁRIA. AUSÊNCIA DE REPERCUSSÃO GERAL. Nos termos da jurisprudência do Supremo Tribunal Federal, o tema alusivo à responsabilidade por danos morais e materiais decorrentes de negativa de cobertura para tratamento de beneficiário, por parte de operadora de plano de saúde, não enseja a abertura da via extraordinária, dado que não prescinde do reexame da legislação infraconstitucional, de cláusulas contratuais e do conjunto fático-probatório dos autos (Súmulas 636, 454 e 279 do STF). Não havendo, em rigor, questão constitucional a ser apreciada por esta Suprema Corte, falta ao caso elemento de configuração da própria repercussão geral, conforme salientou a ministra Ellen Gracie, no julgamento da Repercussão Geral no RE 584.608, conforme salientou a ministra Ellen Gracie, no julgamento da Repercussão Geral no RE 584.608" (DJe de 26/3/10). Essa decisão, nos termos do artigo 543-A, § 5°, do Código de Processo Civil, com a redação da Lei n° 11.418/06, "valerá para todos os recursos sobre matéria idêntica, que serão indeferidos liminarmente". Ante o exposto, conheço do agravo para negar seguimento ao recurso extraordinário. Publique-se. (729356 MG , Relator: Min. DIAS

TOFFOLI, Data de Julgamento: 25/02/2013, Data de Publicação: DJe-041 DIVULG 01/03/2013 PUBLIC 04/03/2013).

PRESTAÇÃO DE SERVIÇOS EDUCACIONAIS RESTITUIÇÃO DE QUANTIA PAGA C.C. INDENIZAÇÃO CURSO DE PÓS-GRADUAÇÃO STRICTO SENSU MESTRADO EM ADMINISTRAÇÃO AUSÊNCIA DE RECOMENDAÇÃO PELA COORDENAÇÃO DE APERFEIÇOAMENTO DE PESSOAL DE NÍVEL SUPERIOR CURSO NÃO RECONHECIDO PELO MEC DESCUMPRIMENTO DO CONTRATO EXEGESE DO ART. 20, § 2º, CDC DANO MORAL DEVIDO QUANTUM MANTIDO OBEDIÊNCIA AOS PRINCÍPIOS DA RAZOABILIDADE E PROPORCIONALIDADE DEVOLUÇÃO DE TODA A QUANTIA PAGA NECESSIDADE INADIMPLEMENTO CONTRATUAL ABSOLUTO RECURSO PRINCIPAL NÃO PROVIDO RECURSO ADESIVO PARCIALMENTE PROVIDO. (419651420068260562 SP 0041965-14.2006.8.26.0562, Relator: Ferraz Felisardo, Data de Julgamento: 18/04/2012, 29ª Câmara de Direito Privado, Data de Publicação: 21/04/2012).

Prestação de serviços. Agência de viagens. Preliminar. Ilegitimidade de parte passiva. Afastamento. Denunciação da lide. Preclusão. Vedação do art. 88, CDC. Impossibilidade de embarque do Panamá ao Brasil por falta de comprovação de vacina contra a febre amarela. Inadimplemento do dever de informação ao consumidor. Inadequação do serviço (art. 20, CDC). Condenação mantida. Dano moral fixado segundo os princípios da razoabilidade e proporcionalidade (R$ 8.000,00). Recurso improvido. (9118946942008826 SP 9118946-94.2008.8.26.0000, Relator: Hamid Bdine, Data de Julgamento: 09/08/2012, 32ª Câmara de Direito Privado, Data de Publicação: 10/08/2012).

CONSUMIDOR. INDENIZAÇÃO POR DANOS MATERIAIS E MORAIS. COMPRA DE MÓVEIS PLANEJADOS, PARA MONTAGEM DE SALA DESTINADA À REALIZAÇÃO DE PROCEDIMENTOS ESTÉTICOS. VÍCIO DO SERVIÇO CONFIGURADO. DEVER DE RESTITUIÇÃO DO VALOR PAGO. LUCROS CESSANTES DEMONSTRADOS. MANUTENÇÃO DO VALOR ARBITRADO. 1. As fotografias acostadas demonstram claramente que os móveis elaborados pela ré são incompatíveis com o espaço disponível para sua instalação, não atendendo às expectativas da autora. Configurado, pois, vício do serviço, aplicando-se o art. 20, II, do CDC. (71003464187 RS, Relator: Alexandre de Souza Costa Pacheco, Data de Julgamento: 03/10/2012, Segunda Turma Recursal Cível, Data de Publicação: Diário da Justiça do dia 08/10/2012).

PRESTAÇÃO DE SERVIÇOS. AÇÃO DE RESCISÃO CONTRATUAL C.C. INDENIZAÇÃO POR PERDAS E DANOS. ENGENHEIRO

CONTRATADO PARA A ELABORAÇÃO DE LAUDOS TÉCNICOS VISANDO A REGULARIZAÇÃO DE LOTEAMENTO JUNTO À PREFEITURA.C.C.Contratação de serviço a ser prestado por profissional liberal que é regida pelo Código de Defesa do Consumidor. Ausência de controvérsia acerca do fato de não ter a Prefeitura aceitado os projetos apresentados pelo réu devido à existência de alguns vícios. Nos termos do art. 20 do CDC, se o serviço prestado se apresenta impróprio ao fim a que se destinava, pode o consumidor, à sua livre escolha, optar pela reexecução do serviço ou pela rescisão contratual com a devolução da quantia paga. Recurso desprovido.Código de Defesa do Consumidor. (9149158642009826 SP 9149158-64.2009.8.26.0000, Relator: Gilberto Leme, Data de Julgamento: 24/07/2012, 27ª Câmara de Direito Privado, Data de Publicação: 27/07/2012).

APELAÇÃO CÍVEL AÇÃO DE REPARAÇÃO DE DANOS MORAIS E MATERIAIS VERIFICAÇÃO DE IRREGULARIDADE PROCESSUAL NA PROCURAÇÃO APRESENTADA COM A PEÇA CONTESTATÓRIA PESSOA JURÍDICA QUE SE ENQUADRA NO CONCEITO DE DESTINATÁRIO FINAL E PRESENÇA DE VULNERABILIDADE – RELAÇÃO DE CONSUMO CONFIGURADA APLICABILIDADE DO CDC – PRESCRIÇÃO – OCORRÊNCIA AUSÊNCIA DE CAUSA INTERRUPTIVA E SUSPENSIVA – VERBA HONORÁRIA REDUZIDA OBSERVÂNCIA AOS PARÂMETROS DO ART. 20, §§ 3º E 4º, DO CDC SENTENÇA MANTIDA EMBORA SOB OUTRO FUNDAMENTO RECURSO PARCIALMENTE PROVIDO. (8973866 PR 897386-6 (Acórdão), Relator: Renato Braga Bettega, Data de Julgamento: 23/08/2012, 9ª Câmara Cível).

RESPONSABILIDADE CIVIL Contrato de prestação de serviços educacionais Curso de técnico em radiologia Aluna não foi informada que lhe seria vedado exercer a profissão, por não haver concluído o Ensino Médio nem contar com 18 anos completos – Violação do dever de informação da fornecedora do serviço Art. 6º do CDC – Serviço educacional inadequado para os fins que razoavelmente dele se espera – Art. 20, II, e § 2º, do CDC – Restituição imediata da quantia paga, monetariamente atualizada, sem prejuízo de eventuais perdas e danos – Dano moral Ocorrência Manutenção do valor fixado pela sentença (R$ 10.000,00) Admissibilidade Lucro cessante Não comprovação Sentença confirmada pelos seus próprios fundamentos, inteiramente adotados como razão de decidir, nos termos do art. 252 do Regimento Interno deste Egrégio Tribunal de Justiça Recursos desprovidos. (449022920098260000 SP 0044902-29.2009.8.26.0000, Relator: Álvaro Torres Júnior, Data de Julgamento: 27/08/2012, 20ª Câmara de Direito Privado, Data de Publicação: 03/09/2012).

Direito do consumidor. Recurso especial. Ação de indenização por danos morais e materiais. Viagem ao exterior. Passageira boliviana que adquiriu bilhete aéreo com destino à França e teve seu ingresso negado naquele país por não possuir visto consular. Fornecedor que não prestou informação adequada sobre a necessidade de obtenção do visto. Vício do serviço configurado.

- De acordo com o § 2º do art. 20 do CDC, consideram-se impróprios aqueles serviços que se mostram inadequados para os fins que razoavelmente deles se esperam.

- A aferição daquilo que o consumidor razoalmente pode esperar de um serviço está intimamente ligada com a observância do direito do consumidor à informação, previsto no inciso III do art. 6º do CDC.

- Além de claras e precisas, as informações prestadas pelo fornecedor devem conter as advertências necessárias para alertar o consumidor a respeito dos riscos que, eventualmente, podem frustrar a utilização do serviço contratado.

- Para além de constituir direito básico do consumidor, a correta prestação de informações revela-se, ainda, consectária da lealdade inerente à boa-fé objetiva e constitui o ponto de partida a partir do qual é possível determinar a perfeita coincidência entre o serviço oferecido e o efetivamente prestado.

- Na hipótese, em que as consumidoras adquiriram passagens aéreas internacionais com o intuito de juntas conhecerem a França, era necessário que a companhia aérea se manifestasse de forma escorreita acerca das medidas que deveriam ser tomadas pelas passageiras para viabilizar o sucesso da viagem, o que envolve desde as advertências quanto ao horário de comparecimento no balcão de "check-in" até mesmo o alerta em relação à necessidade de obtenção do visto.

- Verificada a negligência da recorrida em fornecer as informações necessárias para as recorrentes, impõe-se o reconhecimento de vício de serviço e se mostra devida a fixação de compensação pelos danos morais sofridos.

Recurso especial provido para condenar a recorrida a pagar às recorrentes R$ 20.000,00 (vinte mil reais) a título de compensação por danos morais. Ônus sucumbenciais redistribuídos.

(REsp 988.595/SP, Rel. Ministra NANCY ANDRIGHI, TERCEIRA TURMA, julgado em 19/11/2009, DJe 09/12/2009)

Art. 21. No fornecimento de serviços que tenham por objetivo a reparação de qualquer produto considerar-se-á implícita a obrigação do fornecedor de empregar componentes de reposição originais adequados e novos, ou que mantenham as especificações técnicas do fabricante, salvo, quanto a estes últimos, autorização em contrário do consumidor.

↳ COMENTÁRIOS

21.1 Componentes de reposição originais adequados e novos

De acordo com o artigo 21 do CDC, o fornecedor de serviços deve empregar componentes de reposição originais adequados e novos na reparação de qualquer produto. Nesse sentido, a decisão do TJMG: AÇÃO DE INDENIZAÇÃO – VÍCIO NA REALIZAÇÃO DE SERVIÇO – DECADÊNCIA – CAUSAS OBSTATIVAS – REPAROS EM VEÍCULO, POR OFICINA ESPECIALIZADA, QUE DEVE SER REALIZADO COM PEÇAS ORIGINAIS. A reclamação formalizada perante órgãos públicos de defesa do consumidor e, com maior razão, a demanda proposta no Juizado Especial de Relação de Consumo obstam a decadência do direito de ressarcimento. No fornecimento de serviços que tenham por objetivo a reparação de qualquer produto considerar-se-á implícita a obrigação do fornecedor de empregar componentes de reposição originais adequados e novos, ou que mantenham as especificações técnicas do fabricante, salvo, quanto a estes últimos, autorização em contrário do consumidor. O § 3º do art. 515 do CPC, cuja redação foi dada pela recentíssima Lei nº 10.352/2001, tem como escopo evitar a remessa desnecessária dos autos à Comarca de origem para o julgamento de mérito, quando isto já pode ser feito em segunda instância sem prejuízo das partes, como se dá na espécie. (100240569457930011 MG 1.0024.05.694579-3/001(1), Relator: DOMINGOS COELHO, Data de Julgamento: 03/05/2006, Data de Publicação: 08/07/2006).

Art. 22. Os órgãos públicos, por si ou suas empresas, concessionárias, permissionárias ou sob qualquer outra forma de empreendimento, são obrigados a fornecer serviços adequados, eficientes, seguros e, quanto aos essenciais, contínuos.

Parágrafo único. Nos casos de descumprimento, total ou parcial, das obrigações referidas neste artigo, serão as pessoas jurídicas compelidas a cumpri-las e a reparar os danos causados, na forma prevista neste código.

⇒ COMENTÁRIOS
22.1 Poder Público

Serviço é qualquer atividade fornecida no mercado de consumo, mediante remuneração, inclusive as de natureza bancária, financeira, de crédito e securitária, salvo as decorrentes das relações de caráter trabalhista. (CDC, art. 3°, § 2°).

O artigo 22, *caput*, do CDC determina que "os órgãos públicos, por si ou suas empresas, concessionárias, permissionárias ou sob qualquer outra forma de empreendimento, são obrigados a fornecer serviços adequados, eficientes, seguros e, quanto aos essenciais, contínuos." O seu parágrafo único diz que: "Nos casos de descumprimento, total ou parcial, das obrigações referidas neste artigo, serão as pessoas jurídicas compelidas a cumpri-las e a reparar os danos causados, na forma prevista neste código." Ora, a racionalização e melhoria dos serviços públicos são fundamentos da Política Nacional das Relações de Consumo.

Ainda em relação aos serviços públicos, o artigo 175 da CRFB/88 dispõe que "incumbe ao poder público, na forma da lei, diretamente ou sob regime de concessão ou permissão, sempre através de licitação, a prestação de serviços públicos."[165] [166]

---

[165] Lei nº 8.987, de 13/2/1995.
[166] O Plenário do STF, no julgamento da ADPF 46, declarou como recepcionada pela Constituição de 1988 a Lei nº 6.538/1978, que dispõe sobre o monopólio da Empresa Brasileira de Correios e Telégrafos na exploração dos serviços postais, emprestando interpretação conforme à Constituição ao seu art. 42. "O serviço postal – conjunto de atividades que torna possível o envio de correspondência, ou objeto postal, de um remetente para endereço final e determinado – não consubstancia atividade econômica em sentido estrito. Serviço postal é serviço público. A atividade econômica em sentido amplo é gênero que compreende duas espécies, o serviço público e a atividade econômica em sentido estrito. Monopólio é de atividade econômica em sentido estrito, empreendida por agentes econômicos privados. A exclusividade da prestação dos serviços públicos é expressão de uma situação de privilégio. Monopólio e privilégio são distintos entre si; não se os deve confundir no âmbito da linguagem jurídica, qual ocorre no vocabulário vulgar. A Constituição do Brasil confere à União, em caráter exclusivo, a exploração do serviço postal e o correio aéreo nacional [art. 21, X]. O serviço postal é prestado pela Empresa Brasileira de Correios e Telégrafos – ECT, empresa pública,

No parágrafo único, inciso II, do artigo 175 da CRFB/88 trata do direito dos usuários.[167]

> entidade da Administração Indireta da União, criada pelo Decreto-Lei nº 509, de 10 de março de 1969. É imprescindível distinguirmos o regime de privilégio, que diz com a prestação dos serviços públicos, do regime de monopólio sob o qual, algumas vezes, a exploração de atividade econômica em sentido estrito é empreendida pelo Estado. A Empresa Brasileira de Correios e Telégrafos deve atuar em regime de exclusividade na prestação dos serviços que lhe incumbem em situação de privilégio, o privilégio postal. Os regimes jurídicos sob os quais em regra são prestados os serviços públicos importam em que essa atividade seja desenvolvida sob privilégio, inclusive, em regra, o da exclusividade. Arguição de descumprimento de preceito fundamental julgada improcedente por maioria. O Tribunal deu interpretação conforme à Constituição ao art. 42 da Lei nº 6.538 para restringir a sua aplicação às atividades postais descritas no art. 9º desse ato normativo." (ADPF 46, Rel. p/o ac. Min. Eros Grau, julgamento em 5/8/2009, Plenário, DJE de 26/2/2010.)
>
> "Arts. 42 e 43 da LC 94/2002, do Estado do Paraná. Delegação da prestação de serviços públicos. Concessão de serviço público. Regulação e fiscalização por agência de "serviços públicos delegados de infraestrutura". Manutenção de "outorgas vencidas e/ou com caráter precário" ou que estiverem em vigor por prazo indeterminado. Violação do disposto nos arts. 37, XXI; e 175, *caput* e parágrafo único, I e IV, da CF. O art. 42 da Lei Complementar estadual afirma a continuidade das delegações de prestação de serviços públicos praticadas ao tempo da instituição da agência, bem assim sua competência para regulá-las e fiscalizá-las. Preservação da continuidade da prestação dos serviços públicos. Hipótese de não violação de preceitos constitucionais. O art. 43, acrescentado à LC 94 pela LC 95, autoriza a manutenção, até 2008, de "outorgas vencidas, com caráter precário" ou que estiverem em vigor com prazo indeterminado. Permite, ainda que essa prestação se dê em condições irregulares, a manutenção do vínculo estabelecido entre as empresas que atualmente a ela prestam serviços públicos e à Administração estadual. Aponta como fundamento das prorrogações o § 2º do art. 42 da Lei federal nº 8.987, de 13/2/1995. Sucede que a reprodução do texto da Lei federal, mesmo que fiel, não afasta a afronta à Constituição do Brasil. O texto do artigo 43 da LC 94 colide com o preceito veiculado pelo art. 175, *caput*, da CF/1988 – "incumbe ao poder público, na forma da lei, diretamente ou sob regime de concessão ou permissão, sempre através de licitação, a prestação de serviços públicos". "Não há respaldo constitucional que justifique a prorrogação desses atos administrativos além do prazo razoável para a realização dos devidos procedimentos licitatórios. Segurança jurídica não pode ser confundida com conservação do ilícito." (ADI 3.521, Rel. Min. Eros Grau, julgamento em 28-9-2006, Plenário, DJ de 16-3-2007.) No mesmo sentido: RE 412.921-AgR, Rel. Min. Ricardo Lewandowski, julgamento em 22/2/2011, Primeira Turma, DJE de 15-3-2011; AI 811.216-AgR, Rel. Min. Ricardo Lewandowski, julgamento em 2/12/2010, Primeira Turma, DJE de 1º/2/2011. Vide: RE 422.591, Rel. Min. Dias Toffoli, julgamento em 1º/12/2010, Plenário, DJE de 11-3-2011.

167 "Ação direta de inconstitucionalidade: Associação Brasileira das Empresas de Transporte Rodoviário Intermunicipal, Interestadual e Internacional de Passageiros – ABRATI. Constitucionalidade da Lei nº 8.899, de 29 de junho de 1994, que concede passe livre às pessoas portadoras de deficiência. Alegação de afronta aos princípios da ordem econômica, da isonomia, da livre iniciativa e do direito de propriedade, além de

O inciso III diz respeito à política tarifária. É uma política orientada pelo princípio do custo/benefício.[168]

---

ausência de indicação de fonte de custeio (arts. 1º, IV; 5º, XXII; e 170 da CF): improcedência. A autora, associação de classe, teve sua legitimidade para ajuizar ação direta de inconstitucionalidade reconhecida a partir do julgamento da ADI 3.153-AgR, Rel. Min. Celso de Mello, DJ de 9/9/2005. Pertinência temática entre as finalidades da autora e a matéria veiculada na lei questionada reconhecida. Em 30/3/2007, o Brasil assinou, na sede da ONU, a Convenção sobre os Direitos das Pessoas com Deficiência, bem como seu Protocolo Facultativo, comprometendo-se a implementar medidas para dar efetividade ao que foi ajustado. A Lei nº 8.899/1994 é parte das políticas públicas para inserir os portadores de necessidades especiais na sociedade e objetiva a igualdade de oportunidades e a humanização das relações sociais, em cumprimento aos fundamentos da República de cidadania e dignidade da pessoa humana, o que se concretiza pela definição de meios para que eles sejam alcançados." (ADI 2.649, Rel. Min. Cármen Lúcia, julgamento em 8/5/2008, Plenário, DJE de 17/10/2008.)

168 Concessionárias de serviços públicos: assinatura básica e competência legislativa - 1
O Plenário, por maioria, julgou procedentes pedidos formulados em ações diretas, ajuizadas, respectivamente, pelo Governador do Distrito Federal e pela Associação Brasileira de Concessionárias de Serviço Telefônico Fixo Comutado - Abrafix, para declarar a inconstitucionalidade da Lei distrital nº 3.449/2004 e da Lei amapaense 1.336/2009. As normas impugnadas vedam a cobrança de tarifas e taxas de consumo mínimas ou de assinatura básica, impostas por concessionárias prestadoras de serviços de água, luz, gás, TV a cabo e telefonia — no caso da lei distrital — e por prestadoras de serviço de telefonia fixa e móvel — no caso da lei estadual. Prevaleceu o voto do Min. Luiz Fux, que afirmou a competência exclusiva da União para legislar sobre a matéria, nos termos dos artigos 21, XI; 22, IV; e 175, parágrafo único, III, todos da CF. Reputou que, na espécie, muito embora se tratasse de relação de consumo, as regras deveriam ser ditadas pelo poder concedente, ou seja, incumbiria à União estabelecer quais seriam os preços compatíveis com a manutenção de serviços e com o equilíbrio econômico-financeiro do contrato previamente firmado. O Min. Dias Toffoli acrescentou que o art. 175, parágrafo único, II, da CF corroboraria esse entendimento. A Min. Cármen Lúcia destacou que, caso esses serviços recebessem regulação diferenciada em determinado Estado-membro, isso poderia significar onerosidade para o próprio usuário. O Min. Marco Aurélio assentou que a assinatura básica não seria voltada apenas ao enriquecimento das concessionárias, mas comporia o serviço prestado e atenderia ao tratamento igualitário das partes. O Min. Cezar Peluso, Presidente, frisou que a Constituição, em seu art. 24, § 3º, conferiria competência para os Estados-membros ditarem normas específicas para atender as suas particularidades. Assim, se o pagamento da assinatura básica não configura questão singular de algum deles — mas se refere à totalidade dos Estados que compõem a Federação, pois submetidos à mesma prestação de serviço público —, a competência legislativa seria da União.
Vencido o Min. Ayres Britto, relator, que julgava os pleitos improcedentes. Considerava que os dispositivos impugnados limitar-se-iam a defender direitos de consumidores-usuários, de modo a não haver usurpação de competência legislativa da União (CF, art. 22, IV). Destacava, ainda, a inexistência de lei federal que autorizasse a cobrança de assinatura básica na prestação desses serviços. Asseverava, ademais, que a competência legislativa estadual para tratar do tema teria respaldo no art. 24, §§ 2º e 3º, da CF. Aduzia

22.2 Serviços públicos de energia elétrica. Lei nº 9.427/96. Arts. 14 e seguintes

Art. 14. O regime econômico e financeiro da concessão de serviço público de energia elétrica, conforme estabelecido no respectivo contrato, compreende:

---

que essa obrigação seria desvinculada da quantidade do serviço efetivamente desfrutado pelo usuário, trazida sob a justificativa da mantença da disponibilidade de sua utilização, e que essa prática seria análoga à de uma empresa privada faturar mercadoria ou serviço sem a correspondente entrega ou prestação em prol do consumidor. Afirmava que, quando celebrado o contrato com a União, as concessionárias dos serviços assumiriam não só a obrigação de prestá-los como também o próprio risco do empreendimento. Assim, essas empresas haveriam de ser remuneradas mediante o pagamento de tarifa, instituto incompatível com a mera utilização potencial dos serviços públicos. Concluiu, então, pela incompatibilidade da assinatura básica com a Constituição, visto que ela estabeleceria, em seu art. 175, que a Lei Geral de Concessões e Permissões disporá sobre política tarifária, somente. Assinalava, ainda, que o instituto seria inconciliável com os princípios da universalidade dos serviços públicos e da modicidade das tarifas, bem como que caracterizaria abuso do poder econômico. Frisava que o Código de Defesa do Consumidor, em seus artigos 4º, VII; 6º, X; e 51, IV, reafirmaria o caráter legítimo das leis adversadas. Consignava que posicionamento no sentido da competência legislativa concorrente no tocante à matéria prestigiaria a descentralização política, o que favoreceria a autonomia e os poderes regionais. – ADI 3343/DF, rel. orig. Min. Ayres Britto, red. p/ o acórdão Min. Luiz Fux, 1º.9.2011. (ADI-3343) – ADI 4478/AP, rel. orig. Min. Ayres Britto, red. p/ o acórdão Min. Luiz Fux, 1º/9/2011. (ADI-4478).

"(...) a exigência constante do art. 112, § 2º, da Constituição fluminense consagra mera restrição material à atividade do legislador estadual, que com ela se vê impedido de conceder gratuidade sem proceder à necessária indicação da fonte de custeio. É assente a jurisprudência da Corte no sentido de que as regras do processo legislativo federal que devem reproduzidas no âmbito estadual são apenas as de cunho substantivo, coisa que se não reconhece ao dispositivo atacado. É que este não se destina a promover alterações no perfil do processo legislativo, considerado em si mesmo; volta-se, antes, a estabelecer restrições quanto a um produto específico do processo e que são eventuais leis sobre gratuidades. É, por isso, equivocado ver qualquer relação de contrariedade entre as limitações constitucionais vinculadas ao princípio federativo e a norma sob análise, que delas não desbordou. Não colhe, tampouco, a alegação de que o art. 175, parágrafo único, III, da CF remeteria ao Poder Público a função de disciplinar, mediante lei, a política tarifária em matéria de serviços públicos, de modo que teria pretendido "o poder constituinte derivado condicionar, para sempre, a atividade legislativa, dela retirando parcela da competência para dispor sobre política tarifária". A reserva de lei foi mantida pela Constituição do Estado do Rio de Janeiro, que apenas condicionou, de forma válida, toda deliberação sobre propostas de gratuidade de serviços públicos prestados de forma indireta à indicação da correspectiva fonte de custeio." (ADI 3.225, voto do Rel. Min. Cezar Peluso, julgamento em 17/9/2007, Plenário, DJ de 26/10/2007.)

I – a contraprestação pela execução do serviço, paga pelo consumidor final com tarifas baseadas no serviço pelo preço, nos termos da Lei nº 8.987, de 13 de fevereiro de 1995;

II – a responsabilidade da concessionária em realizar investimentos em obras e instalações que reverterão à União na extinção do contrato, garantida a indenização nos casos e condições previstos na Lei nº 8.987, de 13 de fevereiro de 1995, e nesta Lei, de modo a assegurar a qualidade do serviço de energia elétrica;

III – a participação do consumidor no capital da concessionária, mediante contribuição financeira para execução de obras de interesse mútuo, conforme definido em regulamento;

IV – apropriação de ganhos de eficiência empresarial e da competitividade;

V – indisponibilidade, pela concessionária, salvo disposição contratual, dos bens considerados reversíveis.

Art. 15. Entende-se por serviço pelo preço o regime econômico-financeiro mediante o qual as tarifas máximas do serviço público de energia elétrica são fixadas:

I – no contrato de concessão ou permissão resultante de licitação pública, nos termos da Lei nº 8.987, de 13 de fevereiro de 1995;

II – no contrato que prorrogue a concessão existente, nas hipóteses admitidas na Lei nº 9.074, de 7 de julho de 1995;

III – no contrato de concessão celebrado em decorrência de desestatização, nos casos indicados no art. 27 da Lei nº 9.074, de 7 de julho de 1995;

IV – em ato específico da ANEEL, que autorize a aplicação de novos valores, resultantes de revisão ou de reajuste, nas condições do respectivo contrato.

§ 1º A manifestação da ANEEL para a autorização exigida no inciso IV deste artigo deverá ocorrer no prazo máximo de trinta dias a contar da apresentação da proposta da concessionária ou permissionária, vedada a formulação de exigências que não se limitem à comprovação dos fatos alegados para a revisão ou reajuste, ou dos índices utilizados.

§ 2º A não manifestação da ANEEL, no prazo indicado, representará a aceitação dos novos valores tarifários apresentados, para sua imediata aplicação.

Art. 16. Os contratos de concessão referidos no artigo anterior, ao detalhar a cláusula prevista no inciso V do art. 23 da Lei nº 8.987, de 13 de fevereiro de 1995, poderão prever o compromisso de investimento mínimo anual da concessionária destinado a atender a expansão do mercado e a ampliação e modernização das instalações vinculadas ao serviço.

Art. 17. A suspensão, por falta de pagamento, do fornecimento de energia elétrica a consumidor que preste serviço público ou essencial à população e cuja atividade sofra prejuízo será comunicada com antecedência de quinze dias ao Poder Público local ou ao Poder Executivo Estadual.

§ 1º O Poder Público que receber a comunicação adotará as providências administrativas para preservar a população dos efeitos da suspensão do fornecimento de energia elétrica, inclusive dando publicidade à contingência, sem prejuízo das ações de responsabilização pela falta de pagamento que motivou a medida. (Redação dada pela Lei nº 10.438, de 2002)

§ 2º Sem prejuízo do disposto nos contratos em vigor, o atraso do pagamento de faturas de compra de energia elétrica e das contas mensais de seu fornecimento aos consumidores, do uso da rede básica e das instalações de conexão, bem como do recolhimento mensal dos encargos relativos às quotas da Reserva Global de Reversão – RGR, à compensação financeira pela utilização de recursos hídricos, ao uso de bem público, ao rateio da Conta de Consumo de Combustíveis – CCC, à Conta de Desenvolvimento Energético – CDE, ao Programa de Incentivo às Fontes Alternativas de Energia Elétrica – PROINFA e à Taxa de Fiscalização dos Serviços de Energia Elétrica, implicará a incidência de juros de mora de um por cento ao mês e multa de até cinco por cento, a ser fixada pela ANEEL, respeitado o limite máximo admitido pela legislação em vigor. (Redação dada pela Lei nº 10.762, de 2003)

Art. 18. A ANEEL somente aceitará como bens reversíveis da concessionária ou permissionária do serviço público de energia elétrica aqueles utilizados, exclusiva e permanentemente, para produção, transmissão e distribuição de energia elétrica.

Art. 19. Na hipótese de encampação da concessão, a indenização devida ao concessionário, conforme previsto no art. 36 da Lei nº 8.987, de 13 de fevereiro de 1995, compreenderá as perdas decorrentes da extinção do contrato, excluídos os lucros cessantes.

22.3 Serviços de telecomunicações. Lei nº 9.472/97. Arts. 103 e seguintes

Art. 103. Compete à Agência estabelecer a estrutura tarifária para cada modalidade de serviço.

§ 1º A fixação, o reajuste e a revisão das tarifas poderão basear-se em valor que corresponda à média ponderada dos valores dos itens tarifários.

§ 2º São vedados os subsídios entre modalidades de serviços e segmentos de usuários, ressalvado o disposto no parágrafo único do art. 81 desta Lei.

§ 3º As tarifas serão fixadas no contrato de concessão, consoante edital ou proposta apresentada na licitação.

§ 4º Em caso de outorga sem licitação, as tarifas serão fixadas pela Agência e constarão do contrato de concessão.

Art. 104. Transcorridos ao menos três anos da celebração do contrato, a Agência poderá, se existir ampla e efetiva competição entre as prestadoras do serviço, submeter a concessionária ao regime de liberdade tarifária.

§ 1º No regime a que se refere o *caput*, a concessionária poderá determinar suas próprias tarifas, devendo comunicá-las à Agência com antecedência de sete dias de sua vigência.

§ 2º Ocorrendo aumento arbitrário dos lucros ou práticas prejudiciais à competição, a Agência restabelecerá o regime tarifário anterior, sem prejuízo das sanções cabíveis.

Art. 105. Quando da implantação de novas prestações, utilidades ou comodidades relativas ao objeto da concessão, suas tarifas serão previamente levadas à Agência, para aprovação, com os estudos correspondentes.

Parágrafo único. Considerados os interesses dos usuários, a Agência poderá decidir por fixar as tarifas ou por submetê-las ao regime de liberdade tarifária, sendo vedada qualquer cobrança antes da referida aprovação.

Art. 106. A concessionária poderá cobrar tarifa inferior à fixada desde que a redução se baseie em critério objetivo e favoreça indistintamente todos os usuários, vedado o abuso do poder econômico.

Art. 107. Os descontos de tarifa somente serão admitidos quando extensíveis a todos os usuários que se enquadrem nas condições, precisas e isonômicas, para sua fruição.

Art. 108. Os mecanismos para reajuste e revisão das tarifas serão previstos nos contratos de concessão, observando-se, no que couber, a legislação específica.

§ 1º A redução ou o desconto de tarifas não ensejará revisão tarifária.

§ 2º Serão compartilhados com os usuários, nos termos regulados pela Agência, os ganhos econômicos decorrentes da modernização, expansão ou racionalização dos serviços, bem como de novas receitas alternativas.

§ 3º Serão transferidos integralmente aos usuários os ganhos econômicos que não decorram diretamente da eficiência empresarial, em casos como os de diminuição de tributos ou encargos legais e de novas regras sobre os serviços.

§ 4º A oneração causada por novas regras sobre os serviços, pela álea econômica extraordinária, bem como pelo aumento dos encargos legais ou tributos, salvo o imposto sobre a renda, implicará a revisão do contrato.

Art. 109. A Agência estabelecerá:

I – os mecanismos para acompanhamento das tarifas praticadas pela concessionária, inclusive a antecedência a ser observada na comunicação de suas alterações;

II – os casos de serviço gratuito, como os de emergência;

III – os mecanismos para garantir a publicidade das tarifas.

Por fim, o inciso IV do parágrafo único do artigo 175 da CRFB/88 trata da obrigação de manter o serviço público adequado.

22.4 Serviço essencial contínuo

Em regra, todo o serviço público é essencial, tais como a coleta de lixo, o fornecimento de energia elétrica, serviços de saúde, dentre outros. E o artigo 22, *caput*, do CDC diz que eles devem ser contínuos.

Quanto à continuidade dos serviços públicos, vale lembrar que a Lei nº 7.783, de 28 de junho de 1989 (Lei de Greve), obriga os sindicatos, trabalhadores e empregadores a garantir, durante a greve, a prestação dos serviços indispensáveis ao atendimento das necessidades inadiáveis da comunidade. Vejamos o artigo 10 da referida norma jurídica:

"Art. 10. São considerados serviços ou atividades essenciais:

I – tratamento e abastecimento de água; produção e distribuição de energia elétrica, gás e combustíveis; II – assistência médica e hospitalar; III – distribuição e comercialização de medicamentos e alimentos; IV- funerários; V – transporte coletivo; VI – captação e tratamento de esgoto e lixo; VII – telecomunicações;

VIII – guarda, uso e controle de substâncias radioativas, equipamentos e materiais nucleares; IX – processamento de dados ligados a serviços essenciais; X – controle de tráfego aéreo; XI – compensação bancária".

Ora, dessa maneira, fica claro que nenhum destes serviços pode ser interrompido.

22.5 Concessionárias de rodovias

As concessionárias de rodovias respondem, independentemente da existência de culpa, pelos danos oriundos de acidentes causados pela presença de animais domésticos nas pistas de rolamento, aplicando-se as regras do CDC e da Lei das Concessões (REsp. nº 1.908.738-SP, Rel. Ministro Ricardo Villas Bôas Cueva, Corte Especial, por unanimidade, julgado em 21/08/2024, DJe 26/08/2024. Tema 1122). Vejamos:

> A responsabilidade objetiva das concessionárias de serviço público pelos acidentes causados pelo ingresso de animais domésticos nas pistas de rolamento vem sendo reconhecida por ambas as Turmas de Direito Privado desta Corte de Justiça, aplicando-se a teoria do risco administrativo.
>
> O mesmo vem ocorrendo em relação à incidência do Código de Defesa do Consumidor, especialmente porque há previsão legal expressa de sua aplicação aos casos que envolvem concessionárias de serviços públicos (art. 22, *caput* e parágrafo único, do CDC), o que é reforçado pela previsão do art. 7º da Lei nº 8.987/1995.
>
> Ressalte-se que a jurisprudência desta Corte vai ao encontro do entendimento sedimentado no Supremo Tribunal Federal, no sentido de que "as pessoas jurídicas de direito privado, prestadoras de serviço público, respondem objetivamente pelos prejuízos que causarem a terceiros usuários e não usuários do serviço" (RE nº 591.874-RG, Rel. Min. Ricardo Lewandowski – Tema nº 130).
>
> Portanto, não é possível adotar a teoria da culpa administrativa, tampouco afastar a responsabilidade das concessionárias com fundamento nas teses fixadas pelo STF no regime de repercussão geral nos seguintes termos: i) Tema nº 362 (RE 608.880): "Nos termos do artigo 37, § 6º, da Constituição Federal, não se caracteriza a responsabilidade civil objetiva do Estado por danos decorrentes de crime praticado por pessoa foragida do sistema prisional, quando não demonstrado o nexo causal direto entre o momento da fuga e a conduta praticada" e ii) Tema nº 366 (RE 136.861): "Para que fique caracterizada a responsabilidade civil do Estado por da-

nos decorrentes do comércio de fogos de artifício, é necessário que exista a violação de um dever jurídico específico de agir, que ocorrerá quando for concedida a licença para funcionamento sem as cautelas legais ou quando for de conhecimento do poder público eventuais irregularidades praticadas pelo particular".

Ao contrário, no julgamento do RE 608.880, foi reafirmada a tese de que a responsabilidade civil objetiva das pessoas jurídicas de direito público e das pessoas jurídicas de direito privado prestadoras de serviço público baseia-se na teoria do risco administrativo, inclusive nos casos de omissão.

Nos casos de acidentes provocados pelo ingresso de animais nas rodovias, os fatores determinantes para a quebra do nexo de causalidade e, consequentemente, para a exclusão da responsabilidade civil verificados no julgamento do RE 608.880 – i) intervalo entre o fato administrativo e o evento danoso e ii) superveniência de causas que contribuíram para a ocorrência do evento – não se fazem presentes.

Se os animais ingressaram na pista pouco tempo antes do acidente, não se verifica tal intervalo. Por outro lado, nos casos em que o acidente ocorre depois de um considerável intervalo de tempo, resta bem caracterizada a omissão das Concessionárias no tocante aos deveres de manejo e retirada. Além disso, não se cogita, em tese, a superveniência de fatos que contribuam para a ocorrência do evento danoso.

Seguindo a mesma linha, o Supremo Tribunal Federal, ao julgar o RE 136.861 (Tema n. 366), reafirmou que a responsabilidade das pessoas jurídicas de direito público e das pessoas jurídicas de direito privado prestadoras de serviços assenta-se na teoria do risco administrativo.

Observa-se, nesse julgamento, que a clandestinidade da atividade de armazenamento de fogos de artifício tornou inexigível a atividade fiscalizatória do Poder Público. Ainda, levou-se em consideração a conduta dos comerciantes que, eivada de má-fé, fez do imóvel utilizado para o armazenamento um "verdadeiro depósito clandestino de pólvora". Com efeito, não seria de se exigir atuação fiscalizatória sem que se soubesse a exata localização do estabelecimento que comercializa fogos de artifício. Além disso, é possível que os comerciantes mudem o local de atuação, justamente para se manterem na clandestinidade e se furtarem da atividade fiscalizatória ou da persecução penal.

Nos casos que envolvem o tema em análise, ainda que as rodovias sejam extensas, as atividades de fiscalização, sinalização, manejo e remoção de animais das pistas de rolamento são desenvolvidas em espaço determinado e inalterável. Ademais, como o ingresso de animais na pista é previsível, deve ser observado o princípio da prevenção.

Considerando o princípio da prevenção, as regras contratuais que impõem a instalação de bases operacionais com distâncias máximas entre elas, bem como a realização de rondas periódicas com intervalos máximos e a previsão de tempo máximo para o atendimento de ocorrências representam apenas padrões mínimos a serem observados pelas concessionárias.

Cabe salientar também que o dever de fiscalização dos entes públicos não afasta a responsabilidade civil das concessionárias, nos termos do art. 25 da Lei das Concessões.

Além disso, o princípio da primazia do interesse da vítima, decorrente do princípio da solidariedade, impõe a reparação dos danos independentemente da identificação do proprietário do animal cujo ingresso na rodovia causou o acidente. Assim, cabe à concessionária indenizar o usuário pelos danos sofridos e, se lhe aprouver, exercer eventual direito de regresso, oportunamente, contra o dono do animal envolvido no acidente.

Assim, fixa-se a seguinte tese: "As concessionárias de rodovias respondem, independentemente da existência de culpa, pelos danos oriundos de acidentes causados pela presença de animais domésticos nas pistas de rolamento, aplicando-se as regras do Código de Defesa do Consumidor e da Lei das Concessões".

22.5 Jurisprudências

PEDIDO DE SUSPENSÃO DE LIMINAR. COMPETÊNCIA DO SUPERIOR TRIBUNAL DE JUSTIÇA. LEGITIMIDADE ATIVA AD CAUSAM. OPERAÇÃO DE EMPRESA DE TRANSPORTE. AUSÊNCIA DE AUTORIZAÇÃO DA AGÊNCIA NACIONAL DE TRANSPORTE TERRESTRE – ANTT. INTERFERÊNCIA NA ATUAÇÃO FISCALIZATÓRIA DO PODER PÚBLICO. GRAVE LESÃO À ORDEM PÚBLICA.

I – É DISPENSÁVEL O EXAURIMENTO DA INSTÂNCIA RECURSAL PARA O AJUIZAMENTO DA MEDIDA DE CONTRACAUTELA NO SUPERIOR TRIBUNAL DE JUSTIÇA.

II – ESPÉCIE EM QUE A CAUSA DE PEDIR DA AÇÃO ORDINÁRIA É EMINENTEMENTE INFRACONSTITUCIONAL – OU SEJA, PODER REGULATÓRIO DA AGÊNCIA NACIONAL DE TRANSPORTE TERRESTRE (ANTT) E VIOLAÇÃO AO ART.

22 DO CÓDIGO DE DEFESA DO CONSUMIDOR. COMPETÊNCIA DO SUPERIOR TRIBUNAL DE JUSTIÇA.

III - LEGITIMIDADE ATIVA AD CAUSAM DA REQUERENTE DO PLEITO SUSPENSIVO. CONTROVÉRSIA ACERCA DA PRESTAÇÃO DO SERVIÇO PÚBLICO A ELA TAMBÉM OUTORGADO.

IV - A DECISÃO SUB JUDICE CAUSA GRAVE LESÃO À ORDEM ADMINISTRATIVA.

A ANTT, RESPONSÁVEL PELA REGULAÇÃO DA ATIVIDADE EM EXAME, NÃO AUTORIZOU ADMINISTRATIVAMENTE A OPERAÇÃO DA EMPRESA KANDANGO TRANSPORTES E TURISMO LTDA. INTERFERÊNCIA NA ATUAÇÃO FISCALIZATÓRIA DO PODER PÚBLICO.

V - POTENCIAL EFEITO DE CAUSAR O DESEQUILÍBRIO ECONÔMICO-FINANCEIRO DAS AUTORIZAÇÕES EFETIVADAS PELA ANTT. INTERESSE PÚBLICO. ATIVIDADE NÃO AUTORIZADA PELA AGÊNCIA REGULADORA. RISCO À SEGURANÇA DOS PASSAGEIROS.

VI - PRESERVAÇÃO DA CONTINUIDADE DO SERVIÇO PÚBLICO DE TRANSPORTE.

INFORMAÇÕES DA ANTT NO SENTIDO DE QUE HÁ EMPRESAS REGULARMENTE EXPLORANDO TRECHOS DA LINHA SÃO PAULO-APODI. RAZOABILIDADE DA ALEGAÇÃO DA AGÊNCIA DE QUE NEM TODOS OS MUNICÍPIOS TÊM QUE SER LIGADOS DE FORMA DIRETA.

VII - "NÃO PODE O PODER JUDICIÁRIO PRETENDER SUPRIR A OMISSÃO DO EXECUTIVO AUTORIZANDO O FUNCIONAMENTO DE SERVIÇOS DE TRANSPORTES, SOB PENA DE DESORGANIZAR O MODELO POLÍTICO DA DIVISÃO DE TAREFAS PELOS PODERES" (RESP N.º 661.122/PR). PRECEDENTES DO STJ.

AGRAVO REGIMENTAL DESPROVIDO.

(AGRG NA SLS 1.964/DF, REL. MINISTRO FRANCISCO FALCÃO, CORTE ESPECIAL, JULGADO EM 02/12/2015, DJE 18/12/2015)

RESPONSABILIDADE CIVIL. RECURSO ESPECIAL. TRANSPORTE INTERESTADUAL DE PASSAGEIROS. USUÁRIO DEIXADO EM PARADA OBRIGATÓRIA. CULPA EXCLUSIVA DO CONSUMIDOR.

1. A RESPONSABILIDADE DECORRENTE DO CONTRATO DE TRANSPORTE É OBJETIVA, NOS TERMOS DO ART. 37, § 6º, DA CONSTITUIÇÃO DA REPÚBLICA E DOS ARTS. 14 E 22 DO CÓ-

DIGO DE DEFESA DO CONSUMIDOR, SENDO ATRIBUÍDO AO TRANSPORTADOR O DEVER REPARATÓRIO QUANDO DEMONSTRADO O NEXO CAUSAL ENTRE O DEFEITO DO SERVIÇO E O ACIDENTE DE CONSUMO, DO QUAL SOMENTE É PASSÍVEL DE ISENÇÃO QUANDO HOUVER CULPA EXCLUSIVA DO CONSUMIDOR OU UMA DAS CAUSAS EXCLUDENTES DE RESPONSABILIDADE GENÉRICAS (ARTS. 734 E 735 DO CÓDIGO CIVIL).

2. DEFLUI DO CONTRATO DE TRANSPORTE UMA OBRIGAÇÃO DE RESULTADO QUE INCUMBE AO TRANSPORTADOR LEVAR O TRANSPORTADO INCÓLUME AO SEU DESTINO (ART. 730 DO CC), SENDO CERTO QUE A CLÁUSULA DE INCOLUMIDADE SE REFERE À GARANTIA DE QUE A CONCESSIONÁRIA DE TRANSPORTE IRÁ EMPREENDER TODOS OS ESFORÇOS POSSÍVEIS NO SENTIDO DE ISENTAR O CONSUMIDOR DE PERIGO E DE DANO À SUA INTEGRIDADE FÍSICA, MANTENDO-O EM SEGURANÇA DURANTE TODO O TRAJETO, ATÉ A CHEGADA AO DESTINO FINAL.

3. ADEMAIS, AO LADO DO DEVER PRINCIPAL DE TRANSLADAR OS PASSAGEIROS E SUAS BAGAGENS ATÉ O LOCAL DE DESTINO COM CUIDADO, EXATIDÃO E PRESTEZA, HÁ O TRANSPORTADOR QUE OBSERVAR OS DEVERES SECUNDÁRIOS DE CUMPRIR O ITINERÁRIO AJUSTADO E O HORÁRIO MARCADO, SOB PENA DE RESPONSABILIZAÇÃO PELO ATRASO OU PELA MUDANÇA DE TRAJETO.

4. ASSIM, A MERA PARTIDA DO COLETIVO SEM A PRESENÇA DO VIAJANTE NÃO PODE SER EQUIPARADA AUTOMATICAMENTE À FALHA NA PRESTAÇÃO DO SERVIÇO, DECORRENTE DA QUEBRA DA CLÁUSULA DE INCOLUMIDADE, DEVENDO SER ANALISADAS PELAS INSTÂNCIAS ORDINÁRIAS AS CIRCUNSTÂNCIAS FÁTICAS QUE ENVOLVERAM O EVENTO, TAIS COMO, QUANTO TEMPO O COLETIVO PERMANECEU NA PARADA; SE ELE PARTIU ANTES DO TEMPO PREVISTO OU NÃO; QUAL O TEMPO DE ATRASO DO PASSAGEIRO; E SE HOUVE POR PARTE DO MOTORISTA A CHAMADA DOS VIAJANTES PARA REEMBARQUE DE FORMA INEQUÍVOCA.

5. O DEVER DE O CONSUMIDOR COOPERAR PARA A NORMAL EXECUÇÃO DO CONTRATO DE TRANSPORTE É ESSENCIAL, IMPONDO-SE-LHE, ENTRE OUTRAS RESPONSABILIDADES, QUE TAMBÉM ESTEJA ATENTO ÀS DIRETIVAS DO MOTORISTA EM RELAÇÃO AO TEMPO DE PARADA PARA DESCANSO, DE MODO A NÃO PREJUDICAR OS DEMAIS PASSAGEIROS (ART. 738 DO CC).

6. RECURSO ESPECIAL PROVIDO.

(RESP 1354369/RJ, REL. MINISTRO LUIS FELIPE SALOMÃO, QUARTA TURMA, JULGADO EM 05/05/2015, DJE 25/05/2015).

EMBARGOS DE DIVERGÊNCIA EM RECURSO ESPECIAL. RESPONSABILIDADE CIVIL OBJETIVA. CONSTITUIÇÃO FEDERAL. CÓDIGO DE DEFESA DO CONSUMIDOR.

CORREIOS. CARTA REGISTRADA. EXTRAVIO. DANOS MORAIS. IN RE IPSA.

1. AS EMPRESAS PÚBLICAS PRESTADORAS DE SERVIÇOS PÚBLICOS SUBMETEM- SE AO REGIME DE RESPONSABILIDADE CIVIL OBJETIVA, PREVISTO NO ART. 37, § 6º, DA CONSTITUIÇÃO FEDERAL E NOS ARTS. 14 E 22 DO CÓDIGO DE DEFESA DO CONSUMIDOR.

2. NO CASO, A CONTRATAÇÃO DE SERVIÇOS POSTAIS OFERECIDOS PELOS CORREIOS, POR MEIO DE TARIFA ESPECIAL, PARA ENVIO DE CARTA REGISTRADA, QUE PERMITE O POSTERIOR RASTREAMENTO PELO PRÓPRIO ÓRGÃO DE POSTAGEM REVELA A EXISTÊNCIA DE CONTRATO DE CONSUMO, DEVENDO A FORNECEDORA RESPONDER OBJETIVAMENTE AO CLIENTE POR DANOS MORAIS ADVINDOS DA FALHA DO SERVIÇO QUANDO NÃO COMPROVADA A EFETIVA ENTREGA.

3. É INCONTROVERSO QUE O EMBARGADO SOFREU DANOS MORAIS DECORRENTES DO EXTRAVIO DE SUA CORRESPONDÊNCIA, MOTIVO PELO QUAL O MONTANTE INDENIZATÓRIO FIXADO EM R$ 1.000,00 (MIL REAIS) PELAS INSTÂNCIAS ORDINÁRIAS FOI MANTIDO PELO ACÓRDÃO PROFERIDO PELA QUARTA TURMA, PORQUANTO RAZOÁVEL, SOB PENA DE ENRIQUECIMENTO SEM CAUSA.

4. EMBARGOS DE DIVERGÊNCIA NÃO PROVIDOS.

(ERESP 1097266/PB, REL. MINISTRO RICARDO VILLAS BÔAS CUEVA, SEGUNDA SEÇÃO, JULGADO EM 10/12/2014, DJE 24/02/2015)

ADMINISTRATIVO. SERVIÇO DE ÁGUA E ESGOTO. INVIÁVEL INTERRUPÇÃO NO FORNECIMENTO. DÉBITOS PRETÉRITOS. 1. Esta Corte possui entendimento pacífico no sentido da ilegalidade do corte no fornecimento de serviços públicos essenciais, como a água, quando a inadimplência do consumidor decorrer de débitos consolidados pelo tempo. Precedentes: AgRg no AREsp 177.397/RJ, Rel. Ministro Herman Benjamin, Segunda Turma, julgado em 18/9/2012, DJe 10/10/2012; AgRg no AREsp 97.838/RJ, Rel. Ministro Castro Meira, Segunda Turma, julgado em 20/3/2012, DJe 28/3/2012 2. Agravo regimental não provido. (AgRg no AREsp 247.249/SP, Rel. Ministro MAURO CAMPBELL MARQUES, SEGUNDA TURMA, julgado em 21/02/2013, DJe 27/02/2013).

PROCESSUAL CIVIL E TRIBUTÁRIO. SERVIÇO PÚBLICO. ENERGIA ELÉTRICA. INCIDÊNCIA DE ICMS SOBRE DEMANDA CONTRATADA. LEGITIMIDADE ATIVA DO CONSUMIDOR PARA DISCUTIR A MATÉRIA. Ao julgar o Resp 1.299.303/SC, de relatoria do Min. Cesar Asfor Rocha, submetido ao rito do art. 543-C do CPC, a Primeira Seção do STJ entendeu que o consumidor tem legitimidade para propor ação declaratória c/c repetição de indébito na qual se busca afastar, no tocante ao fornecimento de energia elétrica, a incidência do ICMS sobre a demanda contratada e não utilizada. Recurso Especial não provido. (REsp 1354681/MG, Rel. Ministro HERMAN BENJAMIN, SEGUNDA TURMA, julgado em 04/12/2012, DJe 19/12/2012).

ADMINISTRATIVO. FORNECIMENTO DE ÁGUA. CORTE. INDENIZAÇÃO. SÚMULA 7/STJ.

Trata-se, originariamente, de Ação declaratória de inexistência de débitos combinada com indenização por dano moral. O agravado aduz que, mesmo com a conta adimplida tempestivamente, houve corte no fornecimento de água. A sentença de procedência foi mantida pelo Tribunal a quo, que atestou a culpa da agravante e o nexo de causalidade.

O Superior Tribunal de Justiça firmou a orientação de que é ilegítimo o corte no fornecimento de serviços públicos essenciais quando: a) a inadimplência do consumidor decorrer de débitos pretéritos; b) o débito originar-se de suposta fraude no medidor de consumo de energia, apurada unilateralmente pela concessionária; e c) inexistente aviso prévio ao consumidor inadimplente. Sobre o tema, confira-se o REsp 1.285.426/SP, Rel. Ministro Mauro Campbell Marques, Segunda Turma, DJe 13/12/2011. Alterar o entendimento exarado pela Corte local, para refutar o nexo causal entre a conduta e o dano causado pela agravante, demanda reexame de matéria fática, o que, na via do Recurso Especial, encontra óbice na Súmula 7/STJ. A revisão de valor arbitrado a título de danos morais (fixado em R$ 8 mil) somente é possível quando a quantia for exorbitante ou insignificante, em flagrante violação aos princípios da razoabilidade e da proporcionalidade, o que não é o caso dos autos. A verificação da razoabilidade do quantum indenizatório esbarra no óbice da Súmula 7/STJ. Agravo Regimental não provido. (AgRg no AREsp 211.514/SP, Rel.

Ministro HERMAN BENJAMIN, SEGUNDA TURMA, julgado em 18/10/2012, DJe 05/11/2012)

RECURSO ESPECIAL. AÇÃO CIVIL PÚBLICA. SERVIÇOS DE TELEFONIA. INSTALAÇÃO. AUTORIZAÇÃO EXPRESSA. IMPOSSIBILIDADE JURÍDICA DO PEDIDO. MINISTÉRIO PÚBLICO. LEGITIMIDADE. PROVA. CADASTRO DE INADIMPLENTES. INSCRIÇÃO. CANCELAMENTO. ARTIGOS 43 E 48, DO CDC. PREQUESTIONAMENTO. SÚMULAS Nºs 282 E 356-STF. NÃO PROVIMENTO. À míngua de obstáculo, em abstrato, no ordenamento jurídico, não há impossibilidade do pedido formulado em ação civil pública no sentido de abster-se a Brasil Telecom S/A de prestar serviço sem a autorização expressa do consumidor. O Ministério Público tem legitimidade ativa para ajuizar ação em defesa de direito difuso, de futuras eventuais vítimas, e individuais homogêneos, de pessoas já vitimadas, integrantes do mercado consumidor. Precedentes. Não houve apreciação no acórdão recorrido dos artigos 43 e 48, do CDC, e nem ele foram opostos embargos de declaração a fim de suscitar-lhes a discussão, o que atrai os verbetes nºs 282 e 356, da Súmula do STF. Recurso especial a que se nega provimento. (REsp 976.217/RO, Rel. Ministra MARIA ISABEL GALLOTTI, QUARTA TURMA, julgado em 11/09/2012, DJe 15/10/2012).

RECURSO ESPECIAL - DIREITO DO CONSUMIDOR - ACÓRDÃO QUE, POR MAIORIA DE VOTOS, ANULA SENTENÇA - NÃO CABIMENTO DOS EMBARGOS INFRINGENTES - PRECEDENTES - ARTIGOS 22, DO CÓDIGO DE DEFESA DO CONSUMIDOR, E 335 DO CÓDIGO DE PROCESSO CIVIL - PREQUESTIONAMENTO - AUSÊNCIA - INCIDÊNCIA DA SÚMULA 211/STJ - RESPONSABILIDADE CIVIL - FABRICANTE DE BEBIDA ALCOÓLICA - DEPENDÊNCIA QUÍMICA - INEXISTÊNCIA - ATIVIDADE LÍCITA - CONSUMO DE BEBIDA ALCOÓLICA - LIVRE ESCOLHA DO CONSUMIDOR - CONSCIÊNCIA DOS MALEFÍCIOS DO HÁBITO - NOTORIEDADE - PRODUTO NOCIVO, MAS NÃO DEFEITUOSO - NEXO DE CAUSALIDADE INEXISTENTE - FATO INCONTROVERSO - JULGAMENTO ANTECIPADO DA LIDE - POSSIBILIDADE - DESNECESSIDADE DE PRODUÇÃO DE PROVA TÉCNICA - PRECEDENTES - CERCEAMENTO DE DEFESA - RECONHECIMENTO DE OFÍCIO - INVIABILIDADE - ESCÓLIO JURISPRUDENCIAL - RECURSO ESPECIAL PARCIALMENTE CONHECIDO E, NESSA EXTENSÃO, PROVIDO PARA JULGAR IMPROCEDENTE A DEMANDA INDENIZATÓRIA.

I - No v. acórdão que, por maioria de votos, anula a sentença, não há juízo de reforma ou de substituição, afastando-se, portanto, o cabimento de embargos infringentes (ut REsp 1091438/RJ, Rel. Min. Benedito Gonçalves, DJe de 03/08/2010).

II – Os artigos 22, do Código de Defesa do Consumidor, relativo à obrigatoriedade de fornecimento de serviços adequados, bem como o 335, do Código de Processo Civil, acerca da aplicação das regras de experiência, não foram objeto de debate ou deliberação pelo Tribunal de origem, restando ausente, assim, o requisito do prequestionamento da matéria, o que atrai a incidência do enunciado 211 da Súmula desta Corte.

III – Procedendo-se diretamente ao julgamento da matéria controvertida, nos termos do art. 257 do RISTJ e da Súmula nº 456 do STF, veja-se que embora notórios os malefícios do consumo excessivo de bebidas alcoólicas, tal atividade é exercida dentro da legalidade, adaptando-se às recomendações da Lei nº 9.294/96, que modificou a forma de oferecimento, ao mercado consumidor, de bebidas alcoólicas e não alcoólicas, ao determinar, quanto às primeiras, a necessidade de ressalva acerca dos riscos do consumo exagerado do produto.

IV – Dessa forma e alertado, por meio de amplos debates ocorridos tanto na sociedade brasileira, quanto na comunidade internacional, acerca dos malefícios do hábito de ingestão de bebida alcoólica, é inquestionável, portanto, o decisivo papel desempenhado pelo consumidor, dentro de sua liberdade de escolha, no consumo ou não, de produto, que é, em sua essência, nocivo à sua saúde, mas que não pode ser reputado como defeituoso.

V – Nesse contexto, o livre arbítrio do consumidor pode atuar como excludente de responsabilidade do fabricante. Precedente: REsp 886.347/RS, Rel. Min. Honildo Amaral de Mello Castro, Desembargador Convocado do TJ/AP, DJe de 25/05/2010.

VI – Em resumo: aquele que, por livre e espontânea vontade, inicia-se no consumo de bebidas alcoólicas, propagando tal hábito durante certo período de tempo, não pode, doravante, pretender atribuir responsabilidade de sua conduta ao fabricante do produto, que exerce atividade lícita e regulamentada pelo Poder Público.

VII – Além disso, "(...) O juiz pode considerar desnecessária a produção de prova sobre os fatos incontroversos, julgando antecipadamente a lide" (REsp 107313/PR, Rel. Min. Ruy Rosado de Aguiar, DJ de 17/03/1997, p. 7516).

VIII – Por fim, não é possível, ao Tribunal de origem, reconhecer, de ofício, cerceamento de defesa, sem a prévia manifestação da parte interessada, na oportunidade de apresentação do recurso de apelação.

Precedentes.

IX – Recurso especial parcialmente conhecido e, nessa extensão, provido para julgar improcedente a demanda. (REsp 1261943/SP, Rel. Ministro

MASSAMI UYEDA, TERCEIRA TURMA, julgado em 22/11/2011, DJe 27/02/2012).

PROCESSUAL CIVIL E ADMINISTRATIVO. MEDIDA CAUTELAR. NATUREZA SATISFATIVA. DISPENSA DO AJUIZAMENTO DA AÇÃO PRINCIPAL. RELIGAÇÃO DE ENERGIA ELÉTRICA. INADIMPLEMENTO. IMPOSSIBILIDADE. INTERPRETAÇÃO SISTEMÁTICA DOS ARTS. 22 DO CÓDIGO DE DEFESA DO CONSUMIDOR E 6º, § 3º, II, DA LEI Nº 8.987/95. PRECEDENTES. Em princípio, as medidas cautelares estão vinculadas a uma ação principal a ser ajuizada ou em curso, consoante os artigos 800, 806 e 808. Contudo, esta Corte sufraga o entendimento de que em certas situações, a natureza satisfativa da medida cautelar torna desnecessária a postulação de pedido em caráter principal. No caso concreto, a pretensão veiculada na ação cautelar de restabelecimento de energia elétrica não se submete ao prazo preclusivo previsto no artigo 806 do Código de Processo Civil. Precedentes. O art. 22 da Lei nº 8.078/90 (Código de Defesa do Consumidor – CDC) dispõe que "os órgãos públicos, por si ou suas empresas, concessionárias, permissionárias ou sob qualquer outra forma de empreendimento, são obrigados a fornecer serviços adequados, eficientes, seguros e, quanto aos essenciais, contínuos". O princípio da continuidade do serviço público assegurado pelo art. 22 do CDC deve ser obtemperado, ante a exegese do art. 6º, § 3º, II, da Lei nº 8.987/95, que prevê a possibilidade de interrupção do fornecimento de energia elétrica quando, após aviso, permanecer inadimplente o usuário, considerado o interesse da coletividade. Precedentes. Recurso especial provido em parte. (REsp 805.113/RS, Rel. Ministro CASTRO MEIRA, SEGUNDA TURMA, julgado em 23/09/2008, DJe 23/10/2008).

ADMINISTRATIVO. RECURSO ESPECIAL. DIREITO DO CONSUMIDOR. AUSÊNCIA DE PAGAMENTO DE TARIFA DE ÁGUA. INTERRUPÇÃO DO FORNECIMENTO. CORTE. IMPOSSIBILIDADE. ARTS. 22 E 42 DA LEI Nº 8.078/90 (CÓDIGO DE PROTEÇÃO E DEFESA DO CONSUMIDOR). HOSPITAL. SERVIÇO ESSENCIAL À POPULAÇÃO. PRECEDENTES. Recurso especial interposto contra acórdão que considerou legal o corte no fornecimento de água em virtude de falta de pagamento de contas atrasadas. Não resulta em se reconhecer como legítimo o ato administrativo praticado pela empresa concessionária fornecedora de água e consistente na interrupção de seus serviços, em face de ausência de pagamento de fatura vencida. A água é, na atualidade, um bem essencial à população, constituindo-se serviço público indispensável, subordinado ao princípio da continuidade de sua prestação, pelo que se torna impossível a sua interrupção.
O art. 22 do Código de Proteção e Defesa do Consumidor assevera que "os órgãos públicos, por si ou suas empresas, concessionárias,

permissionárias ou sob qualquer outra forma de empreendimento, são obrigados a fornecer serviços adequados, eficientes, seguros e, quanto aos essenciais, contínuos". O seu parágrafo único expõe que, "nos casos de descumprimento, total ou parcial, das obrigações referidas neste artigo, serão as pessoas jurídicas compelidas a cumpri-las e a reparar os danos causados na forma prevista neste código". Já o art. 42 do mesmo diploma legal não permite, na cobrança de débitos, que o devedor seja exposto ao ridículo, nem que seja submetido a qualquer tipo de constrangimento ou ameaça. Tais dispositivos aplicam-se às empresas concessionárias de serviço público.

Não há de se prestigiar atuação da Justiça privada no Brasil, especialmente, quando exercida por credor econômica e financeiramente mais forte, em largas proporções, do que o devedor.

Afrontaria, se fosse admitido, os princípios constitucionais da inocência presumida e da ampla defesa. O direito de o cidadão se utilizar dos serviços públicos essenciais para a sua vida em sociedade deve ser interpretado com vistas a beneficiar a quem deles se utiliza. Esse é o entendimento deste Relator. Posição assumida pela ampla maioria da 1ª Seção deste Sodalício no sentido de que "é lícito à concessionária interromper o fornecimento de energia elétrica, se, após aviso prévio, o consumidor de energia elétrica permanecer inadimplente no pagamento da respectiva conta (L. 8.987/95, Art. 6º, § 3º, II) "(REsp nº 363943/MG, 1ª Seção, Rel. Min. Humberto Gomes de Barros, DJ de 01/03/2004). No mesmo sentido: EREsp nº 337965/MG, 1ª Seção, Rel. Min. Luiz Fux, DJ de 08/11/2004; REsp nº 123444/SP, 2ª T., Rel. Min João Otávio de Noronha, DJ de 14/02/2005; REsp nº 600937/RS, 1ª T., Rel. p/ Acórdão, Min. Francisco Falcão, DJ de 08/11/2004; REsp nº 623322/PR, 1ª T., Rel. Min. Luiz Fux, DJ de 30/09/2004. No entanto, a jurisprudência predominante vem decidindo que:

– "o corte não pode ocorrer de maneira indiscriminada, de forma a afetar áreas cuja falta de energia colocaria em demasiado perigo a população, como ruas, hospitais e escolas públicas" (REsp nº 594095/MG, 2ª Turma, Rel. Min. João Otávio de Noronha, DJ de 19.03.2007); "no caso dos autos, pretende a recorrente o corte no fornecimento de energia elétrica do único hospital público da região, o que se mostra inadmissível em face da essencialidade do serviço prestado pela ora recorrida. Nesse caso, o corte da energia elétrica não traria apenas desconforto ao usuário inadimplente, mas verdadeiro risco à vida de dependentes dos serviços médicos e hospitalares daquele hospital público. O art. 6º, § 3º, inciso II, da Lei nº 8.987/95 estabelece que é possível o corte do fornecimento de energia desde que considerado o interesse da coletividade. Logo, não há que se proceder ao corte de utilidades básicas de um hospital, como requer o recorrente, quando existem outros meios jurídicos legais para buscar a tutela jurisdicional" (REsp nº 876723/PR, 2ª Turma, Rel. Min. Humberto Martins, DJ de 05.02.2007);

– "a interrupção do fornecimento de energia, caso efetivada, implicaria sobrepor, na cadeia de valores tutelados pelo ordenamento jurídico, o contrato de concessão à vida humana e à integridade física dos pacientes. O interesse coletivo que autoriza a solução de continuidade do serviço deve ser relativizado em favor do interesse público maior: a proteção da vida" (REsp nº 621435/SP, 1ª Turma, Relª Minª Denise Arruda, DJ de 19.10.2006);

– "tratando-se de pessoa jurídica de direito público, prevalece nesta Corte a tese de que o corte de energia é possível (Lei nº 9.427/96, art. 17, parágrafo único), desde que não aconteça indiscriminadamente, preservando-se as unidades públicas essenciais, como hospitais, pronto-socorros, escolas e creches" (REsp nº 654818/RJ, 1ª Turma, Relª Minª Denise Arruda, DJ de 19.10.2006);

– "é lícito à concessionária interromper o fornecimento de energia elétrica se, após aviso prévio, o Município devedor não solve dívida oriunda de contas geradas pelo consumo de energia. Entretanto, para que não seja considerado ilegítimo, o corte não pode ocorrer de maneira indiscriminada, de forma a afetar áreas cuja falta de energia colocaria em demasiado perigo a população, como as, ruas, hospitais e escolas públicas" (REsp nº 682378/RS, 2ª Turma, Rel. Min. João Otávio de Noronha, DJ de 06.06.2006) 8. Recurso especial provido. (REsp 943.850/SP, Rel. Ministro JOSÉ DELGADO, PRIMEIRA TURMA, julgado em 28/08/2007, DJ 13/09/2007, p. 177).

Art. 23. A ignorância do fornecedor sobre os vícios de qualidade por inadequação dos produtos e serviços não o exime de responsabilidade.

↳ COMENTÁRIOS

23.1 Ignorância dos Vícios

Ora, a ignorância do fornecedor sobre os vícios de qualidade por inadequação dos produtos e serviços não o exime de responsabilidade. A regra jurídica é clara, sendo desnecessário perquirir o ânimo do sujeito, ou seja, se agiu de boa ou má-fé.

Assim, "[...] os contratos que envolvem obrigação de fazer, genericamente denominados de contratos de prestação de serviços por envolverem relação de consumo, estão ao abrigo do Código de Defesa do Consumidor. E portador de vício de qualidade o serviço cujo valor foi diminuído pela maneira como foi prestado, já que se mostra inadequado para os fins que razoavelmente dele se esperava, não atendendo, assim, às normas regulamentares de prestabilidade (art. 20 e parágrafo 2º, CDC). Diante, pois, de uma responsabilidade objetiva (art. 14, *caput*, CDC), comprovado o vício de qualidade do serviço prestado, exsurge o dever de indenizar. A ignorância do fornecedor sobre os vícios de qualidade por inadequação dos produtos e serviços não o exime de responsabilidade, já que a garantia de adequação do serviço independe de termo expresso, vedada a exoneração do fornecedor (arts. 23 e 24, CDC). RECURSO ESPECIAL Nº 1.185.953 – RJ (2010/0051439-6) RELATOR: MINISTRO LUIZ FUX. Brasília (DF), 27 de abril de 2010."

> **Art. 24. A garantia legal de adequação do produto ou serviço independe de termo expresso, vedada a exoneração contratual do fornecedor.**

↪ COMENTÁRIOS

24.1 Garantia Legal

A garantia de adequação do produto ou serviço é dada pela lei, razão pela qual independe de termo expresso. Ademais, é vedada a exoneração contratual do fornecedor. Dessa maneira é um dever jurídico do fornecedor inserir no mercado de consumo produtos de boa qualidade.

24.2 Jurisprudências

> RECURSO ESPECIAL. DIREITO DO CONSUMIDOR. INDENIZAÇÃO POR DANOS MORAIS E MATERIAIS. ENTREGA DE VESTIDO DE NOIVA DEFEITUOSO.
>
> NATUREZA. BEM DURÁVEL. ART. 26, INCISO I, DO CÓDIGO DE DEFESA DO CONSUMIDOR. PRAZO DECADENCIAL DE NOVENTA DIAS.
>
> 1. A garantia legal de adequação de produtos e serviços é direito potestativo do consumidor, assegurado em lei de ordem pública (arts. 1º, 24 e 25 do Código de Defesa do Consumidor).

2. A facilidade de constatação do vício e a durabilidade ou não do produto ou serviço são os critérios adotados no Código de Defesa do Consumidor para a fixação do prazo decadencial de reclamação de vícios aparentes ou de fácil constatação em produtos ou serviços.

3. O direito de reclamar pelos vícios aparentes ou de fácil constatação caduca 30 (trinta), em se tratando de produto não durável, e em 90 (noventa) dias, em se tratando de produto durável (art. 26, incisos I e II, do CDC).

4. O início da contagem do prazo para os vícios aparentes ou de fácil constatação é a entrega efetiva do produto (tradição) ou, no caso de serviços, o término da sua execução (art. 26, § 1º, do CDC), pois a constatação da inadequação é verificável de plano a partir de um exame superficial pelo "consumidor médio".

5. A decadência é obstada pela reclamação comprovadamente formulada pelo consumidor perante o fornecedor de produtos e serviços até a resposta negativa correspondente, que deve ser transmitida de forma inequívoca (art. 26, § 2º, inciso I, do CDC), o que ocorreu no caso concreto.

6. O vestuário representa produto durável por natureza, porque não se exaure no primeiro uso ou em pouco tempo após a aquisição, levando certo tempo para se desgastar, mormente quando classificado como artigo de luxo, a exemplo do vestido de noiva, que não tem uma razão efêmera.

7. O bem durável é aquele fabricado para servir durante determinado transcurso temporal, que variará conforme a qualidade da mercadoria, os cuidados que lhe são emprestados pelo usuário, o grau de utilização e o meio ambiente no qual inserido. Por outro lado, os produtos "não duráveis" extinguem-se em um único ato de consumo, porquanto imediato o seu desgaste.

8. Recurso provido para afastar a decadência, impondo-se o retorno dos autos à instância de origem para a análise do mérito do pedido como entender de direito.

(REsp 1161941/DF, Rel. Ministro RICARDO VILLAS BÔAS CUEVA, TERCEIRA TURMA, julgado em 05/11/2013, DJe 14/11/2013)

Art. 25. É vedada a estipulação contratual de cláusula que impossibilite, exonere ou atenue a obrigação de indenizar prevista nesta e nas seções anteriores.

§ 1° Havendo mais de um responsável pela causação do dano, todos responderão solidariamente pela reparação prevista nesta e nas seções anteriores.

§ 2° Sendo o dano causado por componente ou peça incorporada ao produto ou serviço, são responsáveis solidários seu fabricante, construtor ou importador e o que realizou a incorporação.

↳ COMENTÁRIOS
25.1 Cláusulas de Exoneração

De acordo com o artigo 25 é vedada qualquer cláusula contratual que impossibilite, exonere ou atenue a obrigação de indenizar previstas no CDC.

Todavia, em total descumprimento do princípio da boa-fé, é muito comum que empresas de guarda de veículos (contrato de depósito) insiram no cupom de estacionamento a seguinte cláusula: "*Não nos responsabilizamos pelos objetos deixados no interior do veículo.*" Esta é uma cláusula nula de pleno direito e considerada "não escrita". Como pode o depositário não se responsabilizar pela essência do próprio contrato? A obrigação do depositário é guardar a coisa até que o depositante o reclame.

A responsabilidade civil existe e o depositário (supermercado, shopping, ou qualquer outro estabelecimento que forneça o serviço de guarda de veículos, pago ou não) terá o dever jurídico de reparação proporcional ao prejuízo, bastando para tanto que se comprove o dano e o nexo de causalidade.[169]

---

[169] "INDENIZAÇÃO - DANO MATERIAL - ROUBO VEÍCULO - ESTACIONAMENTO SUPERMERCADO - DEVER DE INDENIZAR - HONORÁRIOS ADVOCATÍCIOS - REDUÇÃO - DESNECESSIDADE - SENTENÇA MANTIDA. O estabelecimento comercial tem o dever de guarda e vigilância sobre os veículos ali estacionados, respondendo por indenização em caso de furto ou roubo. A instituição que oferece estacionamento a seus usuários, ainda que de forma gratuita, assume o dever de guarda sobre o veículo, devendo, pois, responder por eventual furto ou roubo ocasionado. Não se reduz o valor dos honorários advocatícios, se o mesmo não se revela excessivo." (Número do processo: 1.0024.06.089888-9/001(1) - Relator: ANTÔNIO DE PÁDUA - Data da Publicação: 10/10/2008) "ESTACIONAMENTO - SUPERMERCADO - ROUBO - RESPONSABILIDADE CIVIL. O supermercado responde por qualquer evento criminoso ocorrido nas suas dependências, obrigando-se a reparar os danos sofridos pelos clientes." (Número do processo: 1.0024.05.750083-7/001(1) - Relator: FABIO MAIA VIANI - Data da Publicação: 24/11/2008).

SEÇÃO IV
Da Decadência e da Prescrição

Art. 26. O direito de reclamar pelos vícios aparentes ou de fácil constatação caduca em:

I – trinta dias, tratando-se de fornecimento de serviço e de produtos não duráveis;

II – noventa dias, tratando-se de fornecimento de serviço e de produtos duráveis.

§ 1º Inicia-se a contagem do prazo decadencial a partir da entrega efetiva do produto ou do término da execução dos serviços.

§ 2º Obstam a decadência:

I – a reclamação comprovadamente formulada pelo consumidor perante o fornecedor de produtos e serviços até a resposta negativa correspondente, que deve ser transmitida de forma inequívoca;

II – (Vetado).

III – a instauração de inquérito civil, até seu encerramento.

§ 3º Tratando-se de vício oculto, o prazo decadencial inicia-se no momento em que ficar evidenciado o defeito.[170]

---

[170] Consumidor tem 90 dias após a constatação do vício em ação cautelar para obter reparação. Em decisão unânime, a Terceira Turma do Superior Tribunal de Justiça (STJ) reconheceu a perda do direito de um consumidor de buscar a reparação de danos materiais sofridos em razão da aquisição de um piso de cerâmica defeituoso. Segundo o colegiado, o consumidor teria 90 dias a partir do trânsito em julgado da sentença que decidiu ação cautelar de produção de provas para discutir a reparação do vício.
No caso, após a instalação do piso, o consumidor observou manchas e falhas no brilho do porcelanato e comunicou o defeito do produto à empresa responsável. Como nenhuma providência foi tomada, ele decidiu mover a ação judicial.
A sentença, transitada em julgado em abril de 2002, condenou a empresa a pagar pouco mais de R$ 19 mil ao consumidor, quantia correspondente ao custo total para a substituição do piso. Na apelação, entretanto, a sentença foi reformada porque o acórdão reconheceu o decurso do prazo decadencial previsto no artigo 26, inciso II e parágrafo 3º, da Lei nº 8.078/90.
Reconhecimento forçoso
Segundo o dispositivo, tratando-se de vício oculto de produto durável, o prazo decadencial é de 90 dias, contados do momento em que ficar evidenciado o defeito.

➥ COMENTÁRIOS

26.1 Decadência – Noções

A *decadência* é a perda do direito potestativo em razão da inércia do seu titular. O direito potestativo é o *poder jurídico* atribuído ao titular do direito no qual uma outra pessoa deve suportar os efeitos do ato (estado de sujeição).[171]

O fundamento da decadência está relacionado à necessidade de certeza jurídica que determina a subordinação de certos direitos potestativos.

Vale lembrar que, de acordo com o Enunciado da Súmula 477 do STJ (13/06/2012), "a decadência do art. 26 do CDC não é aplicável à prestação de contas para obter esclarecimentos sobre cobrança de taxas, tarifas e encargos bancários."[172] [173]

No STJ, o relator, ministro João Otávio de Noronha, adotou como termo inicial do prazo decadencial o trânsito em julgado da sentença proferida nos autos da cautelar preparatória de produção de provas, que reconheceu o vício do produto. Como a ação só foi movida um ano depois da sentença, em abril de 2003, o relator considerou "forçoso o reconhecimento de que o direito do recorrente foi atingido pela decadência". Disponível em: http://www.stj.jus.br/sites/STJ/default/pt_BR/noticias. Acesso em: 17 jan. 2016.

171 STJ – Súmula 477 – A decadência do art. 26 do CDC não é aplicável à prestação de contas para obter esclarecimentos sobre cobrança de taxas, tarifas e encargos bancários.

172 AGRAVO REGIMENTAL EM RECURSO ESPECIAL. AÇÃO DE PRESTAÇÃO DE CONTAS. PRAZO DECADENCIAL. ART. 26 DO CÓDIGO DE DEFESA DO CONSUMIDOR. NÃO INCIDÊNCIA. PRECEDENTES. A orientação desta Corte, estabelecida no julgamento do REsp nº 1.117.614/PR, representativo da controvérsia para os fins do art. 543-C do Código de Processo Civil e da Resolução STJ nº 8/2008, é a de que o artigo 26 do Código de Defesa do Consumidor dispõe sobre o prazo decadencial para a reclamação por vícios em produtos ou serviços prestados ao consumidor, não sendo aplicável à ação de prestação de contas ajuizada pelo correntista com o escopo de obter esclarecimentos acerca da cobrança de taxas, tarifas e/ou encargos bancários. Os argumentos expendidos nas razões do regimental são insuficientes para autorizar a reforma da decisão agravada, de modo que esta merece ser mantida por seus próprios fundamentos. Agravo regimental não provido. (AgRg no REsp 1108567/PR, Rel. Ministro RICARDO VILLAS BÔAS CUEVA, TERCEIRA TURMA, julgado em 04/12/2012, DJe 11/12/2012).

173 AGRAVO REGIMENTAL – AGRAVO EM RECURSO ESPECIAL – AÇÃO DE PRESTAÇÃO DE CONTAS – CONTRATO BANCÁRIO – CABIMENTO – DECADÊNCIA. ARTIGO 26, INCISO II, DO CÓDIGO DE DEFESA DO CONSUMIDOR. INAPLICABILIDADE. DECISÃO AGRAVADA MANTIDA. IMPROVIMENTO. O Acórdão recorrido decidiu a causa em harmonia com a jurisprudência desta Corte, quanto à legitimidade e interesse processual do correntista para propor ação de prestação de contas em relação ao banco, objetivando esclarecer os lançamentos efetuados em sua conta corrente. O titular da conta tem interesse processual para ajuizar ação de prestação de contas, independentemente de prova de prévio

26.2 Prazos Decadenciais

O artigo 26 do CDC dispõe que o direito de reclamar pelos vícios aparentes ou de fácil constatação caduca em: (a) trinta dias, tratando-se de fornecimento de serviço e de produtos não duráveis; (b) noventa dias, tratando-se de fornecimento de serviço e de produtos duráveis.

26.3 Início da Contagem do Prazo

Inicia-se a contagem do prazo decadencial a partir da entrega efetiva do produto ou do término da execução dos serviços (Art. 26, § 1°, do CDC).

"Tratando-se de vício oculto, o prazo decadencial inicia-se no momento em que ficar evidenciado o defeito (Art. 26, § 3°, do CDC). "Tratando-se de vício oculto, o prazo decadencial inicia-se no momento em que ficar evidenciado o defeito." Ora, de acordo com as lições do Ministro do STJ Luiz Felipe Salomão, "o prazo de decadência para a reclamação de defeitos surgidos no produto não se confunde com o prazo de garantia pela qualidade do produto – a qual pode ser convencional ou, em algumas situações, legal". O Código de Defesa do Consumidor não traz, exatamente, no art. 26, um prazo de garantia legal para o fornecedor responder pelos vícios do produto. Há apenas um prazo para que, tornando-se aparente o defeito, possa o consumidor reclamar a reparação, de modo que, se este realizar tal providência dentro do prazo legal de decadência, ainda é preciso saber se o fornecedor é ou não responsável pela reparação do vício.

Por óbvio, o fornecedor não está, *ad aeternum*, responsável pelos produtos colocados em circulação, mas sua responsabilidade não se limita pura e simplesmente ao prazo contratual de garantia, o qual é estipulado unilateralmente por ele próprio. Deve ser considerada para a aferição da responsabilidade do fornecedor a natureza do vício que inquinou o produto, mesmo que tenha ele se manifestado somente ao término da garantia. Os prazos de garantia, sejam eles legais ou contratuais, visam a acautelar o adquirente de

---

pedido de esclarecimento ao banco e do fornecimento de extratos de movimentação financeira. O artigo 26, inciso II, do Código de Defesa do Consumidor, não se aplica às ações que versam sobre a decadência/prescrição do direito do correntista de revisar ou questionar os lançamentos efetuados em sua conta-corrente. Isso porque o dispositivo em comento refere-se à decadência do direito de reclamar pelos vícios aparentes, ou de fácil constatação, e vícios ocultos, o que não se amolda à hipótese em tela.
O agravante não trouxe nenhum argumento capaz de modificar a conclusão do julgado, a qual se mantém por seus próprios fundamentos. Agravo Regimental improvido. (AgRg no AREsp 108.473/PR, Rel. Ministro SIDNEI BENETI, TERCEIRA TURMA, julgado em 26/06/2012, DJe 02/08/2012).

produtos contra defeitos relacionados ao desgaste natural da coisa, como sendo um intervalo mínimo de tempo no qual não se espera que haja deterioração do objeto. Depois desse prazo, tolera-se que, em virtude do uso ordinário do produto, algum desgaste possa mesmo surgir. Coisa diversa é o vício intrínseco do produto existente desde sempre, mas que somente veio a se manifestar depois de expirada a garantia. Nessa categoria de vício intrínseco certamente se inserem os defeitos de fabricação relativos a projeto, cálculo estrutural, resistência de materiais, entre outros, os quais, em não raras vezes, somente se tornam conhecidos depois de algum tempo de uso, mas que, todavia, não decorrem diretamente da fruição do bem, e sim de uma característica oculta que esteve latente até então. Cuidando-se de vício aparente, é certo que o consumidor deve exigir a reparação no prazo de noventa dias, em se tratando de produtos duráveis, iniciando a contagem a partir da entrega efetiva do bem e não fluindo o citado prazo durante a garantia contratual. Porém, conforme assevera a doutrina consumerista, o Código de Defesa do Consumidor, no § 3º do art. 26, no que concerne à disciplina do vício oculto, adotou o critério da vida útil do bem, e não o critério da garantia, podendo o fornecedor se responsabilizar pelo vício em um espaço largo de tempo, mesmo depois de expirada a garantia contratual. Com efeito, em se tratando de vício oculto não decorrente do desgaste natural gerado pela fruição ordinária do produto, mas da própria fabricação, e relativo a projeto, cálculo estrutural, resistência de materiais, entre outros, o prazo para reclamar pela reparação se inicia no momento em que ficar evidenciado o defeito, não obstante tenha isso ocorrido depois de expirado o prazo contratual de garantia, devendo ter-se sempre em vista o critério da vida útil do bem. Ademais, independentemente de prazo contratual de garantia, a venda de um bem tido por durável com vida útil inferior àquela que legitimamente se esperava, além de configurar um defeito de adequação (art. 18 do CDC), evidencia uma quebra da boa-fé objetiva, que deve nortear as relações contratuais, sejam de consumo, sejam de direito comum. Constitui, em outras palavras, descumprimento do dever de informação e a não realização do próprio objeto do contrato, que era a compra de um bem cujo ciclo vital se esperava, de forma legítima e razoável, fosse mais longo. Recurso especial conhecido em parte e, na extensão, não provido. (REsp 984.106/SC, Rel. Ministro LUIS FELIPE SALOMÃO, QUARTA TURMA, julgado em 04/10/2012, DJe 20/11/2012)."

26.4 Causas Obstativas da Decadência

O § 2º do artigo 26 do CDC apresenta as causas que obstam a decadência, a saber:

(a) a reclamação comprovadamente formulada pelo consumidor perante o fornecedor de produtos e serviços até a resposta negativa correspondente, que deve ser transmitida de forma inequívoca;

(b) a instauração de inquérito civil, até seu encerramento.

26.5 Jurisprudências

DIREITO DO CONSUMIDOR. AÇÃO DE PRECEITO CONDENATÓRIO. REPARAÇÃO DE DANO MATERIAL. NATUREZA DA AÇÃO. INTERPRETAÇÃO LÓGICO-SISTEMÁTICA DA PETIÇÃO INICIAL. VÍCIO OCULTO. BEM DURÁVEL. DECADÊNCIA.

1. O OBJETO DA DEMANDA DEVE SER EXTRAÍDO DA INTERPRETAÇÃO SISTEMÁTICA DO PEDIDO E CAUSA DE PEDIR, NÃO FICANDO ADSTRITO AO PEDIDO FORMULADO EM CAPÍTULO PRÓPRIO DO PETITÓRIO E SENDO IRRELEVANTE O NOME OU O FUNDAMENTO LEGAL APONTADO.

2. A GARANTIA LEGAL POR VÍCIOS PREEXISTENTE TEM POR FINALIDADE PROTEGER O ADQUIRENTE, EM RAZÃO DE IMPERFEIÇÕES DE INFORMAÇÃO, ESTABELECENDO INSTRUMENTOS QUE ASSEGUREM A MANUTENÇÃO DO SINALAGMA CONTRATUAL MESMO NAS HIPÓTESES EM QUE O ALIENANTE DESCONHECIA O VÍCIO.

3. NAS RELAÇÕES CONSUMERISTAS, RECONHECIDA A INIQUIDADE ESSENCIAL ENTRE AS PARTES, A AMPLIAÇÃO DA PROTEÇÃO DO ADQUIRENTE RESULTA EM GARANTIR-LHE MAIS ALTERNATIVAS PARA SATISFAZER SUA LEGÍTIMA EXPECTATIVA, RESSALVANDO AINDA A PRETENSÃO POR PERDAS E DANOS DECORRENTES (ART. 18 DO CDC), BEM COMO NO ALARGAMENTO DO PRAZO PARA OPTAR POR UMA DAQUELAS ALTERNATIVAS LEGALMENTE ASSEGURADAS (ART. 26 DO CDC).

4. TRANSCORRIDO IN ALBIS O PRAZO DECADENCIAL PARA CONCENTRAÇÃO NÃO SE HAVERÁ CONSTITUÍDO O PRÓPRIO DIREITO À REPARAÇÃO, NÃO HAVENDO QUE SE COGITAR DE INCIDÊNCIA DE PRAZO PRESCRICIONAL, SEJA ELE CIVIL OU CONSUMERISTA.

5. RECURSO ESPECIAL NÃO PROVIDO.

(RESP 1520500/SP, REL. MINISTRO MARCO AURÉLIO BELLIZZE, TERCEIRA TURMA, JULGADO EM 27/10/2015, DJE 13/11/2015)

RECURSO ESPECIAL. DIREITO DO CONSUMIDOR. INDENIZAÇÃO POR DANOS MORAIS E MATERIAIS. ENTREGA DE VESTIDO DE NOIVA DEFEITUOSO.

NATUREZA. BEM DURÁVEL. ART. 26, INCISO I, DO CÓDIGO DE DEFESA DO CONSUMIDOR. PRAZO DECADENCIAL DE NOVENTA DIAS.

1. A GARANTIA LEGAL DE ADEQUAÇÃO DE PRODUTOS E SERVIÇOS É DIREITO POTESTATIVO DO CONSUMIDOR, ASSEGURADO EM LEI DE ORDEM PÚBLICA (ARTS.

1º, 24 E 25 DO CÓDIGO DE DEFESA DO CONSUMIDOR).

2. A FACILIDADE DE CONSTATAÇÃO DO VÍCIO E A DURABILIDADE OU NÃO DO PRODUTO OU SERVIÇO SÃO OS CRITÉRIOS ADOTADOS NO CÓDIGO DE DEFESA DO CONSUMIDOR PARA A FIXAÇÃO DO PRAZO DECADENCIAL DE RECLAMAÇÃO DE VÍCIOS APARENTES OU DE FÁCIL CONSTATAÇÃO EM PRODUTOS OU SERVIÇOS.

3. O DIREITO DE RECLAMAR PELOS VÍCIOS APARENTES OU DE FÁCIL CONSTATAÇÃO CADUCA 30 (TRINTA), EM SE TRATANDO DE PRODUTO NÃO DURÁVEL, E EM 90 (NOVENTA) DIAS, EM SE TRATANDO DE PRODUTO DURÁVEL (ART. 26, INCISOS I E II, DO CDC).

4. O INÍCIO DA CONTAGEM DO PRAZO PARA OS VÍCIOS APARENTES OU DE FÁCIL CONSTATAÇÃO É A ENTREGA EFETIVA DO PRODUTO (TRADIÇÃO) OU, NO CASO DE SERVIÇOS, O TÉRMINO DA SUA EXECUÇÃO (ART. 26, § 1º, DO CDC), POIS A CONSTATAÇÃO DA INADEQUAÇÃO É VERIFICÁVEL DE PLANO A PARTIR DE UM EXAME SUPERFICIAL PELO "CONSUMIDOR MÉDIO".

5. A DECADÊNCIA É OBSTADA PELA RECLAMAÇÃO COMPROVADAMENTE FORMULADA PELO CONSUMIDOR PERANTE O FORNECEDOR DE PRODUTOS E SERVIÇOS ATÉ A RESPOSTA NEGATIVA CORRESPONDENTE, QUE DEVE SER TRANSMITIDA DE FORMA INEQUÍVOCA (ART. 26, § 2º, INCISO I, DO CDC), O QUE OCORREU NO CASO CONCRETO.

6. O VESTUÁRIO REPRESENTA PRODUTO DURÁVEL POR NATUREZA, PORQUE NÃO SE EXAURE NO PRIMEIRO USO OU EM POUCO TEMPO APÓS A AQUISIÇÃO, LEVANDO CERTO TEMPO PARA SE DESGASTAR, MORMENTE QUANDO CLASSIFICADO COMO ARTIGO DE LUXO, A EXEMPLO DO VESTIDO DE NOIVA, QUE NÃO TEM UMA RAZÃO EFÊMERA.

7. O BEM DURÁVEL É AQUELE FABRICADO PARA SERVIR DURANTE DETERMINADO TRANSCURSO TEMPORAL, QUE VARIARÁ CONFORME A QUALIDADE DA MERCADORIA, OS CUIDADOS QUE LHE SÃO EMPRESTADOS PELO USUÁRIO, O GRAU DE UTILIZAÇÃO E O MEIO AMBIENTE NO QUAL INSERIDO. POR OUTRO LADO, OS PRODUTOS "NÃO DURÁVEIS" EXTINGUEM-SE EM UM ÚNICO ATO DE CONSUMO, PORQUANTO IMEDIATO O SEU DESGASTE.

8. RECURSO PROVIDO PARA AFASTAR A DECADÊNCIA, IMPONDO-SE O RETORNO DOS AUTOS À INSTÂNCIA DE ORIGEM PARA A ANÁLISE DO MÉRITO DO PEDIDO COMO ENTENDER DE DIREITO.

(RESP 1161941/DF, REL. MINISTRO RICARDO VILLAS BÔAS CUEVA, TERCEIRA TURMA, JULGADO EM 05/11/2013, DJE 14/11/2013)

DIREITO CIVIL E DO CONSUMIDOR. AQUISIÇÃO DE IMÓVEL. APARTAMENTO.

DEFEITOS NA CONSTRUÇÃO. REPARAÇÃO. PRAZO PARA RECLAMAR. VÍCIOS APARENTES. NÃO COMPROMETIMENTO DA ESTRUTURA DA EDIFICAÇÃO.

DECADÊNCIA. APLICAÇÃO DO CDC.

1. É DE 90 (NOVENTA) DIAS O PRAZO PARA A PARTE RECLAMAR A REMOÇÃO DE VÍCIOS APARENTES OU DE FÁCIL CONSTATAÇÃO DECORRENTES DA CONSTRUÇÃO CIVIL (ART. 26, II, DO CDC).

2. NA VIGÊNCIA DO ESTATUTO CIVIL REVOGADO, ERA RESTRITA A REPARAÇÃO DE VÍCIOS (REMOVÍVEIS) NA COISA RECEBIDA EM VIRTUDE DE CONTRATO COMUTATIVO. PREVALECIA, ENTÃO, PARA CASOS COMO O DOS AUTOS (AQUISIÇÃO DE BEM IMÓVEL), A REGRA GERAL DE QUE CESSA, COM A ACEITAÇÃO DA OBRA, A RESPONSABILIDADE DO EMPREITEIRO. A

REGULAMENTAÇÃO LEGAL DO DIREITO, NOS MOLDES COMO HOJE SE CONCEBE, SOMENTE VEIO A LUME COM A EDIÇÃO DO CDC, EM 1990.

3. O PRAZO DE GARANTIA DE 5 (CINCO) ANOS ESTABELECIDO NO ART. 1.245 DO CC DE 1916 (ART. 618 DO CC EM VIGOR) SOMENTE SE APLICA AOS CASOS DE EFETIVA AMEAÇA À "SOLIDEZ E SEGURANÇA DO IMÓVEL", CONCEITO QUE ABRANGE AS CONDIÇÕES DE HABITABILIDADE DA EDIFICAÇÃO.

4. RECURSO ESPECIAL PROVIDO.

(RESP 1172331/RJ, REL. MINISTRO JOÃO OTÁVIO DE NORONHA, TERCEIRA TURMA, JULGADO EM 24/09/2013, DJE 01/10/2013)

DIREITO DO CONSUMIDOR. PRESTAÇÃO DE CONTAS AJUIZADA EM FACE DE INSTITUIÇÃO FINANCEIRA. COBRANÇA NÃO CONTRATADA DE TAXAS E TARIFAS BANCÁRIAS. DIREITO DE REPETIÇÃO. PRAZO DECADENCIAL DO ART. 26, CDC. INAPLICABILIDADE.

– Na hipótese de vício, os prazos são decadenciais, nos termos do art. 26 do CDC, sendo de 30 (trinta) dias para produto ou serviço não durável e de 90 (noventa) dias para produto ou serviço durável. Já a pretensão à reparação pelos defeitos vem regulada no art. 27 do CDC, prescrevendo em 5 (cinco) anos.

– O pedido para repetição de taxas e tarifas bancárias pagas indevidamente, por serviço não prestado, não se equipara às hipóteses estabelecidas nos arts. 20 e 26, CDC. Repetir o pagamento indevido não equivale a exigir reexecução do serviço, à redibição e tampouco ao abatimento do preço, pois não se trata de má-prestação do serviço, mas de manifesto enriquecimento sem causa, porque o banco cobra por serviço que jamais prestou. Os precedentes desta Corte impedem que a instituição financeira exija valores indevidos, mesmo que tais quantias não tenham sido reclamadas pelos consumidores nos prazos decadenciais do art. 26, CDC. Diante deste entendimento, de forma análoga, não se pode impedir a repetição do indébito reclamada pelo consumidor. Recurso Especial provido. (REsp 1094270/PR, Rel. Ministra NANCY ANDRIGHI, TERCEIRA TURMA, julgado em 02/12/2008, DJe 19/12/2008).

PROCESSO CIVIL. DIREITO DO CONSUMIDOR. AQUISIÇÃO DE VEÍCULO AUTOMOTOR. ALEGAÇÃO DO CONSUMIDOR DE QUE COMPROU DETERMINADO MODELO, PENSANDO SER O

MAIS LUXUOSO, E DE POSTERIOR CONSTATAÇÃO DE QUE SE TRATAVA DO MODELO INTERMEDIÁRIO. AÇÃO PROPOSTA UM ANO APÓS A AQUISIÇÃO. DECADÊNCIA. Desnecessidade de se aguardar o término do prazo de garantia. Alegado inadimplemento do dever de informação, pelo vendedor, que se insere no âmbito do contrato de compra e venda.

- O início da contagem do prazo de decadência para a reclamação de vícios do produto (art. 26 do CDC) se dá após o encerramento da garantia contratual. Precedentes.

- A postergação do início da contagem desse prazo, contudo, justifica-se pela possibilidade, contratualmente estabelecida, de que seja sanado o defeito apresentado durante a garantia.

- Na hipótese em que o consumidor não adquire bem propriamente defeituoso, mas alega ter se enganado quanto ao objeto adquirido, comprando o automóvel intermediário em vez do mais luxuoso, não há, necessariamente, qualquer defeito a ser corrigido durante o prazo de garantia. A decadência para pleitear a devolução da mercadoria, a troca do produto ou o abatimento do preço, portanto, conta-se, sendo aparente a diferença entre os modelos, da data da compra.

- A inversão do ônus da prova pressupõe hipossuficiência (técnica, jurídica ou econômica) ou verossimilhança das alegações feitas pelo consumidor. Os costumes comerciais indicam que a parte interessada na aquisição de um automóvel de luxo costuma buscar, ao menos, as informações quanto aos modelos existentes. A prática também indica que todos os modelos disponíveis, notadamente os mais caros, sejam apresentados ao comprador. Não há, portanto, verossimilhança na alegação de que a concessionária omitiu do consumidor a informação sobre o modelo luxuoso. Também não há hipossuficiência do consumidor uma vez que: (i) não é economicamente fraca a parte que adquire automóvel de luxo; (ii) não há desequilíbrio técnico ou jurídico se o comprador adquire o automóvel pelo convênio mantido entre a montadora e Associação de Magistrados. Recurso especial conhecido e improvido. (REsp 1021261/RS, Rel. Ministra NANCY ANDRIGHI, TERCEIRA TURMA, julgado em 20/04/2010, DJe 06/05/2010).

CONSUMIDOR. RESPONSABILIDADE PELO FATO OU VÍCIO DO PRODUTO. DISTINÇÃO. DIREITO DE RECLAMAR. PRAZOS. VÍCIO DE ADEQUAÇÃO. PRAZO DECADENCIAL. DEFEITO DE SEGURANÇA. PRAZO PRESCRICIONAL. GARANTIA LEGAL E

PRAZO DE RECLAMAÇÃO. DISTINÇÃO. GARANTIA CONTRATUAL. APLICAÇÃO, POR ANALOGIA, DOS PRAZOS DE RECLAMAÇÃO ATINENTES À GARANTIA LEGAL.

– No sistema do CDC, a responsabilidade pela qualidade biparte-se na exigência de adequação e segurança, segundo o que razoavelmente se pode esperar dos produtos e serviços. Nesse contexto, fixa, de um lado, a responsabilidade pelo fato do produto ou do serviço, que compreende os defeitos de segurança; e de outro, a responsabilidade por vício do produto ou do serviço, que abrange os vícios por inadequação.

– Observada a classificação utilizada pelo CDC, um produto ou serviço apresentará vício de adequação sempre que não corresponder à legítima expectativa do consumidor quanto à sua utilização ou fruição, ou seja, quando a desconformidade do produto ou do serviço comprometer a sua prestabilidade. Outrossim, um produto ou serviço apresentará defeito de segurança quando, além de não corresponder à expectativa do consumidor, sua utilização ou fruição for capaz de adicionar riscos à sua incolumidade ou de terceiros.

– O CDC apresenta duas regras distintas para regular o direito de reclamar, conforme se trate de vício de adequação ou defeito de segurança. Na primeira hipótese, os prazos para reclamação são decadenciais, nos termos do art. 26 do CDC, sendo de 30 (trinta) dias para produto ou serviço não durável e de 90 (noventa) dias para produto ou serviço durável. A pretensão à reparação pelos danos causados por fato do produto ou serviço vem regulada no art. 27 do CDC, prescrevendo em 05 (cinco) anos.

– A garantia legal é obrigatória, dela não podendo se esquivar o fornecedor. Paralelamente a ela, porém, pode o fornecedor oferecer uma garantia contratual, alargando o prazo ou o alcance da garantia legal.

– A lei não fixa expressamente um prazo de garantia legal. O que há é prazo para reclamar contra o descumprimento dessa garantia, o qual, em se tratando de vício de adequação, está previsto no art. 26 do CDC, sendo de 90 (noventa) ou 30 (trinta) dias, conforme seja produto ou serviço durável ou não.

– Diferentemente do que ocorre com a garantia legal contra vícios de adequação, cujos prazos de reclamação estão contidos no art. 26 do CDC, a lei não estabelece prazo de reclamação para a garantia contratual. Nessas condições, uma interpretação teleológica e sistemática do CDC permite integrar analogicamente a regra relativa à garantia contratual, estendendo-lhe os prazos de reclamação atinentes à garantia legal, ou seja, a partir do término da garantia contratual, o consumidor terá 30 (bens não duráveis) ou 90 (bens duráveis) dias para reclamar por vícios de adequação surgidos no decorrer do período desta garantia. Recurso especial conhecido e provido. (REsp 967.623/RJ, Rel. Ministra NANCY ANDRIGHI, TERCEIRA TURMA, julgado em 16/04/2009, DJe 29/06/2009).

> **Art. 27. Prescreve em cinco anos a pretensão à reparação pelos danos causados por fato do produto ou do serviço prevista na Seção II deste Capítulo, iniciando-se a contagem do prazo a partir do conhecimento do dano e de sua autoria.**
> **Parágrafo único. (Vetado).**

↳ COMENTÁRIOS

27.1 Prescrição – Noções

O decurso do tempo é um fato jurídico natural, já que determina efeitos no mundo jurídico. A usucapião é um exemplo de tais efeitos na ordem jurídica civilística, uma vez que o tempo funciona como causa de aquisição de direitos.

O nosso Código Civil de 2002 resolveu conceituar o instituto jurídico da prescrição como perda ou extinção da pretensão (art. 189, CCB). É uma opção que se coaduna com o direito alemão e suíço. Já o direito italiano considera a prescrição como a perda do próprio direito.[174]

A pretensão, quando não exercida no prazo legal, impossibilita uma pessoa exigir de outra uma determinada prestação, ou seja, o cumprimento do direito subjetivo (ação ou omissão). O direito subjetivo é o poder que a ordem jurídica confere às pessoas de agir de determinada forma e exigir de outrem algum comportamento. O direito é chamado de subjetivo, já que pertence ao sujeito titular do direito, constituindo-se um poder de atuação do sujeito reconhecido e limitado pelo ordenamento jurídico. Francisco Amaral define direito subjetivo como "um poder de agir conferido a uma pessoa individual ou coletiva, para realizar seus interesses nos limites da lei, constituindo-se juntamente com o respectivo titular, o sujeito de direito, em elemento fundamental do ordenamento jurídico".[175] Frise-se que a prescrição não extingue o direito subjetivo, mas sim a pretensão de seu exercício. Daí que a relação jurídica obrigacional (credor e devedor) con-

---

[174] Codigo Civile. Art. 2934 *Estinzione dei diritti*. Ogni diritto si estingue per prescrizione, quando il titolare non lo esercita per il tempo determinato dalla legge.Non sono soggetti alla prescrizione i diritti indisponibili e gli altri diritti indicati dalla legge (248 e seguente, 263, 272, 533, 715, 948,1422).

[175] AMARAL, Francisco. *Direito civil*: introdução. 3. ed. Rio de Janeiro: Renovar, 2000, p. 167.

tinua existindo e o pagamento do débito prescrito é considerado válido, não sendo considerado pagamento indevido (Art. 882, CCB – Não se pode repetir o que se pagou para solver dívida prescrita, ou cumprir obrigação judicialmente inexigível). Dessa forma, a prescrição atinge somente a pretensão de obtenção da prestação devida, restando íntegro o direito subjetivo material da parte e seu respectivo direito processual de ação.

Clóvis Beviláqua, ao analisar o instituto jurídico da prescrição no Código Civil brasileiro de 1916, definiu-a como "a perda da ação atribuída a um direito, de toda a sua capacidade defensiva, em consequência do não uso delas, durante um determinado espaço de tempo. Não é a falta de exercício do direito que lhe tira o vigor; o direito pode conservar-se inativo, por longo tempo, sem perder a sua eficácia. É o não uso da ação que lhe atrofia a capacidade de reagir".[176]

Para o Dr. Luiz Frederico Sauerbronn Carpenter, a prescrição é, em última análise, a extinção do direito pelo não uso da demanda prolongada durante certo tempo. O professor afirma: "Eis aqui uma noção importantíssima da qual não tem a consciência clara grande número de tratadistas da prescrição, os quais, por isso, se entregam a estafantes e nebulosas distinções entre esta e o não uso dos direitos. A prescrição é a extinção dos direitos pelo não uso das demandas".[177]

Da mesma forma, Orlando Gomes afirma que a prescrição "é o modo pelo qual um direito se extingue em virtude da inércia, durante certo lapso de tempo, do seu titular, que, em consequência, fica sem ação para assegurá-lo".[178]

É possível, pois, ver pontos de vista antagônicos acerca do conceito da prescrição, ora atingindo a ação, ora recaindo sobre o próprio direito.

Não obstante, com o advento do Código Civil brasileiro de 2002, este muito mais técnico do que o Código de 1916, a prescrição deve ser compreendida como a perda ou extinção da pretensão.

Nesse sentido, Thelma Fraga alerta que é "bastante comum nos livros de doutrina a citação do conceito de prescrição extintiva como sendo a perda do direito de ação pelo efeito do tempo aliado à inércia do sujeito.

---

176 BEVILÁQUA, Clóvis. *Código civil dos Estados Unidos do Brasil comentado por Clóvis Beviláqua*. V. 1. Edição histórica. Rio de Janeiro: Rio, 1976, p. 434.

177 CARPENTER, Luiz Frederico Sauerbronn. Prescrição. In: LACERDA. Paulo de. *Manual do código civil brasileiro*: parte geral. Vol. IV. Rio de Janeiro: Jacintho Ribeiro dos Santos, 1929, p. 75.

178 GOMES, Orlando. *Introdução ao direito civil*. 19. ed. Rio de Janeiro: Forense, 2007, p. 444.

Todavia, tal definição não deverá ser mais utilizada, primeiro em razão de que o que se extingue não é o direito de ação, e sim a exigibilidade da pretensão e, em segundo lugar, em razão de o novo Código Civil ter adotado textualmente tal definição".[179]

Anota Humberto Theodoro Júnior, em seus Comentários ao novo código civil, que "não é o direito subjetivo descumprido pelo sujeito passivo que a inércia do titular faz desaparecer, mas o direito de exigir em juízo a prestação inadimplida que fica comprometido pela prescrição. O direito subjetivo, embora desguarnecido da pretensão, subsiste, ainda que de maneira débil (porque não amparado pelo direito de forçar o seu cumprimento pelas vias jurisdicionais), tanto que se o devedor se dispuser a cumpri-lo, o pagamento será válido e eficaz, não autorizando repetição do indébito (art. 882) [...]".[180]

O artigo 189 prevê: "violado o direito, nasce para o titular a pretensão, a qual se extingue, pela prescrição, nos prazos a que aludem os arts. 205 e 206".[181]

Em se tratando de pretensão e do consectário da prescrição, incumbe referir-se ao direito de ação que, de acordo com Márcia Ignácio da Rosa de Moraes Mello, é ínsito ao princípio da inafastabilidade decorrente do monopólio da justiça estatal. Registre-se por oportuno que o direito de ação refere-se ao dever estatal da tutela jurisdicional, não se confundindo com o direito de petição que se refere ao direito do cidadão de postular junto aos órgãos da administração pública.[182]

A prescrição, também, não se confunde com a preclusão, que significa a perda de uma faculdade processual, por não ter sido exercida no momento próprio nem com a preempção de cunho processual que representa a perda do direito de ação pelo autor contumaz, já que deu azo a três arquivamentos sucessivos, conforme o artigo 268, parágrafo único, do CPC.

O Conselho da Justiça Federal, na I Jornada de Direito Civil, editou o Enunciado 14, que dispõe "(1) o início do prazo prescricional ocorre com o surgimento da pretensão, que decorre da exigibilidade do direito subjetivo; (2) o art. 189 diz respeito a casos em que a pretensão nasce imediatamente após a violação do direito absoluto ou da obrigação de não fazer".

---

179 FRAGA, Thelma Araújo Esteves; MELLO, Cleyson de Moraes. *Direito civil*: introdução e parte geral. Niterói: Impetus, 2005, p. 460.
180 THEODORO JÚNIOR, Humberto. *Comentários ao novo código civil*. 2. ed. Vol. III, Tomo II. Rio de Janeiro: Forense, 2003, p. 152.
181 Sem correspondente ao CC de 1916.
182 MELLO, Márcia Ignácio da Rosa de Moraes. Dissertação de Mestrado, UNESA, 2008.

Para haver prescrição torna-se necessário:[183]

a) exista um direito material da parte a uma prestação a ser cumprida, a seu tempo, por meio de ação ou omissão do devedor;

b) ocorra a violação desse direito material por parte do obrigado, configurando o inadimplemento da prestação devida;

c) surja, então, a pretensão, como consequência da violação do direito subjetivo, isto é, nasça o poder de exigir a prestação pelas vias judiciais; e

d) se verifique a inércia do titular da pretensão em fazê-la exercitar durante o prazo extintivo fixado em lei.

O objeto da prescrição. A prescrição incide sobre os direitos subjetivos patrimoniais, ou seja, em regra ocorre a prescritibilidade. Todavia, existem exceções: os direitos indisponíveis (direitos da personalidade, direitos extrapatrimoniais, as pretensões relativas ao estado das pessoas) não se sujeitam ao regime prescricional. Da mesma forma as ações de cunho declaratório e a ação reivindicatória.

De modo geral, o fenômeno prescricional ocorre a partir da: inércia do credor e decurso do prazo estabelecido em lei.

São estabelecidas duas espécies de prescrição no direito brasileiro: a prescrição extintiva ou liberatória e a prescrição aquisitiva. Aquela já mencionada acima; esta se encontra em harmonia e regulada no direito das coisas, e denomina-se usucapião. É, pois, um conceito dualístico da prescrição, já que o Código Civil trata, de forma simultânea, da prescrição aquisitiva e da prescrição extintiva.

O decurso do tempo derrama seus efeitos sobre os direitos subjetivos, porque é um fato jurídico que influencia no nascimento e extinção de numerosas relações jurídicas. Daí que a propriedade pode ser adquirida pelo decurso do tempo, bem como se o credor não aciona o devedor no prazo legal, aquele poderá sofrer os efeitos da prescrição como a perda da pretensão de exigir a prestação inadimplida.

Verifica-se, portanto, que o Código Civil brasileiro, seguindo o Código Civil alemão, tratou tais fenômenos temporais em disciplinas distintas, já que

---

[183] THEODORO JÚNIOR, Humberto. *Comentários ao novo código civil.* 2. ed. Vol. III, Tomo II. Rio de Janeiro: Forense, 2003. p. 172-173.

cuidou da usucapião dentro do direito das coisas e a prescrição e decadência na parte geral do Código. Da mesma forma ocorreu com o Código Civil português (arts. 300 a 333). Outros Códigos optaram por reunir os fenômenos temporais numa única disciplina, tais como o Código Civil espanhol (arts. 1.930 a 1.975). O artigo 1.930 do Código Civil espanhol estabelece que *"por la prescripción se adquieren, de la manera y con las condiciones determinadas en la ley, el dominio y demás derechos reales. También se extinguen del propio modo por la prescripción los derechos y las acciones, de cualquier clase que sean"*. Da mesma forma o Código Civil francês (arts. 2.219 a 2.281) preceitua em seu artigo 2.219 que *"La prescription est un moyen d'acquérir ou de se libérer par un certain laps de temps, et sous les conditions déterminées par la loi"*.

O fundamento do instituto jurídico da prescrição são os transtornos sociais oriundos da perpetuosidade das relações jurídicas. Melhor dizendo: o fundamento da prescrição é a necessidade de ordem social, já que tudo deve ter um fim. É, pois, a necessidade de se diluir a insegurança jurídica, a partir de um termo extintivo. A possibilidade de exercício da pretensão de forma eterna, certamente, ocasionaria uma intranquilidade e incerteza no seio social. Daí o que se busca é a estabilidade das relações jurídicas, e a prescrição existe como um mecanismo de estabilização do próprio Direito.

Acrescenta Luiz da Cunha Gonçalves que "a prescrição, dum lado, consolida as aquisições legítimas da propriedade; doutro lado, tranquiliza o devedor que pagou a sua dívida, pondo-o a coberto de injustas exigências.

É certo que o reverso da medalha é menos agradável. A prescrição favorece o usurpador contra o verdadeiro proprietário; liberta o devedor que tem a consciência de não ter pago. Não seria justo, pelo menos, exigir-lhes permanentemente a boa-fé, como no direito canônico? A negligência do proprietário ou do credor será motivo suficiente para se premiar as pessoas de má-fé, garantindo-lhes a fruição do que não lhes pertence? Como é defensável um tal resultado perante um dos princípios fundamentais do direito e da justiça: *"suum cuique tribuere?"* [...]

Estas considerações, porém, a despeito da sua lógica e força jurídica aparente, têm de ceder perante outras razões, que se baseiam, não só no direito individual, mas principalmente no interesse social".[184]

---

184 CUNHA GONÇALVES, Luiz da. *Tratado de direito civil*. Volume III. Tomo II. São Paulo: Max Limonad, 1956, p. 742.

27.2 Quanto à solidez e segurança dos edifícios e outras construções consideráveis

Quanto à solidez e segurança dos edifícios e outras construções consideráveis, o artigo 618 do Código Civil brasileiro determina a responsabilidade civil objetiva do empreiteiro. Informa o dispositivo que, "Nos contratos de empreitada de edifícios ou outras construções consideráveis, o empreiteiro de materiais e execução responderá, durante o prazo irredutível de cinco anos, pela solidez e segurança do trabalho, assim em razão dos materiais, como do solo".[185] Frise-se: o prazo é irredutível de 5 anos, já que os defeitos de construção, mormente, se desvelam *a posteriori*.

Já o parágrafo único do artigo 618 dispõe que "decairá do direito assegurado neste artigo o dono da obra que não propuser a ação contra o empreiteiro, nos cento e oitenta dias seguintes ao aparecimento do vício ou defeito".[186] [187]

O Conselho da Justiça Federal, em sua III Jornada de Direito Civil, publicou o Enunciado 181, acerca do artigo em comento. Diz ele: "CJF – Enunciado 181 – Art. 618: O prazo referido no art. 618, parágrafo único, do CC refere-se unicamente à garantia prevista no caput, sem prejuízo de poder o dono da obra, com base no mau cumprimento do contrato de empreitada, demandar perdas e danos".

Daí que o prazo estabelecido no artigo 618 é um prazo de garantia da solidez e estabilidade da construção, não obstante o dono da obra poderá demandar o empreiteiro pelos prejuízos resultantes da imperfeição da obra. O STJ, através da Súmula 194, estebeleceu que "Prescreve em vinte anos a ação para obter, do construtor, indenização por defeitos da obra".

Se a empreitada resultar de relação de consumo, deve-se aplicar o CDC,[188] em especial, a regra preconizada no artigo 27 que determina

---

185 Correspondente ao art. 1.245 do CCB/1916.
186 Sem correspondência ao CCB de 1916.
187 CC 2002 – Da Decadência. Arts. 207 a 211. CC 2002 – Art. 207. Salvo disposição legal em contrário, não se aplicam à decadência as normas que impedem, suspendem ou interrompem a prescrição.
CC 2002 – Art. 208. Aplica-se à decadência o disposto nos arts. 195 e 198, inciso I.
CC 2002 – Art. 209. É nula a renúncia à decadência fixada em lei.
CC 2002 – Art. 210. Deve o juiz, de ofício, conhecer da decadência, quando estabelecida por lei.
CC 2002 – Art. 211. Se a decadência for convencional, a parte a quem aproveita pode alegá-la em qualquer grau de jurisdição, mas o juiz não pode suprir a alegação.
188 CDC – Art. 2° Consumidor é toda pessoa física ou jurídica que adquire ou utiliza produto ou serviço como destinatário final.

"Prescreve em cinco anos a pretensão à reparação pelos danos causados por fato do produto ou do serviço prevista na Seção II deste Capítulo, iniciando-se a contagem do prazo a partir do conhecimento do dano e de sua autoria".

Outrossim, a responsabilidade do construtor permanece ainda que tenha ocorrido alienação do imóvel, isto é, o adquirente encontra-se acobertado pela norma do artigo 618. Nesse sentido, a jurisprudência do STJ:

> Parágrafo único. Equipara-se a consumidor a coletividade de pessoas, ainda que indetermináveis, que haja intervindo nas relações de consumo.
> CDC - Art. 3º Fornecedor é toda pessoa física ou jurídica, pública ou privada, nacional ou estrangeira, bem como os entes despersonalizados, que desenvolvem atividade de produção, montagem, criação, construção, transformação, importação, exportação, distribuição ou comercialização de produtos ou prestação de serviços. § 1º Produto é qualquer bem, móvel ou imóvel, material ou imaterial. § 2º Serviço é qualquer atividade fornecida no mercado de consumo, mediante remuneração, inclusive as de natureza bancária, financeira, de crédito e securitária, salvo as decorrentes das relações de caráter trabalhista.
> CDC - Art. 18. Os fornecedores de produtos de consumo duráveis ou não duráveis respondem solidariamente pelos vícios de qualidade ou quantidade que os tornem impróprios ou inadequados ao consumo a que se destinam ou lhes diminuam o valor, assim como por aqueles decorrentes da disparidade, com as indicações constantes do recipiente, da embalagem, rotulagem ou mensagem publicitária, respeitadas as variações decorrentes de sua natureza, podendo o consumidor exigir a substituição das partes viciadas. § 1º Não sendo o vício sanado no prazo máximo de trinta dias, pode o consumidor exigir, alternativamente e à sua escolha: I - a substituição do produto por outro da mesma espécie, em perfeitas condições de uso; II - a restituição imediata da quantia paga, monetariamente atualizada, sem prejuízo de eventuais perdas e danos; III - o abatimento proporcional do preço. § 2º Poderão as partes convencionar a redução ou ampliação do prazo previsto no parágrafo anterior, não podendo ser inferior a sete nem superior a cento e oitenta dias. Nos contratos de adesão, a cláusula de prazo deverá ser convencionada em separado, por meio de manifestação expressa do consumidor. § 3º O consumidor poderá fazer uso imediato das alternativas do § 1º deste artigo sempre que, em razão da extensão do vício, a substituição das partes viciadas puder comprometer a qualidade ou características do produto, diminuir-lhe o valor ou se tratar de produto essencial. § 4º Tendo o consumidor optado pela alternativa do inciso I do § 1º deste artigo, e não sendo possível a substituição do bem, poderá haver substituição por outro de espécie, marca ou modelo diversos, mediante complementação ou restituição de eventual diferença de preço, sem prejuízo do disposto nos incisos II e III do § 1º deste artigo. § 5º No caso de fornecimento de produtos in natura, será responsável perante o consumidor o fornecedor imediato, exceto quando identificado claramente seu produtor. § 6º São impróprios ao uso e consumo: I - os produtos cujos prazos de validade estejam vencidos; II - os produtos deteriorados, alterados, adulterados, avariados, falsificados, corrompidos, fraudados, nocivos à vida ou à saúde, perigosos ou, ainda, aqueles em desacordo com as normas regulamentares de fabricação, distribuição ou apresentação; III - os produtos que, por qualquer motivo, se revelem inadequados ao fim a que se destinam.

"Empreitada. Prédio residencial. Responsabilidade do construtor. Artigo 1.245 do Código Civil. O construtor é responsável, durante o quinquênio, pela solidez e segurança do prédio, e o é perante quem com ele contratou, e igualmente perante quem adquiriu o imóvel do anterior dono da obra. Legitimação ad causam passiva da construtora face os atuais proprietários das unidades habitacionais, representado pelo condomínio do edifício. Recurso especial conhecido, mas não provido (REsp 7.363/SP, Rel. Ministro ATHOS CARNEIRO, QUARTA TURMA, julgado em 8/10/1991, DJ 9/12/1991 p. 18035)."

27.3 Prescrição no CDC

O artigo 27 do CDC determina que "prescreve em cinco anos a pretensão à reparação pelos danos causados por fato do produto ou do serviço prevista na Seção II deste Capítulo, iniciando-se a contagem do prazo a partir do conhecimento do dano e de sua autoria." Pela referida regra, caracterizada a relação de consumo, aplica-se o prazo de prescrição de 5 (cinco) anos.

Todavia, *maxima data venia*, melhor será a aplicação da lei mais favorável ao consumidor de acordo com a doutrina do "*diálogo das fontes*". Nesse sentido, a decisão da Ministra do STJ Nancy Andrigui: "CONSUMIDOR E CIVIL. ART. 7º DO CDC. APLICAÇÃO DA LEI MAIS FAVORÁVEL. DIÁLOGO DE FONTES. RELATIVIZAÇÃO DO PRINCÍPIO DA ESPECIALIDADE. RESPONSABILIDADE CIVIL. TABAGISMO. RELAÇÃO DE CONSUMO. AÇÃO INDENIZATÓRIA. PRESCRIÇÃO. PRAZO. O mandamento constitucional de proteção do consumidor deve ser cumprido por todo o sistema jurídico, em diálogo de fontes, e não somente por intermédio do CDC. Assim, e nos termos do art. 7º do CDC, sempre que uma lei garantir algum direito para o consumidor, ela poderá se somar ao microssistema do CDC, incorporando-se na tutela especial e tendo a mesma preferência no trato da relação de consumo. Diante disso, conclui-se pela inaplicabilidade do prazo prescricional do art. 27 do CDC à hipótese dos autos, devendo incidir a prescrição vintenária do art. 177 do CC/16, por ser mais favorável ao consumidor. Recente decisão da 2ª Seção, porém, pacificou o entendimento quanto à incidência na espécie do prazo prescricional de 05 anos previsto no art. 27 do CDC, que deve prevalecer, com a ressalva do entendimento pessoal da Relatora. Recursos especiais providos.

(REsp 1009591/RS, Rel. Ministra NANCY ANDRIGHI, TERCEIRA TURMA, julgado em 13/04/2010, DJe 23/08/2010).

Ora, o direito não apresenta soluções normativas para todos os problemas práticos concretos e, no mais das vezes, a interpretação jurídica e o sentido do texto jurídico são atos separados de sua aplicação a um caso jurídico concreto. Melhor dizendo: estamos diante de uma sistemacidade jurídica simplesmente formal que fica indiferente aos conteúdos normativos materiais historicamente e temporalmente considerados. O sistema das normas jurídicas não pode ficar dissociado de sua realização concreta (lido a partir de sua *dimensão hermenêutica*). Aqui se fala em proteção ao consumidor.

O direito fechado sobre si mesmo numa ambiência formal e abstrata fomenta uma alienação de uma realidade social de consumo em mutação e se afasta cada vez mais do contexto sociocultural contemporâneo. Nem mesmo a invocação das "cláusulas gerais", "cláusulas abertas" e o reconhecimento das anomias do sistema são suficientes para superar a inoperância de alguns valores consagrados pelas regras jurídicas e até mesmo pela própria cultura jurídica.

Há que compreender que a realidade jurídica ainda é reflexo de um sistema normativo autônomo, racional, axiologicamente neutro em sua estrutura, destacando-se o princípio do individualismo liberal, a igualdade abstrata e a segurança jurídica. Nesse sentido, Castanheira Neves tem ensinado que a abertura para um funcionalismo jurídico é o meio para superar o normativismo, com o seu formalismo e o seu lógico-sistematismo. Nessa linha do funcionalismo, o direito deixa de ser um sistema autossubsistente e passa a ser um "instrumento e um meio ao serviço de teleologias que de fora o convocam e condicionalmente o submetem".[189]

Talvez o grande desafio seja o de pensar o Direito face à profunda mutação dos valores, da moral, da ética e dos novos comportamentos sociais.

27.4 Prazo da ação revisional de cláusula abusiva de contrato de plano de saúde

O prazo prescricional de demanda em que se pleiteia a revisão de cláusula abusiva de contrato de plano de saúde é de 10 (dez) anos, nos termos do art. 205 do Código Civil.

---

189 NEVES. 2003, p. 31.

O art. 27 do Código de Defesa do Consumidor somente se aplica às demandas nas quais se discute a reparação de danos causados por fato do produto ou do serviço. A jurisprudência do STJ considera o prazo decenal da ação revisional de cláusula abusiva de contrato de plano de saúde, implicaria *reformatio in pejus* (REsp 1261469/RJ, Rel. Ministro RICARDO VILLAS BÔAS CUEVA, TERCEIRA TURMA, julgado em 16/10/2012, DJe 19/10/2012).

27.5 Jurisprudências

AGRAVO REGIMENTAL. AGRAVO EM RECURSO ESPECIAL. PROCESSUAL CIVIL. AÇÃO INDENIZATÓRIA. ACIDENTE. TRANSPORTE COLETIVO. CONCESSIONÁRIA DE SERVIÇO PÚBLICO. SÚMULA Nº 83/STJ. PRESCRIÇÃO. PRAZO QUINQUENAL. ART. 27 DO CDC. VIOLAÇÃO DOS ARTS. 473 E 474 DO CC. COISA JULGADA.
SÚMULA Nº 7/STJ.
1. A Súmula nº 83 do STJ não se aplica apenas aos recursos especiais interpostos com fundamento na alínea "c" do permissivo constitucional, sendo também aplicável aos recursos fundados na alínea "a" 2. Aplica-se o prazo prescricional previsto no art. 27 do Código de Defesa do Consumidor às ações indenizatórias movidas em desfavor de concessionária de serviço público de transporte.
3. Aplica-se a Súmula nº 7 do STJ se o acolhimento da tese defendida no recurso especial reclamar a análise dos elementos probatórios produzidos ao longo da demanda.
4. Agravo regimental desprovido.
(AgRg no AREsp 734.217/RJ, Rel. Ministro JOÃO OTÁVIO DE NORONHA, TERCEIRA TURMA, julgado em 01/12/2015, DJe 11/12/2015).

PROCESSUAL CIVIL E CIVIL. EMBARGOS DE DECLARAÇÃO NO RECURSO ESPECIAL. RECEBIMENTO COMO AGRAVO REGIMENTAL. SEGURO DE VEÍCULO. INDENIZAÇÃO. COBRANÇA. PRESCRIÇÃO ANUAL. PRECEDENTES. DECISÃO MANTIDA.
1. A pretensão de indenização securitária sujeita-se à prescrição anual prevista no Código Civil, não sendo aplicável o prazo quinquenal preconizado no art. 27 do CDC. Precedentes.
2. Embargos de declaração recebidos como agravo regimental, ao qual se nega provimento.
(EDcl no REsp 1286743/SP, Rel. Ministro ANTONIO CARLOS FERREIRA, QUARTA TURMA, julgado em 24/11/2015, DJe 01/12/2015).

AGRAVO REGIMENTAL NO RECURSO ESPECIAL. RESPONSABILIDADE CIVIL. ERRO MÉDICO. QUADRO DE ALGIA CRÔNICA. PERDA PARCIAL E PERMANENTE DOS MOVIMENTOS DE UMA DAS

PERNAS. RESPONSABILIDADE CIVIL SUBJETIVA DO MÉDICO RECONHECIDA. INVIABILIDADE DE REVISÃO. SÚMULA 7/STJ. RESPONSABILIDADE OBJETIVA DA COOPERATIVA MÉDICA E DO HOSPITAL. DANO MORAL E ESTÉTICO. VALOR DAS INDENIZAÇÕES. JUROS DE MORA. PRESCRIÇÃO.
1. Ante a evolução dos procedimentos médicos sucessivamente realizados e do quadro resultante dessas várias cirurgias narradas no acórdão recorrido, inviável reconhecer o implemento do prazo prescricional previsto no art. 27 do CDC, pois ausente o reconhecimento pelas instâncias de origem da data da inequívoca ciência dos danos.
2. Apresenta-se deficiente a fundamentação do recurso especial em que a alegação de ofensa ao art. 535 do CPC se faz de forma genérica, não havendo a demonstração clara dos pontos do acórdão que se apresentam omissos, contraditórios ou obscuros.
3. Afirmação da falha na prestação do serviço hospitalar e do erro médico, ambos conveniados à administradora do plano de saúde. Impossibilidade de revisão. Súmula 7/STJ.
4. A manifestação externa do dano, a configurá-lo como estético, pode ser também identificada na alteração significativa do normal deambular do indivíduo.
5. Não se limita o dano estético a cicatrizes ou amputações, alcançando o conjunto harmônico do ser em sua exterioridade e, com isso, incluindo o irregular movimento da deambulação.
6. O controle levado a efeito por esta Corte Superior no que tange ao montante de indenizações por prejuízos extrapatrimoniais, incluindo os danos morais e estéticos, consoante a sua jurisprudência pacífica, restringe-se aos valores de arbitramentos que se revelem ínfimos ou exacerbados, com afronta aos princípios da razoabilidade e da proporcionalidade, casos em que é possível ultrapassar o óbice do enunciado nº 7/STJ.
7. Caso concreto em que as indenizações foram arbitradas com razoabilidade pelas instâncias de origem.
8. AGRAVO REGIMENTAL DESPROVIDO.
(AgRg no REsp 1537273/SP, Rel. Ministro PAULO DE TARSO SANSEVERINO, TERCEIRA TURMA, julgado em 24/11/2015, DJe 01/12/2015).

DIREITO PROCESSUAL CIVIL E DIREITO DO CONSUMIDOR. RECURSO ESPECIAL. DEFICIÊNCIA DE FUNDAMENTAÇÃO DO ACÓRDÃO RECORRIDO. NÃO OCORRÊNCIA. REVESTIMENTO DE PISO EM PORCELANATO. VÍCIO DO PRODUTO. AÇÃO CONDENATÓRIA. DECADÊNCIA.
1. Inexiste ofensa aos arts. 165 e 458 do CPC quando o decisum se manifesta, de modo claro e objetivo, acerca da matéria submetida a sua apreciação.
2. O Código de Defesa do Consumidor estabelece dois regimes jurídicos para a responsabilidade civil do fornecedor: a responsabilidade por fato

do produto ou serviço (arts. 12 a 17) e a responsabilidade por vício do produto ou serviço (arts. 18 a 25).
Basicamente, a distinção entre ambas reside em que, na primeira, além da desconformidade do produto ou serviço com uma expectativa legítima do consumidor, há um acontecimento externo (acidente de consumo) que causa dano material ou moral ao consumidor. Na segunda, o prejuízo do consumidor decorre do defeito interno do produto ou serviço (incidente de consumo).
3. Para cada um dos regimes jurídicos, o CDC estabeleceu limites temporais próprios para a responsabilidade civil do fornecedor: prescrição de 5 anos (art. 27) para a pretensão indenizatória pelos acidentes de consumo; e decadência de 30 ou 90 dias (art. 26) para a reclamação pelo consumidor, conforme se trate de produtos ou serviços não duráveis ou duráveis.
4. Tratando-se de vício oculto do produto, o prazo decadencial tem início no momento em que evidenciado o defeito, e a reclamação do consumidor formulada diretamente ao fornecedor obsta o prazo de decadência até a resposta negativa deste.
5. Inexistindo, no caso, prova da resposta negativa, o ajuizamento de cautelar preparatória de produção antecipada de provas evidencia o exaurimento das tratativas negociais, contando-se o prazo decadencial a partir do trânsito em julgado da respectiva sentença, que reconheceu a existência de vício do produto. Ocorrido o trânsito em julgado em 11.4.2002, a ação condenatória, ajuizada em 21.4.2003, cujo pedido se circunscreve ao prejuízo diretamente relacionado ao vício do produto, não abrangendo danos a ele exteriores, encontra-se atingida pela decadência do direito do consumidor.
6. Recurso especial conhecido e desprovido.
(REsp 1303510/SP, Rel. Ministro JOÃO OTÁVIO DE NORONHA, TERCEIRA TURMA, julgado em 03/11/2015, DJe 06/11/2015).

AGRAVO REGIMENTAL. PROCESSO CIVIL. CONSUMIDOR. RECURSO ESPECIAL. ART. 27 DO CDC. PRESCRIÇÃO. TERMO A QUO. PRINCÍPIO DA ACTIO NATA. CIÊNCIA INEQUÍVOCA DO ATO DANOSO. LAUDO TÉCNICO ATESTANDO O ATO ILÍCITO. AGRAVO REGIMENTAL NÃO PROVIDO.
1. "O curso do prazo prescricional do direito de reclamar inicia-se somente quando o titular do direito subjetivo violado passa a conhecer o fato e a extensão de suas conseqüências, conforme o princípio da actio nata" (REsp 1257387/RS, Rel. Ministra ELIANA CALMON, SEGUNDA TURMA, julgado em 05/09/2013, DJe 17/09/2013) 2. A prescrição do art. 27 do Código de Defesa do Consumidor é de 5 (cinco) anos, começando a fluir com a data da ciência inequívoca do ato danoso, que no caso ocorreu com a elaboração de laudo técnico atestando a ocorrência de cobrança de encargos abusivos.
Precedentes.

3. Agravo regimental não provido.
(AgRg no REsp 1324764/PB, Rel. Ministro LUIS FELIPE SALOMÃO, QUARTA TURMA, julgado em 15/10/2015, DJe 20/10/2015).

AGRAVO REGIMENTAL NO AGRAVO EM RECURSO ESPECIAL. ATRASO NA ENTREGA DE IMÓVEL. 1. PRESCRIÇÃO. APLICAÇÃO DO ART. 27 DO CDC. REVISÃO DAS CONCLUSÕES ALCANÇADAS NA ORIGEM. IMPOSSIBILIDADE. SÚMULA N. 7 DO STJ. 2. DANO MORAL. VALOR RAZOÁVEL. MODIFICAÇÃO. NECESSIDADE DE REEXAME DE FATOS E PROVAS. 3. LUCROS CESSANTES. PRESUNÇÃO DE PREJUÍZO. PRECEDENTES. SÚMULA N. 83 DO STJ. 4. AGRAVO IMPROVIDO.
1. O Tribunal estadual, ao interpretar as cláusulas contratuais e analisar o conjunto fático-probatório constante dos autos, entendeu haver relação de consumo entre as partes. Sendo assim, aplica-se à cobrança indevida o prazo prescricional quinquenal, nos termos do art. 27 do Código de Defesa do Consumidor. Rever tal entendimento importa em análise do contrato e o revolvimento do acervo fático-probatório dos autos, o que é vedado pelos enunciados n° 5 e 7 da Súmula desta Corte Superior. Precedentes.
2. No tocante ao valor da indenização fixada a título de danos morais, a análise dos precedentes desta Casa revela que o montante arbitrado na origem – R$ 8.000,00 (oito mil reais) – não se distancia dos padrões de razoabilidade. Incidência do enunciado n.
7/STJ.
3. A jurisprudência desta Corte firmou-se no sentido de que a presunção da existência dos lucros cessantes decorre da impossibilidade de uso e locação do bem, em razão do atraso na sua entrega, circunstância essa que denotaria presunção relativa do prejuízo do promitente-comprador, cabendo ao vendedor, para se eximir do dever de indenizar, fazer prova de que a mora contratual não lhe é imputável. Súmula 83/STJ.
4. Agravo regimental a que se nega provimento.
(AgRg no AREsp 748.501/RJ, Rel. Ministro MARCO AURÉLIO BELLIZZE, TERCEIRA TURMA, julgado em 13/10/2015, DJe 23/10/2015).

CIVIL. PROCESSUAL CIVIL. AGRAVO REGIMENTAL NOS EMBARGOS DE DECLARAÇÃO NO AGRAVO EM RECURSO ESPECIAL. INDENIZAÇÃO POR DANOS MATERIAIS E MORAIS. APREENSÃO DE MOTOCICLETA PELA AUTORIDADE POLICIAL SOB A ACUSAÇÃO DE ADULTERAÇÃO DO NÚMERO DO CHASSI. RESPONSABILIDADE PELO FATO DO PRODUTO. ART. 27 DO CPC. SÚMULA N° 83 DO STJ. NEXO DE CAUSALIDADE. DANO MORAL CONFIGURADO. QUANTUM INDENIZATÓRIO FIXADO EM R$ 20.000,00. SÚMULA N° 7 DO STJ. AGRAVO NÃO PROVIDO 1. Aplica-se a prescrição quinquenal prevista no art. 27 do CDC nas ações nas

quais se discute a reparação de danos causados por fato do produto ou do serviço. Incidência da Súmula nº 83 do STJ ao caso concreto.
2. A mudança da conclusão a que chegou o Tribunal de origem, no tocante à responsabilidade dos fornecedores de veículo automotor, quando comprovada a alteração do seu chassi, e ao valor da indenização devida, é providência inviável no âmbito deste recurso especial, ante o óbice da Súmula nº 7 do STJ.
3. Agravo regimental não provido.
(AgRg nos EDcl no AREsp 659.694/PR, Rel. Ministro MOURA RIBEIRO, TERCEIRA TURMA, julgado em 13/10/2015, DJe 26/11/2015).

AGRAVO REGIMENTAL. RECURSO ESPECIAL. REPETIÇÃO DE INDÉBITO.
PRESCRIÇÃO. ART. 27 DO CDC. INAPLICABILIDADE.
1. A prescrição quinquenal prevista no art. 27 do CDC somente se aplica às demandas nas quais se discute a reparação de danos causados por fato do produto ou do serviço.
2. É vedada a inovação de alegações em agravo regimental, em face da preclusão consumativa.
3. Agravo regimental desprovido.
(AgRg no REsp 1518086/RS, Rel. Ministro JOÃO OTÁVIO DE NORONHA, TERCEIRA TURMA, julgado em 06/08/2015, DJe 13/08/2015).

RESPONSABILIDADE CIVIL. CONCESSIONÁRIA DE SERVIÇO PÚBLICO PRESTADORA DE SERVIÇO DE TRANSPORTE. PRAZO PRESCRICIONAL. REVISÃO DA JURISPRUDÊNCIA. ART. 1º-C DA LEI Nº 9.494/97. PRINCÍPIO DA ESPECIALIDADE. ART. 97 DA CONSTITUIÇÃO FEDERAL E SÚMULA VINCULANTE N. 10/STF. PRESCRIÇÃO QUINQUENAL.
1. O prazo de prescrição das ações indenizatórias movidas em desfavor de pessoa jurídica de direito privado prestadora de serviços públicos de transporte é quinquenal, consoante o disposto no art. 1º-C da Lei nº 9.494/97.
2. Entendimento consagrado a partir da aplicação da regra da especialidade do disposto no art. 97 da Constituição Federal, que prevê a cláusula de reserva de plenário, bem como da Súmula Vinculante nº 10 do STF, que vedam ao julgador negar a aplicação de norma que não foi declarada inconstitucional.
3. Recurso especial provido.
(REsp 1277724/PR, Rel. Ministro JOÃO OTÁVIO DE NORONHA, TERCEIRA TURMA, julgado em 26/05/2015, DJe 10/06/2015).

PROCESSUAL CIVIL. AGRAVO REGIMENTAL NO AGRAVO EM RECURSO ESPECIAL. RESPONSABILIDADE CIVIL. ERRO MÉDICO. PRESCRIÇÃO. TERMO INICIAL. REEXAME DO CONJUNTO FÁTICO-PROBATÓRIO DOS AUTOS. INADMISSIBILIDADE. SÚMULA

Nº 7 DO STJ. DECISÃO MANTIDA.
1. Consoante a jurisprudência deste STJ, aplica-se o Código de Defesa do Consumidor aos serviços médicos, inclusive o prazo prescricional previsto no art. 27 do CDC.
2. O recurso especial não comporta o exame de questões que impliquem revolvimento do contexto fático-probatório dos autos, a teor do que dispõe a Súmula nº 7 do STJ.
3. No caso concreto, para alterar a conclusão do Tribunal de origem quanto à data em que o consumidor teve conhecimento inequívoco do dano seria necessário o reexame de fatos e provas, o que é inviável em recurso especial.
4. Agravo regimental a que se nega provimento.
(AgRg no AREsp 499.193/RS, Rel. Ministro ANTONIO CARLOS FERREIRA, QUARTA TURMA, julgado em 03/02/2015, DJe 10/02/2015).

AGRAVO REGIMENTAL NO AGRAVO EM RECURSO ESPECIAL. RESPONSABILIDADE CIVIL. INSCRIÇÃO INDEVIDA. INDENIZAÇÃO. DANOS MORAIS. TERMO INICIAL DA PRESCRIÇÃO. RECONHECIMENTO PELO TRIBUNAL DE ORIGEM. CARÊNCIA SUPERVENIENTE DE INTERESSE RECURSAL. RESPONSABILIDADE EXTRACONTRATUAL. EXTINÇÃO PELA PRESCRIÇÃO TRIENAL. SÚMULA 83/STJ.
AGRAVO IMPROVIDO.
1. Tendo o acórdão recorrido reconhecido que o termo inicial para contagem do prazo prescricional seria a partir da ciência da inscrição, nesse ponto, carece de interesse processual a recorrente.
2. No que se refere ao prazo prescricional da ação de indenização por danos morais decorrente da inscrição indevida em cadastro de inadimplentes, promovida por instituição financeira ou assemelhada, como no caso dos autos, por tratar-se de responsabilidade extracontratual, incide o prazo de 3 (três) anos previsto no art.
206, § 3º, V, do CC/2002.
3. A aplicação do art. 27 do Código de Defesa do Consumidor, que prevê o prazo de 5 (cinco) anos para ajuizamento da demanda, restringe-se tão somente às hipóteses de responsabilidade decorrente de fato do produto ou do serviço.
4. Agravo regimental a que se nega provimento.
(AgRg no AREsp 586.219/RS, Rel. Ministro MARCO AURÉLIO BELLIZZE, TERCEIRA TURMA, julgado em 09/12/2014, DJe 15/12/2014).

DIREITO CIVIL. RESPONSABILIDADE CIVIL. RECURSO ESPECIAL. INDENIZAÇÃO EM VIRTUDE DE DANOS MATERIAIS E MORAIS ORIUNDOS DE CONTAMINAÇÃO AMBIENTAL. PRESCRIÇÃO. TERMO INICIAL. NÃO OCORRÊNCIA DA PRESCRIÇÃO.
1. Alegado dano ambiental consubstanciado na contaminação do solo e das águas subterrâneas na localidade onde o recorrido residia, em decor-

rência dos produtos tóxicos utilizados no tratamento dos postes de luz destinados à distribuição de energia elétrica aos consumidores, o que foi noticiado no ano de 2005 pela mídia e pela própria AES Florestal.

2. Na responsabilidade contratual, em regra, o termo inicial da contagem dos prazos de prescrição encontra-se na lesão ao direito, da qual decorre o nascimento da pretensão, que traz em seu bojo a possibilidade de exigência do direito subjetivo violado, nos termos do disposto no art. 189 do Código Civil, consagrando a tese da actio nata no ordenamento jurídico pátrio.

3. Contudo, na responsabilidade extracontratual, a aludida regra assume viés mais humanizado e voltado aos interesses sociais, admitindo-se como marco inicial não mais o momento da ocorrência da violação do direito, mas a data do conhecimento do ato ou fato do qual decorre o direito de agir, sob pena de se punir a vítima por uma negligência que não houve, olvidando-se o fato de que a aparente inércia pode ter decorrido da absoluta falta de conhecimento do dano. Inteligência da Súmula 278 do STJ.

4. Constata-se aqui a subsunção da situação fática à norma constante do art. 17 do Código de Defesa do Consumidor, uma vez que o recorrido alega que foi vítima de contaminação ambiental decorrente dos produtos venenosos utilizados no tratamento dos postes de luz destinados à distribuição de energia elétrica aos consumidores.

Incidência do prazo prescricional quinquenal (art. 27 do Código de Defesa do Consumidor), iniciando-se sua contagem a partir do conhecimento do dano e de sua autoria.

5. No caso, tendo o recorrido tomado ciência da contaminação do solo e do lençol freático de sua localidade – momento em que lhe foi possível dessumir a desvalorização imobiliária (dano material) – no ano de 2005, ressoa inequívoca a não ocorrência da prescrição, haja vista que a demanda foi ajuizada em 2009.

6. Quanto aos danos morais, é certo que, da mera publicização do acidente ambiental, não ocorreu imediatamente o prejuízo à saúde, fazendo-se mister, para o nascimento da pretensão, fosse primeiro diagnosticada a doença e constatado que ela se desenvolvera em decorrência da poluição da área atingida. Assim, parece certa a não ocorrência da prescrição, porquanto não transcorrido o prazo de 5 anos nem mesmo da notícia do acidente ambiental, sendo óbvio que o diagnóstico da doença e sua causa somente se deram em momento posterior.

7. Recurso especial não provido.

(REsp 1354348/RS, Rel. Ministro LUIS FELIPE SALOMÃO, QUARTA TURMA, julgado em 26/08/2014, DJe 16/09/2014).

RECURSO ESPECIAL. SERVIÇOS EDUCACIONAIS. RELAÇÃO DE CONSUMO. APLICAÇÃO DO CDC. FATO DO SERVIÇO. PRESCRI-

ÇÃO QUINQUENAL. Nos termos do Código de Defesa do Consumidor, o contrato de prestação de serviços educacionais constitui relação de consumo. Nos casos de responsabilidade pelo fato do produto e do serviço, aplica-se o prazo prescricional de 5 anos (artigo 27 do CDC). O termo inicial da prescrição começa a fluir a partir do momento em que o direito é violado, o qual coincide com o momento de nascimento da pretensão. Recurso especial não provido. (REsp 647.743/MG, Rel. Ministro RICARDO VILLAS BÔAS CUEVA, TERCEIRA TURMA, julgado em 04/12/2012, DJe 11/12/2012).

PROCESSUAL CIVIL. AGRAVO NO AGRAVO EM RECURSO ESPECIAL. AÇÃO DE INDENIZAÇÃO C/C COMPENSAÇÃO POR DANOS MORAIS. VÍCIO DO SERVIÇO. PRESCRIÇÃO QUINQUENAL. APLICAÇÃO DO ART. 27 DO CDC. AUSÊNCIA DE CONTRARRAZÕES AO RECURSO ESPECIAL. PRECLUSÃO CONSUMATIVA. INOVAÇÃO RECURSAL. INADMISSIBILIDADE. Conforme entendimento consolidado na 2ª Seção deste Tribunal, prevalece o prazo prescricional de 05 anos previsto no art. 27 do CDC sobre o prazo vintenário do Código Civil de 1916 nas ações de indenização decorrentes de vício no produto ou serviço, com a ressalva do entendimento pessoal da Relatora. [...] (AgRg no AREsp 49.191/SP, Rel. Ministra NANCY ANDRIGHI, TERCEIRA TURMA, julgado em 15/05/2012, DJe 21/05/2012).

AGRAVO REGIMENTAL. AGRAVO DE INSTRUMENTO. RECURSO ESPECIAL. SFH. AGRAVO E RECURSO ESPECIAL PROVIDOS. Aplica-se a prescrição anual do art. 178, § 6º, II, do Código Civil de 1916, às ações do segurado/mutuário contra a seguradora, buscando a cobertura de sinistro de invalidez relacionado a contrato de mútuo habitacional celebrado no âmbito do Sistema Financeiro da Habitação. Entendimento unânime da 2ª Seção no REsp. 871.983-RS. Hipótese em que a ação foi ajuizada quando decorrido mais de um ano da negativa de cobertura. Não incidência da regra do art. 27 do CDC, porquanto restrito às hipóteses de fato do produto ou do serviço. Agravo regimental provido. ACÓRDÃO Brasília (DF), 25 de abril de 2012 (Data do Julgamento) (AgRg no Ag 1252455/RS, Rel. Ministra MARIA ISABEL GALLOTTI, QUARTA TURMA, julgado em 03/05/2012, DJe 09/05/2012).

DIREITO CIVIL. AÇÃO DE REPARAÇÃO DE DANOS MATERIAIS E MORAIS AJUIZADA POR SINDICALIZADA EM FACE DE SINDICATO E DE ADVOGADA. ALEGADA MÁ PRESTAÇÃO DE SERVIÇOS ADVOCATÍCIOS. CÓDIGO DE DEFESA DO CONSUMIDOR. INAPLICABILIDADE NO CASO CONCRETO. PRESCRIÇÃO GERAL. ART. 205 DO CÓDIGO CIVIL DE 2002. Os sindicatos possuem natureza associativa (Enunciado nº 142 da III Jornada de Direito Civil promovida pelo CJF), e tal como ocorre com as associações, o que é determinante para saber se há relação de consumo entre o sindicato e o sindicalizado é a espécie do serviço prestado. Cuidando-se de assistência jurídica ofertada pelo órgão, não se aplica a essa relação as normas do Código de Defesa do Consumidor. Com efeito, a prescrição da pretensão autoral não é regida pelo art. 27 do CDC. Porém, também não se lhe aplica o art. 206, § 3º, inciso V, do Código Civil de 2002, haja vista que o mencionado dispositivo possui incidência apenas quando se tratar de responsabilidade civil extracontratual. No caso, cuida-se de ação de indenização do mandante em face do mandatário, em razão de suposto mau cumprimento do contrato de mandato, hipótese sem previsão legal específica, circunstância que faz incidir a prescrição geral de 10 (dez) anos do art. 205 do Código Civil de 2002, cujo prazo começa a fluir a partir da vigência do novo diploma (11/1/2003), respeitada a regra de transição prevista no art. 2.028. Ressalva de fundamentação do Ministro Marco Aurélio Buzzi e da Ministra Maria Isabel Gallotti. Recurso especial não provido. (REsp 1150711/MG, Rel. Ministro LUIS FELIPE SALOMÃO, QUARTA TURMA, julgado em 06/12/2011, DJe 15/03/2012).

AGRAVO REGIMENTAL NO AGRAVO DE INSTRUMENTO. AÇÃO DE INDENIZAÇÃO. ERRO MÉDICO. PRAZO PRESCRICIONAL. ART. 27 DO CDC. Encontra-se pacificado no âmbito do Superior Tribunal de Justiça que o prazo prescricional, na relação médica profissional-cliente, na condição de consumidor, é o ajustado no art. 27 do CDC. Agravo regimental a que se nega provimento. (AgRg no Ag 1278549/RS, Rel. Ministro LUIS FELIPE SALOMÃO, QUARTA TURMA, julgado em 28/06/2011, DJe 01/07/2011).

AGRAVO REGIMENTAL. RECURSO ESPECIAL. PROCURAÇÃO. DESNECESSIDADE DE AUTENTICAÇÃO. AFASTAMENTO DA SÚMULA Nº 115/STJ. CIVIL E PROCESSO CIVIL. INDENIZAÇÃO. DANOS MORAIS E MATERIAIS. RELAÇÃO DE CONSUMO. PRESCRIÇÃO QUINQUENAL. RESPONSABILIDADE SOLIDÁRIA. LEGITIMIDADE PASSIVA AD CAUSAM. DIVERGÊNCIA JURISPRUDENCIAL. AUSÊNCIA DE COTEJO ANALÍTICO. INÉPCIA DA INICIAL. INEXISTÊNCIA. MANUTENÇÃO DA MULTA. ART. 538, PARÁGRAFO ÚNICO, DO CPC. 1. Em se tratando do agravo de instrumento disciplinado nos artigos 522 e seguintes do CPC, é dispensável a autenticação das peças que o instruem, tendo em vista inexistir previsão legal que ampare tal formalismo. Nos termos do que dispõe o art. 17 da Lei nº 8.078/90, equipara-se à qualidade de consumidor para os efeitos legais, àquele que, embora não tenha participado diretamente da relação de consumo, sofre as consequências do evento danoso decorrente do defeito exterior que ultrapassa o objeto e provoca lesões, gerando risco à sua segurança física e psíquica. Caracterizada a relação de consumo, aplica-se ao caso em apreço o prazo de prescrição de 5 (cinco) anos estabelecido no art. 27 da Lei nº 8.078/90. Respondem solidariamente todos aqueles que contribuíram para a causa do dano. Considerando que a petição inicial da ação de indenização por danos materiais e morais forneceu de modo suficiente os elementos necessários ao estabelecimento da relação jurídico-litigiosa, apresentando os fatos que permitem a identificação da causa de pedir, do pedido e do embasamento legal, correto o acórdão recorrido que afastou a inépcia da exordial. Em razão do manifesto caráter protelatório dos embargos de declaração, a multa aplicada pela instância a quo deve ser mantida. Agravo regimental desprovido (AgRg no REsp 1000329/SC, Rel. Ministro JOÃO OTÁVIO DE NORONHA, QUARTA TURMA, julgado em 10/08/2010, DJe 19/08/2010).

DIREITO DO CONSUMIDOR. AÇÃO DE INDENIZAÇÃO POR DANOS MATERIAIS E MORAIS DECORRENTES DE VÍCIOS NO SERVIÇO. PRESCRIÇÃO. CINCO ANOS. INCIDÊNCIA DO ART. 27 DO CDC. Escoado o prazo decadencial de 90 (noventa) dias previsto no art. 26, II, do CDC, não poderá o consumidor exigir do fornecedor do serviço as providências previstas no art. 20 do mesmo Diploma – reexecução do serviço, restituição da quantia paga ou o abatimento proporcional do preço -, porém, a pretensão de indenização dos danos por ele experimentados pode ser ajuizada durante o prazo prescricional de 5 (cinco) anos, porquanto rege a hipótese o art. 27 do CDC. Recurso especial conhecido e provido (REsp 683.809/RS, Rel. Ministro LUIS FELIPE SALOMÃO, QUARTA TURMA, julgado em 20/04/2010, DJe 03/05/2010).

CIVIL E PROCESSUAL CIVIL. CONSUMIDOR. AÇÃO INDENIZATÓRIA. INSCRIÇÃO INDEVIDA EM CADASTRO DE PROTEÇÃO AO CRÉDITO. DANOS MORAIS. PRESCRIÇÃO. A relação jurídica existente entre o contratante/usuário de serviços bancários e a instituição financeira é disciplinada pelo Código de Defesa do Consumidor, conforme decidiu a Suprema Corte na ADI 2591. Precedentes. O defeito do serviço ensejador de negativação indevida do nome do consumidor, ato ilícito em essência, caracterizando-se também infração administrativa (art. 56 do CDC c/c o art. 13, inc. XIII, do Decreto 2.181/1997) e ilícito penal (arts. 72 e 73 do CDC), gerando direito à indenização por danos morais, não se confunde com o fato do serviço, que pressupõe um risco à segurança do consumidor. Portanto, não se aplica, no caso, o art. 27 CDC, que se refere aos arts. 12 a 17, do mesmo diploma legal. Inexistindo norma específica quanto ao prazo prescricional aplicável ao caso, é de rigor a incidência do art. 177 do CC/1916.
5. Recurso especial conhecido e provido (REsp 740.061/MG, Rel. Ministro LUIS FELIPE SALOMÃO, QUARTA TURMA, julgado em 02/03/2010, DJe 22/03/2010).

PROCESSUAL CIVIL. RESPONSABILIDADE CIVIL. TRANSPORTE FERROVIÁRIO. INDENIZAÇÃO POR DANOS MATERIAIS E MORAIS. PRESCRIÇÃO QUINQUENAL. ART. 27 DO CDC. FATO ANTERIOR À NORMA CONSUMERISTA. INCIDÊNCIA DA PRESCRIÇÃO VINTENÁRIA DO ART. 177 DO CÓDIGO CIVIL DE 1916. Hipótese em que o Tribunal a quo, partindo da premissa equivocada de que o acidente em transporte ferroviário ocorrido em 14/3/1990 é posterior à entrada em vigência do CDC, aplicou o prazo previsto no art. 27 da citada norma e determinou a extinção do processo, alegando ocorrência de prescrição do direito sub judice. Não há falar em aplicação da prescrição quinquenal do Código de Defesa do Consumidor a fatos anteriores à vigência desta lei, razão pela qual deve ser considerado o prazo de vinte anos previsto no art. 177 do Código Civil de 1916, norma aplicável à espécie. Precedente do STJ. Além disso, é direito do sujeito vulnerável optar entre dois regimes jurídicos co-existentes e igualmente aplicáveis à hipótese fática. Recurso Especial provido. (REsp 540.108/RJ, Rel. Ministro HERMAN BENJAMIN, SEGUNDA TURMA, julgado em 03/09/2009, DJe 02/03/2011).

SEÇÃO V
Da Desconsideração da Personalidade Jurídica

Art. 28. O juiz poderá desconsiderar a personalidade jurídica da sociedade quando, em detrimento do consumidor, houver abuso de direito, excesso de poder, infração da lei, fato ou ato ilícito ou violação dos estatutos ou contrato social. A desconsideração também será efetivada quando houver falência, estado de insolvência, encerramento ou inatividade da pessoa jurídica provocados por má administração.

§ 1° (Vetado).

§ 2° As sociedades integrantes dos grupos societários e as sociedades controladas são subsidiariamente responsáveis pelas obrigações decorrentes deste código.

§ 3° As sociedades consorciadas são solidariamente responsáveis pelas obrigações decorrentes deste código.

§ 4° As sociedades coligadas só responderão por culpa.

§ 5° Também poderá ser desconsiderada a pessoa jurídica sempre que sua personalidade for, de alguma forma, obstáculo ao ressarcimento de prejuízos causados aos consumidores.

28.1 Desconsideração da Personalidade Jurídica – Noções

É certo que a personalidade da pessoa jurídica difere da personalidade jurídica de seus membros.

Ocorre que a personalidade jurídica atribuída à pessoa jurídica pode, de forma transitória, ser desconsiderada, quando a autonomia patrimonial servir para acobertar práticas fraudulentas dos sócios. Daí que, com a *desconsideração da personalidade jurídica*, é possível inibir os atos sociais fraudulentos. É a denominada *teoria da desconsideração da personalidade jurídica*, chamada no direito anglo-americano de *disregard douctrine* ou *disregard of legal entity*; de teoria da separação no direito alemão (*Durchgriff der Juristischen Personen*); ou teoria do *superamento della personalità giuridica*, no direito civil italiano.

A desconsideração da personalidade jurídica permite que o magistrado, em casos de fraude e má-fé, coloque de lado, naquele caso concreto decidindo, a autonomia patrimonial da sociedade, possibilitando a responsabilização direta e ilimitada do sócio por obrigação que, em princípio, é da sociedade.

A finalidade deste ato é impossibilitar que a sociedade seja utilizada por seus sócios como um escudo protetor de seus atos fraudulentos no dia a dia das transações comerciais.

28.2 Desconsideração da personalidade jurídica no Código Civil

As hipóteses de aplicação da teoria da desconsideração da personalidade jurídica são apontadas no artigo 50 do nosso Código Civil, quais sejam: abuso da personalidade jurídica, caracterizado pelo desvio de finalidade ou pela confusão patrimonial.

O referido artigo afirma que "Em caso de abuso da personalidade jurídica, caracterizado pelo desvio de finalidade, ou pela confusão patrimonial, pode o juiz decidir, a requerimento da parte, ou do Ministério Público quando lhe couber intervir no processo, que os efeitos de certas e determinadas relações de obrigações sejam estendidos aos bens particulares dos administradores ou sócios da pessoa jurídica".[190]

---

190 Sem Correspondente ao CC de 1916.

A sociedade, ao adquirir personalidade jurídica, passa a ter *autonomia patrimonial*, já que os bens que integram o seu patrimônio não se confudem com os bens particulares de seus sócios. Ora, os credores de uma sociedade personificada terão como principal garantia (na hipótese de inadimplemento) os bens que integram o patrimônio da sociedade devedora. Daí não ser possível, em regra, atingir diretamente os bens particulares dos sócios, com vistas a satisfação do seu crédito. É, pois, o desvelamento do princípio da autonomia patrimonial que gera responsabilidade subsidiária aos sócios da sociedade personificada. Contudo, esta autonomia patrimonial não é absoluta, já que relativizada pela teoria da desconsideração da personalidade jurídica.

Dessa forma, nos termos do artigo 50 do CCB, sempre que houver abuso na utilização da personalidade jurídica de uma sociedade caracterizada pelo desvio de finalidade ou pela confusão patrimonial, poderá o magistrado, a requerimento da parte ou do Ministério Público nos casos em que lhe couber intervir no processo, estender os efeitos de certas e determinadas relações obrigacionais aos bens particulares dos sócios e administradores da sociedade.

De acordo com o Desembargador Guerrieri Rezende, do Tribunal de Justiça do Estado de São Paulo, "O Juiz está autorizado a ignorar a autonomia patrimonial da pessoa jurídica em relação às pessoas que a integram quando aquela servir como mero instrumento ou anteparo para a realização de fraude ou abuso de direito. Mas alerta: a utilização da teoria da desconsideração da personalidade jurídica não se presta a anular a pessoa jurídica de forma definitiva, mas busca apenas um afastamento episódico do princípio da separação entre os patrimônios social e particular dos sócios. Sempre que o Judiciário deparou-se com um caso em que a pessoa jurídica foi utilizada como instrumento na realização de fraudes ou abuso de direito, acabou coibindo essa utilização, de uma forma ou de outra, valendo-se dos mais variados fundamentos. Por inexistir inicialmente uma teoria sistematizadora que pudesse orientar com segurança os magistrados, duas situações indesejadas se repetiam: a) alguns julgadores deixavam de coibir o mau uso da pessoa jurídica ou receio de desrespeitar o princípio da autonomia patrimonial à falta de um critério que o compatibilizasse com a necessidade de se evitarem as fraudes e os abusos de direito; b) outros julgadores passaram a questionar o próprio instituto da pessoa jurídica e não o mau uso que dele se fazia, pondo em risco uma criação do direito que tem se revelado satisfatória na solução de certos conflitos, malgrado a sua indevida utilização por alguns. Com intuito de evitar essas duas situações, é que a doutrina jurídica construiu a teoria da desconsideração da personalidade jurídica – *disregard of legal entity*. Não é a simples ocorrência de prejuízo ao credor da sociedade – quando, exaurido o patrimônio social, não pode ele se voltar contra o patrimônio dos sócios de responsabilidade não ilimitada – o elemento suficiente para desconsideração da personalidade jurídica da sociedade. A quem pretenda invocar a prestação jurisdicional que desconsidere a autonomia entre pessoa jurídica e seus sócios, incumbem os indícios e as provas quanto à utilização fraudulenta ou abusiva da pessoa jurídica, sem a qual não é jurídico ignorar aquela autonomia; o elemento subjetivo, consistente na intenção fraudulenta ou abusiva na utilização da pessoa jurídica, é imprescindível para desconsideração da autonomia desta, e a prudência na aplicação desta teoria, de forma a circunscrevê-la estritamente aos casos em que este elemento subjetivo se verifica, é condição de sua credibilidade e aceitação nos meios doutrinários judiciários. Tanto que o legislador contemporâneo, ao promover as discussões sobre a desconsideração da personalidade jurídica, entendeu por bem, tutelar expressamente, consoante o artigo 50 do Código Civil vigente, demonstrando a tendência de coibir todas as fraudes e abusividade do direito da autonomia da personalidade jurídica" (Ap. 396.270-5/4-00, 22.8.05).

Outro caso concreto acerca da aplicabilidade da teoria da desconsideração da personalidade jurídica foi enfrentado pelo Tribunal de Justiça do Estado de Santa Catarina, no Agravo de Instrumento nº 2002.014151-3 de Criciúma, de relatoria do Desembargador Fernando Carioni, em 31/10/2002, com a seguinte ementa:

> "Agravo de Instrumento – execução – arresto de bens – prejuízo a terceiros – hipótese caracterizada – desconsideração da personalidade jurídica – aplicabilidade. Comprovação da propriedade – certidão exarada pelo oficial de justiça – fé pública – presunção de veracidade. Fraude à execução – caráter excepcional – responsabilidade ilimitada dos sócios – admissibilidade".

> "Para a aplicação da teoria da desconsideração da personalidade jurídica, faz-se insofismável a comprovação de que os sócios tenham agido, alternativamente, com abuso de direito, desvio de poder, fraude à lei, violação aos estatutos ou ao contrato social, ou em palmar prejuízo a terceiros" (Agravo de Instrumento nº 01.021960-3, de Araranguá).

> Os atos praticados pelo Oficial de Justiça são dotados de fé pública e, em princípio, devem ser reputados válidos. Desta feita, há a presunção de veracidade, de cunho juris tantum, incumbindo ao interessado o ônus de demonstrar a sua inadequação.

Em se tratando de responsabilidade limitada dos sócios, é sabido que esta contempla algumas exceções, vez que, em hipóteses de caráter excepcional, dentre as quais se inclui a fraude à execução, aqueles responderão subsidiária, mas ilimitadamente, pelas obrigações sociais. Recurso provido".

[...]

Aduz a agravante a aplicabilidade da teoria da desconsideração da personalidade jurídica, a fim de superar eventuais vícios decorrentes da constituição de pessoa jurídica, nos casos em que ela é utilizada como estratégia para encobrir propósitos escusos de seus titulares.

[...]

VOTO:

Discute-se aqui, primordialmente, se há ou não a possibilidade da desconsideração da personalidade jurídica, ante a alegativa de sucessão de empresas, com a finalidade de fraudar credores.

Para a aplicação da teoria da desconsideração da personalidade jurídica, faz-se indispensável que se comprove uma das seguintes hipóteses: que os sócios tenham agido com abuso de direito, desvio de poder, fraude à lei, praticado fato ou ato ilícito, violado os estatutos ou o contrato social ou, ainda, que os atos praticados por aqueles tenham causado prejuízos a terceiros.

Segundo Athos Gusmão Carneiro, os pressupostos acima consignados "são de extrema importância para ensejar a aplicação da desconsideração da personalidade jurídica. Por fundamental que haja e seja demonstrado o abuso de direito, ou o desvio de poder, assim como estejam evidenciados os prejuízos, causados a terceiro, em virtude da confusão patrimonial entre o controlador (pessoa física ou jurídica) e a empresa controlada (pessoa jurídica). É preciso que tenha havido uma fraude contra terceiros, praticada pelo controlador, utilizando-se da pessoa jurídica como uma espécie de véu, que venha a acobertá-lo, ou de biombo que dissimule a efetiva atuação da pessoa física, ensejando, por parte do Poder Judiciário, o levantamento do véu e o afastamento do biombo" (RJ nº 217/05).

Deste Tribunal: "A teoria da disregard of legal entity só tem cabimento diante de hipóteses excepcionalíssimas, quando demonstrado que a pessoa jurídica fora manipulada por seu dirigente a fim de fraudar o direito de terceiros" (AI nº 97.000426-5, de Brusque, rel. Des. Eder Graf).

Nesse sentido, têm os Tribunais reconhecido que a teoria da disregard of legal entity só tem cabimento diante de hipóteses excepcionalíssimas, ou seja, quando presente a intenção dolosa, dirigida à infração dos preceitos legais, consubstanciada em atos praticados pelo sócio da sociedade. Em tais casos, faz-se possível a execução e penhora sobre os bens particulares deste, isso se admitindo, também, quando não demonstrada a integralização do capital ou a irregular extinção da empresa, ou, ainda, quando ocorrer confusão entre a pessoa física e a pessoa jurídica.

In casu, a certidão de fls. 15 comprova que o Sr. EG é proprietário da empresa G Plásticos Ltda., tendo constituído outra empresa, a qual funciona no mesmo endereço da recorrida, sem qualquer baixa desta perante a Junta Comercial, sendo que ambas atuam na mesma atividade e tem o Sr. EG no papel de sócio-proprietário, o que evidencia que este está tentando furtar-se do cumprimento de suas obrigações, a fim de causar prejuízo a terceiros.

Quanto à certidão exarada pelo Oficial de Justiça, que corrobora a propriedade do Sr. EG, há que se ressaltar que os atos praticados por aquele, como é cediço, gozam de fé pública e, em princípio, devem ser reputados válidos. Desta feita, há a presunção de veracidade, de cunho juris tantum, incumbindo ao interessado o ônus de demonstrar sua inadequação.

A respeito, ensina o Doutrinador Alexandre de Paula:

> "A intimação certificada por oficial de justiça – que tem fé pública, de valor praticamente absoluto – é de ser aceita até inequívoca prova em contrário, que é ônus da parte interessada (Ac. unân. da 5ª Câm. do TJRJ de 7.4.87, no Agr. 270/87, rel. Des. Jorge Loretti; RDTJRJ, 4/263).

O oficial de justiça tem fé pública. O que ele certifica é tido como verdadeiro até prova em contrário. Em outras palavras: há presunção iuris tantum de autenticidade e de veracidade do que ele porta por fé (...) (Ac. unâm. da 6ª Câm. do 1º TACivSP de 17.6.86, na Apel. 357.486, rel. juiz Ernâni de Paiva)" (in *Código de processo civil anotado*, vol. I, 6. ed., São Paulo, Editora Revista dos Tribunais, 1994, p. 682/683).

Egas Moniz de Aragão é enfático:

> "Dotado de fé pública – por isso pode portar por fé – o oficial atesta o que se passou, independendo da contribuição do citando" (in *Comentários ao CPC*, Forense, vol. II, p. 220 – apud, RTJ 121/749).

No mesmo sentido é a jurisprudência do nosso Tribunal:

> "Os atos praticados por oficial de justiça gozam de fé-pública, constituindo-se presunção juris tantum de regularidade em seu favor, devendo a parte que os atacar fazer prova cabal de que não está conforme

a verdade nele declarada. (...)" (AI nº 98.014441-8, de Ponte Serrada, Des. Nilton Macedo Machado, j. 18/3/99).

Outrossim, afirma a recorrente que o Sr. EG deu à credora, como pagamento de compras de matéria-prima, cheques seus, os quais estão sendo objeto de ação monitória, ante a falta de fundos, fato este corroborado nos autos, às fls. 32/33, sendo que o vencimento de um deles se deu em data anterior à constituição da segunda empresa, denotando-se, assim, o vínculo do Sr. EG com a empresa executada.

No que toca à responsabilidade limitada dos sócios, é sabido que esta contempla algumas exceções, vez que, em hipóteses de caráter excepcional, dentre as quais se inclui a fraude à execução, aqueles responderão subsidiária, mas ilimitadamente, pelas obrigações sociais.

Nesse espírito, leciona o doutrinador Fábio Ulhoa Coelho:

"Se o sócio fraudar credores valendo-se do expediente da separação patrimonial, poderá ser responsabilizado ilimitadamente por obrigação da sociedade, em decorrência da teoria da desconsideração da pessoa jurídica" (in *Manual de direito comercial*, 12. ed., São Paulo: Saraiva, 2000, p. 150).

Assim sendo, a responsabilidade recai, ilimitadamente, na pessoa do Sr. EG – sócio-proprietário da empresa agravada.

Diante de todo o exposto, a reforma da decisão guerreada é medida que se impõe.

DECISÃO:

Nos termos do voto do relator, conhece-se do recurso para dar-lhe provimento.

Participaram do julgamento, com votos vencedores, os Ex[mos] Srs. Desembargadores Cláudio Barreto Dutra e Torres Marques.

Florianópolis, 31 de outubro de 2002. Cláudio Barreto Dutra. PRESIDENTE COM VOTO. Fernando Carioni. RELATOR".

Em relação à desconsideração da personalidade jurídica, o Conselho da Justiça Federal, nas I, III, IV e V Jornadas de Direito Civil, publicou os seguintes enunciados:

a) I Jornada de Direito Civil: CJF – 7 – Art. 50: só se aplica a desconsideração da personalidade jurídica quando houver a prática de ato irregular e, limitadamente, aos administradores ou sócios que nela hajam incorrido.

b) I Jornada de Direito Civil: CJF – 51 – Art. 50: a teoria da desconsideração da personalidade jurídica – *disregard doctrine* – fica positivada no novo Código Civil, mantidos os parâmetros existentes nos microssistemas legais e na construção jurídica sobre o tema.

c) III Jornada de Direito Civil: CJF – Enunciado 146 – Art. 50: Nas relações civis, interpretam-se restritivamente os parâmetros de desconsideração da personalidade jurídica previstos no art. 50 (desvio de finalidade social ou confusão patrimonial). (Este Enunciado não prejudica o Enunciado nº 7.)

d) IV Jornada de Direito Civil: CJF – Enunciado 281 – Art. 50. A aplicação da teoria da desconsideração, descrita no art. 50 do Código Civil, prescinde da demonstração de insolvência da pessoa jurídica.

e) IV Jornada de Direito Civil: CJF – Enunciado 282 – Art. 50. O encerramento irregular das atividades da pessoa jurídica, por si só, não basta para caracterizar abuso de personalidade jurídica.

f) IV Jornada de Direito Civil: CJF – Enunciado 283 – Art. 50. É cabível a desconsideração da personalidade jurídica denominada "inversa" para alcançar bens de sócio que se valeu da pessoa jurídica para ocultar ou desviar bens pessoais, com prejuízo a terceiros.

g) IV Jornada de Direito Civil: CJF – Enunciado 284 – Art. 50. As pessoas jurídicas de direito privado sem fins lucrativos ou de fins não econômicos estão abrangidas no conceito de abuso da personalidade jurídica.

h) IV Jornada de Direito Civil: CJF – Enunciado 285 – Art. 50. A teoria da desconsideração, prevista no art. 50 do Código Civil, pode ser invocada pela pessoa jurídica em seu favor.

i) V Jornada de Direito Civil. CJF – Enunciado 406 – Art. 50. A desconsideração da personalidade jurídica alcança os grupos de sociedade quando presentes os pressupostos do art. 50 do Código Civil e houver prejuízo para os credores até o limite transferido entre as sociedades.

Vale lembrar ainda que o mesmo Conselho da Justiça Federal, por meio do Centro de Estudos Judiciários (CEJ), promoveu em outubro de 2012 a **Primeira Jornada de Direito Comercial**, publicando o seguinte enunciado que trata diretamente do assunto em tela:

> **Enunciado 9.** Quando aplicado às relações jurídicas empresariais, o art. 50 do Código Civil não pode ser interpretado analogamente ao art. 28, § 5º, do CDC ou ao art. 2º, § 2º, da CLT.

28.3 Desconsideração da personalidade jurídica no Código de Defesa do Consumidor – CDC

A desconsideração da personalidade jurídica já havia sido prevista pelo legislador na Lei nº 8.078/90 (CDC)[191] na qual, pela natureza da proteção, tem aplicação mais abrangente, chegando a ser prevista quando em detrimento do consumidor. Dessa forma, o *juiz poderá desconsiderar a personalidade jurídica* da sociedade quando houver abuso de direito, excesso de poder, infração da lei, fato ou ato ilícito ou violação dos estatutos ou contrato social. A desconsideração também será efetivada quando houver falência, estado de insolvência, encerramento ou inatividade da pessoa jurídica provocados por má administração (art. 28, *caput* do CDC). Poderá ser aplicada também na hipótese de a personalidade jurídica constituir obstáculo ao ressarcimento de prejuízos causados ao consumidor (art. 28, § 5º do CDC).

A compreensão do direito precisa de uma fundamentação hermenêutica levada a sério se se quiser que a decisão judicial seja verdadeiramente harmoniosa com o Direito, no sentido de uma ordem jurídica justa. Além do elemento enunciativo do discurso jurídico, é necessário compreender o direito como um acontecer em que nós habitamos e onde nos autocom-

---

[191] Art. 28. O juiz poderá desconsiderar a personalidade jurídica da sociedade quando, em detrimento do consumidor, houver abuso de direito, excesso de poder, infração da lei, fato ou ato ilícito ou violação dos estatutos ou contrato social. A desconsideração também será efetivada quando houver falência, estado de insolvência, encerramento ou inatividade da pessoa jurídica provocados por má administração. § 1º (*vetado*). § 2º As sociedades integrantes dos grupos societários e as sociedades controladas são subsidiariamente responsáveis pelas obrigações decorrentes deste Código. § 3º As sociedades consorciadas são solidariamente responsáveis pelas obrigações decorrentes deste Código. § 4º As sociedades coligadas só responderão por culpa. §5º Também poderá ser desconsiderada a pessoa jurídica sempre que sua personalidade for, de alguma forma, obstáculo ao ressarcimento de prejuízos causados aos consumidores.

preendemos. O direito ganha uma densidade mais profunda com a hermenêutica filosófica, já que o ser se compreende a partir do homem em seu próprio acontecer, historicamente situado.

Dessa forma, caberá ao juiz analisar o caso concreto decidindo com vistas a possibilidade de aplicação da teoria acima mencionada.

A despeito de não se exigir prova de abuso ou fraude para aplicação da Teoria Menor da desconsideração da personalidade jurídica, não é possível a responsabilização pessoal de sócio que não desempenhe atos de gestão, ressalvada a prova de que contribuiu, ao menos culposamente, para a prática de atos de administração (REsp. nº 1.900.843-DF, Rel. Ministro Paulo de Tarso Sanseverino – *in memoriam* –, Rel. para acórdão Ministro Ricardo Villas Bôas Cueva, Terceira Turma, por maioria julgado em 23/05/2023, DJe 30/05/2023).[192]

---

192 De acordo com a pacífica jurisprudência desta Corte Superior, para fins de aplicação da denominada Teoria Menor da desconsideração da personalidade jurídica, não se exige prova da fraude ou do abuso de direito, tampouco é necessária a prova de confusão patrimonial, bastando que o consumidor demonstre o estado de insolvência do fornecedor ou o fato de a personalidade jurídica representar um obstáculo ao ressarcimento dos prejuízos causados. Considerando que o § 5º do art. 28 do CDC, em virtude do mero inadimplemento e da ausência de bens suficientes à quitação do débito, admite, a princípio, a responsabilização pessoal do sócio, torna-se necessário investigar a atuação na condução dos negócios da empresa.

A rigor, a considerar as origens históricas da *disregard doctrine*, não se poderia afirmar que a hipótese contemplada no § 5º do art. 28 do CDC trata do mesmo instituto, a despeito das expressões utilizadas pelo legislador, tendo em vista que a desconsideração propriamente dita está necessariamente associada à fraude e ao abuso de direito, com desvirtuamento da função social da pessoa jurídica, criada com personalidade distinta da de seus sócios. Como bem acentua a doutrina, o instituto da desconsideração da personalidade jurídica é frequentemente confundido com hipóteses em que se atribui aos sócios, por mera opção legislativa, a responsabilidade ordinária por dívidas da sociedade.

No julgamento do REsp. nº 1.766.093/SP, tratou-se da possibilidade da inclusão, no polo passivo de ação de rescisão contratual cumulada com pedido de restituição de valores pagos, já em fase de cumprimento de sentença, de membros do conselho fiscal de uma cooperativa habitacional, à luz do disposto no § 5º do art. 28 do CDC. Nesse julgado, tudo o que se disse a respeito das regras aplicáveis às sociedades cooperativas teve como único propósito fixar a premissa de que membros do conselho fiscal desse tipo de sociedade não praticam, em regra, atos de gestão, a exigir, por isso, a comprovação da presença de indícios de que estes contribuíram, ao menos culposamente, e com desvio de função, para a prática de atos de administração. Também destacou-se que, de acordo com a doutrina, ainda que seja possível considerar o § 5º do art. 28 do CDC como hipótese autônoma e independente daquelas previstas em seu *caput*, na linha do

28.4 Agrupamentos Societários

De acordo com o § 2º do artigo 28 do CDC, as sociedades integrantes dos grupos societários e as sociedades controladas são subsidiariamente responsáveis pelas obrigações decorrentes deste código.

De acordo com o artigo 243, § 1º, da Lei nº 6.404/76, "são coligadas as sociedades nas quais a investidora tenha influência significativa." (Redação dada pela Lei nº 11.941, de 2009).

Já o § 2º da citada lei diz que "Considera-se controlada a sociedade na qual a controladora, diretamente ou através de outras controladas, é titular de direitos de sócio que lhe assegurem, de modo permanente, preponderância nas deliberações sociais e o poder de eleger a maioria dos administradores."

E o § 4º do mesmo diploma afirma que "Considera-se que há influência significativa quando a investidora detém ou exerce o poder de participar nas decisões das políticas financeira ou operacional da investida, sem controlá-la." (Incluído pela Lei nº 11.941, de 2009)

28.5 Agrupamentos Consorciadas

Já o § 3º do referido dispositivo legal afirma que "as sociedades consorciadas são solidariamente responsáveis pelas obrigações decorrentes deste código."

Acerca dos consórcios, vale lembrar os artigos 278 e 279 da Lei nº 6.404/76. Vejamos:

---

que já decidiu esta Corte Superior, a desconsideração da personalidade jurídica, mesmo em tal hipótese, somente pode atingir pessoas incumbidas da gestão da empresa.

Assim, a denominada Teoria Menor da desconsideração da personalidade jurídica, de que trata o § 5º do art. 28 do CDC, a despeito de dispensar a prova de fraude, abuso de direito ou confusão patrimonial, não dá margem para admitir a responsabilização pessoal I) de quem não integra o quadro societário da empresa, ainda que nela atue como gestor, e II) de quem, embora ostentando a condição de sócio, não desempenha atos de gestão, independentemente de se tratar ou não de empresa constituída sob a forma de cooperativa.

Vale lembrar que a desconsideração, mesmo sob a vertente da denominada Teoria Menor, é uma exceção à regra da autonomia patrimonial das pessoas jurídicas, "instrumento lícito de alocação e segregação de riscos, estabelecido pela lei com a finalidade de estimular empreendimentos, para a geração de empregos, tributo, renda e inovação em benefício de todos" (art. 49-A do Código Civil, incluído pela Lei nº 13.874/2019), a justificar, por isso, a interpretação mais restritiva do art. 28, § 5º, do CDC.

Art. 278. As companhias e quaisquer outras sociedades, sob o mesmo controle ou não, podem constituir consórcio para executar determinado empreendimento, observado o disposto neste Capítulo. § 1º O consórcio não tem personalidade jurídica e as consorciadas somente se obrigam nas condições previstas no respectivo contrato, respondendo cada uma por suas obrigações, sem presunção de solidariedade. § 2º A falência de uma consorciada não se estende às demais, subsistindo o consórcio com as outras contratantes; os créditos que porventura tiver a falida serão apurados e pagos na forma prevista no contrato de consórcio.

Art. 279. O consórcio será constituído mediante contrato aprovado pelo órgão da sociedade competente para autorizar a alienação de bens do ativo não circulante, do qual constarão: (Redação dada pela Lei nº 11.941, de 2009) I – a designação do consórcio se houver; II – o empreendimento que constitua o objeto do consórcio; III – a duração, endereço e foro; IV – a definição das obrigações e responsabilidade de cada sociedade consorciada, e das prestações específicas; V – normas sobre recebimento de receitas e partilha de resultados; VI – normas sobre administração do consórcio, contabilização, representação das sociedades consorciadas e taxa de administração, se houver; VII – forma de deliberação sobre assuntos de interesse comum, com o número de votos que cabe a cada consorciado; VIII – contribuição de cada consorciado para as despesas comuns, se houver. Parágrafo único. O contrato de consórcio e suas alterações serão arquivados no registro do comércio do lugar da sua sede, devendo a certidão do arquivamento ser publicada.

28.6 Sociedades Coligadas

Por fim, consoante o § 4º diz que "as sociedades coligadas só responderão por culpa."

28.7 Jurisprudências

A desconsideração da personalidade jurídica, ainda que com fundamento na teoria menor, não pode atingir o patrimônio pessoal de membros do conselho fiscal sem que haja a mínima presença de indícios de que estes contribuíram, ao menos culposamente, e com desvio de função, para a prática de atos de administração (REsp 1.766.093-SP, Rel. Min. Nancy

Andrighi, Rel. Acd. Min. Ricardo Villas Bôas Cueva, Terceira Turma, por maioria, julgado em 12/11/2019, DJe 28/11/2019).

AGRAVO REGIMENTAL NO AGRAVO EM RECURSO ESPECIAL. PROCESSUAL CIVIL.

CONSUMIDOR. DESCONSIDERAÇÃO DA PERSONALIDADE JURÍDICA. NÃO DEMONSTRAÇÃO DA PRESENÇA DOS REQUISITOS PREVISTOS NO ART. 28 DO CDC.

SÚMULA 7/STJ.

1. A recorrente busca a desconsideração da personalidade jurídica, em virtude de a recorrida não mais exercer as atividades no endereço fornecido na inicial.

2. O ART. 28 DO CDC dispõe que a desconsideração da personalidade jurídica da sociedade, no âmbito das relações consumeristas, se efetivará: a) quando, em detrimento do consumidor, houver abuso de direito, excesso de poder, infração da lei, fato ou ato ilícito ou violação dos estatutos ou contrato social; b) falência, estado de insolvência, encerramento ou inatividade da pessoa jurídica, provocados por má administração; c) sempre que sua personalidade for, de alguma forma, obstáculo ao ressarcimento de prejuízos causados aos consumidores.

3. O tribunal local indeferiu a desconsideração, por não haver nos autos elementos que demonstrassem, com base nos requisitos especificados no art. 28 do CDC, situação que autorizasse a superação da personalidade jurídica da recorrida.

4. No caso, desconstituir o juízo formado – ausência de algum requisito do art. 28 DO CDC, para fins de admitir a desconsideração da personalidade jurídica – exige, em sede de recurso excepcional, o revolvimento dos elementos informativos dos autos, o que enseja o óbice da súmula 7/STJ.

5. Agravo regimental não provido.

(AGRG NO ARESP 563.745/RJ, REL. MINISTRO RAUL ARAÚJO, QUARTA TURMA, JULGADO EM 09/06/2015, DJE 30/06/2015).

AGRAVO REGIMENTAL NO RECURSO ESPECIAL – AÇÃO DE INDENIZAÇÃO POR ATO ILÍCITO – INSCRIÇÃO INDEVIDA – DANO MORAL – CUMPRIMENTO DE SENTENÇA – INSOLVÊNCIA DA PESSOA JURÍDICA – DESCONSIDERAÇÃO DA PESSOA JURÍDICA – ART. 28, § 5º, DO CÓDIGO DE DEFESA DO CONSUMIDOR – POSSIBILIDADE – PRECEDENTES DO STJ – DECISÃO MONOCRÁTICA QUE DEU PROVIMENTO AO RECURSO ESPECIAL. INSURGÊNCIA DA RÉ.

1. É possível a desconsideração da personalidade jurídica da sociedade empresária – acolhida em nosso ordenamento jurídico, excepcionalmente, no Direito do Consumidor – bastando, para tanto, a mera prova de insolvência da pessoa jurídica para o pagamento de suas obrigações, independentemente da existência de desvio de finalidade ou de confusão patrimonial, é o suficiente para se "levantar o véu" da personalidade jurídica da sociedade empresária.

Precedentes do STJ: REsp 737.000/MG, Rel. Ministro Paulo de Tarso Sanseverino, DJe 12/9/2011; (Resp 279.273, Rel. Ministro Ari Pargendler, Rel. p/ acórdão Ministra Nancy Andrighi, 29.3.2004;

REsp 1111153/RJ, Rel. Min. Luis Felipe Salomão, DJe de 04/02/2013; REsp 63981/SP, Rel. Min. Aldir Passarinho Júnior, Rel. p/acórdão Min.

Sálvio de Figueiredo Teixeira, DJe de 20/11/2000.

2. "No contexto das relações de consumo, em atenção ao art. 28, § 5º, do CDC, os credores não negociais da pessoa jurídica podem ter acesso ao patrimônio dos sócios, mediante a aplicação da disregard doctrine, bastando a caracterização da dificuldade de reparação dos prejuízos sofridos em face da insolvência da sociedade empresária" (REsp 737.000/MG, Rel. Ministro Paulo de Tarso Sanseverino, Terceira Turma, DJe 12/9/2011).

3. Agravo regimental desprovido.

(AgRg no REsp 1106072/MS, Rel. Ministro MARCO BUZZI, QUARTA TURMA, julgado em 02/09/2014, DJe 18/09/2014)

DIREITO DO CONSUMIDOR E PROCESSUAL CIVIL. RECURSO ESPECIAL. EXECUÇÃO FRUSTRADA. PEDIDO DE DESCONSIDERAÇÃO DA PERSONALIDADE JURÍDICA. INDEFERIMENTO. FUNDAMENTAÇÃO APOIADA NA INEXISTÊNCIA DOS REQUISITOS PREVISTOS NO ART. 50 DO CÓDIGO CIVIL DE 2002 (TEORIA MAIOR). Alegação de que se tratava de relação de consumo. Incidência do art. 28, § 5º, do CDC (teoria menor). Omissão. Ofensa ao art. 535 do CPC reconhecida. É possível, em linha de princípio, em se tratando de vínculo de índole consumerista, a utilização da chamada Teoria Menor da desconsideração da personalidade jurídica, a qual se contenta com o estado de insolvência do fornecedor, somado à má administração da empresa, ou, ainda, com o fato de a personalidade jurídica representar um "obstáculo ao ressarcimento de prejuízos causados aos consumidores" (art. 28 e seu § 5º, do Código de Defesa do Consumidor). Omitindo-se o Tribunal *a quo* quanto à tese de incidência do art. 28, § 5º, do CDC (Teoria Menor), acolhe-se a alegação de ofensa ao art. 535 do CPC. 3. Recurso especial parcialmente conhecido e provido. (REsp 1111153/RJ,

Rel. Ministro LUIS FELIPE SALOMÃO, QUARTA TURMA, julgado em 06/12/2012, DJe 04/02/2013)

DIREITO CIVIL E DO CONSUMIDOR. DESCONSIDERAÇÃO DA PERSONALIDADE JURÍDICA. PRESSUPOSTOS PROCESSUAIS E MATERIAIS. OBSERVÂNCIA. CITAÇÃO DOS SÓCIOS EM PREJUÍZO DE QUEM FOI DECRETADA A DESCONSIDERAÇÃO. Desnecessidade. Ampla defesa e contraditório garantidos com a intimação da constrição. Impugnação ao cumprimento de sentença. Via adequada para a discussão acerca do cabimento da disregard. Relação de consumo. Espaço próprio para a incidência da teoria menor da desconsideração. Art. 28, § 5º, CDC. Precedentes.

1. A desconsideração da personalidade jurídica é instrumento afeito a situações limítrofes, nas quais a má-fé, o abuso da personalidade jurídica ou confusão patrimonial estão revelados, circunstâncias que reclamam, a toda evidência, providência expedita por parte do Judiciário. Com efeito, exigir o amplo e prévio contraditório em ação de conhecimento própria para tal mister, no mais das vezes, redundaria em esvaziamento do instituto nobre.

2. A superação da pessoa jurídica afirma-se como um incidente processual e não como um processo incidente, razão pela qual pode ser deferida nos próprios autos, dispensando-se também a citação dos sócios, em desfavor de quem foi superada a pessoa jurídica, bastando a defesa apresentada *a posteriori*, mediante embargos, impugnação ao cumprimento de sentença ou exceção de pré-executividade.

3. Assim, não prospera a tese segundo a qual não seria cabível, em sede de impugnação ao cumprimento de sentença, a discussão acerca da validade da desconsideração da personalidade jurídica. Em realidade, se no caso concreto e no campo do direito material fosse descabida a aplicação da *Disregard Doctrine*, estar-se-ia diante de ilegitimidade passiva para responder pelo débito, insurgência apreciável na via da impugnação, consoante art. 475-L, inciso IV. Ainda que assim não fosse, poder-se-ia cogitar de oposição de exceção de pré-executividade, a qual, segundo entendimento de doutrina autorizada, não só foi mantida, como ganhou mais relevo a partir da Lei nº 11.232/2005.

4. Portanto, não se havendo falar em prejuízo à ampla defesa e ao contraditório, em razão da ausência de citação ou de intimação para o pagamento da dívida (art. 475-J do CPC), e sob pena de tornar-se infrutuosa a desconsideração da personalidade jurídica, afigura-se bastante – quando, no âmbito do direito material, forem detectados os pressupostos autorizadores da medida – a intimação superveniente da penhora dos bens dos ex-sócios, providência que, em concreto, foi realizada.

Capítulo V – Das Práticas Comerciais | 325

5. No caso, percebe-se que a fundamentação para a desconsideração da pessoa jurídica está ancorada em "abuso da personalidade" e na "ausência de bens passíveis de penhora", remetendo o voto condutor às provas e aos documentos carreados aos autos. Nessa circunstância, o entendimento a que chegou o Tribunal a quo, além de ostentar fundamentação consentânea com a jurisprudência da Casa, não pode ser revisto por força da Súmula 7/STJ.

6. Não fosse por isso, cuidando-se de vínculo de índole consumerista, admite-se, a título de exceção, a utilização da chamada "teoria menor" da desconsideração da personalidade jurídica, a qual se contenta com o estado de insolvência do fornecedor somado à má administração da empresa, ou, ainda, com o fato de a personalidade jurídica representar um "obstáculo ao ressarcimento de prejuízos causados aos consumidores", mercê da parte final do *caput* do art. 28, e seu § 5º, do Código de Defesa do Consumidor.

7. A investigação acerca da natureza da verba bloqueada nas contas do recorrente encontra óbice na Súmula 7/STJ. 8. Recurso especial não provido (REsp 1096604/DF, Rel. Ministro LUIS FELIPE SALOMÃO, QUARTA TURMA, julgado em 02/08/2012, DJe 16/10/2012).

Recurso especial. Ação de resolução de contrato de promessa de compra e venda de imóvel proposta contra a construtora e seus sócios. Desconsideração da personalidade jurídica. Art. 28, *caput* e § 5º, do CDC. Prejuízo a consumidores. Inatividade da empresa por má administração. Ação de resolução de contrato de promessa de compra e venda de imóvel movida contra a construtora e seus sócios. Reconhecimento pelas instâncias ordinárias de que, em detrimento das consumidoras demandantes, houve inatividade da pessoa jurídica, decorrente da má administração, circunstância apta, de per si, a ensejar a desconsideração, com fundamento no art. 28, *caput*, do CDC. No contexto das relações de consumo, em atenção ao art. 28, § 5º, do CDC, os credores não negociais da pessoa jurídica podem ter acesso ao patrimônio dos sócios, mediante a aplicação da *disregard doctrine*, bastando a caracterização da dificuldade de reparação dos prejuízos sofridos em face da insolvência da sociedade empresária. 4. Precedente específico desta Corte acerca do tema (REsp. nº 279.273/SP, Rel. Min. ARI PARGENDLER, Rel. p/ Acórdão Min. NANCY ANDRIGHI, Terceira Turma, DJ de 29.03.2004). 5. RECURSO ESPECIAL CONHECIDO E PROVIDO (REsp 737.000/MG, Rel. Ministro PAULO DE TARSO SANSEVERINO, TERCEIRA TURMA, julgado em 01/09/2011, DJe 12/09/2011).

Responsabilidade civil e Direito do consumidor. Recurso especial.

Shopping Center de Osasco-SP. Explosão. Consumidores. Danos materiais e morais. Ministério Público. Legitimidade ativa. Pessoa jurídica.

Desconsideração. Teoria maior e teoria menor. Limite de responsabilização dos sócios. Código de Defesa do Consumidor.

Requisitos. Obstáculo ao ressarcimento de prejuízos causados aos consumidores. Art. 28, § 5º.

– Considerada a proteção do consumidor um dos pilares da ordem econômica, e incumbindo ao Ministério Público a defesa da ordem jurídica, do regime democrático e dos interesses sociais e individuais indisponíveis, possui o Órgão Ministerial legitimidade para atuar em defesa de interesses individuais homogêneos de consumidores, decorrentes de origem comum.

– A teoria maior da desconsideração, regra geral no sistema jurídico brasileiro, não pode ser aplicada com a mera demonstração de estar a pessoa jurídica insolvente para o cumprimento de suas obrigações.

Exige-se, aqui, para além da prova de insolvência, ou a demonstração de desvio de finalidade (teoria subjetiva da desconsideração), ou a demonstração de confusão patrimonial (teoria objetiva da desconsideração).

– A teoria menor da desconsideração, acolhida em nosso ordenamento jurídico excepcionalmente no Direito do Consumidor e no Direito Ambiental, incide com a mera prova de insolvência da pessoa jurídica para o pagamento de suas obrigações, independentemente da existência de desvio de finalidade ou de confusão patrimonial.

– Para a teoria menor, o risco empresarial normal às atividades econômicas não pode ser suportado pelo terceiro que contratou com a pessoa jurídica, mas pelos sócios e/ou administradores desta, ainda que estes demonstrem conduta administrativa proba, isto é, mesmo que não exista qualquer prova capaz de identificar conduta culposa ou dolosa por parte dos sócios e/ou administradores da pessoa jurídica.

– A aplicação da teoria menor da desconsideração às relações de consumo está calcada na exegese autônoma do § 5º do art. 28, do CDC, porquanto a incidência desse dispositivo não se subordina à demonstração dos requisitos previstos no caput do artigo indicado, mas apenas à prova de causar, a mera existência da pessoa jurídica, obstáculo ao ressarcimento de prejuízos causados aos consumidores.

– Recursos especiais não conhecidos.

(REsp 279.273/SP, Rel. Ministro ARI PARGENDLER, Rel. p/ Acórdão Ministra NANCY ANDRIGHI, TERCEIRA TURMA, julgado em 04/12/2003, DJ 29/03/2004, p. 230).

CAPÍTULO V
Das Práticas Comerciais

SEÇÃO I
Das Disposições Gerais

Art. 29. Para os fins deste Capítulo e do seguinte, equiparam-se aos consumidores todas as pessoas determináveis ou não, expostas às práticas nele previstas.

↳ COMENTÁRIOS

29.1 Práticas Comerciais

As práticas comerciais são os métodos e técnicas utilizados pelos fornecedores com o firme propósito de fomentar, garantir e desenvolver a circulação de seus produtos e serviços com vistas a atingir o seu destinatário final.

29.2 Marketing

O marketing é uma das espécies mais conhecidas das práticas comerciais, já que fomenta o consumo. As empresas, de modo geral, utilizam o marketing para estabelecer uma marca sólida, forte e favorável de sua empresa.

Os profissionais de marketing atuam com frequência junto à direção geral das empresas de bens de consumo e de serviços, de bens industriais e de alta tecnologia. O orçamento para o marketing é cada vez maior nas empresas, já que procuram interações constantes com seus consumidores.

É, pois, a era do marketing relacional, das tecnologias da informação, do web marketing e do e-commerce.

No século XX, várias empresas atuaram de forma a alavancar o marketing de seus produtos, tais como a Coca-Cola, a Nestlê, a Volksvagem etc.

O marketing pode ser visto nas três fases do contrato, a saber: a) pré-contratual; b) contratual e c) pós-contratual.

29.3 Conceito de consumidor para as práticas comerciais

De acordo com o artigo 29 do CDC, equiparam-se aos consumidores todas as pessoas determináveis ou não, expostas às práticas comerciais.

"A jurisprudência do STJ se encontra consolidada no sentido de que a determinação da qualidade de consumidor deve, em regra, ser feita mediante aplicação da teoria finalista, que, numa exegese restritiva do art. 2º do CDC, considera destinatário final tão somente o destinatário fático e econômico do bem ou serviço, seja ele pessoa física ou jurídica.

Pela teoria finalista, fica excluído da proteção do CDC o consumo intermediário, assim entendido como aquele cujo produto retorna para as cadeias de produção e distribuição, compondo o custo (e, portanto, o preço final) de um novo bem ou serviço. Vale dizer, só pode ser considerado consumidor, para fins de tutela pela Lei nº 8.078/90, aquele que exaure a função econômica do bem ou serviço, excluindo-o de forma definitiva do mercado de consumo.

A jurisprudência do STJ, tomando por base o conceito de consumidor por equiparação previsto no art. 29 do CDC, tem evoluído para uma aplicação temperada da teoria finalista frente às pessoas jurídicas, num processo que a doutrina vem denominando finalismo aprofundado, consistente em se admitir que, em determinadas hipóteses, a pessoa jurídica adquirente de um produto ou serviço pode ser equiparada à condição de consumidora, por apresentar frente ao fornecedor alguma vulnerabilidade, que constitui o princípio-motor da política nacional das relações de consumo, premissa expressamente fixada no art. 4º, I, do CDC, que legitima toda a proteção conferida ao consumidor.

A doutrina tradicionalmente aponta a existência de três modalidades de vulnerabilidade: técnica (ausência de conhecimento específico acerca do produto ou serviço objeto de consumo), jurídica (falta de conhecimento jurídico, contábil ou econômico e de seus reflexos na relação de consumo) e fática (situações em que a insuficiência econômica, física ou até mesmo psicológica do consumidor o coloca em pé de desigualdade frente ao fornecedor).

Mais recentemente, tem se incluído também a vulnerabilidade informacional (dados insuficientes sobre o produto ou serviço capazes de influenciar no processo decisório de compra).

A despeito da identificação *in abstracto* dessas espécies de vulnerabilidade, a casuística poderá apresentar novas formas de vulnerabilidade aptas a atrair a incidência do CDC à relação de consumo. Numa relação interempresarial, para além das hipóteses de vulnerabilidade já consagradas pela doutrina e pela jurisprudência, a relação de dependência de uma das partes frente à outra pode, conforme o caso, caracterizar uma vulnerabilidade legitimadora da aplicação da Lei nº 8.078/90, mitigando os rigores da teoria finalista e autorizando a equiparação da pessoa jurídica compradora à condição de consumidora. [...]." (REsp 1195642/RJ, Rel. Ministra NANCY ANDRIGHI, TERCEIRA TURMA, julgado em 13/11/2012, DJe 21/11/2012).

29.4 Jurisprudências

RECURSO ESPECIAL. CIVIL E CONSUMIDOR. CONTRATO DE LOCAÇÃO DE MÁQUINA FOTOCOPIADORA COM SERVIÇO DE MANUTENÇÃO. INADIMPLEMENTO DA LOCATÁRIA PESSOA JURÍDICA. AÇÃO DE COBRANÇA DE ALUGUERES EM ATRASO. RELAÇÃO DE CONSUMO. INEXISTÊNCIA. INAPLICABILIDADE DO CÓDIGO DE DEFESA DO CONSUMIDOR (ARTS. 2º E 4º, I). BEM E SERVIÇO QUE INTEGRAM CADEIA PRODUTIVA. TEORIA FINALISTA. MITIGAÇÃO (CDC, ART. 29). EQUIPARAÇÃO A CONSUMIDOR. PRÁTICA ABUSIVA OU SITUAÇÃO DE VULNERABILIDADE. NÃO RECONHECIMENTO PELA INSTÂNCIA ORDINÁRIA. REVISÃO. INVIABILIDADE (SÚMULA 7/STJ). RECURSO DESPROVIDO.

1. "A jurisprudência desta Corte é no sentido de que o Código de Defesa do Consumidor não se aplica no caso em que o produto ou serviço é contratado para implementação de atividade econômica, já que não estaria configurado o destinatário final da relação de consumo, podendo no entanto ser mitigada a aplicação da teoria finalista quando ficar comprovada a condição de hipossuficiência técnica, jurídica ou econômica da pessoa jurídica. O Tribunal de origem asseverou não ser a insurgente destinatária final do serviço, tampouco hipossuficiente. Inviabilidade de reenfrentamento do acervo fático-probatório para concluir em sentido diverso, aplicando-se o óbice da súmula 7/STJ." (EDcl no AREsp 265.845/SP, Rel. Ministro MARCO BUZZI, DJe de 1º/8/2013) 2. Em situações excepcionais, esta Corte tem mitigado os rigores da teoria finalista para autorizar a incidência do CDC nas hipóteses em que a parte (pessoa física ou jurídica), embora não seja propriamente a destinatária final do produto ou serviço, se apresenta em situação de vulnerabilidade ou submetida a prática abusiva.

3. Na espécie, dada a desproporção entre as contratantes, é incontestável a natural posição de inferioridade da ré frente à autora e de supremacia desta ante aquela, o que, entretanto, por si só, não possibilita o reconhecimento de situação de vulnerabilidade provocada, a atrair a incidência da referida equiparação tratada no art. 29 do CDC. É que tal norma não prescinde da indicação de que, na hipótese sob exame, tenha sido constatada violação a um dos dispositivos previstos nos arts. 30 a 54 dos Capítulos V e VI do CDC. A norma do art. 29 não se aplica isoladamente.

4. As instâncias ordinárias, no presente caso, recusaram a incidência do Código do Consumidor, por não haverem constatado a ocorrência de prática abusiva ou situação de vulnerabilidade na relação contratual examinada, mostrando-se inviável o reexame do acervo fático-probatório para eventualmente chegar-se a conclusão inversa, ante a incidência do óbice da Súmula 7/STJ.

5. Recurso especial desprovido.

(REsp 567.192/SP, Rel. Ministro RAUL ARAÚJO, QUARTA TURMA, julgado em 05/09/2013, DJe 29/10/2014).

CONSUMIDOR. DEFINIÇÃO. ALCANCE. TEORIA FINALISTA. REGRA. MITIGAÇÃO.

FINALISMO APROFUNDADO. CONSUMIDOR POR EQUIPARAÇÃO. VULNERABILIDADE.

1. A jurisprudência do STJ se encontra consolidada no sentido de que a determinação da qualidade de consumidor deve, em regra, ser feita mediante aplicação da teoria finalista, que, numa exegese restritiva do art. 2º do CDC, considera destinatário final tão somente o destinatário fático e econômico do bem ou serviço, seja ele pessoa física ou jurídica.

2. Pela teoria finalista, fica excluído da proteção do CDC o consumo intermediário, assim entendido como aquele cujo produto retorna para as cadeias de produção e distribuição, compondo o custo (e, portanto, o preço final) de um novo bem ou serviço. Vale dizer, só pode ser considerado consumidor, para fins de tutela pela Lei nº 8.078/90, aquele que exaure a função econômica do bem ou serviço, excluindo-o de forma definitiva do mercado de consumo.

3. A jurisprudência do STJ, tomando por base o conceito de consumidor por equiparação previsto no art. 29 do CDC, tem evoluído para uma aplicação temperada da teoria finalista frente às pessoas jurídicas, num processo que a doutrina vem denominando finalismo aprofundado, con-

sistente em se admitir que, em determinadas hipóteses, a pessoa jurídica adquirente de um produto ou serviço pode ser equiparada à condição de consumidora, por apresentar frente ao fornecedor alguma vulnerabilidade, que constitui o princípio-motor da política nacional das relações de consumo, premissa expressamente fixada no art. 4º, I, do CDC, que legitima toda a proteção conferida ao consumidor.

4. A doutrina tradicionalmente aponta a existência de três modalidades de vulnerabilidade: técnica (ausência de conhecimento específico acerca do produto ou serviço objeto de consumo), jurídica (falta de conhecimento jurídico, contábil ou econômico e de seus reflexos na relação de consumo) e fática (situações em que a insuficiência econômica, física ou até mesmo psicológica do consumidor o coloca em pé de desigualdade frente ao fornecedor).

Mais recentemente, tem se incluído também a vulnerabilidade informacional (dados insuficientes sobre o produto ou serviço capazes de influenciar no processo decisório de compra).

5. A despeito da identificação in abstracto dessas espécies de vulnerabilidade, a casuística poderá apresentar novas formas de vulnerabilidade aptas a atrair a incidência do CDC à relação de consumo. Numa relação interempresarial, para além das hipóteses de vulnerabilidade já consagradas pela doutrina e pela jurisprudência, a relação de dependência de uma das partes frente à outra pode, conforme o caso, caracterizar uma vulnerabilidade legitimadora da aplicação da Lei nº 8.078/90, mitigando os rigores da teoria finalista e autorizando a equiparação da pessoa jurídica compradora à condição de consumidora.

6. Hipótese em que revendedora de veículos reclama indenização por danos materiais derivados de defeito em suas linhas telefônicas, tornando inócuo o investimento em anúncios publicitários, dada a impossibilidade de atender ligações de potenciais clientes. A contratação do serviço de telefonia não caracteriza relação de consumo tutelável pelo CDC, pois o referido serviço compõe a cadeia produtiva da empresa, sendo essencial à consecução do seu negócio.

Também não se verifica nenhuma vulnerabilidade apta a equipar a empresa à condição de consumidora frente à prestadora do serviço de telefonia. Ainda assim, mediante aplicação do direito à espécie, nos termos do art. 257 do RISTJ, fica mantida a condenação imposta a título de danos materiais, à luz dos arts. 186 e 927 do CC/02 e tendo em vista a conclusão das instâncias ordinárias quanto à existência de culpa da fornecedora pelo defeito apresentado nas linhas telefônicas e a relação direta deste defeito com os prejuízos suportados pela revendedora de veículos.

7. Recurso especial a que se nega provimento.

(REsp 1195642/RJ, Rel. Ministra NANCY ANDRIGHI, TERCEIRA TURMA, julgado em 13/11/2012, DJe 21/11/2012).

ADMINISTRATIVO E CONSUMIDOR. MULTA IMPOSTA PELO PROCON. LEGITIMIDADE. RELAÇÃO DE CONSUMO CARACTERIZADA. Art. 29 Do CDC. Hipótese em que o Procon aplicou à impetrante multa de R$ 3.441, 00, "levando em consideração a publicação do anúncio não autorizado pelo Reclamante" (Auto Posto Boa Esperança). A recorrente sustenta que não poderia ter sido autuada, pois o serviço por ela prestado – publicidade em lista empresarial impressa – "é classificado como insumo e não consumo". Discutem-se, portanto, o enquadramento da atividade desenvolvida pela impetrante como relação de consumo e a consequente competência do Procon para a imposição de multa, por infração ao Código de Defesa do Consumidor (CDC). O CDC incide nas relações entre pessoas jurídicas, sobretudo quando se constatar a vulnerabilidade daquela que adquire o produto ou serviço, por atuar fora do seu ramo de atividade. De acordo com o art. 29 do CDC, "equiparam-se aos consumidores todas as pessoas determináveis ou não, expostas às práticas nele previstas". Nesse dispositivo, encontra-se um conceito próprio e amplíssimo de consumidor, desenhado em resposta às peculiaridades das práticas comerciais, notadamente os riscos que, *in abstracto*, acarretam para toda a coletividade, e não apenas para os eventuais contratantes *in concreto*. A pessoa jurídica exposta à prática comercial abusiva equipara-se ao consumidor (art. 29 do CDC), o que atrai a incidência das normas consumeristas e a competência do Procon para a imposição da penalidade. Recurso Ordinário não provido (RMS 27.541/TO, Rel. Ministro HERMAN BENJAMIN, SEGUNDA TURMA, julgado em 18/08/2009, DJe 27/04/2011).

DIREITO CIVIL. COMPRA E VENDA DE SAFRA FUTURA. CONTRATO-TIPO. CÓDIGO DE DEFESA DO CONSUMIDOR. POTENCIAL CONSUMIDOR. INAPLICÁVEL.

ONEROSIDADE EXCESSIVA. NÃO-CONFIGURADA. DÓLAR AMERICANO. FATOR DE ATUALIZAÇÃO. CLÁUSULA PENAL. REDUÇÃO. SÚMULA N. 7/STJ.

1. Não há relação de consumo nos moldes do artigo 29 do CDC quando o contratante não traduz a condição de potencial consumidor nem de parte aderente, firmando negócio jurídico produzido por acordo de vontades, na forma de contrato-tipo.

2. O dólar americano não representa indexador, sendo utilizado na avença como fator de atualização, porquanto a soja brasileira caracteriza-se como produto de exportação cujo preço é determinado pela Bolsa de Chicago.

3. É possível a revisão de multa de modo a ser reduzida pelo magistrado quando houver adimplemento parcial ou simples mora dada a natureza compensatória das perdas e danos. No entanto, sua adequação à realidade dos fatos esbarra no óbice da Súmula n. 7/STJ.

4. Recurso especial não conhecido.

(REsp 655.436/MT, Rel. Ministro JOÃO OTÁVIO DE NORONHA, QUARTA TURMA, julgado em 08/04/2008, DJe 28/04/2008).

SEÇÃO II
Da Oferta

Art. 30. Toda informação ou publicidade, suficientemente precisa, veiculada por qualquer forma ou meio de comunicação com relação a produtos e serviços oferecidos ou apresentados, obriga o fornecedor que a fizer veicular ou dela se utilizar e integra o contrato que vier a ser celebrado.

↳ COMENTÁRIOS
30.1 Tratativas Preliminares

Nas negociações ou tratativas preliminares não existe vínculo obrigacional, já que as partes procuram uma aproximação recíproca visando a formação do contrato. Em geral, nessa fase as partes negociam por meio de reuniões, contatos telefônicos, apresentação de documentos, projetos etc. É uma espécie de reciprocidade na apresentação e troca de informações e documentos necessários e inerentes ao futuro contrato. Nesse momento, as partes debatem e argumentam sobre preço, condições, prazos, direitos e deveres da futura avença.

Não há dúvidas que, na fase das negociações preliminares, as partes devem agir com probidade, respeito e boa-fé objetiva. Isto representa que os futuros contraentes são titulares de deveres recíprocos, tais como: lealdade, correção, transparência, cuidado, sigilo e proteção. O ferimento de tais deveres dará azo à responsabilidade civil na fase pré-contratual do contrato.

A responsabilidade pré-contratual pressupõe que a parte que rompe as negociações preliminares (tratativas) traia as expectativas que legitimamente incutiu na parte com quem negociava, de modo a que frustração do negócio exprima uma indesculpável violação da ética negocial, sobretudo da proteção da confiança e da boa-fé.

Vale destacar que o fato de haver negociações preliminares intensas, mas que, razoavelmente, não prenunciem à consumação do negócio, não é, por si só, revelador de culpa *in contrahendo*.

É determinante que ocorra ruptura contratual infundada, reveladora de um *modus negociandi* passível de censura e que viole deveres acessórios de conduta que se justificava observar no tipo de negócio em questão.

Daí, a responsabilidade pré-contratual pressupõe uma conduta eticamente censurável cujo fundamento se alicerça na tutela da confiança do sujeito na correção, na honestidade, na lisura e na lealdade do comportamento da outra parte.

Corroborando esse entendimento, decidiu o Supremo Tribunal de Justiça de Portugal, no Acórdão SJ 20070313004021, de 13/3/2007, sendo Relator Sebastião Póvoas, com o seguinte sumário:

1) A responsabilidade pré-contratual – situada na fase vestibular (ou negociatória) – destina-se a tutelar a confiança das partes que não devem ser arrastadas para situações de frustração de expectativas por rompimento injusto, ou arbitrário, do "iter negocial", causando danos resultantes da não celebração do negócio.

2) É o princípio geral da boa fé que vincula ao respeito pela confiança na situação que o proponente criou e que determinou o declaratário à realização de despesas para cumprimento da obrigação que acreditou vir a vincular as partes.

3) O dever geral de boa fé engloba (ou desdobra-se) em vários deveres de atuação: informação, guarda e restituição, segredo, clareza, proteção, conservação e lealdade.

4) O dever de lealdade – que alguns inserem no de informação – impõe a obrigação de não utilizar práticas menos lisas, dissimuladas ou de embuste, sendo sua violação a ocultação de negociações paralelas, a decorrerem simultaneamente com outra pessoa, tendentes à celebração do mesmo negócio.

5) A responsabilidade pré-contratual situa-se no âmbito da responsabilidade aquiliana (ou extracontratual).

6) O uso da faculdade remissiva do nº 5 do artigo 713 do CPC não se prende com a facilidade da questão em apreciação, nem com a uniformidade, ou sedimentação jurisprudencial (como a opção do artigo 705), mas apenas com a desnecessidade de reproduzir as razões da decisão "a quo" por existir um juízo absolutamente concordante e não terem sido alegadas novas e relevantes razões.

7) Só ocorre a nulidade da alínea d) do nº 1 do artigo 668 do Código de Processo Civil se for silenciada questão que o tribunal deva conhecer por força do nº 2 do artigo 660.

Assim, a violação dos deveres de lealdade, honestidade e correção durante as negociações preliminares geram a responsabilidade civil pré-contratual.

A responsabilidade decorrente do rompimento das tratativas ou negociações preliminares é uma questão tormentosa e ocorre no momento em que uma das partes rompe injustificadamente as tratativas ou negociações preliminares causando frustração na outra parte.

Serpa Lopes, com base nos estudos de Faggella, Saleilles e Ihering, enfrenta a questão ensinando que "partiu de Faggella a ideia dessa responsabilidade, posteriormente desenvolvida por Saleilles. A opinião desses dois juristas pode ser assim resumida: trata-se de uma responsabilidade de cunho exclusivamente objetivo, por força do qual a simples relação de causalidade, entre o ter concordado em entabular negociações e o de tê-las rompido arbitrariamente, causando um prejuízo ao outro contratante, importa na obrigação de ressarcimento.

Ihering partiu da ideia de culpa *in contrahendo*, consoante a qual aquele que entra em relações contratuais com outrem obriga-se, pelo próprio fato, a lhe proporcionar um contrato válido. Mas força é convir que, no caso das conversações preliminares, o seu característico consiste precisamente na liberdade de discussão das bases do futuro contrato, sem que disto resulte uma vinculação de qualquer espécie. Entretanto, em casos excepcionais, onde se possa lobrigar ter havido um consentimento inequívoco, sobretudo pelos gastos e despesas realizadas pela outra parte no interesse comum, em relação a um ponto das conversações atingido já por um definitivo consentimento, pode a responsabilidade decorrer da culpa *in contrahendo*, ou mesmo de um vínculo contratual já firmado. São hipóteses raríssimas que exigem do julgador uma cuidadosa investigação, apurando se houver efetivamente um acordo de vontades, inequívoco e definido, do qual possa resultar uma responsabilidade".[193]

30.2 Proposta

A proposta é a manifestação de vontade que vincula o proponente nos termos em que é apresentada à outra parte que se deseja contratar. Aquele que encaminha a proposta é chamado de proponente ou policitante. O aceitante ou oblato é aquele que recebe a proposta. A proposta deve ser séria, objetiva e precisa. A proposta deve conter o objeto contratual, preço ou valor, forma de pagamento, tempo de execução do contrato, bem como a fixação de todos os pontos essenciais à feitura do contrato. O contrato estará formado no momento em que proposta e aceitação se enlaçam, estando apto a produzir os efeitos jurídicos desejados pelos parceiros contratuais.

Carvalho Santos, no seu extraordinário trabalho, já tantas vezes citado, ensina, a respeito:[194] "Constituem propostas obrigatórias: a) a exposição de mercadorias nas vitrinas dos estabelecimentos, com preços fixos; b) as ofertas de móveis, livros, calçados, roupas etc., feitas por meio de catálogos circulares, cartazes, anúncios etc., desde que indiquem o preço de cada objeto, por unidade, conta, peso ou medida; c) as ofertas feitas por meio de aparelhos automáticos, as quais se consideram determinadas e limitadas à provisão de seu reservatório; d) as ofertas de espetáculos públicos, que se entendem limitadas ao número de lugares de cada classe; e) a proposta de venda de qualquer coisa móvel ou imóvel a quem por ela oferecer o melhor preço em carta fechada (Cunha Gonçalves, 1956, p. 243)".

O artigo 427 do Código Civil brasileiro impõe força vinculante a proposta, já que determina que "a proposta de contrato obriga o proponente, se o contrário não resultar dos termos dela, da natureza do negócio, ou das circunstâncias do caso".

Pontes de Miranda esclarece que a proposta *vincula* o oferente. Afirma, ainda, que "desgraçadamente, nas leis e nos livros de doutrina, por vezes se emprega "obrigar" em vez de vincular, ou de "tornar devedor", como de obrigar *stricto sensu*. A vinculação, a dívida e a obrigação se confundem. O oferente ainda não deve, *a fortiori* ainda não é obrigado, mas vinculado fica, exceto se na oferta estabeleceu restrições, ou se a invinculatividade

---

[193] SERPA LOPES, Miguel Maria de. *Curso de direito civil*. Vol. III. 6. ed. Rio de Janeiro: Freitas Bastos, 2001, p. 94.
[194] CARVALHO SANTOS, J. M. de. *Código civil interpretado*. 6. ed. Volume XV. Rio de Janeiro: Freitas Bastos, 1954, p. 62.

resulta do tipo mesmo do negócio jurídico, ou de circunstâncias do caso concreto".[195]

Da mesma forma, o Código do Consumidor (Lei nº 8.078/90) disciplinou no seu artigo 30 que "toda informação ou publicidade, suficientemente precisa, veiculada por qualquer forma ou meio de comunicação com relação a produtos e serviços oferecidos ou apresentados, obriga o fornecedor que a fizer veicular ou dela se utilizar e integra o contrato que vier a ser celebrado".[196]

30.2.1 Proposta sem força obrigatória

A partir da leitura da parte final do artigo 427 do nosso Código Civil, verifica-se a possibilidade da proposta não possuir força obrigatória, nas seguintes hipóteses:

a) se os termos da proposta não resultarem força obrigatória da proposta. É o caso do proponente inserir no corpo ou cabeçalho da proposta o alerta de "sem vinculação", "sem compromisso";

b) em função da natureza do negócio; e

c) em razão das circunstâncias do caso.

30.3 Oferta

A oferta é uma manifestação de vontade, de forma unilateral, em que a pessoa dá publicidade de sua intenção de realizar um contrato. Assim, a oferta obriga o fornecedor que a fizer veicular ou dela se utilizar e fará parte do escopo contratual. A oferta na seara do direito consumidor atua como métodos ou técnicas de marketing para aproximar o consumidor aos seus produtos e serviços. Os encartes publicitários são um bom exemplo.

---

195 MIRANDA, Pontes de. *Tratado de direito privado*. Tomo 38. Campinas: Bookseller, 2005, p. 78-79.

196 CDC - Art. 49. O consumidor pode desistir do contrato, no prazo de 7 dias a contar de sua assinatura ou do ato de recebimento do produto ou serviço, sempre que a contratação de fornecimento de produtos e serviços ocorrer fora do estabelecimento comercial, especialmente por telefone ou a domicílio. Parágrafo único. Se o consumidor exercitar o direito de arrependimento previsto neste artigo, os valores eventualmente pagos, a qualquer título, durante o prazo de reflexão, serão devolvidos, de imediato, monetariamente atualizados.

Assim, a oferta ao público equivale a proposta quando encerra os requisitos essenciais ao contrato, salvo se o contrário resultar das circunstâncias ou dos usos (CCB, art. 429). Nesse caso, o proponente utiliza-se de anúncios, cartazes e outras formas de propaganda, tornando-se obrigatória a proposta para o primeiro que aceitar, desde que este apresente todos os requisitos necessários contidos na proposta. Por exemplo, ocorre nos casos em que o anunciante insere uma placa na parte frontal do canteiro de obras com os seguintes dizeres: "precisa-se de marceneiros" ou nos casos em que o locador anuncia na porta da frente de seu imóvel: "Aluga-se quarto para jovens".

A oferta ao público pode ser revogada pela mesma via de sua divulgação, desde que ressalvada esta faculdade na oferta realizada (CCB, art. 429, parágrafo único).

O proponente teria liberdade de recusar a aceitação na oferta ao público? É Arnaldo Rizzardo quem responde: "Desde que haja motivo ponderável, tolera-se a liberdade em não aceitar determinada operação com certas pessoas. O próprio direito à propriedade privada protege essa autonomia relativa. Em quaisquer contratos presumem-se alguns requisitos mínimos, comuns ao gênero humano. Destarte, o hoteleiro e o proprietário do restaurante, v.g., não são obrigados a prestar seus serviços a todo o tipo de pessoa que apareça, desde que a recusa não se revista de uma motivação imoral, como racismo ou preconceito social. Da mesma forma, um diretor de teatro, se a pessoa interessada em assisitir não revela compostura condizente, perturbando o espetáculo, está autorizado a impedir a sua presença no recinto onde se desenvolvem as apresentações".[197]

De acordo com Antônio Herman de Vasconcellos e Benjamim, no que tange à revogação da oferta ao público, quatro ordens de ideias impedem a aplicação do parágrafo único do art. 429 do CC, às relações de consumo. Vejamos as suas lições:

"A um, conquanto, ontologicamente, os regimes de oferta no CC e no CDC divergem de modo radical. Aquele, de inspiração subjetivista, estrutura-se em torno da teoria da vontade. Não é à toa que seu art. 112 dispõe que: 'Nas declarações de vontade se atenderá mais a intenção nelas consubstanciada do que ao sentido literal da linguagem'. Em sentido contrário, o CDC privilegia, conjuntamente, as teorias da declaração (=veiculação, art. 30) e da confiança (=expectativa legítima dos consumidores).

---
197 RIZZARDO, 2006, p. 52-53.

A dois, na medida em que diverge a divisão de riscos no CC e no CDC, aceitando aquela a responsabilidade civil objetiva somente em linha de exceção (arts. 186 e 927), enquanto este, ao revés, abriga a responsabilidade subjetiva só de forma extraordinária (por exemplo, o art. 14, § 4º, no campo dos serviços prestados por profissionais liberais) [...]

A três, como decorrência inevitável do paradigma ético-social que orienta as duas legislações: numa (o CC), o paradigma é, por princípio, o da relação entre iguais; na outra (o CDC), o paradigma é o da vulnerabilidade do consumidor, como presunção absoluta (art. 4º, I).

A quatro, já que não pode o legislador – sob pena de violação da regra constitucional de tutela especial do sujeito vulnerável, o consumidor – *presumir* que os milhares ou milhões de destinatários de um determinado anúncio sejam, todos eles, atingidos pelo anúncio-revogação. As presunções contra o consumidor são inconstitucionais, pois violam o próprio sentido e fundamento do sistema protetório particular."[198]

A respeito da matéria sob comentário, a jurisprudência se posiciona da seguinte forma:[199]

"Empresa é obrigada a cumprir oferta veiculada pela Internet

A Fast Shop Comercial Ltda. foi condenada a vender um televisor de 29 polegadas, anunciado na Internet, pelo preço certo de R$ 949,00, à vista ou em 12 prestações de R$ 79,80, à escolha do consumidor. A decisão é da 2ª Turma Recursal dos Juizados Especiais do Distrito Federal. O acórdão já transitou em julgado.

Segundo Marcio Almeida Machado, o autor da ação, a empresa publicou por meio do portal Terra a oferta de um aparelho de televisão, marca Philips, 29 polegadas, tela plana, por R$ 949,00, parcelados em 12 vezes sem juros no cartão de crédito ou com desconto de 15% para pagamento à vista. Alega que, ao preencher os dados necessários para a aquisição do produto pela Internet, surpreendeu-se com a informação de que a televisão seria de apenas 21 polegadas.

O autor informou o fato à Fast Shop e a empresa se recusou a promover a venda pelo preço anunciado. O consumidor recorreu então à Justiça para que a empresa fosse obrigada a efetuar a venda nas condições anunciadas.

---

198 GRINOVER; BENJAMIN; FINK; FILOMENO; NERY JUNIOR; DENARI. 2011, p.314-315.

199 Disponível em: www.espacovital.com.br/novo/noticia_ler.php. Acesso em: 28 mar. 2007.

Inconformado com a sentença do 5º Juizado Especial Cível de Brasília, que julgou improcedente o seu pedido, o autor recorreu. De acordo com a 2ª Turma Recursal, que reconheceu o direito do consumidor, *"é inegável a obrigação da empresa de honrar a oferta publicada"*.

Em contestação e depois nas contrarrazões de recurso, a Fast Shop alegou que houve equívoco por parte da empresa que manipulou o anúncio ao indicar as medidas do televisor objeto da oferta. Segundo a Fast Shop, o erro contido na publicidade questionada era facilmente perceptível pelo consumidor, não gerando a vinculação da oferta. Alega ainda que, em razão da "gigante discrepância" entre o valor anunciado e o valor real do produto, ficou caracterizada a ausência de caráter enganoso ou lesivo na publicidade.

No entendimento da 2ª Turma Recursal, a matéria discutida no referido caso versa sobre relação de consumo (artigos 2º e 3º do CDC), com a responsabilidade objetiva da empresa ré de cumprir a obrigação de fazer, consistente na venda da televisão pelo preço anunciado (artigos 30, 35 e 38 do CDC).

De acordo com o Código de Defesa do Consumidor, o fornecedor que faz publicar oferta, devidamente especificada, fica vinculado aos termos da oferta. Recusando o fornecedor cumprir a oferta veiculada pela Internet, o consumidor pode exigir o cumprimento forçado da obrigação, nos termos da oferta, ou publicidade.

Para o relator do recurso, juiz João Batista Teixeira, *"a publicidade discutida, inegavelmente, não está de acordo com os deveres de lealdade, boa-fé, transparência, identificação, veracidade e informação clara, previstos pelo Código de Defesa do Consumidor e, por isso mesmo, pode ser tida como enganosa, abusiva e até simulada, a gerar a obrigação da empresa de manter a oferta pública"*.

O acórdão ressalta que, *"provavelmente, incontáveis foram os consumidores que compraram o aparelho na certeza de que era de 29 polegadas e, ao constatar que era de 21, teriam mantido o negócio para não se aborrecerem. Deve, pois, a recorrida honrar a oferta, até mesmo para que a obrigação possa prevenir futura propaganda que se pode dizer enganosa, posto que oferece um bem e vende outro"*.

A advogada Carla Rúbia Florencio Tardico atuou em nome do consumidor. (Proc. nº 2004.01.1.038602-9 0 – com informações do TJ-DFT e da base de dados do *Espaço Vital*)".

30.4 Princípio da Vinculação

O artigo 30 do CDC determina que "toda informação ou publicidade, suficientemente precisa, veiculada por qualquer forma ou meio de comunicação com relação a produtos e serviços oferecidos ou apresentados, obriga o fornecedor que a fizer veicular ou dela se utilizar e integra o contrato que vier a ser celebrado."

Por informação considera-se toda e qualquer manifestação de vontade que induza o consumidor a adquirir o produto ou serviço, tais como as informações prestadas pelos representantes do fornecedor, bulas, rótulos etc. A informação deve ser precisa, transparente e honesta, sob pena de gerar perdas e danos. Assim, o não cumprimento da oferta ostensivamente divulgada pelos meios de comunicação traduz-se em desrespeito às normas e princípios do CDC e como tal, faz surgir o direito do consumidor em exigir o cumprimento da oferta ou a sua conversão em perdas e danos.

Assim, de acordo com o princípio da vinculação da publicidade, a partir do momento em que a informação ou publicidade ingressa na esfera de conhecimento de terceiro – leia-se: consumidor – haverá indiscutível vinculação do fornecedor em relação aos termos da oferta.

Vale lembrar, ainda, que nos termos do artigo 6º, III da Lei nº 8.078, de 1990, é direito básico do consumidor receber informação adequada e clara sobre os produtos, com especificação correta de quantidade, características, composição, qualidade e preço.

30.5 Erro grosseiro na oferta ou preço abaixo do mercado?

E se a oferta ao consumidor contiver preço bem abaixo do produto ou serviço?

Aqui, se o preço anunciado for vil, em respeito aos princípios do equilíbrio econômico do contrato e da boa-fé (art. 4º, III CDC), o fornecedor ficará eximido de cumprir com a oferta anunciada. De qualquer forma, caberá ao fornecedor de produtos e serviços utilizar-se de erratas ou comunicados aos consumidores, com o firme propósito de informar o valor correto do produto ou do serviço. Melhor dizendo: a contrapropaganda deve atingir a esfera de conhecimento de número considerável de consumidores.

Dessa maneira, apenas o erro grosseiro seria capaz de afastar a legítima expectativa do consumidor quanto à informação (correta ou incorreta) recebida.

Todavia, o erro grosseiro da oferta não se confunde com aquele abaixo do mercado. Não podemos esquecer os inúmeros artifícios utilizados pelo marketing comercial, no sentido de divulgar preços abaixo do mercado, tais como: promoções-relâmpago, descontos vultosos em eletrodomésticos que nos bombardeiam através da mídia televisiva, assim como passagens aéreas a R$ 1,00 (um real), todas fruto de estratégias muito bem planejadas e com retorno financeiro garantido. Diante dessa realidade do mundo da vida, cabe ao julgador analisar cada caso concreto decidindo com vistas a verificar a existência de erro grosseiro da oferta ou preço bem abaixo do mercado.

30.6 Jurisprudências

DIREITO DO CONSUMIDOR. RECURSO ESPECIAL. VÍCIO DO PRODUTO.

AUTOMÓVEIS SEMINOVOS. PUBLICIDADE QUE GARANTA A QUALIDADE DO PRODUTO. RESPONSABILIDADE OBJETIVA. USO DA MARCA. LEGÍTIMA EXPECTATIVA DO CONSUMIDOR. MATÉRIA FÁTICO-PROBATÓRIA. SÚM. 7/STJ.

1. O Código do Consumidor é norteado principalmente pelo reconhecimento da vulnerabilidade do consumidor e pela necessidade de que o Estado atue no mercado para minimizar essa hipossuficiência, garantindo, assim, a igualdade material entre as partes. Sendo assim, no tocante à oferta, estabelece serem direitos básicos do consumidor o de ter a informação adequada e clara sobre os diferentes produtos e serviços (CDC, art. 6º, III) e o de receber proteção contra a publicidade enganosa ou abusiva (CDC, art. 6º, IV).

2. É bem verdade que, paralelamente ao dever de informação, se tem a faculdade do fornecedor de anunciar seu produto ou serviço, sendo certo que, se o fizer, a publicidade deve refletir fielmente a realidade anunciada, em observância à principiologia do CDC.

Realmente, o princípio da vinculação da oferta reflete a imposição da transparência e da boa-fé nos métodos comerciais, na publicidade e nos contratos, de forma que esta exsurge como princípio máximo orientador, nos termos do art. 30.

3. Na hipótese, inequívoco o caráter vinculativo da oferta, integrando o contrato, de modo que o fornecedor de produtos ou serviços se responsabiliza também pelas expectativas que a publicidade venha a despertar no consumidor, mormente quando veicula informação de produto ou

serviço com a chancela de determinada marca, sendo a materialização do princípio da boa-fé objetiva, exigindo do anunciante os deveres anexos de lealdade, confiança, cooperação, proteção e informação, sob pena de responsabilidade.

4. A responsabilidade civil da fabricante decorre, no caso concreto, de pelo menos duas circunstâncias: a) da premissa fática incontornável adotada pelo acórdão de que os mencionados produtos e serviços ofertados eram avalizados pela montadora através da mensagem publicitária veiculada; b) e também, de um modo geral, da percepção de benefícios econômicos com as práticas comerciais da concessionária, sobretudo ao permitir a utilização consentida de sua marca na oferta de veículos usados e revisados com a excelência da GM.

5. Recurso especial não provido.

(REsp 1365609/SP, Rel. Ministro LUIS FELIPE SALOMÃO, QUARTA TURMA, julgado em 28/04/2015, DJe 25/05/2015).

AÇÃO CIVIL PÚBLICA. RECURSO ESPECIAL. TRANSPORTE PÚBLICO. SISTEMA DE BILHETAGEM ELETRÔNICA. LEGITIMIDADE DO MINISTÉRIO PÚBLICO. RELAÇÃO DE CONSUMO. VIOLAÇÃO DO DIREITO BÁSICO DO CONSUMIDOR À INFORMAÇÃO ADEQUADA. [...] O Ministério Público tem legitimidade ativa para a propositura de ação civil pública que visa à tutela de direitos difusos, coletivos e individuais homogêneos, conforme inteligência dos arts. 129, III da Constituição Federal, arts. 81 e 82 do CDC e arts. 1º e 5º da Lei nº 7.347/85. A responsabilidade de todos os integrantes da cadeia de fornecimento é objetiva e solidária. Arts. 7º, parágrafo único, 20 e 25 do CDC. A falta de acesso à informação suficiente e adequada sobre os créditos existentes no bilhete eletrônico utilizado pelo consumidor para o transporte público, notadamente quando essa informação foi garantida pelo fornecedor em propaganda por ele veiculada, viola o disposto nos arts. 6º, III, e 30 do CDC. Na hipótese de algum consumidor ter sofrido concretamente algum dano moral ou material em decorrência da falta de informação, deverá propor ação individual para pleitear a devida reparação. 6. Recurso especial parcialmente provido (REsp 1099634/RJ, Rel. Ministra NANCY ANDRIGHI, TERCEIRA TURMA, julgado em 08/05/2012, DJe 15/10/2012).

AÇÃO CIVIL PÚBLICA. RECURSO ESPECIAL. TRANSPORTE PÚBLICO. SISTEMA DE BILHETAGEM ELETRÔNICA. LEGITIMIDADE DO MINISTÉRIO PÚBLICO. RELAÇÃO DE CONSUMO. VIOLAÇÃO DO DIREITO BÁSICO DO CONSUMIDOR À INFORMAÇÃO ADEQUADA. [...] A responsabilidade de todos os integrantes da cadeia de fornecimento é objetiva e solidária. Arts. 7º, parágrafo único, 20 e 25 do CDC. A falta de acesso à informação suficiente e adequada sobre os créditos existentes no bilhete eletrônico utilizado pelo consumidor para o transporte público, notadamente quando essa informação foi garantida pelo fornecedor em propaganda por ele veiculada, viola o disposto nos arts. 6º, III, e 30 do CDC. Na hipótese de algum consumidor ter sofrido concretamente algum dano moral ou material em decorrência da falta de informação, deverá propor ação individual para pleitear a devida reparação. Recurso especial parcialmente provido (REsp 1099634/RJ, Rel. Ministra NANCY ANDRIGHI, TERCEIRA TURMA, julgado em 08/05/2012, DJe 15/10/2012).

AÇÃO CIVIL PÚBLICA. RECURSO ESPECIAL. TRANSPORTE PÚBLICO. SISTEMA DE BILHETAGEM ELETRÔNICA. LEGITIMIDADE DO MINISTÉRIO PÚBLICO. RELAÇÃO DE CONSUMO. VIOLAÇÃO DO DIREITO BÁSICO DO CONSUMIDOR À INFORMAÇÃO ADEQUADA.

1. A ausência de decisão acerca dos dispositivos legais indicados como violados impede o conhecimento do recurso especial. Súmula 211/STJ.

2. Os embargos declaratórios têm como objetivo sanear eventual obscuridade, contradição ou omissão existentes na decisão recorrida.

Inexiste ofensa ao art. 535 do CPC quando o Tribunal de origem pronuncia-se de forma clara e precisa sobre a questão posta nos autos, assentando-se em fundamentos suficientes para embasar a decisão, como ocorrido na espécie.

3. O Ministério Público tem legitimidade ativa para a propositura de ação civil pública que visa à tutela de direitos difusos, coletivos e individuais homogêneos, conforme inteligência dos arts. 129, III da Constituição Federal, arts. 81 e 82 do CDC e arts. 1º e 5º da Lei nº 7.347/85.

4. A responsabilidade de todos os integrantes da cadeia de fornecimento é objetiva e solidária. Arts. 7º, parágrafo único, 20 e 25 do CDC.

5. A falta de acesso à informação suficiente e adequada sobre os créditos existentes no bilhete eletrônico utilizado pelo consumidor para o transporte público, notadamente quando essa informação foi garantida pelo fornecedor em propaganda por ele veiculada, viola o disposto nos arts. 6º, III e 30 do CDC.

6. Na hipótese de algum consumidor ter sofrido concretamente algum dano moral ou material em decorrência da falta de informação, deverá propor ação individual para pleitear a devida reparação.

6. Recurso especial parcialmente provido.

(REsp 1099634/RJ, Rel. Ministra NANCY ANDRIGHI, TERCEIRA TURMA, julgado em 08/05/2012, DJe 15/10/2012).

Art. 31. A oferta e apresentação de produtos ou serviços devem assegurar informações corretas, claras, precisas, ostensivas e em língua portuguesa sobre suas características, qualidades, quantidade, composição, preço, garantia, prazos de validade e origem, entre outros dados, bem como sobre os riscos que apresentam à saúde e segurança dos consumidores.

Parágrafo único. As informações de que trata este artigo, nos produtos refrigerados oferecidos ao consumidor, serão gravadas de forma indelével. (Incluído pela Lei nº 11.989, de 2009)

↳ COMENTÁRIOS
31.1 Direito à Informação

Como dito alhures, a oferta e a apresentação de produtos ou serviços devem assegurar informações corretas, claras, precisas, ostensivas e em língua portuguesa sobre suas características, qualidades, quantidade, composição, preço, garantia, prazos de validade e origem, entre outros dados, bem como sobre os riscos que apresentam à saúde e segurança dos consumidores.

É, pois, um dever jurídico do fornecedor, qual seja, informar, de forma transparente, toda e qualquer informação indispensável ao produto ou serviço a ser contratado. É fora de dúvida que, na sociedade atual, o consumidor é geralmente mal-informado até mesmo em razão das rápidas mudanças tecnológicas dos produtos ou serviços. Os ciclos de vida de produtos estão cada vez mais curtos, gerando, dessa maneira, um aumento cada vez maior do "analfabetismo tecnológico". Daí a importância da informação precisa, clara e transparente fornecida ao consumidor.

Recentemente, ao tentar adquirir uma "banda larga 3G" da operadora Claro visando um acesso rápido à internet, perguntei a uma vendedora da loja no Niterói Shopping (Niterói-RJ): "Este serviço funciona no município de Valença?" A vendedora disse: "Não sei. Se não funcionar, o senhor tem sete dias para trocar". Ora, cabe às operadoras, de forma transparente, informar no momento da aquisição do produto ou serviço os locais de falha de sinal ou "pontos cegos / área de sombra". É possível citar outros exemplos, tais como: o prazo de validade dos produtos em letras diminutas nas embalagens, as informações sobre durabilidade das "lâmpadas frias", o prazo de garantia dos produtos, a quilometragem por litro de combustível nos automóveis, a necessidade de vistos em determinadas viagens, a existência de glúten em determinados alimentos, a origem na modificação genética nos alimentos, a real diferença entre produtos *light* e *diet* etc.

"O direito à informação, no Código de Defesa do Consumidor, é corolário das normas intervencionistas ligadas à função social e à boa-fé, em razão das quais a liberdade de contratar assume novel feição, impondo a necessidade de transparência em todas as fases da contratação: o momento pré-contratual, o de formação e o de execução do contrato e até mesmo o momento pós-contratual. [...] Se a informação se refere a dado essencial capaz de onerar o consumidor ou restringir seus direitos, deve integrar o próprio anúncio, de forma precisa, clara e ostensiva, nos termos do art. 31 do CDC, sob pena de configurar publicidade enganosa por omissão." (REsp 1188442/RJ, Rel. Ministro LUIS FELIPE SALOMÃO, QUARTA TURMA, julgado em 06/11/2012, DJe 05/02/2013).

Vale lembrar que de acordo com o artigo 66 do CDC é crime, com detenção de 3 (três) meses a 1 (um) ano e multa, "Fazer afirmação falsa ou enganosa, ou omitir informação relevante sobre a natureza, característica, qualidade, quantidade, segurança, desempenho, durabilidade, preço ou garantia de produtos ou serviços", e em seu parágrafo 1º, "incorrerá nas mesmas penas quem patrocinar a oferta", e no parágrafo 2º, com detenção de 1 (um) a 6 (seis) meses "se o crime é culposo".

Ademais, "[...] O Código de Defesa do Consumidor, na sua exegese pós-positivista, quanto à informação do consumidor deve ser interpretado no sentido de que o microssistema do Código de Defesa do Consumidor, o direito à informação está garantido pelo art. 6.º, III, e também pelo art. 31, que preveem que o consumidor tem direito a receber informações claras e adequadas a respeito dos produtos e serviços a ele oferecidos, assim dispondo: "Art. 6º. São direitos básicos do consumidor: III – a informação adequada e clara sobre os diferentes produtos e serviços, com especificação correta de quantidade, características, composição, qualidade e preço, bem como sobre os riscos que apresentem; Art. 31. A oferta e apresentação de produtos ou serviços devem assegurar informações corretas, claras, precisas, ostensivas e em língua portuguesa sobre suas características, qualidades, quantidade, composição, preço, garantia, prazos de validade e origem, entre outros dados, bem como sobre os riscos que apresentam à saúde e segurança dos consumidores".

O direito do consumidor e, em contrapartida, o dever do fornecedor de prover as informações e de o de obter aquelas que estão apenas em sua posse, que não são de conhecimento do consumidor, sendo estas imprescindíveis para colocá-lo em posição de igualdade, bem como para possibilitar a este que escolha o produto ou serviço de forma consciente e informado, ou, como denomina Sérgio Cavalieri Filho, de consentimento informado, vontade qualificada ou, ainda, consentimento esclarecido. (Programa de responsabilidade civil, São Paulo: Atlas, 2008, p. 83).

"O consentimento esclarecido na obtenção do produto ou na contratação do serviço consiste, em suma, na ciência do consumidor de todas as informações relevantes, sabendo exatamente o que poderá esperar deles, sendo capacitados a fazer escolhas acertadas de acordo com a necessidade e desejos individuais". Luiz Antonio Rizzatto Nunes, em O Código de defesa do consumidor e sua interpretação jurisprudencial, 2ª ed., São Paulo: Saraiva, 2000, p. 295.

A exposição de motivos do Código de Defesa do Consumidor, sob esse ângulo esclarece a razão de ser do direito à informação no sentido de que: "O acesso dos consumidores a uma informação adequada que lhes permita fazer escolhas bem seguras conforme os desejos e necessidades de cada um". Exposição de Motivos do Código de Defesa do Consumidor. Diário do Congresso Nacional, Seção II, 3 de maio de 1989, p. 1663.

A informação ao consumidor tem como escopo: "i) consciencialização crítica dos desejos de consumo e da priorização das preferências que lhes digam respeito; ii) possibilitação de que sejam averiguados, de acordo com critérios técnicos e econômicos acessíveis ao leigo, as qualidades e o preço de cada produto ou de cada serviço; iii) criação e multiplicação de oportunidades para comparar os diversificados produtos; iv) conhecimento das posições jurídicas subjetivas próprias e alheias que se manifestam na contextualidade das séries infindáveis de situações de consumo; v) agilização e efetivação da presença estatal preventiva, mediadora, ou decisória, de conflitos do mercado de consumo. Alcides Tomasetti Junior. O objetivo de transparência e o regime jurídico dos deveres e riscos de informação das declarações negociais para consumo, in Revista de Direito do Consumidor, nº 4, São Paulo: Revista dos Tribunais, número especial, 1992, pp. 52/90.

Deveras, é forçoso concluir que o direto à informação tem como desígnio promover completo esclarecimento quanto à escolha plenamente consciente do consumidor, de maneira a equilibrar a relação de vulnerabilidade do consumidor, colocando-o em posição de segurança na negociação de consumo, acerca dos dados relevantes para que a compra do produto ou serviço ofertado seja feita de maneira consciente." [...] (REsp 976.836/RS, Rel. Ministro LUIZ FUX, PRIMEIRA SEÇÃO, julgado em 25/08/2010, DJe 05/10/2010).

"Consoante o art. 31, *caput*, do CDC, a obrigação de informação, com maior razão a que possa atingir pessoas de baixa renda, exige, do fornecedor, comportamento eficaz, pró-ativo e leal. O Código rejeita tanto a regra *caveat emptor* como a subinformação, as patologias do silêncio total e parcial. No exame da enganosidade de oferta, publicitária ou não, o que vale – inclusive para fins de exercício do poder de polícia de consumo – é a capacidade de indução do consumidor em erro acerca de quaisquer "dados sobre produtos e serviços", dados esses que, na hipótese de omissão (mas não na de oferta enganosa comissiva) reclamam a qualidade da essencialidade (CDC, art. 37, §§ 1º e 3º).

Esclarecimentos posteriores ou complementares desconectados do conteúdo principal da oferta (informação disjuntiva, material ou temporalmente) não servem para exonerar ou mitigar a enganosidade ou abusividade. Viola os princípios da vulnerabilidade, da boa-fé objetiva, da transparência e da confiança prestar informação por etapas e, assim, compelir o consumidor à tarefa impossível de juntar pedaços informativos esparramados em mídias, documentos e momentos diferentes. Em rigor, cada ato de informação é analisado e julgado em relação a si mesmo, pois absurdo esperar que, para cada produto ou serviço oferecido, o consumidor se comporte como Sherlock Holmes improvisado e despreparado à busca daquilo que, por dever *ope legis* inafastável, incumbe somente ao fornecedor. Seria transformar o destinatário-protegido, à sua revelia, em protagonista do discurso mercadológico do fornecedor, atribuindo e transferindo ao consumidor missão inexequível de vasculhar o universo inescrutável dos meios de comunicação, invertendo tanto o ônus do dever legal como a *ratio* e o âmago do próprio microssistema consumerista". (REsp 1.802.787-SP, Rel. Min. Herman Benjamin, Segunda Turma, por unanimidade, julgado em 08/10/2019, DJe 11/09/2020).

31.2 Afixação de Preços de Produtos e Serviços

A Lei nº 10.962, de 11 de outubro de 2004, trata sobre a oferta e as formas de afixação de preços de produtos e serviços para o consumidor. Vejamos:

> "Art. 1º Esta Lei regula as condições de oferta e afixação de preços de bens e serviços para o consumidor.

Art. 2º São admitidas as seguintes formas de afixação de preços em vendas a varejo para o consumidor:

I – no comércio em geral, por meio de etiquetas ou similares afixados diretamente nos bens expostos à venda, e em vitrines, mediante divulgação do preço à vista em caracteres legíveis;

II – em auto-serviços, supermercados, hipermercados, mercearias ou estabelecimentos comerciais onde o consumidor tenha acesso direto ao produto, sem intervenção do comerciante, mediante a impressão ou afixação do preço do produto na embalagem, ou a afixação de código referencial, ou ainda, com a afixação de código de barras.

Parágrafo único. Nos casos de utilização de código referencial ou de barras, o comerciante deverá expor, de forma clara e legível, junto aos itens expostos, informação relativa ao preço à vista do produto, suas características e código.

Art. 3º Na impossibilidade de afixação de preços conforme disposto no art. 2º, é permitido o uso de relações de preços dos produtos expostos, bem como dos serviços oferecidos, de forma escrita, clara e acessível ao consumidor.

Art. 4º Nos estabelecimentos que utilizem código de barras para apreçamento, deverão ser oferecidos equipamentos de leitura ótica para consulta de preço pelo consumidor, localizados na área de vendas e em outras de fácil acesso.

§ 1º O regulamento desta Lei definirá, observados, dentre outros critérios ou fatores, o tipo e o tamanho do estabelecimento e a quantidade e a diversidade dos itens de bens e serviços, a área máxima que deverá ser atendida por cada leitora ótica.

§ 2º Para os fins desta Lei, considera-se área de vendas aquela na qual os consumidores têm acesso às mercadorias e serviços oferecidos para consumo no varejo, dentro do estabelecimento.

Art. 5º No caso de divergência de preços para o mesmo produto entre os sistemas de informação de preços utilizados pelo estabelecimento, o consumidor pagará o menor dentre eles.

Art. 6º (VETADO)

Art. 7º Esta Lei entra em vigor na data de sua publicação.

Brasília, 11 de outubro de 2004; 183º da Independência e 116º da República.

LUIZ INÁCIO LULA DA SILVA

Márcio Thomaz Bastos"

E o Decreto nº 5.903, de 20/09/2006, regulamenta a referida Lei nº 10.962/04. Vejamos:

"Art. 1º Este Decreto regulamenta a Lei nº 10.962, de 11 de outubro de 2004, e dispõe sobre as práticas infracionais que atentam contra o direito básico do consumidor de obter informação adequada e clara sobre produtos e serviços, previstas na Lei nº 8.078, de 11 de setembro de 1990.

Art. 2º Os preços de produtos e serviços deverão ser informados adequadamente, de modo a garantir ao consumidor a correção, clareza, precisão, ostensividade e legibilidade das informações prestadas.

§ 1º Para efeito do disposto no *caput* deste artigo, considera-se:

I – correção, a informação verdadeira que não seja capaz de induzir o consumidor em erro;

II – clareza, a informação que pode ser entendida de imediato e com facilidade pelo consumidor, sem abreviaturas que dificultem a sua compreensão, e sem a necessidade de qualquer interpretação ou cálculo;

III – precisão, a informação que seja exata, definida e que esteja física ou visualmente ligada ao produto a que se refere, sem nenhum embaraço físico ou visual interposto;

IV – ostensividade, a informação que seja de fácil percepção, dispensando qualquer esforço na sua assimilação; e

V – legibilidade, a informação que seja visível e indelével.

Art. 3º O preço de produto ou serviço deverá ser informado discriminando-se o total à vista.

Parágrafo único. No caso de outorga de crédito, como nas hipóteses de financiamento ou parcelamento, deverão ser também discriminados:

I – o valor total a ser pago com financiamento;

II – o número, periodicidade e valor das prestações;

III – os juros; e

IV – os eventuais acréscimos e encargos que incidirem sobre o valor do financiamento ou parcelamento.

Art. 4º Os preços dos produtos e serviços expostos à venda devem ficar sempre visíveis aos consumidores enquanto o estabelecimento estiver aberto ao público.

Parágrafo único. A montagem, rearranjo ou limpeza, se em horário de funcionamento, deve ser feito sem prejuízo das informações relativas aos preços de produtos ou serviços expostos à venda.

Art. 5º Na hipótese de afixação de preços de bens e serviços para o consumidor, em vitrines e no comércio em geral, de que trata o inciso I do art. 2º da Lei nº 10.962, de 2004, a etiqueta ou similar afixada diretamente no produto exposto à venda deverá ter sua face principal voltada ao consumidor, a fim de garantir a pronta visualização do preço, independentemente de solicitação do consumidor ou intervenção do comerciante.

Parágrafo único. Entende-se como similar qualquer meio físico que esteja unido ao produto e gere efeitos visuais equivalentes aos da etiqueta.

Art. 6º Os preços de bens e serviços para o consumidor nos estabelecimentos comerciais de que trata o inciso II do art. 2º da Lei nº 10.962, de 2004, admitem as seguintes modalidades de afixação:

I – direta ou impressa na própria embalagem;

II – de código referencial; ou

III – de código de barras.

§ 1º Na afixação direta ou impressão na própria embalagem do produto, será observado o disposto no art. 5º deste Decreto.

§ 2º A utilização da modalidade de afixação de código referencial deverá atender às seguintes exigências:

I – a relação dos códigos e seus respectivos preços devem estar visualmente unidos e próximos dos produtos a que se referem, e imediatamente perceptível ao consumidor, sem a necessidade de qualquer esforço ou deslocamento de sua parte; e

II – o código referencial deve estar fisicamente ligado ao produto, em contraste de cores e em tamanho suficientes que permitam a pronta identificação pelo consumidor.

§ 3º Na modalidade de afixação de código de barras, deverão ser observados os seguintes requisitos:

I – as informações relativas ao preço à vista, características e código do produto deverão estar a ele visualmente unidas, garantindo a pronta identificação pelo consumidor;

II – a informação sobre as características do item deve compreender o nome, quantidade e demais elementos que o particularizem; e

III – as informações deverão ser disponibilizadas em etiquetas com caracteres ostensivos e em cores de destaque em relação ao fundo.

Art. 7º Na hipótese de utilização do código de barras para apreçamento, os fornecedores deverão disponibilizar, na área de vendas, para consulta de preços pelo consumidor, equipamentos de leitura ótica em perfeito estado de funcionamento.

§ 1º Os leitores óticos deverão ser indicados por cartazes suspensos que informem a sua localização.

§ 2º Os leitores óticos deverão ser dispostos na área de vendas, observada a distância máxima de quinze metros entre qualquer produto e a leitora ótica mais próxima.

§ 3º Para efeito de fiscalização, os fornecedores deverão prestar as informações necessárias aos agentes fiscais mediante disponibilização de croqui da área de vendas, com a identificação clara e precisa da localização dos leitores óticos e a distância que os separa, demonstrando graficamente o cumprimento da distância máxima fixada neste artigo.

Art. 8º A modalidade de relação de preços de produtos expostos e de serviços oferecidos aos consumidores somente poderá ser empregada quando for impossível o uso das modalidades descritas nos arts. 5º e 6º deste Decreto.

§ 1º A relação de preços de produtos ou serviços expostos à venda deve ter sua face principal voltada ao consumidor, de forma a garantir a pronta visualização do preço, independentemente de solicitação do consumidor ou intervenção do comerciante.

§ 2º A relação de preços deverá ser também afixada, externamente, nas entradas de restaurantes, bares, casas noturnas e similares.

Art. 9º Configuram infrações ao direito básico do consumidor à informação adequada e clara sobre os diferentes produtos e serviços, sujeitando o infrator às penalidades previstas na Lei nº 8.078, de 1990, as seguintes condutas:

I – utilizar letras cujo tamanho não seja uniforme ou dificulte a percepção da informação, considerada a distância normal de visualização do consumidor;

II – expor preços com as cores das letras e do fundo idêntico ou semelhante;

III – utilizar caracteres apagados, rasurados ou borrados;

IV – informar preços apenas em parcelas, obrigando o consumidor ao cálculo do total;

V – informar preços em moeda estrangeira, desacompanhados de sua conversão em moeda corrente nacional, em caracteres de igual ou superior destaque;

VI – utilizar referência que deixa dúvida quanto à identificação do item ao qual se refere;

VII – atribuir preços distintos para o mesmo item; e

VIII – expor informação redigida na vertical ou outro ângulo que dificulte a percepção.

Art. 10. A aplicação do disposto neste Decreto dar-se-á sem prejuízo de outras normas de controle incluídas na competência de demais órgãos e entidades federais. (Vide Decreto nº 7.962, de 2013)

Art. 11. Este Decreto entra em vigor noventa dias após sua publicação.

Brasília, 20 de setembro de 2006; 185º da Independência e 118º da República.

LUIZ INÁCIO LULA DA SILVA

Marcio Thomaz Bastos"

31.3 Informações sobre Produtos Refrigerados

O parágrafo único do artigo 31 do CDC determina que "as informações de que trata este artigo, nos produtos refrigerados oferecidos ao consumidor, serão gravadas de forma indelével. (Incluído pela Lei nº 11.989, de 2009)."

Ora, esse dispositivo, em tese, é despiciendo, já que o *caput* do artigo 31 já determina a obrigação de informar de forma correta, clara, precisa, ostensiva e em língua portuguesa sobre suas características, qualidades, quantidade, composição, preço, garantia, prazos de validade e origem, entre outros dados, bem como sobre os riscos que apresentam à saúde e segurança dos consumidores. Dessa maneira, os produtos refrigerados, tais como peixe, carne e frango já traziam as informações necessárias antes da inclusão deste dispositivo legal.

31.4 Jurisprudências

PROCESSUAL CIVIL E CONSUMIDOR. AÇÃO CIVIL PÚBLICA. DIREITO À INFORMAÇÃO. IMPLANTAÇÃO DE SINAL SONORO QUE PERMITA AO CONSUMIDOR IDENTIFICAR QUE A CHAMADA DE DESTINO É DE SUA OPERADORA. ANÁLISE DE RESOLUÇÃO DA ANATEL EM RECURSO ESPECIAL. IMPOSSIBILIDADE.

1. Trata-se, na origem, de Ação Civil Pública proposta pelo Parquet contra Telefônica S/A visando, além de outros pedidos, compelir a empresa

recorrida a implantar sinal sonoro que permita ao consumidor identificar que a chamada de destino pertence à sua própria operadora.

2. A tese defendida não pode ser analisada somente com base do Código de Defesa do Consumidor, pois o direito à informação previsto no art. 31 do CDC, nesse caso específico, foi regulamentado pela Resolução 460/2007 da Anatel, órgão que detém competência para essa finalidade.

3. Portando, o objeto do Recurso Especial demanda interpretação de Resolução da Anatel, o que é incabível nesta via estreita.

Ressalte-se que, de acordo com o art. 105, III, alínea "a", da Constituição Federal, não se pode analisar eventual ofensa a regulamentos, portarias ou instruções normativas, por não estarem tais atos normativos compreendidos na expressão "lei federal".

Precedentes do STJ.

4. Recurso Especial não provido.

(REsp 1541706/DF, Rel. Ministro HERMAN BENJAMIN, SEGUNDA TURMA, julgado em 22/09/2015, DJe 17/11/2015).

PROCESSUAL CIVIL E CONSUMIDOR. DIREITO À INFORMAÇÃO. ARTS. 6º, 31 E 37 DO CDC. CERVEJA QUE UTILIZA A EXPRESSÃO "SEM ÁLCOOL" NO RÓTULO DO PRODUTO. IMPOSSIBILIDADE. BEBIDA QUE APRESENTA TEOR ALCOÓLICO INFERIOR A 0,5% POR VOLUME. MULTA. PROCON. REVISÃO. SÚMULA 7/STJ.

VIOLAÇÃO DO ART. 6º DA LICC. NATUREZA CONSTITUCIONAL.

1. Hipótese em que o Tribunal a quo consignou que a Ambev "foi autuada em 29 de junho de 2001 porque, como constatado, estava expondo a venda a cerveja Kronenbier, classificando-a como sem álcool, sem assegurara informações corretas sobre o teor alcoólico na composição do produto, infringindo o disposto no artigo 31 da Lei nº 8.078/90". Afirma ainda que "é manifesta a confusão do consumidor ao se deparar com a expressão 'sem álcool' em destaque no rótulo da cerveja e a advertência do teor alcoólico menor que 0,5% em letras minúsculas" (fls. 478-479).

2. Cumpre ressaltar que um dos direitos básicos do consumidor, talvez o mais elementar de todos, e daí a sua expressa previsão no art. 5º, XIV, da Constituição de 1988, é "a informação adequada e clara sobre os diferentes produtos e serviços, com especificação correta de quantidade, características, composição, qualidade e preço" (art. 6º, III, do CDC).

3. Por expressa disposição legal, só respeitam os princípios da transparência e da boa-fé objetiva as informações que sejam corretas, claras, precisas e ostensivas sobre as características de produtos ou serviços, qualidades, quantidade, composição, preço, garantia, prazos de validade e origem, bem como sobre os riscos que apresentam à saúde e à segurança dos consumidores, sendo proibida a publicidade enganosa, capaz de induzir em erro o consumidor (arts. 31 e 37 do CDC). Precedentes do STJ.

4. No que tange à pretensão da empresa de ver anulada a sanção imposta pelo Procon ou reduzido o seu valor, esta Segunda Turma entendeu ser inviável analisar as teses defendidas no Recurso Especial, porquanto isso demanda reexame de fatos e provas constantes dos autos, a fim de afastar as premissas fáticas estabelecidas pelo acórdão recorrido, o que esbarra no óbice disposto na Súmula 7/STJ.

5. Por fim, ressalto que a jurisprudência do STJ é pacífica no sentido de que os princípios contidos na Lei de Introdução ao Código Civil – direito adquirido, ato jurídico perfeito e coisa julgada -, apesar de previstos em norma infraconstitucional, não podem ser analisados em Recurso Especial, se o enfoque que a eles se der no acórdão recorrido for de natureza estritamente constitucional (art. 5º, XXXVI, da CF/1988).

6. A Ambev reitera, em seus memoriais, as razões do Agravo Regimental, não apresentando argumento novo.

7. Agravos Regimentais não providos.

(AgRg nos EDcl no AREsp 259.903/SP, Rel. Ministro HERMAN BENJAMIN, SEGUNDA TURMA, julgado em 26/08/2014, DJe 25/09/2014).

PROCESSUAL CIVIL E ADMINISTRATIVO. AGRAVO REGIMENTAL NA MEDIDA CAUTELAR. EFEITO SUSPENSIVO A RECURSO ESPECIAL. CONTRATOS DE CONSUMO. TELEFONIA. ACESSO DOS USUÁRIOS À CONSULTA DE GASTOS DA FRANQUIA. DECISÃO QUE SE MANTÉM.

1. Medida cautelar ajuizada ao propósito de que fosse dado efeito suspensivo ao recurso especial interposto por TIM Celular S.A. para que fosse obstada a determinação de conferir aos usuários do Plano "Liberty" o acesso à consulta de gastos da franquia. Indeferido o pedido de liminar e negado seguimento à própria cautelar, a sociedade empresária interpôs o presente agravo regimental.

2. Tendo a medida cautelar um escopo de assegurar a eficácia de decisão final a ser proferida no processo principal, cumpre verificar, mesmo que

em caráter perfunctório, a viabilidade do apelo nobre interposto pela suplicante, além da existência de risco de dano grave ou irreparável.

3. Na espécie, não foram apresentados argumentos aptos ao convencimento do desacerto do acórdão de origem, na medida em que a interpretação da legislação consumerista permeia inteiramente o julgado em questão.

4. Nesse passo, em cognição sumária, cumpre notar que é dever do prestador de serviços assegurar que o consumidor seja amplamente informado sobre todas as características essenciais do serviço ofertado, a exemplo dos gastos do usuário com a utilização da franquia contratada com a operadora de telefonia. Esta, aliás, é a orientação do princípio da boa-fé que deve reger as relações de consumo, bem como dos arts. 6º, III, e 31 do Código de Defesa do Consumidor.

5. Ademais, o perigo de dano irreparável não foi suficientemente demonstrado, valendo salientar que a Corte estadual concedeu à empresa o prazo de seis meses para se adaptar às mudanças.

6. Agravo regimental a que se nega provimento.

(AgRg na MC 22.428/RJ, Rel. Ministro OG FERNANDES, SEGUNDA TURMA, julgado em 18/06/2014, DJe 25/06/2014).

RECURSO ESPECIAL – AÇÃO CIVIL COLETIVA – DIREITO DO CONSUMIDOR – DEVER DE INFORMAÇÃO – SENTENÇA A QUO QUE REPUTOU NECESSÁRIA A INSCRIÇÃO DO PRAZO DA GARANTIA LEGAL EM RÓTULOS E EMBALAGENS DE PRODUTOS – ARESTO ESTADUAL QUE AFASTOU TAL OBRIGAÇÃO.

INSURGÊNCIA DA ASSOCIAÇÃO NACIONAL DE DEFESA DA CIDADANIA E DO CONSUMIDOR.

1. Alegada ausência de prequestionamento. Inocorrência. "O STJ admite o prequestionamento implícito nas hipóteses em que os pontos debatidos no Recurso Especial foram decididos no acórdão recorrido, sem explícita indicação dos artigos de lei que fundamentam a decisão." REsp 1345910/MG, Rel. Ministro HERMAN BENJAMIN, Segunda Turma, DJe 31/10/2012.

2. Hipótese em que a agremiação nacional representativa dos interesses do consumidor pleiteou a inclusão do prazo da garantia legal nos rótulos/embalagens de lâmpadas de fabricação própria da empresa recorrida. Desnecessidade. Interpretação do art. 31 do Código de Defesa do Con-

sumidor. Alcance do termo "garantia". Não abrangência da legal, mas sim da contratual.

3. O dever de o fornecedor assegurar informações corretas, claras e precisas na apresentação dos produtos e serviços ofertados no mercado de consumo (art. 31 da Lei nº 8.078/90) não contempla a obrigação de transcrever a garantia legal nos rótulos/embalagens, porquanto esta deflui diretamente da própria lei (art. 24 e 26 do CDC), a qual o ordenamento jurídico presume ser de conhecimento de todos ("ninguém se escusa de cumprir a lei, alegando que não a conhece" – art. 3º da Lei de Introdução do Direito Brasileiro).

4. A norma em voga prescreve um rol mínimo de itens a serem informados pelo fabricante e comerciante, cujo objetivo é conferir dados suficientes ao consumidor, a fim de que possa emitir um juízo particularizado sobre o bem ou serviço que tenciona adquirir, destacando-se as condições e vantagens oferecidas, aí incluída a garantia contratual, e não a legal (30 ou 90 dias, conforme o caso), justamente por esta última decorrer do próprio sistema.

5. Recurso especial a que se nega provimento.

(REsp 1067530/SP, Rel. Ministro MARCO BUZZI, QUARTA TURMA, julgado em 28/05/2013, DJe 10/06/2013).

ADMINISTRATIVO. CONSUMIDOR. PROCEDIMENTO ADMINISTRATIVO. VÍCIO DE QUANTIDADE. VENDA DE REFRIGERANTE EM VOLUME MENOR QUE O HABITUAL.

REDUÇÃO DE CONTEÚDO INFORMADA NA PARTE INFERIOR DO RÓTULO E EM LETRAS REDUZIDAS. INOBSERVÂNCIA DO DEVER DE INFORMAÇÃO. DEVER POSITIVO DO FORNECEDOR DE INFORMAR. VIOLAÇÃO DO PRINCÍPIO DA CONFIANÇA. PRODUTO ANTIGO NO MERCADO. FRUSTRAÇÃO DAS EXPECTATIVAS LEGÍTIMAS DO CONSUMIDOR. MULTA APLICADA PELO PROCON. POSSIBILIDADE.

ÓRGÃO DETENTOR DE ATIVIDADE ADMINISTRATIVA DE ORDENAÇÃO.

PROPORCIONALIDADE DA MULTA ADMINISTRATIVA. SÚMULA 7/STJ. ANÁLISE DE LEI LOCAL, PORTARIA E INSTRUÇÃO NORMATIVA. AUSÊNCIA DE NATUREZA DE LEI FEDERAL. SÚMULA 280/STF. DIVERGÊNCIA NÃO DEMONSTRADA. REDUÇÃO DO

"QUANTUM" FIXADO A TÍTULO DE HONORÁRIOS ADVOCATÍCIOS. SÚMULA 7/STJ.

1. No caso, o Procon estadual instaurou processo administrativo contra a recorrente pela prática da infração às relações de consumo conhecida como "maquiagem de produto" e "aumento disfarçado de preços", por alterar quantitativamente o conteúdo dos refrigerantes "Coca-Cola", "Fanta", "Sprite" e "Kuat" de 600 ml para 500 ml, sem informar clara e precisamente aos consumidores, porquanto a informação foi aposta na parte inferior do rótulo e em letras reduzidas. Na ação anulatória ajuizada pela recorrente, o Tribunal de origem, em apelação, confirmou a improcedência do pedido de afastamento da multa administrativa, atualizada para R$ 459.434,97, e majorou os honorários advocatícios para R$ 25.000,00.

2. Hipótese, no cível, de responsabilidade objetiva em que o fornecedor (lato sensu) responde solidariamente pelo vício de quantidade do produto.

3. O direito à informação, garantia fundamental da pessoa humana expressa no art. 5º, inciso XIV, da Constituição Federal, é gênero do qual é espécie também previsto no Código de Defesa do Consumidor.

4. A Lei nº 8.078/1990 traz, entre os direitos básicos do consumidor, a "informação adequada e clara sobre os diferentes produtos e serviços, com especificação correta de quantidade, características, composição, qualidade e preço, bem como sobre os riscos que apresentam" (art. 6º, inciso III).

5. Consoante o Código de Defesa do Consumidor, "a oferta e a apresentação de produtos ou serviços devem assegurar informações corretas, claras, precisas, ostensivas e em língua portuguesa sobre suas características, qualidades, quantidade, composição, preço, garantia, prazos de validade e origem, entre outros dados, bem como sobre os riscos que apresentam à saúde e segurança dos consumidores" (art. 31), sendo vedada a publicidade enganosa, "inteira ou parcialmente falsa, ou, por qualquer outro modo, mesmo por omissão, capaz de induzir em erro o consumidor a respeito da natureza, características, qualidade, quantidade, propriedades, origem, preço e quaisquer outros dados sobre produtos e serviços" (art. 37).

6. O dever de informação positiva do fornecedor tem importância direta no surgimento e na manutenção da confiança por parte do consumidor. A informação deficiente frustra as legítimas expectativas do consumidor, maculando sua confiança.

7. A sanção administrativa aplicada pelo Procon reveste-se de legitimidade, em virtude de seu poder de polícia (atividade administrativa de

ordenação) para cominar multas relacionadas à transgressão da Lei nº 8.078/1990, esbarrando o reexame da proporcionalidade da pena fixada no enunciado da Súmula 7/STJ.

8. Leis locais, portarias e instruções normativas refogem ao conceito de lei federal, não podendo ser analisadas por esta Corte, ante o óbice, por analogia, da Súmula 280/STF.

9. Os honorários advocatícios fixados pela instância ordinária somente podem ser revistos em recurso especial se o "quantum" se revelar exorbitante, em respeito ao disposto na Súmula 7/STJ.

Recurso especial a que se nega provimento.

(REsp 1364915/MG, Rel. Ministro HUMBERTO MARTINS, SEGUNDA TURMA, julgado em 14/05/2013, DJe 24/05/2013).

ADMINISTRATIVO. PUBLICIDADE ENGANOSA. ART. 37, §1º, DO CDC.

LEGALIDADE DA MULTA APLICADA PELO PROCON. PRINCÍPIO DA VERACIDADE DA PUBLICIDADE.

1. Não há como apreciar o mérito da controvérsia com base na dita malversação dos artigos 56 e 57 do CDC, uma vez que não foram objeto de debate pela instância ordinária, o que inviabiliza o conhecimento do especial no ponto por ausência de prequestionamento. Incide ao caso a súmula 282 do STF. Nos termos do art. 31 do Código de Defesa do Consumidor, a oferta e apresentação de produtos ou serviços devem assegurar, entre outros dados, informações corretas, claras, precisas, ostensivas e em língua portuguesa sobre suas características, qualidades, garantia, composição, preço, garantia, prazos de validade e origem. Já o art. 37 proíbe de forma expressa a publicidade enganosa, capaz de induzir o consumidor a erro.

2. No presente caso, trata-se da legalidade de multa imposta à Intelig Telecomunicações em razão de publicidade enganosa por ter veiculado desconto especial com o slogan "Fale até 5 minutos por 0, 99". Consta nos autos que "durante a encenação aparecem atores levantando placas com as descrições "5 minutos", "R$0,99" e, posteriormente, ouvem-se sons enfatizando os seguintes dizeres: "5 (cinco) minutos, noventa e nove centavos". Durante a apresentação do comercial, constata-se ainda a rápida exibição de uma legenda com a descrição: " chamadas até 5 minutos custam R$0,99 sem tributos (preço final RJ R$1,49/min) Após, a cobrança passa a ser conforme o plano básico." (fls. 270/271).

3. Quanto ao fato de o valor cobrado referir-se apenas aos primeiros 05 minutos de ligação, não há qualquer dúvida, até porque, conforme relatado pelo acórdão, a prestadora de serviços fez constar em legenda os seguintes dizeres, em tempo hábil para leitura: "Chamadas até 5 min custam R$0,99 sem tributos. (Preço final RJ, R$1,49/min)"., concluindo-se que, após esse lapso temporal, a cobrança passa a ser conforme o plano básico contratado pelo consumidor.

Nesse ponto, o informe veiculado não é enganoso, uma vez que houve explicação clara acerca da sistemática de cobrança adotada, não gerando dúvida que o valor exposto é inaplicável em ligações de duração maior que 5 minutos.

4. A dúvida surge quanto ao próprio valor a ser pago nas ligações de duração menor ou igual ao período de 5 minutos. Pela análise do quadro fático desenhado pelo Tribunal a quo, conclui-se pela publicidade que o custo de uma ligação de até 5 minutos será de R$0,99 (noventa e nove centavos), ao passo que pela leitura da legenda exposta consta informação de que tal valor refere-se à unidade do minuto falado durante os primeiros 5 minutos – "Chamadas até 5 min custam R$0,99 sem tributos. (Preço final RJ, R$1,49/min)"– , ou seja, o valor da ligação de 5 minutos seria, sem cálculo dos tributos, R$4,95 (R$ 0,99 x 5 minutos) e, não R$ 0,99, como expresso no slogan.

5. A publicidade enganosa, a luz do Código de Defesa do Consumidor (art. 37, CDC), não exige, para sua configuração, a prova da vontade de enganar o consumidor, tampouco tal nefanda prática também colha que deva estar evidenciada de plano sua ilegalidade, ou seja, a publicidade pode ter aparência de absoluta legalidade na sua vinculação, mas, por omitir dado essencial para formação do juízo de opção do consumidor, finda por induzi-lo a erro ou tão somente coloca dúvidas acerca do produto ou serviço oferecido, contaminando sua decisão.

6. Em razão do princípio da veracidade da publicidade, fica evidenciado que a publicidade veiculada pela recorrida é capaz de induzir o consumidor a erro quanto ao preço do serviço, podendo ser considerada enganosa.

7. Recurso especial parcialmente conhecido e, nessa parte, provido.

(REsp 1317338/MG, Rel. Ministro MAURO CAMPBELL MARQUES, SEGUNDA TURMA, julgado em 19/03/2013, DJe 01/04/2013).

DIREITO DO CONSUMIDOR. PUBLICIDADE ENGANOSA. EMPREENDIMENTO DIVULGADO E COMERCIALIZADO COMO HOTEL. MERO RESIDENCIAL COM SERVIÇOS. INTERDIÇÃO PELA MU-

NICIPALIDADE. OCULTAÇÃO DELIBERADA DE INFORMAÇÃO PELO FORNECEDOR. ANULAÇÃO DO NEGÓCIO JURÍDICO.

INDENIZAÇÃO POR LUCROS CESSANTES E POR DANOS MORAIS DEVIDA.

1. O direito à informação, no Código de Defesa do Consumidor, é corolário das normas intervencionistas ligadas à função social e à boa-fé, em razão das quais a liberdade de contratar assume novel feição, impondo a necessidade de transparência em todas as fases da contratação: o momento pré-contratual, o de formação e o de execução do contrato e até mesmo o momento pós-contratual.

2. O princípio da vinculação da publicidade reflete a imposição da transparência e da boa-fé nos métodos comerciais, na publicidade e nos contratos, de modo que o fornecedor de produtos ou serviços obriga-se nos exatos termos da publicidade veiculada, sendo certo que essa vinculação estende-se também às informações prestadas por funcionários ou representantes do fornecedor.

3. Se a informação se refere a dado essencial capaz de onerar o consumidor ou restringir seus direitos, deve integrar o próprio anúncio, de forma precisa, clara e ostensiva, nos termos do art. 31 do CDC, sob pena de configurar publicidade enganosa por omissão.

4. No caso concreto, desponta estreme de dúvida que o principal atrativo do projeto foi a sua divulgação como um empreendimento hoteleiro – o que se dessume à toda vista da proeminente reputação que a Rede Meliá ostenta nesse ramo –, bem como foi omitida a falta de autorização do Município para que funcionasse empresa dessa envergadura na área, o que, à toda evidência, constitui publicidade enganosa, nos termos do art. 37, *caput* e § 3º, do CDC, rendendo ensejo ao desfazimento do negócio jurídico, à restituição dos valores pagos, bem como à percepção de indenização por lucros cessantes e por dano moral.

5. Recurso especial de Antônio Rogério Saldanha Maia provido.

6. Recursos especiais de Gafisa S/A e Banco BBM S/A não conhecidos. Prejudicadas as demais questões suscitadas.

(REsp 1188442/RJ, Rel. Ministro LUIS FELIPE SALOMÃO, QUARTA TURMA, julgado em 06/11/2012, DJe 05/02/2013).

PROCESSUAL CIVIL E CONSUMIDOR. OFERTA. ANÚNCIO DE VEÍCULO. VALOR DO FRETE. IMPUTAÇÃO DE PUBLICIDADE ENGANOSA POR OMISSÃO. ARTS. 6º, 31 E 37 DO CÓDIGO DE DEFESA

DO CONSUMIDOR. PRINCÍPIOS DA TRANSPARÊNCIA, BOA-FÉ OBJETIVA, SOLIDARIEDADE, VULNERABILIDADE E CONCORRÊNCIA LEAL.

DEVER DE OSTENSIVIDADE. CAVEAT EMPTOR. INFRAÇÃO ADMINISTRATIVA NÃO CARACTERIZADA.

1. É autoaplicável o art. 57 do Código de Defesa do Consumidor – CDC, não dependendo, consequentemente, de regulamentação. Nada impede, no entanto, que, por decreto, a União estabeleça critérios uniformes, de âmbito nacional, para sua utilização harmônica em todos os Estados da federação, procedimento que disciplina e limita o poder de polícia, de modo a fortalecer a garantia do due process a que faz jus o autuado.

2. Não se pode, prima facie, impugnar de ilegalidade portaria do Procon estadual que, na linha dos parâmetros gerais fixados no CDC e no decreto federal, classifica as condutas censuráveis administrativamente e explicita fatores para imposição de sanções, visando a ampliar a previsibilidade da conduta estatal. Tais normas reforçam a segurança jurídica ao estatuírem padrões claros para o exercício do poder de polícia, exigência dos princípios da impessoalidade e da publicidade. Ao fazê-lo, encurtam, na medida do possível e do razoável, a discricionariedade administrativa e o componente subjetivo, errático com frequência, da atividade punitiva da autoridade.

3. Um dos direitos básicos do consumidor, talvez o mais elementar de todos, e daí a sua expressa previsão no art. 5º, XIV, da Constituição de 1988, é "a informação adequada e clara sobre os diferentes produtos e serviços, com especificação correta de quantidade, características, composição, qualidade e preço" (art. 6º, III, do CDC). Nele se encontra, sem exagero, um dos baluartes do microssistema e da própria sociedade pós-moderna, ambiente no qual também se insere a proteção contra a publicidade enganosa e abusiva (CDC, arts. 6º, IV, e 37).

4. Derivação próxima ou direta dos princípios da transparência, da confiança e da boa-fé objetiva, e, remota dos princípios da solidariedade e da vulnerabilidade do consumidor, bem como do princípio da concorrência leal, o dever de informação adequada incide nas fases pré-contratual, contratual e pós-contratual, e vincula tanto o fornecedor privado como o fornecedor público.

5. Por expressa disposição legal, só respeitam o princípio da transparência e da boa-fé objetiva, em sua plenitude, as informações que sejam "corretas, claras, precisas, ostensivas" e que indiquem, nessas mesmas condições, as "características, qualidades, quantidade, composição, preço, garantia, prazos de validade e origem, entre outros dados" do produto

ou serviço, objeto da relação jurídica de consumo (art. 31 do CDC, grifo acrescentado).

6. Exigidas literalmente pelo art. 31 do CDC, informações sobre preço, condições de pagamento e crédito são das mais relevantes e decisivas na opção de compra do consumidor e, por óbvio, afetam diretamente a integridade e a retidão da relação jurídica de consumo. Logo, em tese, o tipo de fonte e localização de restrições, condicionantes e exceções a esses dados devem observar o mesmo tamanho e padrão de letra, inserção espacial e destaque, sob pena de violação do dever de ostensividade.

7. Rodapé ou lateral de página não são locais adequados para alertar o consumidor, e, tais quais letras diminutas, são incompatíveis com os princípios da transparência e da boa-fé objetiva, tanto mais se a advertência disser respeito à informação central na peça publicitária e a que se deu realce no corpo principal do anúncio, expediente astucioso que caracterizará publicidade enganosa por omissão, nos termos do art. 37, §§ 1º e 3º, do CDC, por subtração sagaz, mas nem por isso menos danosa e condenável, de dado essencial do produto ou serviço.

8. Pretender que o consumidor se transforme em leitor malabarista (apto a ler, como se fosse natural e usual, a margem ou borda vertical de página) e ouvinte ou telespectador superdotado (capaz de apreender e entender, nas transmissões de rádio ou televisão, em fração de segundos, advertências ininteligíveis e em passo desembestado, ou, ainda, amontoado de letrinhas ao pé de página de publicação ou quadro televisivo) afronta não só o texto inequívoco e o espírito do CDC, como agride o próprio senso comum, sem falar que converte o dever de informar em dever de informar-se, ressuscitando, ilegitimamente e *contra legem*, a arcaica e renegada máxima do *caveat emptor* (= o consumidor que se cuide).

9. A configuração da publicidade enganosa, para fins civis, não exige a intenção (dolo) de iludir, disfarçar ou tapear, nem mesmo culpa, pois se está em terreno no qual imperam juízos alicerçados no princípio da boa-fé objetiva.

10. Na hipótese particular dos autos, contudo, a jurisprudência do STJ, considerando as peculiaridades do caso concreto sob análise, é no sentido de que o anúncio publicitário consignou, minimamente, que o valor do frete não estava incluído no preço ofertado, daí por que inexiste o ilícito administrativo de publicidade enganosa ou abusiva. Desnecessário prevenir que tal conclusão soluciona o litígio apenas e tão somente no âmbito do Direito Administrativo Sancionador, isto é, de punição administrativa imposta na raiz do poder de polícia, sem que se possa, por conseguinte, fazer repercuti-la ou aproveitá-la em eventuais processos

reparatórios civis, nos quais a análise da matéria ocorre à luz de outros regimes e princípios.

11. Agravo Regimental não provido.

(AgRg no AgRg no REsp 1261824/SP, Rel. Ministro HERMAN BENJAMIN, SEGUNDA TURMA, julgado em 14/02/2012, DJe 09/05/2013).

PROCESSUAL CIVIL E CONSUMIDOR. EMBARGOS DE DECLARAÇÃO. VÍCIO CONSTATADO. ANÚNCIO DE VEÍCULO. VALOR DO FRETE. PROPAGANDA ENGANOSA.

Não caracterização. Embargos acolhidos com efeitos modificativos.

1. A Segunda Turma, em recente julgado, analisou o mérito dos autos – verificação se o anúncio de vendas de automóveis, em que consta a não inclusão do frete no rodapé, sem indicação de valor, é capaz de induzir a erro o consumidor, ensejando violação do art. 37, § 1º, do Código de Defesa do Consumidor – afastando a incidência da Súmula 7/STJ.

2. Nesta oportunidade, este Superior Tribunal de Justiça esclareceu que, nos termos do art. 31 do Código de Defesa do Consumidor, a oferta e apresentação de produtos ou serviços devem assegurar, entre outros dados, informações corretas, claras, precisas, ostensivas e em língua portuguesa sobre suas características, qualidades, garantia, composição, preço, garantia, prazos de validade e origem.

3. Sendo assim, se o anúncio publicitário consignar que o valor do frete não está incluído no preço ofertado, dentro de um juízo de razoabilidade, não haverá, em princípio, publicidade enganosa ou abusiva, mesmo que essa informação conste no rodapé do anúncio veiculado em jornal ou outro meio de comunicação impresso.

4. No caso, depreende-se dos autos que o anúncio não é absolutamente omisso quanto à parcela do preço do produto (frete).

5. Não fosse apenas isso, entender pela necessidade de fazer constar o valor do frete do produto em todos os anúncios, inviabilizaria as campanhas publicitárias de âmbito nacional, especialmente em nosso país de proporções continentais, em que essa parcela necessariamente sofreria grandes variações.

6. Embargos de declaração acolhidos, com efeitos modificativos, para dar provimento do recurso especial (EDcl no REsp 1159799/SP, Rel. Ministro MAURO CAMPBELL MARQUES, SEGUNDA TURMA, julgado em 11/10/2011, DJe 18/10/2011)

0036329-88.2009.8.19.0002 – APELAÇÃO.

DES. FERNANDO FOCH LEMOS – Julgamento: 27/02/2013 – TERCEIRA CÂMARA CÍVEL

Direito constitucional e do consumidor. Ensino superior. Universidade privada. Não reconhecimento do curso pelo ministério da educação. Publicidade enganosa. Deveres de transparência, informação, boa-fé objetiva e cooperação. Dano moral. Indenização, caso de manutenção. Inexistência de malferimento do princípio da autonomia universitária. Prevalência do princípio da dignidade humana. Ação de responsabilidade vil proposta em face de mantenedora de universidade privada por discente que, tendo colado grau, constata que o curso que frequentara não tinha reconhecimento do Ministério da Educação. Pedido de condenação de a ré indenizar dano moral. Sentença de procedência que arbitra a indenização em R$ 20.000,00. 1. Sendo certo que universidades privadas atraem seus alunos pela promessa de ascensão social através do saber, é enganosa a propaganda que não esclarece quais os cursos ainda não têm reconhecimento do Ministério da Educação e quais as implicações práticas disso para o formado, dado que a cautela seria capaz de não induzir em erro o estudante; sem ela a propaganda é enganosa (CDC, art. 37, § 1º) 2. Não cumpre tal cautela cláusula contratual inserida em contrato de adesão, cujo instrumento tem quatro laudas em espaço mínimo entre as linhas e tipologia extremamente miúda, a enunciar o truísmo de que "o reconhecimento do Curso poderá ocorrer antes ou após a Formatura da primeira turma" (sic), sem sequer indicar ser essa a situação a que se submeterá o consumidor; o expediente, além de desrespeitar proibição imposta pelo art. 54, § 3º, do CDC, revela malferimento do dever de boa-fé objetiva que deve presidir as relações de consumo. 3. O engodo de atrair estudante para curso sem reconhecimento do Ministério da Educação, sem clara informação a respeito, implica dano moral *in re ipsa*, revela falta do serviço, revela descumprimento dos deveres da boa-fé objetiva, da transparência, da informação e da cooperação, ao tempo em que impõe a seu prestador, cuja responsabilidade é objetiva, o dever de indenizar (CDC, art. 14). 4. O reconhecimento da ilicitude não fere o princípio da autonomia da universidade, pela qual esta pode criar os cursos que bem quiser e entender, mas que não a isenta de correr os riscos do empreendimento e de observar as regras que regem as relações de consumo estabelecidas entre ela e cada qual dos discentes. 5. Ainda que assim não fosse, o entrechoque entre o princípio constitucional setorial da autonomia universitária e o princípio constitucional fundamental da dignidade humana se resolve em favor do segundo. 6. Sendo justa, não se modifica a indenização de dano moral arbitrada em primeiro grau de jurisdição, a menos que a parte inconformada demonstre objetivamente sua inadequabilidade (Enunciado 116 deste tribunal). 7. Recurso ao qual se nega provimento.

DIREITO DO CONSUMIDOR. ADMINISTRATIVO. NORMAS DE PROTEÇÃO E DEFESA DO CONSUMIDOR. ORDEM PÚBLICA E INTERESSE SOCIAL. PRINCÍPIO DA VULNERABILIDADE DO CONSUMIDOR. PRINCÍPIO DA TRANSPARÊNCIA. Princípio da boa-fé objetiva. Princípio da confiança. Obrigação de segurança. Direito à informação. Dever positivo do fornecedor de informar, adequada e claramente, sobre riscos de produtos e serviços. Distinção entre informação-conteúdo e informação-advertência. Rotulagem. Proteção de consumidores hipervulneráveis. Campo de aplicação da lei do glúten (Lei nº 8.543/92 Ab-rogada pela Lei nº 10.674/2003) e eventual antinomia com o art. 31 do código de defesa do consumidor. Mandado de segurança preventivo. Justo receio da impetrante de ofensa à sua livre iniciativa e à comercialização de seus produtos. Sanções administrativas por deixar de advertir sobre os riscos do glúten aos doentes celíacos. Inexistência de direito líquido e certo. Denegação da segurança.

1. Mandado de Segurança Preventivo fundado em justo receio de sofrer ameaça na comercialização de produtos alimentícios fabricados por empresas que integram a Associação Brasileira das Indústrias da Alimentação – ABIA, ora impetrante, e ajuizado em face da instauração de procedimentos administrativos pelo PROCON-MG, em resposta ao descumprimento do dever de advertir sobre os riscos que o glúten, presente na composição de certos alimentos industrializados, apresenta à saúde e à segurança de uma categoria de consumidores – os portadores de doença celíaca.

2. A superveniência da Lei nº 10.674/2003, que ab-rogou a Lei nº 8.543/92, não esvazia o objeto do mandamus, pois, a despeito de disciplinar a matéria em maior amplitude, não invalida a necessidade de, por força do art. 31 do Código de Defesa do Consumidor – CDC, complementar a expressão "contém glúten" com a advertência dos riscos que causa à saúde e segurança dos portadores da doença celíaca. É concreto o justo receio das empresas de alimentos em sofrer efetiva lesão no seu alegado direito líquido e certo de livremente exercer suas atividades e comercializar os produtos que fabricam.

3. As normas de proteção e defesa do consumidor têm índole de "ordem pública e interesse social". São, portanto, indisponíveis e inafastáveis, pois resguardam valores básicos e fundamentais da ordem jurídica do Estado Social, daí a impossibilidade de o consumidor delas abrir mão ex ante e no atacado.

4. O ponto de partida do CDC é a afirmação do Princípio da Vulnerabilidade do Consumidor, mecanismo que visa a garantir igualdade formal-material aos sujeitos da relação jurídica de consumo, o que não quer dizer compactuar com exageros que, sem utilidade real, obstem o progresso tecnológico, a circulação dos bens de consumo e a própria lucratividade dos negócios.

5. O direito à informação, abrigado expressamente pelo art. 5º, XIV, da Constituição Federal, é uma das formas de expressão concreta do Princípio da Transparência, sendo também corolário do Princípio da Boa-fé Objetiva e do Princípio da Confiança, todos abraçados pelo CDC.

6. No âmbito da proteção à vida e saúde do consumidor, o direito à informação é manifestação autônoma da obrigação de segurança.

7. Entre os direitos básicos do consumidor, previstos no CDC, inclui-se exatamente a "informação adequada e clara sobre os diferentes produtos e serviços, com especificação correta de quantidade, características, composição, qualidade e preço, bem como sobre os riscos que apresentem" (art. 6º, III).

8. Informação adequada, nos termos do art. 6º, III, do CDC, é aquela que se apresenta simultaneamente completa, gratuita e útil, vedada, neste último caso, a diluição da comunicação efetivamente relevante pelo uso de informações soltas, redundantes ou destituídas de qualquer serventia para o consumidor.

9. Nas práticas comerciais, instrumento que por excelência viabiliza a circulação de bens de consumo, "a oferta e apresentação de produtos ou serviços devem assegurar informações corretas, claras, precisas, ostensivas e em língua portuguesa sobre suas características, qualidades, quantidade, composição, preço, garantia, prazos de validade e origem, entre outros dados, bem como sobre os riscos que apresentam à saúde e segurança dos consumidores" (art. 31 do CDC).

10. A informação deve ser correta (= verdadeira), clara (= de fácil entendimento), precisa (= não prolixa ou escassa), ostensiva (= de fácil constatação ou percepção) e, por óbvio, em língua portuguesa.

11. A obrigação de informação é desdobrada pelo art. 31 do CDC, em quatro categorias principais, imbricadas entre si: a) informação-conteúdo (= características intrínsecas do produto e serviço), b) informação-utilização (= como se usa o produto ou serviço), c) informação-preço (= custo, formas e condições de pagamento), e d) informação-advertência (= riscos do produto ou serviço).

12. A obrigação de informação exige comportamento positivo, pois o CDC rejeita tanto a regra do caveat emptor como a subinformação, o

que transmuda o silêncio total ou parcial do fornecedor em patologia repreensível, relevante apenas em desfavor do profissional, inclusive como oferta e publicidade enganosa por omissão.

13. Inexistência de antinomia entre a Lei nº 10.674/2003, que surgiu para proteger a saúde (imediatamente) e a vida (mediatamente) dos portadores da doença celíaca, e o art. 31 do CDC, que prevê sejam os consumidores informados sobre o "conteúdo" e alertados sobre os "riscos" dos produtos ou serviços à saúde e à segurança.

14. Complementaridade entre os dois textos legais. Distinção, na análise das duas leis, que se deve fazer entre obrigação geral de informação e obrigação especial de informação, bem como entre informação-conteúdo e informação-advertência.

15. O CDC estatui uma obrigação geral de informação (= comum, ordinária ou primária), enquanto outras leis, específicas para certos setores (como a Lei nº 10.674/03), dispõem sobre obrigação especial de informação (= secundária, derivada ou tópica). Esta, por ter um caráter mínimo, não isenta os profissionais de cumprirem aquela.

16. Embora toda advertência seja informação, nem toda informação é advertência. Quem informa nem sempre adverte.

17. No campo da saúde e da segurança do consumidor (e com maior razão quanto a alimentos e medicamentos), em que as normas de proteção devem ser interpretadas com maior rigor, por conta dos bens jurídicos em questão, seria um despropósito falar em dever de informar baseado no homo medius ou na generalidade dos consumidores, o que levaria a informação a não atingir quem mais dela precisa, pois os que padecem de enfermidades ou de necessidades especiais são frequentemente a minoria no amplo universo dos consumidores.

18. Ao Estado Social importam não apenas os vulneráveis, mas sobretudo os hipervulneráveis, pois são esses que, exatamente por serem minoritários e amiúde discriminados ou ignorados, mais sofrem com a massificação do consumo e a "pasteurização" das diferenças que caracterizam e enriquecem a sociedade moderna.

19. Ser diferente ou minoria, por doença ou qualquer outra razão, não é ser menos consumidor, nem menos cidadão, tampouco merecer direitos de segunda classe ou proteção apenas retórica do legislador.

20. O fornecedor tem o dever de informar que o produto ou serviço pode causar malefícios a um grupo de pessoas, embora não seja prejudicial à generalidade da população, pois o que o ordenamento pretende resguardar não é somente a vida de muitos, mas também a vida de poucos.

21. Existência de lacuna na Lei nº 10.674/2003, que tratou apenas da informação-conteúdo, o que leva à aplicação do art. 31 do CDC,

em processo de integração jurídica, de forma a obrigar o fornecedor a estabelecer e divulgar, clara e inequivocamente, a conexão entre a presença de glúten e os doentes celíacos.

22. Recurso Especial parcialmente conhecido e, nessa parte, provido.

(REsp 586.316/MG, Rel. Ministro HERMAN BENJAMIN, SEGUNDA TURMA, julgado em 17/04/2007, DJe 19/03/2009)

APELAÇÃO CÍVEL. RESPONSABILIDADE CIVIL. AÇÃO INDE-NIZATÓRIA POR DANOS MORAIS. PROPAGANDA ENGANOSA. DEVER DE INFORMAÇÃO. Danos morais reconhecidos. Quantum indenizatório. Redução. 1. Situação em que o encarte promocional da loja de departamento anunciava a possibilidade de clientes do estabelecimento efetuar compras com pagamento parcelado em cinco vezes, sem entrada, mas na hora de efetuar o crediário era exigido o pagamento de uma entrada. 2. A demandada não cumpriu com seu dever de informação, pois além de não honrar o que estava estabelecido no folder, somente informou o consumidor que deveria ser dada uma entrada depois que este já havia escolhido as mercadorias que pretendia adquirir. 3. A conduta da ré causou constrangimento e vexame ao consumidor que teve que deixar as mercadorias que havia escolhido e sair da loja sem poder adquiri-las. Dano moral configurado. 4. Montante fixado na sentença reduzido em conformidade com as peculiaridades do caso concreto. APELO PARCIALMENTE PROVIDO. (Apelação Cível Nº 70024393985, Décima Câmara Cível, Tribunal de Justiça do RS, Relator: Luiz Ary Vessini de Lima, Julgado em 28/08/2008)

> **Art. 32.** Os fabricantes e importadores deverão assegurar a oferta de componentes e peças de reposição enquanto não cessar a fabricação ou importação do produto.
> **Parágrafo único.** Cessadas a produção ou importação, a oferta deverá ser mantida por período razoável de tempo, na forma da lei.

↳ COMENTÁRIOS

32.1 Dever de fornecer peças de reposição enquanto durar a fabricação ou importação do produto

Aqui se desvela mais um dever jurídico do fornecedor, qual seja: o dever de assegurar a oferta de componentes e peças de reposição enquanto não cessar a fabricação ou importação do produto.

Ademais, cessadas a produção ou importação, a oferta deverá ser mantida por período razoável de tempo, na forma da lei.

32.2 Jurisprudências

CIVIL. DIREITO DO CONSUMIDOR. PRODUTO DE CONSUMO DURÁVEL. OBRIGAÇÃO DO FABRICANTE, DE FORNECER PEÇAS DE REPOSIÇÃO, POR TEMPO RAZOÁVEL. INTELIGÊNCIA DO ART. 32, PARÁGRAFO ÚNICO, DO CDC. SENTENÇA MANTIDA. 32 PARÁGRAFO ÚNICO CDC 1. O FABRICANTE TEM O DEVER DE MANTER NO MERCADO, POR TEMPO RAZOÁVEL, PEÇAS E COMPONENTES DE REPOSIÇÃO DOS PRODUTOS CUJA FABRICAÇÃO FOI CESSADA, OS DENOMINADOS "FORA DE LINHA", NÃO SENDO ADMISSÍVEL ACEITAR QUE, POR INEXISTÊNCIA DE UMA DETERMINADA PEÇA OU COMPONENTE DE REPOSIÇÃO, QUE POSSIBILITARIA O CONSERTO A MENOR CUSTO, O CONSUMIDOR TENHA QUE TROCAR TODO UM COMPARTIMENTO DO APARELHO, A UM CUSTO MUITO MAIS ELEVADO. 2. SENTENÇA CONDENATÓRIA MANTIDA POR SEUS PRÓPRIOS FUNDAMENTOS. DECISÃO: RECURSO CONHECIDO. NEGADO PROVIMENTO. (793128020058070001 DF 0079312-80.2005.807.0001, RELATOR: JESUÍNO RISSATO, DATA DE JULGAMENTO: 15/05/2007, SEGUNDA TURMA RECURSAL DOS JUIZADOS ESPECIAIS CÍVEIS E CRIMINAIS DO DF, data de publicação: 31/05/2007, DJU pág. 202 Seção: 3).

Direito do Consumidor. Produto de Consumo Durável. Fim de produção do modelo. Obrigação quanto ao fornecimento de peças de reposição, por tempo razoável. Inteligência do art. 32, parágrafo único, do CDC.

Cessada a produção de um modelo de produto de consumo durável, é dever do fabricante continuar a fornecer ao mercado peças ou componentes de reposição, por tempo razoável. No caso, tendo o consumidor adquirido um aparelho de som, na expectativa de poder utilizá-lo durante alguns anos, não é razoável que, quatro meses após a compra, não encontre para adquirir, nas próprias oficinas autorizadas pelo fabricante, o componente que lhe fora subtraído, sem o qual o aparelho não funciona.

Decisão: prover parcialmente. [...] O art. 32, do CDC, visa coibir prática abusiva, por parte do fabricante ou importador, consistente em não disponibilizar peças ou componentes de reposição, enquanto não cessada a fabricação ou importação e, caso cessada a fabricação ou importação, não manter a oferta pelo tempo previsto em lei, ou na falta de previsão legal, por tempo razoável.

No caso dos autos, restou devidamente comprovado que a autora, em 22/06/2002, adquiriu um aparelho de som automotivo, tipo rádio CD, da SONY, e que em 16/09/02 foi vítima de furto, ocasião em que arrombaram o vidro de seu veículo e subtraíram a frente destacável do aparelho. Desde então, a autora tentou adquirir uma outra frente para o mesmo, procurando em oficina autorizada da marca e também junto à própria Sony, não obtendo sucesso.

Também restou comprovado, na audiência de instrução, através de contato telefônico com o serviço de atendimento ao cliente da empresa, disponibilizado pelo telefone prefixo 0800, que a Sony comercializa a parte frontal de aparelhos de som automotivos, desde que os modelos ainda estejam sendo fabricados, informando ainda a atendente que, com relação ao modelo descrito pela apelada, a Sony não mais estava comercializando a parte frontal, vez que o respectivo modelo deixou de ser comercializado em outubro de 2002.

Ora, a conduta da apelante fere frontalmente a norma inserta no parágrafo único do art. 32 do CDC, pois não é razoável que o consumidor adquira um produto de consumo durável, com a perspectiva de vir a utilizá-lo durante alguns anos, e, após três meses ou quatro meses da aquisição, não encontre mais à venda, no mercado, um de seus componentes principais.

De outra banda, não há como acatar as alegações da apelante, ou seja, de que o bem em questão é indivisível, e que a frente destacável não se trata de um componente ou peça que possa ser disponibilizada separadamente, em face da informação, prestada pela própria fábrica, de que a Sony comercializava tal peça em separado.

Apenas no que toca à condenação por litigância de má-fé, creio que assiste razão à apelante.

Segundo entendimento já esposado pelo Superior Tribunal de Justiça, a imposição de pena pecuniária por litigância de má-fé pressupõe o dolo da parte no entravamento do trâmite processual, manifestado por conduta intencionalmente maliciosa e temerária (STJ-3ª Turma, Resp 418.342-PB, publicado no DJU de 05/08/02, p. 337).

No caso destes autos, o simples fato de ter a ré, em sua contestação, alegado um fato que durante a instrução se mostrou inverídico, a meu ver por si só não configura a litigância de má-fé, já que não provocou qualquer dano processual em prejuízo da autora, nem obstaculizou de qualquer forma o andamento da ação, cujo trâmite fluiu normalmente e com a rapidez necessária.

Pelo exposto, dou provimento parcial ao recurso, apenas para excluir a condenação da apelante por litigância de má-fé, mantendo, quanto ao mais, a r. sentença.

Restando a apelante vencida quanto ao mérito, condeno-a no pagamento das custas processuais e honorários advocatícios, que fixo em 20% sobre o valor da condenação.

É como voto."

(20030110838019 DF , Relator: JESUÍNO RISSATO, Data de Julgamento: 22/06/2004, Primeira Turma Recursal dos Juizados Especiais Cíveis e Criminais do D.F., Data de Publicação: DJU 04/08/2004 Pág.: 55)

> Art. 33. Em caso de oferta ou venda por telefone ou reembolso postal, deve constar o nome do fabricante e endereço na embalagem, publicidade e em todos os impressos utilizados na transação comercial.
>
> Parágrafo único. É proibida a publicidade de bens e serviços por telefone, quando a chamada for onerosa ao consumidor que a origina. (Incluído pela Lei nº 11.800, de 2008).

↳ COMENTÁRIOS

33.1 Oferta ou venda por telefone ou reembolso postal

Aqui o CDC procura resguardar o consumidor nas ofertas ou vendas por telefone ou reembolso postal. Nesses casos, deve constar o nome do fabricante e endereço na embalagem, publicidade e em todos os impressos utilizados na transação comercial.

Vale lembrar o direito de arrependimento expresso no artigo 49 do CDC: "o consumidor pode desistir do contrato, no prazo de 7 dias a contar de sua assinatura ou do ato de recebimento do produto ou serviço, sempre que a contratação de fornecimento de produtos e serviços ocorrer fora do estabelecimento comercial, especialmente por telefone ou a domicílio. Parágrafo único. Se o consumidor exercitar o direito de arrependimento previsto neste artigo, os valores eventualmente pagos, a qualquer título, durante o prazo de reflexão, serão devolvidos, de imediato, monetariamente atualizados."

As transações pela internet (individualmente ou através de sites de compras coletivas) não foram regulamentados de forma específica no Código de Defesa do Consumidor.[200]

200 PODER JUDICIÁRIO DO ESTADO DO RIO DE JANEIRO 3ª VARA EMPRESARIAL DA COMARCA DA CAPITAL Processo nº: 0335794- 84.2012.8.19.0001 DECISÃO Trata-se de ação civil pública proposta pelo MINISTÉRIO PÚBLICO DO ESTADO DO RIO DE JANEIRO em face de SOCIEDADE COMERCIAL E IMPORTADORA HERMES S.A., pleiteando a concessão da tutela antecipada no sentido de compelir a ré a (i) cumprir o prazo estipulado para entrega de seus produtos adquiridos através do site www.kmdevantagens.com.br; (ii) se abster de divulgar, em todas suas ofertas publicitárias, produtos e serviços que não possua no estoque, ou quando divulgados nessas condições, faça constar de forma clara e destada, para que o consumidor possa imediatamente ler a informação de que o produto está indisponível no estoque no momento da compra no referido site; e (iii) realizar serviço de pós-venda mais eficaz e veloz ao consumidor, sob pena de multa diária de R$ 5.000,00 (cinco mil reais). A tutela antecipada é uma forma de tutela jurisdicional satisfativa, prestada com base em juízo de probabilidade e em situações tais que não se possa esperar o tempo necessário à formação do juízo de certeza exigido para a prolação de sentença no processo cognitivo, sob pena de não se poder tutelar adequadamente o direito material. Tal tutela, consistente em permitir a produção antecipada dos efeitos da sentença de procedência do pedido do autor, exige alguns requisitos para sua concessão, quais sejam, a probabilidade de existência do direito alegado pelo demandante, assim entendido como o fumus boni iuris, e a existência de uma situação capaz de gerar fundado receio de dano grave, assim entendido como o periculum in mora, ou a ocorrência de abuso de defesa, segundo inteligência do artigo 273, incisos I e II, do Código de Processo Civil. Nesse sentido, Alexandre Freitas Câmara, in Lições de Direito Processual Civil, 1ª edição, Editora Freitas Bastos, páginas 409/410: 'Esta probabilidade de existência nada mais é, registre-se, do que o fumus boni iuris, o qual se afigura como requisito de todas as modalidades de tutela sumária, e não apenas da tutela cautelar. Assim sendo, deve verificar o julgador se é provável a existência do direito afirmado pelo autor, para que se torne possível a antecipação da tutela jurisdicional. Não basta, porém, este requisito. À probabilidade de existência do direito do autor deverá aderir outro requisito, sendo certo que a lei processual criou dois outros (incisos I e II do art. 273). Estes dois requisitos, porém, são alternativos, bastando a presença de um deles, ao lado da probabilidade de existência do direito, para que se torne possível a antecipação da tutela jurisdicional. Assim é que, na primeira hipótese, ter-se-á a concessão da tutela antecipatória porque, além de ser provável a existência do direito afirmado pelo autor, existe o risco de que tal direito sofra um dano de difícil ou impossível reparação (273, I CPC). Este requisito nada mais é do que o periculum in mora, tradicionalmente considerado pela doutrina como pressuposto da concessão da tutela jurisdicional de urgência (não só na modalidade que aqui se estuda, tutela antecipada, mas também em sua outra espécie: a tutela cautelar). Verifica-se, pois, que havendo risco de que o direito substancial que o autor quer ver protegido através do provimento jurisdicional definitivo (direito este cuja existência se afigura, ao menos até aqui, provável), deverá o juiz conceder a antecipação da tutela jurisdicional.' Assim, somente quando configurados os requisitos objetivamente elencados na lei processual, pode o magistrado conceder a antecipação da tutela a fim de evitar o perecimento do direito material, cuja proteção se busca, e a consequente

33.2 Chamada Onerosa ao Consumidor

O parágrafo único do artigo 33 diz que "é proibida a publicidade de bens e serviços por telefone, quando a chamada for onerosa ao consumidor que a origina." (Incluído pela Lei nº 11.800, de 2008).

> **Art. 34. O fornecedor do produto ou serviço é solidariamente responsável pelos atos de seus prepostos ou representantes autônomos.**

→ COMENTÁRIOS

34.1 Solidariedade do fornecedor pelos atos dos prepostos

Nesse sentido, "a melhor exegese dos arts. 14 e 18 do CDC indica que todos aqueles que participam da introdução do produto ou serviço no mercado devem responder solidariamente por eventual defeito ou vício, isto é, imputa-se a toda a cadeia de fornecimento a responsabilidade pela garantia de qualidade e adequação.

O art. 34 do CDC materializa a teoria da aparência, fazendo com que os deveres de boa-fé, cooperação, transparência e informação alcancem todos os fornecedores, direitos ou indiretos, principais ou auxiliares, enfim todos aqueles que, aos olhos do consumidor, participem da cadeia de

---

inutilidade do futuro provimento jurisdicional de mérito, sendo certo que quando não se estiver diante de periclitação iminente ao direto material, ou ausente a plausibilidade da tese autoral, é de se indeferir a antecipação total ou parcial dos efeitos da tutela. Em uma análise perfunctória, vislumbro o fumus boni iuris e o periculum in mora necessários a justificar a concessão da antecipação dos efeitos da tutela. De fato, compulsando-se os autos, em especial o inquérito juntado por linha às fls. 03, 66/68 e 90/107, verifica-se que o réu anuncia produtos que não possui no estoque, bem como incorre em reiterados atrasos na entrega da mercadoria comprada através do site indicado pelo autor. Ante o exposto, DEFIRO em parte a antecipação da tutela para determinar que o réu cumpra, em todos os seus contratos de compra e venda, o prazo estipulado para a entrega de seus produtos adquiridos através do site www.kmdevantagens.com.br; bem como se abstenha de divulgar, em todas as suas ofertas publicitárias, sobretudo no referido site de venda, produtos e serviços que não estejam em estoque, ou quando divulgados nessas condições, faça constar de forma clara e destacada, para que o consumidor possa fácil e imediatamente ler a informação de que o produto está indisponível no estoque no momento da compra no referido site, sob pena de multa diária de R$ 5.000,00 (cinco mil reais) por descumprimento. Cite-se. Intime-se. Ciência ao MP. Rio de Janeiro, 30 de agosto de 2012. NATASCHA MACULAN ADUM DAZZI Juíza de Direito.

fornecimento. No sistema do CDC fica a critério do consumidor a escolha dos fornecedores solidários que irão integrar o polo passivo da ação. Poderá exercitar sua pretensão contra todos ou apenas contra alguns desses fornecedores, conforme sua comodidade e/ou conveniência. O art. 126 do DL nº 73/66 não afasta a responsabilidade solidária entre corretoras e seguradoras; ao contrário, confirma-a, fixando o direito de regresso destas por danos causados por aquelas. [...] (REsp 1077911/SP, Rel. Ministra NANCY ANDRIGHI, TERCEIRA TURMA, julgado em 04/10/2011, DJe 14/10/2011)".

Da mesma forma, "Compra e venda de bens móveis. Armário planejado adquirido e não entregue pela vendedora ao consumidor. Responsabilidade solidária da fabricante com fundamento na teoria da aparência, eis que a lojista é caracterizada como sua vendedora exclusiva. Solidariedade reconhecida com fundamento nos artigos 7, 20, 25, § 1º e 34 do CDC. Dano moral comprovado na frustração das expectativas do autor em contrair matrimônio da forma como esperada. Montante fixado em valor razoável e em patamar que cumpre a dupla finalidade da reparação moral compensatória e punitiva. Apelo improvido. (13577021200782600001 SP 0135770-21.2007.8.26.0001, Relator: Soares Levada, Data de Julgamento: 06/02/2012, 34ª Câmara de Direito Privado, Data de Publicação: 07/02/2012)".

No mesmo sentido, "INDENIZATÓRIA. RELAÇÃO CONSUMERISTA. PLANO DE SAÚDE CONTRATADO POR INTERMÉDIO DE SOCIEDADE CORRETORA. SOLIDARIEDADE ENTRE ESTA E A SEGURADORA. REDUÇÃO DO VALOR FIXADO A TÍTULO DE DANOS MORAIS. Insurge-se a recorrente alegando que não é parte legítima para figurar no polo passivo da presente demanda porquanto não pode ser responsabilizada pela conduta praticada por corretores de seguros funcionários de empresas autônomas que vendem planos de saúde, dentre eles, o seu (AMIL). Embora a apelante, seguradora, sustente que os corretores de seguros são profissionais autônomos que, em princípio, representam os interesses do segurado, não há como afastar sua responsabilidade. Isto porque o corretor atua no interesse da empresa, intermediando a celebração dos contratos caracterizando uma relação jurídica de preposição, conforme se infere do artigo 1º, da Lei nº 4.594/64. O fato é que o corretor é o intermediador necessário, e essa necessidade se impõe, não por opção dos consumidores, mas pela estruturação do próprio mercado de seguros, o que equivale dizer, pelo interesse comercial das próprias seguradoras. Nos termos do artigo 775 do Código Civil, que se aplica à hipótese, por analogia, dada a similaridade de situações, "Os agentes autorizados do segurador presumem-se seus representantes para todos os atos relativos aos contratos que agenciarem". Dessa forma, não importa que o corretor não tenha vínculo empregatício, não seja preposto da empresa ou seu agente, o certo é que, ainda que sem subordinação, a atividade do corretor constitui uma intermediação consentida e comissionada, com uso de propostas em formulários e impressos personalizados das seguradoras, o que à luz da Teoria da Aparência permite conferir responsabilidade solidária entre o corretor e a seguradora, ora apelante, pois aos olhos do consumidor, o corretor age como se fosse a própria seguradora.O Código de Defesa do Consumidor também permite conferir responsabilidade solidária entre o corretor e a empresa seguradora, estabelecendo no seu artigo 34, que: "o fornecedor do produto ou serviço é solidariamente responsável pelos atos de seus prepostos ou representantes autônomos", sendo a referida responsabilidade de natureza objetiva. No caso dos autos, os documentos de fls. 21/32 comprovam que a autora aderiu a contrato de plano de saúde fornecido pelo recorrente, pagando, inclusive, R$10,00 de taxa de adesão e R$168,39, referente ao pagamento da primeira mensalidade. Não se pode admitir que a autora, segurada de boa-fé, seja prejudicada por conduta negligente perpetrada por corretores que representavam a seguradora, ora recorrente. Assim, não há como afastar a reponsabilidade da seguradora, ora recorrente, pelo fato do serviço defeituoso prestado pelo seu representante autônomo que deixou de efetiva a proposta aderida. É certo que a não efetivação de contrato de plano de saúde trouxe à autora transtornos que evidentemente ultrapassam aquilo que poderia ser considerado como mero incômodo ou dissabor do quotidiano, caracterizando o dano moral. Levando-se em consideração as condições pessoais das partes, bem como os princípios da razoabilidade e da proporcionalidade, as particularidades do caso sob análise e atento, ainda, a média dos valores comumente fixados por esta Corte em casos similares, entendo que a indenização por danos morais deve ser reduzida de R$5.000,00 para R$3.000,00 (três mil reais). Precedentes do STJ e do TJRJ. Recurso parcialmente provido, na forma do § 1º-A do artigo 557 do CPC. 4.594775 Código Civil Código de Defesa do Consumidor. (4231939320088190001 RJ 0423193-93.2008.8.19.0001, Relator: DES. JORGE LUIZ HABIB, Data de Julgamento: 24/04/2012, DECIMA OITAVA CAMARA CIVEL)."

34.2 Médico-Chefe da equipe cirúrgica

De acordo com Ministra Nacny Andrigui, "há responsabilidade solidária do médico-chefe da equipe cirúrgica pelos danos causados ao paciente em decorrência de erro médico cometido exclusivamente pelo médico-anestesista por ele indicado, pois, embora as equipes cirúrgicas sejam formadas por profissionais de diversas especialidades, cada qual autônoma em seu ramo de conhecimento, o cirurgião-chefe, que escolhe os profissionais com quem deseja atuar, estabelece uma relação de comando sobre os demais, inclusive sobre médicos, auxiliares ou anestesistas, de maneira que, caracterizado o trabalho de equipe, deve ser reconhecida a subordinação dos profissionais de saúde que participam do procedimento cirúrgico em si, em relação ao qual a anestesia é indispensável, configurando-se uma verdadeira cadeia de fornecimento do serviço, nos termos do art. 34 c/c art. 14, ambos do CDC.

Há responsabilidade solidária do médico-chefe da equipe cirúrgica pelos danos causados ao paciente em decorrência de erro médico cometido exclusivamente pelo médico-anestesista por ele indicado, pois, ainda que o art. 14, § 4º, do CDC afaste a responsabilidade objetiva para os profissionais liberais, não exclui, se configurada uma cadeia de fornecimento do serviço, e uma vez comprovada a culpa desse profissional, a solidariedade imposta pelo *caput* daquele artigo, de maneira que, quando houver uma cadeia de fornecimento para a realização de determinado serviço, ainda que o dano decorra da atuação de um profissional liberal, nasce a responsabilidade solidária do grupo.

Há responsabilidade solidária do médico-chefe da equipe cirúrgica pelos danos causados ao paciente em decorrência de erro médico cometido exclusivamente pelo médico-anestesista por ele indicado, ainda que o serviço médico seja considerado uma obrigação de meio, sendo necessária a comprovação de culpa, pois o reconhecimento de tal responsabilidade não transforma a obrigação de meio em obrigação de resultado objetiva, na medida em que a responsabilidade dos demais participantes da cadeia somente se configura quando comprovada a culpa de um dos médicos, conforme a teoria da responsabilidade subjetiva dos profissionais liberais abrigada pelo CDC."[201]

---

201 Embargos de divergência em recurso especial. Processual civil. Civil e consumidor. Erro médico. Responsabilidade dos médicos cirurgião e anestesista. Culpa de profissional liberal (CDC, art. 14, § 4º). Responsabilidade pessoal e subjetiva. Predominância da autonomia do anestesista, durante a cirurgia. Solidariedade e responsabilidade objetiva afastadas.
1. Não se conhece dos embargos de divergência apresentados pela Clínica, pois: (I) ausente o necessário cotejo analítico entre os acórdãos embargado e paradigma, para fins de comprovação da divergência pretoriana (RISTJ, arts. 255, §§ 1º e 2º, e 266, §

Art. 35. Se o fornecedor de produtos ou serviços recusar cumprimento à oferta, apresentação ou publicidade, o consumidor poderá, alternativamente e à sua livre escolha:
I – exigir o cumprimento forçado da obrigação, nos termos da oferta, apresentação ou publicidade;
II – aceitar outro produto ou prestação de serviço equivalente;
III – rescindir o contrato, com direito à restituição de quantia eventualmente antecipada, monetariamente atualizada, e a perdas e danos.

1º); e (II) o dissídio apontado baseia-se em regra técnica de conhecimento do recurso especial.
2. Comprovado o dissídio pretoriano nos embargos de divergência opostos pelo médico cirurgião, devem ser conhecidos.
3. A divergência cinge-se ao reconhecimento, ou afastamento, da responsabilidade solidária e objetiva (CDC, art. 14, caput) do médico-cirurgião, chefe da equipe que realiza o ato cirúrgico, por danos causados ao paciente em decorrência de erro médico cometido exclusivamente pelo médico-anestesista.
4. Na Medicina moderna a operação cirúrgica não pode ser compreendida apenas em seu aspecto unitário, pois frequentemente nela interferem múltiplas especialidades médicas. Nesse contexto, normalmente só caberá a responsabilização solidária e objetiva do cirurgião-chefe da equipe médica quando o causador do dano for profissional que atue sob predominante subordinação àquele.
5. No caso de médico anestesista, em razão de sua capacitação especializada e de suas funções específicas durante a cirurgia, age com acentuada autonomia, segundo técnicas médico-científicas que domina e suas convicções e decisões pessoais, assumindo, assim, responsabilidades próprias, segregadas, dentro da equipe médica.
Destarte, se o dano ao paciente advém, comprovadamente, de ato praticado pelo anestesista, no exercício de seu mister, este responde individualmente pelo evento.
6. O Código de Defesa do Consumidor, em seu art. 14, caput, prevê a responsabilidade objetiva aos fornecedores de serviço pelos danos causados ao consumidor em virtude de defeitos na prestação do serviço ou nas informações prestadas – fato do serviço. Todavia, no § 4º do mesmo artigo, excepciona a regra, consagrando a responsabilidade subjetiva dos profissionais liberais. Não há, assim, solidariedade decorrente de responsabilidade objetiva, entre o cirurgião-chefe e o anestesista, por erro médico deste último durante a cirurgia.
7. No caso vertente, com base na análise do contexto fático-probatório dos autos, o colendo Tribunal de Justiça afastou a culpa do médico-cirurgião – chefe da equipe -, reconhecendo a culpa exclusiva, com base em imperícia, do anestesista.
8. Embargos de divergência da Clínica não conhecidos.
9. Embargos de divergência do médico cirurgião conhecidos e providos. (EREsp 605.435/RJ, Rel. Ministra NANCY ANDRIGHI, Rel. p/ Acórdão Ministro RAUL ARAÚJO, SEGUNDA SEÇÃO, julgado em 14/09/2011, DJe 28/11/2012).

→ COMENTÁRIOS

35.1 Recusa de cumprimento da oferta

Caso o fornecedor de produtos ou serviços recusar cumprimento à oferta, apresentação ou publicidade, o consumidor poderá, alternativamente e à sua livre escolha: I – exigir o cumprimento forçado da obrigação, nos termos da oferta, apresentação ou publicidade; II – aceitar outro produto ou prestação de serviço equivalente; III – rescindir o contrato, com direito à restituição de quantia eventualmente antecipada, monetariamente atualizada, e a perdas e danos.

Nesse sentido, "Comprovada a recusa de prestação de serviço após contratação com base em publicidade. Eventual exceção divulgada com a publicidade não demonstrada; ônus da prestadora. Não oferecidas ao consumidor as faculdades do artigo 35 do Código de Defesa do Consumidor, sendo-lhe apenas devolvido o valor pago. Consumidor buscou serviço de terceira, por valor maior. Dano material comprovado, a ensejar indenização. Danos emergentes por deslocamento e lucros cessantes por faltar ao trabalho não restaram comprovados. Situação resulta em aborrecimento inerente à vida em sociedade, não caracterizando dano moral indenizável. Recurso parcialmente provido. (9150098292009826 SP 9150098-29.2009.8.26.0000, Relator: Júlio Vidal, Data de Julgamento: 18/05/2012, 28ª Câmara da Seção de Direito Privado, Data de Publicação: 18/05/2012)".

No mesmo diapasão, "processo civil, civil e código de defesa do consumidor. Publicidade enganosa. Propaganda veiculada na mídia. Princípio da vinculação. Aplicação dos artigos 30 e 35 do CDC. Código de Defesa do Consumidor. Em uma relação jurídica, os contratantes devem pautar-se em certo padrão ético de confiança e lealdade, em atenção ao princípio da boa-fé, que orienta as atuais relações negociais pela probidade, moralidade e honradez. Aliada a tais premissas, tem-se a expressa vedação à publicidade enganosa, tratada de modo especial no Código de Defesa do Consumidor, de tal sorte que toda publicidade deve ser suficientemente precisa, em qualquer meio de comunicação, com relação aos serviços oferecidos, pois obriga o fornecedor, seja pelo princípio da boa-fé, seja pelo princípio da vinculação, na melhor exegese do artigo 30 do CDC. Código de Defesa do Consumidor. Segundo se extrai do artigo 35 e seus incisos também do CDC, cuidou o legislador de estabelecer, com nitidez, que as propostas feitas ao consumidor serão informadas pelo princípio da vinculação, possuindo, destarte, caráter de obrigatoriedade, podendo o consumidor, no caso de recusa do cumprimento, pedir inclusive a sua execução forçada, nos termos da oferta, apresentação ou publicidade. Em eventual dúvida, o contrato deve ser interpretado de forma favorável ao consumidor, de acordo com as aspirações despertadas no próprio público consumerista. Apelo não provido. Sentença mantida. (1346974220078070001 DF 0134697-42.2007.807.0001, Relator: FLAVIO ROSTIROLA, Data de Julgamento: 30/09/2009, 1ª Turma Cível, Data de Publicação: 26/10/2009, DJ-e Pág. 60)".

Outrossim, "como se infere do art. 35 do CDC, a recusa à oferta oferece ao consumidor a prerrogativa de optar, alternativamente e a sua livre escolha, pelo cumprimento forçado da obrigação, aceitar outro produto, ou rescindir o contrato, com direito à restituição de quantia eventualmente antecipada, monetariamente atualizada, somada a perdas e danos.

O CDC consagrou expressamente, em seus arts. 48 e 84, o princípio da preservação dos negócios jurídicos, segundo o qual se pode determinar qualquer providência a fim de que seja assegurado o resultado prático equivalente ao adimplemento da obrigação de fazer, razão pela qual a solução de extinção do contrato e sua conversão em perdas e danos é a *ultima ratio*, o último caminho a ser percorrido.

As opções do art. 35 do CDC são intercambiáveis e produzem, para o consumidor, efeitos práticos equivalentes ao adimplemento, pois guardam relação com a satisfação da intenção validamente manifestada ao aderir à oferta do fornecedor, por meio da previsão de resultados práticos equivalentes ao adimplemento da obrigação de fazer ofertada ao público.

A impossibilidade do cumprimento da obrigação de entregar coisa, no contrato de compra e venda, que é consensual, deve ser restringida exclusivamente à inexistência absoluta do produto, na hipótese em que não há estoque e não haverá mais, pois aquela espécie, marca e modelo não é mais fabricada.

Assim, a possibilidade ou não do cumprimento da escolha formulada livremente pelo consumidor deve ser aferida à luz da boa-fé objetiva, de forma que, sendo possível ao fornecedor cumprir com a obrigação, entregando ao consumidor o produto anunciado, ainda que obtendo-o por outros meios, como o adquirindo de outros revendedores, não há razão para se eliminar a opção pelo cumprimento forçado da obrigação". (REsp 1.872.048-RS, Rel. Min. Nancy Andrighi, Terceira Turma, por unanimidade, julgado em 23/02/2021).

35.2 Enganosidade

No caso de enganosidade, aplicam-se as penalidades previstas nos artigos 66 e 67 do CDC: "Art. 66. Fazer afirmação falsa ou enganosa, ou omitir informação relevante sobre a natureza, característica, qualidade, quantidade, segurança, desempenho, durabilidade, preço ou garantia de produtos ou serviços: Pena – Detenção de três meses a um ano e multa. § 1º Incorrerá nas mesmas penas quem patrocinar a oferta. § 2º Se o crime é culposo; Pena Detenção de um a seis meses ou multa.

> Art. 67. Fazer ou promover publicidade que sabe ou deveria saber ser enganosa ou abusiva: Pena Detenção de três meses a um ano e multa. Parágrafo único. (Vetado)."

Da mesma forma, vale lembrar a Lei nº 8.137/90, que define crimes contra a ordem tributária, econômica e contra as relações de consumo, e dá outras providências, em especial, o inciso VII, do artigo 7º:

> Art. 7º Constitui crime contra as relações de consumo:
> I – favorecer ou preferir, sem justa causa, comprador ou freguês, ressalvados os sistemas de entrega ao consumo por intermédio de distribuidores ou revendedores;
> II – vender ou expor à venda mercadoria cuja embalagem, tipo, especificação, peso ou composição esteja em desacordo com as prescrições legais, ou que não corresponda à respectiva classificação oficial;
> III – misturar gêneros e mercadorias de espécies diferentes, para vendê-los ou expô-los à venda como puros; misturar gêneros e mercadorias de qualidades desiguais para vendê-los ou expô-los à venda por preço estabelecido para os demais mais alto custo;
> IV – fraudar preços por meio de:
> a) alteração, sem modificação essencial ou de qualidade, de elementos tais como denominação, sinal externo, marca, embalagem, especificação técnica, descrição, volume, peso, pintura ou acabamento de bem ou serviço;
> b) divisão em partes de bem ou serviço, habitualmente oferecido à venda em conjunto;
> c) junção de bens ou serviços, comumente oferecidos à venda em separado;
> d) aviso de inclusão de insumo não empregado na produção do bem ou na prestação dos serviços;

V – elevar o valor cobrado nas vendas a prazo de bens ou serviços, mediante a exigência de comissão ou de taxa de juros ilegais;
VI – sonegar insumos ou bens, recusando-se a vendê-los a quem pretenda comprá-los nas condições publicamente ofertadas, ou retê-los para o fim de especulação;
VII – induzir o consumidor ou usuário a erro, por via de indicação ou afirmação falsa ou enganosa sobre a natureza, qualidade do bem ou serviço, utilizando-se de qualquer meio, inclusive a veiculação ou divulgação publicitária;
VIII – destruir, inutilizar ou danificar matéria-prima ou mercadoria, com o fim de provocar alta de preço, em proveito próprio ou de terceiros;
IX – vender, ter em depósito para vender ou expor à venda ou, de qualquer forma, entregar matéria-prima ou mercadoria, em condições impróprias ao consumo;
Pena – detenção, de 2 (dois) a 5 (cinco) anos, ou multa.
Parágrafo único. Nas hipóteses dos incisos II, III e IX pune-se a modalidade culposa, reduzindo-se a pena e a detenção de 1/3 (um terço) ou a de multa à quinta parte."

35.3 Declaração Publicitária

Vale dizer que o anúncio vincula contratualmente o fornecedor de produtos e serviços. Melhor dizendo: o anúncio é a fonte da obrigação contratual, ficando, pois, em segundo plano a vontade real do anunciante. É nesse sentido que Antônio Herman de Vasconcellos e Benjamin afirma que "se o fornecedor anunciar o produto ou serviço sem qualquer vontade de vendê-lo (*bait and switch*), interessado somente em atrair o consumidor ao seu estabelecimento e fazê-lo adquirir outro bem diverso daquele anunciado, caracterizada está a obrigação de cumprir aquilo que foi objeto do anúncio. Este – e não a vontade íntima – está na base da responsabilização do anunciante. Importa, pois, o que o anúncio de fato diz e não o que o anunciante de fato quis com ele dizer."[202]

Dessa maneira, o anunciante detém todo o controle da publicidade sendo, pois, responsável por qualquer equívoco cometido no anúncio. É uma publicidade unidirecional, uma vez que o consumidor "recebe" pronto o anúncio publicitário. Recentemente, uma academia de ginástica no Rio de janeiro colocou um anúncio na janela traseira do ônibus: "No próximo verão você quer ser sereia ou baleia?". Após alguns dias o

---
202 GRINOVER; BENJAMIN; FINK; FILOMENO; NERY JUNIOR; DENARI. 2011, p.305-306.

anúncio publicitário foi retirado já que violentava negativamente vários de seus consumidores. Ora, cabe ao próprio anunciante averiguar e conferir o material publicitário desenvolvido pela área técnica de marketing. Se o anúncio é público, o anunciante deverá arcar com todos os encargos que acompanham os lucros e bônus da publicidade.

SEÇÃO III
Da Publicidade

Art. 36. A publicidade deve ser veiculada de tal forma que o consumidor, fácil e imediatamente, a identifique como tal.

Parágrafo único. O fornecedor, na publicidade de seus produtos ou serviços, manterá, em seu poder, para informação dos legítimos interessados, os dados fáticos, técnicos e científicos que dão sustentação à mensagem.

↳ COMENTÁRIOS
36.1 Publicidade

O Código de Defesa do Consumidor se preocupa com a publicidade. Esta pode ser institucional ou promocional. A publicidade institucional (ou corporativa) procura divulgar a própria empresa. Já a publicidade promocional está envolvida com os produtos ou serviços desta empresa.

36.2 Código Brasileiro de Autorregulamentação Publicitária

O Código Brasileiro de Autorregulamentação Publicitária determina em seu artigo 6º que "toda publicidade deve estar em consonância com os objetivos do desenvolvimento econômico, da educação e da cultura nacionais."

E o artigo 9º do referido diploma legal trata do *princípio da ostensividade*, assim expresso: "a atividade publicitária de que trata este Código será sempre ostensiva." E o § 1º do artigo 9º dispõe que "a alusão à marca de produto ou serviço, razão social do anunciante ou emprego de elementos reconhecidamente a ele associados atende ao princípio da ostensividade."[203]

---

203 Disponível em: http://www.conar.org.br/. Acesso em: 06 abr. 2013.

36.3 Princípio da Identificação da Publicidade

O artigo 36 *caput* do CDC traduz o *princípio da identificação da publicidade*, já que esta deve ser facilmente identificada pelo consumidor. Aqui se procura proteger o consumidor da publicidade clandestina e/ou publicidade subliminar.

No mesmo diapasão, os artigos 28 e seguintes do Código Brasileiro de Autorregulamentação Publicitária tratam do *princípio da identificação publicitária*. Vejamos:

> Artigo 28 – O anúncio deve ser claramente distinguido como tal, seja qual for a sua forma ou meio de veiculação.
>
> Artigo 29 – Este Código não se ocupa da chamada "propaganda subliminar", por não se tratar de técnica comprovada, jamais detectada de forma juridicamente inconteste. São condenadas, no entanto, quaisquer tentativas destinadas a produzir efeitos "subliminares" em publicidade ou propaganda.
> Parágrafo único – Este Código encoraja os Veículos de Comunicação a adotarem medidas ao seu alcance destinadas a facilitar a apreensão da natureza publicitária da ação de "merchandising".
> Artigo 30 – A peça jornalística sob a forma de reportagem, artigo, nota, texto-legenda ou qualquer outra que se veicule mediante pagamento, deve ser apropriadamente identificada para que se distinga das matérias editoriais e não confunda o Consumidor.
> Artigo 31 – Este Código condena os proveitos publicitários indevidos e ilegítimos, obtidos por meio de "carona" e/ou "emboscada", mediante invasão do espaço editorial ou comercial de veículo de comunicação.
> Parágrafo único – Consideram-se indevidos e ilegítimos os proveitos publicitários obtidos:
> - mediante o emprego de qualquer artifício ou ardil;
> - sem amparo em contrato regular celebrado entre partes legítimas, dispondo sobre objeto lícito;
> - sem a prévia concordância do Veículo de comunicação e dos demais titulares dos direitos envolvidos.

36.3.1 *Merchandising*

O Código Brasileiro de Autorregulamentação Publicitária, em seu artigo 10 determina que "a publicidade indireta ou "merchandising" submeter-se-á igualmente a todas as normas dispostas neste Código, em especial os princípios de ostensividade (art. 9º) e identificação publicitária (artigo 28)".

36.3.2 *Teaser*

"O *teaser* (em inglês "aquele que provoca" (provocante), do verbo *tease*, "provocar") é uma técnica usada em *marketing* para chamar a atenção para uma campanha publicitária, aumentando o interesse de um determinado público-alvo a respeito de sua mensagem, por intermédio do uso de informação enigmáticas no início da campanha."[204]

"A técnica é utilizada, muitas vezes como um dos recursos iniciais de uma campanha publicitária. Através de uma pequena peça, veiculada por qualquer mídia, seja em rádios, jornais, revistas, "outdoors", televisão, internet ou outros meios, procura-se levar o público-alvo a interrogar-se sobre a mensagem que pretende ser passada, interessando-se pela continuação do tema. Posteriormente, na continuação da campanha, o assunto é esclarecido.

O *teaser* pode ser utilizado, por exemplo, como parte inicial do "mix de comunicação" do lançamento de um novo produto no mercado, criando uma determinada expectativa a seu respeito. O conteúdo da peça tem o intuito de gerar no público indagações como: "o que será?", "que produto é esse"?"[205]

O Código Brasileiro de Autorregulamentação Publicitária no § 2º do artigo 9º determina que "o "*teaser*", assim entendida a mensagem que visa a criar expectativa ou curiosidade no público, poderá prescindir da identificação do anunciante, do produto ou do serviço." Abaixo, exemplos de mensagens caracterizadas como "*teaser*":[206]

---

204 Disponível em: http://pt.wikipedia.org/wiki/Teaser. Acesso em: 06 abr. 2013.
205 *Ibid.*
206 Disponível em: www.google.com.br. Acesso em: 06 abr. 2013.

36.4 Princípio da Transparência da Fundamentação da Publicidade

Já o parágrafo único do artigo 36 trata do *princípio da transparência da fundamentação da publicidade*, ao determinar que "o fornecedor, na publicidade de seus produtos ou serviços, manterá, em seu poder, para informação dos legítimos interessados, os dados fáticos, técnicos e científicos que dão sustentação à mensagem."

36.5 Ilícitos penais em relação à publicidade

Os ilícitos penais publicitários podem ser encontrados nos artigos 67 a 69 do CDC[207], bem como no artigo 7º, item VII, da Lei nº 8.137/90.[195]

> Art. 37. É proibida toda publicidade enganosa ou abusiva.
>
> § 1º É enganosa qualquer modalidade de informação ou comunicação de caráter publicitário, inteira ou parcialmente falsa, ou, por qualquer outro modo, mesmo por omissão, capaz de induzir em erro o consumidor a respeito da natureza, características, qualidade, quantidade, propriedades, origem, preço e quaisquer outros dados sobre produtos e serviços.
>
> § 2º É abusiva, dentre outras a publicidade discriminatória de qualquer natureza, a que incite à violência, explore o medo ou a superstição, se aproveite da deficiência de julgamento e experiência da criança, desrespeita valores ambientais, ou que seja capaz de induzir o consumidor a se comportar de forma prejudicial ou perigosa à sua saúde ou segurança.
>
> § 3º Para os efeitos deste código, a publicidade é enganosa por omissão quando deixar de informar sobre dado essencial do produto ou serviço.
>
> § 4º (Vetado).

---

207 CDC - Art. 67. Fazer ou promover publicidade que sabe ou deveria saber ser enganosa ou abusiva: Pena Detenção de três meses a um ano e multa. Parágrafo único. (Vetado).
CDC - Art. 68. Fazer ou promover publicidade que sabe ou deveria saber ser capaz de induzir o consumidor a se comportar de forma prejudicial ou perigosa a sua saúde ou segurança: Pena - Detenção de seis meses a dois anos e multa: Parágrafo único. (Vetado).
CDC - Art. 69. Deixar de organizar dados fáticos, técnicos e científicos que dão base à publicidade: Pena Detenção de um a seis meses ou multa.
208 Art. 7º Constitui crime contra as relações de consumo:
I - favorecer ou preferir, sem justa causa, comprador ou freguês, ressalvados os sistemas de entrega ao consumo por intermédio de distribuidores ou revendedores;

→ COMENTÁRIOS

37.1 Princípio da veracidade da publicidade

O artigo 37 § 1º do CDC consagrou o *princípio da veracidade da publicidade*, que proíbe e define o que vem a ser publicidade enganosa. É enganosa qualquer modalidade de informação ou comunicação de caráter publicitário, inteira ou parcialmente falsa, ou, por qualquer outro modo, mesmo por omissão, capaz de induzir em erro o consumidor a respeito da natureza, características, qualidade, quantidade, propriedades, origem, preço e quaisquer outros dados sobre produtos e serviços.

Para os efeitos do CDC, a publicidade é enganosa por omissão quando deixar de informar sobre dado essencial do produto ou serviço. (artigo 37, § 3º).

Em relação à publicidade enganosa, vejamos, abaixo, os casos concretos decidendos na esfera do STJ: "O direito à informação, no Código de Defesa do Consumidor, é corolário das normas intervencionistas ligadas à função social e à boa-fé, em razão das quais a liberdade de contratar assume novel feição, impondo a necessidade de transparência em todas as fases da

---

II - vender ou expor à venda mercadoria cuja embalagem, tipo, especificação, peso ou composição esteja em desacordo com as prescrições legais, ou que não corresponda à respectiva classificação oficial;
III - misturar gêneros e mercadorias de espécies diferentes, para vendê-los ou expô-los à venda como puros; misturar gêneros e mercadorias de qualidades desiguais para vendê-los ou expô-los à venda por preço estabelecido para os demais mais alto custo;
IV - fraudar preços por meio de:
a) alteração, sem modificação essencial ou de qualidade, de elementos tais como denominação, sinal externo, marca, embalagem, especificação técnica, descrição, volume, peso, pintura ou acabamento de bem ou serviço;
b) divisão em partes de bem ou serviço, habitualmente oferecido à venda em conjunto;
c) junção de bens ou serviços, comumente oferecidos à venda em separado;
d) aviso de inclusão de insumo não empregado na produção do bem ou na prestação dos serviços;
V - elevar o valor cobrado nas vendas a prazo de bens ou serviços, mediante a exigência de comissão ou de taxa de juros ilegais;
VI - sonegar insumos ou bens, recusando-se a vendê-los a quem pretenda comprá-los nas condições publicamente ofertadas, ou retê-los para o fim de especulação;
VII - induzir o consumidor ou usuário a erro, por via de indicação ou afirmação falsa ou enganosa sobre a natureza, qualidade do bem ou serviço, utilizando-se de qualquer meio, inclusive a veiculação ou divulgação publicitária;
VIII - destruir, inutilizar ou danificar matéria-prima ou mercadoria, com o fim de provocar alta de preço, em proveito próprio ou de terceiros;
IX - vender, ter em depósito para vender ou expor à venda ou, de qualquer forma, entregar matéria-prima ou mercadoria, em condições impróprias ao consumo;
Pena - detenção, de 2 (dois) a 5 (cinco) anos, ou multa.
Parágrafo único. Nas hipóteses dos incisos II, III e IX pune-se a modalidade culposa, reduzindo-se a pena e a detenção de 1/3 (um terço) ou a de multa à quinta parte.

contratação: o momento pré-contratual, o de formação e o de execução do contrato e até mesmo o momento pós-contratual.

O princípio da vinculação da publicidade reflete a imposição da transparência e da boa-fé nos métodos comerciais, na publicidade e nos contratos, de modo que o fornecedor de produtos ou serviços obriga-se nos exatos termos da publicidade veiculada, sendo certo que essa vinculação estende-se também às informações prestadas por funcionários ou representantes do fornecedor.

Se a informação se refere a dado essencial capaz de onerar o consumidor ou restringir seus direitos, deve integrar o próprio anúncio, de forma precisa, clara e ostensiva, nos termos do art. 31 do CDC, sob pena de configurar publicidade enganosa por omissão.

No caso concreto, desponta estreme de dúvida que o principal atrativo do projeto foi a sua divulgação como um empreendimento hoteleiro – o que se dessume a toda vista da proeminente reputação que a Rede Meliá ostenta nesse ramo –, bem como foi omitida a falta de autorização do Município para que funcionasse empresa dessa envergadura na área, o que, a toda evidência, constitui publicidade enganosa, nos termos do art. 37, *caput* e § 3º, do CDC, rendendo ensejo ao desfazimento do negócio jurídico, à restituição dos valores pagos, bem como à percepção de indenização por lucros cessantes e por dano moral." (REsp 1188442/RJ, Rel. Ministro LUIS FELIPE SALOMÃO, QUARTA TURMA, julgado em 06/11/2012, DJe 05/02/2013).

Vale lembrar que o Código Brasileiro de Autorregulamentação Publicitária reconhece a forte influência da publicidade sobre as massas populacionais. Daí que os anúncios publicitários devem ser realizados com senso de responsabilidade social.

O CÓDIGO BRASILEIRO DE AUTORREGULAMENTAÇÃO PUBLICITÁRIA e SEUS ANEXOS – CONAR foi aprovado no III Congresso Brasileiro de Propaganda realizado em São Paulo em 1978.

O Código resultou de um demorado e extenuante trabalho de um grupo de publicitários que, por mais de um ano, estudou e pesquisou a ética da Propaganda no Brasil e no Exterior.

O objetivo – segundo a exposição de motivos de Mauro Salles, 1º Relator da Comissão Interassociativa da Publicidade Brasileira, depois reiterado por Caio A. Domingues, 2º Relator – era encontrar uma alternativa entre dois extremos: "a ausência total de regulamentação, que permite práticas desordenadas em prejuízo da sadia competição entre anunciantes e agredindo os justos direitos do consumidor, e o outro extremo, que é o de se delegar totalmente a função regulamentar aos governantes, cujas estruturas executivas e legais nem sempre demonstram entender a função, o valor e as sutilezas da publicidade comercial (...), o que chamamos hoje de Autorregulamentação é o caminho do meio que cada vez mais tem seguidores e que, na teoria tanto quanto na prática, mostra crescentes vantagens sobre os sistemas utópicos de liberdade total ou do total controle governamental".

Mais adiante, o Relator afirmava: "A Autorregulamentação que se traduz no anteprojeto pressupõe uma atividade voluntária da indústria da propaganda, a partir de uma conscientização para a necessidade da autodisciplina que abrange quatro pontos básicos:

a. estabelece as regras éticas para a indústria publicitária;
b. permite uma ação efetiva para antecipar a controvérsia;
c. estabelece esquema de solução de queixas e disputas fora do apelo ao Poder Público;
d. garante a solução pronta, veloz e objetiva das queixas, das reclamações e das disputas."[209]

Exemplos de *publicidade enganosa* são encontrados no mundo da vida. Vejamos:

(1) "A empresa Power Balance foi obrigada, na Austrália, a desmentir publicamente os supostos efeitos terapêuticos de suas pulseiras e a garantir o reembolso a consumidores que se sentirem lesados pela propaganda enganosa.

Em 22 de dezembro, a empresa assinou um termo com o órgão de defesa do consumidor daquele país e se comprometeu a negar a existência de evidências científicas de seus benefícios.

A filial australiana da Power Balance, cuja sede é nos EUA, já postou essas informações no site oficial e prometeu que os clientes insatisfeitos têm até 30 de junho para pedir reembolso.

Em novembro, a empresa foi multada em 15 mil euros (R$ 33 mil) na Espanha por fazer propaganda enganosa. No mês seguinte, a Power Balance foi multada em 300 mil euros (R$ 663 mil), na Itália.

Efeito placebo

Os braceletes ganharam fama depois de serem vistos nos pulsos de jogadores de futebol como David Beckham e Cristiano Ronaldo, além dos atores Leonardo Di Caprio e Robert De Niro e do piloto Rubens Barrichello.

---

209 Disponível em: http://www.mp.sp.gov.br/portal/page/portal/cao_consumidor. Acesso em: 10 mar. 2013.

O tricampeão capixaba de surfe Diogo Leão, 29, diz que não tira a pulseira nem para dormir e que continua usando, mesmo com a polêmica.

"Quando faço algumas manobras de rotação, sinto que meu peso fica mais equilibrado na prancha", diz ele, que usa o bracelete há mais de um ano. "Não sei se o efeito é psicológico, mas para mim tem dado certo."

A fabricante diz que os hologramas da pulseira melhoram o fluxo de energia do corpo, aumentando a força, o equilíbrio e a flexibilidade.

Leandro Tessler, professor de física da Unicamp, desmente esses benefícios. "A interação de um holograma com corpo é só visual, mas não interfere na energia."

Segundo ele, as pulseiras podem ter efeito placebo. "Você se convence e pode até se sentir melhor, mas não há evidência científica comprovando o funcionamento"."[210]

(2) A polícia de Goiás prendeu na noite de ontem um dos produtores do Abba the Show – grupo cover da banda Abba – que se apresenta no próximo domingo na Virada Cultural, em São Paulo. Hoje, o grupo tem apresentação em Goiânia.

O produtor Rafael de Moraes Carvalho, 27, foi preso em flagrante por suposta propaganda enganosa. De acordo com o delegado Edemundo Dias de Oliveira Filho, da Decon (Delegacia de Defesa do Consumidor), o material promocional do show dava a entender que a banda original, que parou de se apresentar em 1982, iria tocar em Goiânia.

"Mensagens como 'acredite, em Goiânia' induziam o consumidor a acreditar que o show seria, na verdade, da banda original", afirmou o delegado.

O produtor não chegou a ficar muito tempo na delegacia. Ele foi liberado ontem à noite mesmo após o pagamento de fiança de R$ 2.000. Além dele, outras três pessoas também serão indiciadas, segundo o delegado.

Até o momento, a reportagem não conseguiu falar com o produtor ou seus advogados."[211]

(3) "A embalagem é dourada, como a do Alpino. Tem a imagem de um bombom, como o Alpino. Até o nome está lá, idêntico. Mas o Alpino Fast, versão para beber do famoso chocolate da Nestlé, não tem Alpino.

---

[210] Disponível em: http://www1.folha.uol.com.br/equilibrioesaude/854797-fabricante-da-pulseira-power-balance-admite-que-produto-nao-funciona.shtml. Acesso em: 10 mar. 2013.

[211] Disponível em: http://www1.folha.uol.com.br/folha/ilustrada/ult90u734660.shtml. Acesso em: 10 mar. 2013.

Foi o que bastou para deflagrar uma polêmica que colocou a Nestlé na mira do Ministério Público, do Conar (Conselho Nacional de Autorregulamentação Publicitária) e de órgãos de defesa do consumidor.

O principal argumento é que o produto induz o consumidor a erro, por não ter o bombom. A empresa se defende com uma inscrição na embalagem. Em letras miúdas, o aviso diz: "Não contém chocolate Alpino".

A informação, porém, não consta dos anúncios da bebida, lançada há três meses.

O sabor também é diferente, apontam consumidores e críticos. "Não tem nada a ver", diz a publicitária Letícia Watanabe, 25. Mesma opinião tem o chef confeiteiro Flavio Federico, 42, que testou o bombom e a bebida a pedido da Folha. "O aroma é bem diferente. O bombom tem aroma de chocolate; a bebida, de leite", disse. O Alpino de beber lhe pareceu "aguado".

A Promotoria de Defesa do Consumidor do Rio de Janeiro estuda entrar com ação na Justiça contra a Nestlé ou obrigar a empresa a mudar a embalagem e/ou a composição.

O caso está sob investigação, disse o promotor Júlio Machado. Segundo ele, o Departamento de Proteção e Defesa do Consumidor, ligado ao Ministério da Justiça, também abriu procedimento sobre o tema.

Já o Conar abriu representação para apurar eventual erro na publicidade do produto – a embalagem é considerada propaganda. Ainda não há data para o julgamento ocorrer. Se condenada, a Nestlé terá de modificar a embalagem.

Internet

A discussão sobre o Alpino rendeu 354 comentários no blog "Coma com os Olhos", o primeiro a levar o assunto à internet, no final de fevereiro.

O dono do blog, Itamar Taver, 36, diz ter sido avisado por um amigo. Foi postar o texto "Alpino Fast – Você Está Sendo Enganado" para as visitas ao blog explodirem ("mais de 100 mil visitas únicas e mil retuítes"). Foi ele que denunciou o caso à Promotoria e ao Conar.

Outro lado

A Nestlé disse que o Alpino Fast é feito com ingredientes que lhe conferem "sabor similar" ao do chocolate Alpino.

Não foi possível, porém, criar uma bebida que fosse exatamente a versão derretida do Alpino, em razão de os produtos terem "processos produtivos diferentes", disse a empresa.

Segundo a Nestlé, o Alpino Fast foi aprovado em pesquisa feita entre 2008 e 2009 com consumidores frequentes do bombom.

"Os resultados asseguraram que as características da bebida foram relacionadas à marca Alpino, tendo revelado que a grande maioria dos consumidores reconheceu na bebida o verdadeiro sabor do chocolate Alpino."

Sobre a inscrição "Este produto não contém Alpino", contida na embalagem em letras pequenas, a Nestlé disse que a incluiu em consideração à "transparência da comunicação com o consumidor, em especial aquele que, eventualmente, tivesse a expectativa de que o produto fosse simplesmente chocolate Alpino derretido e engarrafado".

A Nestlé não informou quantos Alpino Fast já vendeu. O produto custa na faixa de R$ 2,50 – a publicidade mira principalmente o público na faixa dos 18 anos."[212]

(4) "Uma discussão sobre as propriedades terapêuticas da água levou ao Conar (Conselho Nacional de Autorregulamentação Publicitária) duas das maiores fabricantes de água do país.

No final de setembro, a francesa Danone, dona da marca Bonafont, entrou com uma representação no órgão contra a Minalba, do grupo cearense Edson Queiroz, líder desse mercado no país.

A Danone pediu a suspensão de uma campanha lançada recentemente pela concorrente que enaltecia o baixo teor de sódio de sua água.

A publicidade, veiculada em revistas, internet e material de ponto de venda, dizia que, "reduzindo o sódio, você tira o inchaço e a retenção de líquido".

Segundo a Danone, o material induzia o consumidor ao erro e configurava "propaganda enganosa".

Na representação, a Danone cita parecer de nutricionistas para rebater a propaganda da rival. "O consumo de uma determinada água não tira o inchaço, não tira a retenção de líquido e não emagrece", diz o parecer.

Em sua defesa, a Minalba alega que as informações sobre o produto são verídicas e que há contradição nos argumentos da multinacional.

A empresa cita propaganda da Danone de 2008, que concluiria que "o consumo diário de 2 litros de água Bonafont, com baixo teor de sódio, durante 15 dias, seria capaz de diminuir o inchaço".

"Achamos estranho a Danone, que começou com o movimento de qualificar a água, fazer isso agora", diz Rogério Tavares, gerente comercial da Minalba.

Apesar da contestação, o pedido da Danone foi acatado pelo órgão em caráter liminar na semana passada.

---
[212] Disponível em: http://www1.folha.uol.com.br/folha/cotidiano/ult95u733718.shtml. Acesso em: 10 mar. 2013.

A empresa francesa estreou nessa categoria em 2008 e tem a liderança de mercado em São Paulo.

Sua marca foi a primeira a ressaltar as propriedades químicas do produto – como o sódio reduzido.

Em nota, a companhia informou que "ressalta os benefícios e a importância da ingestão de quantidades adequadas de água e posiciona a marca Bonafont como uma opção".

A Minalba disse que está reformulando a campanha para atender à decisão do Conar, mas que aguarda o julgamento sobre o mérito da questão."[213]

(5) "Um anúncio de um produto antirrugas da L'Oréal com a atriz de Hollywood Rachel Weisz foi proibido pela ASA (Autoridade de Padrões Publicitários) – que supervisiona a indústria britânica – por exagerar "de forma enganosa" o desempenho do produto.

O pedido para análise do anúncio, publicado em duas páginas de uma revista, foi feito pela parlamentar Jo Swinson, confundadora da Campanha para a Confiança do Corpo. Swinson já obteve sucesso em outras causas sobre imagens retocadas.

A peça, promovendo o produto Revitalift Repair 10 da L'Oréal, mostra um "close-up" em preto e branco do rosto de Rachel Weisz. Na avaliação da parlamentar, a publicidade deturpa os resultados que poderiam ser alcançados pelo produto.

Em sua sentença publicada nesta quarta-feira, a ASA disse que a propaganda não deve reaparecer na forma atual.

"Concluímos que a imagem no anúncio exagerou de forma enganosa o desempenho do produto em relação à declaração 'a pele parece mais suave' e 'a compleição parece mais lisa.'"

Mas, em outra sentença publicada em seu website, a ASA rejeitou queixas sobre um outro anúncio de produto da L'Oréal, no qual aparece uma foto da atriz Jane Fonda. A entidade considerou que a imagem não havia sido "modificada substancialmente".[214]

37.2 Princípio da não abusividade da publicidade

Já o artigo 37 § 2º do CDC consagra o *princípio da não abusividade da publicidade*. É abusiva, dentre outras a publicidade discriminatória de qualquer natureza, a que incite à violência, explore o medo ou a supers-

---

[213] Disponível em: https://www1.folha.uol.com.br/fsp/mercado/72851-danone-e-minalba-discutem-os-poderes-de-agua-terapeutica.shtml. Acesso em: 16 mar. 2025.

[214] Disponível em: https://m.folha.uol.com.br/mercado/2012/02/1042361-reino-unido-proibe-propaganda-da-loreal-com-rachel-weisz.shtml. Acesso em: 16 mar. 2015.

tição, se aproveite da deficiência de julgamento e experiência da criança, desrespeite valores ambientais, ou que seja capaz de induzir o consumidor a se comportar de forma prejudicial ou perigosa à sua saúde ou segurança.

Já a publicidade abusiva, de acordo com Nayron Toledo, "é aquela publicidade que fere a vulnerabilidade do consumidor, por ter elementos que ofendem valores básicos que devem ser protegidos. São consideradas abusivas aquelas que incitem a discriminação entre raças, a violência, medo, superstição, ou que ofendam os animais, o meio ambiente. Também é considerada abusiva aquelas publicidades com foco nos hipossuficientes (crianças, idosos, doentes...). São exemplos:[215]

a) Publicidade que incita a violência contra animais.

b) Publicidade que incita o preconceito contra egressos que cumpriram sua pena.

c) Publicidade que incita preconceito entre as raças – como no caso do anúncio: "Café Parmalat agora um café a altura do nosso leite" (https://www.propagandashistoricas.com.br/2015/11/cafe-parmalat-altura-do-leite-1997.html).

---

[215] Disponível em: http://www.jurisprudenciaeconcursos.com.br/arquivos/13300 02163.pdf. Acesso em: 10 mar 2013.

37.3 Publicidade comparativa

A *publicidade comparativa* não foi objeto de normatização em nosso CDC. Rizzatto Nunes enfrenta a questão ao apresentar sete regras básicas a serem seguidas para que se possa classificar a publicidade comparativa como legítima:

"a) O fim da comparação deve ser o esclarecimento e/ou a defesa do consumidor (art. 32, a);

b) A comparação deve ser feita de forma objetiva, evitando o uso de alusões de caráter subjetivo, e deve ser passível de comprovação (art. 32, b e c);

c) Os modelos a serem comparados devem ter sido produzidos no mesmo ano. A comparação entre modelos de épocas diferentes só é possível se se pretender demonstrar evolução, que deve ficar claramente caracterizada (art. 32, d);

d) Não se pode estabelecer confusão entre produtos, serviços e marcas concorrentes (art. 32, e);

e) Não se pode caracterizar concorrência desleal nem denegrir a imagem do produto, serviço ou marca concorrente (art. 32, f);

f) Não se pode utilizar injustificadamente a imagem corporativa ou o prestígio de terceiros (art. 32, g);

g) Se se tratar de comparação entre produto ou serviço cujo preço seja de desigual nível, tal circunstância deve ser claramente indicada (art. 32, h)."[216]

37.4 Contrapropaganda

A contrapropaganda é uma das medidas colocadas à disposição dos legitimados visando à defesa de interesses difusos, para combate de publicidade enganosa ou abusiva. O artigo 60 do CDC determina que "*Art. 60. A imposição de contrapropaganda será cominada quando o fornecedor incorrer na prática de publicidade enganosa ou abusiva, nos termos do art. 36 e seus parágrafos, sempre às expensas do infrator.*

1º A contrapropaganda será divulgada pelo responsável da mesma forma, frequência e dimensão e, preferencialmente, no mesmo veículo, local, espaço

---

[216] NUNES, Rizzatto. *Curso de Direito do Consumidor*. 4.ed. São Paulo: Saraiva, 2009, p.462.

e horário, de forma capaz de desfazer o malefício da publicidade enganosa ou abusiva.

2º (Vetado)

Em relação à atuação em nossos tribunais, destacamos: "AÇÃO CIVIL PÚBLICA – Tutela antecipada deferida para suspender os efeitos das cláusulas contratuais consideradas abusivas, não transmitir propagandas enganosas ou veicular contrapropaganda – Questão da proibição da veiculação de contrapropaganda que se tomou despicienda em razão do tempo decorrido e da manutenção da tutela para impedir a propaganda considerada enganosa – Recurso provido em parte. (Agravo de Instrumento nº 1.315.755-0, 4ª Câmara do TAC-SP, rel. Des. J. B. Franco de Godói, d.j. 15.06.2005)".

Destaca-se, também, "aplicação de multa por prática de propaganda enganosa – iniciativa da autora de comunicar o erro gráfico e a forma de retificação da oferta do produto, expondo cartazes na entrada da loja e ao lado do produto – meio eficaz de contrapropaganda – tempo insuficiente de 72 horas assinalado pelo órgão fiscalizador da Administração para a contrapropaganda por meio do mesmo veículo de publicidade – face às particularidades do caso, a autora escolheu meio adequado para retificar o erro da oferta – invalidade da multa àquele que procurou espontaneamente para noticiar o erro e forma de retificação – recurso improvido. (6939455000 SP, Relator: Celso Bonilha, Data de Julgamento: 17/09/2008, 8ª Câmara de Direito Público, Data de Publicação: 30/09/2008)."

Mais recentemente, "a 2ª Câmara de Direito Público do TJ manteve sentença que condenou grande empresa de energia elétrica a providenciar, no prazo de 30 dias, após a sentença definitiva, contrapropaganda explicativa no sentido de que realizar queimadas sem controle e licença do órgão ambiental é medida ambientalmente incorreta e caracteriza crime.

A obrigação deverá ser cumprida da mesma forma, com a mesma frequência e dimensão e ainda, preferencialmente, por meio do mesmo veículo, local, espaço e horário da publicidade impugnada. Nesta, a empresa deixava entender que a promoção de queimadas para limpar terrenos era medida normal, desde que se tomasse o cuidado de abrir valas ao redor dos postes de madeira para proteção da rede elétrica.

No seu recurso, rejeitado, a empresa sustentou que a ação civil pública proposta pelo MP não tem fundamento lógico, já que *spot* radiofônico constitui campanha positiva que não deveria ser condenada, mas sim exaltada, já que é exigência da Aneel no que concerne à responsabilidade social. Acresceu que o fogo mencionado no informe publicitário refere-se obviamente às queimadas legais e autorizadas, já que o contexto é de proteger as redes elétricas e o meio ambiente.

O relator, desembargador João Henrique Blasi, afirmou que a sanção imposta pelo juiz está correta, pois houve veiculação de informe publicitário "potencialmente afrontoso a valores ambientais, à vista da dubiedade do seu conteúdo, indutivo a comportamento prejudicial". A decisão foi unânime (Ap. Cív. nº 2011.008325-9)."[217]

37.5 *Puffing*

A publicidade do tipo *puffing*, cuja mensagem enaltece o fato de um aparelho de ar condicionado ser "silencioso", não tem aptidão para ser fonte de dano difuso, pois não ostenta qualquer gravidade intolerável em prejuízo dos consumidores em geral (REsp. nº 1.370.677-SP, Rel. Ministro Raul Araújo, Quarta Turma, por unanimidade, julgado em 17/10/2023). Verifica-se que:

> No caso, a propaganda foi tida por enganosa, pelas instâncias ordinárias, em virtude de perícia, na qual constatado que os aparelhos condicionadores de ar não eram realmente silenciosos, como afirmado na publicidade veiculada em 1989. Em razão disso, concluíram terem ocorrido danos morais coletivos.
>
> Contudo, é bastante questionável que, na época e nas condições do caso concreto, tenha ocorrido, efetivamente, propaganda que possa ser qualificada como enganosa, já que os fatos se passaram antes do advento do Código de Defesa do Consumidor e, mesmo na vigência do CDC, quando passou a existir mais expressa regulação sobre o assunto (art. 37), a doutrina consumerista classifica publicidade do tipo considerado no caso de *puffing*.
>
> Segundo a doutrina,
>
>> a utilização de adjetivações exageradas pode causar enganosidade ou não. O chamado puffing é a técnica publicitária da utilização do exagero. A doutrina entende que o puffing não está proibido enquanto apresentado "como publicidade espalhafatosa, cujo caráter subjetivo ou jocoso não permite que seja objetivamente encarada como vinculante. É o anúncio em que se diz ser 'o melhor produto do mercado', por exemplo".

---

217 Extraído de: Poder Judiciário de Santa Catarina – 28 de Novembro de 2012. Disponível em: http://tj-sc.jusbrasil.com.br/noticias/100210928/justica-ordena-contrapropaganda-acerca-de-uso-do-fogo-para-limpar-terrenos. Acesso em: 06 abr. 2013.

Nesse sentido, não se deve considerar tratar-se o termo "silencioso", enfatizado na propaganda, como uma afirmação literal. Dizer ser o aparelho silencioso, nas condições tecnológicas da época, em que os condicionadores de ar de gerações anteriores produziam mais ruído, era mero exagero publicitário comparativo, destinado a enaltecer essa característica específica do produto, decorrente de inovação tecnológica e, portanto, o mote da publicidade, em tal contexto, não seria apto, por si, a enganar ou induzir o consumidor a um efetivo engano. Até porque este, movido por natural curiosidade, certamente testava o nível de ruído do produto antes da compra.

Em relação à ocorrência de dano, consigna-se que o dano moral coletivo se configura *in re ipsa*, embora não esteja ligado a atributos da pessoa humana, considerada *de per si*, não exigindo a demonstração de prejuízos concretos ou de abalo moral efetivo. Por isso, a doutrina e a jurisprudência consolidada por esta Corte orientam-se pelo norte de que a condenação por danos morais coletivos ao consumidor tem de decorrer de fatos impregnados de gravidade tal que sejam intoleráveis, porque lesam valores fundamentais da sociedade.

Não se constata, porém, a gravidade dos fatos, tampouco a sua intolerabilidade social e muito menos que atingiram valores fundamentais da sociedade. Uma publicidade cuja mensagem enaltece o fato de ser o aparelho de ar condicionado "silencioso" não tem aptidão para ser fonte de dano difuso, pois não ostenta qualquer gravidade intolerável em prejuízo dos consumidores em geral.

> Art. 38. O ônus da prova da veracidade e correção da informação ou comunicação publicitária cabe a quem as patrocina.

↳ COMENTÁRIOS

38.1 Princípio da Inversão do ônus da prova na publicidade

Na publicidade, o princípio da inversão do ônus da prova da veracidade e correção da informação ou comunicação publicitária cabe a quem as patrocina. É, pois, uma norma cogente que não se encontra na esfera da discricionariedade do magistrado (*ope legis*), conforme aquela fixada no artigo 6º, inciso VIII, do CDC.

Ora, cabe ao fornecedor manter em seu poder e informar aos legítimos interessados os dados técnicos, científicos e fáticos relacionados à mensagem publicitária. Assim, o artigo 38 do CDC destaca a inversão do ônus da prova da veracidade (e não da enganosidade). Aqui, vale destacar mais uma vez que a intenção da boa-fé do fornecedor, nesse caso, é irrelevante.

SEÇÃO IV
Das Práticas Abusivas

Art. 39. É vedado ao fornecedor de produtos ou serviços, dentre outras práticas abusivas: (Redação dada pela Lei nº 8.884, de 11.6.1994)

I – condicionar o fornecimento de produto ou de serviço ao fornecimento de outro produto ou serviço, bem como, sem justa causa, a limites quantitativos;

II – recusar atendimento às demandas dos consumidores, na exata medida de suas disponibilidades de estoque, e, ainda, de conformidade com os usos e costumes;

III – enviar ou entregar ao consumidor, sem solicitação prévia, qualquer produto, ou fornecer qualquer serviço;

IV – prevalecer-se da fraqueza ou ignorância do consumidor, tendo em vista sua idade, saúde, conhecimento ou condição social, para impingir-lhe seus produtos ou serviços;

V – exigir do consumidor vantagem manifestamente excessiva;

VI – executar serviços sem a prévia elaboração de orçamento e autorização expressa do consumidor, ressalvadas as decorrentes de práticas anteriores entre as partes;

VII – repassar informação depreciativa, referente a ato praticado pelo consumidor no exercício de seus direitos;

VIII – colocar, no mercado de consumo, qualquer produto ou serviço em desacordo com as normas expedidas pelos órgãos oficiais competentes ou, se normas específicas não existirem, pela Associação Brasileira de Normas Técnicas ou outra entidade credenciada pelo Conselho Nacional de Metrologia, Normalização e Qualidade Industrial (Conmetro);

IX – recusar a venda de bens ou a prestação de serviços, diretamente a quem se disponha a adquiri-los mediante pronto pagamento, ressalvados os casos de intermediação regulados em leis especiais; (Redação dada pela Lei nº 8.884, de 11.6.1994)

X – elevar sem justa causa o preço de produtos ou serviços. (Incluído pela Lei nº 8.884, de 11.6.1994)

XI – Dispositivo incluído pela MPV nº 1.890-67, de 22/10/1999, transformado em inciso XIII, quando da converão na Lei nº 9.870, de 23/11/1999

XII – deixar de estipular prazo para o cumprimento de sua obrigação ou deixar a fixação de seu termo inicial a seu exclusivo critério.(Incluído pela Lei nº 9.008, de 21/3/1995)

XIII – aplicar fórmula ou índice de reajuste diverso do legal ou contratualmente estabelecido. (Incluído pela Lei nº 9.870, de 23/11/1999)

XIV – permitir o ingresso em estabelecimentos comerciais ou de serviços de um número maior de consumidores que o fixado pela autoridade administrativa como máximo. (Incluído pela Lei nº 13.425, de 2017).

Parágrafo único. Os serviços prestados e os produtos remetidos ou entregues ao consumidor, na hipótese prevista no inciso III, equiparam-se às amostras grátis, inexistindo obrigação de pagamento.

↳ COMENTÁRIOS

39.1 Práticas Abusivas

As práticas abusivas são atos em desconformidade com os padrões éticos e de boa conduta que deve ser praticados em relação ao consumidor. São consideradas práticas abusivas, conforme artigo 39 do CDC, dentre outras: I – condicionar o fornecimento de produto ou de serviço ao fornecimento de outro produto ou serviço, bem como, sem justa causa, a limites quantitativos; II – recusar atendimento às demandas dos consumidores, na exata medida de suas disponibilidades de estoque, e, ainda, de conformidade com os usos e costumes; III – enviar ou entregar ao consumidor, sem solicitação prévia, qualquer produto, ou fornecer qualquer serviço; IV – prevalecer-se da fraqueza ou ignorância do consumidor, tendo em vista sua idade, saúde, conhecimento ou condição social, para impingir-lhe seus produtos ou serviços; V – exigir do consumidor vantagem manifestamente excessiva; VI – executar serviços sem a prévia elaboração de orçamento e autorização expressa do consumidor, ressalvadas as decorrentes de práticas anteriores entre as partes; VII – repassar informação depreciativa, referente a ato praticado pelo consumidor no exercício de seus direitos; VIII – colocar, no mercado de consumo, qualquer produto ou serviço em desacordo com as normas expedidas pelos órgãos oficiais competentes ou, se normas específicas não existirem, pela Associação Brasileira de Normas Técnicas ou outra entidade credenciada pelo Conselho Nacional de Metrologia, Normalização e Qualidade Industrial (Conmetro); IX – recusar a venda de bens ou a prestação de serviços, diretamente a quem se disponha a adquiri-los mediante pronto pagamento, ressalvados os casos de intermediação regulados em leis especiais; (Redação dada pela Lei nº 8.884, de 11/6/1994) X – elevar sem justa causa o preço de produtos ou serviços. (Incluído pela Lei nº 8.884, de 11/6/1994) etc.

Outras práticas abusivas estão espalhadas pelo CDC, além das anteriormente mencionadas, tais como: (a) colocação no mercado de produto ou serviço com alto grau de nocividade ou periculosidade (art. 10), (b) comercialização de produtos ou serviços impróprios (artigos 18, § 6º e 20, § 2º), (c) o não emprego de peças de reposição adequadas (artigo 21); (d) a falta de componentes ou e peças de reposição (artigo 32), (e) a ausência de informação, na venda a distância, sobre o nome e o endereço do fabricante (artigo 33), (f) a veiculação de publicidade clandestina (artigo 36) e abusiva (artigo 37, § 2º); (g) a cobrança irregular de dívidas de consumo (artigo 42); (h) a utilização de cláusula contratual abusiva (artigo 51) etc.[218]

---

218 SECRETARIA DE DIREITO ECONÔMICO - PORTARIA Nº 7, DE 3 DE SETEMBRO DE 2003. Para efeitos de fiscalização pelos órgãos públicos de defesa do consumidor, particulariza hipótese prevista no elenco de práticas abusivas constante do art. 39 da Lei nº 8.078, de 11 de setembro de 1990.
O Secretário de Direito Econômico do Ministério da Justiça, no uso da atribuição que lhe confere o art. 63 do Decreto 2.181 de 20 de março de 1997, e CONSIDERANDO que constitui dever da Secretaria de Direito Econômico orientar o Sistema Nacional de Defesa do Consumidor visando à fiel observância das normas de proteção e defesa do consumidor, CONSIDERANDO que os órgãos públicos de defesa do consumidor, nas suas respectivas áreas de atuação administrativa e no interesse da preservação da vida, da saúde, da segurança, da informação e do bem estar do consumidor, devem editar as normas que se fizerem necessárias, nos termos do art. 55 da Lei nº 8.078/90;
CONSIDERANDO que a informação de fornecedores e de consumidores quanto aos seus direitos e deveres promove a melhoria, a transparência, a harmonia, o equilíbrio e a boa-fé nas relações de consumo;
CONSIDERANDO, finalmente, a aplicabilidade do Código de Defesa do Consumidor, no âmbito dos serviços privados de saúde, resolve:

39.2 Sanções previstas

No caso da realização de práticas abusivas é possível a aplicação de sanções penais, administrativas (cassação da licença, interdição e suspensão da atividade etc.), bem como a indenização por perdas e danos na esfera cível.

O magistrado poderá conceder, com base no artigo 84 do CDC, na ação que tenha por objeto o cumprimento da obrigação de fazer ou não fazer, a tutela específica da obrigação ou determinará providências que assegurem o resultado prático equivalente ao do adimplemento.

39.3.1 Corte de energia e água

"É inconteste nos autos o corte indevido de energia elétrica, tendo sido prejudicado um consumidor, constituindo prática abusiva à luz do Código de Defesa do Consumidor. [...] (RMS 22.585/RN, Rel. Ministra ELIANA CALMON, SEGUNDA TURMA, julgado em 05/03/2009, DJe 02/04/2009).

39.3.2 Cobrança por serviços não solicitados

É considerada prática abusiva a cobrança por serviços não solicitados. Vejamos a decisão do Ministro Herman Benjamin, da Segunda Turma do STJ, julgado em 22/03/2011: "O Tribunal a quo manteve decisão que, em Ação Civil Pública, antecipou parcialmente a tutela para determinar que a Brasil Telecom confirme com os consumidores dos Municípios de Apucarana, Cambira e Novo Itacolomi, no prazo de trinta dias, a contratação de serviços adicionais de telefonia que estão sendo indevidamente cobrados (ex: siga-me, caixa-postal, chamada em espera e internet), sob pena de multa diária. Não está configurada a violação ao art. 535 do CPC, pois o acórdão recorrido está clara e suficientemente fundamentado nos requisitos autorizadores da antecipação da tutela em prol dos consumidores lesados por prática reputada abusiva, diante da constatação de que os usuários estão sendo cobrados por serviços adicionais não contrata-

---

Art. 1º Considerar abusiva, nos termos do artigo 39, inciso V da Lei nº 8.078, de 11 de setembro de 1990, a interrupção da internação hospitalar em leito clínico, cirúrgico ou em centro de terapia intensiva ou similar, por motivos alheios às prescrições médicas.
Art. 2º Esta portaria entra em vigor na data de sua publicação.
DANIEL KREPEL GOLDBERG

dos. A análise das exigências para a concessão da medida, previstos no art. 273 do CPC, implica, como regra, reexame da matéria fático-probatória. Aplicação da Súmula 7/STJ. O Ministério Público possui legitimidade ativa para promover a defesa dos direitos difusos ou coletivos dos consumidores, e de seus interesses ou direitos individuais homogêneos, inclusive no que se refere à prestação de serviços públicos, haja vista a presunção de relevância da questão para a coletividade. Precedentes do STJ. A tese do litisconsórcio passivo necessário carece de plausibilidade, pois o objeto da ação movida pelo parquet e da decisão concedida pela instância ordinária cinge-se à irregularidade imputada somente à concessionária do serviço de telefonia, sem alcançar a esfera do poder regulador da Anatel. Agravo Regimental não provido." (AgRg no REsp 1150965/PR, Rel. Ministro HERMAN BENJAMIN, SEGUNDA TURMA, julgado em 22/03/2011, DJe 25/04/2011)

39.3.3 Plano de saúde. Descredenciamento de clínica médica no curso de tratamento quimioterápico, sem substituição por estabelecimento de saúde equivalente

"O *caput* do art. 17 da Lei nº 9.656/98 garante aos consumidores de planos de saúde a manutenção da rede de profissionais, hospitais e laboratórios credenciados ou referenciados pela operadora ao longo da vigência dos contratos.

Nas hipóteses de descredenciamento de clínica, hospital ou profissional anteriormente autorizados, as operadoras de plano de saúde são obrigadas a manter uma rede de estabelecimentos conveniados compatível com os serviços contratados e apta a oferecer tratamento equivalente àquele encontrado no estabelecimento de saúde que foi descredenciado. Art. 17, § 1º, da Lei nº 9.656/98.

O descredenciamento de estabelecimento de saúde efetuado sem a observância dos requisitos legalmente previstos configura prática abusiva e atenta contra o princípio da boa-fé objetiva que deve guiar a elaboração e a execução de todos os contratos. O consumidor não é obrigado a tolerar a diminuição da qualidade dos serviços contratados e não deve ver frustrada sua legítima expectativa de poder contar, em caso de necessidade, com os serviços colocados à sua disposição no momento da celebração do contrato de assistência médica. Recurso especial conhecido e provido." (REsp

1119044/SP, Rel. Ministra NANCY ANDRIGHI, TERCEIRA TURMA, julgado em 22/02/2011, DJe 04/03/2011)

39.3.4 Conferência de mercadorias na saída do estabelecimento comercial, após regular pagamento

A conferência de mercadorias na saída do estabelecimento comercial, após o regular pagamento, é uma prática que vem se tornando comum em vários supermercados, tais como a Rede Sam's Club no Rio de Janeiro ou a rede Bahamas em Juiz de Fora-MG. Essa prática é considerada pelo STJ como exercício do direito de vigilância e proteção do patrimônio, gerando apenas um mero desconforto sem caracterizar a violação do princípio da boa-fé. Vejamos a decisão: "O reconhecimento da vulnerabilidade do consumidor nas relações de consumo deve sempre almejar o desejável equilíbrio da relação estabelecida entre o consumidor e o fornecedor. A proteção da boa-fé nas relações de consumo não equivale a favorecer indiscriminadamente o consumidor, em detrimento de direitos igualmente outorgados ao fornecedor. A prática da conferência indistinta de mercadorias pelos estabelecimentos comerciais, após a consumação da venda, é em princípio lícito e tem como base o exercício do direito de vigilância e proteção ao patrimônio, razão pela qual não constitui, por si só, prática abusiva. Se a revista dos bens adquiridos é realizada em observância aos limites da urbanidade e civilidade, constitui mero desconforto, a que atualmente a grande maioria dos consumidores se submete, em nome da segurança. Recurso especial a que se nega provimento". (REsp 1120113/SP, Rel. Ministra NANCY ANDRIGHI, TERCEIRA TURMA, julgado em 15/02/2011, DJe 10/10/2011).

39.3.5 Cobrança de preços diferenciados para venda em dinheiro, cheque e cartão de crédito

"AÇÃO COLETIVA DE CONSUMO – COBRANÇA DE PREÇOS DIFERENCIADOS PRA VENDA DE COMBUSTÍVEL EM DINHEIRO, CHEQUE E CARTÃO DE CRÉDITO – PRÁTICA DE CONSUMO ABUSIVA – VERIFICAÇÃO – RECURSO ESPECIAL PROVIDO. Não se deve olvidar que o pagamento por meio de cartão de crédito garante ao estabelecimento comercial o efetivo adimplemento, já que, como visto, a administradora do cartão se responsabiliza integralmente pela compra do consumidor, assumindo o risco de crédito, bem como de eventual fraude.

Capítulo V – Das Práticas Comerciais | 405

O consumidor, ao efetuar o pagamento por meio de cartão de crédito (que só se dará a partir da autorização da emissora), exonera-se, de imediato, de qualquer obrigação ou vinculação perante o fornecedor, que deverá conferir àquele plena quitação. Está-se, portanto, diante de uma forma de pagamento à vista e, ainda, *pro soluto*" (que enseja a imediata extinção da obrigação).

O custo pela disponibilização de pagamento por meio do cartão de crédito é inerente à própria atividade econômica desenvolvida pelo empresário, destinada à obtenção de lucro, em nada referindo-se ao preço de venda do produto final. Imputar mais este custo ao consumidor equivaleria a atribuir a este a divisão de gastos advindos do próprio risco do negócio (de responsabilidade exclusiva do empresário), o que, além de refugir da razoabilidade, destoa dos ditames legais, em especial do sistema protecionista do consumidor.

O consumidor, pela utilização do cartão de crédito, já paga à administradora e emissora do cartão de crédito taxa por este serviço (taxa de administração). Atribuir-lhe ainda o custo pela disponibilização de pagamento por meio de cartão de crédito, responsabilidade exclusiva do empresário, importa em onerá-lo duplamente (*in bis idem*) e, por isso, em prática de consumo que se revela abusiva; Recurso Especial provido (REsp 1133410/RS, Rel. Ministro MASSAMI UYEDA, TERCEIRA TURMA, julgado em 16/03/2010, DJe 07/04/2010).

39.3.6 Cobrança do PIS e da COFINS na fatura telefônica

"[...] Remanesce a análise da questão relativa à legalidade de prática adotada pelas concessionárias de serviço público de telefonia fixa, que repassam ao consumidor o ônus referente ao PIS e à COFINS. 3. A Segunda Turma desta Corte, na assentada de 9/9/2008, ao apreciar o tema na ocasião do julgamento do REsp 1053778/RS, Rel.Min. Herman Benjamin, constatou a ilegalidade do repasse do PIS e da COFINS na fatura telefônica, porquanto a inclusão desses tributos na conta telefônica não tem o condão de modificar a sujeição passiva tributária: é a concessionária o contribuinte de direito, tal como ocorre no ICMS. Embargos de declaração acolhidos, sem efeitos modificativos, tão somente para sanar a omissão apontada." (EDcl nos EDcl no REsp 625.767/RJ, Rel. Ministro HUMBERTO MARTINS, SEGUNDA TURMA, julgado em 20/11/2008, DJe 15/12/2008).

39.3.7 'Venda casada' em cinemas. Vedação do consumo de alimentos adquiridos fora dos estabelecimentos cinematográficos

"A intervenção do Estado na ordem econômica, fundada na livre iniciativa, deve observar os princípios do direito do consumidor, objeto de tutela constitucional fundamental especial (CF, arts. 170 e 5º, XXXII).

Nesse contexto, consagrou-se ao consumidor no seu ordenamento primeiro a saber: o Código de Defesa do Consumidor Brasileiro, dentre os seus direitos básicos, "a educação e divulgação sobre o consumo adequado dos produtos e serviços, asseguradas a liberdade de escolha e a igualdade nas contratações" (art. 6º, II, do CDC).

A denominada 'venda casada', sob esse enfoque, tem como *ratio essendi* da vedação a proibição imposta ao fornecedor de, utilizando de sua superioridade econômica ou técnica, opor-se à liberdade de escolha do consumidor entre os produtos e serviços de qualidade satisfatório e preços competitivos.

Ao fornecedor de produtos ou serviços, consectariamente, não é lícito, dentre outras práticas abusivas, condicionar o fornecimento de produto ou de serviço ao fornecimento de outro produto ou serviço (art. 39, I do CDC).

A prática abusiva revela-se patente se a empresa cinematográfica permite a entrada de produtos adquiridos nas suas dependências e interdita o adquirido alhures, engendrando por via oblíqua a cognominada 'venda casada', interdição inextensível ao estabelecimento cuja venda de produtos alimentícios constituiu a essência da sua atividade comercial como, *verbi gratia*, os bares e restaurantes.

O juiz, na aplicação da lei, deve aferir as finalidades da norma, por isso que, *in casu*, revela-se manifesta a prática abusiva.

A aferição do ferimento à regra do art. 170, da CF, é interditada ao STJ, porquanto a sua competência cinge-se ao plano infraconstitucional.

Inexiste ofensa ao art. 535 do CPC, quando o Tribunal de origem, embora sucintamente, pronuncia-se de forma clara e suficiente sobre a questão posta nos autos. Ademais, o magistrado não está obrigado a rebater, um a um, os argumentos trazidos pela parte, desde que os fundamentos utilizados tenham sido suficientes para embasar a decisão. Recurso especial improvido. (REsp 744.602/RJ, Rel. Ministro LUIZ FUX, PRIMEIRA TURMA, julgado em 01/03/2007, DJ 15/03/2007, p. 264, REPDJ 22/03/2007, p. 286).

39.4 Condicionamento do fornecimento de produto ou serviço

De acordo com o artigo 39, inciso I, do CDC, é considerada prática abusiva: condicionar o fornecimento de produto ou de serviço ao fornecimento de outro produto ou serviço, bem como, sem justa causa, a limites quantitativos. Na primeira hipótese, encontra-se a denominada "venda casada", só que com sentido mais amplo, uma vez que o dispositivo trata de "fornecimento de produto ou de serviço" e não somente ao negócio jurídico de compra e venda.

A segunda hipótese trata da questão da limitação, sem justa causa, do produto ou do serviço, objeto da relação consumeira. Um exemplo de justa causa é aquele em que o consumidor deseja adquirir uma quantidade de produto acima do estoque do fornecedor.

Por exemplo, "[...] o Ministério Público estadual propôs ação cautelar para exibição de documentos bancários (listagem de correntistas da agência bancária e cópias dos contratos celebrados entre as partes), de modo a constatar a ocorrência de alegada prática abusiva quanto à imposição para aquisição de produtos bancários ("venda casada"), com vistas a eventual ajuizamento de ação civil pública. O contingente de inúmeros correntistas, clientes da ré, possivelmente compelidos a adquirir produtos agregados quando buscam abertura de contas-correntes, pedidos de empréstimos ou outros serviços bancários, denota a origem comum dos direitos individuais e a relevância social da demanda, exsurgindo a legitimidade ativa do Parquet também para a ação cautelar." (REsp 986.272/RS, Rel. Ministro LUIS FELIPE SALOMÃO, QUARTA TURMA, julgado em 20/09/2011, DJe 01/02/2012).

Da mesma forma: "CONSUMIDOR. PAGAMENTO A PRAZO VINCULADO À AQUISIÇÃO DE OUTRO PRODUTO. "VENDA CASADA". PRÁTICA ABUSIVA CONFIGURADA. O Tribunal *a quo* manteve a concessão de segurança para anular auto de infração consubstanciado no art. 39, I, do CDC, ao fundamento de que a impetrante apenas vinculou o pagamento a prazo da gasolina por ela comercializada à aquisição de refrigerantes, o que não ocorreria se tivesse sido paga à vista. O art. 39, I, do CDC, inclui no rol das práticas abusivas a popularmente denominada "venda casada", ao estabelecer que é vedado ao fornecedor "condicionar o fornecimento de produto ou de serviço ao fornecimento de outro produto ou serviço, bem como, sem justa causa, a limites quantitativos". Na primeira situação descrita nesse dispositivo, a ilegalidade se configura pela vinculação de produtos e serviços de natureza distinta e usualmente comercializados em separado, tal como ocorrido na hipótese dos autos. A dilação de prazo para pagamento, embora seja uma liberalidade do fornecedor – assim como o é a própria colocação no comércio de determinado produto ou serviço –, não o exime de observar normas legais que visam a coibir abusos que vieram a reboque da massificação dos contratos na sociedade de consumo e da vulnerabilidade do consumidor. Tais normas de controle e saneamento do mercado, ao contrário de restringirem o princípio da liberdade contratual, o aperfeiçoam, tendo em vista que buscam assegurar a vontade real daquele que é estimulado a contratar. Apenas na segunda hipótese do art. 39, I, do CDC, referente aos limites quantitativos, está ressalvada a possibilidade de exclusão da prática abusiva por justa causa, não se admitindo justificativa, portanto, para a imposição de produtos ou serviços que não os precisamente almejados pelo consumidor. Recurso Especial provido. (REsp 384.284/RS, Rel. Ministro HERMAN BENJAMIN, SEGUNDA TURMA, julgado em 20/08/2009, DJe 15/12/2009).

O Procon/SP multou o Mc Donald´s em R$ 3,2 milhões por venda casada de brinquedos. Vejamos a reportagem:[219]

> **"Procon/SP multa McDonald's em R$ 3,2 mi por venda casada**
>
> O Procon/SP multou em R$ 3,192 milhões o McDonald's pela venda casada do McLanche Feliz, que associa alimentos a brinquedos.
>
> Em abril de 2010, o caso foi denunciado pelo Projeto Criança e Consumo, do Instituto Alana. Segundo a denúncia, com essas práticas *"o McDonald's cria uma lógica de consumo prejudicial e incentiva a formação de valores distorcidos, bem como a formação de hábitos alimentares prejudiciais à saúde".*

---

219 Disponível em: https://www.migalhas.com.br/quentes/146384/procon-sp-multa-mc-donald-s-em-r--3-2-mi-por-venda-casada. Acesso em: 17 mar. 2025.

A grande aposta do McDonald's para promover a venda de seu McLanche Feliz é dar como brinde brinquedos conhecidos do público infantil. Desde a denúncia do Criança e Consumo para o Procon, em 2010, até hoje, já foram feitas cerca de 18 campanhas desse tipo dirigidas a crianças. Agora em dezembro a rede de fast food lançou mais uma promoção, desta vez com brindes do filme "Gato de Botas", cuja estreia está prevista para este fim de semana.

"A criança assiste à publicidade do McDonald's com os personagens do filme nas tevês e depois nos trailers. Quando sai do cinema, não raras vezes, já esbarra numa loja da rede. É uma ação de marketing muito agressiva, que se aproveita da vulnerabilidade infantil para vender. É antiético", comenta Ekaterine Karageorgiadis, advogada do Projeto Criança e Consumo.

Ela lembra que a discussão em torno desse tipo de promoção não é de hoje. Em abril de 2010, o Criança e Consumo também denunciou a publicidade do McDonald's com brindes do filme "Rio" para o Conar. O Conselho de Autorregulamentação Publicitária publicou um parecer em que chamava o Alana de *"Bruxa Alana, que odeia criancinhas"*. Além de ofensivo, o texto minimizava o problema da obesidade infantil no Brasil, que já atinge 15% das crianças. O caso teve grande repercussão e colocou em xeque a capacidade do Conar em tratar de assuntos de interesse público."

39.4.1 Telefonia: cláusula de fidelidade

"A cláusula de fidelidade em contrato de telefonia (móvel e fixa) é considerada legal pelo Superior Tribunal de Justiça (STJ) quando há concessão de benefícios ao cliente, como o pagamento de tarifas inferiores, bônus e fornecimento de aparelhos. A corte entende que, nessas situações, há necessidade de assegurar às operadoras um período para recuperar o investimento realizado em razão das promoções.

A jurisprudência do STJ sobre este tema está reunida na Pesquisa Pronta, ferramenta disponibilizada no *site* do tribunal para facilitar a busca de quem deseja conhecer o entendimento da corte em casos semelhantes. Por meio da pesquisa sobre o tema "Análise da legitimidade/legalidade da cláusula de fidelização em contrato de telefonia", é possível acessar 11 acórdãos, decisões tomadas por um colegiado de ministros do Tribunal.

"É firme a jurisprudência do STJ de que a chamada cláusula de fidelização em contrato de telefonia é legítima, na medida em que se trata de condição que fica ao alvedrio (livre vontade) do assinante, o qual recebe benefícios por tal fidelização, bem como por ser uma necessidade de assegurar às operadoras de telefonia um período para recuperar o investimento realizado com a concessão de tarifas inferiores, bônus, fornecimento de aparelhos e outras promoções", pontuou a decisão de um dos casos (REsp 1445560).

Essa situação não se enquadra em prática abusiva: "não caracteriza a prática vedada pelo art. 39, inc. I, do CDC, a previsão de prazo de permanência mínima ("fidelização") em contrato de telefonia móvel e de "comodato", contanto que, em contrapartida, haja a concessão de efetivos benefícios ao consumidor", segundo entendimento do STJ em análise de recurso especial (REsp 1097582).

O artigo 39, inciso I, do Código de Defesa do Consumidor (Lei nº 8.078/90) estabelece que é vedado ao fornecedor de produtos ou serviços, entre outras práticas abusivas, condicionar o fornecimento de produto ou de serviço ao fornecimento de outro produto ou serviço, bem como, sem justa causa, a limites quantitativos."[220]

39.5 Recusa de Atendimento ao consumidor

Consoante o inciso II do artigo 39 do CDC, é considerada prática abusiva "recusar atendimento às demandas dos consumidores, na exata medida de suas disponibilidades de estoque, e, ainda, de conformidade com os usos e costumes." Ora é muito comum a recusa do motorista de táxi ao serviço de transporte de pequenas distâncias.

Considera-se prática abusiva a recusa de motoristas de táxis em transportar cadeirantes e cegos. Abaixo a notícia do Procon do Rio Grande do Sul, em 21/10/2010:

"O Procon-RS alerta os consumidores cadeirantes e deficientes visuais de que a recusa por parte dos motoristas de táxis em transportar esses passageiros é considerada prática abusiva de acordo com o Código de Defesa do Consumidor – CDC, art. 39, inciso II. Alerta ainda que a cobrança de tarifa extra para levar cadeiras de rodas e cão guia, é considerada prática abusiva de acordo com o art. 39, inciso, IV e V do CDC.

A coordenadora executiva do Procon-RS, Adriana Burger, informa que nesses casos o consumidor que se sentir lesado por falta de atendimento adequado pode registrar reclamação no Procon de seu município. Para aqueles que ainda não têm órgão de proteção e defesa do consumidor, a denúncia poderá ser feita na página do Procon-RS, no link http://www.procon.rs.gov.br/portal/index.php?menu=contato_atendimento&cod_atendimento=2

A medida se justifica em razão dos inúmeros casos relatados na reunião realizada na última quarta-feira (20), na prefeitura de Porto Alegre, com

---

[220] Disponível em: http://www.stj.jus.br/sites/STJ/default/pt_BR/noticias/noticias. Acesso em: 18 jan. 2016.

o Conselho Municipal dos Direitos das Pessoas com Deficiência-Comdepa, Defensoria Pública Estadual, Procon-RS e Ministério Público Estadual, com a presença de representantes da sociedade civil e de associações da atuam na área de direitos humanos."[221]

39.6 Fornecimento de produto ou serviço não solicitado

Também é considerada prática abusiva, conforme o inciso III do artigo 39 o envio ou entrega ao consumidor, sem solicitação prévia, de qualquer produto ou fornecimento de qualquer serviço.

O envio do cartão de crédito, ainda que bloqueado, sem pedido pretérito e expresso do consumidor, caracteriza prática comercial abusiva, violando frontalmente o disposto no artigo 39, III, do Código de Defesa do Consumidor (REsp 1199117/SP, Rel. Ministro PAULO DE TARSO SANSEVERINO, TERCEIRA TURMA, julgado em 18/12/2012, DJe 04/03/2013).

Da mesma forma, "AÇÃO DE INDENIZAÇÃO. DANO MORAL. SAQUES E DESCONTOS NÃO AUTORIZADOS PELA CONSUMIDORA, EMISSÃO E ENVIO DE CARTÃO DE CRÉDITO SEM SOLICITAÇÃO E INSCRIÇÃO NO CCF. QUANTUM INDENIZATÓRIO FIXADO COM PROFUSÃO PELAS INSTÂNCIAS ORDINÁRIAS (R$ 50.000,00). REPROVABILIDADE DA CONDUTA DA RÉ. PRÁTICA ABUSIVA TIPIFICADA (CDC. ART. 39, III). RAZOABILIDADE. Esta Corte só conhece de valores fixados a título de danos morais que destoam razoabilidade, o que, ante as peculiaridades do caso, não ocorreu no presente feito. Agravo Regimental improvido. (AgRg no AREsp 152.596/SP, Rel. Ministro SIDNEI BENETI, TERCEIRA TURMA, julgado em 15/05/2012, DJe 28/05/2012).

No mesmo diapasão, "a reiteração de assinaturas de revistas não solicitadas é conduta considerada pelo Código de Defesa do Consumidor como prática abusiva (art. 39, III). Esse fato e os incômodos decorrentes das providências notoriamente dificultosas para o cancelamento significam sofrimento moral de monta, mormente em se tratando de pessoa de idade avançada, próxima dos 85 anos de idade à época dos fatos, circunstância que agrava o sofrimento moral. [...] (REsp 1102787/PR, Rel. Ministro SIDNEI BENETI, TERCEIRA TURMA, julgado em 16/03/2010, DJe 29/03/2010).

Destaca-se, ainda: "RESPONSABILIDADE CIVIL. AÇÃO DE INDENIZAÇÃO POR DANOS MORAIS. ENVIO DE CARTÃO DE CRÉDITO NÃO SOLICITADO E DE FATURAS COBRANDO ANUIDADE. DANO

---

221 Disponível em: http://www.procon.rs.gov.br/portal/. Acesso em: 06 abr. 2013.

MORAL CONFIGURADO. Para se presumir o dano moral pela simples comprovação do ato ilícito, esse ato deve ser objetivamente capaz de acarretar a dor, o sofrimento, a lesão aos sentimentos íntimos juridicamente protegidos. O envio de cartão de crédito não solicitado, conduta considerada pelo Código de Defesa do Consumidor como prática abusiva (art. 39, III), adicionado aos incômodos decorrentes das providências notoriamente dificultosas para o cancelamento cartão causam dano moral ao consumidor, mormente em se tratando de pessoa de idade avançada, próxima dos cem anos de idade à época dos fatos, circunstância que agrava o sofrimento moral. Recurso Especial não conhecido." (REsp 1061500/RS, Rel. Ministro SIDNEI BENETI, TERCEIRA TURMA, julgado em 04/11/2008, DJe 20/11/2008).

Por fim, vale mencionar que a questão está prevista na Súmula 532 do STJ que diz: "Constitui prática comercial abusiva o envio de cartão de crédito sem prévia e expressa solicitação do consumidor, configurando-se ato ilícito indenizável e sujeito à aplicação de multa administrativa."[222]

39.7 Hipossuficiência do consumidor

A essência do CDC é desvelada a partir da vulnerabilidade do consumidor. A hipossuficiência do consumidor é uma marca pessoal de um ou vários consumidores. Daí que é considerada prática abusiva o fornecedor prevalecer-se da fraqueza ou ignorância do consumidor, tendo em vista sua idade, saúde, conhecimento ou condição social, para impingir-lhe seus produtos ou serviços (artigo 39, inciso IV do CDC).

39.8 Exigência de vantagem excessiva

O fornecedor, de acordo com o inciso V do artigo 39, não pode exigir do consumidor vantagem manifestamente excessiva. Isso é considerada prática abusiva. Vale destacar que a mera exigência já é considerada a prática abusiva.

---

222 Referência: CDC, art. 39, III. REsp 1.261.513-SP (2ª T 27/08/2013 – DJe 04/09/2013). REsp 1.297.675-SP (2ª T 27/08/2013 – DJe 04/09/2013). REsp 1.061.500-RS (3ª T 04/11/2008 – DJe 20/11/2008). AgRg no AREsp 152.596-SP (3ª T 15/05/2012 – DJe 28/05/2012). AgRg no AREsp 105.445-SP (3ª T 12/06/2012 – DJe 22/06/2012). REsp 1.199.117-SP (3ª T 18/12/2012 – DJe 04/03/2013). REsp 514.358-MG (4ª T 16/03/2004 – DJ 03/05/2004). AgRg no AREsp 33.418-RJ (4ª T 27/03/2012 – DJe 09/04/2012). AgRg no AREsp 275.047-RJ (4ª T 22/04/2014 – DJe 29/04/2014). EDcl no AREsp 528.668-SP (4ª T 19/08/2014 – DJe 26/08/2014). Corte Especial, em 03/06/2015. DJe 08/06/2015, ed. nº 1748.

Vejamos: "É obrigação da recorrente o fornecimento a todos os seus consumidores de um serviço seguro, adequado e eficiente. No caso vertente, comprovou-se que o serviço não foi oferecido adequadamente, tendo sido exigido do consumidor vantagem manifestamente excessiva, constituindo prática abusiva à luz do Código de Defesa do Consumidor.

O procedimento administrativo formal que gerou a aplicação da penalidade foi absolutamente respeitado, permitindo à recorrente a realização de sua defesa, sem ofensa alguma ao princípio constitucional do devido processo legal e seus desdobramentos: princípios do contraditório e da ampla defesa.

O mesmo se diga em relação à alegada nulidade do auto de infração pela não obediência aos requisitos essenciais na sua formalização. O art. 48 do Decreto nº 2.181/97, que dispõe sobre as normas gerais para aplicação de sanções administrativas, é claro ao consignar que a inobservância de forma não acarretará a nulidade do ato se não houver prejuízo para a defesa.

Não é possível se analisar o pedido alternativo para redução do valor da multa, pois na via estreita do mandado de segurança não se admite dilação probatória. Recurso não provido. (RMS 21.677/RN, Rel. Ministro JOSÉ DELGADO, PRIMEIRA TURMA, julgado em 01/03/2007, DJ 22/03/2007, p. 283)".

39.9 Serviços sem Orçamento e Autorização Expressa do Consumidor

De acordo com a regra do artigo 40 do CDC, a prestação do serviço depende de prévio orçamento. Daí que a execução de serviços sem a prévia elaboração de orçamento e autorização expressa do consumidor, ressalvadas as decorrentes de práticas anteriores entre as partes, é considerada prática abusiva de acordo com o inciso VI do artigo 39.

39.10 Informação Depreciativa sobre o Consumidor

Não pode o fornecedor repassar informação depreciativa, referente a ato praticado pelo consumidor no exercício de seus direitos (artigo 39, inciso VII, do CDC). Por exemplo, caso o consumidor suste o protesto de um título de crédito, não pode o fornecedor repassar esta informação a seus companheiros de profissão.

39.11 Produtos ou Serviços em Desacordo com as Normas Técnicas

É considerada, da mesma maneira, a prática abusiva se o fornecedor "colocar, no mercado de consumo, qualquer produto ou serviço em desacordo com as normas expedidas pelos órgãos oficiais competentes ou, se normas específicas não existirem, pela Associação Brasileira de Normas Técnicas ou outra entidade credenciada pelo Conselho Nacional de Metrologia, Normalização e Qualidade Industrial (Conmetro)." Essa é a regra jurídica do artigo 39, inciso VIII, do CDC.

39.11.1 ABNT – Associação Brasileira de Normas Técnicas

"Fundada em 1940, a **Associação Brasileira de Normas Técnicas (ABNT)** é o órgão responsável pela normalização técnica no país, fornecendo a base necessária ao desenvolvimento tecnológico brasileiro.

É uma entidade privada, sem fins lucrativos, reconhecida como único Foro Nacional de Normalização através da Resolução nº 07 do CONMETRO, de 24/08/1992.

É membro fundador da ISO (International Organization for Standardization), da COPANT (Comissão Panamericana de Normas Técnicas) e da AMN (Associação Mercosul de Normalização).

A ABNT é a representante oficial no Brasil das seguintes entidades internacionais: ISO (International Organization for Standardization), IEC (International Eletrotechnical Comission); e das entidades de normalização regional COPANT (Comissão Panamericana de Normas Técnicas) e a AMN (Associação Mercosul de Normalização)."[223]

39.11.2 SINMETRO – Sistema Nacional de Metrologia, Normalização e Qualidade Industrial

"O Sinmetro é um sistema brasileiro, constituído por entidades públicas e privadas, que exercem atividades relacionadas com metrologia, normalização, qualidade industrial e certificação da conformidade.

O Sinmetro foi instituído pela Lei nº 5.966 de 11 de dezembro de 1973, com uma infraestrutura de serviços tecnológicos capaz de avaliar e certificar a qualidade de produtos, processos e serviços por meio de organismos

---

223 Disponível em: http://www.abnt.org.br. Acesso em: 06 abr. 2013.

de certificação, rede de laboratórios de ensaio e de calibração, organismos de treinamento, organismos de ensaios de proficiência e organismos de inspeção, todos acreditados pelo Inmetro.

Apóiam esse sistema os organismos de normalização, os laboratórios de metrologia científica e industrial e de metrologia legal dos estados. Essa estrutura está formada para atender às necessidades da indústria, do comércio, do governo e do consumidor.

O Sinmetro está envolvido em muitas atividades relacionadas ao Programa Brasileiro de Qualidade e Produtividade – PBQP, programa voltado para a melhoria da qualidade de produtos, processos e serviços na indústria, comércio e administração federal."[224]

39.11.2.1 Organismos do SINMETRO

Dentre as organizações que compõem o Sinmetro, as seguintes podem ser relacionadas como principais:

- Conmetro e seus Comitês Técnicos;
- Inmetro;
- Organismos de Certificação Acreditados, (Sistemas da Qualidade, Sistemas de Gestão Ambiental, Produtos e Pessoal);
- Organismos de Inspeção Acreditados;
- Organismos de Treinamento Acreditados;
- Organismo Provedor de Ensaio de Proficiência Credenciado;
- Laboratórios Acreditados – Calibrações e Ensaios – RBC/RBLE;
- Associação Brasileira de Normas Técnicas – ABNT;
- Institutos Estaduais de Pesos e Medidas – IPEM;
- Redes Metrológicas Estaduais.

---

[224] Disponível em: http://www.inmetro.gov.br/inmetro/sinmetro.asp. Acesso em: 06 abr. 2013.

39.11.2.2 Funções do SINMETRO[225]

39.11.2.2.1 Metrologia Científica e Industrial

Na área da metrologia científica e industrial o Sinmetro é de grande importância para a ciência e a economia do Brasil, tendo em vista que é o Sistema responsável pelas grandezas metrológicas básicas. Esse Sistema, sob coordenação do Inmetro, transfere para a sociedade padrões de medição com confiabilidade igual a de outros países, mesmo os chamados países do primeiro mundo.

Junto a normalização e a regulamentação técnica, essa área é um dos pilares das atividades do Sinmetro.

39.11.2.2.2 Metrologia Legal

Considera-se que esta área se constitui num dos maiores sistemas conhecidos de defesa do consumidor no Brasil. O Inmetro atua como coordenador da Rede Brasileira de Metrologia Legal e Qualidade – RBMLQ, constituída pelos IPEM dos estados brasileiros.

Durante os trabalhos de fiscalização, os órgãos da RBMLQ coletam produtos nos estabelecimentos comerciais para avaliar o peso, o volume e verificam se a qualidade dos produtos é adequada para o consumo. Este é um trabalho de utilidade pública que alcança mais de cinco mil municípios brasileiros.

39.11.2.2.3 Normalização e Regulamentação Técnica

Uma das atividades do Sinmetro é a de elaborar normas para dar suporte à regulamentação técnica, facilitar o comércio e fornecer a base para melhorar a qualidade de processos, produtos e serviços.

A área de normalização no Sinmetro está sob a responsabilidade da Associação Brasileira de Normas Técnicas (ABNT), que tem autoridade para acreditar Organismos de Normalização Setoriais (ONS) para o desempenho dessas tarefas.

A ABNT é uma organização não governamental, mantida com recursos da contribuição dos seus associados e do Governo Federal. A associação representa o Brasil na ISO/IEC e nos foros regionais de normalização, auxiliada por entidades governamentais e privadas.

---

225 Disponível em: http://www.inmetro.gov.br/inmetro/sinmetro.asp. Acesso em: 06 abr. 2013.

A ABNT tem participação em vários comitês técnicos, como o ISO TC 176 (qualidade), ISO TC 207 (meio ambiente) e ISO/CASCO, além do ISO/TMB (Technical Management Board).

As atividades relacionadas à acreditação e avaliação de conformidade no Sinmetro são baseadas nas normas e guias ABNT/ISO/IEC.

39.11.2.2.4 Acreditação

Na área de avaliação de conformidade, o Sinmetro oferece aos consumidores, fabricantes, governos e exportadores uma infraestrutura tecnológica calcada em princípios internacionais, considerada de grande confiabilidade. Para que isso seja possível, todos os serviços nesta área são executados por organizações acreditadas pelo Inmetro.

O Inmetro é o único órgão acreditador do Sinmetro, seguindo a tendência internacional atual de apenas um acreditador por país ou economia. Reconhecido internacionalmente como o organismo de acreditação brasileiro, baseia sua acreditação nas normas e guias da ABNT, Copant, Mercosul e nas orientações do IAF, ILAC, IATCA e IAAC, principalmente. Além disso, é assessorado pelos Comitês Técnicos do Conmetro na preparação dos documentos que servem de base para a acreditação. O Inmetro acredita organismos de Certificação, organismos de Inspeção, organismos de Treinamento, laboratórios de Calibração e laboratórios de Ensaios.

39.11.2.2.5 Certificação

São os organismos de certificação acreditados que conduzem a certificação da conformidade no Sinmetro, nas áreas de produtos, sistemas da qualidade, pessoal e meio ambiente.

Esses organismos são entidades públicas, privadas ou mistas, nacionais ou estrangeiras, situadas no Brasil ou no exterior, sem fins lucrativos e que demonstraram competência técnica e organizacional para aquelas tarefas.

Operam em bases semelhantes aos organismos estrangeiros, utilizando normas e guias ABNT, Copant, Mercosul, ISO/IEC e as recomendações do IAF, IATCA e IAAC, principalmente.

A certificação de pessoal é apoiada pelos organismos de treinamento acreditados pelo Inmetro.

39.11.2.2.6 Ensaios e Calibrações

Os ensaios e calibrações executados no Sinmetro, são de responsabilidade dos laboratórios públicos, privados ou mistos, nacionais ou estrangeiros, da RBC e RBLE. Tais serviços são utilizados, na maioria dos casos, para a certificação de produtos (ensaios) e calibração de padrões de trabalho na indústria, além da calibração dos próprios instrumentos industriais.

Todos os serviços nesta área são executados por laboratórios acreditados pelo Inmetro, no Brasil e no exterior.

A base para a acreditação e a operação dos laboratórios constituintes da RBC e RBL são as normas e guias da ABNT, Copant, Mercosul e ISO/IEC e suas interpretações pelo ILAC e IAAC, principalmente.

Laboratórios de agrotóxicos e de análises clínicas podem ser também acreditados pelo Inmetro.

Os organismos de ensaios de proficiência são acreditados pelo Inmetro para dar maior confiabilidade às Redes Laboratoriais.

39.11.3 CONMETRO – Conselho Nacional de Metrologia, Normalização e Qualidade Industrial[226]

O Conmetro é o órgão normativo do Sinmetro e é presidido pelo Ministro do Desenvolvimento, Indústria e Comércio Exterior.

O conselho é constituído pelos seguintes membros:

I – Ministros de Estado

- do Desenvolvimento, Indústria e Comércio Exterior;
- do Meio Ambiente;
- do Trabalho e Emprego;
- da Saúde;
- da Ciência, Tecnologia e Inovação;
- das Relações Exteriores;
- da Justiça;
- da Agricultura, Pecuária e do Abastecimento;
- da Defesa.

---
226 Disponível em: https://www.gov.br/inmetro/pt-br/acesso-a-informacao/participacao-social/conselhos-e-comites/conmetro. Acesso em: 17 mar. 2025.

II – Presidente do Instituto Nacional de Metrologia, Qualidade e Tecnologia.

III – Presidente das seguintes Instituições:
- Associação Brasileira de Normas Técnicas – ABNT;
- Confederação Nacional da Indústria – CNI;
- Instituto de Defesa do Consumidor – IDEC;
- Confederação Nacional do Comércio de Bens, Serviços e Turismo – CNC.

O Conmetro atua por meio de seus comitês técnicos assessores, que são abertos à sociedade, pela participação de entidades representativas das áreas acadêmica, indústria, comércio e outras atividades interessadas na questão da metrologia, da normalização e da qualidade no Brasil.

Os comitês técnicos assessores do Conmetro são o CBN, CBAC, CBM, CCAB E CBTC.

São Comitês Técnicos do Conmetro:
- Comitê Brasileiro de Normalização – CBN;
- Comitê Brasileiro de Avaliação da Conformidade – CBAC;
- Comitê Brasileiro de Metrologia – CBM;
- Comitê do Codex Alimentarius do Brasil – CCAB;
- Comitê de Coordenação de Barreiras Técnicas ao Comércio – CBTC.

39.11.4 INMETRO – Instituto Nacional de Metrologia, Normalização e Qualidade Industrial[227]

39.11.4.1 Atribuições Principais

Metrologia Científica e Industrial;

Metrologia Legal;

Avaliação da Conformidade;

Organismo Acreditador;

Secretaria Executiva do Conmetro e dos seus comitês técnicos assessores;

Supervisor dos Organismos de Fiscalização e Verificação da Certificação (*).

---

227 Disponível em: http://www.inmetro.gov.br/inmetro/sinmetro.asp. Acesso em: 06 abr. 2013.

(*) O Inmetro delega as atividades de verificação, fiscalização e da certificação às entidades da Rede Brasileira de Metrologia Legal e Qualidade – RBMLQ, que são os Institutos de Pesos e Medidas (Ipem) dos estados brasileiros.

O Inmetro opera em Xerém, no Rio de Janeiro, um conjunto de Laboratórios, mantendo grandezas metrológicas básicas, a saber: Fluidos, Força e Dureza, Massas, Medidas Dimensionais, Pressão, Capacitância e Indutância Elétrica, Resistência Elétrica, Potência, Energia e Transformação Elétrica, Tensão e Corrente Elétrica, Acústica, Eletroacústica, Vibrações, Interferometria, Fotometria, Radiometria, Termometria, Pirometria, Higrometria, Laboratório de Motores e Metrologia Química.

O Inmetro reconhece a Divisão do Serviço da Hora do Observatório Nacional como referência das grandezas tempo e frequência, o Instituto de Radioproteção e Dosimetria (IRD), como referência das grandezas radiações ionizantes. Outras instituições vêm sendo agregadas ao sistema pelo Inmetro, para que sejam realizadas no Brasil outras grandezas metrológicas básicas.

39.11.4.2 Processo de acreditação

A acreditação no Sinmetro é concedida pelo Inmetro e significa um reconhecimento formal de que um organismo de certificação, organismo de treinamento, organismo de inspeção, organismo de ensaios de proficiência ou laboratório, está operando um sistema da qualidade documentado e demonstrou competência técnica para realizar serviços específicos, avaliados segundo critérios estabelecidos pelo Inmetro, baseados em guias e normas internacionais.

A base da acreditação utilizada pela Cgcre é formada pelas normas internacionais ABNT NBR ISO/IEC 17.021 e ABNT NBR ISO/IEC 17.024 para organismos certificadores de sistemas e pessoas, respectivamente; ABNT NBR ISO/IEC GUIA 65 para organismos certificadores de produtos; ABNT NBR ISO/IEC 17.020 para organismos de inspeção; ABNT NBR ISO/IEC 17.025 para laboratórios; ISO/IEC 17.043 para provedores de ensaios de proficiência; OECD/BPL para Monitoramento da Conformidade aos Princípios das Boas Práticas de Laboratório; e ABNT NBR NM ISO 15.189 para laboratórios de análises clínicas.

A organização do Inmetro como acreditador de laboratórios está baseada no ISO Guia 58 e como acreditador de organismos de certificação, no ISO Guia 61.

As orientações do IAF, ILAC, IATCA e IAAC para a utilização desses documentos são também utilizadas.

Qualquer entidade que ofereça serviços de certificação, de inspeção, de treinamento, de laboratório ou de ensaios de proficiência, seja ela pública ou privada, nacional ou estrangeira, situada no Brasil ou no exterior, pode solicitar acreditação junto ao Inmetro.

As etapas principais da fase de concessão da acreditação são a solicitação formal da acreditação, a análise da documentação encaminhada e a avaliação "*in loco*".

A fase seguinte, decisão sobre a acreditação, é, no caso de aprovação, formalizada pelo Inmetro por meio de um contrato e um certificado de acreditação.

A fase de manutenção da acreditação envolve avaliações periódicas, com o objetivo de verificar a permanência das condições que deram origem a acreditação.

39.11.4.3 Reconhecimento Internacional

O Inmetro adota os Guias ABNT/ISO/IEC GUIAS 25, 39, 43, 58, 6l, 62 e 65, que estabelecem os requisitos para a sua própria organização e para a acreditação das diversas organizações do Sinmetro. Esse trabalho deverá culminar com os acordos de reconhecimento internacional.

Na busca do reconhecimento internacional, o Inmetro representa o Brasil nos seguintes foros internacionais:

- **IAF** – International Accreditation Forum;
- **IAAC** – Interamerican Accreditation Cooperation;
- **ILAC** – International Laboratory Accreditation Cooperation;
- **OIML** – Organização Internacional de Metrologia Legal;
- **IATCA** – International Auditor and Training Certification Association;
- **BIPM** – Bureau International des Poids et Mesures.

O Inmetro mantém acordos de cooperação com as seguintes entidades:

- **U K A S** – United Kingdom Accreditation Service;
- **NIST** – National Institute of Standards and Technology;
- **P T B** – Physikalish Technishe Bundesanstalt.

A ABNT representa o Brasil nos seguintes foros:
- **I S O** – International Organization for Standardization;
- **Copant** – Comissão Panamericana de Normalização Técnica;
- **C M N** – Comitê Mercosul de Normalização;
- **CEN/CENELEC** – Organização Conjunta Europeia de Normalização.

A ABNT mantém ainda acordo de cooperação com:
- **ANSI** – American National Standards Institute.

O Inmetro, a ABNT e outras entidades do Sinmetro participam conjuntamente de comitês técnicos dos seguintes foros:
- **Mercosul** – Mercado Comum do Sul.

39.12 Taxa de Conveniência

Não configura prática abusiva a cobrança das taxas de conveniência, retirada e/ou entrega de ingressos comprados na internet, desde que o valor cobrado pelo serviço seja acessível e claro (REsp. nº 1.632.928-RJ, Rel. Ministro Marco Buzzi, Rel. para acórdão Ministra Maria Isabel Gallotti, Quarta Turma, por maioria, julgado em 09/04/2024, DJe 25/04/2024). Nota-se que:

> A taxa de conveniência é aquela cobrada pela simples aquisição de ingresso por meio de empresa contratada e diz respeito aos custos de intermediação da venda desses ingressos. Por outro lado, a taxa de retirada (também chamada de *will call*) é aquela cobrada quando o próprio consumidor compra o ingresso pela internet ou por telefone, mas, ao invés de imprimi-lo em casa, o emite em bilheteria específica colocada à sua disposição. No mais, taxa de entrega é aquela cobrada quando a pessoa opta por receber seu ingresso em domicílio, pelos Correios ou por outro serviço de *courier*.
>
> No caso relativo à taxa de conveniência, cobrada quando da aquisição de ingresso pela internet, guiando-se pelo que decidido no julgamento dos Temas n. 938 e n. 958, a Terceira Turma desta Corte já entendeu que não há óbice a que os custos da intermediação de venda de ingressos sejam transferidos ao consumidor, desde que haja informação prévia acerca do preço total da aquisição, com destaque do valor.
>
> Na inicial da ação civil pública, o MP não alega que os custos da taxa de conveniência estariam sendo omitidos dos consumidores, existindo indicação expressa no sentido de que a empresa recorrente ofereceria os

ingressos "sob o pagamento de valor adicional" e que estaria agregando "referido valor ao dos ingressos, ainda que os mesmos sejam adquiridos junto às bilheterias".

Tratando-se de valor explícito no momento da compra do ingresso, não há como considerar, neste tipo de situação, que tenha havido a ocorrência de prática abusiva.

As taxas de entrega e de retirada, ao contrário da taxa de conveniência, não configuram um simples custo de intermediação de venda, mas estão vinculadas a um serviço independente, dirigido ao consumidor que não quer ou não pode imprimir seu ingresso virtual em casa.

Assim como a entrega em domicílio gera um custo para a empresa responsável pela venda dos bilhetes, pois implica a contratação de serviço de *courier*, não há dúvidas de que o serviço de retirada de bilhetes em posto físico (*will call*) também acarreta um custo para a mesma empresa, porque, para colocá-lo à disposição do consumidor, ela tem que contratar uma pessoa para atendê-lo, além de ter que alugar ou comprar um espaço físico e as impressoras necessárias.

Se há serviço disponibilizado ao consumidor, que pode optar, a seu critério, se vai imprimir seu ingresso em casa, se vai solicitar que ele seja entregue pelos Correios, ou se vai preferir retirá-lo em bilheteria, e se o valor cobrado pelo serviço é acessível e claro, não há que se falar em abusividade.

39.13 Recusa da venda de bens ou a prestação de serviços

De acordo com o art. 39, inciso IX, do CDC, é considerado prática abusiva "recusar a venda de bens ou a prestação de serviços, diretamente a quem se disponha a adquiri-los mediante pronto pagamento, ressalvados os casos de intermediação regulados em leis especiais; (Redação dada pela Lei nº 8.884, de 11.6.1994)".

Daí que "o simples fato de o consumidor registrar negativação nos cadastros de consumidores não pode bastar, por si só, para vedar a contratação do plano de saúde pretendido" (REsp. nº 2.019.136-RS, Rel. Ministro Nancy Andrighi, Rel. para acórdão Ministro Moura Ribeiro, Terceira Turma, por maioria, julgado em 07.11.2023, DJe 23.11.2023). Note-se que

A controvérsia consiste em definir se a operadora de plano de saúde está autorizada a negar a contratação de serviço com quem está com o nome negativado em órgão de restrição de crédito.

Nos contratos de consumo de bens essenciais como água, energia elétrica, saúde, educação etc., não pode o fornecedor agir pensando apenas no que melhor lhe convém. A negativa de contratação de serviços essenciais constitui evidente afronta à dignidade da pessoa, sendo incompatível ainda com os princípios do Código de Defesa do Consumidor (CDC).

O fato de o consumidor registrar negativação nos cadastros de consumidores não pode bastar, por si só, para vedar a contratação do plano de saúde pretendido. A prestação dos serviços sempre pode ser obstada se não tiver havido o pagamento correspondente. Assim, exigir que a contratação seja efetuada apenas mediante "pronto pagamento", nos termos do que dispõe o art. 39, IX, do CDC, equivale a impor ao consumidor uma desvantagem manifestamente excessiva, o que é vedado pelo art. 39, V, do mesmo diploma. E, ainda, em se considerando que o fornecimento (ou o atendimento pelo plano de saúde) só persistirá se houver o efetivo adimplemento das prestações contratadas.

No caso, ademais, não se está diante de um produto ou serviço de entrega imediata, mas de um serviço eventual e futuro que, embora posto à disposição, poderá, ou não, vir a ser exigido. Assim, a recusa da contratação ou a exigência de que só seja feita mediante "pronto pagamento" excede os limites impostos pelo fim econômico do direito e pela boa-fé (art. 187 do CC/2002).

A contratação de serviços essenciais não mais pode ser vista pelo prisma individualista ou de utilidade do contratante, mas pelo sentido ou função social que tem na comunidade, até porque o consumidor tem trato constitucional, não é vassalo, nem sequer um pária.

> **Art. 40. O fornecedor de serviço será obrigado a entregar ao consumidor orçamento prévio discriminando o valor da mão de obra, dos materiais e equipamentos a serem empregados, as condições de pagamento, bem como as datas de início e término dos serviços.**
>
> **§ 1º Salvo estipulação em contrário, o valor orçado terá validade pelo prazo de dez dias, contado de seu recebimento pelo consumidor.**
>
> **§ 2º Uma vez aprovado pelo consumidor, o orçamento obriga os contraentes e somente pode ser alterado mediante livre negociação das partes.**

§ 3° O consumidor não responde por quaisquer ônus ou acréscimos decorrentes da contratação de serviços de terceiros não previstos no orçamento prévio.

↳ COMENTÁRIOS

40.1 Orçamento prévio

Como visto alhures, é considerado prática abusiva, consoante o artigo 39, inciso VI, do CDC, a execução de serviços sem a prévia elaboração de orçamento e autorização expressa do consumidor, ressalvados os decorrentes de práticas anteriores entre as partes.

Ora, nenhum serviço pode ser realizado sem um orçamento prévio e o fornecedor de serviço será obrigado a entregar ao consumidor tal orçamento prévio discriminando o valor da mão de obra, dos materiais e equipamentos a serem empregados, as condições de pagamento, bem como as datas de início e término dos serviços.

40.2 Prazo de validade da proposta e Aceitação

Salvo estipulação em contrário, o valor orçado terá validade pelo prazo de dez dias, contado de seu recebimento pelo consumidor (artigo 40, § 1°, do CDC).

Uma vez aprovado pelo consumidor, o orçamento obriga os contraentes e somente pode ser alterado mediante livre negociação das partes. (artigo 40, § 2°, do CDC).

40.3 A contratação de serviços de terceiros

O consumidor não responde por quaisquer ônus ou acréscimos decorrentes da contratação de serviços de terceiros não previstos no orçamento prévio. (artigo 40, § 3°, do CDC).

40.4 Jurisprudências

AGRAVO REGIMENTAL – AGRAVO EM RECURSO ESPECIAL – AÇÃO DE COBRANÇA – CONTRATO DE EMPREITADA – ADMISSÃO DE PROVA EXCLUSIVAMENTE TESTEMUNHAL LIMITADA AO VALOR DO NEGÓCIO JURÍDICO EXISTENTE ENTRE AS PAR-

TES – PREQUESTIONAMENTO – INEXISTÊNCIA – SÚMULAS 282 E 356 DO SUPREMO TRIBUNAL FEDERAL – AUTORIZAÇÃO DE ACRÉSCIMO NAS OBRAS E NECESSIDADE DE APROVAÇÃO DE ORÇAMENTO PELO CONSUMIDOR – REEXAME DO CONJUNTO FÁTICO-PROBATÓRIO – IMPOSSIBILIDADE – SÚMULA 7/STJ – DIVERGÊNCIA JURISPRUDENCIAL NÃO DEMONSTRADA – DECISÃO AGRAVADA MANTIDA – IMPROVIMENTO.

1. Verifica-se que o conteúdo normativo do art. 227 do Código Civil/2002 (equivalente ao art. 401 do Código Civil/1916), referente à possibilidade de admissão de prova exclusivamente testemunhal limitada ao valor do negócio jurídico existente entre as partes, não foi objeto de debate no v. Acórdão recorrido, carecendo, portanto, do necessário prequestionamento viabilizador do Recurso Especial.

Tampouco tal matéria foi arguida nos Embargos de Declaração interpostos a fim de suprir eventual omissão. Incidem, na espécie, as Súmulas 282 e 356 do Supremo Tribunal Federal.

2. A convicção a que chegou o Acórdão recorrido no tocante à autorização de acréscimo nas obras e necessidade de aprovação de orçamento pelo consumidor, pelo que reputam-se violados os arts. 115 e 619 do Código Civil e 40, § 2º, do Código de Defesa do Consumidor, decorreu da análise do conjunto fático-probatório, e o acolhimento da pretensão recursal demandaria o reexame do mencionado suporte, obstando a admissibilidade do especial à luz da Súmula 7 desta Corte.

3. O dissídio jurisprudencial quanto aos arts. 619 do Código Civil e 40, § 2º, do Código de Defesa do Consumidor não foi demonstrado, sendo certo que a agravante limitou-se a transcrever ementas de julgados, sem demonstrar as similitudes fáticas e divergências decisórias. Ausente, portanto, o necessário cotejo analítico entre as teses adotadas no Acórdão recorrido e nos paradigmas colacionados. Ainda que assim não fosse, da mesma forma, impossível o confronto entre os paradigmas e o Acórdão recorrido, uma vez que a comprovação do alegado dissenso reclama consideração sobre a situação fática própria de cada julgamento, o que não é possível de se realizar nesta via, por força do óbice da Súmula 7/STJ.

4. Quanto ao dissídio interpretativo aventado com relação ao art.

227 do Código Civil/2002 (401 do Código Civil/1916), esta Corte possui entendimento no sentido de que, tal como se dá no recurso fundado na letra 'a' do inciso III do art. 105 da CF/88, o especial interposto pela alí-

nea 'c' do permissivo constitucional também deve atender à exigência do prequestionamento. Isso porque é impossível haver divergência sobre determinada questão federal se o Acórdão recorrido sequer chegou a emitir juízo acerca da matéria jurídica.

Realmente, para que haja dissídio entre tribunais é necessário que ambos tenham decidido o mesmo assunto de forma diferente. Se o Tribunal recorrido não se manifestou sobre o tema tido como interpretado de forma diversa por outra Corte, não há que se falar em dissenso pretoriano. Em suma, o prequestionamento também é necessário quando o recurso especial é aviado pela alínea 'c', pois só existirá divergência jurisprudencial se o aresto recorrido solucionar uma mesma questão federal em dissonância com precedente de outra Corte (cf. REsp nº 146.834-SP, Rel. Ministro Adhemar Maciel, DJ de 02.02.98).

5. A agravante não trouxe nenhum argumento capaz de modificar a conclusão do julgado, a qual se mantém por seus próprios fundamentos.

6. Agravo Regimental improvido.

(AgRg no AREsp 165.797/PR, Rel. Ministro SIDNEI BENETI, TERCEIRA TURMA, julgado em 23/04/2013, DJe 07/05/2013).

RECURSO ESPECIAL. CÓDIGO DE DEFESA DO CONSUMIDOR. ART. 39, INCISO VI, E ART. 40. ORÇAMENTO PRÉVIO. INEXISTÊNCIA. VALORES NÃO IMPUGNADOS PELO RECORRENTE. PRÁTICA ABUSIVA. NÃO OCORRÊNCIA. RECURSO NÃO CONHECIDO.

1. Não comporta conhecimento o recurso quanto à afirmada ofensa aos artigos 3º e 4º da Lei nº 1.060/50, porquanto ausente o necessário prequestionamento; incide, pois, na espécie, mutatis mutandis, o enunciado nº 282 do Col. STF.

2. No que toca à alegada coação, o reexame de sua ocorrência se mostra inexeqüível na sede recursal eleita, nos termos do enunciado nº 7 da Súmula deste STJ.

3. Se o consumidor deixa de impugnar os valores cobrados pelos serviços prestados, não discordando, por conseguinte, do montante da dívida, não se há falar em prática abusiva pelo fornecedor, mesmo que ausente o orçamento prévio.

4. Recurso especial não conhecido.

(REsp 285.241/RJ, Rel. Ministro HÉLIO QUAGLIA BARBOSA, QUARTA TURMA, julgado em 11/09/2007, DJ 08/10/2007, p. 284)

Art. 41. No caso de fornecimento de produtos ou de serviços sujeitos ao regime de controle ou de tabelamento de preços, os fornecedores deverão respeitar os limites oficiais, sob pena de não o fazendo, responderem pela restituição da quantia recebida em excesso, monetariamente atualizada, podendo o consumidor exigir à sua escolha, o desfazimento do negócio, sem prejuízo de outras sanções cabíveis.

↳ COMENTÁRIOS
41.1 Tabelamento de preços

Em ocorrendo o controle ou de tabelamento de preços de produtos ou de serviços, os fornecedores deverão respeitar os limites oficiais sob pena de não o fazendo, responderem pela restituição da quantia recebida em excesso, monetariamente atualizada.

O consumidor poderá exigir à sua escolha, o desfazimento do negócio, sem prejuízo de outras sanções cabíveis.

SEÇÃO V
Da Cobrança de Dívidas

Art. 42. Na cobrança de débitos, o consumidor inadimplente não será exposto a ridículo, nem será submetido a qualquer tipo de constrangimento ou ameaça.

Parágrafo único. O consumidor cobrado em quantia indevida tem direito à repetição do indébito, por valor igual ao dobro do que pagou em excesso, acrescido de correção monetária e juros legais, salvo hipótese de engano justificável.[228]

---

228 A devolução em dobro dos valores pagos pelo consumidor, prevista no art. 42, parágrafo único, do CDC, pressupõe tanto a existência de pagamento indevido quanto a má-fé do credor.
Acórdãos
AgRg no AgRg no AREsp 618411/MS,Rel. Ministro RAUL ARAÚJO, QUARTA TURMA,Julgado em 26/05/2015,DJE 24/06/2015
AgRg no AgRg no AREsp 600663/RS,Rel. Ministro ANTONIO CARLOS FERREIRA, QUARTA TURMA,Julgado em 07/05/2015,DJE 19/05/2015
AgRg no AREsp 439822/RS,Rel. Ministro MARCO BUZZI, QUARTA TURMA, Julgado em 07/05/2015,DJE 18/05/2015
AgRg no AREsp 460436/SP,Rel. Ministro PAULO DE TARSO SANSEVERINO, TERCEIRA TURMA,Julgado em 07/04/2015,DJE 14/04/2015
AgRg no REsp 1200821/RJ,Rel. Ministro JOÃO OTÁVIO DE NORONHA, TERCEIRA TURMA,Julgado em 10/02/2015,DJE 13/02/2015

→ COMENTÁRIOS

42.1 Cobrança de dívidas

A cobrança de dívidas ao consumidor é possível de ser realizada, desde que não ocorram abusos. Melhor dizendo: o consumidor inadimplente não pode ser exposto ao ridículo ou qualquer outra ação que traga constrangimento ou represente ameaça. Muitas vezes as cobranças ocorrem através de correspondências, e-mails, telefonemas ou até mesmo pessoalmente na casa, no trabalho ou no lazer do consumidor inadimplente. Esses abusos ou atos vexatórios ocorrem na esfera da cobrança extrajudicial. Não raro são cobradas até mesmo dívidas prescritas, cujo pagamento é válido em nosso ordenamento jurídico.

Aqui vale lembrar que de acordo com o artigo 71 do CDC é crime "utilizar, na cobrança de dívidas, de ameaça, coação, constrangimento físico ou moral, afirmações falsas incorretas ou enganosas ou de qualquer outro procedimento que exponha o consumidor, injustificadamente, a ridículo ou interfira com seu trabalho, descanso ou lazer: Pena Detenção de três meses a um ano e multa."

Não obstante a sanção penal, o consumidor ridicularizado poderá ingressar com uma ação de perdas e danos (danos materiais e morais), ou seja, terá direito a uma indenização na esfera cível.

A cobrança judicial indevida de dívida oriunda de relação de consumo admite a aplicação da sanção prevista no art. 940 do Código Civil. (REsp 1.645.589-MS, Rel. Min. Ricardo Villas Bôas Cueva, Terceira Turma, por unanimidade, julgado em 04/02/2020, DJe 06/02/2020).

AgRg no AREsp 617419/PR,Rel. Ministro LUIS FELIPE SALOMÃO, QUARTA TURMA,Julgado em 18/12/2014,DJE 03/02/2015
AgRg no AREsp 551275/RS,Rel. Ministro MARCO AURÉLIO BELLIZZE, TERCEIRA TURMA,Julgado em 16/12/2014,DJE 19/12/2014
AgRg no AREsp 514579/RS,Rel. Ministro HUMBERTO MARTINS, SEGUNDA TURMA,Julgado em 16/10/2014,DJE 28/10/2014
AgRg no REsp 1441094/PB,Rel. Ministra NANCY ANDRIGHI, TERCEIRA TURMA,Julgado em 21/08/2014,DJE 01/09/2014
AgRg no REsp 1424498/RJ,Rel. Ministro RICARDO VILLAS BÔAS CUEVA, TERCEIRA TURMA,Julgado em 07/08/2014,DJE 19/08/2014

42.2 Repetição do indébito

De acordo com o parágrafo único do artigo 42, "o consumidor cobrado em quantia indevida tem direito à repetição do indébito, por valor igual ao dobro do que pagou em excesso, acrescido de correção monetária e juros legais, salvo hipótese de engano justificável."[229] Quais os pressupostos deste instituto jurídico?

a) Cobrança de dívida;
b) Cobrança extrajudicial;
c) A dívida deve ser de consumo;
d) Inexistência de engano justificável (quando não decorre de dolo ou de culpa do credor-fornecedor). A prova da justificabilidade cabe ao credor.

Na esteira do entendimento firmado pelo STJ à luz do art. 42, parágrafo único, do CDC, reconhecida a cobrança indevida da concessionária

---

[229] "Devolução em dobro de indébito (artigo 42, parágrafo único, do Código de Defesa do Consumidor). Pressupostos necessários e cumulativos: (i) cobrança extrajudicial indevida de dívida decorrente de contrato de consumo; (ii) efetivo pagamento do indébito pelo consumidor; e (iii) engano injustificável por parte do fornecedor ou prestador.
1.1. A conduta da operadora de plano de saúde que nega indevidamente fornecimento de stent, para aplicação em intervenção cirúrgica cardíaca, forçando o consumidor a adquiri-lo perante terceiros, configura cobrança extrajudicial indireta, ocasionando locupletamento do fornecedor e, por isso, possibilita, em tese, a aplicação da penalidade prevista no artigo 42, parágrafo único, do CDC.
1.2. Todavia, resta ausente, no caso, a má-fé do prestador do serviço, pois a negativa apresentada ao consumidor, ainda que abusiva, encontrava-se prevista em cláusula contratual, presumidamente aceita pelas partes quando da celebração do negócio jurídico. Não configurada a má-fé na cobrança extrajudicial, direta ou indireta, inviabiliza-se a cominação da penalidade atinente à repetição do indébito em dobro. Precedentes.
2. Termo inicial dos juros de mora e da correção monetária. 2.1. A Segunda Seção desta Corte consolidou o entendimento de que o cômputo dos juros moratórios, resultantes de inadimplemento de obrigação contratual, inicia-se na data da citação do réu, por força da norma cogente inserta no artigo 405 do Código Civil de 2002. Ademais, à luz da premissa lógico-jurídica firmada pelo citado órgão julgador, quando do julgamento do Recurso Especial 1.132.866/SP (Rel. Ministra Maria Isabel Gallotti, Rel. p/ Acórdão Ministro Sidnei Beneti, julgado em 23/11/2011, DJe 03/09/2012), a iliquidez da obrigação (como é o caso da indenização por dano moral) não tem o condão de deslocar o termo inicial dos juros moratórios para a data do arbitramento definitivo do quantum debeatur. 2.2. "A correção monetária do valor da indenização do dano moral incide desde a data do arbitramento" (Súmula 362/STJ). 3. Recurso especial desprovido. (REsp 1177371/RJ, Rel. Ministro MARCO BUZZI, QUARTA TURMA, julgado em 20/11/2012, DJe 30/11/2012).

e realizado o pagamento pelo consumidor, deve a restituição dos valores ocorrer em dobro, exceto no caso de comprovação inequívoca, pelo credor, de engano justificável.

A repetição em dobro, prevista no parágrafo único do art. 42 do CDC, é cabível quando a cobrança indevida consubstanciar conduta contrária à boa-fé objetiva, ou seja, deve ocorrer independentemente da natureza do elemento volitivo. (ProAfR no REsp 1.823.218/AC, Rel. Min. Paulo de Tarso Sanseverino, Corte Especial, julgado em 22/04/2021).

A repetição em dobro, prevista no parágrafo único do art. 42 do CDC, é cabível quando a cobrança indevida consubstanciar conduta contrária à boa-fé objetiva, ou seja, deve ocorrer independentemente da natureza do elemento volitivo (EAREsp. nº 1.501.756-SC, Rel. Ministro Herman Benjamin, Corte Especial, por unanimidade, julgado em 21/02/2024). Verifica-se que:

> Em harmonia com os ditames maiores do Estado Social de Direito, na tutela de sujeitos vulneráveis, assim como de bens, interesses e direitos supraindividuais, ao administrador e ao juiz incumbem exercitar o diálogo das fontes, de modo a – fiéis ao espírito, *ratio* e princípios do microssistema ou da norma – realizarem material e não apenas formalmente os objetivos cogentes, mesmo que implícitos, abonados pelo texto legal.
>
> Nesse sentido, a interpretação e integração de preceitos legais e regulamentares de proteção do consumidor, codificados ou não, submetem-se a postulado hermenêutico de ordem pública, segundo o qual, em caso de dúvida ou lacuna, o entendimento administrativo e o judicial devem expressar o posicionamento mais favorável à real superação da vulnerabilidade ou mais condutivo à tutela efetiva dos bens, interesses e direitos em questão. Em síntese, não pode "ser aceita interpretação que contradiga as diretrizes do próprio Código, baseado nos princípios do reconhecimento da vulnerabilidade do consumidor e da facilitação de sua defesa em juízo" (REsp. nº 1.243.887/PR, Rel. Ministro Luis Felipe Salomão, Corte Especial, DJe 12/12/2011).
>
> *In casu*, o ato ilícito objeto do pedido de restituição em dobro decorreu da conduta da parte de fazer lançamentos a débito na conta da autora para pagamento de dívida alheia (cheques e parcelas de empréstimo). A presente controvérsia deve ser solucionada à luz do princípio da vulnerabilidade e do princípio da boa-fé objetiva, inarredável diretriz dual de hermenêutica e implementação de todo o CDC e de qualquer norma de proteção do consumidor.

O art. 42, parágrafo único, do CDC dispõe que o consumidor cobrado em quantia indevida tem direito à repetição do indébito, por valor igual ao dobro do que pagou em excesso, acrescido de correção monetária e juros legais, salvo hipótese de engano justificável. Ou seja, demonstrado na relação de consumo o pagamento de cobrança indevida, a restituição do indébito dar-se-á em dobro, ressalvado se o fornecedor provar, no caso concreto, o engano justificável.

A norma analisada não exige culpa, dolo ou má-fé do fornecedor, quando este cobra e recebe valor indevido do consumidor. Ao fornecedor, a imputação que se lhe faz a lei é objetiva, independentemente de culpa ou dolo. Assim, a justificabilidade (ou legitimidade) do engano, para afastar a devolução em dobro, insere-se no domínio da causalidade, e não no domínio da culpabilidade, pois esta se resolve, sem apelo ao elemento volitivo, pelo prisma da boa-fé objetiva.

A Corte Especial do STJ definiu a questão no EAREsp 600.663/RS, Rel. Ministra Maria Thereza de Assis Moura, Rel. para acórdão Ministro Herman Benjamin, Corte Especial, DJe de 30.3.2021, fixando a seguinte tese: "A repetição em dobro, prevista no parágrafo único do art. 42 do CDC, é cabível quando a cobrança indevida consubstanciar conduta contrária à boa-fé objetiva, ou seja, deve ocorrer independentemente da natureza do elemento volitivo.

Dessa forma, a regra geral é a devolução, na forma dobrada, dos valores debitados. No caso em análise, contudo, há um detalhe, em especial, que o exime da aplicação do entendimento prevalecente no STJ, qual seja, o fato de o referido precedente ter modulado os efeitos da aplicação de sua tese, ficando estabelecido que, não obstante a regra geral, o entendimento fixado se aplica aos indébitos de natureza contratual não pública cobrados após a data da publicação do acórdão em 30.3.2021.

42.3 Engano Justificável

"[...] A jurisprudência desta Corte Superior, sobre o art. 42, parágrafo único, do CDC, é pacífica no sentido de que o engano justificável na cobrança indevida possibilita a devolução simples. Caracterizado engano justificável na espécie, notadamente porque a Corte de origem, apreciando o conjunto fático-probatório, não constatou a presença de culpa ou má-fé, não é aplicável a repetição em dobro. [...] (AgRg no REsp 1307666/SP, Rel. Ministro MAURO CAMPBELL MARQUES, SEGUNDA TURMA, julgado em 05/03/2013, DJe 12/03/2013).

"A restituição da quantia paga em excesso nos casos de cobrança indevida de tarifa de água, esgoto ou energia, em regra, deve ser feita em dobro, nos termos do art. 42 do CDC. Todavia, a presença de engano justificável, que não decorra de dolo ou culpa do fornecedor do serviço, autoriza a devolução na forma simples. A apuração da ocorrência de dolo ou culpa por parte da Concessionária implica em reexame de provas, o que é vedado nesta oportunidade a teor do que dispõe a Súmula 7 do STJ. Agravo Regimental desprovido." (AgRg no REsp 1229773/SP, Rel. Ministro NAPOLEÃO NUNES MAIA FILHO, PRIMEIRA TURMA, julgado em 18/12/2012, DJe 05/02/2013).

42.4 Repetição de indébito de ICMS – Água tratada

Em relação à ação de repetição de indébito de ICMS sobre o serviço público de fornecimento de água tratada já decidiu o STJ:

"[...] A concessionária de serviço público figura apenas como responsável pela retenção e recolhimento do ICMS nos casos de prestação de serviço de tratamento de água, não possuindo legitimidade para integrar o polo passivo da ação de repetição de indébito. Aplicação analógica do entendimento do RESP 1.004.817/MG (art. 543-C do CPC). Tratando-se de serviço público prestado mediante concessão do Poder Público (Lei nº 8.987/95), decidiu a Primeira Seção que o usuário tem legitimidade para pleitear a repetição de indébito de ICMS. Aplicação, por analogia, do entendimento sufragado no RESP 1.299.303/SC (art. 543-C do CPC).

Esta Corte Superior já firmou entendimento no sentido da não incidência de ICMS sobre água tratada, em razão da natureza essencial do serviço. Precedentes: AgRg no REsp 1034735/RJ, Rel. Ministro Luiz Fux, Primeira Turma, DJe 06/12/2010; AgRg no REsp 1080699/RJ, Rel. Ministro Benedito Gonçalves, Primeira Turma, julgado em 02/03/2010, DJe 15/03/2010; AgRg no REsp 1081573/RJ, Rel. Ministro Mauro Campbell marques, Segunda Turma, DJe 08/03/2010." (REsp 1349196/RJ, Rel. Ministro BENEDITO GONÇALVES, PRIMEIRA TURMA, julgado em 21/02/2013, DJe 11/03/2013).

Da mesma forma: "A Primeira Seção do Superior Tribunal de Justiça, no julgamento do REsp 1.299.303/SC, de relatoria do Min. CESAR ASFOR ROCHA, DJe 14/8/12, processado sob o rito do art. 543-C, do CPC, assentou o entendimento de que o consumidor detém legitimidade ativa para propor ação de repetição de indébito quando se tratar de restituição de valores de ICMS incidente sobre reserva de energia elétrica contratada e não utilizada. Agravo regimental não provido. (AgRg no AREsp

265.862/CE, Rel. Ministro ARNALDO ESTEVES LIMA, PRIMEIRA TURMA, julgado em 19/02/2013, DJe 25/02/2013).[230]

42.5 Fornecimento de energia elétrica. Cobrança indevida

"[...] O STJ firmou o entendimento de que basta a configuração de culpa para o cabimento da devolução em dobro dos valores pagos indevidamente pelo consumidor na cobrança indevida de serviços públicos concedidos. Nesse sentido: AgRg no AREsp 143.622/RJ, Rel. Ministro Herman Benjamin, Segunda Turma, DJe 26.6.2012; AgRg no Ag 1.417.605/RJ, Rel. Ministro Arnaldo Esteves Lima, Primeira Turma, DJe 2.2.2012; AgRg no Resp 1.117.014/SP, Rel. Ministro Humberto Martins, Segunda Turma, DJe 19.2.2010; e REsp 1.085.947/SP, Rel. Ministro Francisco Falcão, Primeira Turma, DJe 12.11.2008.

A Primeira Seção, no julgamento do REsp 1.113.403/RJ, da relatoria do Ministro Teori Albino Zavascki (DJe 15.9.2009), sob o regime dos recursos repetitivos (art. 543-C do CPC e Resolução 8/2008/STJ), firmou o entendimento de que a Ação de Repetição de Indébito de tarifas de água e esgoto submete-se ao prazo prescricional estabelecido no Código Civil. Sendo assim, a prescrição é regida pelas normas de Direito Civil: prazo de 20 anos nos termos do CC/1916, ou de 10 anos consoante o CC/2002, observando-se a regra de transição prevista no art. 2.028 do CC/2002.

> "A ação de repetição de indébito de tarifas de água e esgoto sujeita-se ao prazo prescricional estabelecido no Código Civil" (Súmula 412/STJ).

Tal posicionamento se aplica à presente hipótese – fornecimento de energia elétrica -, pois também se refere à pretensão de consumidor de Repetição de Indébito relativo a serviço público concedido. Na mesma li-

---
230 PROCESSUAL CIVIL. TRIBUTÁRIO. ASSOCIAÇÃO DE CONSUMIDORES. AÇÃO CIVIL PÚBLICA. REPETIÇÃO DE INDÉBITO. VIA INADEQUADA. PRECEDENTES. SÚMULA 83/STJ.
1. A jurisprudência do STJ e a do STF firmaram-se no sentido da inviabilidade da Ação Civil Pública em matéria tributária, mesmo nas demandas anteriores à MP nº 2.180-35/2001.
2. Precedentes desta Corte: REsp 840.752/PR, Rel. Min. Herman Benjamin, Segunda Turma, julgado em 28.9.2010, DJe 2.2.2011; EREsp 505.303/SC, Rel. Min. Humberto Martins, Primeira Seção, julgado em 11.6.2008, DJe 18.8.2008; AgRg no REsp 969.087/ES, Rel. Min. Castro Meira, Segunda Turma, julgado em 18.12.2008, DJe 9.2.2009; AgRg no REsp 757.608/DF, Rel. Min. Mauro Campbell Marques, Segunda Turma, julgado em 6.8.2009, DJe 19.8.2009.
3. Precedente do STF: "Da mesma forma, a associação de defesa do consumidor não tem legitimidade para propor ação civil pública na defesa de contribuintes." (AI-AgR 382298/RS, Relator p/ Acórdão Min. Gilmar Mendes, Julgado em 4.5.2004.) Agravo regimental improvido. (AgRg no AREsp 247.753/SP, Rel. Ministro HUMBERTO MARTINS, SEGUNDA TURMA, julgado em 06/12/2012, DJe 17/12/2012)

nha: AgRg no AREsp 194.807/RS, Rel. Ministro Herman Benjamin, Segunda Turma, DJe 24.9.2012. Agravo Regimental conhecido em parte e, nessa parte, não provido. (AgRg no AREsp 262.212/RS, Rel. Ministro HERMAN BENJAMIN, SEGUNDA TURMA, julgado em 19/02/2013, DJe 07/03/2013).

42.6 Prazo Prescricional – Água e Esgoto. Tarifa. Cobrança indevida

"[...] A Primeira Seção, no julgamento do REsp 1.113.403/RJ, da relatoria do Ministro Teori Albino Zavascki (DJe 15/9/2009), sob o regime dos recursos repetitivos do artigo 543-C do Código de Processo Civil e da Resolução nº 8/2008/STJ, firmou o entendimento de que a ação de repetição de indébito de tarifas de água e esgoto se submete ao prazo prescricional estabelecido no Código Civil. Sendo assim, tal prazo é de 20 anos, nos termos do CC/1916, ou de 10 anos, consoante o CC/2002, observada a regra de transição prevista no artigo 2.028 do CC/2002. [...]" (AgRg no AREsp 174.768/RJ, Rel. Ministro MAURO CAMPBELL MARQUES, SEGUNDA TURMA, julgado em 07/02/2013, DJe 18/02/2013)

42.7 Jurisprudências

AGRAVO REGIMENTAL NO RECURSO ESPECIAL. DIREITO CIVIL E DO CONSUMIDOR. AÇÃO DE INDENIZAÇÃO. COBRANÇA INDEVIDA DE DÍVIDA PAGA.

ENVIO DE MENSAGENS ELETRÔNICA E POR CELULAR. AUSÊNCIA DE NOVO PAGAMENTO. INEXISTÊNCIA DE MÁ-FÉ NA REALIZAÇÃO DA COBRANÇA. ART. 42, PARÁGRAFO ÚNICO, DO CDC. IMPROCEDÊNCIA DE PLEITO RESSARCITÓRIO.

ART. 940 DO CÓDIGO CIVIL. PRECEDENTES.

1. O simples encaminhamento por telefone celular ou meio eletrônico de cobrança indevida, quando, além de não configurada má-fé do credor, não vier a ensejar novo pagamento pelo consumidor de quantia por este já anteriormente quitada, não impõe ao remetente, por razões lógicas, nenhum tipo de obrigação de ressarcimento material.

2. Pela inteligência do parágrafo único do art. 42 do Código de Defesa do Consumidor só há falar em direito do consumidor à repetição de indébito nas hipóteses em que configurado excesso de pagamento, o que não é o caso dos autos.

3. É pacífica a orientação da Corte e da doutrina especializada no sentido de que o art. 940 do Código Civil – que dispõe acerca da obrigação de reparar daquele que demandar por dívida já paga – só tem aplicação quando (i) comprovada a má-fé do demandante e (ii) tal cobrança se dê por meio judicial.

4. Agravo regimental não provido.

(AgRg no REsp 1535596/RN, Rel. Ministro RICARDO VILLAS BÔAS CUEVA, TERCEIRA TURMA, julgado em 15/10/2015, DJe 23/10/2015).

PROCESSUAL CIVIL E ADMINISTRATIVO. AGRAVO REGIMENTAL NO AGRAVO REGIMENTAL NO AGRAVO DE INSTRUMENTO. AUSÊNCIA DE OFENSA AOS ARTS. 165, 458 e 535. IMPOSSIBILIDADE DE ANÁLISE DE DIREITO LOCAL (DECRETOS ESTADUAIS 553/76 E 22.872/96 DO ESTADO DO RIO DE JANEIRO), APLICANDO-SE, POR ANALOGIA, A SÚMULA 280 DO STF. A VERIFICAÇÃO ACERCA DA LEGALIDADE DA COBRANÇA DO FORNECIMENTO DE ÁGUA E A OCORRÊNCIA DE DOLO, CULPA OU MÁ-FÉ POR PARTE DA CONCESSIONÁRIA DEMANDARIA NECESSARIAMENTE A INCURSÃO NO ACERVO FÁTICO-PROBATÓRIO DA CAUSA (SÚMULA 7 DO STJ). DISSÍDIO JURISPRUDENCIAL NÃO DEMONSTRADO NOS TERMOS DO ART. 255, § 2°, DO RISTJ. AGRAVO REGIMENTAL DA CEDAE DESPROVIDO.

1. Tendo a Corte de origem se pronunciado de forma clara e precisa sobre as questões postas nos autos, assentando-se em fundamentos suficientes para embasar a decisão, não há falar em afronta aos arts. 165, 458 e 535 do CPC.

2. Quanto à cobrança do fornecimento de água através da medição do hidrômetro, o Tribunal a quo, com base na análise dos fatos e das provas constantes dos autos, concluiu pela sua ilegalidade. Infirmar tais considerações demandaria necessariamente a incursão no acervo fático-probatório da causa, o que é vedado no âmbito do Recurso Especial, por incidência da Súmula 7 do STJ.

3. Consoante jurisprudência assente nesta Corte, a restituição da quantia paga em excesso nos casos de cobrança indevida de tarifa de água, esgoto ou energia, em regra, deve ser feita em dobro, nos termos do art. 42 do CDC. A apuração da ocorrência de dolo, culpa ou má-fé por parte da concessionária implica em reexame de provas o que é insuscetível nesta instância superior, a teor do que dispõe a Súmula 7 do STJ.

4. A controvérsia acerca da aplicação dos Decretos Estaduais 553/76 e 22.872/96 do Estado do Rio de Janeiro demanda análise de direito local, aplicando-se, por analogia, a Súmula 280 do Supremo Tribunal Federal: Por ofensa a direito local não cabe recurso extraordinário.

5. Com relação ao dissídio jurisprudencial, a divergência deve ser comprovada nos termos do art. 255, § 2º., do RISTJ, cabendo a quem recorre proceder o devido confronto analítico dos julgados recorrido e paradigma, demonstrando as circunstâncias que identificam ou assemelham os casos confrontados, com indicação da similitude fática e jurídica entre eles.

6. Agravo regimental da CEDAE desprovido.

(AgRg no AgRg no Ag 1269061/RJ, Rel. Ministro NAPOLEÃO NUNES MAIA FILHO, PRIMEIRA TURMA, julgado em 01/10/2015, DJe 13/10/2015).

ADMINISTRATIVO E PROCESSUAL CIVIL. AGRAVO REGIMENTAL NO AGRAVO EM RECURSO ESPECIAL. SERVIÇO DE TELEFONIA. COBRANÇA INDEVIDA. ALEGADA VIOLAÇÃO À LEI FEDERAL. AUSÊNCIA DE PREQUESTIONAMENTO. SÚMULAS 211/STJ E 282/STF. REPETIÇÃO DO INDÉBITO. ENGANO JUSTIFICÁVEL.

AUSÊNCIA DE MÁ-FÉ. SÚMULA 7/STJ. DANO MORAL. SÚMULA 7/STJ. AGRAVO REGIMENTAL IMPROVIDO.

I. Para a abertura da via especial, requer-se o prequestionamento da matéria infraconstitucional. A exigência tem, como desiderato principal, impedir a condução, a esta Corte, de questões federais não debatidas, no Tribunal a quo. No caso, as matérias de que tratam os arts. 475-B, § 1º, do CPC, e 6º, VIII, do CDC, não foram debatidas, no acórdão recorrido, e os agravantes não opuseram Embargos de Declaração, objetivando o seu prequestionamento. Assim, é o caso de incidência do óbice previsto nas Súmulas 282 e 356/STF.

II. No que se refere a repetição do indébito, não prospera a alegação de que a empresa de telefonia é obrigada a devolver, em dobro, os valores pagos indevidamente pelos autores, de vez que, como consignado na decisão agravada, a jurisprudência desta Corte já se pacificou no sentido da obrigatoriedade de restituição, em dobro, do valor indevidamente cobrado, nos termos do art. 42, parágrafo único, da Lei nº 8.078/90, exceto no caso de engano justificável, assim considerado "quando não decorrer de dolo (má-fé) ou culpa na conduta do prestador do serviço público"

(STJ, AgRg no AREsp 431.065/SC, Rel. Ministro OG FERNANDES, SEGUNDA TURMA, DJe de 03/02/2014), tal como concluiu o acórdão recorrido, à luz da Súmula 159/STF. Nesse sentido: STJ, AgRg no REsp 1.229.773/SP, Rel. Ministro NAPOLEÃO NUNES MAIA FILHO, PRIMEIRA TURMA, DJe de 05/02/2013; STJ, AgRg no AREsp 192.989/MS, Rel. Ministro HERMAN BENJAMIN, SEGUNDA TURMA, DJe de 11/09/2012. Por outro lado, consignou-se, no acórdão recorrido, que não restou demonstrada a má-fé da empresa de telefonia, na cobrança dos valores. Dessa forma, infirmar tal fundamento demandaria, necessariamente, o reexame de matéria fática, o que é vedado, em Recurso Especial, nos termos da Súmula 7/STJ.

III. O acórdão recorrido, à luz dos elementos concretos dos autos, entendeu não presentes os requisitos necessários à condenação em danos morais. Conclusão em contrário demandaria o reexame de matéria fática, obstada, na via especial, pela Súmula 7/STJ.

IV. Agravo Regimental improvido.

(AgRg no AREsp 723.170/RS, Rel. Ministra ASSUSETE MAGALHÃES, SEGUNDA TURMA, julgado em 17/09/2015, DJe 28/09/2015).

PROCESSUAL CIVIL E ADMINISTRATIVO. AGRAVO REGIMENTAL EM AGRAVO EM RECURSO ESPECIAL. SERVIÇO DE ÁGUA E ESGOTO. ART. 535, II, DO CPC.

FUNDAMENTAÇÃO DEFICIENTE. SÚMULA 284/STF. REPETIÇÃO DE INDÉBITO EM DOBRO. POSSIBILIDADE. ART. 42, PARÁGRAFO ÚNICO, DA LEI Nº 8.078/90.

ALEGAÇÃO DE REGULARIDADE DO FORNECIMENTO DE ÁGUA. REEXAME DE PROVAS.

QUANTUM INDENIZATÓRIO. SÚMULA 7/STJ. AGRAVO REGIMENTAL IMPROVIDO.

I. A alegação genérica de ofensa ao art. 535, II, do CPC, sem particularizar qual seria a suposta omissão existente no acórdão recorrido, que teria implicado em ausência de prestação jurisdicional, importa em deficiência de fundamentação, nos termos da Súmula 284/STF. Precedentes do STJ.

II. Não prospera, também, a alegação de que a agravante não é obrigada a devolver, em dobro, os valores pagos indevidamente, de vez que a jurisprudência desta Corte já se pacificou no sentido da obrigatoriedade de restituição, em dobro, do valor indevidamente cobrado, independentemente da existência de dolo ou culpa, nos termos do art. 42, parágrafo único, da Lei nº 8.078/90, exceto no caso de engano justificável, circunstância afastada, pelas instâncias ordinárias. Nesse sentido: STJ, AgRg no REsp 1.229.773/SP, Rel.

Ministro NAPOLEÃO NUNES MAIA FILHO, PRIMEIRA TURMA, DJe de 05/02/2013; STJ, AgRg no AREsp 192.989/MS, Rel. Ministro HERMAN BENJAMIN, SEGUNDA TURMA, DJe de 11/09/2012.

III. Não há como analisar a tese defendida pela agravante, objetivando o reconhecimento da regularidade do fornecimento de água, no imóvel do consumidor, pois, conforme ressaltado na decisão agravada, tal implicaria no reexame dos aspectos fático-probatórios do caso em análise. Incidência da Súmula 7/STJ.

IV. No que concerne ao valor arbitrado a título de danos morais, a jurisprudência do Superior Tribunal de Justiça consolidou o entendimento no sentido de que somente pode ser revisto excepcionalmente, quando irrisório ou exorbitante, em afronta aos princípios da razoabilidade e da proporcionalidade, sob pena de ofensa ao disposto na Súmula 7 desta Corte.

V. No caso, o Tribunal a quo, em virtude das peculiaridades fáticas do caso, manteve o valor de R$ 8.000,00 (oito mil reais), a título de reparação por danos morais, quantum que merece ser igualmente mantido, por consentâneo com os princípios da proporcionalidade e da razoabilidade e com a jurisprudência do STJ. Conclusão em contrário esbarraria no óbice da Súmula 7/STJ. Precedentes.

VI. Agravo Regimental improvido.

(AgRg no AREsp 593.069/RJ, Rel. Ministra ASSUSETE MAGALHÃES, SEGUNDA TURMA, julgado em 01/09/2015, DJe 15/09/2015).

AGRAVO REGIMENTAL NO AGRAVO EM RECURSO ESPECIAL. AÇÃO DE REPETIÇÃO DE INDÉBITO CUMULADA COM INDENIZATÓRIA. SERVIÇO DE TELEFONIA.

COBRANÇA INDEVIDA DE VALORES. PRESCRIÇÃO TRIENAL. ART. 206, § 3º, V, DO CC/2002. REPETIÇÃO, EM DOBRO, DO INDÉBITO. NECESSIDADE DE DEMONSTRAÇÃO DA MÁ-FÉ DO CREDOR. PRECEDENTES. DANO MORAL. NÃO OCORRÊNCIA. MODIFICAÇÃO DO ACÓRDÃO RECORRIDO. IMPOSSIBILIDADE.

SÚMULA 7/STJ. AGRAVO IMPROVIDO.

1. Nos termos da jurisprudência da Segunda Seção do Superior Tribunal de Justiça, o prazo prescricional da ação de repetição de indébito por co-

brança indevida de valores referentes a serviços não contratados, promovida por empresa de telefonia, como no caso dos autos, é o previsto no art. 206, § 3º, V, do Código Civil, ou seja, 3 anos.

2. A decisão do TJ/RS está em consonância com o entendimento da Segunda Seção desta Corte de que "a repetição em dobro do indébito, prevista no art. 42, parágrafo único, do Código de Defesa do Consumidor, não prescinde da demonstração da má-fé do credor" (Rcl nº 4892/PR, Relator o Ministro Raul Araújo, Segunda Seção, DJe 11/5/2011).

3. Não se mostra possível, na via do recurso especial, alterar o entendimento do Tribunal de origem que, analisando o conjunto fático-probatório dos autos, concluiu pela não ocorrência do dano moral, além da não comprovação da má-fé da empresa de telefonia, tendo em vista o óbice da Súmula nº 7/STJ.

4. Agravo regimental a que se nega provimento.

(AgRg no AREsp 622.897/RS, Rel. Ministro MARCO AURÉLIO BELLIZZE, TERCEIRA TURMA, julgado em 06/08/2015, DJe 20/08/2015).

RECURSO ESPECIAL – DEMANDA INDENIZATÓRIA – RECUSA INDEVIDA À COBERTURA DE PLANO DE SAÚDE – BENEFICIÁRIA QUE, PREMIDA POR RISCO DE MORTE, EFETUA DESEMBOLSO PARA AQUISIÇÃO DE STENT – CIRCUNSTÂNCIA CONFIGURADORA DE COBRANÇA INDIRETA, AUTORIZANDO, EM PRINCÍPIO, A APLICAÇÃO DA PENALIDADE PREVISTA NO ARTIGO 42, PARÁGRAFO ÚNICO, DO CDC, EM DESFAVOR DO FORNECEDOR – AUSÊNCIA, TODAVIA, DE MÁ-FÉ NA CONDUTA DA OPERADORA – NULIDADE DE CLÁUSULA CONTRATUAL DECRETADA EM JUÍZO – IMPOSSIBILIDADE DA REPETIÇÃO DE INDÉBITO EM DOBRO – RECURSO DESPROVIDO.

1. Devolução em dobro de indébito (artigo 42, parágrafo único, do Código de Defesa do Consumidor). Pressupostos necessários e cumulativos: (i) cobrança extrajudicial indevida de dívida decorrente de contrato de consumo; (ii) efetivo pagamento do indébito pelo consumidor; e (iii) engano injustificável por parte do fornecedor ou prestador.

1.1. A conduta da operadora de plano de saúde que nega indevidamente fornecimento de stent, para aplicação em intervenção cirúrgica cardíaca, forçando o consumidor a adquiri-lo perante terceiros, configura cobrança extrajudicial indireta, ocasionando locupletamento do fornecedor e, por isso, possibilita, em tese, a aplicação da penalidade prevista no artigo 42, parágrafo único, do CDC. 1.2. Todavia, resta ausente, no caso, a má-fé do prestador do serviço, pois a negativa apresentada ao consumidor, ainda que abusiva, encontrava-se prevista em cláusula contratual, presumidamente aceita pelas partes quando da celebração do negócio jurídico. Não configurada a má-fé na cobrança extrajudicial, direta ou indireta, inviabiliza-se a cominação da penalidade atinente à repetição do indébito em dobro. Precedentes.

2. Termo inicial dos juros de mora e da correção monetária.

2.1. A Segunda Seção desta Corte consolidou o entendimento de que o cômputo dos juros moratórios, resultantes de inadimplemento de obrigação contratual, inicia-se na data da citação do réu, por força da norma cogente inserta no artigo 405 do Código Civil de 2002. Ademais, à luz da premissa lógico-jurídica firmada pelo citado órgão julgador, quando do julgamento do Recurso Especial 1.132.866/SP (Rel. Ministra Maria Isabel Gallotti, Rel. p/ Acórdão Ministro Sidnei Beneti, julgado em 23/11/2011, DJe 03/09/2012), a iliquidez da obrigação (como é o caso da indenização por dano moral) não tem o condão de deslocar o termo inicial dos juros moratórios para a data do arbitramento definitivo do quantum debeatur.

2.2. "A correção monetária do valor da indenização do dano moral incide desde a data do arbitramento" (Súmula 362/STJ).

3. Recurso especial desprovido. (REsp 1177371/RJ, Rel. Ministro MARCO BUZZI, QUARTA TURMA, julgado em 20/11/2012, DJe 30/11/2012).

> **Art. 42-A.** Em todos os documentos de cobrança de débitos apresentados ao consumidor, deverão constar o nome, o endereço e o número de inscrição no Cadastro de Pessoas Físicas – CPF ou no Cadastro Nacional de Pessoa Jurídica – CNPJ do fornecedor do produto ou serviço correspondente. **(Incluído pela Lei nº 12.039, de 2009)**

↳ COMENTÁRIOS

42-A.1 Identificação do Fornecedor

A Lei nº 12.039/09 acrescentou o artigo 42-A no Código de Defesa do Consumidor, visando a identificação do fornecedor de forma clara nos documentos de cobrança de débitos apresentados ao consumidor. Ou seja, deverão constar o nome, o endereço e o número de inscrição no Cadastro de Pessoas Físicas – CPF ou no Cadastro Nacional de Pessoa Jurídica – CNPJ do fornecedor do produto ou serviço correspondente.

SEÇÃO VI
Dos Bancos de Dados e Cadastros de Consumidores

Art. 43. O consumidor, sem prejuízo do disposto no art. 86, terá acesso às informações existentes em cadastros, fichas, registros e dados pessoais e de consumo arquivados sobre ele, bem como sobre as suas respectivas fontes.

§ 1º Os cadastros e dados de consumidores devem ser objetivos, claros, verdadeiros e em linguagem de fácil compreensão, não podendo conter informações negativas referentes a período superior a cinco anos.

§ 2º A abertura de cadastro, ficha, registro e dados pessoais e de consumo deverá ser comunicada por escrito ao consumidor, quando não solicitada por ele.

§ 3º O consumidor, sempre que encontrar inexatidão nos seus dados e cadastros, poderá exigir sua imediata correção, devendo o arquivista, no prazo de cinco dias úteis, comunicar a alteração aos eventuais destinatários das informações incorretas.

§ 4º Os bancos de dados e cadastros relativos a consumidores, os serviços de proteção ao crédito e congêneres são considerados entidades de caráter público.

§ 5º Consumada a prescrição relativa à cobrança de débitos do consumidor, não serão fornecidas, pelos respectivos Sistemas de Proteção ao Crédito, quaisquer informações que possam impedir ou dificultar novo acesso ao crédito junto aos fornecedores.

§ 6º Todas as informações de que trata o caput deste artigo devem ser disponibilizadas em formatos acessíveis, inclusive para a pessoa com deficiência, mediante solicitação do consumidor. (Incluído pela Lei nº 13.146, de 2015)

➥COMENTÁRIOS

43.1 SPC – Serviço de Proteção ao Crédito

O SPC é o sistema de informações das Câmaras de Dirigentes Lojistas (CDLs) e o maior banco de dados da América Latina sobre pessoas físicas e jurídicas. Seu objetivo é auxiliar a tomada de decisão na concessão de crédito por parte de empresas em todo o País. Os serviços e soluções oferecidos pelo SPC auxiliam empresas a proteger-se de prejuízos, maximizar seus lucros e promover ações de vendas e cobrança.[231]

43.2 SERASA – Centralização de Serviços dos Bancos S.A.

"A Serasa é uma empresa privada brasileira, que faz análises e pesquisas de informações econômico-financeiras das pessoas, para apoiar decisões de crédito, tais como empréstimos.

A Serasa foi criada pelos bancos com o objetivo de centralizar informações, reduzir custos administrativos e diminuir também a margem de erros sobre as informações para emprestar crédito a pessoas. A Serasa fornece a empresa consultas sobre seus clientes, diretos e indiretos.

A Serasa verifica se os indivíduos constam em seu banco de dados, ou seja, quando uma pessoa deve algum valor para um estabelecimento comercial, a Serasa então inclui a pessoa nessa lista, e é possível então pagar para fazer a consulta nesse banco de dados.

A Serasa então divulga os dados aos seus associados, especialmente os bancos e estabelecimentos comerciais, e caso o nome de um indivíduo seja incluído no banco de dados, apenas após o pagamento da dívida, o banco pode solicitar a exclusão do nome, desse banco de dados."[232]

43.2.1 Serasa Experian

Já "a Serasa Experian, parte do grupo Experian, é o maior bureau de crédito do mundo fora dos Estados Unidos, detendo o mais extenso banco de dados da América Latina sobre consumidores, empresas e grupos econômicos.

Há mais de 40 anos presente no mercado brasileiro, a Serasa Experian participa da maioria das decisões de crédito e negócios tomadas no País, respondendo, online e em tempo real, a 6 milhões de consultas por dia, demandadas por 500 mil clientes diretos e indiretos.

---

[231] Disponível em: http://www.spcbrasil.org.br/institucional/spc-brasil. Acesso em: 05 abr. 2013.

[232] Disponível em: http://www.significados.com.br/serasa/. Acesso em: 05 abr. 2013.

A Serasa Experian diferencia-se por oferecer soluções integradas que abrangem todas as etapas do ciclo de negócios: Prospecção de Mercado, Gestão de Clientes, Retenção e Rentabilização, Aquisição e Concessão de Crédito, Gestão do Portfólio de Crédito, Gestão de Cobrança e Fraude, e Validação.

O uso coordenado de informações consistentes e abrangentes de marketing e crédito, scorings e ratings avançados, sistemas de decisão de alta performance e softwares de gestão completos permite um resultado ainda melhor para os negócios, possibilitando a tomada mais rápida de decisões, com menor risco e maior rentabilidade."[233]

43.3 SISBACEN – Sistema de Informação do Banco Central

Trata-se de REsp em que o cerne da questão está em saber se o Sistema de Informação do Banco Central (Sisbacen) se equipara às instituições restritivas ao crédito, como o Serasa e o SPC, de modo que a abstenção de negativação junto àquele órgão também esteja abrangida no deferimento da liminar na ação revisional proposta na origem pela recorrida em desfavor do recorrente. Inicialmente, observou a Min. Relatora que o Sisbacen, conforme consta de seu regulamento, divulgado pela Circular nº 3.232/2004 do Banco Central (Bacen), é um conjunto de recursos de tecnologia de informação interligados em rede utilizado pelo Bacen na condução de seus processos de trabalho. A fim de possibilitar sua finalidade regulamentar, o Sisbacen desmembra-se em outros sistemas de informação ou cadastros de menor porte, entre os quais se destacam o Cadastro de Emitentes de Cheques sem Fundos (CCF), o Cadastro Informativo de Créditos não Quitados do Setor Público Federal (Cadin) e o Sistema de Informações de Crédito do Banco Central (SCR), o último de especial relevância para a solução da controvérsia em foco. Assinalou que a peculiaridade do banco de dados mantido pelo Bacen, que o faz diferir, em parte, dos demais bancos de dados, sejam públicos ou privados, é que aquele é alimentado tanto por informações positivas quanto negativas, o que o caracteriza como um sistema múltiplo, enquanto a maioria dos demais somente armazenam informações negativas. Desse modo, como um cadastro de negativação, o Sisbacen, no âmbito das instituições bancárias, por meio de seu SCR, age da mesma forma dos demais órgãos restritivos de crédito, como uma central de risco, cuja finalidade é avaliar o risco de crédito com vistas à idonei-

---

[233] Disponível em: http://www.serasaexperian.com.br/quem-somos/institucional/ Acesso em: 05 abr. 2013.

dade financeira dos consumidores, ou seja, avaliar a probabilidade de que o valor emprestado para o consumidor de serviços bancários seja recebido de volta pelo banco mutuante. Nesse contexto, ressaltou a Min. Relatora, entre outras questões, que nada obsta que as instituições bancárias e financeiras, entre outras, informem a situação de inadimplemento ocorrida nos negócios realizados com pessoas físicas ou jurídicas com elas contratantes. Todavia, na espécie, a autora, ora recorrida, moveu ação revisional na qual a certeza e a liquidez do débito foram postas em dúvida e, além disso, sua pretensão estava amparada por decisão judicial que deferiu a tutela antecipada, mormente a existência de resolução do Bacen obrigando-a a promover o registro do débito. Assim, conforme jurisprudência já firmada na Segunda Seção deste Superior Tribunal, a proibição da inscrição da recorrida em órgãos de proteção ao crédito, aos quais é o SCR equiparado, tem caráter mandamental e se sobrepõe a ordens contidas em portarias e circulares do Poder Executivo que obrigam as instituições financeiras a prestar informações mensalmente sobre os clientes. Não há, portanto, justificativa para o descumprimento da liminar obstativa da inscrição do nome da recorrida no Sisbacen. Diante disso, a Turma negou provimento ao recurso. Precedente citado: REsp 527.618-RS, DJ 24/11/2003. REsp 1.099.527-MG, Rel. Min. Nancy Andrighi, julgado em 14/9/2010.

43.4 Cadastro Positivo de Consumidores

O Cadastro Positivo de Consumidores foi criado pela Lei nº 12.414, de 09 de junho de 2011. Esta lei foi regulamentada pelo Decreto nº 7.829, de 17 de outubro de 2012. A Lei nº 12.414/11 disciplina a formação e consulta a bancos de dados com informações de adimplemento, de pessoas naturais ou de pessoas jurídicas, para formação de histórico de crédito. Vejamos a lei e o regulamento:

43.4.1 Lei nº 12.414/11

> Art. 1º Esta Lei disciplina a formação e consulta a bancos de dados com informações de adimplemento, de pessoas naturais ou de pessoas jurídicas, para formação de histórico de crédito, sem prejuízo do disposto na Lei nº 8.078, de 11 de setembro de 1990 – Código de Proteção e Defesa do Consumidor.
>
> Parágrafo único. Os bancos de dados instituídos ou mantidos por pessoas jurídicas de direito público interno serão regidos por legislação específica.

Art. 2º Para os efeitos desta Lei, considera-se:

I – banco de dados: conjunto de dados relativo a pessoa natural ou jurídica armazenados com a finalidade de subsidiar a concessão de crédito, a realização de venda a prazo ou de outras transações comerciais e empresariais que impliquem risco financeiro;

II – gestor: pessoa jurídica responsável pela administração de banco de dados, bem como pela coleta, armazenamento, análise e acesso de terceiros aos dados armazenados;

III – cadastrado: pessoa natural ou jurídica que tenha autorizado inclusão de suas informações no banco de dados;

IV – fonte: pessoa natural ou jurídica que conceda crédito ou realize venda a prazo ou outras transações comerciais e empresariais que lhe impliquem risco financeiro;

V – consulente: pessoa natural ou jurídica que acesse informações em bancos de dados para qualquer finalidade permitida por esta Lei;

VI – anotação: ação ou efeito de anotar, assinalar, averbar, incluir, inscrever ou registrar informação relativa ao histórico de crédito em banco de dados; e

VII – histórico de crédito: conjunto de dados financeiros e de pagamentos relativos às operações de crédito e obrigações de pagamento adimplidas ou em andamento por pessoa natural ou jurídica.

Art. 3º Os bancos de dados poderão conter informações de adimplemento do cadastrado, para a formação do histórico de crédito, nas condições estabelecidas nesta Lei.

§ 1º Para a formação do banco de dados, somente poderão ser armazenadas informações objetivas, claras, verdadeiras e de fácil compreensão, que sejam necessárias para avaliar a situação econômica do cadastrado.

§ 2º Para os fins do disposto no § 1º, consideram-se informações:

I – objetivas: aquelas descritivas dos fatos e que não envolvam juízo de valor;

II – claras: aquelas que possibilitem o imediato entendimento do cadastrado independentemente de remissão a anexos, fórmulas, siglas, símbolos, termos técnicos ou nomenclatura específica;

III – verdadeiras: aquelas exatas, completas e sujeitas à comprovação nos termos desta Lei; e

IV – de fácil compreensão: aquelas em sentido comum que assegurem ao cadastrado o pleno conhecimento do conteúdo, do sentido e do alcance dos dados sobre ele anotados.

§ 3º Ficam proibidas as anotações de:

I – informações excessivas, assim consideradas aquelas que não estiverem vinculadas à análise de risco de crédito ao consumidor; e

II – informações sensíveis, assim consideradas aquelas pertinentes à origem social e étnica, à saúde, à informação genética, à orientação sexual e às convicções políticas, religiosas e filosóficas.

Art. 4º A abertura de cadastro requer autorização prévia do potencial cadastrado mediante consentimento informado por meio de assinatura em instrumento específico ou em cláusula apartada.

§ 1º Após a abertura do cadastro, a anotação de informação em banco de dados independe de autorização e de comunicação ao cadastrado.

§ 2º Atendido o disposto no caput, as fontes ficam autorizadas, nas condições estabelecidas nesta Lei, a fornecer aos bancos de dados as informações necessárias à formação do histórico das pessoas cadastradas.

§ 3º (VETADO).

Art. 5º São direitos do cadastrado:

I – obter o cancelamento do cadastro quando solicitado;

II – acessar gratuitamente as informações sobre ele existentes no banco de dados, inclusive o seu histórico, cabendo ao gestor manter sistemas seguros, por telefone ou por meio eletrônico, de consulta para informar as informações de adimplemento;

III – solicitar impugnação de qualquer informação sobre ele erroneamente anotada em banco de dados e ter, em até 7 (sete) dias, sua correção ou cancelamento e comunicação aos bancos de dados com os quais ele compartilhou a informação;

IV – conhecer os principais elementos e critérios considerados para a análise de risco, resguardado o segredo empresarial;

V – ser informado previamente sobre o armazenamento, a identidade do gestor do banco de dados, o objetivo do tratamento dos dados pessoais e os destinatários dos dados em caso de compartilhamento;

VI – solicitar ao consulente a revisão de decisão realizada exclusivamente por meios automatizados; e

VII – ter os seus dados pessoais utilizados somente de acordo com a finalidade para a qual eles foram coletados.

§ 1º (VETADO).

§ 2º (VETADO).

Art. 6º Ficam os gestores de bancos de dados obrigados, quando solicitados, a fornecer ao cadastrado:

I – todas as informações sobre ele constantes de seus arquivos, no momento da solicitação;

II – indicação das fontes relativas às informações de que trata o inciso I, incluindo endereço e telefone para contato;

III – indicação dos gestores de bancos de dados com os quais as informações foram compartilhadas;

IV – indicação de todos os consulentes que tiveram acesso a qualquer informação sobre ele nos 6 (seis) meses anteriores à solicitação; e

V – cópia de texto contendo sumário dos seus direitos, definidos em lei ou em normas infralegais pertinentes à sua relação com bancos de dados, bem como a lista dos órgãos governamentais aos quais poderá ele recorrer, caso considere que esses direitos foram infringidos.

§ 1º É vedado aos gestores de bancos de dados estabelecerem políticas ou realizarem operações que impeçam, limitem ou dificultem o acesso do cadastrado previsto no inciso II do art. 5º.

§ 2º O prazo para atendimento das informações estabelecidas nos incisos II, III, IV e V deste artigo será de 7 (sete) dias.

Art. 7º As informações disponibilizadas nos bancos de dados somente poderão ser utilizadas para:

I – realização de análise de risco de crédito do cadastrado; ou

II – subsidiar a concessão ou extensão de crédito e a realização de venda a prazo ou outras transações comerciais e empresariais que impliquem risco financeiro ao consulente.

Parágrafo único. Cabe ao gestor manter sistemas seguros, por telefone ou por meio eletrônico, de consulta, para informar aos consulentes as informações de adimplemento do cadastrado.

Art. 8º São obrigações das fontes:

I – manter os registros adequados para demonstrar que a pessoa natural ou jurídica autorizou o envio e a anotação de informações em bancos de dados;

II – comunicar os gestores de bancos de dados acerca de eventual exclusão ou revogação de autorização do cadastrado;

III – verificar e confirmar, ou corrigir, em prazo não superior a 2 (dois) dias úteis, informação impugnada, sempre que solicitado por gestor de banco de dados ou diretamente pelo cadastrado;

IV – atualizar e corrigir informações enviadas aos gestores de bancos de dados, em prazo não superior a 7 (sete) dias;

V – manter os registros adequados para verificar informações enviadas aos gestores de bancos de dados; e

VI – fornecer informações sobre o cadastrado, em bases não discriminatórias, a todos os gestores de bancos de dados que as solicitarem, no mesmo formato e contendo as mesmas informações fornecidas a outros bancos de dados.

Parágrafo único. É vedado às fontes, estabelecerem políticas ou realizarem operações que impeçam, limitem ou dificultem a transmissão a banco de dados, de informações de cadastrados que tenham autorizado a anotação de seus dados em bancos de dados.

Art. 9º O compartilhamento de informação de adimplemento só é permitido se autorizado expressamente pelo cadastrado, por meio de assinatura em instrumento específico ou em cláusula apartada.

§ 1º O gestor que receber informações por meio de compartilhamento equipara-se, para todos os efeitos desta Lei, ao gestor que anotou originariamente a informação, inclusive quanto à responsabilidade solidária por eventuais prejuízos causados e ao dever de receber e processar impugnação e realizar retificações.

§ 2º O gestor originário é responsável por manter atualizadas as informações cadastrais nos demais bancos de dados com os quais compartilhou informações, bem como por informar a solicitação de cancelamento do cadastro, sem quaisquer ônus para o cadastrado.

§ 3º O cancelamento do cadastro pelo gestor originário implica o cancelamento do cadastro em todos os bancos de dados que compartilharam informações, que ficam obrigados a proceder, individualmente, ao respectivo cancelamento nos termos desta Lei.

§ 4º O gestor deverá assegurar, sob pena de responsabilidade, a identificação da pessoa que promover qualquer inscrição ou atualização de dados relacionados com o cadastrado, registrando a data desta ocorrência, bem como a identificação exata da fonte, do nome do agente que a efetuou e do equipamento ou terminal a partir do qual foi processada tal ocorrência.

Art. 10. É proibido ao gestor exigir exclusividade das fontes de informações.

Art. 11. Desde que autorizados pelo cadastrado, os prestadores de serviços continuados de água, esgoto, eletricidade, gás e telecomunicações, dentre outros, poderão fornecer aos bancos de dados indicados, na forma do regulamento, informação sobre o adimplemento das obrigações financeiras do cadastrado.

Parágrafo único. É vedada a anotação de informação sobre serviço de telefonia móvel na modalidade pós-paga.

Art. 12. Quando solicitado pelo cliente, as instituições autorizadas a funcionar pelo Banco Central do Brasil fornecerão aos bancos de dados indicados as informações relativas às suas operações de crédito.

§ 1º As informações referidas no *caput* devem compreender somente o histórico das operações de empréstimo e de financiamento realizadas pelo cliente.

§ 2º É proibido, às instituições autorizadas a funcionar pelo Banco Central do Brasil, estabelecer políticas ou realizar operações que impeçam, limitem ou dificultem a transmissão das informações bancárias de seu cliente a bancos de dados, quando por este autorizadas.

§ 3º O Conselho Monetário Nacional adotará as medidas e normas complementares necessárias para a aplicação do disposto neste artigo.

Art. 13. O Poder Executivo regulamentará o disposto nesta Lei, em especial quanto ao uso, guarda, escopo e compartilhamento das informações recebidas por bancos de dados e quanto ao disposto no art. 5º.

Art. 14. As informações de adimplemento não poderão constar de bancos de dados por período superior a 15 (quinze) anos.

Art. 15. As informações sobre o cadastrado constantes dos bancos de dados somente poderão ser acessadas por consulentes que com ele mantiverem ou pretenderem manter relação comercial ou creditícia.

Art. 16. O banco de dados, a fonte e o consulente são responsáveis objetiva e solidariamente pelos danos materiais e morais que causarem ao cadastrado.

Art. 17. Nas situações em que o cadastrado for consumidor, caracterizado conforme a Lei nº 8.078, de 11 de setembro de 1990 – Código de Proteção e Defesa do Consumidor, aplicam-se as sanções e penas nela previstas e o disposto no § 2º.

§ 1º Nos casos previstos no caput, a fiscalização e a aplicação das sanções serão exercidas concorrentemente pelos órgãos de proteção e defesa do consumidor da União, dos Estados, do Distrito Federal e dos Municípios, nas respectivas áreas de atuação administrativa.

§ 2º Sem prejuízo do disposto no *caput* e no § 1º, os órgãos de proteção e defesa do consumidor poderão aplicar medidas corretivas, estabelecendo aos bancos de dados que descumprirem o previsto nesta Lei, obrigações de fazer com que sejam excluídas do cadastro, no prazo de 7 (sete) dias, informações incorretas, bem como cancelados cadastros de pessoas que não autorizaram a abertura.

Art. 18. Esta Lei entra em vigor na data de sua publicação.

Brasília, 9 de junho de 2011; 190º da Independência e 123º da República.

DILMA ROUSSEFF
José Eduardo Cardozo
Guido Mantega

43.4.2 Decreto nº 7.829, de 17 de outubro de 2012

Regulamenta a Lei nº 12.414, de 9 de junho de 2011, que disciplina a formação e consulta a bancos de dados com informações de adimplemento, de pessoas naturais ou de pessoas jurídicas, para formação de histórico de crédito.

A PRESIDENTA DA REPÚBLICA, no uso da atribuição que lhe confere o art. 84, *caput*, inciso IV, da Constituição, e tendo em vista o disposto na Lei nº 12.414, de 9 de junho de 2011,

DECRETA:

CAPÍTULO I

DAS CONDIÇÕES PARA FUNCIONAMENTO DOS BANCOS DE DADOS

Art. 1º São requisitos mínimos para o funcionamento dos bancos de dados e o compartilhamento de informações autorizados pela Lei nº 12.414, de 9 de junho de 2011:

I – aspectos econômico-financeiros: patrimônio líquido mínimo de R$ 20.000.000,00 (vinte milhões de reais), detido pelo gestor de banco de dados ou por grupo de pessoas jurídicas que, conjuntamente, exercem a atividade de gestor de bancos de dados;

II – aspectos técnico-operacionais:

a) certificação técnica emitida por empresa qualificada independente, renovada, no mínimo, a cada dois anos, que ateste a disponibilidade de plataforma tecnológica apta a preservar a integridade e o sigilo dos dados armazenados, e indique que as estruturas tecnológicas envolvidas no fornecimento do serviço de cadastro seguem as melhores práticas de segurança da informação, inclusive quanto a plano de recuperação em caso de desastre, com infraestrutura de cópia de segurança para o armazenamento dos dados e das autorizações;

b) certificação técnica emitida por empresa qualificada independente, renovada, no mínimo, a cada dois anos, que ateste a adequabilidade da política de segurança da informação sobre a criação, guarda, utilização e descarte de informações no âmbito interno e externo, inclusive quanto à transferência ou utilização de informações por outras empresas prestadoras de serviço contratadas; e

c) certificação técnica emitida por empresa qualificada independente, renovada, no mínimo, a cada dois anos, que ateste a adequabilidade da política de estabelecimento da responsabilidade, principalmente nos quesitos sigilo e proteção das informações, privacidade de dados dos clientes, e prevenção e tratamento de fraudes;

III – aspectos relacionados à governança:

a) estatuto ou contrato social com o desenho e as regras relativas à sua estrutura administrativa;

b) disponibilização dos procedimentos operacionais do desempenho da atividade e, quando for o caso, dos controles de risco disponíveis; e

c) disponibilização mensal de todas as informações relevantes relacionadas a seu funcionamento no período, que contemple desempenho econômico-financeiro, número de operações registradas, número total de consultas realizadas, número de cadastrados autorizados, número de consulentes cadastrados, número de fontes ativas, relatório de erros ocorridos, entre outras que atestem a plena operação do gestor de banco de dados; e

IV – aspectos relacionais:

a) manutenção de serviço de atendimento ao consumidor que atenda os requisitos do Decreto nº 6.523, de 31 de julho de 2008; e

b) manutenção de ouvidoria, com a atribuição de atuar como canal de comunicação entre os gestores de bancos de dados e os cadastrados.

§ 1º O ato constitutivo da pessoa jurídica, suas eventuais alterações, a ata de eleição de administradores, quando aplicável, e os documentos comprobatórios do disposto nos incisos do *caput* ficarão disponíveis para verificação por órgãos públicos e serão a eles encaminhados sempre que solicitado.

§ 2º Os documentos referidos nos incisos II e III do *caput* deverão ser atualizados e disponíveis de forma pública e de fácil acesso nos sítios eletrônicos da entidade.

§ 3º O gestor de banco de dados deve dar ampla divulgação sobre a ouvidoria e o serviço de atendimento ao consumidor, com informações completas acerca da sua finalidade e forma de utilização, acesso telefônico gratuito por número divulgado de forma ampla e mantido atualizado nos recintos de atendimento ao público, no sítio eletrônico da entidade e nos seus demais canais de comunicação, inclusive nos extratos e comprovantes fornecidos ao cadastrado.

§ 4º Serão atribuições da ouvidoria, no mínimo:

I – receber, registrar, instruir, analisar e dar tratamento formal e adequado às reclamações dos cadastrados não solucionadas em vinte dias úteis pelos demais canais de atendimento;

II – prestar esclarecimentos e informar reclamantes acerca do andamento de suas demandas, das providências adotadas, conforme número de protocolo, observado prazo de dez dias úteis para resposta; e

III – propor ao gestor do banco de dados medidas corretivas ou de aprimoramento relativas aos procedimentos e rotinas, em decorrência da análise das reclamações recebidas.

CAPÍTULO II

DO HISTÓRICO DE CRÉDITO

Art. 2º O histórico de crédito do cadastrado é composto pelo conjunto de dados financeiros e de pagamentos relativos às operações de crédito e obrigações de pagamento, adimplidas ou em andamento, necessárias para avaliar o risco financeiro do cadastrado.

Art. 3º Para os fins deste Decreto, o conjunto de dados financeiros e de pagamentos é composto por:

I – data da concessão do crédito ou da assunção da obrigação de pagamento;

II – valor do crédito concedido ou da obrigação de pagamento assumida;

III – valores devidos das prestações ou obrigações, indicadas as datas de vencimento e de pagamento; e

IV – valores pagos, mesmo que parciais, das prestações ou obrigações, indicadas as datas de pagamento.

Art. 4º As instituições financeiras e demais instituições autorizadas a funcionar pelo Banco Central do Brasil prestarão informações de acordo com diretrizes aprovadas pelo Conselho Monetário Nacional.

Art. 5º As informações de que trata este Decreto serão prestadas conforme o Anexo I, inclusive pelos prestadores de serviços continuados referidos no art. 11 da Lei nº 12.414, de 2011.

Art. 6º Os bancos de dados, para fins de composição do histórico de crédito, deverão apresentar informações objetivas, claras, verdadeiras e de fácil compreensão, que sejam necessárias para avaliação da situação econômico-financeira do cadastrado.

CAPÍTULO III

DA AUTORIZAÇÃO PARA ABERTURA DO CADASTRO E COMPARTILHAMENTO

Art. 7º As autorizações para abertura de cadastro e para compartilhamento da informação de adimplemento, de que tratam, respectivamente, os arts. 4º e 9º da Lei nº 12.414, de 2011, podem ser concedidas pelo cadastrado em forma física ou eletrônica, diretamente à fonte ou ao gestor de banco de dados, observados os termos e condições constantes do Anexo II.

§ 1º Quando qualquer das autorizações for concedida à fonte, esta deverá encaminhar a autorização concedida, por meio eletrônico, aos gestores de bancos de dados indicados no ato de concessão, no prazo de sete dias úteis contado de seu recebimento.

§ 2º O gestor do banco de dados ou a fonte, conforme o caso, deverá manter os registros adequados para comprovar a autenticidade e a validade da autorização.

§ 3º A abertura de cadastro não poderá ser condicionada à concessão de autorização para compartilhamento da informação de adimplemento.

Art. 8º A verificação da validade e autenticidade das autorizações de que trata o art. 7º, caberá àquele que recepcionou diretamente a autorização concedida pelo cadastrado, sem prejuízo do disposto no art. 1º da Lei nº 12.414, de 2011.

Parágrafo único. O gestor do banco de dados será responsável por avaliar a adequabilidade do processo de validação e autenticação da autorização.

CAPÍTULO IV
DA CONSULTA AO BANCO DE DADOS

Art. 9º As informações sobre o cadastrado constantes dos bancos de dados somente poderão ser acessadas por consulentes que com ele mantiverem ou pretenderem manter relação comercial ou creditícia.

§ 1º Ao realizar a consulta, o consulente deverá declarar ao gestor do banco de dados, que mantém ou pretende manter relação comercial ou creditícia com o cadastrado.

§ 2º O gestor do banco de dados deverá manter políticas e controles para garantir que as informações sobre o cadastrado somente serão acessadas por consulente que atenda ao disposto neste artigo.

CAPÍTULO V
DO DEVER E RESPONSABILIDADE
DO GESTOR DE BANCO DE DADOS

Art. 10º. O gestor do banco de dados deverá:

I – comunicar às fontes eventual exclusão ou revogação da autorização pelo cadastrado;

II – indicar, em cada resposta a consulta, a data da última atualização das informações enviadas ao banco de dados;

III – adotar as cautelas necessárias à preservação do sigilo das informações que lhe forem enviadas, divulgando-as apenas para as finalidades previstas na Lei nº 12.414, de 2011;

IV – manter sistemas de guarda e acesso com requisitos de segurança que protejam as informações de acesso por terceiros não autorizados e de uso em desacordo com as finalidades previstas na Lei nº 12.414, de 2011;

V – dotar os sistemas de guarda e acesso das informações de características de rastreabilidade, passíveis de serem auditadas;

VI – disponibilizar em seus sítios eletrônicos para consulta do cadastrado, com acesso formalizado, de maneira segura e gratuita:

a) as informações sobre o cadastrado constantes do banco de dados no momento da solicitação;

b) a indicação das fontes que encaminharam informações sobre o cadastrado, com endereço e telefone para contato;

c) a indicação dos gestores dos bancos de dados com os quais as informações sobre o cadastrado foram compartilhadas; e

d) a indicação clara dos consulentes que tiveram acesso ao histórico de crédito do cadastrado nos seis meses anteriores ao momento da solicitação; e

VII – informar claramente, inclusive em seu sítio eletrônico, os direitos do cadastrado definidos em lei e em normas infralegais pertinentes à sua relação com as fontes e os gestores de bancos de dados, e disponibilizar lista de órgãos governamentais aos quais poderá recorrer em caso de violação.

Parágrafo único. As informações dispostas no inciso VI do *caput* também poderão ser acessadas, gratuitamente, por telefone.

Art. 11º. O gestor do banco de dados não poderá informar aos consulentes as fontes individuais das informações.

Art. 12º. O cancelamento do cadastro poderá ser realizado perante qualquer gestor de banco de dados que mantenha cadastro ou perante a fonte que recebeu a autorização para abertura do cadastro.

§ 1º Caso o cancelamento não seja solicitado perante o gestor do banco de dados originário, o pedido será encaminhado ao gestor do banco de dados originário no prazo de dois dias úteis.

§ 2º Na hipótese do § 1º, gestor do banco de dados originário:

I – encerrará o histórico de crédito do cadastrado, não disponibilizará informações para novas consultas e não incluirá novas informações; e

II – informará o cancelamento, no prazo de sete dias, a:

a) todas as fontes das quais recebeu informações relativas ao cadastrado; e

b) todos os gestores de bancos de dados com os quais compartilhou informações relativas ao cadastrado.

§ 3º O gestor de banco de dados deverá manter em arquivo, exclusivamente para fins de auditoria, dados, autorizações concedidas pelos cadastrados, pedidos de cancelamento, exclusão, revogação e correção de anotação, pelo prazo mínimo de cinco anos, contado do cancelamento do cadastro.

Art. 13º. O cadastrado poderá requerer:

I – que suas informações não sejam acessíveis por determinados consulentes ou em período determinado de tempo; e

II – o não compartilhamento de informações ou ainda a revogação de autorização para o compartilhamento de suas informações com um ou mais bancos de dados.

Parágrafo único. Não será admitido pedido de exclusão parcial de informações registradas em banco de dados, salvo se indevida ou erroneamente anotadas.

Art. 14º. As solicitações de cancelamento do cadastro, de vedação de acesso e de não compartilhamento deverão ser realizadas de forma expressa, e poderão ser feitas por meio eletrônico.

CAPÍTULO VI

DO ENVIO DE INFORMAÇÕES PELA FONTE

Art. 15º. O envio das informações pelas fontes, aos gestores de bancos de dados deverá ser realizado por mecanismos que preservem a integridade e o sigilo dos dados enviados.

Parágrafo único. Os gestores de bancos de dados, observado o disposto no art. 10º da Lei nº 12.414, de 2011, poderão fornecer às fontes os mecanismos de envio das informações.

CAPÍTULO VII

DISPOSIÇÕES GERAIS E FINAIS

Art. 16º. No caso de decisão realizada exclusivamente por meios automatizados, se o cadastrado solicitar ao consulente a revisão da decisão, o consulente deverá apresentar o resultado no prazo de sete dias úteis, contado da data do requerimento de revisão.

Art. 17º. A simples falta de comunicação pela fonte do adimplemento de operação de crédito ou de obrigação continuada antes em curso não poderá ser registrada pelo gestor do banco de dados como informação negativa.

Art. 18º. Este Decreto entra em vigor no dia 1º de janeiro de 2013.

Brasília, 17 de outubro de 2012; 191º da Independência e 124º da República.

DILMA ROUSSEFF
Guido Mantega
José Eduardo Cardozo
Alexandre Antonio Tombini

ANEXO I

INFORMAÇÕES PRESTADAS A BANCOS DE DADOS AUTO- RIZADOS POR PRESTADORES DE SERVIÇOS CONTINUADOS E DEMAIS FONTES

Nome da Fonte

CNPJ/CPF da Fonte

Nome do Cadastrado

CPF/CNPJ do Cliente

Natureza da Relação (creditícia, comercial, de serviço continuado, outra a definir)

Data de início da concessão do crédito ou da assunção da obrigação de pagamento

Valor do crédito concedido ou da obrigação assumida (quando possível definir)

Datas de pagamentos a vencer

Valores de pagamentos a vencer

Datas de vencimento pretéritas

Valores devidos nas datas de vencimento pretéritas

Data dos pagamentos realizados, mesmo que parciais

Valores dos pagamentos realizados, mesmo que parciais

ANEXO II

MODELO DE AUTORIZAÇÃO PARA ABERTURA DE CADASTRO

de que trata a Lei nº 12.414, de 9 de junho de 2011

1- Autorizo a abertura de cadastro para anotação dos dados relativos a todas as obrigações pecuniárias assumidas ou que venham a ser assumidas por mim perante quaisquer pessoas jurídicas ou naturais com as quais eu mantenha ou venha a manter relação comercial ou creditícia, abrangendo os dados financeiros e de pagamentos relativos às operações de crédito e obrigações de pagamento adimplidas em seus respectivos vencimentos ou em atraso, e aquelas a vencer, para constarem do(s) Banco(s) de Dados indicado(s) abaixo, com a finalidade, única e exclusiva, de subsidiar a análise e eventual concessão de crédito, a venda a prazo ou outras transações comerciais e empresariais que impliquem risco financeiro.

2- Identificação do(s) Banco(s) de Dados originário(s) indicado(s):

Nome

CNPJ

End.

Nome

CNPJ

End.

3- Compartilhamento das informações com outros Bancos de Dados:

( ) Não autorizo ( ) Autorizo

Bancos de Dados autorizados para o compartilhamento das informações:

Nome

CNPJ

End.

Nome

CNPJ

End.

4- Esta solicitação e autorização é válida para informações oriundas de prestadores de serviços continuados de água, esgoto, eletricidade, gás, telecomunicações (exceto telefonia móvel na modalidade pós-paga), assistência ou seguro médico e odontológico, outros tipos de seguro, provedores de Internet e TV por assinatura, escolas, administradoras de cartões de crédito, desde que não integrantes de conglomerados financeiros, e de condomínios:

( ) Não ( ) Sim

5 – Fica(m) esse(s) Banco(s) de Dados habilitado(s) a requerer as informações de histórico de crédito e de obrigações financeiras acima, às fontes.

( ) Não ( ) Sim

6- O acesso às informações somente será permitido aos consulentes devidamente credenciados pelo(s) Banco(s) de Dados por mim indicado(s). Desde já concedo minha expressa autorização para que os consulentes com os quais eu mantenha ou pretenda manter relação comercial ou creditícia possam acessar meus dados nos bancos de dados acima mencionados.

7 – Estou ciente de que poderei revogar, a qualquer tempo, esta solicitação, perante a entidade receptora desta autorização para abertura de cadastro ou perante o gestor do banco de dados detentor das informações.

Local e data:

Nome:

CPF/CNPJ:

RG.:

Endereço:

Telefones:

E-mail:

Assinatura:

Assim, "o Cadastro Positivo é o registro da pontualidade no pagamento de suas contas – crediários, financiamentos, água, luz, telefone e outras contas, como a escola, por exemplo.

Hoje, sem o Cadastro Positivo, se o seu nome estiver na lista de devedores e você precisar de crédito, as empresas não conseguem ver todas as suas contas pagas em dia. Com a informação apenas da lista de devedores, você pode ter seu crédito negado, o que dificulta a realização de seus sonhos.

Com o Cadastro Positivo, todo o seu histórico de pagamentos, ou seja, as contas que foram pagas em dia e as que não foram, será considerado na análise de crédito. Isso faz com que o seu acesso ao crédito seja facilitado, além de permitir melhores condições de negociação nos estabelecimentos comerciais de sua preferência.

Da mesma forma que ocorre com o registro de dívidas não pagas, o Cadastro Positivo é administrado por gestores de bancos de dados, como a Serasa Experian, que traz toda a confiabilidade que você precisa na hora de comprar a prazo, fazer empréstimos ou financiamentos com segurança.

O Cadastro Positivo registra apenas as informações referentes aos compromissos assumidos e o seu pagamento. No financiamento de um carro, por exemplo, aparecerão no Cadastro Positivo, apenas o valor da compra, o valor das parcelas, as datas de vencimento e os pagamentos realizados, além dos seus dados cadastrais.

O modelo do carro, a cor do carro ou a placa, por exemplo, continuam sendo informações só suas, que não estarão disponíveis para as empresas. Assim, da próxima vez que precisar de um financiamento ou de um empréstimo, você poderá negociar melhores condições. Isso porque os estabelecimentos que você mais gosta poderão consultar seu Cadastro Positivo e definir uma oferta adaptada ao seu bolso."[234]

"Com o Cadastro Positivo os brasileiros poderão ter mais acesso ao crédito e melhores condições de negociação.

Estes resultados são frutos de uma mudança cultural. Sendo assim, os benefícios não acontecem de imediato. Mas é importante manter suas contas em dia para que, assim que as empresas comecem a usar o Cadastro Positivo, você possa ser beneficiado.

Entre outras vantagens, o Cadastro Positivo permite:

- Avaliação de crédito individual mais justa para compras a prazo, mesmo que você não tenha conta em banco ou comprovante de renda. Isso porque as lojas e os prestadores de serviços, como água, luz, aluguel etc., podem analisar suas contas pagas anteriormente e não somente as dívidas não pagas, e oferecer condições comerciais de acordo com o seu bolso;

- Aprovação de financiamentos e empréstimos com mais facilidade e menos burocracia;

- Que mais pessoas tenham acesso ao crédito e possam realizar seus sonhos de maneira sustentável."[235]

43.5 Arquivos de Consumo

Os arquivos de consumo são um grande banco de dados que armazenam informações sobre os consumidores e são gerenciados por organismos públicos ou privados. Essas informações cadastrais são de crucial importância para se verificar o bom histórico creditício do consumidor. É, pois, uma arma poderosa que pode dificultar a realização de novos créditos ao consumidor. Esse cadastro, em regra, desvela parte da vida privada do

---

[234] Disponível em: http://www.cadastropositivoserasa.com.br/cadastropositivo/para-voce/o-que-e.html. Acesso em: 05 abr. 2013.

[235] *Ibid.*

indivíduo que de acordo com o artigo 5º, inciso X, da CRFB/88 determina que "são invioláveis a intimidade, a vida privada, a honra e a imagem das pessoas, assegurado o direito de indenização pelo dano material ou moral decorrente de sua violação."

Ora, caso ocorram violações ou erros nesse cadastro, certamente, o consumidor "negativado" terá dificuldades em contrair novas obrigações.

"A Segunda Seção desta Corte, no julgamento do Recurso Especial Repetitivo nº 1.061.134/RS, Relatora Ministra NANCY ANDRIGHI, em 10/12/2008, DJe 1º/4/2009, pacificou entendimento no sentido de que a ausência de prévia comunicação ao consumidor da inscrição do seu nome em órgão de proteção ao crédito enseja a indenização por danos morais, exceto se preexistirem outras inscrições regularmente realizadas. Nos termos da jurisprudência desta Corte, para a fixação de indenização por danos morais são levadas em consideração as peculiaridades da causa, de modo que eventuais disparidades do valor fixado, sem maior relevância, não autorizam a intervenção deste Tribunal, como na espécie 3. Agravo regimental não provido." (AgRg nos EDcl no REsp 686.744/RJ, Rel. Ministro RICARDO VILLAS BÔAS CUEVA, TERCEIRA TURMA, julgado em 06/12/2012, DJe 12/12/2012).

43.6 Natureza Jurídica

Vale acrescentar que de acordo com o § 4º do artigo 43 do CDC, "os bancos de dados e cadastros relativos a consumidores, os serviços de proteção ao crédito e congêneres são considerados entidades de caráter público." Melhor dizendo: não só os cadastros do SPC e SERASA são considerados de caráter público, mas também aqueles cadastros internos das empresas.

43.7 Notificação prévia ao consumidor

Diz o § 2º do artigo 43 do CDC que "a abertura de cadastro, ficha, registro e dados pessoais e de consumo deverá ser comunicada por escrito ao consumidor, quando não solicitada por ele."

Assim, "considera-se cumprida a obrigação prevista no § 2º do artigo 43 do Código de Defesa do Consumidor com o envio de comunicação ao endereço do devedor constante da informação remetida ao banco de dados pelo credor." (AgRg no Ag 1315387/SP, Rel. Ministro RICARDO VILLAS BÔAS CUEVA, TERCEIRA TURMA, julgado em 06/12/2012, DJe 13/12/2012).

Capítulo VI – Da Proteção Contratual | 463

No julgamento do REsp 1.061.134/RS, a Ministra NANCY ANDRIGHI, do Superior Tribunal de Justiça, decidiu que "a ausência de prévia comunicação ao consumidor da inscrição do seu nome em cadastros de proteção ao crédito, prevista no art. 43, §2° do CDC, enseja o direito à compensação por danos morais, salvo quando preexista inscrição desabonadora regularmente realizada."

A ausência de notificação prévia ao consumidor, ainda que legítima a anotação do nome deste no cadastro restritivo de crédito (SERASA), contraria a norma de regência (CDC, art. 43, § 2°) e evidencia o defeituoso funcionamento do serviço. (TJRJ – Apelação 0067952-71.2012.8.19.0001. Des. Jorge Luiz Habib. Julgamento 26/03/2013. 18ª Câmara Cível).

Dessa maneira, "a teor do art. 43, § 2°, do CDC, o consumidor deve ser comunicado sobre a inscrição de seu nome em cadastro de inadimplentes por meio de notificação postal. Os órgãos mantenedores de cadastros possuem legitimidade passiva para as ações que buscam a reparação dos danos morais e materiais decorrentes da inscrição, sem prévia notificação, do nome de devedor em seus cadastros restritivos, inclusive quando os dados utilizados para a negativação são oriundos do CCF do Banco Central ou de outros cadastros mantidos por entidades diversas. A ausência de prévia comunicação ao consumidor da inscrição do seu nome em cadastros de proteção ao crédito, prevista no art. 43, § 2° do CDC, enseja o direito à compensação por danos morais. (REsp 1.061.134/RS, submetido ao rito do art. 543-C do CPC)." (AgRg no REsp 1248956/RS, Rel. Ministro LUIS FELIPE SALOMÃO, QUARTA TURMA, julgado em 06/09/2012, DJe 18/09/2012).[236]

---

236 AGRAVO REGIMENTAL NO RECURSO ESPECIAL. CADASTRO DE PROTEÇÃO AO CRÉDITO. INSCRIÇÃO. NOTIFICAÇÃO PRÉVIA. ENVIO COMPROVADO. REEXAME DO CONJUNTO FÁTICO-PROBATÓRIO. IMPOSSIBILIDADE. SÚMULA 7/STJ. De acordo com o entendimento consolidado nesta Corte, a notificação prévia de que trata o art. 43, § 2°, do CDC, como condição de procedibilidade para a inscrição do nome do devedor em cadastro de inadimplente, dispensa a efetiva comprovação da ciência do destinatário, por meio de aviso de recebimento (AR). Isso, porque a referida notificação considera-se cumprida pelo órgão de manutenção do cadastro com o simples envio da correspondência ao endereço fornecido pelo credor. O eg. Tribunal de origem, com base na análise dos documentos juntados aos autos, entendeu como devidamente cumprida a exigência do art. 43, § 2°, do CDC. A alteração de tal entendimento, como ora pretendida, implicaria o reexame do material fático-probatório dos autos, o que afasta a possibilidade de conhecimento do apelo raro por ambas as alíneas, em razão da incidência da Súmula 7 deste Tribunal Superior, que dispõe: "A pretensão de simples reexame de prova não enseja recurso especial." Agravo regimental a que se nega provimento. (AgRg no REsp 1007450/RS, Rel. Ministro RAUL ARAÚJO, QUARTA TURMA, julgado em 21/08/2012, DJe 17/09/2012)

Concluindo: Não notificado previamente o consumidor da inscrição de seu nome em cadastros de proteção ao crédito, resta desatendido o comando inserto no art. 43, § 2º, do CDC, surgindo o direito à indenização por danos morais.

Nesse sentido:

RECURSO ESPECIAL. CADASTRO DE PROTEÇÃO AO CRÉDITO. SERASA.

INSCRIÇÃO. NECESSIDADE DE NOTIFICAÇÃO PRÉVIA. ARTIGO 43, § 2º, DO CÓDIGO DE DEFESA DO CONSUMIDOR. CANCELAMENTO.

1. Cinge-se a controvérsia a saber se o fato de o devedor não negar a existência da dívida impede o cancelamento do registro no cadastro de inadimplente, realizado sem a observância do art. 43, § 2º, do CDC.

2. A inscrição do nome do consumidor em cadastro de proteção ao crédito, ainda que efetuada com base nas informações fornecidas pelo Cadastro de Emitentes de Cheques sem Fundos – CCF, depende de prévia notificação do consumidor.

3. A ausência da notificação prévia enseja o cancelamento da respectiva inscrição. Precedentes.

4. Recurso especial provido.

(REsp 1538164/PR, Rel. Ministro RICARDO VILLAS BÔAS CUEVA, TERCEIRA TURMA, julgado em 20/10/2015, DJe 29/10/2015).

Vale destacar que "é válida a comunicação remetida por e-mail para fins de notificação do consumidor acerca da inscrição de seu nome em cadastro de inadimplentes, desde que comprovado o envio e a entrega da comunicação ao servidor de destino" (REsp. nº 2.063.145-RS, Rel. Ministra Maria Isabel Gallotti, Quarta Turma, por maioria, julgado em 14/03/2024).[237]

---

237 Cinge-se a controvérsia a definir a validade ou não da comunicação remetida por e-mail ao consumidor acerca da inscrição de seu nome em cadastro de inadimplentes para fins de atendimento ao disposto no art. 43, § 2º, do CDC.

O dispositivo legal determina que a abertura de cadastro, ficha, registro e dados pessoais e de consumo deverá ser comunicada por escrito ao consumidor, quando não solicitada por ele.

Considerando que é admitida até mesmo a realização de atos processuais, como citação e intimação, por meio eletrônico, inclusive no âmbito do processo penal, é razoável admitir a validade da comunicação remetida por e-mail para fins de notificação

43.8 Quitação da dívida e cancelamento do registro

O § 3º, do artigo 43 dispõe que "o consumidor, sempre que encontrar inexatidão nos seus dados e cadastros, poderá exigir sua imediata correção, devendo o arquivista, no prazo de cinco dias úteis, comunicar a alteração aos eventuais destinatários das informações incorretas."

Com a quitação da dívida é obrigação do credor o cancelamento do registro. Melhor dizendo: "Cabe às entidades credoras que fazem uso dos serviços de cadastro de proteção ao crédito mantê-los atualizados, de sorte que uma vez recebido o pagamento da dívida, devem providenciar o cancelamento do registro negativo do devedor.

Quitada a dívida pelo devedor, a exclusão do seu nome deverá ser requerida pelo credor no prazo de 05 dias, contados da data em que houver o pagamento efetivo, sendo certo que as quitações realizadas mediante cheque, boleto bancário, transferência interbancária ou outro meio sujeito a confirmação, dependerão do efetivo ingresso do numerário na esfera de disponibilidade do credor.

Nada impede que as partes, atentas às peculiaridades de cada caso, estipulem prazo diverso do ora estabelecido, desde que não se configure uma prorrogação abusiva desse termo pelo fornecedor em detrimento do consumidor, sobretudo em se tratando de contratos de adesão.

A inércia do credor em promover a atualização dos dados cadastrais, apontando o pagamento, e consequentemente, o cancelamento do registro indevido, gera o dever de indenizar, independentemente da prova do abalo sofrido pelo autor, sob forma de dano presumido." (REsp 1149998/RS, Rel. Ministra NANCY ANDRIGHI, TERCEIRA TURMA, julgado em 07/08/2012, DJe 15/08/2012).

"É do credor, e não do devedor, o ônus da baixa da indicação do nome do consumidor em cadastro de proteção ao crédito, em virtude do que dispõe o art. 43, § 3º, combinado com o art. 73, ambos do CDC. A propósito, este último, pertencente às disposições penais, tipifica como crime a

---

prevista no art. 43, § 2º, do CDC, desde que comprovados o envio e a entrega da comunicação ao servidor de destino.

Assim como ocorre nos casos de envio de carta física por correio, em que é dispensada a prova do recebimento da correspondência, não há necessidade de comprovar que o e-mail enviado foi lido pelo destinatário.

Comprovados o envio e a entrega de notificação remetida ao e-mail do devedor constante da informação enviada ao banco de dados pelo credor, está atendida a obrigação prevista no art. 43, § 2º, do CDC.

não correção imediata de informações inexatas acerca de consumidores constantes em bancos de dados. (AgRg no Ag 1373920/SP, Rel. Ministro LUIS FELIPE SALOMÃO, QUARTA TURMA, julgado em 22/05/2012, DJe 28/05/2012)[238]

Dessa maneira, "cabe às entidades credoras que fazem uso dos serviços de cadastro de proteção ao crédito mantê-los atualizados, de sorte que uma vez recebido o pagamento da dívida, devem providenciar, em breve espaço de tempo, o cancelamento do registro negativo do devedor, sob pena de gerarem, por omissão, lesão moral passível de indenização" (REsp nº 299.456-SE).

"A jurisprudência consolidada do STJ perfilha o entendimento de que, quando se trata de inscrição em bancos de dados restritivos de crédito (Serasa, SPC, dentre outros), tem-se entendido ser do credor, e não do devedor, o ônus da baixa da indicação do nome do consumidor, em virtude do que dispõe o art. 43, § 3º, combinado com o art. 73, ambos do CDC. No caso, o consumidor pode "exigir" a "imediata correção" de informações inexatas – não cabendo a ele, portanto, proceder a tal correção (art. 43, § 3º) -, constituindo crime "deixar de corrigir imediatamente informação sobre consumidor constante de cadastro, banco de dados, fichas ou registros que sabe ou deveria saber ser inexata" (art. 73). Quanto ao prazo, como não existe regramento legal específico e como os prazos abrangendo situações específicas não estão devidamente amadurecidos na jurisprudência do STJ, faz-se necessário o estabelecimento de um norte objetivo, o qual se extrai do art. 43, § 3º, do CDC, segundo o qual o "consumidor, sempre que encontrar inexatidão nos seus dados e cadastros, poderá exigir sua imediata correção, devendo o arquivista, no prazo de cinco dias úteis, comunicar a alteração aos eventuais destinatários das informações incorretas". Ora, para os órgãos de sistema de proteção ao crédito, que exercem a atividade de arquivamento de dados profissionalmente, o CDC considera razoável o prazo de cinco dias úteis para, após a investigação dos fatos referentes à impugnação apresentada pelo consumidor, comunicar a retificação a terceiros que deles recebeu informações incorretas. Assim, evidentemente, esse mesmo prazo também será considerado razoável para que seja requerida a exclusão do nome do outrora inadimplente do cadastro desabonador por aquele que promove, em exercício regular de direito, a verídica inclusão de dado de

---

238 CDC – Art. 73. Deixar de corrigir imediatamente informação sobre consumidor constante de cadastro, banco de dados, fichas ou registros que sabe ou deveria saber ser inexata: Pena: Detenção de um a seis meses ou multa.

devedor em cadastro de órgão de proteção ao crédito." REsp 1.424.792-BA, Rel. Min. Luis Felipe Salomão, julgado em 10/9/2014.

Por fim, vale mencionar que esta questão foi alvo da Súmula 548 publicada pelo STJ que diz: "Incumbe ao credor a exclusão do registro da dívida em nome do devedor no cadastro de inadimplentes no prazo de cinco dias úteis, a partir do integral e efetivo pagamento do débito."[239]

43.9 Inscrição indevida no cadastro de inadimplentes

O entendimento do STJ é firme no sentido de que o serviço de proteção ao crédito é responsável pelos danos resultantes da inscrição indevida no cadastro de inadimplentes, porque é a ele que compete, concretamente, a negativação do nome.

O dano moral decorrente da inscrição indevida no cadastro de inadimplentes é considerado *"in re ipsa"*, não sendo necessária, portanto, a prova do prejuízo.

Vejamos jurisprudência do STJ em relação à inscrição indevida no SPC: "Na espécie, discute-se o direito de o autor ser indenizado em razão da indevida inscrição de seu nome em órgãos de restrição ao crédito, decorrente de um vício de adequação do serviço realizado pelos bancos. Alega o autor que, em 1994, pagou parte da fatura do cartão de crédito no valor de R$ 200. Após o pagamento, foi informado pelo banco de que houvera equívoco na operação, tendo sido creditado o valor integral da fatura R$ 379,18, razão pela qual o autor teve de efetuar o pagamento complementar do valor. Contudo, apesar de quitado integralmente o débito, o banco continuou cobrando do autor a mesma importância. Embora tenha apresentado os documentos comprobatórios da quitação, teve seu crédito cancelado e foi incluído no cadastro dos inadimplentes. Para o Min. Relator, o caso presente não se coaduna com a aplicação do art. 27 do

---

239 Referência: CDC, arts. 43, § 3º, e 73. CPC, art. 543-C. REsp 1.424.792-BA(*) (2ª S 10/09/2014 - DJe 24/09/2014). REsp 292.045-RJ (3ª T 27/08/2001 - DJ 08/10/2001). AgRg no Ag 1.094.459-SP (3ª T 19/05/2009 - DJe 01/06/2009). REsp 1.149.998-RS (3ª T 07/08/2012 - DJe 15/08/2012). AgRg no AREsp 230.431-RS (3ª T 27/08/2013 - DJe 02/09/2013). AgRg no REsp 1.047.121-RJ (3ª T 25/06/2013 - DJe 03/02/2014). REsp 994.638-AM (4ª T 21/02/2008 - DJe 17/03/2008). AgRg no Ag 1.285.971-SP (4ª T 13/09/2011 - DJe 16/09/2011). AgRg no Ag 1.373.920-SP (4ª T 22/05/2012 - DJe 28/05/2012). AgRg no AREsp 307.336-RS (4ª T 22/10/2013 - DJe 25/11/2013). AgRg no AREsp 415.022-SC (4ª T 08/04/2014 - DJe 25/04/2014). (*) Recurso representativo da controvérsia. Segunda Seção, em 14/10/2015. DJe 19/10/2015, ed. nº 1839.

CDC, restrito aos casos em que se configura fato do produto ou do serviço, conforme o art. 14 do CDC. Assim, o defeito do serviço que deu causa à negativação indevida do nome do consumidor, ato ilícito que caracteriza, também, infração administrativa (art. 56 do CDC c/c o art. 13, XIII, do Dec. nº 2.181/1997) e ilícito penal (arts. 72 e 73 do CDC), gerando direito à indenização por danos morais, não se confunde com o fato do serviço, que pressupõe um risco à segurança do consumidor, cujo prazo prescricional é definido no art. 27 do CDC. Diante disso, embora aplicável o CDC às relações entre clientes/consumidores e bancos, a pretensão, no caso, de caráter personalíssimo, foi acertadamente formulada com base no direito civil; pois, inexistindo norma específica quanto ao prazo prescricional aplicável ao caso, é de rigor a incidência da norma relativa à prescrição insculpida no Código Civil, qual seja, o art. 177 do CC/1916. Destacou o Min. Relator que a inscrição indevida do nome do autor em cadastros de inadimplência deu-se em 1997. Portanto, ainda que fosse aplicável o art. 27 do CDC, o prazo prescricional não estaria consumado, visto que a ação indenizatória foi ajuizada em 2001. Diante disso, a Turma não conheceu do recurso. REsp 740.061-MG, Rel. Min. Luis Felipe Salomão, julgado em 2/3/2010."

Por fim, cabe lembrar, a alteração da Súmula 323 do STJ: "A Seção entendeu alterar a Súmula nº 323-STJ, que passa a ter o seguinte enunciado: a inscrição do nome do devedor pode ser mantida nos serviços de proteção ao crédito até o prazo máximo de cinco anos, independentemente da prescrição da execução. Rel. Min. Aldir Passarinho Junior, em 25/11/2009"

43.10 Informação verdadeira, objetiva, clara e de fácil compreensão e prazo

O artigo 43, § 1º do CDC determina que "os cadastros e dados de consumidores devem ser objetivos, claros, verdadeiros e em linguagem de fácil compreensão, não podendo conter informações negativas referentes a período superior a cinco anos."[240]

---

240 [...] A redação do art. 43, § 1º, do Código Consumerista direciona ao entendimento de que o registro nos órgãos de controle cadastral não tem vinculação alguma com a prescrição relativa à espécie de ação. Assim, se a via executiva não puder mais ser exercida, porém remanescendo o direito à cobrança do débito por outro meio processual, não existe impedimento à manutenção do nome do inadimplente em órgão de proteção ao crédito pelo período quinquenal, uma vez que a prescrição é da ação de cobrança, desvinculada da ação cambial. Precedente. 4. Suficiência, porém, do primeiro fundamento, rectius, falta de comunicação prévia ao devedor, para caracterizar a ilicitude da conduta da ré e, consequentemente, sua responsabilidade pelo ressarcimento do

Ora, é fora de dúvida que os dados inseridos no cadastro de consumidores devem refletir a verdade dos fatos, de forma objetiva, essenciais ao mercado de consumo. Tais dados devem ser ainda anotados de forma clara, sem deixar dúvidas acerca das informações inerentes ao consumidor. Por fim, estas informações devem ser de fácil compreensão, no idioma pátrio, sem a utilização de códigos, símbolos ou sinais que dificultem a compreensão dos dados.

Em relação ao prazo, "o nome do devedor inadimplente há de ser mantido nos cadastros de proteção ao crédito pelo período máximo de cinco anos, a contar da data de sua inclusão. No entanto, há possibilidade de haver sua exclusão antes do decurso desse prazo se verificada a prescrição do direito de propositura de ação, visando à cobrança do débito." (AgRg no Ag 630.893/RS, Rel. Ministra NANCY ANDRIGHI, TERCEIRA TURMA, julgado em 15/02/2005, DJ 07/03/2005, p. 251).

43.11 Prazo da Informação

Como visto alhures, de acordo com o artigo 43, § 1º do CDC, os cadastros e dados de consumidores não podem conter informações negativas referentes a período superior a cinco anos. Este é, pois, um prazo genérico.

Ocorre que § 5º do mesmo dispositivo legal afirma que "consumada a prescrição relativa à cobrança de débitos do consumidor, não serão fornecidas, pelos respectivos Sistemas de Proteção ao Crédito, quaisquer informações que possam impedir ou dificultar novo acesso ao crédito junto aos fornecedores."

Daí é possível afirmar que nesta questão o CDC fixou dois prazos, um genérico (de 5 anos, de acordo com artigo 43, § 1º do CDC) e outro específico (de 3 anos para a prescrição da ação de cobrança, consoante artigo 43, § 5º do CDC).

Ambos os prazos se complementam e visam a proteção do consumidor.

---

dano moral. [...] (REsp 789.046/RS, Rel. Ministro HÉLIO QUAGLIA BARBOSA, QUARTA TURMA, julgado em 24/04/2007, DJ 21/05/2007, p. 586)

43.11.1 Direito ao esquecimento. Prazo genérico de 5 anos no cadastro de consumidores (informação negativa)

A regra jurídica é clara no sentido de que o prazo das informações do cadastro de inadimplentes não pode ser superior a 5 anos. Após esse prazo a conduta negativa do consumidor deve ser esquecida pelo mercado de consumo. Melhor dizendo: após esse prazo, a informação que deprecia a obtenção de novos créditos deve ser excluída (apagada ou destruída) do cadastro de consumidores não podendo ser mais visualizada por nenhum fornecedor ou transmitida a qualquer outra pessoa. Caso contrário, o consumidor-devedor ficaria eternamente com a mácula de mau pagador.

É o surgimento de um novo direito subjetivo do consumidor, qual seja: *o direito ao esquecimento da informação negativa*, o direito de não ser mais lembrado como mau pagador, o direito de ver resgatado a sua dignidade enquanto consumidor em um mercado de consumo que se altera constantemente. É o direito subjetivo de impedir que longínquas máculas do passado possam ser consultadas e trazidas a relembrança dos fornecedores. A partir do quinquênio, essa informação deve ficar apenas na consciência (lembrança) do devedor-consumidor com vistas a afastar qualquer situação semelhante vindoura no mundo da vida. Esse direito ao esquecimento do cadastro negativo dos consumidores tem fulcro no artigo 5º, inciso X da CRFB/88 e artigo 1º, inciso III, da Carta Magna que traduz a tutela da dignidade da pessoa humana.

Aqui, vale lembrar o Enunciado 531 da VI Jornada de Direito Civil do CEJ/CJF, de 05 de abril de 2013, que diz: "*A tutela da dignidade da pessoa humana na sociedade da informação inclui o direito ao esquecimento.*" Artigo: 11 do Código Civil.

Justificativa: Os danos provocados pelas novas tecnologias de informação vêm-se acumulando nos dias atuais. O direito ao esquecimento tem sua origem histórica no campo das condenações criminais. Surge como parcela importante do direito do ex detento à ressocialização. Não atribui a ninguém o direito de apagar fatos ou reescrever a própria história, mas apenas assegura a possibilidade de discutir o uso que é dado aos fatos pretéritos, mais especificamente o modo e a finalidade com que são lembrados.

Por fim, vale dizer que a não destruição (apagamento) das informações que depreciem o consumidor enseja a responsabilização administrativa, penal e civil do arquivista que não realizar a total exclusão de todos os dados do consumidor do referido cadastro. Em relação aos ilícitos penais, vejamos os artigos 71 e 73 do CDC: "

> **Art. 71.** Utilizar, na cobrança de dívidas, de ameaça, coação, constrangimento físico ou moral, afirmações falsas incorretas ou enganosas ou de qualquer outro procedimento que exponha o consumidor, injustificadamente, a ridículo ou interfira com seu trabalho, descanso ou lazer: Pena Detenção de três meses a um ano e multa. [...]
>
> **Art. 73.** Deixar de corrigir imediatamente informação sobre consumidor constante de cadastro, banco de dados, fichas ou registros que sabe ou deveria saber ser inexata: Pena Detenção de um a seis meses ou multa."

A inscrição e manutenção do nome do devedor em cadastros de inadimplentes está adstrita ao prazo de cinco anos contados do primeiro dia seguinte à data de vencimento da dívida, que deverá estar inserida no banco de dados da administradora do cadastro (REsp. nº 2.095.414-SP, Rel. Ministro Antonio Carlos Ferreira, Quarta Turma, por maioria, julgado em 11/06/2024, DJe 18/06/2024). Dessa forma,

> De acordo com o Código de Defesa do Consumidor, a Lei do Cadastro Positivo e a Lei Geral de Proteção de Dados pessoais, as informações constantes do Órgão de Proteção ao Crédito devem ser objetivas, claras, verdadeiras e de fácil compreensão.
>
> Contudo, não há obrigação legal de a administradora do cadastro de inadimplentes inserir no seu banco de dados todas as informações constantes na certidão de protesto do título. Isso porque é da competência privativa do Tabelião de Protesto de Títulos o serviço de publicidade dos dados constantes no título de crédito protestado (arts. 2º, 3º e 27 da Lei nº 9.492/1997).
>
> A função do Tabelionato de Protesto não se confunde com a da entidade mantenedora do cadastro de inadimplentes, a quem apenas cabe, após prévia notificação do devedor, manter o banco de dados atualizado com informações dos devedores, pessoas físicas ou jurídicas, a fim de "subsidiar a concessão de crédito, a realização de venda a prazo ou de outras transações comerciais e empresariais que impliquem risco financeiro" (art. 2º, I, da Lei nº 12.414/2011).
>
> No mais, de acordo com a Lei do Cadastro Positivo, devem constar no banco de dados da administradora do cadastro de inadimplentes informações "vinculadas à análise de risco de crédito ao consumidor" (art. 3º, § 3º, I). Isso significa que, além dos registros tradicionalmente negativos sobre inadimplência, as instituições responsáveis pelo cadastro também podem incluir informações positivas, como histórico de pagamentos em dia e comportamento financeiro favorável.

Dados como o nome do credor, portador, CNPJ/CPF, endereço, tipo de título, numeração e data da emissão do título, não estão intrinsecamente ligados à análise de risco de crédito ao consumidor. Essas informações são mais relevantes para a documentação específica do título de crédito e podem ser obtidas diretamente no tabelionato, cujo tabelião é o responsável por divulgar informações relacionadas a títulos de crédito protestados.

Em contrapartida, a data de vencimento do título é uma informação essencial para a análise de risco de crédito ao consumidor, devendo obrigatoriamente constar no banco de dados do cadastro de inadimplentes.

O Código de Defesa do Consumidor (art. 43, § 1º) prevê expressamente que não podem permanecer no cadastro de inadimplentes informações negativas referentes a período superior a 5 anos. Nesse sentido, foi editada a Súmula nº 323 do STJ.

A data de vencimento da dívida é informação de extrema relevância para determinar o período de manutenção do dado negativo do consumidor no cadastro de inadimplentes, desempenhando papel fundamental na gestão adequada das informações sobre os devedores, contribuindo para preservar a integridade e a precisão dos registros nos cadastros de inadimplentes.

Essa prática tem por finalidade salvaguardar os direitos dos consumidores, assegurando que dados desatualizados não comprometam seu acesso ao crédito por um período excessivamente prolongado. Dessa forma, a negativa do pedido para que conste no banco de dados do cadastro de inadimplentes a data de vencimento da dívida ofende o art. 43, § 1º, da Lei nº 8.078/1990.

43.11.2 Prazo da Ação de Cobrança

Como dito acima, de acordo com a redação do § 5º do artigo 43 do CDC, "consumada a prescrição relativa à cobrança de débitos do consumidor, não serão fornecidas, pelos respectivos Sistemas de Proteção ao Crédito, quaisquer informações que possam impedir ou dificultar novo acesso ao crédito junto aos fornecedores."

Isso significa dizer, a partir de uma exegese com o artigo 43, § 1º do CDC, que se o prazo específico prescricional da ação de cobrança for menor que o quinquênio estabelecido como prazo genérico, deve prevalecer aquele em detrimento deste. Melhor dizendo: prevalece sempre o prazo menor.

Nesse sentido, o Ministro do STJ Antônio Herman de Vasconcellos e Benjamin ensina que "enquanto não prescrita a ação de cobrança, o débito pode ser inscrito em banco de dados. Mas no seu quinto aniversário, prescrito ou não prescrito o instrumento processual, a informação desabonadora é, de ofício, expurgada necessariamente do arquivo de consumo."[241]

43.12 Sistema *credit scoring*

"No que diz respeito ao sistema *credit scoring*, definiu-se que: a) é um método desenvolvido para avaliação do risco de concessão de crédito, a partir de modelos estatísticos, considerando diversas variáveis, com atribuição de uma pontuação ao consumidor avaliado (nota do risco de crédito); b) essa prática comercial é lícita, estando autorizada pelo art. 5º, IV, e pelo art. 7º, I, da Lei nº 12.414/2011 (Lei do Cadastro Positivo); c) na avaliação do risco de crédito, devem ser respeitados os limites estabelecidos pelo sistema de proteção do consumidor no sentido da tutela da privacidade e da máxima transparência nas relações negociais, conforme previsão do CDC e da Lei nº 12.414/2011; d) apesar de desnecessário o consentimento do consumidor consultado, devem ser a ele fornecidos esclarecimentos, caso solicitados, acerca das fontes dos dados considerados (histórico de crédito), bem como as informações pessoais valoradas; e) o desrespeito aos limites legais na utilização do sistema credit scoring, configurando abuso no exercício desse direito (art. 187 do CC), pode ensejar a responsabilidade objetiva e solidária do fornecedor do serviço, do responsável pelo banco de dados, da fonte e do consulente (art. 16 da Lei nº 12.414/2011) pela ocorrência de danos morais nas hipóteses de utilização de informações excessivas ou sensíveis (art. 3º, § 3º, I e II, da Lei nº 12.414/2011), bem como nos casos de comprovada recusa indevida de crédito pelo uso de dados incorretos ou desatualizados." REsp 1.419.697-RS, Rel. Min. Paulo de Tarso Sanseverino, julgado em 12/11/2014.

De acordo com Enagelista Junior, sistema *credit scoring* é "um modelo de pontuação que apresenta o risco de inadimplência do contrato a ser realizado, levando em consideração informações de mercado, calculado com base em critérios meramente estatísticos e em função de informações cadastrais e de histórico de crédito que estiverem legalmente disponíveis no momento da consulta na base de dados do serviço de proteção ao crédi-

---
[241] GRINOVER; BENJAMIN; FINK; FILOMENO; NERY JUNIOR; DENARI. 2011, p. 465.

to. Para cada contrato avaliado pelo fornecedor de crédito é calculado um score que indica a probabilidade de futura inadimplência, baseando-se em perfis semelhantes de risco, ou seja, do grupo de consumidores com características semelhantes."[242]

Vale destacar que a questão de direito do consumidor sobre o sistema de credit scoring é tema do enunciado 550 do STJ. Vejamos: "A utilização de escore de crédito, método estatístico de avaliação de risco que não constitui banco de dados, dispensa o consentimento do consumidor, que terá o direito de solicitar esclarecimentos sobre as informações pessoais valoradas e as fontes dos dados considerados no respectivo cálculo."[243]

É desnecessário o consentimento prévio e expresso do consumidor para a disponibilização de informações em relatório de consulta com a finalidade de proteção ao crédito (AgInt no REsp. nº 2.122.804-SP, Rel. Ministro Raul Araújo, Quarta Turma, por unanimidade, julgado em 12/08/2024, DJe 16/08/2024). Vejamos:

> Cinge-se a controvérsia acerca da licitude da disponibilização de informações em relatório de consulta com a finalidade de proteção ao crédito, através de análise das particularidades do documento e da forma como o serviço é prestado, para fins de reparação civil.
>
> A pacífica jurisprudência do Superior Tribunal de Justiça é assente no sentido da validade da utilização do sistema denominado "credit scoring", conforme tese consolidada em precedente repetitivo – Tema 710/STJ.
>
> Segundo o entendimento firmado, "o sistema 'credit scoring' é um método desenvolvido para avaliação do risco de concessão de crédito, a partir de modelos estatísticos, considerando diversas variáveis, com atribuição de uma pontuação ao consumidor avaliado (nota do risco de crédito). II – Essa prática comercial é lícita, estando autorizada pelo art. 5º, IV, e pelo art. 7º, I, da Lei nº 12.414/2011 (lei do cadastro positivo). III – Na avaliação do risco de crédito, devem ser respeitados os limites estabelecidos pelo sistema de proteção do consumidor no sentido da tutela da privacidade e da máxima transparência nas relações negociais, conforme

---

242 EVANGELISTA JUNIOR, Germano dos S. Score de crédito, consumidor e fornecedor de crédito? Ferramenta útil na tomada de decisão. *Jornal Carta Forense*, 04 mar. 2013. Disponível em: http://www.cartaforense.com.br. Acesso em: 01 jul.2015.

243 REsp 1.419.697-RS(*) (2ª S 12/11/2014 – DJe 17/11/2014). REsp 1.457.199-RS(*) (2ª S 12/11/2014 – DJe 17/12/2014). AgRg no AREsp 318.684-RS (3ª T 02/12/2014 – DJe 11/12/2014). REsp 1.268.478-RS (4ª T 18/12/2014 – DJe 03/02/2015). EDcl no REsp 1.419.691-RS (4ª T 18/12/2014 – DJe 03/02/2015). EDcl no REsp 1.395.509-RS (4ª T 18/12/2014 – DJe 06/02/2015). (*) Recursos representativos da controvérsia. Segunda Seção, em 14/10/2015. DJe 19/10/2015, ed. n. 1839.

previsão do CDC e da Lei nº 12.414/2011. IV – Apesar de desnecessário o consentimento do consumidor consultado, devem ser a ele fornecidos esclarecimentos, caso solicitados, acerca das fontes dos dados considerados (histórico de crédito), bem como as informações pessoais valoradas. V – O desrespeito aos limites legais na utilização do sistema "credit scoring", configurando abuso no exercício desse direito (art. 187 do CC), pode ensejar a responsabilidade objetiva e solidária do fornecedor do serviço, do responsável pelo banco de dados, da fonte e do consulente (art. 16 da Lei nº 12.414/2011) pela ocorrência de danos morais nas hipóteses de utilização de informações excessivas ou sensíveis (art. 3º, § 3º, I e II, da Lei nº 12.414/2011), bem como nos casos de comprovada recusa indevida de crédito pelo uso de dados incorretos ou desatualizados" (REsp. nº 1.457.199/RS, Relator Ministro Paulo de Tarso Sanseverino, Segunda Seção, julgado em 12/11/2014, DJe de 17/12/2014).

Dessa forma, é desnecessário o consentimento do consumidor consultado; a ele devem ser fornecidos esclarecimentos, caso solicitados, acerca das fontes dos dados considerados o histórico de crédito bem como as informações pessoais valoradas. No caso, não houve qualquer indício de prévia solicitação de esclarecimentos ou mesmo postulação administrativa de cancelamento dos dados do cadastro, o que afasta qualquer ilicitude na conduta que pudesse ensejar indenização.

43.13 Cadastro de Passagem

Em relação ao cadastro de passagem, o STJ já decidiu que

> No REsp 1.726.270, o tema do superendividamento foi analisado pela Terceira Turma ao julgar a validade do chamado "cadastro de passagem" ou "cadastro de consultas anteriores", banco de dados em que comerciantes registravam consultas feitas sobre o histórico de crédito de consumidores com quem tivessem realizado tratativas ou dos quais houvessem solicitado informações gerais sobre condições de financiamento ou crediário.
>
> Segundo o Ministério Público da Bahia – autor da ação civil pública contra a Câmara de Dirigentes Lojistas de Salvador –, o Código de Defesa do Consumidor (CDC) permite a formação de bancos de dados de consumidores, mas apenas com informações limitadas e objetivas sobre a pessoa a quem se destina o crédito.
>
> Para o MP, os cadastros de passagem não se enquadrariam nesses parâmetros, por permitirem a reunião de dados com alta carga de subjetividade, já que não estariam vinculados, necessariamente, à análise de risco do crédito ao consumidor.

Entretanto, no voto que foi acompanhado pela maioria da turma, o ministro Villas Bôas Cueva entendeu que os bancos de dados desse tipo constituem uma ferramenta importante para a prevenção de práticas fraudulentas.

Segundo o ministro, o cadastro "permite que, a partir da constatação de inusitada mudança no comportamento recente do titular do CPF ou CNPJ consultado, o fornecedor solicite deste acurada comprovação de sua identificação pessoal ou proceda com maior cautela ao verificar potencial situação de superendividamento".

Por isso, o ministro entendeu que o cadastro de passagem é um banco de dados de natureza neutra, que, por isso, está subordinado – como qualquer outro cadastro de consumo – às exigências previstas pelo artigo 43 do CDC.

No caso dos autos, apesar de apontar que a mantenedora do cadastro de passagem não providenciou a comunicação prévia aos consumidores que tiveram seus dados incluídos no banco – o que obriga a responsável a se abster de divulgar essas informações –, o ministro Cueva concluiu que não seria o caso de estabelecer condenação a título de danos morais coletivos, porque não ficou demonstrado que a ilegalidade tenha produzido "sofrimentos, intranquilidade social ou alterações relevantes na ordem extrapatrimonial coletiva". [244]

Art. 44. Os órgãos públicos de defesa do consumidor manterão cadastros atualizados de reclamações fundamentadas contra fornecedores de produtos e serviços, devendo divulgá-los pública e anualmente. A divulgação indicará se a reclamação foi atendida ou não pelo fornecedor.

§ 1º É facultado o acesso às informações lá constantes para orientação e consulta por qualquer interessado.

§ 2º Aplicam-se a este artigo, no que couber, as mesmas regras enunciadas no artigo anterior e as do parágrafo único do art. 22 deste código.

---

[244] Disponível em: https://www.stj.jus.br/sites/portalp/Paginas/Comunicacao/Noticias/28022021-O-fenomeno-do-superendividamento-e-seu-reflexo-na-jurisprudencia.aspx. Acesso em: 29 set. 2021.

⇾ COMENTÁRIOS

44.1 Cadastro Nacional de Reclamações

"A formulação e divulgação do Cadastro Nacional de Reclamações Fundamentadas é uma exigência da Lei nº 8.078/90 – Código de Proteção e Defesa do Consumidor (CDC) – e do Decreto nº 2.181/97, sendo instrumento essencial para proteção e orientação dos consumidores.

Os consumidores podem fazer a pesquisa com base nos dados nacionais, regionais, estaduais ou mesmo diretamente nos registros dos Procons de seu estado ou município.

Integram o cadastro, as demandas dos consumidores registradas como reclamação e que, após análise técnica pelos órgãos públicos de defesa do consumidor, foram consideradas fundamentadas. O cadastro informa, ainda, se as reclamações foram ou não atendidas pelos fornecedores.

A divulgação deste cadastro, ao mesmo tempo em que cumpre expressa disposição do Código de Defesa do Consumidor, reforça a cultura da prevenção e permite a promoção de políticas públicas para a defesa do consumidor. O acesso ao cadastro assegura aos consumidores a possibilidade de melhor escolherem seus fornecedores, servindo de incentivo para o aperfeiçoamento de todos os produtos e serviços colocados no mercado de consumo."[245]

De acordo com o artigo 3º do Decreto nº 2.181/97, compete à Secretaria Nacional do Consumidor do Ministério da Justiça, a coordenação da política do Sistema Nacional de Defesa do Consumidor, cabendo-lhe: (Redação dada pelo Decreto nº 7.738, de 2012). [...] XIII – elaborar e divulgar o cadastro nacional de reclamações fundamentadas contra fornecedores de produtos e serviços, a que se refere o art. 44 da Lei nº 8.078, de 1990;

O consumidor poderá apresentar sua reclamação pessoalmente, ou por telegrama carta, telex, fac-símile ou qualquer outro meio de comunicação, a quaisquer dos órgãos oficiais de proteção e defesa do consumidor. (Decreto nº 2.181/97, art. 34).

Já o artigo 4º do mesmo Decreto determina que "no âmbito de sua jurisdição e competência, caberá ao órgão estadual, do Distrito Federal e municipal de proteção e defesa do consumidor, criado, na forma da lei, especificamente para este fim, exercitar as atividades contidas nos incisos II a XII do art. 3º deste Decreto e, ainda: [...]

> V – elaborar e divulgar anualmente, no âmbito de sua competência, o cadastro de reclamações fundamentadas contra

---
[245] Disponível em: http://portal.mj.gov.br/SindecNacional/reclamacao.html. Acesso em: 08 abr 2013.

fornecedores de produtos e serviços, de que trata o art. 44 da Lei nº 8.078, de 1990 e remeter cópia à Secretaria Nacional do Consumidor do Ministério da Justiça; (Redação dada pelo Decreto nº 7.738, de 2012).

Art. 45. (Vetado).

⇁ COMENTÁRIOS
45.1 Artigo Vetado

CAPÍTULO VI
Da Proteção Contratual

SEÇÃO I
Disposições Gerais

Art. 46. Os contratos que regulam as relações de consumo não obrigarão os consumidores, se não lhes for dada a oportunidade de tomar conhecimento prévio de seu conteúdo, ou se os respectivos instrumentos forem redigidos de modo a dificultar a compreensão de seu sentido e alcance.

⇁COMENTÁRIOS
46.1 Um novo *locus hermenêutico* e a nova metódica do direito civil

A cultura jurídica operada em salas de aula e nos tribunais de justiça deve ser desconstruída (visão de um sistema fechado codicista) em busca de uma postura metodológica mais aberta, prospectiva que dê suporte a uma sociedade complexa e pluralista. Isso não quer dizer que o julgador desconsidere a segurança jurídica e passe a decidir de forma arbitrária (nesse caso, estaríamos diante de um Estado-Judiciário). Pelo contrário, a jurisprudência deve reconhecer a eficácia normativa dos princípios constitucionais no âmbito das relações jurídicas de direito privado, bem como recorrer à hermenêutica jurídica não como um conjunto de métodos (hermenêutica metodológica), mas sim como condição de possibilidade (hermenêutica filosófica). É a reconstrução do direito civil a partir do como hermenêutico, ou seja, um *locus hermenêutico* constitucional com fincas no princípio fundante da proteção da dignidade da pessoa humana.

Daí que a norma jurídica civilística não pode ser compreendida como um juízo hipotético ancorada nos princípios da lógica formal, a partir de um rigorismo da separação dos mundos do "ser" e "dever ser". O direito civil e o direito constitucional devem estar em perfeita harmonia a fim de que possam espelhar a realização e concretização do direito.

Diante disso, as lições de Friedrich Muller são esclarecedoras: "Assim se evidenciou que o positivismo legalista ainda não superado pela teoria e práxis refletidas, com a sua compreensão do direito como sistema sem lacunas, da decisão como uma subsunção estritamente lógica, e com a sua eliminação de todos os elementos da ordem social não reproduzidos no texto da norma é tributário de uma ficção que não pode ser mantida na prática".[246]

A tarefa da práxis do direito civil é a concretização de suas normas a partir de uma leitura constitucional de forma que "direito civil" e "realidade" sejam os lados de uma mesma moeda.

O operador do direito deve levar em conta a multiplicidade de situações da vida interprivada em que numa sociedade moderna (ou pós-moderna!) e complexa se impõe a necessidade de realizar uma (re)leitura da dogmática civilística à luz de uma axiologia constitucional.

Pode-se dizer, portanto, que a fundamentação da decisão jurídica deve ser conformada no espaço (*locus*) hermenêutico da juridicidade, vinculada a uma permanente reflexão crítica do homem enquanto ser-no-mundo. Isso significa dizer que as questões jurídicas concretas emergem num quadro cunhado por um horizonte hermenêutico, superando a relação sujeito-objeto.

Nas lições de Castanheira Neves é possível compreender que o problema da interpretação jurídica relaciona-se com o direito e não com a lei. Vejamos:[247]

> O problema da interpretação jurídica está, com efeito, a sofrer uma radical mudança de perspectiva no actual contexto metodológico. Deixou de conceber-se tão só e estritamente como *interpretação da lei*, para se pensar

---

[246] MÜLLER, Friedrich. *Métodos de trabalho do direito constitucional*. 3. ed. Rio de Janeiro: Renovar, 2005, p. 32-33.

[247] NEVES, Castanheira. *O actual problema metodológico da interpretação jurídica* – I. Coimbra: Coimbra Editores, 2003, p. 11-12.

como *actus* da *realização do direito*. E isto significa, por um lado, que a realização do direito não se identifica já com a interpretação da lei, nem nela se esgota; por outro lado, que não será em função da interpretação da lei, tomada abstractamente ou em si, que havemos de compreender a realização do direito – em termos de se dizer que esta será o que for aquela –, antes é pela própria problemática autônoma e específica realização do direito, e como seu momento metodológico-normativo, que se haverá de entender o que persista dizer-se interpretação da lei. Com o que o próprio conceito de interpretação jurídica se altera: de interpretação da lei converte-se em *interpretação do direito*, de novo a *interpretatio legis* se confronta com a *interpretatio iuris*.

É que, se intencional e normativamente o direito deixou de identificar-se com a lei, também metodologicamente a realização do direito deixou de ser mera aplicação das normas legais e manifesta-se como o acto judicativamente decisório através do qual, pela mediação embora do critério jurídico possivelmente oferecido por essas normas, mas com ampla actividade normativamente constitutiva, se cumprem em concreto as intenções axiológicas e normativas do direito, enquanto tal. Dir-se-á que, nestes termos, o pensamento jurídico recuperou o concreto, que vai na essencial vocação do direito, depois que o positivismo legalista, com o seu normativismo analítico-dedutivo, o levara a refugiar-se no alienante abstracto.

Uma metódica do direito civil destinada a ir além de um núcleo normativo monolítico deve assumir uma postura de que o problema hermenêutico não está fincado no problema de método produzindo um conhecimento de segurança inabalável, mas sim está relacionado ao problema da hermenêutica filosófica. O fenômeno da compreensão perpassa a experiência da filosofia, a experiência da arte e a experiência da própria história. Todos esses modos de experiência nos apresentam (manifestam) uma verdade que não pode ser verificada com os meios metódicos da ciência.

O filósofo alemão Hans-Georg Gadamer (1900 – 2002), autor de *verdade e método – esboços de uma hermenêutica filosófica*, é um dos autores mais importantes acerca da hermenêutica contemporânea. Gadamer lastreado em estudos fenomenológicos entendia que a tradição não podia mais se apoiar nas interpretações metafísicas da razão. Daí que os estudos gadamerianos estão voltados para a consciência histórica, em que a historicidade do sentido tem papel relevante na autocompreensão que o ser humano alcança como participante e intérprete da tradição histórica.

Gadamer procura superar o problema hermenêutico relacionado ao conceito metodológico da moderna ciência. Na introdução de *Verdade e método*, Gadamer afirma que "o fenômeno da compreensão e da maneira correta de se interpretar o que se entendeu não é apenas, e em especial, um problema da doutrina dos métodos aplicados nas ciências do espírito. Sempre houve também, desde os tempos mais antigos, uma hermenêutica teológica e outra jurídica, cujo caráter não era tão acentuadamente científico e teórico, mas, muito mais, assinalado pelo comportamento prático correspondente e a serviço do juiz ou do clérigo instruído".[248]

A hermenêutica desenvolvida por Gadamer se afasta de uma doutrina de métodos das ciências do espírito e procura caminhar para um olhar além de sua auto-compreensão metódica através da experiência do homem no mundo. É um (re)pensar o universo da compreensão, já que o filósofo procura refletir sobre a questão da verdade nas ciências do espírito. É um afastamento dos modelos clássicos hermenêuticos, nos quais a exegese era considerada um conjunto de métodos.

Os estudos de Hans-Georg Gadamer estão entrelaçados na sua forma mais original com os estudos antecedentes de Husserl, Dilthey e Heidegger. Nas palavras de Gadamer: "A conscienciosidade da descrição fenomenológica, que Husserl nos tornou um dever, a abrangência do horizonte histórico, onde Dilthey situou todo o filosofar, e, não por último, a compenetração de ambos os impulsos, cuja iniciativa recebemos de Heidegger há décadas, assinalam o paradigma sob o qual se colocou o autor".[249]

46.2 O círculo hermenêutico e a questão dos preconceitos

O círculo hermenêutico deve ser compreendido a partir dos estudos heideggerianos, ou seja, a estrutura circular da compreensão é dada a partir da temporalidade do ser-aí (*Dasein*). É o círculo hermenêutico em um sentido ontológico originário, através do qual a verdade se manifesta através do desvelamento do ser.

A compreensão é sempre um projetar-se. Gadamer afirma que "quem quiser compreender um texto realiza sempre um projetar. Tão logo apareça um primeiro sentido no texto, o intérprete prelineia o sentido do todo."[250] Melhor dizendo: a compreensão é um constante reprojetar-se a partir de determinadas perspectivas do intérprete. As perspectivas do intéprete (opi-

---

248 GADAMER, Hans-Georg. *Verdade e método*: traços fundamentais de uma hermenêutica filosófica. Tradução Flávio Paulo Meurer. Petrópolis: Vozes, 1997. p. 31.
249 *Ibid.*, p. 36.
250 *Ibid.*, p. 402.

niões prévias), ou seja, antecipações de sentido do texto não devem ser confundidas com arbitrariedade do julgador.

É nesse sentido que Gadamer ensina que "a compreensão somente alcança sua verdadeira possibilidade, quando as opiniões prévias, com as quais ela inicia, não são arbitrárias. Por isso faz sentido que o intérprete não se dirija aos textos diretamente, a partir da opinião prévia que lhe subjaz, mas que examine tais opiniões quanto à sua legitimação, isto é, quanto à sua origem e validez".[251]

Com isso o intérprete deve deixar que o texto diga alguma coisa por si, para que se evite a possibilidade do mal-entendido (opiniões prévias que levam à arbitrariedade). Daí que o que importa é "dar-se conta das próprias antecipações, para que o próprio texto possa apresentar-se em sua alteridade e obtenha assim a possibilidade de confrontar sua verdade com as próprias opiniões prévias".[252]

Na verdade, porém, Gadamer fala dos preconceitos. Estes podem ser classificados em positivos e negativos. O caráter negativo está relacionado com a época da Ilustração/Iluminismo (*Aufklärung*) representando um "juízo não fundamentado" e decidido "diante do tribunal da razão"[253] (preconceitos limitadores).[254] Os preconceitos positivos são aqueles reconhecidos como legítimos e enlaçados com a questão central de uma hermenêutica verdadeiramente histórica.

46.3 A questão da pertença

Esse comportamento histórico-hermenêutico realizado através da comunidade de preconceitos fundamentais e sustentadores é o sentido da pertença.[255] Logo, *pertença* é o momento da tradição no comportamento histórico-hermenêutico.[256] É a consciência hermenêutica incluída na consciência histórica. Os preconceitos fundamentais e sustentadores são aqueles que tornam possível a compreensão (preconceitos produtivos). Daí que a compreensão é um comportamento produtivo e não (re)produtivo. É o texto "levado a sério na sua pretensão de verdade".[257]

---

251 GADAMER, 1997, p. 403.
252 *Ibid.*, p. 405.
253 *Ibid.*, p. 410.
254 *Ibid.*, p. 416.
255 *Ibid.*, p. 442.
256 *Ibid.*, p. 442.
257 *Ibid.*, p. 444.

46.4 O tempo em sua produtividade hermenêutica

A compreensão como comportamento produtivo dá-se como um existencial a partir da interpretação temporal aplicada ao modo de ser da pre-sença (*Dasein*), conforme ensinamentos heideggerianos. O tempo é o fundamento que sustenta o acontecer.[258] O *ser é tempo*.[259] Dessa maneira, a questão do tempo está relacionada com a questão central da hermenêutica, ou seja, nesse contexto devemos "distinguir os verdadeiros preconceitos, sob os quais compreendemos, dos falsos preconceitos que produzem os mal-entendidos. Nesse sentido, uma consciência formada hermeneuticamente terá de incluir também a consciência histórica".[260]

Portanto, Gadamer afirma: "Entender é, essencialmente, um processo de história efeitual".[261]

46.5 A questão da história efeitual e situação hermenêutica

A consciência da história efeitual está relacionada com a consciência da *situação hermenêutica*. Nas palavras de Gadamer, "quando procuramos compreender um fenômeno histórico a partir da distância histórica que determina nossa situação hermenêutica como um todo, encontramo-nos sempre sob os efeitos dessa história efeitual".[262]

Nas lições de Jean Grondin, por história efeitual (*Wirkungsgeschichte*) entende-se, desde o século XIX, nas ciências literárias, "o estudo das interpretações produzidas por uma época, ou a história de suas recepções. Nela se torna claro, que as obras, em determinadas épocas específicas, despertam e devem mesmo despertar diferentes interpretações. A consciência da história efeitual, a ser desenvolvida, está inicialmente em consonância com a máxima de se visualizar a própria situação hermenêutica e a produtividade da distância temporal".[263]

Gadamer entende que a consciência da história efeitual funciona como um princípio no processo de compreensão. A compreensão a partir de uma

---
258 GADAMER, 1997, p. 445.
259 Para um estudo mais detalhado da temporalidade em Heideger: Ver obra *Ser e tempo*.
260 *Ibid.*, p. 447.
261 *Ibid.*, p. 448.
262 *Ibid.*, p. 449.
263 GRONDIN, Jean. *Introdução à hermenêutica filosófica*. Tradução: Benno Dischinger. São Leopoldo: Unisinos, 1999, p. 190.

compreensão objetivista guindada no viés metodológico, obnubila o entrelaçamento efeitual-histórico que deve permear o processo hermenêutico. Melhor dizendo: A fé no processo metodológico acaba por obscurecer a própria historicidade.

É dessa maneira que o magistrado, no processo de decisão judicial, deve considerar os efeitos da história efeitual no processo exegético, ou seja, é preciso tornar consciente a própria situação hermenêutica, para melhor "dizer o Direito". Isso ocorre na medida que o julgador analisa o caso concreto decidindo, a partir da interpretação da própria pré-compreensão, consoante ensinamentos heideggerianos. A história efeitual seria o "pano de fundo" do processo decisório, já que o julgador deve inserir-se na situação hermenêutica.

Segundo *Verdade e método*, Gadamer ensina que o conceito de situação "se caracteriza pelo fato de não nos encontrarmos diante dela e, portanto, não podemos ter um saber objetivo dela. Nós estamos nela, já nos encontramos sempre numa situação, cuja iluminação é a nossa tarefa, e esta nunca pode se cumprir por completo. E isso vale também para a situação hermenêutica, isto é, para a situação em que nos encontramos face à tradição que queremos compreender. Também a iluminação dessa situação, isto é, a reflexão da história efeitual, não pode ser plenamente realizada, mas essa impossibilidade não é defeito da reflexão, mas encontra-se na essência mesma do ser histórico que somos. *Ser histórico quer dizer não se esgotar nunca no saber-se*".[264]

46.6 A importância de ter horizontes. A fusão de horizontes

O conceito de situação hermenêutica encontra-se entrelaçado com o conceito de horizontes. Isso porque o julgador, no momento da prestação jurisdicional, deve ampliar e abrir seus horizontes. Segundo Gadamer, horizonte é "o âmbito de visão que abarca e encerra tudo o que é visível a partir de determinado ponto".[265] Aplicando-se ao meio jurídico falamos então que o magistrado não tem visão, seus horizontes são limitados ao Códex, da possibilidade de ampliar a exegese civilística aos princípios constitucionais, da abertura de novos horizontes jurídicos em razão do multiculturalismo, dos direitos humanos etc. Aquele juiz que não possui horizontes é

---

[264] GADAMER, 1997, p. 451.
[265] *Ibid.*, p. 452.

um magistrado que não vê suficientemente longe e que, dessa forma, supervaloriza as regras do Código Civil (é um esforço intelectual reduzido preocupado apenas com o que lhe está mais próximo) sem o entrelaçamento devido com as normas e preceitos constitucionais. Pelo contrário, a leitura das regras jurídicas interprivadas à luz da axiologia constitucional significa não estar limitado ao mais próximo, mas poder ver para além disso. Aquele que tem horizontes sabe valorizar corretamente o significado de ser magistrado. Assim, a elaboração da *situação hermenêutica* pelo juiz significa a obtenção do horizonte de questionamento correto para as questões que se colocam frente ao magistrado.

Nesse contexto, Gadamer afirma que "quem omitir esse deslocar-se ao horizonte histórico a partir do qual fala a tradição, estará sujeito a mal-entendidos com respeito ao significado dos conteúdos daquela. Nesse sentido, parece ser uma exigência hermenêutica justificada o fato de termos de nos colocar no lugar do outro para poder entendê-lo".[266]

Surge então a necessidade do julgador deslocar-se à situação histórica e procurar reconstruir seu horizonte. Por essa razão que Gadamer afirma que "o horizonte é, antes, algo no qual trilhamos nosso caminho e que conosco faz o caminho. Os horizontes se deslocam ao passo de quem se move".[267] O operador do direito ou magistrado que permanece alheio às mudanças sociais não realiza o "deslocar-se" para a situação hermenêutica.

Há, portanto, uma necessidade de compreender o outro homem a partir da intersubjetividade, considerando a alteridade da norma jurídica. Esse deslocar-se não é um ato de subjetividade ou arbitrariedade, nem a submissão do outro sob os padrões do julgador, mas significa uma ascenção a uma universalidade hermenêutica. Daí a importância de termos horizontes. Aplicando ao problema hermenêutica a questão de se ter horizontes, Hans-Georg Gadamer afirma que "ganhar um horizonte quer dizer sempre aprender a ver mais além do próximo e do muito próximo, não para apartá-lo da vista, senão que precisamente para vê-lo melhor, integrando-o em um todo maior e em padrões mais corretos".

É evidente que para ganhar para si um horizonte histórico requer um esforço pessoal do magistrado. Ele não pode ficar limitado ao modelo de decisão judicial pautado na lógica formal, de padrão matematizante. Ele deve ir além na busca de novos horizontes e paradigmas de decidibilidade judicial, como ser-no-mundo e mundo vivido.

A questão da decidibilidade judicial é muito importante, em especial, em uma sociedade plural e complexa, em constantes mutações. Daí que essa questão é muito mais complexa do que se pensa, já que cabe ao magistrado

---

266 GADAMER, 1997, p. 453.
267 Ibid., p. 455.

proferir sentenças judiciais que não sejam aparentes e superficiais fincadas em uma hermenêutica de superfície, ao contrário deve partir do fato de que uma situação hermenêutica está delimitada pelos preconceitos que trazemos conosco. É um ir além do que já não se consegue ver com a hermenêutica metodológica. Na verdade, o horizonte do presente está num processo de constante formação e mutação que condiciona os nossos preconceitos. A cada momento devemos pôr à prova tais preconceitos, a partir da fusão de horizontes. É o encontro do passado com a tradição da qual nós mesmos procedemos.[268] Segundo Gadamer a fusão de horzintes ocorre constantemente na tradição, pois "nela o velho e o novo crescem sempre juntos para uma validez vital, sem que um e outro cheguem a se destacar explicitamente por si mesmos".[269]

Toda essa tarefa hermenêutica deve ser desenvolvida conscientemente pelo magistrado, já que em si experimenta por si mesma à relação de tensão entre o texto legal e o presente. O julgador não pode decidir a demanda judicial com um comportamento hermenêutico ingênuo, desconsiderando a situação hermenêutica da qual faz parte.

Se formos em direção às lições gadamerianas, encontraremos: "A consciência histórica é consciente de sua própria alteridade e por isso destaca o horizonte da tradição com respeito ao seu próprio. [...] O projeto de um horizonte histórico é, portanto, só uma fase ou momento na realização da compreensão, e não se prende na autoalienação de uma consciência passada, mas se recupera no próprio horizonte compreensivo do presente. Na realização da compreensão tem lugar uma verdadeira fusão horizôntica que, com o projeto do horizonte histórico, leva a cabo simultaneamente sua suspensão. Nós caracterizamos a realização controlada dessa fusão como a tarefa da consciência histórico-efeitual. Enquanto na herança da hermenêutica romântica, o positivismo estático-histórico ocultou essa tarefa, temos de dizer que o problema central da hermenêutica se estriba precisamente nela. É o problema da aplicação que está contido em toda compreensão."[270]

46.7 A hermenêutica como aplicação

O problema da hermenêutica jurídica de cariz metodológico sofre uma ruptura com Gadamer. Isso porque "compreender é sempre também apli-

---
268 GADAMER, 1997, p. 457.
269 Ibid.
270 Ibid., p. 458.

car".[271] Uma regra jurídica não pode ser compreendida desalinhada com sua aplicação no instante concreto da decidibilidade judicial. Uma lei somente será compreendida adequadamente se "compreendida em cada instante, isto é, em cada situação concreta de uma maneira nova e distinta".[272] É o afastamento da tarefa hermenêutica ao modelo metodológico. Gadamer ensina que "a compreensão é menos um método através do qual a consciência histórica se aproxima do objeto eleito para alcançar seu conhecimento objetivo do que um processo que tem como pressuposição o estar dentro de um acontecer tradicional. A própria compreensão se mostrou como um acontecer".[273]

Dessa forma, o sentido de um texto jurídico e sua aplicação a um caso jurídico concreto não são atos separados, ao contrário representam uma unidade exegética.

46.8 Novos Paradigmas Contratuais

Os paradigmas são "realizações científicas universalmente reconhecidas que, durante algum tempo, fornecem problemas e soluções modelares para uma comunidade de praticantes de uma ciência."[274]

O novo Código Civil brasileiro inseriu no ordenamento jurídico pátrio os novos paradigmas contratuais, tais como: Princípio da Boa-fé objetiva, equilíbrio econômico, transparência, eticidade, e função social dos contratos.

46.9 Contrato de Adesão e Contrato Paritário

O contrato de adesão é aquele que apresenta suas cláusulas preestabelecidas. No contrato paritário, as partes contratantes discutem previamente as cláusulas contratuais.

O contrato de adesão é aquele em que uma das partes contratantes fica submetida à aceitação das cláusulas prefixadas pela outra parte, ou seja, sem qualquer alternativa de negociação nas referidas cláusulas. Estas cláusulas são padronizadas ou como se costuma dizer são contratos estandartizados.

O Código de Defesa do Consumidor conceitua o contrato de adesão como "aquele cujas cláusulas tenham sido aprovadas pela autoridade com-

---

271 GADAMER, 1997, p. 461.
272 Ibid.
273 Ibid., p. 462.
274 KUHN, Thomas S. A estrutura das revoluções científicas. Tradução: Beatriz Vianna Boeira e Nelson Boeira. 9. ed. São Paulo: Perspectiva, 2006, p. 13.

petente ou estabelecidas unilateralmente pelo fornecedor de produtos ou serviços, sem que o consumidor possa discutir ou modificar substancialmente seu conteúdo" (CDC, art. 54).

Grosso modo, nos contratos de adesão, as cláusulas preestabelecidas são elaboradas unilateralmente pelo contratante economicamente mais forte. A partir daí são oferecidas à outra parte contratante para consequente adesão e assinatura, sem possibilidade de discussão de suas cláusulas. Nos dias atuais, tais contratos estão inseridos na vida diária de todos os cidadãos, tais como: contrato de seguro, contrato de fornecimento de energia elétrica, contratos bancários, contrato de transportes aéreos, marítimos e terrestres, de pessoas ou mercadorias. São relações contratuais na esfera de massa, daí porque são chamados de contratos massificados. Dessa forma, os clientes ficam subordinados a cláusulas previamente fixadas, de modo geral e abstrato, para uma série de efetivos negócios. Melhor dizendo: os clientes ficam impedidos de modelar e discutir o conteúdo do negócio jurídico, restando, apenas decidir se aceitam as cláusulas preestabelecidas, ou se privem do bem ou serviço pretendido.

Cláudia Lima Marques destaca como características do contrato de adesão: 1) a sua pré-elaboração unilateral; 2) a sua oferta uniforme e de caráter geral, para um número ainda indeterminado de futuras relações contratuais; 3) seu modo de aceitação, onde o consentimento se dá por simples adesão à vontade manifestada pelo parceiro contratual economicamente mais forte.[275]

O nosso Código Civil se ocupou deste instituto nos artigos 423 e 424, estipulando normas de exegese e nulidade a determinadas cláusulas inseridas nos contratos de adesão. Vejamos: Art. 423. Quando houver no contrato de adesão cláusulas ambíguas ou contraditórias, dever-se-á adotar a interpretação mais favorável ao aderente. Art. 424. Nos contratos de adesão, são nulas as cláusulas que estipulem a renúncia antecipada do aderente a direito resultante da natureza do negócio.

Cabe assinalar que nas Jornadas de Direito Civil ficou assentado que

Conselho da Justiça Federal – III Jornada de Direito Civil

CJF – Enunciado 167 – Arts. 421 a 424: Com o advento do Código Civil de 2002, houve forte aproximação principiológica entre esse Código e o Código de Defesa do Consumidor, no que respei-

---

[275] MARQUES, Cláudia Lima. *Contratos no código de defesa do consumidor*. 3. ed. São Paulo: Revista dos Tribunais, 1999, p. 54.

ta à regulação contratual, uma vez que ambos são incorporadores de uma nova teoria geral dos contratos.

CJF – Enunciado 171 – Art. 423: O contrato de adesão, mencionado nos arts. 423 e 424 do novo Código Civil, não se confunde com o contrato de consumo.

CJF – Enunciado 172 – Art. 424: As cláusulas abusivas não ocorrem exclusivamente nas relações jurídicas de consumo. Dessa forma, é possível a identificação de cláusulas abusivas em contratos civis comuns, como, por exemplo, aquela estampada no art. 424 do Código Civil de 2002.

Conselho da Justiça Federal – IV Jornada de Direito Civil

CJF – Enunciado 364 – Arts. 424 e 828. No contrato de fiança é nula a cláusula de renúncia antecipada ao benefício de ordem quando inserida em contrato de adesão.

46.10 Jurisprudências

RECURSO ESPECIAL. CIVIL. PLANO DE SAÚDE. RESPONSABILIDADE CIVIL.

DESCREDENCIAMENTO DE CLÍNICA MÉDICA. COMUNICAÇÃO PRÉVIA AO CONSUMIDOR. AUSÊNCIA. VIOLAÇÃO DO DEVER DE INFORMAÇÃO. PREJUÍZO AO USUÁRIO. SUSPENSÃO REPENTINA DE TRATAMENTO QUIMIOTERÁPICO. SITUAÇÃO TRAUMÁTICA E AFLITIVA. DANO MORAL. CONFIGURAÇÃO.

1. Ação ordinária que busca a condenação da operadora de plano de saúde por danos morais, visto que deixou de comunicar previamente a consumidora acerca do descredenciamento da clínica médica de oncologia onde recebia tratamento, o que ocasionou a suspensão repentina da quimioterapia.

2. Apesar de os planos e seguros privados de assistência à saúde serem regidos pela Lei nº 9.656/1998, as operadoras da área que prestam serviços remunerados à população enquadram-se no conceito de fornecedor, existindo, pois, relação de consumo, devendo ser aplicadas também, nesses tipos contratuais, as regras do Código de Defesa do Consumidor (CDC). Ambos instrumentos normativos incidem conjuntamente, sobretudo porque esses contratos, de longa duração, lidam com bens sensíveis, como a manutenção da vida. São essenciais, portanto, tanto na formação quanto na execução da avença, a boa-fé entre as partes e o cumprimento dos deveres de informação, de cooperação e de lealdade (arts. 6º, III, e 46 do CDC).

3. O legislador, atento às inter-relações que existem entre as fontes do direito, incluiu, dentre os dispositivos da Lei de Planos de Saúde, norma específica sobre o dever da operadora de informar o consumidor quanto ao descredenciamento de entidades hospitalares (art. 17, § 1º, da Lei nº 9.656/1998).

4. É facultada à operadora de plano de saúde substituir qualquer entidade hospitalar cujos serviços e produtos foram contratados, referenciados ou credenciados desde que o faça por outro equivalente e comunique, com trinta dias de antecedência, os consumidores e a Agência Nacional de Saúde Suplementar (ANS).

5. O termo "entidade hospitalar" inscrito no art. 17, § 1º, da Lei nº 9.656/1998, à luz dos princípios consumeristas, deve ser entendido como gênero, a englobar também clínicas médicas, laboratórios, médicos e demais serviços conveniados. De fato, o usuário de plano de saúde tem o direito de ser informado acerca da modificação da rede conveniada (rol de credenciados), pois somente com a transparência poderá buscar o atendimento e o tratamento que melhor lhe satisfaz, segundo as possibilidades oferecidas.

6. O descumprimento do dever de informação (descredenciamento da clínica médica de oncologia sem prévia comunicação) somado à situação traumática e aflitiva suportada pelo consumidor (interrupção repentina do tratamento quimioterápico com reflexos no estado de saúde), capaz de comprometer a sua integridade psíquica, ultrapassa o mero dissabor, sendo evidente o dano moral, que deverá ser compensado pela operadora de plano de saúde.

7. Recurso especial não provido.

(REsp 1349385/PR, Rel. Ministro RICARDO VILLAS BÔAS CUEVA, TERCEIRA TURMA, julgado em 16/12/2014, DJe 02/02/2015).

CONSUMIDOR. PLANO DE SAÚDE. REDE CONVENIADA. ALTERAÇÃO. DEVER DE INFORMAÇÃO ADEQUADA. COMUNICAÇÃO INDIVIDUAL DE CADA ASSOCIADO.

NECESSIDADE.

1. Os arts. 6º, III, e 46 do CDC instituem o dever de informação e consagram o princípio da transparência, que alcança o negócio em sua essência, na medida em que a informação repassada ao consumidor integra o próprio conteúdo do contrato. Trata-se de dever intrínseco ao negócio e que deve estar presente não apenas na formação do contrato, mas também durante toda a sua execução.

2. O direito à informação visa a assegurar ao consumidor uma escolha consciente, permitindo que suas expectativas em relação ao produto ou serviço sejam de fato atingidas, manifestando o que vem sendo denominado de consentimento informado ou vontade qualificada. Diante disso, o comando do art. 6º, III, do CDC, somente estará sendo efetivamente cumprido quando a informação for prestada ao consumidor de forma adequada, assim entendida como aquela que se apresenta simultaneamente completa, gratuita e útil, vedada, neste último caso, a diluição da comunicação efetivamente relevante pelo uso de informações soltas, redundantes ou destituídas de qualquer serventia para o consumidor.

3. A rede conveniada constitui informação primordial na relação do associado frente à operadora do plano de saúde, mostrando-se determinante na decisão quanto à contratação e futura manutenção do vínculo contratual.

4. Tendo em vista a importância que a rede conveniada assume para a continuidade do contrato, a operadora somente cumprirá o dever de informação se comunicar individualmente cada associado sobre o descredenciamento de médicos e hospitais.

5. Recurso especial provido.

(REsp 1144840/SP, Rel. Ministra NANCY ANDRIGHI, TERCEIRA TURMA, julgado em 20/03/2012, DJe 11/04/2012).

DIREITO DO CONSUMIDOR. CONTRATO DE SEGURO. INVALIDEZ PERMANENTE. VALOR DA INDENIZAÇÃO. DIVERGÊNCIA ENTRE OS DOCUMENTOS ENTREGUES AO SEGURADO. PREVALÊNCIA DO ENTREGUE QUANDO DA CONTRATAÇÃO. CLÁUSULA LIMITATIVA DA COBERTURA. NÃO-INCIDÊNCIA. ARTS. 46 E 47 DA LEI Nº 8.078/90. DOUTRINA. PRECEDENTE. RECURSO PROVIDO.

Havendo divergência no valor indenizatório a ser pago entre os documentos emitidos pela seguradora, deve prevalecer aquele entregue ao consumidor quando da contratação ("certificado individual"), e não o enviado posteriormente, em que consta cláusula restritiva (condições gerais). Nas relações de consumo, o consumidor só se vincula às disposições contratuais em que, previamente, lhe é dada a oportunidade de prévio conhecimento, nos termos do artigo 46 do Código de Defesa do Consumidor. As informações prestadas ao consumidor devem ser claras e precisas, de modo a possibilitar a liberdade de escolha na contratação de produtos e serviços. Ademais, na linha do art. 54, § 4º da Lei nº 8.078/90, devem ser redigidas em destaque as cláusulas que importem em exclusão ou restrição de direitos. (REsp 485.760/RJ, Rel. Ministro SÁLVIO DE FIGUEIREDO TEIXEIRA, QUARTA TURMA, julgado em 17/06/2003, DJ 01/03/2004, p. 186).

CONSUMIDOR. PLANO DE SAÚDE. REDE CONVENIADA. ALTERAÇÃO. DEVER DE INFORMAÇÃO ADEQUADA. COMUNICAÇÃO INDIVIDUAL DE CADA ASSOCIADO. NECESSIDADE.

Os arts. 6º, III, e 46 do CDC instituem o dever de informação e consagram o princípio da transparência, que alcança o negócio em sua essência, na medida em que a informação repassada ao consumidor integra o próprio conteúdo do contrato. Trata-se de dever intrínseco ao negócio e que deve estar presente não apenas na formação do contrato, mas também durante toda a sua execução.

O direito à informação visa a assegurar ao consumidor uma escolha consciente, permitindo que suas expectativas em relação ao produto ou serviço sejam de fato atingidas, manifestando o que vem sendo denominado de consentimento informado ou vontade qualificada. Diante disso, o comando do art. 6º, III, do CDC, somente estará sendo efetivamente cumprido quando a informação for prestada ao consumidor de forma adequada, assim entendida como aquela que se apresenta simultaneamente completa, gratuita e útil, vedada, neste último caso, a diluição da comunicação efetivamente relevante pelo uso de informações soltas, redundantes ou destituídas de qualquer serventia para o consumidor.

A rede conveniada constitui informação primordial na relação do associado frente à operadora do plano de saúde, mostrando-se determinante na decisão quanto à contratação e futura manutenção do vínculo contratual.

Tendo em vista a importância que a rede conveniada assume para a continuidade do contrato, a operadora somente cumprirá o dever de informação se comunicar individualmente cada associado sobre o descredenciamento de médicos e hospitais.

Recurso especial provido. (REsp 1144840/SP, Rel. Ministra NANCY ANDRIGHI, TERCEIRA TURMA, julgado em 20/03/2012, DJe 11/04/2012).

CIVIL E PROCESSUAL CIVIL. PLANO DE SAÚDE. ALTERAÇÃO UNILATERAL DO CONTRATO. INTERNAÇÃO EM HOSPITAL NÃO CONVENIADO. CDC. BOA-FÉ OBJETIVA. A operadora do plano de saúde está obrigada ao cumprimento de uma boa-fé qualificada, ou seja, uma boa-fé que pressupõe os deveres de informação, cooperação e cuidado com o consumidor/segurado. No caso, a empresa de saúde realizou a alteração contratual sem a participação do consumidor, por isso é nula a modificação que determinou que a assistência médico hospitalar fosse prestada apenas por estabelecimento credenciado ou, caso o consumidor escolhesse hospital não credenciado, que o ressarcimento das despesas estaria limitado à determinada tabela. Violação dos arts. 46 e 51, IV e § 1º do CDC. Por esse motivo, prejudicadas as demais questões propostas no especial. Recurso especial provido. (REsp 418.572/SP, Rel. Ministro LUIS FELIPE SALOMÃO, QUARTA TURMA, julgado em 10/03/2009, DJe 30/03/2009).

CONTRATO BANCÁRIO. AUSÊNCIA DE OFENSA AO ARTIGO 535 DO CPC. APRECIAÇÃO DE OFÍCIO. INOCORRÊNCIA. CLÁUSULAS GERAIS. DESINFORMAÇÃO DO CONSUMIDOR. JUROS REMUNERATÓRIOS. INEXISTÊNCIA DE PACTUAÇÃO. CAPITALIZAÇÃO ANUAL DE JUROS EM CONTA CORRENTE. POSSIBILIDADE. COMISSÃO DE PERMANÊNCIA. AUSÊNCIA DE CONTRATAÇÃO. Não há ofensa ao Art. 535 do CPC se, embora rejeitando os embargos de declaração, o acórdão examinou todas as questões pertinentes. Não há revisão de ofício do contrato, pois os fundamentos do acórdão recorrido não fazem coisa julgada. É ineficaz, no contrato de adesão, cláusula inserida em documento que – embora registrado em cartório – não foi exibido ao consumidor, no momento da adesão (CDC, Arts. 46 e segs.). No caso de previsão potestativa da taxa de juros remuneratórios ou sua inexistência, os juros devem ser aplicados consoante a média de mercado. Precedente da Segunda Seção. É lícita a capitalização anual de juros em conta corrente. É defeso cobrar comissão de permanência não pactuada no instrumento. Incide a Súmula 294. (REsp 897.148/MT, Rel. Ministro HUMBERTO GOMES DE BARROS, TERCEIRA TURMA, julgado em 20/09/2007, DJ 08/10/2007, p. 274).

Cédula de crédito bancário. Capitalização diária de juros remuneratórios. Taxa diária não informada. Violação ao dever de informação. Art. 46 do CDC. (REsp 1.826.463-SC, Rel. Min. Paulo de Tarso Sanseverino, Segunda Seção, por unanimidade, julgado em 14/10/2020, DJe 29/10/2020).

Art. 47. As cláusulas contratuais serão interpretadas de maneira mais favorável ao consumidor.

↳COMENTÁRIOS

47.1 Interpretação mais Favorável ao Consumidor

As relações de consumo devem ser pautadas pela transparência e confiança (arts. 4°, *caput* e artigo 6°, inciso III do CDC).

Como dito alhures a relação contratual deve ser equilibrada economicamente, com vistas a melhoria da qualidade de vida dos consumidores. O cuidado no trato das relações de consumo ganha contornos mais vivos se analisados a partir de sua dimensão coletiva. O cuidado (sorge), a preocupação, o respeito com os consumidores são os novos paradigmas que devem ser alinhados na contemporaneidade.

Aqui é possível afirmar a necessidade de introduzir uma nova *dimensionalidade de se pensar o OUTRO na contemporaneidade*, já que procura inserir o direito numa via em direção a questão do ser. Melhor dizendo: a dimensionalidade ética da pessoa como *Dasein* procura superar a metafísica moderna que tem o homem como *subjectum*.

O CDC é uma norma essencial social, já que permeada pelos vetores da solidariedade e justiça social. Claudia Lima Marques diz que: "Note-se que nos contratos de massa, a oferta não é dirigida a pessoas determinadas, mas a todos os indivíduos, enquanto integrantes da coletividade. Esta oferta genérica, mas, principalmente, a publicidade e outras informações prestadas não vinculavam a empresa, sendo consideradas".[276]

O artigo 4°, *caput*, trata ainda do princípio da *"transparência e harmonia das relações de consumo"*. É, pois, a correção e clareza da informação quanto ao produto ou serviço a ser negociado. Esse princípio se insere também na fase das tratativas ou negociações preliminares, dando azo a indenização (perdas e danos) no caso de descumprimento ou violação deste princípio. É um desvelamento dos princípios da boa-fé objetiva e vulnerabilidade do consumidor.

O CDC reconhece de forma clara a vulnerabilidade do consumidor no mercado de consumo, através do artigo 4°, inciso I, da Lei n° 8.078/90. Isso significa dizer que no mundo da vida o consumidor fica numa posição desfavorável nas relações jurídicas de consumo. Um exemplo da vulnerabilidade do consumidor é o caso das "derrubadas de ligações" nos serviços de telefonia móvel.

---

[276] MARQUES, Claudia Lima. *Contratos no Código de Defesa do Consumidor: o novo regime das relações contratuais*, 2.ed., São Paulo: Revista dos Tribunais, 1995, p. 210-211.

O reconhecimento da vulnerabilidade do consumidor nas relações de consumo deve sempre almejar o desejável equilíbrio da relação estabelecida entre o consumidor e o fornecedor.

Em razão disto, as cláusulas contratuais devem ser interpretadas sempre de maneira mais favorável ao consumidor (artigo 47 do CDC).

Subsidiariamente, vale lembrar, também, que de acordo com o artigo 112 do nosso Código Civil, "nas declarações de vontade se atenderá mais à intenção nelas consubstanciada do que ao sentido literal da linguagem".[277] Daí é mais importante a vontade real do que a vontade declarada.

47.2 Jurisprudências

AGRAVO REGIMENTAL NO AGRAVO EM RECURSO ESPECIAL. SEGURO DE VIDA.

COBERTURA. CLÁUSULAS DÚBIAS. INTERPRETAÇÃO MAIS FAVORÁVEL AO HIPOSSUFICIENTE. ANÁLISE CONTRATUAL. REEXAME DO CONJUNTO FÁTICO-PROBATÓRIO DOS AUTOS. SÚMULAS Nos 5 E 7/STJ.

1. A falta de clareza e dubiedade das cláusulas impõem ao julgador uma interpretação favorável ao consumidor (art. 47 do CDC), parte hipossuficiente por presunção legal 2. Para prevalecer a pretensão em sentido contrário à conclusão do tribunal de origem, mister se faz a análise do contrato e revisão do conjunto fático-probatório dos autos, o que, como já decidido, é inviabilizado, nesta instância superior, pelas Súmulas nos 5 e 7/STJ.

3. Agravo regimental não provido.

(AgRg no AREsp 539.402/SP, Rel. Ministro RICARDO VILLAS BÔAS CUEVA, TERCEIRA TURMA, julgado em 18/06/2015, DJe 05/08/2015).

RECURSO ESPECIAL. PLANO DE SAÚDE. SERVIÇO DE HOME CARE. COBERTURA PELO PLANO DE SAÚDE. DANO MORAL.

1 – Polêmica em torna da cobertura por plano de saúde do serviço de "home care" para paciente portador de doença pulmonar obstrutiva crônica.

---

277 Correspondente ao art. 85 do CC de 1916.

2 – O serviço de "*home care*" (tratamento domiciliar) constitui desdobramento do tratamento hospitalar contratualmente previsto que não pode ser limitado pela operadora do plano de saúde.

3 – Na dúvida, a interpretação das cláusulas dos contratos de adesão deve ser feita da forma mais favorável ao consumidor. Inteligência do enunciado normativo do art. 47 do CDC. Doutrina e jurisprudência do STJ acerca do tema.

4 – Ressalva no sentido de que, nos contratos de plano de saúde sem contratação específica, o serviço de internação domiciliar (*home care*) pode ser utilizado em substituição à internação hospitalar, desde que observados certos requisitos como a indicação do médico assistente, a concordância do paciente e a não afetação do equilíbrio contratual nas hipóteses em que o custo do atendimento domiciliar por dia supera o custo diário em hospital. 5 – Dano moral reconhecido pelas instâncias de origem. Súmula 07/STJ.

6 – RECURSO ESPECIAL A QUE SE NEGA PROVIMENTO.

(REsp 1378707/RJ, Rel. Ministro PAULO DE TARSO SANSEVERINO, TERCEIRA TURMA, julgado em 26/05/2015, DJe 15/06/2015).

RECURSO ESPECIAL. DIREITO DO CONSUMIDOR. NEGATIVA DE PRESTAÇÃO JURISDICIONAL. ART. 535 DO CPC. NÃO OCORRÊNCIA. PRINCÍPIO DA CONGRUÊNCIA. APLICAÇÃO. "TELE SENA DIA DAS MÃES". DIREITO DE INFORMAÇÃO CLARA E OBJETIVA. REGRAS DO SORTEIO. OMISSÃO. PROPAGANDA ENGANOSA. INTERPRETAÇÃO MAIS FAVORÁVEL AO CONSUMIDOR. ABUSIVIDADE.

CLÁUSULA SURPRESA. DIREITO DE INFORMAÇÃO. FASE PRÉ-CONTRATUAL.

INCIDÊNCIA.

1. Cuida-se de ação de cobrança proposta por consumidora contra empresa sob alegação de ter sido vítima de propaganda enganosa em relação a sorteio de título de capitalização denominado "Tele Sena Dia das Mães 1999".

2. Enganosa é a mensagem falsa ou que tenha aptidão a induzir a erro o consumidor, que não conseguiria distinguir natureza, características, quantidade, qualidade, preço, origem e dados do produto ou serviço contratado.

3. No caso concreto, extrai-se dos autos que dados essenciais do produto ou serviço adquirido foram omitidos, gerando confusão para qualquer consumidor médio, facilmente induzido a erro.

4. As regras contratuais devem ser postas de modo a evitar falsas expectativas, tais como aquelas dissociadas da realidade, em especial quanto ao consumidor desprovido de conhecimentos técnicos.

5. O CDC, norma principiológica por natureza, proíbe e limita os contratos impressos com letras minúsculas que dificultem, desestimulem ou impeçam a leitura e compreensão pelo consumidor, visando permitir o controle de cláusulas contratuais gerais e a realização da liberdade contratual.

6. À luz do princípio da vulnerabilidade (art. 4º, I, do CDC), princípio norteador das relações de consumo, as cláusulas contratuais são interpretadas de maneira mais favorável ao consumidor (art. 47 do CDC).

7. A transparência e a boa-fé permeiam a contratação na fase pré-contratual.

8. É vedada a cláusula surpresa como garantia do equilíbrio contratual e do direito de informação ao consumidor.

9. Recurso especial não provido.

(REsp 1344967/SP, Rel. Ministro RICARDO VILLAS BÔAS CUEVA, TERCEIRA TURMA, julgado em 26/08/2014, DJe 15/09/2014).

AGRAVO REGIMENTAL NO RECURSO ESPECIAL. SEGURO DE VIDA. MORTE NATURAL. COBERTURA. CLÁUSULAS DÚBIAS. INTERPRETAÇÃO MAIS FAVORÁVEL AO HIPOSSUFICIENTE. PRECEDENTES.

1. Esta Corte Superior já firmou entendimento de que, nos contratos de adesão, as cláusulas limitativas ao direito do consumidor contratante deverão ser escritas com clareza e destaque, para que não impeçam a sua correta interpretação.

2. A falta de clareza e dubiedade das cláusulas impõem ao julgador uma interpretação favorável ao consumidor (art. 47 do CDC), parte hipossuficiente por presunção legal, bem como a nulidade de cláusulas que atenuem a responsabilidade do fornecedor, ou redundem em renúncia ou disposição de direitos pelo consumidor (art. 51, I, do CDC), ou desvirtuem direitos fundamentais inerentes à natureza do contrato (art. 51, § 1º, II, do CDC).

3. Agravo regimental não provido.

(AgRg no REsp 1331935/SP, Rel. Ministro RICARDO VILLAS BÔAS CUEVA, TERCEIRA TURMA, julgado em 03/10/2013, DJe 10/10/2013).

RECURSO ESPECIAL. DIREITO DO CONSUMIDOR. SEGURO DE SAÚDE. ALEGAÇÃO DE VIOLAÇÃO DE DISPOSITIVOS CONSTITUCIONAIS. INVIABILIDADE.

INCLUSÃO DE DEPENDENTE. INAPLICABILIDADE DO § 5º DO ART. 35 DA LEI Nº 9.656/98. OPORTUNIDADE DE ADAPTAÇÃO AO NOVO SISTEMA. NÃO CONCESSÃO.

CLÁUSULA CONTRATUAL. POSSIBILIDADE DE INCLUSÃO DE QUALQUER PESSOA COMO DEPENDENTE. EXCLUSÃO DE COBERTURA DE LESÕES DECORRENTES DE MÁ-FORMAÇÃO CONGÊNITA. EXCEÇÃO. FILHO DE SEGURADA NASCIDO NA VIGÊNCIA DO SEGURO. INTERPRETAÇÃO MAIS FAVORÁVEL AO CONSUMIDOR ADERENTE. ABUSIVIDADE DA NEGATIVA DE COBERTURA DE SITUAÇÃO DE URGÊNCIA.

1. A análise de suposta violação de dispositivo constitucional é vedada nesta instância especial, sob pena de usurpação da competência atribuída ao Supremo Tribunal Federal.

2. Inaplicabilidade da regra do § 5º do art. 35 da Lei nº 9.656/98 quando ao consumidor não foi dada a oportunidade de optar pela adaptação de seu contrato de seguro de saúde ao novo sistema.

3. Afastada a restrição legal à inclusão de dependentes, permanece em plena vigência a cláusula contratual que prevê a possibilidade de inclusão de qualquer pessoa como dependente em seguro de saúde.

4. Obrigação contratual da seguradora de oferecer cobertura às lesões decorrentes de má-formação congênita aos filhos das seguradas nascidos na vigência do contrato.

5. Cláusulas contratuais devem ser interpretadas de maneira mais favorável ao consumidor, mormente quando se trata de contrato de adesão. Inteligência do art. 47 do CDC.

6. Cobertura que não poderia, de qualquer forma, ser negada pela seguradora, por se tratar de situação de urgência, essencial à manutenção da vida do segurado, sob pena de se configurar abusividade contratual.

7. RECURSO ESPECIAL PROVIDO.

(REsp 1133338/SP, Rel. Ministro PAULO DE TARSO SANSEVERINO, TERCEIRA TURMA, julgado em 02/04/2013, DJe 09/04/2013).

[...] O Tribunal a quo negou provimento ao apelo interposto pela ora agravante, sob o fundamento de que, nas relações de consumo, as cláusulas limitativas de direito serão sempre interpretadas a favor do consumidor, em consonância com o art. 47 do Código Consumerista, desse modo, ao assim decidir, adotou posicionamento consentâneo com a jurisprudência desta egrégia Corte, que se orienta no sentido de considerar que, em se tratando de contrato de adesão submetido às regras do CDC, a interpretação de suas cláusulas deve ser feita da maneira mais favorável ao consumidor, bem como devem ser consideradas abusivas as cláusulas que visam a restringir procedimentos médicos.

3. Afigura-se *despicienda* a discussão a respeito da aplicação da Lei nº 9.656/98 à hipótese, tendo em vista que o fundamento utilizado pelo acórdão recorrido, referente à análise das cláusulas contratuais em conformidade com o diploma consumerista, é suficiente, por si só, para mantê-lo. Notadamente diante da jurisprudência deste Tribunal, que já se consolidou no sentido de que é "abusiva a cláusula restritiva de direito que exclui do plano de saúde o custeio de prótese em procedimento cirúrgico coberto pelo plano e necessária ao pleno restabelecimento da saúde do segurado, sendo indiferente, para tanto, se referido material é ou não importado" (AgRg no Ag 1.139.871/SC, Relator o Ministro JOÃO OTÁVIO DE NORONHA, DJe de 10.5.2010) 4. Agravo interno a que se nega provimento. (AgRg no AREsp 273.368/SC, Rel. Ministro RAUL ARAÚJO, QUARTA TURMA, julgado em 21/02/2013, DJe 22/03/2013).

RECURSO ESPECIAL. PLANOS DE SAÚDE. CIRURGIA BARIÁTRICA. TRATAMENTO DE OBESIDADE MÓRBIDA. FINALIDADE TERAPÊUTICA. NECESSIDADE PARA A PRESERVAÇÃO DA VIDA DA PACIENTE. ABUSIVIDADE DA NEGATIVA DA COBERTURA SECURITÁRIA. INTERPRETAÇÃO DOS CONTRATOS DE ADESÃO. A gastroplastia, indicada para o tratamento da obesidade mórbida, bem como de outras doenças dela derivadas, constitui cirurgia essencial à preservação da vida e da saúde do paciente segurado, não se confundindo com simples tratamento para emagrecimento. Abusividade da negativa do plano de saúde em cobrir as despesas da intervenção cirúrgica necessária à garantia da própria sobrevivência do segurado. Interpretação das cláusulas dos contratos de adesão da forma mais favorável ao consumidor.

Inteligência do enunciado normativo do art. 47 do CDC. Doutrina e jurisprudência do STJ acerca do tema. RECURSO ESPECIAL PROVIDO. (REsp 1249701/SC, Rel. Ministro PAULO DE TARSO SANSEVERINO, TERCEIRA TURMA, julgado em 04/12/2012, DJe 10/12/2012).

[...] Firmada pela Corte a quo a natureza consumerista da relação jurídica estabelecida entre as partes, forçosa sua submissão aos preceitos de ordem pública da Lei nº 8.078/90, a qual elegeu como premissas hermenêuticas a interpretação mais favorável ao consumidor (art. 47), a nulidade de cláusulas que atenuem a responsabilidade do fornecedor, ou redundem em renúncia ou disposição de direitos pelo consumidor (art. 51, I), ou desvirtuem direitos fundamentais inerentes à natureza do contrato (art. 51, § 1º, II). Embora a aleatoriedade constitua característica elementar do contrato de seguro, é mister a previsão de quais os interesses sujeitos a eventos confiados ao acaso estão protegidos, cujo implemento, uma vez verificado, impõe o dever de cobertura pela seguradora. Daí a imprescindibilidade de se ter muito bem definidas as balizas contratuais, cuja formação, segundo o art. 765 do Código Civil, deve observar o princípio da "estrita boa-fé" e da "veracidade", seja na conclusão ou na execução do contrato, bem assim quanto ao "objeto" e as "circunstâncias e declarações a ele concernentes". As cláusulas contratuais, uma vez delimitadas, não escapam da interpretação daquele que ocupa a outra extremidade da relação jurídica, a saber, o consumidor, especialmente em face de manifestações volitivas materializadas em disposições dúbias, lacunosas, omissas ou que comportem vários sentidos. [...] (REsp 1106827/SP, Rel. Ministro MARCO BUZZI, QUARTA TURMA, julgado em 16/10/2012, DJe 23/10/2012).

Art. 48. As declarações de vontade constantes de escritos particulares, recibos e pré-contratos relativos às relações de consumo vinculam o fornecedor, ensejando inclusive execução específica, nos termos do art. 84 e parágrafos.

→COMENTÁRIOS

48.1 Escritos particulares, recibos e contrato preliminar nas relações de consumo

O artigo 48 do CDC é claro ao afirmar que as declarações de vontade traduzidas por escritos particulares, recibos e pré-contratos relacionados às relações consumeiras vinculam o fornecedor. É, pois, uma obrigação de fazer, assumida pelo fornecedor. O não cumprimento da prestação ensejará a execução forçada da obrigação de fazer.

48.2 Execução Forçada da Obrigação de Fazer

Nesse caso, a execução forçada da obrigação de fazer seguirá a regra jurídica estabelecida no artigo 84 do CDC.[278]

> **Art. 49.** O consumidor pode desistir do contrato, no prazo de 7 dias a contar de sua assinatura ou do ato de recebimento do produto ou serviço, sempre que a contratação de fornecimento de produtos e serviços ocorrer fora do estabelecimento comercial, especialmente por telefone ou a domicílio.

---

278 CDC – Art. 84. Na ação que tenha por objeto o cumprimento da obrigação de fazer ou não fazer, o juiz concederá a tutela específica da obrigação ou determinará providências que assegurem o resultado prático equivalente ao do adimplemento.
§ 1º A conversão da obrigação em perdas e danos somente será admissível se por elas optar o autor ou se impossível a tutela específica ou a obtenção do resultado prático correspondente.
§ 2º A indenização por perdas e danos se fará sem prejuízo da multa (art. 287, do Código de Processo Civil).
§ 3º Sendo relevante o fundamento da demanda e havendo justificado receio de ineficácia do provimento final, é lícito ao juiz conceder a tutela liminarmente ou após justificação prévia, citado o réu.
§ 4º O juiz poderá, na hipótese do § 3º ou na sentença, impor multa diária ao réu, independentemente de pedido do autor, se for suficiente ou compatível com a obrigação, fixando prazo razoável para o cumprimento do preceito.
§ 5º Para a tutela específica ou para a obtenção do resultado prático equivalente, poderá o juiz determinar as medidas necessárias, tais como busca e apreensão, remoção de coisas e pessoas, desfazimento de obra, impedimento de atividade nociva, além de requisição de força policial.

Parágrafo único. Se o consumidor exercitar o direito de arrependimento previsto neste artigo, os valores eventualmente pagos, a qualquer título, durante o prazo de reflexão, serão devolvidos, de imediato, monetariamente atualizados.

→COMENTÁRIOS

49.1 Direito de Arrependimento

O consumidor possui o direito subjetivo de desistir do contrato, ou seja, se arrepender no que tange a sua manifestação de vontade que deu azo a relação de consumo. Este direito de arrependimento está implícito na relação de consumo, não sendo necessário que se tenha cláusula expressa nesse sentido. A única exigência é que a contratação de fornecimento de produtos e serviços tenha ocorrido fora do estabelecimento comercial, especialmente por telefone, internet, prospectos, venda por sistema de *marketing* ou a domicílio (venda porta a porta). O artigo em comento apresenta apenas um rol exemplificativo, podendo ocorrer outras formas de relação de consumo fora do estabelecimento comercial.

49.2 Prazo de Reflexão

O consumidor poderá exercer o seu direito de arrependimento, sem necessidade de expor os seus motivos pessoais, no prazo de 7 (sete) dias a contar da assinatura do contrato ou do ato de recebimento do produto ou serviço. É considerado, pois, um prazo de reflexão.

Nesse sentido, "é facultado ao consumidor desistir do contrato de compra, no prazo de 7 (sete) dias, a contar da sua assinatura, quando a contratação ocorrer fora do estabelecimento comercial, nos termos do art. 49 do CDC. Agravo Regimental improvido. (AgRg no REsp 1189740/RS, Rel. Ministro SIDNEI BENETI, TERCEIRA TURMA, julgado em 22/06/2010, DJe 01/07/2010).

Da mesma forma:

PROCESSUAL CIVIL. AGRAVO REGIMENTAL NO AGRAVO EM RECURSO ESPECIAL.

COMPRA E VENDA. REVISÃO. IMPOSSIBILIDADE. REEXAME DO ACERVO FÁTICO-PROBATÓRIO. INCIDÊNCIA DA SÚMULA Nº

7 DO STJ. DIREITO DE ARREPENDIMENTO. ART. 49 DO CDC. DESISTÊNCIA NÃO CARACTERIZADA.

DECISÃO MANTIDA.

1. A alteração das conclusões do acórdão recorrido exige reapreciação do acervo fático-probatório da demanda, o que faz incidir o óbice da Súmula nº 7 do STJ.

2. Quando o contrato de consumo for concluído fora do estabelecimento comercial, o consumidor tem o direito de desistir do negócio em 7 dias, sem nenhuma motivação, nos termos do art. 49 do CDC. Precedentes.

3. Agravo regimental não provido.

(AgRg no AREsp 533.990/MG, Rel. Ministro MOURA RIBEIRO, TERCEIRA TURMA, julgado em 18/08/2015, DJe 27/08/2015).

AGRAVO REGIMENTAL NO AGRAVO DE INSTRUMENTO. INDENIZAÇÃO. DANO MORAL. NEGATIVA DE PRESTAÇÃO JURISDICIONAL. NÃO OCORRÊNCIA. FUNDAMENTOS NÃO INFIRMADOS. SÚMULA Nº 283/STF. FALTA DE PREQUESTIONAMENTO. SÚMULAS NºS 282/STF E 211/STJ. COMPRA. DIREITO DE ARREPENDIMENTO. PRAZO LEGAL. ART. 49 DO CDC.

1. Não há falar em negativa de prestação jurisdicional se o tribunal de origem motiva adequadamente sua decisão, solucionando a controvérsia com a aplicação do direito que entende cabível à hipótese.

2. A ausência de impugnação dos fundamentos do acórdão recorrido, enseja o não conhecimento do recurso, incidindo o enunciado da Súmula nº 283/STF.

3. Ausente o prequestionamento, até mesmo de modo implícito, de dispositivos apontados como violados no recurso especial, incidem as Súmulas nºs 282/STF e 211/STJ.

4. Conforme o disposto no art. 49 do Código de Defesa do Consumidor, quando o contrato de consumo for concluído fora do estabelecimento comercial, o consumidor tem o direito de desistir do negócio em 7 (sete) dias, sem nenhuma motivação.

5. Agravo regimental não provido.

(AgRg no Ag 1388017/RS, Rel. Ministro RICARDO VILLAS BÔAS CUEVA, TERCEIRA TURMA, julgado em 08/10/2013, DJe 14/10/2013)

49.3 Financiamento. Alienação Fiduciária. Arrependimento

Consumidor. Recurso Especial. Ação de busca e apreensão. Aplicação do CDC às instituições financeiras. Súmula 297/STJ. Contrato celebrado fora do estabelecimento comercial. Direito de arrependimento manifestado no sexto dia após a assinatura do contrato. Prazo legal de sete dias. Art. 49 do CDC. Ação de busca e apreensão baseada em contrato resolvido por cláusula de arrependimento. Improcedência do pedido.

– O Código de Defesa do Consumidor é aplicável às instituições financeiras. Súmula 297/STJ.

– Em ação de busca e apreensão, é possível discutir a resolução do contrato de financiamento, garantido por alienação fiduciária, quando incide a cláusula tácita do direito de arrependimento, prevista no art. 49 do CDC, porque esta objetiva restabelecer os contraentes ao estado anterior à celebração do contrato.

– É facultado ao consumidor desistir do contrato de financiamento, no prazo de 7 (sete) dias, a contar da sua assinatura, quando a contratação ocorrer fora do estabelecimento comercial, nos termos do art. 49 do CDC.

– Após a notificação da instituição financeira, a cláusula de arrependimento, implícita no contrato de financiamento, deve ser interpretada como causa de resolução tácita do contrato, com a consequência de restabelecer as partes ao estado anterior.

– O pedido da ação de busca e apreensão deve ser julgado improcedente, quando se basear em contrato de financiamento resolvido por cláusula de arrependimento.

Recurso especial conhecido e provido.

(REsp 930.351/SP, Rel. Ministra NANCY ANDRIGHI, TERCEIRA TURMA, julgado em 27/10/2009, DJe 16/11/2009)

49.4 Os prazos e sua contagem

O prazo é o lapso temporal entre o termo inicial (*dies a quo*) e o termo final (*dies ad quem*).

De acordo com a regra do artigo 132, "salvo disposição legal ou convencional em contrário, computam-se os prazos, excluído o dia do começo, e incluído o do vencimento".[277] [278]

---

[277] Correspondente ao art. 125 do CC de 1916.
[278] CPC – Art. 184. Salvo disposição em contrário, computar-se-ão os prazos, excluindo o dia do começo e incluindo o do vencimento.

São feriados, para efeito forense, os domingos e os dias declarados por lei. (CPC, art. 175).[279] [280]

Se o dia do vencimento cair em feriado, considerar-se-á prorrogado o prazo até o seguinte dia útil (CC, art. 132, § 1º).[281]

Meado considera-se, em qualquer mês, o seu décimo quinto dia (CC, art. 132, § 2º).[282]

Os prazos de meses e anos expiram no dia de igual número do de início, ou no imediato, se faltar exata correspondência (CC, art. 132, § 3º).[283]

Os prazos fixados por hora contar-se-ão de minuto a minuto (CC, art. 132, § 4º).[284]

49.5 Devolução das Quantias Pagas

O parágrafo único do artigo 49 do CDC informa que se o consumidor exercitar o direito de arrependimento, os valores eventualmente pagos, a qualquer título, durante o prazo de reflexão, serão devolvidos, de imediato, monetariamente atualizados.

Vale mencionar, a fim de prevenir equívocos, a existência de cláusula contratual que exclua o dever jurídico da devolução das quantias pagas, é considerada abusiva, nos termos do artigo 51, inciso II do CDC.

---

279 LEI Nº 810, DE 6 DE SETEMBRO DE 1949. Define o ano civil. Art. 1º Considera-se ano o período de doze meses contado do dia do início ao dia e mês correspondentes do ano seguinte. Art. 2º Considera-se mês o período de tempo contado do dia do início ao dia correspondente do mês seguinte. Art. 3º Quando no ano ou mês do vencimento não houver o dia correspondente ao do início do prazo, este findará no primeiro dia subsequente. Art. 4º Revogam-se as disposições em contrário.

280 LEI Nº 9.093, DE 12 DE SETEMBRO DE 1995. Dispõe sobre feriados. Art. 1º São feriados civis: I – os declarados em lei federal; II – a data magna do Estado fixada em lei estadual. III – os dias do início e do término do ano do centenário de fundação do Município, fixados em lei municipal. (Inciso incluído pela Lei nº 9.335, de 10.12.1996). Art. 2º São feriados religiosos os dias de guarda, declarados em lei municipal, de acordo com a tradição local e em número não superior a quatro, neste incluída a Sexta-Feira da Paixão. Art. 3º Esta Lei entra em vigor na data de sua publicação. Art. 4º Revogam-se as disposições em contrário, especialmente o art. 11 da Lei nº 605, de 5 de janeiro de 1949.

281 Correspondente ao art. 125, § 1º do CC de 1916.

282 Correspondente ao art. 125 § 2º do CC de 1916.

283 Sem correspondência ao CC de 1916.

284 Correspondente ao art. 125 § 4º do CC de 1916.

Ademais, as despesas de envio, frete e outros encargos advindos da remessa do produto ou serviço devem ser suportados pelo fornecedor, com lastro na teoria do risco do negócio da empresa.

> **Art. 50. A garantia contratual é complementar à legal e será conferida mediante termo escrito.**
>
> **Parágrafo único. O termo de garantia ou equivalente deve ser padronizado e esclarecer, de maneira adequada em que consiste a mesma garantia, bem como a forma, o prazo e o lugar em que pode ser exercitada e os ônus a cargo do consumidor, devendo ser-lhe entregue, devidamente preenchido pelo fornecedor, no ato do fornecimento, acompanhado de manual de instrução, de instalação e uso do produto em linguagem didática, com ilustrações.**

↳COMENTÁRIOS

50.1 Garantia Contratual

A garantia contratual não exclui a garantia legal. Esta é dada pela lei, aquela é firmada entre consumidor e fornecedor. Melhor dizendo: a garantia contratual é um *plus* a garantia legal (obrigatória e inderrogável) dada em favor do consumidor.

Por exemplo, a garantia legal de adequação, qualidade, durabilidade, desempenho e segurança dos produtos e serviços é dada ao consumidor pelo próprio Código de Proteção e Defesa do Consumidor, nos termos dos artigos 4º, inciso II, "d" e artigos 8 ao 25.

A garantia contratual poderá ser dada ao consumidor por mera liberalidade do fornecedor ou até mesmo negociada, através da denominada "garantia estendida". Nesse caso, o consumidor paga pela garantia contratual excedente.

50.2 Padronização do Termo de Garantia

O parágrafo único do artigo 50 do CDC trata da padronização do termo de garantia. Vejamos: "O termo de garantia ou equivalente deve ser padronizado e esclarecer, de maneira adequada em que consiste a mesma garantia, bem como a forma, o prazo e o lugar em que pode ser exercitada e os ônus a cargo do consumidor, devendo ser-lhe entregue, devidamente preenchido pelo fornecedor, no ato do fornecimento, acompanhado de manual de instrução, de instalação e uso do produto em linguagem didática, com ilustrações."

Mais uma vez o CDC prima pela exigência do princípio da transparência que deve nortear todo o traçado das relações de consumo.

A garantia deve ser expressa e conter os elementos mínimos da substância do ato, ou seja, forma, prazo e lugar em que pode ser exercida, bem como os ônus do consumidor pela contratação da garantia.

Não podemos esquecer que a garantia contratual torna-se parte integrante do contrato firmado entre fornecedor e consumidor e até mesmo representa fator determinante para o consumidor no momento de celebração do contrato. Por exemplo, os diversos anúncios de venda de automóveis com prazo de garantia de 6 (seis) anos é, pois, uma variável importante no momento de conclusão do contrato.

SEÇÃO II
Das Cláusulas Abusivas

> Art. 51. São nulas de pleno direito, entre outras, as cláusulas contratuais relativas ao fornecimento de produtos e serviços que:
>
> I – impossibilitem, exonerem ou atenuem a responsabilidade do fornecedor por vícios de qualquer natureza dos produtos e serviços ou impliquem renúncia ou disposição de direitos. Nas relações de consumo entre o fornecedor e o consumidor pessoa jurídica, a indenização poderá ser limitada, em situações justificáveis;
>
> II – subtraiam ao consumidor a opção de reembolso da quantia já paga, nos casos previstos neste código;
>
> III – transfiram responsabilidades a terceiros;
>
> IV – estabeleçam obrigações consideradas iníquas, abusivas, que coloquem o consumidor em desvantagem exagerada, ou sejam incompatíveis com a boa-fé ou a equidade;
>
> V – (Vetado);
>
> VI – estabeleçam inversão do ônus da prova em prejuízo do consumidor;

VII – determinem a utilização compulsória de arbitragem;

VIII – imponham representante para concluir ou realizar outro negócio jurídico pelo consumidor;

IX – deixem ao fornecedor a opção de concluir ou não o contrato, embora obrigando o consumidor;

X – permitam ao fornecedor, direta ou indiretamente, variação do preço de maneira unilateral;

XI – autorizem o fornecedor a cancelar o contrato unilateralmente, sem que igual direito seja conferido ao consumidor;

XII – obriguem o consumidor a ressarcir os custos de cobrança de sua obrigação, sem que igual direito lhe seja conferido contra o fornecedor;

XIII – autorizem o fornecedor a modificar unilateralmente o conteúdo ou a qualidade do contrato, após sua celebração;

XIV – infrinjam ou possibilitem a violação de normas ambientais;

XV – estejam em desacordo com o sistema de proteção ao consumidor;

XVI – possibilitem a renúncia do direito de indenização por benfeitorias necessárias.

XVII – condicionem ou limitem de qualquer forma o acesso aos órgãos do Poder Judiciário; (Incluído pela Lei nº 14.181, de 2021).

XVIII – estabeleçam prazos de carência em caso de impontualidade das prestações mensais ou impeçam o restabelecimento integral dos direitos do consumidor e de seus meios de pagamento a partir da purgação da mora ou do acordo com os credores; (Incluído pela Lei nº 14.181, de 2021).

XIX – (VETADO). (Incluído pela Lei nº 14.181, de 2021).

§ 1º Presume-se exagerada, entre outros casos, a vontade que:

I – ofende os princípios fundamentais do sistema jurídico a que pertence;

II – restringe direitos ou obrigações fundamentais inerentes à natureza do contrato, de tal modo a ameaçar seu objeto ou equilíbrio contratual;

III – se mostra excessivamente onerosa para o consumidor, considerando-se a natureza e conteúdo do contrato, o interesse das partes e outras circunstâncias peculiares ao caso.

§ 2° A nulidade de uma cláusula contratual abusiva não invalida o contrato, exceto quando de sua ausência, apesar dos esforços de integração, decorrer ônus excessivo a qualquer das partes.

§ 3° (Vetado).

§ 4° É facultado a qualquer consumidor ou entidade que o represente requerer ao Ministério Público que ajuíze a competente ação para ser declarada a nulidade de cláusula contratual que contrarie o disposto neste código ou de qualquer forma não assegure o justo equilíbrio entre direitos e obrigações das partes.

↪COMENTÁRIOS

51.1 Cláusulas Abusivas

As cláusulas abusivas são aquelas inseridas nos contratos de consumo que traduzem um indiscutível desbalanceamento (desequilíbrio) contratual em desfavor ao consumidor. Este é a parte mais fraca na relação de consumo. Logo deve ser protegido contra os efeitos de tais cláusulas abusivas.

Normalmente, as cláusulas abusivas se desvelam nos contratos de adesão. Todavia estas cláusulas não figuram somente nos contratos de adesão, já que podem aparecer em toda e qualquer relação contratual de consumo.

51.2 Nulidade das Cláusulas Abusivas

A regra do artigo 51 do CDC é clara ao afirmar que são nulas de pleno direito as cláusulas abusivas.

As cláusulas abusivas podem ser reconhecidas de ofício pelo magistrado ou reconhecidas judicialmente em defesa (no caso de contestação) ou até mesmo por ação direta. A sentença judicial que reconhece a nulidade de cláusula abusiva é constitutiva negativa, com efeitos *ex tunc*, retroagindo a data de conclusão do negócio jurídico.

Vale destacar ainda que a nulidade das cláusulas abusivas pode ser alegada em qualquer tempo e grau de jurisdição, já que não é atingida pelo fenômeno da preclusão. Ademais é matéria de ordem pública, de acordo com o primeiro artigo do CDC que diz: "O presente código estabelece normas de proteção e defesa do consumidor, de ordem pública e interesse social, nos termos dos arts. 5°, inciso XXXII, 170, inciso V, da Constituição Federal e art. 48 de suas Disposições Transitórias."

51.3 Rol exemplificativo das Cláusulas Abusivas

O artigo 51 do CDC apresenta um rol exemplificativo das cláusulas abusivas. Isso quer dizer que caberá ao juiz analisar o caso concreto decidindo e verificar a existência ou não de outras cláusulas abusivas que porventura não estejam expressas neste dispositivo legal.[285]

51.4 Cláusulas que impossibilitem, exonerem ou atenuem a responsabilidade do fornecedor

O inciso I (1ª Parte) do artigo 51 do CDC determina a abusividade da cláusula contratual que "impossibilitem, exonerem ou atenuem a responsabilidade do fornecedor por vícios de qualquer natureza dos produtos e serviços [...]" Ora, como visto alhures, os danos devem ser indenizados nas relações de consumo. Estes podem ocorrer por vícios de qualquer natureza dos produtos e serviços (artigo 18 e seguintes do CDC), bem como aqueles oriundos dos acidentes de consumo ou fato do produto (de acordo com o artigo 12 e seguintes do mesmo diploma legal).

Ademais, de acordo com o artigo 25 é vedada qualquer cláusula contratual que impossibilite, exonere ou atenue a obrigação de indenizar previstas no CDC.

Nesse sentido, a decisão do STJ: "DIREITO CIVIL. PENHOR. DANOS MORAIS E MATERIAIS. ROUBO/FURTO DE JÓIAS EMPENHADAS. CONTRATO DE SEGURO. DIREITO DO CONSUMIDOR. LIMITAÇÃO DA RESPONSABILIDADE DO FORNECEDOR. CLÁUSULA ABUSIVA. AUSÊNCIA DE INDÍCIO DE FRAUDE POR PARTE DA DEPOSITANTE.

---

[285] PROCESSUAL CIVIL E ADMINISTRATIVO. SFH. CONTRATO DE MÚTUO. TABELA PRICE. CAPITALIZAÇÃO DE JUROS. FALTA DE PREQUESTIONAMENTO. SÚMULAS 282 E 356 DO STF. ART. 6°, "E", DA LEI N° 4.380/64. LIMITAÇÃO DOS JUROS. JULGAMENTO EXTRA PETITA. MATÉRIAS DE ORDEM PÚBLICA. ARTS. 1° E 51 DO CDC.
1. A matéria relativa à suposta negativa de vigência ao art. 5° da Medida Provisória 2.179-36 e contrariedade do art. 4° do Decreto 22.626/33 não foi prequestionada, o que impede o conhecimento do recurso nesse aspecto. Incidência das Súmulas 282 e 356 do STF.
2. O art. 6°, "e", da Lei n° 4.380/64 não estabeleceu taxa máxima de juros para o Sistema Financeiro de Habitação, mas, apenas, uma condição para que fosse aplicado o art. 5° do mesmo diploma legal. Precedentes.
3. Não haverá julgamento extra petita quando o juiz ou tribunal pronunciar-se de ofício sobre matérias de ordem pública, entre as quais se incluem as cláusulas contratuais consideradas abusivas (arts. 1° e 51 do CDC). Precedente.
4. Recurso especial provido em parte. (REsp 1013562/SC, Rel. Ministro CASTRO MEIRA, SEGUNDA TURMA, julgado em 07/10/2008, DJe 05/11/2008)

I – O contrato de penhor traz embutido o de depósito do bem e, por conseguinte, a obrigação acessória do credor pignoratício de devolver esse bem após o pagamento do mútuo.

II – Nos termos do artigo 51, I, da Lei nº 8.078/90, são abusivas e, portanto, nulas, as cláusulas que de alguma forma exonerem ou atenuem a responsabilidade do fornecedor por vícios no fornecimento do produto ou do serviço, mesmo que o consumidor as tenha pactuado livre e conscientemente.

III – Inexistente o menor indício de alegação de fraude ou abusividade de valores por parte da depositante, reconhece-se o dever de ressarcimento integral pelos prejuízos morais e materiais experimentados pela falha na prestação do serviço.

IV – Na hipótese dos autos, em que o credor pignoratício é um banco e o bem ficou depositado em cofre desse mesmo banco, não é possível admitir o furto ou o roubo como causas excludentes do dever de indenizar. Há de se levar em conta a natureza específica da empresa explorada pela instituição financeira, de modo a considerar esse tipo de evento, como um fortuito interno, inerente à própria atividade, incapaz de afastar, portanto, a responsabilidade do depositário. Recurso Especial provido. (REsp 1133111/PR, Rel. Ministro SIDNEI BENETI, TERCEIRA TURMA, julgado em 06/10/2009, DJe 05/11/2009)."

51.5 Cláusulas de renúncia ou disposição de direitos

Da mesma forma, são consideradas cláusulas abusivas aquelas que "[...] impliquem renúncia ou disposição de direitos. [...]", consoante o inciso I (2ª. Parte) do artigo 51 do CDC. As normas do CDC, como dito acima, são de ordem pública e de interesse social, não cabendo renúncia ou disposição de direitos pelo consumidor.

Por exemplo, as defesas de compensação e retenção de benfeitorias não podem ser vedadas por cláusulas contratuais nas relações de consumo, posto que se caracterizadas como abusivas. Nesse caso, o consumidor estaria dispondo de seus direitos.

51.6 Cláusula de Limitação da Indenização e o Consumidor-pessoa jurídica

Nas relações de consumo entre o fornecedor e o consumidor pessoa jurídica, a indenização poderá ser limitada, em situações justificáveis, com fulcro no inciso I (última parte) do artigo 51 do CDC. Frise-se que nesse caso é possível a existência de uma cláusula contratual que limite a indenização, permanecendo vedada a cláusula que exonere completamente o fornecedor pelos danos causados.

O que seriam as *situações justificáveis*? É, pois, um conceito jurídico indeterminado e caberá ao magistrado na análise do caso concreto aferir a admissibilidade ou não da cláusula contratual que determine a limitação da indenização.

51.7 Reembolso da quantia paga pelo consumidor

É nula de pleno direito a cláusula abusiva que, consoante o inciso II do artigo 51 do CDC, "subtraiam ao consumidor a opção de reembolso da quantia já paga, nos casos previstos neste código;"

Por exemplo, vejamos o parágrafo único do artigo 49 do CDC que dispõe: "se o consumidor exercitar o direito de arrependimento previsto neste artigo, os valores eventualmente pagos, a qualquer título, durante o prazo de reflexão, serão devolvidos, de imediato, monetariamente atualizados."

Assim, "revela-se abusiva, por ofensa ao art. 51, incisos II e IV, do Código de Defesa do Consumidor, a cláusula contratual que determina, em caso de rescisão de promessa de compra e venda de imóvel, a restituição das parcelas pagas somente ao término da obra, haja vista que poderá o promitente vendedor, uma vez mais, revender o imóvel a terceiros e, a um só tempo, auferir vantagem com os valores retidos, além do que a conclusão da obra atrasada, por óbvio, pode não ocorrer. Precedentes. [...] (AgRg no REsp 997.956/SC, Rel. Ministro LUIS FELIPE SALOMÃO, QUARTA TURMA, julgado em 26/06/2012, DJe 02/08/2012)"

Aqui, vale destacar a Súmula 543 do STJ que diz: "Na hipótese de resolução de contrato de promessa de compra e venda de imóvel submetido ao Código de Defesa do Consumidor, deve ocorrer a imediata restituição das parcelas pagas pelo promitente comprador – integralmente, em caso de culpa exclusiva do promitente vendedor/construtor, ou parcialmente, caso tenha sido o comprador quem deu causa ao desfazimento."[286]

---

[286] Referência: CC/2002, art. 122. CDC, art. 51, II e IV. REsp 1.300.418-SC(*) (2ª S 13/11/2013 – DJe 10/12/2013). AgRg no REsp 1.219.345-SC (3ª T 15/02/2011 – DJe 28/02/2011). AgRg no REsp 677.177-PR (3ª T 01/03/2011 – DJe 16/03/2011). RCDESP no AREsp 208.018-SP (3ª T 16/10/2012 – DJe 05/11/2012). AgRg no Ag 866.542-SC (3ª T 04/12/2012 – DJe 11/12/2012). AgRg no REsp 1.249.786-SC (3ª T 02/05/2013 – DJe 09/05/2013). AgRg no REsp 1.207.682-SC (3ª T 11/06/2013 – DJe 21/06/2013). EDcl no AgRg no REsp 1.349.081-AL (3ª T 03/06/2014 – DJe 09/06/2014). AgRg no AREsp 525.955-SC (3ª T 05/08/2014 – DJe 04/09/2014). REsp 877.980-SC (4ª T 03/08/2010 – DJe 12/08/2010). AgRg no REsp 1.238.007-SC

51.8 Transferência de responsabilidade a terceiros

O inciso III do artigo 51 proíbe que se "transfiram responsabilidades a terceiros", já que a relação jurídica de consumo é firmada entre consumidor e fornecedor. Estes são os sujeitos da relação jurídica que se entrelaçam através do vínculo de atributividade existente entre ambos. Daí que eventual dever de indenizar não pode ser transferido a terceiros que não fazem parte do negócio jurídico.

51.9 Obrigações iníquas, abusivas com desvantagem exagerada para o consumidor

As obrigações iníquas, abusivas, que coloquem o consumidor em desvantagem exagerada devem ser analisadas pelo magistrado em cada caso concreto. É o que determina a 1ª parte do inciso IV do artigo 51 do CDC.

Ademais, o § 1º do mesmo dispositivo legal diz que "presume-se exagerada, entre outros casos, a vontade que: I – ofende os princípios fundamentais do sistema jurídico a que pertence; II – restringe direitos ou obrigações fundamentais inerentes à natureza do contrato, de tal modo a ameaçar seu objeto ou equilíbrio contratual; III – se mostra excessivamente onerosa para o consumidor, considerando-se a natureza e conteúdo do contrato, o interesse das partes e outras circunstâncias peculiares ao caso."[287]

(4ª T 15/12/2011 - DJe 01/02/2012). AgRg no REsp 997.956-SC (4ª T 26/06/2012 - DJe 02/08/2012). (*) Recurso representativo da controvérsia. Segunda Seção, em 26/08/2015. DJe 31/08/2015, ed. n. 1806.

287 SEGURADORA. CONTRATO. AFASTAMENTO. CLÁUSULA ABUSIVA. O autor ajuizou ação contra a seguradora requerendo o pagamento de cobertura em razão de haver causado acidente envolvendo, além de seu caminhão, outros dois automóveis, um deles com perda total. Alegou o autor que foi o responsável pelo sinistro, pois o veículo não era anteriormente equipado com o freio estático. A Companhia Seguradora, no mérito, alega ofensa aos arts. 1.434 e 1.460 do CC/1916. O Min. Relator considerou que, no entender do acórdão recorrido, não restou caracterizada nem falsidade em declarações do segurado, nem, tampouco, ressalva da seguradora quanto à ausência do equipamento mencionado, que, portanto, aceitou a cobertura nas condições apresentadas pelo veículo quando da contratação do seguro. Mas a essas conclusões, a toda evidência, recaem, no exame do quadro fático e contratual, as Súm. ns. 5 e 7-STJ. E entende assistir razão ainda ao TJ quando afasta cláusula tida como abusiva,referente a defeitos mecânicos, à luz da vedação contida no art. 51, § 1º, do CDC, absolutamente contrária à própria natureza do contrato, que busca, em essência, cobrir as adversidades em geral pela terceirização do risco mediante o pagamento de um prêmio, tendo aliado a já apontada aprovação, pela seguradora, do caminhão para cobertura, o que se dá por vistoria prévia que não apontou defeitos ou falta de equipamento que inviabilizasse a avença. Assim, a Turma não conheceu do recurso. REsp 442.382-PB, Rel. Min. Aldir Passarinho Junior, julgado em 25/9/2007.

Nesse sentido, vejamos decisão do STJ que coloca o consumidor em desvantagem exagerada:

RECURSO ESPECIAL. CIVIL. PLANO DE SAÚDE. VIOLAÇÃO DO ART. 535 DO CPC. NÃO OCORRÊNCIA. INTERNAÇÃO HOSPITALAR. CONVERSÃO EM ATENDIMENTO MÉDICO DOMICILIAR. POSSIBILIDADE. SERVIÇO DE HOME CARE. CLÁUSULA CONTRATUAL OBSTATIVA. ABUSIVIDADE. SUSPENSÃO TEMPORÁRIA DO TRATAMENTO. DANO MORAL. CONFIGURAÇÃO. AGRAVAMENTO DAS PATOLOGIAS.

GRANDE AFLIÇÃO PSICOLÓGICA.

1. Ação ordinária que visa a continuidade e a prestação integral de serviço assistencial médico em domicílio (serviço *home care* 24 horas), a ser custeado pelo plano de saúde bem como a condenação por danos morais.

2. Apesar de os planos e seguros privados de assistência à saúde serem regidos pela Lei nº 9.656/1998, as operadoras da área que prestam serviços remunerados à população enquadram-se no conceito de fornecedor, existindo, pois, relação de consumo, devendo ser aplicadas também, nesses tipos contratuais, as regras do Código de Defesa do Consumidor (CDC). Ambos instrumentos normativos incidem conjuntamente, sobretudo porque esses contratos, de longa duração, lidam com bens sensíveis, como a manutenção da vida. Incidência da Súmula nº 469/STJ.

3. Apesar de, na Saúde Suplementar, o tratamento médico em domicílio não ter sido incluído no rol de procedimentos mínimos ou obrigatórios que devem ser oferecidos pelos planos de saúde, é abusiva a cláusula contratual que importe em vedação da internação domiciliar como alternativa de substituição à internação hospitalar, visto que se revela incompatível com a equidade e a boa-fé, colocando o usuário (consumidor) em situação de desvantagem exagerada (art. 51, IV, da Lei nº 8.078/1990). Precedentes.

4. O serviço de saúde domiciliar não só se destaca por atenuar o atual modelo hospitalocêntrico, trazendo mais benefícios ao paciente, pois terá tratamento humanizado junto da família e no lar, aumentando as chances e o tempo de recuperação, sofrendo menores riscos de reinternações e de contrair infecções e doenças hospitalares, mas também, em muitos casos, é mais vantajoso para o plano de saúde, já que há a otimização de leitos hospitalares e a redução de custos: diminuição de gastos com pessoal, alimentação, lavanderia, hospedagem (diárias) e outros.

5. Na ausência de regras contratuais que disciplinem a utilização do serviço, a internação domiciliar pode ser obtida como conversão da internação hospitalar. Assim, para tanto, há a necessidade (i) de haver condições estruturais da residência, (ii) de real necessidade do atendimento domiciliar, com verificação do quadro clínico do paciente, (iii) da indicação do

médico assistente, (iv) da solicitação da família, (v) da concordância do paciente e (vi) da não afetação do equilíbrio contratual, como nas hipóteses em que o custo do atendimento domiciliar por dia não supera o custo diário em hospital.

6. A prestação deficiente do serviço de home care ou a sua interrupção sem prévia aprovação ou recomendação médica, ou, ainda, sem a disponibilização da reinternação em hospital, gera dano moral, visto que submete o usuário em condições precárias de saúde à situação de grande aflição psicológica e tormento interior, que ultrapassa o mero dissabor, sendo inidônea a alegação de mera liberalidade em seu fornecimento.

7. Recurso especial não provido.

(REsp 1537301/RJ, Rel. Ministro RICARDO VILLAS BÔAS CUEVA, TERCEIRA TURMA, julgado em 18/08/2015, DJe 23/10/2015).

CONSUMIDOR E ADMINISTRATIVO. AUTUAÇÃO PELO PROCON. LOJISTAS.

DESCONTO PARA PAGAMENTO EM DINHEIRO OU CHEQUE EM DETRIMENTO DO PAGAMENTO EM CARTÃO DE CRÉDITO. PRÁTICA ABUSIVA. CARTÃO DE CRÉDITO.

MODALIDADE DE PAGAMENTO À VISTA. "PRO SOLUTO". DESCABIDA QUALQUER DIFERENCIAÇÃO. DIVERGÊNCIA INCOGNOSCÍVEL.

1. O recurso especial insurge-se contra acórdão estadual que negou provimento a pedido da Câmara de Dirigentes Lojistas de Belo Horizonte no sentido de que o Procon/MG se abstenha de autuar ou aplicar qualquer penalidade aos lojistas pelo fato de não estenderem aos consumidores que pagam em cartão de crédito os descontos eventualmente oferecidos em operações comerciais de bens ou serviços pagos em dinheiro ou cheque.

2. Não há confusão entre as distintas relações jurídicas havidas entre (i) a instituição financeira (emissora) e o titular do cartão de crédito (consumidor); (ii) titular do cartão de crédito (consumidor) e o estabelecimento comercial credenciado (fornecedor);

e (iii) a instituição financeira (emissora e, eventualmente, administradora do cartão de crédito) e o estabelecimento comercial credenciado (fornecedor).

3. O estabelecimento comercial credenciado tem a garantia do pagamento efetuado pelo consumidor por meio de cartão de credito, pois a ad-

ministradora assume inteiramente a responsabilidade pelos riscos creditícios, incluindo possíveis fraudes.

4. O pagamento em cartão de crédito, uma vez autorizada a transação, libera o consumidor de qualquer obrigação perante o fornecedor, pois este dará ao consumidor total quitação. Assim, o pagamento por cartão de crédito é modalidade de pagamento à vista, pro soluto, implicando, automaticamente, extinção da obrigação do consumidor perante o fornecedor.

5. A diferenciação entre o pagamento em dinheiro, cheque ou cartão de crédito caracteriza prática abusiva no mercado de consumo, nociva ao equilíbrio contratual. Exegese do art. 39, V e X, do CDC: "Art. 39. É vedado ao fornecedor de produtos ou serviços, dentre outras práticas abusivas: (...) V – exigir do consumidor vantagem manifestamente excessiva; (...) X – elevar sem justa causa o preço de produtos ou serviços".

6. O art. 51 do CDC traz um rol meramente exemplificativo de cláusulas abusivas, num "conceito aberto" que permite o enquadramento de outras abusividades que atentem contra o equilíbrio entre as partes no contrato de consumo, de modo a preservar a boa-fé e a proteção do consumidor.

7. A Lei nº 12.529/2011, que reformula o Sistema Brasileiro de Defesa da Concorrência, considera infração à ordem econômica, a despeito da existência de culpa ou de ocorrência de efeitos nocivos, a discriminação de adquirentes ou fornecedores de bens ou serviços mediante imposição diferenciada de preços, bem como a recusa à venda de bens ou à prestação de serviços em condições de pagamento corriqueiras na prática comercial (art. 36, X e XI).

Recurso especial da Câmara de Dirigentes Lojistas de Belo Horizonte conhecido e improvido.

(REsp 1479039/MG, Rel. Ministro HUMBERTO MARTINS, SEGUNDA TURMA, julgado em 06/10/2015, DJe 16/10/2015).

ADMINISTRATIVO. CONSUMIDOR. PROCEDIMENTO ADMINISTRATIVO. PLANO "NET VIRTUA". CLÁUSULAS ABUSIVAS. TRANSFERÊNCIA DOS RISCOS DA ATIVIDADE AO CONSUMIDOR. PROCON. ATIVIDADE ADMINISTRATIVA DE ORDENAÇÃO. AUTORIZAÇÃO PARA APLICAÇÃO DE SANÇÕES VIOLADORAS DO CDC.

CONTROLE DE LEGALIDADE E INTERPRETAÇÃO DE CLÁUSULAS CONTRATUAIS.

ATIVIDADE NÃO EXCLUSIVA DO JUDICIÁRIO. FUNDAMENTAÇÃO SUCINTA.

POSSIBILIDADE. DIVERGÊNCIA INCOGNOSCÍVEL. SÚMULA 83/STJ. REDUÇÃO DA PROPORCIONALIDADE DA MULTA ADMINISTRATIVA. SÚMULA 7/STJ.

1. O Código de Defesa do Consumidor é zeloso quanto à preservação do equilíbrio contratual, da equidade contratual e, enfim, da justiça contratual, os quais não coexistem ante a existência de cláusulas abusivas.

2. O art. 51 do CDC traz um rol meramente exemplificativo de cláusulas abusivas, num conceito aberto que permite o enquadramento de outras abusividades que atentem contra o equilíbrio entre as partes no contrato de consumo, de modo a preservar a boa-fé e a proteção do consumidor.

3. O Decreto nº 2.181/1997 dispõe sobre a organização do Sistema Nacional de Defesa do Consumidor – SNDC e estabelece as normas gerais de aplicação das sanções administrativas, nos termos do Código de Defesa do Consumidor (Lei nº 8.078/1990).

4. O art. 4º do CDC (norma principiológica que anuncia as diretivas, as bases e as proposições do referido diploma) legitima, por seu inciso II, alínea "c", a presença plural do Estado no mercado, tanto por meios de órgãos da administração pública voltados à defesa do consumidor (tais como o Departamento de Proteção e Defesa do Consumidor, os Procons estaduais e municipais), quanto por meio de órgãos clássicos (Defensorias Públicas do Estado e da União, Ministério Público Estadual e Federal, delegacias de polícia especializada, agências e autarquias fiscalizadoras, entre outros).

5. O PROCON, embora não detenha jurisdição, pode interpretar cláusulas contratuais, porquanto a Administração Pública, por meio de órgãos de julgamento administrativo, pratica controle de legalidade, o que não se confunde com a função jurisdicional propriamente dita, mesmo porque "a lei não excluirá da apreciação do Poder Judiciário lesão ou ameaça a direito" (art. 5º, XXXV, da CF).

6. A motivação sucinta que permite a exata compreensão do decisum não se confunde com motivação inexistente.

7. A sanção administrativa aplicada pelo PROCON reveste-se de legitimidade, em virtude de seu poder de polícia (atividade administrativa de ordenação) para cominar multas relacionadas à transgressão da Lei nº 8.078/1990, esbarrando o reexame da proporcionalidade da pena fixada no enunciado da Súmula 7/STJ.

8. "Não se conhece do recurso especial pela divergência, quando a orientação do Tribunal se firmou no mesmo sentido da decisão recorrida" (Súmula 83/STJ).

Recurso especial conhecido em parte e improvido.

(REsp 1279622/MG, Rel. Ministro HUMBERTO MARTINS, SEGUNDA TURMA, julgado em 06/08/2015, DJe 17/08/2015).

CIVIL. BANCÁRIO. AGRAVO REGIMENTAL NO AGRAVO EM RECURSO ESPECIAL.

JUROS REMUNERATÓRIOS. ABUSIVIDADE NÃO COMPROVADA. REEXAME DE MATÉRIA FÁTICA. SÚMULAS Nº 5 E 7 DO STJ. CARACTERIZAÇÃO DA MORA. INSCRIÇÃO EM CADASTROS DE INADIMPLENTES. POSSIBILIDADE. DECISÃO MANTIDA.

1. "É admitida a revisão das taxas de juros remuneratórios em situações excepcionais, desde que caracterizada a relação de consumo e que a abusividade (capaz de colocar o consumidor em desvantagem exagerada – art. 51, § 1º, do CDC) fique cabalmente demonstrada, ante às peculiaridades do julgamento em concreto" (REsp nº 1.061.530/RS, submetido ao rito do art. 543-C do CPC, Relatora Ministra NANCY ANDRIGHI, SEGUNDA SEÇÃO, julgado em 22/10/2008, DJe 10/3/2009).

2. No caso dos autos, o acórdão recorrido concluiu que as taxas aplicadas nos contratos analisados não se mostram abusivas. Alterar tal conclusão ensejaria o revolvimento do conjunto fático- probatório dos autos, o que é inviável em recurso especial (Súmula nº 7/STJ).

3. Reconhecida a exigibilidade dos encargos remuneratórios, fica caracterizada a mora, sendo possível a inscrição do nome do devedor em cadastros de inadimplentes.

4. Agravo regimental a que se nega provimento.

(AgRg no AREsp 313.390/RS, Rel. Ministro ANTONIO CARLOS FERREIRA, QUARTA TURMA, julgado em 03/10/2013, DJe 23/10/2013).

FIANÇA EM CONTRATO BANCÁRIO. RECURSO ESPECIAL. OMISSÃO.

INEXISTÊNCIA. CONTRATO BANCÁRIO. CARACTERIZA-SE POR SER, EM REGRA, CATIVO E DE LONGA DURAÇÃO, PRORROGANDO-SE SUCESSIVAMENTE. FIANÇA PREVENDO, CLARA E EXPRESSAMENTE, SUA PRORROGAÇÃO, CASO OCORRA A DA AVENÇA PRINCIPAL. NULIDADE DA CLÁUSULA. INEXISTÊNCIA. FIADORES QUE, DURANTE O PRAZO DE PRORROGAÇÃO CON-

TRATUAL, NÃO PROMOVERAM NOTIFICAÇÃO RESILITÓRIA, NOS MOLDES DO DISPOSTO NO ART. 835 DO CC.

PRETENSÃO DE EXONERAÇÃO DA FIANÇA. INVIABILIDADE.

1. A avença principal – garantida pela fiança – constitui contrato bancário que tem por característica ser, em regra, de longa duração, mantendo a paridade entre as partes contratantes, vigendo e renovando-se periodicamente por longo período – constituindo o tempo elemento nuclear dessa modalidade de negócio.

2. Não há falar em nulidade da disposição contratual que prevê prorrogação da fiança, pois não admitir interpretação extensiva significa tão somente que o fiador responde, precisamente, por aquilo que declarou no instrumento da fiança – no caso, como incontroverso, se obrigou a manter-se como garante em caso de prorrogação da avença principal.

3. A simples e clara previsão de que em caso de prorrogação do contrato principal há a prorrogação automática da fiança não implica violação ao art. 51 do Código de Defesa do Consumidor, cabendo, apenas, ser reconhecido o direito do fiador de, no período de prorrogação contratual, promover a notificação resilitória, nos moldes do disposto no art. 835 do Código Civil.

4. Recurso especial provido.

(REsp 1374836/MG, Rel. Ministro LUIS FELIPE SALOMÃO, QUARTA TURMA, julgado em 03/10/2013, DJe 28/02/2014).

AGRAVO REGIMENTAL EM AGRAVO (ART. 544, DO CPC) – AÇÃO REVISIONAL DE CONTRATO DE MÚTUO – DECISÃO MONOCRÁTICA QUE DEU PARCIAL PROVIMENTO AO RECURSO ESPECIAL.

INCONFORMISMO DA CASA BANCÁRIA.

1. O Código de Defesa do Consumidor tem incidência nos contratos de mútuo celebrados perante instituição financeira (Súmula 297 do STJ), o que permite a revisão das cláusulas abusivas neles inseridas, a teor do que preconiza o art. 51, IV, do mencionado diploma legal, entendimento devidamente sufragado na Súmula 286 deste STJ.

2. A capitalização de juros, independentemente do regime legal aplicável (anterior ou posterior à MP nº 1.963/2000), somente pode ser admitida quando haja expressa pactuação entre as partes.

Tribunal local que, com base nos elementos de convicção dos autos, assentou inexistir pactuação do encargo. A inversão da premissa demandaria a reanálise de matéria fática e dos termos do contrato, providências vedadas nesta esfera recursal extraordinária, em virtude dos óbices contidos nos enunciados das Súmulas 05 e 07 do Superior Tribunal de Justiça.

3. Nos termos do entendimento proclamado no REsp n° 1.058.114/RS, julgado como recurso repetitivo, admite-se a cobrança da comissão de permanência durante o período de inadimplemento contratual, desde que expressamente pactuada e não cumulada com os encargos moratórios.

4. Verificada, na hipótese, a existência de encargo abusivo no período da normalidade do contrato, resta descaracterizada a mora do devedor.

5. A compensação de valores e a repetição de indébito são cabíveis sempre que verificado o pagamento indevido, em repúdio ao enriquecimento ilícito de quem o receber, independentemente da comprovação do erro, nos termos da Súmula 322 do STJ.

6. Agravo regimental desprovido.

(AgRg no REsp 1329528/RS, Rel. Ministro MARCO BUZZI, QUARTA TURMA, julgado em 04/06/2013, DJe 20/06/2013).

AGRAVO REGIMENTAL EM AGRAVO (ART. 544, DO CPC) – AÇÃO REVISIONAL DE CONTRATO DE MÚTUO – DECISÃO MONOCRÁTICA QUE NEGOU PROVIMENTO AO AGRAVO EM RECURSO ESPECIAL.

INCONFORMISMO DA CASA BANCÁRIA.

1. O Código de Defesa do Consumidor tem incidência nos contratos de mútuo celebrados perante instituição financeira (Súmula 297 do STJ), o que permite a revisão das cláusulas abusivas neles inseridas, a teor do que preconiza o art. 51, IV, do mencionado diploma legal, entendimento devidamente sufragado na Súmula 286 deste STJ.

2. Tribunal de origem que, no tocante à capitalização de juros, inadmitiu a cobrança do encargo com base em fundamentos distintos e autônomos, constitucionais e infraconstitucionais, aptos a manterem, por si próprios, o acórdão objurgado. Incidência da Súmula 126 do STJ, ante a não impugnação por recurso extraordinário da matéria constitucional.

3. Incidência do óbice da Súmula 283/STF. Apelo extremo que, no tocante à capitalização de juros, não impugnou fundamento hábil, por si só, a manter a solução jurídica adotada no acórdão hostilizado.

4. Nos termos do entendimento proclamado no REsp n° 1.058.114/RS, julgado como recurso repetitivo, admite-se a cobrança da comissão de permanência durante o período de inadimplemento contratual, desde que expressamente pactuada e não cumulada com os encargos moratórios.

5. Ausente o instrumento contratual (art. 359, do CPC), os juros remuneratórios devem ser limitados à taxa média do mercado no período da contratação.

6. Verificada, na hipótese, a existência de encargo abusivo no período da normalidade do contrato, resta descaracterizada a mora do devedor.

7. A fixação da verba honorária foi realizada com amparo nos elementos fáticos da causa, razão pela qual é vedado, em sede de recurso especial, o seu reexame nos termos da Súmula 7 do STJ.

8. Agravo regimental desprovido.

(AgRg no AREsp 113.994/SE, Rel. Ministro MARCO BUZZI, QUARTA TURMA, julgado em 21/05/2013, DJe 03/06/2013)

"AGRAVO EM RECURSO ESPECIAL Nº 284.466 – DF (2013/0008777-0). RELATOR : MINISTRO SIDNEI BENETI. [...] CIVIL – OBRIGAÇÃO DE FAZER PLANO DE SAÚDE – SERVIÇO DE ASSISTÊNCIA 'HOME CARE' – CONTRATO – AUSÊNCIA DE PREVISÃO E DE CLÁUSULA DE EXCLUSÃO EXPRESSA – PRESERVAÇÃO DA VIDA – TITULAR DO CONVÊNIO – PRELIMINAR DE ILEGITIMIDADE ATIVA REJEITADA HONORÁRIOS ADVOCATÍCIOS – MAJORAÇÃO – REDUÇÃO – DESCABIMENTO – SENTENÇA MANTIDA.

1. Independentemente de previsão contratual, deve ser fornecido o serviço de internação, domiciliar em substituição a hospitalar, na forma Home Care, se o quadro clínico grave ostentado pelo paciente demanda tal modalidade de atendimento.

2. Observados de forma adequada os parâmetros legais, estabelecendo o d. Magistrado sentenciante um valor proporcional e razoável, a título de honorários advocatícios, não há justificativa para a majoração ou redução.

3. Recurso conhecido e desprovido.

6. Ademais, o Tribunal de Justiça do Distrito Federal e Territórios – ao entender ser devida a cobertura para tratamento domiciliar, diante do quadro clínico grave ostentado pelo paciente – decidiu em conformidade com o entendimento jurisprudencial deste Superior Tribunal de Justiça. Nos seus termos (e-STJ fls. 365/366):

Pois bem, a controvérsia cinge-se na ausência de previsão contratual para a cobertura do serviço de internação domiciliar, também conhecido por Home Care.

Com efeito, cediço que o consumidor, ao contratar plano de saúde, tem a legítima expectativa de que, caso dele precise, terá a assistência médica necessária ao seu restabelecimento, seja em ambiente hospitalar, seja em domiciliar, conforme indicado pelo médico responsável.

Tal decorre da aplicação do princípio da boa-fé objetiva, que obriga as partes a guardarem tanto na conclusão do contrato, assim como na sua execução a probidade, nos termos do art. 422 do Código Civil.

Embora não haja no contrato previsão quanto à cobertura de atendimento médico domiciliar, não tem a operadora Unimed aptidão para determinar qual o tratamento adequado para cada patologia tipificada no pacto, o qual somente pode ser delimitado pelo médico.

No caso vertente, o Home Care foi indicado pelo médico responsável pelo tratamento da beneficiária da autora, ante as patologias que lhe foram acometidas, consoante relatórios de fls. 26/29, nada interferindo o fato de ter sido necessária internação em UTI, em decorrência da pneumonia aspirativa.

Logo, e considerando que o serviço de internação domiciliar ou Home Care está previsto na cobertura do evento ocorrido, bem como que, nos termos do art. 51, I, IV e § 1º, padece de nulidade qualquer cláusula excluindo a internação em domicílio, à beneficiária assiste esse direito. Noutro norte, a Resolução nº 211 da ANS, que atualizou o rol de procedimentos e eventos que constitui cobertura básica e mínima dos planos de saúde, dispôs no seu art.13 e parágrafo único, o seguinte:

Art. 13. Caso a operadora ofereça a internação domiciliar em substituição à internação hospitalar, com ou sem previsão contratual, deverá obedecer às exigências previstas nos normativos vigentes da Agência Nacional de Vigilância Sanitária – ANVISA e nas alíneas c, d e e do inciso II do artigo 12 da Lei nº 9.656, de 1998.

"Parágrafo único. Nos casos em que a assistência domiciliar não se dê em substituição à internação hospitalar, esta deverá obedecer à previsão contratual ou à negociação entre as partes. Da dicção de tal dispositivo legal se extrai que, independentemente de previsão contratual, deve ser fornecido o serviço de internação domiciliar em substituição a hospitalar, e notadamente quando considerado imprescindível pelo médico responsável.

Assim, observa-se que o Acórdão recorrido está em sintonia com a jurisprudência desta Corte, segundo a qual, se o contrato de plano de saúde prevê a cobertura de determinado tratamento, não podem ser excluídos os procedimentos imprescindíveis para o seu êxito. A propósito, os seguintes precedentes: AGRAVO REGIMENTAL – AGRAVO DE INSTRUMENTO – NEGATIVA DE PRESTAÇÃO JURISDICIONAL – NÃO OCORRÊNCIA – RECUSA DE COBERTURA DOS MEDICAMENTOS CORRELATOS AO TRATAMENTO DE QUIMIOTERAPIA, MINISTRADOS EM AMBIENTE DOMICILIAR – IMPOSSIBILIDADE – ABUSIVIDADE DA CLÁUSULA RESTRITIVA – VERIFICAÇÃO – AGRAVO IMPROVIDO.

(AgRg no Ag 1137474/SP, Rel. Ministro MASSAMI UYEDA, TERCEIRA TURMA, julgado em 18/02/2010, DJe 03/03/2010).

Seguro saúde. Cobertura. Câncer de pulmão. Tratamento com quimioterapia. Cláusula abusiva. O plano de saúde pode estabelecer quais doenças estão sendo cobertas, mas não que tipo de tratamento está alcançado para a respectiva cura. Se a patologia está coberta, no caso, o câncer, é inviável vedar a quimioterapia pelo simples fato de ser esta uma das alternativas possíveis para a cura da doença. A abusividade da cláusula reside exatamente nesse preciso aspecto, qual seja, não pode o paciente, em razão de cláusula limitativa, ser impedido de receber tratamento com o método mais moderno disponível no momento em que instalada a doença coberta. Recurso especial conhecido e provido. (REsp 668.216/SP, Rel. Min. CARLOS ALBERTO MENEZES DIREITO, TERCEIRA TURMA, DJ 2.4.07);

PLANO DE SAÚDE – ANGIOPLASTIA CORONARIANA – COLOCAÇÃO DE STENT – POSSIBILIDADE. – É abusiva a cláusula contratual que exclui de cobertura a colocação de stent, quando este é necessário ao bom êxito do procedimento cirúrgico coberto pelo plano de saúde. (REsp 896.247, Rel. Min. HUMBERTO GOMES DE BARROS, DJ 18.12.06). [...] 8.- Ante o exposto, nos termos do art. 544, § 4º, II, a, do CPC, nega-se provimento ao Agravo. Intimem-se. Brasília (DF), 06 de fevereiro de 2013. Ministro SIDNEI BENETI Relator (Ministro SIDNEI BENETI, 22/02/2013).

51.10 Cláusula que fere a boa-fé ou a equidade

Já a 2ª parte do inciso IV do artigo 51 do CDC determina que são cláusulas abusivas todas aquelas que sejam incompatíveis com a boa-fé ou a equidade;[288][289]

---

[288] PROCESSO CIVIL - RECURSO ESPECIAL - AGRAVO REGIMENTAL - CONTRATO BANCÁRIO - NOTA PROMISSÓRIA - CLÁUSULA MANDATO - VIOLAÇÃO AO ART. 51, IV, CDC - SÚMULA 60/STJ - NULIDADE - DESPROVIMENTO. É nula a cláusula contratual em que o devedor autoriza o credor a sacar, para cobrança, título de crédito representativo de qualquer quantia em atraso. Isto porque tal cláusula não se coaduna com o contrato de mandato, que pressupõe a inexistência de conflitos entre mandante e mandatário. Precedentes (REsp 504.036/RS e AgRg Ag 562.705/RS). Ademais, a orientação desta Corte é no sentido de que a cláusula contratual que permite a emissão da nota promissória em favor do banco/embargado, caracteriza-se como abusiva, porque violadora do princípio da boa-fé, consagrado no art. 51, inciso IV do Código de Defesa do Consumidor. Precedente (REsp 511.450/RS). Agravo regimental desprovido. (AgRg no REsp 808.603/RS, Rel. Ministro JORGE SCARTEZZINI, QUARTA TURMA, julgado em 04/05/2006, DJ 29/05/2006, p. 264).

[289] Arts. 4.º e 5.º do Decreto-lei nº 4.657, de 4-9-1942 (LINDB).

Como dito acima, o inciso III do artigo 4º do CDC desvela que as relações entre consumidores e fornecedores devem ser baseadas na boa-fé e no equilíbrio econômico.

É uma mudança de valores éticos, uma nova dimensionalidade ética que perpassa e adorna com novas cores as relações interprivadas. Dessa maneira, os princípios da liberdade contratual e autonomia da vontade não são absolutos, já que são condicionados pelos limites traçados pelo ordenamento jurídico, mas também conformados e temperados pelos princípios da boa-fé, probidade, transparência, eticidade, equilíbrio econômico etc.

A boa-fé contratual é uma norma de conduta. É a conduta ética, leal, honesta e transparente esperada dos parceiros contratuais. Daí que qualquer cláusula contratual que venha a ferir o princípio da boa-fé é, pois, considerada cláusula abusiva.

Em relação à equidade, o Código de Processo Civil, em seu artigo 127 diz que "o juiz só decidirá por equidade nos casos previstos em lei. Um outro exemplo, é a fixação de alimentos (CCB, art. 1.701, parágrafo único).

51.11 Inversão do ônus da prova em desfavor ao consumidor

Na existência de cláusula contratual que determine a inversão do ônus da prova em desfavor ao consumidor, esta será considerada abusiva, não produzindo, pois, nenhuma eficácia jurídica.

Por exemplo, na publicidade, o princípio da inversão do ônus da prova da veracidade e correção da informação ou comunicação publicitária cabe a quem as patrocina. É, pois, uma norma cogente que não se encontra na esfera da discricionariedade do magistrado (*ope legis*), conforme aquela fixada no artigo 6º, inciso VIII, do CDC.

Ora, cabe ao fornecedor manter em seu poder e informar aos legítimos interessados os dados técnicos, científicos e fáticos relacionados à mensagem publicitária. Assim, o artigo 38 do CDC destaca a inversão do ônus da prova da veracidade (e não da enganosidade). Aqui, vale destacar mais uma vez que a intenção da boa-fé do fornecedor, nesse caso, é irrelevante.

Daí que tais normas, de caráter público (artigo 1º do CDC) não podem ser derrogadas ou modificadas por convenção dos contratantes na relação de consumo.

51.12 Arbitragem compulsória

Ratifica-se aqui os apontamentos acostados ao item 4.8 da presente obra.

Trata-se a Arbitragem de meio propício à solução de conflitos sobre direitos patrimoniais disponíveis ou transacionáveis[290], que, por meio de árbitro privado, escolhido pelas partes e destas recebendo poderes, decide a controvérsia, possuindo tal decisão a mesma força e efeitos jurídicos decorrentes daquelas sentenças proferidas pelos órgãos do Poder Judiciário.

No Brasil, é regulada pela Lei nº 9.307/96 de 23.09.1996.

Assim, temos que as partes, capazes, envolvidas em um conflito acerca de direitos patrimoniais disponíveis ou transacionáveis possuem a faculdade de escolher uma pessoa, física ou jurídica para solucionar específica lide, deixando de lado a prestação jurisdicional estatal.

É fato que, conforme já enfrentado em outra oportunidade na presente obra, com a percepção de que a atividade jurisdicional estatal tem sido deveras incipiente, isto em decorrência de uma série de fatores, quer de origens procedimentais, administrativas ou operacionais e até mesmo de quadros, vem crescendo a consciência de que fundamental é pacificar[291], mesmo que

---

290 Cabe frisar aqui que, no caso, a ressalva feita acerca de direitos "transacionáveis", a despeito de o próprio texto legal indicar "direitos patrimoniais disponíveis" (art. 1º) como aqueles passíveis de solução pela arbitragem, possui razão de ser. Ainda que o direito possa ser indisponível, não significa que seja impossível de ser transacionado como v. g., os alimentos. Nisso, o direito de alimentos é, verdadeiramente, indisponível, no entanto, quanto ao *quantum* referente a ele, o mesmo não podemos sustentar idêntica indisponibilidade, dada a possibilidade de ser objeto de transação, disponível nestes termos.

No mesmo sentido, ver dentre outros, LA CHINA, Sérgio (*L'Arbitrato: Il Sistema e l'experienza*. Milano: Giuffrè, 1999, p.27-28), para quem " il necessario rispetto di una certa disciplina non *significa che la stessa sai adottata a tutela di diritti assoluti della persona o di status assimilabili a quelli familiari e coniugali (e troppo corrivi si è oggi nel parlare di status e statuti del lavoratore, dell'impeditore,... senza rendersi conto delle pericolose implicazioni di um uso improprio del linguaggio)*"; também CÂMARA, Alexandre Freitas. *Arbitragem. Lei nº 9.307/96*. Rio de Janeiro: Lúmen Júris, 1997, p.13.

Nesta seara, merece ainda acostar apontamento de NERY JÚNIOR, Nelson; ANDRADE NERY, Rosa Maria de. (*Código de Processo Civil Comentado*.10 ed. São Paulo: RT, 2007, p.1393): "É disponível o direito sobre o qual as partes podem dispor, transigir, abrir mão. Em suma, todo direito que puder ser objeto de transação (CC 841; CC/16 1035) pode ser examinado e julgado por meio de juízo arbitral."

291 A política do consenso deve ser estimulada como tônica essencial na formação jurídica do operador do direito hodierno, sendo perceptível, sem exigir muitos esforços, o despreparo deste, sobretudo no campo prático, com as mais diversas modalidades instrumentais, fora do aparato jurisdicional estatal, *v.g.*, conciliação, mediação e arbitragem.

Em feliz apontamento, estreitando laços com o assunto, assinala CAPPELLETTI: "Numa época em que se falou demasiadamente e com frequência sobre revoluções

esta não decorra de obra eminentemente estatal desde que seja por método eficiente e protetor das liberdades fundamentais do cidadão.[292]

Nessa toada, é válido afirmar ser a arbitragem, efetivamente, um foro privilegiado e propício para a concretização do direito agredido, seja por meio de uma composição amigável ou mesmo através da convergência dos esforços dos litigantes no sentido de lograrem de maneira célere, sem atropelos às garantias essenciais do devido processo legal, da segurança jurídica e da justiça da decisão, a solução da controvérsia.

Por outro lado, dúvidas não restam ter a arbitragem, no tocante ao seu desenvolvimento como um método propício à solução de litígios, natureza tipicamente processual, configurando-se, verdadeiramente, em instrumento hábil para tal satisfação do direito molestado.

---

culturais, vale a pena sublinhar o caráter genuinamente revolucionário do movimento em prol do acesso à justiça, não somente no âmbito da ação prática, senão também quanto ao método de pensamento e mais particularmente do método de análise jurídica.
Se, na verdade, no terreno da ação, a mudança aportada e projetada foi radical, tendo-se dado um sentido novo e com conteúdo à ideia já por si mesma revolucionária, no plano do pensamento, em troca, foi tal, que se transformaram completamente os temas e modos de análise científica do jurista moderno". CAPPELLETTI, Mauro. *Processo, Ideologias e Sociedade*. Vol. I. trad. e notas de Elicio de Cresci Sobrinho. Porto Alegre: Sergio Antônio Fabris Editor, 2008. p. 391.

292 O próprio Estado Brasileiro, em prática reiterada diante das Cortes Arbitrais Internacionais, reconhece a eficiência da Arbitragem como meio propício à satisfação de contendas em uma diversidade de matérias, o que, certamente, deveria funcionar como política de incentivos à prática de tal via instrumental resolutiva de conflitos em território pátrio.
Disso, bem já noticiava Arnold Wald há bons anos, ratificando a aludida ideia incentivadora: "A exemplo dos últimos anos, o de 2007 representou uma fase de consolidação da arbitragem nacional e internacional no Brasil. O instituto tem sido cada vez mais utilizado por empresas brasileiras e recentes dados da Corte Internacional de Arbitragem da Câmara de Comércio Internacional (CCI) mostram que o Brasil se tornou o maior usuário da arbitragem na América Latina e já está em quarto lugar no ranking mundial da CCI, atrás apenas dos Estados Unidos, da França e da Alemanha" (WALD, Arnold. *Brasil lidera uso de arbitragem na América Latina*. In: *Revista Consultor Jurídico*, disponível em: http://www.consultorjuridico.com.br , acesso em 26.11.2015).
Para conhecimento mais amplo do instituto da Arbitragem como meio propício à solução de conflitos em âmbito internacional, mais precisamente no que se refere a conflitos comerciais e resilição de controvérsias em blocos econômicos tais como Mercosul e União Europeia, ver, por todos, GAIO JÚNIOR. Antônio Pereira. *O Consumidor e Sua Proteção na União Europeia e Mercosul – Pesquisa Conjuntural como Contribuição à Política Desenvolvimentista de Proteção Consumerista nos Blocos*. Lisboa: Juruá Editorial, 2014; GAIO JÚNIOR, Antônio Pereira; MACHADO GOMES, J. M.. *Compêndio de Direito Econômico*. Rio de Janeiro: América Jurídica, 2005.

Já por nós incisivamente anotado em capítulo próprio, tal referente ao Processo, sua formação e realização, trata-se este de instrumento apto à efetivação das garantias constitucionais, levando-se consigo toda uma carga tipicamente comandada pela sua exata noção de que, mais do que um meio estatal característico para a tentativa de realização prática do justo, revela-se instrumento social e democrático eivado de direitos e garantias imperativas que devem ser respeitadas em sintonia com o estado democrático que se presencia em dado tempo e espaço.

Em firme e exata lição, Fazzallari, para quem "*il processo civile, nei vari tipi, è sempre coordinato all diritto sostanziale*", pondo à parte a teoria do processo como relação jurídica, afirma que o processo vale pelo próprio fato do processo, como técnica de composição de manifestações em conflito, conforme existe no processo judicial, mas não só nesse, visto também, *v.g.*, nas negociações de pretensões laborativas, na construção de vontade em meio ao debate assemblear nas empresas ou na formação da vontade colegiada [293], depreendendo-se aí, notadamente, a própria via arbitral como processo, encontrando-se, pois, na mesma, estrutura processual adequa-

---

[293] FAZZALARI, Elio. *Istituzioi di Diritto Processuale*. 7 ed. Padova: CEDAM, 1994, p. 12.
Fundamental asseverar aqui que o STF, em firme sintonia com a ideia do devido processo legal e sua aplicabilidade extensiva aos pleitos que envolvem, em um estado de direito, a proteção plena de quaisquer ameaças ou mesmo lesão aos direitos plenos do cidadão comum, assegurando uma proteção democrática dos interesses privados, expressou no RE, n. 201.819-8, que os direitos fundamentais devem ser respeitados nas relações privadas, pontuando, assim, que em todo processo que se desenvolva em associações e outras entidades privadas deve-se respeitar o direito à ampla defesa e ao contraditório. A apreciação dessa matéria foi concluída depois de meses de discussão na 2ª Turma do Supremo Tribunal Federal.
Reforçando o presente entendimento no julgado, o Ministro Celso de Mello expressou a ideia supra de maneira responsável, pautado, inclusive, em horizontes democráticos, ao afirmar que a tese de que o estatuto das liberdades públicas "não se restringe à esfera das relações verticais entre o Estado e o indivíduo, mas também incide sobre o domínio em que se processam as relações de caráter meramente privado, reconheceu que os direitos fundamentais projetam-se, por igual, numa perspectiva de ordem estritamente horizontal."
Em síntese, portanto, ainda que as relações jurídicas que se relacionam em processos administrativos, o direito das associações privadas não é absoluto e comporta restrições, que dão lugar ao prestígio dos direitos fundamentais assegurados pela Constituição Federal. No caso concreto, decidiu-se pela não concessão de recurso à União Brasileira de Compositores (UBC) que excluiu um de seus sócios do quadro da entidade sem o amplo direito à defesa.
A ideia do processo como entidade democrática e instrumento de perquirição pela busca do justo deve refletir como fundamento principal, seja em quaisquer ambientes em que se busque através do mesmo, a solução de pretensões relativas a direitos resistidos ou não.

da[294], propícia e, por isso, útil a instrumentalizar um conflito de interesses, tudo mediante as relações jurídicas que se desenvolvem em seu bojo entre os interessados por meio do respeito ao contraditório.

Atesta ainda o eminente professor:

> *A prescindere dagli ordinamenti statuali ingenere, e non solo dal nostro, si colgono processi all'interno di gruppi per cosi dire transnazionali, a coesione più o meno spiccata: si pensi ai processi arbitrali, retti dalle varie leges mercatoriae che legano, al di sopra dei confini statuali, gli operatori economici in questo o quel settore.*[295]

Não se pode sobejar neste compasso que, centrando-se em uma análise sob o ponto de vista eminentemente pragmático, é sabido que, sendo o processo instrumento pelo qual a jurisdição opera, está ele relacionado, em regra, ao conjunto de atividades instrumentalizadas no sentido de se dar solução à lide, implementadas através de um encadeamento de atos – donde se depreende a palavra processo = *pro* + *cedere*: pender para frente, ir adiante, caminhar, progredir bem como das relações jurídicas desenvolvidas nesse caminhar – relação jurídica processual. Nesse passo, evidencia-se a própria via arbitral como composta de um procedimento do qual participam as partes interessadas, em posições antagônicas, tendo cada uma delas ônus, obrigações, direitos e deveres típicos da situação de instauração do conflito em sede arbitral, portanto, não se diferenciando, macroscopicamente, da via jurisdicional do processo.

No tocante ao desenvolvimento da arbitragem, cabe aqui, de passagem, apontar a existência das denominadas Arbitragem Institucional e Arbitragem *Ad Hoc*.

A primeira se dá quando as partes optam por escolher uma pessoa jurídica de direito privado constituída para esse fim, sendo, em regra, tal pessoa jurídica denominada de "câmara de arbitragem".

A título organizacional, a câmara de arbitragem funciona como um pequeno juízo, possuindo regulamento próprio ao qual as partes estarão submetidas, constando também de secretaria, sistema de intimação, sala de audiências etc.

---

294 "*Dall'esperienza di diritto privato emergono, invece, i 'processi arbitrali' (in cui si realizza una sorta di giustizia privata)( ); ma, come rilevato, non può escludersi altro impiego della struttura processuale nell'ambito Ed ai fini dell'esercizio della autonomia privata*". FA ZZALARI, Elio. 1994, p. 11-12.

295 Idem, p.13.

Já no que se refere à segunda, arbitragem *ad hoc*, as partes podem escolher uma pessoa física como árbitro, acordando-se sobre todo o procedimento arbitral ao qual se submeterão.

Mais especificamente com relação ao direito consumerista, dispões o art. 51, inciso VII, do CDC o seguinte:

"*São nulas de pleno direito, entre outras, as cláusulas contratuais relativas ao fornecimento de produtos e serviços que: [...] VII – determinem a utilização compulsória de arbitragem;*".

Daí é possível dizer que no âmbito das relações de consumo não é possível falar-se de arbitragem compulsória (obrigatória).

Outrossim, nada obsta, na prática, à viabilização da arbitragem nas relações de consumo. Ora, não há mais que se questionar sobre a constitucionalidade da arbitragem. Como já ressaltamos "vale a pena cravar aqui a veraz consonância da Lei nº 9.307/96 com a Carta Maior e, por isso, com o sistema normativo pátrio, podendo se assegurar que o modelo da arbitragem nacional está em consonância com os mais relevantes textos legais em vigor."[296]

Vale destacar ainda que, o árbitro deve atuar com imparcialidade, independência, competência, diligência e discrição, conforme sustenta o § 6º da Lei nº 9.307/96.

Por conseguinte, em relação ao diálogo das fontes, ou seja, a harmonia entre a Lei de Arbitragem e o CDC, merece proeminência a decisão da Ministra Nancy Andrigui: "DIREITO PROCESSUAL CIVIL E CONSUMIDOR. CONTRATO DE ADESÃO. CONVENÇÃO DE ARBITRAGEM. LIMITES E EXCEÇÕES. ARBITRAGEM EM CONTRATOS DE FINANCIAMENTO IMOBILIÁRIO. CABIMENTO. LIMITES. Com a promulgação da Lei de Arbitragem, passaram a conviver, em harmonia, três regramentos de diferentes graus de especificidade: (i) a regra geral, que obriga a observância da arbitragem quando pactuada pelas partes, com derrogação da jurisdição estatal; (ii) a regra específica, contida no art. 4º, § 2º, da Lei nº 9.307/96 e aplicável a contratos de adesão genéricos, que restringe a eficácia da cláusula compromissória; e (iii) a regra ainda mais específica, contida no art. 51, VII, do CDC, incidente sobre contratos derivados de relação de consumo, sejam eles de adesão ou não, impondo a nulidade de cláusula que determine a utilização compulsória da arbitragem, ainda que satisfeitos os requisitos do art. 4º, § 2º, da Lei nº 9.307/96.

---

296 GAIO JÚNIOR, Antonio Pereira. *Instituições de Direito Processual Civil*. Belo Horizonte: Del Rey, 2011, p.855-856.

O art. 51, VII, do CDC se limita a vedar a adoção prévia e compulsória da arbitragem, no momento da celebração do contrato, mas não impede que, posteriormente, diante de eventual litígio, havendo consenso entre as partes (em especial a aquiescência do consumidor), seja instaurado o procedimento arbitral.

As regras dos arts. 51, VIII, do CDC e 34 da Lei nº 9.514/97 não são incompatíveis. Primeiro porque o art. 34 não se refere exclusivamente a financiamentos imobiliários sujeitos ao CDC, e segundo porque, havendo relação de consumo, o dispositivo legal não fixa o momento em que deverá ser definida a efetiva utilização da arbitragem. Recurso especial a que se nega provimento." (STJ. 3ª T.REsp 1169841/RJ, Rel. Min. Nancy Andrighi. Julg. 06.11.2012, DJe 14.11.2012).

51.13 Imposição de representante

O inciso VIII do artigo 51 veda que os contratantes nas relações de consumo "imponham representante para concluir ou realizar outro negócio jurídico pelo consumidor."[297] Ora, se houver cláusula nesse sentido, ela será nula de pleno direito. Melhor dizendo: é nula de pleno direito a cláusula contratual que imponha um representante ao consumidor. A representação nada mais é do que o objeto do contrato de mandato.

51.14 Opção exclusiva do fornecedor

No mesmo diapasão, é considerada cláusula abusiva a cláusula que deixe ao fornecedor a opção de concluir ou não o contrato, embora obrigando o consumidor. (artigo 51, inciso IX, do CDC).

51.15 Variação unilateral de preço

Também não é permitido ao fornecedor alterar unilateralmente o preço no contrato de consumo. É o que determina o inciso X do artigo 51 do

---
297 IMÓVEL. HIPOTECA. CLÁUSULA DE MANDATO. Os recorridos assinaram e quitaram o contrato de promessa de compra e venda de imóvel bem antes que a construtora adquirisse financiamento mediante hipoteca das unidades. O Tribunal *a quo* considerou que a cláusula de mandato para constituição de tal ônus, existente no contrato, é abusiva (art. 51, VIII, do CDC) e sequer foi exercida, não havendo autorização dos recorrentes para a constituição de tal gravame. Nesse panorama peculiar, a Turma, por maioria, não conheceu do REsp, ao fundamento de que não existe afronta a qualquer dispositivo legal e de que restou inatacado fundamento do acórdão recorrido. REsp 296.453-RS, Rel. Min. Carlos Alberto Menezes Direito, julgado em 5/6/2001.

CDC. Ora, com este ato, certamente, a relação jurídica de consumo ficará desbalanceada e desequilibrada ofendendo, destarte, o artigo 4º, inciso III, do Código de Defesa do Consumidor.

Assim, qualquer aditivo contratual deverá ser discutido previamente entre as partes contratantes na relação de consumo, em igualdade de condições.

51.16 Cancelamento unilateral do contrato

Da mesma forma, é considerada cláusula abusiva (inciso XI, do artigo 51 do CDC) a cláusula que autorize o fornecedor a cancelar o contrato unilateralmente, sem que igual direito seja conferido ao consumidor. Todavia, podem as partes inserir uma cláusula que permita o cancelamento do contrato por qualquer das partes. Nesse caso, consumidor e fornecedor estariam em igualdade de condições, já que ambos poderiam exercer tal direito.

51.17 Ressarcimento unilateral dos custos de cobrança

No instrumento contratual de consumo será considerada abusiva a cláusula que confira somente ao fornecedor o direito de se ressarcir dos gastos com cobrança de sua obrigação, sem que igual direito lhe seja conferido *contra o fornecedor* (inciso XII do artigo 51 do CDC).

51.18 Modificação unilateral do contrato

A cláusula contratual, também, será abusiva se autorizar o fornecedor a modificar unilateralmente o conteúdo ou a qualidade do contrato, após sua celebração (inciso XII do artigo 51 do CDC). Caso isso fosse permitido, a equação econômica do contrato de consumo ficaria desequilibrada. Como dito alhures, o inciso III do artigo 4º do CDC desvela que as relações entre consumidores e fornecedores devem ser baseadas na boa-fé e no equilíbrio econômico.

De acordo com o artigo 6, inciso II, do CDC são direitos básicos do consumidor: a educação e divulgação sobre o consumo adequado dos produtos e serviços, asseguradas a liberdade de escolha e a *igualdade nas contratações*.

51.19 Violação de normas ambientais

O artigo 225 da CRFB/88 determina que "todos têm direito ao meio ambiente ecologicamente equilibrado, bem de uso comum do povo e essencial à sadia qualidade de vida, impondo-se ao poder público e à coletividade o dever de defendê-lo e preservá-lo para as presentes e futuras gerações."[298]

Em relação ao meio ambiente, destacam-se os seguintes artigos da CRFB/88: 5º, LXXIII (instrumento de tutela ambiental); 20, II a XI e § 1º (bens da união); 23, I, II, III, IV, VI, VII, IX e XI (competência administrativa comum em relação à União, Estados, DF e Municípios); 24, VI, VII, VIII e XII (competência legislativa concorrente); 26, I, II e III (bens dos Estados); 30, VIII e IX (competência privativa); 91, § 1º, III (atribuição do Conselho Nacional de Defesa); 129, III (função institucional do Ministério Público para promoção do inquérito civil e da ação civil pública); 170, VI (princípio da ordem econômica); 174, § 3º (organização da atividade garimpeira e cooperativas); 176, § 1º (recursos minerais e potenciais de energia hidráulica); 186, II (função social da propriedade rural); 200, VIII (meio ambiente do trabalho); 216, VI (patrimônio cultural brasileiro); 200, § 3º, II (comunicação social e proteção ambiental); 225 (proteção do meio ambiente); 231, §§ 1º e 3º (índios) etc.

Em relação ao CDC, nenhuma cláusula contratual de consumo poderá infringir ou possibilitar a violação das normas ambientais. Caso contrário, a cláusula será considerada abusiva, nos termos do artigo 51, inciso XIV do CDC.

51.20 Cláusulas em desacordo com o sistema de proteção ao consumidor

De acordo com o inciso XV do artigo 51 do CDC, é considerada cláusula abusiva a cláusula que esteja em desacordo com o sistema de proteção ao consumidor. Caberá ao magistrado a exegese da cláusula contratual com vistas a verificar a abusividade da cláusula frente ao sistema de proteção ao consumidor. Trata-se de um conceito que ultrapassa as fronteiras do CDC, cabendo ao juiz cotejar a possível abusividade da cláusula com as demais leis que integram o ordenamento jurídico nesse sentido de proteção, tais

---

[298] A Lei nº 7.735, de 22-2-1989, cria o Instituto Nacional do Meio Ambiente e dos Recursos Naturais Renováveis. A Lei nº 7.797, de 10-7-1989, cria o Fundo Nacional do Meio Ambiente. Danos ao meio ambiente: Lei nº 7.802, de 11-7-1989. Regulamento: Decreto nº 4.074, de 4-1-2002. Lei de Crimes Ambientais: Lei nº 9.605, de 12-2-1998.

como: Lei de Economia Popular (Lei nº 1.521/51), crimes contra a ordem econômica (Lei nº 8.137/90) etc.

51.21 Renúncia à indenização por benfeitorias necessárias

O inciso XVI do artigo 51 do CDC caracteriza cláusula abusiva aquela que possibilite a renúncia do direito de indenização por benfeitorias necessárias. Ora, o próprio inciso I da mesma regra jurídica já determina que a cláusula seja abusiva na renúncia ou disposição de direitos.

Benfeitoria é toda obra ou despesa feita na coisa principal para conservá-la, melhorá-la ou embelezá-la. As benfeitorias são bens acessórios que podem ser classificadas em *necessárias, úteis e voluptuárias*. As *benfeitorias necessárias* são aquelas que evitam a deterioração da coisa (é o caso da troca de um telhado no imóvel), as *benfeitorias úteis* têm por finalidade aumentar o valor da coisa (p. ex., a construção de mais um banheiro no imóvel) e as *benfeitorias voluptuárias* são aquelas destinadas ao simples deleite de quem as realiza (p. ex., a construção de uma piscina).

O artigo 96 do nosso Código Civil trata a questão das benfeitorias da seguinte forma: "Art. 96. As benfeitorias podem ser voluptuárias, úteis ou necessárias.[299] § 1º São voluptuárias as de mero deleite ou recreio, que não aumentam o uso habitual do bem, ainda que o tornem mais agradável ou sejam de elevado valor.[300] § 2º São úteis as que aumentam ou facilitam o uso do bem.[301] § 3º São necessárias as que têm por fim conservar o bem ou evitar que se deteriore".[302]

A referida classificação das benfeitorias em três espécies – voluptuárias, úteis e necessárias – tem fundamental importância em outras áreas do direito, em especial quando se trata dos efeitos da posse, do direito de retenção, do contrato de locação, dentre outros.

51.22 Acesso aos órgãos do Poder Judiciário

O artigo 51, inciso XVII (incluído pela Lei nº 14.181/2021 – Lei do Superendividamento) trata como nulas de pleno direito, entre outras, as cláusulas contratuais relativas ao fornecimento de produtos e serviços que

---
299 Correspondente ao art. 63, caput, do CC de 1916.
300 Correspondente ao art. 63, § 1º do CC de 1916.
301 Correspondente ao art. 63, § 2º do CC de 1916.
302 Correspondente ao art. 63, § 3º do CC de 1916.

"condicionem ou limitem de qualquer forma o acesso aos órgãos do Poder Judiciário;"

Vale lembrar que o inciso XXXV do artigo 5º constitucional não se refere, tão somente ao acesso ao judiciário, mas ao seu significado pleno. O acesso ao judiciário decorre do movimento renovatório do direito e implica em propiciar ao cidadão o amplo e irrestrito acesso ao judiciário, desde a propositura da ação até a tutela definitiva do seu conflito. O acesso à justiça é consequência lógica do exercício da função jurisdicional como monopólio estatal.

O movimento de acesso à justiça é tratado, em obra ímpar, por Cappelletti e Garth (*Access to justice:* a worldwide movement to make rights effective, a general report), sob a figura das ondas renovatórias do acesso à justiça.[303]

51.23 Prazos de Carência

A Lei nº 14.181/2021 (Lei do Superendividamento) incluiu também o inciso XVIII no artigo 51 do CDC que trata como nulas de pleno direito, entre outras, as cláusulas contratuais relativas ao fornecimento de produtos e serviços que "estabeleçam prazos de carência em caso de impontualidade das prestações mensais ou impeçam o restabelecimento integral dos direitos do consumidor e de seus meios de pagamento a partir da purgação da mora ou do acordo com os credores;"

51.24 Presunção relativa de vantagem exagerada

Diz o § 1º do artigo 51 do CDC que "presume-se exagerada, entre outros casos, a vontade que: I – ofende os princípios fundamentais do sistema jurídico a que pertence; II – restringe direitos ou obrigações fundamentais inerentes à natureza do contrato, de tal modo a ameaçar seu objeto ou

---

[303] "Podemos afirmar que a primeira solução para o acesso - a primeira 'onda' desse movimento novo - foi a assistência judiciária; a segunda dizia respeito às reformas tendentes a proporcionar representação jurídica para os interesses 'difusos', especialmente nas áreas da proteção ambiental e do consumidor; e o terceiro - e mais recente - é o que nos propomos a chamar simplesmente "enfoque de acesso à justiça" porque inclui os posicionamentos anteriores, mas vai muito além deles, representando, dessa forma, uma tentativa de atacar as barreiras ao acesso de modo mais articulado e compreensivo". CAPPELLETTI, Mauro; GARTH, Bryant. *Acesso à justiça*. Porto Alegre: Sérgio Antonio Fabris, 1988. p. 31

equilíbrio contratual; III – se mostra excessivamente onerosa para o consumidor, considerando-se a natureza e conteúdo do contrato, o interesse das partes e outras circunstâncias peculiares ao caso.

É, pois, uma presunção relativa, cabendo, portanto, prova em contrário a cargo do fornecedor.

Nesse sentido, "abusiva a cláusula que ao limitar a cobertura por defeitos verificados no veículo, termina, em essência, por desfigurar a própria natureza do contrato de seguro, ameaçando o seu objeto ou equilíbrio (REsp 442.382/PB, Rel. Ministro ALDIR PASSARINHO JUNIOR, QUARTA TURMA, julgado em 25/09/2007, DJ 15/10/2007, p. 271)."

51.25 Conservação do contrato

Já o § 2º do artigo 51 do CDC determina que "a nulidade de uma cláusula contratual abusiva não invalida o contrato, exceto quando de sua ausência, apesar dos esforços de integração, decorrer ônus excessivo a qualquer das partes." Aqui se destaca o princípio da conservação do contrato na esfera do consumidor, buscando, dessarte, a utilidade e operatividade do negócio jurídico firmado entre consumidor e fornecedor.

51.26 Controle das cláusulas contratuais

O § 4º do artigo 51 dispõe que "é facultado a qualquer consumidor ou entidade que o represente requerer ao Ministério Público que ajuíze a competente ação para ser declarada a nulidade de cláusula contratual que contrarie o disposto neste código ou de qualquer forma não assegure o justo equilíbrio entre direitos e obrigações das partes."

De acordo com o artigo 129, inciso III, da CRFB/88, cabe ao Ministério Público "promover o inquérito civil e a ação civil pública, para a proteção do patrimônio público e social, do meio ambiente e de outros interesses difusos e coletivos."[304]

---

304 "Legitimidade para a causa. Ativa. Caracterização. Ministério Público. Ação civil pública. Demanda sobre contratos de financiamento firmados no âmbito do Sistema Financeiro da Habitação – SFH. Tutela de diretos ou interesses individuais homogêneos. Matéria de alto relevo social. Pertinência ao perfil institucional do Ministério Público. Inteligência dos arts. 127 e 129, III e IX, da CF. Precedentes. O Ministério público tem legitimação para ação civil pública em tutela de interesses individuais homogêneos dotados de alto relevo social, como os de mutuários em contratos de financiamento pelo SFH." (RE 470.135-AgR-ED, Rel. Min. Cezar Peluso, julgamento em 22-5-2007, Segunda Turma, DJ de 29-6-2007.)

A Lei nº 7.347, de 24-7-1985, disciplina a ação civil pública de responsabilidade por danos causados ao meio ambiente, ao consumidor, a bens e direitos de valor artístico, estético, histórico, turístico e paisagístico. Essa lei se aplica ao CDC, consoante disposição expressa do seu artigo 90.

O Ministério Público é parte legítima na propositura de ação civil pública para questionar relação de consumo resultante de ajuste a envolver cartão de crédito. (RE 441.318, Rel. Min. Marco Aurélio, julgamento em 25-10-2005, Primeira Turma, DJ de 24-2-2006.)

"A CF confere relevo ao Ministério Público como instituição permanente, essencial à função jurisdicional do Estado, incumbindo-lhe a defesa da ordem jurídica, do regime democrático e dos interesses sociais e individuais indisponíveis (CF, art. 127). Por isso mesmo detém o Ministério Público capacidade postulatória, não só para a abertura do inquérito civil, da ação penal pública e da ação civil pública para a proteção do patrimônio público e social, do meio ambiente, mas também de outros interesses difusos e coletivos (CF, art. 129, I e III). Interesses difusos são aqueles que

---

"O Ministério Público é parte legítima para propor ação civil pública voltada a infirmar preço de passagem em transporte coletivo." (RE 379.495, Rel. Min. Marco Aurélio, julgamento em 11-10-2005, Primeira Turma, DJ de 20-4-2006.) No mesmo sentido: RE 228.177, Rel. Min. Gilmar Mendes, julgamento em 17-11-2009, Segunda Turma, DJE de 5-3-2010.

"O Ministério Público tem legitimidade ativa para propor ação civil pública com o objetivo de evitar lesão ao patrimônio público decorrente de contratação de serviço hospitalar privado sem procedimento licitatório." (RE 244.217-AgR, Rel. Min. Eros Grau, julgamento em 25-10-2005, Primeira Turma, DJ de 25-11-2005.) No mesmo sentido: RE 262.134-AgR, Rel. Min. Celso de Mello, julgamento em 12-12-2006, Segunda Turma, DJ de 2-2-2007; AI 383.919-AgR, Rel. Min. Sepúlveda Pertence, julgamento em 19-2-2003, Primeira Turma, DJ de 11-4-2003.

"Independentemente de a própria lei fixar o conceito de interesse coletivo, é conceito de Direito Constitucional, na medida em que a Carta Política dele faz uso para especificar as espécies de interesses que compete ao Ministério Público defender (CF, art. 129, III)." (RE 213.015, Rel. Min. Néri da Silveira, julgamento em 8-4-2002, Segunda Turma, DJ de 24-5-2002.)

"Ação civil pública para proteção do patrimônio público. art. 129, III, da CF. Legitimação extraordinária conferida ao órgão pelo dispositivo constitucional em referência, hipótese em que age como substituto processual de toda a coletividade e, consequentemente, na defesa de autêntico interesse difuso, habilitação que, de resto, não impede a iniciativa do próprio ente público na defesa de seu patrimônio, caso em que o Ministério Público intervirá como fiscal da lei, pena de nulidade da ação (art. 17, § 4º, da Lei nº 8.429/1992)." (RE 208.790, Rel. Min. Ilmar Galvão, julgamento em 27-9-2000, Plenário, DJ de 15-12-2000.) No mesmo sentido: RE 225.777, Rel. p/ o ac. Min. Dias Toffoli, julgamento em 24-2-2011, Plenário, DJE de 29-8-2011; RE 464.530-AgR, Rel. Min. Cármen Lúcia, julgamento em 18-5-2010, Primeira Turma, DJE de 4-6-2010.

abrangem número indeterminado de pessoas unidas pelas mesmas circunstâncias de fato e coletivos aqueles pertencentes a grupos, categorias ou classes de pessoas determináveis, ligadas entre si ou com a parte contrária por uma relação jurídica base. A indeterminidade é a característica fundamental dos interesses difusos e a determinidade a daqueles interesses que envolvem os coletivos. Direitos ou interesses homogêneos são os que têm a mesma origem comum (art. 81, III, da Lei nº 8.078, de 11-9-1990), constituindo-se em subespécie de direitos coletivos. Quer se afirme interesses coletivos ou particularmente interesses homogêneos, stricto sensu, ambos estão cingidos a uma mesma base jurídica, sendo coletivos, explicitamente dizendo, porque são relativos a grupos, categorias ou classes de pessoas, que conquanto digam respeito às pessoas isoladamente, não se classificam como direitos individuais para o fim de ser vedada a sua defesa em ação civil pública, porque sua concepção finalística destina-se à proteção desses grupos, categorias ou classe de pessoas. As chamadas mensalidades escolares, quando abusivas ou ilegais, podem ser impugnadas por via de ação civil pública, a requerimento do Órgão do Ministério Público, pois ainda que sejam interesses homogêneos de origem comum, são subespécies de interesses coletivos, tutelados pelo Estado por esse meio processual como dispõe o art. 129, III, da CF. Cuidando-se de tema ligado à educação, amparada constitucionalmente como dever do Estado e obrigação de todos (CF, art. 205), está o Ministério Público investido da capacidade postulatória, patente a legitimidade ad causam, quando o bem que se busca resguardar se insere na órbita dos interesses coletivos, em segmento de extrema delicadeza e de conteúdo social tal que, acima de tudo, recomenda-se o abrigo estatal. Recurso extraordinário conhecido e provido para, afastada a alegada ilegitimidade do Ministério Público, com vistas à defesa dos interesses de uma coletividade, determinar a remessa dos autos ao Tribunal de origem, para prosseguir no julgamento da ação." (RE 163.231, Rel. Min. Maurício Corrêa, julgamento em 26-2-1997, Plenário, DJ de 29-6-2001.) No mesmo sentido: AI 559.141-AgR, Rel. Min. Marco Aurélio, julgamento em 21-6-2011, Primeira Turma, DJE de 15-8-2011; RE 514.023-AgR, Rel. Min. Ellen Gracie, julgamento em 4-12-2009, Segunda Turma, DJE de 5-2-2010; RE 511.961, Rel. Min. Gilmar Mendes, julgamento em 17-6-2009, Plenário, DJE de 13-11-2009."

51.27 Cláusulas Abusivas – Secretaria de Direito Econômico – Portaria Nº 4, de 13 de Março de 1998

Segue abaixo a Portaria nº 4, de 13 de março de 1998, da Secretaria de Direito Econômico que apresenta um rol de cláusulas abusivas:

"MINISTÉRIO DA JUSTIÇA

SECRETARIA DE DIREITO ECONÔMICO

PORTARIA Nº 4, DE 13 DE MARÇO DE 1998

CONSIDERANDO o disposto no artigo 56 do Decreto nº 2.181, de 20 de março de 1997, e com o objetivo de orientar o Sistema Nacional de Defesa do Consumidor, notadamente para o fim de aplicação do disposto no inciso IV do art. 22 deste Decreto;

CONSIDERANDO que o elenco de Cláusulas Abusivas relativas ao fornecimento de produtos e serviços, constantes do art. 51 da Lei nº 8.078, de 11 de setembro de 1990, é de tipo aberto, exemplificativo, permitindo, desta forma a sua complementação, e

CONSIDERANDO, ainda, que decisões terminativas dos diversos PROCON's e Ministérios Públicos, pacificam como abusivas as cláusulas a seguir enumeradas, resolve:

Divulgar, em aditamento ao elenco do art. 51 da Lei nº 8.078/90, e do art. 22 do Decreto nº 2.181/97, as seguintes cláusulas que, dentre outras, são nulas de pleno direito:

1. estabeleçam prazos de carência na prestação ou fornecimento de serviços, em caso de impontualidade das prestações ou mensalidades;

2. imponham, em caso de impontualidade, interrupção de serviço essencial, sem aviso prévio;

3. não restabeleçam integralmente os direitos do consumidor a partir da purgação da mora;

4. impeçam o consumidor de se beneficiar do evento, constante de termo de garantia contratual, que lhe seja mais favorável;

5. estabeleçam a perda total ou desproporcionada das prestações pagas pelo consumidor, em benefício do credor, que, em razão de desistência ou inadimplemento, pleitear a resilição ou resolução do contrato, ressalvada a cobrança judicial de perdas e danos comprovadamente sofridos;

6. estabeleçam sanções, em caso de atraso ou descumprimento da obrigação, somente em desfavor do consumidor;

7. estabeleçam cumulativamente a cobrança de comissão de permanência e correção monetária;

8. elejam foro para dirimir conflitos decorrentes de relações de consumo diverso daquele onde reside o consumidor;

9. obriguem o consumidor ao pagamento de honorários advocatícios sem que haja ajuizamento de ação correspondente;

10. impeçam, restrinjam ou afastem a aplicação das normas do Código de Defesa do Consumidor nos conflitos decorrentes de contratos de transporte aéreo;

11. atribuam ao fornecedor o poder de escolha entre múltiplos índices de reajuste, entre os admitidos legalmente;

12. permitam ao fornecedor emitir títulos de crédito em branco ou livremente circuláveis por meio de endosso na representação de toda e qualquer obrigação assumida pelo consumidor;

13. estabeleçam a devolução de prestações pagas, sem que os valores sejam corrigidos monetariamente;

14. imponham limite ao tempo de internação hospitalar, que não o prescrito pelo médico.

RUY COUTINHO DO NASCIMENTO."

51.28 Cláusulas Abusivas – Secretaria de Direito Econômico – Portaria Nº 3, de 19 de Março de 1999

Segue abaixo a Portaria nº 3, de 19 de março de 1999, da Secretaria de Direito Econômico que apresenta um rol de cláusulas abusivas:

"MINISTÉRIO DA JUSTIÇA

SECRETARIA DE DIREITO ECONÔMICO

PORTARIA Nº 3, DE 19 DE MARÇO DE 1999

O Secretário de Direito Econômico do Ministério da Justiça, no uso de suas atribuições legais,

CONSIDERANDO que o elenco de Cláusulas Abusivas relativas ao fornecimento de produtos e serviços, constantes do art. 51 da Lei nº 8.078, de 11 de setembro de 1990, é de tipo aberto, exemplificativo, permitindo, desta forma a sua complementação;

CONSIDERANDO o disposto no artigo 56 do Decreto nº 2.181, de 20 de março de 1997, que regulamentou a Lei nº 8.078/90, e com o objetivo de orientar o Sistema Nacional de Defesa do Consumidor, notadamente para o fim de aplicação do disposto no inciso IV do art. 22 deste Decreto, bem assim promover a educação e a informação de fornecedores e consumidores, quanto aos seus direitos e deveres, com a melhoria, transparência, harmonia, equilíbrio e boa-fé nas relações de consumo, e CONSIDERANDO que decisões administrativas de diversos PROCONs, entendimentos dos Ministérios Públicos ou decisões judiciais pacificam como abusivas as cláusulas a seguir enumeradas, resolve:

Divulgar, em aditamento ao elenco do art. 51 da Lei nº 8.078/90, e do art. 22 do Decreto nº 2.181/97, as seguintes cláusulas que, dentre outras, são nulas de pleno direito:

1. Determinem aumentos de prestações nos contratos de planos e seguros de saúde, firmados anteriormente à Lei nº 9.656/98, por mudanças de faixas etárias sem previsão expressa e definida;

2. Imponham, em contratos de planos de saúde firmados anteriormente à Lei nº 9.656/98, limites ou restrições a procedimentos médicos (consultas, exames médicos, laboratoriais e internações hospitalares, UTI e similares) contrariando prescrição médica;

3. Permitam ao fornecedor de serviço essencial (água, energia elétrica, telefonia) incluir na conta, sem autorização expressa do consumidor, a cobrança de outros serviços. Excetuam-se os casos em que a prestadora do serviço essencial informe e disponibilize gratuitamente ao consumidor a opção de bloqueio prévio da cobrança ou utilização dos serviços de valor adicionado;

4. Estabeleçam prazos de carência para cancelamento do contrato de cartão de crédito;

5. Imponham o pagamento antecipado referente a períodos superiores a 30 dias pela prestação de serviços educacionais ou similares;

6. Estabeleçam, nos contratos de prestação de serviços educacionais, a vinculação à aquisição de outros produtos ou serviços;

7. Estabeleçam que o consumidor reconheça que o contrato acompanhado do extrato demonstrativo da conta corrente bancária constituem título executivo extrajudicial, para os fins do artigo 585, II, do Código de Processo Civil;

8. Estipulem o reconhecimento, pelo consumidor, de que os valores lançados no extrato da conta corrente ou na fatura do cartão de crédito constituem dívida líquida, certa e exigível;

9. Estabeleçam a cobrança de juros capitalizados mensalmente;

10. Imponham, em contratos de consórcios, o pagamento de percentual a título de taxa de administração futura, pelos consorciados desistentes ou excluídos;

11. Estabeleçam, nos contratos de prestação de serviços educacionais e similares, multa moratória superior a 2% (dois por cento);

12. Exijam a assinatura de duplicatas, letras de câmbio, notas promissórias ou quaisquer outros títulos de crédito em branco;

13. Subtraiam ao consumidor, nos contratos de seguro, o recebimento de valor inferior ao contratado na apólice.

14. Prevejam em contratos de arrendamento mercantil (leasing) a exigência, a título de indenização, do pagamento das parcelas vincendas, no caso de restituição do bem;

15. Estabeleçam, em contrato de arrendamento mercantil (leasing), a exigência do pagamento antecipado do Valor Residual Garantido (VRG), sem previsão de devolução desse montante, corrigido monetariamente, se não exercida a opção de compra do bem;

RUY COUTINHO DO NASCIMENTO."

51.29 Cláusulas Abusivas – Secretaria de Direito Econômico – Portaria Nº 3, de 15 de Março de 2001

Segue abaixo a Portaria nº 3, de 15 de março de 2001, da Secretaria de Direito Econômico que apresenta um rol de cláusulas abusivas:

"MINISTÉRIO DA JUSTIÇA

SECRETARIA DE DIREITO ECONÔMICO

PORTARIA Nº 3, DE 15 DE MARÇO DE 2001

O Secretário de Direito Econômico do Ministério da Justiça, no uso de suas atribuições legais;

CONSIDERANDO que o elenco de Cláusulas Abusivas relativas ao fornecimento de produtos e serviços, constantes do art. 51 da Lei nº 8.078, de 11 de setembro de 1990, é de tipo aberto, exemplificativo, permitindo, desta forma a sua complementação;

CONSIDERANDO o disposto no artigo 56 do Decreto nº 2.181, de 20 de março de 1997, que regulamentou a Lei nº 8.078/90, e com o objetivo de orientar o Sistema Nacional de Defesa do Consumidor, notadamente para o fim de aplicação do disposto no inciso IV do art. 22 desse Decreto, bem assim promover a educação e a informação de fornecedores e consumidores, quanto aos seus direitos e deveres, com a melhoria, transparência, harmonia, equilíbrio e boa-fé nas relações de consumo;

CONSIDERANDO que decisões judiciais, decisões administrativas de diversos PROCONs, e entendimentos dos Ministérios Públicos pacificam como abusivas as cláusulas a seguir enumeradas, resolve:

Divulgar o seguinte elenco de cláusulas, as quais, na forma do artigo 51 da Lei nº 8.078, de 11 de setembro de 1990, e do artigo 56 do Decreto nº 2.181, de 20 de março de 1997, com o objetivo de orientar o Sistema Nacional de Defesa do Consumidor, serão consideradas como abusivas, notadamente para fim de aplicação do disposto no inciso IV, do art. 22 do Decreto nº 2.181:

1. estipule presunção de conhecimento por parte do consumidor de fatos novos não previstos em contrato;

2. estabeleça restrições ao direito do consumidor de questionar nas esferas administrativa e judicial possíveis lesões decorrentes de contrato por ele assinado;

3. imponha a perda de parte significativa das prestações já quitadas em situações de venda a crédito, em caso de desistência por justa causa ou impossibilidade de cumprimento da obrigação pelo consumidor;

4. estabeleça cumulação de multa rescisória e perda do valor das arras;

5. estipule a utilização expressa ou não, de juros capitalizados nos contratos civis;

6. autorize, em virtude de inadimplemento, o não fornecimento ao consumidor de informações de posse do fornecedor, tais como: histórico escolar, registros médicos e demais do gênero;

7. autorize o envio do nome do consumidor e/ou seus garantes a cadastros de consumidores (SPC, SERASA etc.), enquanto houver discussão em juízo relativa à relação de consumo;

8. considere, nos contratos bancários, financeiros e de cartões de crédito, o silêncio do consumidor, pessoa física, como aceitação tácita dos valores

cobrados, das informações prestadas nos extratos ou aceitação de modificações de índices ou de quaisquer alterações contratuais;

9. permita à instituição bancária retirar da conta corrente do consumidor ou cobrar restituição deste dos valores usados por terceiros, que de forma ilícita estejam de posse de seus cartões bancários ou cheques, após comunicação de roubo, furto ou desaparecimento suspeito ou requisição de bloqueio ou final de conta;

10. exclua, nos contratos de seguro de vida, a cobertura de evento decorrente de doença preexistente, salvo as hipóteses em que a seguradora comprove que o consumidor tinha conhecimento da referida doença à época da contratação;

11. limite temporalmente, nos contratos de seguro de responsabilidade civil, a cobertura apenas às reclamações realizadas durante a vigência do contrato, e não ao evento ou sinistro ocorrido durante a vigência;

12. preveja, nos contratos de seguro de automóvel, o ressarcimento pelo valor de mercado, se inferior ao previsto no contrato;

13. impeça o consumidor de acionar, em caso de erro médico, diretamente a operadora ou cooperativa que organiza ou administra o plano privado de assistência à saúde;

14. estabeleça, no contrato de venda e compra de imóvel, a incidência de juros antes da entrega das chaves;

15. preveja, no contrato de promessa de venda e compra de imóvel, que o adquirente autorize ao incorporador alienante constituir hipoteca do terreno e de suas acessões (unidades construídas) para garantir dívida da empresa incorporadora, realizada para financiamento de obras;

16. vede, nos serviços educacionais, em face de desistência pelo consumidor, a restituição de valor pago a título de pagamento antecipado de mensalidade;

PAULO DE TARSO RAMOS RIBEIRO."

51.30 Cláusulas Abusivas – Secretaria de Direito Econômico – Portaria Nº 5, de 27 de Agosto de 2002

Segue abaixo a Portaria nº 5, de 27 de agosto de 2002, da Secretaria de Direito Econômico que apresenta um rol de cláusulas abusivas:

"MINISTÉRIO DA JUSTIÇA – SECRETARIA DE DIREITO ECONÔMICO

GABINETE

Portaria nº 5, de 27 de agosto de 2002.

Complementa o elenco de cláusulas abusivas constante do art. 51 da Lei nº 8.078, de 11 de setembro de 1990.

A Secretaria de Direito Econômico do Ministério da Justiça, no uso da atribuição que lhe confere o art. 56 do Decreto nº 2.181, de 20 de março de 1997, e

CONSIDERANDO que constitui dever da Secretaria de Direito Econômico orientar o Sistema Nacional de Defesa do Consumidor sobre a abusividade de cláusulas insertas em contratos de fornecimento de produtos e serviços, notadamente para o fim de aplicação do disposto no inciso IV do art. 22 do Decreto nº 2.181, de 1997;

CONSIDERANDO que o elenco de cláusulas abusivas constante do art. 51 da Lei nº 8.078, de 1990, é meramente exemplificativo, uma vez que outras estipulações contratuais lesivas ao consumidor defluem do próprio texto legal;

CONSIDERANDO que a informação de fornecedores e de consumidores quanto aos seus direitos e deveres promove a melhoria, a transparência, a harmonia, o equilíbrio e a boa-fé nas relações de consumo;

CONSIDERANDO, finalmente, as sugestões oferecidas pelo Ministério Público e pelos PROCONs, bem como decisões judiciais sobre relações de consumo;

RESOLVE:

Art. 1º Considerar abusiva, nos contratos de fornecimento de produtos e serviços, a cláusula que:

I – autorize o envio do nome do consumidor, e/ou seus garantes, a bancos de dados e cadastros de consumidores, sem comprovada notificação prévia;

II – imponha ao consumidor, nos contratos de adesão, a obrigação de manifestar-se contra a transferência, onerosa ou não, para terceiros, dos dados cadastrais confiados ao fornecedor;

III – autorize o fornecedor a investigar a vida privada do consumidor;

IV – imponha em contratos de seguro-saúde, firmados anteriormente à Lei nº 9.656, de 3 de junho de 1998, limite temporal para internação hospitalar;

V – prescreva, em contrato de plano de saúde ou seguro-saúde, a não cobertura de doenças de notificação compulsória.

Art. 2º Esta Portaria entra em vigor na data de sua publicação.

ELISA SILVA RIBEIRO BAPTISTA DE OLIVEIRA

Secretária de Direito Econômico."

51.31 Planos de Saúde – Cláusulas Abusivas

CONTRATO. PLANO. SAÚDE. CLÁUSULA ABUSIVA. O cerne da questão cinge-se à análise da existência de abuso na cláusula do contrato de plano de saúde que prevê limite de valor para cobertura de tratamento médico-hospitalar. In casu, a beneficiária de plano de saúde foi internada em hospital conveniado, em razão de moléstia grave e permaneceu em UTI. Todavia, quando atingido o limite financeiro (R$ 6.500,00) do custo de tratamento previsto no contrato celebrado entre as partes, a recorrida (mantenedora do plano de saúde) negou-se a cobrir as despesas médico-hospitalares excedentes. De fato, o sistema normativo vigente permite às seguradoras fazer constar da apólice de plano de saúde privado cláusulas limitativas de riscos adicionais relacionados com o objeto da contratação, de modo a responder pelos riscos somente na extensão contratada. No entanto, tais cláusulas limitativas não se confundem com as cláusulas que visam afastar a responsabilidade da seguradora pelo próprio objeto nuclear da contratação. Na espécie, a seguradora de plano de saúde assumiu o risco de cobrir o tratamento da moléstia que acometeu a segurada. Porém, por meio de cláusula limitativa e abusiva, reduziu os efeitos jurídicos dessa cobertura ao estabelecer um valor máximo para as despesas hospitalares, tornando, assim, inócuo o próprio objeto do contrato. É que tal cláusula não é meramente limitativa de extensão de risco porque excludente da própria essência do risco assumido. O Min. Relator ressaltou que não se pode equiparar o seguro-saúde a um seguro patrimonial, no qual é possível e fácil aferir o valor do bem segurado, criando limites de reembolso/indenização. Pois, quem segura a saúde de outrem está garantindo o custeio de tratamento de doenças que, por sua própria natureza, são imprevisíveis, sendo essa uma das razões que leva a pessoa a contratar seguro de saúde. Assim, seja por violação das normas do CDC (arts. 4º, 6º, 51º) ou do disposto na Lei nº 9.656/1998 e no DL nº 73/1966, deve ser considerada abusiva a cláusula contratual de seguro-saúde que crie limitação de valor para o custeio de tratamento de saúde ou de internação hospitalar de segurado ou beneficiário. Com efeito, em observância à função social dos contratos, à boa-fé objetiva e à proteção à dignidade humana, deve ser reconhecida a nulidade de tal cláusula. Com essas e outras considerações, a Turma deu provimento ao recurso para, julgando procedente a ação e improcedente a reconvenção, condenar a seguradora ao pagamento das despesas médico-hospitalares (deduzindo-se as já suportadas pela recorrida) a título de danos materiais e dos danos morais decorrentes da cláusula abusiva e da injusta recusa da cobertura securitária pela operadora do plano de saúde, o que causou aflição à segurada (acometida de moléstia grave que levaria a estado terminal) que necessitava dar continuidade à sua internação em UTI e ao tratamento médico hospitalar adequado. Precedente citado: REsp 326.147-SP, DJe 8/6/2009. REsp 735.750-SP, Rel. Min. Raul Araújo, julgado em 14/2/2012.

PLANO DE SAÚDE Situação de urgência – Vedação a imediata migração de categoria Inadmissibilidade – Cláusula abusiva colocando o consumidor em desvantagem exagerada Sentença mantida Recurso desprovido. (2124962520108260100 SP 0212496-25.2010.8.26.0100, Relator: Moreira Viegas, Data de Julgamento: 31/10/2012, 5ª Câmara de Direito Privado, Data de Publicação: 01/11/2012)

Apelação Cível.Plano de saúde Aplicação do Código de Defesa do Consumidor Cláusula que exclui cobertura de fornecimento de hemoderivados Utilização de hemoderivados durante internação autorizada pela autora Aplicação do Código de Defesa do Consumidor Cláusula abusiva Inteligência do artigo 51 do Código de Defesa do Consumidor Insumos indissociáveis ao tratamento de saúde. Dá-se provimento ao recurso. Código de Defesa do Consumidor 51 Código de Defesa do Consumidor. (39346120088260106 SP 0003934-61.2008.8.26.0106, Relator: Christine Santini, Data de

Julgamento: 24/10/2012, 5ª Câmara de Direito Privado, Data de Publicação: 26/10/2012).

Plano de saúde Aplicação do Código de Defesa do Consumidor (Súmula 469 do STJ) Cláusula que não cobre cirurgias cardíacas que é abusiva, colocando o consumidor em situação de desvantagem Afastamento da cláusula Reembolso devido, com juros e correção Recurso provido.Código de Defesa do Consumidor. (1327551320088260000 SP 0132755-13.2008.8.26.0000, Relator: José Luiz Gavião de Almeida, Data de Julgamento: 25/09/2012, 9ª Câmara de Direito Privado, Data de Publicação: 04/10/2012).

Apelação Cível. Plano de saúde Exclusão da cobertura de próteses e órteses Recusa de cobertura de material inerente ao ato cirúrgico denominado artroplastia total do quadril Aplicação do Código de Defesa do Consumidor Cláusula abusiva Inteligência do artigo 51 do Código de Defesa do Consumidor. Nega-se provimento ao recurso.Código de Defesa do Consumidor 51 Código de Defesa do Consumidor. (1153479220118260100 SP 0115347-92.2011.8.26.0100, Relator: Christine Santini, Data de Julgamento: 27/06/2012, 5ª Câmara de Direito Privado, Data de Publicação: 29/06/2012).

Exame de polissonografia solicitado por médico credenciado pela indicação clínica de apnéia do sono, bem como exame de monitorização ambulatorial da pressão arterial Negativa ao custeio por supostamente não constarem do rol de procedimentos autorizados Inexistência de exclusão expressa no contrato Cobertura não prevista porque não adaptado o plano antigo às normas atuais Obrigatoriedade de emissão da guia de autorização para o procedimento respectivo Contrato regido pela Lei nº 9.656/98, onde tal tipo de exclusão não se admite Entendimento jurisprudencial prevalente, por outro lado, a emprestar cobertura mesmo em se tratando de contrato antigo Incidência do Código de Defesa do Consumidor Cláusula abusiva colocando o consumidor em desvantagem exagerada Dano moral não configurado Sentença reformada Recurso provido em parte.(9191529772008826 SP 9191529-77.2008.8.26.0000, Relator: Luiz Ambra, Data de Julgamento: 31/01/2012, 8ª Câmara de Direito Privado, Data de Publicação: 03/02/2012).

Exame de mucosectomia por via endoscópica para tratamento de carcinoma de esôfago Negativa ao custeio por supostamente não constar do rol de procedimentos autorizados Inexistência de exclusão expressa no contrato Cobertura para neoplasias Obrigatoriedade de emissão da guia de autorização para o procedimento respectivo Contrato regido pela Lei nº 9.656/98, onde tal tipo de exclusão não se admite Entendimento jurisprudencial prevalente, por outro lado, a emprestar cobertura mesmo em se tratando de contrato antigo Incidência do Código de Defesa do Consumidor Cláusula abusiva colocando o consumidor em desvantagem exagerada Sentença mantida Recurso improvido. (9192512762008826 SP 9192512-76.2008.8.26.0000, Relator: Luiz Ambra, Data de Julgamento: 14/12/2011, 8ª Câmara de Direito Privado, Data de Publicação: 09/01/2012)

Apelação Cível. Plano de saúde Aplicação do Código de Defesa do Consumidor Exclusão da cobertura de oxigenoterapia hiperbárica Cláusula abusiva Inteligência do artigo 51 do Código de Defesa do Consumidor Manutenção da sentença de procedência. Nega-se provimento ao recurso. (5883920108260363 SP 0000588-39.2010.8.26.0363, Relator: Christine Santini, Data de Julgamento: 03/10/2012, 5ª Câmara de Direito Privado, Data de Publicação: 09/10/2012).

Seguro saúde. Cobertura. Câncer de pulmão. Tratamento com quimioterapia. Cláusula abusiva. 1. O plano de saúde pode estabelecer quais doenças estão sendo cobertas, mas não que tipo de tratamento está alcançado para a respectiva cura. Se a patologia está coberta, no caso, o câncer, é inviável vedar a quimioterapia pelo simples fato de ser esta uma das alternativas possíveis para a cura da doença. A abusividade da cláusula reside exatamente nesse preciso aspecto, qual seja, não pode o paciente, em razão de cláusula limitativa, ser impedido de receber tratamento com o método mais moderno disponível no momento em que instalada a doença coberta. Recurso especial conhecido e provido. (REsp 668.216/SP, Rel. Ministro CARLOS ALBERTO MENEZES DIREITO, TERCEIRA TURMA, julgado em 15/03/2007, DJ 02/04/2007, p. 265)(grifo nosso) 3. Ante o exposto, nego provimento ao agravo. Publique-se. Intimem-se. Brasília, 21 de março de 2013. Ministro Luis Felipe Salomão. Relator (Ministro LUIS FELIPE SALOMÃO, 26/03/2013)

51.32 Planos de Saúde – Limitação de prazo de Internação – Cláusulas Abusivas

Plano de Saúde Limitação de prazo de internação em clínica de reabilitação para tratamento de dependência química em drogas Súmula 302 do STJ Inadmissibilidade – Cláusula abusiva frente ao Código de Defesa do Consumidor – Decisão mantida Recurso improvido. São abusivas as cláusulas contratuais de plano de saúde que limitam o tempo de internação hospitalar, pois colocam o consumidor em desvantagem exagerada e esvaziam o objeto do contrato, que é fornecer cobertura de despesas médicas nos casos de doença dos beneficiários e dependentes. Código de Defesa do Consumidor.(2936241320098260000 SP 0293624-13.2009.8.26.0000, Relator: Jesus Lofrano, Data de Julgamento: 08/05/2012, 3ª Câmara de Direito Privado, Data de Publicação: 10/05/2012).

51.33 Planos de Saúde – Home Care – Cláusulas Abusivas

AGRAVO EM RECURSO ESPECIAL Nº 273.075 – RS (2012/0266309-6). RELATOR : MINISTRO RAUL ARAÚJO

DECISÃO

Trata-se de agravo desafiando r. decisão que inadmitiu recurso especial, interposto, com fundamento na alínea "a" do permissivo constitucional, contra v. acórdão do Eg. Tribunal de Justiça do Estado do Rio Grande do Sul, assim ementado:

"APELAÇÕES CÍVEIS. SEGURO. PLANO DE SAÚDE. LIMITAÇÃO DE COBERTURA. PRAZO DE INTERNAÇÃO. IMPOSSIBILIDADE. TRATAMENTO DOMICILIAR. CABIMENTO. APLICAÇÃO DO CÓDIGO DE DEFESA DO CONSUMIDOR E LEI Nº 9.656/98. DEVER DE INFORMAR. DESCUMPRIMENTO DE ORDEM JUDICIAL. DANO MORAL CARACTERIZADO

1. O contrato de seguro ou plano de saúde tem por objeto a cobertura do risco contratado, ou seja, o evento futuro e incerto que poderá gerar o de-

ver de indenizar por parte da seguradora. Outro elemento essencial desta espécie contratual é a boa-fé, na forma do art. 422 do Código Civil, caracterizada pela lealdade e clareza das informações prestadas pelas partes.

2. Há perfeita incidência normativa do Código de Defesa do Consumidor nos contratos atinentes aos planos ou seguros de saúde, como aquele avençado entre as partes, podendo se definir como sendo um serviço a cobertura do seguro médico ofertada pela demandada, consubstanciada no pagamento dos procedimentos clínicos decorrentes de riscos futuros estipulados no contrato aos seus clientes, os quais são destinatários finais deste serviço. Inteligência do art. 35 da Lei nº 9.656/98. Aliás, sobre o tema em exame o STJ editou a súmula nº 469, dispondo esta que: aplica-se o Código de Defesa do Consumidor aos contratos de plano de saúde.

3. A legislação atual é aplicável aos planos e seguros privados de assistência à saúde em razão da adequação do contrato a esse regramento jurídico, pois em função do seu caráter de ordem pública, as normas em questão têm incidência imediata ao caso em concreto.

4. Injustificada a limitação do período de internação hospitalar, o que é expressamente vedado pelo art. 12, inciso II, alíneas 'a' e 'b' da Lei nº 9.656/98.

5. A segurada, na condição de enferma, deve ter assegurado tratamento condigno e de acordo com as suas necessidades clínicas prementes, não podendo ser estabelecida data para cura, jogando o paciente a própria sorte, caso o restabelecimento da saúde tenha ocorrido ou não naquele interregno de tempo, o que atenta ao princípio da dignidade humana.

6. A vedação do home care não foi informada de maneira clara e nos moldes que exige o Código de Defesa do Consumidor

7. Restrições de direito devem estar expressas, legíveis e claras no contrato, o que não ocorreu no caso em tela, em afronta ao dever de informar consagrado na legislação consumerista. Assim, sem a informação adequada e integral quanto ao serviço que se está contratando, não há manifestação de vontade a ser considerada como livre e consciente e, como tal, a aquiescência da parte autora com a restrição constante no plano ofertado está eivada de vício.

8. Embora o autor tenha livremente escolhido o profissional que lhe prestou serviços e dispensado aquele encaminhado pela ré, deve a demanda arcar com as despesas que este despendeu entre a solicitação do home care e a sua efetiva implementação

9. O autor logrou êxito em comprovar os fatos articulados na exordial, no sentido de que houve o descumprimento de ordem judicial para que fosse

autorizado o atendimento domiciliar, atendendo ao disposto no art. 333, inciso I, do Código de Processo Civil.

10. Comprovada negligência da empresa-ré, esta deve ser responsabilizada pela violação da determinação emanada do Poder Judiciário, conduta abusiva na qual assumiu o risco de causar lesão a parte demandante, mesmo os de ordem extrapatrimonial, daí ensejando o dever de indenizar.

11. No que tange à prova do dano moral, por se tratar de lesão imaterial, desnecessária a demonstração do prejuízo, na medida em que possui natureza compensatória, minimizando de forma indireta as consequências da conduta da ré, decorrendo aquele do próprio fato. Conduta ilícita da demandada que faz presumir os prejuízos alegados pela parte autora, é o denominado dano moral puro.

12. O valor a ser arbitrado a título de indenização por dano imaterial deve levar em conta o princípio da proporcionalidade, bem como as condições da ofendida, a capacidade econômica do ofensor, além da reprovabilidade da conduta ilícita praticada. Por fim, há que se ter presente que o ressarcimento do dano não se transforme em ganho desmesurado, importando em enriquecimento ilícito. Negado provimento ao apelo da ré e dado parcial provimento ao recurso do autor." (e-STJ, fls. 260/262). Opostos embargos de declaração por ambas as partes, foram desacolhidos os embargos da UNIMED PORTO ALEGRE-SOCIEDADE COOPERATIVA DE TRABALHO MÉDICO LTDA e acolhidos em parte os embargos de JAIME KAHAN somente para suprir a omissão quanto à análise do agravo retido, do qual foi negado provimento (e-STJ, fls. 308/325). Opostos novos embargos por JAIME KAHAN, foram desacolhidos (e-STJ, fls. 334/342).

Alega a agravante, no apelo especial, afronta aos arts. 535, II, do CPC, 5º, XXXVI, da CF/88, 6º da LICC, 186 e 927 do CC/2002, sustentando, em síntese que: a) o c. Tribunal de origem permaneceu omisso quanto à análise dos dispositivos legais ditos violados e respectivas fundamentações; b) houve violação ao ato jurídico perfeito, na medida em que modificou o conteúdo do contrato firmado antes da vigência da Lei nº 9.656/98; c) o valor de R$ 12.000,00, fixado a título de dano moral deve ser reduzido nos moldes do princípio da proporcionalidade, para não configurar enriquecimento ilícito por parte do recorrido. É o relatório. Passo a decidir.
[...]

Nesse contexto, impende ressaltar, em companhia da tradicional doutrina e do maciço entendimento pretoriano, que o julgado apenas se apresenta como omisso quando, sem analisar a questão colocada sob apreciação judicial, ou mesmo promovendo o necessário debate, deixa, num caso ou no outro, de considerar aspecto por si só relevante para influir na solução reclamada, o que não ocorre na espécie. De outro lado, esta Eg. Corte tem decidido ser possível a aplicação da Lei nº 9.656/98 a contratos firmados antes da sua vigência, desde que tenham sido eles adaptados à sua sistemática.

Nesse sentido: "CIVIL. SEGURO-SAÚDE. PRÓTESE. IMPLANTE. COBERTURA. CLÁUSULA EXCLUDENTE. CONTRATO ANTERIOR À LEI Nº 9.565/1998.

I. Caso em que autorizada, pela ré, a intervenção cirúrgica para a colocação de prótese, independentemente da existência da cláusula excludente.

II. A alegada retroatividade da Lei nº 9.656/98 é impertinente à espécie, porquanto se trata de contrato de trato sucessivo e renovação continuada, ao que se aplica as disposições do novo diploma aos fatos ocorridos sob sua vigência, mormente se nada dá conta nos autos de que o contrato em questão não foi adaptado ao regime previsto na lei de 1998. Precedente.

III. 'A pretensão de simples reexame de prova não enseja recurso especial' (Súmula nº 7/STJ).

IV. Recurso especial não conhecido." (REsp 700.100/RS, Rel. Ministro ALDIR PASSARINHO JUNIOR, QUARTA TURMA, julgado em 4/3/2010, DJe 29/3/2010)

"DIREITO CIVIL E CONSUMIDOR. SEGURO SAÚDE. CONTRATAÇÃO ANTERIOR À VIGÊNCIA DA LEI Nº 9.656/98. DOENÇA PRÉ-EXISTENTE. OMISSÃO IRRELEVANTE. LONGO PERÍODO DE SAÚDE E ADIMPLEMENTO CONTRATUAL ANTES DA MANIFESTAÇÃO DA DOENÇA. – As disposições da Lei nº 9.656/98 só se aplicam aos contratos celebrados a partir de sua vigência, bem como para os contratos que, celebrados anteriormente, foram adaptados para seu regime. A Lei nº 9.656/98 não retroage para atingir o contrato celebrado por segurados que, no exercício de sua liberdade de escolha, mantiveram seus planos antigos sem qualquer adaptação. – O segurado perde direito à indenização, nos termos do art. 766, CC/2002, (art. 1.444/CC1916) se tiver feito declarações inverídicas quando poderia fazê-las verdadeiras e completas. E isso não se verifica se não tiver ciência de seu real estado de saúde. Precedentes.

– Excepcionalmente, a omissão do segurado não é relevante quando contrata seguro e mantém vida regular por vários anos, demonstrando que possuía, ainda, razoável estado de saúde quando da contratação da apólice.

– Aufere vantagem manifestamente exagerada, de forma abusiva e em contrariedade à boa-fé objetiva, o segurador que, após longo período recebendo os prêmios devidos pelo segurado, nega cobertura, sob a alegação de que se trata de doença pré-existente. Recurso Especial provido." (REsp 1.080.973/SP, Rel. Ministra NANCY ANDRIGHI, TERCEIRA TURMA, julgado em 9/12/2008, DJe 3/2/2009)

Na hipótese, contudo, para se verificar a respeito da efetiva negativa do segurado em adaptar suas cláusulas contratuais ao conteúdo da Lei nº 9.656/98, seria necessário rever o contexto fático-probatório dos autos, providência, no entanto, vedada na via estreita do recurso especial, nos termos da Súmula 7 desta Corte. Todavia, mesmo que restasse afastada a aplicação dos dispositivos da Lei nº 9.656/98, ao caso, a demanda não teria solução diversa, senão vejamos.

O plano de assistência à saúde apresenta natureza jurídica de contrato de trato sucessivo que se apresenta como uma "prestação continuada de serviços ou cobertura de custos assistenciais a preço pré ou pós estabelecido, por prazo indeterminado, com a finalidade de garantir, sem limite financeiro, a assistência à saúde, pela faculdade de acesso e atendimento por profissionais ou serviços de saúde, livremente escolhidos, integrantes ou não de rede credenciada, contratada ou referenciada, visando a assistência médica, hospitalar e odontológica, a ser paga integral ou parcialmente às expensas da operadora contratada, mediante reembolso ou pagamento direto ao prestador, por conta e ordem do consumidor", conforme definição legal atribuída pelo art. 1º, I, da Lei nº 9.656/98. Desta forma, diante de um contrato de trato sucessivo, aplicam-se as disposições do Código de Defesa do Consumidor aos fatos ocorridos a partir de sua vigência, notadamente, nos casos em que se verifica a existência de cláusulas contratuais abusivas, como verificou, na hipótese, o Tribunal a quo. A propósito, confira-se o seguinte precedente:

"PROCESSUAL CIVIL E CONSUMIDOR. PLANO DE SAÚDE. CÓDIGO DE DEFESA DO CONSUMIDOR. CLÁUSULA ABUSIVA. DANO MORAL.

1. Nos contratos de trato sucessivo, em que são contratantes um fornecedor e um consumidor, destinatário final dos serviços prestados, aplica-se o Código de Defesa do Consumidor.

2. A suspensão do atendimento do plano de saúde em razão do simples atraso da prestação mensal, ainda que restabelecido o pagamento, com os respectivos acréscimos, configura-se, por si só, ato abusivo. Precedentes do STJ.

3. Indevida a cláusula contratual que impõe o cumprimento de novo prazo de carência, equivalente ao período em que o consumidor restou inadimplente, para o restabelecimento do atendimento.

4. Tendo a empresa-ré negado ilegalmente a cobertura das despesas médico-hospitalares, causando constrangimento e dor psicológica, consistente no receio em relação ao restabelecimento da saúde do filho, agravado pela demora no atendimento, e no temor quanto à impossibilidade de proporcionar o tratamento necessário a sua recuperação, deve-se reconhecer o direito do autor ao ressarcimento dos danos morais, os quais devem ser fixados de forma a compensar adequadamente o lesado, sem proporcionar enriquecimento sem causa.

Recurso especial de GOLDEN CROSS ASSISTÊNCIA INTERNACIONAL DE SAÚDE LTDA não provido. Recurso especial de CUSTÓDIO OLIVEIRA FILHO provido." (REsp 285.618/SP, Relator o Ministro LUIS FELIPE SALOMÃO, DJe de 26.2.2009)

Observa-se que o acórdão recorrido encontra-se em consonância com a jurisprudência consolidada deste Egrégio Tribunal no sentido de que é "abusiva a cláusula restritiva de direito que exclui do plano de saúde o custeio de prótese em procedimento cirúrgico coberto pelo plano e necessária ao pleno restabelecimento da saúde do segurado, sendo indiferente, para tanto, se referido material é ou não importado." (AgRg no Ag 1.139.871/SC, Relator o Ministro JOÃO OTÁVIO DE NORONHA, DJe de 10.5.2010).

Neste sentido, confiram-se, ainda, o seguinte precedente: "Seguro saúde. Cobertura. Câncer de pulmão. Tratamento com quimioterapia. Cláusula abusiva.

1. O plano de saúde pode estabelecer quais doenças estão sendo cobertas, mas não que tipo de tratamento está alcançado para a respectiva cura. Se a patologia está coberta, no caso, o câncer, é inviável vedar a quimioterapia pelo simples fato de ser esta uma das alternativas possíveis para a cura da doença. A abusividade da cláusula reside exatamente nesse preciso aspecto, qual seja, não pode o paciente, em razão de cláusula limitativa, ser impedido de receber tratamento com o método mais moderno disponível no momento em que instalada a doença coberta.

2. Recurso especial conhecido e provido." (REsp 668.216/SP, Relator o Ministro CARLOS ALBERTO MENEZES DIREITO, DJe de 15.3.2007)

O saudoso Ministro Carlos Alberto Menezes Direito, no julgamento do Resp 668.216/SP, expôs com clareza o ponto nodal da questão, ora controvertida, conforme trecho a seguir transcrito: "Todavia, entendo que deve haver uma distinção entre a patologia alcançada e a terapia. Não me parece razoável que se exclua determinada opção terapêutica se a doença está agasalhada no contrato. Isso quer dizer que se o plano está destinado a cobrir despesas relativas ao tratamento, o que o contrato pode dispor é sobre as patologias cobertas, não sobre o tipo de tratamento para cada patologia alcançada pelo contrato. Na verdade, se não fosse assim, estar-se-ia autorizando que a empresa se substituísse aos médicos na escolha da terapia adequada de acordo com o plano de cobertura do paciente. E isso, pelo menos na minha avaliação, é incongruente com o sistema de assistência à saúde, porquanto quem é senhor do tratamento é o especialista, ou seja, o médico que não pode ser impedido de escolher a alternativa que melhor convém à cura do paciente. Além de representar severo risco para a vida do consumidor. (...) Nesse sentido, parece-me que a abusividade da cláusula reside exatamente nesse preciso aspecto, qual seja, não pode o paciente, consumidor do plano de saúde, ser impedido de receber tratamento com o método mais moderno do momento em que instalada a doença coberta em razão de cláusula limitativa. É preciso ficar bem claro que o médico, e não o plano de saúde, é responsável pela orientação terapêutica. Entender de modo diverso põe em risco a vida do consumidor". Ademais, é cediço que, nos termos da jurisprudência do Superior Tribunal de Justiça, o mero descumprimento contratual não enseja indenização por dano moral. No entanto, nas hipóteses em que há recusa injustificada de cobertura por parte da operadora do plano de saúde para tratamento do segurado, como ocorrido no presente caso, a orientação desta Corte é assente quanto à caracterização de dano moral, não se tratando apenas de mero aborrecimento.

A propósito, confiram-se os seguintes julgados:

"RECURSO ESPECIAL. PLANO DE SAÚDE. PRAZO DE CARÊNCIA. SITUAÇÃO DE EMERGÊNCIA. APENDICITE AGUDA. CARÊNCIA CONTRATUAL. ABUSIVIDADE DA CLÁUSULA RESTRITIVA. DANO MORAL. OCORRÊNCIA. PRECEDENTES.

1. A cláusula que estabelece o prazo de carência deve ser afastada em situações de urgência, como o tratamento de doença grave, pois o valor da vida humana se sobrepõe a qualquer outro interesse. Precedentes específicos da Terceira e da Quarta Turma do STJ.

2. A jurisprudência desta Corte "vem reconhecendo o direito ao ressarcimento dos danos morais advindos da injusta recusa de cobertura de seguro saúde, pois tal fato agrava a situação de aflição psicológica e de angústia no espírito do segurado, uma vez que, ao pedir a autorização da seguradora, já se encontra em condição de dor, de abalo psicológico e com a saúde debilitada". (REsp 918.392/RN, Rel. Ministra NANCY ANDRIGHI).

3. Atendendo aos critérios equitativos estabelecidos pelo método bifásico adotado por esta Egrégia Terceira Turma e em consonância com inúmeros precedentes desta Corte, arbitra-se o quantum indenizatório pelo

abalo moral decorrente da recusa de tratamento médico de emergência, no valor de R$ 10.000, 00 (dez mil reais).

4. RECURSO ESPECIAL PROVIDO." (REsp 1.243.632/RS, Relator o Ministro PAULO DE TARSO SANSEVERINO, DJe de 17/9/2012) "AGRAVO REGIMENTAL EM AGRAVO (ART. 544 DO CPC) – PLANO DE SAÚDE – RECUSA IMOTIVADA DE TRATAMENTO MÉDICO – DECISÃO MONOCRÁTICA CONHECENDO DO RECLAMO PARA DAR PARCIAL PROVIMENTO AO APELO ESPECIAL. INSURGÊNCIA DA ADMINISTRADORA DO PLANO DE SAÚDE.

1. A jurisprudência desta Corte é no sentido de que a recusa indevida/injustificada, pela operadora de plano de saúde, em autorizar a cobertura financeira de tratamento médico, a que esteja legal ou contratualmente obrigada, enseja reparação a título de dano moral, por agravar a situação de aflição psicológica e de angústia no espírito do beneficiário. Precedentes.

2. Agravo regimental desprovido." (AgRg no AREsp 7.386/RJ, Relator o Ministro MARCO BUZZI, DJe de 11/9/2012)

"AGRAVO REGIMENTAL. PLANO DE SAÚDE. PROCEDIMENTO CIRÚRGICO. RECUSA DA COBERTURA. INDENIZAÇÃO POR DANO MORAL. CABIMENTO.

I – Em determinadas situações, a recusa à cobertura médica pode ensejar reparação a título de dano moral, por revelar comportamento abusivo por parte da operadora do plano de saúde que extrapola o simples descumprimento de cláusula contratual ou a esfera do mero aborrecimento, agravando a situação de aflição psicológica e de angústia no espírito do segurado, já combalido pela própria doença. Precedentes.

II – Em casos que tais, o comportamento abusivo por parte da operadora do plano de saúde se caracteriza pela injusta recusa, não sendo determinante se esta ocorreu antes ou depois da realização da cirurgia, embora tal fato possa ser considerado na análise das circunstâncias objetivas e subjetivas que determinam a fixação do quantum reparatório.

III – Agravo Regimental improvido." (AgRg no Ag 884.832/RJ, Terceira Turma, Rel. Min. SIDNEI BENETI, DJe de 9/11/2010)

"CIVIL. RECURSO ESPECIAL. INDENIZAÇÃO. DANO MORAL. NEGATIVA INJUSTA DE COBERTURA SECURITÁRIA MÉDICA. CABIMENTO.

1. Afigura-se a ocorrência de dano moral na hipótese de a parte, já internada e prestes a ser operada – naturalmente abalada pela notícia de

que estava acometida de câncer –, ser surpreendida pela notícia de que a prótese a ser utilizada na cirurgia não seria custeada pelo plano de saúde no qual depositava confiança há quase 20 anos, sendo obrigada a emitir cheque desprovido de fundos para garantir a realização da intervenção médica. A toda a carga emocional que antecede uma operação somou-se a angústia decorrente não apenas da incerteza quanto à própria realização da cirurgia mas também acerca dos seus desdobramentos, em especial a alta hospitalar, sua recuperação e a continuidade do tratamento, tudo em virtude de uma negativa de cobertura que, ao final, se demonstrou injustificada, ilegal e abusiva.

2. Conquanto geralmente nos contratos o mero inadimplemento não seja causa para ocorrência de danos morais, a jurisprudência do STJ vem reconhecendo o direito ao ressarcimento dos danos morais advindos da injusta recusa de cobertura securitária médica, na medida em que a conduta agrava a situação de aflição psicológica e de angústia no espírito do segurado, o qual, ao pedir a autorização da seguradora, já se encontra em condição de dor, de abalo psicológico e com a saúde debilitada.

3. Recurso especial provido." (REsp 1.190.880/RS, Terceira Turma, Rel. Min. NANCY ANDRIGHI, DJe de 20/6/2011).

4. Por fim, nos termos da orientação desta Corte, o valor estabelecido pelas instâncias ordinárias pode ser revisto tão somente nas hipóteses em que a condenação se revelar irrisória ou exorbitante, distanciando-se dos padrões de razoabilidade, o que não se evidencia no presente caso. Dessa forma, não se mostra desproporcional a fixação em 12.000,00 (doze mil reais) a título de reparação moral decorrente da recusa de cobertura securitária médica, de modo que a sua revisão encontra óbice na Súmula 7 desta Corte Superior. Nesse sentido: "AGRAVO REGIMENTAL. ART. 535 DO CPC. EMBARGOS DE DECLARAÇÃO. CABIMENTO. SÚMULA 7 DO STJ. HONORÁRIOS ADVOCATÍCIOS. JUROS DE MORA. RESPONSABILIDADE EXTRACONTRATUAL OBJETIVA. SÚMULA 54 DO STJ. DANOS MORAIS. INDENIZAÇÃO. DISSÍDIO JURISPRUDENCIAL. SIMILITUDE FÁTICA. (...)

5. A revisão do valor fixado a título de danos morais somente é possível em sede de recurso especial no caso em que o quantum for exorbitante ou ínfimo. Fora essas hipóteses, aplica-se o entendimento insculpido na Súmula nº 7 do STJ.

6. Em se tratando de valor da indenização por danos morais, torna-se incabível a análise do recurso com base na divergência pretoriana, pois ainda que haja grande semelhança nas características externas e objetivas, no aspecto subjetivo, os acórdãos serão sempre distintos. Precedente.

7. Agravo regimental desprovido." (AgRg no Ag 1.019.589/RJ, Relator o Ministro JOÃO OTÁVIO DE NORONHA, DJe de 17.5.2010)

"PROCESSUAL CIVIL. AGRAVO REGIMENTAL NO AGRAVO EM RECURSO ESPECIAL. RESPONSABILIDADE CIVIL. DANO MORAL. HOSPITAL. DESABAMENTO DE TETO. REDUÇÃO DA INDENIZAÇÃO. INVIABILIDADE. RAZOABILIDADE NA FIXAÇÃO DO QUANTUM. DESPROVIMENTO.

1. O recurso especial não comporta o exame de questões que impliquem revolvimento do contexto fático-probatório dos autos, a teor do que dispõe a Súmula nº 7 do STJ.

2. Contudo, em hipóteses excepcionais, quando manifestamente evidenciado ser irrisório ou exorbitante o arbitramento da indenização, a jurisprudência desta Corte permite o afastamento do referido óbice, para possibilitar a revisão.

3. No caso concreto, a indenização arbitrada pelo juízo singular em R$ 35.000,00 (trinta e cinco mil reais) e mantida pelo Tribunal a quo não se mostra exorbitante ou desproporcional, máxime se consideradas as peculiaridade do caso em análise.

4. Agravo regimental desprovido." (AgRg no AREsp 61.985/SP, Rel. Ministro ANTONIO CARLOS FERREIRA, QUARTA TURMA, julgado em 15/5/2012, DJe 21/5/2012). Diante do exposto, nego provimento ao agravo. Publique-se. Brasília, 04 de fevereiro de 2013. MINISTRO RAUL ARAÚJO Relator (Ministro RAUL ARAÚJO, 07/02/2013)

Apelação Obrigação de Fazer Plano de Saúde Procedência Inconformismo Sistema "Home Care" Procedimentos de saúde cobertos pelos Planos que não podem sofrer limitações, quando o paciente está em tratamento, para proteção do direito à vida, previsto no art. 5º da CF "Home Care" com negativa de cobertura é manifestamente cláusula abusiva Aplicabilidade do Código do Consumidor Precedentes desta Corte Recurso improvido (Voto 24999). 5º CF. (3482114820108260000 SP 0348211-48.2010.8.26.0000, Relator: Ribeiro da Silva, Data de Julgamento: 03/10/2012, 8ª Câmara de Direito Privado, Data de Publicação: 05/10/2012).

AGRAVO EM RECURSO ESPECIAL Nº 300.814 – SP (2013/0046169-5). RELATOR : MINISTRO LUIS FELIPE SALOMÃO.

1. Cuida-se de agravo interposto por UNIMED PAULISTANA SOCIEDADE COOPERATIVA DE TRABALHO MÉDICO contra decisão que não admitiu o seu recurso especial, por sua vez manejado em face de acórdão proferido pelo TRIBUNAL DE JUSTIÇA DE SÃO PAULO, assim ementado: PLANO DE SAÚDE – Recusa de prestação de serviço de home care – Alegação de exclusão contratual – Abusividade – Cobertura contratual para a doença da autora – Aplicação dos arts. 47 e 51, do Código de Defesa do Consumidor – Precedentes – Prejudicial afastada –Sentença mantida- Recurso desprovido. Nas razões do recurso especial, fundado no art. 105, III, alínea "a", da Constituição Federal, aponta a parte recorrente ofensa ao disposto no art. 2º,

III e § 1º, II, e no art. 8º, § 2º, ambos da Lei nº 9.782/99, alegando, em síntese, ausência de obrigação da recorrente para o fornecimento do serviço de Home Care. Contrarrazões ao recurso especial às fls. 621/625. É o relatório.

DECIDO.

2. A irresignação não prospera.

2.1 Dentre os fundamentos do Tribunal local para negar a pretensão da recorrente, há o seguinte:

"[...] É verdade que o contrato de prestação de serviços médicos e hospitalares dos quais a autora é beneficiária expressamente exclui a cobertura para visitas domiciliares. Contudo, tal limitação é manifestamente abusiva, pois coloca em risco o objeto do próprio contrato, em flagrante violação ao disposto no art. 51, IV do Código de Defesa do Consumidor. [...]" (fls. 581) Todavia, a recorrente não cuidou de impugnar o fundamento do acórdão recorrido destacado acima, como seria de rigor. A subsistência de fundamento inatacado apto a manter a conclusão do aresto impugnado impõe o não conhecimento da pretensão recursal, a teor do entendimento disposto na Súmula nº 283/STF: É inadmissível o recurso extraordinário quando a decisão recorrida assenta em mais de um fundamento suficiente e o recurso não abrange todos eles.

2.2 Ademais, é entendimento assente desta Corte que o plano de saúde pode estabelecer as doenças que terão cobertura, mas não pode limitar o tipo de tratamento a ser utilizado pelo paciente. Assim, é fato incontroverso a cobertura securitária para a doença em questão. Desta forma, inviável a insurgência da recorrente limitando o tipo de tratamento a que deve se submeter o paciente. Com efeito, confira-se os precedentes:

PROCESSO CIVIL E CIVIL. PLANO DE SAÚDE. TRATAMENTO MÉDICO. COBERTURA. DISPOSITIVOS CONSTITUCIONAIS. IMPOSSIBILIDADE DE APRECIAÇÃO. ANTECIPAÇÃO DE TUTELA. REQUISITOS LEGAIS. MATÉRIA FÁTICA. SÚMULA Nº 7 DO STJ.

1. Não cabe ao Superior Tribunal de Justiça intervir em matéria de competência do STF, tampouco para prequestionar questão constitucional, sob pena de violar a rígida distribuição de competência recursal disposta na Lei Maior.

2. O recurso especial não é sede própria para rever questão referente à concessão de tutela, pois, para tanto, faz-se necessário reexaminar elementos fáticos presentes nos autos. Aplicação da Súmula nº 7/STJ.

3. O plano de saúde pode estabelecer as doenças que terão cobertura, mas não o tipo de tratamento utilizado para a cura de cada uma delas.

4. Agravo regimental desprovido. (AgRg no Ag 1350717/PA, Rel. Ministro JOÃO OTÁVIO DE NORONHA, QUARTA TURMA, julgado em 22/03/2011, DJe 31/03/2011).

AGRAVO INOMINADO. AGRAVO DE INSTRUMENTO. MEDIDA CAUTELAR INOMINADA. DIREITO À SAUDE. CONCESSÃO DE LIMINAR DETERMINANDO O FORNECIMENTO IMEDIATO DE SERVIÇO DE HOME CARE, NO PRAZO DE 10 DIAS, SOB PENA DE MULTA DIÁRIA DE R$ 20.000,00 (VINTE MIL REAIS). CONSTATAÇÃO DE ILEGITIMIDADE PASSIVA AD CAUSAM. LIMITAÇÃO DA ESFERA ABRANGENCIA DA ATUAÇÃO DA DEMANDADA APENAS AO CONTRATO DE PREVIDÊNCIA PRIVADA. DECISÃO MONOCRÁTICA ATACADA PELO PLANO DE PREVIDÊNCIA PRIVADA. INCONTESTE AUSÊNCIA DE INTERESSE, HAJA VISTA O ACOLHIMENTO ORIGINAL DA TESE DE QUE A QUALIDADE DE SER DEMANDADO SE SUJEITA AO EXAME DA RELAÇÃO JURÍDICA DISCUTIDA EM JUÍZO (RES IUDICIUM DEDUCTA), A QUAL NÃO FOI COMPROVADA NOS AUTOS, POSTO SEQUER EXISTIR INDÍCIOS DE VÍNCULO JURÍDICO OBRIGACIONAL ENTRE A RECORRENTE E O CONSUMIDOR, NEM MESMO ENTRE AQUELA E A OPERADORA DO PLANO DE SAÚDE. NÃO CONHECIMENTO DO RECURSO. Agravo regimental improvido.

(AgRg no Ag 1323806/PI, Rel. Ministro CESAR ASFOR ROCHA, SEGUNDA TURMA, julgado em 24/04/2012, DJe 07/05/2012). 6.- Ante o exposto, com apoio no art. 544, § 4º, II, a, do CPC, conhece-se do Agravo, negando-lhe provimento. Intimem-se. Brasília (DF), 14 de fevereiro de 2013. Ministro SIDNEI BENETI Relator (Ministro SIDNEI BENETI, 27/02/2013).

AGRAVO EM RECURSO ESPECIAL Nº 274.939 – MG (2013/0001973-9). RELATORA : MINISTRA NANCY ANDRIGHI. PROCESSUAL CIVIL. AGRAVO. RECURSO ESPECIAL. PLANO DE SAÚDE. OBRIGAÇÃO DE FAZER. COBERTURA. REEXAME DE FATOS. INTERPRETAÇÃO DE CLÁUSULAS CONTRATUAIS. INADMISSIBILIDADE.

- O reexame de fatos e a interpretação de cláusulas contratuais em recurso especial são inadmissíveis. – Agravo conhecido. Negado seguimento ao recurso especial.

DECISÃO

Cuida-se de agravo interposto por UNIMED JOÃO MONLEVADE COOPERATIVA DE TRABALHO MÉDICO LTDA., contra decisão que negou seguimento a recurso especial fundamentado na alínea "a" do permissivo constitucional.

Ação: obrigação de fazer, com pedido de tutela antecipada, ajuizada por NILZA CARDOSO DE CARVALHO, em desfavor da agravante, na qual requer o fornecimento do serviço Home Care em sua residência, sem prejuízo dos futuros acréscimos e adaptações que se fizerem necessários em face da dinâmica evolutiva da doença adquirida, conforme solicitações médicas.

Sentença: julgou procedentes os pedidos iniciais, formulados pela agravada, tornando definitiva a tutela inicialmente concedida, sob o argumento de que "os contratos de saúde não podem ficar sujeitos à livre vontade das empresas prestadoras de serviços de saúde, geridas sempre com o intuito de trilhar os caminhos do lucro, muitas vezes exagerados, o que prejudica a própria razão de ser do contrato de saúde, já que tantas são as restrições à prestação dos serviços. Desse modo, ao invés de proteger a saúde, a liberdade excessiva da empresas tem acarretado, na verdade, sérios danos e transtornos aos consumidores. Assim, não há dúvida de que deve a requerida arcar com a prestação de serviço pleiteada." (e-STJ fl. 175)

Acórdão: negou provimento à apelação interposta pela agravante, para manter os termos da decisão do 1º grau de jurisdição. Embargos de declaração: interpostos pela agravante, foram rejeitados.

Recurso especial: alega violação dos arts. 10, § 2º, e 35, § 1º, da Lei nº 9.656/98, 51, IV, e 54, § 4º, do CDC e 535, II, do CPC.

Sustenta que o ofício jurisdicional foi prestado de forma deficiente. Aduz, ainda, que a Lei nº 9.656/98 não pode alcançar contratos firmados anteriormente a sua vigência, devendo ser observado o princípio da segurança jurídica. Por fim, tece comentários acerca da interpretação que deve ser dada ao termo "home care".

Relatado o processo, decide-se. – Do reexame de fatos e da interpretação de cláusulas contratuais Alterar o decidido no acórdão impugnado, no que se refere à obrigatoriedade da agravante em custear todas as despesas tidas com o tratamento prescrito, devido à enfermidade que acometeu a segurada, exige o reexame de fatos e a interpretação de cláusulas contratuais, vedados em recurso especial pelas Súmulas 5 e 7, ambas do STJ. Forte nessas razões, CONHEÇO do agravo para NEGAR SEGUIMENTO ao recurso especial nos termos do art. 544, § 4º, II, "b" do CPC. Publique-se. Intimem-se. Brasília, 15 de janeiro de 2013. MINISTRA NANCY ANDRIGHI Relatora (Ministra NANCY ANDRIGHI, 08/02/2013).

51.34 Consórcios – Cláusulas Abusivas

CONSÓRCIO. CLÁUSULA ABUSIVA. CDC. INCIDÊNCIA. Prosseguindo o julgamento, a Turma, por maioria, proveu parcialmente o recurso, considerando abusivo o percentual de 58,32% como taxa de administração imposta em cláusula contratual de consórcio de veículos, excedendo o limite legal de 12% (art. 42, *caput* do Decreto nº 70.951/1972 e art. 51 do CDC). REsp 541.184-PB, Rel. Min. Nancy Andrighi, julgado em 25/4/2006.

Art. 52. No fornecimento de produtos ou serviços que envolva outorga de crédito ou concessão de financiamento ao consumidor, o fornecedor deverá, entre outros requisitos, informá-lo prévia e adequadamente sobre:

I – preço do produto ou serviço em moeda corrente nacional;

II – montante dos juros de mora e da taxa efetiva anual de juros;

III – acréscimos legalmente previstos;

IV – número e periodicidade das prestações;

V – soma total a pagar, com e sem financiamento.

§ 1º As multas de mora decorrentes do inadimplemento de obrigações no seu termo não poderão ser superiores a dois por cento do valor da prestação.(Redação dada pela Lei nº 9.298, de 1º.8.1996)

§ 2º É assegurado ao consumidor a liquidação antecipada do débito, total ou parcialmente, mediante redução proporcional dos juros e demais acréscimos.

§ 3º (Vetado).

⇒COMENTÁRIOS

52.1 Crédito ou Concessão de Financiamento ao Consumidor

Os contratos de crédito ou financiamento estão sujeitos as normas do Código de Defesa do Consumidor. Dessa maneira, os contratos de "cheque especial", cartão de crédito, mútuo mercantil, empréstimo hipotecário etc. estão sujeitos ao manto do CDC desde que estejam caracterizados na relação de consumo.

"O Código de Defesa do Consumidor aplica-se aos contratos de arrendamento mercantil, válida a redução da multa para 2%, a teor do art. 52, § 1º, com a alteração da Lei nº 9.298/96, tomando por base a data do Termo Aditivo, que ratificou as cláusulas do contrato anterior, o que não era possível no caso da multa, já em vigor o novo percentual" (REsp 254.093/MG, relator Min. Carlos Alberto Menezes Direito, DJ 13/8/2001).

52.2 Informação prévia e adequada ao consumidor

O artigo 46 do CDC, como visto acima, diz que "os contratos que regulam as relações de consumo não obrigarão os consumidores, se não lhes for dada a oportunidade de tomar conhecimento prévio de seu conteúdo, ou se os respectivos instrumentos forem redigidos de modo a dificultar a compreensão de seu sentido e alcance."

E o artigo 52 do CDC complementa tal regra jurídica ao afirmar que "no fornecimento de produtos ou serviços que envolva outorga de crédito ou concessão de financiamento ao consumidor, o fornecedor deverá, entre outros requisitos, informá-lo prévia e adequadamente sobre: I – preço do produto ou serviço em moeda corrente nacional; II – montante dos juros de mora e da taxa efetiva anual de juros; III – acréscimos legalmente previstos; IV – número e periodicidade das prestações; V – soma total a pagar, com e sem financiamento."

52.3 Multa Moratória

A cláusula penal é uma *cláusula acessória* que tem por finalidade estipular uma pena pelo inadimplemento da prestação ou pelo retardamento de seu cumprimento. É, pois, um mecanismo de pressão para que se cumpra a prestação avençada. Como *pacto acessório*, extinta a obrigação principal, ter-se-á extinta a cláusula penal. Da mesma forma, sendo nula ou anulável a obrigação principal, a cláusula penal seguirá a mesma sorte.

A cláusula penal poderá ser estabelecida no próprio título ou em documento a parte, desde que fazendo referência ao título principal. Esta pode ser estipulada no momento de formação do vínculo obrigacional ou estabelecida em momento posterior, desde que acordada entre credor e devedor.

A cláusula penal somente poderá ser imputada ao devedor se o inadimplemento decorrer de sua conduta culposa. É o que estabelece o artigo 408 ao dizer que "incorre de pleno direito o devedor na cláusula penal, desde que, culposamente, deixe de cumprir a obrigação ou se constitua em mora."[305]

A cláusula penal apresenta função dúplice: por um lado funciona como meio de coerção ou intimidação, para que o devedor cumpra a sua prestação; por outro lado atua como prefixação das perdas e danos em razão do inadimplemento ou da mora. Nesse caso, as partes não precisam discutir em juízo a apuração das perdas e danos. As partes já estipulam no próprio instrumento contratual, através da cláusula penal, o valor das perdas e danos. Assim, basta que o credor prove o inadimplemento culposo, uma vez que a cláusula penal já estabeleceu as perdas e danos.

Entretanto, existe jurisprudência admitindo que o credor apure a indenização das perdas e danos, ignorando, destarte, o valor fixado na cláusula penal, desde que aquele prove um prejuízo maior.

Há duas espécies de cláusula penal: *moratória* e *compensatória*.

A *cláusula penal compensatória* é a cláusula firmada entre as partes contratantes através da qual se estipula o ressarcimento do credor na hipótese de inadimplemento absoluto da obrigação (CC 2002 – Art. 410). Esta visa compensar o credor pelos prejuízos que o inadimplemento absoluto lhe causou. E a *cláusula penal moratória* é aquela prevista para o caso de mora

---

[305] Conselho da Justiça Federal – IV Jornada de Direito Civil. CJF – Enunciado 354 – Art. 395, 396 e 408. A cobrança de encargos e parcelas indevidas ou abusivas impede a caracterização da mora do devedor.

(CC 2002 – Art. 411). Daí é possível que no instrumento contratual as partes contratantes estipulem as duas espécies de cláusula penal, já que cada uma possui função específica.

Nesse sentido, o artigo 409 do nosso Código Civil afirma que "a cláusula penal estipulada conjuntamente com a obrigação, ou em ato posterior, pode referir-se à inexecução completa da obrigação, à de alguma cláusula especial ou simplesmente à mora."[306]

O artigo 410 do nosso Código Civil preceitua que "quando estipular a cláusula penal para o caso de total inadimplemento da obrigação, esta converter-se-á em alternativa a benefício do credor."[307]

Assim, se o credor estiver diante de inadimplemento ou mora do devedor, aquele possui a *faculdade* de optar entre o cumprimento da obrigação (execução forçada da obrigação) ou exigir a cláusula penal. Este é o significado da regra ao afirmar "converter-se-á em alternativa a benefício do credor." Melhor dizendo: caberá ao credor escolher e decidir se melhor lhe convém forçar o devedor a cumprir a obrigação ou pagar a multa estabelecida na cláusula penal. Se a prestação restou impossível de ser cumprida, é claro, que restará apenas ao credor a cláusula penal.

Em relação ao CDC, o § 1º do artigo 52 diz que "as multas de mora decorrentes do inadimplemento de obrigações no seu termo não poderão ser superiores a dois por cento do valor da prestação."(Redação dada pela Lei nº 9.298, de 1º.8.1996). Dessa maneira, não é aplicável aos contratos de consumo o artigo 412 do Código Civil brasileiro, já que esta regra estabelece o máximo da cláusula penal como sendo o valor da prestação.[308]

52.4 Liquidação antecipada do débito

O consumidor tem o direito subjetivo de liquidar antecipadamente a dívida, total ou parcialmente, mediante redução proporcional dos juros e demais acréscimos. É o que diz o § 2º do artigo 52 do CDC. Vale lembrar que qualquer cláusula contratual que represente renúncia a este direito subjetivo do consumidor será tida como cláusula abusiva.

---

306 Correspondente aos artigos 916 e 917 do CCB/16.
307 Correspondente ao artigo 918 do CCB/16.
308 O valor da cominação imposta na cláusula penal não pode exceder o da obrigação principal.

52.5 Contrato firmado antes da vigência da lei nº 9.298/96. Inaplicabilidade do código de defesa do consumidor aos contratos de mútuo submetidos às regras do SFH

"PROCESSUAL CIVIL E ADMINISTRATIVO. AGRAVO REGIMENTAL NO RECURSO ESPECIAL. SISTEMA FINANCEIRO DE HABITAÇÃO. FINANCIAMENTO IMOBILIÁRIO COM COBERTURA PELO FUNDO DE COMPENSAÇÃO DE VARIAÇÕES SALARIAIS – FCVS. ART. 6º, ALÍNEA "E", DA LEI Nº 4.380/1964. LIMITAÇÃO DOS JUROS REMUNERATÓRIOS. SÚMULA Nº 422 DO STJ. CAPITALIZAÇÃO INDEVIDA DE JUROS. TABELA PRICE. SÚMULAS 5 E 7 DO STJ. MULTA MORATÓRIA 10% (DEZ POR CENTO). APLICAÇÃO. POSSIBILIDADE. CONTRATO FIRMADO ANTES DA VIGÊNCIA DA LEI Nº 9.298/96. INAPLICABILIDADE DO CÓDIGO DE DEFESA DO CONSUMIDOR AOS CONTRATOS DE MÚTUO SUBMETIDOS ÀS REGRAS DO SFH. REPETIÇÃO EM DOBRO DO INDÉBITO. IMPOSSIBILIDADE.

1. A Corte Especial do STJ editou a Súmula nº 422, no sentido de que "o art. 6º, e, da Lei nº 4.380/1964 não estabelece limitação aos juros remuneratórios nos contratos vinculados ao SFH".

2. Na via do recurso especial, não há espaço para se aferir se houve capitalização indevida dos juros de mora (v.g.: AgRg no Ag 1391983/DF, Rel. Ministro Luis Felipe Salomão, Quarta Turma, DJe 24/05/2011), pois tal mister implicaria em reexame das disposições contratuais (Súmulas nº 5 e nº 7 do STJ).

3. O Tribunal a quo julgou no mesmo sentido da jurisprudência desta Corte Superior de que a limitação da multa contratual em 2%, nos termos do art. 52, § 1º do CDC, alterado pela Lei nº 9.298, de 01.08.1996, aplica-se tão somente aos contratos bancários firmados após a vigência da referida alteração legislativa, o que não é o caso dos autos (fl. 156).

4. O STJ possui entendimento sedimentado de que é possível a utilização da Taxa Referencial (TR) como fator de correção do saldo devedor dos contratos de mútuo submetidos às regras do Sistema Financeiro de Habitação (AgRg no REsp 993.038/RS, Rel. Ministro Benedito Gonçalves, Primeira Turma, DJe 15/06/2011; AgRg no REsp 933.928/RS, Rel. Ministro Herman Benjamin, Segunda Turma, DJe 04/03/2010).

5. O entendimento jurisprudencial do Superior Tribunal de Justiça se pacificou no sentido de que não se aplica o Código de Defesa do Consumidor aos contratos regidos pelas regras do Sistema Financeiro de Habitação. Nesse sentido, dentre outros: REsp 1.257.986/PE, Rel.

Ministro Mauro Campbell Marques, Segunda Turma, DJe 09/08/2011; AgRg no REsp 993.038/RS, Rel. Ministro Benedito Gonçalves, Primeira Turma, DJe 15/06/2011. Não há falar, portanto, em restituição, em dobro, do que, eventualmente, tenha sido pago a maior.

6. Agravo regimental não provido. (AgRg no REsp 920.075/RS, Rel. Ministro BENEDITO GONÇALVES, PRIMEIRA TURMA, julgado em 06/12/2012, DJe 11/12/2012)

52.6 Contrato de Crédito educativo

"[...] No caso, conforme se pode depreender do acórdão embargado, a Primeira Turma reconhece expressamente que o contrato celebrado pelo estudante que adere ao programa de crédito educativo não é regido pelo Código de Defesa do Consumidor, asseverando que, no caso, "o CDC foi referido apenas como ilustração da orientação jurídica moderna, que valoriza o equilíbrio entre as partes da relação contratual, porquanto essa diretriz está posta hoje em dia, no próprio Código Civil" (e-STJ fl. 177). Desta feita, ao contrário do afirmado pelo ora embargante, a redução da multa para 2% não foi embasada na aplicação do Código de Defesa do Consumidor, mas sim no entendimento de que aplicável ao caso as "normas insertas nos arts. 421 e 422 do CC, as quais tratam, respectivamente, da função social do contrato e da boa-fé objetiva" (e-STJ fls. 158), do que se concluiu ser desarrazoada uma multa contratual no valor de 10%.

Também os acórdãos indicados como paradigma firmaram orientação no sentido de ser inaplicável aos contratos de crédito educativo as disposições do Código de Defesa do Consumidor, e, por tal razão, determinaram a observância da multa aplicada no contrato previamente pactuado, e não aquela de 2% prevista no art. 52, parágrafo 1º, do Código de Defesa do Consumidor.

Não verifica, portanto, a dissidência interna quanto à interpretação do direito em tese a ser eliminada por esta Colenda Primeira Seção, visto que os julgados confrontados não divergem quanto à inaplicabilidade do Código do Consumidor aos contratos de crédito educativo. (EREsp 1272995/RS, Rel. Ministro MAURO CAMPBELL MARQUES, PRIMEIRA SEÇÃO, julgado em 26/09/2012, DJe 18/10/2012).

52.7 Cédula de crédito rural

"AGRAVO REGIMENTAL. AÇÃO MONITÓRIA. CÉDULA DE CRÉDITO RURAL. PRESCRIÇÃO. PERCENTUAL DA MULTA

MORATÓRIA. CONTRATO ANTERIOR À NOVA REDAÇÃO DO ART. 52, § 1º, DO CDC. INCIDÊNCIA DA SÚMULA 83/STJ. DECISÃO AGRAVADA CONFIRMADA. A jurisprudência desta Corte orienta que "o art. 70 da Lei Uniforme de Genebra, aprovada pelo Decreto 57.663/1966, fixa em três anos a prescrição do título cambial. A prescrição da ação cambiariforme, no entanto, não fulmina o próprio crédito, que poderá ser perseguido por outros meios" (REsp 1.169.666/RS, Rel. Min. HERMAM BENJAMIN, DJe 4.3.2010). Firmou, ainda, o entendimento no sentido de que, "sendo a cédula em discussão anterior à Lei nº 9.298, de 01/08/96, que alterou o artigo 52, § 1º, do Código de Defesa do Consumidor, aplica-se a multa nela prevista, de 10% (dez por cento), nos limites constantes do próprio Código de Defesa do Consumidor, em sua redação originária" (REsp 369.069/RS, Rel. Min. CASTRO FILHO, DJ 15.12.2003). Agravo Regimental improvido. (AgRg no AREsp 81.780/PB, Rel. Ministro SIDNEI BENETI, TERCEIRA TURMA, julgado em 21/08/2012, DJe 19/09/2012).

52.8 Jurisprudências

DECISÃO AGRAVO DE INSTRUMENTO. PROCESSUAL CIVIL. PERDA SUPERVENIENTE DO OBJETO. RECURSO ESPECIAL PARCIALMENTE PROVIDO: DECISÃO TRANSITADA EM JULGADO. SUBSTITUIÇÃO DE TÍTULO JUDICIAL. AGRAVO DE INSTRUMENTO PREJUDICADO. Relatório 1. Agravo de instrumento contra decisão que inadmitiu recurso extraordinário interposto com base no art. 102, inc. III, alínea a, da Constituição da República. O recurso inadmitido foi interposto contra o seguinte julgado do Tribunal de Justiça do Rio Grande do Sul: "APELAÇÃO CIVEL. ALIENAÇÃO FIDUCIÁRIA. AÇÃO DE BUSCA E APREENSÃO. ILEGALIDADE DE CLÁUSULAS CONTRATUAIS. REVISÃO NO ÂMBITO DA AÇÃO DE BUSCA E APREENSÃO. POSSIBILIDADE. PRECEDENTES DO STJ. É permitida a revisão das cláusulas contratuais no âmbito da defesa na ação de busca e apreensão, mormente por se tratar de questão de ordem pública passível de análise de ofício pelo juízo. CÓDIGO DE DEFESA DO CONSUMIDOR. APLICABILIDADE E ALCANCE. Às operações de concessão de crédito e financiamento aplica-se o CODECON, visto que plenamente caracterizado o conceito de consumidor (art. 2°) e de fornecedor (art. 3°), nos exatos termos da lei consumerista, entendimento consolidado pelo Superior Tribunal de Justiça ao editar a súmula nº 297. Sendo as normas de ordem pública e interesse social, cabe ao julgador a decretação de nulidade de cláusula contratual, inclusive de ofício, quando nula de pleno direito. Entendimento pacífico nesta Câmara. JUROS REMUNERATÓRIOS. Considera-se abusiva e, então, nula de pleno direito, a cláusula que fixa juros remuneratórios superiores a 12% ao ano, visto que acarreta onerosidade excessiva. A limitação da taxa de juros, ao invés de causar grave desequilíbrio na relação estabelecida, reintroduz, sim, no pacto, o equilíbrio, a equidade e a simetria das prestações. ÍNDICE DE ATUALIZAÇÃO MONETÁRIA. O referencial deve ser o IGPM, por ser o fator que melhor repõe as perdas inflacionárias e que não contêm componente de remuneração financeira. CAPITALIZAÇÃO DE JUROS. A capitalização de juros é admitida somente nos casos previstos em lei, mesmo que ajustada. Por outro lado, a ausência de pactuação expressa quanto à capitalização na forma mensal (Medida Provisória nº 2.170-36/01) inviabiliza a sua incidência no caso concreto. MULTA MORATÓRIA. A multa moratória deve respeitar o percentual de 2%, após a fixação pela Lei nº 9298/96, que deu redação ao § 1º do art. 52 do CODECON. Já prevista neste patamar no contrato. Incide somente sobre o valor das parcelas em atraso COMISSÃO DE PERMANÊNCIA. Vedada sua cobrança, pois não deixa opção ao cliente – potestatividade – ficando ele submetido à vontade do credor; ofensa ao art. 51, IV, do CODECON e art. 122 do Código Civil. MORA DESCARACTERIZADA. Constatada a abusividade dos valores cobrados atinentes à remuneração do capital, são inexigíveis os encargos decorrentes da mora, eventualmente incidentes, até o recálculo do débito. COMPENSAÇÃO / REPETIÇÃO DO INDÉBITO. Constatada a cobrança de valores ilegais e abusivos, cabível a compensação e/ou repetição simples dos valores pagos indevidamente, sob pena de enriquecimento sem causa da instituição financeira. TAXA DE ABERTURA DE CRÉDITO E TAXA DE EMISSÃO DE CARNÊ. Constata-se a ilegalidade de tais cobranças, pois, imposta ao consumidor, ficando o mesmo vulnerável a cobranças abusivas e excessivas que vão de encontro à lei de proteção consumerista. DA BUSCA E APREENSÃO. Uma vez demonstrada a ausência de mora, impõe-se a improcedência da ação de busca e apreensão. APELAÇÃO PROVIDA COM DISPOSIÇÕES DE OFÍCIO" (fl. 242). Os embargos de declaração opostos foram rejeitados, com aplicação de multa por protelação (fl. 272). 2. O recurso extraordinário foi inadmitido sob o fundamento de incidência da Súmula nº 282 do Supremo Tribunal Federal (fl. 353). 3. O Agravante afirma que o Tribunal de origem teria contrariado o art. 5º, inc. XXXV, da Constituição da República. Assevera, em síntese, que "merece reforma o acórdão guerreado, posto que, ao posicionar-se pelo afastamento da mora em função de suposta abusividade quanto aos termos contratados, entendeu por manter a sentença de improcedência exarada na presente ação de busca e apreensão, incorrendo, assim, em negativa de vigência ao disposto no artigo 5º inciso XXXV da Constituição Federal" (fl. 333). Examinados os elementos havidos no processo, DECIDO. 4. O presente agravo de instrumento está prejudicado por perda superveniente de objeto. O Superior Tribunal de Justiça deu parcial provimento ao Recurso Especial nº 991.455, interposto pelo ora Agravante, para restabelecer a sentença de primeira instância. Essa decisão transitou em julgado em 8.11.2010 e operou, assim, a substituição expressa do julgado recorrido, conforme dispõe o art. 512 do Código de Processo Civil. 5. Pelo exposto, julgo prejudicado este agravo de instrumento, por perda superveniente de objeto, e determino a baixa dos autos à origem (art. 21, inc. IX, do Regimento Interno do Supremo Tribunal Federal). Publique-se. Brasília, 2 de agosto de 2012. Ministra CÁRMEN LÚCIA Relatora (AI 856293, Relator(a): Min. CÁRMEN LÚCIA, julgado em 02/08/2012, publicado em DJe-155 DIVULG 07/08/2012 PUBLIC 08/08/2012).

> Art. 53. Nos contratos de compra e venda de móveis ou imóveis mediante pagamento em prestações, bem como nas alienações fiduciárias em garantia, consideram-se nulas de pleno direito as cláusulas que estabeleçam a perda total das prestações pagas em benefício do credor que, em razão do inadimplemento, pleitear a resolução do contrato e a retomada do produto alienado.
>
> § 1° (Vetado).
>
> § 2° Nos contratos do sistema de consórcio de produtos duráveis, a compensação ou a restituição das parcelas quitadas, na forma deste artigo, terá descontada, além da vantagem econômica auferida com a fruição, os prejuízos que o desistente ou inadimplente causar ao grupo.
>
> § 3° Os contratos de que trata o *caput* deste artigo serão expressos em moeda corrente nacional.

➥COMENTÁRIOS

53.1 Contratos de Compra e Venda mediante prestações e alienação fiduciária em garantia

O *caput* do artigo 53 do CDC determina que "nos contratos de compra e venda de móveis ou imóveis mediante pagamento em prestações, bem como nas alienações fiduciárias em garantia, consideram-se nulas de pleno direito as cláusulas que estabeleçam a perda total das prestações pagas em benefício do credor que, em razão do inadimplemento, pleitear a resolução do contrato e a retomada do produto alienado." A regra jurídica é clara: o consumidor não pode perder as prestações pagas em benefício do credor, bem como este não pode pedir a extinção do contrato com vistas a ficar com o produto, objeto da relação jurídica de consumo. Nesse caso, o CDC veda o pacto comissório que faculte ao fornecedor ficar com o bem no caso de inadimplemento do consumidor.

A mesma situação se reflete nas vendas realizadas com garantia de alienação fiduciária (Decreto-lei nº 911/69) que torna resolúvel a propriedade do consumidor. Aqui, também, não se pode estipular cláusulas contratuais que estipulem o pacto comissório nem a perda total das prestações pagas pelo consumidor no momento da resolução da avença ou da retomada do bem pelo fornecedor.

53.2 Consórcio de produtos duráveis

O § 2º do artigo 53 trata dos contratos de consórcio de produtos duráveis. Vejamos o teor do dispositivo legal: "Nos contratos do sistema de consórcio de produtos duráveis, a compensação ou a restituição das parcelas quitadas, na forma deste artigo, terá descontada, além da vantagem econômica auferida com a fruição, os prejuízos que o desistente ou inadimplente causar ao grupo."

"A possibilidade de se descontar, dos valores devidos, percentual a título de reparação pelos prejuízos causados ao grupo (art. 53, § 2º, do CDC) depende da efetiva prova do prejuízo sofrido, ônus que incumbe à administradora do consórcio." (REsp 871.421/SC, Rel. Ministro Sidnei Beneti, Terceira Turma, julgado em 11/3/2008, DJe de 1º/4/2008).

53.3 Moeda Corrente Nacional

De acordo com o § 3º do artigo 53, os contratos de consumo serão expressos em moeda corrente nacional.

53.4 Jurisprudências

RECURSO ESPECIAL. CIVIL E PROCESSUAL CIVIL. NEGATIVA DE PRESTAÇÃO JURISDICIONAL. PROMESSA DE COMPRA E VENDA DE IMÓVEL. RESOLUÇÃO POR INADIMPLEMENTO DO PROMITENTE-COMPRADOR. INDENIZAÇÃO PELA FRUIÇÃO DO IMÓVEL. CABIMENTO. INAPLICABILIDADE DA LIMITAÇÃO PREVISTA NO ART.

53 DO CDC. PRINCÍPIO DA REPARAÇÃO INTEGRAL.

1. Controvérsia acerca da possibilidade de se limitar a indenização devida ao promitente-vendedor em razão da fruição do imóvel pelo promitente-comprador que se tornou inadimplente, dando causa à resolução do contrato.

2. "Não cumprida a obrigação, responde o devedor por perdas e danos, mais juros e atualização monetária segundo índices oficiais regularmente estabelecidos, e honorários de advogado" (art. 389 do CC/2002).

3. Possibilidade de estimativa prévia da indenização por perdas e danos, na forma de cláusula penal, ou de apuração posterior, como nos presentes autos.

4. Indenização que deve abranger todo o dano, mas não mais do que o dano, em face do princípio da reparação integral, positivado no art. 944 do CC/2002.

5. Descabimento de limitação 'a priori' da indenização para não estimular a resistência indevida do promitente-comprador na desocupação do imóvel em face da resolução provocada por seu inadimplemento contratual.

6. Inaplicabilidade do art. 53, *caput*, do CDC à indenização por perdas e danos apuradas posteriormente à resolução do contrato.

7. Revisão da jurisprudência desta Turma.

8. RECURSO ESPECIAL DESPROVIDO.

(REsp 1258998/MG, Rel. Ministro PAULO DE TARSO SANSEVERINO, TERCEIRA TURMA, julgado em 18/02/2014, DJe 06/03/2014).

AGRAVO REGIMENTAL NO AGRAVO CONTRA DECISÃO DE INADMISSÃO DO RECURSO ESPECIAL. CONSÓRCIO. DESISTÊNCIA. COBRANÇA DE CLÁUSULA PENAL.

NECESSIDADE DE PROVA DO PREJUÍZO AO GRUPO. PROVA. INEXISTÊNCIA.

SÚMULA 7/STJ.

1. Nos termos da jurisprudência do STJ, "a possibilidade de se descontar dos valores devidos percentual a título de reparação pelos prejuízos causados ao grupo (art. 53, § 2º, do CDC) depende da efetiva prova do prejuízo sofrido, ônus que incumbe à administradora do consórcio." (REsp 871.421/SC, Rel. Ministro Sidnei Beneti, Terceira Turma, julgado em 11/3/2008, DJe de 1º/4/2008).

2. O Tribunal de origem, apreciando as peculiaridades fáticas da causa, concluiu que a desistência do agravado não trouxe prejuízo ao grupo consorcial. A modificação de tal entendimento lançado no v.

acórdão recorrido, como ora perseguido, demandaria a análise do acervo fático-probatório dos autos, o que é vedado pela Súmula 7 do STJ, que dispõe: "A pretensão de simples reexame de prova não enseja recurso especial".

3. Agravo regimental não provido.

(AgRg no AREsp 56.425/RS, Rel. Ministro RAUL ARAÚJO, QUARTA TURMA, julgado em 02/02/2012, DJe 17/02/2012)

Civil. Recurso especial. Ação de cobrança movida por consórcio para obtenção da diferença não coberta pela venda de automóvel alienado fiduciariamente. Bem que se encontrava na posse direta do consumidor à época do inadimplemento. Reconvenção. Alegação de cobrança indevida, pois o art. 53 do CDC garante ao consorciado a devolução dos valores pagos em caso de desistência do negócio. Análise do alcance de tal artigo em consonância com o regramento específico do Decreto-lei nº 911/69. Peculiaridades da espécie. – É por demais conhecida a jurisprudência do STJ no sentido de que o art. 53 do CDC fundamenta, em certas relações jurídicas – como as relativas a compromisso de compra e venda de imóvel e, em alguns casos, o próprio consórcio – a devolução das parcelas pagas pelo consumidor, apenas com uma retenção relativa a custos de administração e eventuais indenizações. – Ocorre que, no âmbito dos consórcios, essa discussão tem sido posta quando a desistência do consumidor se dá antes de que este passe a ter a posse do bem. Na presente hipótese, ao contrário, é fato incontroverso que o consorciado foi contemplado logo no início do plano, tendo feito uso do automóvel alienado fiduciariamente durante quase três anos. – Tal fato provoca, necessariamente, uma mudança de perspectiva na discussão. O tema da alienação fiduciária se sobrepõe, no estado em que a lide se encontra, ao tema do consórcio. Com efeito, se é admitida aquela operação de crédito no âmbito deste plano e o consumidor já usufrui do bem, as regras predominantes em caso de posterior inadimplemento devem ser as relativas ao Decreto-lei nº 911/69. Haveria indisfarçável desequilíbrio se fosse dado ao consumidor o direito à restituição integral do quanto pago após quase três anos de uso de um bem que, particularmente, sofre forte depreciação com o tempo. Recurso especial ao qual se nega provimento. (REsp 997.287/SC, Rel. Ministra NANCY ANDRIGHI, TERCEIRA TURMA, julgado em 17/12/2009, DJe 02/02/2010).

COMPROMISSO DE COMPRA E VENDA. Rescisão contratual. Adquirente inadimplente. Devolução de 75% dos valores pagos. Consumidor não pode suportar onerosidade excessiva, consistente na perda total dos valores pagos. Artigo 53 CDC. Correção monetária a contar dos desembolsos e juros a partir da citação. Recursos providos em parte. (3953184300 SP , Relator: Teixeira Leite, Data de Julgamento: 12/02/2009, 4ª Câmara de Direito Privado, Data de Publicação: 12/03/2009).

AÇÃO REVISIONAL DE CONTRATO – PROCEDÊNCIA PARCIAL -INCONFORMISMO – NO CASO DE RESCISÃO CONTRATUAL NÃO SE ADMITE A PERDA TOTAL DAS QUANTIAS PAGAS PELO MUTUÁRIO – Cláusula contratual que afronta o artigo 53 do CDC - Esta Câmara admite a retenção do percentual de dez por cento a título de multa no caso de rescisão contratual – São devidos aluguéis pelos meses em que a ré esteve no imóvel sem pagar – Apelação parcialmente provida (Voto 16910). (994060346787 SP , Relator: Ribeiro da Silva, Data de Julgamento: 24/02/2010, 8ª Câmara de Direito Privado, Data de Publicação: 03/03/2010).
ALIENAÇÃO FIDUCIÁRIA. BUSCA E APREENSÃO. AÇÃO JULGADA PARCIALMENTE PROCEDENTE.APELAÇÃO DA RÉ. PRELIMINARES. NULIDADE DA NOTIFICAÇÃO EXPEDIDA POR CARTÓRIO DE OUTRA COMARCA. Rejeitada: Validade da notificação, pois atingida a finalidade do ato. Afronta ao artigo 53 do CDC, no tocante à perda das parcelas pagas em benefício do credor. Rejeitada: Premissa amparada pelo art. 2º do Decreto-lei 911/69. Mérito. Alegação de afronta à Norma Constitucional: Inocorrência. Falta de pagamento das prestações. Fato incontroverso. Sentença mantida. Recurso improvido. (1807120098260108 SP 0000180-71.2009.8.26.0108, Relator: Francisco Occhiuto Júnior, Data de Julgamento: 02/08/2012, 32ª Câmara de Direito Privado, Data de Publicação: 06/08/2012).

SISTEMA FINANCEIRO DA HABITAÇÃO. AÇÃO DE COBRANÇA. IMPOSSIBILIDADE DE O MUTUÁRIO CUMPRIR O CONTRATO. RESTITUIÇÃO DOS VALORES PAGOS. Impossibilidade de o mutuário cumprir a avença. Caráter social dos financiamentos pelo SFH. Impossibilidade de retenção pelo agente financeiro da integralidade dos valores recebidos. Inteligência do artigo 53 do CDC. [...] (70040133837 RS, Relator: Jorge Alberto Schreiner Pestana, Data de Julgamento: 30/08/2012, Décima Câmara Cível, Data de Publicação: Diário da Justiça do dia 10/10/2012).

SEÇÃO III
Dos Contratos de Adesão

Art. 54. Contrato de adesão é aquele cujas cláusulas tenham sido aprovadas pela autoridade competente ou estabelecidas unilateralmente pelo fornecedor de produtos ou serviços, sem que o consumidor possa discutir ou modificar substancialmente seu conteúdo.

§ 1° A inserção de cláusula no formulário não desfigura a natureza de adesão do contrato.

§ 2° Nos contratos de adesão admite-se cláusula resolutória, desde que a alternativa, cabendo a escolha ao consumidor, ressalvando-se o disposto no § 2° do artigo anterior.

§ 3° Os contratos de adesão escritos serão redigidos em termos claros e com caracteres ostensivos e legíveis, cujo tamanho da fonte não será inferior ao corpo doze, de modo a facilitar sua compreensão pelo consumidor. (Redação dada pela n° 11.785, de 2008)

§ 4° As cláusulas que implicarem limitação de direito do consumidor deverão ser redigidas com destaque, permitindo sua imediata e fácil compreensão.

§ 5° (Vetado)

↳COMENTÁRIOS

54.1 Contrato de Adesão

O artigo 54, *caput*, apresenta o conceito de contrato de adesão nos seguintes termos: "contrato de adesão é aquele cujas cláusulas tenham sido aprovadas pela autoridade competente ou estabelecidas unilateralmente pelo fornecedor de produtos ou serviços, sem que o consumidor possa discutir ou modificar substancialmente seu conteúdo."

Opõe-se ao contrato de adesão o contrato paritário. Neste as partes estão em igualdade de condições para negociar e discutir livremente as cláusulas do contrato.

54.2 Cláusula inserida no formulário

A inserção de cláusula no formulário não desfigura a natureza de adesão do contrato. (artigo 54, § 1°, do CDC). Ora, é muito comum, que num contrato padronizado (contrato previamente redigido por uma das partes) – tipo formulário – as partes façam ajustes e até mesmo incluam novas cláusulas datilografadas ou manuscritas no próprio formulário impresso. Isso não descaracteriza o formato de um contrato de adesão.

54.3 Cláusula resolutória alternativa

A cláusula resolutória é permitida nos contratos de adesão, desde que seja alternativa. Isso significa que nos contratos de adesão admite-se cláusula resolutória, desde que alternativa, cabendo a escolha ao consumidor, ressalvando-se o disposto no § 2º do artigo 53 do CDC. Frise-se: a escolha da resolução do contrato de consumo, prevista no formulário de adesão caberá ao consumidor aderente.

54.4 Contratos de adesão escritos

Os contratos de adesão escritos serão redigidos em termos claros e com caracteres ostensivos e legíveis, cujo tamanho da fonte não será inferior ao corpo doze, de modo a facilitar sua compreensão pelo consumidor. (Redação dada pela nº 11.785, de 2008) (artigo 54, § 3º, do CDC)

54.5 Cláusulas que limitam os direitos do consumidor

As cláusulas que implicarem limitação de direito do consumidor deverão ser redigidas com destaque, permitindo sua imediata e fácil compreensão. (artigo 54, § 4º, do CDC).

Nesse sentido, vejamos as decisões do STJ: "Por se tratar de relação de consumo, a eventual limitação de direito do segurado deve constar, de forma clara e com destaque, nos moldes do art. 54, § 4º do CODECON e, obviamente, ser entregue ao consumidor no ato da contratação, não sendo admitida a entrega posterior.

No caso concreto, surge incontroverso que o documento que integra o contrato de seguro de vida não foi apresentado por ocasião da contratação, além do que a cláusula restritiva constou tão somente do "manual do segurado", enviado após a assinatura da proposta. Portanto, configurada a violação ao artigo 54, § 4º do CDC.

Nos termos do artigo 46 do Código de Defesa do Consumidor:"Os contratos que regulam as relações de consumo não obrigarão os consumidores, se não lhes for dada a oportunidade de tomar conhecimento prévio de seu conteúdo, ou se os respectivos instrumentos forem redigidos de modo a dificultar a compreensão de seu sentido e alcance". [...] (REsp 1219406/MG, Rel. Ministro LUIS FELIPE SALOMÃO, QUARTA TURMA, julgado em 15/02/2011, DJe 18/02/2011).

No mesmo diapasão, "a jurisprudência deste Tribunal Superior prega que nos contratos de adesão, consoante o art. 54, § 4º, do CDC, a claúsula restritiva a direito do consumidor, para ser exigível, deverá ser redigida com destaque, a fim de permitir sua imediata e fácil compreensão." (AgRg no REsp 714.138/SC, Rel. Ministro VASCO DELLA GIUSTINA (DESEMBARGADOR CONVOCADO DO TJ/RS), TERCEIRA TURMA, julgado em 24/08/2010, DJe 01/09/2010).

Por fim, "o art. 2º do Código de Defesa do Consumidor abarca expressamente a possibilidade de as pessoas jurídicas figurarem como consumidores, sendo relevante saber se a pessoa, física ou jurídica, é "destinatária final" do produto ou serviço. Nesse passo, somente se desnatura a relação consumerista se o bem ou serviço passa a integrar uma cadeia produtiva do adquirente, ou seja, posto a revenda ou transformado por meio de beneficiamento ou montagem.

É consumidor a microempresa que celebra contrato de seguro com escopo de proteção do patrimônio próprio contra roubo e furto, ocupando, assim, posição jurídica de destinatária final do serviço oferecido pelo fornecedor.

Os arts. 6º, inciso III, e 54º, § 4º, do CDC, estabelecem que é direito do consumidor a informação plena do objeto do contrato, garantindo-lhe, ademais, não somente uma clareza física das cláusulas limitativas – o que é atingido pelo simples destaque destas -, mas, sobretudo, clareza semântica, um significado unívoco dessas cláusulas, que deverão estar infensas a duplo sentido.

O esclarecimento contido no contrato acerca da abrangência da cobertura securitária que reproduz, em essência, a letra do art. 155 do Código Penal, à evidência, não satisfaz o comando normativo segundo o qual as cláusulas limitadoras devem ser claras, por óbvio, aos olhos dos seus destinatários, os consumidores, cuja hipossuficiência informacional é pressuposto do seu enquadramento como tal.

Mostra-se inoperante a cláusula contratual que, a pretexto de informar o consumidor sobre as limitações da cobertura securitária, somente o remete para a letra da Lei acerca da tipicidade do furto qualificado, cuja interpretação, ademais, é por vezes controvertida até mesmo no âmbito dos Tribunais e da doutrina criminalista." (REsp 814.060/RJ, Rel. Ministro LUIS FELIPE SALOMÃO, QUARTA TURMA, julgado em 06/04/2010, DJe 13/04/2010).

CAPÍTULO VI-A
Da Prevenção e do Tratamento do Superendividamento
(Incluído pela Lei nº 14.181, de 2021)

Art. 54-A. Este Capítulo dispõe sobre a prevenção do superendividamento da pessoa natural, sobre o crédito responsável e sobre a educação financeira do consumidor. (Incluído pela Lei nº 14.181, de 2021)

§ 1º Entende-se por superendividamento a impossibilidade manifesta de o consumidor pessoa natural, de boa-fé, pagar a totalidade de suas dívidas de consumo, exigíveis e vincendas, sem comprometer seu mínimo existencial, nos termos da regulamentação. (Incluído pela Lei nº 14.181, de 2021)

§ 2º As dívidas referidas no § 1º deste artigo englobam quaisquer compromissos financeiros assumidos decorrentes de relação de consumo, inclusive operações de crédito, compras a prazo e serviços de prestação continuada. (Incluído pela Lei nº 14.181, de 2021)

§ 3º O disposto neste Capítulo não se aplica ao consumidor cujas dívidas tenham sido contraídas mediante fraude ou má-fé, sejam oriundas de contratos celebrados dolosamente com o propósito de não realizar o pagamento ou decorram da aquisição ou contratação de produtos e serviços de luxo de alto valor. (Incluído pela Lei nº 14.181, de 2021)

↪COMENTÁRIOS
54-A.1 Superendividamento

O Capítulo VI-A do CDC foi incluído pela Lei nº 14.181/2021 que trata da prevenção do superendividamento da pessoa natural, sobre o crédito responsável e sobre a educação financeira do consumidor.

O artigo 54-A, § 1º apresenta o conceito de superendividamento como a impossibilidade manifesta de o consumidor pessoa natural, de boa-fé, pagar a totalidade de suas dívidas de consumo, exigíveis e vincendas, sem comprometer seu mínimo existencial. Isso significa que as dívidas são maiores do que os gastos necessários para a pessoa garantir direitos fundamentais.

Essas dívidas englobam quaisquer compromissos financeiros assumidos decorrentes de relação de consumo, inclusive operações de crédito, compras a prazo e serviços de prestação continuada (artigo 54-A, § 2º, CDC).

Vale destacar que as normas deste capítulo não se aplicam ao consumidor cujas dívidas tenham sido contraídas mediante fraude ou má-fé, sejam oriundas de contratos celebrados dolosamente com o propósito de não realizar o pagamento ou decorram da aquisição ou contratação de produtos e serviços de luxo de alto valor (artigo 54-A, § 3º, CDC).

> **Art. 54-B.** No fornecimento de crédito e na venda a prazo, além das informações obrigatórias previstas no art. 52 deste Código e na legislação aplicável à matéria, o fornecedor ou o intermediário deverá informar o consumidor, prévia e adequadamente, no momento da oferta, sobre: (Incluído pela Lei nº 14.181, de 2021).
>
> I - o custo efetivo total e a descrição dos elementos que o compõem; (Incluído pela Lei nº 14.181, de 2021).
>
> II - a taxa efetiva mensal de juros, bem como a taxa dos juros de mora e o total de encargos, de qualquer natureza, previstos para o atraso no pagamento; (Incluído pela Lei nº 14.181, de 2021).
>
> III - o montante das prestações e o prazo de validade da oferta, que deve ser, no mínimo, de 2 (dois) dias; (Incluído pela Lei nº 14.181, de 2021).
>
> IV - o nome e o endereço, inclusive o eletrônico, do fornecedor; (Incluído pela Lei nº 14.181, de 2021).
>
> V - o direito do consumidor à liquidação antecipada e não onerosa do débito, nos termos do § 2º do art. 52 deste Código e da regulamentação em vigor. (Incluído pela Lei nº 14.181, de 2021).

§ 1º As informações referidas no art. 52 deste Código e no caput deste artigo devem constar de forma clara e resumida do próprio contrato, da fatura ou de instrumento apartado, de fácil acesso ao consumidor. (Incluído pela Lei nº 14.181, de 2021).

§ 2º Para efeitos deste Código, o custo efetivo total da operação de crédito ao consumidor consistirá em taxa percentual anual e compreenderá todos os valores cobrados do consumidor, sem prejuízo do cálculo padronizado pela autoridade reguladora do sistema financeiro. (Incluído pela Lei nº 14.181, de 2021).

§ 3º Sem prejuízo do disposto no art. 37 deste Código, a oferta de crédito ao consumidor e a oferta de venda a prazo, ou a fatura mensal, conforme o caso, devem indicar, no mínimo, o custo efetivo total, o agente financiador e a soma total a pagar, com e sem financiamento. (Incluído pela Lei nº 14.181, de 2021).

↪COMENTÁRIOS
54-B.1 Informações obrigatórias

Aqui, mais uma vez, o CDC reforça a necessidade de fornecimento de informações, no momento da oferta, ao consumidor. Essas informações devem constar de forma clara e resumida do próprio contrato, da fatura ou de instrumento apartado, de fácil acesso ao consumidor.

É prevista, ainda, a possibilidade de o consumidor antecipar o pagamento de parcelas, obrigando os credores a renegociar a dívida sem acréscimos de novos encargos (art. 54-B, inciso V).

Os §§ 2º e 3º tratam do custo efetivo total da operação de crédito ao consumidor. Este consistirá em taxa percentual anual e compreenderá todos os valores cobrados do consumidor, sem prejuízo do cálculo padronizado pela autoridade reguladora do sistema financeiro.

Ademais, a oferta de crédito ao consumidor e a oferta de venda a prazo, ou a fatura mensal, conforme o caso, devem indicar, no mínimo, o custo efetivo total, o agente financiador e a soma total a pagar, com e sem financiamento.

Art. 54-C. É vedado, expressa ou implicitamente, na oferta de crédito ao consumidor, publicitária ou não: (Incluído pela Lei nº 14.181, de 2021).

I - (VETADO); (Incluído pela Lei nº 14.181, de 2021)

II - indicar que a operação de crédito poderá ser concluída sem consulta a serviços de proteção ao crédito ou sem avaliação da situação financeira do consumidor; (Incluído pela Lei nº 14.181, de 2021).

III - ocultar ou dificultar a compreensão sobre os ônus e os riscos da contratação do crédito ou da venda a prazo; (Incluído pela Lei nº 14.181, de 2021).

IV - assediar ou pressionar o consumidor para contratar o fornecimento de produto, serviço ou crédito, principalmente se se tratar de consumidor idoso, analfabeto, doente ou em estado de vulnerabilidade agravada ou se a contratação envolver prêmio; (Incluído pela Lei nº 14.181, de 2021).

V - condicionar o atendimento de pretensões do consumidor ou o início de tratativas à renúncia ou à desistência de demandas judiciais, ao pagamento de honorários advocatícios ou a depósitos judiciais. (Incluído pela Lei nº 14.181, de 2021).

Parágrafo único. (VETADO). (Incluído pela Lei nº 14.181, de 2021).

↪ COMENTÁRIOS

54-C.1 Vedações na oferta de crédito ao consumidor

O artigo 54-C cuida das hipóteses de vedação na oferta de crédito ao consumidor, publicitária ou não.

Vale destacar que para garantir maior transparência na oferta do crédito, fica expressamente proibido o assédio e qualquer tipo de pressão aos consumidores no oferecimento de crédito, produto ou serviço, bem como condicionar a concessão de crédito a renúncia ou desistência de processos judiciais e dificultar a compreensão dos riscos da contratação, principalmente quando envolver idosos, doentes e consumidores em estado de vulnerabilidade (art. 54-C).

Ora, não é incomum a realização de diversas ligações telefônicas a idosos oferecendo empréstimo consignado, bem como a feitura de contratos e acordos desfavoráveis, nos quais o banco omite os reais riscos da contratação de empréstimos.

Nesse sentido, o STJ publicou notícia especial sobre o tema. Vejamos:[309]

Um público normalmente relacionado ao superendividamento é o dos idosos, os quais, muitas vezes, são atraídos por condições mais vantajosas para a obtenção de crédito e, na falta de planejamento financeiro adequado, podem ser levados ao descontrole das dívidas.

> Essa situação foi discutida no REsp 1.358.057, que teve origem em ação civil pública na qual o Ministério Público Federal (MPF) buscava a anulação de contrato de cartão de crédito sênior oferecido por um banco. Segundo o MPF, o cartão – direcionado a aposentados e pensionistas – permitia o débito automático do valor mínimo da fatura, de forma que o saldo remanescente, se não fosse pago no vencimento, ficava sujeito a encargos que chegavam a 11% ao mês.
>
> O Tribunal Regional Federal da 4ª Região (TRF4) considerou que o sistema adotado pelo cartão sênior causava dúvidas ao consumidor idoso e favorecia o superendividamento. Para o TRF4, os idosos, categoria hipervulnerável de consumidores, teriam discernimento menor do que a população em geral.
>
> Relator do recurso especial do banco, o ministro Moura Ribeiro entendeu não ser possível presumir, de forma geral e abstrata, que todos os idosos sejam intelectualmente débeis e, por isso, vítimas fáceis da estratégia de contratação da instituição financeira. Nesse sentido, o relator apontou que o eventual superendividamento de algum consumidor deveria ser analisado em processo individual, e não em ação coletiva.

Art. 54-D. Na oferta de crédito, previamente à contratação, o fornecedor ou o intermediário deverá, entre outras condutas: (Incluído pela Lei nº 14.181, de 2021).

I - informar e esclarecer adequadamente o consumidor, considerada sua idade, sobre a natureza e a modalidade do crédito oferecido, sobre todos os custos incidentes, observado o disposto nos arts. 52 e 54-B deste Código, e sobre as consequências genéricas e específicas do inadimplemento; (Incluído pela Lei nº 14.181, de 2021).

---

309 Disponível em: https://www.stj.jus.br/sites/portalp/Paginas/Comunicacao/Noticias/28022021-O-fenomeno-do-superendividamento-e-seu-reflexo-na-jurisprudencia2.aspx. Acesso em: 29 set. 2021.

II - avaliar, de forma responsável, as condições de crédito do consumidor, mediante análise das informações disponíveis em bancos de dados de proteção ao crédito, observado o disposto neste Código e na legislação sobre proteção de dados; (Incluído pela Lei nº 14.181, de 2021).

III - informar a identidade do agente financiador e entregar ao consumidor, ao garante e a outros coobrigados cópia do contrato de crédito. (Incluído pela Lei nº 14.181, de 2021).

Parágrafo único. O descumprimento de qualquer dos deveres previstos no caput deste artigo e nos arts. 52 e 54-C deste Código poderá acarretar judicialmente a redução dos juros, dos encargos ou de qualquer acréscimo ao principal e a dilação do prazo de pagamento previsto no contrato original, conforme a gravidade da conduta do fornecedor e as possibilidades financeiras do consumidor, sem prejuízo de outras sanções e de indenização por perdas e danos, patrimoniais e morais, ao consumidor. (Incluído pela Lei nº 14.181, de 2021).

↳ **COMENTÁRIOS**

54-D.1 Condutas obrigatórias na oferta de crédito

O artigo 54-D trata das condutas obrigatórias no momento da oferta do crédito ao consumidor. Tais condutas são necessárias para o esclarecimento das informações ao consumidor antes que este assuma obrigações decorrentes do crédito contratado e que possam levá-lo ao superendividamento. Vejamos as condutas a serem efetuadas pelo credor: a) informar e esclarecer adequadamente o consumidor, considerada sua idade, sobre a natureza e a modalidade do crédito oferecido, sobre todos os custos incidentes, observado o disposto nos arts. 52 e 54-B do CDC, e sobre as consequências genéricas e específicas do inadimplemento; b) avaliar, de forma responsável, as condições de crédito do consumidor, mediante análise das informações disponíveis em bancos de dados de proteção ao crédito; c) informar a identidade do agente financiador e entregar ao consumidor, ao garante e a outros coobrigados cópia do contrato de crédito.

Art. 54-E. (VETADO). (Incluído pela Lei nº 14.181, de 2021).

Art. 54-F. São conexos, coligados ou interdependentes, entre outros, o contrato principal de fornecimento de produto ou serviço e os contratos acessórios de crédito que lhe garantam o financiamento quando o fornecedor de crédito: (Incluído pela Lei nº 14.181, de 2021).

I - recorrer aos serviços do fornecedor de produto ou serviço para a preparação ou a conclusão do contrato de crédito; (Incluído pela Lei nº 14.181, de 2021).

II - oferecer o crédito no local da atividade empresarial do fornecedor de produto ou serviço financiado ou onde o contrato principal for celebrado. (Incluído pela Lei nº 14.181, de 2021).

§ 1º O exercício do direito de arrependimento nas hipóteses previstas neste Código, no contrato principal ou no contrato de crédito, implica a resolução de pleno direito do contrato que lhe seja conexo. (Incluído pela Lei nº 14.181, de 2021).

§ 2º Nos casos dos incisos I e II do *caput* deste artigo, se houver inexecução de qualquer das obrigações e deveres do fornecedor de produto ou serviço, o consumidor poderá requerer a rescisão do contrato não cumprido contra o fornecedor do crédito. (Incluído pela Lei nº 14.181, de 2021).

§ 3º O direito previsto no § 2º deste artigo caberá igualmente ao consumidor: (Incluído pela Lei nº 14.181, de 2021).

I - contra o portador de cheque pós-datado emitido para aquisição de produto ou serviço a prazo; (Incluído pela Lei nº 14.181, de 2021).

II - contra o administrador ou o emitente de cartão de crédito ou similar quando o cartão de crédito ou similar e o produto ou serviço forem fornecidos pelo mesmo fornecedor ou por entidades pertencentes a um mesmo grupo econômico. (Incluído pela Lei nº 14.181, de 2021).

§ 4º A invalidade ou a ineficácia do contrato principal implicará, de pleno direito, a do contrato de crédito que lhe seja conexo, nos termos do *caput* deste artigo, ressalvado ao fornecedor do crédito o direito de obter do fornecedor do produto ou serviço a devolução dos valores entregues, inclusive relativamente a tributos. (Incluído pela Lei nº 14.181, de 2021).

→ COMENTÁRIOS

54-F.1 Relação entre contratos principais e acessórios

O artigo 54-F apresenta as hipóteses em que o contrato principal de fornecimento de produto ou serviço está umbilicalmente interligado com os contratos acessórios de crédito que garantam o financiamento ao consumidor. Vejamos: a) quando recorrer aos serviços do fornecedor de produto ou serviço para a preparação ou a conclusão do contrato de crédito; b) oferecer o crédito no local da atividade empresarial do fornecedor de produto ou serviço financiado ou onde o contrato principal for celebrado.

Importa destacar que o exercício do *direito de arrependimento* no contrato principal ou no contrato de crédito, implica a resolução de pleno direito do contrato que lhe seja conexo (artigo 54-F, § 1º CDC).

Se houver inexecução de qualquer das obrigações e deveres do fornecedor de produto ou serviço, o consumidor poderá requerer a rescisão do contrato não cumprido contra o fornecedor do crédito (artigo 54-F, § 2º CDC). Nesse caso, caberá igualmente ao consumidor requerer: a) contra o portador de cheque pós-datado emitido para aquisição de produto ou serviço a prazo; b) contra o administrador ou o emitente de cartão de crédito ou similar quando o cartão de crédito ou similar e o produto ou serviço forem fornecidos pelo mesmo fornecedor ou por entidades pertencentes a um mesmo grupo econômico.

Por fim, a invalidade ou a ineficácia do contrato principal implicará, de pleno direito, a do contrato de crédito que lhe seja conexo, ressalvado ao fornecedor do crédito o direito de obter do fornecedor do produto ou serviço a devolução dos valores entregues, inclusive relativamente a tributos (artigo 54-F, § 4º CDC).

> **Art. 54-G.** Sem prejuízo do disposto no art. 39 deste Código e na legislação aplicável à matéria, é vedado ao fornecedor de produto ou serviço que envolva crédito, entre outras condutas: (Incluído pela Lei nº 14.181, de 2021).
>
> **I -** realizar ou proceder à cobrança ou ao débito em conta de qualquer quantia que houver sido contestada pelo consumidor em compra realizada com cartão de crédito ou similar, enquanto não for adequadamente solucionada a controvérsia,

desde que o consumidor haja notificado a administradora do cartão com antecedência de pelo menos 10 (dez) dias contados da data de vencimento da fatura, vedada a manutenção do valor na fatura seguinte e assegurado ao consumidor o direito de deduzir do total da fatura o valor em disputa e efetuar o pagamento da parte não contestada, podendo o emissor lançar como crédito em confiança o valor idêntico ao da transação contestada que tenha sido cobrada, enquanto não encerrada a apuração da contestação; (Incluído pela Lei nº 14.181, de 2021).

II - recusar ou não entregar ao consumidor, ao garante e aos outros coobrigados cópia da minuta do contrato principal de consumo ou do contrato de crédito, em papel ou outro suporte duradouro, disponível e acessível, e, após a conclusão, cópia do contrato; (Incluído pela Lei nº 14.181, de 2021).

III - impedir ou dificultar, em caso de utilização fraudulenta do cartão de crédito ou similar, que o consumidor peça e obtenha, quando aplicável, a anulação ou o imediato bloqueio do pagamento, ou ainda a restituição dos valores indevidamente recebidos. (Incluído pela Lei nº 14.181, de 2021).

§ 1º Sem prejuízo do dever de informação e esclarecimento do consumidor e de entrega da minuta do contrato, no empréstimo cuja liquidação seja feita mediante consignação em folha de pagamento, a formalização e a entrega da cópia do contrato ou do instrumento de contratação ocorrerão após o fornecedor do crédito obter da fonte pagadora a indicação sobre a existência de margem consignável. (Incluído pela Lei nº 14.181, de 2021).

§ 2º Nos contratos de adesão, o fornecedor deve prestar ao consumidor, previamente, as informações de que tratam o art. 52 e o *caput* do art. 54-B deste Código, além de outras porventura determinadas na legislação em vigor, e fica obrigado a entregar ao consumidor cópia do contrato, após a sua conclusão (Incluído pela Lei nº 14.181, de 2021).

↳ COMENTÁRIOS

54-G.1 Condutas vedadas ao fornecedor de produto ou serviço

O artigo 54-G apresenta um rol de condutas vedadas ao fornecedor de produto ou serviço. São elas: a) realizar ou proceder à cobrança ou ao débito em conta de qualquer quantia que houver sido contestada pelo consumidor em compra realizada com cartão de crédito ou similar, enquanto não for adequadamente solucionada a controvérsia, desde que o consumidor haja notificado a administradora do cartão com antecedência de pelo menos 10 (dez) dias contados da data de vencimento da fatura, vedada a manutenção do valor na fatura seguinte e assegurado ao consumidor o direito de deduzir do total da fatura o valor em disputa e efetuar o pagamento da parte não contestada, podendo o emissor lançar como crédito em confiança o valor idêntico ao da transação contestada que tenha sido cobrada, enquanto não encerrada a apuração da contestação; b) recusar ou não entregar ao consumidor, ao garante e aos outros coobrigados cópia da minuta do contrato principal de consumo ou do contrato de crédito, em papel ou outro suporte duradouro, disponível e acessível, e, após a conclusão, cópia do contrato; c) impedir ou dificultar, em caso de utilização fraudulenta do cartão de crédito ou similar, que o consumidor peça e obtenha, quando aplicável, a anulação ou o imediato bloqueio do pagamento, ou ainda a restituição dos valores indevidamente recebidos.

Os §§ 1º e 2º reforçam, pois, o dever de prestar as devidas informações e esclarecimentos ao consumidor em relação ao contrato.

CAPÍTULO VII
Das Sanções Administrativas
(Vide Lei nº 8.656, de 1993)

Art. 55. A União, os Estados e o Distrito Federal, em caráter concorrente e nas suas respectivas áreas de atuação administrativa, baixarão normas relativas à produção, industrialização, distribuição e consumo de produtos e serviços.

§ 1º A União, os Estados, o Distrito Federal e os Municípios fiscalizarão e controlarão a produção, industrialização, distribuição, a publicidade de produtos e serviços e o mercado de consumo, no interesse da preservação da vida, da saúde, da segurança, da informação e do bem-estar do consumidor, baixando as normas que se fizerem necessárias.

§ 2º (Vetado).

§ 3º Os órgãos federais, estaduais, do Distrito Federal e municipais com atribuições para fiscalizar e controlar o mercado de consumo manterão comissões permanentes para elaboração, revisão e atualização das normas referidas no § 1º, sendo obrigatória a participação dos consumidores e fornecedores.

§ 4º Os órgãos oficiais poderão expedir notificações aos fornecedores para que, sob pena de desobediência, prestem informações sobre questões de interesse do consumidor, resguardado o segredo industrial.

→ COMENTÁRIOS
55.1 Normas Gerais de Consumo

O artigo 55, *caput*, do CDC determina que "a União, os Estados e o Distrito Federal, em caráter concorrente e nas suas respectivas áreas de atuação administrativa, baixarão normas relativas à produção, industrialização, distribuição e consumo de produtos e serviços. Este dispositivo deve ser interpretado em consonância com os parágrafos 1º e 2º do artigo 24 da nossa Constituição. Vejamos: o § 1º do artigo 24 da CRFB/88 estabelece que "no âmbito da legislação concorrente, a competência da União limitar-se-á a estabelecer normas gerais."[310] E o § 2º diz que "a competência

---

310 "Nas hipóteses de competência concorrente (CF, art. 24), nas quais se estabelece verdadeira situação de condomínio legislativo entre a União Federal e os Estados-membros (Raul Machado Horta, Estudos de Direito Constitucional, p. 366, item 2, 1995, Del Rey), daí resultando clara repartição vertical de competências normativas, a jurisprudência do Supremo Tribunal Federal firmou-se no sentido de entender incabível a ação direta de inconstitucionalidade, se, para o específico efeito de examinar-se a ocorrência, ou não, de invasão de competência da União Federal, por parte de qualquer Estado-membro, tornar-se necessário o confronto prévio entre diplomas normativos de caráter infraconstitucional: a legislação nacional de princípios ou de normas gerais, de um lado (CF, art. 24, § 1º), e as leis estaduais de aplicação e execução das diretrizes fixadas pela União Federal, de outro (CF, art. 24, § 2º). Precedentes. É que, tratando-se de controle normativo abstrato, a inconstitucionalidade há de transparecer de modo imediato, derivando, o seu reconhecimento, do confronto direto que se faça entre o ato estatal impugnado e o texto da própria Constituição da República." (ADI 2.344-QO, Rel. Min. Celso de Mello, julgamento em 23-11-2000, Plenário, DJ de 2-8-2002.) No mesmo sentido: ADI 2.876, Rel. Min. Cármen Lúcia, julgamento em 21-10-2009, Plenário, DJE de 20-11-2009.
"Surge relevante pedido voltado ao implemento de tutela antecipada quando estão em jogo competência concorrente e extravasamento do campo alusivo a normas gerais consideradas previdência estadual." (ACO 830-TAR, Rel. Min. Marco Aurélio, julgamento em 29-10-2007, Plenário, DJE de 11-4-2008.)
"Lei nº 3.706/2006, do Distrito Federal, que dispõe sobre a afixação de tabela relativa a taxas de juros e de rendimentos de aplicações financeiras pelas instituições bancárias

da União para legislar sobre normas gerais não exclui a competência suplementar dos Estados."[311]

55.2 Normas de Consumo

O § 1º do artigo 55 do CDC dispõe que "a União, os Estados, o Distrito Federal e os Municípios fiscalizarão e controlarão a produção, industrialização, distribuição, a publicidade de produtos e serviços e o mercado de consumo, no interesse da preservação da vida, da saúde, da segurança, da informação e do bem-estar do consumidor, baixando as normas que se fizerem necessárias."

A competência suplementar do Município está ancorada no inciso II, do artigo 30 da CRFB/88. É, pois, uma competência suplementar do município. É uma possibilidade de especificar a legislação federal e estadual sobre a matéria. Aqui vale destacar as duas condições, a saber: a) a presença de interesse local; b) a compatibilidade com a legislação federal e estadual.

55.3 Comissões Permanentes

Os órgãos federais, estaduais, do Distrito Federal e municipais com atribuições para fiscalizar e controlar o mercado de consumo manterão comissões permanentes para elaboração, revisão e atualização das normas referidas no § 1º do artigo 55 do CDC, sendo obrigatória a participação dos consumidores e fornecedores. (Artigo 55, § 3º, do CDC)

---

e de crédito". Usurpação da competência privativa da União para fixar normas gerais relativas às relações de consumo (CF, art. 24, V, § 1º). (ADI 3.668, Rel. Min. Gilmar Mendes, julgamento em 17-9-2007, Plenário, DJ de 19-12-2007.)

311 "O art. 24 da CF compreende competência estadual concorrente não cumulativa ou suplementar (art. 24, § 2º) e competência estadual concorrente cumulativa (art. 24, § 3º). Na primeira hipótese, existente a lei federal de normas gerais (art. 24, § 1º), poderão os Estados e o DF, no uso da competência suplementar, preencher os vazios da lei federal de normas gerais, a fim de afeiçoá-la às peculiaridades locais (art. 24, § 2º); na segunda hipótese, poderão os Estados e o DF, inexistente a lei federal de normas gerais, exercer a competência legislativa plena "para atender a suas peculiaridades" (art. 24, § 3º). Sobrevindo a lei federal de normas gerais, suspende esta a eficácia da lei estadual, no que lhe for contrário (art. 24, § 4º). A Lei nº 10.860, de 31-8-2001, do Estado de São Paulo foi além da competência estadual concorrente não cumulativa e cumulativa, pelo que afrontou a CF, art. 22, XXIV, e art. 24, IX, § 2º e § 3º." (ADI 3.098, Rel. Min. Carlos Velloso, julgamento em 24-11-2005, Plenário, DJ de 10-3-2006.)

55.4 Notificações aos fornecedores

Por fim, o § 4º determina que "os órgãos oficiais poderão expedir notificações aos fornecedores para que, sob pena de desobediência, prestem informações sobre questões de interesse do consumidor, resguardado o segredo industrial."

> Art. 56. As infrações das normas de defesa do consumidor ficam sujeitas, conforme o caso, às seguintes sanções administrativas, sem prejuízo das de natureza civil, penal e das definidas em normas específicas:
>
> I - multa;
>
> II - apreensão do produto;
>
> III - inutilização do produto;
>
> IV - cassação do registro do produto junto ao órgão competente;
>
> V - proibição de fabricação do produto;
>
> VI - suspensão de fornecimento de produtos ou serviço;
>
> VII - suspensão temporária de atividade;
>
> VIII - revogação de concessão ou permissão de uso;
>
> IX - cassação de licença do estabelecimento ou de atividade;
>
> X - interdição, total ou parcial, de estabelecimento, de obra ou de atividade;
>
> XI - intervenção administrativa;
>
> XII - imposição de contrapropaganda.
>
> Parágrafo único. As sanções previstas neste artigo serão aplicadas pela autoridade administrativa, no âmbito de sua atribuição, podendo ser aplicadas cumulativamente, inclusive por medida cautelar, antecedente ou incidente de procedimento administrativo.

↳COMENTÁRIOS

56.1 Sanções Administrativas

O artigo 56 do Código de Defesa do Consumidor elenca o rol de sanções administrativas que podem ser aplicadas pelas autoridades, no âmbito de sua jurisdição, podendo ser aplicadas cumulativamente, inclusive por medida cautelar. Vejamos: I – multa; II – apreensão do produto; III – inutilização do produto; IV – cassação do registro do produto junto ao órgão competente; V – proibição de fabricação do produto; VI – suspensão de fornecimento de produtos ou serviço; VII – suspensão temporária de atividade; VIII – revogação de concessão ou permissão de uso; IX – cassação de licença do estabelecimento ou de atividade; X – interdição, total ou parcial, de estabelecimento, de obra ou de atividade; XI – intervenção administrativa; XII – imposição de contrapropaganda.

Além das sanções administrativas acima apontadas no artigo 56 do CDC, vale destacar as demais normas integrativas previstas no Decreto nº 2.181/97, conforme abaixo:

SEÇÃO III
Das Penalidades Administrativas

Art. 18. A inobservância das normas contidas na Lei nº 8.078, de 1990, e das demais normas de defesa do consumidor constituirá prática infrativa e sujeitará o fornecedor às seguintes penalidades, que poderão ser aplicadas isolada ou cumulativamente, inclusive de forma cautelar, antecedente ou incidente no processo administrativo, sem prejuízo das de natureza cível, penal e das definidas em normas específicas:

I – multa;

II – apreensão do produto;

III – inutilização do produto;

IV – cassação do registro do produto junto ao órgão competente;

V – proibição de fabricação do produto;

VI – suspensão de fornecimento de produtos ou serviços;

VII – suspensão temporária de atividade;

VIII – revogação de concessão ou permissão de uso;

IX – cassação de licença do estabelecimento ou de atividade;

X – interdição, total ou parcial, de estabelecimento, de obra ou de atividade;

XI – intervenção administrativa;

XII – imposição de contrapropaganda.

§ 1º Responderá pela prática infrativa, sujeitando-se às sanções administrativas previstas neste Decreto, quem por ação ou omissão lhe der causa, concorrer para sua prática ou dela se beneficiar.

§ 2º As penalidades previstas neste artigo serão aplicadas pelos órgãos oficiais integrantes do SNDC, sem prejuízo das atribuições do órgão normativo ou regulador da atividade, na forma da legislação vigente.

§ 3º As penalidades previstas nos incisos III a XI deste artigo sujeitam-se a posterior confirmação pelo órgão normativo ou regulador da atividade, nos limites de sua competência.

Art. 19. Toda pessoa física ou jurídica que fizer ou promover publicidade enganosa ou abusiva ficará sujeita à pena de multa, cumulada com aquelas previstas no artigo anterior, sem prejuízo da competência de outros órgãos administrativos.

Parágrafo único. Incide também nas penas deste artigo o fornecedor que:

a) deixar de organizar ou negar aos legítimos interessados os dados fáticos, técnicos e científicos que dão sustentação à mensagem publicitária;

b) veicular publicidade de forma que o consumidor não possa, fácil e imediatamente, identificá-la como tal.

Art. 20. Sujeitam-se à pena de multa os órgãos públicos que, por si ou suas empresas concessionárias, permissionárias ou sob qualquer outra forma de empreendimento, deixarem de fornecer serviços adequados, eficientes, seguros e, quanto aos essenciais, contínuos.

Art. 21. A aplicação da sanção prevista no inciso II do art. 18 terá lugar quando os produtos forem comercializados em desacordo com as especificações técnicas estabelecidas em legislação própria, na Lei nº 8.078, de 1990, e neste Decreto.

§ 1º Os bens apreendidos, a critério da autoridade, poderão ficar sob a guarda do proprietário, responsável, preposto ou empregado que responda pelo gerenciamento do negócio, nomeado fiel depositário, mediante termo próprio, proibida a venda, utilização, substituição, subtração ou remoção, total ou parcial, dos referidos bens.

§ 2º A retirada de produto por parte da autoridade fiscalizadora não poderá incidir sobre quantidade superior àquela necessária à realização da análise pericial.

Art. 22. Será aplicada multa ao fornecedor de produtos ou serviços que, direta ou indiretamente, inserir, fizer circular ou utilizar-se de cláusula abusiva, qualquer que seja a modalidade do contrato de consumo, inclusive nas operações securitárias, bancárias, de crédito direto ao consumidor, depósito, poupança, mútuo ou financiamento, e especialmente quando:

I – impossibilitar, exonerar ou atenuar a responsabilidade do fornecedor por vícios de qualquer natureza dos produtos e serviços ou implicar renúncia ou disposição de direito do consumidor;

II – deixar de reembolsar ao consumidor a quantia já paga, nos casos previstos na Lei nº 8.078, de 1990;

III – transferir responsabilidades a terceiros;

IV – estabelecer obrigações consideradas iníquas ou abusivas, que coloquem o consumidor em desvantagem exagerada, incompatíveis com a boa-fé ou a equidade;

V – estabelecer inversão do ônus da prova em prejuízo do consumidor;

VI – determinar a utilização compulsória de arbitragem;

VII – impuser representante para concluir ou realizar outro negócio jurídico pelo consumidor;

VIII – deixar ao fornecedor a opção de concluir ou não o contrato, embora obrigando o consumidor;

IX – permitir ao fornecedor, direta ou indiretamente, variação unilateral do preço, juros, encargos, forma de pagamento ou atualização monetária;

X – autorizar o fornecedor a cancelar o contrato unilateralmente, sem que igual direito seja conferido ao consumidor, ou permitir, nos contratos de longa duração ou de trato sucessivo, o cancelamento sem justa causa e motivação, mesmo que dada ao consumidor a mesma opção;

XI – obrigar o consumidor a ressarcir os custos de cobrança de sua obrigação, sem que igual direito lhe seja conferido contra o fornecedor;

XII – autorizar o fornecedor a modificar unilateralmente o conteúdo ou a qualidade do contrato após sua celebração;

XIII – infringir normas ambientais ou possibilitar sua violação;

XIV – possibilitar a renúncia ao direito de indenização por benfeitorias necessárias;

XV – restringir direitos ou obrigações fundamentais à natureza do contrato, de tal modo a ameaçar o seu objeto ou o equilíbrio contratual;

XVI – onerar excessivamente o consumidor, considerando-se a natureza e o conteúdo do contrato, o interesse das partes e outras circunstâncias peculiares à espécie;

XVII – determinar, nos contratos de compra e venda mediante pagamento em prestações, ou nas alienações fiduciárias em garantia, a perda total das prestações pagas, em benefício do credor que, em razão do inadimplemento, pleitear a resilição do contrato e a retomada do produto alienado, ressalvada a cobrança judicial de perdas e danos comprovadamente sofridos;

XVIII – anunciar, oferecer ou estipular pagamento em moeda estrangeira, salvo nos casos previstos em lei;

XIX – cobrar multas de mora superiores a dois por cento, decorrentes do inadimplemento de obrigação no seu termo, conforme o disposto no § 1º do art. 52 da Lei nº 8.078, de 1990, com a redação dada pela Lei nº 9.298, de 1º de agosto de 1996;

XX – impedir, dificultar ou negar ao consumidor a liquidação antecipada do débito, total ou parcialmente, mediante redução proporcional dos juros, encargos e demais acréscimos, inclusive seguro;

XXI – fizer constar do contrato alguma das cláusulas abusivas a que se refere o art. 56 deste Decreto;

XXII – elaborar contrato, inclusive o de adesão, sem utilizar termos claros, caracteres ostensivos e legíveis, que permitam sua imediata e fácil compreensão, destacando-se as cláusulas que impliquem obrigação ou limitação dos direitos contratuais do consumidor, inclusive com a utilização de tipos de letra e cores diferenciados, entre outros recursos gráficos e visuais;

XXIII – que impeça a troca de produto impróprio, inadequado, ou de valor diminuído, por outro da mesma espécie, em perfeitas condições de uso, ou a restituição imediata da quantia paga, devidamente corrigida, ou fazer abatimento proporcional do preço, a critério do consumidor.

Parágrafo único. Dependendo da gravidade da infração prevista nos incisos dos arts. 12, 13 e deste artigo, a pena de multa poderá ser cumulada com as demais previstas no art. 18, sem prejuízo da competência de outros órgãos administrativos.

Art. 23. Os serviços prestados e os produtos remetidos ou entregues ao consumidor, na hipótese prevista no inciso IV do art. 12 deste Decreto, equiparam-se às amostras grátis, inexistindo obrigação de pagamento.

Art. 24. Para a imposição da pena e sua gradação, serão considerados:

I – as circunstâncias atenuantes e agravantes;

II – os antecedentes do infrator, nos termos do art. 28 deste Decreto.

Art. 25. Consideram-se circunstâncias atenuantes:

I – a ação do infrator não ter sido fundamental para a consecução do fato;

II – ser o infrator primário;

III – ter o infrator adotado as providências pertinentes para minimizar ou de imediato reparar os efeitos do ato lesivo.

Art. 26. Consideram-se circunstâncias agravantes:

I – ser o infrator reincidente;

II – ter o infrator, comprovadamente, cometido a prática infrativa para obter vantagens indevidas;

III – trazer a prática infrativa consequências danosas à saúde ou à segurança do consumidor;

IV – deixar o infrator, tendo conhecimento do ato lesivo, de tomar as providências para evitar ou mitigar suas consequências;

V – ter o infrator agido com dolo;

VI – ocasionar a prática infrativa dano coletivo ou ter caráter repetitivo;

VII – ter a prática infrativa ocorrido em detrimento de menor de dezoito ou maior de sessenta anos ou de pessoas portadoras de deficiência física, mental ou sensorial, interditadas ou não;

VIII – dissimular-se a natureza ilícita do ato ou atividade;

IX – ser a conduta infrativa praticada aproveitando-se o infrator de grave crise econômica ou da condição cultural, social ou econômica da vítima, ou, ainda, por ocasião de calamidade.

Art. 27. Considera-se reincidência a repetição de prática infrativa, de qualquer natureza, às normas de defesa do consumidor, punida por decisão administrativa irrecorrível.

Parágrafo único. Para efeito de reincidência, não prevalece a sanção anterior, se entre a data da decisão administrativa definitiva e aquela da prática posterior houver decorrido período de tempo superior a cinco anos.

Art. 28. Observado o disposto no art. 24 deste Decreto pela autoridade competente, a pena de multa será fixada considerando-se a gravidade da prática infrativa, a extensão do dano causado aos consumidores, a vantagem auferida com o ato infrativo e a condição econômica do infrator, respeitados os parâmetros estabelecidos no parágrafo único do art. 57 da Lei nº 8.078, de 1990."

56.2 Jurisprudências

ADMINISTRATIVO. AGRAVO REGIMENTAL. PODER DE POLÍCIA. APLICAÇÃO DE MULTA PELO PROCON À EMPRESA PÚBLICA FEDERAL. POSSIBILIDADE. A jurisprudência desta Corte Superior de Justiça é no sentido de que o PROCON é órgão competente para aplicar multa à Caixa Econômica Federal em razão de infração às normas de proteção do consumidor, pois sempre que condutas praticadas no mercado de consumo atingirem diretamente os consumidores, é legítima sua atuação na aplicação das sanções administrativas previstas em lei, decorrentes do poder de polícia que lhe é conferido.

A atuação do PROCON não inviabiliza, nem exclui, a atuação do BACEN, autarquia que possui competência privativa para fiscalizar e punir as instituições bancárias quando agirem em descompasso com a Lei nº 4.565/64, que dispõe sobre a Política e as Instituições Monetárias, Bancárias e Creditícias. Agravo regimental não provido. (AgRg no REsp 1148225/AL, Rel. Ministro MAURO CAMPBELL MARQUES, SEGUNDA TURMA, julgado em 13/11/2012, DJe 21/11/2012)

PROCESSUAL CIVIL E ADMINISTRATIVO. PROCON. ALAGOAS. REGULARIDADE. CDA. HIGIDEZ. REGULARIDADE. SÚMULA 7/STJ. O Decreto Federal 2.181/97 veio a regulamentar a forma de aplicação das sanções administrativas previstas no Código de Defesa do Consumidor. O artigo 4º desse diploma legal determina que o órgão de defesa do consumidor seja criado na forma lei – artigo 55 da Lei nº 8.078/90 – não havendo vedação que seja substituído por decreto estadual ou municipal, mormente quando já existente no momento da edição do Codecon ou do decreto federal. Não cabe aferir a higidez da CDA em recurso especial, quando a revisão demandar reexame fático-probatório dos elementos do processo, nos termos da Súmula 7/STJ. Recurso especial conhecido em parte e não provido. (REsp 960.875/AL, Rel. Ministro CASTRO MEIRA, SEGUNDA TURMA, julgado em 06/11/2008, DJe 01/12/2008).

Art. 57. A pena de multa, graduada de acordo com a gravidade da infração, a vantagem auferida e a condição econômica do fornecedor, será aplicada mediante procedimento administrativo, revertendo para o Fundo de que trata a Lei nº 7.347, de 24 de julho de 1985, os valores cabíveis à União, ou para os Fundos estaduais ou municipais de proteção ao consumidor nos demais casos. (Redação dada pela Lei nº 8.656, de 21.5.1993)

Parágrafo único. A multa será em montante não inferior a duzentas e não superior a três milhões de vezes o valor da Unidade Fiscal de Referência (Ufir), ou índice equivalente que venha a substituí-lo. (Parágrafo acrescentado pela Lei nº 8.703, de 6.9.1993)

⇾COMENTÁRIOS
57.1 Graduação da Multa e Fundos Especiais

O artigo 57 do CDC determina os critérios de graduação da pena de multa de acordo com:

a) a gravidade da infração,

b) a vantagem auferida e

c) a condição econômica do fornecedor.

A multa será aplicada mediante procedimento administrativo, revertendo para o Fundo de que trata a Lei nº 7.347, de 24 de julho de 1985 (Lei da Ação Civil Pública), os valores cabíveis à União, ou para os Fundos estaduais ou municipais de proteção ao consumidor nos demais casos. (Redação dada pela Lei nº 8.656, de 21.5.1993)

O artigo 13 da Lei de Ação Civil Pública diz que "havendo condenação em dinheiro, a indenização pelo dano causado reverterá a um fundo gerido por um Conselho Federal ou por Conselhos Estaduais de que participarão necessariamente o Ministério Público e representantes da comunidade, sendo seus recursos destinados à reconstituição dos bens lesados. (Vide Lei nº 12.288, de 2010) (Vigência)

§ 1º Enquanto o fundo não for regulamentado, o dinheiro ficará depositado em estabelecimento oficial de crédito, em conta com correção monetária. (Renumerado do parágrafo único pela Lei nº 12.288, de 2010)

§ 2º Havendo acordo ou condenação com fundamento em dano causado por ato de discriminação étnica nos termos do disposto no art. 1º desta

Lei, a prestação em dinheiro reverterá diretamente ao fundo de que trata o *caput* e será utilizada para ações de promoção da igualdade étnica, conforme definição do Conselho Nacional de Promoção da Igualdade Racial, na hipótese de extensão nacional, ou dos Conselhos de Promoção de Igualdade Racial estaduais ou locais, nas hipóteses de danos com extensão regional ou local, respectivamente. (Incluído pela Lei nº 12.288, de 2010)

57.2 Montante da Multa

De acordo com o parágrafo único do artigo 57 do CDC, "a multa será em montante não inferior a duzentas e não superior a três milhões de vezes o valor da Unidade Fiscal de Referência (Ufir), ou índice equivalente que venha a substituí-lo."(Parágrafo acrescentado pela Lei nº 8.703, de 6.9.1993)

> Art. 58. As penas de apreensão, de inutilização de produtos, de proibição de fabricação de produtos, de suspensão do fornecimento de produto ou serviço, de cassação do registro do produto e revogação da concessão ou permissão de uso serão aplicadas pela administração, mediante procedimento administrativo, assegurada ampla defesa, quando forem constatados vícios de quantidade ou de qualidade por inadequação ou insegurança do produto ou serviço.

↪COMENTÁRIOS

58.1 Sanções por Vício e Ampla Defesa

O artigo 58 trata das sanções objetivas (penas de apreensão, de inutilização de produtos, de proibição de fabricação de produtos, de suspensão do fornecimento de produto ou serviço, de cassação do registro do produto e revogação da concessão ou permissão de uso) que devem ser aplicadas pela administração mediante procedimento administrativo assegurada a ampla defesa, quando forem constatados vícios de quantidade ou de qualidade por inadequação ou insegurança do produto ou serviço.

> Art. 59. As penas de cassação de alvará de licença, de interdição e de suspensão temporária da atividade, bem como

a de intervenção administrativa, serão aplicadas mediante procedimento administrativo, assegurada ampla defesa, quando o fornecedor reincidir na prática das infrações de maior gravidade previstas neste código e na legislação de consumo.

§ 1º A pena de cassação da concessão será aplicada à concessionária de serviço público, quando violar obrigação legal ou contratual.

§ 2º A pena de intervenção administrativa será aplicada sempre que as circunstâncias de fato desaconselharem a cassação de licença, a interdição ou suspensão da atividade.

§ 3º Pendendo ação judicial na qual se discuta a imposição de penalidade administrativa, não haverá reincidência até o trânsito em julgado da sentença.

↳COMENTÁRIOS
59.1 Sanções Subjetivas

As sanções subjetivas (penas de cassação de alvará de licença, de interdição e de suspensão temporária da atividade, bem como a de intervenção administrativa), serão aplicadas mediante procedimento administrativo, assegurada ampla defesa, quando o fornecedor reincidir na prática das infrações de maior gravidade previstas no CDC e na legislação de consumo.

59.2 Pena de Cassação da Concessão

O § 1º do artigo 59 diz que "a pena de cassação da concessão será aplicada à concessionária de serviço público, quando violar obrigação legal ou contratual."

59.3 Pena de Intervenção Administrativa

Já o § 2º determina que "a pena de intervenção administrativa será aplicada sempre que as circunstâncias de fato desaconselharem a cassação de licença, a interdição ou suspensão da atividade."

59.4 Reincidência

O § 3º do artigo 59 trata da reincidência, da seguinte forma: "Pendendo ação judicial na qual se discuta a imposição de penalidade administrativa, não haverá reincidência até o trânsito em julgado da sentença."

> **Art. 60. A imposição de contrapropaganda será cominada quando o fornecedor incorrer na prática de publicidade enganosa ou abusiva, nos termos do art. 36 e seus parágrafos, sempre às expensas do infrator.**
>
> **§ 1º A contrapropaganda será divulgada pelo responsável da mesma forma, frequência e dimensão e, preferencialmente no mesmo veículo, local, espaço e horário, de forma capaz de desfazer o malefício da publicidade enganosa ou abusiva.**
>
> **§ 2º (Vetado)**
>
> **§ 3º (Vetado).**

→COMENTÁRIOS

60.1 Imposição de Contrapropaganda

Como dito alhures, o artigo 37 § 1º do CDC consagrou o *princípio da veracidade da publicidade*, á que proíbe e defini o que vem a ser publicidade enganosa. É enganosa qualquer modalidade de informação ou comunicação de caráter publicitário, inteira ou parcialmente falsa, ou, por qualquer outro modo, mesmo por omissão, capaz de induzir em erro o consumidor a respeito da natureza, características, qualidade, quantidade, propriedades, origem, preço e quaisquer outros dados sobre produtos e serviços.

Para os efeitos do CDC, a publicidade é enganosa por omissão quando deixar de informar sobre dado essencial do produto ou serviço. (artigo 37, § 3º)

Já o artigo 37 § 2º do CDC consagra o *princípio da não abusividade da publicidade*. É abusiva, dentre outras a publicidade discriminatória de qualquer natureza, a que incite à violência, explore o medo ou a superstição, se aproveite da deficiência de julgamento e experiência da criança, desrespeita valores ambientais, ou que seja capaz de induzir o consumidor a se comportar de forma prejudicial ou perigosa à sua saúde ou segurança.

A contrapropaganda é uma das medidas colocadas à disposição dos legitimados visando a defesa de interesses difusos, para combate de publicidade enganosa ou abusiva. O artigo 60 do CDC determina que "*Art. 60. A imposição de contrapropaganda será cominada quando o fornecedor incorrer na prática de publicidade enganosa ou abusiva, nos termos do art. 36 e seus parágrafos, sempre às expensas do infrator.*

1º A contrapropaganda será divulgada pelo responsável da mesma forma, frequência e dimensão e, preferencialmente no mesmo veículo, local, espaço e horário, de forma capaz de desfazer o malefício da publicidade enganosa ou abusiva.

2º (Vetado)

Em relação à atuação em nossos tribunais, destacamos: "AÇÃO CIVIL PÚBLICA – Tutela antecipada deferida para suspender os efeitos das cláusulas contratuais consideradas abusivas, não transmitir propagandas enganosas ou veicular contrapropaganda – Questão da proibição da veiculação de contrapropaganda que se tomou despicienda em razão do tempo decorrido e da manutenção da tutela para impedir a propaganda considerada enganosa – Recurso provido em parte. (Agravo de Instrumento nº 1.315.755-0, 4ª Câmara do TAC-SP, rel. Dês. J. B. Franco de Godói, d.j. 15.06.2005)".

Destaca-se, também, "aplicação de multa por prática de propaganda enganosa – iniciativa da autora de comunicar o erro gráfico e a forma de retificação da oferta do produto, expondo cartazes na entrada da loja e ao lado do produto – meio eficaz de contrapropaganda – tempo insuficiente de 72 horas assinalado pelo órgão fiscalizador da Administração para a contrapropaganda por meio do mesmo veículo de publicidade – face às particularidades do caso, a autora escolheu meio adequado para retificar o erro da oferta – invalidade da multa àquele que procurou espontaneamente para noticiar o erro e forma de retificação – recurso improvido. (6939455000 SP , Relator: Celso Bonilha, Data de Julgamento: 17/09/2008, 8ª Câmara de Direito Público, Data de Publicação: 30/09/2008)."

Mais recentemente, "a 2ª Câmara de Direito Público do TJ manteve sentença que condenou grande empresa de energia elétrica a providenciar, no prazo de 30 dias, após a sentença definitiva, contrapropaganda explicativa no sentido de que realizar queimadas sem controle e licença do órgão ambiental é medida ambientalmente incorreta e caracteriza crime.

A obrigação deverá ser cumprida da mesma forma, com a mesma frequência e dimensão e ainda, preferencialmente, por meio do mesmo veículo, local, espaço e horário da publicidade impugnada. Nesta, a empresa deixava entender que a promoção de queimadas para limpar terrenos era medida normal, desde que se tomasse o cuidado de abrir valas ao redor dos postes de madeira para proteção da rede elétrica.

No seu recurso, rejeitado, a empresa sustentou que a ação civil pública proposta pelo MP não tem fundamento lógico, já que *spot* radiofônico constitui campanha positiva que não deveria ser condenada, mas sim exaltada, já que é exigência da Aneel no que concerne à responsabilidade social. Acresceu que o fogo mencionado no informe publicitário refere-se obviamente às queimadas legais e autorizadas, já que o contexto é de proteger as redes elétricas e o meio ambiente.

O relator, desembargador João Henrique Blasi, afirmou que a sanção imposta pelo juiz está correta, pois houve veiculação de informe publicitário "potencialmente afrontoso a valores ambientais, à vista da dubiedade do seu conteúdo, indutivo a comportamento prejudicial". A decisão foi unânime (Ap. Cív. nº 2011.008325-9)."[312]

TÍTULO II
Das Infrações Penais

Art. 61. Constituem crimes contra as relações de consumo previstas neste código, sem prejuízo do disposto no Código Penal e leis especiais, as condutas tipificadas nos artigos seguintes.

↪ COMENTÁRIOS
61.1 Infrações Penais

O artigo 61 do CDC é claro ao dizer que os crimes previstos no CDC não excluem outros delitos contra as relações de consumo previstas no Código Penal e em leis especiais.

Art. 62. (Vetado).

↪ COMENTÁRIOS
62.1 Artigo Vetado

Art. 63. Omitir dizeres ou sinais ostensivos sobre a nocividade ou periculosidade de produtos, nas embalagens, nos invólucros, recipientes ou publicidade:

---
312 Extraído de: Poder Judiciário de Santa Catarina – 28 de Novembro de 2012. Disponível em: http://tj-sc.jusbrasil.com.br/noticias/100210928/justica-ordena-contrapropaganda-acerca-de-uso-do-fogo-para-limpar-terrenos. Acesso em: 06 abr. 2013.

Pena – Detenção de seis meses a dois anos e multa.

§ 1° Incorrerá nas mesmas penas quem deixar de alertar, mediante recomendações escritas ostensivas, sobre a periculosidade do serviço a ser prestado.

§ 2° Se o crime é culposo:

Pena Detenção de um a seis meses ou multa.

⇾COMENTÁRIOS
63.1 Omissão de dizeres ou sinais ostensivos

Ora, são direitos básicos do consumidor: a proteção da vida, saúde e segurança contra os riscos provocados por práticas no fornecimento de produtos e serviços considerados perigosos ou nocivos (art. 6°, inciso I, do CDC). Este dispositivo está relacionado a proteção à saúde e segurança do consumidor (arts. 8 ao 10 do CDC).

O artigo 8°, *caput*, determina que "os produtos e serviços colocados no mercado de consumo não acarretarão riscos à saúde ou segurança dos consumidores, exceto os considerados normais e previsíveis em decorrência de sua natureza e fruição, obrigando-se os fornecedores, em qualquer hipótese, a dar as informações necessárias e adequadas a seu respeito."

O direito a informação sobre os riscos que os produtos e serviços possam vir a apresentar estão determinados no artigo 9° do CDC ao dispor: "O fornecedor de produtos e serviços potencialmente nocivos ou perigosos à saúde ou segurança deverá informar, de maneira ostensiva e adequada, a respeito da sua nocividade ou periculosidade, sem prejuízo da adoção de outras medidas cabíveis em cada caso concreto."

Ademais, "o fornecedor não poderá colocar no mercado de consumo produto ou serviço, que sabe ou deveria saber, apresentar alto grau de nocividade ou periculosidade à saúde ou segurança." (art.10, *caput*, do CDC).

De acordo com o artigo 60, inciso II, do CDC são direitos básicos do consumidor: a educação e divulgação sobre o consumo adequado dos produtos e serviços, asseguradas a liberdade de escolha e a igualdade nas contratações.

São direitos básicos do consumidor: a informação adequada e clara sobre os diferentes produtos e serviços, com especificação correta de quantidade, características, composição, qualidade e preço, bem como sobre os riscos que apresentem (Art. 6°, III, CDC). Este dispositivo trata do *dever de informar* os consumidores de forma clara e precisa.

É nesse sentido que o CDC considera crime, de acordo com o artigo 63, "omitir dizeres ou sinais ostensivos sobre a nocividade ou periculosidade de produtos, nas embalagens, nos invólucros, recipientes ou publicidade."

É um crime que admite a forma culposa. Não se admite a tentativa na modalidade dolosa, já que é um delito de natureza formal, já que independe de qualquer resultado.

> Art. 64. Deixar de comunicar à autoridade competente e aos consumidores a nocividade ou periculosidade de produtos cujo conhecimento seja posterior à sua colocação no mercado:
>
> Pena – Detenção de seis meses a dois anos e multa.
>
> Parágrafo único. Incorrerá nas mesmas penas quem deixar de retirar do mercado, imediatamente quando determinado pela autoridade competente, os produtos nocivos ou perigosos, na forma deste artigo.

↳ COMENTÁRIOS

64.1 Omissão na comunicação às autoridades competentes

Também é um delito omissivo e formal aquele tipificado no artigo 64 do CDC que tipifica a seguinte conduta: "deixar de comunicar à autoridade competente e aos consumidores a nocividade ou periculosidade de produtos cujo conhecimento seja posterior à sua colocação no mercado."

Nas mesmas penas incorrerá aquele que deixar de retirar do mercado, imediatamente quando determinado pela autoridade competente, os produtos nocivos ou perigosos (parágrafo único do artigo 64).

> Art. 65. Executar serviço de alto grau de periculosidade, contrariando determinação de autoridade competente:
>
> Pena Detenção de seis meses a dois anos e multa.
>
> § 1º As penas deste artigo são aplicáveis sem prejuízo das correspondentes à lesão corporal e à morte. (Redação dada pela Lei nº 13.425, de 2017)
>
> § 2º A prática do disposto no inciso XIV do art. 39 desta Lei também caracteriza o crime previsto no *caput* deste artigo. (Incluído pela Lei nº 13.425, de 2017).

→ COMENTÁRIOS

65.1 Execução de Serviços Perigosos

Também é considerado crime, consoante a redação do artigo 65 do CDC, aquele que executar serviço de alto grau de periculosidade, contrariando, pois, a determinação de autoridade competente.

De acordo com as lições de José Geraldo Brito Filomeno são exemplos: "a *dedetização, desratização*, ou mesmo o *espargimento de hortas caseiras ou plantas ornamentais com defensivos agrícolas*, sem falar-se de grandes extensões com plantações de vários produtos agrícolas que se destinarão ao consumo da população."[313]

65.2 Concurso Material

De acordo com o § 1º do artigo 65 do CDC, as penas de omissão previstas no *caput* do mesmo diploma legal deverão ser somadas as penas de lesão corporal ou resultado morte.

> Art. 66. Fazer afirmação falsa ou enganosa, ou omitir informação relevante sobre a natureza, característica, qualidade, quantidade, segurança, desempenho, durabilidade, preço ou garantia de produtos ou serviços:
>
> Pena – Detenção de três meses a um ano e multa.
>
> § 1º Incorrerá nas mesmas penas quem patrocinar a oferta.
>
> § 2º Se o crime é culposo;
>
> Pena Detenção de um a seis meses ou multa.

65.3 Permitir o ingresso em estabelecimentos comerciais ou de serviços de um número maior de consumidores que o fixado pela autoridade administrativa como máximo

De acordo com o § 2º do artigo 65, a prática de permitir o ingresso em estabelecimentos comerciais ou de serviços de um número maior de consumidores que o fixado pela autoridade administrativa como máximo também caracteriza o cometimento de crime previsto no artigo 65, *caput* do CDC.

---

313 GRINOVER; BENJAMIN; FINK; FILOMENO; NERY JUNIOR; DENARI. 2011, p.720.

Art. 66. Fazer afirmação falsa ou enganosa, ou omitir informação relevante sobre a natureza, característica, qualidade, quantidade, segurança, desempenho, durabilidade, preço ou garantia de produtos ou serviços:

Pena – Detenção de três meses a um ano e multa.

§ 1º Incorrerá nas mesmas penas quem patrocinar a oferta.

§ 2º Se o crime é culposo;

Pena Detenção de um a seis meses ou multa.

↳ COMENTÁRIOS

66.1 Falsidade, engano e omissão de informação relevante sobre produtos e serviços

Para os efeitos do CDC, a publicidade é enganosa por omissão quando deixar de informar sobre dado essencial do produto ou serviço. (artigo 37, § 3º) Daí que a informação falsa ou enganosa sobre a natureza, característica, qualidade, quantidade, segurança, desempenho, durabilidade, preço ou garantia de produtos ou serviços já caracterizam o ilícito penal, independentemente do resultado de tal informação.

Admite-se a tentativa no que se refere aos crimes de afirmação falsa ou enganosa. Não ocorre a tentativa nos crimes de omissão. O sujeito ativo deste delito é o anunciante (fornecedor).

Art. 67. Fazer ou promover publicidade que sabe ou deveria saber ser enganosa ou abusiva:

Pena Detenção de três meses a um ano e multa.

Parágrafo único. (Vetado).

↳ COMENTÁRIOS

67.1 Publicidade sabidamente enganosa e abusiva

O artigo 67 do CDC trata exclusivamente da publicidade ao afirmar como crime a elaboração ou promoção de publicidade que se sabe ou deveria saber ser enganosa ou abusiva. Nesse caso, o sujeito ativo deste ilícito penal são os profissionais que lidam com a veiculação da publicidade ou com o seu processo criativo.

O dolo é genérico ou eventual, já que o agente sabe ou deveria saber dos riscos da publicidade enganosa ou abusiva.

Vale lembrar que o Código de Autorregulamentação Publicitária do Conar estabelece em seus artigos 19, 20, 25 e 27 que:

> **Artigo 19** – Toda atividade publicitária deve caracterizar-se pelo respeito à dignidade da pessoa humana, à intimidade, ao interesse social, às instituições e símbolos nacionais, às autoridades constituídas e ao núcleo familiar.
>
> **Artigo 20** – Nenhum anúncio deve favorecer ou estimular qualquer espécie de ofensa ou discriminação racial, social, política, religiosa ou de nacionalidade.
>
> **Artigo 25** – Os anúncios não devem explorar qualquer espécie de superstição.
>
> **Artigo 27** – O anúncio deve conter uma apresentação verdadeira do produto oferecido, conforme disposto nos artigos seguintes desta Seção, onde estão enumerados alguns aspectos que merecem especial atenção.

Art. 68. Fazer ou promover publicidade que sabe ou deveria saber ser capaz de induzir o consumidor a se comportar de forma prejudicial ou perigosa a sua saúde ou segurança:

Pena – Detenção de seis meses a dois anos e multa:

Parágrafo único. (Vetado).

↳ COMENTÁRIOS

68.1 Publicidade sabidamente tendenciosa

É importante lembrar mais uma vez que o Código de Autorregulamentação Publicitária do Conar estabelece as diretrizes para a publicidade de bebidas alcoólicas, fumos, armas etc. O sujeito ativo deste delito também é o profissional de criação e veiculação da publicidade tendenciosa.

Da mesma forma, o dolo é genérico ou eventual, já que o agente sabe ou deveria saber dos riscos da publicidade tendenciosa.

Art. 69. Deixar de organizar dados fáticos, técnicos e científicos que dão base à publicidade:

Pena Detenção de um a seis meses ou multa.

→COMENTÁRIOS

69.1 Omissão na organização de dados que dão base à publicidade

O parágrafo único do artigo 36 trata do *princípio da transparência da fundamentação da publicidade*, ao determinar que "o fornecedor, na publicidade de seus produtos ou serviços, manterá, em seu poder, para informação dos legítimos interessados, os dados fáticos, técnicos e científicos que dão sustentação à mensagem."

Em relação ao crime do artigo 69 do CDC este é omissivo, já que o sujeito ativo deixa de organizar dados fáticos, técnicos e científicos, não se admitindo, pois, a modalidade tentada. O sujeito ativo é o próprio fornecedor e o sujeito passivo é o consumidor (alvo da publicidade)

> Art. 70. Empregar na reparação de produtos, peça ou componentes de reposição usados, sem autorização do consumidor:
>
> Pena Detenção de três meses a um ano e multa.

→COMENTÁRIOS

70.1 Emprego de peças e componentes de reposição usados

De acordo com o artigo 21 do CDC, o fornecedor de serviços deve empregar componentes de reposição originais adequados e novos na reparação de qualquer produto.

É nesse sentido que o artigo 70 do CDC considera crime o sujeito que emprega na reparação de produtos, peça ou componentes de reposição usados, sem a devida autorização expressa do consumidor. Esse delito complementa o crime estabelecido no **artigo 175 do Código Penal.**[314]

---

314 Código Penal brasileiro – Fraude no comércio
Art. 175 - Enganar, no exercício de atividade comercial, o adquirente ou consumidor:
I - vendendo, como verdadeira ou perfeita, mercadoria falsificada ou deteriorada;
II - entregando uma mercadoria por outra:
Pena – detenção, de seis meses a dois anos, ou multa.
§ 1º - Alterar em obra que lhe é encomendada a qualidade ou o peso de metal ou substituir, no mesmo caso, pedra verdadeira por falsa ou por outra de menor valor; vender pedra falsa por verdadeira; vender, como precioso, metal de ou outra qualidade:

O sujeito ativo deste crime é o prestador de serviços e o sujeito passivo o consumidor. O elemento subjetivo do tipo é o dolo. É um crime que se admite a tentativa.

> **Art. 71.** Utilizar, na cobrança de dívidas, de ameaça, coação, constrangimento físico ou moral, afirmações falsas incorretas ou enganosas ou de qualquer outro procedimento que exponha o consumidor, injustificadamente, a ridículo ou interfira com seu trabalho, descanso ou lazer:
> **Pena Detenção de três meses a um ano e multa.**

↳COMENTÁRIOS
71.1 Utilizar meios vexatórios na cobrança de dívidas

A cobrança de dívidas ao consumidor é possível de ser realizada, desde que não ocorram abusos. Melhor dizendo: o consumidor inadimplente não pode ser exposto ao ridículo ou qualquer outra ação que traga constrangimento ou represente ameaça. Muitas vezes as cobranças ocorrem através de correspondências, e-mails, telefonemas ou até mesmo pessoalmente na casa, no trabalho ou no lazer do consumidor inadimplente. Estes abusos ou atos vexatórios ocorrem na esfera da cobrança extrajudicial. Não raro são cobradas até mesmo dívidas prescritas, cujo pagamento é válido em nosso ordenamento jurídico.

Daí que consoante o artigo 71 do CDC é crime "utilizar, na cobrança de dívidas, de ameaça, coação, constrangimento físico ou moral, afirmações falsas incorretas ou enganosas ou de qualquer outro procedimento que exponha o consumidor, injustificadamente, a ridículo ou interfira com seu trabalho, descanso ou lazer: Pena Detenção de três meses a um ano e multa."

Não obstante a sanção penal, o consumidor ridicularizado poderá ingressar com uma ação de perdas e danos (danos materiais e morais), ou seja, terá direito a uma indenização na esfera cível.

Pena – reclusão, de um a cinco anos, e multa.
§ 2º – É aplicável o disposto no art. 155, § 2º.

Art. 72. Impedir ou dificultar o acesso do consumidor às informações que sobre ele constem em cadastros, banco de dados, fichas e registros:

Pena Detenção de seis meses a um ano ou multa.

⇁COMENTÁRIOS

72.1 Impedimento de acesso a Banco de Dados

Os arquivos de consumo são um grande banco de dados que armazenam informações sobre os consumidores e são gerenciados por organismos públicos ou privados. Essas informações cadastrais são de crucial importância para se verificar o bom histórico creditício do consumidor. É, pois, uma arma poderosa que pode dificultar a realização de novos créditos ao consumidor. Esse cadastro, em regra, desvela parte da vida privada do indivíduo que de acordo com o artigo 5º, inciso X, da CRFB/88 determina que "são invioláveis a intimidade, a vida privada, a honra e a imagem das pessoas, assegurado o direito de indenização pelo dano material ou moral decorrente de sua violação."

Ora, caso ocorram violações ou erros nesse cadastro, certamente, o consumidor "negativado" terá dificuldades em contrair novas obrigações.

Nesse sentido, o artigo 72 do CDC prescreve como crime aquele que "impedir ou dificultar o acesso do consumidor às informações que sobre ele constem em cadastros, banco de dados, fichas e registros", com pena de detenção de seis meses a um ano ou multa. É um delito formal, já que independe de resultado contra o consumidor.

> "[...] O defeito do serviço ensejador de negativação indevida do nome do consumidor, ato ilícito em essência, caracterizando-se também infração administrativa (art. 56 do CDC c/c o art. 13, inc. XIII, do Decreto 2.181/1997) e ilícito penal (arts. 72 e 73 do CDC), gerando direito à indenização por danos morais, não se confunde com o fato do serviço, que pressupõe um risco à segurança do consumidor. [...] (REsp 740.061/MG, Rel. Ministro LUIS FELIPE SALOMÃO, QUARTA TURMA, julgado em 02/03/2010, DJe 22/03/2010).

Art. 73. Deixar de corrigir imediatamente informação sobre consumidor constante de cadastro, banco de dados, fichas ou registros que sabe ou deveria saber ser inexata:

Pena Detenção de um a seis meses ou multa.

↪COMENTÁRIOS

73.1 Omissão na correção de dados incorretos

Como dito anteriormente, o § 3º, do artigo 43 dispõe que "o consumidor, sempre que encontrar inexatidão nos seus dados e cadastros, poderá exigir sua imediata correção, devendo o arquivista, no prazo de cinco dias úteis, comunicar a alteração aos eventuais destinatários das informações incorretas."

Com a quitação da dívida é obrigação do credor o cancelamento do registro. Melhor dizendo: Cabe às entidades credoras que fazem uso dos serviços de cadastro de proteção ao crédito mantê-los atualizados, de sorte que uma vez recebido o pagamento da dívida, devem providenciar o cancelamento do registro negativo do devedor.

Ora, dessa maneira, comente o crime estipulado no artigo 73 do CDC aquele que deixa de corrigir imediatamente a informação sobre o consumidor constante de cadastro, banco de dados, fichas ou registros que sabe ou deveria saber ser inexata.

Assim, o sujeito ativo do delito é o arquivista ou responsável pela manutenção dos dados do consumidor.

> Art. 74. Deixar de entregar ao consumidor o termo de garantia adequadamente preenchido e com especificação clara de seu conteúdo;
>
> Pena Detenção de um a seis meses ou multa.

↪COMENTÁRIOS

74.1 Omissão na entrega do termo de garantia adequadamente preenchido

Como dito alhures, a garantia contratual não exclui a garantia legal. Esta é dada pela lei, aquela é firmada entre consumidor e fornecedor. Melhor dizendo: a garantia contratual é um *plus* a garantia legal (obrigatória e inderrogável) dada em favor do consumidor.

A garantia contratual poderá ser dada ao consumidor por mera liberalidade do fornecedor ou até mesmo negociada, através da denominada "garantia estendida". Nesse caso, o consumidor paga pela garantia contratual excedente.

O parágrafo único do artigo 50 do CDC trata da padronização do termo de garantia. Vejamos: "O termo de garantia ou equivalente deve ser padronizado e esclarecer, de maneira adequada em que consiste a mesma garantia, bem como a forma, o prazo e o lugar em que pode ser exercitada e os ônus a cargo do consumidor, devendo ser-lhe entregue, devidamente preenchido pelo fornecedor, no ato do fornecimento, acompanhado de manual de instrução, de instalação e uso do produto em linguagem didática, com ilustrações."

Mais uma vez o CDC prima pela exigência do princípio da transparência que deve nortear todo o traçado das relações de consumo.

A garantia deve ser expressa e conter os elementos mínimos da substância do ato, ou seja, forma, prazo e lugar em que pode ser exercida, bem como os ônus do consumidor pela contratação da garantia.

Não podemos esquecer que a garantia contratual torna-se parte integrante do contrato firmado entre fornecedor e consumidor e até mesmo representa fator determinante para o consumidor no momento de celebração do contrato. Por exemplo, os diversos anúncios de venda de automóveis com prazo de garantia de 6 (seis) anos é, pois, uma variável importante no momento de conclusão do contrato.

É nesse diapasão que o artigo 73 do CDC considera crime aquele que deixar de entregar ao consumidor o termo de garantia adequadamente preenchido e com especificação clara de seu conteúdo, com pena de detenção de um a seis meses ou multa.

> Art. 75. Quem, de qualquer forma, concorrer para os crimes referidos neste código, incide as penas a esses cominadas na medida de sua culpabilidade, bem como o diretor, administrador ou gerente da pessoa jurídica que promover, permitir ou por qualquer modo aprovar o fornecimento, oferta, exposição à venda ou manutenção em depósito de produtos ou a oferta e prestação de serviços nas condições por ele proibidas.

➥COMENTÁRIOS

75.1 Responsabilidade e concurso de pessoas

A regra do artigo 75 do CDC trata do concurso de pessoas, sendo similar a do artigo 29 do Código Penal brasileiro. Essa norma jurídica trata ainda da responsabilidade do diretor, administrador ou gerente da pessoa jurídica que promover, permitir ou por qualquer modo aprovar o fornecimento, oferta, exposição à venda ou manutenção em depósito de produtos ou a oferta e prestação de serviços nas condições por ele proibidas.

> Art. 76. São circunstâncias agravantes dos crimes tipificados neste código:
> I – serem cometidos em época de grave crise econômica ou por ocasião de calamidade;
> II – ocasionarem grave dano individual ou coletivo;
> III – dissimular-se a natureza ilícita do procedimento;
> IV – quando cometidos:
> a) por servidor público, ou por pessoa cuja condição econômico-social seja manifestamente superior à da vítima;
>
> b) em detrimento de operário ou rurícola; de menor de dezoito ou maior de sessenta anos ou de pessoas portadoras de deficiência mental interditadas ou não;
>
> V – serem praticados em operações que envolvam alimentos, medicamentos ou quaisquer outros produtos ou serviços essenciais.

↪COMENTÁRIOS
76.1 Circunstâncias Agravantes

O artigo 76 do CDC trata das circunstâncias agravantes dos crimes tipificados no Código de Proteção e Defesa do Consumidor. São elas: I – serem cometidos em época de grave crise econômica ou por ocasião de calamidade; II – ocasionarem grave dano individual ou coletivo; III – dissimular-se a natureza ilícita do procedimento; IV – quando cometidos: a) por servidor público, ou por pessoa cuja condição econômico-social seja manifestamente superior à da vítima; b) em detrimento de operário ou rurícola; de menor de dezoito ou maior de sessenta anos ou de pessoas portadoras de deficiência mental interditadas ou não; V – serem praticados em operações que envolvam alimentos, medicamentos ou quaisquer outros produtos ou serviços essenciais.

> Art. 77. A pena pecuniária prevista nesta Seção será fixada em dias-multa, correspondente ao mínimo e ao máximo de dias de duração da pena privativa da liberdade cominada ao

crime. Na individualização desta multa, o juiz observará o disposto no art. 60, § 1º do Código Penal.

↪COMENTÁRIOS
77.1 Penas de Multa

A pena pecuniária será fixada em dias-multa, correspondente ao mínimo e ao máximo de dias de duração da pena privativa da liberdade cominada ao crime. Na individualização dessa multa, o juiz observará o disposto no art. 60, § 1º do Código Penal que diz "a multa pode ser aumentada até o triplo, se o juiz considerar que, em virtude da situação econômica do réu, é ineficaz, embora aplicada no máximo." (Redação dada pela Lei nº 7.209, de 11.7.1984)

> Art. 78. Além das penas privativas de liberdade e de multa, podem ser impostas, cumulativa ou alternadamente, observado o disposto nos arts. 44 a 47, do Código Penal:
>
> I – a interdição temporária de direitos;
>
> II – a publicação em órgãos de comunicação de grande circulação ou audiência, às expensas do condenado, de notícia sobre os fatos e a condenação;
>
> III – a prestação de serviços à comunidade.

↪COMENTÁRIOS
78.1 Outras Penas prevista no CDC

O artigo 78 determina que "além das penas privativas de liberdade e de multa, podem ser impostas, cumulativa ou alternadamente, observado o disposto nos arts. 44 a 47, do Código Penal: I – a interdição temporária de direitos; II – a publicação em órgãos de comunicação de grande circulação ou audiência, às expensas do condenado, de notícia sobre os fatos e a condenação; III – a prestação de serviços à comunidade."

Para tanto deve ser observado as regras dispostas nos artigos 44 a 47 do Código Penal brasileiro que informa:

> "Art. 44. As penas restritivas de direitos são autônomas e substituem as privativas de liberdade, quando: (Redação dada pela Lei nº 9.714, de 1998)

I – aplicada pena privativa de liberdade não superior a quatro anos se o crime não for cometido com violência ou grave ameaça à pessoa ou, qualquer que seja a pena aplicada, se o crime for culposo; (Redação dada pela Lei nº 9.714, de 1998)

II – o réu não for reincidente em crime doloso; (Redação dada pela Lei nº 9.714, de 1998)

III – a culpabilidade, os antecedentes, a conduta social e a personalidade do condenado, bem como os motivos e as circunstâncias indicarem que essa substituição seja suficiente. (Redação dada pela Lei nº 9.714, de 1998)

§ 1º (VETADO) (Incluído pela Lei nº 9.714, de 1998)

§ 2º Na condenação igual ou inferior a um ano, a substituição pode ser feita por multa ou por uma pena restritiva de direitos; se superior a um ano, a pena privativa de liberdade pode ser substituída por uma pena restritiva de direitos e multa ou por duas restritivas de direitos. (Incluído pela Lei nº 9.714, de 1998)

§ 3º Se o condenado for reincidente, o juiz poderá aplicar a substituição, desde que, em face de condenação anterior, a medida seja socialmente recomendável e a reincidência não se tenha operado em virtude da prática do mesmo crime. (Incluído pela Lei nº 9.714, de 1998)

§ 4º A pena restritiva de direitos converte-se em privativa de liberdade quando ocorrer o descumprimento injustificado da restrição imposta. No cálculo da pena privativa de liberdade a executar será deduzido o tempo cumprido da pena restritiva de direitos, respeitado o saldo mínimo de trinta dias de detenção ou reclusão. (Incluído pela Lei nº 9.714, de 1998)

§ 5º Sobrevindo condenação a pena privativa de liberdade, por outro crime, o juiz da execução penal decidirá sobre a conversão, podendo deixar de aplicá-la se for possível ao condenado cumprir a pena substitutiva anterior. (Incluído pela Lei nº 9.714, de 1998)

Conversão das penas restritivas de direitos

Art. 45. Na aplicação da substituição prevista no artigo anterior, proceder-se-á na forma deste e dos arts. 46, 47 e 48. (Redação dada pela Lei nº 9.714, de 1998)

§ 1º A prestação pecuniária consiste no pagamento em dinheiro à vítima, a seus dependentes ou a entidade pública ou privada com destinação social, de importância fixada pelo juiz, não inferior a 1 (um) salário mínimo nem superior a 360 (trezentos e sessenta) salários mínimos. O valor pago será deduzido do montante de eventual condenação em ação de reparação civil, se coincidentes os beneficiários. (Incluído pela Lei n° 9.714, de 1998)

§ 2° No caso do parágrafo anterior, se houver aceitação do beneficiário, a prestação pecuniária pode consistir em prestação de outra natureza. (Incluído pela Lei n° 9.714, de 1998)

§ 3° A perda de bens e valores pertencentes aos condenados dar-se-á, ressalvada a legislação especial, em favor do Fundo Penitenciário Nacional, e seu valor terá como teto – o que for maior – o montante do prejuízo causado ou do provento obtido pelo agente ou por terceiro, em consequência da prática do crime.(Incluído pela Lei n° 9.714, de 1998)

§ 4° (VETADO) (Incluído pela Lei n° 9.714, de 1998)

Prestação de serviços à comunidade ou a entidades públicas

Art. 46. A prestação de serviços à comunidade ou a entidades públicas é aplicável às condenações superiores a seis meses de privação da liberdade. (Redação dada pela Lei n° 9.714, de 1998)

§ 1° A prestação de serviços à comunidade ou a entidades públicas consiste na atribuição de tarefas gratuitas ao condenado. (Incluído pela Lei n° 9.714, de 1998)

§ 2° A prestação de serviços à comunidade dar-se-á em entidades assistenciais, hospitais, escolas, orfanatos e outros estabelecimentos congêneres, em programas comunitários ou estatais. (Incluído pela Lei n° 9.714, de 1998)

§ 3° As tarefas a que se refere o § 1° serão atribuídas conforme as aptidões do condenado, devendo ser cumpridas à razão de uma hora de tarefa por dia de condenação, fixadas de modo a não prejudicar a jornada normal de trabalho. (Incluído pela Lei n° 9.714, de 1998)

§ 4° Se a pena substituída for superior a um ano, é facultado ao condenado cumprir a pena substitutiva em menor tempo (art. 55), nunca inferior à metade da pena privativa de liberdade fixada. (Incluído pela Lei n° 9.714, de 1998)

Interdição temporária de direitos (Redação dada pela Lei n° 7.209, de 11.7.1984)

Art. 47 – As penas de interdição temporária de direitos são: (Redação dada pela Lei nº 7.209, de 11.7.1984)

I – proibição do exercício de cargo, função ou atividade pública, bem como de mandato eletivo; (Redação dada pela Lei nº 7.209, de 11.7.1984)

II – proibição do exercício de profissão, atividade ou ofício que dependam de habilitação especial, de licença ou autorização do poder público;(Redação dada pela Lei nº 7.209, de 11.7.1984)

III – suspensão de autorização ou de habilitação para dirigir veículo. (Redação dada pela Lei nº 7.209, de 11.7.1984)

IV – proibição de frequentar determinados lugares. (Incluído pela Lei nº 9.714, de 1998)

V – proibição de inscrever-se em concurso, avaliação ou exame públicos." (Incluído pela Lei nº 12.550, de 2011)

Art. 79. O valor da fiança, nas infrações de que trata este código, será fixado pelo juiz, ou pela autoridade que presidir o inquérito, entre cem e duzentas mil vezes o valor do Bônus do Tesouro Nacional (BTN), ou índice equivalente que venha a substituí-lo.

Parágrafo único. Se assim recomendar a situação econômica do indiciado ou réu, a fiança poderá ser:

a) reduzida até a metade do seu valor mínimo;

b) aumentada pelo juiz até vinte vezes.

↪COMENTÁRIOS

79.1 Fiança

O Bônus do Tesouro Nacional (BTN) foi extinto pela Lei nº 8.177/91. A fiança deverá ser concedida de acordo com a situação econômica do réu e poderá ser: a) reduzida até a metade do seu valor mínimo; b) aumentada pelo juiz até vinte vezes.

Art. 80. No processo penal atinente aos crimes previstos neste código, bem como a outros crimes e contravenções que envolvam relações de consumo, poderão intervir, como assistentes do Ministério Público, os legitimados indicados no art. 82, inciso III e IV, aos quais também é facultado propor ação penal subsidiária, se a denúncia não for oferecida no prazo legal.

→COMENTÁRIOS

80.1 Assistentes do Ministério Público e Ação Penal Subsidiária

No processo penal atinente aos crimes previstos no CDC, bem como a outros crimes e contravenções que envolvam relações de consumo, poderão intervir, como assistentes do Ministério Público, os legitimados indicados no art. 82, inciso III e IV, quais sejam:

a) as entidades e órgãos da Administração Pública, direta ou indireta, ainda que sem personalidade jurídica, especificamente destinados à defesa dos interesses e direitos protegidos pelo CDC;

b) as associações legalmente constituídas há pelo menos um ano e que incluam entre seus fins institucionais a defesa dos interesses e direitos protegidos pelo CDC, dispensada a autorização assemblear.

Aos legitimados acima apontados, também é facultado propor ação penal subsidiária, se a denúncia não for oferecida no prazo legal.

TÍTULO III
Da Defesa do Consumidor em Juízo

CAPÍTULO I
Disposições Gerais

Art. 81. A defesa dos interesses e direitos dos consumidores e das vítimas poderá ser exercida em juízo individualmente, ou a título coletivo.

Parágrafo único. A defesa coletiva será exercida quando se tratar de:

I – interesses ou direitos difusos, assim entendidos, para efeitos deste código, os transindividuais, de natureza indivisível, de que sejam titulares pessoas indeterminadas e ligadas por circunstâncias de fato;

II – interesses ou direitos coletivos, assim entendidos, para efeitos deste código, os transindividuais, de natureza indivisível de que seja titular grupo, categoria ou classe de pessoas ligadas entre si ou com a parte contrária por uma relação jurídica base;

III – interesses ou direitos individuais homogêneos, assim entendidos os decorrentes de origem comum.

↪COMENTÁRIOS

81.1 Defesa dos Interesses e direitos dos consumidores e das vítimas. Direito de Ação

O *caput* do artigo 81 do CDC é claro ao afirmar que os consumidores e as vítimas de danos decorrentes das relações de consumo poderão exercer a tutela jurisdicional individualmente, ou a título coletivo.

Trata-se, efetivamente, do direito constitucional de Ação.

Podemos conceituar Ação como direito público subjetivo de pleitear ao Poder Judiciário uma decisão sobre determinada pretensão.

É direito público, pois que se dirige contra o Estado a fim de obter dele uma decisão sobre determinado pedido. Com o pedido endereçado ao Judiciário, pretende o autor que os efeitos almejados se produzam a seu favor em face de algo e/ou alguém, no entanto o direito de agir se exerce perante o Estado-juiz; é subjetivo porque o ordenamento jurídico faculta ao possível lesado em seu direito pedir a manifestação do Estado sobre a pretensão a este deduzida, dizendo qual é o direito de cada uma das partes mediante o caso em concreto.

Trata-se ainda de um *direito abstrato, autônomo* e *instrumental*, como se depreenderá das teorias abaixo acostadas, possuindo, vale ressaltar, inegável natureza constitucional (art. 5º, XXXV, CF).

Importa dizer, ainda que previamente, que, com o exercício da ação, tem-se o direito ao processo e, portanto, em caráter teleológico que através da ação se provoca a jurisdição, sendo esta exercida através do processo que é seu instrumento de atuação (ação→ →jurisdição→ →processo).

81.2 Natureza Jurídica da Ação

Como já bem salientava Gabriel de Rezende Filho, quando se fala de ação, se estará diante de uma palavra com vários sentidos, tendo diversas acepções, tais como: defesa do direito mediante lide; complexo de atos constitutivos do juízo, pretensão, *anspruch* (direito de exigir de outrem que pratique ou deixe de praticar certo ato – BCG,[315] art. 194); demanda ou *in quod sibi debeatur, judício persequendi*.[316] Mesmo o Código de Processo Civil de 1939 empregava em diversas passagens a palavra "ação" como sinônimo de causa, processo, lide, demanda, feito, pleito e litígio.[317]

Nesse sentido, difícil não se faz notar os contornos plurívocos com que a doutrina processualística se debruça quando se está diante do conceito de ação.

Notadamente, entendemos como ação o direito à prestação jurisdicional sobre o direito material ou, mais precisamente, o direito subjetivo público, autônomo e abstrato de exigir do Estado a prestação jurisdicional sobre uma pretensão de direito material.

Assim, a existência da ação como direito à jurisdição decorre da viabilidade de um direito material que preencha validamente as denominadas condições da ação.

Isto posto, não será todo cidadão que postula em juízo uma pretensão de direito material, praticando, por conseguinte, atos processuais, estando sujeito ao exercício de direitos, deveres, ônus e obrigações derivadas de uma relação jurídica processual, que poderá exigir do Estado o exercício da jurisdição sobre a sua pretensão a um bem da vida pleiteado. A delimitação do direito a tal exigência supra será determinada pelas condições da ação.

Assim, temos ação como direito à jurisdição na medida em que as próprias condições da ação venham, quando aptas e admitidas como válidas, agasalhar o direito à prestação jurisdicional sobre uma pretensão de direito material, condicionando o juiz a sentenciar sobre o mérito da demanda, seja em benefício ou em prejuízo do autor.[318]

Nesse compasso, o direito de ação não se confundirá com o simples direito de petição (CF, art. 5º, XXXIV), pois que este significa o direito correspondente ao dever irrecusável de resposta do Estado-juiz, isto é, um direito cívico de acesso aos órgãos jurisdicionais, conferido, indispensavelmente, a todos os cidadãos de obter um pronunciamento do Poder Judiciário dentre outros Poderes a respeito de qualquer postulação. Trata, na verdade, de um direito cívico.[319]

---

315 Código Civil alemão.
316 REZENDE FILHO. *Curso de Direito Processual Civil*, v. I, 7. ed., p. 142.
317 *Ibid.*
318 ANDOLINA, Italo; VIGNERA, Giuseppe. *Il Modelo Constituzionale Del Processo Civile Italiano*, p. 86.
319 MONTESANO, Luigi; ARIETA, Giovanni. *Diritto Processuale Civile*, v. I, 2. ed., p. 137; MARQUES, José Frederico. *Instituições de Direito Processual Civil*, v. II, 3. ed., p. 27;

É de se trazer à colação as palavras de Greco acerca das ideias supracitadas, na medida em que o conceito de ação acima deduzido, além de um freio às demandas inviáveis, estabelece o necessário equilíbrio entre o direito de amplo acesso à justiça e a garantia da eficácia concreta do direito do cidadão. Com base nesse conceito (...), parece compreender do ponto de vista das questões fundamentais do processo, as diversas questões submetidas à apreciação do juiz, as diferenças entre pressupostos processuais, condições de ação e mérito, ao mesmo tempo em que permite observar que essas categorias não são tão radicalmente diferentes como pode parecer, havendo entre elas zonas limítrofes em que a mesma questão pode ser observada como geradora da falta de um pressuposto processual e também de uma condição da ação ou relativa a uma destas e também ao mérito.[320]

Insta dizer, mais precisamente no que se refere às condições da ação, que o controle do órgão judicante sobre as mesmas encontrará razão de ser, na medida em que, objetivamente, o que se pretende chegar é a uma declaração jurisdicional sobre o mérito da pretensão deduzida por aquele que provoca a jurisdição.

Mesmo a própria palavra "condição", *de per si*, já delimita o alcance do que se objetiva: condicionar o exercício da ação à busca de uma prestação jurisdicional sobre uma pretensão de direito material deduzida em juízo.

81.3 Tutela Coletiva dos Consumidores

O parágrafo único do artigo 81 determina que a defesa coletiva será exercida quando se tratar de: I – interesses ou direitos difusos, assim entendidos, para efeitos deste código, os transindividuais, de natureza indivisível, de que sejam titulares pessoas indeterminadas e ligadas por circunstâncias de fato; II – interesses ou direitos coletivos, assim entendidos, para efeitos deste código, os transindividuais, de natureza indivisível de que seja titular grupo, categoria ou classe de pessoas ligadas entre si ou com a parte contrária por uma relação jurídica base; III – interesses ou direitos individuais homogêneos, assim entendidos os decorrentes de origem comum.

COMOGLIO, Luigi Paolo. *La garanzia Constituzionale dell' Azione ed il Processo Civile*, p. 53.
320 GRECO, Leonardo. *A Teoria da Ação no Processo Civil*. São Paulo: Dialética, 2003. p. 15.

81.4 Interesses ou Direitos Difusos

Os *interesses ou direitos difusos* são aqueles que apresentam os seguintes caracteres:

a) Aspecto objetivo – o bem jurídico é indivisível;

b) Aspecto subjetivo – os titulares são pessoas indeterminadas e ligadas por circunstâncias de fato. Aqui inexiste uma relação jurídica base de forma a possibilitar a identificação de seus titulares. Estes são ligados por uma circunstância fática, tais como o fato de residirem na mesma região, cidade ou Estado; também nas situações de estarem expostas ao mesmo risco etc.

Na esfera do CDC, a publicidade enganosa ou abusiva é um exemplo de interesses ou direitos difusos, já que o bem jurídico é indivisível e os seus titulares são todos os consumidores atingidos pela enganosidade ou abusividade da publicidade. Ademais, cessado o ato, todos eles serão beneficiados. Da mesma forma, ocorre com os produtos com alto grau de nocividade ou periculosidade à saúde ou segurança dos consumidores colocados no mercado de consumo. Esse ato do fornecedor, certamente, atingirá a todos os potenciais consumidores do produto. Esses direitos são considerados transindividuais ou metaindividuais já que ultrapassam a esfera jurídica do indivíduo, podendo atingir um número indeterminado de pessoas.[321]

---

321 A Turma, por maioria, reiterou que o Ministério Público tem legitimidade para propor ação civil pública que trate da proteção de quaisquer direitos transindividuais, tais como definidos no art. 81 do CDC. Isso decorre da interpretação do art. 129, III, da CF em conjunto com o art. 21 da Lei nº 7.347/1985 e arts. 81 e 90 do CDC e protege todos os interesses transindividuais, sejam eles decorrentes de relações consumeristas ou não. Ressaltou a Min. Relatora que não se pode relegar a tutela de todos os direitos a instrumentos processuais individuais, sob pena de excluir do Estado e da democracia aqueles cidadãos que mais merecem sua proteção. Outro ponto decidido pelo colegiado foi de que viola o direito à plena informação do consumidor (art. 6º, III, do CDC) a conduta de não informar na roleta do ônibus o saldo do vale-transporte eletrônico. No caso, a operadora do sistema de vale-transporte deixou de informar o saldo do cartão para mostrar apenas um gráfico quando o usuário passava pela roleta. O saldo somente era exibido quando inferior a R$ 20,00. Caso o valor remanescente fosse superior, o portador deveria realizar a consulta na internet ou em "validadores" localizados em lojas e supermercados. Nessa situação, a Min. Relatora entendeu que a operadora do sistema de vale-transporte deve possibilitar ao usuário a consulta ao crédito remanescente durante o transporte, sendo insuficiente a disponibilização do serviço apenas na internet ou em poucos guichês espalhados pela região metropolitana. A informação incompleta, representada por gráficos disponibilizados no momento de uso do cartão, não supre o dever de prestar plena informação ao consumidor. Também ficou decidido que a indenização por danos sofridos pelos usuários do sistema de vale-transporte eletrônico deve ser aferida caso a caso. Após debater esses e outros assuntos, a Turma,

81.5 Interesses ou Direitos Coletivos

Já os *interesses ou diretos coletivos* apresentam as seguintes características:

a) Aspecto objetivo – o bem jurídico é indivisível;

b) Aspecto subjetivo – os titulares pertencem a um grupo, categoria ou classe de pessoas ligadas entre si ou com a parte contrária por uma relação jurídica base. Esta relação jurídica base é preexistente à lesão ou ameaça de lesão do interesse ou direito do grupo, categoria ou classe de pessoas. O condomínio é um exemplo da constituição de uma relação jurídica base de forma a possibilitar os sujeitos de um determinado grupo.

> Dessa maneira, a decisão do Ministro Napoleão Nunes Maia Filho do STJ: "CONFLITO DE COMPETÊNCIA. AÇÃO CIVIL PÚBLICA POSTULANDO RESERVA DE VAGAS AOS PORTADORES DE DEFICIÊNCIA. CONCURSO DE ÂMBITO NACIONAL. DIREITO COLETIVO STRICTO SENSU. INAPLICABILIDADE DA LIMITAÇÃO TERRITORIAL PREVISTA NO ART. 16 DA LEI Nº 7.374/85. DIREITO INDIVISÍVEL. EFEITOS ESTENDIDOS À INTEGRALIDADE DA COLETIVIDADE ATINGIDA. EFICÁCIA PRECLUSIVA DA COISA JULGADA. COMPETÊNCIA DO JUIZ FEDERAL PREVENTO PARA CONHECER DA INTEGRALIDADE DA CAUSA.
>
> 1. O direito a ser tutelado consubstancia interesse coletivo, a que se refere o inciso II do art. 81 do CDC (reserva de vagas aos portadores de deficiência em concurso de âmbito nacional), já que pertence a uma categoria, grupo ou classe de pessoas indeterminadas, mas determináveis e, sob o aspecto objetivo, é indivisível, vez que não comporta atribuição de sua parcela a cada um dos indivíduos que compõem aquela categoria.
>
> 2. O que caracteriza os interesses coletivos não é somente o fato de serem compartilhados por diversos titulares individuais reunidos em uma mesma relação jurídica, mas também por a ordem jurídica reconhecer a necessidade de que o seu acesso ao Judiciário seja feito de forma coletiva; o processo coletivo deve ser exercido de uma só vez, em proveito de todo grupo lesado, evitando, assim, a proliferação de ações com o mesmo objetivo e a prolação de diferentes decisões sobre o mesmo conflito, o que conduz a uma solução mais eficaz para a lide coletiva.

---

por maioria, deu parcial provimento ao recurso somente para afastar a condenação genérica ao pagamento de reparação por danos materiais e morais fixada no tribunal de origem. Precedentes citados: do STF: RE 163.231-SP, 29/6/2001; do STJ: REsp 635.807-CE, DJ 20/6/2005; REsp 547.170-SP, DJ 10/2/2004, e REsp 509.654-MA, DJ 16/11/2004. REsp 1.099.634-RJ, Rel. Min. Nancy Andrighi, julgado em 8/5/2012.

3. A restrição territorial prevista no art. 16 da Lei da Ação Civil Pública (7.374/85) não opera efeitos no que diz respeito às ações coletivas que visam proteger interesses difusos ou coletivos stricto sensu, como no presente caso; nessas hipóteses, a extensão dos efeitos à toda categoria decorre naturalmente do efeito da sentença prolatada, vez que, por ser a legitimação do tipo ordinária, tanto o autor quanto o réu estão sujeitos à autoridade da coisa julgada, não importando onde se encontrem.

4. A cláusula erga omnes a que alude o art. 16 da Lei nº 7.347/85 apenas estende os efeitos da coisa julgada a quem não participou diretamente da relação processual; as partes originárias, ou seja, aqueles que já compuseram a relação processual, não são abrangidos pelo efeito erga omnes, mas sim pela imutabilidade decorrente da simples preclusão ou da própria coisa julgada, cujos limites subjetivos já os abrangem direta e imediatamente.

5. Conflito conhecido para determinar a competência do Juízo Federal da 4a. Vara Cível da Seção Judiciária do Estado do Mato Grosso do Sul, o suscitado, para conhecer da integralidade da causa, não havendo que se falar em desmembramento da ação." (STJ. 3ª T. CC 109.435/PR. Rel. Ministro Napoleão Nunes Maia Filho. Julg. 22.09.2010, DJe 15.12.2010).

81.6 Interesses ou Direitos Individuais Homogêneos

Já o inciso III, do parágrafo único do artigo 81 do Código de Defesa do Consumidor, apresenta os *interesses ou direitos individuais homogêneos*, assim entendidos os decorrentes de origem comum. Logo, as marcas que caracterizam tais interesses ou direitos são a *homogeneidade* e a *origem comum*.

Nesse sentido, já decidiu o STJ: "trata-se de REsp em que se discute a legitimidade dos centros acadêmicos universitários, no caso, centro acadêmico de Direito, para propor ação civil pública (ACP) em defesa de interesse dos estudantes do respectivo curso. Inicialmente, ressaltou o Min. Relator que os centros acadêmicos universitários se inserem na categoria de associação civil, pessoa jurídica criada a partir da união de pessoas cujos objetivos comuns de natureza não econômica convergem. Assim, entendeu que o centro acadêmico de Direito, ora recorrente, na condição de associação civil, possui legitimidade para ajuizar ACP na defesa dos interesses dos estudantes do respectivo curso. Consignou que, na hipótese em questão, ao contrário do que foi assentado nas instâncias ordinárias, os direitos postos em juízo, por dizerem respeito a interesses individuais dos estudantes de Direito frente à instituição, são direitos individuais homogêneos, pois derivam de uma origem comum, qual seja, o regulamento da faculdade/uni-

Capítulo I – Disposições Gerais | 625

versidade e os contratos de adesão celebrados entre a instituição de ensino e cada aluno. Desse modo, mostra-se viável a defesa coletiva de direitos pela referida entidade mediante ACP, mercê do que dispõe o art. 81, parágrafo único, III, do CDC. Registrou, ainda, que tanto o STF quanto o STJ entendem que, em se tratando de substituição processual, como no caso, não é de exigir-se autorização *ad hoc* dos associados para que a associação, regularmente constituída, ajuíze a ACP cabível. Ademais, na espécie, houve assembleia especificamente convocada para o ajuizamento das ações previstas na Lei nº 9.870/1999, sendo colhidas as respectivas assinaturas dos alunos, circunstância em si suficiente para afastar a ilegitimidade aventada pelo acórdão recorrido. Diante desses fundamentos, entre outros, a Turma deu provimento ao recurso. Precedentes citados do STF: RE 436.047-PR, DJ 13/5/2005; AI 650.404-SP, DJe 13/3/2008; AI 566.805-SP, DJ 19/12/2007; do STJ: AgRg nos EREsp 497.600-RS, DJ 16/4/2007; REsp 991.154-RS, DJe 15/12/2008; REsp 805.277-RS, DJe 8/10/2008; AgRg no Ag 1.153.516-GO, DJe 26/4/2010; REsp 132.906-MG, DJ 25/8/2003; REsp 880.385-SP, DJe 16/9/2008, e REsp 281.434-PR, DJ 29/4/2002. REsp 1.189.273-SC, Rel. Min. Luis Felipe Salomão, julgado em 1º/3/2011."

No mesmo diapasão, em relação aos interesses individuais homogêneos, o Ministro Luis Felipe Salomão decidiu que "a Turma reiterou o entendimento de que o Ministério Público tem legitimidade para demandar em ação civil pública (ACP) que busca a declaração de nulidade de cláusula contida em contrato padrão de instituição financeira – cobrança de comissão de permanência relativamente aos dias em atraso, calculada à taxa de mercado do dia do pagamento –, por se tratar de interesse individual homogêneo de usuários de serviços bancários (consumidores) nos termos do art. 127 da CF/1988 e dos arts. 81, parágrafo único, III, e 82, I, ambos do CDC. Reafirmou, ainda, a orientação do STJ de que a sentença proferida em ACP faz coisa julgada *erga omnes* nos limites da competência territorial do órgão prolator do *decisum*, conforme dispõe o art. 16 da Lei nº 7.347/1985, alterado pela Lei nº 9.494/1997. Precedentes citados do STF: RE 441.318-DF, DJ 24/2/2006; do STJ: REsp 794.752-MA, DJe 12/4/2010; REsp 537.652-RJ, DJe 21/9/2009; AgRg no REsp 441.999-DF, DJ 8/5/2006; AgRg no Ag 577.167-RS, DJ 25/10/2004; REsp 168.859-RJ, DJ 23/8/1999; EREsp 411.529-SP, DJe 24/3/2010; EREsp 293.407-SP, DJ 1º/8/2006, e AgRg nos EREsp 253.589-SP, DJe 1º/7/2008. REsp 600.711-RS, Rel. Min. Luis Felipe Salomão, julgado em 18/11/2010."

Por fim, vale destacar, a decisão da Ministra Nancy Andrigui, do Superior Tribunal de Justiça que trata da legitimidade do Ministério Público para a defesa dos diretos dos consumidores atinentes à inscrição de seus nomes em cadastros de inadimplentes. Vejamos: "**O Ministério Público tem legitimidade para o ajuizamento de ação civil pública com o objetivo de impedir o repasse e de garantir a exclusão ou a abstenção de inclusão em cadastros de inadimplentes de dados referentes a consumidores cujos débitos estejam em fase de discussão judicial, bem como para requerer a compensação de danos morais e a reparação de danos materiais decorrentes da inclusão indevida de seus nomes nos referidos cadastros.** A Lei nº 7.347/1985, que dispõe sobre a legitimidade do MP para a propositura de ação civil pública, é aplicável a quaisquer interesses de natureza transindividual, tais como definidos no art. 81 do CDC, ainda que eles não digam respeito às relações de consumo. Essa conclusão é extraída da interpretação conjunta do art. 21 da Lei nº 7.347/1985 e dos arts. 81 e 90 do CDC, os quais evidenciam a reciprocidade e complementariedade desses diplomas legislativos, mas principalmente do disposto no art. 129, III, da CF, que estabelece como uma das funções institucionais do MP "promover o inquérito civil e a ação civil pública, para proteção do patrimônio público e social, do meio ambiente e de outros interesses difusos e coletivos". Mesmo no que se refere aos interesses de natureza individual homogênea, após grande discussão doutrinária e jurisprudencial acerca da legitimação processual extraordinária do MP, firmou-se o entendimento de que, para seu reconhecimento, basta a demonstração da relevância social da questão. Nesse sentido, o STF pacificou o tema ao estabelecer que, no gênero "interesses coletivos", ao qual faz referência o art. 129, III, da CF, incluem-se os "interesses individuais homogêneos", cuja tutela, dessa forma, pode ser pleiteada pelo MP. O STJ, na mesma linha, já decidiu que os interesses individuais homogêneos são considerados relevantes por si mesmos, sendo desnecessária a comprovação dessa relevância. Ademais, além da grande importância política que possui a solução jurisdicional de conflitos de massa, a própria CF permite a atribuição de outras funções ao MP, desde que compatíveis com sua finalidade (art. 129, IX). Em hipóteses como a discutida, em que se vise à tutela de um determinado número de pessoas ligadas por uma circunstância de fato, qual seja, a inclusão de seu nome em cadastros de inadimplentes, fica clara a natureza individual homogênea do interesse tutelado. Outrossim, a situação individual de cada consumidor não é levada em consideração no momento da inclusão de seu nome no cadastro, bastando que exista demanda judicial discutindo o débito, o que evidencia a prevalência dos aspectos coletivos e a homogeneidade dos interesses envolvidos. Assim, não se pode relegar a tutela de todos os direitos a instrumentos processuais individuais, sob pena de excluir da proteção do Estado e da democracia aqueles cidadãos que sejam mais necessitados, ou possuam direitos cuja tutela seja economicamente inviável sob a ótica do processo individual." (STJ. REsp 1.148.179-MG, Rel. Min. Nancy Andrighi, Julg. 26.2.2013).

> Art. 82. Para os fins do art. 81, parágrafo único, são legitimados concorrentemente: (Redação dada pela Lei nº 9.008, de 21.3.1995)
>
> I – o Ministério Público,
>
> II – a União, os Estados, os Municípios e o Distrito Federal;
>
> III – as entidades e órgãos da Administração Pública, direta ou indireta, ainda que sem personalidade jurídica, especificamente destinados à defesa dos interesses e direitos protegidos por este código;
>
> IV – as associações legalmente constituídas há pelo menos um ano e que incluam entre seus fins institucionais a defesa dos interesses e direitos protegidos por este código, dispensada a autorização assemblear.
>
> § 1º O requisito da pré-constituição pode ser dispensado pelo juiz, nas ações previstas nos arts. 91 e seguintes, quando haja manifesto interesse social evidenciado pela dimensão ou característica do dano, ou pela relevância do bem jurídico a ser protegido.
>
> § 2º (Vetado).
>
> § 3º (Vetado).

⇁COMENTÁRIOS

82.1 Condições da Ação. Legitimidade *ad causam*.

Como requisitos básicos para que o autor esteja legitimado a pleitear a devida tutela jurisdicional do Estado, duas são as condições da ação: interesse processual e legitimidade para a causa. [322] [323]

Tais requisitos poderão ser observados a qualquer momento pelo juiz.

a) Interesse Processual

O interesse processual, também denominado pela doutrina como interesse de agir, decorre da *necessidade* da tutela jurisdicional e da *adequação* do provimento postulado.

---

[322] Importante ressaltar que o CPC/2015 refuta a ideia da possibilidade jurídica do pedido como uma das condições da ação, como se depreende de suas disposições normativas, *ex vi* das seguintes:
"Art. 17. Para postular em juízo é necessário ter interesse e legitimidade."
"Art. 485. O juiz não resolverá o mérito quando:
VI – verificar ausência de legitimidade ou de interesse processual;(...)".
É bem verdade que há na doutrina quem sustente associar-se à ideia da impossibilidade jurídica do pedido como forma do juiz em constatar a inviabilidade do pedido solicitado pela parte em sede de petição inicial, isso em razão do que dispõe o direito positivo no momento. Nesse caso, a possibilidade jurídica do pedido se relacionaria ao próprio mérito da demanda, motivando-se então, diante do seu não acatamento pelo órgão julgador, em uma decisão improcedência da ação, julgando-se assim o seu mérito e fazendo, portanto, coisa julgada material.
Aliás, parece ser este o sentido adotado pelo Novo *Codex*.
Lado outro, vale acostar aqui que Liebman, em princípio, delineou as condições da ação em suas três clássicas formas – legitimidade para agir, interesse de agir e possibilidade jurídica do pedido (LIEBMAN, Enrico Tullio. L'azione nella teoria del processo civile. *Problemi del Processo Civile*. Napoli: Morano Editore 1962, p.46.).
No entanto, na 3ª edição de seu *Manuale di Diritto Processuale Civile*. Milano: Giuffrè, 1973, p.120-122, veio a sustentar que a possibilidade jurídica do pedido estaria relacionada ao próprio interesse de agir e daí, passando a adotar apenas duas das condições da ação (interesse de agir e legitimidade de agir). Segue a afirmativa do mestre italiano:
"*Le condizioni dell'azione, poco fa menzionate, sono l'interesse ad agire e la legittimazione.* (...)
L'interesse ad agire sorge dalla necessità di ottenere dal processo la protezione dell'interesse sostanziale; presuppone perciò la lesione di questo interesse e l'idoneità del provvedimento domandato a proteggerlo e soddisfarlo. Sarebbe infatti inutile prendere in esame la domanda per concedere (o negare) il provvedimento chiesto, nel caso che nella situazione di fatto che viene prospettata non rinvenga affermata una lesione del diritto od interesse che si vanta verso la controparte, o se gli effetti giuridici che si attendono dal provvedimento siano comunque già acquisiti, o se il provvedimento sai per se stesso inadeguato o inidôneo a rimuovere la lesione, od infine se il provvedimento domandato non può essere pronunciato, perchè non ammesso dalla legge (es. la prigione per debiti)." (Grifo nosso).

[323] Enunciado n. 36 do FPPC: "As hipóteses de impossibilidade jurídica do pedido ensejam a improcedência liminar do pedido."

Quanto à necessidade, significa a exigência de se ter aquela tutela jurisdicional do Estado para a satisfação de um direito material tiver sido ameaçado ou efetivamente violado (p.ex., inadimplemento da prestação e resistência do réu ao cumprimento da mesma). A adequação, por sua vez, está relacionada ao pedido apresentado em juízo pela via processual adequada, ou seja, aquilo que se pede deverá estar adequado ao modelo processual apto a tutelá-lo.[324]

De tudo, nota-se que o interesse de agir está fundamentado na própria utilidade da tutela jurisdicional requerida pela parte.

b) Legitimidade para a causa (*ad causam*)

A parte legítima para a causa (que exercerá o direito de ação) é aquela que se afirma titular de determinado direito que precisa da tutela jurisdicional (autor), ao passo que será parte legítima para figurar no polo passivo aquela a quem caiba o cumprimento de obrigação decorrente dessa pretensão (réu).

Assim, são legitimados para agir, ativa e passivamente, os titulares dos interesses em conflito, logo, estamos diante da denominada legitimação ordinária para a causa, sendo esta a regra geral.

Há casos excepcionais em que o sistema legal autoriza alguém a pleitear, em nome próprio, direito alheio. A esse respeito, dispõe o art. 18 do CPC: "*Ninguém poderá pleitear direito alheio em nome próprio, salvo quando autorizado pelo ordenamento jurídico.*"

Assim, quando tal evento ocorre – o que não poderá decorrer de vontade das partes, mas somente da lei – ocorrerá a legitimação extraordinária, por isso, exceção legalmente permitida, onde teremos a figura do *substituto processual*, figura esta exercida por parte do Ministério Público, sindicatos, partidos políticos etc.

São exemplos de ações em que ocorre a substituição processual:

– Ação civil pública: a Lei nº 7.347/85 disciplina a ação civil pública de responsabilidade por danos causados ao meio ambiente, ao consumidor,

---

[324] Referimo-nos à via processual (Conhecimento ou Execução) adequada e não procedimental, pois que, do contrário, teria razão Leonardo Greco (2003, p. 235) ao afirmar em tom de crítica que o "erro na escolha do rito, do regime processual a que a ação vai se submeter, que tem de ser feita pelo autor na petição inicial, pode gerar o seu indeferimento(...).
Na verdade, quando se escolhe o procedimento inadequado, não está em jogo o direito do autor ao provimento sobre o direito material, e sim o caminho, o rito, o procedimento por ele eleito e, portanto, a falta de pressuposto processual. Se for possível a sua conversão no rito adequado, o processo não será extinto, a inicial não será indeferida, pois o vício vai ser regularizado, remediado."

a bens e direitos de valor artístico, estético, histórico, turístico e paisagístico, legitimando o Ministério Público e demais pessoas elencadas no art. 5º a propor em nome próprio, por isso, substituindo processualmente os cidadãos em ação a ser proposta, acerca das matérias acima referidas.

– Ação de investigação de paternidade: regulada pela Lei nº 8.560/92, na qual o Ministério Público é legitimado para propor a devida ação;

– Ação popular: o art. 5º, LXXIII, da CF estabelece que qualquer cidadão é parte legítima para propor ação popular que vise anular ato lesivo ao patrimônio público ou de entidade de que o Estado participe, à moralidade, ao meio ambiente e ao patrimônio histórico e cultural.

– Mandado de segurança coletivo: o art. 5º, LXX, "a" e "b", da CF, legitima os partidos políticos, com representação no Congresso Nacional, as organizações sindicais, as entidades de classes e as associações legalmente constituídas, pelo menos um ano, a defenderem interesses de seus membros e associados.

82.2 Legitimidade nas ações coletivas

Pode ser considerada a legitimação extraordinária, já que inexiste identidade entre o titular do direito material e o legitimado para agir em juízo.

82.3 Legitimidade para a Ação Civil Pública

O artigo 5º da LACP determina que "têm legitimidade para propor a ação principal e a ação cautelar: (Redação dada pela Lei nº 11.448, de 2007). I – o Ministério Público; (Redação dada pela Lei nº 11.448, de 2007). II – a Defensoria Pública; (Redação dada pela Lei nº 11.448, de 2007). III – a União, os Estados, o Distrito Federal e os Municípios; (Incluído pela Lei nº 11.448, de 2007). IV – a autarquia, empresa pública, fundação ou sociedade de economia mista; (Incluído pela Lei nº 11.448, de 2007). V – a associação que, concomitantemente: (Incluído pela Lei nº 11.448, de 2007). a) esteja constituída há pelo menos 1 (um) ano nos termos da lei civil; (Incluído pela Lei nº 11.448, de 2007). b) inclua, entre suas finalidades institucionais, a proteção ao meio ambiente, ao consumidor, à ordem econômica, à livre concorrência ou ao patrimônio artístico, estético, histórico, turístico e paisagístico. (Incluído pela Lei nº 11.448, de 2007). § 1º O Ministério Público, se não intervier no processo como parte, atuará obrigatoriamente como fiscal da lei. § 2º Fica facultado ao Poder Público e a outras associações legitimadas nos termos deste artigo habilitar-se como litisconsortes de qualquer das partes. § 3º Em caso de desistência infundada ou abandono da ação por associação legitimada, o Ministério Público ou outro legitimado assumirá a titularidade ativa. (Redação dada pela Lei nº 8.078, de 1990). § 4º. O requisito da pré-constituição poderá ser dispensado pelo juiz, quando haja manifesto interesse social evidenciado pela dimensão ou característica do dano, ou pela relevância do bem jurídico a ser protegido. (Incluído pela Lei nº 8.078, de 11.9.1990). § 5º. Admitir-se-á o litisconsórcio facultativo entre os Ministérios Públicos da União, do Distrito Federal e dos Estados na defesa dos interesses e direitos de que cuida esta lei. (Incluído pela Lei nº 8.078, de 11.9.1990) (Vide Mensagem de veto) (Vide REsp 222582/MG – STJ). § 6º Os órgãos públicos legitimados poderão tomar dos interessados compromisso de ajustamento de sua conduta às exigências legais, mediante cominações, que terá eficácia de título executivo extrajudicial. (Incluído pela Lei nº 8.078, de 11.9.1990) (Vide Mensagem de veto) (Vide REsp 222582/MG – STJ)."

82.4 Teoria da Asserção

Através dessa teoria, o exame das condições da ação deve ser feito em abstrato. Melhor dizendo: através da versão dos fatos apresentada na petição inicial, *in statu assertionis*. Dessa forma, o magistrado vai verificar se as condições da ação estão preenchidas considerando verdadeiro aquilo que consta da peça inicial, abstratamente. Portanto, pela teoria da asserção, admite-se provisoriamente e por hipótese que as afirmações do autor são verdadeiras.[325]

---

[325] CONDIÇÕES DA AÇÃO. PRECLUSÃO. TEORIA DA ASSERÇÃO. POSSIBILIDADE JURÍDICA. LEGITIMIDADE PASSIVA. HONORÁRIOS CONTRATUAIS.
Cuida-se, na origem, de ação de arbitramento e cobrança de honorários advocatícios contratuais. A recorrente busca afastar a preclusão reconhecida pelo tribunal *a quo*, sustentando, entre outros temas, que essa se operou em questões de ordem pública referentes às condições da ação. Argui, para tanto, a inocorrência de preclusão em relação à impossibilidade jurídica do pedido e à ilegitimidade passiva. Como consabido, não há preclusão em relação às condições da ação que, por se tratar de matéria de ordem pública, cognoscível de ofício e insuscetível de preclusão, devem ser apreciadas pelo tribunal intermediário, ainda que arguidas em sede recursal. Contudo, a qualificação pelo recorrente de uma defesa de mérito como se condição da ação fosse, não modifica sua natureza. Pela teoria da asserção, a verificação das condições da ação é realizada com base nos fatos narrados na inicial. *In casu*, a condenação ao pagamento de honorários advocatícios contratuais é pedido juridicamente possível. Da mesma forma, o outorgante que se beneficiou dos serviços advocatícios é parte legítima passiva

82.5 Possibilidade Jurídica do Pedido

OCPC/2015 refuta a ideia da possibilidade jurídica do pedido como uma das condições da ação, como se depreende de suas disposições normativas, ex vi das seguintes:

"Art. 17. Para postular em juízo é necessário ter interesse e legitimidade."

"Art. 485. O juiz não resolverá o mérito quando:

VI – verificar ausência de legitimidade ou de interesse processual; (...)".

É bem verdade que há na doutrina quem sustente associar-se à ideia da impossibilidade jurídica do pedido como forma do juiz em constatar a inviabilidade do pedido solicitado pela parte em sede de petição inicial, isso em razão do que dispõe o direito positivo no momento. Nesse caso, a possibilidade jurídica do pedido se relacionaria ao próprio mérito da demanda, motivando-se então, diante do seu não acatamento pelo órgão julgador, em uma decisão improcedência da ação, julgando-se assim o seu mérito e fazendo, portanto, coisa julgada material.

Aliás, parece ser este o sentido adotado pelo Novo Codex.[326]

---

para a ação condenatória. Dessarte, por se tratar de uma discussão de mérito e não de questões afetas à condição da ação (art. 267, § 3º, do CPC), a matéria está sujeita à preclusão. Assim, a Turma negou provimento ao recurso. Precedentes citados: REsp 1.138.190-RJ, DJe 27/4/2011; REsp 1.052.680-RS, DJe 6/10/2011; REsp 753.512-RJ, DJe 10/8/2010, e MC 18.318-RJ, DJe 2/9/2011. REsp 595.188-RS, Rel. Min. Antonio Carlos Ferreira, julgado em 22/11/2011.

326 Lado outro, vale acostar aqui que Liebman, em princípio, delineou as condições da ação em suas três clássicas formas – legitimidade para agir, interesse de agir e possibilidade jurídica do pedido (LIEBMAN, Enrico Tullio. *Problemi del Processo Civile*. Napoli: Morano Editore 1962, p.46.)..

No entanto na 3ª edição de seu *Manuale di Diritto Processuale Civile*. Milano: Giuffrè, 1973, p.120-122, veio a sustentar que a possibilidade jurídica do pedido estaria relacionada ao próprio interesse de agir e daí, passando a adotar apenas duas das condições da ação (interesse de agir e legitimidade de agir). Segue a afirmativa do mestre italiano:

"*Le condizioni dell'azione, poco fa menzionate, sono l'interesse ad agire e la legittimazione.
(...)
L'interesse ad agire sorge dalla necessità di ottenere dal processo la protezione dell'interesse sostanziale; presuppone perciò la lesione di questo interesse e l'idoneità del provvedimento domandato a proteggerlo e soddisfarlo. Sarebbe infatti inutile prendere in esame la domanda per concedere (o negare) il provvedimento chiesto, nel caso che nella situazione di fatto che viene prospettata non rinvenga affermata una lesione del diritto od interesse che si vanta verso la controparte, o se gli effetti giuridici che si attendono dal provvedimento siano comunque già acquisiti, o se il provvedimento sai per se stesso inadeguato o inidoneo a rimuovere la lesione, od infine se il provvedimento domandato non può essere pronunciato, perchè non ammesso dalla legge (es. la prigione per debiti).*"

82.6 Elementos da Ação

São eles os *componentes materiais* da ação, os quais vão diferenciar uma ação da outra, servem para identificar as ações. São três elementos a serem considerados: as *partes*, a *causa de pedir* e o *pedido*.

a) Partes – são assim denominados *autor* e *réu*.[327]

b) Causa de Pedir (*causa petendi*) – constitui-se do somatório entre os fatos e os fundamentos jurídicos, ou seja, *os fatos* (causa remota) compreendem o relato do acontecido, já os *fundamentos jurídicos* (causa próxima) referem-se ao dano sofrido em virtude do fato ocorrido, isto é, são as consequências jurídicas decorridas dos fatos relatados.

c) Pedido – podem ser observados dois tipos de pedidos: *pedido imediato*, que é a tutela que se pede do Estado, isto é, relaciona-se ao comando do dispositivo da sentença (condenação, constituição, declaração do Estado etc.); e o *pedido mediato* que é o bem material pedido pela parte, ou seja, é o conteúdo (o *quantum*) que vem após o pedido imediato.

A identificação dos elementos da ação é de extrema importância no âmbito do direito processual visto a sua utilidade na possibilidade de delimitar a competência do juízo, a conexão e continência das ações, a litispendência (ações idênticas) e a coisa julgada (evita-se que se conheça de uma ação já julgada anteriormente).

82.6.1 Teoria da Individuação

Os defensores desta teoria afirmam que a *causa de pedir* é composta apenas pelos fundamentos jurídicos.

82.6.2 Teoria da Substanciação

O CPC adotou a teoria da substanciação, através da qual é necessária a descrição dos fatos, bem como a qualificação jurídica inerente ao direito do autor. Dessa forma, o autor ao propor uma ação reivindicatória precisa indicar na petição inicial a *causa petendi*, consubstanciada na causa de pedir jurídica (*causa próxima*) e causa de pedir fática (*causa remota*). O autor deverá afirmar que é proprietário do bem (causa próxima), bem como re-

---

[327] Importante se faz ressaltar que a noção de partes, nesse âmbito, significa tão somente aquelas *ex adversas*, pois que em um sentido mais amplo, na verdade, os partícipes da marcha processual serão vários, tais como o juiz, testemunhas, assistentes técnicos do juízo etc.

latar qual o fato que o torna proprietário, como a prescrição aquisitiva ou o registro do contrato de compra e venda (causa remota).

Pela teoria da substanciação, até mesmo as ações fundadas em alegações de direitos reais, de família, ou de estado da pessoa, não é suficiente para a determinação da *causa petendi* a indicação da relação jurídica, fazendo-se necessária, também, a indicação dos fatos constitutivos do direito do autor.

A teoria da substanciação prestigia a máxima *iuria novit curia*. Como dito acima, o autor deverá na petição inicial narrar o fato com clareza e apontar as consequências jurídicas que decorrem dessa situação fática. Isso quer dizer que o *nomen iuris* e/ou base legal invocada pelo autor no petitório, em razão do aforismo *iuria novit curia*, não obsta que o magistrado requalifique juridicamente a demanda, enquadrando-a em outro dispositivo legal.

82.7 Quadro Geral

ELEMENTOS DA AÇÃO				
Partes		Causa de pedir (*causa petendi*) Art. 282, III, CPC		Pedido	
Autor (Demandante)	Réu (Demandado)	Próxima (causa de pedir jurídica)	Remota (causa de pedir fática)	Imediato (natureza processual)	Mediato
^	^	**Fundamentos jurídicos** que embasam o pedido.	São os **fatos** constitutivos do direito do Autor.	É o provimento jurisdicional solicitado ao magistrado, de natureza declaratória, constitutiva, condenatória, executiva ou cautelar.	É o bem (interesse) da vida pretendido pelo Autor na demanda.

82.8 Classificação das Ações

82.8.1 Segundo o Tipo de Provimento Requerido

A classificação das ações é realizada pela maior parcela da doutrina processualística, levando-se em consideração critério pautado no que se refere ao pedido imediato realizado pela parte, ou seja, pelo provimento jurisdicional desejado.

a) **Ação de Cognição (ou Conhecimento)** – Tem por finalidade a obtenção de uma tutela jurisdicional de conhecimento, visando ao acertamento ou conhecimento de um direito, ou seja, busca-se na sentença a declaração de quem tem razão na lide.

Trata-se de conhecimento, pois que, através da propositura deste tipo de ação, se proferirá uma decisão pela qual se extrairá da lei a regra jurídica aplicável ao fato concreto, reconhecendo-se por mérito, seja de forma positiva ou negativa, a pretensão posta em juízo.

b) **Ação de Execução** – Objetiva a satisfação ou a realização de um direito já reconhecido na sentença da ação de cognição (título executivo judicial) ou através de um título executivo extrajudicial.

c) **Ação Cautelar** – Objetiva o acautelamento (o resguardo) do objeto da ação de cognição ou de execução, de forma a viabilizar a eficácia da tutela jurisdicional, visa, pois, de forma instrumental, à garantia de uma ação de cognição ou de execução plena e válida.

Não regula o CPC/2015 a ação cautelar como fazia o revogado CPC/1973.

Na verdade, o Código de Processo Civil atual regula a denominada Tutela de Urgência Cautelar, espécie do gênero Tutela Provisória (arts. 294 e ss), na qual o pedido de acautelamento de bem e/ou situação jurídica não se faz de forma autônoma ou independente do pedido principal de caráter satisfativo, mas como pretensão antecedente ou mesmo incidental conservativa àquele pedido principal.

Com a tutela cautelar não se compõe a lide, mas afasta a ameaça de dano a eventual direito subjetivo a ser tutelado em pedido principal (de Cognição ou Execução), quer de forma antecipada (art. 305 e ss), quer incidentalmente (art. 295). Por exemplo, se no andamento de um processo de conhecimento, cuja discussão esteja recaindo sob a propriedade de um automóvel, ou mesmo antes de forma antecedente à pretensão principal, havendo justificado receio de que o réu ou o eventual réu venha danificar aludido objeto, poderá o autor impetrar um pedido de tutela de urgência cautelar de natureza antecedente de sequestro do bem (art. 301 do CPC), cujo efeito da medida decretará a apreensão do mesmo, garantindo a efetiva possibilidade de discussão do bem, sem prejuízos à integridade deste.

82.8.2 Segundo o Tipo de Tutela e seus Efeitos na Ação de Cognição

Por outro lado, tem-se também a classificação onde se leva em conta os efeitos da sentença produzidos. Nesse sentido, não obstante os mais variados dissensos da doutrina – uns mais, outros menos sólidos – acerca de uma unívoca classificação das ações,[328] insta dizer que, ressalvada a combinação de eficácias (efeito automático da resolução judicial), coexistentes em cada sentença, o critério distintivo e, mais precisamente, preponderante, de uma das eficácias assentará, em magistério de Liebman, no efeito característico e próprio da sentença, correspondente a cada categoria de ações,[329] por isso, "têm as ações força, cuja preponderância do elemento declaratório, constitutivo, condenatório, mandamental ou executivo as classifica".[330]

a) Meramente Declaratória – tem por objetivo único e exclusivo a simples *declaração de existência ou inexistência* de uma relação ou situação jurídica, como, p. ex., um pedido de declaração de validade de um contrato ou de uma verificação de assinatura (art. 19 do CPC). De fato, com a clareza que lhe é peculiar, Pontes de Miranda revela que na presente ação, supõe-se a pureza (relativa) do enunciado que se postula; por ele, não se pede condenação, nem constituição, nem mandamento, nem execução. Só se pede que se torne *claro* (declare), que se ilumine o recanto do mundo jurídico para se ver se é, ou se não é a relação jurídica de que se trata. O enunciado é só o enunciado de existência. A prestação jurisdicional consiste em simples clarificação.[331]

b) Constitutiva – visa *criar, modificar* ou *extinguir*, um estado ou capacidade jurídica da pessoa; constitui, pois, uma nova relação jurídica, como ocorre nas ações de divórcio, interdição, anulação de casamento, por exemplo.

c) Condenatória – além da declaração de certeza do direito, objetiva a *condenação do réu* a prestar uma obrigação, como, *v.g.*, a condenação ao pagamento de uma indenização, de construir algo.

---

328 Sobre o assunto, ver por todos, ASSIS, Araken de. *Cumulação de ações*. 4. ed. São Paulo: RT, 2002, 4. ed., p. 91-92.
329 LIEBMAN, Enrico Tullio. *Manuale di Diritto Processuale Civile*. 5. ed. Milão: Giunffre, 1992. p. 152.
330 ASSIS, Araken de. Cumulação de ações. 4. ed. São Paulo: RT, 2002. p. 93.
331 PONTES DE MIRANDA, Francisco Cavalcanti. *Tratado das ações*. T. I. São Paulo: RT, 1970, p. 118.

d) Executiva *Lato Sensu* – Trata-se de provimento correspondente à ação executiva, entretanto, estando esta um passo à frente daquilo que a parte obtém com uma ação condenatória.

Na verdade, a presente ação contém uma condenação, porém diferente da regra geral das ações condenatórias, os efeitos práticos aqui produzidos para a satisfação da pretensão ora resistida independem de posterior processo de execução, visto que a presente executiva *lato sensu* não se destina a constituir título executivo – ao contrário das ações condenatórias – mas sim sua sentença é exequível no próprio processo em que foi proferida. Têm-se, podendo assim afirmar, uma ação condenatória, porém com *eficácia executiva*, pontuando como exemplos as ações de despejo, de reivindicação de posse, obrigatória de declaração de vontade, as quais dispensam a ação de execução para a satisfação do direito.

e) Mandamental – Coube a Pontes de Miranda, entre nós, contemplando posição de Kuttner, identificar bem como individualizar o presente efeito mandamental.[332]

As ações mandamentais têm por objetivo a obtenção de uma sentença à qual o juiz, ao invés de substituir às partes na solução da demanda, emite uma ordem de autoridade que, caso não cumprida da forma determinada, implicará sujeição daquele obrigado a cumpri-la.

Em sentido exato ao magistério de Pontes de Miranda, nas sentenças mandamentais, o juiz não constitui, "manda". Assim, a parte pede ao magistrado que mande, não somente que declare, ou condene ou nasça de seu ato uma eficácia constitutiva, por isso, não se pode pedir que dispense o "mandado". Também não existirá na presente o hiato de transição entre a sentença condenatória e o processo de execução (característico da sentença condenatória).[333]

Outra característica aludida pelo eminente autor é que, na sentença condenatória, o ato do magistrado poderá ser praticado pela parte obrigada, espontaneamente, ao passo que na ação mandamental só o juiz poderia praticá-lo, por sua estatalidade.[334]

---

332 Para Goldschmidt (GOLDSCHMIDT, James. *Derecho procesal civil*. Leonardo Pirieto Castro (Trad.). Barcelona: Labor, 1936, p. 124), o conteúdo da ação mandamental é o próprio mandamento contido na sentença. Para o autor, a sentença mandamental não é declaratória porque é suscetível de execução, não possuindo tão somente uma virtualidade constitutiva bem como não é um mero título executivo que poderia caracterizá-la como uma sentença condenatória.

333 PONTES DE MIRANDA. 1970, p. 211. Tal "hiato" citado se encontra hoje em menor intensidade, tendo em vista a fase do "cumprimento da sentença"

334 PONTES DE MIRANDA, 1970.

Dentre os exemplos típicos da presente ação estão o mandado de segurança, ação de nunciação de obra nova, interdito proibitório, *habeas data*, tutelas inibitórias de um modo geral.

82.8.3 A Tutela Inibitória

Nas últimas décadas, têm-se presenciado a uma verdadeira e acelerada mutação nas relações sociais em variadas formas e projeções.[335][336]

Ocorre que a própria dinâmica de ditas relações, inegavelmente, gera conflitos que, uma vez levados ao Poder Judiciário, muitas vezes restam carecedores de adequadas soluções, oportunizadas pelas complexidades da vida, abstratamente reguladas por um ordenamento jurídico em dado tempo e espaço, gerando a insegura ideia de que não haveria instrumentos jurídicos aptos ou capazes de levarem a cabo o satisfatório deslinde do caso concreto ou de conceder medidas necessárias e aptas às situações fáticas geradas em tais ambientes sociais de contínuas mudanças.[337]

Nessa esteira, com o fito de, instrumentalmente, tutelar de forma satisfatória e eficiente o jurisdicionado em determinadas pretensões diante dos ambientes supracitados é que se edificou, doutrinariamente, a denominada "Tutela Inibitória".

Objetiva a presente Tutela a prevenção da prática, da continuação ou da repetição do ilícito, não tendo para tanto caráter punitivo e sim preventivo. Nisto é que caberá o manejo da inibitória em face de alguém, ainda que sem culpa, estiver na iminência de praticar um ilícito.[338]

---

[335] Sobre a multiplicação e mundialização de direitos, sobretudo decorrentes de uma variedade de experiências sociais, ver por todos BOBBIO, *A Era dos Direitos*. Rio de Janeiro: Campus, 1992, p. 67 e ss.

[336] Sobre a diversidade material e o contexto de aplicação da Tutela Inibitória, ver CANOTILHO, José Joaquim Gomes; MACHADO, Jónatas E. M.; GAIO JÚNIOR, Antônio Pereira. *Biografia não Autorizada versus Liberdade de Expressão*. 2 ed. Lisboa: Editorial Juruá, 2015.

[337] Nesse ambiente é que bem guarda razão e necessidade das denominadas tutelas diferenciadas, ou seja, tutelas alternativas ao procedimento ordinário, destinadas a tutelar de forma adequada e efetiva peculiares situações de direito substancial (MARINONI, Luiz Guilherme. *Tutela Inibitória: individual e coletiva*. 3 ed. São Paulo: RT, 2006, p. 32).

[338] *Ibid.*, p. 36.

Para a boa compreensão e correta utilização da presente tutela, necessário se faz acostar aqui a imprescindibilidade da importante distinção entre ilícito e dano. Aliás, objeto de antigas divergências doutrinárias.[339]

Dita distinção já se faz necessária, *p. ex.*, no olhar mais agudo do que dispõe o art. 186 do Código Civil, *in verbis*:

"Aquele que, por ação ou omissão voluntária, negligência ou imprudência, violar direito e causar dano a outrem, ainda que exclusivamente moral, comete ato ilícito."

De tal dispositivo, nota-se, de pronto, equívoco, ao se observar o uso da preposição "e", induzindo ser a superveniência do dano indissociável à ideia de ilicitude do ato.[340]

Nesses termos, bem pontua Marinoni que *"o dano não é uma consequência necessária do ato ilícito. O dano é requisito indispensável para o surgimento da obrigação de ressarcir, mas não para constituição do ilícito."*[341]

Observa-se que a prática de um ato contrário ao direito não tem, fundamentalmente, como consequência o surgimento do dano. Assim, tem-se que o ato ilícito é qualquer conduta contrária ao direito, sendo o dano um prejuízo material ou moral que pode vir ou não da prática de um ato ilícito.[342]

Estando a tutela inibitória voltada para o futuro com natureza essencialmente preventiva, é cristalino que a mesma não possui, necessariamente, relação direta com o dano, sendo autorizado manejá-la para fins de que não se pratique um ilícito sem que, para tanto, seja demonstrado cabalmente um dano futuro.[343]

O esclarecimento dessa confusão não apenas deixa claro que a tutela ressarcitória não é a única tutela contra o ilícito, como também permite a delineação de uma tutela legitimamente preventiva, não tendo a mesma

---

339 Vale lembrar que uma das importantes conquistas da doutrina italiana nas últimas décadas do século passado foi, exatamente, a revisão conceitual de ilícito, mais precisamente entre ato ilícito e fato danoso.
Ver, por todos, MÒCCIOLA, Michele. Problemi del ressarcimento del danno in forma specifica nella jurisprudenza. In: *Rivista Critica del Diritto Privato*, 1984, p. 367 e ss.
340 DIDIER JUNIOR, Fredie; BRAGA, Paula Sarno; OLIVEIRA, Rafael. *Curso de Direito Processual Civil*. Vol. 2. Salvador: JusPodivm, 2008, p. 367.
341 MARINONI, 2006, p. 46.
342 Ibid.
343 *Nesse ínterim, pontua Marinoni: "(...) ao inserir na constituição do ilícito o perigo, refere-se ao perigo com uma "potencialidade danosa", evidenciando, assim, que a tutela contra o ilícito – que seria diferente da tutela contra o dano – é uma tutela contra a probabilidade do dano"* (Ibid., p. 45).

relação com a probabilidade do dano, mas apenas relação com o ato contrário ao direito.

Na relação entre probabilidade do ilícito e probabilidade do dano, leciona ainda Marinoni:[344]

> É certo que a probabilidade do ilícito é, com frequência, a probabilidade do próprio dano, já que muitas vezes é impossível separar, cronologicamente, o ilícito e o dano. Contudo, o que se quer deixar claro é que para obtenção da tutela inibitória não é necessária a demonstração de um dano futuro, embora ele possa ser invocado, em determinados casos, até mesmo para se estabelecer com mais evidência a necessidade da inibitória.

Essa diferenciação entre ilícito e dano, conceituando-se o ilícito como ato contrário ao direito, permitiu que a tutela jurisdicional fosse adequadamente prestada a certas situações, através do uso de uma medida genuinamente preventiva, aí encontrando lugar a tutela inibitória.

Por tudo, enfrentada a distinção entre ilícito e dano, imperiosa é a observação de que a melhor definição legislativa da inibitória é aquela que admite a tutela na forma pura (antes que se tenha ocorrido o ilícito), e não apenas para impedir a continuação ou repetição do ilícito[345]. Essa definição legislativa é encontrada no ordenamento jurídico brasileiro através dos institutos do interdito proibitório e do mandado de segurança preventivo e mais amplamente pelo que prescreve o art. 5º, XXXV, da CF.

Percebe-se, todavia, que a existência de uma tutela jurisdicional contra o ilícito que não se destine a reparar o dano, consubstanciada em sentenças mandamental e executiva (*ex vi* dos arts. 461 e 461-A do Código de Processo Civil/1973 e 84 do Código de Defesa do Consumidor, e agora do art. 497, parágrafo único do Código de Processo Civil/2015), permitiu a construção de uma tutela inibitória atípica[346] como, p. ex., em casos em que caberia ao cidadão, tomando conhecimento de que a no-

---

344 MARINONI, 2006, *p. 47.*

345 *Ibid., p. 55.*

346 *Acerca da tutela inibitória atípica, assevera Marinoni: "(...) os arts. 461 do CPC e 84 do CDC – que tratam das obrigações de fazer e de não fazer – abrem oportunidade às sentenças mandamental e executiva, sem qualquer alusão a uma específica situação de direito substancial. Em outros termos, a tutela inibitória pode ser postulada diante de qualquer tipo de direito, e não apenas em face de situações de direito material expressamente previstos em lei." Ibid., p. 39.*

tícia de cunho íntimo a seu respeito seria divulgada, ingressar em juízo invocando pedido de tutela inibitória visando impedir, peremptoriamente, a publicação ou a divulgação da mesma. Notadamente, nesse caso, é plenamente possível que o interesse da parte venha cingir-se sobre a não publicação e divulgação da notícia e não fundamentalmente, pelo possível ressarcimento que queira obter do veículo divulgador da mesma ou mesmo a probabilidade do dano.

Nesse sentido, bem leciona Marinoni:

> Se uma norma proíbe a prática de determinado ato ou atividade, e se esta violação é provável, bastará a sua alegação e demonstração, não sendo necessário afirmar e provar que, ao lado desta provável violação, ocorrerá um provável dano. Do ponto de vista probatório, é muito mais fácil provar a probabilidade da prática, repetição, ou continuação de ato contrário ao direito, do que a probabilidade do dano[347].

De outro modo, caso alguém tema que seu direito continue a ser violado, ou seja, novamente violado, pode-se manejar a tutela inibitória, inclusive em forma de pedido tutelar antecipatório (*ex vi* dos arts. 294, parágrafo único e 300 do CPC/2015[348]), dado não poder, frequentemente, dar-se à penúria de suportar o tempo elástico ao deslinde da demanda e mesmo ao trânsito em julgado da sentença a seu favor.

– Tutela inibitória. Previsões legais

Certo é que o principal fundamento legal em que repousa a tutela inibitória, antes de tudo, é aquele decorrente do princípio constitucional inserido no art. 5º, XXXV, da Carta Maior, que reza: "*a lei não excluirá da apreciação do poder judiciário lesão ou ameaça ao direito*". Diante de tal preceito, nítida é a desnecessidade de uma expressa previsão infraconstitucional para a propositura da proteção inibitória.

No entanto, em sede infraconstitucional, de forma mais detida, nota-se que tutela inibitória só era prevista no ordenamento jurídico na forma

---

[347] MARINONI, 2006, p. 56; SPADONI, Joaquim Felipe. *Ação Inibitória*. São Paulo: RT, 2007, p. 29 e ss.

[348] "Art.294 (...)
Parágrafo único. *A tutela provisória de urgência, cautelar ou antecipada, pode ser concedida em caráter antecedente ou incidental.*"
"Art. 300. *A tutela de urgência será concedida quando houver elementos que evidenciem a probabilidade do direito e o perigo de dano ou o risco ao resultado útil do processo.*"

típica, principalmente, através dos já referidos interdito proibitório (art. 932 do CPC/1973, hoje art. 567 do CPC/2015)[349] e mandado de segurança preventivo (art. 1º, da Lei 12.016/09)[350].

Com o advento do art. 461[351] do CPC/1973, vislumbrou-se no Ordenamento Processual Civil pátrio a possibilidade de se obter a tutela inibitória na forma atípica, ou seja, de cunho amplo, alcançada por meio de sentenças mandamental e executiva *lato sensu*[352], portanto, visando à proteção de direitos da personalidade e mesmo direitos de índole coletiva, tais como os direitos do consumidor e meio ambiente, tanto sob a forma positiva (obrigações de fazer) como negativa (obrigações de não fazer).

Hodiernamente presenciamos a edificação de um novo Código de Processo Civil para o Brasil, este representado pela Lei nº 13.105 de 16.03.2015, cujo processo de gestação foi longo, mas deveras oportuno, sobretudo, em sede Tutela Inibitória, onde, formalmente, fora acostado dispositivo dedicado ao tema, desonerando de uma interpretação extensiva do que se fazia em sede de Tutela Específica no CPC/1973.

Temos, então, que no novel CPC em questão, bem aloca o legislador a presente Tutela Inibitória como decorrência natural da Tutela Específica, quando da pretensão para inibir a prática, a reiteração ou a continuação de um ilícito, ou a sua remoção; servindo ainda para o ressarcimento de um dano. É o que se depreende da norma infra:

> *Art. 497 Na ação que tenha por objeto a prestação de fazer ou de não fazer, o juiz, se procedente o pedido, concederá a tutela específica ou determinará providências que assegurem a obtenção de tutela pelo resultado prático equivalente.*

---

349 *"Art. 567. O possuidor direto ou indireto que tenha justo receio de ser molestado na posse poderá requerer ao juiz que o segure da turbação ou esbulho iminente, mediante mandado proibitório em que se comine ao réu determinada pena pecuniária caso transgrida o preceito."*

350 *"Conceder-se-á mandado de segurança para proteger direito líquido e certo, não amparado por habeas corpus ou habeas data, sempre que, ilegalmente ou com abuso de poder, qualquer pessoa física ou jurídica sofrer violação ou houver justo receio de sofrê-la por parte de autoridade, seja de que categoria for e sejam quais forem as funções que exerça".*

351 *"Na ação que tenha por objeto o cumprimento de obrigação de fazer ou não fazer, o juiz concederá a tutela específica da obrigação ou, se procedente o pedido, determinará providências que assegurem o resultado prático equivalente ao do adimplemento".*

352 NERY JÚNIOR, Nelson; ANDRADE NERY, Rosa Maria. *Código de Processo Civil Comentado e Legislação Extravagante*. 10 ed. São Paulo: RT, 2007, p. 671.

Parágrafo único. Para a concessão da tutela específica destinada a inibir a prática, a reiteração ou a continuação de um ilícito, ou a sua remoção, é irrelevante a demonstração da ocorrência de dano ou da existência de culpa ou dolo.

Aludido comando legal é revestido de técnicas processuais que permitem também outras formas de tutela na forma específica[353], estas que são aplicadas de acordo com a proteção jurisdicional que se busca diante de um direito material que se quer proteger[354], sobretudo, de modo específico, daí porque é de se entender que a tutela inibitória se inclui no universo das tutelas específicas.

É de se observar ainda, conforme já se via dos parágrafos do art. 461 do revogado CPC/1973[355], que se mantêm como de efetiva importância para a concessão de uma genuína tutela inibitória, medidas que por ventura podem ser realizadas na consecução da pretensão inibitória, tudo com o intuito de se ter a efetivação da proteção estatal quanto a uma possível transgressão ou mesmo a cessação da violação de um direito, destacando-se, nesse caso, o que preceitua o art. 536 e seu § 1º do CPC/2015, *in verbis*:

> *Art. 536. No cumprimento de sentença que reconheça a exigibilidade de obrigação de fazer ou de não fazer, o juiz poderá, de ofício ou a requerimento, para a efetivação da tutela específica ou a obtenção de tutela pelo resultado prático equivalente, determinar as medidas necessárias à satisfação do exequente. 107*
>
> *§ 1º Para atender ao disposto no caput, o juiz poderá determinar, entre outras medidas, a imposição de multa, a busca e apreensão, a remoção de pessoas e coisas, o desfazimento de obras e o impedimento de atividade.*

---

353 *"(...) pensar somente nas formas processuais, e assim apenas nos instrumentos processuais capazes de impor um fazer ou um não fazer, constitui uma visão míope do fenômeno da tutela dos direitos. Este fenômeno tem um aspecto dualista, compreendido pela tutela do direito material e pelas formas de tutela destes direitos".* (MARINONI, 2006, p. 116).

354 Sobre a aplicabilidade dos arts. 497 e 536 do CPC, estes voltados à obtenção de uma Tutela Específica relativa a obrigações de fazer, não fazer e entregar coisa, quando da ocorrência de inadimplemento das mesmas, cf. GAIO JÚNIOR, Antônio Pereira. *Tutela Específica das Obrigações de Fazer.* 8 ed. Curitiba: Juruá, 2020.

355 Sobre a atuação das referidas medidas constantes do § 5º do art. 461 do CPC (hoje §1º do art. 536 do CPC/2015) para fins de efetivação da Tutela Específica solicitada, ver GAIO JÚNIOR, Antônio Pereira. *Tutela Específica das Obrigações de Fazer.* 5 ed. Curitiba: Juruá, 2020.

Como visto, a tutela inibitória é voltada para o futuro, tendo como escopo a inibição da prática, continuação ou repetição de ato contrário ao direito, sendo ainda autorizado requerê-la com o fito de que não se pratique um ilícito sem que, para tanto, seja demonstrado cabalmente um dano futuro.

82.9 Legitimados concorrentes para a defesa dos interesses e direitos dos consumidores e das vítimas

O artigo 82 do CDC trata dos legitimados concorrentes para a defesa dos interesses dos consumidores e das vítimas nas relações de consumo. Vejamos: I – o Ministério Público, II – a União, os Estados, os Municípios e o Distrito Federal; III – as entidades e órgãos da Administração Pública, direta ou indireta, ainda que sem personalidade jurídica, especificamente destinados à defesa dos interesses e direitos protegidos por este código; IV – as associações legalmente constituídas há pelo menos um ano e que incluam entre seus fins institucionais a defesa dos interesses e direitos protegidos por este código, dispensada a autorização assemblear.

Nesse sentido, "a legitimidade para intentar ação coletiva versando a defesa de direitos individuais homogêneos é concorrente e disjuntiva, podendo os legitimados indicados no art. 82 do CDC agir em Juízo independentemente uns dos outros, sem prevalência alguma entre si, haja vista que o objeto da tutela refere-se à coletividade, ou seja, os direitos são tratados de forma indivisível.

Todavia, para o cumprimento de sentença, o escopo é o ressarcimento do dano individualmente experimentado, de modo que a indivisibilidade do objeto cede lugar à sua individualização.

Não obstante ser ampla a legitimação para impulsionar a liquidação e a execução da sentença coletiva, admitindo-se que a promovam o próprio titular do direito material, seus sucessores, ou um dos legitimados do art. 82 do CDC, o art. 97 impõe uma gradação de preferência que permite a legitimidade coletiva subsidiariamente, uma vez que, nessa fase, o ponto central é o dano pessoal sofrido por cada uma das vítimas.

Assim, no ressarcimento individual (arts. 97 e 98 do CDC), a liquidação e a execução serão obrigatoriamente personalizadas e divisíveis, devendo prioritariamente ser promovidas pelas vítimas ou seus sucessores de forma singular, uma vez que o próprio lesado tem melhores condições de demonstrar a existência do seu dano pessoal, o nexo etiológico com o dano globalmente reconhecido, bem como o montante equivalente à sua parcela.

O art. 98 do CDC preconiza que a execução "coletiva" terá lugar quando já houver sido fixado o valor da indenização devida em sentença de liquidação, a qual deve ser – em sede de direitos individuais homogêneos – promovida pelos próprios titulares ou sucessores.

A legitimidade do Ministério Público para instaurar a execução exsurgirá – se for o caso – após o escoamento do prazo de um ano do trânsito em julgado se não houver a habilitação de interessados em número compatível com a gravidade do dano, nos termos do art. 100 do CDC. É que a hipótese versada nesse dispositivo encerra situação em que, por alguma razão, os consumidores lesados desinteressam-se quanto ao cumprimento individual da sentença, retornando a legitimação dos entes públicos indicados no art. 82 do CDC para requerer ao Juízo a apuração dos danos globalmente causados e a reversão dos valores apurados para o Fundo de Defesa dos Direitos Difusos (art. 13 da LACP), com vistas a que a sentença não se torne inócua, liberando o fornecedor que atuou ilicitamente de arcar com a reparação dos danos causados.

No caso sob análise, não se tem notícia acerca da publicação de editais cientificando os interessados acerca da sentença exequenda, o que constitui óbice à sua habilitação na liquidação, sendo certo que o prazo decadencial nem sequer iniciou o seu curso, não obstante já se tenham escoado quase treze anos do trânsito em julgado.

No momento em que se encontra o feito, o Ministério Público, a exemplo dos demais entes públicos indicados no art. 82 do CDC, carece de legitimidade para a liquidação da sentença genérica, haja vista a própria conformação constitucional desse órgão e o escopo precípuo dessa forma de execução, qual seja, a satisfação de interesses individuais personalizados que, apesar de se encontrarem circunstancialmente agrupados, não perdem sua natureza disponível. Recurso especial provido." (STJ. 4ª T. REsp 869.583/DF, Rel. Ministro Luis Felipe Salomão. Julg. 05.06.2012, DJe 05.09.2012).

82.10 Legitimação do Ministério Público

O artigo 129 da CRFB/88 apresenta um rol exemplificativo das funções institucionais do Ministério Público. Destaca-se o inciso III ao determinar que cabe ao Ministério Público: "promover o inquérito civil e a ação civil pública, para a proteção do patrimônio público e social, do meio ambiente e de outros interesses difusos e coletivos."[356, 357]

---

356 "*Legitimidade para a causa. Ativa. Caracterização. Ministério Público. Ação civil pública. Demanda sobre contratos de financiamento firmados no âmbito do Sistema Financeiro da Habitação – SFH. Tutela de diretos ou interesses individuais homogêneos. Matéria de alto relevo social. Pertinência ao perfil institucional do Ministério Público. Inteligência dos arts. 127 e 129, III e IX, da CF. Precedentes. O Ministério público tem legitimação para ação civil pública em tutela de interesses individuais homogêneos dotados de alto relevo social, como os de mutuários em contratos de financiamento pelo SFH.*" (RE 470.135-AgR-ED, Rel. Min. Cezar Peluso, julgamento em 22-5-2007, Segunda Turma, DJ de 29-6-2007.)
"*O Ministério Público é parte legítima para propor ação civil pública voltada a infirmar preço de passagem em transporte coletivo.*" (RE 379.495, Rel. Min. Marco Aurélio, julgamento em 11-10-2005, Primeira Turma, DJ de 20-4-2006.) No mesmo sentido: RE 228.177, Rel. Min. Gilmar Mendes, julgamento em 17-11-2009, Segunda Turma, DJE de 5-3-2010.
"*O Ministério Público tem legitimidade ativa para propor ação civil pública com o objetivo de evitar lesão ao patrimônio público decorrente de contratação de serviço hospitalar privado sem procedimento licitatório.*" (RE 244.217-AgR, Rel. Min. Eros Grau, julgamento em 25-10-2005, Primeira Turma, DJ de 25-11-2005.) No mesmo sentido: RE 262.134- AgR, Rel. Min. Celso de Mello, julgamento em 12-12-2006, Segunda Turma, DJ de 2-2-2007; AI 383.919-AgR, Rel. Min. Sepúlveda Pertence, julgamento em 19-2-2003, Primeira Turma, DJ de 11-4-2003.
"*O Ministério Público é parte legítima na propositura de ação civil pública para questionar relação de consumo resultante de ajuste a envolver cartão de crédito.*" (RE 441.318, Rel. Min. Marco Aurélio, julgamento em 25-10-2005, Primeira Turma, DJ de 24-2-2006.)
"*Independentemente de a própria lei fixar o conceito de interesse coletivo, é conceito de Direito Constitucional, na medida em que a Carta Política dele faz uso para especificar as espécies de interesses que compete ao Ministério Público defender (CF, art. 129, III).*" (RE 213.015, Rel. Min. Néri da Silveira, julgamento em 8-4-2002, Segunda Turma, DJ de 24-5-2002.)
"*A CF confere relevo ao Ministério Público como instituição permanente, essencial à função jurisdicional do Estado, incumbindo-lhe a defesa da ordem jurídica, do regime democrático e dos interesses sociais e individuais indisponíveis (CF, art. 127). Por isso mesmo detém o Ministério Público capacidade postulatória, não só para a abertura do inquérito civil, da ação penal pública e da ação civil pública para a proteção do patrimônio público e social, do meio ambiente, mas também de outros interesses difusos e coletivos (CF, art. 129, I e III). Interesses difusos são aqueles que abrangem número indeterminado de pessoas unidas pelas mesmas circunstâncias de fato e coletivos aqueles pertencentes a grupos, categorias ou classes de pessoas determináveis, ligadas entre si ou com a parte contrária por uma relação jurídica base. A indeterminidade é a característica fundamental dos interesses difusos e a determinidade a daqueles interesses que envolvem os coletivos. Direitos ou interesses homogêneos são os que têm a mesma origem comum (art. 81, III, da Lei nº 8.078, de 11-9-1990), constituindo-se em subespécie de direitos coletivos. Quer se afirme interesses coletivos ou particularmente interesses homogêneos, stricto sensu, ambos estão cingidos a uma mesma base jurídica, sendo coletivos, explicitamente dizendo, porque são relativos a grupos, categorias ou classes de pessoas, que conquanto digam respeito às pessoas isoladamente, não se classificam como direitos individuais para o fim de ser vedada a sua defesa em ação civil pública, porque sua concepção finalística destina-se à proteção desses grupos, categorias ou classe de pessoas. As chamadas mensalidades escolares, quando abusivas ou ilegais, podem ser impugnadas por via de ação civil pública, a requerimento do Órgão do*

Capítulo I – Disposições Gerais | **647**

Ministério Público, pois ainda que sejam interesses homogêneos de origem comum, são subespécies de interesses coletivos, tutelados pelo Estado por esse meio processual como dispõe o art. 129, III, da CF. Cuidando-se de tema ligado à educação, amparada constitucionalmente como dever do Estado e obrigação de todos (CF, art. 205), está o Ministério Público investido da capacidade postulatória, patente a legitimidade ad causam, quando o bem que se busca resguardar se insere na órbita dos interesses coletivos, em segmento de extrema delicadeza e de conteúdo social tal que, acima de tudo, recomenda-se o abrigo estatal. Recurso extraordinário conhecido e provido para, afastada a alegada ilegitimidade do Ministério Público, com vistas à defesa dos interesses de uma coletividade, determinar a remessa dos autos ao Tribunal de origem, para prosseguir no julgamento da ação." (RE 163.231, Rel. Min. Maurício Corrêa, julgamento em 26-2-1997, Plenário, DJ de 29-6-2001.) No mesmo sentido: AI 559.141-AgR, Rel. Min. Marco Aurélio, julgamento em 21-6-2011, Primeira Turma, DJE de 15-8-2011; RE 514.023-AgR, Rel. Min. Ellen Gracie, julgamento em 4-12-2009, Segunda Turma, DJE de 5-2-2010; RE 511.961, Rel. Min. Gilmar Mendes, julgamento em 17-6-2009, Plenário, DJE de 13-11-2009.

"Ação civil pública para proteção do patrimônio público. art. 129, III, da CF. Legitimação extraordinária conferida ao órgão pelo dispositivo constitucional em referência, hipótese em que age como substituto processual de toda a coletividade e, consequentemente, na defesa de autêntico interesse difuso, habilitação que, de resto, não impede a iniciativa do próprio ente público na defesa de seu patrimônio, caso em que o Ministério Público intervirá como fiscal da lei, pena de nulidade da ação (art. 17, § 4º, da Lei nº 8.429/1992)." (RE 208.790, Rel. Min. Ilmar Galvão, julgamento em 27-9-2000, Plenário, DJ de 15-12-2000.) No mesmo sentido: RE 225.777, Rel. p/ o ac. Min. Dias Toffoli, julgamento em 24-2-2011, Plenário, DJE de 29-8-2011; RE 464.530-AgR, Rel. Min. Cármen Lúcia, julgamento em 18-5-2010, Primeira Turma, DJE de 4-6-2010.

357 Publicada no DJ-e nº 114/2011, em 22/06/2011, pág. 2-4. RESOLUÇÃO CONJUNTA Nº 2, DE 21 DE JUNHO DE 2011. Institui os cadastros nacionais de informações de ações coletivas, inquéritos e termos de ajustamento de conduta, e dá outras providências.
OS PRESIDENTES DO CONSELHO NACIONAL DE JUSTIÇA E DO MINISTÉRIO PÚBLICO, no exercício de suas atribuições legais;
CONSIDERANDO a competência do Conselho Nacional de Justiça e do Conselho Nacional do Ministério Público, nos termos do § 4º do art. 103-B e do § 2º do art. 130-A da Constituição Federal, CONSIDERANDO os papéis de coordenação, uniformização e harmonização dos Conselhos Nacionais de Justiça e do Ministério Público quanto às políticas que envolvem demandas coletivas, CONSIDERANDO a necessidade da criação de instrumentos que auxiliem e simplifiquem a atividade de administração da Justiça, possibilitando tornar o processo mais célere e efetivo, CONSIDERANDO a importância das ações coletivas, inquéritos civis, termos de ajustamento de conduta para a efetivação de direitos coletivos e difusos, e a necessidade de otimização do processamento e solução das demandas de massa, CONSIDERANDO que a Administração Pública rege-se pelos princípios da publicidade e da eficiência, CONSIDERANDO o uso crescente dos meios eletrônicos possibilitados pelo aporte de tecnologia da informação e comunicação, CONSIDERANDO a necessidade de instituir o Sistema Integrado de Informações de Processos Coletivos, Inquéritos Civis e Termos de Ajustamento de Conduta, em atendimento aos princípios que regem a Administração Pública e os direitos e garantias fundamentais, CONSIDERANDO a importância do intercâmbio de informações dos Ministérios Públicos e do Poder Judiciário, bem como da divulgação das informações disponíveis para a sociedade e para os órgãos de proteção e defesa do consumidor a respeito das ações civis públicas, de modo

Dessa forma, é possível afirmar que o Ministério Público possui legitimidade para proteger:

> a fomentar o exercício da cidadania, CONSIDERANDO a importância de estimular a ação integrada e a cooperação entre os ramos do Ministério Público e o Poder Judiciário quanto às informações relativas a Inquéritos Civis, Processos Coletivos e Termos de Ajustamento de Conduta, RESOLVEM:
> Art. 1º Instituir os cadastros nacionais de informações sobre ações coletivas, inquéritos civis e termos de ajustamento de conduta a serem operacionalizados pelos Conselhos Nacionais de Justiça e do Ministério Público.
> § 1º As informações referentes a inquéritos civis e termos de ajustamento de conduta serão colhidas e organizadas em sistema a ser desenvolvido pelo Conselho Nacional do Ministério Público; as referentes a ações coletivas, em sistema a ser desenvolvido pelo Conselho Nacional de Justiça.
> § 2º Os Conselhos Nacionais de Justiça e do Ministério Público compartilharão entre si os dados dos cadastros que administrarem, assim como viabilizarão a consulta simultânea dos dados em páginas a serem disponibilizadas a todos os cidadãos na rede mundial de computadores.
> Art. 2º Ficam instituídos, no âmbito de cada um dos Conselhos, os comitês gestores dos cadastros de que trata o art. 1º, coordenados por um Conselheiro do respectivo órgão.
> § 1º A composição de cada um dos comitês será estabelecida por ato do Presidente do respectivo Conselho.
> § 2º Os comitês deverão atuar de forma coordenada a fim de assegurar a interoperabilidade dos sistemas e a consistência das informações, assim como a concretização das consultas referidas no art. 1º, § 2º, desta Resolução.
> Art. 3º A coleta dos dados dos segmentos do Poder Judiciário e dos ramos do Ministério Público da União e dos Estados deverá ser automatizada a partir de seus sistemas próprios de controle e acompanhamento de tramitação processual.
> § 1º As informações serão fornecidas com base nas Tabelas Unificadas do Poder Judiciário e do Ministério Público, devendo contemplar, pelo menos, o seguinte:
> I – em relação às ações coletivas: número do processo, órgão de origem, classes, assuntos, partes, data da propositura e movimentos, notadamente os de concessão ou denegação de tutela de urgência e julgamentos;
> II – em relação aos inquéritos civis e termos de ajustamento de conduta: número do procedimento, órgão de origem, assuntos, partes, datas de instauração e de arquivamento de inquérito ou de assinatura dos termos de ajustamento de conduta.
> § 2º Os comitês previstos no art. 2º estabelecerão os critérios de classificação das informações e os modelos de relatórios de saída, contemplando as consultas analíticas e as gerenciais, assim como poderão especificar e ampliar as informações tratadas no parágrafo anterior.
> Art. 4º As peças processuais das ações e os termos de ajustamento de que tratam esta norma serão disponibilizados na rede mundial de computadores.
> Parágrafo único. O disposto no caput não se aplica aos documentos e elementos de prova e às peças protegidas por sigilo legal.
> Art. 5º Os cadastros deverão ser implantados até 31 de dezembro de 2011.
> Art. 6º Esta Resolução entra em vigor na data de sua publicação.
> Ministro Cezar Peluso
> Presidente do Conselho Nacional de Justiça
> Roberto Monteiro Gurgel Santos
> Presidente do Conselho Nacional do Ministério Público

a) interesses difusos (artigo 129, inciso III, CRFB/88);

b) interesses coletivos (artigo 129, inciso III, da CRFB/88)

c) interesses individuais homogêneos, desde que tenham relevância social;

d) interesses individuais.[358] [359]

Com base no preceito constitucional é possível afirmar que o Ministério Público possui legitimação concorrente para a defesa dos interesses e direitos dos consumidores e das vítimas.

Aqui, vale mencionar a decisão do Ministro Teori Albino Zavascki, à época, componente do STJ:

> "PROCESSUAL CIVIL, ADMINISTRATIVO E CONSUMIDOR. AÇÃO CIVIL PÚBLICA. TUTELA JURÍDICA DOS CONSUMIDORES. MINISTÉRIO PÚBLICO. LEGITIMIDADE ATIVA. SERVIÇO DE TELEFONIA MÓVEL. PLANO BÁSICO DE SERVIÇO ("CELULAR PÓS-PAGO"). NEGATIVA DE ACESSO A CONSUMIDOR EM SITUAÇÃO DE INADIMPLÊNCIA PERANTE TERCEIROS. DISPONIBILI-

---

[358] LEGITIMIDADE - MINISTÉRIO PÚBLICO - AÇÃO CIVIL PÚBLICA - FORNECIMENTO DE REMÉDIO PELO ESTADO. O Ministério Público é parte legítima para ingressar em juízo com ação civil pública visando a compelir o Estado a fornecer medicamento indispensável à saúde de pessoa individualizada. (RE 407902, Relator(a): Min. MARCO AURÉLIO, Primeira Turma, julgado em 26/05/2009, DJe-162 DIVULG 27-08-2009 PUBLIC 28-08-2009 EMENT VOL-02371-04 PP-00816 RF v. 105, n. 405, 2009, p. 409-411)

[359] PROCESSUAL CIVIL. AÇÃO CIVIL PÚBLICA. LEGITIMIDADE ATIVA DO MINISTÉRIO PÚBLICO. GARANTIA CONSTITUCIONAL À SAÚDE. DIREITO INDIVIDUAL INDISPONÍVEL.
1. Hipótese em que o Tribunal extinguiu, sem resolução do mérito, por ilegitimidade ativa ad causam, Ação Civil Pública em que o Ministério Público buscava o fornecimento de tratamento médico para pessoa determinada.
2. O art. 127 da Constituição da República e a legislação federal que trata das atribuições do Ministério Público o autorizam a agir em defesa de interesses individuais indisponíveis, nos quais se insere o direito constitucional à vida e à saúde. Precedentes do STJ.
3. Na tutela do direito à vida e à saúde, o Parquet possui legitimidade ativa ad causam para propor Ação Civil Pública, ainda que a demanda beneficie, in concreto, pessoa determinada.
4. Não se cuida de legitimidade em razão de incapacidade ou hipossuficiência do sujeito diretamente interessado, mas de indisponibilidade do direito à saúde de modo geral e do interesse social em que seja garantida assistência a todos os que dela necessitem, o que se mostra plenamente compatível com a finalidade institucional do Ministério Público.
5. Recurso Especial provido. (STJ. 2ª T. REsp 1088282/RS, Rel. Ministro Herman Benjamin. Julg. em 18.08.2009, DJe 27.04.2011).

ZAÇÃO APENAS DO PLANO ALTERNATIVO ("CELULAR PRÉ-PAGO"). TRATAMENTO DISCRIMINATÓRIO.

1. O Ministério Público está legitimado a promover judicialmente a defesa de direitos dos consumidores, inclusive os individuais homogêneos, quando a lesão deles, visualizada em sua dimensão coletiva, pode comprometer interesses sociais relevantes. Aplicação dos artigos 127 e 129, III, da Constituição da República, e 81 e 82, I, do Código de Defesa do Consumidor. Precedentes.

2. Ao considerar ilegítimo o tratamento discriminatório dado a consumidores de telefonia móvel situação de inadimplência perante terceiros (cujo acesso seria restrito ao plano "pré-pago", mas não ao "pós-pago"), o acórdão recorrido não negou a competência regulatória conferida à Agência Nacional de Telecomunicações – ANATEL pela Lei nº 9.472/97. Não se pode confundir a competência para expedir normas – que o acórdão não infirmou –, com a legitimidade da própria norma editada no exercício daquela competência – essa sim negada pelo acórdão.

3. Não se pode afirmar, também, que, ao assim decidir, o acórdão tenha violado o princípio da livre iniciativa ou o da intervenção estatal mínima ou o do regime privado da prestação do serviço, enunciados nos artigos 126 a 128 da Lei nº 9.472/97. Tais princípios, de origem constitucional, não têm caráter absoluto. Pelo contrário, como todo o princípio, a relatividade é da sua natureza, uma vez que sua aplicação não dispensa, nem pode dispensar, um sistema metódico de harmonização com outros princípios da mesma hierarquia, igualmente previstos naquela Lei, como o do respeito ao usuário e da função social do serviço de telefonia (art. 127). Deverão ser também harmonizados com os direitos dos usuários, notadamente o "de não ser discriminado quanto às condições de acesso e fruição do serviço" (artigo 3º, III), bem como com o das obrigações das prestadoras, nomeadamente as de universalização do serviço, assim consideradas "as que objetivam possibilitar o acesso de qualquer pessoa ou instituição de interesse público a serviço de telecomunicações, independentemente de sua localização e condição sócio-econômica, bem como as destinadas a permitir a utilização das telecomunicações em serviços essenciais de interesse público" (artigo 79, § 1º). Registre-se que a Lei, em seu artigo 126, enfatiza expressamente que os serviços de telecomunicações são ainda submetidos aos princípios constitucionais da atividade econômica, entre os quais se insere o da defesa do consumidor (artigo 170 da Constituição da República).

4. Na verdade, a controvérsia a respeito da legitimidade ou não do tratamento discriminatório a consumidores em situação de inadimplência "perante terceiros" assumiu, no caso, um perfil eminentemente constitu-

cional, não só por exigir juízo de ponderação e de harmonização entre os princípios e valores decorrentes da Constituição, mas sobretudo porque seu desenlace envolve necessariamente juízo sobre a adequada aplicação do princípio constitucional da isonomia.

5. Recursos especiais desprovidos." (STJ. 1ª T. REsp 984.005/PE, Rel. Min. Teori Albino Zavascki.Julg. 13.09.2011, DJe 26.10.2011).

Da mesma forma, destaca-se a decisão do Ministro Luiz Fux:

"PROCESSUAL CIVIL. ADMINISTRATIVO. AÇÃO CIVIL PÚBLICA. LEGITIMIDADE ATIVA DO MINISTÉRIO PÚBLICO. ARTS. 81 E 82, DO CÓDIGO DE DEFESA DO CONSUMIDOR. ART. 129, III, DA CF. LEI COMPLEMENTAR Nº 75/93.DIREITO CONSUMERISTA. COBRANÇA UNIFICADA DA CONTRIBUIÇÃO DE ILUMINAÇÃO PÚBLICA COM A TARIFA DE ENERGIA ELÉTRICA. COERÇÃO PARA O PAGAMENTO CONJUNTO. LEGALIDADE DA COBRANÇA DA CONTRIBUIÇÃO PARA CUSTEIO DA ILUMINAÇÃO PÚBLICA NA FATURA DE CONSUMO DE ENERGIA ELÉTRICA. ACÓRDÃO RECORRIDO QUE DECIDIU A CONTROVÉRSIA À LUZ DE INTERPRETAÇÃO CONSTITUCIONAL. COMPETÊNCIA DO COLENDO SUPREMO TRIBUNAL FEDERAL. LITISCONSÓRCIO PASSIVO NECESSÁRIO. SÚMULA 07/STJ.

1. O Ministério Público ostenta legitimidade para a propositura de Ação Civil Pública em defesa de direitos transindividuais, como sói ser a pretensão de emissão de faturas de consumo de energia elétrica, com dois códigos de leitura ótica, informando de forma clara e ostensiva os valores correspondentes à contribuição de iluminação pública e à tarifa de energia elétrica, ante a ratio essendi do art. 129, III, da Constituição Federal, arts. 81 e 82, do Código de Defesa do Consumidor e art. 1º, da Lei nº 7.347/85.

Precedentes do STF (AGR no RE 424.048/SC, DJ de 25/11/2005) e S.T.J (RESP 435.465/MT, PRIMEIRA TURMA, julgado em 18.08.2009; REsp 806304/RS, PRIMEIRA TURMA, DJ de 17/12/2008; REsp 520548/MT, PRIMEIRA TURMA, DJ 11/05/2006; REsp 799.669/RJ, PRIMEIRA TURMA, DJ 18.02.2008; REsp 684712/DF, PRIMEIRA TURMA, DJ 23.11.2006 e AgRg no REsp 633.470/CE, TERCEIRA TURMA, DJ de 19/12/2005).

2. *In casu*, o pedido veiculado na ação coletiva ab origine não revela pretensão de índole tributária, ao revés, objetiva a condenação da empresa concessionária de energia elétrica à emissão de faturas de consumo de energia elétrica, com dois códigos de leitura ótica, informando de forma clara e ostensiva os valores correspondentes a contribuição de ilumina-

ção pública e à tarifa de energia elétrica, fato que, evidentemente, afasta a vedação encarta no art. 1º, parágrafo único, da Lei nº 7.347/95 (Lei da Ação Civil Pública).

3. A nova ordem constitucional erigiu um autêntico 'concurso de ações' entre os instrumentos de tutela dos interesses transindividuais e, a fortiori, legitimou o Ministério Público para o manejo dos mesmos.

4. O novel art. 129, III, da Constituição Federal habilitou o Ministério Público à promoção de qualquer espécie de ação na defesa de direitos difusos e coletivos não se limitando à ação de reparação de danos.

5. O Parquet sob o enfoque pós-positivista legitima-se a toda e qualquer demanda que vise à defesa dos interesses difusos, coletivos e sociais sob o ângulo material ou imaterial.

6. As ações que versam interesses individuais homogêneos participam da ideologia das ações difusas, como sói ser a ação civil pública. A despersonalização desses interesses está na medida em que o Ministério Público não veicula pretensão pertencente a quem quer que seja individualmente, mas pretensão de natureza genérica, que, por via de prejudicialidade, resta por influir nas esferas individuais.

7. A ação em si não se dirige a interesses individuais, mercê de a coisa julgada in utilibus poder ser aproveitada pelo titular do direito individual homogêneo se não tiver promovido ação própria.

8. A ação civil pública, na sua essência, versa interesses individuais homogêneos e não pode ser caracterizada como uma ação gravitante em torno de direitos disponíveis. O simples fato de o interesse ser supraindividual, por si só já o torna indisponível, o que basta para legitimar o Ministério Público para a propositura dessas ações.

9. Fundando-se o Acórdão recorrido em interpretação de matéria eminentemente constitucional, descabe a esta Corte examinar a questão, porquanto reverter o julgado significaria usurpar competência que, por expressa determinação da Carta Maior, pertence ao Colendo STF, e a competência traçada para este Eg. STJ restringe-se unicamente à uniformização da legislação infraconstitucional.

10. *In casu*, a questão relativa à legalidade da cobrança da contribuição para custeio da iluminação pública na fatura de consumo de energia elétrica foi solucionado pelo Tribunal local à luz da exegese do art. 149-A, parágrafo único, da Constituição Federal, *verbis*: "É bom salientar que após a publicação da EC nº 39/2002, ficou facultado ao Município cobrar a contribuição para custeio da iluminação pública na fatura de

consumo de energia elétrica. Entretanto, entendo que a cobrança casada, agora constitucionalmente prevista, deve ser feita de tal forma que possa o contribuinte optar pelo pagamento unificado ou, ainda, pelo individual dos montantes.Daí por que se demonstra relevante a Resolução nº 456/00, da autoria da Aneel, na qual, a par de possibilitar a inclusão na conta da concessionária de energia, de pagamentos advindos de outros serviços, determina que, para tanto, sejam os consumidores consultados, para, livremente, caso queiram, optarem pelo pagamento conjunto e unificado. Nesse rumo, tem-se que não se discute no caso dos autos a consignação da cobrança da Taxa de Iluminação Pública, ou ainda, Contribuição para o custeio de tal serviço, com a cobrança da tarifa de consumo de energia elétrica, que inclusive foi autorizado pela Constituição Federal, o que se veda é tão somente compelir o contribuinte a pagar, em conjunto, todo o montante da fatura, sob pena de corte no fornecimento de energia elétrica de sua residência, previsto em caso de inadimplemento da tarifa.O que se denota, portanto, é que a forma que a apelada vem emitindo a fatura de cobrança de energia elétrica afigura-se ilegal e abusiva, pelo só fato de impossibilitar os consumidores de optarem pelo pagamento da Contribuição de Iluminação Pública ou da tarifa de energia elétrica, sem que sejam compelidos a pagar, em conjunto, todo o montante.

11. O Recurso Especial não é servil ao exame de questões que demandam o revolvimento do contexto fático-probatório dos autos, em face do óbice erigido pela Súmula 07/STJ, sendo certo que, in casu, a questão relativa à necessidade de citação dos municípios para integrarem a lide, na qualidade de litisconsortes passivos, foi decidida pelo Tribunal local à luz do contexto fático-probatório encartado nos autos, mormente as disposições constantes dos convênios celebrados pelos municípios e pela empresa concessionária de energia elétrica, ora Recorrente, consoante se infere do excerto do voto condutor do acórdão hostilizado:"(...) No mesmo rumo, é de se rejeitar a preliminar de ilegitimidade passiva da Cia. Força & Luz Cataguases Leopoldina, já que, nos termos do convênio firmado com os Municípios, é ela quem procede à cobrança conjunta ora questionada, devendo, por certo, responder pela querela 'sub judice', razão por que também afasto tal preliminar (...)" fl. 352.

12. Deveras, concluir sobre a documentação formal a ser exibida pela concessionária não interfere na relação jurídica que a mesma trava com os municípios, restando intocável o art. 47, parágrafo único do CPC.

13. Recurso Especial parcialmente conhecido e, nesta parte, desprovido."

(STJ.1ª T. REsp 1010130/MG, Rel. Ministro Luiz Fux. Julg. 09.11.2010, DJe 24.11.2010).

82.11 Legitimação da Defensoria Pública

A Defensoria Pública passou a ser legitimada para a propositura da ação civil pública, através da Lei nº 11.448/2007, que alterou o inciso II do artigo 5º da Lei nº 7.347/85.

Aqui vale mencionar a decisão do Plenário do STF, em 25/10/2012, sobre a Repercussão Geral no Recurso Extraordinário com Agravo 690.838 MINAS GERAIS, de relatoria do Ministro DIAS TOFFOLI:

> DIREITO PROCESSUAL CIVIL E CONSTITUCIONAL. LEGITIMIDADE DA DEFENSORIA PÚBLICA PARA AJUIZAR AÇÃO CIVIL PÚBLICA EM DEFESA DE INTERESSES DIFUSOS. DISCUSSÃO ACERCA DA CONSTITUCIONALIDADE DA NORMA LEGAL QUE LHE CONFERE TAL LEGITIMIDADE. MATÉRIA PASSÍVEL DE REPETIÇÃO EM INÚMEROS PROCESSOS, A REPERCUTIR NA ESFERA DE INTERESSE DE MILHARES DE PESSOAS. PRESENÇA DE REPERCUSSÃO GERAL.
>
> Decisão: O Tribunal, por maioria, reputou constitucional a questão, vencido o Ministro Marco Aurélio. Não se manifestaram os Ministros Gilmar Mendes e Joaquim Barbosa. O Tribunal, por maioria, reconheceu a existência de repercussão geral da questão constitucional suscitada, vencido o Ministro Marco Aurélio. Não se manifestaram os Ministros Gilmar Mendes e Joaquim Barbosa.

Município de Belo Horizonte interpõe recurso extraordinário, com fundamento na alínea "a" do permissivo constitucional, contra acórdão da Sétima Câmara Cível do Tribunal de Justiça do Estado de Minas Gerais, assim ementado: AÇÃO CIVIL PÚBLICA DEFENSORIA PÚBLICA DIREITO DIFUSO LEGITIMIDADE ATIVA AD CAUSAM – A teor das recentes inovações legislativas, tem a Defensoria Pública legitimidade para propor Ação Civil Pública para a tutela de interesses e direitos difusos Pela natureza dos direitos difusos, conceituados no art. 81, parágrafo único, inc. I, do CDC, impraticável se revela para a legitimação da atuação da Defensoria Pública a necessidade de demonstração de hipossuficiência das pessoas tuteladas, porquanto impossível individualizar os titulares dos direitos pleiteados.

No apelo extremo, o recorrente sustenta a repercussão geral da matéria versada no feito, dada a importante discussão que nele se trava, concernente à ausência de legitimação constitucional da Defensoria Pública para ajuizar ações civis públicas.

A matéria suscitada no recurso extraordinário, acerca da efetiva legitimidade ativa da Defensoria Pública para o ajuizamento de ações civis públicas em defesa de interesses difusos, é dotada de natureza constitucional, pois diz respeito à correta interpretação dos poderes conferidos pela Constituição Federal à Defensoria Pública.

A questão posta apresenta densidade constitucional e extrapola os interesses subjetivos das partes, sendo relevante para todas as defensorias públicas existentes no país, que, ao ajuizar ações semelhantes, estarão sujeitas a deparar-se com situações que demandem a apreciação dessa questão referente à sua legitimidade para agir em Juízo.

Ressalte-se, ainda, que está a tramitar, nesta Suprema Corte, ação direta de inconstitucionalidade tendente a obter a declaração da inconstitucionalidade da norma legal que confere às Defensorias Públicas referida legitimidade (ADI nº 3.943/DF, Relatora a Ministra Cármen Lúcia).

Cuida-se, portanto, de discussão que tem o potencial de repetir-se em inúmeros processos, sendo, assim, conveniente, que esta Suprema Corte profira decisão aplicável a todos esses feitos, segundo a sistemática da repercussão geral. Assim, manifesto-me pela existência de repercussão geral da matéria. Brasília, 2 de outubro de 2012."[360]

82.12 Legitimação da União, dos Estados, dos Municípios e do Distrito Federal

O artigo 5º, inciso XXXV, da CF/88 determina que cabe ao Estado promover a defesa do consumidor. Ora, o Estado deve ser entendido em sentido amplo, razão pela qual os entes públicos possuem legitimação concorrente na defesa dos consumidores.

82.13 Legitimação das entidades e órgãos da Administração Pública, direta ou indireta, ainda que sem personalidade jurídica

O inciso III do artigo 82 trata da legitimação concorrente das entidades e órgãos da Administração Pública, direta ou indireta, ainda que sem personalidade jurídica, especificamente destinados à defesa dos interesses e direitos protegidos pelo CDC.

---

360 Disponível em: http://redir.stf.jus.br/paginadorpub/paginador.jsp?docTP=TP&docID=3081742. Acesso em: 20 abr. 2015.

Nesse diapasão, "PROCESSUAL CIVIL. DIREITO DO CONSUMIDOR. AÇÃO CIVIL PÚBLICA. SISTEMA DE BILHETAGEM ELETRÔNICA DE ÔNIBUS REALIZADA PELA FETRANSPORTE – RIOCARD. ARTS. 81 E 82 DO CÓDIGO DE DEFESA DO CONSUMIDOR.
LEGITIMAÇÃO ATIVA DA COMISSÃO DE DEFESA DO CONSUMIDOR DA ASSEMBLEIA LEGISLATIVA DO ESTADO DO RIO DE JANEIRO. INTERPRETAÇÃO DAS NORMAS QUE REGEM A AÇÃO CIVIL PÚBLICA.

1. Cinge-se a controvérsia à legitimidade da Comissão de Defesa do Consumidor da Assembleia Legislativa do Estado do Rio de Janeiro para propor Ação Civil Pública visando a obrigar os associados da Federação das Empresas de Transporte de Passageiros do Estado do Rio de Janeiro – Fetranspor a informar o saldo do Riocard (sistema de bilhetagem eletrônica de ônibus) sobre cada débito realizado no respectivo cartão.

2. O CDC conferiu legitimação para ajuizamento de demandas coletivas, inclusive para a tutela de interesses individuais homogêneos, às "entidades e órgãos da Administração Pública, direta ou indireta, ainda que sem personalidade jurídica, especificamente destinados a defesa dos interesses e direitos" do consumidor (art. 82, III).

3. As normas que regem a Ação Civil Pública – símbolo maior do modelo democrático, coletivo, eficiente e eficaz do acesso à Justiça, na sua concepção pós-moderna – convidam à ampliação judicial, jamais à restrição, do rol de sujeitos legitimados para a sua propositura. O Juiz, na dúvida, decidirá em favor do acesso à Justiça, pois a negação da legitimação para agir demanda vocalização inequívoca do legislador.

4. A recorrente – Comissão de Defesa do Consumidor da Assembleia Legislativa do Estado do Rio de Janeiro – é entidade ou órgão técnico vinculado ao Poder Legislativo Estadual com competência, expressa e específica, para atuar na tutela do consumidor, integrando o Sistema Nacional de Defesa do Consumidor.

5. A previsão normativa para ajuizar demandas coletivas na hipótese dos autos foi inserida, em fevereiro de 2006, no art. 26, § 49, "d", do Regimento Interno da Assembleia Legislativa do Estado do Rio de Janeiro, reforma (diga-se, de passagem, desnecessária) realizada rigorosamente para expressar tal possibilidade.

6. Na apreciação da legitimação para a proposição de ações coletivas, não se deve entender restritivamente a expressão "Administração Pública", referida no art. 82, III, do CDC. Para o intérprete da lei, como o STJ, im-

porta apenas indagar se o órgão em questão exerce, com base em autorização legal, função administrativa e, por meio dela, a defesa do consumidor, de modo análogo ou semelhante ao Procon.

7. Recurso Especial provido para reconhecer a legitimidade da Comissão de Defesa do Consumidor da Assembleia Legislativa do Rio de Janeiro para a propositura de demanda coletiva visando à defesa do consumidor." (STJ. 2ª T. REsp 1075392/RJ Rel. Min.Castro Meira, Rel. p/ Acórdão Min. Herman Benjamin. Julg. 15.12.2009. DJe 04/05/2011).

82.14 Legitimação das Associações

Já o inciso IV atribui legitimação concorrente as associações legalmente constituídas há pelo menos um ano e que incluam entre seus fins institucionais a defesa dos interesses e direitos protegidos pelo CDC, dispensada a autorização assemblear.

Nesse sentido, vale destacar a decisão do Rel. Ministro VASCO DELLA GIUSTINA (DESEMBARGADOR CONVOCADO DO TJ/RS): "[...] são legitimados para sua propositura, além do Ministério Público, detentor da função institucional de fazê-lo no resguardo de interesses difusos e coletivos (CF/88, art. 129, III), a União, os Estados, os Municípios, as Autarquias, as empresas públicas, as sociedades de economia mista e as associações civis.

Não se exige das associações civis que atuam em defesa aos interesses do consumidor, como sói ser a ora recorrida, autorização expressa de seus associados para o ajuizamento de ação civil que tenha por objeto a tutela a direitos difusos dos consumidores, mesmo porque, sendo referidos direitos metaindividuais, de natureza indivisível e, especialmente, comuns a toda uma categoria de pessoas não determináveis que se encontram unidas em razão de uma situação de fato, impossível seria a individualização de cada potencial interessado.

À luz dos enunciados sumulares nºs 282/STF e 356/STF, é inadmissível o recurso especial que demande a apreciação de matéria sobre a qual não tenha se pronunciado a Corte de origem.

Inexistindo nos autos elementos que conduzam à necessidade de formação de litisconsórcio passivo necessário da União com a recorrente, já que a demanda diz respeito exclusivamente às informações contidas no rótulo de uma das marcas de cerveja desta, não há falar, in casu, em competência da Justiça Federal.

A comercialização de cerveja com teor alcoólico, ainda que inferior a 0,5% em cada volume, com informação ao consumidor, no rótulo do produto, de que se trata de bebida sem álcool, a par de inverídica, vulnera o disposto nos arts. 6º e 9º do CDC, ante o risco à saúde de pessoas impedidas ao consumo.

O fato de ser atribuição do Ministério da Agricultura a padronização, a classificação, o registro, a inspeção, a produção e a fiscalização de bebidas, não autoriza a empresa fabricante de, na eventual omissão deste, acerca de todas as exigências que se revelem protetivas dos interesses do consumidor, malferir o direito básico deste à informação adequada e clara acerca de seus produtos.

A dispensa da indicação no rótulo do produto do conteúdo alcóolico, prevista no já revogado art. 66, III, "a", do Decreto nº 2.314/97, não autorizava a empresa fabricante a fazer constar, neste mesmo rótulo, a não veraz informação de que o consumidor estaria diante de cerveja "sem álcool", mesmo porque referida norma, por seu caráter regulamentar, não poderia infirmar os preceitos insculpidos no Código de Defesa do Consumidor.

O reexame do conjunto fático-probatório carreado aos autos é atividade vedada a esta Corte superior, na via especial, nos expressos termos do enunciado sumular n.º 07 do STJ. Recurso especial a que se nega provimento." (STJ. 3ª T. REsp 1181066/RS, Rel. Ministro Vasco Della Giustina (DESEMBARGADOR CONVOCADO DO TJ/RS). Julg. 15.03.2011, *DJe* 31.03.2011).

Aqui vale lembrar o teor do artigo 5º, inciso V, alíneas "a" e "b". Vejamos:

"Art. 5º Têm legitimidade para propor a ação principal e a ação cautelar: (Redação dada pela Lei nº 11.448, de 2007). [...] V – a associação que, concomitantemente: (Incluído pela Lei nº 11.448, de 2007).

a) esteja constituída há pelo menos 1 (um) ano nos termos da lei civil; (Incluído pela Lei nº 11.448, de 2007).

b) inclua, entre suas finalidades institucionais, a proteção ao meio ambiente, ao consumidor, à ordem econômica, à livre concorrência ou ao patrimônio artístico, estético, histórico, turístico e paisagístico. (Incluído pela Lei nº 11.448, de 2007)."

82.15 Dispensa pelo magistrado do requisito da pré-constituição

O § 1º do artigo 82 informa que o requisito da pré-constituição pode ser dispensado pelo juiz, nas ações previstas nos arts. 91 e seguintes do CDC, quando haja manifesto interesse social evidenciado pela dimensão ou característica do dano, ou pela relevância do bem jurídico a ser protegido.

82.16 Jurisprudências

LEGITIMIDADE ATIVA AD CAUSAM. CONSUMIDOR FINAL. ENERGIA ELÉTRICA. DEMANDA CONTRATADA. COMPENSAÇÃO DE ICMS.

O usuário do serviço de energia elétrica (consumidor em operação interna), na condição de contribuinte de fato, é parte legítima para discutir pedido de compensação do ICMS supostamente pago a maior no regime de substituição tributária. Esse entendimento é aplicável, mutatis mutandis, em razão da decisão tomada no REsp 1.299.303/SC, julgado pela sistemática prevista no art. 543-C do CPC, em que se pacificou o entendimento de que o consumidor tem legitimidade para propor ação declaratória c/c repetição de indébito na qual se busca afastar, no tocante ao fornecimento de energia elétrica, a incidência do ICMS sobre a demanda contratada e não utilizada." (STJ. AgRg no RMS 28.044-ES, Rel. Min. Mauro Campbell Marques. Julg. 13.11.2012).

CEF. VÍCIO DE CONSTRUÇÃO DO IMÓVEL. LEGITIMIDADE *AD CAUSAM*.

A CEF possui legitimidade para responder por vícios de construção nos casos em que promove o empreendimento, tem responsabilidade na elaboração do projeto com suas especificações, escolhe a construtora e/ou negocia os imóveis, ou seja, quando realiza atividade distinta daquela própria de agente financeiro em estrito senso. As responsabilidades contratuais assumidas pela CEF variam conforme a legislação de regência de cada um dos programas em que ela atua e o tipo de atividade por ela desenvolvida. Em cada um deles, a CEF assume responsabilidades próprias, definidas em lei, regulamentação infralegal e no contrato celebrado com os mutuários. Os papéis desenvolvidos em parceria pela construtora e pelo agente financeiro poderão levar à vinculação de ambos ao "negócio da aquisição da casa própria", podendo ensejar a responsabilidade solidária. Sendo assim, a legitimidade *ad causam* é definida em função de elementos fornecidos pelo direito material. Com efeito, a depender dos fatos narrados na inicial (causa de pedir), será possível, em tese, identificar hipóteses em que haja culpa *in eligendo* da CEF na escolha da construtora e do terreno, na elaboração e acompanhamento do projeto, entre outras. Assim, quando realiza atividade distinta daquela própria de agente financeiro em estrito senso, a CEF tem legitimidade para responder por vícios de construção, justificando a sua integração ao polo passivo da relação processual." (STJ. REsp 1.163.228-AM, Rel. Min. Maria Isabel Gallotti. Julg. 9.10.2012).

LEGITIMIDADE. MP. LIQUIDAÇÃO E EXECUÇÃO DE SENTENÇA COLETIVA.

Não obstante ser ampla a legitimação para impulsionar a liquidação e a execução da sentença coletiva, admitindo-se que a promovam o próprio titular do direito material, seus sucessores ou um dos legitimados do art. 82 do CDC, o art. 97 impõe uma gradação de preferência que permite a legitimidade coletiva subsidiariamente, uma vez que, nessa fase, o ponto central é o dano pessoal sofrido pelas vítimas. Assim, no ressarcimento individual (arts. 97 e 98 do CDC), a liquidação e a execução serão obrigatoriamente personalizadas e divisíveis, devendo prioritariamente ser promovidas pelas vítimas ou seus sucessores de forma singular, uma vez que o próprio lesado tem melhores condições de demonstrar a existência do seu dano pessoal, o nexo etiológico com o dano globalmente reconhecido, bem como o montante equivalente à sua parcela. Todavia, para o cumprimento de sentença, o escopo é o ressarcimento do dano individualmente experimentado, de modo que a indivisibilidade do objeto cede lugar à sua individualização. O art. 98 do CDC preconiza que a execução coletiva terá lugar quando já houver sido fixado o valor da indenização devida em sentença de liquidação, a qual deve ser – em sede de direitos individuais homogêneos – promovida pelos próprios titulares ou sucessores. A legitimidade do Ministério Público para instaurar a execução exsurgirá, se for o caso, após o prazo de um ano do trânsito em julgado, se não houver a habilitação de interessados em número compatível com a gravidade do dano, nos termos do art. 100 do CDC. É que a hipótese versada nesse dispositivo encerra situação em que, por alguma razão, os consumidores lesados desinteressam-se do cumprimento individual da sentença, retornando a legitimação dos entes públicos indicados no art. 82 do CDC para requerer ao juízo a apuração dos danos globalmente causados e a reversão dos valores apurados para o Fundo de Defesa dos Direitos Difusos (art. 13 da LACP), com vistas a que a sentença não se torne inócua, liberando o fornecedor que atuou ilicitamente de arcar com a reparação dos danos causados. No caso, não se tem notícia da publicação de editais cientificando os interessados da sentença exequenda, o que constitui óbice à sua habilitação na liquidação, sendo certo que o prazo decadencial sequer iniciou o seu curso, não obstante já se tenham escoado quase treze anos do trânsito em julgado. Assim, conclui-se que, no momento em que se encontra o feito, o Ministério Público, a exemplo dos demais entes públicos indicados no art. 82 do CDC, carece de legitimidade para a liquidação da sentença genérica, haja vista a própria conformação constitucional deste órgão e o escopo precípuo dessa forma de execução, qual seja, a satisfação de interesses individuais personalizados que, apesar de se encontrarem circunstancialmente agrupados, não perdem sua natureza disponível." (STJ.REsp 869.583-DF, Rel. Min. Luis Felipe Salomão.Julg. 05.6.2012).

Art. 83. Para a defesa dos direitos e interesses protegidos por este código são admissíveis todas as espécies de ações capazes de propiciar sua adequada e efetiva tutela.

Parágrafo único. (Vetado).

⇝COMENTÁRIOS
83.1 Efetividade da Tutela Jurisdicional

Confira os apontamentos realizados no artigo anterior, mais precisamente em relação à classificação das ações (item 82.8) no sistema processual civil pátrio, assim como os comentários referentes à denominada Tutela Inibitória (item 82.8.3).

Por outro lado, conforme salientado alhures, considera-se a Ação o direito à prestação jurisdicional sobre o direito material ou, mais precisamente, o direito subjetivo público, autônomo e abstrato de exigir do Estado a prestação jurisdicional sobre uma pretensão de direito material.

Assim, a existência da ação como direito à jurisdição decorre da viabilidade de um direito material que preencha validamente as denominadas condições da ação.

Já, como instrumento pelo qual a jurisdição opera, objetivando assim a efetivação dos valores bem como a realização das liberdades e direitos, inclusive propiciando a adequada tutela jurisdicional, como bem assenta o *caput* do artigo em tela, estar-se-á compreender que o Processo leva consigo toda a carga tipicamente comandada pela sua exata noção de que, mais do que um meio estatal para a tentativa de realização prática do justo, é ele instrumento social e democrático eivado de direitos e garantias imperativas que devem ser respeitadas em sintonia com o Estado democrático que se presencia em dado tempo e espaço.[361]

---

[361] GAIO JÚNIOR, Antônio Pereira. *Instituições de Direito Processual Civil*. 2º ed. Belo Horizonte: Del Rey, 2013, p.97 e ss.

Art. 84. Na ação que tenha por objeto o cumprimento da obrigação de fazer ou não fazer, o juiz concederá a tutela específica da obrigação ou determinará providências que assegurem o resultado prático equivalente ao do adimplemento.

§ 1º A conversão da obrigação em perdas e danos somente será admissível se por elas optar o autor ou se impossível a tutela específica ou a obtenção do resultado prático correspondente.

§ 2º A indenização por perdas e danos se fará sem prejuízo da multa (art. 287, do Código de Processo Civil).

§ 3º Sendo relevante o fundamento da demanda e havendo justificado receio de ineficácia do provimento final, é lícito ao juiz conceder a tutela liminarmente ou após justificação prévia, citado o réu.

§ 4º O juiz poderá, na hipótese do § 3º ou na sentença, impor multa diária ao réu, independentemente de pedido do autor, se for suficiente ou compatível com a obrigação, fixando prazo razoável para o cumprimento do preceito.

§ 5º Para a tutela específica ou para a obtenção do resultado prático equivalente, poderá o juiz determinar as medidas necessárias, tais como busca e apreensão, remoção de coisas e pessoas, desfazimento de obra, impedimento de atividade nociva, além de requisição de força policial.

⇀COMENTÁRIOS

84.1 Cumprimento da obrigação de fazer ou não fazer

É certo que a atividade jurisdicional busca a solução para os diversos conflitos – nesse tópico, relacionado às obrigações de fazer, não fazer e entrega de coisa – quando, eventualmente, não conseguem as partes, de forma pacífica e voluntária, acordá-los.

Consubstanciado na ideia da efetividade e instrumentalidade, deve o processo, objetivamente, propiciar a devida tutela específica do direito lesado, proporcionando de forma efetiva e sempre que possível, àquele que tem sua obrigação inadimplida, exatamente, aquilo que obteria se, voluntariamente, o devedor a adimplisse, parodiando lição clássica de Chiovenda.

84.2 Conversão da obrigação em perdas e danos

Relevante e não menos importante é a advertência que nos traz o § 1º do art. 84, em que sustenta que a obrigação somente se reverterá em perdas e danos se o autor, por opção, a requerer ou se impossível a tutela específica ou a obtenção do resultado prático correspondente ao adimplemento. Nota-se que a reversão do cumprimento para as perdas e danos, salvo solicitação do autor,[362] ou seja, solução na forma estritamente pecuniária é colocada em ordem residual, alçando o caráter satisfatório da obrigação em sua forma específica – daí, a Tutela Específica – como o reconhecimento expresso do escopo efetivo e instrumental que caracteriza o "Processo de resultados", em que, indubitavelmente, o jurisdicionado, quando da provocação da jurisdição, busca a fruição, sempre que possível, daquele direito reclamado, devendo o aparato jurisdicional estar apto a tal alcance.[363]

84.3 Multa e Perdas e Danos

Em sucedâneo ao que acima fora explicado, optando o autor pelas perdas e danos[364] ou mesmo restando impossível a obtenção da tutela específica – como *v.g.*, em obrigações de fazer naturalmente infungíveis, caso típico de um pintor contratado por suas aptidões e qualidades pessoais a pintar uma tela e não a faz, mesmo condenado a tal – não receberá o credor, efetivamente, o bem prometido, convertendo-se a obrigação pessoal (individual, personalíssima) em perdas e danos, sendo o valor apurado em liquidação de sentença (art.509 e segs. do CPC/2015), seguindo-se a fase do "Cumprimento da Sentença" por quantia certa (art.513 e segs.).

Ainda nesse ínterim, ressalta-se que indenização por perdas e danos dar-se-á sem prejuízo da multa fixada periodicamente, de modo a compe-

---

362 Quando do pedido de tutela específica para o cumprimento da obrigação inadimplida, poderá o autor também cumular pedido de perdas e danos. Sobre o assunto, ver o nosso Tutela Específica das Obrigações de Fazer. 5 ed. Curitiba: Juruá, 2020, p. 82. No mesmo sentido, ver RJTJSP 165/103.

363 Cf. GAIO JÚNIOR, Antônio Pereira. Tutela Específica das Obrigações de Fazer. 8º ed. Curitiba: Juruá, 2020.

364 Optando o credor desde o início pelas perdas e danos, não poderá o juiz forçá-lo a querer a execução específica, sendo que, nesse caso, não se poderá ver na espécie uma condenação em obrigação de fazer ou não fazer, já que o pedido foi o de pagamento em dinheiro. Ver CALMON DE PASSOS, J. J. Inovações no Código de Processo Civil. Rio de Janeiro: Forense, 1995, p. 68. Ao fazer uma análise sobre o § 1º o art. 461, J. E. Carreira Alvin (Tutela Específica das Obrigações de Fazer e não Fazer na Reforma Processual. Belo Horizonte: Del Rey, 1997, p. 97) entende haver certa subsidiariedade para se pleitear pedido direito de perdas e danos.

lir o réu ao cumprimento específico da obrigação reconhecida como devida (art.500 do CPC/2015), sendo de relevante importância notar a compreensão de que eventual a multa cominatória, conforme afirmado a pouco, possui o caráter inibitório sobre o réu recalcitrante no cumprimento da obrigação a ele exigida[365], valendo daí trazer à luz a exata lição do saudoso Alcides de Mendonça Lima:[366]

> (...) enquanto o devedor tiver ânimo para suportar o ônus da incidência das *astreintes*, ele pagará a pena, inclusive, se houver obstinação irreversível. Não se pode deixar de reconhecer, como Josserand adverte, que 'não há fortuna que possa resistir a uma pressão contínua e incessantemente acentuada; a capitulação do devedor é fatal; vence-se a sua resistência, sem haver exercido violência sobre sua pessoa; procede-se contra seus bens, contra sua fortuna, contra seus recursos materiais.

Disso queremos dizer que eventual limitação de valores e/ou tempo de incidência da multa, a despeito do próprio ordenamento não impor tais limites, deve ser sopesado pelo órgão julgador, seja na questão que envolve a própria efetividade da sanção pecuniária, já que valores e/ou tempo incipientes podem gerar inegável resistência do réu, sobretudo quando este vislumbrar o minúsculo impacto da medida em que seu erário ou mesmo de modo a inviabilizar o respectivo cumprimento de todo o montante obrigacional a ele (réu) exigido.[367]

Prevendo tais circunstâncias, coube ao legislador do CPC/2015 pontuar a atividade volitiva do juiz na concessão da multa, balizando em importantes termos tanto o avanço quanto a redução da medida cominatória (o que, aliás, já o fazia em outros termos o parágrafo único do art. 645 do CPC/1973).[368]

---

365 Cf. o nosso *Tutela Específica das Obrigações de Fazer*. 5 ed. Curitiba: Juruá, 2020, p.90-91.

366 LIMA, Alcides de Mendonça. *Comentários ao Código de Processo Civil*, Rio de Janeiro: Forense, Vol. VI, Tomo II, 1979, p. 869.

367 "A cominação da multa deve ser forte, mas não deve inviabilizar a execução propriamente dita, que, no caso, é a resultante das perdas e danos. De nada vale levar o devedor à insolvência se, insolvente, não puder atender sequer ao prejuízo real causado ao credor". GRECO FILHO, Vicente. *Direito Processual Civil Brasileiro*. Vol.3. São Paulo: Saraiva, 1995, p. 69.

368 Súmula n.410 do STJ: "A prévia intimação pessoal do devedor constitui condição necessária para a cobrança de multa pelo descumprimento de obrigação de fazer ou não fazer."

Assim, a despeito de estar contemplado em capítulo que trata do "cumprimento" da sentença que reconheça a exigibilidade de obrigação de fazer, de não fazer ou de entregar coisa e não do "julgamento", no qual, por ora estamos, expressa bem o § 1º do art. 537 do CPC/2015:

> *§1º O juiz poderá, de ofício ou a requerimento, modificar o valor ou a periodicidade da multa vincenda ou excluí-la, caso verifique que:*
> *I – se tornou insuficiente ou excessiva;*
> *II – o obrigado demonstrou cumprimento parcial superveniente da obrigação ou justa causa para o descumprimento.*

Cabe para momento ainda explicitar que a multa independerá de requerimento da parte e poderá ser concedida tanto na fase de conhecimento, em sede de tutela provisória ou na sentença, ou ainda na fase de execução, desde que seja suficiente e compatível com a obrigação e que se determine prazo razoável para cumprimento do preceito, *ex vi* do *caput* do art. 537 do CPC/2015).

Digno de nota é a destinação dos valores auferidos pela multa.

Nisso o CPC/2015 prevê como destinatário da multa o próprio exequente (§ 2º do art. 537 do CPC/2015)[369], independente do valor a que a mesma alçar.

Por fim, importante ressaltar que o art. 287 do CPC, mencionado no § 2º do dispositivo em comento, foi revogado pela Lei nº 13.105, de 16.03.2015 (Novo Código de Processo Civil).

84.4 Medida Liminar

Propiciar a devida tutela específica do direito lesado é o corolário a que o processo se deve guiar.

Assim, consubstanciado na ideia da efetividade deste instrumento de satisfação de direitos, é de se afirmar que aquele titular da obrigação de fazer, não fazer ou entregar inadimplida, poderá obter a antecipação da tutela pretendida.

---

[369] "Art. 537 (...)
§2º O valor da multa será devido ao exequente."

Trata-se de possibilidade que o art. 84 § 3º do CPC/1973 concedia, estabelecendo a viabilidade de ser antecipada a tutela específica alusiva às obrigações de fazer, não fazer e entregar coisa, quando não só for relevante o fundamento da demanda, mas, sobretudo, quando houver justificado receio de ineficácia do provimento meritório final[370] e, notoriamente, quando não houver perigo de irreversibilidade do provimento antecipado, conforme regrava o § 3º do art. 273 do CPC/1973.

Não se postou diferente o CPC/2015, possibilitando a aplicabilidade da mesma ideia, i.e., permitindo a antecipação dos efeitos da tutela – aqui específica – notadamente, no sentido de autorizar ao magistrado o uso de medidas que considerar adequadas para obtenção da efetivação da medida provisória, como se depreende do art. 297, infra:

"Art. 297. O juiz poderá determinar as medidas que considerar adequadas para efetivação da tutela provisória."

Por outro lado, cabe aqui assentar que a Tutela Provisória no plano do Novo Código de Processo Civil em comento, pode fundamentar-se nas modalidades de urgência (de natureza antecipada ou cautelar) e de evidência, conforme sustenta o parágrafo único do art. 294 e art. 300 e ss.

Nisso, a título de compreensão e em síntese apertada, temos que a Tutela Provisória de Urgência será concedida quando houver elementos que evidenciem a probabilidade do direito e o perigo de dano ou risco ao resultado útil do processo, o que pode ser traduzido na demora da prestação jurisdicional (art. 300, *caput* do CPC/2015), em referência ao seu correspondente no CPC/1973, *in casu*, o art. 273, *caput* e inciso I.

Já, quanto à denominada Tutela Provisória de Evidência, ou simplesmente, Tutela de Evidência, será essa concedida, conforme redação do art. 311 do CPC/2015, independentemente da demonstração de perigo de dano ou de risco ao resultado útil do processo, quando:

I – ficar caracterizado o abuso do direito de defesa ou manifesto propósito protelatório da parte;

---

370 *No mesmo sentido, caminha a opinião de* DINAMARCO, Cândido R. (*A Reforma do Código de Processo Civil*. 3 ed. São Paulo: Malheiros Editores, 1996. p. 154), *ao afirmar que o art. 461 do CPC deve ser interpretado em sistema com o art. 83 do CDC, "segundo o qual (Mutatis Mutandis) todas as espécies de ações são admissíveis, para a tutela jurisdicional nas obrigações de fazer ou de não fazer", acrescentando ainda que "Falar em todas as espécies de ações significa incluir as espécies de tutela que se obtém no processo de conhecimento (constitutiva, condenatória ou meramente declaratória) e também" tutela executiva e a cautelar."*

II - as alegações de fato puderem ser comprovadas apenas documentalmente e houver tese firmada em julgamento de casos repetitivos ou em súmula vinculante;

III - se tratar de pedido reipersecutório fundado em prova documental adequada do contrato de depósito, caso em que será decretada a ordem de entrega do objeto custodiado, sob cominação de multa.

IV - a petição inicial for instruída com prova documental suficiente dos fatos constitutivos do direito do autor, a que o réu não oponha prova capaz de gerar dúvida razoável.

Parágrafo único. Nas hipóteses dos incisos II e III, o juiz poderá decidir liminarmente.

84.5 Multa diária ao Réu e seu cumprimento

Poderá o magistrado diante da hipótese do § 3° do artigo em tela ou mesmo na sentença, impor multa diária ao réu, independentemente de pedido do autor, se for suficiente ou compatível com a obrigação, fixando prazo razoável para o cumprimento do preceito. (artigo 84, § 4°, do CDC).

Nesse sentido:

> "RECURSO ESPECIAL. DIREITO CIVIL E PROCESSUAL CIVIL. AÇÃO CIVIL PÚBLICA. RESPONSABILIDADE DE ENTIDADE SINDICAL. ARTS. 9°, § 2° DA CF/88, 159 E 1.518 DO CÓDIGO CIVIL DE 1916 E 11 E 15 DA LEI N° 7.783/89. GREVE. OPERAÇÃO "LINGUIÇÃO". COMPETÊNCIA. AMPLIAÇÃO. EC N° 45/04. ART. 114, II, DA CF/88. JUSTIÇA DO TRABALHO. SÚMULA VINCULANTE N° 23/STF. PRORROGAÇÃO. JUSTIÇA COMUM. SÚMULAS N°S 367 E 316/STJ. LIMITES CONSTITUCIONAIS. DANO CAUSADO A CONSUMIDOR. SÚMULA N° 7/STJ. ART. 94 DO CDC. AUSÊNCIA DE PREJUÍZO. INEXISTÊNCIA DE NULIDADE. VÍCIO SANÁVEL. ART. 84, § 4°, DO CDC. ASTREINTES. POSSIBILIDADE. EXEGESE DO ARTIGO 3° DA LEI N° 7.347/85.
>
> 1. A partir da publicação da Emenda Constitucional n° 45/04, a Justiça do Trabalho passou a ser competente para julgar todas as ações fundadas no exercício do direito de greve, inclusive aquelas que tenham por objetivo coibir atos antissindicais e reparar danos sofridos por terceiros afetados por movimentos análogos à greve, conforme exegese da Súmula Vinculante n° 23/STF.

2. Prorrogação da competência da Justiça Comum a teor da Súmula nº 367/STJ.

3. A entidade sindical responde civilmente por abuso de direito, na forma de "operação tartaruga", que cause danos a terceiros (arts. 9º, § 2º, da Constituição Federal, 159 e 1.518 do Código Civil de 1916 e arts. 11 e 15 da Lei nº 7.783/89).

4. Apesar de a adesão à greve não constituir falta grave (Súmula nº 316/STF) tal direito não é absoluto, encontrando limites no sistema jurídico, como no direito à vida, à segurança, à livre expressão e difusão do pensamento, à livre circulação, à propriedade privada e à liberdade de trabalho, limitadores do direito, o qual deve conviver harmonicamente no caso de colisão com as demais garantias no ordenamento jurídico.

5. O reexame do contexto fático-probatório constitui procedimento vedado na estreita via do recurso especial a teor da Súmula nº 7/STJ.

6. O descumprimento da exigência prevista no art. 94 do CDC de publicação de edital em órgão oficial constitui nulidade sanável, porquanto regra criada em prol dos consumidores.

7. O art. 84, § 4º, do CDC prevê a possibilidade de o juiz cominar multa diária ao réu recalcitrante, independentemente de pedido do autor, quando compatível com a obrigação (astreintes).

8. A conjunção "ou" do art. 3º da Lei nº 7.347/85 deve ser considerada com sentido aditivo, o que permite a cumulação de pedidos, na ação civil pública.

9. Recurso especial parcialmente conhecido e, nessa parte, não provido.

(STJ. 3º T. REsp 207.555/MG, Rel. Min. Ricardo Villas Bôas Cueva, Julg. 06.12.2012, DJe 13.12.2012).

Estamos diante da possibilidade de exigência do cumprimento de eventual multa imposta ao devedor, como medida de execução indireta, a fim de que pudesse estimulá-lo, diante da agressão pecuniária, ao adimplemento da obrigação reconhecida pelo Poder Judicante.[371]

---

[371] *Importante aqui reprisar a Súmula n.410 do STJ: "A prévia intimação pessoal do devedor constitui condição necessária para a cobrança de multa pelo descumprimento de obrigação de fazer ou não fazer."*

Não obstante entendermos, de muito,[372] ser o trânsito em julgado da sentença favorável à parte, o momento correto para a exigência do cumprimento da *astreinte* imposta ao devedor recalcitrante à satisfação da obrigação devida, permite o CPC/2015 a possibilidade de depósito da multa se dar em caráter provisório, certamente, diante da concessão de pleito provisório deferido a uma das partes (*v.g.* Tutela Provisória), descumprido a outra a decisão judicial referente.

Diante de eventual provisoriedade, deverá o valor da multa ser depositado em juízo, porém, permitindo o seu levantamento após o trânsito em julgado favorável à parte.

Da possibilidade de cumprimento provisória da multa, expressa o novato *Codex* em comento quanto ao valor e período autorizados:

> *Art. 537*
>
> *(...)*
>
> *§ 3º A decisão que fixa a multa é passível de cumprimento provisório, devendo ser depositada em juízo, permitido o levantamento do valor após o trânsito em julgado da sentença favorável à parte.*

Vale ressaltar que, o lapso temporal para a incidência da supracitada multa se dá a partir da configuração do descumprimento da decisão e, por isso, incidirá enquanto não for devidamente cumprida a decisão que a tiver cominado (§ 4º do art. 537).

Tais normativas aplicam-se em igual sentido e, no que couber quanto ao cumprimento de sentenças que reconheçam deveres de fazer e de não fazer de natureza não obrigacional, *ex vi* do § 5º do art. 537 do CPC/2015.

84.6 Outras Medidas Necessárias ao efetivo cumprimento da Tutela Específica

Por fim, na buca pelo efetivo cumprimento da tutela específica ou mesmo para fins de obtenção do resultado prático equivalente ao adimplemento, caberá ao magistrado determinar as medidas necessárias para tanto, tais como busca e apreensão, remoção de coisas e pessoas, desfazimento de obra, impedimento de atividade nociva, além de requisição de força policial, conforme bem dita o artigo em comento no seu § 5º.

---

372 *Tutela Específica das Obrigações de Fazer.* Rio de Janeiro: Forense, 2000, p.62-63.

Como bem se nota, o aludido § 5º acosta um rol de medidas à disposição do juízo, para que, com interesse e coragem, possa adotá-las, a fim de empreender força necessária e apta a atuar sobre o devedor recalcitrante ao cumprimento específico da obrigação. No entanto cabe bem frisar que, de acordo com a dicção "entre outras medidas", não se trata de rol que se esgota nele mesmo, sendo perfeitamente possível lançar mão de outras medidas, desde que voltadas ao objetivo efetivo da satisfação do direito reconhecido e, inegavelmente, descumprido.[373]

Aliás, é o que se dá com a medida denominada "intervenção judicial em atividade empresarial".[374] [375]

Na verdade, trata-se de medida é tipificada pela *lex* que estrutura o Sistema Brasileiro de Defesa da Concorrência (Lei nº 12.529, de 30 de novembro de 2011), mais precisamente em seus arts.102 a 111.

A intervenção judicial em atividade empresária, como outras medidas indicadas no § 1º do art. 536, é uma medida de sub-rogação, cuja técnica pode assumir diferentes modelos, notadamente, de acordo com o fim objetivado pelo magistrado quando de sua aplicabilidade.

Nesses termos, a doutrina pontua formas de classificação da intervenção judicial em tais contextos.[376]

---

373 GAIO JÚNIOR, Antônio Pereira. *A Tutela Específica no Novo CPC*. In: MACÊDO, Lucas Buril de.; PEIXOTO, Ravi; FREIRE, Alexandre (Orgs.). *Execução*. Salvador: Jus Podivm, 2015, p.87-110.

374 A presente medida fora acostada, inicialmente, no Relatório do Senador Vital do Rêgo, oriunda do Substitutivo da Câmara dos Deputados – PL nº 8.046/2010 – e devidamente aprovada em votação simbólica pelo Plenário do Senado Federal. No entanto, em votação final, esta realizada em 17.12.2014, onde analisados foram os destaques do Substitutivo da Câmara, dita medida fora, lamentavelmente, retirada, o que se reproduziu no texto final do Código sancionado. Dentre os motivos para a não contemplação da mesma no bojo do CPC está a afirmativa do próprio relator do PLS n.166/2010 no Senado Federal, Senador Vital do Rêgo, de que a manutenção da medida poderia dar margem a abusos, o que certamente pensamos nós, quis ele dizer em relação ao próprio órgão julgador, competente para a eventual adoção da medida de reforço ao cumprimento da obrigação. In: Congresso aprova novo Código de Processo Civil para agilizar processos. Disponível em http://www1.folha.uol.com.br/poder/2014/12/1563905-congresso--aprova-novo-codigo-do-processo-civil-para-agilizar-processos.shtml. Acesso em: 18 dez. 2014.

375 Importante Enunciado n. 12 do FPPC: "A aplicação das medidas atípicas sub-rogatórias e coercitivas é cabível em qualquer obrigação no cumprimento de sentença ou execução de título executivo extrajudicial. Essas medidas, contudo, serão aplicadas de forma subsidiária às medidas tipificadas, com observação do contraditório, ainda que diferido, e por meio de decisão à luz do art. 489, § 1º, I e II."

376 Ver, PEREIRA, Luiz Fernando C. *Medidas urgentes no direito societário*. São Paulo: RT, 2002, p. 205 e ss.

Em primeiro, nota-se a intervenção denominada de "fiscalizatória".

É compreendida na ideia de que o administrador não é retirado de suas atribuições, cabendo tão somente ao interventor a fiscalização do exato cumprimento da decisão judicial, tendo este interventor o livre acesso à empresa, bem como a todos dados necessários com o fito de cumprir com determinação judicial, podendo ainda tomar depoimentos para certificar-se das condutas adotadas pelo administrador no sentido de satisfazer o *decisum* judicial.

Tem-se como exemplo, nesse âmbito, uma medida judicial voltada à imposição de reintegração de um empregado, que havia sido assediado moralmente, o que impôs o seu pedido de demissão. De que forma seria viável apurar se, retornando ao trabalho, as condutas anteriormente ocorridas não voltariam a se dar? Daí, efetiva opção para tanto será nomear um interventor-fiscal, de modo a que este permaneça por um determinado lapso temporal na empresa, até que qualquer perigo de novas agressões haja cessado.[377]

Em um segundo contexto, temos a chamada "intervenção cogestora" na qual o interventor judicial assume parcela das atribuições originalmente conferidas ao proprietário da pessoa jurídica.

Nesse sentido, nota-se que o administrador originário permanece na empresa, atuando à sua frente, no entanto, parcela de suas competências e atribuições são, por um determinado prazo, passadas ao interventor, devendo esse desempenhá-las na esteira de realizar o cumprimento do comando da decisão judicial.

> Figure-se a hipótese, nessa quadra, de uma empresa que impõe condições abusivas para a contratação de pessoal. Reconhecida essa abusividade, não será evidentemente necessário retirar o titular da empresa como um todo, sendo suficiente a intervenção na área de recursos humanos da pessoa jurídica. Do mesmo modo, supo-

---

Dita classificação é exemplificativa, de modo a demonstrar as várias percepções que decorrem de um contexto interventivo por meio de medidas sobre a pessoa jurídica.

377 ARENHART, Sérgio Cruz. A Intervenção Judicial e o cumprimento da Tutela Específica. 2009. Disponível em: http://www.academia.edu/214098/A_INTERVEN%C3%87%C3%83O_JUDICIAL_E_O_CUMPRIMENTO_D_TUTELA_ESPEC%C3%8DFICA?login=&email_was_taken=true. Acesso em: 04 nov. 2014.

nha-se a necessidade de instalar filtro contra a poluição na empresa. Havendo resistência do ordenado, pode o magistrado, por certo, nomear interventor com essa exclusiva atribuição. Concluída a obra, dissolvida estará a intervenção.[378]

Forçoso é afirmar que o interventor deverá estar investido das funções e da autoridade necessária para fazer valer o que deseja a ordem judicial. Daí que, *v.g.*, poderá o interventor judicial ter acesso facilitado às finanças e instalações da empresa para fins de aquisição de material e instalação do filtro e ainda ao controle de emissão de poluentes. Verdade é que tais poderes deverão ser explicita e necessariamente catalogados pelo órgão julgador em sua ordem judicial, a fim de que possa legitimar o exercício pleno do interventor e seu êxito na intervenção.

Finalmente, em um terceiro contexto, tem-se a denominada "intervenção expropriatória ou substitutiva", certamente a mais aguda.

Nessa forma, o interventor substituirá o administrador original da empresa, saindo este do comando da pessoa jurídica e, portanto, deixando ao interventor o papel de, por um certo período de tempo, gerir todos os negócios da sociedade em questão.

Um exemplo da aludida intervenção foi a ação ajuizada pelo Ministério Público Federal no Rio de Janeiro, pedindo a intervenção judicial no Conselho Federal de Enfermagem, no ano de 2006, diante de notícias que envolviam desvios de recursos públicos e fraudes em licitações por aludido Conselho e daí que o objetivo da demanda era a de afastar a própria Administração do Conselho.

Tem-se também, no mesmo sentido, ação civil pública, ajuizada pelo Ministério Público do Trabalho da 4ª Região, em face do Grupo Ortopé, requerendo a intervenção judicial em tal grupo, com o afastamento de seus administradores e a nomeação de pessoa da confiança do juízo para a respectiva administração da empresa, até a devida liquidação do passivo trabalhista da empresa.[379]

Art. 85. (Vetado).

---

378 ARENHART, 2009.
379 ARENHART, 2009.

→COMENTÁRIOS
85.1 Artigo Vetado

Art. 86. (Vetado).

→COMENTÁRIOS
86.1 Artigo Vetado

Art. 87. Nas ações coletivas de que trata este código não haverá adiantamento de custas, emolumentos, honorários periciais e quaisquer outras despesas, nem condenação da associação autora, salvo comprovada má-fé, em honorários de advogados, custas e despesas processuais.

Parágrafo único. Em caso de litigância de má-fé, a associação autora e os diretores responsáveis pela propositura da ação serão solidariamente condenados em honorários advocatícios e ao décuplo das custas, sem prejuízo da responsabilidade por perdas e danos.

→COMENTÁRIOS
87.1 Ações coletivas e Acesso à Justiça

Com o firme propósito de facilitar o acesso à justiça, o legislador prescreveu no artigo 87 que nas ações coletivas de que trata o CDC não haverá adiantamento de custas, emolumentos, honorários periciais e quaisquer outras despesas, nem condenação da associação autora, salvo comprovada má-fé, em honorários de advogados, custas e despesas processuais.

Nesse sentido, a importante decisão da lavra da Ministra Nancy Andrigui:

"PROCESSO CIVIL E CIVIL. AÇÃO COLETIVA. CONDENAÇÃO DO AUTOR NAS DESPESAS PROCESSUAIS. RECURSO DE APELAÇÃO. PREPARO. DESNECESSIDADE. LEASING FINANCEIRO. RELAÇÃO DE CONSUMO. RECONHECIMENTO. INÉPCIA DA PETIÇÃO INICIAL. INEXISTÊNCIA. DIREITOS INDIVIDUAIS HOMOGÊNEOS. EXISTÊNCIA. QUALIFICAÇÃO DO CONTRATO DE LEASING COMO TÍTULO EXECUTIVO. IMPOSSIBILIDADE. NOTAS PROMISSÓRIAS EMITIDAS PARA ESSE FIM. IRREGULARIDADE.

1. Devem ser separadas, porquanto sujeitam-se a disciplinas diferentes, as hipóteses de gratuidade de justiça, disciplinada pela Lei 1.060/50, em que a declaração de pobreza é requisito indispensável. Da mesma forma devem ser tratadas as hipóteses de isenções atribuídas de maneira incondicional por lei para as entidades que atuem em defesa de direitos coletivos em sentido amplo (art. 87 do CDC).

2. O art. 87 do CDC separa duas hipóteses distintas, a saber: (i) o adiantamento de despesas, em que a isenção se dá *ope legis*; (ii) e a condenação em custas e despesas, possível, ao final do processo, em hipótese de má-fé. Ainda que haja a condenação em custas e despesas na sentença, o pagamento do preparo do recurso de apelação não é devido pela entidade que representa os direitos dos consumidores em juízo, porquanto essa medida consubstancia adiantamento de custas processuais.

3. Os arrendatários nos contratos de *leasing* financeiro podem ser qualificados como consumidores desses produtos. Precedentes. Não há, portanto, inépcia em uma petição inicial que busca a tutela coletiva desses direitos. Esses direitos podem ser qualificados como individuais homogêneos, nos termos da jurisprudência desta Corte.

4. Não pode ser revista nesta sede a decisão que reputa nula a cláusula que determina a perda, a título de indenização, pelos arrendatários do *leasing* financeiro, de todas as parcelas, vencidas e vincendas do contrato, inclusive o VRG embutido.

5. A redução proporcional da cláusula penal abusiva não pode ser decidida nesta sede por força do óbice do Enunciado 7 da Súmula/STJ.

6. Não é possível conferir eficácia executiva ao contrato de arrendamento mercantil, dada a necessidade de venda do bem que lhe faz objeto na hipótese de inadimplemento, com abatimento do preço. A incerteza quanto ao valor da mercadoria usada torna ilíquido e incerto o débito remanescente. Com isso, a exemplo do que ocorre com os contratos de abertura de crédito em conta-corrente (Enunciados 233 e 258 da Súmula/STJ), a nota promissória emitida não goza de autonomia em razão da iliquidez do título que a originou.

7. Recurso especial conhecido e não provido." (STJ. 3ª T.REsp 1074756/MG, Rel. Min. Nancy Andrighi. Julg. 25.10.2011, DJe 09.11.2011).

87.2 Litigância de Má-fé

Em caso de litigância de má-fé, a associação autora e os diretores responsáveis pela propositura da ação serão solidariamente condenados em honorários advocatícios e ao décuplo das custas, sem prejuízo da responsabilidade por perdas e danos (parágrafo único do artigo 87 do CDC).[380]

A lealdade e a boa-fé são vetores de uma mudança de valores éticos, uma nova dimensionalidade ética que perpassa e adorna com novas cores as relações processuais. A boa-fé é uma norma de conduta. É a conduta ética, leal, honesta e transparente esperada entre os atores do processo.

Vale lembrar que reponde por perdas e danos aquele que pleitear de má-fé como autor, réu ou interveniente. (art. 79 do CPC).

Responde por litigância de má-fé (arts. 80 e 81 do CPC) quem causar dano com sua conduta processual, que, nos termos do art. 16, somente podem ser as partes, assim entendidas como autor, réu ou interveniente em sentido amplo. Ademais, todos que de qualquer forma participam do processo têm o dever de agir com lealdade e boa-fé (art. 77 do CPC).

De acordo com o artigo 80 do CPC, reputa-se litigante de má-fé aquele que:

Art. 80. Considera-se litigante de má-fé aquele que:

I – deduzir pretensão ou defesa contra texto expresso de lei ou fato incontroverso;

II – alterar a verdade dos fatos;

III – usar do processo para conseguir objetivo ilegal;

IV – opuser resistência injustificada ao andamento do processo;

---

[380] COBRANÇA INDEVIDA. MÁ-FÉ. REPETIÇÃO EM DOBRO.
A Turma deu provimento ao recurso por entender que, comprovada a má-fé, no caso de descumprimento de disposição contratual expressa, por agência bancária, não obstante o pedido dos recorrentes para a apresentação do valor pago pelas moedas de privatização para aquisição de ações de companhia petroquímica, cabe devolução em dobro dos valores cobrados indevidamente e pagos a maior pelos recorrentes (art. 42, parágrafo único, do CDC). Não é possível, porém, a pretendida multa contratual e os juros moratórios de 12% ao ano como sucedâneo da litigância de má-fé (art. 18 do CPC), porquanto as penas decorrem da violação de normas distintas referentes a relações jurídicas diversas (contratual e processual), inexistindo dupla penalidade. Precedentes citados: REsp 505.734-MA, DJ 23/6/2003; AgRg no REsp 538.154-RS, DJ 15/8/2005; AgRg no REsp 947.897-RS, DJ 22/10/2007, e AgRg no Ag 1.042.588-RS, DJe 11/9/2008. REsp 1.127.721-RS, Rel. Min. Nancy Andrighi, julgado em 3/12/2009.

V – proceder de modo temerário em qualquer incidente ou ato do processo;

VI – provocar incidente manifestamente infundado;

VII – interpuser recurso com intuito manifestamente protelatório.

Todavia, em caso de má-fé, somente os litigantes estarão sujeitos à multa e indenização a que se refere o art. 81 do CPC. Nesses termos, sustenta tal art.:

Art. 81. De ofício ou a requerimento, o juiz condenará o litigante de má-fé a pagar multa, que deverá ser superior a um por cento e inferior a dez por cento do valor corrigido da causa, a indenizar a parte contrária pelos prejuízos que esta sofreu e a arcar com os honorários advocatícios e com todas as despesas que efetuou.

§ 1º Quando forem 2 (dois) ou mais os litigantes de má-fé, o juiz condenará cada um na proporção de seu respectivo interesse na causa ou solidariamente aqueles que se coligaram para lesar a parte contrária.

§ 2º Quando o valor da causa for irrisório ou inestimável, a multa poderá ser fixada em até 10 (dez) vezes o valor do salário-mínimo.

§ 3º O valor da indenização será fixado pelo juiz ou, caso não seja possível mensurá-lo, liquidado por arbitramento ou pelo procedimento comum, nos próprios autos.

Art. 88. Na hipótese do art. 13, parágrafo único deste código, a ação de regresso poderá ser ajuizada em processo autônomo, facultada a possibilidade de prosseguir-se nos mesmos autos, vedada a denunciação da lide.

↪COMENTÁRIOS

88.1 Ação de Regresso

Como visto anteriormente, no artigo 13 do CDC, "*O comerciante é igualmente responsável, nos termos do artigo anterior, quando:*

I – o fabricante, o construtor, o produtor ou o importador não puderem ser identificados;

II – o produto for fornecido sem identificação clara do seu fabricante, produtor, construtor ou importador;

III – não conservar adequadamente os produtos perecíveis.

Parágrafo único. Aquele que efetivar o pagamento ao prejudicado poderá exercer o direito de regresso contra os demais responsáveis, segundo sua participação na causação do evento danoso."

O artigo 13 do CDC trata da responsabilidade civil do comerciante nas relações de consumo. Esta é subsidiária (nas hipóteses do artigo 13 do CDC) e objetiva.

Já o parágrafo único do referido dispositivo legal trata do direito de regresso daqueles que pagarão a indenização contra os demais corresponsáveis pelo evento danoso.

Daí que a redação do artigo 88, por razões de economia processual determina que a ação de regresso poderá ser ajuizada em processo autônomo, facultada a possibilidade de prosseguir-se nos mesmos autos.

88.2 Vedação de denunciação da lide

Consiste em chamar terceiro (denunciado) que tem um vínculo de direito com uma das partes da relação jurídica processual (denunciante) para que responda pela garantia do negócio jurídico, caso o citado denunciante saia vencido na demanda originária. O presente instituto é guiado pelo princípio da economia processual. Nesse sentido, teremos um só processo, duas relações jurídicas processuais, uma só instrução e uma sentença para ambas as relações jurídicas, uma relação estabelecida entre autor e réu e outra que se dá a partir da denunciação entre o denunciante e o denunciado, em virtude de situações que comportem o direito do primeiro (denunciante) em ser ressarcido pelo segundo (denunciado), tendo em vista a derrota na demanda originária.

Aquele que tem o vínculo obrigacional, um negócio jurídico com o terceiro é quem vai denunciá-lo. Tal ato de denunciação é importante pois que, perdendo a demanda, ensejará em requisito basilar para efeito, de ação de regresso face àquele denunciado, solicitando a devida indenização.

Por outro lado, será o direito regressivo exercido por via de ação autônoma quando a denunciação da lide for indeferida, deixar de ser promovida ou não for permitida, *ex vi* do §1º do art. 125 do CPC/2015.[381]

O artigo em tela é perempetório no sentido de não se admitir a denunciação da lide em sede das ações acerca de direitos consumerista.

---

381 GAIO JÚNIOR, Antônio Pereira. *Instituições de Direito Processual Civil*. 4 ed. Salvador: JusPodivm, 2020.

Aliás, nesses termos assenta julgado do STJ (REsp 1.165.279-SP, Rel. Min. Paulo de Tarso Sanseverino.Julg. 22.5.2012):

> Ao rever orientação dominante desta Corte, assentou que é incabível a denunciação da lide nas ações indenizatórias decorrentes da relação de consumo seja no caso de responsabilidade pelo fato do produto, seja no caso de responsabilidade pelo fato do serviço (arts. 12 a 17 do CDC). Asseverou o Min. Relator que, segundo melhor exegese do enunciado normativo do art. 88 do CDC, a vedação ao direito de denunciação da lide não se restringiria exclusivamente à responsabilidade do comerciante pelo fato do produto (art. 13 do CDC), mas a todo e qualquer responsável (real, aparente ou presumido) que indenize os prejuízos sofridos pelo consumidor. Segundo afirmou, a proibição do direito de regresso na mesma ação objetiva evitar a procrastinação do feito, tendo em vista a dedução no processo de uma nova causa de pedir, com fundamento distinto da formulada pelo consumidor, qual seja, a discussão da responsabilidade subjetiva. Destacou-se, ainda, que a única hipótese na qual se admite a intervenção de terceiro nas ações que versem sobre relação de consumo é o caso de chamamento ao processo do segurador – nos contratos de seguro celebrado pelos fornecedores para garantir a sua responsabilidade pelo fato do produto ou do serviço (art. 101, II, do CDC). Com base nesse entendimento, a Turma negou provimento ao recurso especial para manter a exclusão de empresa prestadora de serviço da ação em que se pleiteia compensação por danos morais em razão de instalação indevida de linhas telefônicas em nome do autor e posterior inscrição de seu nome em cadastro de devedores de inadimplentes.

Art. 89. (Vetado)

→COMENTÁRIOS

89.1 Artigo Vetado

Art. 90. Aplicam-se às ações previstas neste título as normas do Código de Processo Civil e da Lei n° 7.347, de 24 de julho de 1985, inclusive no que respeita ao inquérito civil, naquilo que não contrariar suas disposições.

→COMENTÁRIOS

90.1 Aplicação do CPC e da Lei de Ação Civil Pública

Na Defesa do Consumidor em Juízo aplicam-se o Código de Processo Civil e a Lei n° 7.347, de 24 de julho de 1985, inclusive no que respeita ao inquérito civil, naquilo que não contrariar suas disposições.

> "[...] Os arts. 21 da Lei da Ação Civil Pública e 90 do CDC, como normas de envio, possibilitaram o surgimento do denominado Microssistema ou Minissistema de proteção dos interesses ou direitos coletivos amplo senso, no qual se comunicam outras normas, como o Estatuto do Idoso e o da Criança e do Adolescente, a Lei da Ação Popular, a Lei de Improbidade Administrativa e outras que visam tutelar direitos dessa natureza, de forma que os instrumentos e institutos podem ser utilizados com o escopo de "propiciar sua adequada e efetiva tutela" (art. 83 do CDC). [...]." (STJ. 1ª T. REsp 695.396/RS, Rel. Min. Arnaldo Esteves Lima. Julg. 12.04.2011, DJe 27.04.2011).

Ora, dessa maneira, exsurge o princípio da interação ou integração das normas processuais coletivas, baseado nos artigos 21 da Lei de Ação Civil Pública e o artigo 90 do CDC.

90.2 Jurisprudências

> ADMINISTRATIVO. PROCESSUAL CIVIL. IMPROBIDADE ADMINISTRATIVA. LITISCONSORTES. PRAZO EM DOBRO PARA APRESENTAÇÃO DE DEFESA PRÉVIA. AUSÊNCIA DE PREVISÃO NA LIA. UTILIZAÇÃO DOS INSTITUTOS E MECANISMOS DAS NORMAS QUE COMPÕEM O MICROSSISTEMA DE TUTELA COLETIVA. ART. 191 DO CPC. APLICABILIDADE. RECURSO ESPECIAL NÃO CONHECIDO.
>
> 1. Os arts. 21 da Lei da Ação Civil Pública e 90 do CDC, como normas de envio, possibilitaram o surgimento do denominado Microssistema ou Minissistema de proteção dos interesses ou direitos coletivos amplo senso, no qual se comunicam outras normas, como o Estatuto do Idoso e o da Criança e do Adolescente, a Lei da Ação Popular, a Lei de Improbidade Administrativa e outras que visam tutelar direitos dessa natureza, de forma que os instrumentos e institutos podem ser utilizados para "propiciar sua adequada e efetiva tutela" (art. 83 do CDC).

2. A Lei de Improbidade Administrativa estabelece prazo de 15 dias para a apresentação de defesa prévia, sem, contudo, prever a hipótese de existência de litisconsortes. Assim, tendo em vista a ausência de norma específica e existindo litisconsortes com patronos diferentes, deve ser aplicada a regra do art. 191 do CPC, contando-se o prazo para apresentação de defesa prévia em dobro, sob pena de violação aos princípios do devido processo legal e da ampla defesa.

3. Recurso especial não conhecido. (STJ. 1ª T. REsp 1221254/RJ, Rel. Min. Arnaldo Esteves Lima. Julg. 05.06.2012, DJe 13.06.2012).

CAPÍTULO II
Das Ações Coletivas Para a Defesa de Interesses Individuais Homogêneos

Art. 91. Os legitimados de que trata o art. 82 poderão propor, em nome próprio e no interesse das vítimas ou seus sucessores, ação civil coletiva de responsabilidade pelos danos individualmente sofridos, de acordo com o disposto nos artigos seguintes. (Redação dada pela Lei nº 9.008, de 21.3.1995)

⇥COMENTÁRIOS

91.1 Ação Civil Coletiva de responsabilidade pelos danos individualmente sofridos

A ação civil coletiva de responsabilidade pelos danos individualmente sofridos poderá ser proposta pelos legitimados do artigo 82 do CDC, quais sejam:

I – o Ministério Público,

II – a União, os Estados, os Municípios e o Distrito Federal;

III – as entidades e órgãos da Administração Pública, direta ou indireta, ainda que sem personalidade jurídica, especificamente destinados à defesa dos interesses e direitos protegidos por este código;

IV – as associações legalmente constituídas há pelo menos um ano e que incluam entre seus fins institucionais a defesa dos interesses e direitos protegidos por este código, dispensada a autorização assemblear.

Vale acrescentar ainda que tal ação poderá ser proposta em nome próprio e no interesse das vítimas ou seus sucessores.

> **Art. 92. O Ministério Público, se não ajuizar a ação, atuará sempre como fiscal da lei.**
>
> **Parágrafo único. (Vetado).**

↪COMENTÁRIOS
92.1 Atuação Obrigatória do Ministério Público

O artigo 92 do CDC é claro ao afirmar que se o Ministério Público não ajuizar a ação, ele deverá atuar sempre como fiscal da lei.

> **Art. 93. Ressalvada a competência da Justiça Federal, é competente para a causa a justiça local:**
>
> **I – no foro do lugar onde ocorreu ou deva ocorrer o dano, quando de âmbito local;**
>
> **II – no foro da Capital do Estado ou no do Distrito Federal, para os danos de âmbito nacional ou regional, aplicando-se as regras do Código de Processo Civil aos casos de competência concorrente.**

↪COMENTÁRIOS
93.1 Competência

O *caput* do artigo 93 ressalva a competência da Justiça Federal. Ora, aqui vale mencionar o artigo 109 da CF/88. *In verbis*:

> *Aos juízes federais compete processar e julgar:*
>
> *I – as* causas em que a União, entidade autárquica ou empresa pública federal forem interessadas na condição de autoras, rés,

assistentes ou oponentes, exceto as de falência, as de acidentes de trabalho e as sujeitas à Justiça Eleitoral e à Justiça do Trabalho;[382][383]

---

382 Súmulas:
"Compete à Justiça estadual julgar causas entre consumidor e concessionária de serviço público de telefonia, quando a ANATEL não seja litisconsorte passiva necessária, assistente, nem oponente." (Súmula Vinculante 27)
"A Justiça do Trabalho é competente para processar e julgar as ações de indenização por danos morais e patrimoniais decorrentes de acidente de trabalho propostas por empregado contra empregador, inclusive aquelas que ainda não possuíam sentença de mérito em primeiro grau quando da promulgação da Emenda Constitucional 45/2004." (Súmula Vinculante 22)
"É competente a Justiça comum para julgar as causas em que é parte sociedade de economia mista." (Súmula 556 STF)
"Compete à Justiça Federal, em ambas as instâncias, processar e julgar as causas entre autarquias federais e entidades públicas locais, inclusive mandados de segurança, ressalvada a ação fiscal, nos termos da CF de 1967, art. 119, § 3º." (Súmula 511 STF)
"Compete à Justiça estadual, em ambas as instâncias, processar e julgar as causas em que for parte o Banco do Brasil S.A." (Súmula 508 STF)
"Compete à Justiça ordinária estadual o processo e o julgamento, em ambas as instâncias, das causas de acidente do trabalho, ainda que promovidas contra a União, suas autarquias, empresas públicas ou sociedades de economia mista." (Súmula 501 STF)
"É competente para a ação de acidente do trabalho a Justiça Cível comum, inclusive em segunda instância, ainda que seja parte autarquia seguradora." (Súmula 235 STF)
383 CONFLITO DE COMPETÊNCIA ENTRE A JUSTIÇA ESTADUAL E A FEDERAL. RÉUS DISTINTOS. CUMULAÇÃO DE PEDIDOS. COMPETÊNCIA ABSOLUTA RATIONE PERSONAE. Compete à Justiça estadual processar e julgar demanda proposta contra o Banco do Brasil, sociedade de economia mista, e à Justiça Federal processar, nos termos do art. 109, I, da Constituição Federal, julgar ação proposta contra a Caixa Econômica Federal, empresa pública federal. Ante a incompetência absoluta em razão da pessoa, mesmo que se cogite de eventual conexão entre os pedidos formulados na exordial, ainda assim eles não podem ser julgados pelo mesmo juízo. CC 119.090-MG, Rel. Min. Paulo de Tarso Sanseverino, julgado em 12/9/2012.
"Telefonia. Cobrança de pulsos além da franquia. Competência da Justiça Estadual. Matéria que se insere no âmbito de cognição dos juizados especiais. Ilegitimidade passiva da Anatel. (...) Por não figurar na relação jurídica de consumo, a Agência Nacional de Telecomunicações – ANATEL carece de legitimidade para compor o polo passivo de ação movida pelo particular, usuário do serviço de telefonia móvel, contra a concessionária. Ausente participação da autarquia federal, sob qualquer das hipóteses previstas no art. 109, I, da Constituição, a competência é da Justiça Estadual. Em se tratando de demanda que se resolve pela análise de matéria exclusivamente de direito, a dispensar instrução complexa, cabível seu processamento no juizado especial. Reveste-se de natureza infraconstitucional a matéria relacionada à relação de consumo e ao equilíbrio econômico-financeiro do contrato de concessão." (RE 571.572, Rel. Min. Gilmar Mendes, julgamento em 8-10-2008, Plenário, DJE de 13-2-2009, com repercussão geral.) No mesmo sentido: AI 645.587-AgR, Rel. Min. Dias Toffoli, julgamento em 15-12-2009, Primeira Turma, DJE de 5-2-2010; AI 679.898-AgR, Rel. Min. Eros Grau, julgamento em 1º-12-2009, Segunda Turma, DJE de 18-12-2009; AI 649.751-AgR, Rel. Min.

II – as causas entre Estado estrangeiro ou organismo internacional e Município ou pessoa domiciliada ou residente no País;

III – as causas fundadas em tratado ou contrato da União com Estado estrangeiro ou organismo internacional;

IV – os crimes políticos e as infrações penais praticadas em detrimento de bens, serviços ou interesse da União ou de suas entidades autárquicas ou empresas públicas, excluídas as contravenções e ressalvada a competência da Justiça Militar e da Justiça Eleitoral;

V – os crimes previstos em tratado ou convenção internacional, quando, iniciada a execução no País, o resultado tenha ou devesse ter ocorrido no estrangeiro, ou reciprocamente;

V-A – as causas relativas a direitos humanos a que se refere o § 5º deste artigo;

(Inciso V-A acrescentado pela Emenda Constitucional n. 45, de 8-12-2004).

VI – os crimes contra a organização do trabalho e, nos casos determinados por lei, contra o sistema financeiro e a ordem econômico-financeira;[384]

VII – os habeas corpus, em matéria criminal de sua competência ou quando o constrangimento provier de autoridade cujos atos não estejam diretamente sujeitos a outra jurisdição;

VIII – os mandados de segurança e os habeas data contra ato de autoridade federal, excetuados os casos de competência dos tribunais federais;

Ellen Gracie, julgamento em 18-8-2009, Segunda Turma, DJE de 18-9-2009; RE 567.454, Rel. Min. Ayres Britto, julgamento em 17-6-2009, Plenário, DJE de 28-8-2009, com repercussão geral; AI 700.200-AgR, Rel. Min. Cezar Peluso, julgamento em 31-3-2009, Segunda Turma, DJE de 30-4-2009; AI 675.515-AgR, Rel. Min. Cármen Lúcia, julgamento em 17-3-2009, Primeira Turma, DJE de 17-4-2009; AI 601.530-AgR, Rel. p/ o ac. Min. Menezes Direito, julgamento em 3-3-2009, Primeira Turma, DJE de 8-5-2009; AI 711.266-AgR, Rel. Min. Joaquim Barbosa, julgamento em 16-12-2008, Segunda Turma, DJE de 6-3-2009; AI 657.627-AgR, Rel. Min. Marco Aurélio, julgamento em 28-10-2008, Primeira Turma, DJE de 20-2-2009.

384 Dos crimes contra a organização do trabalho: arts. 197 a 207 do CP.
Dos crimes contra o sistema financeiro: Lei nº 7.492, de 16-6-1986.
Dos crimes contra a ordem econômica: Leis nº 8.137, de 27-12-1990, e n. 8.176, de 8-2-1991.

IX – os crimes cometidos a bordo de navios ou aeronaves, ressalvada a competência da Justiça Militar;

X – os crimes de ingresso ou permanência irregular de estrangeiro, a execução de carta rogatória, após o exequatur, e de sentença estrangeira, após a homologação, as causas referentes à nacionalidade, inclusive a respectiva opção, e à naturalização;

XI – a disputa sobre direitos indígenas.

§ 1º As causas em que a União for autora serão aforadas na seção judiciária onde tiver domicílio a outra parte.

§ 2º As causas intentadas contra a União poderão ser aforadas na seção judiciária em que for domiciliado o autor, naquela onde houver ocorrido o ato ou fato que deu origem à demanda ou onde esteja situada a coisa, ou, ainda, no Distrito Federal.

§ 3º Serão processadas e julgadas na Justiça estadual, no foro do domicílio dos segurados ou beneficiários, as causas em que forem parte instituição de previdência social e segurado, sempre que a comarca não seja sede de vara do juízo federal, e, se verificada essa condição, a lei poderá permitir que outras causas sejam também processadas e julgadas pela Justiça estadual.

§ 4º Na hipótese do parágrafo anterior, o recurso cabível será sempre para o Tribunal Regional Federal na área de jurisdição do juiz de primeiro grau.

§ 5º Nas hipóteses de grave violação de direitos humanos, o Procurador-Geral da República, com a finalidade de assegurar o cumprimento de obrigações decorrentes de tratados internacionais de direitos humanos dos quais o Brasil seja parte, poderá suscitar, perante o Superior Tribunal de Justiça, em qualquer fase do inquérito ou processo, incidente de deslocamento de competência para a Justiça Federal.(§ 5º acrescentado pela Emenda Constitucional nº 45, de 8-12-2004).

Assim, salvo a ressalva acima, é competente para a causa a justiça local:

I – no foro do lugar onde ocorreu ou deva ocorrer o dano, quando de âmbito local;[385]

---

[385] *Lei da Ação Civil Pública (Lei nº 7.347/85) – Art. 2º As ações previstas nesta Lei serão propostas no foro do local onde ocorrer o dano, cujo juízo terá competência funcional para processar e julgar a causa.*

Parágrafo único A propositura da ação prevenirá a jurisdição do juízo para todas as ações posteriormente intentadas que possuam a mesma causa de pedir ou o mesmo objeto. (Incluído pela Medida provisória nº 2.180-35, de 2001)

II – no foro da Capital do Estado ou no do Distrito Federal, para os danos de âmbito nacional ou regional, aplicando-se as regras do Código de Processo Civil aos casos de competência concorrente.

Art. 94. Proposta a ação, será publicado edital no órgão oficial, a fim de que os interessados possam intervir no processo como litisconsortes, sem prejuízo de ampla divulgação pelos meios de comunicação social por parte dos órgãos de defesa do consumidor.

↪COMENTÁRIOS
94.1 Divulgação da propositura da ação

A propositura da ação coletiva terá divulgação para que os interessados possam intervir no processo como litisconsortes. Assim, será publicado edital no órgão oficial, além da ampla divulgação (radio, televisão, internet etc.) nos meios de comunicação social realizadas pelos órgão de defesa do consumidor.

94.2 Litisconsórcio
94.2.1 Conceito

Denomina-se litisconsórcio a ocorrência processual onde duas ou mais pessoas litigam em conjunto ativa e/ou passivamente, configurando uma pluralidade de partes em um ou em ambos os polos da relação processual. Litisconsórcio, portanto, significa consórcio na lide.

94.2.2 Classificação

Pode o litisconsórcio ser classificado de diferentes formas:

a) Quanto à posição das partes

Poderá ser classificado em litisconsórcio ativo, passivo ou misto, conforme ocorra a pluralidade de pessoas, respectivamente, no polo ativo (autor), passivo (réu) ou em ambos os polos simultaneamente.

b) Quanto ao momento em que se estabelece a sua formação

O litisconsórcio, nesse caso, poderá ser inicial ou incidental (ulterior). O litisconsórcio inicial forma-se na propositura da demanda e o incidental configura-se no decorrer do processo.

c) Quanto à obrigatoriedade da formação

Sob esse enfoque, teremos litisconsórcio necessário ou facultativo:

– litisconsórcio necessário: quando decorrer, conforme preceitua o art.114, de imposição normativa ou mesmo da real natureza da relação jurídica, situações estas que, obrigatoriamente, terá o autor da demanda que provocar a formação do litisconsórcio.

Nesse sentido, tais são alguns dos casuísmos:

1º) Por imposição normativa: a lei determina que ambos os cônjuges devem ser citados para as ações que versem sobre direitos imobiliários; nesse caso, haverá, obrigatoriamente, a formação de um litisconsórcio no polo passivo[386], *ex vi* do art. 73, § 1º, do CPC ou ainda do art. 570 do CPC, onde, na ação de divisão e demarcação de terras particulares, os confinantes e os condôminos deverão ser citados, assim teremos a formação de um litisconsórcio imposto por lei no polo passivo.

2º) Pela real natureza da relação jurídica: um contrato estabelecido entre diversas pessoas (credores), havendo inadimplência do devedor, todos os credores deverão formar um litisconsórcio ativo, inicial e necessário.

– litisconsórcio facultativo: decorre a sua formação de provocação voluntária do autor da demanda subsidiado nos requisitos contidos no art.113, ou seja, o autor, diante das disposições contidas no dispositivo legal citado, pode ou não, por conveniência própria, provocar a relação litisconsorcial, não dependendo de qualquer aval do réu.

Exemplo: (art. 275, *caput*, do Código Civil) – trata da solidariedade passiva; o credor poderá exigir de um ou de alguns dos devedores a dívida comum, ou seja, é faculdade de o credor cobrar, em juízo, o que lhe é devido dos demais devedores ao mesmo tempo (ocorrerá um litisconsórcio facultativo, inicial e passivo), uma vez que a lei lhe confere o direito de cobrar todo o montante da dívida de um só devedor.

Não obstante, tal situação poderá o juiz, a pedido do réu, limitar o litisconsórcio facultativo quanto ao número de litigantes (art. 113, § 1º), com o intuito de se evitar possível delonga na solução do litígio, bem como assegurar às partes igualdade de tratamento, além de prestar certa e devida economia processual.

---

386 *Lembrando-se nesse caso, evidentemente, da incidência acerca do regime de bens, ante as normas heterotópicas, mais precisamente no que se refere a direitos reais imobiliários.*

d) Quanto à uniformidade da decisão (sentença)

Segundo esse critério, o litisconsórcio será simples ou unitário:

– simples: quando o conteúdo da sentença for diferente para todos os litisconsortes; por exemplo, vários credores (litisconsórcio ativo) com créditos distintos ingressam com uma ação em face de um mesmo devedor. Nesse caso, o conteúdo da sentença será diferente para cada litisconsorte, já que os valores devidos aos credores são também diferentes;

– unitário: quando a sentença tiver que ser proferida de forma idêntica para todos os litisconsortes que estejam no mesmo polo da relação processual; por exemplo, a sentença de anulação de casamento requerida pelo MP. Nesse caso, a sentença será a mesma para todos os litisconsortes.[387]

Importante aqui pontuar que, ao contrário do equivocado texto do revogado art. 47 do CPC/1973, este que ligava a figura do litisconsórcio necessário à exigência de sentença uniforme (unitária)[388], o CPC/2015 colocou em termos corretos a incidência da figura litisconsorcial necessária sem qualquer vinculação com a uniformidade ou não do provimento final entre os litisconsortes, como se vê:

"Art. 114. O litisconsórcio será necessário por disposição de lei ou quando, pela natureza da relação jurídica controvertida, a eficácia da sentença depender da citação de todos que devam ser litisconsortes."

Assim, conforme já mostrávamos na edição anterior da presente obra, destacamos as possíveis formações de litisconsórcios necessários e facultativos quanto à uniformidade da sentença:

– necessário unitário: ex.: art. 1.549 do Código Civil: o MP ingressa com ação de anulação de casamento celebrado por juiz incompetente; nesse caso, a sentença será a mesma para os litisconsortes;

– necessário simples: ex.: arts. 569 a 573 do CPC: nas ações divisórias e demarcatórias por lei, devem ser citados todos os confinantes, será litisconsórcio simples porque a sentença será diferente para cada um dos litisconsortes;

---

387 Enunciado n.11 do FPPC: *"O litisconsorte unitário, integrado ao processo a partir da fase instrutória, tem direito de especificar, pedir e produzir provas, sem prejuízo daquelas já produzidas, sobre as quais o interveniente tem o ônus de se manifestar na primeira oportunidade em que falar no processo."*

388 Sobre o assunto, ver o nosso Instituições de Direito Processual Civil. 2 ed. Belo Horizonte: Del Rey, 2013, p.125-126.

– facultativo unitário: ex.: art. 1.314, *caput*, do Código Civil: a lei permite que um único condômino ou que todos juntos defendam a propriedade, por isso, litisconsórcio facultativo e também unitário, porque a sentença deverá ser idêntica para todos os condôminos;

– facultativo simples: ex.: vários credores com créditos diferentes ingressam com uma ação em face de um mesmo devedor; é facultativo porque os credores podem ingressar com ação em separado e simples porque o conteúdo da sentença será diferente para cada um dos credores, pois os valores são diferentes.

94.2.3 Litisconsórcio Facultativo e seus Casuísmos Legais

Disposição contida no art. 113 do CPC estabelece as hipóteses em que duas ou mais pessoas podem (é uma faculdade) litigar conjuntamente no mesmo processo, ativa ou passivamente. São elas:

– pela comunhão de direitos: (ex.: art. 1.314, *caput*, do Código Civil), trata do condomínio de terras indivisas; nessa hipótese, um ou vários condôminos podem defender a propriedade de uma invasão, é facultativa a formação de um litisconsórcio ativo, já que há previsão legal para que um único consorte possa reivindicar a propriedade de terceiro;

– pela comunhão de obrigações: (ex.: art. 275, *caput*, do Código Civil), trata da solidariedade passiva, caso em que o credor poderá cobrar a dívida toda de apenas um devedor ou cobrá-la de vários (ou de todos) os devedores de uma só vez; neste último caso, haverá a formação de um litisconsórcio passivo pela comunhão das obrigações contraídas pelos devedores;

– pela conexão entre o objeto ou causa de pedir: quando as pessoas visam ao mesmo objeto ou quando estão ligadas pelo mesmo fato (o ocorrido) e fundamentos jurídicos (o dano causado), como, por exemplo, numa situação em que vários moradores de uma determinada área pedem, conjuntamente, a demolição de um prédio que ameaça ruir; neste caso, haverá uma conexão entre as causas já que todos visam ao mesmo objeto que é a demolição do prédio (ocorrerá a formação de um litisconsórcio ativo facultativo);

– pela afinidade de questões: por um ponto comum de fato ou de direito, por exemplo, uma invasão de gado pertencente a vários fazendeiros em uma propriedade, caso em que o proprietário do imóvel invadido poderá demandar face aos fazendeiros no mesmo processo (com a formação de um litisconsórcio passivo facultativo), já que existe afinidade por um ponto comum de fato que é a invasão; em outra situação, para citar um exemplo de questões cuja afinidade se dá por um ponto comum de direito, tem-se o caso em que vários empregados, cada um tendo participado de uma fase de determinada obra, ingressam juntos com uma ação para cobrar o pagamento a eles devido (formando um litisconsórcio ativo facultativo), cujo ponto comum de direito é que todos têm um contrato de trabalho com o empregador.

Obs.: Litisconsórcio multitudinário (art. 113, § 1º, do CPC).

Faculta a lei a possibilidade de desmembramento dos pedidos, em um processo, pelo juiz (concedido o contraditório substancial) ou a pedido do interessado. Tal possibilidade poderá se dar tanto na fase de conhecimento, na liquidação de sentença ou mesmo na execução, desde que comprometer a rápida solução do litígio ou dificultar a defesa ou o cumprimento da sentença.[389]

O § 2º do art. 113 adverte que o requerimento de limitação interrompe o prazo para manifestação ou resposta, este que começará da intimação da decisão que o solucionar, seja esta de acolhimento ou de rejeição do pedido.

Certo é que cada caso particular indicará por si só a conveniência ou não do supracitado desmembramento. Assim, importante se faz observar pelo magistrado a ocorrência ou não de verdadeiro prejuízo à defesa do réu ou mesmo à impossibilidade de rápida solução do litígio, pois que também temos aí um interesse da própria jurisdição.[390]

Nisso, temos em exemplo, a situação em que vários credores com títulos diferentes ajuízam uma ação em face de um único devedor. Por economia processual, todos os credores poderiam ingressar com ações conjuntamente, porém pode o juiz entender que a defesa do réu será prejudicada, por se tratar de credores diversos com valores e pedidos também diversos, ou seja, fatos e fundamentos jurídicos diferentes. Com isso, poderá o magistrado limitar o litisconsórcio facultativo, acostando em autos apensos cada litigante. Convém lembrar que os autores também podem pedir a limitação do litisconsórcio.

---

389 Enunciado n.10 do FPPC: "Em caso de desmembramento do litisconsórcio multitudinário, a interrupção da prescrição retroagirá à data de propositura da demanda original."

390 Enunciado n.116 do FPPC: "Quando a formação do litisconsórcio multitudinário for prejudicial à defesa, o juiz poderá substituir a sua limitação pela ampliação de prazos, sem prejuízo da possibilidade de desmembramento na fase de cumprimento de sentença."

Do indeferimento do pedido caberá recurso do agravo de instrumento conforme assenta o art. 1.015, VIII do CPC.

94.2.4 Litisconsórcio necessário e a Eficácia da Sentença

Oportuno que a relação litisconsorcial tenha sua formação realizada no início da relação jurídica processual.

Assim, observando o juiz a ocorrência de litisconsórcio necessário passivo na demanda, porém, ainda não integrado a ela, ordenará que o autor promova a citação de todos os litisconsortes necessários, *ex vi* do art. 115, parágrafo único), isso dentro de prazo que assinar (máximo de 30 dias, por analogia ao art. 351do CPC), sob pena de ser declarado extinto o processo.

Por outro lado, sendo ativo, o mesmo deverá ser citado para compor a relação jurídica processual, podendo vir ele a ingressar ou não na relação jurídica processual, visto que não se pode obrigar ninguém a demandar. Ingressando ou não formalmente no polo ativo da relação processual, a sentença a ele se estenderá, visto que foi citado validamente, possibilitando, portanto, a sua integração à relação jurídica processual.

Nisso, em exemplo, sendo cônjuge, poderá o cônjuge autor, caso o outro cônjuge não venha aceitar ingressar no processo, obter o suprimento judicial da outorga do cônjuge não interessado, isso quando, por motivo justo, ocorra a impossibilidade de obtê-la, como, por exemplo, esteja o outro cônjuge em viagem.

Assim, o importante é que os litisconsortes necessários possam figurar na relação jurídica processual, seja em qual polo processual for exigido, sob pena de restar nula ou ineficaz a sentença proferida.

Coube ao CPC/2015, regular validade da sentença de mérito em relação à uniformidade ou não da decisão em sede de litisconsórcio necessário, i.e., dependendo ser ele necessário uniforme ou necessário simples e sua participação na demanda, tudo por meio da existência ou não da citação.

Expressa o art. 115, I e II:

> *Art. 115. A sentença de mérito, quando proferida sem a integração do contraditório, será:*
>
> *I – nula, se a decisão deveria ser uniforme em relação a todos que deveriam ter integrado o processo;*

II - ineficaz, nos outros casos, apenas para os que não foram citados.

Nota-se que haverá diferença para os efeitos da sentença proferida em processo ao qual o litisconsorte necessário não foi integralizado.

Dito isso, tratando-se de litisconsórcio necessário-simples (exigência de formação da relação litisconsorcial com conteúdos da sentença de modo não uniforme para os litisconsortes), a sentença será ineficaz para aqueles que não participaram da relação jurídica processual, mas que deveriam ter participado na condição de litisconsórcio-simples, portanto, válida e eficaz para aqueles que dela participaram.

Já, quando da relação litisconsorcial-unitária (exigência de formação da relação litisconsorcial com conteúdos uniformes para todos os litisconsortes), a sentença será considerada nula, pois que todos os litisconsortes devem receber tratamento isonômico no plano do direito material. Daí, que a aludida sentença poderá ser impugnada por ação rescisória, com fundamento no art. 966, V.[391]

Nesse último caso pensamos diferente. Em sendo a sentença proferida sem a participação de litisconsórcio necessário com sentença de índole unitária, isto é, de falha substancial na relação jurídica processual, inclusive ferindo isonomicamente as questões no plano material, tratar-se-á, verdadeiramente, de sentença inexistente, pois que não pode aquele que ficou de fora pela própria ausência de citação ou ainda, nulidade da mesma, ficar condicionado ao lapso temporal da ação rescisória para fins de enfrentar conteúdo que sequer teve a oportunidade de se manifestar, ferindo o básico preceito constitucional do contraditório e da ampla defesa, sendo-lhe podado a possibilidade de influir nos desígnios da sentença a ele imputada, isso a qualquer tempo! Contraditório substancial é muito mais do que o binômio informação-reação. Significa a possibilidade de influir no próprio destino da tutela jurisdicional a ser prolatada.

Trata-se, aí então, da possibilidade de manejo da ação de *querela nullitatis*, de manejo imprescritível, onde será possível enfrentar o digitado vício formal - de natureza grave! - que é a ausência de correta formação da relação jurídica processual entre aquele não citado e os partícipes da demanda ora extinta em seu mérito, não sendo razoável que depois de pas-

---

391 No mesmo sentido, NERY JÚNIOR, Nelson; NERY, Rosa Maria Andrade. *Código de Processo Civil Comentado e Legislação Extravagante*, 8 ed. São Paulo: RT, 2004, p.526.

sados 2 (dois) anos de eventual não propositura da ação rescisória, possam os efeitos materiais da sentença proferida sem a participação imprescindível do litisconsorte necessário-unitário, tornarem imutáveis, diante do que, lamentavelmente acostou colocou o legislador no inciso I do supracitado art. 115, como sentença de natureza nula.[392]

No mesmo sentido, adverte Teresa Wambier et al[393] ao bem afirmar que

> sentenças de mérito proferidas nessas condições não têm aptidão material para transitar em julgado, ficando sujeitas à impugnação pela ação declaratória.
> A nosso ver, a ausência de citação de litisconsorte necessário é vício que equivale à ausência de citação. Afinal, o processo só se triangulariza se estiverem (ou se forem provocados a estar) ali todos aqueles cuja presença a lei considera necessária.

94.2.5 Regime Jurídico de cada Litisconsorte no Processo (arts. 117, 229, 391 e 1.005 do CPC)

Consta no art. 117 do CPC que os *"litisconsortes serão considerados, em suas relações com a parte adversa, como litigantes distintos, exceto no litisconsórcio unitário, caso em que os atos e as omissões de um não prejudicarão os outros, mas os poderão beneficiar."*

Tal preceito é colocado como regra geral, no entanto possui aplicação efetiva apenas quando se tratar de litisconsórcio simples, pois funciona como se fosse uma cumulação de ações, em que haveria a possibilidade de diferentes soluções para cada um dos litisconsortes.

---

392 Colaciona-se aqui, jurisprudência firme a tempos no Supremo Tribunal Federal:
"AÇÃO DECLARATORIA DE NULIDADE DE SENTENÇA POR SER NULA A CITAÇÃO DO RÉU REVEL NA AÇÃO EM QUE ELA FOI PROFERIDA. 1.PARA A HIPÓTESE PREVISTA NO ARTIGO 741, I, DO ATUAL CPC - QUE É A DA FALTA OU NULIDADE DE CITAÇÃO, HAVENDO REVELIA – PERSISTE, NO DIREITO POSITIVO BRASILEIRO – A "QUERELA NULLITATIS", O QUE IMPLICA DIZER QUE A NULIDADE DA SENTENÇA, NESSE CASO, PODE SER DECLARADA EM AÇÃO DECLARATORIA DE NULIDADE, INDEPENDENTEMENTE DO PRAZO PARA A PROPOSITURA DA AÇÃO RESCISÓRIA, QUE, EM RIGOR, NÃO E A CABIVEL PARA ESSA HIPÓTESE. 2.RECURSO EXTRAORDINÁRIO CONHECIDO, NEGANDO-SE-LHE, PORÉM, PROVIMENTO". (STF. RE 97589/SC, Tribunal Pleno. Rel. Min. Moreira Alves, Julg. 17.11.1982, DJ 03.06.1983).

393 WAMBIER, Teresa Arruda Alvim et al. Primeiros Comentários ao Novo Código de Processo Civil. São Paulo: RT, 2015, p.340.

Com relação ao litisconsórcio unitário, tal preceito do art. 117 não lhe é aplicável, visto que a decisão, nesse caso, deverá ser proferida de maneira uniforme e, portanto, os atos de um litisconsórcio unitário podem beneficiar os demais, no entanto as omissões de um não podem prejudicar os outros.

Sendo assim, em se tratando de litisconsórcio unitário, os atos benéficos se estendem a todos os litisconsortes, ao passo que os atos prejudiciais, não.

Vejamos, nesse âmbito, algumas questões pertinentes às relações litisconsorciais:

– Quanto aos prazos

Acompanhando entendimento doutrinário sobre o tema, preceitua o *caput* do art. 229: "*Os litisconsortes que tiverem diferentes procuradores, de escritórios de advocacia distintos, terão prazos contados em dobro para todas as suas manifestações, em qualquer juízo ou tribunal, independentemente de requerimento.*"

Verifica-se, portanto, que aludida possibilidade de incidência do prazo em dobro para as manifestações em qualquer juízo ou tribunal somente se dará, na expressão do CPC/2015, caso os procuradores forem de escritórios de advocacia distintos, valendo ressaltar tal impossibilidade diante de processo em autos eletrônicos (§ 2º do art. 229).

Outrossim, havendo dois réus e apenas um deles tenha contestado na ação, ficando o outro na situação de revel, igualmente entende o § 1º do art. 229 que cessará o direito ao prazo em dobro para aqueles litisconsortes.

Tal regra, entendemos, seria de aplicação nos casos em que aquele revel não constituísse advogado nos autos, mesmo após a ausência da peça contestatória, ficando a relação litisconsorcial prejudicada. Por outro lado, tendo, posteriormente, aquele revel constituído advogado diferente do outro réu e de escritório de advocacia distinto, pensamos ser possível sua manifestação no processo em qualquer outro momento, o que, certamente, justificaria a prática dos prazos em dobro, pois que se configura a constituição de relação litisconsorcial somada a possibilidade de dificuldade de acesso aos autos do processo em prazo tido como comum de natureza simples.

Tal hipótese aplica-se a ambos os litisconsórcios, quer simples ou unitário.

– Quanto às provas.

As provas, em geral, podem ser aproveitadas pelo juízo e incidir sobre qualquer dos litisconsortes, salvo em se tratando de confissão (cidadão reconhece uma questão ligada ao pedido principal), já que, conforme o art. 391 do CPC possui ela característica personalíssima, incidindo apenas sobre o confitente.

Aplica-se tanto ao litisconsórcio simples quanto ao unitário.

– Quanto à questão recursal

Dispõe o art. 1.005 do CPC que "o recurso interposto por um dos litisconsortes a todos aproveita, salvo se distintos ou opostos os seus interesses."

Subentende-se do dispositivo acima que a providência ali mencionada só terá efetividade nos casos de litisconsórcio unitário.

94.3 Intervenção dos Interessados como litisconsortes e coisa julgada

Destaca-se que a intervenção dos interessados como litisconsortes apresenta consequências em relação aos limites subjetivos da coisa julgada, consoante o artigo 103, inciso III combinado com o § 2º do mesmo dispositivo legal do CDC. Isso porque se o interessado intervém ou não como litisconsorte no processo coletivo, caso a sentença seja procedente, estes serão beneficiados pelos efeitos da coisa julgada. Por outro lado, se a demanda coletiva for rejeitada pelo mérito, somente aqueles que não tiverem intervindo no processo poderão propor ações individuais de responsabilidade civil.

Isto posto, pontuam-se duas possibilidades, a saber:

Intervenção no Processo coletivo	Sentença Procedente	Sentença Improcedente pelo mérito
SIM	Beneficiado pela coisa julgada na ação coletiva	Não pode ingressar com ação individual, já que colhido pela coisa julgada
NÃO	Beneficiado pela coisa julgada no processo coletivo	Poderá ingressar com a ação individual de responsabilidade civil

Art. 95. Em caso de procedência do pedido, a condenação será genérica, fixando a responsabilidade do réu pelos danos causados.

↳COMENTÁRIOS

95.1 Condenação

O artigo 95 do CDC determina que em caso de procedência do pedido, a condenação será genérica (certa e ilíquida).

Nesses termos, bem atesta o art. 509 do CPC :

"Quando a sentença condenar ao pagamento de quantia ilíquida, proceder-se-á à sua liquidação, a requerimento do credor ou do devedor."

95.2 Jurisprudências

PROCESSUAL CIVIL. DIREITO DO CONSUMIDOR. AGRAVO REGIMENTAL EM AGRAVO EM RECURSO ESPECIAL. AÇÃO CIVIL PÚBLICA. PRAZO PRESCRICIONAL APLICÁVEL PARA AJUIZAMENTO DA EXECUÇÃO. SÚMULA 150/STF. É A LEI QUE DEFINE QUAL O PRAZO PRESCRICIONAL INCIDENTE À PRETENSÃO DEDUZIDA EM JUÍZO, NÃO A SENTENÇA. COISA JULGADA MATERIAL.

1. As ações civis públicas, ao tutelarem indiretamente direitos individuais homogêneos, viabilizam uma prestação jurisdicional de maior efetividade a toda uma coletividade atingida em seus direitos, dada a eficácia vinculante das suas sentenças.

2. Assim, em face do escopo jurídico e social das ações civis públicas na tutela dos direitos individuais homogêneos, busca-se reconhecer, por meio dessas ações, o evento factual gerador comum, do qual decorrem pretensões indenizatórias massificadas, a fim de facilitar a defesa do consumidor em Juízo, com acesso pleno aos órgãos judiciários.

3. Diante de tais premissas, o próprio CDC, em seu artigo 95, dita os contornos do conteúdo da sentença coletiva relativa à pretensão deduzida em Juízo nessa espécie processual, ditando de antemão aquilo que virá a ser a sua coisa julgada material, no sentido de a sentença se limitar a reconhecer a responsabilidade do réu pelos danos causados aos consumidores condenando-o, de forma genérica, ao dever de indenizar.

4. Caberá à parte, diante dessa sentença genérica, proceder posteriormente à sua execução ou liquidação (art. 97, CDC), a qual se diferencia da execução comum, em razão de demandar ampla cognição para a individuação

do direito do consumidor exequente, e também por conferir ao exequido a oportunidade de opor objeções relativas às eventuais situações impeditivas, modificativas ou extintivas da pretensão executiva. Precedentes: EREsp 475.566/PR, Rel. Ministro Teori Albino Zavascki, Primeira Seção, DJ 13/9/2004; REsp 1.071.787/RS, Rel. Ministro Francisco Falcão, Primeira Turma, DJe 10/8/2009; REsp 673.380/RS, Rel. Ministra Laurita Vaz, Quinta Turma, DJ 20/6/2005, entre outros.

5. No caso em apreço, não subsiste a alegação de que a aplicação da prescrição quinquenal, na fase executiva decorrente de sentença coletiva, que consignara que o prazo prescricional para o ajuizamento das ações para a cobrança dos expurgos inflacionários seria de 20 (vinte) anos, constituiria violação da coisa julgada.

6. Pelo ordenamento jurídico pátrio, é a lei, que define, conforme a pretensão deduzida em Juízo, o respectivo prazo prescricional aplicável, e não a sentença, mesmo que transitada em julgado, pois a sentença não cria nem inova direitos, é ato que interrompe a prescrição.

7. O prazo prescricional não decorre de um direito novo nascido na sentença ou de uma espécie de "novação judiciária". A sentença apenas reconhece um direito existente e, mediante a formação de um título executivo, propicia a satisfação coercitiva do direito reconhecido.

8. À execução aplica-se o mesmo lapso temporal incidente à pretensão deduzida na ação de conhecimento, de que é derivada, começando a fluir seu prazo prescricional com o trânsito em julgado da sentença, que materialmente a subsidia.

9. No caso, há lei definindo que o prazo prescricional para deduzir pretensão relativa a direitos individuais homogêneos, mediante o ajuizamento de ação civil pública, é de cinco anos, por força do art. 21 da Lei nº 4.717/65, de aplicação analógica; por conseguinte, à pretensão executiva decorrente incidirá idêntico lapso temporal, a contar do trânsito em julgado da sentença coletiva, não se encontrando acobertada pelo manto da coisa julgada material a referência nela existente a prazo prescricional diverso daquele que lhe haja sido fixado por legislação especial de regência.

10. Agravo regimental não provido. (AgRg no AREsp 122.031/PR, Rel. Ministro LUIS FELIPE SALOMÃO, QUARTA TURMA, julgado em 08/05/2012, DJe 14/05/2012)

PROCESSUAL CIVIL. CONFLITO NEGATIVO DE COMPETÊNCIA. SERVIDOR PÚBLICO FEDERAL. AÇÃO COLETIVA. EXECUÇÃO INDIVIDUAL NO DOMICÍLIO DO AUTOR. FORO DIVERSO DO FORO DO PROCESSO DE CONHECIMENTO. POSSIBILIDADE. INCIDÊNCIA DAS LEIS Nº 8.078/90 E 7.347/85. CONFLITO CONHE-

CIDO. COMPETÊNCIA DA JUSTIÇA FEDERAL DO ESTADO DO AMAZONAS.

1. As ações coletivas *lato sensu* – ação civil pública ou ação coletiva ordinária – visam proteger o interesse público e buscar a realização dos objetivos da sociedade, tendo, como elementos essenciais de sua formação, o acesso à Justiça e a economia processual e, em segundo plano, mas não de somenos importância, a redução dos custos, a uniformização dos julgados e a segurança jurídica.

2. A sentença coletiva (condenação genérica, art. 95 do CDC), ao revés da sentença que é exarada em uma demanda individualizada de interesses (liquidez e certeza, art. 460 do CPC), unicamente determina que as vítimas de certo fato sejam indenizadas pelo seu agente, devendo, porém, ser ajuizadas demandas individuais a fim de se comprovar que realmente é vítima, que sofreu prejuízo e qual o seu valor.

3. O art. 98, I, do CDC permitiu expressamente que a liquidação e execução de sentença sejam feitas no domicílio do autor, em perfeita sintonia com o disposto no art. 101, I, do mesmo código, que tem como objetivo garantir o acesso à Justiça.

4. Não se pode determinar que os beneficiários de sentença coletiva sejam obrigados a liquidá-la e executá-la no foro em que a ação coletiva fora processada e julgada, sob pena de lhes inviabilizar a tutela dos direitos individuais, bem como congestionar o órgão jurisdicional.

5. Conflito de competência conhecido para declarar competente o Juízo Federal da 2ª Vara da Seção Judiciária do Estado do Amazonas/AM, o suscitado. (STJ. 3ª T. CC 96.682/RJ, Rel. Ministro Arnaldo Esteves Lima. Julg. 10.02.2010, DJe 23.03.2010).

Art. 96. (Vetado).

↳COMENTÁRIOS
96.1 Artigo vetado

Art. 97. A liquidação e a execução de sentença poderão ser promovidas pela vítima e seus sucessores, assim como pelos legitimados de que trata o art. 82.
Parágrafo único. (Vetado).

⇒COMENTÁRIOS

97.1 Liquidação e execução da sentença

Conforme visto no artigo 95 do CDC, a sentença condenatória é genérica e ilíquida. Portanto, necessária a sua liquidação e execução, de acordo com as normas do CPC.

Aqui vale destacar a seguinte decisão do Ministro do STJ Luis Felipe Salomão:

"[...] todavia, para o cumprimento de sentença, o escopo é o ressarcimento do dano individualmente experimentado, de modo que a indivisibilidade do objeto cede lugar à sua individualização.

Não obstante ser ampla a legitimação para impulsionar a liquidação e a execução da sentença coletiva, admitindo-se que a promovam o próprio titular do direito material, seus sucessores, ou um dos legitimados do art. 82 do CDC, o art. 97 impõe uma gradação de preferência que permite a legitimidade coletiva subsidiariamente, uma vez que, nessa fase, o ponto central é o dano pessoal sofrido por cada uma das vítimas.

Assim, no ressarcimento individual (arts. 97 e 98 do CDC), a liquidação e a execução serão obrigatoriamente personalizadas e divisíveis, devendo prioritariamente ser promovidas pelas vítimas ou seus sucessores de forma singular, uma vez que o próprio lesado tem melhores condições de demonstrar a existência do seu dano pessoal, o nexo etiológico com o dano globalmente reconhecido, bem como o montante equivalente à sua parcela.

O art. 98 do CDC preconiza que a execução "coletiva" terá lugar quando já houver sido fixado o valor da indenização devida em sentença de liquidação, a qual deve ser – em sede de direitos individuais homogêneos – promovida pelos próprios titulares ou sucessores.

A legitimidade do Ministério Público para instaurar a execução exsurgirá – se for o caso – após o escoamento do prazo de um ano do trânsito em julgado se não houver a habilitação de interessados em número compatível com a gravidade do dano, nos termos do art. 100 do CDC. É que a hipótese versada nesse dispositivo encerra situação em que, por alguma razão, os consumidores lesados desinteressam-se quanto ao cumprimento individual da sentença, retornando a legitimação dos entes públicos indicados no art. 82 do CDC para requerer ao Juízo a apuração dos danos globalmente causados e a reversão dos valores apurados para o Fundo de Defesa dos Direitos Difusos (art. 13 da LACP), com vistas a que a sentença não se torne inócua, liberando o fornecedor que atuou ilicitamente de arcar com a reparação dos danos causados.

No caso sob análise, não se tem notícia acerca da publicação de editais cientificando os interessados acerca da sentença exequenda, o que constitui óbice à sua habilitação na liquidação, sendo certo que o prazo decadencial nem sequer iniciou o seu curso, não obstante já se tenham escoado quase treze anos do trânsito em julgado.

No momento em que se encontra o feito, o Ministério Público, a exemplo dos demais entes públicos indicados no art. 82 do CDC, carece de legitimidade para a liquidação da sentença genérica, haja vista a própria conformação constitucional desse órgão e o escopo precípuo dessa forma de execução, qual seja, a satisfação de interesses individuais personalizados que, apesar de se encontrarem circunstancialmente agrupados, não perdem sua natureza disponível. Recurso especial provido." (STJ. 4ª T. REsp 869.583/DF, Rel. Ministro Luis Felipe Salomão.Julg. 05.06.2012, DJe 05.09.2012).

> **Art. 98. A execução poderá ser coletiva, sendo promovida pelos legitimados de que trata o art. 82, abrangendo as vítimas cujas indenizações já tiveram sido fixadas em sentença de liquidação, sem prejuízo do ajuizamento de outras execuções. (Redação dada pela Lei nº 9.008, de 21.3.1995)**
>
> **§ 1º A execução coletiva far-se-á com base em certidão das sentenças de liquidação, da qual deverá constar a ocorrência ou não do trânsito em julgado.**
>
> **§ 2º É competente para a execução o juízo:**
>
> **I – da liquidação da sentença ou da ação condenatória, no caso de execução individual;**
>
> **II – da ação condenatória, quando coletiva a execução.**

↪COMENTÁRIOS
98.1 Execução Coletiva

Após a liquidação da sentença condenatória, consoante visto alhures, o artigo 98 do CDC trata da execução coletiva. Esta poderá ocorrer de duas formas distintas:

a) a *execução individual* realizada pelo prejudicado;

b) a *execução coletiva*, sendo promovida pelos legitimados (artigo 82 do CDC) abrangendo as vítimas cujas indenizações já tiveram sido fixadas em sentença de liquidação.

A execução coletiva far-se-á com base em certidão das sentenças de liquidação, da qual deverá constar a ocorrência ou não do trânsito em julgado. (artigo 98, § 1º, do CDC)

De acordo com o § 2º do mesmo dispositivo legal, é competente para a execução o juízo:

I – da liquidação da sentença ou da ação condenatória, no caso de execução individual;

II – da ação condenatória, quando coletiva a execução.

98.2 Jurisprudências

PROCESSUAL CIVIL. AGRAVO REGIMENTAL NO AGRAVO REGIMENTAL NO AGRAVO DE INSTRUMENTO. ART. 535, II, DO CPC. VIOLAÇÃO. AUSÊNCIA. AÇÃO COLETIVA. EXECUÇÕES INDIVIDUAIS. POSSIBILIDADE. LITISPENDÊNCIA. NÃO OCORRÊNCIA.

1. Não há ofensa ao art. 535, II, do CPC, porquanto o Tribunal de origem decidiu, fundamentadamente, as questões postas ao seu exame, cumprindo ressaltar, ainda, que o magistrado não está obrigado a responder a todas as questões levantadas pelas partes, quando já tenha encontrado motivo suficiente para decidir.

2. É firme a jurisprudência do Superior Tribunal de Justiça no sentido de que: "Não se configura litispendência quando o beneficiário de ação coletiva busca executar individualmente a sentença da ação principal, mesmo já havendo execução pelo ente sindical que encabeçara a ação. Inteligência do artigo 219 do Código de Processo Civil e 97 e 98 do Código de Defesa do Consumidor. Precedentes: REsp 730.869/DF, Rel. Min. LAURITA VAZ, DJ de 2/5/2007; AgRg no REsp 774.033/RS, Rel. Min. FELIX FISCHER, QUINTA TURMA, DJ de 20/3/2006; REsp 487.202/RJ, Rel. Min. TEORI ALBINO ZAVASCKI, PRIMEIRA TURMA, DJ de 24/5/2004" (REsp 995.932/RS, Rel. Min. CASTRO MEIRA, SEGUNDA TURMA, DJe 4/6/2008).

3. Tal posicionamento leva em consideração a eficácia que decorre da ação coletiva visando à defesa de interesses individuais homogêneos, a qual atinge os que foram alcançados pela substituição processual, entendida à luz do princípio da máxima amplitude da tutela coletiva. 4. Agravo regimental a que se nega provimento. (STJ. 6ª T. AgRg no AgRg no Ag 1186483/RJ, Rel. Ministro Og Fernandes.Julg. 03.05.2012, DJe 16.05.2012).

RECURSO ESPECIAL. ART. 105, INCISO III, ALÍNEA "C", DA CF. COTEJO ANALÍTICO. CIRCUNSTÂNCIAS FÁTICAS. INEXISTÊN-CIA. EXECUÇÃO. COMPETÊNCIA. DOMICÍLIO DO AUTOR. POS-SIBILIDADE.

1. Não se conhece do recurso especial, interposto com base no art. 105, inciso III, alínea "c", da CF, quando o recorrente limita-se a transcrever ementas de julgados, enfatizando trechos e argumentos que se alinham ao pleito recursal, sem providenciar, porém, o necessário cotejo analítico, a fim de demonstrar a similitude fática entre os casos decididos, na forma dos artigos 541, parágrafo único, do CPC, e 255, do Regimento Interno do Superior Tribunal de Justiça. Precedentes.

2. Os artigos 98, inciso I, e 101, inciso I, ambos do Código de Defesa do Consumidor, permitem que a liquidação e execução de sentença coletiva sejam feitas no domicílio do autor.

3. Não se pode obrigar os beneficiários de sentença coletiva a liquidá-la e executá-la no foro em que a ação coletiva fora processada e julgada, sob pena de inviabilizar a tutela dos seus direitos.

4. Recurso especial parcialmente conhecido e, nesta parte, provido. (STJ. 2ªT.REsp 1122292/GO, Rel. Ministro Castro Meira.Julg. 21.09.2010, DJe 04/10/2010).

> **Art. 99.** Em caso de concurso de créditos decorrentes de condenação prevista na Lei nº 7.347, de 24 de julho de 1985 e de indenizações pelos prejuízos individuais resultantes do mesmo evento danoso, estas terão preferência no pagamento.
>
> **Parágrafo único.** Para efeito do disposto neste artigo, a destinação da importância recolhida ao fundo criado pela Lei nº 7.347 de 24 de julho de 1985, ficará sustada enquanto pendentes de decisão de segundo grau as ações de indenização pelos danos individuais, salvo na hipótese de o patrimônio do devedor ser manifestamente suficiente para responder pela integralidade das dívidas.

⇒COMENTÁRIOS
99.1 Concurso de Créditos

O artigo 99 do CDC trata do concurso de créditos decorrentes de condenação prevista na Lei nº 7.347, de 24 de julho de 1985, e de indenizações pelos prejuízos individuais resultantes do mesmo evento danoso. Estas terão preferência no pagamento.

99.2 Garantia de Preferência

O parágrafo único do artigo 99 refere-se a garantia de preferência prevista no *caput* do mesmo dispositivo legal.

> **Art. 100. Decorrido o prazo de um ano sem habilitação de interessados em número compatível com a gravidade do dano, poderão os legitimados do art. 82 promover a liquidação e execução da indenização devida.**
>
> **Parágrafo único. O produto da indenização devida reverterá para o fundo criado pela Lei nº 7.347, de 24 de julho de 1985.**

↳COMENTÁRIOS

100.1 *Fluid Recovery* e Prazo para Habilitação

Pode ocorrer que a sentença condenatória não seja liquidada pelas vítimas ou a habilitação dos interessados seja em número incompatível com a gravidade do dano. É nesse sentido que o artigo 100 do CDC diz que decorrido um ano sem habilitação de interessados em número compatível com a gravidade do dano, poderão os legitimados do artigo 82[394] promover a liquidação e execução da indenização devida. É, pois, a chamada *fluid recovery* (reparação fluída).

Nesse diapasão, é importante destacar as lições de Ada Pellegrini Grinover ao dizer que "[...] a hipótese é comum no campo das relações de consumo, quando se trate de danos insignificantes em sua individualidade mas ponderáveis no conjunto: imagine-se, por exemplo, o caso de venda de produto cujo peso ou quantidade não corresponda aos equivalentes ao preço cobrado. O dano globalmente *causado* pode ser considerável, mas de pouca ou nenhuma importância o prejuízo *sofrido* por cada consumidor lesado. Foi para casos como esses que o *caput* do art. 100 previu a *fluid recovery*.

Observe-se, porém, que a indenização destinada ao Fundo criado pela LACP nos termos do parágrafo único do art. 100, é residual no sistema

---

[394] CDC – Art. 82. *Para os fins do art. 81, parágrafo único, são legitimados concorrentemente: (Redação dada pela Lei nº 9.008, de 21.3.1995)* I – o Ministério Público, II – a União, os Estados, os Municípios e o Distrito Federal; III – as entidades e órgãos da Administração Pública, direta ou indireta, ainda que sem personalidade jurídica, especificamente destinados à defesa dos interesses e direitos protegidos por este código; IV – as associações legalmente constituídas há pelo menos um ano e que incluam entre seus fins institucionais a defesa dos interesses e direitos protegidos por este código, dispensada a autorização assemblear.

brasileiro, só podendo destinar-se ao referido Fundo se não houver habilitantes em número compatível com a gravidade do dano."[395]

Vale destacar, ainda, que "o Ministério Público é parte legítima para promover execução residual da chamada *fluid recovery*, a que se refere o art. 100, do CDC, com o escopo de reversão ao Fundo Público do valor residual, especialmente quando não houver interessados habilitados em número compatível com a extensão do dano. A reversão para o Fundo Público dos valores não levantados pelos beneficiários é providência cabível na fase de execução da sentença coletiva, descabendo por isso exigir que a inicial da ação de conhecimento já contenha tal pedido, cuja falta não induz julgamento extra petita, tampouco alteração do pedido na fase de execução. Ademais, independente de pedido na ação de conhecimento, a reversão para o fundo é previsão legal, sujeitando-se a condições secundum eventum litis, ou seja, somente reverterá caso ocorra, em concreto e na fase de execução, as circunstâncias previstas no art. 100, CDC." (STJ. 4ª T.REsp 996.771/RN, Rel. Min. Luis Felipe Salomão.Julg. 06.03.2012, *DJe* 23.04.2012).

CAPÍTULO III
Das Ações de Responsabilidade do Fornecedor de Produtos e Serviços

Art. 101. Na ação de responsabilidade civil do fornecedor de produtos e serviços, sem prejuízo do disposto nos Capítulos I e II deste título, serão observadas as seguintes normas:

I – a ação pode ser proposta no domicílio do autor;

II – o réu que houver contratado seguro de responsabilidade poderá chamar ao processo o segurador, vedada a integração do contraditório pelo Instituto de Resseguros do Brasil. Nesta hipótese, a sentença que julgar procedente o pedido condenará o réu nos termos do art. 80 do Código de Processo Civil. Se o réu houver sido declarado falido, o síndico será intimado a informar a existência de seguro de responsabilidade, facultando-se, em caso afirmativo, o ajuizamento de ação de indenização diretamente contra o segurador, vedada a

---

[395] GRINOVER, *Ada Pellegrini*; WATANABE, *Kazuo*; NERY JÚNIOR, *Nelson*. *Código Brasileiro de Defesa do Consumidor: Comentado pelos Autores do Anteprojeto*. Volume II. 10.ed. Rio de Janeiro: Forense, 2011, p.163.

denunciação da lide ao Instituto de Resseguros do Brasil e dispensado o litisconsórcio obrigatório com este.

⇾COMENTÁRIOS

101.1 Competência Territorial

O artigo 101, inciso I, do CDC é claro ao dizer que a ação pode ser proposta no domicílio do autor. A finalidade é, portanto, beneficiar o consumidor. Não podemos esquecer que de acordo com o artigo 6º, inciso VII, do CDC são direitos básicos do consumidor o acesso aos órgãos judiciários e administrativos com vistas à prevenção ou reparação de danos patrimoniais e morais, individuais, coletivos ou difusos, assegurada a proteção Jurídica, administrativa e técnica aos necessitados.

101.2 Chamamento ao Processo

O artigo 101, inciso II, do CDC diz que o réu que houver contratado seguro de responsabilidade poderá chamar ao processo o segurador.

Trata-se o instituto do Chamamento ao Processo, da faculdade atribuída àquele que está sendo demandado pelo pagamento de determinada dívida, de chamar ao processo os outros devedores ou aquele(s) a quem estava(m) incumbido(s) de forma principal o pagamento, de modo a torná-los também réus na ação.

O presente instituto possui a finalidade de se obter sentença que possa ser executada contra os codevedores ou o obrigado principal pelo devedor que pagar o débito.

Conforme observa Athos Gusmão Carneiro,[396] a sentença apresenta similitude com a proferida nos casos de denunciação da lide, mas com uma diferença. Na denunciação, a sentença de procedência é título executivo no que tange à ação regressiva em favor do denunciante e contra o denunciado. No chamamento, nem sempre o título executivo será formado em favor do chamante e contra o chamado; poderá sê-lo em favor do chamado e contra o chamante, tudo dependendo de quem vier, ao final, a satisfazer a dívida.

Suponhamos três devedores solidários, B, C e D. Citado como réu apenas o devedor B, este chama ao processo os codevedores. No caso de

---
396 CARNEIRO, Athos Gusmão. *Intervenção de Terceiros*. 14 ed. São Paulo: Saraiva, 2003, p.122-123.

os três resultarem condenados (talvez possa algum deles socorrer-se de defesa pessoal, que aos outros não assista), pode acontecer de a dívida ser paga não pelo chamante B, mas pelo chamado C, este disporá, então, pela sentença e com o comprovante de pagamento, de título executivo contra o chamante B e também contra o chamado D.

Em se tratando de devedores solidários que podem ser convocados por meio do chamamento ao processo, destacamos a atenção para as disposições constantes dos arts. 265, 267 e 275, *caput*, todos do Código Civil. Tais dispositivos conceituam legalmente as solidariedades ativa e passiva.

Dito isso, a partir da norma do inciso II do artigo 101 do CDC, amplia-se o rol do art. 130 do CPC.[397]

Nota-se que o dispositivo em comento do CDC faz referência ao art. 80 do CPC/1973 revogado pela Lei nº 13.105, de 16.03.2016.

Assim, passa-se então ao artigo referente no CPC/2015 que é o art. 132. *In verbis*:

"A sentença de procedência valerá como título executivo em favor do réu que satisfizer a dívida, a fim de que possa exigi-la, por inteiro, do devedor principal, ou, de cada um dos codevedores, a sua quota, na proporção que lhes tocar."

101.3 Jurisprudências

DIREITO DO CONSUMIDOR E PROCESSUAL CIVIL. RECURSO ESPECIAL. PRETENSÃO DE RECONHECIMENTO DA VIOLAÇÃO, NA VIGÊNCIA DA CONSTITUIÇÃO FEDERAL DE 1988, DE DISPOSITIVOS DA LEI DE IMPRENSA. DESCABIMENTO. OMISSÃO. INEXISTÊNCIA. AÇÃO CAUTELAR EM FACE DA RETRANSMISSORA, BUSCANDO EXIBIÇÃO DE FITAS. VEICULAÇÃO DE NOTÍCIAS DESABONADORAS EM TELEJORNAIS DE ÂMBITO LOCAL E NACIONAL. RELAÇÃO JURÍDICA ENTRE TELESPECTADOR E RETRANSMISSORA DE TELEVISÃO. CONSUMO. DESCONSIDERAÇÃO DA PERSONALIDADE JURÍDICA DA RETRANSMISSORA PARA QUE ESSA APRESENTE AS FITAS DE PROGRAMAS PRODUZIDOS PELA EMISSORA. INVIABILIDADE.

---

397 "Art. 130. É admissível o chamamento ao processo, requerido pelo réu:
I – do afiançado, na ação em que o fiador for réu;
II – dos demais fiadores, na ação proposta contra um ou alguns deles;
III – dos demais devedores solidários, quando o credor exigir de um ou de alguns o pagamento da dívida comum."

1. O STF declarou, no julgamento da ADPF 130, relatada pelo Ministro Carlos Britto, que a Constituição Federal de 1988 não recepcionou a Lei de Imprensa, por isso não há falar em violação de dispositivos desse Diploma.

2. A retransmissora, tal qual a emissora, se enquadram ao conceito de fornecedor de serviços, nos moldes do disposto no artigo 3º, § 2º, do Código de Defesa do Consumidor.

3. Como a relação jurídica é de consumo, o artigo 101, I, do Código de Defesa do Consumidor permite ao consumidor ajuizar, em seu domicílio, ação em face da emissora e da retransmissora, buscando a exibição de fitas com as gravações dos programas produzidos e veiculados por cada uma delas para instruir a futura ação de responsabilidade civil. Com efeito, a tese de ser possível, com base no artigo 28 do Código de Defesa do Consumidor, a desconsideração da personalidade jurídica da retransmissora para que essa exiba as fitas com as cópias dos telejornais de âmbito nacional, é manifestamente descabida, incidindo a Súmula 284/STF.

4. Recurso especial a que se nega provimento." (STJ. 4ª T.REsp 946.851/PR, Rel. Ministro Luis Felipe Salomão.Julg. 17.04.2012, DJe 15.05.2012).

CONFLITO DE COMPETÊNCIA. EMBARGOS DE DECLARAÇÃO. CONTRADIÇÃO. EFEITOS MODIFICATIVOS. PREVIDÊNCIA PRIVADA. FUNCEF. ECONOMIÁRIAS APOSENTADAS. RELAÇÃO DE CONSUMO. AJUIZAMENTO DA AÇÃO, SEM JUSTIFICATIVA, EM COMARCA QUE NÃO É DOMICÍLIO DA RÉ, FORO CONTRATUAL, LOCAL DO CUMPRIMENTO DA OBRIGAÇÃO OU DOMICÍLIO DAS AUTORAS. IMPOSSIBILIDADE.

1. Verificada a presença de contradição no julgamento, possível conferir efeitos infringentes aos embargos de declaração a fim de extirpar o vício.

2. Segundo entendimento desta Corte, nas ações propostas contra o consumidor, a competência pode ser declinada de ofício para o seu domicílio, em face do disposto no art. 101, inciso I, do CDC e no parágrafo único, do art. 112, do CPC.

3. Se a autoria do feito pertence ao consumidor, contudo, permite-se-lhe a escolha do foro de eleição contratual, considerando que a norma protetiva, concebida em seu benefício, não o obriga, quando optar por demandar fora do seu domicílio.

4. Não se admite, todavia, sem justificativa plausível, a escolha aleatória de foro que não seja nem o do domicílio do consumidor, nem o do réu, nem o de eleição e nem o do local de cumprimento da obrigação.

5. Embargos de declaração acolhidos com efeitos modificativos para conhecer do conflito, declarando competente a Justiça do Estado da Paraíba, anulada a sentença proferida pelo Juízo de Direito da 7ª Vara Cível do Foro Central de Porto Alegre, RS.

(STJ. 2ª T. EDcl no AgRg nos EDcl no CC 116.009/PB, Rel. Ministro Sidnei Beneti, Rel. p/ Acórdão Ministra Maria Isabel Gallotti.Julg. 08.02.2012, DJe 20.04.2012).

CONFLITO DE COMPETÊNCIA. CONTRATO BANCÁRIO. FINANCIAMENTO COM GARANTIA DE ALIENAÇÃO FIDUCIÁRIA. FORO CONTRATUAL. AÇÃO PROPOSTA PELO CONSUMIDOR. RENÚNCIA AO FORO DO DOMICÍLIO. POSSIBILIDADE.

1. Segundo entendimento desta Corte, nas ações propostas contra o consumidor, a competência pode ser declinada de ofício para o seu domicílio, em face do disposto no art. 101, inciso I, do CDC e no parágrafo único, do art. 112, do CPC.

2. Se a autoria do feito pertence ao consumidor, contudo, permite-se a escolha do foro de eleição contratual, considerando que a norma protetiva, erigida em seu benefício, não o obriga quando puder deduzir sem prejuízo a defesa dos seus interesses fora do seu domicílio.

3. Conflito conhecido para declarar competente o Juízo de Direito da 3ª Vara Cível de Porto Alegre – RS. (STJ. 2ª T. CC 107.441/SP, Rel. Ministra Maria Isabel Gallotti.Julg. 22.06.2011, DJe 01.08.2011).

101.4 Vedação da integração do contraditório pelo Instituto de Resseguros do Brasil

É vedada a denunciação da lide ao Instituto de Resseguros do Brasil, bem como a sua condição de litisconsorte necessário com vistas a maior celeridade no processo.

> **Art. 102.** Os legitimados a agir na forma deste código poderão propor ação visando compelir o Poder Público competente a proibir, em todo o território nacional, a produção, divulgação distribuição ou venda, ou a determinar a alteração na composição, estrutura, fórmula ou acondicionamento de produto, cujo uso ou consumo regular se revele nocivo ou perigoso à saúde pública e à incolumidade pessoal.

§ 1° (Vetado).

§ 2° (Vetado)

→COMENTÁRIOS

102.1 Ação preventiva

É possível a propositura de uma ação preventiva com vistas a compelir o Poder Público competente a proibir, em todo o território nacional, a produção, divulgação distribuição ou venda, ou a determinar a alteração na composição, estrutura, fórmula ou acondicionamento de produto, cujo uso ou consumo regular se revele nocivo ou perigoso à saúde pública e à incolumidade pessoal.

CAPÍTULO IV
Da Coisa Julgada

Art. 103. Nas ações coletivas de que trata este código, a sentença fará coisa julgada:

I – erga omnes, exceto se o pedido for julgado improcedente por insuficiência de provas, hipótese em que qualquer legitimado poderá intentar outra ação, com idêntico fundamento valendo-se de nova prova, na hipótese do inciso I do parágrafo único do art. 81;[398]

II – ultra partes, mas limitadamente ao grupo, categoria ou classe, salvo improcedência por insuficiência de provas, nos termos do inciso anterior, quando se tratar da hipótese prevista no inciso II do parágrafo único do art. 81;

---

398 CDC – Art. 81. *A defesa dos interesses e direitos dos consumidores e das vítimas poderá ser exercida em juízo individualmente, ou a título coletivo.*
Parágrafo único. A defesa coletiva será exercida quando se tratar de: I – interesses ou direitos difusos, assim entendidos, para efeitos deste código, os transindividuais, de natureza indivisível, de que sejam titulares pessoas indeterminadas e ligadas por circunstâncias de fato; II – interesses ou direitos coletivos, assim entendidos, para efeitos deste código, os transindividuais, de natureza indivisível de que seja titular grupo, categoria ou classe de pessoas ligadas entre si ou com a parte contrária por uma relação jurídica base; III – interesses ou direitos individuais homogêneos, assim entendidos os decorrentes de origem comum.

III – erga omnes, apenas no caso de procedência do pedido, para beneficiar todas as vítimas e seus sucessores, na hipótese do inciso III do parágrafo único do art. 81.

§ 1º Os efeitos da coisa julgada previstos nos incisos I e II não prejudicarão interesses e direitos individuais dos integrantes da coletividade, do grupo, categoria ou classe.

§ 2º Na hipótese prevista no inciso III, em caso de improcedência do pedido, os interessados que não tiverem intervindo no processo como litisconsortes poderão propor ação de indenização a título individual.

§ 3º Os efeitos da coisa julgada de que cuida o art. 16, combinado com o art. 13 da Lei nº 7.347, de 24 de julho de 1985, não prejudicarão as ações de indenização por danos pessoalmente sofridos, propostas individualmente ou na forma prevista neste código, mas, se procedente o pedido, beneficiarão as vítimas e seus sucessores, que poderão proceder à liquidação e à execução, nos termos dos arts. 96 a 99.

§ 4º Aplica-se o disposto no parágrafo anterior à sentença penal condenatória.

↪COMENTÁRIOS

103.1 A coisa julgada – a definitividade

Defini-se Coisa Julgada como a autoridade que torna imutável e indiscutível a sentença, seja definitiva ou terminativa, não mais sujeita a qualquer recurso.[399][400]

O instituto da coisa julgada se fundamenta, eminentemente, na necessidade da paz social, nesse caso, representada pela segurança jurídica que a tutela jurisdicional deve prestar ao cidadão.

Já dizia Chiovenda que a sentença substitui o comando da lei e, nesse sentido, deve prover com o objetivo da dita lei que é a pacificação social.

Assim, é a própria lei que concede à sentença a autoridade da coisa julgada e dentro de um critério político-processual, assegura a imutabilidade e indiscutibilidade do julgado judicial.

---

[399] Cf. GAIO JÚNIOR, Antônio Pereira. *Instituições de Direito Processual Civil*. 2 ed., p. 283-284.

[400] Enunciado n. 401 do STJ: *"O prazo decadencial da ação rescisória só se inicia quando não for cabível qualquer recurso do último pronunciamento judicial."*

É instituto assegurado por preceito constitucional (art. 5º, XXXVI da CF/88), de onde se conclui a sua importância técnica e alto relevo social.

– Coisa julgada formal: dissemos que há coisa julgada formal quando a imutabilidade da sentença atinge apenas a relação processual naquele processo, ou seja, quando se extingue o processo sem resolução do mérito (sentença terminativa), não cabendo mais recurso algum; porém, nesse caso, como não houve qualquer repercussão em torno do direito material (relação material discutida), não há óbice algum que impeça o autor de ajuizar novamente a demanda, no entanto, ocorrendo a extinção em razão de litispendência e nos casos dos incisos I, IV, VI e VII do art. 485 do CPC, a propositura da nova ação dependerá da correção do vício que levou à sentença sem resolução do mérito. E ainda: a petição inicial nestes casos, somente será despachada com mediante prova do pagamento ou do depósito das custas e dos honorários de advogado (§ 2º do art. 486 do CPC).

– Coisa julgada material: ocorre a coisa julgada material quando a sentença não só atinge a relação processual, mas também a relação de direito material controvertida entre as partes, ou seja, extingue-se o processo com resolução de mérito (sentença definitiva), ocorrendo também a impossibilidade de interposição de qualquer recurso.

Nesse caso, a sentença – igualmente como ocorre na coisa julgada formal – é imutável e indiscutível, porém tal imutabilidade e indiscutibilidade avançam, sobretudo, para o direito material controvertido.[401]

103.2 Princípio do Máximo Benefício ou da Dupla Chance

Trata-se da ideia de que a demanda coletiva somente atingirá o indivíduo se o resultado for favorável a este. Caso contrário, se o resultado da demanda coletiva for desfavorável, o indivíduo não ficará prejudicado.

103.3 Análise a partir da diversidade de interesses

O artigo 103 do CDC pode ser analisado a partir dos seguintes interesses:

I) **Interesse difuso (artigo 103, inciso I c/c seu § 1°)**

a) Improcedente o pedido por falta de provas – não fará coisa julgada material e qualquer legitimado, com novas provas, poderá propor outra ação civil pública;

---

401 Em importantíssima reflexão sobre o tema da imutabilidade e indiscutibilidade da Coisa Julgada, sob o título "¿Dura eternamente la Cosa Juzgada?",ver, por todos, FENOLL, Jordi Nieva. Jurisdicción y Proceso. Madri: Marcial Pons, 2009, p.88-89.

b) procedente ou improcedente o pedido, com análise de mérito – efeito *erga omnes*, não haverá prejuízo ao interesse individual. Diz o artigo 103, § 1º que "os efeitos da coisa julgada previstos nos incisos I e II não prejudicarão interesses e direitos individuais dos integrantes da coletividade, do grupo, categoria ou classe."

II) Interesse coletivo (artigo 103, inciso II c/c seu § 1º)

a) Improcedente o pedido por falta de provas – não fará coisa julgada material e qualquer legitimado, com novas provas, poderá propor outra ação civil pública;

b) procedente ou improcedente o pedido, com análise de mérito – efeito *ultra partes*, sendo que não haverá prejuízo ao interesse individual. Diz o artigo 103, § 1º que "os efeitos da coisa julgada previstos nos incisos I e II não prejudicarão interesses e direitos individuais dos integrantes da coletividade, do grupo, categoria ou classe."

III) Interesse individual homogêneo (artigo 103, III, CDC)

a) procedente o pedido – *erga omnes*, apenas no caso de procedência do pedido, para beneficiar todas as vítimas e seus sucessores.

b) improcedente o pedido – de acordo com o artigo 103, § 2º, do CDC, "na hipótese prevista no inciso III, em caso de improcedência do pedido, os interessados que não tiverem intervindo no processo como litisconsortes poderão propor ação de indenização a título individual."

103.4 Coisa Julgada da Lei de Ação Civil Pública (Lei nº 7.347/85) transportada *in utilibus* às ações de indenização por danos pessoalmente sofridos

O artigo 103, § 3º, do CDC diz que "os efeitos da coisa julgada de que cuida o art. 16, combinado com o art. 13 da Lei nº 7.347, de 24 de julho de 1985, não prejudicarão as ações de indenização por danos pessoalmente sofridos, propostas individualmente ou na forma prevista neste código, mas, se procedente o pedido, beneficiarão as vítimas e seus sucessores, que poderão proceder à liquidação e à execução, nos termos dos arts. 96 a 99."

É, pois, uma inovação, em especial, nos critérios da coisa julgada *secundum eventum litis*, já que autoriza o transporte, *in utilibus*, da coisa julgada resultante de sentença proferida em ação civil pública para as ações individuais de indenização por danos pessoais pessoalmente sofridos.

103.5 Coisa Julgada penal transportada *in utilibus* às ações de indenização por danos pessoalmente sofridos

O § 4º do artigo 103 do CDC determina que se aplique o disposto no § 3º do artigo 103 à sentença penal condenatória.

Expressa o art. 63 do Código de Processo Penal que "*transitada em julgado a sentença condenatória, poderão promover-lhe a execução, no juízo cível, para o efeito da reparação do dano, o ofendido, seu representante legal ou seus herdeiros.*"

103.6 Jurisprudências

PROCESSO CIVIL. AÇÃO CIVIL PÚBLICA. COISA JULGADA MATERIAL. INEXISTÊNCIA. EXTENSÃO DA COISA JULGADA.

1. Segundo regramento contido no Código de Processo Civil – art. 499 – deve o recorrente demonstrar interesse em recorrer para o efeito de admissibilidade do recurso. Ausente o requisito quando a interposição do recurso não se afigura necessária nem útil, situação que se verifica quando o recorrente tem acolhida sua pretensão, mesmo que por fundamentos jurídicos diversos dos que pretendia fossem examinados.

2. Apesar da inexistência no ordenamento jurídico de regramento sobre a coisa julgada coletiva, sua extensão, segundo dispõe o art. 103 do Código de Defesa do Consumidor, dá-se: inter partes – vincula as partes litigantes; ultra partes – atinge terceiros, nas hipóteses em que haja legitimação extraordinária ou concorrente; e erga omnes – nas ações coletivas que têm por objeto a proteção de direitos difusos e coletivos.

3. Nas ações civis públicas em defesa de interesses individuais homogêneos, os efeitos da sentença de procedência é ultra partes, pois alcança apenas um grupo determinado de pessoas vinculadas ao objeto da ação.

4. Para que exista coisa julgada como pressuposto processual negativo, é necessária a repetição de uma ação idêntica a que se pretende propor já transitada em julgado.

Se a primeira ação era civil pública e tratava de direitos individuais homogêneos, mas a extensão da coisa julgada abarcou apenas a menor parte de pessoas componentes de um mesmo grupo, a repetição da mesma ação, visando a tutela dos demais componentes de tal grupo, não gera identidade de ação, pois há distinção no pedido imediato formulado – causa imediata de pedir.

5. Recurso especial interposto por Fobraice – Fórum Brasil de Apoio e Intercâmbio a Cooperativas Evangélicas não conhecido. Recurso especial do Ministério Público do Estado do Rio Grande do Norte conhecido e provido." (STJ. 4ª T.REsp 964.755/RN, Rel. Ministro João Otávio de Noronha.Julg. 04.08.2011, DJe 05.09.2011).

Processo civil. Recurso especial. Ação coletiva ajuizada por sindicato na defesa de direitos individuais homogêneos de integrantes da categoria profissional. Apresentação, pelo réu, de pedido de declaração incidental, em face do sindicato-autor. Objetivo de atribuir eficácia de coisa julgada à decisão quanto à extensão dos efeitos de cláusula de quitação contida em transação assinada com os trabalhadores. Inadmissibilidade da medida, em ações coletivas.

– Nas ações coletivas, a lei atribui a algumas entidades poderes para representar ativamente um grupo definido ou indefinido de pessoas, na tutela de direitos difusos, coletivos ou individuais homogêneos. A disciplina quanto à coisa julgada, em cada uma dessas hipóteses, modifica-se.

– A atribuição de legitimidade ativa não implica, automaticamente, legitimidade passiva dessas entidades para figurarem, como rés, em ações coletivas, salvo hipóteses excepcionais.

– Todos os projetos de Códigos de Processo Civil Coletivo regulam hipóteses de ações coletivas passivas, conferindo legitimidade a associações para representação da coletividade, como rés. Nas hipóteses de direitos individuais homogêneos, contudo, não há consenso.

– Pelo panorama legislativo atual, a disciplina da coisa julgada nas ações coletivas é incompatível com o pedido de declaração incidental formulado pelo réu, em face do sindicato-autor. A pretensão a que se declare a extensão dos efeitos de cláusula contratual, com eficácia de coisa julgada, implicaria, por via transversa, burlar a norma do art. 103, III, do CDC. Recurso improvido." (STJ. 3ª T. REsp 1051302/DF, Rel. Ministra Nancy Andrighi.Julg. 23.03.2010, DJe 28.04.2010).

DIREITO PROCESSUAL. RECURSO REPRESENTATIVO DE CONTROVÉRSIA (ART. 543-C, CPC). DIREITOS METAINDIVIDUAIS. AÇÃO CIVIL PÚBLICA. APADECO X BANESTADO. EXPURGOS INFLACIONÁRIOS. EXECUÇÃO/LIQUIDAÇÃO INDIVIDUAL. FORO COMPETENTE. ALCANCE OBJETIVO E SUBJETIVO DOS EFEITOS

DA SENTENÇA COLETIVA. LIMITAÇÃO TERRITORIAL. IMPROPRIEDADE. REVISÃO JURISPRUDENCIAL. LIMITAÇÃO AOS ASSOCIADOS. INVIABILIDADE. OFENSA À COISA JULGADA.

1. Para efeitos do art. 543-C do CPC: 1.1. A liquidação e a execução individual de sentença genérica proferida em ação civil coletiva pode ser ajuizada no foro do domicílio do beneficiário, porquanto os efeitos e a eficácia da sentença não estão circunscritos a lindes geográficos, mas aos limites objetivos e subjetivos do que foi decidido, levando-se em conta, para tanto, sempre a extensão do dano e a qualidade dos interesses metaindividuais postos em juízo (arts. 468, 472 e 474, CPC e 93 e 103, CDC).

1.2. A sentença genérica proferida na ação civil coletiva ajuizada pela Apadeco, que condenou o Banestado ao pagamento dos chamados expurgos inflacionários sobre cadernetas de poupança, dispôs que seus efeitos alcançariam todos os poupadores da instituição financeira do Estado do Paraná. Por isso descabe a alteração do seu alcance em sede de liquidação/execução individual, sob pena de vulneração da coisa julgada. Assim, não se aplica ao caso a limitação contida no art. 2º-A, caput, da Lei nº 9.494/97.

2. Ressalva de fundamentação do Ministro Teori Albino Zavascki.

3. Recurso especial parcialmente conhecido e não provido." (STJ. Corte Especial. REsp 1243887/PR, Rel. Ministro Luis Felipe Salomão.Julg. 19.10.2011, DJe 12.12.2011).

> **Art. 104.** As ações coletivas, previstas nos incisos I e II e do parágrafo único do art. 81, não induzem litispendência para as ações individuais, mas os efeitos da coisa julgada erga omnes ou ultra partes a que aludem os incisos II e III do artigo anterior não beneficiarão os autores das ações individuais, se não for requerida sua suspensão no prazo de trinta dias, a contar da ciência nos autos do ajuizamento da ação coletiva.

⇀COMENTÁRIOS

104.1 Princípio da Primazia da Tutela Processual Coletiva

As ações coletivas em defesa de interesses difusos e coletivos não induzem litispedência em relação as ações individuais.[402] Aqui, o CDC apresenta duas opções, a saber:

---

402 CPC – artigo 301 [...]§ 1o *Verifica-se a litispendência ou a coisa julgada, quando se reproduz ação anteriormente ajuizada.* (Redação dada pela Lei nº 5.925, de 1º.10.1973)

a) caso o demandante prossiga em sua ação individual, assume os riscos de um resultado desfavorável, não se beneficiado pela coisa julgada da ação coletiva (ainda que favorável e projetando-se seus efeitos *erga omnes* ou *ultra partes* – artigo 103, incisos I a III combinado com §§ 1º e 2º);

b) o demandante poderá requerer a suspensão da ação individual, no prazo de 30 dias, a contar da ciência nos autos do ajuizamento da ação coletiva. Aqui, ele será beneficiado pela coisa julgada favorável que se formar na ação coletiva. No caso de improcedência desta, a ação individual continuará seu curso normal.

104.2 Jurisprudências

PROCESSUAL CIVIL. PRESCRIÇÃO DA PRETENSÃO EXECUTÓRIA. INTERRUPÇÃO DO PRAZO PRESCRICIONAL PARA AJUIZAMENTO DA EXECUÇÃO INDIVIDUAL. OCORRÊNCIA. EXECUÇÃO COLETIVA EXTINTA EM FACE DO RECONHECIMENTO DA ILEGITIMIDADE ATIVA DO SINDICATO.

1. A citação válida, ainda que realizada em processo extinto sem resolução do mérito, ressalvadas as hipóteses de inação do Autor, previstas nos incisos II e III do art. 267 do Código de Processo Civil, constitui causa interruptiva do prazo prescricional, que reinicia seu curso a partir do último ato do processo. Precedentes do STJ.

2. Nas ações coletivas que buscam a tutela de direitos individuais homogêneos, o Substituído, titular do direito vindicado, a teor dos arts. 103, § 2º, e 104, da Lei nº 8.078/90 – Código de Defesa do Consumidor –, é induzido a permanecer inerte até o desfecho da demanda coletiva, quando avaliará a necessidade do ajuizamento da ação individual, pois, na lição do Ministro Teori Albino Zavascki, a ele será imposto "...um risco adicional: aos litisconsortes, o de sofrer os efeitos da sentença da improcedência da ação coletiva; e aos demandantes individuais, o risco de não se bene-

---

§ 2º *Uma ação é idêntica à outra quando tem as mesmas partes, a mesma causa de pedir e o mesmo pedido. (Redação dada pela Lei nº 5.925, de 1º.10.1973)*

§ 3º *Há litispendência, quando se repete ação, que está em curso; há coisa julgada, quando se repete ação que já foi decidida por sentença, de que não caiba recurso. (Redação dada pela Lei nº 5.925, de 1º.10.1973)*

§ 4º *Com exceção do compromisso arbitral, o juiz conhecerá de ofício da matéria enumerada neste artigo. (Redação dada pela Lei nº 5.925, de 1º.10.1973)*

ficiarem da sentença de procedência". (in "Processo Coletivo – Tutela de direitos coletivos e tutela coletiva de direitos –, São Paulo, Revista dos Tribunais, 2006, pg 203.)

3. Este Superior Tribunal de Justiça tem entendimento firmado no sentido de que é de cinco anos, contados a partir do trânsito em julgado da sentença condenatória, o prazo prescricional para a propositura da ação executiva contra a Fazenda Pública, em conformidade com o entendimento sufragado na Súmula nº 150 do Supremo Tribunal Federal. Precedentes.

4. E, nas execuções contra a Fazenda Pública, o lapso prescricional somente poderá ser interrompido uma única vez, recomeçando a correr pela metade, nos termos do art. 9º do Decreto nº 20.910/32; resguardado o prazo mínimo de cinco anos, a teor da Súmula n.º 383/STF.

5. Transitada em julgado em 05/11/2002 a sentença genérica proferida na ação coletiva nº 95.00.8957-2/PR, o Sindicato promoveu a execução coletiva, que foi extinta em decorrência do reconhecimento da ilegitimidade do Ente Coletivo para promover a execução, em decisão transitada em 13/01/2006. Assim, interrompido restou o prazo prescricional da pretensão executória, nos termos do art. 9º do Decreto nº 20.910/32.

6. Ajuizada a presente execução individual em 20/11/2007, é de ser afastada a ocorrência da prescrição, na medida em que proposta antes do prazo de dois anos e meio, computados a partir do trânsito em julgado da decisão que reconhecera a ilegitimidade do Sindicato.

7. Agravo regimental desprovido." (STJ. 5ª T.AgRg no REsp 1143254/PR, Rel. Ministra Laurita Vaz.Julg. 02.02.2012, DJe 13.02.2012).

CAPÍTULO V
Da Conciliação no Superendividamento
(Incluído pela Lei nº 14.181, de 2021)

Art. 104-A. A requerimento do consumidor superendividado pessoa natural, o juiz poderá instaurar processo de repactuação de dívidas, com vistas à realização de audiência conciliatória, presidida por ele ou por conciliador credenciado no juízo, com a presença de todos os credores de dívidas previstas no art. 54-A deste Código, na qual o consumidor apresentará proposta de plano de pagamento com prazo máximo de 5 (cinco) anos, preservados o mínimo existencial, nos termos da regulamentação, e as garantias e as formas de pagamento originalmente pactuadas. (Incluído pela Lei nº 14.181, de 2021)

§ 1º Excluem-se do processo de repactuação as dívidas, ainda que decorrentes de relações de consumo, oriundas de contratos celebrados dolosamente sem o propósito de realizar pagamento, bem como as dívidas provenientes de contratos de crédito com garantia real, de financiamentos imobiliários e de crédito rural. (Incluído pela Lei nº 14.181, de 2021)

§ 2º O não comparecimento injustificado de qualquer credor, ou de seu procurador com poderes especiais e plenos para transigir, à audiência de conciliação de que trata o caput deste artigo acarretará a suspensão da exigibilidade do débito e a interrupção dos encargos da mora, bem como a sujeição compulsória ao plano de pagamento da dívida se o montante devido ao credor ausente for certo e conhecido pelo consumidor, devendo o pagamento a esse credor ser estipulado para ocorrer apenas após o pagamento aos credores presentes à audiência conciliatória. (Incluído pela Lei nº 14.181, de 2021)

§ 3º No caso de conciliação, com qualquer credor, a sentença judicial que homologar o acordo descreverá o plano de pagamento da dívida e terá eficácia de título executivo e força de coisa julgada. (Incluído pela Lei nº 14.181, de 2021)

§ 4º Constarão do plano de pagamento referido no § 3º deste artigo: (Incluído pela Lei nº 14.181, de 2021)

I - medidas de dilação dos prazos de pagamento e de redução dos encargos da dívida ou da remuneração do fornecedor, entre outras destinadas a facilitar o pagamento da dívida; (Incluído pela Lei nº 14.181, de 2021)

II - referência à suspensão ou à extinção das ações judiciais em curso; (Incluído pela Lei nº 14.181, de 2021)

III - data a partir da qual será providenciada a exclusão do consumidor de bancos de dados e de cadastros de inadimplentes; (Incluído pela Lei nº 14.181, de 2021)

IV - condicionamento de seus efeitos à abstenção, pelo consumidor, de condutas que importem no agravamento de sua situação de superendividamento. (Incluído pela Lei nº 14.181, de 2021

§ 5º O pedido do consumidor a que se refere o caput deste artigo não importará em declaração de insolvência civil e poderá ser repetido somente após decorrido o prazo de 2 (dois) anos, contado da liquidação das obrigações previstas no plano de pagamento homologado, sem prejuízo de eventual repactuação. (Incluído pela Lei nº 14.181, de 2021)

Art. 104-B. Se não houver êxito na conciliação em relação a quaisquer credores, o juiz, a pedido do consumidor, instaurará processo por superendividamento para revisão e integração dos contratos e repactuação das dívidas remanescentes mediante plano judicial compulsório e procederá à citação de todos os credores cujos créditos não tenham integrado o acordo porventura celebrado. (Incluído pela Lei nº 14.181, de 2021)

§ 1º Serão considerados no processo por superendividamento, se for o caso, os documentos e as informações prestadas em audiência. (Incluído pela Lei nº 14.181, de 2021)

§ 2º No prazo de 15 (quinze) dias, os credores citados juntarão documentos e as razões da negativa de aceder ao plano voluntário ou de renegociar. (Incluído pela Lei nº 14.181, de 2021)

§ 3º O juiz poderá nomear administrador, desde que isso não onere as partes, o qual, no prazo de até 30 (trinta) dias, após cumpridas as diligências eventualmente necessárias, apresentará plano de pagamento que contemple medidas de temporização ou de atenuação dos encargos. (Incluído pela Lei nº 14.181, de 2021)

§ 4º O plano judicial compulsório assegurará aos credores, no mínimo, o valor do principal devido, corrigido monetariamente por índices oficiais de preço, e preverá a liquidação total da dívida, após a quitação do plano de pagamento consensual previsto no art. 104-A deste Código, em, no máximo, 5 (cinco) anos, sendo que a primeira parcela será devida no prazo máximo de 180 (cento e oitenta) dias, contado de sua homologação judicial, e o restante do saldo será devido em parcelas mensais iguais e sucessivas. (Incluído pela Lei nº 14.181, de 2021)

Art. 104-C. Compete concorrente e facultativamente aos órgãos públicos integrantes do Sistema Nacional de Defesa do Consumidor a fase conciliatória e preventiva do processo de repactuação de dívidas, nos moldes do art. 104-A deste Código, no que couber, com possibilidade de o processo ser regulado por convênios específicos celebrados entre os referidos órgãos e as instituições credoras ou suas associações. (Incluído pela Lei nº 14.181, de 2021)

§ 1º Em caso de conciliação administrativa para prevenir o superendividamento do consumidor pessoa natural, os órgãos públicos poderão promover, nas reclamações individuais, audiência global de conciliação com todos os credores e, em todos os casos, facilitar a elaboração de plano de pagamento, preservado o mínimo existencial, nos termos da regulamentação, sob a supervisão desses órgãos, sem prejuízo das demais atividades de reeducação financeira cabíveis. (Incluído pela Lei nº 14.181, de 2021)

§ 2º O acordo firmado perante os órgãos públicos de defesa do consumidor, em caso de superendividamento do consumidor pessoa natural, incluirá a data a partir da qual será providenciada a exclusão do consumidor de bancos de dados e de cadastros de inadimplentes, bem como o condicionamento de seus efeitos à abstenção, pelo consumidor, de condutas que importem no agravamento de sua situação de superendividamento, especialmente a de contrair novas dívidas. (Incluído pela Lei nº 14.181, de 2021)

↳COMENTÁRIOS

- Art. 104-A

É cediço que os meios autocompositivos nas soluções de disputa são sempre desejáveis, mas longe de serem incentivados por uma educação voltada à política do consenso. Vivemos em uma sociedade que tem a característica do bélico, onde, por mais que legislações apontem para o virtuoso campo conciliatório (*ex vi* do art. 4º, V do CDC; art. 3º, §§ 2º e 3º do CPC), ainda é muito pouco diante da ausência de uma política pública em que possa não somente publicizar, mas conceder incentivos à realização, inclusive fora do aparato jurisdicional, de uma composição consensual de conflitos, fator preponderante quando se pensa também em satisfação dos direitos e Desenvolvimento como melhoria da qualidade de vida.

No que toca à tentativa de superação ao superendividamento, proporcionou a Lei nº 14.181/2021 a possibilidade do consumidor superendividado pessoa física requerer em juízo a instauração de um "processo de repactuação de dívida", para que, em uma audiência de conciliação, esta presidida pelo órgão julgador ou mesmo por conciliador credenciado pelo juízo e com a presença de todos os seus credores, ainda que já estejam em cobrança, possa apresentar uma proposta de plano de pagamento (espécie de recuperação judicial), a fim de que se possa reaver sua força econômica e de crédito, sendo dito plano contemplando o prazo máximo de pagamento em 5 anos, preservando o denominado mínimo existencial[403] bem como a garantia e as formas de pagamento (valor) devido quando do compromisso originário.

Exclui o legislador algumas dívidas assumidas pelo consumidor – ainda que decorrentes de relação de consumo – deste processo de repactuação, tais como se observa do § 1º do artigo em comento.

Por conseguinte, fora criado um ônus para o credor que, injustificadamente, não comparecer pessoalmente ou por meio de procurador habilitado com poderes especiais e plenos para transigir à audiência de conciliação alhures referida. Trata-se de ter a suspensão da exigibilidade de seu crédito frente ao digitado consumidor bem como a interrupção dos encargos da mora, ficando sujeito, obrigatoriamente, ao plano de pagamento da dívida caso o montante de seu crédito for certo e conhecido pelo consumidor, devendo o pagamento deste crédito ser estipulado para ocorrer apenas após o pagamento aos credores presentes à referida audiência conciliatória.

Lado outro, havendo a pretendida conciliação, a sentença judicial homologará o acordo, detalhando o plano de pagamento da dívida (como se nota do § 4º do art. 104-A) e, logicamente, constituirá em título executivo judicial, também por força do art. 515, II do CPC.

Por fim, o artigo em comento expressa de modo claro que o pedido de repactuação não importa em declaração de insolvência civil e que somente poderá ser repetido após o decurso do prazo de 2 (dois) anos, contado da

---

[403] GAIO JÚNIOR, Antônio Pereira. *Processo Civil, Direitos Fundamentais Processuais e Desenvolvimento. Flexos e reflexos de uma relação.* Londrina: Thoth, 2021.
Ainda que de caráter amplo e muitas vezes dotado de subjetivismos, o mínimo existencial pode ser compreendido como um o conjunto básico de direitos fundamentais que assegura a cada cidadão uma vida digna e decente, tais como acesso à saúde, alimentação e educação, dentre outros.
Sobre o assunto, relacionando-o com o mínimo vital, cf. o item 6.9 da presente obra.

liquidação das obrigações previstas no plano de pagamento originalmente homologado.

- Art. 104-B

De outro modo, uma vez não restando sucesso com relação a um ou demais credores quanto à conciliação entabulada no art. 104-A, poderá o mesmo consumidor provocar o juízo para fins de manejar processo por superendividamento, aí pretendendo revisar e integrar contratos que não obtiveram êxito naquela conciliação e repactuação das dívidas remanescentes. Nesse caso, parte o consumidor para o interesse em estabelecer um plano judicial compulsório, procedendo então à citação de todos os credores cujos créditos não tenham integrado o acordo porventura celebrado.

Além da possibilidade de serem considerados todos os documentos apresentados na referida audiência conciliatória referendada pelo art. 104-A, será possível aos credores validamente citados, apresentarem documentos e as razões da negativa de aceder ao plano voluntário ou de renegociar, isso no prazo de 15 (quinze) dias,

Desde que não onere qualquer das partes, será facultado ao magistrado nomear administrador, este que, no prazo de até 30 (trinta) dias e após cumpridas as diligências eventualmente necessárias, apresentará plano de pagamento contemplando medidas de temporização ou de atenuação dos encargos, conforme explicita o § 3º do artigo em comento.

Já o § 4º dá conta do plano judicial compulsório, este que, claramente, respeitará a precedência do plano de pagamento consensual previsto no art. 104-A quanto à sua quitação, pois que, conforme a letra do dispositivo o *"plano judicial compulsório assegurará aos credores, no mínimo, o valor do principal devido, corrigido monetariamente por índices oficiais de preço, e preverá a liquidação total da dívida, após a quitação do plano de pagamento consensual previsto no art. 104-A deste Código, em, no máximo, 5 (cinco) anos (...)".*

- Art. 104-C

Dá conta o presente dispositivo quanto aos órgãos públicos integrantes do Sistema Nacional de Defesa do Consumidor e a possibilidade de, concorrente e facultativamente, realizar a conciliação e prevenção quanto ao processo de repactuação de dívidas, no modelo ditado pelo art. 104-A, possibilitando que o referido processo seja regulado por convênios específicos celebrados entre os referidos órgãos e as instituições credoras ou suas associações.

Vale lembrar que o acordo firmado perante os órgãos públicos de defesa do consumidor, em caso de superendividamento do consumidor pessoa natural, ainda que importe na possibilidade exclusão do consumidor de bancos de dados e de cadastros de inadimplentes, não possuirá força de título executivo, o artigo em comento não dispõe sobre a sua força executiva, o que entendemos pela sua existência, desde que respeitadas as condições impostas pelo art. 784, III e IV do CPC, quanto aos títulos executivos extrajudiciais.[404]

TÍTULO IV
Do Sistema Nacional de Defesa do Consumidor

Art. 105. Integram o Sistema Nacional de Defesa do Consumidor (SNDC), os órgãos federais, estaduais, do Distrito Federal e municipais e as entidades privadas de defesa do consumidor.

↪COMENTÁRIOS
105.1 Sistema Nacional de Defesa do Consumidor (SNDC)

"O Sistema Nacional de Informações de Defesa do Consumidor (Sindec), na linha do que determinam os artigos 105 e 106 da Lei nº 8.078, é uma política pública que, por meio de um conjunto de soluções tecnológicas, representa um eixo fundamental de integração do Sistema Nacional de Defesa do Consumidor (SNDC) e de fortalecimento da ação coordenada e harmônica entre seus órgãos.

---

404 "Art. 784:
(...)
III - o documento particular assinado pelo devedor e por 2 (duas) testemunhas;
IV - o instrumento de transação referendado pelo Ministério Público, pela Defensoria Pública, pela Advocacia Pública, pelos advogados dos transatores ou por conciliador ou mediador credenciado por tribunal;
(...)."

O Sindec permite o registro dos atendimentos individuais a consumidores, a instrução dos procedimentos de atendimento e dos processos de reclamação, além da gestão das políticas de atendimento e fluxos internos dos Procons integrados e a elaboração de Cadastros Estaduais e Nacional de Reclamações Fundamentadas.

Todo esse trabalho, harmônico e articulado entre os Procons, gera informações que são consolidadas nos bancos de dados estaduais e replicados na base de dados nacional do Sindec no âmbito do Ministério da Justiça.

Essa base nacional é uma fonte valiosa de informações para elaboração da Política Nacional das Relações de Consumo, para informação aos consumidores e aos diversos interessados na proteção e defesa do consumidor, bem como incentivo aos fornecedores para aperfeiçoarem cada dia mais o seu relacionamento com os consumidores. O acesso aos dados, informações e gráficos do Sindec cumpre o princípio constitucional da publicidade na Administração Pública, reforça a cultura da prevenção e permite a promoção de políticas públicas nacionalmente integradas para a Defesa do Consumidor.

Atualmente, o Sindec consolida informações de mais de 170 Procons, em 25 Unidades da Federação. Tais informações se configuram em amostra bastante qualificada das diversas demandas e reclamações de consumidores levadas diariamente aos órgãos de defesa do consumidor.

O Sindec é a demonstração de como um trabalho integrado, feito a partir da lógica da parceria, construiu uma política que permite amplificar a voz de milhões de consumidores em todo o Brasil."[405]

Art. 106. O Departamento Nacional de Defesa do Consumidor, da Secretaria Nacional de Direito Econômico (MJ), ou órgão federal que venha substituí-lo, é organismo de coordenação da política do Sistema Nacional de Defesa do Consumidor, cabendo-lhe:

I – planejar, elaborar, propor, coordenar e executar a política nacional de proteção ao consumidor;

II – receber, analisar, avaliar e encaminhar consultas, denúncias ou sugestões apresentadas por entidades representativas ou pessoas jurídicas de direito público ou privado;

---

405 Disponível em: http://portal.mj.gov.br/. Acesso em: 09 mar. 2013.

III - prestar aos consumidores orientação permanente sobre seus direitos e garantias;

IV - informar, conscientizar e motivar o consumidor através dos diferentes meios de comunicação;

V - solicitar à polícia judiciária a instauração de inquérito policial para a apreciação de delito contra os consumidores, nos termos da legislação vigente;

VI - representar ao Ministério Público competente para fins de adoção de medidas processuais no âmbito de suas atribuições;

VII - levar ao conhecimento dos órgãos competentes as infrações de ordem administrativa que violarem os interesses difusos, coletivos, ou individuais dos consumidores;

VIII - solicitar o concurso de órgãos e entidades da União, Estados, do Distrito Federal e Municípios, bem como auxiliar a fiscalização de preços, abastecimento, quantidade e segurança de bens e serviços;

IX - incentivar, inclusive com recursos financeiros e outros programas especiais, a formação de entidades de defesa do consumidor pela população e pelos órgãos públicos estaduais e municipais;

X - (Vetado).

XI - (Vetado).

XII - (Vetado)

XIII - desenvolver outras atividades compatíveis com suas finalidades.

Parágrafo único. Para a consecução de seus objetivos, o Departamento Nacional de Defesa do Consumidor poderá solicitar o concurso de órgãos e entidades de notória especialização técnico-científica.

→COMENTÁRIOS

106.1 Departamento Nacional de Defesa do Consumidor

O artigo 106 do CDC apresenta a competência funcional do Departamento Nacional de Defesa do Consumidor. Ocorre que o Decreto nº 2.181/97 alterado pelo Decreto 7.738, de 2012, em seu artigo 2º diz que "integram o SNDC a Secretaria Nacional do Consumidor do Ministério da Justiça e os demais órgãos federais, estaduais, do Distrito Federal, municipais e as entidades civis de defesa do consumidor. (Redação dada pelo Decreto nº 7.738, de 2012).

O artigo 3º dispõe que "compete à Secretaria Nacional do Consumidor do Ministério da Justiça, a coordenação da política do Sistema Nacional de Defesa do Consumidor, cabendo-lhe: (Redação dada pelo Decreto nº 7.738, de 2012).

> I – planejar, elaborar, propor, coordenar e executar a política nacional de proteção e defesa do consumidor;
>
> II – receber, analisar, avaliar e apurar consultas e denúncias apresentadas por entidades representativas ou pessoas jurídicas de direito público ou privado ou por consumidores individuais;
>
> III – prestar aos consumidores orientação permanente sobre seus direitos e garantias;
>
> IV – informar, conscientizar e motivar o consumidor, por intermédio dos diferentes meios de comunicação;
>
> V – solicitar à polícia judiciária a instauração de inquérito para apuração de delito contra o consumidor, nos termos da legislação vigente;
>
> VI – representar ao Ministério Público competente, para fins de adoção de medidas processuais, penais e civis, no âmbito de suas atribuições;
>
> VII – levar ao conhecimento dos órgãos competentes as infrações de ordem administrativa que violarem os interesses difusos, coletivos ou individuais dos consumidores;
>
> VIII – solicitar o concurso de órgãos e entidades da União, dos Estados, do Distrito Federal e dos Municípios, bem como auxiliar na fiscalização de preços, abastecimento, quantidade e segurança de produtos e serviços;

IX – incentivar, inclusive com recursos financeiros e outros programas especiais, a criação de órgãos públicos estaduais e municipais de defesa do consumidor e a formação, pelos cidadãos, de entidades com esse mesmo objetivo;

X – fiscalizar e aplicar as sanções administrativas previstas na Lei nº 8.078, de 1990, e em outras normas pertinentes à defesa do consumidor;

XI – solicitar o concurso de órgãos e entidades de notória especialização técnico-científica para a consecução de seus objetivos;

XII – celebrar convênios e termos de ajustamento de conduta, na forma do § 6º do art. 5º da Lei nº 7.347, de 24 de julho de 1985; (Redação dada pelo Decreto nº 7.738, de 2012).

XIII – elaborar e divulgar o cadastro nacional de reclamações fundamentadas contra fornecedores de produtos e serviços, a que se refere o art. 44 da Lei nº 8.078, de 1990;

XIV – desenvolver outras atividades compatíveis com suas finalidades.

Já o artigo 4º determina que "no âmbito de sua jurisdição e competência, caberá ao órgão estadual, do Distrito Federal e municipal de proteção e defesa do consumidor, criado, na forma da lei, especificamente para este fim, exercitar as atividades contidas nos incisos II a XII do art. 3º deste Decreto e, ainda:

I – planejar, elaborar, propor, coordenar e executar a política estadual, do Distrito Federal e municipal de proteção e defesa do consumidor, nas suas respectivas áreas de atuação;

II – dar atendimento aos consumidores, processando, regularmente, as reclamações fundamentadas;

III – fiscalizar as relações de consumo;

IV – funcionar, no processo administrativo, como instância de instrução e julgamento, no âmbito de sua competência, dentro das regras fixadas pela Lei nº 8.078, de 1990, pela legislação complementar e por este Decreto;

V – elaborar e divulgar anualmente, no âmbito de sua competência, o cadastro de reclamações fundamentadas contra fornecedores de produtos e serviços, de que trata o art. 44 da Lei nº 8.078, de 1990 e remeter cópia à Secretaria Nacional do Consumidor do Ministério da Justiça; (Redação dada pelo Decreto nº 7.738, de 2012).

VI – desenvolver outras atividades compatíveis com suas finalidades.

Vale lembrar que o artigo 5º diz que "qualquer entidade ou órgão da Administração Pública, federal, estadual e municipal, destinado à defesa dos interesses e direitos do consumidor, tem, no âmbito de suas respectivas competências, atribuição para apurar e punir infrações a este Decreto e à legislação das relações de consumo.

Parágrafo único. Se instaurado mais de um processo administrativo por pessoas jurídicas de direito público distintas, para apuração de infração decorrente de um mesmo fato imputado ao mesmo fornecedor, eventual conflito de competência será dirimido pela Secretaria Nacional do Consumidor, que poderá ouvir a Comissão Nacional Permanente de Defesa do Consumidor – CNPDC, levando sempre em consideração a competência federativa para legislar sobre a respectiva atividade econômica. (Redação dada pelo Decreto nº 7.738, de 2012)."

TÍTULO V
Da Convenção Coletiva de Consumo

Art. 107. As entidades civis de consumidores e as associações de fornecedores ou sindicatos de categoria econômica podem regular, por convenção escrita, relações de consumo que tenham por objeto estabelecer condições relativas ao preço, à qualidade, à quantidade, à garantia e características de produtos e serviços, bem como à reclamação e composição do conflito de consumo.

§ 1º A convenção tornar-se-á obrigatória a partir do registro do instrumento no cartório de títulos e documentos.

§ 2º A convenção somente obrigará os filiados às entidades signatárias.

§ 3º Não se exime de cumprir a convenção o fornecedor que se desligar da entidade em data posterior ao registro do instrumento.

↳COMENTÁRIOS
107.1 Convenção Coletiva de Consumo

A Convenção Coletiva de Consumo é um meio para a solução de conflitos coletivos que envolvam fornecedores e consumidores, através de suas entidades representativas.

Essa convenção deve ser na forma escrita e pode ter por objeto estabelecer condições relativas ao preço, à qualidade, à quantidade, à garantia e características de produtos e serviços, bem como à reclamação e composição do conflito de consumo.

A convenção tornar-se-á obrigatória a partir do registro do instrumento no cartório de títulos e documentos (artigo 107, § 1°, do CDC).

A convenção somente obrigará os filiados às entidades signatárias. (artigo 107, § 2°, do CDC).

Não se exime de cumprir a convenção o fornecedor que se desligar da entidade em data posterior ao registro do instrumento. (artigo 107, § 3°, do CDC).

Art. 108. (Vetado).

→COMENTÁRIOS
108.1 Artigo Vetado

TÍTULO VI
Disposições Finais

Art. 109. (Vetado).

Art. 110. Acrescente-se o seguinte inciso IV ao art. 1° da Lei n° 7.347, de 24 de julho de 1985:

"IV – a qualquer outro interesse difuso ou coletivo".

Art. 111. O inciso II do art. 5° da Lei n° 7.347, de 24 de julho de 1985, passa a ter a seguinte redação:

"II – inclua, entre suas finalidades institucionais, a proteção ao meio ambiente, ao consumidor, ao patrimônio artístico, estético, histórico, turístico e paisagístico, ou a qualquer outro interesse difuso ou coletivo".

Art. 112. O § 3° do art. 5° da Lei n° 7.347, de 24 de julho de 1985, passa a ter a seguinte redação:

"§ 3° Em caso de desistência infundada ou abandono da ação por associação legitimada, o Ministério Público ou outro legitimado assumirá a titularidade ativa".

Art. 113. Acrescente-se os seguintes §§ 4°, 5° e 6° ao art. 5º. da Lei nº 7.347, de 24 de julho de 1985:

"§ 4.° O requisito da pré-constituição poderá ser dispensado pelo juiz, quando haja manifesto interesse social evidenciado pela dimensão ou característica do dano, ou pela relevância do bem jurídico a ser protegido.

§ 5.° Admitir-se-á o litisconsórcio facultativo entre os Ministérios Públicos da União, do Distrito Federal e dos Estados na defesa dos interesses e direitos de que cuida esta lei. (Vide Mensagem de veto) (Vide REsp 222582 /MG – STJ)

§ 6° Os órgãos públicos legitimados poderão tomar dos interessados compromisso de ajustamento de sua conduta às exigências legais, mediante combinações, que terá eficácia de título executivo extrajudicial". (Vide Mensagem de veto) (Vide REsp 222582 /MG – STJ)

Art. 114. O art. 15 da Lei nº 7.347, de 24 de julho de 1985, passa a ter a seguinte redação:

"Art. 15. Decorridos sessenta dias do trânsito em julgado da sentença condenatória, sem que a associação autora lhe promova a execução, deverá fazê-lo o Ministério Público, facultada igual iniciativa aos demais legitimados".

Art. 115. Suprima-se o *caput* do art. 17 da Lei nº 7.347, de 24 de julho de 1985, passando o parágrafo único a constituir o caput, com a seguinte redação:

"Art. 17. Em caso de litigância de má-fé, a associação autora e os diretores responsáveis pela propositura da ação serão solidariamente condenados em honorários advocatícios e ao décuplo das custas, sem prejuízo da responsabilidade por perdas e danos".

Art. 116. Dê-se a seguinte redação ao art. 18 da Lei n° 7.347, de 24 de julho de 1985:

"Art. 18. Nas ações de que trata esta lei, não haverá adiantamento de custas, emolumentos, honorários periciais e quaisquer outras despesas, nem condenação da associação autora, salvo comprovada má-fé, em honorários de advogado, custas e despesas processuais".

Art. 117. Acrescente-se à Lei nº 7.347, de 24 de julho de 1985, o seguinte dispositivo, renumerando-se os seguintes:

"Art. 21. Aplicam-se à defesa dos direitos e interesses difusos, coletivos e individuais, no que for cabível, os dispositivos do

Título III da lei que instituiu o Código de Defesa do Consumidor".
Art. 118. Este código entrará em vigor dentro de cento e oitenta dias a contar de sua publicação.
Art. 119. Revogam-se as disposições em contrário.

Brasília, 11 de setembro de 1990; 169º da Independência e 102º da República.

FERNANDO COLLOR
Bernardo Cabral
Zélia M. Cardoso de Mello
Ozires Silva

Este texto não substitui o publicado no D.O.U. de 12.9.1990 – Retificado no DOU de 10.1.2007

ANEXOS

LEI Nº 13.460/2017. PROTEÇÃO, DEFESA DOS DIREITOS E PARTICIPAÇÃO DO USUÁRIO DOS SERVIÇOS PÚBLICOS DA ADMINISTRAÇÃO PÚBLICA

LEI Nº 7.347, DE 24 DE JULHO DE 1985.

LEI Nº 8.078, DE 11 DE SETEMBRO DE 1990.

REFERÊNCIAS

ALMEIDA, João Batista. *Proteção Jurídica do Consumidor*. São Paulo: Saraiva, 2000.

ALEXANDRINO, Marcelo. PAULO, Vicente. *Direito Administrativo descomplicado*. Rio de Janeiro: Forense, 2015.

AMARAL, Francisco. *Direito civil*: introdução. 3. ed. Rio de Janeiro: Renovar, 2000.

AMARAL, Luiz. O Código do Consumidor. *In*: *Revista de Informação Legislativa*, n. 106, a. 27, p. 153.

ANDOLINA, Ítalo; VIGNERA, Giuseppe. *Il modelo constituzionale del processo civile italiano*. Torino: G. Giappichelli, 1988.

ASSIS, Araken de. *Cumulação de ações*. 4. ed. São Paulo: RT, 2002.

ARENHART, Sérgio Cruz. *A Intervenção Judicial e o cumprimento da Tutela Específica*. 2009. Disponível em: http://www.academia.edu/214098/A_INTERVEN%C3%87%C3%83O_JUDICIAL_E_O_CUMPRIMENTO_D _TUTELA _ESPEC%C3%8DFICA?login=&email_was_taken=true. Acesso em: 04 nov. 2014.

BANDEIRA DE MELO, Celso Antônio. *Serviço Público: conceito e características*. Disponível em: www.juridicas.unam.mx . Acesso em: 28 nov. 2017.

BARBOSA MOREIRA, José Carlos. *O Novo Processo Civil Brasileiro*. 22.ed. Rio de Janeiro: Forense, 2002.

BARBOSA, Rogério. Extravio de bagagens em aeroporto está sujeito ao CDC. Disponível em: http://www.conjur.com.br/2012-mai-14/empresas-aereas-sujeitas-cdc-nao-tratados-internacionais. Acesso em: 17 mar 2013.

BAUDRILLARD, Jean. A sociedade de consumo. Trad. Artur Mourão. Rio de Janeiro: Elfos Ed. 1995.

BENJAMIN, Antônio Herman de Vasconcellos e. *Comentários ao Código de Proteção do Consumidor*, São Paulo: Saraiva, 1991.

BEVILAQUA, Clóvis. *Código Civil Comentado*. Vol. IV. Rio de Janeiro: Rio, 1976.

BEVILAQUA, Clóvis. *Código civil dos Estados Unidos do Brasil comentado por Clóvis Beviláqua*. V. 1. Edição histórica. Rio de Janeiro: Rio, 1976.

BOBBIO, Norberto. *A era dos direitos*. Carlos Nelson Coutinho (Trad.). Rio de Janeiro: Campus, 1992.

BRASIL. Banco Central do. Endividamento de Risco no Brasil. Conceito e indicadores. / Banco Central do Brasil – Brasília: Banco Central do Brasil, 2020. Disponível em: https://www.bcb.gov.br/content/cidadaniafinanceira/documentos_cidadania/serie_cidadania/serie_cidadania_financeira_6_endividamento_risco.pdf. Acesso em: 29 set. 2021.

CALMON DE PASSOS, J. J. *Inovações no Código de Processo Civil*. Rio de Janeiro: Forense, 1995.

CÂMARA, Alexandre Freitas. *Arbitragem. Lei nº 9.307/96*. Rio de Janeiro: Lúmen Júris, 1997.

CANOTILHO, José Joaquim Gomes; MACHADO, Jónatas E. M.; GAIO JÚNIOR, Antônio Pereira. *Biografia não Autorizada versus Liberdade de Expressão*. 2 ed. Lisboa: Editorial Juruá, 2015.

CAPPELLETTI, Mauro. *Processo, Ideologias e Sociedade*. Vol. I. trad. e notas de Elicio de Cresci Sobrinho. Porto Alegre: Sergio Antônio Fabris Editor, 2008.

CAPPELLETTI, Mauro; GARTH, Bryant. *Acesso à justiça*. Trad. Ellen Gracie Northfleet. Porto Alegre: Sérgio Antonio Fabris, 1988. p. 31

CARNEIRO, Athos Gusmão. Intervenção de Terceiros. 14 ed. São Paulo: Saraiva, 2003, p.122-123.

CARNEIRO, Athos Gusmão. *Intervenção de Terceiros*. 16. ed. São Paulo: Saraiva, 2006.

CARNEIRO, Athos Gusmão. *Jurisdição e Competência*, 12.ed., São Paulo: Saraiva, 2002.

CARREIRA ALVIM. J. E. *Tutela Específica das Obrigações de Fazer e não Fazer na Reforma Processual*. Belo Horizonte: Del Rey, 1997.

CARVALHO FILHO, José dos Santos. *Manual de Direito Administrativo*. 27 ed. São Paulo: Atlas, 2014.

CARVALHO SANTOS, J. M. de. *Código civil interpretado*. 6. ed. Volume XV. Rio de Janeiro: Freitas Bastos, 1954.

CARPENTER, Luiz Frederico Sauerbronn. Prescrição. *In*: LACERDA. Paulo de. *Manual do código civil brasileiro*: parte geral. Vol. IV. Rio de Janeiro: Jacintho Ribeiro dos Santos, 1929.

CAVALIERI FILHO, Sérgio. *Programa de Responsabilidade Civil,* Rio de Janeiro: Malheiros, 5.ed., 2010.

CAVALIERI FILHO, Sérgio. *Programa de Direito do Consumidor.* 3.ed. São Paulo: Atlas, 2011.

COMOGLIO, Luigi Paolo. La garanza Constituzionale dell' Azione ed il Processo Civile, p. 53

CRUZ E TUCCI, Jose Rogerio. A causa petendi no Processo Civil. 2.ed. São Paulo: Revista dos Tribunais, 2001.

CUNHA GONCALVES, Luiz da. Tratado de direito civil. Volume III. Tomo II. Sao Paulo: Max Limonad, 1956.

DIDIER JUNIOR, Fredie; BRAGA, Paula Sarno; OLIVEIRA, Rafael. *Curso de Direito Processual Civil.* Vol. 2. Salvador: JusPodivm, 2008.

DINAMARCO, Cândido Rangel. *Litisconsórcio.* 6.ed. São Paulo: Malheiros, 2001.

DINAMARCO, Cândido Rangel. *Instituições de Direito Processual Civil.* Vol. II. 5.ed. São Paulo: Malheiros, 2005.

DINAMARCO, Cândido Rangel. *A nova era do processo civil.* São Paulo: Malheiros, 2007.

DINAMARCO, Cândido R. *A Reforma do Código de Processo Civil.* 3 ed. São Paulo: Malheiros Editores, 1996.

DIREITO, Carlos Alberto Menezes; CAVALIERI FILHO, Sérgio. *Comentários ao novo código civil.* Volume XIII. Rio de Janeiro: Forense, 2004.

EVANGELISTA JUNIOR, Germano dos S. Score de crédito, consumidor e fornecedor de crédito? ferramenta útil na tomada de decisão. *Jornal Carta Forense*, 04 mar. 2013. Disponível em: < http://www.cartaforense.com.br/conteudo/artigos/score-de-credito-consumidor-e-fornecedor-de-credito--ferramenta-util-na-tomada-de-decisao/10579>. Acesso em: 01 jul. 2015.

FAZZALARI, Elio. *Istituzioi di Diritto Processuale.* 7 ed. Padova: CEDAM, 1994.

FENOLL, Jordi Nieva. *Jurisdicción y Proceso.* Madri: Marcial Pons, 2009, p.88-89.

FERNÁNDEZ-LARGO, Antonio Osuna. *La Hermenéutica jurídica de Hans-Georg Gadamer.* Valladolid: Secretariado de Publicaciones, 1992.

FERRAZ JUNIOR, Tercio Sampaio; REALE JÚNIOR, Miguel; FORBES, Jorge (Org.). A Invenção do Futuro: Um debate sobre a pós-modernidade e a hipermodernidade. Barueri: Manole, 2005.

FILOMENO, José Geraldo Brito, *Manual de direitos do consumidor*. 10. ed., São Paulo: Atlas, 2010.

FUNGÊNCIO. Tito. In: LACERDA, Paulo de. *Manual do Código Civil Brasileiro*. Do Direito das Obrigações. Volume X. Rio de Janeiro: Jacintho Ribeiro dos Santos, 1928.

FRAGA, Thelma Araújo Esteves; MELLO, Cleyson de Moraes. *Direito civil*: introdução e parte geral. Niterói: Impetus, 2005.

FUX, Luiz. *Curso de Direito Processual Civil*. 2.ed. Rio de Janeiro: Forense, 2004.

GADAMER, Hans-Georg. *Verdade e método*: traços fundamentais de uma hermenêutica filosófica. Tradução Flávio Paulo Meurer. Petrópolis: Vozes, 1997.

GAIO JÚNIOR, Antônio Pereira (Coord.). *Direito e Desenvolvimento II: Obstáculos e Perspectivas ao Acesso à Justiça*. Curitiba: CRV, 2017.

GAIO JÚNIOR, Antônio Pereira. A *Proteção do Consumidor no Mercosul*. São Paulo: LTR, 2004.

GAIO JÚNIOR, Antônio Pereira. A *Tutela Específica no Novo CPC. In*: MACEDO, Lucas Buril de; PEIXOTO, Ravi; FREIRE, Alexandre (Orgs.). *Execução*. Salvador: Jus Podivm, 2015. p. 87-110.

GAIO JÚNIOR, Antônio Pereira. *Instituições de Direito Processual Civil*. 4. ed. Salvador: Jus Podivm, 2020.

GAIO JÚNIOR, Antônio Pereira. *Instituições de Direito Processual Civil*. 2. ed. Belo Horizonte: Del Rey, 2013.

GAIO JÚNIOR, Antônio Pereira. *Instituições de Direito Processual Civil*. Belo Horizonte: Del Rey, 2011.

GAIO JÚNIOR, Antônio Pereira. *Instituições de Direito Processual Civil*. 4. ed. Salvador: Jus Podivm, 2020.

GAIO JÚNIOR, Antônio Pereira. Instituições de Direito Processual Civil. Belo Horizonte: Del Rey, 2011.

GAIO JÚNIOR, Antônio Pereira. *Instituições de Direito Processual Civil*. 4. ed. Salvador: Jus Podivm, 2020.

GAIO JÚNIOR, Antônio Pereira. *O Consumidor e sua Proteção na União Europeia e Mercosul: Pesquisa Conjuntural como Contribuição à Política Desenvolvimentista de Proteção Consumerista nos Blocos*. Lisboa: Juruá Editorial, 2014.

GAIO JÚNIOR, Antônio Pereira. *Processo Civil, Direitos Fundamentais Processuais e Desenvolvimento: Flexos e Reflexos de uma Relação*. Londrina: Thoth, 2021.

GAIO JÚNIOR, Antônio Pereira. *Tutela Específica das Obrigações de Fazer*. 5. ed. Curitiba: Juruá, 2020.

GAIO JÚNIOR, Antônio Pereira; MACHADO GOMES, J. M. *Compêndio de Direito Econômico*. Rio de Janeiro: América Jurídica, 2005.

GAIO JÚNIOR, Antônio Pereira; MAGALHÃES, Rodrigo Almeida (Coords.). *Arbitragem: 15 anos da Lei n° 9.307/96*. Belo Horizonte: Del Rey, 2012.

GAIO JÚNIOR, Antônio Pereira. *O Consumidor e Sua Proteção na União Europeia e Mercosul: Pesquisa Conjuntural como Contribuição à Política Desenvolvimentista de Proteção Consumerista nos Blocos*. Curitiba: Juruá, 2014.

GAIO JÚNIOR, Antônio Pereira. *Teoria da Arbitragem*. São Paulo: Rideel, 2012.

GAREIS Karl, Rechtsenzyklopaedie und Methodologie, 5. ed. 1920, p. 28-30. In: MAXIMILIANO, Carlos. *Hermenêutica e interpretação do direito*. Rio de Janeiro: Forense, 1995, p. 73.

GOLDSCHMIDT, James. *Derecho Procesal Civil*. Leonardo Pirieto Castro (Trad.). Barcelona: Labor, 1936.

GOMES, Orlando. *Introdução ao direito civil*. 19. ed. Rio de Janeiro: Forense, 2007.

GONÇALVES, Marcus Vinícus Rios. *Direito Processual Civil Esquematizado*. 2.ed. São Paulo: Saraiva, 2012.

GRAU, Eros Roberto. *A ordem Econômica na Constituição de 1988*. São Paulo: Malheiros, 2008.

GRECO, Leonardo. *A teoria da Ação no Processo Civil*. São Paulo: Dialética, 2003.

GRECO FILHO, Vicente. *Direito Processual Civil Brasileiro*. Vol.3. São Paulo: Saraiva, 1995.

GRINOVER, Ada Pellegrini *et ali*. *Código Brasileiro de Defesa do Consumidor. Comentado pelos Autores do Anteprojeto*. Vol. I. 10. ed. Rio de Janeiro: Forense, 2011.

GRINOVER, Ada Pellegrini. *et al*. *Código de Defesa do Consumidor Comentado pelos Autores do Anteprojeto*. Rio de Janeiro: Forense Universitária, 8.ed., 2000.

GRINOVER, Ada Pellegrini; BENJAMIN, Antônio Herman de Vasconcellos; FINK, Daniel Roberto; FILOMENO, José Geraldo Brito; NERY JUNIOR; Nelson; DENARI, Zelmo. *Código Brasileiro de Defesa do Consumidor*: Comentado pelos Autores do Anteprojeto. Vol. I. Rio de Janeiro: Forense, 2011, p.185.

GRINOVER, Ada Pellegrini; WATANABE, Kazuo; NERY JÚNIOR, Nelson. *Código Brasileiro de Defesa do Consumidor*: Comentado pelos Autores do Anteprojeto. Volume II. 10.ed. Rio de Janeiro: Forense, 2011, p.163.

GRONDIN, Jean. *Introdução à hermenêutica filosófica*. Tradução: Benno Dischinger. São Leopoldo: Unisinos, 1999.

HEIDEGGER, Martin. *Ser e Tempo*: Parte I, Tradução Marcia Sá Cavalcante Schuback.12 ed. Petrópolis: Vozes, 2002, p.104.

HACHEM, Daniel Wunder; FARIA, Luzardo. *A proteção jurídica do usuário de serviço público entre o direito administrativo e o código de defesa do consumidor: a necessidade de uma filtragem constitucional*. Revista de Direito Brasileira, [S.l.], v. 15, n. 6, p. 311-336, dec. 2016. ISSN 2358-1352. Disponível em: http://www.rdb.org.br/ojs/index.php/rdb/article/view/485. 05 dez. 2017.

JUSTEN FILHO, Marçal. *Curso de Direito Administrativo*. Belo Horizonte: Forum, 2012.

KUHN, Thomas S. *A estrutura das revoluções científicas*. Tradução: Beatriz Vianna Boeira e Nelson Boeira. 9. ed. São Paulo: Perspectiva, 2006.

LA CHINA, Sérgio. *L'Arbitrato: Il Sistema e l'experienza*. Milano: Giuffrè, 1999.

LALOU Henri. *Traité Pratique de La Responsabilité Civile*. 4ª ed. Paris, Dalloz, 194, n°s 394, 396 e 399.

LARENZ, Karl. *Derecho justo*: fundamentos de ética jurídica. Traducción Luis Díez-Picazo. Madrid: 2001.

LEÃO, Emmanuel Carneiro. *Aprendendo a Pensar*. 2.ed. Petrópolis: Vozes, 2000, v. 2, p. 169-170.

LIEBMAN, Enrico Tullio. *Manuale de Diritto Processuale Civile*. 5. ed. Milão: Giunffrè, 1992.

LIEBMAN, Enrico Tullio. *Manuale de Diritto Processuale Civile*. 3 ed. Milano: Giuffrè, 1973.

LIEBMAN, Enrico Tullio. *Problemi del Processo Civile*. Napoli: Morano Editore 1962.

LIMA, Alcides de Mendonça. *Comentários ao Código de Processo Civil*, Rio de Janeiro: Forense, Vol. VI, Tomo II, 1979.

MACERA, Paulo Henrique. *Serviço público no século XXI: conceito e finalidades.* In: Revista Digital de Direito Administrativo, Brasil, v. 3, n. 2, p. 331-342, july 2016. ISSN 2319-0558. Disponível em: https://www.revistas.usp.br/rdda/article/view/114311. Acesso em: 24 abr. 2018.

MARQUES, Claudia Lima. *Contratos no código de defesa do consumidor.* 3. ed. São Paulo: Revista dos Tribunais, 1999.

MARQUES, Claudia Lima; BENJAMIN, Antonio Herman V.; BESSA, Leonardo Roscoe. *Manual de Direito do Consumidor.*3.ed. São Paulo: Revista dos Tribunais, 2010.

MARINONI, Luiz Guilherme. *Teoria Geral do Processo.* Vol.1. 2.ed. São Paulo: Revista dos Tribunais, 2007.

MARINONI, Luiz Guilherme. *Tutela Inibitória: individual e coletiva.* 3 ed. São Paulo: RT, 2006.

MARQUES, José Frederico. *Instituições de Direito Processual Civil.* Vol. V. 2. ed. Rio de Janeiro: Forense, 1963.

MARTÍNEZ, Gregorio Peces-Barba. *Lecciones de Derechos Fundamentales.* Madrid: Dykinson, 2004.

MAXIMILIANO, Carlos. *Hermenêutica e interpretação do direito.* Rio de Janeiro: Forense, 1995, p. 73.

MAZÉAUD, Henry Leon; MAZÉAUD, Jean. *Leçons de Droit Civil.* Ed. MONT-CHRESTIEN, 5ª ed., 1956, Tomo 2, p.294.

MELLO, Cleyson de Moraes. Direitos Fundamentais. Rio de Janeiro: Processo, 2021.

MELLO, Marcia Ignácio da Rosa de Moraes. Dissertação de Mestrado, UNESA, 2008.

MELLO, Sônia Maria Viera de. *O Direito do Consumidor na Era da Globalização*: A descoberta da cidadania. Rio de Janeiro: Renovar, 1998.

MIRANDA, Jorge. *Teoria do Estado e da Constituição.* Rio de Janeiro: Forense, 2005.

MIRANDA, Pontes de. *Tratado de direito privado.* Tomo 38. Campinas: Bookseller, 2005.

MOCCIOLA, Michele. Problemi del ressarcimento del danno in forma specifica nella jurisprudenza. *In: Rivista Critica del Diritto Privato*, 1984, p. 367 e ss.

MONTEIRO, Washington de Barros. *Curso de direito civil.* Vol. 5. 34 ed. São

Paulo: Saraiva, 2003.MONTESANO, Luigi; ARIETA, Giovanni. *Diritto processuale civile*. V. I. 2. ed. Torino: G. Giappichelli, 1996.

MÜLLER, Friedrich. *Métodos de trabalho do direito constitucional*. 3. ed. Rio de Janeiro: Renovar, 2005.

NEGREIROS, Teresa. O princípio da boa-fé contratual. In: MORAES, Maria Celina Bodin de (Org.). *Princípios do direito civil contemporâneo*. Rio de Janeiro: Renovar, 2006.

NERY JUNIOR, Nelson. Os princípios gerais do Código Brasileiro de Defesa do Consumidor. *In: Revista de Direito do Consumidor*, n. 3.

NERY JÚNIOR, Nelson; ANDRADE NERY, Rosa Maria de. *Código de Processo Civil Comentado*. 10 ed. São Paulo: RT, 2007.

NEVES, Castanheira. *O actual problema metodológico da interpretação jurídica – I*. Coimbra: Coimbra Editores, 2003.

NIETO, Alejandro; GORDILLO, Agustín. *Las Limitaciones del Conocimiento Jurídico*. Madrid: Trotta, 2003, p. 38.

NOHARA, Irene Patrícia. *Direito Administrativo*. 4 ed. São Paulo: Atlas, 2014.

NUNES, Rizzatto. *Curso de Direito do Consumidor*. 4. ed. São Paulo: Saraiva, 2009, p.462.

PÁDUA, Amélia. *Responsabilidade civil na reprodução assistida*. 1. ed. Rio de Janeiro: Lumen Juris, 2008.

PEREIRA, Caio Mario da Silva. *Responsabilidade civil*. 9.ed. Rio de Janeiro: Forense, 1999.

PEREIRA, Luiz Fernando C. Medidas urgentes no direito societário. São Paulo: RT, 2002.

PEREZ LUÑO, Antônio-Enrique. *Los derechos fundamentales*. 8. ed. Madrid: Tecnos, 2004.

PINHO, Humberto Dalla Bernardina de. *Direito Processual Civil Contemporâneo*. Vol.1. Teoria Geral do Processo. 4.ed. São Paulo: Saraiva, 2012.

PIRSON, Robert; DE VILLIÉ, Albert. *Traité de la Responsabilité Civile Extracontractuelle*. Ed. EMILE BRUYLANT, 1935, Bruxelas, Tomo 1, p. 5.

PNUD no Brasil. Disponível em: http://www.br.undp.org/content/brazil/pt/home/idh0/rankings/idh-global.html. Acesso em: 21 jun. 2018.

PONTES DE MIRANDA, Francisco Cavalcanti. *Tratado das ações*. T. I. São Paulo: RT, 1970.

REZENDE FILHO, Gabriel José Rodrigues de. *Curso de Direito Processual Civil.* Vol. I. São Paulo: Saraiva, 1962.

RIZZARDO, Arnaldo. *Contratos.* 11. ed. Rio de Janeiro: Forense, 2006, p. 168-170.

RIZZATO NUNES, Luiz Antônio. *Comentários ao Código de Defesa do Consumidor,* São Paulo: Saraiva, 2009.

RIZZATO NUNES, Luiz Antonio. *Curso de Direito do Consumidor.* 4.ed. São Paulo: Saraiva, 2009.

ROSSI, Julio César. ROSSI, Maria Paula Cassoni. *Direito civil: responsabilidade civil.* São Paulo: Atlas, 2007, v.6, p.187. (Série leituras jurídicas: provas e concursos)

SARLET, Ingo Wolfgang. *A eficácia dos direitos fundamentais.* 3. ed. Porto Alegre: Livraria do Advogado, 2003.

SAVATIER, René. *De la Responsabilité Civile en Droit Français.* Tomo1 Lib. Gen. De Droit et de Jurisprudence, Paris, 1939, n° 1, p. 1.

SCHIRATO, Vitor Rhein. *Livre iniciativa nos Serviços Públicos.* Belo Horizonte: Forum. 2012.

SEN, Amartya. *Development as freedom.* New York: Anchor Books, 2000.

SERPA LOPES, Miguel Maria de. *Curso de direito civil.* 5. ed. Vol III. Rio de Janeiro: Freitas Bastos, 2001.

SILVA PEREIRA, Caio Mário da. *Instituições de direito civil.* 11. ed. Volume III. Rio de Janeiro: Forense, 2003, p. 21.

SOURDAT, M. A. *Traité de la Responsabilité Civile.* 6. ed. Tomo 1 n° 1, 1911.

SPADONI, Joaquim Felipe. *Ação Inibitória.* São Paulo: RT, 2007, p. 29 e ss.

STRECK, Lenio Luiz. *Jurisdição Constitucional e Hermenêutica*: Uma Nova Crítica do Direito. 2. ed. Rio de Janeiro: Forense, 2004, p. 256.

TARTUCE, Flavio; NEVES, Daniel Amorim Assumpção. *Manual de Direito do Consumidor.* 2.ed. São Paulo: Método, 2013.

THEODORO JÚNIOR, Humberto. *Comentários ao novo código civil.* 2. ed. Vol. III, Tomo II. Rio de Janeiro: Forense, 2003.

VARELA, João de Matos Antunes. *Das Obrigações em Geral.* Vol.I, 10.ed. Coimbra: Almedina, 2006.

VASCONCELOS, Marco Antonio; GARCIA, Manuel Enriquez. *Fundamentos de economia.* São Paulo: Saraiva, 1998.

VICENTE, Dário Manuel Lentz de Moura. *A Responsabilidade Pré-Contratual no Código Civil brasileiro de 2002*. R. CEJ, Brasília, n. 25, p. 34-41, abr./jun. 2004. Disponível em: https://revistacej.cjf.jus.br/cej/index.php/revcej/article/view/604/784. Acesso em: 15 mar. 2025.

VIEIRA DE MELLO, Heloísa Carpena. A boa-fé como parâmetro da abusividade no direito contratual. *In*: TEPEDINO, Gustavo. *Problemas de direito civil-constitucional*. Rio de Janeiro: Renovar, 2000.

WALD, Arnold. *Brasil lidera uso de arbitragem na América Latina. In: Revista Consultor Jurídico*, disponível em: http://www.consultorjuridico.com.br. Acesso em: 26 nov. 2015.

WAMBIER, Teresa Arruda Alvim *et al*. *Primeiros Comentários ao Novo Código de Processo Civil*. São Paulo: RT, 2015, p. 340.